Inleiding Privaatrecht

Inleiding Privaatrecht

Onder redactie van

Mr. A.M.J. van Buchem-Spapens

Mr. I. de Waal-van Wessem

Dertiende druk

Noordhoff Uitgevers Groningen/Houten

Ontwerp omslag: G2K (Groningen–Amsterdam)
Omslagillustratie: Stocksy 665380

Eventuele op- en aanmerkingen over deze of andere uitgaven kunt u richten aan: Noordhoff Uitgevers bv, Afdeling Hoger Onderwijs, Antwoordnummer 13, 9700 VB Groningen, e-mail: info@noordhoff.nl

Aan de totstandkoming van deze uitgave is de uiterste zorg besteed. Voor informatie die desondanks onvolledig of onjuist is opgenomen, aanvaarden auteur(s), redactie en uitgever geen aansprakelijkheid. Voor eventuele verbeteringen van de opgenomen gegevens houden zij zich aanbevolen.

© 2016 Noordhoff Uitgevers bv Groningen/Houten, The Netherlands.

Behoudens de in of krachtens de Auteurswet van 1912 gestelde uitzonderingen mag niets uit deze uitgave worden verveelvoudigd, opgeslagen in een geautomatiseerd gegevensbestand of openbaar gemaakt, in enige vorm of op enige wijze, hetzij elektronisch, mechanisch, door fotokopieën, opnamen of enige andere manier, zonder voorafgaande schriftelijke toestemming van de uitgever. Voor zover het maken van reprografische verveelvoudigingen uit deze uitgave is toegestaan op grond van artikel 16h Auteurswet 1912 dient men de daarvoor verschuldigde vergoedingen te voldoen aan Stichting Reprorecht (postbus 3060, 2130 KB Hoofddorp, www.reprorecht.nl). Voor het overnemen van gedeelte(n) uit deze uitgave in bloemlezingen, readers en andere compilatiewerken (artikel 16 Auteurswet 1912) kan men zich wenden tot Stichting PRO (Stichting Publicatie- en Reproductierechten Organisatie, postbus 3060, 2130 KB Hoofddorp, www.stichting-pro.nl).

All rights reserved. No part of this publication may be reproduced, stored in a retrieval system, or transmitted, in any form or by any means, electronic, mechanical, photocopying, recording, or otherwise, without the prior written permission of the publisher.

ISBN 978-90-01-86306-7
NUR 820

Woord vooraf bij de dertiende druk

Inleiding Privaatrecht is bestemd voor het hoger beroepsonderwijs. Het boek bevat een samenhangende en systematische behandeling van het burgerlijk recht, het handelsrecht en het burgerlijk procesrecht. Het boek dient ter voorbereiding op de juridische problemen waarmee de student straks in de praktijk wordt geconfronteerd. In verband daarmee wordt in deze uitgave ruim aandacht besteed aan onderwerpen die voor de praktijk van belang zijn, zoals het verzekeringsrecht, het arbeidsrecht, het huurrecht, het ondernemingsrecht en het personen- en familierecht. Vanwege het inleidende karakter van dit boek wordt Boek 10, houdende regels betreffende het internationaal privaatrecht, niet behandeld.

In deze dertiende druk is de tekst op alle terreinen geactualiseerd – door het bespreken van nieuwe regelgeving en jurisprudentie – en is aandacht besteed aan toekomstige ontwikkelingen. In de hoofdstukken zijn voorbeelden en schema's opgenomen als hulpmiddel bij de bestudering van de stof. Met behulp van de vragen en de casus aan het einde van ieder hoofdstuk kan de gebruiker van dit boek de kennis die hij inmiddels heeft verworven, toetsen en eventuele hiaten in die kennis opsporen. De antwoorden op de vragen kan men zelf gemakkelijk opzoeken in het corresponderende hoofdstuk. De oplossingen van de casusposities vindt men achterin het boek.
Tot slot wordt opgemerkt dat het bij de in dit boek genoemde artikelen gaat om artikelen uit het BW, tenzij anders is aangegeven. Bedragen die voorkomen in oudere jurisprudentie zijn in guldens uitgedrukt met het bedrag in euro's er tussen haakjes achter.

Goirle/Winterswijk, najaar 2015
A.M.J. van Buchem-Spapens
I. de Waal-van Wessem

Lijst van afkortingen

A-G	Advocaat-Generaal
AMvB	algemene maatregel van bestuur
AOW	Algemene ouderdomswet
av	Algemene Vergadering
ava	algemene vergadering van aandeelhouders
Awgb	Algemene wet gelijke behandeling
bv	besloten vennootschap
BW	Burgerlijk Wetboek
cao	collectieve arbeidsovereenkomst
cp	constitutum possessorium
csqn	conditio sine qua non
cv	commanditaire vennootschap
CV(r)	commanditaire vennootschap (met rechtspersoonlijkheid)
€	euro
ECLI	European Case Law Identifier (een Europese standaard voor het uniek nummeren van rechterlijke uitspraken)
EHRM	Europees Hof voor de rechten van de mens
EPV	eenpersoonsvennootschap
EVRM	Europees Verdrag voor de rechten van de mens
Fw	Faillissementswet
Gw	Grondwet
HvJEG	Hof van Justitie van de Europese gemeenschappen
HvJEU	Hof van Justitie van de Europese Unie
HR	Hoge Raad
Hrgb	Handelsregisterbesluit 2008
Hrgw	Handelsregisterwet 2007
IVO	Europese Insolventieverordening
jo.	juncto
KvK	Kamer van Koophandel
LJN	Landelijk Jurisprudentie Nummer (in databank Uitspraken op www.rechtspraak.nl)
m.nt.	met noot
NBW	Nieuw Burgerlijk Wetboek
NJ	Nederlandse Jurisprudentie
nv	naamloze vennootschap
OESO	Organisatie voor Economische Samenwerking en Ontwikkeling
OV(r)	openbare vennootschap (met rechtspersoonlijkheid)
Prg.	Praktijkgids
q.q.	qualitate qua
Rb.	rechtbank
RO	Wet op de rechterlijke organisatie
Rv	Wetboek van Burgerlijke Rechtsvordering
RvC	raad van commissarissen
RvdW	Rechtspraak van de Week

SE	Societas Europaea (Europese vennootschap)
SER	Sociaal Economische Raad
Sr	Wetboek van Strafrecht
Uhw	Uitvoeringswet huurprijzen woonruimte
UWV	het Uitvoeringsinstituut werknemersverzekeringen
vof	vennootschap onder firma
WAM	Wet aansprakelijkheidsverzekering motorrijtuigen
WA-verzekering	verzekering tegen wettelijke aansprakelijkheid
Wft	Wet op het financieel toezicht
WGB	Wet gelijke behandeling van mannen en vrouwen
WMM	Wet minimumloon en minimumvakantiebijslag
WO	wetsontwerp
WOR	Wet op de ondernemingsraden
WvK	Wetboek van Koophandel
WW	Werkloosheidswet
WVW	Wegenverkeerswet 1994
Wwz	Wet werk en zekerheid
Zvw	Zorgverzekeringswet
zzp'er	zelfstandige zonder personeel

Inhoud

Lijst van afkortingen 9

1 Rechtshandeling en overeenkomst 23
1.1 De rechtshandeling 24
1.2 Tot stand komen van rechtshandelingen 27
1.2.1 Vereisten gesteld aan de persoon die de rechtshandeling verricht 27
1.2.2 Vereisten gesteld aan de handeling 28
1.3 De nietige en de vernietigbare rechtshandeling 36
1.3.1 Nietige rechtshandelingen 36
1.3.2 Vernietigbare rechtshandelingen 38
1.4 De rechtshandeling en derden 42
1.5 De overeenkomst 43
1.6 Tot stand komen van overeenkomsten 45
1.6.1 Aanbod en aanvaarding 46
1.6.2 Bepaalbaarheid van verbintenissen 49
1.6.3 Elektronisch contracteren 50
1.6.4 Dwaling 50
1.6.5 Algemene voorwaarden 53
1.7 Uitleg en rechtsgevolgen van overeenkomsten 57
1.7.1 Uitleg 57
1.7.2 Rechtsgevolgen 59
1.8 Precontractuele verhoudingen 60
Vragen 64
Casus 65

2 Vertegenwoordiging 67
2.1 Middellijke en onmiddellijke vertegenwoordiging 68
2.1.1 Vereisten voor onmiddellijke vertegenwoordiging 69
2.1.2 Verschillende gevallen van onmiddellijke vertegenwoordiging 69
2.1.3 Wettelijke regeling 70
2.2 Volmacht 70
2.2.1 Verlening van een volmacht 71
2.2.2 Gevolgen van volmachtuitoefening 72
2.2.3 Onbevoegde vertegenwoordiging 72
2.2.4 Einde van de volmacht 75
2.3 Vertegenwoordiging en bijzondere overeenkomsten 75
2.3.1 Lastgevingsovereenkomst 76
2.3.2 Bemiddelingsovereenkomst 77
2.3.3 Agentuurovereenkomst 77
2.3.4 Expeditieovereenkomst 78
2.3.5 Reisovereenkomst 78
Vragen 79
Casus 80

3 Overdracht *81*

- 3.1 Goederen en overdracht *82*
- 3.2 Vereisten voor een geldige overdracht *85*
- 3.2.1 Een geldige titel *85*
- 3.2.2 Beschikkingsbevoegdheid *89*
- 3.2.3 De levering *90*
- 3.2.4 De schakelbepaling: art. 3:98 *97*
- 3.2.5 Samenvatting vereisten voor een geldige levering *98*
- 3.3 Derdenbescherming bij verkrijging van goederen *98*
- 3.3.1 Bescherming bij verkrijging van registergoederen *99*
- 3.3.2 Bescherming bij verkrijging van roerende zaken *100*
- 3.3.3 Bescherming bij verkrijging van vorderingen op naam *102*
- 3.3.4 Het 'restartikel' 3:36 *103*
- Vragen *104*
- Casus *105*

4 Pand, hypotheek, voorrechten en retentierecht *107*

- 4.1 Verhaalsrecht *108*
- 4.2 Pand en hypotheek: algemeen *110*
- 4.2.1 Waar zijn deze rechten geregeld? *110*
- 4.2.2 Enkele terminologische kwesties *110*
- 4.2.3 Kenmerken *111*
- 4.3 Pand *113*
- 4.3.1 Wijze van totstandkoming *113*
- 4.3.2 Bescherming van de pandhouder tegen beschikkingsonbevoegdheid van de pandgever *118*
- 4.3.3 Bevoegdheden van de pandhouder *120*
- 4.3.4 Verplichtingen van de pandhouder *123*
- 4.3.5 Wijze van tenietgaan *124*
- 4.4 Hypotheek *124*
- 4.4.1 Wijze van totstandkoming *124*
- 4.4.2 Bijzondere functies hypotheekrecht *126*
- 4.4.3 Rangorde van hypotheken *127*
- 4.4.4 Bijzondere bedingen *128*
- 4.4.5 Bevoegdheden van de hypotheekhouder *130*
- 4.4.6 Wijze van tenietgaan *131*
- 4.5 Voorrechten *132*
- 4.5.1 Kenmerken *132*
- 4.5.2 Voorrechten op bepaalde goederen *133*
- 4.5.3 Voorrechten op alle goederen *134*
- 4.6 Retentierecht *134*
- 4.6.1 Kenmerken *135*
- 4.6.2 Functie *135*
- 4.6.3 Tegen wie kan het retentierecht worden ingeroepen? *136*
- 4.6.4 Einde van het retentierecht *137*
- 4.6.5 Samenvatting retentierecht *137*
- 4.7 Rangorde bij verhaal *138*
- Vragen *140*
- Casus *141*

5 Eigendom 143
- 5.1 Wat is eigendom? 144
- 5.2 Beperkingen die aan het recht van eigendom kunnen worden gesteld 145
- 5.3 Kwalitatieve rechten 145
- 5.4 Kwalitatieve verplichtingen 147
- Vragen 149
- Casus 150

6 Beperkte rechten 151
- 6.1 Erfdienstbaarheid 152
- 6.2 Erfpacht 153
- 6.3 Opstal 154
- 6.4 Vruchtgebruik 155
- 6.4.1 Wijzen van totstandkoming 156
- 6.4.2 Belangrijkste bevoegdheden van de vruchtgebruiker 157
- 6.4.3 Verplichtingen van de vruchtgebruiker 158
- 6.4.4 Einde van het vruchtgebruik 159
- Vragen 160
- Casus 161

7 De verbintenis in het algemeen 163
- 7.1 De verbintenis 164
- 7.1.1 Bronnen van verbintenissen 165
- 7.1.2 Redelijkheid en billijkheid 167
- 7.2 Natuurlijke verbintenissen 169
- 7.2.1 Gevallen waarin een natuurlijke verbintenis bestaat 169
- 7.2.2 Rechtsgevolgen van een natuurlijke verbintenis 170
- Vragen 172
- Casus 173

8 Nakoming en niet-nakoming 175
- 8.1 Rechten van de schuldeiser; overzicht 176
- 8.2 Nakoming van verbintenissen 177
- 8.3 Opschorting van de nakoming 178
- 8.3.1 Wettelijke regeling der opschortingsrechten 178
- 8.3.2 Vereisten voor opschorting 180
- 8.3.3 Geen bevoegdheid tot opschorting 182
- 8.3.4 Gevolgen van opschorting 183
- 8.4 Recht op schadevergoeding 183
- 8.4.1 Reikwijdte van afdeling 6.1.9 183
- 8.4.2 Vereisten voor schadevergoeding 184
- 8.5 Niet-toerekenbaarheid van de tekortkoming 192
- 8.5.1 Schuld 192
- 8.5.2 Risico van de schuldenaar 193
- 8.5.3 Gevolgen van overmacht 198
- 8.6 Recht op ontbinding 199
- 8.6.1 Vereisten voor ontbinding 200
- 8.6.2 Gevolgen van ontbinding 202
- 8.6.3 De ongedaanmakingsverbintenissen 205
- Vragen 206
- Casus 207

9	**Onrechtmatige daad** *209*	
9.1	Aansprakelijkheid op grond van eigen onrechtmatige daad *210*	
9.1.1	Onrechtmatigheid *211*	
9.1.2	Toerekenbaarheid aan de dader *214*	
9.1.3	Schade *216*	
9.1.4	Causaal verband *216*	
9.1.5	Relativiteit *216*	
9.1.6	Schematische weergave vereisten voor aansprakelijkheid *218*	
9.2	Verhouding onrechtmatige daad en wanprestatie *219*	
9.3	Rechtsvorderingen op grond van onrechtmatige daad *220*	
9.4	Aansprakelijkheid voor personen en zaken *220*	
9.4.1	Aansprakelijkheid van ouders voor kinderen *221*	
9.4.2	Aansprakelijkheid voor ondergeschikten *224*	
9.4.3	Aansprakelijkheid voor niet-ondergeschikten *226*	
9.4.4	Aansprakelijkheid voor opstallen *227*	
9.4.5	Aansprakelijkheid voor roerende zaken die een bijzonder gevaar opleveren *230*	
9.4.6	Aansprakelijkheid voor dieren *231*	
9.5	Productenaansprakelijkheid *232*	
9.5.1	Vereisten voor productenaansprakelijkheid *233*	
9.5.2	Gevolgen *235*	
9.5.3	Geen of verminderde aansprakelijkheid producent *237*	
9.5.4	Product recall *238*	
9.5.5	Samenvatting productenaansprakelijkheid *239*	
9.6	Schematische weergave onrechtmatige daad *240*	
	Vragen *241*	
	Casus *242*	
10	**Schadevergoeding** *245*	
10.1	Toepasselijkheid van afdeling 6.1.10 *246*	
10.2	Soorten van schade *247*	
10.2.1	Vermogensschade *247*	
10.2.2	Ander nadeel *249*	
10.3	Vorm van de schadevergoeding *250*	
10.4	Causaal verband en toerekening naar redelijkheid *251*	
10.5	Eigen schuld en medeschuld *255*	
10.5.1	Eigen schuld *255*	
10.5.2	Medeschuld *257*	
10.6	Voordeelstoerekening *257*	
10.7	Overlijdensschade *258*	
10.8	Rechterlijke matiging van de schadevergoeding *258*	
	Vragen *261*	
	Casus *262*	
11	**Zaakwaarneming, onverschuldigde betaling en ongerechtvaardigde verrijking** *263*	
11.1	Zaakwaarneming *264*	
11.1.1	Vereisten voor zaakwaarneming *264*	
11.1.2	Verbintenissen van de zaakwaarnemer *265*	
11.1.3	Verbintenissen van de belanghebbende *266*	
11.2	Onverschuldigde betaling *267*	
11.2.1	Gevallen van onverschuldigde betaling *267*	
11.2.2	Niet onverschuldigd *268*	

11.2.3 Rechtsgevolgen van onverschuldigde betaling *269*
11.3 Ongerechtvaardigde verrijking *269*
11.3.1 Niet ongerechtvaardigd *270*
11.3.2 Schadevergoeding *271*
11.3.3 Samenloop *271*
11.4 Ontstane verbintenissen *272*
Vragen *273*
Casus *274*

12 Koop en ruil *275*
12.1 Wettelijke regeling *276*
12.2 Belangrijke begrippen *277*
12.3 Onderscheid koop-consumentenkoop *280*
12.4 Verplichtingen van de verkoper *283*
12.5 Niet-nakoming door de verkoper *288*
12.5.1 Niet (tijdige) aflevering bij een consumentenkoop *288*
12.5.2 Bijzondere nakomingsvorderingen *289*
12.5.3 Bijzondere vordering tot ontbinding of prijsvermindering *291*
12.5.4 Bijzondere schadevergoedingsvordering *292*
12.5.5 Bijzondere regels voor schadevaststelling van zaken met een dagprijs bij ontbinding *294*
12.5.6 Risico ter zake van de koopprijs *295*
12.5.7 Klachttermijn *296*
12.6 Verplichtingen van de (consument)koper *299*
12.7 Niet-nakoming door de (consument)koper *299*
12.8 Bijzondere beschermingsbepalingen voor de (consument)koper *301*
12.8.1 Consumentenbescherming bij koop in een winkel *301*
12.8.2 Ongevraagde toezending *302*
12.8.3 Koop van een registergoed *303*
12.8.4 Elektronische consumentenkoop *305*
Vragen *311*
Casus *312*

13 Huurovereenkomst *315*
13.1 Kenmerken van de huurovereenkomst *316*
13.2 Belang van de kwalificatie 'huur' *319*
13.2.1 Koop breekt geen huur (art. 7:226) *319*
13.2.2 Reparaties, gebreken en aansprakelijkheid voor schade *320*
13.2.3 Het klusrecht van de huurder *324*
13.2.4 Onderhuur *324*
13.2.5 Overige rechten en plichten *325*
13.2.6 Einde van de huurovereenkomst *327*
13.3 Huur en verhuur van woonruimte *328*
13.3.1 Einde van de huur van woonruimte *328*
13.3.2 Echtgenoten en samenwoners *333*
13.3.3 Onderhuurders *335*
13.3.4 Huurprijzen en andere vergoedingen *336*
13.3.5 Bijzondere procedure bij gebreken *337*
13.4 Huur en verhuur van art. 7:290-bedrijfsruimte *337*
13.4.1 Wat is art. 7:290-bedrijfsruimte? *337*
13.4.2 Termijnbescherming *338*
13.4.3 Einde van de huur van bedrijfsruimte door opzegging *339*
13.4.4 Overige wijzen waarop beëindiging kan plaatsvinden *342*
13.4.5 Alternatieven voor de huurder *342*

13.5	Huur en verhuur van art. 7:230A-bedrijfsruimte	*344*
13.6	Nieuwe ontwikkelingen	*345*
	Vragen	*346*
	Casus	*347*

14 Arbeidsovereenkomst *349*

14.1	Arbeid in verschillende gedaanten	*350*
14.2	Elementen van de arbeidsovereenkomst	*351*
14.2.1	Gezagsverhouding	*351*
14.2.2	Arbeid	*352*
14.2.3	Loon	*353*
14.3	Bijzondere (arbeids)overeenkomsten	*354*
14.4	Tot stand komen van de arbeidsovereenkomst	*355*
14.4.1	Sollicitatiefase	*356*
14.4.2	Minderjarige werknemers	*357*
14.4.3	Vormvereisten	*358*
14.5	Verplichtingen van de werkgever	*361*
14.5.1	Loon betalen	*361*
14.5.2	Veiligheidsmaatregelen	*363*
14.5.3	Goed werkgever	*366*
14.5.4	Scholing	*367*
14.5.5	Aanpassing arbeidsduur	*368*
14.6	Verplichtingen van de werknemer	*368*
14.7	Einde van de arbeidsovereenkomst	*369*
14.7.1	Beëindiging van rechtswege	*370*
14.7.2	Opzegging door de werknemer	*373*
14.7.3	Algemene regels voor opzegging door de werkgever	*374*
14.7.4	Opzegging door de werkgever met schriftelijke instemming werknemer	*375*
14.7.5	Opzegging door de werkgever zonder schriftelijke instemming van werknemer	*376*
14.7.6	Ontbinding door de rechter	*379*
14.7.7	De transitievergoeding	*381*
14.7.8	Beëindiging met wederzijds goedvinden	*382*
14.7.9	Hoger beroep en cassatie	*382*
14.8	Gevolgen van werkloosheid voor de werknemer	*383*
14.9	De uitzendovereenkomst	*383*
14.10	Nieuwe ontwikkelingen	*384*
	Vragen	*385*
	Casus	*386*

15 Verzekeringsrecht *387*

15.1	De verzekeringsovereenkomst	*388*
15.1.1	Definitie verzekeringsovereenkomst	*388*
15.1.2	Aard en karakter van de verzekeringsovereenkomst	*388*
15.1.3	Polisvoorwaarden: uitleg en consumentenbescherming	*390*
15.2	Schadeverzekering	*392*
15.2.1	Indemniteitsbeginsel	*392*
15.2.2	Verzekerbaar belang	*393*
15.2.3	Partijen	*394*
15.2.4	Totstandkoming en formaliteiten	*396*
15.2.5	Informatieverstrekking vóór sluiting van de verzekeringsovereenkomst	*397*

15.2.6	Belang en verzekerd voorwerp	*407*
15.2.7	Verzekerde som en waarde	*407*
15.2.8	Verplichting van de verzekeringnemer/verzekerde	*411*
15.2.9	Onzekerheid (eigen gebrek en eigen schuld)	*415*
15.2.10	Subrogatie	*420*
15.3	Levensverzekering	*422*
15.3.1	Betrokkenen	*422*
15.3.2	Soorten levensverzekeringen	*422*
15.3.3	Betekenis van schuld bij de levensverzekering	*423*
	Vragen	*424*
	Casus	*425*

16 Ondernemingsrecht *427*

16.1	Soorten privaatrechtelijke rechtsvormen	*428*
16.2	Begripsbepaling	*429*
16.2.1	Onderneming	*429*
16.2.2	Ondernemingsraad	*429*
16.2.3	Ondernemingsrecht	*430*
16.2.4	Concernrecht	*430*
16.2.5	Rechtspersoonlijkheid	*432*
16.3	Handelsregister	*432*
16.4	Buitenlandse rechtsvormen	*433*
	Vragen	*434*
	Casus	*435*

17 Personenvennootschappen *437*

17.1	Wat zijn personenvennootschappen?	*438*
17.2	Maatschap	*439*
17.2.1	Kernbegrippen	*439*
17.2.2	Vertegenwoordiging	*442*
17.2.3	Aansprakelijkheid	*442*
17.2.4	Ontbinding en defungeren	*444*
17.3	Vennootschap onder firma	*446*
17.3.1	Ontstaan van de vennootschap onder firma	*446*
17.3.2	Afgescheiden vermogen en hoofdelijke verbondenheid	*447*
17.4	Commanditaire vennootschap	*448*
17.4.1	Overeenkomst	*448*
17.4.2	Bijzondere vereisten voor een commanditaire vennootschap	*449*
17.4.3	Afgescheiden vermogen van de cv	*449*
17.4.4	Bijzondere positie van de commanditaire vennoot	*450*
17.5	Samenvatting vertegenwoordiging en aansprakelijkheid	*451*
	Vragen	*453*
	Casus	*454*

18 Rechtspersonen *457*

18.1	Wat zijn rechtspersonen?	*458*
18.2	Hoe functioneren rechtspersonen?	*459*
18.3	Besluiten van de rechtspersoon	*460*
18.4	Doel en doeloverschrijding	*461*
18.5	Jaarrekeningenrecht en boekhoudplicht	*462*
18.6	Omzetting van rechtspersonen	*462*
18.7	Juridische fusie en splitsing	*463*

18.8	Enquête *463*	
	Vragen *464*	
	Casus *465*	

19 Vereniging en stichting *467*
19.1	Verenigingen *468*
19.1.1	Organisatorische regels voor verenigingen *469*
19.1.2	Bijzondere vormen van vereniging *470*
19.2	Stichtingen *471*
	Vragen *473*
	Casus *474*

20 Naamloze vennootschap en besloten vennootschap *475*
20.1	Begripsbepaling *476*
20.2	Soorten naamloze en besloten vennootschappen *477*
20.3	Kapitaal *478*
20.4	Aandelen *479*
20.4.1	Rechten en plichten van aandeelhouders *479*
20.4.2	Certificering *480*
20.4.3	Volstortingsplicht *480*
20.4.4	Aandelen op naam of aan toonder *481*
20.4.5	Overdracht van aandelen in een bv *481*
20.4.6	Blokkeringsregeling in een bv *481*
20.5	Oprichting van de nv en de bv *482*
20.5.1	Storting bij oprichting *482*
20.5.2	Andere oprichtingseisen *483*
20.5.3	Oprichting in de praktijk *483*
20.5.4	Akte van oprichting; statuten *483*
20.5.5	Nv of bv 'in oprichting' *484*
20.6	Organen van de nv/bv *484*
20.6.1	Algemene vergadering *485*
20.6.2	Het bestuur *485*
20.6.3	Raad van commissarissen *487*
20.7	Vertegenwoordiging *487*
20.8	Structuurvennootschap *488*
20.9	Ontbinding en vereffening *490*
20.10	Europese vennootschap *490*
	Vragen *492*
	Casus *493*

21 Personen- en familierecht *495*
21.1	Wat houdt personen- en familierecht in? *496*
21.2	Persoon *496*
21.3	Het recht op naam *497*
21.4	Woonplaats *498*
21.5	Burgerlijke stand *499*
21.5.1	Akten van de burgerlijke stand *500*
21.5.2	Registers van de burgerlijke stand *500*
21.6	Afstamming *500*
21.6.1	Ontkenning van het vaderschap *501*
21.6.2	Erkenning *502*
21.6.3	Gerechtelijke vaststelling van het vaderschap *503*
21.6.4	Afstamming van de duo-moeder *504*

21.7	Adoptie	*505*
21.7.1	Voorwaarden	*506*
21.7.2	Adoptie van buitenlandse kinderen	*507*
21.8	Minderjarigheid	*508*
21.8.1	Leeftijdsgrens	*508*
21.8.2	Handelingsonbekwaamheid	*508*
21.8.3	Handlichting	*509*
21.8.4	Meerderjarigverklaring en meerderjarig worden door huwelijk	*510*
21.9	Het gezag over minderjarigen	*510*
21.10	Omgangs- en informatierecht	*512*
21.11	Voogdij	*513*
21.11.1	Twee typen voogdij	*514*
21.11.2	Uitoefening van de voogdij	*514*
21.12	Curatele	*515*
21.12.1	Gronden voor curatele	*515*
21.12.2	Ondercuratelestelling	*515*
21.12.3	Handelingsonbekwaamheid van de curandus	*516*
21.12.4	Bevoegdheden van de curator	*517*
21.12.5	Publiciteit	*517*
21.13	Onderbewindstelling ter bescherming van meerderjarigen	*518*
21.13.1	Gronden voor onderbewindstelling	*518*
21.13.2	Omvang van het bewind	*518*
21.13.3	Onderbewindstelling	*519*
21.13.4	Rechtsgevolgen van het bewind	*519*
21.13.5	Bescherming wederpartij	*520*
21.14	Mentorschap ten behoeve van meerderjarigen	*520*
21.15	Huwelijk	*521*
21.16	Geregistreerd partnerschap	*522*
21.16.1	Vereisten voor het aangaan van een geregistreerd partnerschap	*523*
21.16.2	Gevolgen van het geregistreerd partnerschap	*523*
21.16.3	Beëindiging van het geregistreerd partnerschap	*523*
21.17	Huwelijksvermogensrecht	*524*
21.17.1	Aansprakelijkheid	*524*
21.17.2	Beperking van de bevoegdheden van de echtgenoten; toestemmingsvereiste	*525*
21.17.3	Wettelijke gemeenschap van goederen	*527*
21.17.4	Huwelijkse voorwaarden	*535*
21.18	Echtscheiding	*536*
21.18.1	Gronden en wijzen	*536*
21.18.2	Moment waarop de echtscheiding tot stand komt	*536*
21.18.3	Alimentatie tussen ex-echtgenoten	*536*
21.19	Scheiding van tafel en bed	*538*
21.20	Levensonderhoud	*538*
21.20.1	Vaststelling van het verschuldigde bedrag	*539*
21.20.2	Wijzigingsgronden	*539*
	Vragen	*541*
	Casus	*542*
22	**Erfrecht**	*545*
22.1	Modern erfrecht	*546*
22.2	Wat is erfrecht?	*546*
22.3	Erfrecht bij versterf	*546*
22.4	Het testamentaire erfrecht	*550*

22.5	Erfstellingen en legaten *551*	
22.6	De legitieme portie *552*	
22.7	Aanvaarden en verwerpen van nalatenschappen *554*	
22.8	Ongehuwd samenwonenden *555*	
22.9	Boedelverdeling *556*	
	Vragen *557*	
	Casus *558*	

23 Faillissement, surseance van betaling en schuldsanering natuurlijke personen *559*

23.1	Faillissement *561*
23.2	Gang van zaken bij de faillietverklaring *562*
23.2.1	Op wiens initiatief kan het faillissement worden uitgesproken? *563*
23.2.2	Vonnis *563*
23.2.3	Wie kan failliet worden verklaard? *563*
23.3	Omvang van de failliete boedel *564*
23.4	Invloed van het faillissement op de rechtspositie van de schuldenaar *564*
23.4.1	Wordt de wederpartij beschermd bij door de failliet onbevoegd verrichte rechtshandelingen? *565*
23.4.2	Bevoegdheid van de failliet om als procespartij op te treden *566*
23.4.3	Invloed van het faillissement op bestaande overeenkomsten *567*
23.5	Actio Pauliana *568*
23.6	Invloed van het faillissement op de positie van de schuldeisers *568*
23.7	Opheffing van het faillissement *570*
23.8	Vereenvoudigde afwikkeling *570*
23.9	Verificatie van de vorderingen *571*
23.10	Het akkoord *572*
23.11	De uitdeling *572*
23.12	Surseance van betaling *572*
23.12.1	Definitieve surseance *573*
23.12.2	Rechtsgevolgen van de surseance *573*
23.12.3	Aanbieden van het akkoord *573*
23.12.4	Einde van de surseance *574*
23.13	Schuldsanering natuurlijke personen *574*
23.13.1	Aanvragen van de schuldsaneringsregeling *574*
23.13.2	Wat houdt het schuldsaneringsregime in? *575*
23.13.3	Enkele rechtsgevolgen van de toepassing van de schuldsaneringsregeling *576*
23.14	Pre-pack *577*
23.15	Europese Insolventieverordening *578*
	Vragen *580*
	Casus *581*

24 Burgerlijk procesrecht *583*

24.1	Burgerlijk procesrecht, een inleiding *584*
24.1.1	Aard en functie van het burgerlijk procesrecht *584*
24.1.2	Vindplaats regels van het burgerlijk procesrecht *584*
24.1.3	Beginselen van het burgerlijk procesrecht *585*
24.1.4	Bevoegdheid van de burgerlijke rechter *591*
24.1.5	Rechtsmacht (internationale bevoegdheid) *591*
24.1.6	Absolute competentie *592*
24.1.7	Sectorcompetentie *592*
24.1.8	Relatieve competentie *593*

24.2	Gang van zaken bij de gewone civiele procedure	*593*
24.2.1	Begin van de procedure: de dagvaarding	*593*
24.2.2	Verstek en verschijning	*594*
24.2.3	Conclusie van antwoord	*595*
24.2.4	Reconventionele vordering	*595*
24.2.5	Comparitie na antwoord	*596*
24.2.6	Pleidooien	*596*
24.2.7	Bewijs	*597*
24.2.8	Vonnis	*600*
24.3	Enkele bijzondere procedures	*602*
24.3.1	Verzoekschriftprocedure	*602*
24.3.2	Kort geding	*603*
24.3.3	Arbitrage en bindend advies	*604*
24.4	De nieuwe basisprocedure	*605*
24.4.1	De procesinleiding	*605*
24.4.2	Gecombineerde procesinleiding	*607*
24.4.3	Verder verloop van de procedure	*607*
24.4.4	Uitbreiding van de procedure	*608*
24.5	Executie- en beslagrecht	*608*
24.5.1	Executie en executoriale titel	*609*
24.5.2	Reële executie	*609*
24.5.3	Executoriaal beslag	*611*
24.5.4	Conservatoir beslag	*612*
24.5.5	Rechtsgevolgen van het beslag	*614*
24.5.6	Indirecte dwangmiddelen: lijfsdwang en dwangsom	*614*
	Vragen	*615*
	Casus	*616*

Begrippenlijst *617*

Antwoorden casus *643*

Trefwoordenregister *667*

Rechtshandeling en overeenkomst

1.1 De rechtshandeling
1.2 Tot stand komen van rechtshandelingen
1.3 De nietige en de vernietigbare rechtshandeling
1.4 De rechtshandeling en derden
1.5 De overeenkomst
1.6 Tot stand komen van overeenkomsten
1.7 Uitleg en rechtsgevolgen van overeenkomsten
1.8 Precontractuele verhoudingen

Dat de rechtshandeling in dit boek in het eerste hoofdstuk wordt behandeld, is geen toeval. Van het privaatrecht is de rechtshandeling de kern. Hiermee is meteen het belang van deze rechtsfiguur aangegeven. Een grondig begrip van de rechtshandeling is de basis voor kennis van, en inzicht in, de belangrijkste onderdelen van het privaatrecht.
In paragraaf 1.1 zetten we aan de hand van een groot aantal voorbeelden uiteen wat een rechtshandeling is en in paragraaf 1.2 hoe deze tot stand komt. Dit gebeurt door één of meer personen: het gaat om een menselijke handeling. Hieruit vloeit voort dat er bij de totstandkoming iets mis kan zijn of mis kan gaan. Er is bijvoorbeeld sprake van bedrog of van een misverstand. De nietige en de vernietigbare rechtshandeling worden daarom direct na de behandeling van de totstandkomingsvereisten aan de orde gesteld in paragraaf 1.3.
Aangezien de werking van de rechtshandeling niet beperkt hoeft te blijven tot de partij(en) zelf, zetten we in paragraaf 1.4 uiteen hoe en wanneer derden daarbij betrokken kunnen raken.
Er zijn verschillende soorten rechtshandelingen. Verreweg de belangrijkste is de verbintenisscheppende overeenkomst, die we in paragraaf 1.5 zullen behandelen. Contracten kunnen immers niet uit het dagelijks bestaan van particulieren, consumenten en handelspartijen worden weggedacht. De overeenkomst is als rechtshandeling aan de totstandkomingsvereisten van de rechtshandeling onderworpen, maar is als gevolg van het eigen karakter tevens aan eigen regels onderworpen. Bijzondere regels gelden wanneer de overeenkomst op elektronische wijze tot stand komt. Deze komen in paragraaf 1.6 aan de orde. Kennis hiervan is van belang om de rechtsgeldigheid van contracten te kunnen controleren.

Partijen willen met hun overeenkomst een bepaald doel bereiken, het is hun oogmerk rechtsgevolgen in het leven te roepen. Daarbij telt echter niet alleen hun (gezamenlijke) wil, het kan ook voorkomen dat de overeenkomst als gevolg van verschil van mening tussen de betrokken partijen door een objectieve derde (de rechter) moet worden uitgelegd. Op welke wijze dit geschiedt, zetten we uiteen in paragraaf 1.7.

Tot slot hoort bij kennis over de rechtshandeling in het algemeen en de overeenkomst in het bijzonder sinds een aantal jaren ook inzicht in de omstandigheden die partijen al aan elkaar kunnen binden vóór de totstandkoming van de overeenkomst. De zogenoemde precontractuele verhoudingen komen in paragraaf 1.8 aan de orde. Kennis hiervan is van wezenlijk belang bij het voeren van onderhandelingen.

■ ■ ■ 1.1 De rechtshandeling

Rechtshandeling

Centraal in het privaatrecht staat de *rechtshandeling*, dat wil zeggen: de handeling die erop *gericht* is een bepaald rechtsgevolg in het leven te roepen. De rechtshandeling moet onderscheiden worden van de handeling die niet is bedoeld om rechtsgevolgen mee te brengen en die deze ook inderdaad niet heeft. Ook zijn er rechtshandelingen die niet worden verricht met het oog op de rechtsgevolgen, maar die deze in de praktijk wel hebben.

Bekijk voor deze drie categorieën de volgende voorbeelden.

■ **Voorbeeld 1.1**
A steekt een sigaret op.
B gooit een steen door de ruit van een school.
C maakt zijn testament.
D neemt ontslag als chauffeur van Q.
E spreekt met F af dat hij het huis van F mag bewonen tegen betaling van €500 per maand.

De handeling van A is puur feitelijk; zij wordt niet verricht met het oog op een bepaald rechtsgevolg noch brengt zij enig rechtsgevolg teweeg. Zij is voor het recht irrelevant.
De handeling van B wordt evenmin verricht met het oog op een bepaald rechtsgevolg. Zij brengt echter wel rechtsgevolgen mee: B is verplicht de door hem aangerichte schade te vergoeden en wel op grond van art. 6:162 lid 1. Hij heeft een onrechtmatige daad gepleegd. Van een rechtshandeling is echter ook hier geen sprake, zelfs niet als hij de steen zou gooien louter met het oogmerk om aansprakelijk te worden gesteld en om schadevergoeding te moeten betalen. Het is de wil van de wetgever die het rechtsgevolg (schadevergoedingsplicht) in het leven roept, de wil van de handelende doet dan niet ter zake.
Met het maken van een testament daarentegen, wenst C te regelen wat er na zijn dood met zijn nalatenschap gebeurt en hierover heeft hij wel zeggenschap. C's handeling is erop gericht rechtsgevolgen in het leven te roepen (X en Y moeten opvolgen in zijn vermogen, Z krijgt zijn boeken enzovoort) en wanneer C zich aan de voorgeschreven regels houdt, worden aan zijn handeling in overeenstemming met zijn bedoeling rechtsgevolgen toegekend. Het maken van een testament is dus een rechtshandeling en wel één van het type dat men *eenzijdig* noemt: de

Eenzijdig

wilsverklaring van één persoon is voldoende om de rechtshandeling tot stand te brengen. De eenzijdige rechtshandeling is in dit geval *ongericht*, aangezien zij niet tot een bepaald persoon gericht is. Dat bepaalde personen daarvan wel de gevolgen ondervinden na de dood van C, is daarvoor niet van belang; de rechtshandeling komt tot stand door de wilsverklaring van één persoon, de erflater.

D, in dienst bij Q, neemt ontslag. Deze handeling is erop gericht de beëindiging van zijn dienstverband met Q teweeg te brengen. Ook ontslag nemen is een eenzijdige rechtshandeling: voldoende voor het beoogde rechtsgevolg is de wilsverklaring van één persoon. Deze eenzijdige rechtshandeling is er echter een die men *gericht* noemt. Zij is gericht tot een ander persoon, Q, met wie D een arbeidsovereenkomst gesloten had, en om geldig te zijn moet Q van de wilsverklaring kennis hebben genomen of hebben kunnen nemen (art. 3:37 lid 3).

E en F beogen met hun afspraak ieder voor zich een bepaald rechtsgevolg te realiseren. E verplicht zich maandelijks een bedrag aan F te betalen waartegenover hij recht krijgt op het genot van de woning, terwijl F zich verplicht deze woning ter beschikking te stellen waartegenover hij recht krijgt op de huursom. Deze rechtshandeling is *meerzijdig*: de wilsverklaring van meer dan één persoon is noodzakelijk om de rechtshandeling tot stand te brengen. Meerzijdige rechtshandelingen heten *overeenkomsten*. Er zijn verschillende soorten overeenkomsten; de belangrijkste groep wordt gevormd door de *verbintenisscheppende* of *obligatoire* overeenkomsten. De rechtshandeling E-F is zo'n verbintenisscheppende overeenkomst, en wel een huurovereenkomst waaruit voor beide partijen rechten en verplichtingen voortvloeien die men *verbintenissen* noemt; vergelijk art. 6:213; zie ook paragraaf 1.5. Het begrip verbintenis komt zowel voor in een enge betekenis, te weten de *prestatieverplichting*, als in een ruime betekenis: de vermogensrechtelijke *rechtsbetrekking* tussen twee of meer personen krachtens welke de een – de schuldenaar – verplicht is tot een bepaalde prestatie waartoe de ander – de schuldeiser – gerechtigd is.

Meerzijdig

Figuur 1.1 geeft een schematisch overzicht van de verschillende typen van rechtshandelingen.

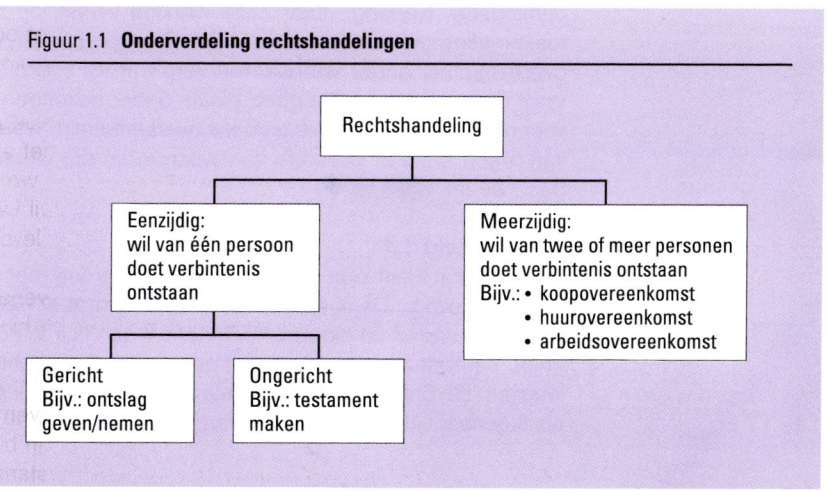

Figuur 1.1 **Onderverdeling rechtshandelingen**

De rechtshandeling in het algemeen is in de wet geregeld in titel 2 van Boek 3. De wet geeft geen definitie van de rechtshandeling, maar stelt vast waaraan moet zijn voldaan wil een geldige rechtshandeling tot stand komen. De wet kent het onderscheid tussen meerzijdige en eenzijdige, en tussen gerichte en ongerichte rechtshandelingen. Zie hiervoor art. 3:32 en 3:34 lid 2. Het onderscheid is hier met name van belang voor de vraag wat de gevolgen zijn wanneer een rechtshandeling verricht wordt door onbekwamen en personen met een geestelijke stoornis. Daarop wordt hierna in paragraaf 1.3 nader ingegaan.

Rechtshandelingen kunnen onder een tijdsbepaling of een voorwaarde worden verricht. Zie art. 3:38.

■ **Voorbeeld 1.2**
X belooft zijn kleinzoon Y in augustus dat hij hem als kerstcadeau een tablet zal geven.

■ **Voorbeeld 1.3**
P belooft zijn kleinzoon Q een tablet wanneer hij tot zijn 21ste verjaardag niet zal roken.

X uit voorbeeld 1.2 verricht een rechtshandeling (het schenken van een tablet) onder een *tijdsbepaling*, dat wil zeggen: de werking van de rechtshandeling is afhankelijk van een zekere toekomstige gebeurtenis waarvan het moment van intreden in dit geval vaststaat (in het voorbeeld: 25 december) maar niet behoeft vast te staan (X belooft zijn kleinzoon Y een tablet wanneer hij, X, overlijdt). P uit voorbeeld 1.3 verricht een rechtshandeling (het schenken van een tablet) onder een *voorwaarde*, dat wil zeggen: de werking van de rechtshandeling is afhankelijk van een onzekere toekomstige gebeurtenis. Q kan immers besluiten om wel te gaan roken, in welk geval hij geen aanspraak kan maken op de voorwaardelijk geschonken tablet.

Opschortende en ontbindende werking

Zowel tijdsbepaling als voorwaarde kan een opschortende en een ontbindende werking hebben. *Opschortend*: de rechtshandeling krijgt pas werking op het moment dat de toekomstige gebeurtenis plaatsvindt, zoals in voorbeeld 1.2 en 1.3 het geval is. *Ontbindend*: de rechtshandeling krijgt onmiddellijk werking, maar deze werking vervalt op het moment dat de toekomstige gebeurtenis plaatsvindt. Zie hiervoor art. 6:22. Wanneer een overeenkomst onder voorwaarde verplicht tot overdracht van een goed, vindt de levering van dat goed plaats onder dezelfde voorwaarde. Ter uitvoering van de verbintenis uit deze overeenkomst 'wordt slechts een recht verkregen dat aan dezelfde voorwaarde als die verbintenis is onderworpen', zie art. 3:84 lid 4.

■ **Voorbeeld 1.4**
P verrast zijn kleinzoon Y op zijn 18de verjaardag met een autootje met de mededeling: 'Denk eraan! Tot je 21ste wordt er niet gerookt vriend! Het is de auto of de sigaret.' Wanneer Y een jaar later naar de sigaret grijpt, heeft deze gebeurtenis tot gevolg dat de schenkingsovereenkomst wegvalt. De ontbindende voorwaarde gaat in vervulling. P kan nu de auto als eigenaar van Y terugeisen. Vergelijk art. 3:84 lid 4.

1.2 Tot stand komen van rechtshandelingen

Voor het tot stand komen van een geldige rechtshandeling moet aan een aantal vereisten zijn voldaan. Vereisten worden in de wet gesteld:
1 aan de persoon die de rechtshandeling verricht;
2 aan de handeling zelf.

1.2.1 Vereisten gesteld aan de persoon die de rechtshandeling verricht

De persoon die de rechtshandeling wil verrichten, moet aan twee voorwaarden voldoen:
1 Hij moet handelingsbekwaam zijn (art. 3:32).
2 Hij moet handelingsbevoegd zijn (art. 3:43).

Ad 1 Handelingsbekwaamheid

Handelingsbekwaamheid

Handelingsbekwaamheid houdt in: de geschiktheid van een persoon om voor zichzelf rechtshandelingen tot stand te brengen. Deze geschiktheid wordt door de wet in beginsel toegekend aan iedere natuurlijke persoon. Met het aangaan van rechtshandelingen kunnen echter grote belangen gemoeid zijn, en het is duidelijk dat niet ieder mens op ieder moment in zijn leven even goed in staat is zijn belangen op de juiste wijze te behartigen. Het is de taak van de overheid om deze mensen tegen zichzelf in bescherming te nemen, vandaar dat de wet zichzelf de bevoegdheid toekent vast te stellen dat bepaalde (groepen van) personen onbekwaam zijn om rechtshandelingen te verrichten. Vergelijk art. 3:32 lid 1.
Onbekwaam onder de huidige wetgeving kunnen zijn:
- minderjarigen; zie art. 1:234;
- onder curatele gestelden; zie art. 1:381 lid 2.

Minderjarigen (zij die de leeftijd van achttien jaren niet hebben bereikt en niet gehuwd of geregistreerd zijn of gehuwd of geregistreerd zijn geweest) en curandi (zie voor de gronden die tot curatele kunnen leiden art. 1:378) hebben een wettelijk vertegenwoordiger die op grond van deze hoedanigheid namens hen rechtshandelingen kan verrichten, maar ook toestemming kan geven tot het zelf verrichten van bepaalde rechtshandelingen. Wanneer minderjarigen of onder curatele gestelden zonder toestemming rechtshandelingen verrichten, hangt het van het type rechtshandeling af wat daarvan de gevolgen zijn. Meerzijdige rechtshandelingen verricht door een handelingsonbekwame zijn vernietigbaar, evenals een eenzijdig gerichte rechtshandeling zoals het nemen van ontslag. Een rechtshandeling van een handelingsonbekwame die niet tot een of meer bepaalde personen gericht is, is nietig, zie art. 3:32 lid 2.

■ **Voorbeeld 1.5**
A, een jongen van 14 jaar, verkoopt zijn Rolex-horloge. Dit is een meerzijdige rechtshandeling die op grond van art. 3:32 lid 2 vernietigd kan (let wel, niet: moet) worden door zijn wettelijk vertegenwoordiger.

■ **Voorbeeld 1.6**
B, een meerderjarige die onder curatele is gesteld wegens een geestelijke stoornis, maakt een testament. Dit is een eenzijdige ongerichte rechtshandeling die op grond van art. 3:32 lid 2 nietig is.

dat art. 3:33, dat overeenstemming van wil en verklaring vooronderstelt, een hoofdregel formuleert die nader wordt genuanceerd in art. 3:35. Met betrekking tot de totstandkoming van rechtshandelingen is in de wet gekozen voor een *dubbele grondslag*:
1 Stemmen wil en verklaring overeen (het normale geval), dan komt de rechtshandeling tot stand op de grondslag van de verklaarde wil: vergelijk art. 3:33.
2 Lopen wil en verklaring uiteen, dan kan niettemin een geldige rechtshandeling tot stand komen en wel op de grondslag van het opgewekte vertrouwen; zie art. 3:35, dat luidt:

'Tegen hem die eens anders verklaring of gedraging, overeenkomstig de zin die hij daaraan onder de gegeven omstandigheden redelijkerwijze mocht toekennen, heeft opgevat als een door die ander tot hem gerichte verklaring van een bepaalde strekking, kan geen beroep worden gedaan op het ontbreken van een met deze verklaring overeenstemmende wil.'

Vertrouwensbeginsel

Wanneer de wederpartij van degene wiens wil niet met zijn verklaring overeenstemt, er onder de gegeven omstandigheden redelijkerwijze op vertrouwen mocht dat de verklaarde wil de werkelijke wil weergaf, is de verklarende partij – ondanks zijn niet-willen en dus ondanks art. 3:33 – aan zijn verklaring gebonden. We noemen dit het *vertrouwensbeginsel*. Met betrekking tot voorbeeld 1.11 houdt dit in dat A, op grond van het bij B gewekte vertrouwen, zijn huis voor €300.000 moet overdragen. Er is op grond van art. 3:35 een geldige overeenkomst tot stand gekomen.

Ook C uit voorbeeld 1.12 is gebonden aan de gesloten overeenkomst. De koper van de Bugatti mocht erop vertrouwen dat C's verklaring in overeenstemming was met zijn werkelijke wil. C gedroeg zich geheel normaal en vroeg een gangbare prijs voor de auto. Ook hier is op grond van art. 3:35 sprake van een geldig tot stand gekomen rechtshandeling.

De regel van art. 3:35 is in het belang van het handelsverkeer. De chaos zou niet te overzien zijn wanneer een partij, steeds wanneer zijn verklaring op voor de wederpartij niet kenbare wijze afwijkt van wat hij heeft gewild, een beroep zou kunnen doen op deze afwezigheid van wil, en de rechtshandeling als gevolg daarvan ongeldig zou blijken te zijn. De regel van art. 3:35 is tevens billijk ten opzichte van de handelende partijen. Iemand die anders verklaart dan hij wil, hoort het risico te dragen dat de wederpartij, die vertrouwde op de opgewekte schijn, hem aan die verklaring houden wil.

Anderzijds is duidelijk dat aan de goede trouw van de wederpartij strenge eisen moeten worden gesteld. In het kader van art. 3:35 speelt art. 3:11 een belangrijke rol.

■ Voorbeeld 1.13

A wil zijn huis verkopen voor €330.000. B informeert naar de prijs.
A stuurt een e-mail waarin hij, als gevolg van een tikfout, een bedrag van €133.000 vermeldt. B laat weten dat hij akkoord gaat.

B moet begrijpen dat het om een tikfout gaat; het is uitgesloten dat A dit huis voor dit geld kwijt wil. Onder de omstandigheden mag hij aan de verklaring van A redelijkerwijze niet de betekenis van een reëel aanbod toekennen. Ondanks zijn acceptatie is er geen overeenkomst tot stand gekomen aangezien aan art. 3:33 noch aan art. 3:35 is voldaan. Art. 3:11 brengt hier mee dat B bij A informeert of er een fout is gemaakt.

■ **Voorbeeld 1.14**
C, een psychiatrisch patiënt, verkoopt tijdens een weekendverlof onder een vloed van tranen zijn Bugatti voor een normale prijs aan D. Hij vertelt dat 'ze' hem dwingen zijn 'baby' te verkopen. D zegt dat het allemaal wel los zal lopen en koopt de auto.

Ook D kan zich niet beroepen op art. 3:35. Het merkwaardige gedrag van C bood hem geen basis om te vertrouwen dat C's verklaring overeenstemde met zijn wil. Toch bestaat de mogelijkheid dat D van de Bugatti eigenaar wordt. Wanneer wil en verklaring van elkaar afwijken als gevolg van een geestelijke stoornis, treedt namelijk de speciale regel van art. 3:34 lid 2 in werking. Dit is een regel die het heldere systeem van de dubbele grondslag, zoals dat is vastgelegd in art. 3:34 en 3:35, op fundamentele wijze doorkruist. Wanneer iemand een rechtshandeling verricht onder invloed van een geestelijke stoornis en er is sprake van een situatie waarin bij de wederpartij 'een rood lichtje moet gaan branden' (art. 3:35 is dus niet van toepassing), dan is de rechtshandeling in kwestie vernietigbaar. Een eenzijdige rechtshandeling die niet tot een of meer bepaalde personen gericht was, wordt door het ontbreken van de wil echter nietig.
Met betrekking tot voorbeeld 1.14 betekent dit dat de rechtshandeling C-D in beginsel rechtsgeldig is. D kan zich niet op art. 3:35 beroepen, en niets belet C om de koopovereenkomst in stand te laten. Het is immers mogelijk dat hij, ondanks zijn geestelijke toestand, de auto toch wilde verkopen. Was dat echter niet het geval, en handelde hij onder invloed van de stoornis, dan staat hem een beroep open op de speciale regel van art. 3:34 lid 2. Hij kan, zich beroepend op zijn geestelijke stoornis, de overeenkomst vernietigen, waarvoor hij het nodige bewijs moet bijbrengen (vergelijk voorbeeld 1.15 en 1.17), maar hij kan deze ook in stand laten.
(Zie voor de vernietigbare rechtshandeling verder subparagraaf 1.3.2.)

■ **Voorbeeld 1.15**
X wordt verpleegd in een psychiatrische inrichting. Tijdens een proefverlof verkoopt hij een verzameling zilveren guldens aan zijn buurman Y. Een maand later is de collectie door een plotselinge stijging van de zilverprijs bijna het dubbele waard.

De overeenkomst X-Y is geldig; zij kan door X worden vernietigd wanneer zij tot stand kwam onder invloed van zijn geestelijke stoornis. Dit moet door X worden bewezen. Zie art. 3:34 lid 1.
X moet bewijzen: *a* de stoornis zelf en *b* causaal verband tussen de stoornis en de wilsverklaring. Dit verband is aanwezig wanneer de stoornis een redelijke waardering van zijn belangen belette ofwel wanneer de verklaring onder invloed van de stoornis gedaan werd. Dit laatste wordt vermoed zo te zijn, wanneer de rechtshandeling voor de gestoorde nadelig was, tenzij dit nadeel op het tijdstip van de rechtshandeling redelijkerwijze niet was te voorzien.
Het nadeel dat X in dit geval door de verkoop lijdt – een maand later is de collectie in waarde verdubbeld – valt daar niet onder: dit nadeel was op het tijdstip van de verkoop redelijkerwijze niet te voorzien; zie lid 1 laatste zinsnede.
Betekent dit nu ook dat X hoe dan ook aan de koop gehouden kan worden? Nee. In gevallen van 'onvoorzienbaar nadeel' blijven voor de gestoorde de overige mogelijkheden om te vernietigen – vanzelfsprekend –

Onvoorzienbaar nadeel

aanwezig. Het nadeel levert in dit geval niet het vermoeden op dat X onder invloed van de stoornis heeft gehandeld. Maar hij mag wel bewijzen dat de stoornis hem belette zijn belangen op juiste wijze te waarderen of dat zijn verklaring dat hij wilde verkopen onder invloed van de stoornis werd afgelegd.

Het verschil verklaard
Wanneer de verklaring van een partij bij een overeenkomst niet overeenstemt met zijn op rechtsgevolg gerichte wil, en de wederpartij weet dit, is er in beginsel geen overeenkomst tot stand gekomen.
Wanneer de wederpartij daarentegen weet dat hij met een geestelijk gestoorde een overeenkomst sluit, is er wel sprake van een geldige overeenkomst, die echter vernietigbaar is. Wanneer iemand anders verklaart dan hij wil, kan dit verschillende oorzaken hebben. Er kan sprake zijn van vergissing, verspreking, verschrijving, simulatie, scherts en misverstand. In al deze gevallen ontbreekt de wil en kan de rechtshandeling uitsluitend tot stand komen via de bepaling die opgewekt vertrouwen honoreert. Slechts wanneer de oorzaak van de afwijkende wilsverklaring is gelegen in een geestelijke stoornis is dit anders en kan er, eventueel, een vernietigbare rechtshandeling tot stand komen.
Vanwaar dit verschil? Twee voorbeelden maken het duidelijk.

■ **Voorbeeld 1.16**
A toont in zijn etalage een koffer die €150 kost. Door een slordigheid van de etaleur vermeldt het kaartje een prijs van €1,50. B wil de koffer voor die prijs kopen.

■ **Voorbeeld 1.17**
X is een alcoholicus die niet onder curatele is gesteld. Van tijd tot tijd belet het chronisch gebruik van alcohol hem zijn belangen naar behoren te behartigen. Y is daarvan op de hoogte. X verkoopt zijn hond aan Y.

A uit voorbeeld 1.16 heeft zich duidelijk niet willen verbinden voor een tegenprestatie van €1,50. B heeft daar niet op mogen vertrouwen. Hier past slechts één oplossing: er is geen overeenkomst tot stand gekomen.
X uit voorbeeld 1.17 echter, heeft er belang bij dat hij ondanks zijn alcoholisme en de daaruit voortvloeiende momenten van geestelijk onvermogen, normaal aan het rechtsverkeer kan deelnemen. Het is niet in zijn belang dat de rechtshandelingen die hij aangaat met personen die van zijn gebrek op de hoogte zijn, om die reden nietig worden verklaard. Niet alle rechtshandelingen van blijvend of tijdelijk gestoorden behoeven immers onder invloed van die stoornis te staan. De bescherming van de geestelijk gestoorde gaat ver genoeg wanneer hij de mogelijkheid heeft om een rechtshandeling, indien gewenst, achteraf te vernietigen. Hij zal dan wel moeten aantonen dat deze rechtshandeling onder invloed van de stoornis verricht werd. Bewezen moet worden:
1 de stoornis zelf;
2 causaal verband tussen stoornis en verklaring.

Zie hiervoor art. 3:34 lid 1 (zie subparagraaf 1.3.2).

De betekenis van de geestelijke stoornis voor de geldig tot stand gekomen rechtshandeling is in figuur 1.2 in beeld gebracht.

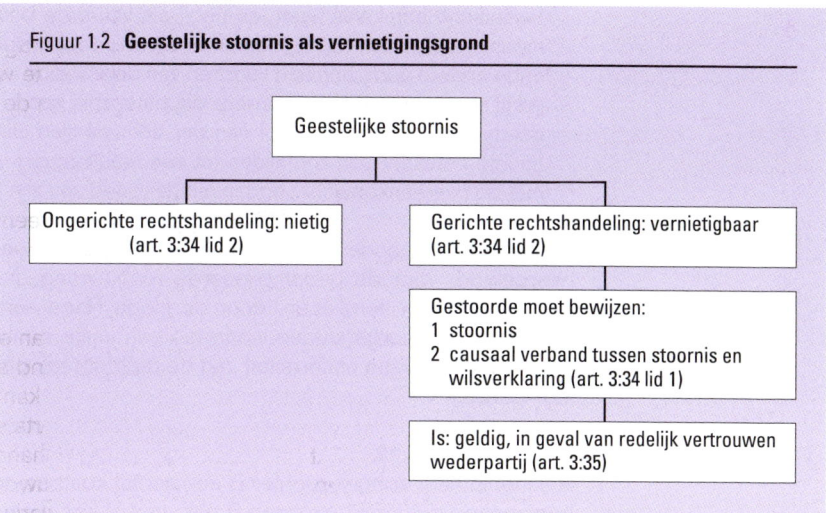

Figuur 1.2 Geestelijke stoornis als vernietigingsgrond

Het misverstand
Een bijzonder geval van het uiteenlopen van wil en verklaring doet zich voor wanneer bij de totstandkoming van een rechtshandeling sprake is van een misverstand.

■ **Voorbeeld 1.18**
A verhuurt aan B 'de eerste etage' van zijn woning. A heeft de begane grond, B de daarboven gelegen verdieping op het oog.

Hier doen zich met betrekking tot de vraag of er een overeenkomst tot stand is gekomen, niet twee maar drie mogelijkheden voor:
1 Er is in het geheel geen overeenkomst tot stand gekomen (beide partijen behoorden te beseffen dat de wilsverklaringen niet op elkaar aansloten).
2 Er is een overeenkomst gesloten met betrekking tot de begane grond (het vertrouwen van A dat ook B dit wilde, wordt gehonoreerd).
3 Er is een overeenkomst gesloten met betrekking tot de eerste verdieping (het vertrouwen van B dat ook A dit wilde, wordt gehonoreerd).

Hoe men in een voorkomend geval het antwoord vindt op de vraag of er al dan niet een rechtshandeling tot stand is gekomen en zo ja, van welke inhoud, is door de Hoge Raad aangegeven in het befaamde arrest inzake Bunde-Erckens, HR 17 december 1976, NJ 1977, 241. De Hoge Raad overweegt:

'dat immers, indien partijen die een overeenkomst wensen te sluiten, daarin een voor misverstand vatbare uitdrukking bezigen, die zij elk in verschillende zin hebben opgevat, het antwoord op de vraag of al of niet een overeenkomst tot stand is gekomen, in beginsel afhangt van wat beide partijen over en weer hebben verklaard en uit elkaars verklaringen en gedragingen, overeenkomstig de zin die zij daaraan in de gegeven omstandigheden redelijkerwijze mochten toekennen, hebben afgeleid;
dat daarbij onder meer een rol kan spelen: *a* of de betekenis waarin de ene partij de uitdrukking heeft opgevat meer voor de hand lag dan die waarin de ander haar heeft opgevat; *b* of, indien deze uitdrukking een vaststaande

technische betekenis heeft, de partij die van deze betekenis is uitgegaan, mocht verwachten dat ook de andere partij deze betekenis zou kennen; c of de andere partij zich had voorzien van deskundige bijstand en de wederpartij mocht verwachten dat deze die betekenis kende en die andere partij daaromtrent voorlichtte; d of één der door partijen aan de uitdrukking gehechte betekenissen zou leiden tot een resultaat dat met hetgeen partijen met de overeenkomst beoogden minder goed zou zijn te rijmen;'

Hier wordt, uitgaande van het vertrouwensbeginsel zoals dat in art. 3:35 is neergelegd, voor de gecompliceerde rechtsvraag die zich in geval van misverstand kan aandienen, door de Hoge Raad aan de lagere rechter een methode voorgehouden waarmee een juiste benadering van de problematiek en tevens uniformiteit van de rechtspraak op dit punt verkregen kan worden.

■ Voorbeeld 1.19
A schenkt haar schoondochter B een aantal kostbare juwelen. A lijdt aan beginnende dementie, hetgeen B niet wist of kon weten.

A kon haar wil niet bepalen zodat de schenkingsovereenkomst niet voldoet aan het in art. 3:33 gestelde vereiste. Is er echter een overeenkomst tot stand gekomen op grond van het bij B gewekte vertrouwen? Art. 3:35 stelt aan de wederpartij van degene die anders verklaarde dan hij in feite wilde, slechts de voorwaarde dat hij onder de omstandigheden redelijkerwijze mocht aannemen dat een verklaring van een bepaalde inhoud tot hem werd gericht. Een tegenprestatie van zijn kant is voor zijn bescherming niet vereist. Naar de letter van de wet zou B dus onder deze omstandigheden een beroep kunnen doen op bescherming van het bij haar gewekte vertrouwen.
Maar 'voor niets gaat de zon op'. Van B wordt, vanwege het feit dat haar een voordeel in de schoot geworpen wordt, extra waakzaamheid gevraagd. Zij mag minder snel vertrouwen dat A weet wat zij doet dan wanneer zij van de dementerende schoonmoeder een aanbod accepteert om de juwelen voor een redelijke prijs over te nemen.

De totstandkomingsvereisten van de rechtshandeling zijn in figuur 1.3 in beeld gebracht.

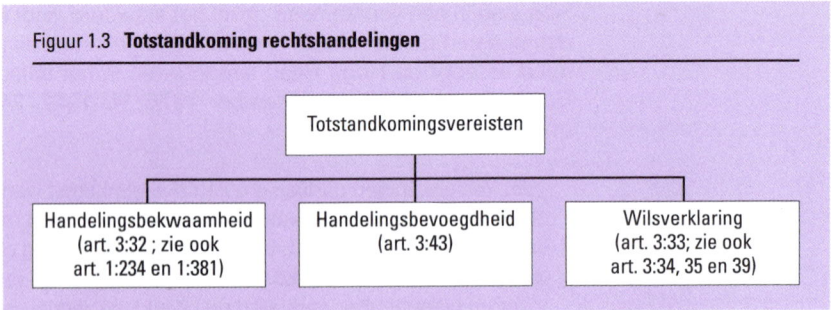

Figuur 1.3 **Totstandkoming rechtshandelingen**

Moment totstandkoming rechtshandeling
De rechtshandeling komt tot stand door een wilsverklaring. Met betrekking tot meerzijdige rechtshandelingen en eenzijdige gerichte rechtshan-

delingen moet hieraan worden toegevoegd dat deze wilsverklaring om werking te hebben de persoon tot wie zij is gericht moet hebben bereikt. Wanneer B schriftelijk reageert op een aanbod van A, zal de overeenkomst – die tot stand komt door een aanbod en de aanvaarding daarvan, zie art. 6:217 – tot stand komen op het moment dat de brief van B bij A arriveert. Dit geldt ook wanneer A de brief drie dagen lang ongeopend laat liggen ofwel deze pas vindt wanneer hij twee weken later van vakantie terugkeert. Van belang is niet het moment waarop de brief wordt geschreven of verzonden noch het moment waarop van de inhoud kennis wordt genomen: het gaat om het moment waarop de verklaring de wederpartij heeft bereikt. Zie art. 3:37 lid 3.

Echter: een verklaring die een persoon niet bereikt, wordt geacht hem bereikt te hebben wanneer:
1 hij zelf, of een ander voor wie hij aansprakelijk is, oorzaak is van het feit dat de verklaring hem niet of niet tijdig bereikte, ofwel
2 dit op andere gronden voor zijn risico behoort te komen.

■ Voorbeeld 1.20
A doet B wegens plaatsgebrek een uitzonderlijk aanbod: hij wil 10 000 blikken hondenvoer leveren met 50% korting. In zijn brief verzoekt hij om onmiddellijke schriftelijke reactie op zijn aanbod. B reageert op de gevraagde wijze. A heeft echter op zijn postpapier niet vermeld dat hij een nieuw kantoor heeft betrokken. De brief aan zijn oude adres bereikt hem niet; hij verkoopt de partij twee dagen later aan X.

De overeenkomst A-B komt door acceptatie van B – die A door diens eigen tekortkoming niet heeft bereikt – tot stand op het moment dat de brief op A's oude adres wordt bezorgd. Wanneer A door zijn overeenkomst met X en de daarop gevolgde levering de overeenkomst A-B niet kan nakomen, pleegt hij ten opzichte van B wanprestatie. Er is een overeenkomst A-B tot stand gekomen door de aanvaarding van B, ook al heeft deze aanvaarding A niet werkelijk bereikt. Zie art. 3:37 lid 3. B kan schadevergoeding vorderen.

Onjuist overgebrachte verklaringen
De afzender van een verklaring kan voor de overbrenging gebruikmaken van een andere persoon. Wanneer deze de verklaring onjuist overbrengt, hangt het van de omstandigheden af voor wiens rekening deze fouten komen.

■ Voorbeeld 1.21
A doet B een uitzonderlijk aanbod. Hij verzoekt om onmiddellijke reactie. B zegt zijn secretaresse het aanbod te aanvaarden. Zij geeft door dat B het aanbod niet kan aanvaarden.

De fout in de verklaring van B uit voorbeeld 1.21 aan A komt voor zijn, B's, rekening. Hij heeft de persoon die de verklaring foutief overbracht, zelf aangewezen. Er komt geen overeenkomst A-B tot stand. Zie art. 3:37 lid 4.

■ ■ ■ 1.3 De nietige en de vernietigbare rechtshandeling

De wet stelt aan de geldige totstandkoming van de rechtshandeling een aantal vereisten. Wordt aan één daarvan niet voldaan, dan kan dit drie gevolgen hebben. Al naar de aard van het gebrek is de rechtshandeling:
1 nietig;
2 vernietigbaar;
3 niettemin geldig.

Nietig

Nietig is de rechtshandeling in geval van gebreken die de openbare orde raken.
Het is A niet toegestaan zijn kind aan B te verkopen. Een overeenkomst van deze inhoud kan door partijen, hoezeer zij daar ook overeenstemming over bereiken, niet tot stand worden gebracht. Een geestelijk gestoorde kan geen testament maken. Een notaris kan niet het huis kopen en verkrijgen dat hij in het openbaar moet veilen. In al deze gevallen is het gebrek in de rechtshandeling zo fundamenteel in strijd met de rechtsorde, dat nietigheid als sanctie geboden is. Alle gevallen waarin op een gebrek in een rechtshandeling nietigheid is gesteld, hebben gemeen dat het algemeen belang bij nietigheid het partijbelang bij geldigheid overstijgt. Niet de wil van partijen maar de wil van de overheid moet de doorslag geven. Men spreekt hier van *nietigheid van rechtswege*.

Vernietigbaar

Vernietigbaar is de rechtshandeling in geval van gebreken die de handelende persoon raken. Het is de taak van de overheid de zwakkeren in de samenleving tegen zichzelf in bescherming te nemen, maar het is aan de zwakkere zelf (of zijn wettelijk vertegenwoordiger) om uit te maken of hij deze bescherming in een speciaal geval al dan niet wil aanvaarden. Een minderjarige kan zijn kostbare Rolex-horloge verkopen. Het is voor zijn bescherming niet noodzakelijk deze rechtshandeling nietig te verklaren. Hij kan zijn Rolex-horloge echter niet onaantastbaar verkopen: een meerzijdige rechtshandeling van een minderjarige is *vernietigbaar*, dat wil zeggen: voorlopig rechtsgeldig. Iemand die door zijn wederpartij bij de onderhandelingen betreffende de verkoop van een huis wordt bedrogen, moet de kans hebben deze rechtshandeling op grond van dat bedrog aan te tasten. Hij moet echter ook, wanneer hij dat zou willen, de overeenkomst in stand kunnen laten. Een overeenkomst aangegaan onder invloed van bedrog is vernietigbaar.
Vernietiging vindt plaats door de persoon die zich op de vernietigbaarheid beroepen mag, of door de rechter.

Niettemin geldig

Een gebrekkig tot stand gekomen rechtshandeling kan onder omstandigheden *niettemin geldig* zijn. Hiervan kan sprake zijn in de gevallen van art. 3:40 lid 3, namelijk wanneer de wet een bepaalde rechtshandeling verbiedt maar het gebrek te gering is om daaraan de sanctie van nietigheid te verbinden. Men denke aan de verkoop van bijvoorbeeld een brood ná de wettelijke sluitingstijd.

■ ■ ■ 1.3.1 Nietige rechtshandelingen

Hierna worden oorzaken en gevolgen van nietige rechtshandelingen aan de orde gesteld.

Oorzaken van de nietige rechtshandeling
Oorzaken die tot gevolg hebben dat het rechtsgevolg waarop een rechtshandeling was gericht niet tot stand komt, kunnen onder andere zijn gelegen in:
1 het ontbreken van een met de verklaring overeenstemmende wil;
2 strijd met de openbare orde en met de wet;
3 de handelingsonbevoegdheid van een persoon.

Ad 1 Ontbreken van een met de verklaring overeenstemmende wil
Zie hiervoor subparagraaf 1.2.2.

Ad 2 Nietigheid als gevolg van strijd met de wet en de openbare orde
Een rechtshandeling moet, op straffe van nietigheid, wat strekking en inhoud betreft beantwoorden aan de door de openbare orde en goede zeden gestelde normen. Zie art. 3:40 lid 1. Het betreft hier normen van ongeschreven recht die in de Nederlandse samenleving algemeen worden aanvaard.

■ **Voorbeeld 1.22**
X komt met Y overeen dat hij tegen betaling van €5.000 zijn minderjarige dochter toestemming zal geven met Y te trouwen.

De verklaringen van X en Y zijn strijdig met de openbare orde of de goede zeden; de overeenkomst is op grond daarvan nietig. Ook strijd met de wet kan nietigheid tot gevolg hebben.

■ **Voorbeeld 1.23**
P verkoopt aan Q een kilo heroïne.

Deze overeenkomst is in strijd met de wet, die handel in heroïne verbiedt, en valt als zodanig onder de werking van art. 3:40 lid 2, dat voor met de wet strijdige rechtshandelingen een speciale regel geeft. De overeenkomst P-Q is nietig.

Ad 3 Nietigheid als gevolg van handelingsonbevoegdheid
In subparagraaf 1.2.1 is reeds uiteengezet wat moet worden verstaan onder handelingsbevoegdheid. Wordt een rechtshandeling verricht door iemand die daartoe onbevoegd is, dan is deze nietig. Zie art. 3:43.

Gevolgen van de nietigheid van rechtswege
Nietige rechtshandelingen blijven van de aanvang af zonder effect voor het recht. Beroep op nietigheid voor de rechter is niet noodzakelijk: deze moet ambtshalve de nietigheid vaststellen. Hetgeen op grond van een nietige rechtshandeling is verricht, kan als onverschuldigd betaald worden teruggevorderd.

■ **Voorbeeld 1.24**
P betaalt Q €10.000 om van haar toestemming te verkrijgen met haar dochter te trouwen.

De overeenkomst P-Q is nietig wegens strijd met de openbare orde. P kan de €10.000 als onverschuldigd betaald van Q terugvorderen; zie art. 6:203.

1.3.2 Vernietigbare rechtshandelingen

Hierna worden oorzaken en gevolgen in geval van vernietigbare rechtshandelingen aan de orde gesteld.

Oorzaken van de vernietigbare rechtshandeling
Oorzaken die tot gevolg hebben dat het rechtsgevolg waarop een rechtshandeling was gericht niet onaantastbaar tot stand komt, kunnen zijn gelegen in:
1 onbekwaamheid;
2 geestelijke stoornis;
3 wilsgebreken.

Rechtshandelingen onder invloed van dergelijke gebreken verricht, zijn *vernietigbaar*. Vernietigbaarheid is gegeven ter bescherming van bepaalde groepen van personen en alleen zijzelf of hun wettelijke vertegenwoordigers kunnen dan ook – ter bescherming van hun belangen – de verrichte rechtshandeling aantasten. De wederpartij van dergelijke personen heeft geen keus: zij blijft gebonden wanneer er niet wordt vernietigd en kan zich tegen eventuele vernietiging niet verzetten. Aan haar belangen wordt tegemoetgekomen door de bepaling van art. 3:55: zij kan de onzekere situatie waarin zij zich bevindt opheffen door aan hem die de vernietiging tot stand kan brengen, een redelijke termijn te stellen waarbinnen deze zich kan uitspreken over de vraag of hij wel of niet gebruik zal maken van zijn bevoegdheid tot vernietiging.

Ad 1 Vernietigbaarheid als gevolg van onbekwaamheid
Een meerzijdige rechtshandeling van een juridisch onbekwame is vernietigbaar. Zie art. 3:32 lid 2 en zie ook subparagraaf 1.2.1, voorbeeld 1.5.

De wettelijk vertegenwoordiger van de onbekwame heeft de keus om de overeenkomst in stand te laten ofwel deze te vernietigen. Zie hiervoor art. 3:49 e.v.
Bij een oordeel over overeenkomsten die door minderjarigen worden gesloten, mag men art. 1:234 niet over het hoofd zien. Hierin wordt, als uitzondering op de hoofdregel van art. 3:32 lid 2 dat onbekwamen geen *onaantastbare* rechtshandelingen kunnen verrichten, vastgesteld dat minderjarigen onder bepaalde omstandigheden daartoe wél bekwaam zijn en wel in de volgende gevallen.
Wanneer A met toestemming van zijn vader (de wettelijk vertegenwoordiger) een zeilboot koopt, kan de overeenkomst niet worden vernietigd, aangezien A in dit geval niet onbekwaam is (lid 1). In dat geval moet het wel steeds gaan om een bepaalde overeenkomst of om een bepaald doel waartoe de minderjarige bekwaamheid wordt verleend (lid 2). Het is dus niet mogelijk dat de vader van A diens onbekwaamheid onbeperkt opheft door toestemming 'voor alle rechtshandelingen die hij verrichten zal'.
In lid 3 gaat de wet echter zelf een hele stap in die richting met de bepaling dat toestemming aan de minderjarige 'verondersteld wordt' met betrekking tot rechtshandelingen ten aanzien waarvan in het maatschappelijk verkeer gebruikelijk is dat minderjarigen van zijn leeftijd deze zelfstandig verrichten. Dat wil zeggen dat een 17-jarige met een uitkering bekwaam is om zelfstandig een kamer te huren, een scooter te kopen en zich in te schrijven voor een computercursus. Hierbij gelden echter wel bepaalde

marges. Dit type van rechtshandelingen wordt door minderjarigen algemeen verricht, maar dat maakt ze niet geheel algemeen onaantastbaar. Zo zal veel afhangen van de prijs. Het huren van een luxeappartement voor €1.800 per maand, het kopen van een geluidsinstallatie of van muziekinstrumenten voor de prijs van €15.000 en het aangaan van verplichtingen met betrekking tot een cursus van twee weken die enige duizenden euro's kost, zal niet onaantastbaar kunnen plaatsvinden.

Dit alles betekent dus dat ondanks de open regel van art. 1:234 elke rechtshandeling van een minderjarige in geval van geschil zorgvuldig moet worden getoetst: is de rechtshandeling *ook in deze vorm* gebruikelijk voor iemand van die leeftijd.

Ad 2 Vernietigbaarheid als gevolg van een geestelijke stoornis
Een meerzijdige rechtshandeling van een feitelijk onbekwame is vernietigbaar (art. 3:34 lid 2). Zie hiervoor subparagraaf 1.2.2.

Ad 3 Vernietigbaarheid als gevolg van een wilsgebrek
Wanneer er sprake is van het uiteenlopen van wil en verklaring (in geval van geestelijke stoornis, vergissing enzovoort) is er niet voldaan aan het vereiste van art. 3:33: wil en verklaring dekken elkaar niet. Voor de vraag of er niettemin een rechtshandeling tot stand is gekomen, is het eventueel opgewekte vertrouwen van de wederpartij doorslaggevend.

Hiervan te onderscheiden is het geval waarin wil en verklaring elkaar wel dekken maar waarin de wil op gebrekkige wijze – onder invloed van bedreiging, bedrog, misbruik van omstandigheden of dwaling – tot stand is gekomen. Zie art. 3:44 en art. 6:228.

In deze gevallen gaat het steeds om een 'zwakke' partij die door de wet op deze wijze wordt beschermd. Bedreiging, bedrog, misbruik van omstandigheden en dwaling worden gezamenlijk *wilsgebreken* genoemd omdat in al deze gevallen de wil van degene die tot vernietigen bevoegd is, op onzuivere wijze is gevormd, onder invloed van de wederpartij.

Wilsgebreken

Bedreiging

Bedreiging. Van bedreiging is sprake wanneer iemand een ander beweegt tot het aangaan van een rechtshandeling door hem of een derde (zijn vrouw, kinderen) onrechtmatig met nadeel te bedreigen; zie art. 3:44 lid 2.

■ **Voorbeeld 1.25**
A wenst een gokautomatenhal te openen in de binnenstad van Zwolle. Hij laat zijn oog vallen op het pand waarin B een café drijft. B wil niet verkopen. A laat hem weten dat caféruzies snel zijn uitgelokt en geeft hem enige voorproefjes met de daaraan verbonden vernielingen van het interieur.
B verkoopt het pand.

B heeft de overeenkomst gewild. Zijn wil is echter gevormd onder invloed van de bedreiging door A. Dit leidt tot vernietigbaarheid van de rechtshandeling. B kan dus wanneer hij daartoe behoefte voelt, de koopovereenkomst vernietigen. Wanneer de gesloten overeenkomst hem echter al met al toch niet slecht uitkomt, kan hij dat ook nalaten.

Van bedreiging in de zin van deze bepaling is ook sprake wanneer bijvoorbeeld iemand tot een rechtshandeling wordt bewogen onder druk van het feit dat de wederpartij mededelingen van persoonlijke aard aan zijn werkgever (hij is elders wegens diefstal ontslagen) of zijn levenspartner (hij heeft een vorige partner mishandeld en bestolen en heeft daarvoor in de gevangenis gezeten) dreigt door te geven. De bedreiging moet wel zodanig zijn dat een redelijk oordelend mens erdoor beïnvloed kan worden. Wanneer X zo labiel is dat alles hem angst aanjaagt (gedreigd wordt dat wanneer hij niet wekelijks een bedrag van €100 op tafel legt, aan zijn werkgever wordt verteld dat hij elk weekend twintig biertjes drinkt), is dat een hem persoonlijk betreffende omstandigheid die de betaling niet aantastbaar kan maken.

Bedrog

Bedrog. Zie voor de omschrijving van het begrip 'bedrog' art. 3:44 lid 3. Ook bedrog is grond voor vernietiging.

■ **Voorbeeld 1.26**
C zoekt een boerderij met grond om een manege te beginnen. D biedt zijn boerderij met 5 hectare grond te koop aan. D, gemeenteraadslid, weet dat volgens een bestaand gemeentelijk bouwplan de boerderij binnenkort zal worden gesloopt, een feit waarover hij zorgvuldig zwijgt. C koopt de boerderij.

D heeft bedrog gepleegd. C heeft overeenkomstig zijn wil verklaard de boerderij te kopen, maar zijn wil werd onder invloed van het bedrog van D op onzuivere wijze gevormd.
Van bedrog kan sprake zijn in geval van een opzettelijke verzwijging als in dit geval, maar ook in geval van een onjuiste mededeling en een 'andere kunstgreep'. Van het laatste is sprake wanneer iemand opzettelijk misleid wordt om hem te bewegen tot het aangaan van een rechtshandeling.

■ **Voorbeeld 1.27**
X wil zijn auto 'als nieuw' verkopen en zet de kilometerteller enige duizenden kilometers terug, of hij vervalst de datum van een enige jaren oud ANWB-rapport. In beide gevallen is er sprake van een kunstgreep die bedrog inhoudt.

Het komt vaak voor dat dezelfde feiten naast bedrog ook dwaling opleveren. In de praktijk zal de bedrogene dan primair een beroep op bedrog en subsidiair een beroep op dwaling doen. 'Het verzwijgen van een mededeling' bijvoorbeeld, moet in geval van bedrog opzettelijk hebben plaatsgevonden, zie art. 3:44 lid 3. Dat er met opzet is gehandeld, zal door de bedrogene bewezen moeten worden. Lukt dit, dan staat vast dat er een onrechtmatige daad is gepleegd, zodat tevens schadevergoeding gevraagd kan worden. In het merendeel van de gevallen kan opzet echter niet worden bewezen. In dat geval resteert dan een beroep op dwaling, waarvoor opzet niet vereist is, zie art. 6:228 lid 1 sub a en b.

Misbruik van omstandigheden

Misbruik van omstandigheden. Zie voor misbruik van omstandigheden als grond voor vernietigbaarheid art. 3:44 lid 4.

Van misbruik is sprake wanneer iemand die ten opzichte van een ander een zwakke positie inneemt, een rechtshandeling verricht die hij onder normale omstandigheden niet zou hebben verricht. Vereist is dat de ander weet of moet begrijpen dat het slachtoffer door de bijzondere omstandigheden tot het verrichten van de rechtshandeling wordt bewogen en dat de ander hem daarvan zou moeten weerhouden. Niet vereist is dat de rechtshandeling voor het slachtoffer nadelig is, maar aanwezigheid, aard en omvang van het nadeel zullen wel een belangrijke rol spelen in het kader van de vraag of de ander het slachtoffer had moeten tegenhouden.

De Hoge Raad heeft op 5 februari 1999 (NJ 1999, 652) beslist over een geval waarin een werknemer had ingestemd met de beëindiging van zijn arbeidsovereenkomst door tijdens het gesprek, dat drie vertegenwoordigers van de werkgever met hem hadden, een schriftelijke verklaring van instemming te ondertekenen. Er was sprake van misbruik van omstandigheden omdat de werknemer onvoorbereid het gesprek was ingegaan en door de werkgever niet was gewaarschuwd dat het gesprek over beëindiging van het dienstverband zou gaan, de werknemer geen ervaren onderhandelaar was en niet deskundig was op het gebied van beëindiging van een dienstverband en de werkgever een overwichtspositie had. De werkgever had de werknemer tijd moeten geven om zich te beraden en advies in te winnen.

Dwaling

Dwaling. Alle rechtshandelingen die onder invloed van bedreiging, bedrog en misbruik van omstandigheden tot stand komen, kunnen als gevolg van het feit dat de wil van de handelende persoon gebrekkig werd gevormd vernietigd worden.
Een vierde wilsgebrek, dwaling, doet zich voornamelijk voor met betrekking tot meerzijdige rechtshandelingen en is niet geregeld in Boek 3 maar bij de overeenkomst in Boek 6.
Zie art. 6:228 en voorts subparagraaf 1.6.4 over dwaling.

Een vernietigbare rechtshandeling wordt vernietigd door een buitengerechtelijke verklaring of door een rechterlijke uitspraak. Zie art. 3:49. Degene die tot vernietigen bevoegd is, heeft in beginsel de keus. De eerste mogelijkheid is gemakkelijker; een aangetekend schrijven is bijvoorbeeld een goede en snelle methode. Maar bij een onwillige tegenpartij is de tweede mogelijkheid onvermijdelijk.

In figuur 1.4 staan de gronden vermeld die een partij bij een overeenkomst de mogelijkheid bieden de rechtshandeling te vernietigen.

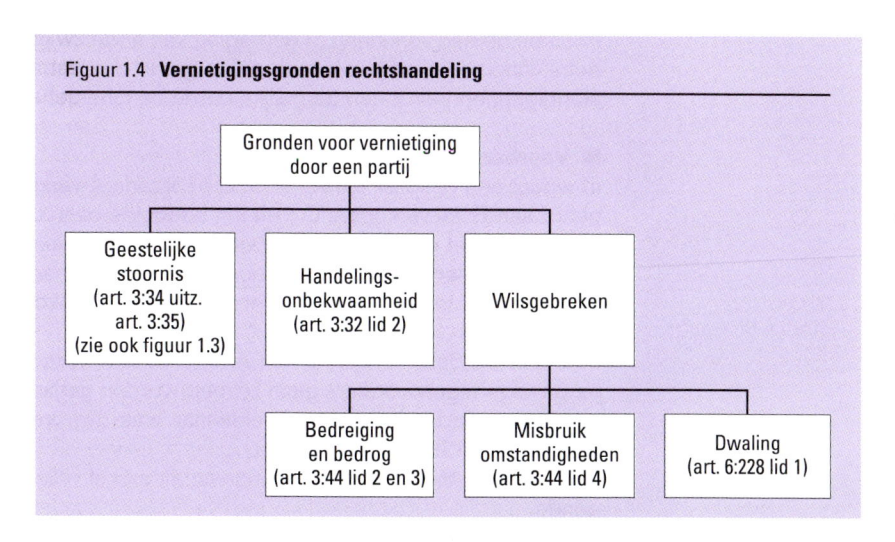

Figuur 1.4 **Vernietigingsgronden rechtshandeling**

```
                    Gronden voor vernietiging
                        door een partij
        ┌───────────────────┼───────────────────┐
  Geestelijke          Handelings-
   stoornis           onbekwaamheid         Wilsgebreken
 (art. 3:34 uitz.    (art. 3:32 lid 2)
   art. 3:35)
(zie ook figuur 1.3)
                              ┌───────────────────┼───────────────────┐
                         Bedreiging           Misbruik
                         en bedrog         omstandigheden          Dwaling
                     (art. 3:44 lid 2 en 3)  (art. 3:44 lid 4)   (art. 6:228 lid 1)
```

Gevolgen van de vernietiging
Vernietiging heeft tot gevolg dat de rechtshandeling van de aanvang af nietig is geweest. Vernietiging heeft dus terugwerkende kracht; zie art. 3:53 lid 1.

■ **Voorbeeld 1.28**
A heeft aan B een aanzienlijke som geld geleend en ontvangt daarover een rente van 10% per jaar. Op 1 januari scheldt hij B zijn schuld kwijt op grond van verklaringen van B die achteraf bedrog blijken op te leveren. Eind september ontdekt A dit bedrog en vernietigt hij de kwijtschelding door middel van een schriftelijke verklaring aan B.
De vernietiging werkt terug tot het moment van de kwijtschelding, zodat de kwijtschelding geacht wordt nooit plaatsgevonden te hebben. B is aan A achteraf bezien alsnog rente verschuldigd over de maanden januari tot en met september.

De rechtshandeling die na vernietiging blijkt steeds nietig te zijn geweest, heeft voor het overige gevolgen die dezelfde zijn als bij de nietigheid van rechtswege. Wat onverschuldigd is betaald, kan worden teruggevorderd. Is een goed overgedragen op grond van een vernietigde titel, dan is de vervreemder steeds rechthebbende gebleven. Zie paragraaf 3.2.

■ ■ ■ 1.4 De rechtshandeling en derden

Eerder in dit hoofdstuk, in subparagraaf 1.2.2, werd gesproken over het vertrouwensbeginsel, vervat in art. 3:35. Iemand verkoopt een huis maar verklaart anders dan hij in werkelijkheid wil. Voor de vraag of er al dan niet een geldige rechtshandeling tot stand is gekomen, is het eventueel bij de wederpartij gewekte vertrouwen van doorslaggevend belang. Het gaat in deze gevallen om vertrouwen dat bij een *wederpartij* is gewekt. A biedt B een zaak te koop aan voor een bepaalde prijs, B vertrouwt dat A verklaarde overeenkomstig zijn bedoelingen.

Derdenbescherming
Hiervan moet worden onderscheiden het geval waarin een *derde* in vertrouwen op een verklaring of gedraging van *anderen* een bepaalde rechtsbetrekking verkeerd beoordeelt en op grond daarvan handelt. Onder omstandigheden wordt een dergelijke derde beschermd door art. 3:36.

■ **Voorbeeld 1.29**
C woont een gesprek tussen A en B bij waarin A verklaart dat hij zijn paard aan B zal verkopen. C treft het bedoelde paard korte tijd later aan bij B, huurt het voor een periode van een jaar en betaalt vooruit. Echter, de koopovereenkomst gaat niet door. A is nog eigenaar, en wil het paard ogenblikkelijk terughalen. Hij erkent de huurovereenkomst B-C niet.

Mocht C op deze verklaring van A tegenover B vertrouwen en kan dientengevolge tegenover hem geen beroep worden gedaan op de onjuistheid van zijn veronderstelling dat B eigenaar was geworden? Het antwoord moet in art. 3:36 worden gezocht.
Veel gevallen die onder de werking van dit artikel vallen, betreffen het volgende.

■ **Voorbeeld 1.30**
A ondertekent een schuldbekentenis waarin staat vermeld dat hij van B €10.000 heeft geleend. In feite heeft hij van B slechts €5.000 geleend. B draagt op grond van deze akte zijn vordering op A voor €9.500 over aan C.

Als derde heeft C op grond van de schuldbekentenis redelijkerwijze mogen aannemen dat A aan B €10.000 schuldig was. Hij heeft zich in redelijk vertrouwen op de juistheid van die veronderstelling de vordering tegen betaling van €9.500 laten overdragen. Ten opzichte van C kan door A geen beroep worden gedaan op de onjuistheid daarvan. C verkrijgt een vordering op A, groot €10.000. Men spreekt hier van derdenbescherming; zie paragraaf 3.3.
Voor verschillende gevallen van derdenbescherming zijn in de wet speciale regels opgenomen. Deze gevallen betreffen voornamelijk de verkrijging van goederen uit handen van een beschikkingsonbevoegde, bijvoorbeeld iemand koopt een gestolen fiets of computer van een niet-eigenaar. Wordt hij beschermd? Vergelijk art. 3:86 en 88 en 3:24 e.v. Deze artikelen zijn alle toegesneden op *specifieke* situaties en worden behandeld in paragraaf 3.3.
Art. 3:36 geeft daarnaast een *algemene* regel, zoals kan worden afgeleid uit de verschillende voorbeelden hiervoor. Het houdt een hoofdregel in – derden worden onder omstandigheden beschermd tegen door verklaringen of gedragingen opgewekte schijn – en is daarom in veel situaties van toepassing. Het kan ook worden gezien als een restbepaling die van toepassing is wanneer een bepaald geval niet een eigen regeling heeft gekregen.

■ ■ ■ 1.5 De overeenkomst

Verbintenisscheppende overeenkomst

De meest voorkomende rechtshandeling is de *verbintenisscheppende overeenkomst*. Dit is een rechtshandeling van het type dat meerzijdig wordt genoemd: de wilsverklaring van meer dan één persoon is noodzakelijk om de rechtshandeling tot stand te brengen. Dit komt tot uitdrukking in de definitie die art. 6:213 lid 1 van de overeenkomst geeft:

> 'Een overeenkomst in de zin van deze titel is een meerzijdige rechtshandeling, waarbij een of meer partijen jegens een of meer andere een verbintenis aangaan.'

Voorbeelden van overeenkomsten zijn: koop, huur, ruil, schenking. Hiervoor zijn steeds (minstens) twee partijen noodzakelijk. Wanneer A zijn huis wil ruilen en B zijn auto wil verkopen, moet zich voor ieder van hen een wederpartij aandienen alvorens een overeenkomst gesloten kan worden.

■ **Voorbeeld 1.31**
A heeft een kamer te huur en plaatst een advertentie. B informeert naar de huurprijs en de overige voorwaarden. Hij verklaart dat hij de kamer wil huren.

A en B hebben een overeenkomst gesloten, dat wil zeggen: zij hebben een rechtshandeling verricht waaruit voor ieder van hen verbintenissen voortvloeien. Er ontstaat een verbintenis in ruime zin, waaruit voor partijen verbintenissen in enge zin voortvloeien (zie paragraaf 1.1).
Let wel: de overeenkomst is de *handeling* die zich tussen partijen afspeelt, de verklaringen die zij afleggen. De verbintenis is de *rechtsbetrekking* die daaruit voortvloeit. Wanneer B verklaart dat hij de door A aangeboden kamer zal huren, is door de op elkaar aansluitende wilsverklaringen van partijen de overeenkomst tot stand gekomen. De handeling die overeenkomst heet, is voltooid. Daaruit is een rechtsbetrekking ontstaan die verplicht tot twee (hoofd)verbintenissen. Ten eerste de verplichting de kamer in gebruik te verstrekken, waarbij A schuldenaar en B schuldeiser is. Ten tweede de verplichting de tegenprestatie in de vorm van de betaling van een maandelijkse huursom te verrichten, waarbij A schuldeiser is en B schuldenaar.
Hierna wordt ingegaan op de verschillende soorten overeenkomsten, de kenmerken voor overeenkomsten en de algemene voorwaarden.

Verschillende overeenkomsten
Overeenkomsten kunnen worden onderscheiden in:
a wederkerige en eenzijdige overeenkomsten;
b benoemde en onbenoemde overeenkomsten.

Wederkerige en eenzijdige overeenkomsten

Ad a Wederkerige en eenzijdige overeenkomsten
De huurovereenkomst die A en B in voorbeeld 1.32 gesloten hebben, is een zogenoemde *wederkerige overeenkomst*. Vergelijk art. 6:261 lid 1:

'Een overeenkomst is wederkerig, indien elk van beide partijen een verbintenis op zich neemt ter verkrijging van de prestatie waartoe de wederpartij zich daartegenover jegens haar verbindt.'

Beide partijen, zowel A als B, hebben een verbintenis op zich genomen. Andere voorbeelden van wederkerige overeenkomsten zijn koop en ruil. Ook een arbeidsovereenkomst is een wederkerige overeenkomst; de werkgever verbindt zich (onder meer) tot het betalen van loon, de werknemer tot het verrichten van arbeid.
Tegenover de wederkerige staat de *eenzijdige overeenkomst*, waarbij slechts één partij een verbintenis op zich neemt. Een voorbeeld hiervan is de schenking. Uit de overeenkomst waarbij X aan Y een armband schenkt, vloeit voor X de verplichting voort een armband in eigendom aan Y over te dragen. Y heeft zich tot geen enkele prestatie verbonden.
Let wel: wederkerige en eenzijdige overeenkomsten dienen te worden onderscheiden van meerzijdige en eenzijdige rechtshandelingen. De schenking is – als alle overeenkomsten – een meerzijdige rechtshandeling: meer dan één partij legt hierbij een wilsverklaring af. X verklaart te willen schenken, Y verklaart te willen aanvaarden. De schenking is echter een eenzijdige overeenkomst: slechts één partij, X, heeft een verbintenis op zich genomen. Hieruit volgt dat eenzijdige overeenkomsten altijd overeenkomsten *om niet* zijn. Wanneer slechts één partij een verbintenis op zich neemt en daardoor een prestatie verschuldigd wordt, ontvangt de wederpartij deze prestatie zonder daar harerzijds een tegenprestatie tegenover te stellen. Tegenover de overeenkomst om niet, staat de overeenkomst *om baat*, ofwel anders dan om niet. Beide partijen verplichten zich een prestatie te verrichten. Voorbeelden zijn koop, huur en ruil.

Ad b Benoemde en onbenoemde overeenkomsten

Benoemde en onbenoemde overeenkomsten

Overeenkomsten kunnen nog nader worden onderscheiden in benoemde en onbenoemde. *Benoemd* is de overeenkomst die in de wet een eigen regeling heeft gekregen. Deze overeenkomsten zijn onder meer opgenomen in Boek 7 en 7A. Belangrijke voorbeelden van benoemde overeenkomsten zijn: koop en ruil, verbruikleen, schenking, huur, de arbeidsovereenkomst en de verzekering. Op benoemde overeenkomsten is ook het algemeen gedeelte van het overeenkomstenrecht van Boek 6 van toepassing, voor zover de speciale regels in de zojuist genoemde boeken dit niet opzij zetten.

Onbenoemd is de overeenkomst die niet speciaal in de wet geregeld is. Zo is bijvoorbeeld een distributieovereenkomst een onbenoemde overeenkomst. Deze is immers niet apart in de wet geregeld.

Op onbenoemde overeenkomsten zijn de bepalingen van het algemeen gedeelte van Boek 6 van toepassing. De overeenkomsten zijn hier ondergebracht in titel 5, waarvan de afdelingen 1 tot en met 4 geschreven zijn voor alle verbintenisscheppende overeenkomsten, terwijl afdeling 5 uitsluitend op wederkerige overeenkomsten van toepassing is.

Kenmerken van overeenkomsten

Kenmerkend voor de overeenkomst is dat partijen in beginsel geheel vrij zijn in het bepalen van de inhoud. Dit is de zogenoemde partijautonomie of *contractvrijheid*. Zolang hetgeen partijen overeenkomen niet in strijd is met dwingende wetsbepalingen, openbare orde of goede zeden, zijn zij aan geen beperkingen onderworpen. Zowel de vorm als de inhoud van de overeenkomst kan in beginsel naar eigen inzicht worden bepaald.

Contractvrijheid

Wanneer partijen een overeenkomst hebben gesloten, zijn zij aan het daarin bepaalde gebonden. Vergelijk art. 6:248 lid 1, dat tevens verwijst naar de overige rechtsgevolgen van de overeenkomst.

Algemene voorwaarden

Niet altijd beslissen *beide* partijen vrij over de inhoud van de overeenkomst. Vaak wordt gebruikgemaakt van zogenoemde algemene voorwaarden. Dat zijn contractuele bedingen die door één partij bij de overeenkomst eenzijdig worden opgesteld en geregeld gebruikt. De wederpartij van degene die algemene voorwaarden gebruikt, zal meestal niet in staat zijn hierop af te dingen; veelal zal hij zelfs niet op de hoogte zijn van wat deze voorwaarden inhouden. Algemene voorwaarden kunnen strijdig zijn met de belangen van de wederpartij, in het bijzonder de consument. Vandaar dat de wetgever in afdeling 6.5.3 een speciale regeling met betrekking tot de algemene voorwaarden getroffen heeft. Zie daarvoor subparagraaf 1.6.5.

■ ■ ■ 1.6 Tot stand komen van overeenkomsten

De overeenkomst is een rechtshandeling en als zodanig onderworpen aan de regels van Boek 3 titel 2. De voorwaarden die daar aan de geldige totstandkoming van een rechtshandeling worden gesteld, zijn in beginsel alle op de overeenkomst van toepassing. Zo kan de door een minderjarige gesloten overeenkomst aantastbaar zijn en is de verkoop van heroïne in strijd met de wet. Zie paragraaf 1.3.

Als gevolg van het eigen karakter van de verbintenisscheppende overeenkomst is deze daarnaast tevens onderworpen aan eigen regels met betrekking tot:
1 aanbod en aanvaarding;
2 bepaalbaarheid van de verbintenissen;
3 elektronisch contracteren;
4 vernietigbaarheid in geval van dwaling;
5 vernietigbaarheid in geval van algemene voorwaarden.

1.6.1 Aanbod en aanvaarding

De wilsverklaring die voor de totstandkoming van de rechtshandeling noodzakelijk is, bestaat voor de overeenkomst – die altijd door minstens twee personen gesloten wordt – uit twee (of meer) op elkaar aansluitende wilsverklaringen: het aanbod en de aanvaarding daarvan. Zie art. 6:217 lid 1. Het aanbod moet worden gezien als een eenzijdig gerichte wilsverklaring die een voorstel tot het sluiten van een overeenkomst van een bepaalde inhoud behelst. Wordt dit aanbod aanvaard, dan is de overeenkomst tot stand gekomen. Het aanbod schept namelijk een *wilsrecht* voor degene tot wie het is gericht, die door een eenzijdige wilsverklaring zijnerzijds, de aanvaarding, de overeenkomst tot stand kan brengen.

Aanbod

Aanvaarding

■ **Voorbeeld 1.32**
Winkelier A plaatst een advertentie: Kinderboxen van het merk X te koop voor de actieprijs van €100. B meldt zich bij A, vraagt de boxen te mogen zien en zegt: Wilt u één kinderbox voor mij inpakken?

■ **Voorbeeld 1.33**
X loopt supermarkt Y binnen, laadt 1 kg suiker en 1 krat bier in zijn wagentje en rekent af aan de kassa.

A en B uit voorbeeld 1.32 hebben een overeenkomst gesloten, evenals X en Y uit voorbeeld 1.33.
In het geval van de overeenkomst A-B zijn aanbod en aanvaarding duidelijk te onderkennen. A maakt zijn aanbod bekend via een advertentie, B aanvaardt door middel van een mondelinge mededeling.
In het geval van de overeenkomst X-Y zijn aanbod en aanvaarding, wellicht op het eerste gezicht minder duidelijk, evenzeer aanwezig. Y biedt door plaatsing in de rekken de geprijsde artikelen te koop aan, X aanvaardt het aanbod door wat van zijn gading is in zijn karretje te plaatsen. Aan de kassa voldoen X en Y aan de verbintenissen die zij bij het sluiten van de overeenkomst op zich hebben genomen: Y draagt de zaken in eigendom over door feitelijke overgave daarvan, X voldoet aan zijn verbintenis door het betalen van de koopprijs.
De praktijk houdt zich echter niet altijd aan het schema van aanbod en aanvaarding. Soms is het ten gevolge van ingewikkelde onderhandelingen moeilijk uit te maken wie een aanbod deed en wie aanvaardde.

Het rechtskarakter van het aanbod
Niet ieder 'aanbod' is een aanbod in de zin van art. 6:217. Vereist is dat het aanbod voldoende bepaald is, dat wil zeggen dat de eventuele wederpartij precies moet weten of moet kunnen achterhalen met betrekking waartoe hij reageert. Vergelijk art. 6:227. Hieruit vloeit het volgende voort.

■ **Voorbeeld 1.34**
A adverteert: Tafels en stoelen te koop, B-straat, na 19 u.

A doet geen aanbod in de zin van de wetsbepaling. Wanneer X aanbelt en meedeelt een tafel en een stoel te kopen, is er geen overeenkomst tot stand gekomen. De advertentie van A is te weinig bepaald en behelst geen aanbod maar een *uitnodiging* tot het doen van een aanbod. Wanneer X zich bij A vervoegt, kan een voldoende bepaald aanbod (Wingchair, groen skai, €500) en de aanvaarding daarvan tot een overeenkomst leiden. Let wel: de prijs is niet wezenlijk voor de vraag of er al dan niet sprake is van een aanbod. Vergelijk art. 7:4.

Van de uitnodiging tot het doen van een aanbod moet worden onderscheiden de zogenoemde *uitnodiging om in onderhandeling te treden*. In dit geval kan sprake zijn van een geheel bepaalde omschrijving terwijl toch de partij die de uitnodiging doet zich alle vrijheid voorbehoudt met betrekking tot het sluiten van de overeenkomst. Hiervan is bijvoorbeeld sprake wanneer een individueel bepaalde zaak (zoals een huis) in een advertentie voor een bepaalde prijs wordt aangeboden. De verkoper behoudt grote vrijheid, met name vanwege het feit dat bij een dergelijke overeenkomst niet alleen prijs en eventuele verdere voorwaarden van de koop, maar ook de persoon van de gegadigde voor de verkoper van belang kunnen zijn. Vergelijk HR 10 april 1981, NJ 1981, 532 (Hofland-Hennis).

Deze regel geldt niet voor alle advertenties. Wanneer bedrijfsmatig met soortzaken wordt geadverteerd, zal normaal gesproken van een aanbod sprake zijn.

■ **Voorbeeld 1.35**
Wanneer De Bijenkorf in een advertentie mantels met lamsvoering toont, 'deze week €1.250 in plaats van €1.750', betreft dit een aanbod en geen uitnodiging om in onderhandeling te treden.
Als X in die week zo'n jas meeneemt naar de kassa en er €1.250 voor wil pinnen, kan de verkoper niet meedelen dat er al dertig van verkocht zijn en dat de rest van de partij weer gewoon volgens het prijskaartje €1.750 kost.

Het karakter van het aanbod, dat een wilsrecht schept voor degene tot wie het is gericht, brengt mee dat het niet onbeperkt in stand kan blijven. Een aanbod kan zijn kracht verliezen door:
a herroeping;
b verval.

Herroepelijk of onherroepelijk

Ad a Herroeping
Een aanbod kan herroepelijk of onherroepelijk zijn.

■ **Voorbeeld 1.36**
Wijnhandelaar S te H doet zijn vaste klanten een bijzondere aanbieding: 12 flessen cognac uit 1979 voor €250.

Dit aanbod kan in beginsel worden herroepen; zie art. 6:219 lid 1. S kan zijn aanbod in elk geval herroepen zolang het niet is aanvaard. Heeft klant R echter, wanneer hij de herroeping ontvangt, reeds een mededeling aan S verzonden waarin hij het aanbod aanvaardt, dan is S aan zijn aanbod gebonden. Zie art. 6:219 lid 2.

Vrijblijvend aanbod

Heeft S zijn aanbod vergezeld doen gaan van de toevoeging dat het vrijblijvend is gedaan, dan geldt voor de herroeping een speciale regel. Een *vrijblijvend aanbod* is een verklaring die als een aanbod moet worden opgevat maar waaraan uitdrukkelijk de mededeling dat het vrijblijvend is, wordt toegevoegd. Zo'n aanbod kan nog onverwijld ná de aanvaarding worden herroepen. Zie art. 6:219 lid 2.

De mogelijkheid om een aanbod te herroepen is uitgesloten wanneer het 'een termijn voor de aanvaarding inhoudt of de onherroepelijkheid ervan op andere wijze uit het aanbod volgt'. Zie art. 6:219 lid 1.

■ **Voorbeeld 1.37**
A zendt B een brief waarin hij zijn huis, Akkerstraat 1, gelegen te Y, te koop aanbiedt voor €400.000, inclusief stoffering. In een PS vermeldt hij dat hij B tot 1 juli de gelegenheid geeft zich over een en ander te beraden.

Het heeft geen effect voor het recht wanneer A op 20 mei aan B laat weten dat hij niet meer geïnteresseerd is in de verkoop van zijn huis, of dat hij zich wegens het aantrekken van de huizenmarkt genoodzaakt ziet de prijs tot €440.000 te verhogen. A heeft zijn aanbod tot 1 juli onherroepelijk gemaakt door een termijn voor de aanvaarding te vermelden en heeft zich aldus de mogelijkheid ontnomen op zijn aanbod terug te komen.
Let wel: onherroepelijkheid kan ook op andere wijze dan door het noemen van een termijn voor de aanvaarding uit het aanbod volgen.

■ **Voorbeeld 1.38**
A biedt B schriftelijk een schilderij van Picasso aan; het aanbod gaat vergezeld van foto's en een deskundigenrapport. De brief behelst de mededeling: Gezien de relatie tussen onze huizen blijft het doek voor u gereserveerd tot wij bericht van u hieromtrent ontvangen.

Dit aanbod kan niet worden herroepen. Maar het blijft ook niet onbeperkt staan. Van B wordt binnen een redelijke termijn een reactie verwacht. Wat 'redelijk' is, hangt af van wat tussen partijen in het verleden plaatsvond. Reageerde B altijd binnen een week, dan zal na twee of drie weken het aanbod vervallen. Duurde aanvaarding of verwerping altijd minstens een maand, dan kan het aanbod minstens een maand niet herroepen worden.

Ad b Verval
Ook zonder dat het door de aanbieder wordt herroepen, kan een aanbod zijn gelding verliezen. Art. 6:221 bepaalt onder welke omstandigheden een aanbod *vervalt*, namelijk door tijdsverloop en door verwerping.

Vervallen aanbod

■ **Voorbeeld 1.39**
A biedt B zijn Harley Davidson te koop aan voor €10.000. B haalt zijn schouders op.

Een mondeling (inclusief telefonisch) aanbod vervalt wanneer het niet onmiddellijk, dat wil zeggen: direct, à la minute, wordt aanvaard.
Wanneer B een dag later de motor alsnog wil kopen, zal hij een nieuw aanbod van A moeten afwachten of zelf een aanbod moeten doen. Het aanbod van de vorige dag is vervallen.

Een schriftelijk aanbod vervalt wanneer het niet binnen redelijke termijn wordt aanvaard. Wat hieronder moet worden verstaan, hangt af van de omstandigheden en van het gebruik.
Art. 6:221 lid 2 vermeldt dat een aanbod vervalt wanneer het wordt verworpen. Ook een aanvaarding die afwijkt van het aanbod – B aanvaardt een aanbod van A betreffende 200 zwarte badpakken voor de prijs van €300, maar wenst witte badpakken in plaats van zwarte – geldt als een verwerping. Zie art. 6:225 lid 1. Het moet echter tevens worden beschouwd als een nieuw aanbod, dat door de wederpartij op haar beurt aanvaard of verworpen kan worden.

Het rechtskarakter van de aanvaarding

De aanvaarding, zoals het aanbod, is een rechtshandeling die aan eigen eisen onderworpen is.
Ten eerste is vereist dat de aanvaarding het aanbod dekt. Zie art. 6:225 lid 1. Hierbij is niet vereist dat er tussen partijen op enig moment wilsovereenstemming heeft bestaan. Mogelijk is immers dat de overeenkomst tot stand komt ook wanneer een van de partijen de overeenkomst nooit heeft gewild of anders heeft gewild; vergelijk art. 3:35. Het kan ook zijn dat de aanbieder aanvankelijk wel wilde overeenkomstig zijn aanbod, maar later niet meer wilde en zijn aanbod niet tijdig of niet rechtsgeldig heeft herroepen.
Ten tweede is vereist dat de aanvaarding is gedaan op een moment waarop het aanbod van kracht was. Hierop zijn echter uitzonderingen mogelijk; zie art. 6:223 lid 1 en lid 2 en art. 6:224.

De overeenkomst komt tot stand op het moment waarop de aanvaarding de aanbieder heeft bereikt. Zie art. 3:37 lid 3, behandeld bij de rechtshandeling in subparagraaf 1.2.2.

1.6.2 Bepaalbaarheid van verbintenissen

Art. 6:227 eist dat de verbintenissen die partijen op zich nemen, *bepaalbaar* zijn, dat wil zeggen: vereist is dat de verbintenissen meteen bepaald zijn (A verkoopt B zijn rode Mercedes, bouwjaar 1988, kenteken XYZ), ofwel dat de maatstaven voorhanden zijn om de rechten en verplichtingen van partijen vast te stellen (A verkoopt B zijn 'gehele collectie boeken').
Niet nodig is dus dat de inhoud van de overeenkomst bij het aangaan daarvan geheel is bepaald, maar deze moet wel aan de hand van wat is overeengekomen, kunnen worden vastgesteld. De prijs behoeft niet vast te staan. A kan aan B zijn kersenoogst van volgend jaar aanbieden. Wanneer B dit aanbod aanvaardt, komt er een overeenkomst tot stand; de prijs wordt vastgesteld aan de hand van art. 7:4.

■ **Voorbeeld 1.40**
A biedt B aan te verkopen 'enige partijen damesschoenen', prijs nader overeen te komen. B antwoordt: Akkoord.

In voorbeeld 1.40 is geen overeenkomst tot stand gekomen, op grond van het feit dat de rechten en verplichtingen van partijen niet voldoende vaststaan noch op grond van het verklaarde kunnen worden vastgesteld.

1.6.3 Elektronisch contracteren

Op grond van een Europese richtlijn bevat het Burgerlijk Wetboek enkele bepalingen over aanbod en aanvaarding in de 'elektronische handel'. Aanbod en aanvaarding per e-mail of sms levert geen bijzondere problemen op; hiervoor geldt onverkort wat eerder is gezegd over aanbod en aanvaarding in het algemeen (zie ook art. 6:227c lid 4).
De nieuwe bepalingen hebben wel betrekking op aanbiedingen via internet. Deze betreffen vooral de aanvaarding van een aanbod.
Art. 6:227b en c bevatten bepalingen die de wederpartij van degene die zijn diensten via het net aanbiedt (dat wil zeggen die een dienst van de informatiemaatschappij verleent, zie art. 3:15d lid 3), beschermen. Iemand kan door op een verkeerde knop te drukken een overeenkomst aanvaarden die hij niet heeft gewild.

■ **Voorbeeld 1.41**
A bezoekt de internetsite van een boekhandel B. Bij een aanbod voor een bepaald boek klikt hij per ongeluk op de OK-knop. Hij wekt zo de schijn dat hij het aanbod aanvaardt.

Degene die op internet een aanbod wil aanvaarden, moet op de hoogte worden gebracht van wat hij wenst te aanvaarden (door bijvoorbeeld een bevestiging van zijn bestelling) om zijn fout te kunnen herstellen vóórdat de overeenkomst tot stand komt. De dienstverlener moet daartoe duidelijke, doeltreffende en toegankelijke middelen verschaffen (art. 6:227c lid 1). De wederpartij moet hierover duidelijk worden geïnformeerd (art. 6:227b lid 1 sub c). Schiet de dienstverlener in deze verplichting tekort, dan levert dit een vernietigingsgrond op voor de wederpartij (art. 6:227c lid 5 resp. 6:227b lid 4).

■ **Voorbeeld 1.42**
Twee dagen nadat A uit voorbeeld 1.41 per ongeluk op OK heeft geklikt, ontvangt hij – ongewild – het boek van boekhandel B. Wanneer B A niet op de juiste wijze heeft geïnformeerd, kan A de overeenkomst met B succesvol vernietigen.

Op overeenkomsten die op afstand tot stand komen, bijvoorbeeld via het internet of telefonisch, zijn bovendien aparte regels van toepassing, opgenomen in boek 6 afdeling 2B van titel 5. Deze bepalingen zijn onder meer van toepassing op aankopen in webwinkels en komen voor een deel aan bod in hoofdstuk 12.

1.6.4 Dwaling

Dwaling

Een overeenkomst die onder invloed van dwaling tot stand is gekomen, is – onder omstandigheden – vernietigbaar (zie echter art. 6:230).

■ **Voorbeeld 1.43**
A wil Japans aardewerk gaan verzamelen. Hij begeeft zich naar de Amsterdamse kunsthandelaar B en vraagt naar een Raku IX-kom. Hij vertelt dat dit voorwerp het middelpunt moet worden van een collectie klassiek Akaraku. B zet hem een kom voor die Japans is en die door A wordt gekocht. Korte tijd later hoort B van een expert dat het een 20ste-eeuwse imitatie betreft.

A had met betrekking tot de kom die hij kocht, een verkeerde voorstelling van zaken. Hij heeft dientengevolge – vergelijk art. 6:228 lid 1 – *gedwaald*. De overeenkomst is vernietigbaar.

Vóór dwaling tot vernietigbaarheid leidt, moet aan een reeks van voorwaarden voldaan zijn. Er moet een causaal verband aanwezig zijn en partijen moeten betrokken zijn bij de overeenkomst. Er zijn echter uitzonderingen die niet tot vernietiging van de overeenkomst leiden.

Causaal verband

Allereerst stelt art. 6:228 lid 1 aan de dwalingsactie een tweetal basisvereisten. Er moet sprake zijn van een onjuiste voorstelling van zaken en er moet een causaal (dat wil zeggen: oorzakelijk) verband zijn tussen deze onjuiste voorstelling en het sluiten van de overeenkomst. Zie voorbeeld 1.43: wanneer A niet had gedwaald, zou hij de overeenkomst niet gesloten hebben. Met andere woorden: zijn dwaling was causaal voor het aangaan van de overeenkomst. In dit geval is aan de basisvereisten voldaan. Dit alleen kan echter nog niet tot vernietigbaarheid leiden.

Betrokkenheid wederpartij

Voor vernietigbaarheid is bovendien een zekere betrokkenheid van de wederpartij vereist. Indien aan de basisvereisten is voldaan, is de overeenkomst vernietigbaar indien:
1 de dwaling te wijten is aan een inlichting van de wederpartij, tenzij deze mocht aannemen dat de overeenkomst ook zonder deze inlichting zou worden gesloten;
2 de wederpartij in verband met hetgeen zij omtrent de dwaling wist of behoorde te weten, de dwalende had behoren in te lichten;
3 de wederpartij bij het sluiten van de overeenkomst van dezelfde onjuiste veronderstelling als de dwalende is uitgegaan, tenzij zij ook bij een juiste voorstelling van zaken niet had behoeven te begrijpen dat de dwalende daardoor van het sluiten van de overeenkomst zou worden afgehouden.

Zie art. 6:228 lid 1 sub a, b en c.
Hieruit volgt – let vooral ook op de uitzonderingen sub a en c die beginnen met 'tenzij' – dat steeds is vereist dat de wederpartij wist waar het de dwalende nu precies om begonnen was. Wanneer A bij kunsthandelaar B binnenloopt, op de 20ste-eeuwse kom wijst, de prijs vraagt en zonder verder commentaar besluit dat hij hem wil kopen, is er geen aanleiding hem de bescherming van een dwalingsactie toe te kennen wanneer later blijkt dat hij geen oude kom heeft gekocht, zoals hij meende, maar een imitatie.
In het geval van voorbeeld 1.43 wist B echter precies waar het A om te doen was.
Wellicht heeft hij A meegedeeld dat het een originele Raku IX betrof; A heeft een dwalingsactie krachtens art. 6:228 lid 1 sub a.
Wellicht twijfelde hij aan de afkomst van de kom die hij aanbood en had hij A hierover behoren in te lichten; A heeft een actie krachtens art. 6:228 lid 1 sub b.
Wellicht ging hij er mét A van uit dat de kom authentiek was; A heeft een actie krachtens art. 6:228 lid 1 sub c.
Let wel: niet is vereist dat de wederpartij van de dwalende begrijpt dat er sprake is van een onjuiste voorstelling van zaken. Vereist is (slechts) dat hij weet wat zijn contractpartner bij het sluiten van de overeenkomst voor ogen

stond. Ook is geen opzettelijke misleiding vereist; in dat geval is er tevens sprake van bedrog en heeft de bedrogene – naast de dwalingsactie – een actie tot vernietiging op grond van art. 3:44, zie subparagraaf 1.3.2.

Veel jurisprudentie betreft de koop van tweedehandsauto's en van (oudere) woonhuizen. De Hoge Raad heeft geoordeeld dat bij de verkoop van een tweedehandsauto, waarmee de koper, naar de verkoper bekend is, aan het verkeer wil gaan deelnemen, de verkoper een mededelingsplicht heeft als de auto een gebrek heeft waardoor er gevaar voor de verkeersveiligheid kan ontstaan. Het gaat dan om gebreken die niet eenvoudig te ontdekken en herstellen zijn en die de verkoper kende of had moeten ontdekken (bijvoorbeeld HR 15 april 1994, NJ 1995, 614). Ook wanneer er geknoeid is met de kilometerteller kan een beroep op dwaling succesvol zijn voor de koper (HR 25 juni 1993, NJ 1994, 291).
Bij de koop van onroerende zaken komt het vaak aan op de vraag of op de verkoper een mededelingsplicht rustte. Van belang is daarbij of de koper verwacht dat de onroerende zaak niet bepaalde gebreken heeft. Bijvoorbeeld bij een relatief oude woning, die niet recentelijk is gerenoveerd, zal de verkoper relatief spoedig mogen aannemen dat de koper van de aanwezigheid van een bepaald gebrek uitgaat, zodat de verkoper daarover geen mededelingsplicht heeft. Dat oudere woningen door slijtage en gebruik van verouderde materialen gebreken kunnen hebben, is immers algemeen bekend. In de rechtspraak is regelmatig de vraag gesteld of op de koper een onderzoeksplicht rust. Van de koper mag worden verwacht dat hij zelf binnen redelijke grenzen maatregelen neemt om te voorkomen dat hij onder invloed van een onjuiste voorstelling van zaken contracteert. De Hoge Raad (HR 10 april 1998, NJ 1998, 666) heeft geoordeeld dat, wanneer bij een transactie de koper niet aan zijn onderzoeksplicht heeft voldaan, dit niet uitsluit dat de verkoper toch een mededelingsplicht heeft. Indien de verkoper daar niet aan heeft voldaan, kan de koper zich met succes op dwaling beroepen. Wie inlichtingen achterhoudt of onjuiste mededelingen doet, kan een beroep op dwaling dus niet afweren door op de onderzoeksplicht van de ander te wijzen.

Uitzonderingen die niet tot vernietiging leiden
Art. 6:228 lid 2 geeft aan onder welke omstandigheden dwaling niet tot vernietiging kan leiden. Hieronder valt:
1 de dwaling die een uitsluitend toekomstige omstandigheid betreft;
2 de dwaling die voor rekening van de dwalende behoort te blijven in verband met de aard van de overeenkomst, de verkeersopvattingen of de omstandigheden van het geval.

Denk voor het eerste geval aan de koper die een café koopt omdat de gemeente van plan is voor zijn deur een wekelijkse rommelmarkt te vestigen. Hij verwacht, en de verkoper weet dat, op grond daarvan goede zaken te kunnen doen. Wanneer de markt elders in de stad wordt geplaatst, heeft de koper niet gedwaald in de zin van art. 6:228. Er was zeker sprake van een onjuiste voorstelling van zaken, maar de dwaling betreft een uitsluitend toekomstige omstandigheid. De koper draagt hiervoor zelf het risico. Ook voor rekening van de dwalende, en wel op grond van de verkeersopvattingen, is voorts een onjuiste voorstelling van zaken aan de kant van de verkoper wat betreft de waarde van zijn zaak. Bijvoorbeeld, iemand denkt zomaar een oud prentje te verkopen, maar het is een ets van Rembrandt. Hij had beter op zijn tellen moeten passen.

Dwaling wordt algemeen beschouwd als een wilsgebrek. Zie voor de overige drie wilsgebreken – bedreiging, bedrog, misbruik van omstandigheden – art. 3:44 en subparagraaf 1.3.2 bij de rechtshandeling.

1.6.5 Algemene voorwaarden

In de handel en in het dienstenverkeer is het niet praktisch voor contractpartijen om vóór het sluiten van overeenkomsten steeds opnieuw over alle onderdelen daarvan in onderhandeling te treden. Vandaar dat in de praktijk veelvuldig gebruik wordt gemaakt van zogenoemde algemene voorwaarden die bedingen (afspraken) bevatten die op alle overeenkomsten die de opsteller afsluit, van toepassing zijn (leveringstermijnen, betalingscondities, uitsluiting van aansprakelijkheid enzovoort). Bij elke overeenkomst die de opsteller afsluit, wordt naar de algemene voorwaarden verwezen.

De inhoud van de overeenkomst die professionele contractpartijen afsluiten, ligt op deze wijze bij voorbaat grotendeels vast. De wederpartij kan op de inhoud van de algemene voorwaarden geen invloed uitoefenen. Zij zal de algemene voorwaarden moeten aanvaarden of zich elders moeten vervoegen, waar waarschijnlijk eveneens met algemene voorwaarden wordt gewerkt.

Wanneer de inhoud van de overeenkomst aldus grotendeels eenzijdig wordt vastgesteld, is het gevaar van misbruik niet geheel denkbeeldig. Afdeling 6.5.3 gaat mogelijk misbruik tegen door de algemene voorwaarden te onderwerpen aan regels van dwingend recht. Algemene voorwaarden worden hierin wat hun inhoud betreft aan beperkingen gebonden op straffe van vernietigbaarheid van het desbetreffende beding.

Art. 6:231 geeft aan wat onder algemene voorwaarden moet worden verstaan: bedingen die opgesteld zijn om door een partij geregeld in overeenkomsten te worden gebruikt, met uitzondering van duidelijk en begrijpelijk geformuleerde kernbedingen (betreffende prijs, kwaliteit, hoeveelheid). Zij behoren, wanneer de opsteller hiernaar bij het sluiten van de overeenkomst verwijst, door de aanvaarding van de wederpartij tot de contractinhoud. Deze verwijzing gebeurt bijvoorbeeld onderaan een brief. Soms wordt telefonisch meegedeeld dat algemene voorwaarden van toepassing zijn. De wederpartij aanvaardt in de regel de algemene voorwaarden als geheel, zonder de inhoud van de afzonderlijke bedingen te kennen. Maar hij kan zich niet wegens die onbekendheid aan de voorwaarden onttrekken. Art. 6:232 stelt zelfs dat degene die door ondertekening van een geschrift of op andere wijze de gelding van de algemene voorwaarden aanvaardt, daaraan ook dan is gebonden als bij het sluiten van de overeenkomst de gebruiker begreep of moest begrijpen dat zij (de wederpartij) de inhoud daarvan niet kende.

Vernietigbaarheid van bedingen in algemene voorwaarden
Tegenover de spoedige gebondenheid staat – ter bescherming van de wederpartij – een uitgebalanceerd stelsel van vernietigbaarheden. De hoofdregel wordt gegeven in art. 6:233:

> 'Een beding in algemene voorwaarden is vernietigbaar:
> a indien het, gelet op de aard en de overige inhoud van de overeenkomst, de wijze waarop de voorwaarden zijn tot stand gekomen, de wederzijds kenbare belangen van partijen en de overige omstandigheden van het geval, onredelijk bezwarend is voor de wederpartij; of

b indien de gebruiker aan de wederpartij niet een redelijke mogelijkheid heeft geboden om van de algemene voorwaarden kennis te nemen.'

Dus, een beding in algemene voorwaarden is vernietigbaar als het ofwel onredelijk bezwarend is ofwel niet ter kennis van de wederpartij is gebracht. Beide punten zijn door de wetgever zorgvuldig uitgewerkt.

Om te beginnen staat in art. 6:234 precies aangegeven hoe de gebruiker van de algemene voorwaarden aan zijn informatieplicht voldoet. Hij moet de voorwaarden vóór of bij het sluiten van de overeenkomst aan de gebruiker ter hand stellen, ofwel, indien dit redelijkerwijs niet mogelijk is, aan hem vertellen waar hij ze kan inzien (bij hem in de zaak, bij de Kamer van Koophandel, op de griffie van een gerecht) en dat ze aan hem worden toegestuurd als hij dat wil. Denk aan de vervoersovereenkomst waarbij bijvoorbeeld een treinkaartje wordt afgegeven. Komt hij dat verzoek niet na, dan kan de wederpartij zich weer beroepen op de vernietigbaarheid van een beding dat hem niet zint. Maar hiermee is toch niet alles gezegd. In 1999 heeft de Hoge Raad de strekking van art. 6:234 lid 1 tegen het licht gehouden en vastgesteld dat deze bepaling de informatieplicht van de gebruiker van algemene voorwaarden niet uitputtend regelt (HR 1 oktober 1999, NJ 2000, 207, Geurtzen/Kampstaal). Er zijn omstandigheden denkbaar waaronder de wederpartij zich niet op de vernietigbaarheid van een bepaling beroepen kan, ondanks het feit dat aan art. 6:234 lid 1 niet letterlijk is voldaan. Het gaat dan om gevallen waarin de wederpartij met dat beding bekend was, of geacht kon worden daarmee bekend te zijn. Dit kan zich voordoen wanneer partijen regelmatig gelijksoortige overeenkomsten sluiten terwijl de algemene voorwaarden bij het sluiten van de eerste overeenkomst aan de wederpartij ter hand zijn gesteld. Ook kan men denken aan gevallen waarin een beding (bijvoorbeeld een eenvoudige exoneratieclausule) in een winkel of bedrijfsruimte duidelijk aan de klanten onder ogen wordt gebracht ('Wij zijn niet aansprakelijk bij diefstal').

Een eigen regel geldt voor overeenkomsten die langs elektronische weg tot stand komen: op de gebruiker van algemene voorwaarden rust een informatieplicht die aan het medium is aangepast, zie art. 6:234 lid 2. De algemene voorwaarden moeten in dit geval via het net in beginsel op zodanige wijze ter beschikking zijn gesteld, dat deze door de wederpartij kunnen worden opgeslagen en op ieder tijdstip door hem kunnen worden geraadpleegd.

De Hoge Raad vermeldt verder dat er ook omstandigheden kunnen zijn waarin een beroep op art. 6:233 en 234 lid 1 naar maatstaven van redelijkheid en billijkheid onaanvaardbaar is. Hij geeft hiervan geen voorbeelden, maar de lagere rechter kan dit per geval beoordelen.

Deze opvatting van de Hoge Raad is op de praktijk gericht en brengt de belangen van beide partijen bij de algemene voorwaarden op redelijke wijze in balans.

De vraag wanneer een beding onredelijk bezwarend is, wordt beantwoord in art. 6:236 en 237. Zij zijn in beginsel geschreven voor de bescherming van de consument, en gelden niet rechtstreeks voor ondernemers onderling.

Art. 6:236 geeft een opsomming van bedingen die als onredelijk bezwarend worden aangemerkt. Dat betekent dat een dergelijk beding vernietigbaar is zonder dat de gebruiker met tegenbewijs mag aantonen dat het beding onder de omstandigheden best door de beugel kan. Vandaar de naam *zwarte lijst*.

■ **Voorbeeld 1.44**
De consument hoeft niet te accepteren dat zijn recht op ontbinding op grond van wanprestatie hem ontnomen wordt (art. 6:236 sub b), of dat de gebruiker voor zichzelf het recht bedingt om binnen drie maanden na het sluiten van de overeenkomst de afgesproken prijs te verhogen (art. 6:236 sub i).

De zwarte lijst voorkomt dat de gebruiker ongestraft zijn eigen verplichtingen kan beperken of zijn rechten kan uitbreiden. Ook kan hij de verplichtingen van de consument niet uitbreiden of diens rechten inperken zonder dat de consument zich daartegen kan verzetten.
Art. 6:237 geeft een opsomming van soorten bedingen die vermoed worden onredelijk bezwarend te zijn. Ze zijn in beginsel vernietigbaar, maar nu heeft de gebruiker de mogelijkheid om aan te tonen dat het beding in dit geval niet onredelijk bezwarend is. Vandaar de naam *grijze lijst*. Deze omvat minder ingrijpende maar nog steeds dubieuze bedingen die het evenwicht aan rechten en verplichtingen tussen partijen kunnen verstoren en die daarom door de consument aan de rechter kunnen worden voorgelegd.

Grijze lijst

■ **Voorbeeld 1.45**
De gebruiker van algemene voorwaarden kan niet onaantastbaar bedingen dat hij nooit schadevergoeding behoeft te betalen aan de consument (art. 6:237 sub f). Ook een beding dat de consument verplicht in de toekomst met de gebruiker of een ander een bepaalde overeenkomst aan te gaan, kan vernietigd worden (art. 6:237 sub j).

Let wel, in al deze gevallen is er sprake van vernietigbaarheid. De bedingen, óók die op de zwarte lijst, *gelden* dus tussen partijen zolang de consument daarvan geen vernietiging vraagt. Bedingen die op de zwarte lijst staan worden dan zonder nader onderzoek inderdaad vernietigd; bedingen die op de grijze lijst staan worden door de rechter beoordeeld aan de hand van de omstandigheden van het geval. Stel bijvoorbeeld dat in de algemene voorwaarden een beding staat als bedoeld in art. 3:237 sub e, dat de gebruiker een ongebruikelijk lange termijn voor nakoming geeft. Wanneer hiertegenover staat dat het gaat om een zeldzaam product dat van zeer ver moet komen of onregelmatig wordt geproduceerd, of wanneer de prijs aan de lange termijn is aangepast, behoeft het beding niet per se onredelijk bezwarend te zijn.
In de praktijk waken consumentenverenigingen over de algemene voorwaarden die consumenten krijgen voorgelegd, en zij kunnen in voorkomende gevallen procederen. Particulieren komen daar vaak niet zo gemakkelijk toe.

Figuur 1.5 geeft weer wanneer een *beding* in de algemene voorwaarden door de wederpartij van de gebruiker vernietigd kan worden.

Het komt regelmatig voor dat tegenover de rechter een beroep wordt gedaan op vernietiging van een beding in algemene voorwaarden. In het geval bijvoorbeeld een bouwbedrijf aansprakelijkheid heeft uitgesloten voor schade die ontstaat doordat er met materiaal is gewerkt dat ondeugdelijk blijkt te zijn, zal degene die de schade lijdt dit exoneratiebeding graag van tafel willen hebben. Hij kan een beroep doen op het feit dat het

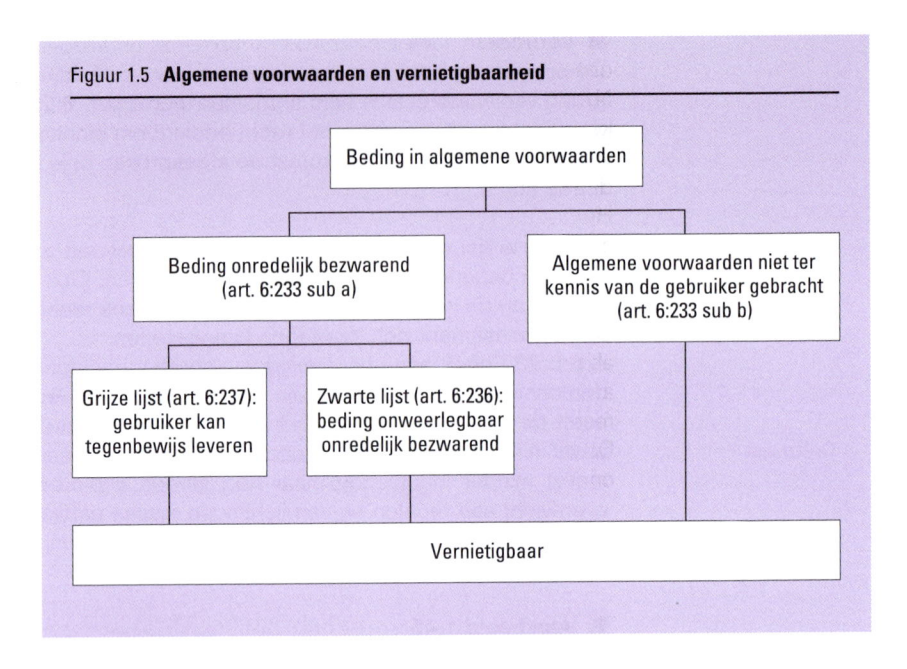

Figuur 1.5 **Algemene voorwaarden en vernietigbaarheid**

```
                    Beding in algemene voorwaarden
                                │
              ┌─────────────────┴─────────────────┐
    Beding onredelijk bezwarend         Algemene voorwaarden niet ter
        (art. 6:233 sub a)              kennis van de gebruiker gebracht
                │                              (art. 6:233 sub b)
        ┌───────┴───────┐
Grijze lijst (art. 6:237):   Zwarte lijst (art. 6:236):
    gebruiker kan            beding onweerlegbaar
  tegenbewijs leveren         onredelijk bezwarend

                         Vernietigbaar
```

beding onredelijk bezwarend is. Of dat het geval is hangt af van de omstandigheden van het geval, waaronder de aard en de overige inhoud van de overeenkomst (bijvoorbeeld tegenover het bezwarende beding bevat de overeenkomst een compenserend voordeel), de wijze waarop de voorwaarden tot stand zijn gekomen (bijvoorbeeld er is over het beding reëel onderhandeld) en de wederzijds kenbare belangen van partijen (bijvoorbeeld het bouwbedrijf is afhankelijk van de leverancier). Zelfs gebeurtenissen die pas na het aangaan van de overeenkomst plaatsvinden kunnen van belang zijn, zoals de mate van schuld bij het bouwbedrijf voor de gebrekkige levering.

Transparantieregel

Art. 6:238 lid 2 is in het bijzonder van belang voor de *consument* die een overeenkomst sluit met een bedrijf dat algemene voorwaarden hanteert. Deze bepaling legt in feite aan de gebruiker van algemene voorwaarden de verplichting op tot duidelijk en begrijpelijk formuleren. Dit is de zogenoemde transparantieregel. Bij de beoordeling of het beding onredelijk bezwarend is, is de formulering een omstandigheid die meetelt. Een sanctie biedt het artikel niet, de rechter moet teruggrijpen naar art. 6:233 sub a.
De tweede volzin van art. 6:238 lid 2 stelt vast dat in geval een beding op verschillende manieren kan worden geïnterpreteerd, die uitleg geldt die voor de wederpartij het gunstigst is. Deze regel, die in Nederland door de rechter al langer werd gehanteerd, is in de wet opgenomen op grond van een Europese richtlijn.

Beroep doen op vernietigbaarheid

Tegen onredelijk bezwarende bedingen kan op twee wijzen worden opgetreden. De wederpartij van de gebruiker kan zich in een concreet geval krachtens art. 6:233, 236 of 237 beroepen op de vernietigbaarheid van een beding dat onredelijk bezwarend is. Dit kan steeds door een buitengerechtelijke verklaring geschieden (zie art. 3:49 e.v.), maar uiteraard ook als verweermiddel in een procedure worden aangewend. Indien de wederpartij een consument is dient de rechter, ook als geen beroep op vernietiging wordt gedaan, ambtshalve (uit zichzelf) te onderzoeken of een beding oneerlijk is en de consument niet bindt (HR 13 september 2013, NJ 2014/274, ECLI:NL:HR:2013:691, met noot H.B. Krans (Heesakkers/Voets)). Indien dit zo is, is de rechter verplicht het beding op grond van art. 6:233 sub a te vernietigen, behoudens wanneer de consument zich daartegen verzet. Dit geldt ook in de appelfase van een procedure. In Heesakkers/Voets oordeelde de HR dat de hoogte van de bedongen rente een omstandigheid betrof die had dienen te leiden tot een vermoeden van oneerlijkheid, daar deze ruim boven de wettelijke (handels)rente lag.

Daarnaast kent de wet aan belangenorganisaties die als rechtspersoon optreden, denk aan de Consumentenbond, de mogelijkheid toe een beding geheel abstract – los van enige gesloten overeenkomst – ter toetsing voor te leggen aan het Gerechtshof te 's-Gravenhage. Zie art. 6:240 e.v. Een dergelijke rechtspersoon kan onder meer verbod van het gebruik van het beding eisen. De rechtspersoon dient de gebruiker wel eerst in de gelegenheid te stellen in onderling overleg te komen tot aanpassing van het beding; zie art. 6:240 lid 4.

1.7 Uitleg en rechtsgevolgen van overeenkomsten

Het spreekt vanzelf dat de gevolgen die het sluiten van een overeenkomst voor partijen heeft, in de eerste plaats worden bepaald door hetgeen zij zijn overeengekomen. Wat partijen zijn overeengekomen, wordt gevonden door uitleg van hun uitdrukkelijke of stilzwijgende wilsverklaringen in hun onderling verband.

Partijen kunnen echter nooit, hoe uitvoerig zij hun betrekkingen ook regelen, van tevoren alles voorzien wat zich bij de uitvoering van de overeenkomst kan voordoen.

1.7.1 Uitleg

Wanneer partijen een geldige overeenkomst hebben gesloten, moet deze worden uitgevoerd zoals partijen overeengekomen zijn. Het is A, die zich heeft verbonden B wekelijks 500 slachtkippen te leveren, niet toegestaan eenzijdig te besluiten dat hij er in het vervolg maar 300 zal leveren.

Wat partijen precies zijn overeengekomen, is niet altijd zonder meer duidelijk. Woorden lenen zich, meestal, voor meer dan één uitleg. Wanneer de woorden van de overeenkomst niet duidelijk zijn, en partijen zich ieder op een andere betekenis daarvan beroepen, zal de rechter door *uitleg* de betekenis van de formulering moeten vaststellen en daarmee de inhoud van de overeenkomst zoals die tussen partijen te gelden heeft.

Hoe de rechter de woorden van de overeenkomst moet duiden, heeft de wetgever niet willen aangeven. Richtlijnen zijn wel gegeven door de Hoge Raad met name in het belangrijke Haviltex-arrest.

Haviltex-arrest

HR 13 maart 1981, NJ 1981, 635 (Haviltex)
Haviltex heeft in februari 1976 van Ermes c.s. een machine voor het snijden van steekschuim voor bloemen gekocht voor de prijs van ƒ35.000 (circa €16.000) onder speciale betalingscondities. Als bijzondere voorwaarde is voorts overeengekomen: 'Tot eind 1976 heeft de koper het recht de machine terug te geven voor ƒ20.000 (circa €9.000) excl. BTW'. In juni 1976 schrijft Haviltex een brief aan Ermes met de mededeling dat zij 'hiermede U de gekochte machine teruggeeft' en zij verzoekt om terugbetaling van de koopsom op de afgesproken wijze. Ermes reageert niet. Haviltex vraagt ten slotte aan

de rechter Ermes te veroordelen tot betaling van het door haar aan Ermes betaalde bedrag van ƒ23.600 (circa €11.000). In de daaropvolgende procedure speelt de betekenis van het woord 'teruggeven' in drie instanties een belangrijke rol. Betekent dit geheel letterlijk 'teruggeven', zodat Haviltex niet aan het beding voldeed door de machine (slechts) ter beschikking te houden (door Ermes in eerste instantie gesteld)? Betekent het 'het recht voor eind 1976 de overeenkomst ontbonden te verklaren' (naar de stelling van Haviltex) of, beperkter, 'teruggeven met opgave van goede redenen' (zoals verder door Ermes gesteld)? De oplossing van het geschil tussen partijen is afhankelijk van de uitleg die aan het woord 'teruggeven' gegeven zal worden.

Rechtbank en Hof kiezen de zijde van Haviltex. Volgens de rechtbank ontleent Haviltex aan het beding 'het recht zonder opgaaf van redenen de overeenkomst ontbonden te verklaren'. Het Hof stelt: 'De bewoordingen van de overeenkomst zijn duidelijk en een zuiver taalkundige uitleg van de bijzondere bepaling laat geen leemte in de verhouding van partijen.' De Hoge Raad staat genuanceerder dan de lagere rechter tegenover de uitleg van de bewoordingen van een contract. Hij houdt partijen niet aan de woordenboekbetekenis van de door hen gebruikte formulering, maar wil de betekenis van de formulering zoeken in de context van de gehele verhouding tussen partijen: 'De vraag hoe in een schriftelijk contract de verhouding van partijen is geregeld en of dit contract een leemte laat die moet worden aangevuld, kan niet worden beantwoord op grond van alleen maar een zuiver taalkundige uitleg van de bepalingen van dat contract. Voor de beantwoording van die vraag komt het immers aan op de zin die partijen in de gegeven omstandigheden over en weer redelijkerwijs aan deze bepalingen mochten toekennen en op hetgeen zij te dien aanzien redelijkerwijs van elkaar mochten verwachten. Daarbij kan mede van belang zijn tot welke maatschappelijke kringen partijen behoren en welke rechtskennis van zodanige partijen kan worden verwacht.'

Uit het Haviltex-arrest vloeit dus de regel voort dat bij de uitleg van een overeenkomst niet alleen wordt gekeken naar een zuiver taalkundige betekenis van de bewoordingen. De partijen zelf, de omstandigheden waaronder zij de overeenkomst sloten, zelfs de persoonlijke verwachtingen van de betrokken personen kunnen een rol spelen bij de vaststelling van hun verplichtingen. Er zijn echter ook overeenkomsten die wat hun karakter betreft niet onder deze regel passen. In latere arresten heeft de Hoge Raad dan ook voor bepalingen in een collectieve arbeidsovereenkomst (de cao, zie paragraaf 14.3) een eigen regel geformuleerd. Hier zijn het de *bewoordingen* van de desbetreffende bepaling, gelezen in de gehele tekst van de overeenkomst, die in beginsel van doorslaggevende betekenis zijn. Dat voor een cao een andere dan de Haviltex-formule geldt, vloeit voort uit het feit dat overeenkomsten en regelingen in een cao er naar hun aard op gericht zijn rechten en plichten toe te kennen aan mensen die bij de totstandkoming van de voorwaarden niet aanwezig waren. De *bedoeling* van de partijen die de regels hebben geformuleerd, is voor deze derden niet van belang, het gaat om wat er staat. Het verschil met de Haviltex-regel is echter ook weer niet zo heel groot. Ook bij de cao geldt dat uitleg niet plaatsvindt op grond van alleen de taalkundige betekenis. De grammaticale betekenis van het beding legt bij een cao-regel een zwaar gewicht in de schaal, maar ook hier zal gelet worden op het doel van de bepaling, de overige tekst van de cao, de redelijkheid van de uitkomst van een bepaalde uitleg en eventuele andere omstandigheden.

De Haviltex- en de cao-norm berusten op de redelijkheid en billijkheid en er is sprake van een glijdende schaal (ECLI:NL:HR:2004:AO1427).

1.7.2 Rechtsgevolgen

Partijen kunnen nooit, hoe uitvoerig zij hun betrekkingen ook regelen, van tevoren alles voorzien wat zich bij de uitvoering van de overeenkomst kan voordoen. Vandaar dat een wettelijke regel aangeeft op welke wijze het door partijen wél geregelde behoort te worden aangevuld. Naast de rechtsgevolgen die partijen zelf in het leven hebben geroepen, heeft de overeenkomst tevens de gevolgen die, naar de aard van de overeenkomst, uit de wet, de gewoonte of de eisen van redelijkheid en billijkheid voortvloeien. Vergelijk art. 6:248 lid 1.

■ **Voorbeeld 1.46**
A verkoopt B een motorfiets voor €10.000. B vraagt of hij in vier termijnen betalen kan. A stemt toe, maar vraagt 10% rente, waarmee B zich op zijn beurt akkoord verklaart. Zij zetten een en ander op papier. Een maand later heeft B een financiële meevaller en hij wil daarom de koopprijs van de motorfiets in één bedrag betalen. A weigert, hij wil aan betaling in termijnen vasthouden.

De overeenkomst A-B is krachtens art. 7A:1576 een koop op afbetaling. Zie ook lid 4. De inhoud van het contract A-B, in de kern gevormd door de wilsverklaringen van partijen, wordt aangevuld met de wettelijke bepalingen die de koop op afbetaling regelen.

Rechtsgevolgen die voortvloeien uit de wet

Hier heeft het contract A-B naast de door partijen overeengekomen rechtsgevolgen ook die welke *naar de aard van de overeenkomst* – koop op afbetaling – *voortvloeien uit de wet*.

Gewoonte, en redelijkheid en billijkheid kunnen op eenzelfde wijze een *aanvullende* rol spelen.

■ **Voorbeeld 1.47**
A komt met B overeen dat zij op afroep beschikbaar is om op drukke tijden bij te springen in de hondentrimsalon van B, voor een bepaald bedrag per hond. Na enige maanden merkt B dat de omzet in zijn salon daalt. A heeft verschillende klanten bewogen om met kortingen van 25% hun honden bij haar thuis te laten scheren.

Eisen van redelijkheid en billijkheid

Hoewel A en B hierover niets overeen zijn gekomen, brengen de eisen van de redelijkheid en de billijkheid mee dat A zich onthoudt van het ronselen van de klanten van haar opdrachtgever. Krachtens art. 6:248 lid 1 is het contract A-B aangevuld met de verplichting van A zich tegenover haar opdrachtgever fatsoenlijk te gedragen. Haar gedrag is hiermee in strijd en levert wanprestatie op.

Wet, gewoonte, redelijkheid en billijkheid vullen de overeenkomst niet alleen aan, zij kunnen ook de regels die als gevolg van de overeenkomst tussen partijen gelden, onder omstandigheden *beperken*. Zie art. 6:248 lid 2. Zelfs dwingende wetsbepalingen kunnen, wanneer toepassing onder de gegeven omstandigheden naar maatstaven van redelijkheid en billijkheid onaanvaardbaar zou zijn, op grond van deze regel opzij worden gezet.

■ **Voorbeeld 1.48**
A, fabrikant van kinderfietsjes, verkoopt B een zending van 150 stuks, waarbij hij bedingt dat hij in verband met bedrijfssluiting niet instaat voor fouten en gebreken. Omdat de economie aantrekt, zet hij zijn bedrijf voort. De 150 fietsjes blijken alle een gebrek in het remsysteem te vertonen. Wanneer B zich daarover bij A beklaagt, verwijst deze naar het beding waarin hij zijn aansprakelijkheid heeft uitgesloten.

Toepassing van de tussen partijen op grond van het contract geldende uitsluitingsregel, zou in de omstandigheden van voorbeeld 1.48 naar maatstaven van redelijkheid en billijkheid onaanvaardbaar zijn. Voortzetting van het bedrijf houdt tevens in voortzetting van A's verplichtingen. Art. 6:248 lid 2 komt B hier te hulp.

De wet is duidelijk. Een regel die tussen partijen geldt, kan onder omstandigheden buiten toepassing worden gesteld. De rechter moet de omstandigheden wegen. De Hoge Raad heeft bepaald dat hij zich daarbij terughoudend moet opstellen.

Onvoorziene omstandigheden

Voor onvoorziene situaties geeft art. 6:258 een bevredigende oplossing. Het stelt partijen bij een overeenkomst in de gelegenheid van de rechter te verlangen dat hij de gevolgen van de overeenkomst wijzigt of deze geheel of gedeeltelijk ontbindt in geval van *onvoorziene omstandigheden* welke van dien aard zijn dat de wederpartij naar maatstaven van redelijkheid en billijkheid ongewijzigde instandhouding van de overeenkomst niet mag verwachten.
Het artikel is van toepassing bij onvoorziene omstandigheden van algemene aard, zoals oorlog of een natuurramp, maar het is evenzeer bedoeld voor onvoorziene omstandigheden van beperkter omvang.
De rechter oordeelt regelmatig over gevallen waarin een partij op grond van onvoorziene omstandigheden zijn verbintenis uit overeenkomst ongedaan wil maken. Ook hier moet hij terughoudendheid betrachten.

De bepaling kan ook worden toegepast wanneer bij wederkerige overeenkomsten de waardeverhouding tussen de wederzijdse prestaties – door welke oorzaak dan ook – ernstig is verstoord. Slechts wanneer de omstandigheden waarvan sprake is uitdrukkelijk of stilzwijgend in het contract verwerkt zijn, kan géén beroep op het artikel worden gedaan. Zie echter ook lid 2: wanneer de omstandigheden krachtens de aard van de overeenkomst of de verkeersopvattingen voor rekening van de eiser komen, wordt wijziging of ontbinding niet uitgesproken.
Wijst de rechter de vordering uit art. 6:258 toe, dan kan hij daaraan voorwaarden verbinden. Zie art. 6:260.

■ ■ ■ **1.8 Precontractuele verhoudingen**

Hiervoor werd de rechtshandeling besproken als de belangrijkste bron van verbintenissen. Een rechtshandeling komt tot stand als een (of meer) partij(en) ervoor *kiezen* rechtsgevolgen in het leven te roepen.
De overeenkomst is de belangrijkste rechtshandeling. Zij is in beginsel gericht op het uitwisselen van vermogensbestanddelen. Arbeidskracht wordt uitgewisseld tegen geld, zaken tegen zaken, zaken tegen geld, diensten tegen diensten, diensten tegen geld. In al deze gevallen ligt de noodzaak

van partijautonomie, dat wil zeggen de keuzevrijheid van de betrokkenen om de bedoelde rechtsbetrekking aan te gaan en vorm te geven, voor de hand. Rechtsrelaties, die inhouden dat personen iets moeten geven, doen of nalaten met betrekking tot hun vermogen, kunnen niet worden opgedrongen. Verbintenissen uit overeenkomst, met andere woorden: afdwingbare prestatieverplichtingen, ontstaan dan ook alleen wanneer partijen tegenover elkaar hun wil daartoe hebben verklaard, zie art. 3:33, en ook aan de overige voorwaarden is voldaan. Geen wilsovereenstemming (in de volksmond: geen handdruk of handtekening), geen overeenkomst, met als enige uitzondering een bij de wederpartij gewekt vertrouwen dat er wilsovereenstemming was bereikt. Gedwongen overeenkomsten tussen burgers moeten niet mogelijk zijn en schadevergoedingen voor overeenkomsten die niet tot stand komen, al evenmin.

Maar dit geldt niet meer zwart-wit sinds de Hoge Raad in 1982 heeft beslist dat ook in de zogenoemde precontractuele fase al verbintenissen kunnen ontstaan, ook als die niet door partijen bewust in het leven zijn geroepen; ECLI:NL:HR:1982:AG4405. Partijen kunnen in de onderhandelingsfase, en als gevolg van die onderhandelingen, zonder dat aan art. 3:33/35 is voldaan en zonder dat er sprake is van onrechtmatige daden, ten opzichte van elkaar gebonden worden.

Onderhandelingsfase

De Hoge Raad heeft op 12 augustus 2005 (ECLI:NL:HR:2005:AT7337) over het leerstuk van de afgebroken onderhandelingen het volgende overwogen:

Als maatstaf voor de beoordeling van de schadevergoedingsplicht bij afgebroken onderhandelingen heeft te gelden dat ieder van de onderhandelende partijen – die verplicht zijn hun gedrag mede door elkaars gerechtvaardigde belangen te laten bepalen – vrij is de onderhandelingen af te breken, tenzij dit op grond van het gerechtvaardigd vertrouwen van de wederpartij in het tot stand komen van de overeenkomst of in verband met de andere omstandigheden van het geval onaanvaardbaar zou zijn. Daarbij dient rekening te worden gehouden met de mate waarin en de wijze waarop de partij die de onderhandelingen afbreekt tot het ontstaan van dat vertrouwen heeft bijgedragen en met de gerechtvaardigde belangen van deze partij. Hierbij kan ook van belang zijn of zich in de loop van de onderhandelingen onvoorziene omstandigheden hebben voorgedaan, terwijl, in het geval onderhandelingen ondanks gewijzigde omstandigheden over een lange tijd worden voortgezet, wat betreft dit vertrouwen doorslaggevend is hoe daaromtrent ten slotte op het moment van afbreken van de onderhandelingen moet worden geoordeeld tegen de achtergrond van het gehele verloop van de onderhandelingen.

Plas-Valburg-arrest

In het Plas-Valburg-arrest is het traject dat bij onderhandelingen doorlopen kan worden, verdeeld in een aantal fases die, in geval van afbreken, uiteenlopende rechtsgevolgen kunnen meebrengen. Los van de regel dat de wederpartij van degene die afbreekt aan de rechter kan vragen dat hij bevel geeft tot dooronderhandelen, dienen de volgende mogelijkheden zich aan:

- Afbreken is toegestaan; kostenvergoeding komt niet in aanmerking (fase 1).
- Afbreken is toegestaan; kosten moeten (geheel of gedeeltelijk) worden vergoed (fase 2).
- Afbreken is niet toegestaan, dit is onder de omstandigheden in strijd met de goede trouw (thans: redelijkheid en de billijkheid) omdat de we-

derpartij mocht vertrouwen dat er een contract zou volgen; kosten moeten worden vergoed, eventueel zelfs kosten uit een vorig stadium van de onderhandelingen (fase 3).
- Afbreken is niet toegestaan, dit is onder de omstandigheden in strijd met de goede trouw omdat de wederpartij mocht vertrouwen dat er een contract zou volgen; de gederfde winst moet worden vergoed (fase 4).

Deze mogelijkheden kunnen worden geïllustreerd aan de hand van een eenvoudig voorbeeld.
Iemand wil een nieuwe keuken laten inbouwen. Hij gaat naar een toonzaal en oriënteert zich ook elders. Dan komt hij tot de conclusie dat een bepaald merk keuken het beste bij zijn wensen aansluit en hij vraagt om bezoek aan huis. Er volgt advies, een schetsje, een prijsopgave. Deze man ziet daarop elders een nog mooiere keuken of vindt dat de kosten tegenvallen. Hij is vrij om terug te treden. Tenzij er bij voorbaat is afgesproken dat bijvoorbeeld de schetsen betaald moeten worden, behoeft hij geen rekening te verwachten. De kosten die de leverancier heeft gemaakt, komen voor eigen rekening. Het zijn de kosten voor de baat. Alle onderhandelingen kennen een, kortere of langere, periode waarin het partijen vrijstaat zonder enige consequentie terug te treden (fase 1).
Maar stel dat door de aspirant-koper van een badkamer wordt gevraagd om een uitzonderlijk soort marmer en echt gouden kranen. De importeur moet deze, op verzoek ook nog met spoed, uit Italië laten komen. Het marmer en de kranen vallen tegen of worden uiteindelijk toch te duur bevonden. De koper is vrij om te besluiten dat hij afziet van de nieuwe badkamer (fase 2), maar hij zal de kosten die de leverancier heeft gemaakt, in dit geval moeten vergoeden. De kosten zijn gemaakt op zijn verzoek en in zijn belang.
Weer anders ligt, zo kan uit het arrest Plas-Valburg worden afgeleid, het geval waarin de aspirant-koper van de badkamer zijn handtekening onder een hem voorgelegd contract uitstelt met de mededeling: eerst vakantie houden, dan verder praten, maar bestel de kranen en het marmer maar vast want ik kom zeker terug. Wanneer hij zich niet meer laat zien omdat hij zelf een nieuwe badkamer heeft ingebouwd, is zijn terugtreden in strijd met de redelijkheid en de billijkheid (fase 3). De leverancier mocht ervan uitgaan dat een contract zou volgen. Schadevergoeding is geboden.
Wanneer is er plaats voor vergoeding van gederfde winst (fase 4)? Die situatie doet zich zelden voor. Er moet in ieder geval een gerechtvaardigd vertrouwen zijn dat er een overeenkomst tot stand zal komen. Voorstelbaar is dat wanneer in het voorbeeld de leverancier niet alleen het materiaal heeft besteld maar ook het werk heeft ingepland, zijn werknemers heeft vrijgemaakt en de tijd ontbreekt om een andere opdracht aan te nemen, fase 4 intreedt.
Slechts onder zeer uitzonderlijke omstandigheden zullen partijen tot het sluiten van een overeenkomst gedwongen worden. Zulke gevallen hebben zich nog niet voorgedaan. Terugsturen naar de onderhandelingstafel doet de rechter wel, met enige regelmaat. Dit is, wanneer een overeenkomst tussen de betrokken partijen nog tot de mogelijkheden behoort, de beste sanctie op ongeoorloofd terugtreden. Is een overeenkomst niet meer mogelijk (de bouw van de nieuwe keuken is aan een ander gegund), dan is schadevergoeding de enig overblijvende mogelijkheid.

Is onderhandelen nu een gevaarlijke onderneming geworden vol strikken en valkuilen voor partijen die niets liever doen dan elkaar voor de rechter slepen? Nee, de Plas-Valburgjurisprudentie is voor uitzonderingssituaties. In de praktijk zijn alle partijen erbij gebaat fatsoenlijk te onderhandelen en onderhandelingen ook fatsoenlijk af te breken.

Vragen

1. Zijn de volgende stellingen juist of onjuist? Motiveer uw antwoord.
   a. Een onrechtmatige daad (steen door ruit gooien, fietser aanrijden) is een rechtshandeling.
   b. Een overeenkomst is een meerzijdige rechtshandeling.
   c. Het maken van een testament is een eenzijdige gerichte rechtshandeling.

2. Is een meerzijdige rechtshandeling gelijk aan een wederkerige overeenkomst? Motiveer uw antwoord.

3. Tussen een rechtshandeling die volgens art. 3:33 en één die volgens art. 3:35 tot stand komt, bestaat feitelijk gezien geen verschil, juridisch gezien wel. Is deze stelling juist? Motiveer uw antwoord.

4. a. In geval van misverstand komt nooit een rechtshandeling tot stand. Is deze stelling juist?
   b. Aan welk arrest ontleent u uw antwoord op vraag **a**?

5. a. Is een geldig tot stand gekomen rechtshandeling altijd definitief geldig?
   b. Noem enige wetsartikelen die de juistheid van uw antwoord aantonen.

6. a. Kan worden volgehouden dat 'een aanbod een aanbod is en blijft'?
   b. Geef voorbeelden van wetsartikelen die de juistheid van uw antwoord aantonen.

7. a. Is een overeenkomst gesloten door een minderjarige zonder toestemming van zijn wettelijk vertegenwoordiger altijd aantastbaar?
   b. Met welk wetsartikel kunt u de juistheid van uw antwoord aantonen?

8. Een advertentie schept steeds een bindend aanbod. Is deze stelling juist? Verklaar uw antwoord.

9. Het begrip 'verbintenis' heeft meerdere betekenissen. Definieer deze.

10. Is een overeenkomst gesloten door een geestelijk gestoorde die van de overeenkomst nadeel ondervindt, altijd vernietigbaar?

Casus

1. A laat sinds jaren zijn fraaie oldtimer door B onderhouden. Het bezit van zo'n wagen is voor B de droom van zijn leven. Als A dan ook op een bepaald moment opmerkt: 'Als ik jou zo zie, is die auto aan mij niet besteed, je kunt hem kopen voor dertigduizend euro's' (terwijl hij bedoelt: dat kun je toch niet betalen), is B zo door het dolle van vreugde, dat hij de ironie van A niet onderkent. 'Afgesproken, verkocht, prima', roept hij. Hij scharrelt zijn spaargeld bij elkaar, sluit een persoonlijke lening af, en staat een week later bij A voor de deur. Deze wijst de gedachte dat hij de auto verkocht heeft verontwaardigd van de hand, hij heeft een grapje gemaakt. Kan B nakoming afdwingen?

2. A verkoopt en levert zijn huis aan B. Hij meent dat spoken bezit van zijn woning hebben genomen en wil om die reden zo spoedig mogelijk weg.
   Hij vertelt dit aan B, maar zegt dat hij niet dáárom het huis wil verlaten, maar vanwege het feit dat hij in een bejaardentehuis beter op zijn plaats zal zijn. De prijs is kort tevoren door een makelaar vastgesteld. Korte tijd nadat B in het huis is getrokken, wordt A onder curatele gesteld. De curator wendt zich tot B en deelt hem mee dat hij de koopovereenkomst A-B niet erkent.
   Wanneer B niet meewerkt aan een oplossing in der minne, hoe zal de curator dan te werk gaan en wat zal daarvan het gevolg zijn?

3. A, rechter te X, hoort van een collega dat de eigenaar van een huis waar hij, A, reeds geruime tijd zijn oog op heeft laten vallen, in een procedure verwikkeld is met een buurman die een erfdienstbaarheid claimt welke door de eigenaar wordt betwist. De procedure dient voor de rechtbank te X. A meent dat wellicht nu de tijd is gekomen om de man met betrekking tot de verkoop over de streep te krijgen. Hij kan het huis inderdaad nog diezelfde week kopen.
   Beoordeel deze overeenkomst.

4. A heeft een café in de rosse buurt van Amsterdam. Op zekere dag stapt B met kornuiten bij hem binnen en maakt A duidelijk dat deze bescherming nodig heeft – zowel persoonlijk als zakelijk – die B en de zijnen hem kunnen bieden in ruil voor 20% van de wekelijkse opbrengst. Als A antwoordt dat hij geen enkele prijs stelt op bescherming, laten B's makkers, op diens verzoek, zien dat A zich in die opstelling vergist. A gaat akkoord met het aanbod van B.
   Beoordeel deze overeenkomst.

5. A verkoopt slager B zijn koe Rosa XIII. Beiden gaan ervan uit dat Rosa onvruchtbaar is. De prijs wordt vastgesteld per kilogram gewicht. Vóór de levering blijkt de koe echter drachtig te zijn. A wil niet leveren.
   Waarop zal A zich beroepen en is dat terecht?

6   A koopt van de gemeente B een perceel bouwgrond. In de overeenkomst is onder meer opgenomen het beding dat de koper verplicht is zijn nog te bouwen woning aan te sluiten op de kabel en de verschuldigde aansluitingskosten en abonnementskosten te voldoen aan de kabelmaatschappij. Bij niet-nakoming is een boete van €25 per dag verschuldigd. Deze verplichting wordt door de gemeente gebruikt in al haar overeenkomsten met burgers die bouwgrond van haar kopen. A stelt dat dit beding door hem niet behoeft te worden nagekomen en vordert voor de rechter dienaangaande een verklaring voor recht.
Zal de rechter A in het gelijk stellen?

7   Student A woont te X, twintig kilometer verwijderd van de universiteit waar hij rechten studeert. Hij overbrugt die afstand met een oude motorfiets. Zijn vader vindt dit bezwaarlijk. Hij zegt tegen A, als deze met schitterend resultaat zijn propedeuse heeft gehaald: 'Ik geef je €6.000 voor een aardig autootje.' Na enig rondneuzen en gewiekst onderhandelen, koopt A van een kennis een goed onderhouden en in uitstekende staat verkerende auto voor €5.000. Hij neemt zich voor van het restant met zijn vriendin en de nieuwe auto een reis naar Frankrijk te maken. Zijn vader echter, vraagt de €1.000 terug.
A legt dit probleem aan een studievriend voor: wat zijn zijn rechten?

Vertegenwoordiging

2

2.1 Middellijke en onmiddellijke vertegenwoordiging
2.2 Volmacht
2.3 Vertegenwoordiging en bijzondere overeenkomsten

Meestal zal degene die een rechtshandeling verricht, daarmee voor zichzelf rechtsgevolgen in het leven roepen. A koopt een laptop om daar zelf eigenaar van te worden, waartegenover hij zelf de koopprijs moet betalen. Evenzo reserveert B een plaats in een vliegtuig om zelf vervoerd te worden, wederom tegen een door hemzelf te betalen geldsom. In deze gevallen treden de uit overeenkomst ontstane verbintenissen in tussen de handelende personen (A en B) enerzijds en hun wederpartijen (de verkoper en de vervoerder) anderzijds.
Niet altijd ligt het echter zo eenvoudig. In het handelsverkeer bestaat de behoefte dat ook een ander dan degene die juridisch wordt gebonden feitelijk de rechtshandeling tot stand kan brengen. Inkoper A koopt de laptop namens zijn werkgever. Secretaresse B sluit de overeenkomst met de luchtvaartmaatschappij namens haar baas. In dit geval beogen A en B niet zichzelf te binden, maar degene namens wie zij optreden. Dit verschijnsel noemt men vertegenwoordiging. In dit hoofdstuk worden de belangrijkste aspecten van vertegenwoordiging besproken.
Vertegenwoordigingsverhoudingen doen zich in het recht in vele en onderling zeer verschillende gevallen voor. Steeds zijn daarbij drie personen betrokken: de vertegenwoordigde (principaal), de vertegenwoordiger (tussenpersoon) en de wederpartij (derde). Overeenkomstig de tussen haakjes geplaatste aanduidingen zullen in dit hoofdstuk de drie personen soms worden aangeduid met de lettersymbolen P, T en D.
In paragraaf 2.1 wordt eerst ingegaan op het begrip vertegenwoordiging. Er wordt bekeken in welke gevallen vertegenwoordiging speelt en hoe het onderwerp in de wet is geregeld. Vervolgens wordt in paragraaf 2.2 nader ingegaan op de meest uitgewerkte wettelijke regeling van vertegenwoordiging, de volmacht. Daarbij komen de verlening van vertegenwoordigingsbevoegdheid, de gevolgen van vertegenwoordiging en de gevolgen van onbevoegde vertegenwoordiging aan de orde. Ten slotte worden in paragraaf 2.3 enkele rechtsverhoudingen besproken waarbij vertegenwoordigingsvragen in de praktijk spelen, zoals lastgeving en agentuur.

▪ ▪ ▪ 2.1 Middellijke en onmiddellijke vertegenwoordiging

Iemand die voor een ander een rechtshandeling tot stand brengt, kan dat op verschillende manieren doen. T, die namens een vriend een smartphone koopt, kan aan de verkoper meedelen dat hij namens zijn vriend handelt. Hij kan dat echter ook nalaten, daarmee de indruk wekkend dat hij voor zichzelf handelt. Alleen in het geval dat T *in naam van* zijn vriend de koopovereenkomst sluit is er sprake van eigenlijke vertegenwoordiging. In dit geval komt de overeenkomst direct tot stand tussen de vertegenwoordigde vriend en de verkoper. Zij zijn de contractpartijen; T valt er als het ware tussenuit. Men spreekt hier van onmiddellijke of directe vertegenwoordiging.

Onmiddellijke vertegenwoordiging
In naam van

Het vereiste dat de tussenpersoon in naam van de principaal moet hebben gehandeld, moet men niet te letterlijk opvatten. In veel gevallen zal ook zonder het nadrukkelijk noemen van de naam van de principaal duidelijk zijn dat de rechtshandeling met hem en niet met de feitelijk optredende tussenpersoon tot stand komt. Wie in een supermarkt aan de kassa komt, weet dat hij een overeenkomst sluit met de werkgever van de caissière en niet met haar persoonlijk, ook al meldt zij dat niet uitdrukkelijk. Op dit punt wordt later teruggekomen.

In het andere geval, waarin T de overeenkomst *in eigen naam* sluit, wordt de vriend niet gebonden door T's handelen. Weliswaar handelt T ook hier voor rekening van de vriend, maar door in eigen naam te handelen wordt T zelf contractpartij. De vriend staat buiten de overeenkomst. Hoewel hier geen sprake is van eigenlijke vertegenwoordiging spreekt men meestal van middellijke of indirecte vertegenwoordiging. Schematisch zien de twee vormen van vertegenwoordiging eruit als in figuur 2.1.

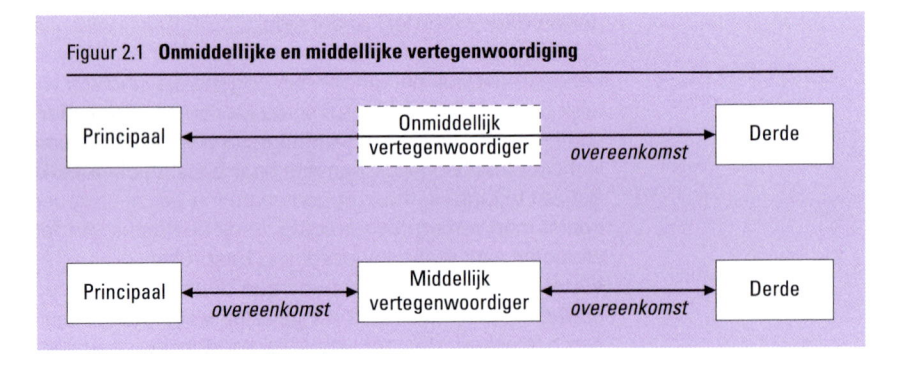

Middellijke vertegenwoordiging

Figuur 2.1 **Onmiddellijke en middellijke vertegenwoordiging**

| Principaal | ←——— | Onmiddellijk vertegenwoordiger | ———overeenkomst——→ | Derde |

| Principaal | ———overeenkomst——→ | Middellijk vertegenwoordiger | ←———overeenkomst——→ | Derde |

In de volgende subparagrafen wordt eerst ingegaan op de vereisten voor onmiddellijke vertegenwoordiging en op de verschillende gevallen van onmiddellijke vertegenwoordiging. Zoals zal blijken is er niet één algemene wettelijke regeling van vertegenwoordiging. De meest algemene regeling is die van de volmacht (titel 3 Boek 3). Omdat die regeling zo'n belangrijke plaats inneemt, wordt die in de volgende paragraaf (paragraaf 2.2) apart besproken.

2.1.1 Vereisten voor onmiddellijke vertegenwoordiging

Onmiddellijke vertegenwoordiging vereist dus dat wordt gehandeld *in naam van* de vertegenwoordigde. Maar niet ieder handelen in naam van een ander noemt men vertegenwoordiging. Het begrip vertegenwoordiging is beperkt tot het verrichten van *rechtshandelingen*. Bij vrijwel alle vermogensrechtelijke rechtshandelingen is vertegenwoordiging mogelijk. Niet alleen bij het sluiten van overeenkomsten, maar ook bijvoorbeeld bij de overdracht van goederen, het opzeggen van een huurovereenkomst en het uitbrengen van een ingebrekestelling. In een enkel geval bepaalt de wet dat vertegenwoordiging niet mogelijk is, zoals bij het maken van een uiterste wilsbeschikking (testament; art. 4:42). Ten slotte vindt toerekening van de gevolgen van de rechtshandeling aan de principaal alleen plaats als de vertegenwoordiger *bevoegd* was in zijn naam te handelen. Deze vertegenwoordigingsbevoegdheid kan op verschillende gronden berusten.

2.1.2 Verschillende gevallen van onmiddellijke vertegenwoordiging

Vertegenwoordiging vindt zowel in als buiten het vermogensrecht plaats. Buiten het vermogensrecht kan men bijvoorbeeld denken aan vertegenwoordiging bij het sluiten van een huwelijk: het zogenoemde trouwen met de handschoen (art. 1:66). Als belangrijkste vormen van onmiddellijke vertegenwoordiging in het vermogensrecht kunnen genoemd worden:

Vertegenwoordiging op grond van de wet
- *Vertegenwoordiging op grond van de wet*. De wet bepaalt hier wie tot vertegenwoordiging bevoegd is en wat de omvang van die vertegenwoordigingsbevoegdheid is. Wettelijke vertegenwoordiging vindt plaats bij minderjarigen, die vertegenwoordigd worden door een ouder (art. 1:245) of een voogd (art. 1:337), bij onder curatele gestelden, die vertegenwoordigd worden door een curator (art. 1:386) en bij afwezigen, die vertegenwoordigd worden door een bewindvoerder (art. 1:409).

Vertegenwoordiging van rechtspersonen door hun bestuurders
- *Vertegenwoordiging van rechtspersonen door hun bestuurders*. De omvang van de vertegenwoordigingsbevoegdheid wordt bepaald door de wet en door de statuten van de rechtspersoon. Zie voor de vereniging art. 2:45, voor de nv art. 2:130, voor de bv art. 2:240 en voor de stichting art. 2:292.

Vertegenwoordiging bij zaakwaarneming
- *Vertegenwoordiging bij zaakwaarneming*. Zie art. 6:201.

■ **Voorbeeld 2.1**
Bij afwezigheid van P gooien onbekenden een ruit van diens huis in. Buurman T die dit bemerkt, komt, in naam van P, met schilder D overeen dat deze een nieuwe ruit zal inzetten. Op grond van art. 6:201 is T bevoegd om in naam van P rechtshandelingen aan te gaan, indien hij als zaakwaarnemer P's belangen naar behoren behartigt. P is als contractpartij gehouden de tegenprestatie aan D te voldoen. Zie over zaakwaarneming verder hoofdstuk 11.

Volmacht
- *Vertegenwoordiging krachtens volmacht*. Een volmacht is een door de volmachtgever (principaal) aan een gevolmachtigde (vertegenwoordiger) verleende bevoegdheid om in zijn naam rechtshandelingen te verrichten (art. 3:60).

2.1.3 Wettelijke regeling

Voor al deze gevallen van vertegenwoordiging gelden eigen regels. Een algemene regeling waarin de gevolgen van het verrichten van rechtshandelingen in naam van een ander zijn bijeengebracht, ontbreekt. De meest algemene regeling is de regeling van de volmacht in titel 3 Boek 3. Deze titel vervult een centrale rol bij vertegenwoordigingsvragen. Verschillende bepalingen uit deze titel zijn van overeenkomstige toepassing op andere gevallen van vertegenwoordiging in het vermogensrecht, voor zover daarvoor geen afwijkende regels gelden (art. 3:78). We geven een voorbeeld van de overeenkomstige toepassing binnen het vermogensrecht.

Centrale rol regeling volmacht

■ **Voorbeeld 2.2**
Vertegenwoordiging bij zaakwaarneming is alleen mogelijk indien de zaakwaarneming behoorlijk geschiedt (art. 6:201). Indien T uit voorbeeld 2.1 gecontracteerd zou hebben met een algemeen als slecht en duur bekendstaande schilder, met wie P (naar hij wist) nooit zou hebben gecontracteerd, is er geen behoorlijke zaakwaarneming en dus onbevoegde vertegenwoordiging. Voor de vraag of de schilder T tot schadevergoeding kan aanspreken, moet men het antwoord zoeken in art. 3:70.

2.2 Volmacht

Volmacht is de bevoegdheid om in naam van de volmachtgever rechtshandelingen te verrichten. Het geven van een volmacht is de wijze waarop men de voor vertegenwoordiging vereiste bevoegdheid aan een ander kan verlenen. Het geven van deze *bevoegdheid* brengt op zichzelf nog niet mee dat de gevolmachtigde ook *verplicht* is om in naam van de volmachtgever rechtshandelingen te sluiten. Toch rust in de praktijk deze verplichting meestal wel op de gevolmachtigde. De verplichting vloeit dan voort uit een overeenkomst die tussen gevolmachtigde en volmachtgever is gesloten. Voorbeelden van gevallen waarin volmachten voorkomen laten dat zien.

Bevoegdheidverlening

■ **Voorbeeld 2.3**
Volmachten komen veel voor in het kader van arbeidsovereenkomsten. Denk bijvoorbeeld aan winkelpersoneel, dat bevoegd is om namens de werkgever zaken uit de winkel te verkopen, aan garagepersoneel, dat bevoegd is om reparatie- en eventueel huurovereenkomsten met betrekking tot auto's aan te gaan, aan personeelchefs, die bevoegd kunnen zijn om arbeidsovereenkomsten te sluiten en aan stallingpersoneel, dat bewaarnemingsovereenkomsten mag aangaan. Duidelijk zal zijn dat deze werknemers niet alleen bevoegd zijn om deze overeenkomsten te sluiten, maar daartoe krachtens hun arbeidsovereenkomst ook verplicht. Van deze werknemers kan niet gezegd worden dat zij hun verplichtingen goed nakomen indien zij van de volmachten geen gebruikmaken.
Een andere overeenkomst in het kader waarvan volmachten worden gegeven is de overeenkomst van opdracht. Denk bijvoorbeeld aan overeenkomsten met advocaten, notarissen en architecten, die voor bepaalde rechtshandelingen een volmacht kunnen hebben. Ten slotte komen volmachten veel voor bij bijzondere vormen van de overeenkomst van opdracht: de lastgevingsovereenkomst, de overeenkomsten met makelaars, handelsagenten en verzekeringstussenpersonen. Op deze overeenkomsten wordt aan het eind van dit hoofdstuk nader ingegaan.

Geïsoleerde volmacht

Uit deze voorbeelden blijkt dat een volmacht veelal wordt verleend in het kader van een bepaalde rechtsverhouding. Noodzakelijk is dit echter niet. Het is ook mogelijk dat een volmacht voorkomt zonder dat de plicht de volmacht te gebruiken voortvloeit uit een gesloten overeenkomst. Men spreekt dan van een geïsoleerde volmacht.

■ **Voorbeeld 2.4**
P geeft aan T een volmacht om gedurende een bepaalde periode over het saldo van zijn girorekening te beschikken, zonder dat T hiertoe verplicht is.

Het verlenen van een volmacht brengt niet met zich mee dat de volmachtgever niet meer bevoegd zou zijn om voor zichzelf dezelfde rechtshandelingen aan te gaan. Men kan zichzelf niet door het geven van een volmacht handelingsonbevoegd maken. P uit voorbeeld 2.4 blijft bevoegd om ook zelf over het saldo van zijn girorekening te beschikken.
In de navolgende subparagrafen worden de belangrijke aspecten van de wettelijke regeling van de volmacht besproken. Achtereenvolgens komen aan de orde: de verlening van een volmacht (subparagraaf 2.2.1), de gevolgen van uitoefening van een volmacht (subparagraaf 2.2.2), de gevolgen van onbevoegde vertegenwoordiging (subparagraaf 2.2.3) en het einde van een volmacht (subparagraaf 2.2.4).

2.2.1 Verlening van een volmacht

Het verlenen van een volmacht is een eenzijdige rechtshandeling, waarop de bepalingen van titel 2 van Boek 3 van toepassing zijn. Een volmacht kan dan ook nietig of vernietigbaar zijn op gelijke wijze als andere rechtshandelingen.

■ **Voorbeeld 2.5**
T houdt de hoogbejaarde, dementerende weduwe P voor dat haar bank haar kapitaal slecht beheert. In werkelijkheid is haar kapitaal goed belegd. P geeft aan T een volmacht om voortaan haar kapitaal te beheren. T bevoordeelt zich ten koste van P. De verleende volmacht is vernietigbaar wegens misbruik van omstandigheden en eventueel bedrog (art. 3:44).

Hoofdregel: vormvrij

De volmachtverlening kan zowel uitdrukkelijk als stilzwijgend geschieden. Een bepaalde vorm waarin de verlening moet plaatsvinden, is alleen vereist als dat in een bijzonder geval is voorgeschreven. Stilzwijgende volmachtverlening zal met name voorkomen in gevallen waarin een volmacht voortvloeit uit een aanstelling of een andere overeenkomst. Zo zal men bij een arbeidsovereenkomst een volmacht mogen aannemen, ook al is daarover tussen partijen geen mededeling gedaan, indien de functie van de werknemer dat met zich meebrengt. Het gebruik en de verkeersopvattingen spelen hierbij een grote rol.

■ **Voorbeeld 2.6**
T wordt door P in dienst genomen als stallingbewaarder. Ook als daarover niets uitdrukkelijk is meegedeeld, mag worden aangenomen dat T bevoegd is om in naam van P bewaarnemingsovereenkomsten aan te gaan.

2.2.2 Gevolgen van volmachtuitoefening

Handelen wordt toegerekend aan principaal

Een volmacht geeft de gevolmachtigde de bevoegdheid om de volmachtgever te vertegenwoordigen. Het voornaamste gevolg van de uitoefening van een volmacht is dan ook dat de gevolgen van de door de gevolmachtigde verrichte rechtshandeling intreden voor de principaal. Deze wordt partij en niet de handelende tussenpersoon (art. 3:66 lid 1). Dit gevolg treedt alleen in als krachtens de volmacht *in naam* van de principaal is gehandeld. Of dit het geval is hangt af van de uitleg van de verklaringen en gedragingen van de vertegenwoordiger en de wederpartij.

> **HR 11 maart 1977, ECLI:NL:HR:1977:AC1877, NJ 1977, 521 (Kribbenbijter)**
> Schiphoff koopt voor Lörsch een paard van Stolte. Het dier blijkt ongeschikt als rijpaard, en Schiphoff stelt een vordering in tot schadevergoeding tegen Stolte, wegens toerekenbare niet-nakoming. Deze vordering zal alleen kunnen worden toegewezen indien Schiphoff partij bij de overeenkomst is (met andere woorden als hij in eigen naam heeft gehandeld).
> De Hoge Raad overweegt 'dat het antwoord op de vraag of iemand jegens een ander bij het sluiten van een overeenkomst in eigen naam – dat wil zeggen als wederpartij van die ander – is opgetreden, afhangt van hetgeen hij en die ander daaromtrent jegens elkaar hebben verklaard en over en weer uit elkaars verklaringen en gedragingen hebben afgeleid en hebben mogen afleiden; dat een bevestigend antwoord op deze vraag, die van feitelijke aard is, niet wordt uitgesloten door de omstandigheid dat die ander wist dat degene met wie hij handelde, dit ten behoeve van een opdrachtgever deed; dat het Hof dan ook door in het onderhavige geval deze vraag aldus te beantwoorden dat Schiphoff en niet Lörsch als wederpartij van Stolte is opgetreden, geen rechtsregel heeft geschonden'.
> Uit de formulering van deze overwegingen kan men afleiden, dat bij de uitleg van de verklaringen van de vertegenwoordiger en de wederpartij rekening moet worden gehouden met art. 3:33 en 35.

2.2.3 Onbevoegde vertegenwoordiging

In principe kan een vertegenwoordiger zijn principaal alleen binden indien hij binnen de grenzen van zijn bevoegdheid blijft.

■ Voorbeeld 2.7
P geeft aan makelaar T een volmacht om zijn huis te verkopen voor minimaal €250.000. D komt het huis bezichtigen en toont zich geïnteresseerd. P verwijst hem naar T 'om het verder af te maken'. D biedt €240.000 en T aanvaardt dit aanbod, omdat het volgens hem een reële prijs is. Is er, ondanks T's volmachtoverschrijding, een geldige overeenkomst tussen P en D tot stand gekomen?

Voor voorbeeld 2.7 zou de regel meebrengen dat er geen overeenkomst tot stand is gekomen. D zal daar echter tegen inbrengen, dat hij door het gedrag van P mocht aannemen dat T wel bevoegd was. In twee situaties wordt een onbevoegd vertegenwoordigde toch gebonden: indien de wederpartij gerechtvaardigd mocht vertrouwen op de schijn van bevoegdheid en in geval van bekrachtiging door de onbevoegd vertegenwoordigde zelf. Die beide situaties worden nu eerst besproken. Daarnaast kan, als er geen gebondenheid ontstaat, de wederpartij de onbevoegde vertegenwoordiger aansprakelijk stellen.

Bescherming van vertrouwen van de wederpartij

De afweging van de belangen van de pseudoprincipaal, in wiens naam onbevoegd gehandeld is tegen die van de wederpartij die gerechtvaardigd aannam dat de tussenpersoon wel bevoegd was, heeft geleid tot de regel van art. 3:61 lid 2. Indien de pseudoprincipaal de schijn van vertegenwoordigingsbevoegdheid heeft gewekt, kan hij de onbevoegdheid niet inroepen tegen de gerechtvaardigd vertrouwende wederpartij. De koopovereenkomst met betrekking tot het huis komt in voorbeeld 2.7 tot stand voor €240.000.

Schijn van vertegenwoordigingsbevoegdheid

Gerechtvaardigd vertrouwen

Toerekening van de schijn van volmachtverlening kan plaatsvinden als die schijn is gewekt door eigen gedrag van de pseudoprincipaal, maar ook indien de wederpartij gerechtvaardigd heeft vertrouwd op volmachtverlening op grond van feiten en omstandigheden die voor risico van de pseudoprincipaal komen en waaruit naar verkeersopvattingen zodanige schijn van vertegenwoordigingsbevoegdheid kan worden afgeleid.

> **HR 19 februari 2010, ECLI:NL:HR:2010:BK7671, NJ 2010, 115 (ING/Bera)**
> Bera Holding NV, gevestigd in Suriname, kan alleen bevoegd worden vertegenwoordigd door zijn enige aandeelhouder Berner. Van een in Nederland door Bera bij ING aangehouden bankrekening wordt door ING in opdracht van Ramkalup (medeoprichter van de vennootschap) een aantal bedragen afgeschreven. Hoewel uit de handtekeningenkaart bij de bankrekening blijkt dat alleen Berner bevoegd is namens Bera te handelen, ging ING ervan uit dat Ramkalup volmacht had gekregen tot het geven van betalingsopdrachten. Het Gerechtshof Amsterdam acht het slechts onder 'zeer bijzondere omstandigheden' mogelijk dat ING een beroep toekomt op art. 3:61 lid 2. Volgens de Hoge Raad is dat een te strenge maatstaf. De Hoge Raad kent daarbij waarde toe aan het feit dat Ramkalup bij Bera was betrokken en dat bankafschriften van deze rekeningen op verzoek van Bera naar het bedrijfsadres van Ramkalup werden verzonden. ING mocht daarom aannemen dat Bera de bankafschriften tijdig controleerde en het Hof had niet voorbij mogen gaan aan de stelling van ING dat Bera niet tijdig heeft geprotesteerd tegen de gewraakte overschrijvingen.

Voorafgaand aan dit arrest werd aangenomen dat toerekening alleen kon plaatsvinden als de pseudoprincipaal zelf, door zijn 'toedoen', de schijn van vertegenwoordigingsbevoegdheid heeft gewekt.

Meestal zal het gaan om feiten of omstandigheden die zich ten tijde of voorafgaand aan het handelen van een onbevoegd vertegenwoordiger voordoen. Maar de Hoge Raad laat open dat ook latere omstandigheden een rol spelen.

> **HR 12 januari 2001, ECLI:NL:HR:2001:AA9429, NJ 2001, 157 (Kuijpers/Wijnveen)**
> Wijnveen onderhandelt met Kuijpers bv over de bouw en levering door Wijnveen van een 25 tons aluminium bulkoplegger. De onderhandelingen werden op het bedrijf van Kuijpers bv en met instemming (en deels in

aanwezigheid) van directeur Kuijpers gevoerd door werknemer Steijvers, die volgens een uittreksel uit het handelsregister van de Kamer van Koophandel en Fabrieken slechts beperkt bevoegd was de bv te vertegenwoordigen (in elk geval niet tot het overeengekomen bedrag). Wijnveen stuurt na overeenstemming met Steijvers een opdrachtbevestiging, waarop niet door Kuijpers wordt gereageerd. Wijnveen bouwt de bulkoplegger, maar Kuijpers bv wil deze niet afnemen, omdat de overeenkomst door een onbevoegde zou zijn gesloten. De Hoge Raad neemt aan dat Kuijpers bv aan het handelen van Steijvers is gebonden, ook als deze zijn (gepubliceerde) volmacht heeft overschreden. De schijn van vertegenwoordigingsbevoegdheid kan immers, afhankelijk van de verdere omstandigheden van het geval, ook door een niet-doen worden gewekt – zoals in dit geval het niet reageren op de opdrachtbevestiging – waarbij het niet ter zake doet of een gedeelte van de omstandigheden waarop de schijn van bevoegdheid berust, zich heeft voorgedaan na de totstandkoming van de overeenkomst.

Bekrachtiging

De wederpartij die met een onbevoegd vertegenwoordiger heeft gehandeld, kan dus onder omstandigheden een beroep doen op zijn gerechtvaardigd vertrouwen, waardoor de onbevoegdheid niet tegen hem kan worden ingeroepen. Doet hij dit niet, of kan hij zich niet op gerechtvaardigd vertrouwen beroepen, dan kan op zijn beurt de pseudoprincipaal de handeling nog voor zich doen gelden door haar te bekrachtigen. De pseudoprincipaal kan dit slechts doen, als de wederpartij nog niet aan hem heeft meegedeeld dat hij de handeling wegens het ontbreken van een volmacht als ongeldig beschouwt.

Bekrachtigen

Bekrachtiging is een eenzijdige rechtshandeling. Door de bekrachtiging krijgt de rechtshandeling hetzelfde gevolg als wanneer de tussenpersoon bevoegd had gehandeld. Bekrachtiging moet dan ook op dezelfde wijze geschieden als waarop de volmacht had moeten worden verleend. Meestal zal een pseudoprincipaal alleen tot bekrachtiging overgaan indien de rechtshandeling op één of andere wijze gunstig voor hem is. Het zou dan ook kunnen gebeuren dat de pseudoprincipaal afwacht of de handeling voordelig voor hem is. Denk bijvoorbeeld aan een onbevoegd gesloten koop van goederen die aan sterke prijswijzigingen onderhevig zijn. Om te voorkomen dat de wederpartij te lang in onzekerheid moet verkeren, is bepaald dat hij de pseudoprincipaal een termijn kan stellen waarbinnen deze nog kan bekrachtigen (art. 3:69 lid 4).

Termijnstelling voor bekrachtiging

■ **Voorbeeld 2.8**

T koopt zonder volmacht in naam van P 1 000 kilo aardappelen van D. Door een mislukte oogst wordt verwacht dat de aardappelprijzen zullen stijgen.
P aarzelt of hij de overeenkomst (nog tegen oude prijzen gesloten) zal bekrachtigen. D kan (ervan uitgaande dat hij zich niet kan of wil beroepen op eventueel gerechtvaardigd vertrouwen ten aanzien van de bevoegdheid) ofwel aan P mededelen dat hij de koop wegens het ontbreken van een volmacht als ongeldig beschouwt, ofwel P een termijn stellen waarbinnen deze kan bekrachtigen. Bekrachtigt P niet binnen deze termijn, dan komt er geen overeenkomst tot stand. De houding van P en D zal voornamelijk bepaald worden door de verwachte prijsstijgingen.

Aansprakelijkheid van de onbevoegde vertegenwoordiger
De wederpartij die heeft gehandeld met een onbevoegd vertegenwoordiger, kan schade lijden doordat de rechtshandeling niet tot stand komt. Volgens art. 3:70 is de onbevoegd vertegenwoordiger gehouden om de schade die de wederpartij mocht lijden, te vergoeden. Hij is hiertoe echter niet gehouden indien de wederpartij wist of moest begrijpen dat de vertegenwoordiger onbevoegd was.

Schadevergoeding

■ **Voorbeeld 2.9**
T verklaart namens P diens fiets voor €50 te mogen verkopen. D gelooft niet in T's bevoegdheid maar accepteert toch diens aanbod en geeft bovendien zijn eigen fiets weg. P denkt er niet over zijn fiets aan D over te dragen, nu T geen volmacht had. Hoewel T een onbevoegd vertegenwoordiger is, kan hij niet voor D's schade worden aangesproken. Zou het anders zijn, dan zou de kwade trouw van D gehonoreerd worden.

De in deze subparagraaf beschreven mogelijke gevolgen van onbevoegde vertegenwoordiging laten zich schematisch weergeven als in figuur 2.2.

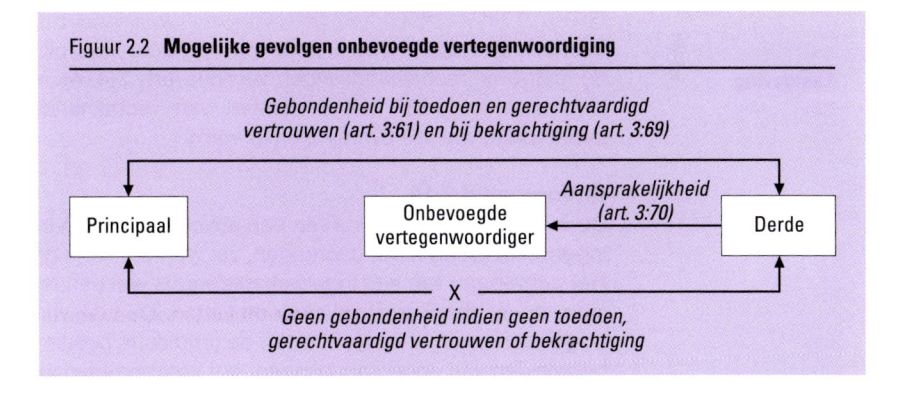

Figuur 2.2 **Mogelijke gevolgen onbevoegde vertegenwoordiging**

Gebondenheid bij toedoen en gerechtvaardigd vertrouwen (art. 3:61) en bij bekrachtiging (art. 3:69)

Principaal — Onbevoegde vertegenwoordiger ← Aansprakelijkheid (art. 3:70) — Derde

Geen gebondenheid indien geen toedoen, gerechtvaardigd vertrouwen of bekrachtiging

2.2.4 Einde van de volmacht

Een volmacht wordt veelal voor een bepaalde tijd, een bepaald doel, of het verrichten van een bepaalde rechtshandeling verleend. De volmacht eindigt dan door het verstrijken van die tijd, het bereiken van dat doel of het verricht zijn van die rechtshandeling. Zo zal de volmacht van de verkoopster in een winkel eindigen bij de beëindiging van de arbeidsovereenkomst.

Daarnaast kent de wet in art. 3:72 en 73 regels voor het einde van de volmacht. Een volmacht eindigt door de dood, de ondercuratelestelling, het faillissement van de volmachtgever of de gevolmachtigde, of het ten aanzien van hen van toepassing verklaren van de schuldsaneringsregeling natuurlijke personen.

2.3 Vertegenwoordiging en bijzondere overeenkomsten

In paragraaf 2.2 werd al geconstateerd dat een volmacht meestal voorkomt in het kader van een overeenkomst. Op grond van die overeenkomst is de gevolmachtigde dan verplicht om krachtens de volmacht te handelen. Met name in het handelsverkeer wordt veel met volmachten gewerkt.

Volmacht veelal in bestaande rechtsverhoudingen

Bij de behandeling van de volmacht werden veel voorbeelden ontleend aan de arbeidsovereenkomst. De rechtsverhouding tussen werkgever en werknemer is een van de verhoudingen waarbij volmachten veel voorkomen. Daarnaast zijn in de wet verschillende andere overeenkomsten geregeld waarbij vertegenwoordigingsvragen een rol kunnen spelen. Aan deze bijzondere overeenkomsten is het slot van dit hoofdstuk gewijd. Het gaat hierbij overigens niet alleen om verhoudingen waarbij de tussenpersoon krachtens volmacht handelt (in naam van de principaal; onmiddellijke vertegenwoordiging), maar ook om tussenpersonen die in eigen naam optreden (middellijk vertegenwoordigers). De meeste van deze overeenkomsten vallen onder de overeenkomst van opdracht. De wettelijke regeling van de overeenkomst van opdracht en van (de hierna te bespreken) bijzondere vormen daarvan, te weten: de lastgevingsovereenkomst, bemiddelingsovereenkomst, agentuurovereenkomst, expeditieovereenkomst en reisovereenkomst, is neergelegd in art. 7:400-468.

2.3.1 Lastgevingsovereenkomst

Lastgeving

Lastgeving is de overeenkomst van opdracht waarbij de lasthebber voor de lastgever rechtshandelingen verricht (art. 7:414). Van lastgeving is alleen sprake, indien het verrichten van rechtshandelingen het hoofdbestanddeel van de overeenkomst vormt.

■ **Voorbeeld 2.10**
De overeenkomst tussen P en een advocaat, die ten behoeve van P een ingebrekestelling moet uitbrengen, zal waarschijnlijk geen lastgeving zijn. Het uitbrengen van een ingebrekestelling is wel een rechtshandeling, maar de overeenkomst zal meer omvatten. De taak van de advocaat kan ook bestaan uit het uitzoeken van de juridische positie van zijn cliënt, het begeleiden van onderhandelingen, het voorbereiden van een proces enzovoort. Het verrichten van rechtshandelingen is daarbij slechts een onderdeel van zijn taak.

De lasthebber kan zowel in eigen naam als in naam van de lastgever rechtshandelingen aangaan. In het laatste geval gaat de lastgeving gepaard met (al dan niet uitdrukkelijke) volmachtverlening. De bepalingen van volmacht zijn dan naast die van lastgeving toepasselijk. Om die reden zijn beide regelingen dan ook zo veel mogelijk op elkaar afgestemd.

Verplichtingen lasthebber

De lasthebber is verplicht om als een zorgvuldig lasthebber de last uit te voeren en eventuele aanwijzingen van de lastgever op te volgen. Hij is verantwoording schuldig over al hetgeen hij ter uitoefening van de last doet. Daartegenover moet de lastgever hem alle onkosten vergoeden en loon betalen indien dit is overeengekomen. Indien de lasthebber handelt in de uitoefening van een beroep of bedrijf, is de lastgever in ieder geval loon verschuldigd (art. 7:401 e.v.).

Voor het geval dat de lasthebber als onmiddellijk vertegenwoordiger optreedt, zijn geen bijzondere regels; de regels van volmacht vinden toepassing. Indien echter de lasthebber in eigen naam optreedt, is hij partij bij de rechtshandeling die ten behoeve van de lastgever werd gesloten. Voor de afwikkeling van de gevolgen van de rechtshandeling geeft de wet hier enige bijzondere regels.

Commissionair

Een voorbeeld van een lasthebber die in eigen naam handelt is de commissionair. Een commissionair is iemand die in eigen naam, maar voor rekening van een ander (de committent) roerende zaken, effecten of waardepapieren koopt of verkoopt. Op de commissieovereenkomst zijn de voor lastgeving geldende regels van toepassing.

Schade opdrachtgever bij middellijke vertegenwoordiging

De lasthebber die in eigen naam handelt, neemt zelf op zich om een eventuele (tegen)prestatie te verrichten. Bij wanprestatie van de wederpartij kan in principe dan ook alleen de lasthebber een vordering instellen. Meestal lijdt degene die voor een ander optreedt echter zelf geen schade. Om te voorkomen dat noch de tussenpersoon (die geen schade lijdt), noch de opdrachtgever (die geen partij is) een vordering zou kunnen instellen jegens de wederpartij, bepaalt de wet dat in een dergelijk geval de tussenpersoon deze schade ten behoeve van de opdrachtgever mag vorderen (art. 7:419). Hetzelfde werd voor het oude recht al aangenomen in HR 11 maart 1977, ECLI:NL:HR:1977:AC1877, NJ 1977, 521, m.nt. G.J.S. (Kribbenbijter), zie over dit arrest subparagraaf 2.2.2. Volgens de Hoge Raad kon Schiphoff, die als commissionair optrad, in eigen naam de schade vorderen die opdrachtgever Lörsch had geleden.

2.3.2 Bemiddelingsovereenkomst

Geen vertegenwoordiging bij eigenlijke bemiddelingsovereenkomst

Bemiddeling heet de overeenkomst waarbij een tussenpersoon op zich neemt om tegen loon overeenkomsten tot stand te brengen tussen de opdrachtgever en derden (art. 7:425). Bij de eigenlijke bemiddelingsovereenkomst is er geen sprake van vertegenwoordiging. De taak van de tussenpersoon strekt zich slechts uit tot het bij elkaar brengen van partijen, die zelf de overeenkomst sluiten. Als de tussenpersoon bevoegd is om zelf de overeenkomsten te sluiten (in naam van de opdrachtgever), is er sprake van lastgeving (met volmacht). De bemiddelaar heeft pas recht op loon, als door zijn bemiddeling een overeenkomst tot stand is gekomen. De bekendste voorbeelden van bemiddelingsovereenkomsten zijn de opdrachten aan veilinghouders en makelaars.

Makelaar

Makelaars kent men met name bij verzekeringen en bij de handel in onroerende zaken. Een makelaar maakt er zijn bedrijf van om namens opdrachtgevers overeenkomsten af te sluiten. Indien de makelaar bevoegd is om zelf de overeenkomsten af te sluiten, is er sprake van lastgeving. Meestal is de makelaar daartoe echter niet bevoegd; er is dan sprake van een zuivere bemiddelingsovereenkomst.

2.3.3 Agentuurovereenkomst

Handelsagent in vaste relatie

De agentuurovereenkomst is nauw verwant met de bemiddelingsovereenkomst. Het verschil tussen beide is met name dat de handelsagent in een vaste relatie staat tot de opdrachtgever, terwijl de bemiddelaar slechts op incidentele basis werkt. De bepalingen over de agentuurovereenkomst betreffen voor een groot deel dit bijzondere aspect. De wettelijke regeling van de agentuurovereenkomst (art. 7:428-445) is grotendeels gebaseerd op een richtlijn van de EU.

◼◼◼ 2.3.4 Expeditieovereenkomst

Expediteur

FENEX

De expeditieovereenkomst is de overeenkomst waarbij de opdrachtgever aan de tussenpersoon (expediteur) de opdracht geeft om aan hem toebehorende zaken te doen vervoeren. Dit doen vervoeren betekent dat de expediteur in het algemeen met vervoerders overeenkomsten sluit voor de opdrachtgever. Hierbij kan hij optreden als middellijk vertegenwoordiger, maar (indien hij een volmacht heeft) ook als onmiddellijk vertegenwoordiger. De expeditieovereenkomst is geregeld in Boek 8. Op in Nederland gesloten expeditieovereenkomsten worden veelal de algemene voorwaarden van de FENEX (de Nederlandse organisatie voor expeditie en logistiek) van toepassing verklaard.

◼◼◼ 2.3.5 Reisovereenkomst

Reisorganisator

Reisbureau

In de reiswereld zijn verschillende soorten tussenpersonen werkzaam. Een reisorganisator verzorgt meestal kant-en-klare reizen (door samenvoeging van bijvoorbeeld vervoer- en hotelovereenkomsten), die in de praktijk veelal door tussenkomst van reisbureaus aan de man worden gebracht. Tussen de reisbureaus en de reisorganisatoren bestaan vaak agentuurovereenkomsten. Van een reisovereenkomst spreekt men wanneer een reisbureau of een reisorganisator zich verbindt om voor de opdrachtgever vervoer- en/of verblijfovereenkomsten te sluiten (art. 7:500 e.v.). Bij het sluiten van deze overeenkomsten kunnen de tussenpersonen in naam van de opdrachtgever handelen, als zij daartoe een volmacht hebben. Meestal zullen zij echter in eigen naam optreden. Indien het reisbureau in naam van een reisorganisator een overeenkomst sluit met de opdrachtgever, dan komt de reisovereenkomst tot stand tussen de reisorganisator en de opdrachtgever. Het reisbureau valt er dan tussenuit. Door het bestaan van verschillende tussenpersonen, die ook elkaar kunnen vertegenwoordigen, ontstaan in de reiswereld complexe rechtsverhoudingen.

Vragen

1 Waarom is er bij de zogenoemde 'middellijke vertegenwoordiging' eigenlijk geen sprake van vertegenwoordiging?

2 Welke bepalingen regelen de vertegenwoordiging bij zaakwaarneming?

3 P geeft T opdracht om uit zijn naam bij D, met wie hij in onmin leeft, een ruit in te gooien. Waarom is hier geen sprake van volmachtverlening?

4 Is volmachtverlening aan een vorm gebonden?

5 Blijft een gevolmachtigde bevoegd te handelen als de volmachtgever failliet is verklaard?

6 Kan een handelingsonbekwame een volmacht aan een ander verlenen?

7 Welke mogelijkheid heeft degene die met een onbevoegde vertegenwoordiger heeft gehandeld om een eind te maken aan de onzekerheid of de 'pseudoprincipaal' de rechtshandeling zal bekrachtigen?

8 Mag degene die in eigen naam maar in opdracht van een ander, een zaak koopt, bij wanprestatie van de verkoper vergoeding vorderen van schade die hij niet zelf lijdt, maar die zijn opdrachtgever lijdt?

9 Wat is het verschil tussen volmacht en lastgeving?

10 Wat is het verschil tussen een makelaar en een handelsagent?

Casus

1. A koopt bij De Telefoonwinkel bv een mobiele telefoon bij de daar aanwezige verkoper B. Om te kunnen bellen wil A tevens een abonnement voor een mobiele telefoonaansluiting bij aanbieder van mobiele telefoondiensten Telecom bv. B helpt A het aanvraagformulier van Telecom bv in te vullen en zendt het aan Telecom bv. Enige dagen later ontvangt A bevestiging van Telecom bv dat de overeenkomst voor de mobiele telefoonaansluiting tot stand is gekomen.
   a Wie worden partij bij de koopovereenkomst voor de mobiele telefoon?
   b Wie worden partij bij de overeenkomst voor de mobiele telefoonaansluiting?

2. P verleent een volmacht aan T om voor hem een tweedehands Opel Corsa te kopen, niet ouder dan vijf jaar, in goede staat verkerend en voor een bedrag van ten hoogste €7.000. T koopt van D in naam van P een vier jaar oude, in uitstekende staat verkerende Opel Corsa voor €8.000, in de verwachting dat P hiermee wel akkoord zal gaan.
   In welke gevallen komt de koopovereenkomst tussen P en D tot stand?

3. X doet het tegenover Y in strijd met de waarheid voorkomen dat hij een grote deskundigheid heeft in het beleggen van geld. Hij toont Y hierbij enkele (valse) getuigschriften. Y verleent X een volmacht om voor hem zijn geld te beleggen.
   Is de volmacht onaantastbaar tot stand gekomen?

4. Commissionair T koopt voor opdrachtgever P op eigen naam, maar voor rekening van P een pakket aandelen van D. D blijkt met voorwetenschap te hebben gehandeld en vast komt te staan dat D aansprakelijk is voor eventuele schade van kopers van de aandelen. Als T een vordering indient ten behoeve van P, stelt D zich op het standpunt dat hij niet behoeft te betalen, omdat T geen schade heeft geleden.
   Is dat standpunt terecht?

Overdracht

3

3.1 Goederen en overdracht
3.2 Vereisten voor een geldige overdracht
3.3 Derdenbescherming bij verkrijging van goederen

Wat kan worden overgedragen? Het blijkt bij overdracht altijd uitsluitend en alleen om goederen te gaan. Wat goederen zijn, is dan de eerste vraag die beantwoord moet worden. Alvorens we ingaan op de overdracht zelf, geven we in paragraaf 3.1 een korte uiteenzetting over de andere wijzen waarop goederen tevens nog van de ene persoon op de ander kunnen overgaan. Overgang van goederen is een overkoepelend begrip, onder andere de overdracht valt daaronder.
Vervolgens stellen we in paragraaf 3.2 de vereisten voor een geldige overdracht aan de orde, zoals deze in art. 3:84 zijn neergelegd. De drie vereisten – een geldige titel, beschikkingsbevoegdheid en een leveringsformaliteit – vragen om uitleg. Het blijkt dat de leveringsformaliteit afhankelijk is van het over te dragen goed.
Is aan een van de gestelde vereisten niet voldaan, dan wordt de door partijen gewilde overdracht geblokkeerd. Afwezigheid van een (geldige) titel is gelijk aan een mislukte overdracht. Dat geldt ook voor een gebrek in de levering. Alleen in geval van beschikkingsonbevoegdheid kan mogelijk toch een geldige overdracht volgen. Dit is van belang voor de bescherming van derden die onbekend zijn met de onbevoegdheid van de andere partij. Wat geldt bijvoorbeeld als gekochte goederen van diefstal afkomstig zijn? De derdenbescherming bij verkrijging van goederen is een in de praktijk belangrijke rechtsfiguur. Deze behandelen we voor alle typen goederen afzonderlijk in paragraaf 3.3.

■ ■ ■ 3.1 Goederen en overdracht

Goederen

Aan het begin van dit hoofdstuk over de overdracht staan we kort stil bij het begrip *goederen*. Het zijn namelijk altijd alleen goederen die onderwerp van overdracht zijn. Art. 3:1 stelt vast wat daaronder wordt verstaan: 'Goederen zijn alle zaken en vermogensrechten.'

Zaken

Wat *zaken* zijn, wordt in art. 3:2 omschreven. Zaken zijn 'de voor menselijke beheersing vatbare stoffelijke objecten'. Daaronder vallen fietsen, huizen, boeken, landerijen, kortom alles waarop men zijn hand kan leggen. Maar ook bijvoorbeeld gas in een container is een zaak. Dieren zijn geen zaken (art. 3:2a lid 1), maar bepalingen die betrekking hebben op zaken zijn in beginsel wel van toepassing op dieren (art. 3:2a lid 2). Deze stoffelijke objecten kunnen op hun beurt worden onderverdeeld in onroerende en roerende zaken. De wet somt in art. 3:3 lid 1 op wat onroerende zaken zijn en vermeldt in lid 2 dat alle zaken die niet onroerend zijn, roerend zijn. Het onderscheid is van belang voor de wijze waarop de desbetreffende zaak moet worden overgedragen.

Bestanddeel

Een zaak kan een bestanddeel zijn van een andere zaak. Art. 3:4 behandelt het begrip bestanddeel. De wet onderscheidt twee typen bestanddelen:
- Alles wat volgens verkeersopvatting deel uitmaakt van een andere zaak (lid 1). Die andere zaak wordt daarmee de hoofdzaak. Van belang is of een zaak als compleet of voltooid beschouwd kan worden, wanneer het betreffende bestanddeel ontbreekt. Een fiets waarvan het zadel ontbreekt is bijvoorbeeld niet compleet; een zadel wordt dan ook als bestanddeel van een fiets aangemerkt.
- Een zaak die met een andere zaak wordt verbonden en daar niet meer van kan worden afgescheiden zonder dat beschadiging van betekenis aan een van de zaken wordt toegebracht (lid 2). Een slot dat door een slotenmaker in een voordeur wordt gemonteerd, wordt bestanddeel van de voordeur. Wanneer het slot zou worden verwijderd, blijft immers een gat in de deur achter en is sprake van beschadiging.

Natrekking

Of een zaak al dan niet bestanddeel is van een andere zaak, heeft gevolgen voor het eigendomsrecht. Een eigenaar van een zaak is namelijk ook eigenaar van alle bestanddelen van die zaak; dit wordt natrekking genoemd (art. 5:3). Art 5:14 bepaalt dat de eigendom van een roerende zaak die bestanddeel wordt van een andere roerende zaak die als hoofdzaak is aan te merken, overgaat naar de eigenaar van die hoofdzaak. Als A eigenaar is van een fiets en B is eigenaar van een zadel, dan wordt A door natrekking eigenaar van het zadel zodra dat op zijn fiets is gemonteerd.

Vermogensrechten

In art. 3:6 worden de goederen uit de tweede categorie, de *vermogensrechten*, gedefinieerd. Het belangrijkste daaronder vallende recht is het *vorderingsrecht*. X heeft bijvoorbeeld geld geleend aan Y. Zijn recht om het geleende bedrag op de afgesproken tijd terug te vorderen, is een vermogensrecht dat vorderingsrecht wordt genoemd. Vorderingsrechten zijn alle rechten op bepaalde prestaties. Zo heeft degene die een auto koopt, recht op levering; dit is evenzeer een vorderingsrecht als het recht van de verkoper van de auto op de koopsom.

Zie voor de onderverdeling van de goederen figuur 3.1.

Figuur 3.1 **Onderverdeling goederen**

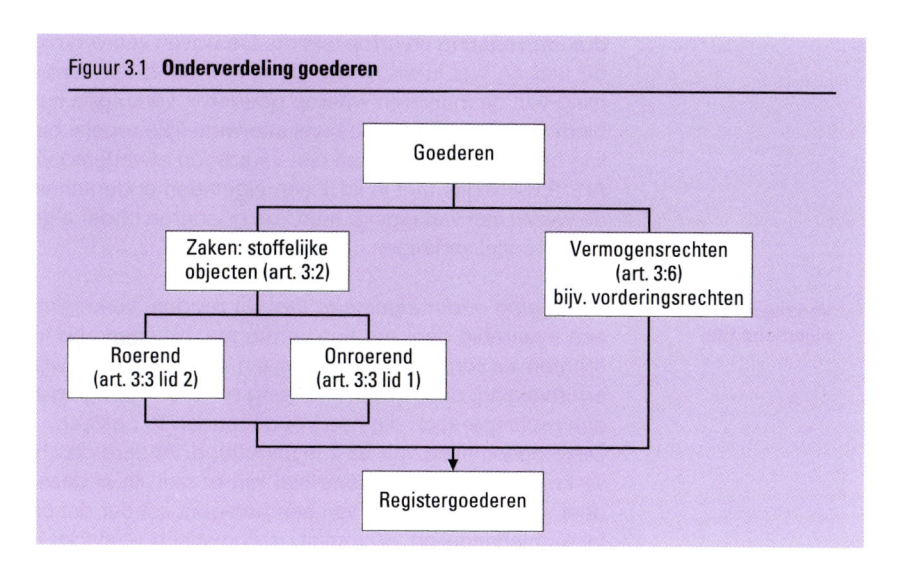

```
                        Goederen
                       /        \
        Zaken: stoffelijke    Vermogensrechten
        objecten (art. 3:2)      (art. 3:6)
           /        \         bijv. vorderingsrechten
       Roerend    Onroerend
    (art. 3:3 lid 2) (art. 3:3 lid 1)
                        |
                        v
                  Registergoederen
```

Alleen wie het recht heeft op een zaak, wordt *eigenaar* genoemd, zie art. 5:1.

In geval van vermogensrechten spreekt men niet van de eigenaar maar van de *rechthebbende* op, bijvoorbeeld, het vorderingsrecht.

Kenmerkend voor alle goederen is, dat ze niet aan één bepaald persoon verknocht zijn; ze kunnen van één bepaalde eigenaar of rechthebbende overgaan in handen van een opvolger.

Registergoederen

Een speciale plaats wordt ingenomen door de registergoederen.

Wanneer een goed alleen geldig kan worden overgedragen als inschrijving in de registers plaatsvindt, spreekt men van een registergoed, zie art. 3:10.

Hieronder vallen in de eerste plaats onroerende zaken zoals huizen en grond, en bepaalde roerende zaken zoals teboekgestelde schepen en luchtvaartuigen, zie art. 8:1 en 2 BW. Ook vermogensrechten kunnen registergoederen zijn, zoals aandelen in een registergoed en beperkte rechten op een registergoed zoals het hypotheekrecht, zie de art. 3:96 en 98.

■ **Voorbeeld 3.1**

B kan, door koop en overdracht, eigenaar worden van de fiets die thans nog aan A toebehoort.

B kan als hij in financiële nood komt zijn vorderingsrecht op G, aan wie hij €10.000 heeft geleend, voor bijvoorbeeld €9.000 verkopen en overdragen aan A.

De strook grond die aan C toebehoort maar waarvan D meent eigenaar te zijn, wordt door D in eigendom verkregen wanneer hij deze tien jaar lang te goeder trouw en onafgebroken bezeten heeft.

Wanneer E sterft, worden zijn goederen verkregen door zijn erfgenamen X, Y en Z.

Goederen gaan, zoals deze voorbeelden leren, niet op één bepaalde wijze over van een persoon op een ander. Ze kunnen op verschillende wijzen verkregen worden, in de voorbeelden hiervoor respectievelijk door over-

dracht, verjaring en erfopvolging. De wijzen van verkrijging zijn geregeld in de wet en wel in art. 3:80. Dit artikel geeft een niet-uitputtende opsomming van de manieren waarop goederen verkregen kunnen worden, maar bindt verkrijging en verlies wel aan wettelijke regels: buiten een wetsbepaling om, kunnen goederen niet verkregen of verloren worden.
Art. 3:80 begint met in lid 1 een algemeen onderscheid aan te brengen in de wijzen van verkrijging: men kan goederen onder algemene en onder bijzondere titel verkrijgen.

Verkrijging onder algemene titel

Verkrijging onder algemene titel wil zeggen: verkrijging van een geheel of een evenredig deel van een vermogen. Kenmerkend hiervoor is dat zowel rechten als verplichtingen overgaan. Dit kan op drie wijzen gebeuren: door erfopvolging, door boedelmenging en door opvolging in het vermogen van een rechtspersoon die heeft opgehouden te bestaan.
Deze opsomming van lid 2 is uitputtend. Andere dan deze drie wijzen van verkrijging onder algemene titel zijn er niet. In al deze gevallen gaat (een deel van) het vermogen van een persoon, zonder dat daarvoor een speciale rechtshandeling is vereist, automatisch – als gevolg van dood (art. 4:182), huwelijk of geregistreerd partnerschap (art. 1:94 en 1:80b), fusie of splitsing van een rechtspersoon (art. 2:309 en 2:334a) – over op een ander.

■ **Voorbeeld 3.2**
A sterft. Hij heeft één erfgenaam, B. Deze volgt op in het gehele vermogen van A, op het moment van A's overlijden. Hij verkrijgt niet alleen A's huis, boeken, vorderingen enzovoort, maar tevens verkrijgt hij de verplichtingen die A met betrekking tot deze goederen op zich heeft genomen. Als A een auto heeft verkocht, moet B deze leveren, of hij wil of niet.

Verkrijging onder bijzondere titel

Verkrijging onder bijzondere titel wil zeggen: verkrijging van één of meer bepaalde goederen. In beginsel gaan daarbij slechts rechten, geen verplichtingen, over. Men verkrijgt goederen onder bijzondere titel door overdracht, verjaring, onteigening en voorts op de overige in de wet voor iedere soort aangegeven wijze van rechtsverkrijging, aldus lid 3.

■ **Voorbeeld 3.3**
A koopt een boek. Bij de kassa wordt het aan hem overhandigd. A wordt eigenaar door overdracht als aan de voorwaarden van art. 3:84 is voldaan.

B trekt een zandpaadje bij zijn weiland, abusievelijk in de veronderstelling verkerend dat het om land van hemzelf gaat. B wordt eigenaar door verjaring als is voldaan aan de voorwaarden van art. 3:99.

De gemeente G wil huizen bouwen op land van C, die niet wil verkopen. G spant op grond van de Onteigeningswet een procedure aan en lokt een vonnis uit waarin de rechter onteigening beveelt. G wordt eigenaar als gevolg van onteigening door inschrijving van het vonnis in de openbare registers.

D ziet op een vuilnisbelt een oud boekenkastje staan. Hij neemt het mee naar huis en verkrijgt daarvan door inbezitneming de eigendom op grond van art. 5:4.

Overgang van goederen

Overdracht van goederen

Belangrijk is, tot slot, het onderscheid tussen overgang en overdracht van goederen.
Overgang is een algemeen begrip. Het heeft betrekking op alle gevallen waarin een goed van een eerdere rechthebbende verkregen wordt en het betreft dus alle wijzen van afgeleide verkrijging, zowel onder algemene als onder bijzondere titel. *Overdracht* daarentegen is één speciale wijze van verkrijging onder bijzondere titel en wel die wijze die is geregeld in art. 3:84. Het is tevens de belangrijkste wijze waarop goederen verkregen worden, op grond van bijvoorbeeld verkoop of schenking.

3.2 Vereisten voor een geldige overdracht

Art. 3:84 bepaalt dat voor overdracht van een goed wordt vereist:
1 een geldige titel;
2 een levering (wilsovereenstemming en leveringshandeling);
3 een beschikkingsbevoegde.

De eisen die de wet stelt aan de geldige overdracht van goederen, zijn in figuur 3.2 in beeld gebracht.

Wat onder de drie hier gestelde vereisten moet worden verstaan, bespreken we hierna. Na een bespreking van het titelvereiste behandelen we de beschikkingsbevoegdheid. Daarna komt de levering aan de orde. We besluiten deze paragraaf met de schakelbepaling van art. 3:98.

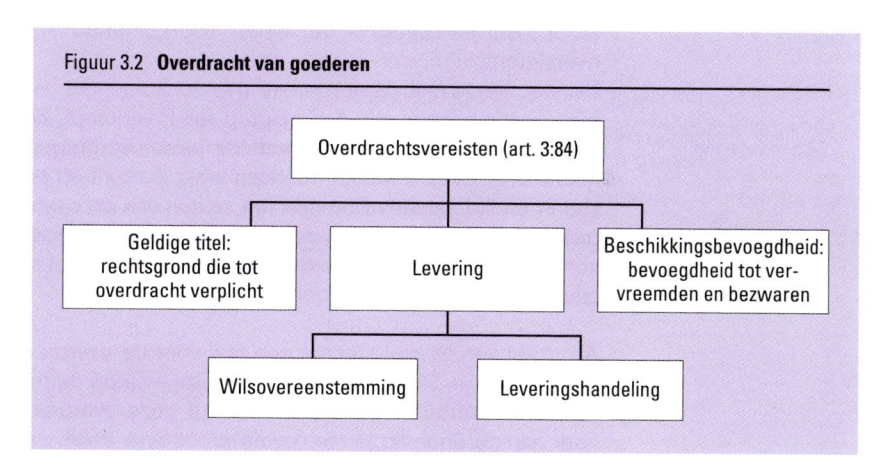

Figuur 3.2 Overdracht van goederen

```
                    Overdrachtsvereisten (art. 3:84)
          ┌──────────────────┼──────────────────┐
   Geldige titel:         Levering        Beschikkingsbevoegdheid:
   rechtsgrond die tot                    bevoegdheid tot ver-
   overdracht verplicht                   vreemden en bezwaren
                       ┌──────┴──────┐
               Wilsovereenstemming  Leveringshandeling
```

3.2.1 Een geldige titel

Iemand die op straat een horloge in de hand krijgt gedrukt met de mededeling: 'Hier, neem mee', zal niet alleen verbaasd opkijken, hij zal er tevens moeite mee hebben zich als eigenaar te beschouwen. Er was immers geen enkele reden waarom hem dit horloge werd overhandigd.
Wanneer een goed wordt overgedragen, moet daar steeds iets aan vooraf zijn gegaan; tussen vervreemder en verkrijger moet een rechtsverhouding bestaan die tot overdracht verplicht en deze rechtvaardigt. Deze rechtsverhouding die tot overdracht verplicht, noemt men de *titel* van overdracht; zonder titel kan geen geldige overdracht tot stand komen.

Titel

■ **Voorbeeld 3.4**
A is eigenaar van een laptop, B wil daarvan eigenaar worden. A verkoopt de laptop aan B.

C stort, abusievelijk, twee vrachtwagens zand in de tuin van D; er is maar één vracht besteld.

E sterft. In haar testament draagt zij haar erfgenamen op haar collectie Chinees porselein aan museum Boymans-Van Beuningen af te geven.

In al deze gevallen is sprake van een rechtsverhouding die tot overdracht verplicht. Wanneer A de laptop overdraagt aan B, doet hij dit op grond van een obligatoire overeenkomst; hij heeft zich tot overdracht verplicht. De titel is hier een verbintenis uit overeenkomst.
D moet een vrachtwagen zand overdragen aan C. Niet omdat hij zichzelf daartoe heeft verplicht, maar omdat de wet dit zegt. Art. 6:203 bepaalt dat degene die een ander zonder rechtsgrond een goed heeft gegeven, dit als onverschuldigd betaald van die ander terug kan vorderen. Hier is de titel een verbintenis uit de wet.
De erven E, na E's dood opvolgers onder algemene titel in het vermogen van E, zijn verplicht de collectie porselein aan het museum over te dragen op grond van het testament van E. Hier is een legaat de rechtstitel van eigendomsoverdracht.
De rechtsgrond tot overdracht, die titel wordt genoemd, kan dus op verschillende wijzen ontstaan, uit overeenkomst, uit de wet, en uit een eenzijdige rechtshandeling als het testament. De verbintenis uit (koop)overeenkomst is de meest voorkomende titel van eigendomsoverdracht.
Let wel: het is niet de obligatoire overeenkomst die de eigendom van een zaak doet overgaan. Als A zijn laptop aan B verkoopt, vloeien daar (slechts) verbintenissen uit voort: A moet de zaak overdragen waar B recht op heeft, B moet de koopsom betalen waar A recht op heeft. De overdracht kan in de tijd samenvallen met het sluiten van de overeenkomst; juridisch gaat het om twee rechtshandelingen die duidelijk moeten worden onderscheiden. De titel die door de koopovereenkomst tot stand komt, gaat logisch aan de overdracht vooraf.

Art. 3:84 vereist niet slechts een titel voor de overdracht, deze titel moet ook geldig zijn. Dit zegt iets over de wijze waarop de rechtsverhouding die aan de overdracht voorafgaat, zich tot deze overdracht verhoudt. Wanneer aan de onderliggende rechtsverhouding, zoals de titel wel omschreven wordt, een gebrek kleeft (de koopovereenkomst werd gesloten in strijd met een wettelijke bepaling), dan werkt dit door in de voortbouwende rechtshandeling. Is de titel niet geldig, dan kan ook de overdracht niet geldig tot stand komen.

Causaal systeem

Wanneer de geldigheid van de overdracht op deze wijze wordt gekoppeld aan de geldigheid van de titel, spreekt men van een *causaal systeem*. De titel, als oorzaak van de overdracht, werkt in de overdracht door.

■ **Voorbeeld 3.5**
A verbindt zich aan B een Jaguar over te dragen. Daartegenover heeft B zich verplicht toe te treden tot de sekte van The Children of God.

Art. 3:84 verhindert in dit geval dat B eigenaar van de auto wordt. De overeenkomst die aan de overdracht ten grondslag ligt waarbij B beloofde lid te worden van een godsdienstige organisatie, is nietig wegens strijd met de goede zeden. De overdracht is dientengevolge eveneens ongeldig.
In voorbeeld 3.5 is sprake van een nietige titel die rechtstreeks verhindert dat de overdracht tot stand komt. Ook als er in het geheel geen titel is, blijft de overdracht uit.

■ Voorbeeld 3.6
A verkoopt aan Jansen in de Jansmastraat 1 een diepvrieskist. Hij draagt deze over aan Janssen in de Jansmastraat 11.

Janssen wordt geen eigenaar: A heeft met Janssen nooit een koopovereenkomst gesloten, zodat de titel tussen A en Janssen geheel ontbreekt. (Tussen A en Jansen bestaat wel een geldige titel. Jansen wordt evenmin eigenaar, omdat er niet aan hem geleverd is.) Mogelijk is ook dat er is overgedragen op grond van een vernietigbare titel, die later vernietigd wordt.

■ Voorbeeld 3.7
A, die zijn huis aan B heeft verkocht, is bij het sluiten van de overeenkomst door B fors bedrogen. A draagt het huis over en ontdekt het bedrog pas daarna. De overeenkomst wordt vernietigd. Deze vernietiging heeft terugwerkende kracht.

Door het feit dat de gebrekkigheid van de titel doorwerkt in de overdracht en deze eveneens gebrekkig maakt, blijft in alle genoemde gevallen de voorgenomen rechtsovergang van het goed achterwege. De gebrekkigheid van de titel heeft wat men noemt *goederenrechtelijk effect*. Het gevolg hiervan is dat het goed van de vervreemder is gebleven, die het in beginsel als rechthebbende van eenieder kan opvorderen.

Goederenrechtelijk effect

■ Voorbeeld 3.8
A draagt een oude jeep over aan B. De titel wordt vernietigd. B is inmiddels failliet.

X draagt een huis over aan Y; de overeenkomst die aan de overdracht ten grondslag ligt, is nietig wegens strijd met de goede zeden; Y verkoopt het huis en draagt het over aan Z.

Het feit dat de vernietigde respectievelijk nietige titel goederenrechtelijk effect heeft, is van invloed op de rechtspositie van alle partijen.
A kan, geheel buiten het faillissement om, de jeep als eigenaar opvorderen, vgl. art. 5:2.
X is in beginsel eigenaar gebleven van het huis, Y was dientengevolge beschikkingsonbevoegd en kon niet rechtsgeldig overdragen aan Z. Tenzij Z voldoet aan de voorwaarden van een speciale, derdenbeschermende bepaling, verkrijgt hij geen rechten op het huis. X kan als eigenaar de zaak opvorderen, en zorgen dat hij weer als eigenaar in de registers wordt ingeschreven.
Wanneer de overeenkomst geheel zonder gebreken tot stand is gekomen, kan zich achteraf alsnog een gebrek voordoen.

■ **Voorbeeld 3.9**
A verkoopt B een partij voetbalschoenen en draagt deze aan hem over.
B betaalt niet.

Het feit van voorbeeld 3.9 levert wanprestatie op en A ontbindt de overeenkomst. Dit heeft echter geen gevolgen voor de overdracht. Ontbinding van een overeenkomst heeft namelijk, in tegenstelling tot vernietiging, geen terugwerkende kracht. De titel was ten tijde van de levering aanwezig, zodat B eigenaar is geworden, vergelijk subparagraaf 8.6.2.
Er is nog een situatie die van belang is voor de vraag naar de verhouding tussen titel en overdracht. Mogelijk is dat partijen hebben gecontracteerd onder een voorwaarde.

■ **Voorbeeld 3.10**
A koopt het huis van B onder de ontbindende voorwaarde dat hij niet wordt benoemd tot docent aan de Hogeschool te Z.

De voorwaardelijke overeenkomst A-B wordt gesloten op 1 mei, het huis wordt overgedragen op 1 juli. Deze overdracht is eveneens voorwaardelijk, zie art. 3:84 lid 4. Op 15 juli krijgt A bericht dat niet hij maar X is aangesteld tot docent. Dit wil zeggen dat de voorwaarde in vervulling gaat: de voorwaardelijke overeenkomst vervalt. Als gevolg van de werking van art. 3:84 lid 4 gaat daarmee tevens de overdracht teniet. Dientengevolge wordt B op 15 juli weer eigenaar van het huis. In de tussenliggende periode is A eigenaar geweest, de vervulling van een voorwaarde heeft namelijk geen terugwerkende kracht, zie art. 3:38 lid 2.

Samenvattend komt het volgende beeld naar voren. Nietigheid en vernietiging met terugwerkende kracht hebben wat men noemt goederenrechtelijk effect. Op grond van het feit dat de titel doorwerkt in de overdracht – op grond dus van het causale systeem – heeft de vervreemder zijn recht op het goed niet verloren.

Ontbinding op grond van wanprestatie heeft geen terugwerkende kracht en heeft dus geen goederenrechtelijk effect. Ook de ontbinding die het gevolg is van het in vervulling gaan van een ontbindende voorwaarde, mist terugwerkende kracht. Het wegvallen van de titel heeft ook hier geen goederenrechtelijk gevolg. Echter, krachtens art. 3:84 lid 4 heeft in zo'n geval de overdracht onder dezelfde voorwaarde plaatsgevonden en keert hier op grond van een wettelijke bepaling het goed bij de vervreemder terug. Men lette op het verschil. Niet het doorwerken van een defecte titel heeft hier goederenrechtelijk effect. Dit effect vloeit voort uit een wettelijke regel. Hier heeft een wetsartikel rechtstreeks goederenrechtelijk gevolg. Duidelijk moet zijn dat de keus voor een (abstract of) causaal systeem van invloed is op de rechtspositie, niet alleen van partijen, maar ook van hun rechtsopvolgers en schuldeisers.

■ **Voorbeeld 3.11**
A draagt een huis over aan B. De titel is evenwel nietig. B verkoopt het huis aan C en draagt het aan hem over. A gaat failliet.

In een causaal systeem is A eigenaar gebleven. Dit brengt mee dat de curator in het faillissement van A het huis kan opvorderen, zelfs wanneer het inmiddels door B is overgedragen aan C. C heeft het huis immers van een beschikkingsonbevoegde verkregen en is derhalve, aangezien niet aan de vereisten van art. 3:84 is voldaan, geen eigenaar geworden, behoudens wanneer hij met succes een beroep weet te doen op een derdenbeschermende bepaling (zie paragraaf 3.3). De schuldeisers van A profiteren hiervan. C ziet zich het huis, waarvan hij eigenaar meende te zijn, ontgaan. Hij kan echter de koopprijs, eventueel vermeerderd met schadevergoeding, terugvorderen van B, die ten opzichte van hem wanprestatie heeft gepleegd. De positie van B is minder rooskleurig. Hij heeft weliswaar een vordering op A voor het bedrag dat hij, onverschuldigd, voor het huis heeft betaald, maar aangezien A failliet is, zal hij moeten delen met de overige crediteuren.

3.2.2 Beschikkingsbevoegdheid

Goederen die overdraagbaar zijn, kunnen niet zomaar door iedereen, maar slechts door een beschikkingsbevoegde worden overgedragen. Dit vloeit voort uit het voor de hand liggende beginsel dat niemand meer rechten kan overdragen dan hij zelf heeft. Zaken kunnen dus in beginsel slechts worden overgedragen door de eigenaar, vorderingen door de schuldeiser, beperkte rechten door de beperkt gerechtigde. Dit zijn de personen die met betrekking tot de over te dragen goederen *beschikkingsbevoegd* zijn, dat wil zeggen bevoegd om te vervreemden (over te dragen aan een volgende gerechtigde) en te bezwaren (een beperkt recht als pand, hypotheek, vruchtgebruik, op het goed te vestigen).

Beschikkingsbevoegd

Let wel: de rechthebbende, die in beginsel beschikkingsbevoegd is, kan onder omstandigheden onbevoegd zijn om over een goed dat hem toebehoort te beschikken. Omgekeerd komt het voor dat een ander dan de rechthebbende, in plaats van deze, over een goed beschikken kan. De rechthebbende is bijvoorbeeld onbevoegd, en wel met betrekking tot al zijn goederen, wanneer hij failliet is verklaard. Een ander dan de rechthebbende, de faillissementscurator, kan beschikken over de goederen van de gefailleerde.

■ Voorbeeld 3.12

A is eigenaar van een surfplank. Hij wil deze plank overdragen aan B, bijvoorbeeld omdat hij de plank heeft verkocht ofwel deze aan B wil schenken. De verbintenis uit de koop- of de schenkingsovereenkomst vormt de titel voor de overdracht. Slechts A, en niet bijvoorbeeld zijn broer C, is bevoegd de plank over te dragen.

X heeft een vordering op Y, groot € 10.000. X wil deze vordering overdragen aan Z, bijvoorbeeld omdat hij de auto van Z total loss heeft gereden. De verbintenis uit onrechtmatige daad vormt de titel voor de overdracht. Slechts X, en niet bijvoorbeeld zijn neef N, is bevoegd de vordering aan Z over te dragen.

Een ander dan de beschikkingsbevoegde kan een fiets, een vordering op naam, een stuk grond of een vruchtgebruik verkopen of schenken (bedenk welke voorwaarden vervuld moeten zijn voor het tot stand komen van een overeenkomst), maar niet op rechtsgeldige wijze overdragen. Dit is de regel die in art. 3:84 is neergelegd.
Op verschillende plaatsen in de wet wordt dit uitgangspunt echter doorbroken.

■ **Voorbeeld 3.13**
A leent een laptop uit aan B. B verkoopt de laptop aan C en draagt deze aan hem over.

In het geval van voorbeeld 3.13 vindt de overdracht plaats door een beschikkingsonbevoegde en wordt aan de voorwaarden van art. 3:84 niet voldaan. Toch heeft de overdracht effect wanneer C niet weet of behoeft te weten dat zijn voorganger onbevoegd was. Het handelsverkeer maakt het noodzakelijk het vereiste van bevoegdheid niet door dik en dun te handhaven. Daarbij gaat het steeds om gevallen waarin een derde van een beschikkingsonbevoegde een goed heeft verkregen onder omstandigheden die rechtvaardigen dat de gebrekkige verkrijging wordt omgezet in een geldige verkrijging. Het is duidelijk dat dit altijd zal gaan ten koste van degeen aan wie het goed toebehoort. Men spreekt in deze gevallen van *derdenbescherming*. Derdenbescherming vindt uitsluitend plaats op grond van speciale wettelijke bepalingen waarin de voorwaarden voor de bescherming zijn neergelegd. Zie voor de bespreking van deze artikelen paragraaf 3.3.

3.2.3 De levering

Onder levering wordt verstaan de handeling van partijen die nodig is om de overdracht van een goed te bewerkstelligen. De handeling verschilt al naargelang het goed dat wordt overgedragen. De levering van een boek kan bijvoorbeeld geschieden door de overgave daarvan aan de verkrijger; de levering van een vordering op naam vereist een akte plus mededeling aan de debiteur. Zo gezien is de levering een handeling waarbij wordt voldaan aan de door de wet gestelde formaliteiten.

Meestal wordt echter aangenomen dat de levering nog een ander element bevat, namelijk de noodzakelijke wilsovereenstemming van partijen gericht op de vermogensverschuiving. Vervreemder en verkrijger willen het goed op dit moment uit het vermogen van de vervreemder in dat van de verkrijger doen overgaan. Dit wordt de *goederenrechtelijke overeenkomst van overdracht* genoemd, de levering is dus een rechtshandeling, zie paragraaf 1.1. De levering valt dientengevolge uiteen in twee componenten: een leveringsdaad en een wilsovereenstemming gericht op de vermogensverschuiving. In de meeste gevallen zal de wilsovereenstemming met betrekking tot de rechtsovergang van het goed opgesloten liggen in de leveringsdaad. Wordt aan de kassa een boek overhandigd, dan ligt in deze overgave de aanvaarding van de rechten op het boek door de koper en de afstand daarvan door de verkoper besloten.

Goederenrechtelijke overeenkomst van overdracht

Hierna wordt een overzicht gegeven van de formaliteiten van overdracht voor de verschillende categorieën van goederen, te weten:
- levering van onroerende zaken;
- levering van roerende zaken;
- levering van vorderingen op naam.

Deze subparagraaf sluit af met een samenvatting van de vereisten voor een geldige levering van deze verschillende goederen.

Levering van onroerende zaken
De levering van een onroerende zaak geschiedt door een daartoe bestemde, tussen partijen opgemaakte notariële akte, gevolgd door de inschrijving daarvan in de openbare registers; zie art. 3:89.

De (transport)akte geeft uitdrukking aan de wilsovereenstemming van partijen met betrekking tot de overdracht, de hiervoor beschreven goederenrechtelijke overeenkomst, en moet derhalve door beide partijen ondertekend zijn. Ook moet zij nauwkeurig de titel van overdracht (meestal een verbintenis uit een koopovereenkomst) bevatten; zie lid 2. In de akte dienen tevens de kadastrale gegevens te worden opgenomen. Dit is het zogenoemde *specialiteitsvereiste*.

Specialiteitsvereiste

Wanneer de akte is opgemaakt en ondertekend, is de eigendom nog niet overgegaan. De akte moet in de openbare registers worden ingeschreven alvorens de levering is voltooid. Dit is het zogenoemde *publiciteitsvereiste*. Zowel de vervreemder als de verkrijger kan de akte doen inschrijven; zie lid 1. Zonder inschrijving in de registers kan geen levering plaatsvinden. Wanneer iemand niet in de registers als rechthebbende staat vermeld, kan hij dus nooit door overdracht rechten op het goed verkregen hebben. Dit betekent echter niet dat iemand die wel in de registers staat genoteerd, ook altijd rechthebbende is.

Publiciteitsvereiste

Goederen kunnen op andere wijzen dan door overdracht verkregen worden – bijvoorbeeld door erfopvolging en door verjaring – en het is in theorie mogelijk dat een ander dan de rechthebbende in de registers staat genoteerd. Degene die door verjaring eigenaar is geworden van een strook grond, is zich veelal niet bewust van deze stand van zaken en hij zal mogelijkerwijs verzuimen de registers in overeenstemming te doen brengen met de rechtswerkelijkheid. In feite staat in zo'n geval een ander dan de werkelijk rechthebbende in de registers als rechthebbende genoteerd.

Wat is nu het gevolg wanneer een derde te goeder trouw zich een goed laat overdragen door iemand die in de registers staat ingeschreven maar geen rechthebbende is? De overheid, die de openbare registers instelt en bijhoudt, moet hier een keuze maken. Wanneer wat in de registers staat ten opzichte van derden te goeder trouw als werkelijkheid geldt, spreekt men van een *positief stelsel*. De overheid garandeert de weergave in de registers als juist en volledig. Daartegenover staat een *negatief stelsel* waarbij aan derden geen garanties worden verstrekt; de werkelijke rechtstoestand is bepalend en niet wat in de registers is aangetekend.

Positief stelsel
Negatief stelsel

Dit laatste stelsel is in Nederland van kracht. In theorie is het mogelijk dat een derde een registergoed verkrijgt van een onbevoegde die hij op grond van de registers voor bevoegd mocht houden. In beginsel verkrijgt deze derde geen rechten op het goed aangezien niet aan art. 3:84 is voldaan. De gevaren die een negatief stelsel voor derden te goeder trouw meebrengt, worden echter grotendeels ondervangen door een sterke derdenbescherming, zie hierna subparagraaf 3.3.1.

Levering van roerende zaken

Art. 3:90 lid 1 geeft met betrekking tot de levering van roerende zaken die geen registergoederen zijn, de volgende regel:

> 'De levering vereist voor de overdracht van roerende zaken, niet-registergoederen, die in de macht van de vervreemder zijn, geschiedt door aan de verkrijger het bezit der zaak te verschaffen.'

Hier dienen zich twee vragen aan:
1 Wat betekent 'in de macht van de vervreemder'?
2 Wat moet worden verstaan onder 'het bezit van de zaak'?

■ **Voorbeeld 3.14**
A gaat op kamers wonen. Hij zet er meubels neer van zijn moeder en een bed dat hij zelf koopt. A is tevens eigenaar van een mobiele telefoon. Wanneer hij de deur van zijn kamer vergeet af te sluiten, wordt de telefoon gestolen door B.

Ad 1 Macht van de vervreemder
De meubels uit voorbeeld 3.14, die aan de moeder van A toebehoren, bevinden zich in de macht van A. Datzelfde geldt voor het bed, waarvan hij eigenaar is. De telefoon, waarvan hij ondanks de diefstal eigenaar is gebleven, is echter uit zijn macht geraakt. Deze is in de macht van B.
Maar hiermee is het beeld nog niet compleet. De meubels, die zich onder A bevinden en die dientengevolge in zijn macht zijn, bevinden zich tevens in de macht van zijn moeder, voor wie hij ze houdt. Macht betekent namelijk het *rechtstreeks of via een derde ter beschikking* hebben van een zaak.
Uit een en ander volgt, dat 'macht' niet duidt op één specifieke verhouding tot een zaak. Men heeft zaken in zijn macht zowel wanneer men ze rechtmatig als onrechtmatig houdt voor zichzelf, alsook wanneer men ze houdt voor een ander, en tevens wanneer men ze door een ander laat houden. Macht is een juridisch begrip met een sterk feitelijke kleur.

Ad 2 Bezit van de zaak

Bezit

Wie een goed *houdt voor zichzelf*, is bezitter; wie *houdt voor een ander*, is houder. Dit volgt uit art. 3:107. Doorgaans is de bezitter tevens de rechthebbende.
Houden doet men bijvoorbeeld op grond van bruikleen, bewaarneming, huur. A uit voorbeeld 3.14 is dus houder van de meubels (voor zijn moeder) en bezitter, tevens eigenaar, van het bed. De dief B heeft niet de intentie te houden voor A; hij is bezitter van de telefoon (geen eigenaar!).
De conclusie van dit alles is, dat A de meubels en het bed, die in zijn macht zijn, aan een derde kan leveren door hem daarvan het bezit te verschaffen. Maar ook de moeder van A kan een ander het bezit van de meubels verschaffen, die zich immers in haar macht bevinden ook al heeft A deze onder zich (zie hiervoor verderop bij de longa-manulevering).
A heeft de telefoon niet in zijn macht en kan deze dientengevolge niet leveren krachtens art. 3:90. B kan dat wel.

Bezitsverschaffing door overgave
Alleen wie over een zaak macht heeft, kan daarvan het bezit aan een ander verschaffen en daarmee de eigendom van de zaak overdragen. Dit kan op verschillende wijzen plaatsvinden.
Hoe bezit kan worden verschaft, is in titel 3.5 (Bezit en houderschap) te vinden en wel in art. 3:114 en 115. De algemene regel luidt dat een bezitter zijn bezit overdraagt door de verkrijger in staat te stellen die macht uit te oefenen die hij zelf over het goed kon uitoefenen. Met andere woorden: door de feitelijke overgave van de zaak.
Deze feitelijke overgave kan onder bepaalde omstandigheden achterwege blijven.
Achtereenvolgens komen aan de orde:
a constitutum-possessoriumlevering;
b brevi-manulevering;
c longa-manulevering.

Constitutum-possessoriumlevering

Ad a *Constitutum-possessoriumlevering*

■ **Voorbeeld 3.15**
A, galeriehouder en eigenaar van een schilderij van Lucebert, verkoopt dit schilderij aan B. A en B willen dat B ogenblikkelijk eigenaar wordt. Tevens wil A, in verband met een overzichtstentoonstelling van werk van Lucebert, het schilderij nog enige tijd onder zich houden.

B wordt op grond van art. 3:84 eigenaar van het schilderij doordat er sprake is van een geldige titel A-B (koopovereenkomst), verkrijging van de beschikkingsbevoegde A, terwijl levering plaatsvindt door de enkele wilsverklaring van partijen, met andere woorden door de goederenrechtelijke overeenkomst, zonder verdere feitelijke handeling. Op grond van art. 3:115 sub a is namelijk een *tweezijdige verklaring* zonder feitelijke handeling voldoende om bezit over te dragen:

> 'wanneer de vervreemder de zaak bezit en hij haar krachtens een bij de levering gemaakt beding voortaan voor de verkrijger houdt'.

Die situatie doet zich hier voor. A is eigenaar/bezitter; bij de levering wordt het beding gemaakt dat hij het schilderij krachtens bruikleen voor B zal gaan houden. Men noemt deze leveringsvorm de levering per *constitutum possessorium* (de levering met houdersverklaring, kortweg levering cp).

Brevi-manulevering

Ad b *Brevi-manulevering*

■ **Voorbeeld 3.16**
X leent een fiets van de eigenaar Y. Wanneer hij de fiets onder zich heeft, koopt hij hem van Y.

Voor levering van de fiets is niet vereist dat X de fiets eerst teruggeeft aan Y opdat deze hem de fiets kan overhandigen. Een enkele verklaring X-Y is ook hier voldoende. De feitelijke handeling kan krachtens art. 3:115 sub b achterwege blijven:

> 'wanneer de verkrijger houder van de zaak voor de vervreemder was'.

Dit doet zich hier voor. Men noemt dit de levering *brevi manu* (levering met de korte hand).

Longa-manulevering

Ad c *Longa-manulevering*

■ **Voorbeeld 3.17**
P is eigenaar van een boek dat hij heeft uitgeleend aan Z. P verkoopt het boek aan Q en wil het aan hem leveren.

Voor levering van het boek is niet vereist dat Z dit aan P teruggeeft zodat deze het aan Q kan overhandigen. Op grond van een verklaring P-Q gaat het bezit over, aldus art. 3:115 sub c:

> 'wanneer een derde voor de vervreemder de zaak hield, en haar na de overdracht voor de ontvanger houdt. In dit geval gaat het bezit niet over voordat de derde de overdracht heeft erkend, dan wel de vervreemder of de verkrijger de overdracht aan hem heeft medegedeeld.'

Levering onder derden

Dit betreft de levering *longa manu* (levering met de lange hand), ook wel *levering onder derden* genoemd. Een afspraak tussen vervreemder en verkrijger is in dit geval niet voldoende; de derde die de zaak houdt, moet van de overdracht op de hoogte zijn. Dit wil niet zeggen dat deze derde de levering kan verhinderen door te verklaren dat hij niet voor de verkrijger wenst te gaan houden. Zijn wil doet niet ter zake; nodig is dat hem wordt meegedeeld voor wie hij houdt.

Houder

Bezitsverschaffing door een houder
In de hiervoor besproken gevallen wordt het bezit verschaft door een bezitter, iemand die houdt voor zichzelf. Dat hij in staat is tot de door art. 3:90 vereiste bezitsverschaffing, ligt voor de hand. In feite verschaft hij bezit door zijn eigen bezit over te dragen aan de verkrijger. Hij kan leveren op de wijze aangegeven in art. 3:114 maar ook op alle wijzen van art. 3:115, dat een tweezijdige verklaring zonder feitelijke handeling voldoende verklaart om *bezit over te dragen*.

Hier dient zich een verschil aan met betrekking tot de mogelijkheden van een bezitter en een houder. Aangezien een houder per definitie geen bezit heeft en dit dus niet kan overdragen, komt hij aan de leveringswijzen van art. 3:114 en 115 naar de letter van de wet niet toe.

Art. 3:111 belet hem tevens om zichzelf, als het ware op eigen gezag, tot bezitter te maken om het bezit daarna over te dragen. Wat hij echter wel kan, is de verkrijger het *bezit* van de zaak *verschaffen*, zodat ook een houder aan het vereiste van art. 3:90 kan voldoen en een zaak kan leveren. Dit resultaat wordt bereikt door art. 3:114 en 115 analoog op de houder toe te passen. Aldus ontstaat het volgende beeld.

■ **Voorbeeld 3.18**
A is eigenaar van een grasmaaimachine die hij verhuurt aan B. B verkoopt de machine aan C en wil deze aan C leveren.

1 B kan aan C het bezit verschaffen door feitelijke overgave van de zaak. Vergelijk art. 3:114.
2 Een cp-levering zal géén effect hebben. B is houder voor A, en een houder is niet in staat cp te leveren, dit volgt uit art. 3:111, B kan zichzelf niet van houder tot bezitter maken. Wie voor een ander houdt, blijft voor die ander houden, of hij wil of niet. Ook een onbevoegde bezitter kan overigens niet cp leveren; zou B de grasmaaier bijvoorbeeld gestolen hebben en daardoor bezitter/niet-eigenaar geworden zijn, dan zou de levering stranden op een ander wetsartikel, namelijk art. 3:90 lid 2. In geval van diefstal heeft de bestolen eigenaar de kans zijn zaak drie jaar lang op te eisen van wie dan ook. De belangrijkste uitzondering daarop betreft het geval dat de koper de gestolen zaak heeft gekocht in de zogenoemde reguliere handel. Wordt nu in de reguliere handel (een winkel, een schuur waar een boer permanent dit soort zaken verkoopt) geleverd door middel van cp, dan verhindert art. 3:90 lid 2 alsnog dat bescherming plaatsvindt. De zaak blijft immers in handen van de vervreemder, en de derde met een ouder recht (de bestolen eigenaar) verliest de eigendom pas als de zaak in handen van de verkrijger komt.
3 B kan aan C het bezit verschaffen via een levering brevi manu, als de grasmaaimachine zich reeds bevindt in de macht van C. Vergelijk art. 3:115 sub b.

■ Voorbeeld 3.19

B leent een zaak (een boek, een schilderij, een fiets) uit aan een ander, C. Deze laatste heeft de zaak onder zich en dus in zijn macht. Het zou onzin zijn als hij deze eerst aan B zou moeten teruggeven alvorens er geleverd kon worden. De zaak blijft waar zij is. De enkele afspraak B-C, die inhoudt dat op grond van de koopovereenkomst eigendomsoverdracht plaatsvindt, heeft op grond van deze wetsbepaling tot gevolg dat C eigenaar wordt.

4 Ook is levering onder derden door een houder mogelijk.

■ Voorbeeld 3.20

A is eigenaar van een racefiets die hij verhuurt aan B. B verhuurt de fiets aan C. B verkoopt de fiets aan X en wenst deze te leveren aan X door middel van een levering onder derden.

B kan inderdaad aan X het bezit van de fiets verschaffen. Dit resultaat, dat door veel juristen al bepleit werd, is in 1987 ook door de Hoge Raad aanvaard (HR 1 mei 1987, NJ 1988, 852, LPN-IBM).

Hoe is het te verklaren dat een houder niet cp kan leveren maar wel onder derden (longa-manulevering)? Het verschil zit in de positie van de derde. Deze hield aanvankelijk voor de één, maar is na de mededeling van de overdracht voor de ander gaan houden, aan wie hij de zaak ook zal moeten afgeven. Er is dus in de buitenwereld met betrekking tot de zaak iets veranderd, er heeft wat men noemt publiciteit plaatsgevonden. Bij een levering cp is dat niet zo; daar is alles bij het oude gebleven en daardoor kan de levering niet worden erkend nu zij plaatsvond door een onbevoegde.

Het eigendomsvoorbehoud

Het eigendomsvoorbehoud

In de handel komt het regelmatig voor dat de verkoper die zaken overdraagt aan de koper, zekerheid verlangt met betrekking tot de hem verschuldigde koopsom. Eén manier om zich zekerheid te verschaffen is het zogenoemde eigendomsvoorbehoud. De verkoper levert de zaken aan de koper *onder de voorwaarde* dat deze pas (volledig) eigenaar wordt wanneer hij, de koper, zijnerzijds aan zijn verplichtingen heeft voldaan. De wet maakt dit eigendomsvoorbehoud mogelijk door de regeling van de levering onder opschortende voorwaarde. Art. 3:91 regelt geheel in het algemeen de levering onder welke opschortende voorwaarde dan ook. Een dergelijke levering wordt niet voltrokken via bezitsverschaffing maar vindt plaats door de verkrijger de macht over de zaak te verschaffen.
Daarna regelt art. 3:92 levering onder één specifieke voorwaarde, namelijk de voldoening van de verschuldigde tegenprestatie.

■ Voorbeeld 3.21

V verkoopt aan K een pc. K neemt deze mee naar huis; afgesproken wordt echter, dat de levering plaatsvindt onder de opschortende voorwaarde van voldoening van de koopprijs.

De verbintenis uit de koopovereenkomst is hier de titel voor de overdracht. V is beschikkingsbevoegd. V blijft echter ondanks de levering aan K eigenaar en wel onder de ontbindende voorwaarde van betaling door K. Deze wordt eigenaar onder de opschortende voorwaarde van betaling aan V. K verkrijgt macht over de pc, bezitter wordt hij niet. Hij verkrijgt pas bezit, en dientengevolge eigendom, op het moment dat hij volledig aan zijn verplichtingen ten opzichte van V heeft voldaan.

Vergelijk voor het eigendomsvoorbehoud art. 7A:1576h e.v., alwaar de huurkoop is geregeld. Huurkoop is het belangrijkste voorbeeld van een titel die verplicht tot overdracht van een roerende zaak, niet-registergoed, onder de opschortende voorwaarde van algehele betaling.

Let wel: V uit voorbeeld 3.21 heeft niet de mogelijkheid om te bedingen dat K pas volledig eigenaar wordt als hij ook andere schulden aan V heeft voldaan. Lid 2 van art. 3:92 verklaart een dergelijke voorwaarde nietig.

Levering van vorderingen op naam

Niet alleen zaken als huizen, fietsen en schilderijen kunnen worden overgedragen, ook rechten zijn goederen en als zodanig overdraagbaar, zie paragraaf 3.1. Een belangrijke groep van rechten die in het normale rechtsverkeer overgedragen worden, wordt gevormd door de vorderingen op naam. Dit zijn alle vorderingsrechten die niet aan toonder of order luiden. Zij komen altijd toe aan een met name bekende schuldeiser.

Vorderingen op naam

■ Voorbeeld 3.22

A koopt een telescoop van B. Aangezien A een studiereis naar Amerika gaat maken, wordt de overdracht uitgesteld.

C, actievoerder, gooit in woede een steen door de winkelruit van bonthandelaar D.

E leent €1.000 aan zijn vriend F.

In alle gevallen van voorbeeld 3.22 is er sprake van een vordering op naam. A heeft een vorderingsrecht op B, het recht op overdracht van de telescoop, ontstaan uit de koopovereenkomst. Bonthandelaar D heeft een vordering ter grootte van de schade die C heeft aangericht; deze vordering is ontstaan uit onrechtmatige daad. E heeft een vordering op F uit geldlening. Steeds is de schuldeiser – A, D en E – een met name bekend persoon.

A, D en E kunnen hun rechten – respectievelijk op overdracht van de zaak en op betaling van een geldsom – overdragen aan een ander. Voor overdracht is, naast een titel en beschikkingsbevoegdheid van de vervreemder, een leveringsdaad vereist: in dit geval een akte en mededeling van de overdracht aan de schuldenaar. Zie art. 3:94. Wanneer A, terug in Nederland, zijn belangstelling voor de telescoop heeft verloren, kan hij zijn vorderingsrecht op B overdragen door een akte op te maken waarin wordt vermeld dat hij zijn recht op overdracht aan X overdraagt, die dit aanneemt. Deze akte is echter niet voldoende om het recht te doen overgaan: een mededeling aan B is daarvoor eveneens vereist.

Voor een dergelijke akte hoeft men niet naar de notaris; een onderhandse akte is toegestaan. De akte behoeft zelfs niet door beide partijen ondertekend te worden. Art. 3:94 lid 1 spreekt van een 'daartoe bestemde akte'; de vervreemder kan de akte opstellen en ondertekenen en de verkrijger kan deze op alle wijzen aanvaarden, zelfs mondeling. Ook de mededeling aan de debiteur is niet aan enige vorm gebonden; een betekening (deurwaardersexploit) is niet vereist; een brief, zelfs een mondelinge (telefonische) mededeling, volstaat.

Cessie

De overdracht van een vordering op naam heet *cessie*. De vervreemder wordt aangeduid als cedent, de verkrijger als cessionaris. De schuldenaar aan wie mededeling van de cessie moet worden gedaan, is de debitor cessus ofwel cessus. Een vordering overdragen wordt ook cederen genoemd. Onder omstandigheden kan bij overdracht van vorderingsrechten een mededeling aan de debiteur bezwaarlijk zijn. Zo kunnen bedrijven in het kader van *securisatie* hun vorderingen op grote schaal verhandelen. Hierdoor kunnen zij, als zij hun vorderingsrechten op hun debiteuren overdragen aan de bank, financiering krijgen tegen gunstiger voorwaarden dan via bijvoorbeeld krediet of factoring.

Het is duidelijk dat bij het op grote schaal verhandelen van vorderingen, het doen van mededeling daarvan aan de debiteur op bezwaren stuit van allerlei aard (logistieke, commerciële en financiële). Op grond hiervan bevat art. 3:94 een bepaling die levering van vorderingsrechten ook mogelijk maakt door middel van 'een daartoe bestemde authentieke of geregistreerde onderhandse akte, zonder mededeling daarvan aan de personen tegen wie die rechten moeten worden uitgeoefend'. De rechten uit deze vorderingen, bijvoorbeeld het innen van de schuld, kunnen echter pas worden uitgeoefend wanneer de debiteur door zijn oorspronkelijke ofwel zijn nieuwe schuldeiser op de hoogte is gesteld van deze overdracht (zie art. 3:94 lid 3). Dit wordt ook wel 'stille cessie' genoemd, in tegenstelling tot de in lid 1 bedoelde 'openbare cessie'. Schuldeisers, met name de grote kredietverschaffers, kunnen door middel van de stille cessie op een in het handelsverkeer aanvaardbare wijze hun vorderingen securiseren, veiligstellen.

3.2.4 De schakelbepaling: art. 3:98

Hiervoor is gesproken over de voorwaarden waaraan overdracht van de verschillende soorten van goederen onderworpen is. Art. 3:98, dat de reeks bepalingen betreffende de overdracht afsluit, verklaart al deze bepalingen overeenkomstig van toepassing op de vestiging, de overdracht en de afstand van beperkte rechten op die goederen.

■ **Voorbeeld 3.23**
X sterft. Hij laat een vrouw na, Y, en twee kinderen, A en B. X heeft in zijn testament bepaald dat A en B zijn enige erfgenamen zijn. Y krijgt het vruchtgebruik van het gehele vermogen, bestaande uit bossen, weilanden, boomgaarden, een landhuis met kostbaar meubilair en een aantal paarden.

Voor de overdracht van goederen is nodig: een geldige titel, beschikkingsbevoegdheid van degene die overdraagt, en een formaliteit, vergelijk art. 3:84. Dezelfde vereisten gelden krachtens art. 3:98 (onder meer) voor de vestiging van beperkte rechten, zoals het vruchtgebruik. Wat betekent dat voor voorbeeld 3.23? A en B zijn de zogenoemde hoofdgerechtigden op het vermogen. Zij zijn verplicht mee te werken aan de vestiging van het vruchtgebruik ten bate van Y. De titel is een verbintenis uit testament, A en B zijn als erfgenamen beschikkingsbevoegd, de leveringsvorm verschilt al naargelang het goed. Zo zullen A en B met Y naar de notaris gaan die een akte opmaakt met betrekking tot de registergoederen. De akte wordt ingeschreven in de registers (art. 3:89). De roerende zaken worden in de macht van Y gebracht (art. 3:90). Zie voor het vruchtgebruik voorts paragraaf 6.4.

3.2.5 Samenvatting vereisten voor een geldige levering

De eisen die de wet stelt aan de geldige levering van goederen, zijn in figuur 3.3 in beeld gebracht.

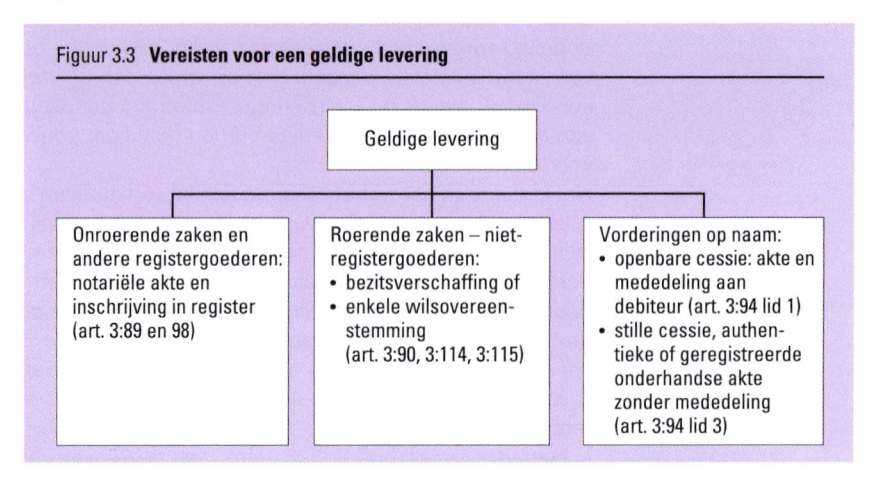

Figuur 3.3 **Vereisten voor een geldige levering**

```
                        Geldige levering
      ┌───────────────────────┼───────────────────────┐
Onroerende zaken en     Roerende zaken – niet-    Vorderingen op naam:
andere registergoederen: registergoederen:        • openbare cessie: akte en
notariële akte en       • bezitsverschaffing of     mededeling aan
inschrijving in register • enkele wilsovereen-      debiteur (art. 3:94 lid 1)
(art. 3:89 en 98)          stemming              • stille cessie, authen-
                        (art. 3:90, 3:114, 3:115)   tieke of geregistreerde
                                                    onderhandse akte
                                                    zonder mededeling
                                                    (art. 3:94 lid 3)
```

3.3 Derdenbescherming bij verkrijging van goederen

Uitgangspunt bij de overdracht van goederen is dat niemand méér rechten kan overdragen dan hij zelf heeft. De vervreemder moet beschikkingsbevoegd zijn. Zou echter dit uitgangspunt in alle gevallen worden gehandhaafd, dan zou niet alleen het handelsverkeer daarvan veel hinder ondervinden, tevens zou dat dikwijls aanleiding geven tot onbillijke situaties.

Derdenbescherming

Vandaar dat het vereiste van beschikkingsbevoegdheid onder omstandigheden doorbroken kan worden. Het kan zich voordoen dat een niet-bevoegde rechtsgeldig een huis of een horloge overdraagt, een hypotheek vestigt, of een vordering cedeert. Men spreekt dan van *derdenbescherming*. Derdenbescherming kan uitsluitend plaatsvinden krachtens een speciale wettelijke regel.

In het systeem van het BW is niet gekozen voor één algemene regel die alle gevallen van derdenbescherming beheerst, maar voor aparte beschermingsartikelen voor verschillende categorieën van goederen, in bepaalde gevallen nog onderverdeeld al naargelang de oorzaak van de onbevoegdheid van de vervreemder.

Bescherming is onder andere neergelegd:
1 in art. 3:88 met betrekking tot de verkrijging van registergoederen;
2 in art. 3:86 met betrekking tot de verkrijging van roerende zaken, niet-registergoederen;
3 in art. 3:88 met betrekking tot de verkrijging van vorderingen op naam;
4 in art. 3:36 met betrekking tot andere omstandigheden.

Voor bescherming is altijd vereist dat de derde *te goeder trouw* is, dat wil zeggen: op verontschuldigbare wijze onbekend is met de rechtswerkelijkheid. Dit ligt als algemeen beginsel verankerd in art. 3:11 en voorts in speciale regels op die plaatsen in de wet waar derden tegen specifieke gevallen van onbevoegdheid van hun rechtsvoorgangers bescherming wordt geboden.

3.3.1 Bescherming bij verkrijging van registergoederen

Het kan zich voordoen dat een derde verkrijgt van een onbevoegde onder omstandigheden waarover de registers geen informatie kunnen verschaffen.

■ **Voorbeeld 3.24**
A verkoopt een nieuwbouwproject bestaande uit veertig eengezinswoningen aan B en draagt dit aan hem over. B bedriegt A bij het tot stand komen van de overeenkomst, voor A grond om de overeenkomst door de rechter te laten vernietigen. Voor hij daartoe kan overgaan, heeft B de afzonderlijke woningen doorverkocht en overgedragen aan veertig particulieren.

Hier doet zich het geval voor dat door vernietiging van de overeenkomst op grond van bedrog, met terugwerkende kracht de titel aan de overdracht A-B komt te ontvallen. B heeft onbevoegd overgedragen aan veertig anderen. De verkrijgers worden echter beschermd door art. 3:88:

> 'Ondanks onbevoegdheid van de vervreemder is een overdracht van een registergoed, van een recht op naam, of van een ander goed waarop art. 86 niet van toepassing is, geldig, indien de verkrijger te goeder trouw is en de onbevoegdheid voortvloeit uit de ongeldigheid van een vroegere overdracht, die niet het gevolg was van onbevoegdheid van de toenmalige vervreemder.'

Hieruit volgt dat de derde te goeder trouw wordt beschermd wanneer een vervreemder onbevoegd is op grond van een oorzaak die zich voordeed tussen hem en zijn voorganger. Dit betreft alle gevallen waarin er in de verhouding A-B geen titel was, of een nietige titel, of een later vernietigde titel; alsook de gevallen waarin aan een vormvereiste niet is voldaan (bijvoorbeeld de ingeschreven transportakte vermeldde de titel niet, vergelijk art. 3:89 lid 2). Wanneer de derde te goeder trouw was in de zin van art. 3:11, wordt hij in zulke gevallen tegen onbevoegdheid van zijn voorganger beschermd.
Voor zijn bescherming is niet vereist dat hij zelf in ruil voor de zaak een tegenprestatie heeft verricht. Wanneer B een huis dat hij van A verkreeg op grond van een titel die later wordt vernietigd, aan zijn dochter C heeft geschonken en overgedragen, wordt C eigenaar krachtens art. 3:84 jo. 3:88, ondanks het feit dat zij om niet verkreeg. De reden hiervoor is dat A, die heeft meegewerkt aan de overdracht A-B, zelf een risico in het leven heeft geroepen waarvan C, nu het een registergoed betreft, niet de dupe mag worden. Met betrekking tot registergoederen moet er een grote rechtszekerheid bestaan. Verkrijgt een derde echter van een onbevoegde die op zijn beurt zélf van een onbevoegde verkreeg, dan valt de derde niet onder de bescherming van art. 3:88: de oorzaak van de onbevoegdheid van de tweede hand wordt ten opzichte van de derde in een dergelijk geval niet gedekt. Dit doet zich bijvoorbeeld voor in het volgende geval.

■ **Voorbeeld 3.25**
X sterft, zonder een testament na te laten. Zijn zoon A is enig nabestaande en hij neemt het vermogen van X tot zich. Onder meer laat hij een huis dat X toebehoorde op zijn naam inschrijven in de registers. Hij verkoopt en levert het huis aan B, die het kort daarna verkoopt en overdraagt aan C. Twee maanden na de dood van X verschijnt uit het buitenland Y, in het bezit van een in het buitenland rechtsgeldig gemaakt testament van X, waarin zij als enig erfgenaam wordt aangewezen.

A heeft, naar achteraf blijkt, onbevoegd overgedragen aan B. B was onbevoegd toen hij het huis aan C overdroeg. C wordt niet beschermd. Aan de hoofdregel van art. 3:84 is niet voldaan en ook niet aan de daarop in art. 3:88 lid 1 gemaakte uitzondering: de onbevoegdheid van B vloeit niet voort uit een titel- of leveringsgebrek in de relatie A-B.

Waarom wordt C niet beschermd? De eigenaar Y heeft zelf geen risico geschapen. Zij had part noch deel aan de vervreemding door de onbevoegde A. Wanneer de belangen van Y en van C tegen elkaar worden afgewogen, gaat Y vóór aangezien haar geen enkel toedoen aan de vervreemding kan worden toegerekend.

3.3.2 Bescherming bij verkrijging van roerende zaken

Met name roerende zaken moeten van hand tot hand kunnen gaan zonder dat de verkrijger elk moment het risico loopt te vernemen dat hij geen eigenaar is geworden van de zaak die hij onder zich heeft. Het handelsverkeer zou vastlopen als dit anders was.

■ **Voorbeeld 3.26**
A leent een pc uit aan B. B verkoopt de pc aan C en draagt deze over.

B is beschikkingsonbevoegd. In beginsel wordt C geen eigenaar van de pc, aangezien aan art. 3:84 niet is voldaan. Derdenbescherming is hier een noodzaak.

Deze bescherming van derden die roerende zaken verkrijgen van een onbevoegde vervreemder, is geregeld in art. 3:86. Het artikel luidt:

> '1. Ondanks onbevoegdheid is een overdracht overeenkomstig artikel 90, 91 of 93 van een roerende zaak, niet-registergoed, of een recht aan toonder of order geldig, indien de overdracht anders dan om niet geschiedt en de verkrijger te goeder trouw is.'

Hieruit blijkt dat de eigendomsverkrijging van de derde in geval van onbevoegdheid aan twee voorwaarden is gebonden. De derde wordt beschermd wanneer hij:
1 *Anders dan om niet verkregen heeft*. Dit wil zeggen dat hij voor de zaak een tegenprestatie moet hebben geleverd. Hij kan de zaak hebben gekocht, geruild, of bijvoorbeeld arbeid hebben verricht tegen verkrijging van de zaak. Is de zaak hem geschonken, dan wordt hij geen eigenaar. Afweging van de belangen van de oorspronkelijk gerechtigde en de derdebegiftigde, brengt hier mee dat er geen bescherming verleend wordt.
2 *Te goeder trouw is*. Het is duidelijk dat C uit voorbeeld 3.26 geen eigenaar wordt van de pc wanneer hij weet dat niet B maar diens vriend A daarvan eigenaar is.

Maar de eis van goede trouw houdt meer in dan alleen wel of niet op de hoogte zijn met de onbevoegdheid van degene die de zaak overdraagt. In de eerste plaats wordt aan de goede trouw van de derde de eis gesteld van art. 3:11: de derde kan zich niet beroepen op onbekendheid met de onbevoegdheid wanneer hij deze had behóren te kennen. Zo wordt van de koper van een tweedehandsauto verwacht dat hij de kentekenbewijzen goed onderzoekt.
Krijgt de derde de zaak aangeboden voor een te lage prijs, of zijn er andere omstandigheden die hem aan het twijfelen behoren te brengen met be-

trekking tot de bevoegdheid van zijn voorganger, dan rust op hem een onderzoeksverplichting. Zelfs de onmogelijkheid van onderzoek levert nog geen goede trouw op: in geval van twijfel moet hij van verder onderhandelen afzien op straffe van het verlies van bescherming.

De bescherming gaat pas in als de onbevoegde vervreemder de zaak uit handen heeft gegeven. Zowel onbevoegde houders als onbevoegde bezitters zijn niet in staat een cp-levering tot stand te brengen. Dit volgt uit art. 3:90 lid 2 wat bezitters, en art. 3:111 wat houders betreft. Zie subparagraaf 3.2.3 onder Levering van roerende zaken. Art. 3:86 biedt alleen bescherming tegen beschikkingsonbevoegdheid van de vervreemder en kan geen redding bieden wanneer ook de levering ongeldig is.

De goede trouw die van een verkrijger van een roerende zaak wordt gevraagd, krijgt niet alleen inhoud via art. 3:11. Ook art. 3:87 lid 1 stelt nog een eis:

> '1. Een verkrijger die binnen drie jaren na zijn verkrijging gevraagd wordt wie het goed aan hem vervreemdde, dient onverwijld de gegevens te verschaffen, die nodig zijn om deze terug te vinden of die hij ten tijde van zijn verkrijging daartoe voldoende mocht achten. Indien hij niet aan deze verplichting voldoet, kan hij de bescherming die het vorige artikel aan een verkrijger te goeder trouw biedt, niet inroepen.'

Wie zijn voorman niet kan aanwijzen, geldt niet als te goeder trouw en is – althans de eerste drie jaren na de verkrijging – geen eigenaar geworden. Deze eis vloeit voort uit het feit dat veel roerende zaken die door onbevoegden worden overgedragen, afkomstig zijn van diefstal. De bestolen eigenaar verliest op grond van art. 3:86 de eigendom zodra de zaak in handen van een derde te goeder trouw is geraakt. Voor hem is het daarom van groot belang dat de derde hem gegevens verschaft over de vervreemder, zodat hij de heler of de dief kan opsporen van wie hij van zijn kant schadevergoeding kan vorderen.

Wie te goeder trouw en anders dan om niet verkrijgt, wordt eigenaar: art. 3:86 stelt immers dat in zo'n geval de overdracht, ondanks onbevoegdheid van de vervreemder, geldig is.

Let op: de overige vereisten van art. 3:84 (geldige titel en levering) blijven in stand. Op gevallen waarin de oorspronkelijke eigenaar van de zaak het bezit daarvan door diefstal verloren heeft, is naast lid 1 tevens lid 3 van toepassing. Dit geeft een speciale regel voor gestolen goederen (met uitzondering van geld, toonder- en orderpapier, vgl. lid 3 sub b): op gestolen zaken blijft de eigenaar in beginsel drie jaren na de diefstal zijn rechten behouden. Hij kan deze slechts verliezen ingeval de zaak is verkregen door een natuurlijk persoon die niet in de uitoefening van een beroep of bedrijf handelde, en die de zaak kocht in een regulier bedrijf, zie lid 3 sub a.

■ Voorbeeld 3.27
A, wiens gouden trompet gestolen wordt, blijft eigenaar wanneer de dief het instrument verkoopt aan Second Hand Rose, ook als deze laatste te goeder trouw is; maar hij verliest de eigendom op het ogenblik dat Second Hand Rose, die regelmatig ook gebruikte muziekinstrumenten verkoopt, in haar winkel in de binnenstad de trompet verkoopt en levert aan particulier C. Koopt C de trompet op een veiling, dan wordt hij niet beschermd tegen de onbevoegdheid van de vervreemder.

In figuur 3.4 is in beeld gebracht in welke gevallen en onder welke voorwaarden degene die van een onbevoegde een roerende zaak heeft verkregen, tegen deze onbevoegdheid beschermd wordt.

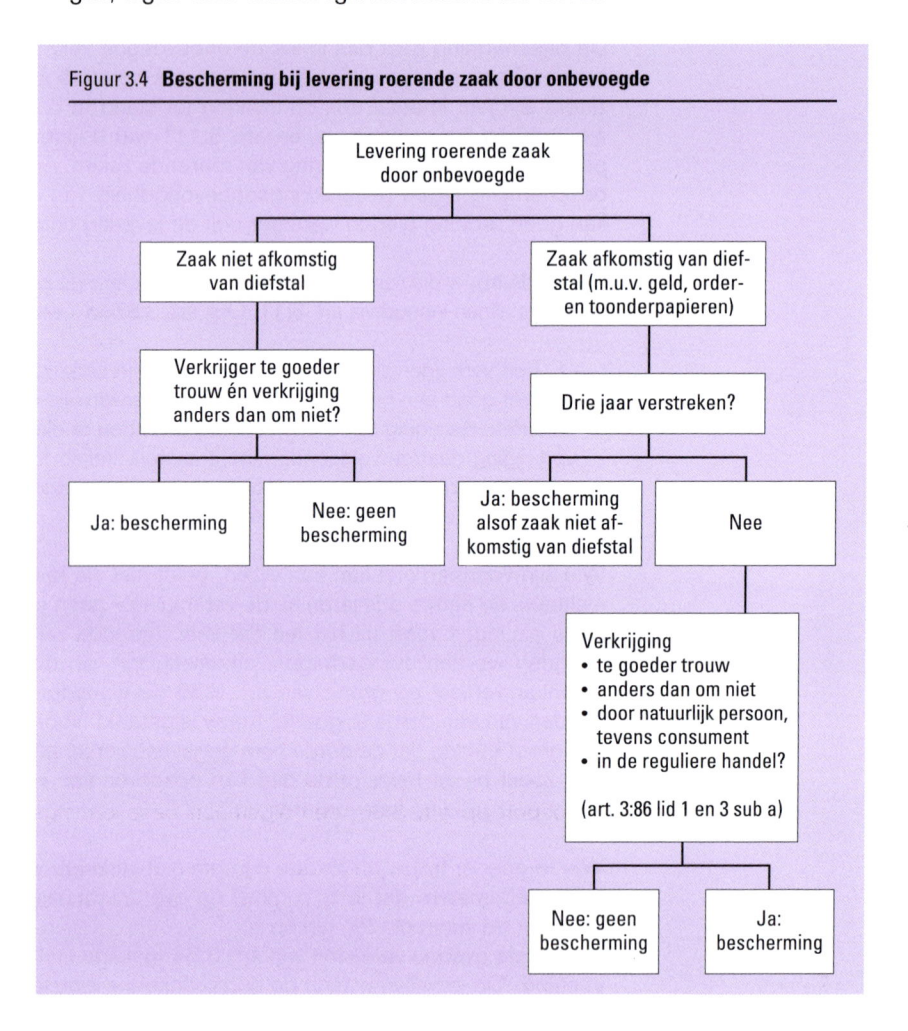

Figuur 3.4 **Bescherming bij levering roerende zaak door onbevoegde**

```
                    Levering roerende zaak
                       door onbevoegde
                    ┌──────┴──────┐
        Zaak niet afkomstig    Zaak afkomstig van dief-
         van diefstal          stal (m.u.v. geld, order-
                               en toonderpapieren)
                │                        │
     Verkrijger te goeder
     trouw én verkrijging        Drie jaar verstreken?
     anders dan om niet?
         ┌────┴────┐              ┌──────┴──────┐
    Ja:          Nee: geen    Ja: bescherming      Nee
 bescherming    bescherming   alsof zaak niet af-
                              komstig van diefstal
                                                    │
                                          Verkrijging
                                          • te goeder trouw
                                          • anders dan om niet
                                          • door natuurlijk persoon,
                                            tevens consument
                                          • in de reguliere handel?

                                          (art. 3:86 lid 1 en 3 sub a)
                                             ┌──────┴──────┐
                                        Nee: geen         Ja:
                                       bescherming    bescherming
```

3.3.3 Bescherming bij verkrijging van vorderingen op naam

Art. 3:88 beschermt niet slechts de verkrijgers van registergoederen (zie subparagraaf 3.3.1), maar ook verkrijgers van die goederen die niet onder de bescherming van art. 3:86 vallen (art. 3:86 en 88 vormen aldus tezamen een sluitend stelsel van bescherming ten bate van verkrijgers van alle goederen: zaken en vermogensrechten). Voor bescherming op grond van art. 3:88 moet de derde te goeder trouw zijn (in de zin van art. 3:11). De eis van verkrijging anders dan om niet wordt hier niet gesteld. Bescherming wordt echter slechts geboden indien de oorzaak van de onbevoegdheid van B schuilt in een titel- of leveringsgebrek in de verhouding A-B (zie uitgebreider hiervoor bij de bescherming bij verkrijging van registergoederen, subparagraaf 3.3.1).

■ **Voorbeeld 3.28**
A heeft een vordering op X ten bedrage van €50.000. A draagt de vordering over aan B, die op zijn beurt overdraagt aan C. De titel A-B wordt vernietigd.

Wat is de positie van C? B heeft, aangezien de titel tussen hem en A niet geldig was, op de vordering geen rechten verkregen. C echter wordt onder bepaalde voorwaarden tegen de onbevoegdheid van B in bescherming genomen door art. 3:88.

3.3.4 Het 'restartikel' 3:36

Met betrekking tot derdenbescherming neemt voorts art. 3:36 een belangrijke plaats in, zie ook paragraaf 1.4. De in paragraaf 3.3 behandelde beschermingsartikelen zijn alle geschreven voor specifieke verkrijgers onder zeer bepaalde omstandigheden. Het gaat daarbij steeds om gevallen waarin derden bij de verkrijging van goederen vertrouwen op de bevoegdheid van hun voorganger, een bevoegdheid die achteraf niet aanwezig blijkt te zijn.
Maar derden kunnen ook onder andere omstandigheden bescherming nodig hebben.

■ **Voorbeeld 3.29**
A ondertekent een schuldbekentenis waarin hij verklaart aan B €10.000 verschuldigd te zijn. Dit is een schijnakte, er is geen schuld A-B. B echter toont de schuldbekentenis aan X, die de vordering van B op A overneemt tegen betaling van €9.500 (vergelijk voorbeeld 1.30).

X wordt niet beschermd door art. 3:88. Er is hier geen sprake van een vroegere overdracht met een titel- of leveringsgebrek. X kan zich echter beroepen op art. 3:36, een algemeen beschermingsartikel. X heeft als derde op grond van een schuldbekentenis (de verklaring van A) overeenkomstig de zin die hij daaraan onder de gegeven omstandigheden redelijkerwijze mocht toekennen, het bestaan van een rechtsbetrekking A-B aangenomen. In redelijk vertrouwen op de juistheid van die veronderstelling heeft hij de vordering overgenomen, zodat degeen om wiens verklaring het gaat, A, met betrekking tot de cessie op de onjuistheid van de veronderstelling van X geen beroep kan doen. A moet aan X €10.000 betalen.

Vragen

1 Geef het verschil aan tussen verkrijging onder algemene en verkrijging onder bijzondere titel.

2 a Geef twee voorbeelden van verkrijging onder bijzondere titel.
  b Geef twee voorbeelden van verkrijging onder algemene titel.

3 Geef het verschil aan tussen overgang en overdracht van goederen.

4 a Geef een definitie van de 'titel' die art. 3:84 eist voor overdracht van een goed.
  b Wat is het gevolg van het feit dat de wet een 'geldige titel' eist?

5 Wat is het gevolg wanneer de titel wordt vernietigd door een partij bij een overeenkomst?

6 Geef het verschil in gevolg aan tussen vernietiging en ontbinding van een overeenkomst.

7 a Op welke wijzen kunnen roerende zaken worden geleverd?
  b Geef weer hoe levering van registergoederen plaatsvindt.
  c Wat is de overeenkomst en wat is het verschil tussen levering van een registergoed en levering van een vordering op naam?

8 a Kan een onbevoegde de eigendom van een roerende zaak overdragen? Motiveer uw antwoord.
  b Een onbevoegde verkoopt een bromfiets en levert deze brevi manu. Wordt de koper eigenaar? Motiveer uw antwoord.

9 a Geef twee voorbeelden waarin personen een zaak 'houden'.
  b Geef twee voorbeelden waarin personen 'macht' hebben over een zaak.

10 Omschrijf wat 'goede trouw' inhoudt en verwijs naar een wetsartikel.

11 Maak een casus aan de hand van art. 3:88.

12 In welke zin wijkt art. 3:36 af van de overige door u bestudeerde artikelen waarin derdenbescherming wordt verleend?

Casus

1. A verkoopt en levert een schilderij aan B voor de prijs van anderhalve ton. Enige tijd later wordt de overeenkomst door A vernietigd op grond van misbruik van omstandigheden. B is inmiddels failliet verklaard.
Zet uiteen wat van een en ander het gevolg is.

2. Geef in de volgende gevallen aan of er sprake is van eigendom/bezit/houderschap:
   a. A vindt een portemonnee met €50 en steekt het briefje in zijn zak voor een kroegentocht.
   b. De lege portemonnee wil hij aan de politie afgeven.
   c. B is zijn tweelingbroer A te snel af en int de vordering waarop A rechthebbende is.
   d. B steelt de fiets van zijn broer A; B leent de fiets uit aan zijn vriendin C.
   e. A vangt een forel in de rivier de Ourthe.
   f. A en B verkrijgen van X het vruchtgebruik op een kudde schapen.

3. Maak een kleine casus aan de hand van
   a. art. 3:86 lid 1;
   b. art. 3:86 lid 2;
   c. art. 3:86 lid 3.

4. a. A verkoopt en levert zijn huis aan B voor €200.000, omdat B hem heeft wijsgemaakt dat er tegenover hem een fabriek gebouwd zal worden die zijn uitzicht zal wegnemen en de prijs van zijn huis zal doen kelderen. B verkoopt en levert het huis aan C voor €400.000, een goede prijs voor het huis. C is onbekend met de voorgeschiedenis. A ontdekt de gang van zaken en laat de overeenkomst die hij met B sloot vernietigen op grond van bedrog. Wat is hiervan het gevolg voor C?
   b. X is eigenaar van een stuk land waarvan Y door verjaring een brede strook verkregen heeft. In de registers staat X nog ingeschreven als eigenaar van het gehele perceel. X verkoopt het land aan Z, die het verkoopt aan W. Deze laatste sommeert Y het bij hem in gebruik zijnde stuk grond te verlaten. Kan Y weigeren?

Pand, hypotheek, voorrechten en retentierecht

4

4.1 Verhaalsrecht
4.2 Pand en hypotheek: algemeen
4.3 Pand
4.4 Hypotheek
4.5 Voorrechten
4.6 Retentierecht
4.7 Rangorde bij verhaal

Deelnemers aan het handelsverkeer zullen er dikwijls behoefte aan hebben om zekerheid te verkrijgen voor het geval hun vordering niet wordt nagekomen. Eén zo'n vorm van zekerheid bespraken wij reeds in subparagraaf 3.2.3, te weten het eigendomsvoorbehoud. Hierbij vindt de onbetaalde verkoper zijn zekerheid in de eigendom van het door hem geleverde: zolang de koper niet betaalt, blijft de verkoper eigenaar en kan hij de zaak van de koper terugvorderen.
In dit hoofdstuk zullen enkele andere vormen van zekerheid worden besproken. In de eerste plaats zijn dit de zogenoemde beperkte zekerheidsrechten van pand en hypotheek, geregeld in titel 3.9 van het Burgerlijk Wetboek. Deze bespreken wij in de paragrafen 4.2 tot en met 4.4. Hierbij vindt een crediteur – een bank of andere financier die een bedrag heeft uitgeleend – zijn zekerheid in de mogelijkheid om een goed van zijn debiteur uit te winnen en met voorrang boven eventuele andere crediteuren verhaal te nemen op de opbrengst ervan. In de praktijk kunnen we hierbij vooral denken aan de koper van een huis die de koopsom leent van de bank en tot zekerheid van de terugbetaling een hypotheek op het huis verschaft. Het pandrecht is in de praktijk vooral van belang voor de financiering van bedrijven. Tegenover verstrekt krediet krijgt de bank een pandrecht op machines, voorraden en vorderingen op afnemers. Het recht van pand of hypotheek moet worden overeengekomen.
Naast pand- en hypotheekhouders zijn er nog andere crediteuren die bij voorrang verhaal kunnen nemen. Dit zijn onder meer de crediteuren die een vordering hebben waaraan de wet een zogenoemd voorrecht verbindt. Een aantal van die voorrechten wordt geregeld in titel 3.10 van het Burgerlijk Wetboek, met als opschrift Verhaalsrecht op goederen. De voorrechten behandelen we in paragraaf 4.5.

Ten slotte zijn er crediteuren die krachtens de wet een feitelijk pressiemiddel hebben om hun debiteur tot betaling aan te zetten. Dat zijn degenen die een of meerdere zaken van hun debiteur onder zich hebben, zoals reparateurs. Zij mogen onder omstandigheden de afgifte van de gerepareerde zaken opschorten totdat hun vordering is voldaan. Zo'n opschortingsbevoegdheid heet retentierecht, te behandelen in paragraaf 4.6. Het is eveneens geregeld in titel 3.10 van het Burgerlijk Wetboek. Soms mag de retentor ook bij voorrang verhaal nemen op de zaak.
In paragraaf 4.7 zullen wij ten slotte nog eens op een rijtje zetten hoe de onderlinge rangorde van vorderingen moet worden bepaald indien meerdere crediteuren verhaal willen nemen op de opbrengst van hetzelfde goed, maar die opbrengst niet toereikend is om alle vorderingen te voldoen.
Uit het hiervoor genoemde blijkt al dat het pand- en hypotheekrecht, het voorrecht en het retentierecht iets zeggen over de mogelijkheden van de crediteur om verhaal te nemen. In zoverre maken al deze rechten deel uit van wat we noemen: het verhaalsrecht. In paragraaf 4.1 zullen wij daarom eerst aandacht besteden aan het verhaalsrecht in het algemeen.

■ ■ ■ 4.1 Verhaalsrecht

Als betaling van zijn vordering uitblijft, kan de schuldeiser gebruikmaken van de mogelijkheid die art. 3:276 hem biedt: zich *verhalen* op het vermogen van zijn schuldenaar door het te gelde maken van zijn goederen, teneinde uit de opbrengst ervan zijn vordering te voldoen. Een schuldeiser zal hiertoe in beginsel de weg dienen te volgen van het doen leggen van *executoriaal beslag* op bepaalde goederen van de schuldenaar óf van het aanvragen van zijn *faillissement* (art. 1 Fw). Deze twee vormen van beslag zullen wij hierna bespreken.

Executoriaal beslag
Kiest de schuldeiser de weg van het executoriaal beslag, dan moet hij beschikken over een *executoriale titel*: dat is een grosse (een in executoriale vorm opgemaakt authentiek afschrift) van een in Nederland gewezen vonnis, van een beschikking van de Nederlandse rechter of van een in Nederland verleden authentieke akte (art. 430 Rv). Is de schuldeiser nog niet in het bezit van een executoriale titel, dan kan hij zich een titel verschaffen door de schuldenaar tot nakoming te laten veroordelen. De grosse van het vonnis levert hem dan de benodigde executoriale titel.

Met behulp van deze executoriale titel kan een deurwaarder in opdracht van de schuldeiser beslag leggen op *bepaalde* vermogensbestanddelen van de schuldenaar, waarna deze goederen in het openbaar kunnen worden verkocht. De schuldeiser verkrijgt uit de opbrengst het bedrag waarop hij recht heeft, terwijl het restant aan de schuldenaar wordt uitgekeerd.

■ Voorbeeld 4.1
A heeft €2.500 uitgeleend aan B. B blijft met de terugbetaling van de geleende som in gebreke. A spant een procedure aan die tot gevolg heeft dat B bij vonnis tot betaling wordt veroordeeld. Vervolgens legt deurwaarder X in opdracht van A beslag op de auto van B. Deze auto wordt in het openbaar verkocht en brengt €4.000 op. Uit de opbrengst krijgt A het bedrag waarop hij recht heeft; het restant wordt aan B uitgekeerd.

Recht van parate executie

Op deze regel geldt een uitzondering voor de pand- en hypotheekhouder: zij hebben het recht tot verkoop over te gaan zónder over een executoriale titel te beschikken. Men noemt dit het *recht van parate executie* (art. 3:248 lid 1 en 3:268 lid 1).

Faillissement

Zijn er meer schuldeisers én verkeert de schuldenaar in de toestand dat hij heeft opgehouden zijn schulden te betalen, dan kan zijn faillissement worden aangevraagd. Een executoriale titel is hiervoor niet nodig. Ten gevolge van de faillietverklaring, die door de rechtbank wordt uitgesproken, komt op het *gehele* vermogen van de schuldenaar een gerechtelijk beslag te liggen ten behoeve van zijn *gezamenlijke* schuldeisers. Tevens wordt een curator benoemd die het vermogen van de failliete schuldenaar gaat beheren en te gelde maken. De opbrengst wordt verdeeld onder de gezamenlijke schuldeisers die in beginsel *gelijke rang* hebben en die naar evenredigheid van hun vorderingen zo veel mogelijk worden voldaan (art. 3:277 lid 1).

■ Voorbeeld 4.2

Zowel B als C heeft een vordering uit geldleen op A, groot respectievelijk €6.000 en €3.000. De opbrengst van de boedel bedraagt €3.000. Bij de verdeling zal B €2.000 en C €1.000 verkrijgen.

Voor het onbetaald gebleven deel blijft de schuldenaar zijn leven lang aansprakelijk. Crediteuren zullen zich eerst na beëindiging van het faillissement op de schuldenaar kunnen verhalen, hetgeen uiteraard pas zinvol is wanneer deze inkomsten (uit arbeid) blijkt te ontvangen, of vermogen (bijvoorbeeld door een erfenis) heeft verkregen.

Voorrang bij verhaal

Een aantal schuldeisers is echter bij de verdeling van de opbrengst bevoorrecht boven de andere (niet-bevoorrechte of 'concurrente') schuldeisers, omdat hun vordering *bij voorrang* verhaalbaar is (zie art. 3:277 lid 1 en 3:278). Dit is het geval indien een schuldeiser langs *contractuele* weg een pand- of hypotheekrecht heeft bedongen tot zekerheid van zijn vordering. Maar ook uit de *wet* vloeit voorrang voort. De wetgever heeft namelijk aan bepaalde vorderingen voorrang toegekend, de zogenoemde *voorrechten* of *privileges* (art. 3:278 lid 2). Daarnaast vloeit voorrang voort uit 'andere in de wet aangegeven gronden', zoals bijvoorbeeld de voorrang die ingevolge art. 3:292 is verleend aan de vordering waarvoor een retentierecht bestaat. (In de volgende paragrafen zal hierop nader worden ingegaan.)

■ Voorbeeld 4.3

De opbrengst van de boedel bedraagt €6.000. B, bevoorrecht schuldeiser, heeft een vordering groot €5.000. C, concurrent schuldeiser, heeft een vordering ter grootte van €2.000. Bij de verdeling zal B €5.000 en C €1.000 verkrijgen.

Omdat in geval van faillissement onderzocht moet kunnen worden wie schuldeiser is, voor welk bedrag en wie er bij de verdeling eventueel voorrang geniet (een onderzoek dat men verificatie noemt), moeten alle schuldeisers hun vordering (ter verificatie) bij de curator indienen, met uitzondering van de pand- en hypotheekhouder. Zij kunnen tot openbare verkoop overgaan *als ware er geen faillissement*, zodat zij niet meedelen in de faillissementskosten en niet hoeven te wachten op het gereedkomen van de uitdelingslijst. Zij zijn de zogenoemde *separatisten* (art. 57 Fw).

Separatist

Schuldsanering natuurlijke personen
Wanneer ten aanzien van de schuldenaar de toepassing van de schuldsaneringsregeling (zie hoofdstuk 23) is uitgesproken, kan de schuldeiser, evenals in geval van faillissement, zijn vordering niet anders instellen dan door aanmelding ter verificatie (art. 299 lid 2 Fw). De schuldsaneringsregeling geldt echter niet ten aanzien van pand- en hypotheekhouders. Zij kunnen, evenals in faillissement, hun rechten uitoefenen alsof er geen schuldsaneringsregeling is (art. 299 lid 3 Fw).

4.2 Pand en hypotheek: algemeen

Pand en hypotheek zijn nauw aan elkaar verwant. Zij zijn beide zekerheidsrechten: zij geven de crediteur de mogelijkheid om, indien de schuldenaar niet nakomt, zijn vordering bij voorrang op het met pand of hypotheek belaste goed te verhalen. Het belangrijkste verschil tussen pand en hypotheek zit eigenlijk in het object: rust het recht op een registergoed, dan is het een hypotheek; rust het op een ander goed (roerende zaak of vordering), dan is het een pandrecht (art. 3:227 lid 1). Het is dus niet verwonderlijk dat voor pand en hypotheek een aantal gemeenschappelijke regels en kenmerken geldt.

Object

In deze paragraaf over algemene aspecten van pand en hypotheek wordt aandacht besteed aan de plaats van regeling in de wet (subparagraaf 4.2.1), de gebruikte terminologie (subparagraaf 4.2.2) en gemeenschappelijke kenmerken (subparagraaf 4.2.3). In de paragrafen 4.3 en 4.4 zal op de afzonderlijke regels voor pand respectievelijk hypotheek worden ingegaan.

4.2.1 Waar zijn deze rechten geregeld?

Boek 3, titel 9

Het pandrecht en het hypotheekrecht zijn geregeld in Boek 3, titel 9 en niet in Boek 5, omdat zij zowel op zaken als op vermogensrechten kunnen rusten. Zo kan zowel een sieraad als een vordering op naam worden verpand.

In afdeling 1 treft men algemene bepalingen aan die zowel voor pand als voor hypotheek gelden. Afdeling 2 bevat regels die alleen op het pandrecht betrekking hebben, afdeling 3 heeft betrekking op het pandrecht van certificaathouders, terwijl afdeling 4 geheel aan het recht van hypotheek is gewijd.
Voor de wijze waarop het verhaalsrecht wordt uitgeoefend, is behalve titel 3.9 en titel 3.10 ook hetgeen daarover is bepaald in het Wetboek van Burgerlijke Rechtsvordering en de Faillissementswet van belang.

4.2.2 Enkele terminologische kwesties

Pandgever en -houder

Pandgever is degene die pandrecht op zijn goed verleent. Omdat het mogelijk is een goed te verpanden voor de schuld van een ander hoeven pandgever en schuldenaar van de geldvordering niet dezelfde persoon te zijn. Pandhouder is degene die pandrecht verkrijgt op het goed van een ander.

■ **Voorbeeld 4.4**
C heeft €5.000 te vorderen van schuldenaar A. De vordering is versterkt door een pandrecht op een aan A's vriend B (pandgever) toebehorend antiek bureau.

Hypotheekgever en -houder

Hypotheekgever is degene die hypotheek op zijn goed verleent. Ook hier hoeft hij niet dezelfde persoon als de schuldenaar te zijn.
Hypotheekhouder is degene die het recht van hypotheek op eens anders goed verkrijgt.
Verwar dit niet met geldgever (schuldeiser of hypotheekhouder) en geldnemer (schuldenaar of hypotheekgever).

■ **Voorbeeld 4.5**
Wie een huis wil kopen en de aankoop daarvan wil financieren door middel van hypotheek en daartoe aan de bank te kennen geeft 'een hypotheek op het huis te willen nemen', bedient zich dus juridisch bezien van een geheel verkeerde terminologie.

4.2.3 Kenmerken

Het recht van pand en het recht van hypotheek zijn beperkte rechten, strekkende om op de daaraan onderworpen goederen een vordering tot voldoening van een geldsom bij voorrang boven andere schuldeisers te verhalen (art. 3:227 lid 1).

Beperkte rechten

Pand en hypotheek zijn dus *beperkte rechten*, dat wil zeggen: rechten die zijn afgeleid uit een meer omvattend recht, dat met het beperkte recht is bezwaard (art. 3:8).

■ **Voorbeeld 4.6**
Als op A's huis hypotheek wordt gevestigd, is het meer omvattende recht, te weten het eigendomsrecht van A met betrekking tot het huis (ook wel moederrecht genoemd), met het beperkte recht (hypotheek) bezwaard.

Het pandrecht en het hypotheekrecht bezitten derhalve ook alle kenmerken die eigen zijn aan de beperkte rechten, zoals:
1 een *absoluut karakter*, zodat het recht jegens eenieder geldend kan worden gemaakt; dit in tegenstelling tot rechten met een relatief karakter zoals bijvoorbeeld een vorderingsrecht, dat slechts een rechtsbetrekking tussen twee bepaalde personen doet ontstaan, te weten de schuldenaar en de schuldeiser;
2 *droit de suite*, waardoor het beperkte recht op het goed blijft rusten, onder wie zich dat ook bevindt;

■ **Voorbeeld 4.7**
Op het huis van A is een hypotheekrecht gevestigd ten behoeve van B. Indien A vervolgens zijn huis in eigendom aan C overdraagt, zal het hypotheekrecht van B op het huis blijven rusten.

3 de *prioriteitsregel*: een ouder beperkt recht gaat boven een later gevestigd beperkt recht, alsmede boven een persoonlijk recht, zelfs al zou dat laatste eerder zijn ontstaan.

■ **Voorbeeld 4.8**
A vestigt eerst een recht van vruchtgebruik op zijn huis ten behoeve van B. Vervolgens vestigt hij een hypotheekrecht op zijn huis ten behoeve van C. Indien C wenst te executeren, kan deze slechts een huis belast met het recht van vruchtgebruik in veiling brengen. Zou het recht van C ouder geweest zijn, dan had C het huis onbelast kunnen verkopen: B resteert slechts een schadevergoedingsvordering ter grootte van de waarde die zijn vervallen recht van vruchtgebruik op het tijdstip van de executie zou hebben gehad (art. 3:282).
Zou A zijn huis vóór of na de vestiging van het hypotheekrecht in bruikleen hebben gegeven aan B, dan zal C, indien hij tot executie wenst over te gaan, dit persoonlijk recht van B volledig kunnen negeren. B resteert slechts een vordering uit wanprestatie tegen A; art. 3:282 is immers niet van toepassing op persoonlijk gerechtigden.

Zekerheidsrechten

Uit art. 3:227 lid 1 vloeit tevens voort, dat pand en hypotheek *zekerheidsrechten* zijn. De zekerheid dat een uitgeleende som met eventuele rente en kosten wordt terugbetaald, wordt namelijk aanmerkelijk verhoogd indien een recht van pand of hypotheek wordt bedongen. De wet biedt de pand- en hypotheekhouder immers een zeer hoge voorrang bij verhaal (zie art. 3:227 lid 1 en art. 3:279), geeft hen het recht van parate executie en verschaft hen de positie van separatist in geval van faillissement van de schuldenaar.

Afhankelijke rechten

Voorts behoort zowel het recht van pand als het recht van hypotheek tot de zogenoemde *afhankelijke rechten*: zij zijn zodanig verbonden aan een ander recht, te weten het vorderingsrecht van de pand- of hypotheekhouder, dat zij niet zonder dat andere recht kunnen bestaan (art. 3:7).

■ **Voorbeeld 4.9**
Indien de vordering tot zekerheid waarvan het pand- of hypotheekrecht strekt tenietgaat door voldoening, gaat ook het pand- of hypotheekrecht van rechtswege teniet.

Uit hun afhankelijkheid vloeit tevens voort dat zij het recht volgen waaraan zij verbonden zijn (art. 3:82). Afhankelijke rechten zijn derhalve niet *zelfstandig* overdraagbaar.

■ **Voorbeeld 4.10**
Wanneer hypotheekhouder B zijn vordering op A overdraagt aan C, gaat het hypotheekrecht van B van rechtswege mee over op C.

Nevenrechten

Dat in voorbeeld 4.10 bij overdracht van de vordering door B aan C het door B bedongen hypotheekrecht van rechtswege op C mee overgaat, volgt eveneens uit het in art. 6:142 lid 1 bepaalde: de nieuwe schuldeiser verkrijgt met de vordering tevens de daarbij behorende *nevenrechten*, zoals rechten van pand en hypotheek.

Object overdraagbaar

Omdat de pand- en hypotheekhouder hun verhaalsrecht in beginsel uitoefenen door verkoop en levering van het verbonden goed, teneinde uit de opbrengst daarvan hun vordering te voldoen, is in art. 3:228 bepaald dat het recht alleen gevestigd kan worden op goederen die voor *overdracht vatbaar* zijn. Wat hypotheek betreft kunnen dit slechts *registergoederen* zijn die, om verwarring in de registers te voorkomen, *niet toekomstig* mogen zijn (art. 3:227 lid 1 en 3:98 jo. 3:97 lid 1). Het recht van pand kan alleen worden gevestigd op (al dan niet toekomstige) *niet-registergoederen* (art. 3:227 lid 1).

4.3 Pand

Nadat wij in paragraaf 4.2 aandacht hebben besteed aan enkele aspecten die gelden voor zowel het pand- als het hypotheekrecht in het algemeen, zullen wij in deze paragraaf nader op het pandrecht ingaan. Daarbij zal blijken dat er in feite vier soorten pandrecht bestaan: een 'zichtbaar' en een 'onzichtbaar' pandrecht, beide te vestigen op zowel roerende zaken als vorderingen.

Eerst bespreken wij in subparagraaf 4.3.1 hoe deze pandrechten worden gevestigd. Evenals voor de overdracht van roerende zaken en vorderingen zijn in beginsel een geldige titel en beschikkingsbevoegdheid vereist. (Zie hiervoor hoofdstuk 3.) De levering – in dit geval spreken we van vestigingshandeling – verschilt al naargelang het te verpanden object. Evenmin als beschikkingsonbevoegdheid steeds aan overdracht in de weg hoeft te staan, belet deze steeds de totstandkoming van het pandrecht. We hebben het dan in subparagraaf 4.3.2 over derdenbescherming.

De bevoegdheden van de pandhouder – met name indien de pandgever zijn verplichtingen niet nakomt – bespreken wij in subparagraaf 4.3.3. Wij besluiten met een overzicht van de belangrijkste verplichtingen van de pandhouder in subparagraaf 4.3.4 en de wijzen van tenietgaan van het pandrecht in subparagraaf 4.3.5.

4.3.1 Wijze van totstandkoming

Vestiging

Via de schakelbepaling van art. 3:98 vindt, tenzij de wet anders bepaalt, al hetgeen in afdeling 3.4.2 is bepaald omtrent de overdracht van een goed, overeenkomstige toepassing op de *vestiging* van een beperkt recht op een zodanig goed. Derhalve is ingevolge art. 3:98 jo. 3:84 lid 1 voor de totstandkoming van een geldig pandrecht vereist:
1 *een geldige titel*, dat wil zeggen: een geldige obligatoire overeenkomst, waarbij de pandgever zich tegenover de pandhouder verbindt pandrecht te zullen vestigen; wel te onderscheiden van de overeenkomst waaruit voor de schuldenaar de verplichting tot betaling ontstaat, bijvoorbeeld de overeenkomst uit geldleen; zou déze overeenkomst ongeldig zijn, dan is ook het pandrecht ongeldig, omdat het een afhankelijk recht is;
2 *beschikkingsbevoegdheid* van de pandgever over het te verpanden goed;
3 *vestiging*, waarvoor de wet in afdeling 3.9.2 een speciale regeling geeft die voorgaat boven hetgeen is bepaald omtrent de levering van het te bezwaren goed.

Het begrip 'vestiging' is samengesteld uit:
a een *goederenrechtelijke overeenkomst*, dat wil zeggen: de wilsovereenstemming tussen pandgever en pandhouder om thans pandrecht op het goed te vestigen;

■ **Voorbeeld 4.14**
A heeft een voorlopig nog niet opeisbare vordering op B, groot €9.000.
A heeft dringend krediet nodig. C is bereid €6.000 aan A te lenen, mits tegen zekerheid.
Op 1 augustus leent A €6.000 van C (overeenkomst van geldleen).
Op diezelfde dag verbindt A zich jegens C ter zake van deze schuld zijn vordering op B in pand te zullen geven aan C (obligatoire pandovereenkomst).
Eerst nadat een authentieke of onderhandse akte is opgemaakt en mededeling van de verpanding aan B is gedaan, is er ten behoeve van C een geldig pandrecht tot stand gekomen (goederenrechtelijke overeenkomst A-C en vestigingshandelingen).

De vestigingshandeling vereist voor het ontstaan van een geldig 'stil pandrecht' op vorderingen op naam

Akte, zónder mededeling

Het *stille pandrecht* op vorderingen op naam, geregeld in art. 3:239, wordt gevestigd bij authentieke of geregistreerde, door de pandgever ondertekende onderhandse akte, zónder mededeling aan de schuldenaar. *Toekomstige* vorderingen kunnen slechts stil worden verpand voor zover zij rechtstreeks zullen worden verkregen uit een reeds bestaande rechtsverhouding (bijvoorbeeld toekomstige huurtermijnen uit een bestaande huurovereenkomst). Ook hier rust op de pandgever de verplichting in de akte te verklaren dat hij tot het verpanden van de vordering bevoegd is alsmede hetzij dat op de vordering geen beperkte rechten rusten, hetzij welke rechten daarop rusten (lid 2). Door het ontbreken van de eis van mededeling biedt het stille pandrecht boven het openbare pandrecht het voordeel dat minder afnemers op de hoogte zullen raken van het feit dat een ondernemer geld heeft moeten lenen. Daarmee worden twijfel aan zijn kredietwaardigheid en een daarmee gepaard gaande grotere terughoudendheid om met hem transacties af te sluiten, vermeden. Bovendien is het doen van mededeling nogal bewerkelijk indien er veel afnemers zijn. In de praktijk wordt van deze mogelijkheid dan ook veelvuldig gebruikgemaakt.

■ **Voorbeeld 4.15**
A, fabrikant van shampoo en afwasmiddelen, heeft een groot aantal nog niet opeisbare vorderingen op zijn afnemers. Hij heeft op korte termijn krediet nodig. Bank B is bereid het benodigde bedrag aan A te lenen, mits tegen zekerheid. Om de hiervoor genoemde redenen zal A een stil pandrecht verkiezen boven een openbaar pandrecht.

Vereenvoudigde registratieprocedure

Omdat het, gezien het aantal te registreren pandakten, een zeer grote administratieve belasting bleek de hele pandakte, met daarin vervat alle te verpanden vorderingen, te registreren, wordt in de praktijk een vereenvoudigde registratieprocedure gevolgd. Deze bestaat uit het periodiek inzenden van pandakten door de pandgever aan de pandhouder, waarin wordt verwezen naar bijbehorende, eveneens in te zenden, computerlijsten. In deze computerlijsten zijn de afzonderlijke vorderingen nader gespecificeerd door vermelding van de naam van de debiteur, factuurnummer, factuurdatum en factuurbedrag. Deze lijsten worden in de pandakte gespecificeerd doordat telkens van de eerste en laatste vordering van de bijbehorende computerlijst de naam van de debiteur en het factuurnummer zijn vermeld, alsmede het totaalsaldo van de op de computerlijsten vermelde vorderingen, de datum waarop de computerlijst is opgemaakt en het aantal bladen waaruit de computerlijst bestaat. Deze lijsten worden niet aan de pandakten gehecht en worden ook niet (zelfstandig) ter registratie aangeboden door de pandhouder. De pandakte zelf wordt wel geregistreerd.

De vraag is gerezen of deze wijze van verpanding wel voldoet aan de constitutieve vereisten die het recht stelt aan het vestigen van een stil pandrecht op vorderingen op naam. Volgens de Hoge Raad (HR 14 oktober 1994, ECLI:NL:HR:1994:ZC1488, NJ 1995, 447, m.nt. WMK; Stichting Spaarbank Rivierenland/mr. Gispen q.q.) is dit wel het geval:

> 'In het wettelijk stelsel met betrekking tot de overdracht van, en vestiging van pandrecht op vorderingen op naam ligt besloten het vereiste dat de vordering ten tijde van de levering of verpanding in voldoende mate door de in art. 3:94 lid 1 respectievelijk art. 3:239 lid 1 bedoelde akte wordt bepaald. Dit betekent echter niet dat de vordering *in* de akte zelf moet worden gespecificeerd door vermelding van bijzonderheden zoals de naam van de debiteur, het nummer van een factuur of een aan de debiteur toegekend cliëntnummer. Voldoende is dat de akte zodanige gegevens bevat dat, eventueel achteraf, aan de hand daarvan kan worden vastgesteld om welke vordering het gaat...'

Bepaaldheidseis

Sedertdien heeft de Hoge Raad in een reeks van arresten bevestigd dat aan de in art. 3:84 lid 2 gestelde bepaaldheidseis is voldaan indien aan de hand van gegevens in de akte bepaalbaar is om welk goed het gaat. Dat is zelfs het geval indien een zogenoemde *vangnetclausule* wordt gehanteerd, volgens welke alle vorderingen worden verpand die reeds bestaan en die zullen worden verkregen uit bestaande rechtsverhoudingen, zoals deze onder meer blijken uit de administratie van de pandgever, zonder dat in de akte wordt verwezen naar enige computerlijst waarop de vorderingen gespecificeerd beschreven zijn en zonder dat een globale omschrijving gegeven wordt (HR 20 september 2002, ECLI:NL:HR:2002:AE7842, NJ 2004, 182). Ook geldig is de (dagelijkse) 'bulk'verpanding door middel van *verzamelpandakten*, waarbij de bank als gevolmachtigde van al haar kredietnemers alle daarvoor in aanmerking komende (toekomstige) vorderingen aan zichzelf verpandt (HR 3 februari 2012, ECLI:NL:HR:2012:BT6947, NJ 2012, 261, m.nt. FMJV en HR 1 februari 2013, ECLI:NL:HR:2013:BY4134, m.nt. FMJV).

Overzicht vestiging verschillende pandrechten
Figuur 4.1 geeft een schematisch overzicht van de vereisten voor de vestiging van de besproken pandrechten.

Figuur 4.1 Vestiging verschillende pandrechten

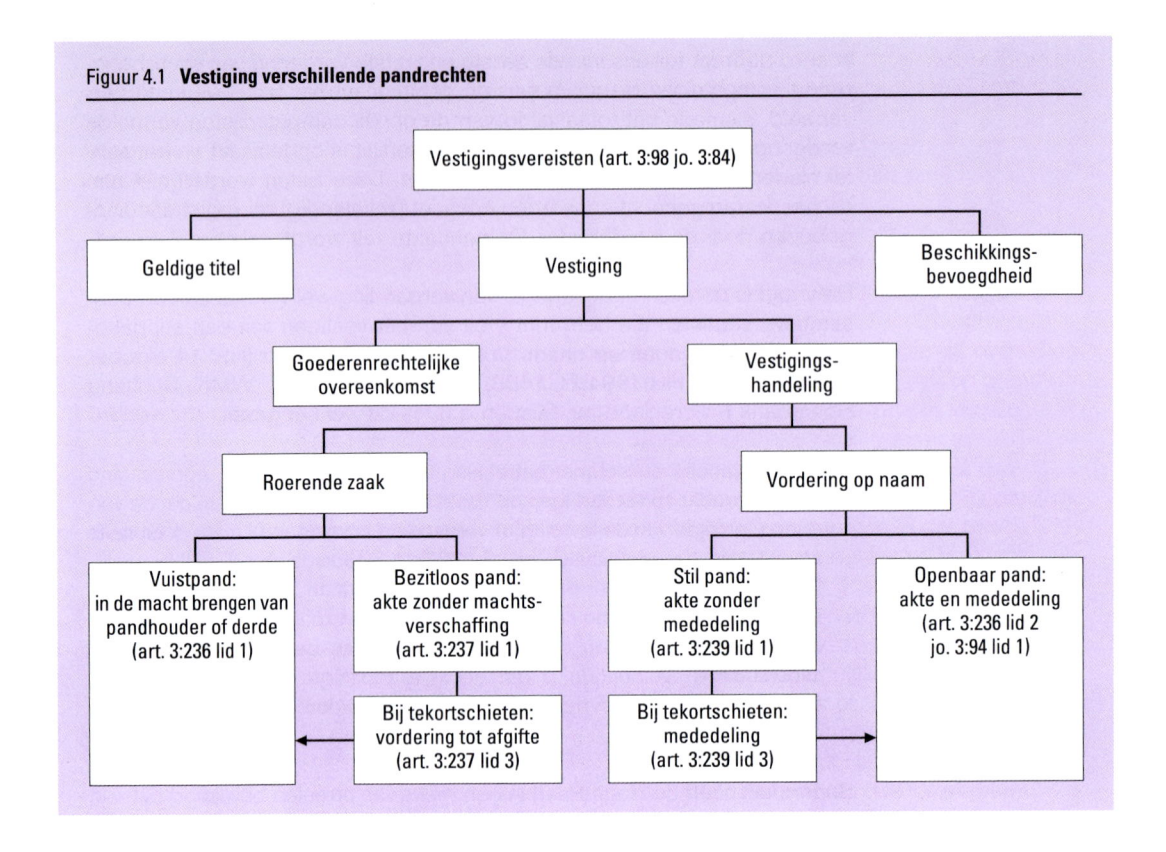

```
                        Vestigingsvereisten (art. 3:98 jo. 3:84)
                                       |
        ┌──────────────────────────────┼──────────────────────────────┐
   Geldige titel                   Vestiging                    Beschikkings-
                                       |                         bevoegdheid
                        ┌──────────────┴──────────────┐
                 Goederenrechtelijke            Vestigings-
                   overeenkomst                  handeling
                        |                             |
                  Roerende zaak                Vordering op naam
                   ┌────┴────┐                   ┌────┴────┐
            Vuistpand:    Bezitloos pand:    Stil pand:    Openbaar pand:
          in de macht    akte zonder machts-  akte zonder   akte en mededeling
          brengen van      verschaffing       mededeling    (art. 3:236 lid 2
         pandhouder of    (art. 3:237 lid 1)  (art. 3:239   jo. 3:94 lid 1)
            derde                              lid 1)
         (art. 3:236
           lid 1)
                         Bij tekortschieten:  Bij tekortschieten:
                         vordering tot afgifte  mededeling
                         (art. 3:237 lid 3)   (art. 3:239 lid 3)
```

4.3.2 Bescherming van de pandhouder tegen beschikkingsonbevoegdheid van de pandgever

Hiervoor genoemde vereisten (geldige titel, beschikkingsbevoegdheid en vestiging, welke laatste op haar beurt weer bestaat uit een goederenrechtelijke overeenkomst en de benodigde vestigingshandeling) zijn cumulatief, dat wil zeggen: is aan één van deze vereisten niet voldaan, dan is er geen (geldig) pandrecht tot stand gekomen. Alleen tegen beschikkingsonbevoegdheid van de pandgever wordt de pandhouder soms beschermd.
Bij de vraag of de pandhouder beschermd wordt tegen beschikkingsonbevoegdheid van de pandgever, dient steeds goed te worden nagegaan welke pandhouder bescherming behoeft; er zijn immers vier soorten pandhouders. Er rijzen twee vragen:
1 Worden de vuistpandhouder en bezitloos pandhouder beschermd tegen beschikkingsonbevoegdheid van de pandgever?
2 Worden de openbare en stille pandhouder beschermd tegen beschikkingsonbevoegdheid van de pandgever?

Ad 1 Worden de vuistpandhouder en bezitloos pandhouder beschermd tegen beschikkingsonbevoegdheid van de pandgever?
Als A ten behoeve van B een pandrecht vestigt op een videorecorder die hij van X heeft geleend, heeft B in beginsel geen geldig pandrecht verkregen, omdat aan het vereiste van beschikkingsbevoegdheid van A niet is voldaan.

Vuistpandhouder beschermd

In art. 3:238 lid 1 is echter ten behoeve van de *vuistpandhouder* een speciale derdenbeschermende bepaling opgenomen die gaat boven hetgeen bepaald is in art. 3:86: ondanks onbevoegdheid van de pandgever is de vestiging van een pandrecht op een roerende zaak geldig, indien de pandhouder op het tijdstip waarop de zaak *in zijn macht* of in die van een derde is gebracht, *te goeder trouw* is ten aanzien van de beschikkingsbevoegdheid van A. (Zie voor nadere invulling van het begrip goede trouw art. 3:11.)

Hierop geldt een uitzondering indien het gaat om een *roerende zaak* die is *gestolen*. Zou A de videorecorder van X hebben gestolen, dan kan X deze gedurende drie jaren van de dag van de diefstal af als zijn eigendom opeisen, vrij van pandrecht (art. 3:238 lid 3 jo. art. 3:86 lid 3 aanhef). B zal zich daarom eerst na afloop van deze termijn volledig beschermd weten, mits daarnaast ook aan de overige, hiervoor genoemde, voorwaarden is voldaan.

Bezitloos pandhouder niet beschermd

Een *bezitloos* pandhouder wordt dus niet beschermd tegen beschikkingsonbevoegdheid; hij heeft, ondanks eventuele goede trouw, géén bezitloos pandrecht verkregen.

■ **Voorbeeld 4.16**

A heeft van X een video gehuurd. A schrikt er niet voor terug deze aan schuldeiser B bezitloos te verpanden en daarbij in strijd met de waarheid te verklaren dat hij tot verpanden bevoegd is. B bemerkt dat A niet in staat is aan zijn betalingsverplichtingen jegens hem te voldoen. Bovendien ontdekt B hoe de vork in de steel zit. Ondanks zijn goede trouw heeft B geen geldig bezitloos pandrecht verkregen. Ook het alsnog vorderen van afgifte van de video zal B geen geldig vuistpandrecht opleveren, aangezien B nu niet meer te goeder trouw is ten aanzien van de beschikkingsbevoegdheid van A.

Ad 2 Worden de openbare en de stille pandhouder beschermd tegen beschikkingsonbevoegdheid van de pandgever?

Als pandgever A, na failliet te zijn verklaard, zijn vordering op X verpandt aan B, heeft B ten gevolge van de beschikkingsonbevoegdheid van A in beginsel geen geldig (openbaar of stil) pandrecht verkregen.

Openbaar pandhouder soms beschermd

Aangezien art. 3:238 geen betrekking heeft op vorderingen op naam, dient men het antwoord op de vraag of B als derde wordt beschermd via art. 3:98 in art. 3:88 te zoeken. Nu de beschikkingsonbevoegdheid van A hier niet het gevolg is van een gebrek in de titel of levering van een vroegere overdracht, zal B een beroep op dit artikel niet baten.

Gesteld echter, dat A een vordering cedeert aan B en B deze vervolgens stil verpandt aan C, waarna A de titel van de cessie vernietigt op grond van bedrog, dan heeft C achteraf bezien ten gevolge van de beschikkingsonbevoegdheid van B geen geldig stil pandrecht verkregen. Daar B's beschikkingsonbevoegdheid nu echter is terug te voeren op een titelgebrek in de overdracht tussen A en B lijkt art. 3:88 hier aan C bescherming te bieden, ware het niet, dat art. 3:239 lid 4 deze bescherming slechts wil laten gelden voor de pandhouder die *mededeling* van de verpanding heeft gedaan én op dat tijdstip *te goeder trouw* was ten aanzien van B's beschikkingsonbevoegdheid. C heeft alsdan een geldig openbaar pandrecht verworven.

Stille pandhouder niet beschermd

Een stille pandhouder wordt dus niet beschermd; hij heeft, ondanks eventuele goede trouw, geen stil pandrecht verkregen.

Figuur 4.2 geeft hetgeen besproken is over de bescherming van de verschillende pandhouders, schematisch weer.

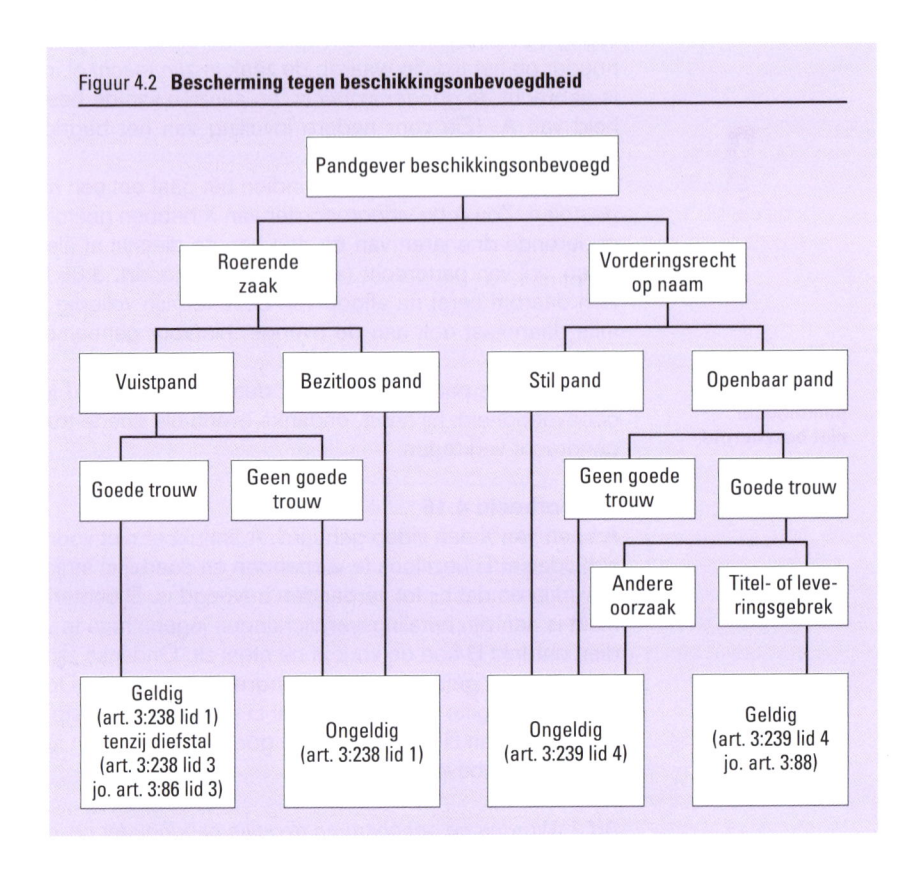

Figuur 4.2 Bescherming tegen beschikkingsonbevoegdheid

```
                    Pandgever beschikkingsonbevoegd
                    ┌──────────────┴──────────────┐
              Roerende zaak                 Vorderingsrecht op naam
           ┌──────┴──────┐                  ┌──────┴──────┐
      Vuistpand      Bezitloos pand      Stil pand    Openbaar pand
          │                │                 │              │
     Goede trouw    Geen goede trouw    Geen goede trouw  Goede trouw
                                             │              │
                                        Andere oorzaak   Titel- of leveringsgebrek
          │                │                 │              │
       Geldig          Ongeldig          Ongeldig         Geldig
    (art. 3:238 lid 1) (art. 3:238 lid 1) (art. 3:239 lid 4) (art. 3:239 lid 4
     tenzij diefstal                                         jo. art. 3:88)
    (art. 3:238 lid 3
    jo. art. 3:86 lid 3)
```

4.3.3 Bevoegdheden van de pandhouder

De belangrijkste bevoegdheden van de pandhouder zijn:
1 het recht van parate executie;
2 separatisme in geval van faillissement van de schuldenaar;
3 voorrang bij verhaal.

Het recht van parate executie
Wanneer de schuldenaar in *verzuim* verkeert (zie hiervoor art. 6:81 e.v.), heeft de pandhouder de bevoegdheid het goed te executeren zonder over een executoriale titel te hoeven beschikken: het *recht van parate executie* (art. 3:248 lid 1).
Ook een lager gerangschikte pandhouder kan het verpande goed paraat executeren, maar ingevolge de prioriteitsregel dient hij de hoger gerangschikte pandrechten te respecteren; hij kan het goed slechts belast met deze rechten in veiling brengen, waardoor het minder zal opbrengen (art. 3:248 lid 3).

Parate executie

Separatisme in geval van faillissement van de schuldenaar
De pandhouder is *separatist*: in geval van faillissement van de schuldenaar kan hij zich verhalen 'alsof er geen faillissement was' (art. 57 lid 1 Fw). Hij

Separatist

deelt derhalve niet mee in de algemene faillissementskosten en hoeft niet te wachten op het gereedkomen van de uitdelingslijst.

Wijze van verhaal

Wijze van verhaal

Op welke wijze dient een pandhouder zijn verhaalsbevoegdheid uit te oefenen? Hoofdregel is: openbare verkoop, maar op deze regel bestaat een aantal uitzonderingen. Ten aanzien van vorderingen op naam is een bijzondere wijze van verhaal in de wet neergelegd.

Openbare verkoop

Hoofdregel: openbare verkoop

Hoofdregel is dat een pandhouder het verpande goed in het *openbaar* verkoopt naar de plaatselijke gewoonten en op de gebruikelijke voorwaarden en het aan hem verschuldigde op de opbrengst verhaalt (art. 3:248 lid 1 en 3:250 lid 1). Een bezitloos pandhouder zal, alvorens tot verkoop over te kunnen gaan, eerst afgifte van de zaak moeten vorderen (art. 3:237 lid 3).

Omdat een openbare verkoop niet altijd de hoogste opbrengst hoeft op te leveren en bovendien moeite en kosten met zich meebrengt, bestaat hierop een aantal uitzonderingen.

Enkele uitzonderingen

Uitzonderingen

Er zijn drie uitzonderingen op de hoofdregel:
1 De voorzieningenrechter van de rechtbank kan bepalen dat het pand zal worden verkocht op een van art. 3:250 afwijkende wijze. Zowel pandhouder als pandgever kan zich met een dergelijk verzoek tot de voorzieningenrechter wenden, tenzij zij anders bedongen hebben (art. 3:251 lid 1).

■ **Voorbeeld 4.17**
Indien het verpande object bestaat uit zeer incourante effecten, kan door een onderhandse verkoop wellicht een hogere opbrengst worden verkregen.

2 De pandhouder kan trachten een van art. 3:250 afwijkende wijze van verkoop met de pandgever overeen te komen. Ter bescherming van de pandgever mag deze overeenkomst pas worden gesloten nadat de pandhouder, wegens verzuim van de schuldenaar, bevoegd is geworden tot verkoop over te gaan. In een eerder stadium zal degene die dringend krediet nodig heeft, immers bereid zijn om elke voorwaarde, hoe nadelig ook, te accepteren (art. 3:251 lid 2). Het bij het tot stand komen van het pandrecht gemaakte beding waarbij aan de pandhouder de bevoegdheid is toegekend zich het verbonden goed toe te eigenen of tot onderhandse verkoop over te gaan, is nietig (zie ook art. 3:235). Wel geldig daarentegen is het bij de totstandkoming gemaakte beding waarbij aan de pandhouder de bevoegdheid wordt ontnomen om het goed, met machtiging van de rechter, op een van art. 3:250 afwijkende wijze te verkopen.
3 Soms zullen de voor pand geldende executieregels zelfs geheel buiten toepassing blijven. Dit is het geval indien door een hypotheekhouder het in art. 3:254 vermelde beding is gemaakt.

■ **Voorbeeld 4.18**
A is eigenaar van een fabriek die er speciaal toe is ingericht om met behulp van de zich daar bevindende machines fietsen te fabriceren. Tot zekerheid van een geldlening heeft B een bezitloos pandrecht op alle zich in het bedrijf van A bevindende machines én een recht van hypotheek op de fabriek verkregen. Daarbij heeft B de bevoegdheid bedongen de verpande en verhypothekeerde goederen tezamen volgens de voor hypotheek geldende regels te executeren, omdat hij van gezamenlijke verkoop een hogere opbrengst verwacht.

Vorderingen op naam
De schuldeiser wiens pandrecht rust op vorderingen op naam, zou, gezien de algemeen geformuleerde bepaling in art. 3:248 lid 1 jo. 3:250 lid 1, tot openbare verkoop van deze vorderingen over kunnen gaan, maar een dergelijke verkoop is niet altijd zinvol: er bestaat dan immers alle kans dat de vordering niet eens het nominale bedrag opbrengt. Bovendien biedt art. 3:246 de pandhouder van een *openbaar* pandrecht op een vordering op naam een veel eenvoudiger mogelijkheid, te weten het innen van deze vordering, dat wil zeggen: nakoming ervan te eisen en betalingen in ontvangst te nemen. Het pandrecht komt dan op het geïnde (geld) te rusten. Zolang het pandrecht niet aan de schuldenaar van de vordering is medegedeeld (er is dan sprake van een stil pandrecht), is alleen de pandgever tot inning bevoegd.

■ **Voorbeeld 4.19**
A heeft zijn vordering op X openbaar verpand aan B. Wanneer X zijn schuld aan A wenst af te lossen of als deze schuld opeisbaar is geworden, zal hij aan B moeten betalen. Het (openbare) pandrecht van B komt dan op het geïnde te rusten.
Is sprake van een op de wijze van art. 3:239 gevestigd stil pandrecht, dan zal X, indien mededeling nog niet heeft plaatsgevonden, aan A dienen te betalen. Daardoor gaat het stille pandrecht van B teniet.

Op het geïnde zal pandhouder B pas verhaal mogen nemen, wanneer de vordering die pandhouder B op pandgever A heeft (niet te verwarren met de hiervoor besproken verpande vordering van pandgever A op schuldenaar X) opeisbaar is geworden (art. 3:255).

Mededeling mag ook nog geschieden nadat de pandgever failliet is verklaard. De bevoegdheid tot inning gaat daardoor op de pandhouder over. De curator is gehouden de pandhouder informatie te verschaffen omtrent de debiteuren van de verpande vorderingen (HR 30 oktober 2009, ECLI:NL:HR:2009:BJ0861, NJ 2010, 96, m.nt. FMJV). Wordt de vordering echter geïnd door de pandgever c.q. diens faillissementscurator omdat deze mededeling (nog) niet heeft plaatsgevonden, dan komt er geen pandrecht op het geïnde te rusten. De vordering gaat immers door de betaling teniet, waardoor ook het pandrecht, als beperkt recht, tenietgaat. De pandhouder kan daardoor zijn rechten niet uitoefenen alsof er geen faillissement is, hetgeen betekent dat hij moet wachten op het gereedkomen van de uitdelingslijst en meedeelt in de faillissementskosten. Volgens de Hoge Raad behoudt hij wel zijn voorrang bij de uitdeling in het faillissement (HR 17 februari 1995, ECLI:NL:HR:1995:ZC1641, NJ 1996, 471, m.nt. WMK; mr. Mulder q.q./CLBN). Deze laatste regel is niet van toepassing bij inning door de pandgever buiten faillissement (HR 12 juli 2002, ECLI:NL:HR:2002:AE3387, NJ 2003, 194).

Voorrang bij verhaal
Nadat de pandhouder het verpande goed te gelde gemaakt heeft op één van de hiervoor omschreven wijzen, zal de verkregen opbrengst moeten worden verdeeld.

Executiekosten

Op welke wijze dient de opbrengst door de pandhouder te worden verdeeld? Eerst dient hij uit de opbrengst de executiekosten te voldoen, dat wil zeggen: alle kosten die noodzakelijkerwijs uit de uitwinning voortvloeien. Hetgeen dan resteert, noemt men de netto-opbrengst. Daaruit houdt hij het hem verschuldigde bedrag af. Het eventuele overschot (surplus) moet hij aan de pandgever uitkeren (art. 3:253 lid 1).

Mogelijk is dat er nog andere personen tot de opbrengst gerechtigd zijn, zoals beslagleggers, pandhouders of andere beperkt gerechtigden (bijvoorbeeld een vruchtgebruiker) wier recht op het goed door de executie is vervallen, omdat zij hun recht niet aan de executerende pandhouder kunnen tegenwerpen (art. 3:253 lid 1).

■ **Voorbeeld 4.20**
De tweede of lager gerangschikte pandhouder kan zijn recht in beginsel niet inroepen tegen de eerste pandhouder (prioriteitsregel). Indien de eerste pandhouder tot executie overgaat, vervallen alle lager gerangschikte andere pandrechten op hetzelfde goed. Wel behouden de lager gerangschikte pandhouders hun recht om met voorrang in de opbrengst te delen.

Evenzo zal de executerende pandhouder in beginsel een later gevestigd recht van vruchtgebruik kunnen negeren. Aan degene die aldus zijn recht van vruchtgebruik verliest, wordt een schadevergoedingsvordering toegekend ten bedrage van de waarde die het vervallen recht op het tijdstip van de executie zou hebben gehad (art. 3:282).

Onderlinge rangorde

In dat geval dient de netto-opbrengst tussen hen allen te worden verdeeld overeenkomstig hun onderlinge rangorde (zie art. 490b Rv). Daarbij verkeert de pandhouder in een gunstige positie, omdat aan zijn vordering een hoge voorrang is verbonden. (Zie paragraaf 4.7.)

■ ■ ■ **4.3.4 Verplichtingen van de pandhouder**

De belangrijkste verplichtingen van de pandhouder zijn:
1 De vuistpandhouder moet als een goed pandhouder voor de zaak zorgdragen (art. 3:243 lid 1).

■ **Voorbeeld 4.21**
De pandhouder mag in beginsel de zaak niet zelf gebruiken, maar wel laten repareren indien dit noodzakelijk mocht blijken.

2 De pandhouder is verplicht het surplus na executoriale verkoop uit te keren (art. 3:253).
3 Bij het tenietgaan van het pandrecht dient de pandhouder ervoor zorg te dragen dat de pandgever de feitelijke macht over het goed herkrijgt (art. 3:256).

4.3.5 Wijze van tenietgaan

Het pandrecht gaat onder andere teniet:
- indien de vordering tot zekerheid waarvan het pandrecht strekt, tenietgaat (art. 3:7);

■ Voorbeeld 4.22
De schuldenaar heeft de geleende som met rente en kosten terugbetaald of er vindt kwijtschelding plaats.

- door het uitoefenen van de executiebevoegdheid;
- doordat het goed waarop het vuistpandrecht is gevestigd in de macht van de pandgever komt (art. 3:258 lid 1).

■ Voorbeeld 4.23
Bezitloos pandhouder B vordert afgifte van de verpande fiets omdat pandgever A deze in ernstige mate verwaarloost. Nadat A beterschap heeft beloofd geeft B de fiets weer aan A terug. Het bezitloos pandrecht van B blijft bestaan omdat B's recht oorspronkelijk als bezitloos pandrecht is gevestigd.

Men moet goed in het oog houden dat het tenietgaan van het pandrecht door executie nog niet hoeft te betekenen, dat ook de vordering tot zekerheid waarvan het pandrecht strekt, teniet is gegaan. Indien het goed onvoldoende heeft opgebracht om de pandhouder te voldoen, behoudt deze een (niet door pand gedekte) vordering op de schuldenaar voor het restant.

4.4 Hypotheek

Nadat in paragraaf 4.2 aandacht is besteed aan enkele aspecten van pand en hypotheek in het algemeen, zal in deze paragraaf nader worden ingegaan op het hypotheekrecht, het bedongen zekerheidsrecht op registergoederen. Eerst bespreken wij hoe het hypotheekrecht wordt gevestigd (subparagraaf 4.4.1). We schenken aandacht aan bekende bijzondere vormen van hypotheek, zoals de bouw-, krediet- en bankhypotheek (subparagraaf 4.4.2). Voorts bezien wij welke rol het tijdstip van inschrijving speelt bij de bepaling van de onderlinge rangorde van hypotheken (subparagraaf 4.4.3). In de hypotheekakte kunnen bijzondere bedingen worden opgenomen, waaronder het huurbeding. De inschrijving ervan brengt mee dat deze bedingen ook kunnen worden ingeroepen tegen derden, zoals de huurder van het verhypothekeerde pand (subparagraaf 4.4.4). De belangrijkste bevoegdheden van de hypotheekhouder, zoals het recht van parate executie, separatisme in faillissement en voorrang bij verhaal, kennen we inmiddels al van de bespreking van het pandrecht (subparagraaf 4.4.5). Ten slotte besteden wij aandacht aan de wijzen van tenietgaan van het hypotheekrecht (subparagraaf 4.4.6).

4.4.1 Wijze van totstandkoming

Voor het tot stand komen van een geldig hypotheekrecht door middel van vestiging is vereist (art. 3:98 jo. 3:84 lid 1):

1 een *geldige titel*, dat wil zeggen: een geldige obligatoire overeenkomst, waarbij de hypotheekgever zich tegenover de hypotheekhouder verbindt hypotheek op een hem toebehorend registergoed te zullen verlenen; net als bij pand, dient deze overeenkomst goed te worden onderscheiden van die van geldleen;
2 *beschikkingsbevoegdheid* van de hypotheekgever over het te verhypothekeren goed op het moment van inschrijving;
3 *vestiging*, waarvoor de wet in art. 3:260 een speciale regeling geeft, die voorgaat boven hetgeen is bepaald omtrent de levering van het te bezwaren goed.

Het begrip '*vestiging*' is samengesteld uit:
a een *goederenrechtelijke overeenkomst*, dat wil zeggen: de wilsovereenstemming tussen hypotheekgever en hypotheekhouder om thans recht van hypotheek op het goed te verlenen;
b *vestigingshandelingen* ter uitvoering van de goederenrechtelijke overeenkomst, bestaande uit:

Notariële akte en inschrijving

– een *notariële* akte die, in tegenstelling tot de pandakte, door beide partijen wordt ondertekend (hypotheekakte);
– inschrijving van deze akte in de *openbare registers* door de hypotheekgever óf de hypotheekhouder, ter voldoening aan het voor registergoederen geldende *publiciteitsbeginsel*: door de registers te raadplegen zal elke derde zich ervan kunnen vergewissen of het goed al dan niet met hypotheek is bezwaard.

Pas bij inschrijving van de akte in de openbare registers spreekt men van hypotheekvestiging, terwijl het neerleggen van de goederenrechtelijke overeenkomst in de hypotheekakte hypotheekverlening wordt genoemd.

De akte en daarmee de vestiging is ongeldig, indien in de akte niet het navolgende is opgenomen:
1 de goederenrechtelijke overeenkomst;
2 een aanduiding van de geldvordering, of van de feiten aan de hand waarvan die geldvordering kan worden bepaald;
3 een vermelding van het bedrag waarvoor de hypotheek wordt verleend of, wanneer dit nog niet vaststaat, het maximumbedrag; dit laatste is met name van belang voor de hierna te bespreken bouw-, krediet- en bankhypotheken;
4 een nauwkeurige vermelding van de volmacht, indien bij de hypotheekakte een gevolmachtigde optreedt. Als gevolmachtigde voor de hypotheek*gever* kan iemand slechts krachtens een bij authentieke akte verleende volmacht optreden.

Specialiteitsbeginsel

Niet-vermelding van de kadastrale nummers (bijvoorbeeld woonhuis te ..., kadastraal bekend gemeente Winterswijk, R 254, groot 0 hectare, 32 are en 10 centiare) levert geen ongeldigheid van de akte op, maar de bewaarder van de openbare registers zal alsdan inschrijving weigeren (art. 20 Kadasterwet jo. 3:20 lid 1). Door vermelding van de kadastrale nummers wordt voldaan aan het *specialiteitsbeginsel*: individuele bepaaldheid van het betreffende registergoed.

In de praktijk wordt meestal ook de schuldbekentenis in de hypotheekakte opgenomen.

Net als bij pand het geval is, zijn de hiervoor genoemde vereisten (titel, beschikkingsbevoegdheid en vestiging) cumulatief. Soms wordt de hypotheekhouder te goeder trouw beschermd tegen beschikkingsonbevoegdheid van de hypotheekgever, bijvoorbeeld indien de onbevoegdheid voortvloeit uit een titel- of leveringsgebrek in een voorgaande overdracht (art. 3:98 jo. 3:88) of indien hem niet-ingeschreven of onjuist ingeschreven feiten niet kunnen worden tegengeworpen (art. 3:24-26).

■ Voorbeeld 4.24

Op 12 augustus leent A van B €200.000 (overeenkomst van geldleen). Tot zekerheid voor de terugbetaling hiervan verbindt A zich tegenover B een recht van hypotheek te zullen verlenen op het hem toebehorende huis (waarde circa €250.000) (obligatoire fase).
Op 15 augustus ondertekenen A en B een notariële akte waarin A verklaart op het hem toebehorende huis aan B het recht van hypotheek te verlenen en waarin B verklaart de hypotheek aan te nemen (goederenrechtelijke overeenkomst, neergelegd in een notariële akte).
Op 16 augustus gaat A failliet.
Op 17 augustus wordt de akte ingeschreven in de openbare registers.
B heeft geen geldig hypotheekrecht verkregen, nu A niet beschikkingsbevoegd was op het moment van inschrijving.

Figuur 4.3 geeft schematisch het tot stand komen van het hypotheekrecht weer.

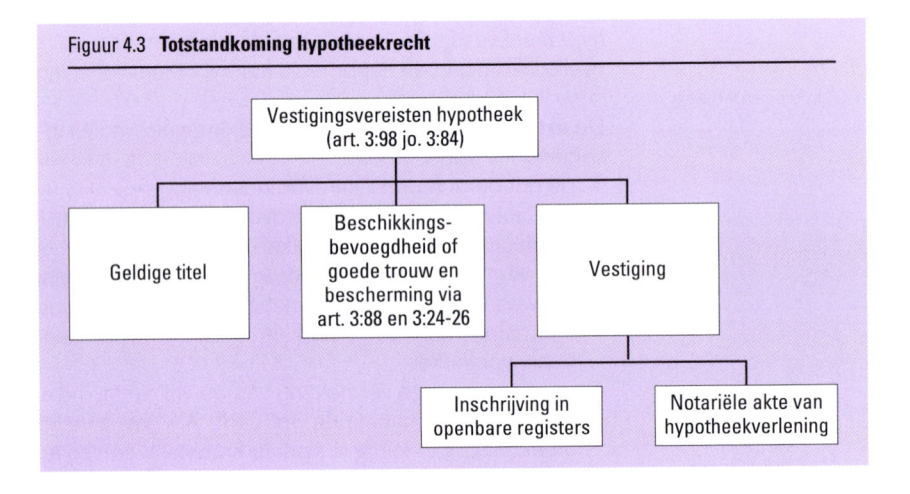

Figuur 4.3 Totstandkoming hypotheekrecht

Vestigingsvereisten hypotheek (art. 3:98 jo. 3:84)
- Geldige titel
- Beschikkingsbevoegdheid of goede trouw en bescherming via art. 3:88 en 3:24-26
- Vestiging
  - Inschrijving in openbare registers
  - Notariële akte van hypotheekverlening

■ ■ ■ 4.4.2 Bijzondere functies hypotheekrecht

Het recht van hypotheek vervult niet alleen in het bedrijfsleven, maar ook in de particuliere sector een zeer belangrijke functie. De aanschaf van een huis zonder dat daartoe hypothecair krediet nodig is, komt zelden voor.
Hypotheek biedt het voordeel dat de schuldenaar het goed kan blijven gebruiken, terwijl de hypotheekhouder aan het registergoed een onderpand met een vrij hoge waarde heeft.
Speciale functies worden vervuld wanneer het hypotheekrecht zich voordoet in de vorm van:

1 bouwhypotheek
2 krediethypotheek
3 bankhypotheek.

Ad 1 Bouwhypotheek

Bouwhypotheek

A is eigenaar van een stuk grond waarop hij een huis wil laten bouwen. Ingevolge het bepaalde in art. 3:4 wordt het huis een 'bestanddeel' van de hoofdzaak (de grond). Omdat bestanddelen in goederenrechtelijk opzicht geen eigen bestaan kunnen leiden, volgen zij het lot van de hoofdzaak: degene die eigenaar van de hoofdzaak is, is tevens eigenaar van al haar bestanddelen (art. 5:3). Men noemt dit 'natrekking'. Vergelijk ook art. 5:20 sub e: de eigendom van de grond omvat de duurzaam met de grond verenigde gebouwen en werken, alsmede de met de grond verenigde beplantingen, ongeacht of deze als bestanddelen van de grond zijn aan te merken.

Hierop is de bouwhypotheek gebaseerd. Indien A €400.000 nodig heeft voor de aankoop van de grond en de bouw van het huis, zal ten behoeve van bank B alleen op de grond (waarde €100.000) een hypotheekrecht kunnen worden gevestigd. (Hypotheek op toekomstige goederen is immers niet mogelijk.) Met de bouw van het huis zal het onderpand van B echter steeds meer in waarde toenemen, omdat het recht van hypotheek op een zaak zich uitstrekt over al hetgeen de eigendom van de zaak omvat (art. 3:227 lid 2). Daarom zal B het door A benodigde bedrag niet ineens (willen) verschaffen, maar in de hypotheekakte het beding opnemen dat opnamen op de door B toegezegde geldlening slechts kunnen plaatsvinden naarmate de bouw van het huis vordert.

Ad 2 Krediethypotheek

Krediethypotheek

De krediethypotheek wordt gevestigd tot zekerheid voor de voldoening van hetgeen ter zake van een krediet in lopende rekening verschuldigd is. Het bedrag wordt dus niet ineens opgenomen, maar slechts wanneer men dat wenst. Ook het terugstorten geschiedt op een tijdstip waarop men dat zelf wil. Zou het debet volledig worden aangezuiverd, dan gaat de hypotheek niet teniet; zodra weer behoefte aan het krediet is ontstaan, kan hierover wederom worden beschikt. Het krediet wordt gewoonlijk gebruikt voor de financiering van lopende bedrijfsuitgaven.

Ad 3 Bankhypotheek

Bankhypotheek

Vooral in het verkeer tussen banken en cliënten komt het veelvuldig voor dat de hypotheek wordt gevestigd tot zekerheid voor de voldoening van al hetgeen de hypotheekgever uit welken hoofde ook aan de hypotheekhouder schuldig is of zal worden.

De drie zojuist genoemde vormen van hypotheek hebben gemeen dat zij worden gevestigd tot zekerheid voor schulden die op het moment waarop de hypotheek gevestigd wordt, nog niet bestaan. Dat dit mogelijk is volgt uit art. 3:231.

4.4.3 Rangorde van hypotheken

Prioriteitsregel

Geheel overeenkomstig de prioriteitsregel bepaalt art. 3:21 lid 1 dat, indien er meerdere hypotheken op hetzelfde registergoed gevestigd zijn, de oudste inschrijving voorgaat. Als tijdstip van inschrijving geldt het tijdstip

van aanbieding van de voor de inschrijving vereiste stukken (art. 3:19 lid 2).
Een speciale regeling is echter getroffen voor het geval twee inschrijvingen op hetzelfde tijdstip plaatsvinden, hetgeen zich bijvoorbeeld voordoet indien de over te leggen stukken via de post tegelijk worden aangeboden. De rangorde wordt dan bepaald door de volgorde van de tijdstippen waarop ieder van de hypotheekakten is opgemaakt (art. 3:21 lid 2 sub a en b).

4.4.4 Bijzondere bedingen

In de hypotheekakte kunnen, naast de gebruikelijke bedingen (die aangeven wat de hypotheekgever al dan niet is toegestaan en wat zijn verplichtingen zijn), ook een aantal bijzondere, in de wet geregelde, bedingen worden opgenomen, te weten: het *huurbeding* (art. 3:264), het *beheersbeding* (art. 3:267) en het *ontruimingsbeding* (art. 3:267 slot). Bijzonder omdat zij, wanneer zij via de hypotheekakte in de openbare registers worden ingeschreven, niet slechts tussen partijen werking hebben, maar ook tegenover derden (goederenrechtelijke werking).

Huurbeding

Huurbeding

Het huurbeding biedt de hypotheekhouder onder meer de mogelijkheid de hypotheekgever te beperken in zijn bevoegdheid om het goed te verhuren buiten toestemming van de hypotheekhouder (art. 3:264 lid 1), teneinde aldus waardevermindering van het verhypothekeerde goed te voorkomen.

■ **Voorbeeld 4.25**
A vestigt een hypotheek op zijn woning ten behoeve van B, zónder dat het huurbeding wordt gemaakt. Vervolgens verhuurt A zijn woning aan C. Wanneer A in gebreke blijft met de afbetalingen aan B, gaat B over tot executoriale verkoop van de woning van A. B kan nu echter slechts een woning in verhuurde staat executeren. Deze zal aanzienlijk minder opbrengen dan een woning in onverhuurde staat.

Waarom eigenlijk behoeft de hypotheekhouder bescherming tegen een persoonlijk recht als huur? Wanneer hij tot executie wenst over te gaan, kan hij persoonlijke rechten immers in beginsel negeren.
Door de regel 'koop breekt geen huur' (art. 7:226 lid 1) echter, blijft bij *eigendomsoverdracht* van de verhuurde zaak het recht van de huurder in stand, hetgeen een uitzondering vormt op de regel dat persoonlijke rechten alleen werking hebben tussen partijen en geen droit de suite kennen. Hieruit vloeit voort dat een hypotheekhouder een eerder bestaand huurrecht zal dienen te respecteren indien hij tot executie overgaat (art. 7:226 lid 2). Bij de vestiging van de hypotheek zal hij met dit feit reeds rekening hebben kunnen houden.
Wat geldt indien de huurovereenkomst is gesloten nádat de hypotheek is gevestigd? Men zou kunnen denken dat wanneer zelfs een later gevestigd beperkt recht door de hypotheekhouder kan worden genegeerd, op zijn minst hetzelfde geldt voor een later aangegane huurovereenkomst. Het huurbeding zou in die gedachte volstrekt overbodig zijn. Door toch in art. 3:264 het huurbeding op te nemen, is de wetgever kennelijk van mening dat de regel van art. 7:226 lid 1 ook in dat geval meebrengt dat de hypotheekhouder in beginsel de huurovereenkomst dient te respecteren. Met een beroep op het huurbeding kan de hypotheekhouder echter de vernietiging van de huurovereenkomst bewerkstelligen.

De hypotheekhouder kan het beding niet alleen inroepen tegen de hypotheekgever, maar ook tegen latere verkrijgers van het bezwaarde goed en tegen de huurder.

Het hiervoor beschrevene illustreert dat het huurbeding ook werking ten opzichte van derden kan hebben; het beding moet dan wel via de hypotheekakte in de openbare registers ingeschreven zijn.

De gevolgen van een geslaagd beroep op het huurbeding zijn:
1 De in strijd met het beding tot stand gekomen huurovereenkomst wordt vernietigd.
De vernietiging heeft echter slechts relatieve werking (lid 2): de huurovereenkomst wordt alleen vernietigd ten behoeve van degene die het beding heeft ingeroepen; tussen huurder en verhuurder blijft de huurovereenkomst geldig, zodat de eerste de laatste kan aanspreken tot schadevergoeding wegens wanprestatie.
2 De huurder die door de vernietiging zijn huurrecht verliest, kan een schadevergoedingsvordering op de netto-opbrengst van het geëxecuteerde goed verhalen met voorrang onmiddellijk na degenen tegen wie hij zijn recht niet kon inroepen (art. 3:264 lid 7).

■ **Voorbeeld 4.26**
A, eerste hypotheekhouder, heeft in de hypotheekakte een huurbeding gemaakt krachtens hetwelk het aan hypotheekgever X is verboden zijn woning te verhuren.
X verhuurt de woning desalniettemin aan Y. Vervolgens verhypothekeert X de woning nogmaals, aan B. Ook door B is in de hypotheekakte eenzelfde huurbeding als dat van A opgenomen.
Wanneer X niet meer in staat is de rente- en aflossingsverplichtingen jegens A en B na te komen, zegt A aan tot executoriale verkoop over te zullen gaan. Wanneer A constateert dat de woning in strijd met het huurbeding is verhuurd, zal hij zich op het huurbeding beroepen. (B kan dit niet, omdat de woning reeds was verhuurd ten tijde van de vestiging van diens hypotheek.) Indien duidelijk is dat executoriale verkoop van de woning in verhuurde staat onvoldoende zal opbrengen om A te kunnen voldoen, zal de huurder de woning moeten ontruimen; wel verkrijgt hij een vordering tot vergoeding van de schade die hij als gevolg van de vernietiging lijdt, die rang neemt tussen de vorderingen van A en B in.

Beheersbeding

Beheersbeding

Het beheersbeding biedt de hypotheekhouder de mogelijkheid om, met machtiging van de voorzieningenrechter van de rechtbank, het goed in geval van ernstig tekortschieten van de hypotheekgever in beheer te nemen.

■ **Voorbeeld 4.27**
De hypotheekhouder, mits voorzien van rechterlijke machtiging, kan de nodige regelingen treffen teneinde van een juist onderhoud van het verhypothekeerde goed verzekerd te zijn, indien de hypotheekgever in dit opzicht (bijvoorbeeld door verwaarlozing) in ernstige mate blijkt te zijn tekortgeschoten.

Ontruimingsbeding

Ontruimingsbeding

Het ontruimingsbeding geeft de hypotheekhouder de bevoegdheid de zaak onder zich te nemen, indien dit vereist is met het oog op de executie.

■ **Voorbeeld 4.28**
Ontruiming van een gebouw vindt plaats teneinde dit leeg aan de koper te kunnen opleveren.

4.4.5 Bevoegdheden van de hypotheekhouder

De belangrijkste bevoegdheden van de hypotheekhouder zijn:
1 het recht van parate executie;
2 separatisme in geval van faillissement van de schuldenaar;
3 voorrang bij verhaal;
4 bevoegdheden op grond van de in de hypotheekakte opgenomen (bijzondere) bedingen.

We bespreken nu achtereenvolgens de eerste drie bevoegdheden. De bevoegdheden op grond van de in de hypotheekakte opgenomen bedingen volgen uit die bedingen (zie ook subparagraaf 4.4.4).

Recht van parate executie

Parate executie

Evenals de pandhouder heeft de hypotheekhouder het recht van *parate executie* wanneer de schuldenaar in *verzuim* verkeert (art. 3:268 lid 1).
Ook een lager gerangschikte hypotheekhouder kan het verhypothekeerde goed paraat executeren, maar de hoger gerangschikte hypotheken zullen, in tegenstelling tot de situatie bij pand, in dat geval niet op het goed blijven rusten. Art. 3:273 lid 1 bepaalt namelijk, dat door de levering ingevolge een executoriale verkoop én de voldoening van de koopprijs álle op het verkochte goed rustende hypotheken tenietgaan. Men noemt dit *zuivering*.
Indien dit niet zo was, zou het goed praktisch onverkoopbaar zijn.

Zuivering

Separatisme

Separatisme

Evenals de pandhouder is de hypotheekhouder separatist (art. 57 lid 1 Fw).

Wijze van verhaal

Op welke wijze dient een hypotheekhouder zijn verhaalsbevoegdheid uit te oefenen? Ook hier is de hoofdregel dat een hypotheekhouder zijn verhaal uitoefent door middel van een *openbare verkoop*, maar dan ten overstaan van een notaris (art. 3:268 lid 1).
Met machtiging van de voorzieningenrechter van de rechtbank is ook *onderhandse verkoop* mogelijk, waartoe zowel de hypotheekhouder als de hypotheekgever een verzoek kan doen (lid 2).
Elke andere wijze van verhaal is niet mogelijk (lid 5). De hypotheekhouder zal zich het goed dus niet mogen toe-eigenen (zie ook art. 3:235).

Voorrang bij verhaal

Nadat de hypotheekhouder het goed te gelde gemaakt heeft op één van de hiervoor omschreven wijzen, zal de koopprijs, die door de koper in handen van de notaris is gestort (art. 3:270 lid 1), moeten worden verdeeld.
Op welke wijze dient de opbrengst te worden verdeeld? Eerst worden de executiekosten uit de koopprijs voldaan (art. 3:270 lid 1). Indien er geen andere gerechtigden zijn, draagt de notaris vervolgens uit de netto-opbrengst aan de hypotheekhouder af hetgeen deze toekomt; het eventuele surplus keert hij uit aan degene wiens goed is verkocht (art. 3:270 lid 2).

Executiekosten

Het is mogelijk dat er nog andere personen tot de opbrengst gerechtigd zijn, zoals (zie art. 3:270 lid 3 en 3:273 lid 1):

1 alle andere hypotheekhouders, ongeacht hun rang, wier hypotheken ten gevolge van zuivering (dat wil zeggen: door de levering ten gevolge van executoriale verkoop én de voldoening van de koopprijs) teniet zijn gegaan;
2 andere beperkt gerechtigden wier recht op het goed door de executie is vervallen, omdat zij hun recht niet aan de executerende hypotheekhouder kunnen tegenwerpen.

■ **Voorbeeld 4.29**
De hypotheekhouder zal een later gevestigd recht van erfpacht in beginsel kunnen negeren. Aan degene die aldus zijn recht van erfpacht verliest, wordt een schadevergoedingsvordering toegekend ten bedrage van de waarde die het vervallen recht op het tijdstip van de executie zou hebben gehad (art. 3:282).

3 de huurder wiens recht ten gevolge van de executie verloren is gegaan na een geslaagd beroep op het huurbeding (art. 3:264 lid 7).

Onderlinge rangorde

In dat geval dient de netto-opbrengst tussen hen allen te worden verdeeld overeenkomstig hun onderlinge rangorde. Daarbij verkeert de hypotheekhouder in een gunstige positie, omdat aan zijn vordering een hoge voorrang is verbonden. (Vergelijk paragraaf 4.7.)

■ **Voorbeeld 4.30**
A heeft ten behoeve van B een hypotheek op zijn huis gevestigd voor een bedrag van €100.000. Omdat hij geld nodig heeft, vestigt A op zijn huis een tweede hypotheek ten behoeve van C, voor een bedrag van €50.000. Wanneer A in gebreke blijft met de afbetalingen executeert B het huis van A. De opbrengst bedraagt €140.000.
B kan hieruit volledig worden voldaan. C ontvangt het restant, €40.000. Hij komt nog €10.000 te kort. Aangezien het hypotheekrecht van C ten gevolge van zuivering is vervallen, is dit een – niet langer door hypotheek gedekte – concurrente vordering.

4.4.6 Wijze van tenietgaan

Het hypotheekrecht gaat onder andere teniet:
1 indien de vordering tot zekerheid waarvan het hypotheekrecht strekt, tenietgaat (art. 3:7); de schuldenaar heeft bijvoorbeeld de geleende som met rente terugbetaald;
2 door het uitoefenen van de executiebevoegdheid (zuivering);
3 door tijdsverloop. De hypotheek heeft bijvoorbeeld een looptijd van dertig jaar.

Door doorhaling van de hypothecaire inschrijving gaat het hypotheekrecht niet teniet; het is slechts een administratieve maatregel om de registers in overeenstemming met de werkelijkheid te brengen (art. 3:274). Indien doorhaling ten onrechte heeft plaatsgevonden, blijft de hypotheek niettemin rechtsgeldig bestaan.
Ook hier geldt dat het tenietgaan van het hypotheekrecht nog niet hoeft te betekenen, dat ook de vordering tot zekerheid waarvan het hypotheekrecht strekt teniet is gegaan. Er kan een niet door hypotheek gedekte (restant)vordering overblijven.

4.5 Voorrechten

Het begrip voorrecht wordt in het wetboek niet omschreven. Uit art. 3:278 volgt dat het voorrecht voorrang geeft bij verhaal op het vermogen van de schuldenaar. Het schept dus zelf geen verhaalsbevoegdheid, zodat de crediteur eerst een executoriale titel zal moeten verkrijgen. Het verschaft dus eigenlijk niet meer dan het recht om bij een rangregeling hoger te worden geplaatst dan medeschuldeisers. Deze en andere kenmerken bespreken wij in subparagraaf 4.5.1.

We kennen twee soorten voorrechten: de bijzondere voorrechten die betrekking hebben op bepaalde goederen uit het vermogen van de debiteur en de algemene die betrekking hebben op zijn gehele vermogen. De twee soorten voorrechten behandelen wij in subparagraaf 4.5.2 respectievelijk 4.5.3.

4.5.1 Kenmerken

De voorrechten zijn limitatief in de wet opgesomd. In tegenstelling tot het recht van pand en hypotheek kunnen zij niet langs contractuele weg in het leven worden geroepen (art. 3:278 lid 2).

■ **Voorbeeld 4.31**
De afspraak tussen A en B dat B gerechtigd zal zijn zich bij voorrang te verhalen op alle roerende en onroerende goederen van A wanneer A bij de terugbetaling van het geleende bedrag in gebreke blijft, is niet geldig. Via contractuele weg kan een vordering immers alleen van voorrang worden voorzien door er een pand- of hypotheekrecht aan te verbinden.

Géén beperkte rechten

Voorrechten zijn géén beperkte rechten, zodat zij de daaraan inherente kenmerken missen. Zij hebben:
1 geen droit de suite; het voorrecht gaat teniet indien het goed waarop het rust wordt overgedragen, tenzij de wet anders bepaalt (bijvoorbeeld art. 3:284 en 3:287);

■ **Voorbeeld 4.32**
A heeft door aannemer B, een kleine zelfstandige, zijn huis laten verbouwen. Nog voordat A aannemer B voor deze werkzaamheden heeft betaald, draagt A het huis in eigendom over aan C. Dientengevolge gaat B's voorrecht op het huis (art. 3:285) teniet. Zijn vordering gaat niet teniet, maar wordt concurrent.

2 geen prioriteit; hun rangorde wordt door de wet bepaald, ongeacht de volgorde waarin zij zijn ontstaan.

Voorrang bij verhaal

Wel bieden zij aan schuldeisers op grond van de aard van hun vordering *voorrang bij verhaal* boven andere schuldeisers (art. 3:278 lid 1).
Blijkens art. 6:142 is een voorrecht een *nevenrecht*, zodat het bij overgang van de vordering op een nieuwe schuldeiser mee overgaat. Het gaat teniet indien de vordering tenietgaat.

Sommige voorrechten rusten op alle tot het vermogen van de schuldenaar behorende goederen. Zij worden daarom ook wel *algemene voorrechten* genoemd. Andere voorrechten rusten slechts op bepaalde tot het vermogen van de schuldenaar behorende goederen, de zogenoemde *bijzondere voorrechten*.

▪ ▪ ▪ 4.5.2 Voorrechten op bepaalde goederen

Bijzondere voorrechten

De bijzondere voorrechten zijn geregeld in afdeling 3.10.2. De belangrijkste zijn:
1 Het voorrecht ter zake van *kosten tot behoud* van een goed gemaakt (art. 3:284). Blijkens de parlementaire geschiedenis en de jurisprudentie (HR 24 maart 1995, ECLI:NL:HR:1995:ZC1680, NJ 1996, 158, m.nt. WMK; Kuikenbroederij) gaat het bij dit begrip niet om onderhoudskosten, maar om kosten die worden gemaakt om het goed in fysieke zin voor tenietgaan te behoeden. Door dit voorrecht krijgt de crediteur voorrang bij de verdeling van de netto-opbrengst van het goed dat behouden is gebleven, boven alle reeds *bestaande* rechten van derden op dit goed, alsmede alle *bestaande* voorrechten.
De crediteur heeft geen voorrang boven rechten die ná het maken van de kosten tot behoud zijn verkregen, tenzij het betreft een na het maken van de kosten ontstaan bezitloos pandrecht of een overdracht via een cp-levering.

■ **Voorbeeld 4.33**
Degene die een hoogstnoodzakelijke reparatie aan een goed heeft verricht teneinde dit voor tenietgaan te behoeden en die, omdat betaling uitblijft, zijn vordering op het goed wenst te verhalen, heeft bij de verdeling van de (netto-)opbrengst van dit goed, voorrang boven degenen die reeds een recht van pand of hypotheek op het goed hadden. Zelfs van de rechten van de werkelijke eigenaar hoeft hij zich niets aan te trekken, indien het goed door een schuldenaar/niet-eigenaar in reparatie gegeven is.

2 Het voorrecht ter zake van een vordering *wegens bearbeiding* van een zaak, mits deze vordering voortvloeit uit een overeenkomst tot aanneming van werk en de schuldeiser een 'kleine zelfstandige' is (art. 3:285). Indien hij zich op de bearbeide zaak wenst te verhalen, heeft hij voorrang boven een eerder overeenkomstig art. 3:237 op de zaak gevestigd bezitloos pandrecht (dus zelfs wanneer de zaak later in de macht van de pandhouder of een derde gebracht zou zijn), alsmede boven een later gevestigd bezitloos pandrecht, zolang de zaak nog niet in de macht van de pandhouder of een derde is gebracht.

■ **Voorbeeld 4.34**
A heeft door juwelier B, een kleine zelfstandige, enige sieraden laten vervaardigen. Kosten €2.500. Vervolgens worden deze sieraden door A bezitloos verpand aan C in verband met een door C aan A verstrekt krediet van €2.000.
A gaat failliet zonder B en C te hebben voldaan. B's vordering is bevoorrecht op de bearbeide sieraden en heeft voorrang boven het daarop gevestigde bezitloze pandrecht van C.

3 Het voorrecht ter zake van een vordering tot vergoeding van *schade*, rustend op de vordering die de aansprakelijke persoon op zijn verzekeraar heeft (art. 3:287). Als de schuldeiser zich wenst te verhalen op deze laatste vordering, heeft hij voorrang boven oudere of jongere rechten van derden op deze vordering.

■ **Voorbeeld 4.35**
A heeft bij het ramen lappen een bloempot laten vallen op het hoofd van B. De gewonde B heeft hierdoor op grond van onrechtmatige daad een vordering op A. A, die WA-verzekerd is, heeft op zijn beurt een vordering op zijn verzekeringsmaatschappij. B's vordering is op grond van art. 3:287 bevoorrecht zodat, wanneer A failliet zou gaan, ten gevolge waarvan A's vordering op de verzekeraar in de boedel valt, B niet slechts concurrent schuldeiser is.
Zelfs een verpanding of overdracht door A van de vordering die A op zijn verzekeraar heeft, kan B niet deren; rechten van derden kunnen B immers niet worden tegengeworpen.

Rusten er meer speciale voorrechten op hetzelfde goed, dan hebben zij gelijke rang, tenzij de wet anders bepaalt (art. 3:281 lid 1).

■ **Voorbeeld 4.36**
De wet bepaalt anders in art. 3:284 (kosten tot behoud). Dit voorrecht heeft immers voorrang boven alle andere voorrechten, tenzij de vorderingen waaraan deze andere voorrechten zijn verbonden, na het maken van de kosten tot behoud zijn ontstaan (art. 3:284 lid 3).

Bijzondere voorrechten hebben wel voorrang boven de algemene voorrechten, tenzij de wet anders bepaalt (art. 3:280).

4.5.3 Voorrechten op alle goederen

Algemene voorrechten

De algemene voorrechten zijn opgesomd in art. 3:288 (zie aldaar) en in art. 3:289. Hier wordt volstaan met een voorbeeld van het in art. 3:288 onder e genoemde voorrecht.

■ **Voorbeeld 4.37**
A heeft nog twee maanden salaris te goed van werkgever B op het moment dat B in staat van faillissement wordt verklaard. A heeft een bevoorrechte vordering op het gehele vermogen van B.

Algemene voorrechten worden ingevolge art. 3:281 lid 2 uitgeoefend in de volgorde waarin de wet hen plaatst.
Ook andere wetten bevatten vele bevoorrechte vorderingen. Men denke hierbij met name aan het algemeen voorrecht van de fiscus ter zake van de invordering van rijksbelastingen en premies werknemersverzekeringen (art. 21 lid 1 Invorderingswet 1990 en art. 60 Wet financiering sociale verzekeringen, Stb. 2005, 36).

4.6 Retentierecht

De retentor vindt in zijn retentierecht een dubbele zekerheid. Hij heeft een feitelijk pressiemiddel doordat hij afgifte van de door hem gehouden zaak kan opschorten totdat hij betaling ontvangt. Tevens heeft hij, als het tot verhaal op de zaak mocht komen, voorrang bij de verdeling van de opbrengst. Deze kenmerken bespreken wij in subparagraaf 4.6.1 en in subparagraaf 4.6.2 bespreken we de functie van het retentierecht.
Een extra sterke positie heeft de retentor, doordat hij het retentierecht onder omstandigheden ook kan inroepen tegen anderen dan de schulde-

naar, zie daarover subparagraaf 4.6.3. Het einde van het retentierecht komt ten slotte in subparagraaf 4.6.4 aan de orde. We sluiten in subparagraaf 4.6.5 af met een samenvatting van het retentierecht.

4.6.1 Kenmerken

Opschorting afgifte

Retentierecht is de bevoegdheid die in de bij de wet aangegeven gevallen aan een schuldeiser toekomt, om de nakoming van een *verplichting tot afgifte van een zaak* aan zijn schuldenaar *op te schorten* totdat de vordering wordt voldaan (art. 3:290). De schuldeiser dient houder van de zaak te zijn, dat wil zeggen: daarover feitelijke macht uit te oefenen in die zin dat 'afgifte' nodig is om de zaak weer in de macht van de schuldenaar te brengen. Ook op onroerende zaken kan het retentierecht worden uitgeoefend, 'afgifte' zal dan in de regel geschieden door ontruiming (HR 5 december 2003, ECLI:NL:HR:2003:AL8440, NJ 2004, 340).

Het recht van retentie is noch een beperkt recht, noch een afhankelijk recht, noch een nevenrecht; het behoort tot de *opschortingsrechten*, zoals geregeld in afdeling 6.1.7. Daarom zijn de bepalingen van deze afdeling ook op het retentierecht van toepassing, voor zover uit afdeling 3.10.4 niet anders voortvloeit (art. 6:57). De vraag óf er een retentierecht bestaat indien het een verplichting tot afgifte van een zaak betreft, vindt men dan ook niet beantwoord in afdeling 3.10.4, maar in art. 6:52 en voorts in allerlei speciale wetsbepalingen (bijvoorbeeld art. 3:120 lid 3).

Het retentierecht biedt de retentor niet alleen de mogelijkheid de zaak onder zich te blijven houden totdat zijn vordering wordt voldaan, maar hij mag zich bovendien met *voorrang* op de zaak *verhalen* (art. 3:292). Wel dient hij zich daartoe eerst te voorzien van een executoriale titel, gevolgd door executoriaal beslag (onder zichzelf) op de zaak.

4.6.2 Functie

Pressie en voorrang

Het retentierecht verschaft aan de retentor een zeer gunstige positie: niet alleen kan hij zich met (zeer hoge) voorrang op de teruggehouden zaak verhalen, maar bovendien is het niet ondenkbaar dat de schuldenaar de vordering alsnog voldoet, omdat de zaak veel meer waard is dan het te betalen bedrag.

> ■ **Voorbeeld 4.38**
> A laat zijn auto repareren door garagebedrijf B. Afgesproken is dat A de rekening contant zal voldoen. Wanneer A zijn auto op komt halen blijkt A slechts €50 bij zich te hebben. Omdat de rekening €1.200 bedraagt, geeft B aan A te kennen de auto onder zich te blijven houden, totdat A de rekening volledig zal hebben voldaan.

Faillissement

Ook in geval van faillissement van de schuldenaar blijft het retentierecht in stand (art. 60 lid 1 Fw). De retentor moet wel zijn vordering en retentierecht ter verificatie bij de curator indienen (art. 110 Fw). De curator kan dan de zaak van de retentor opeisen en te gelde maken, waarbij hij rekening dient te houden met de voorrang die de retentor bij de verdeling van de opbrengst toekomt. Hij kan echter ook de vordering van de retentor voldoen, teneinde de zaak, na terugkeer in de boedel, te gelde te kunnen maken. In tegenstelling tot eventuele andere bevoorrechte schuldeisers wordt de retentor in dat laatste geval volledig voldaan en behoeft hij niet mee te delen in de faillissementskosten (art. 60 lid 2 Fw).

Denkbaar is dat de curator (bijvoorbeeld vanwege de omvang van de vordering en de geringe waarde van de zaak) van geen van deze bevoegdheden gebruik heeft gemaakt nadat hem daartoe door de retentor een redelijke termijn is gesteld. Heeft de curator deze termijn ongebruikt voorbij laten gaan, dan kan door de retentor (alléén in geval van faillissement) het *recht van parate executie* worden uitgeoefend. Ook in dat geval hoeft hij niet te wachten op het gereedkomen van de uitdelingslijst en hoeft hij niet in de faillissementskosten mee te delen (lid 3). Uitoefening van het retentierecht kan evenwel onder omstandigheden wegens strijd met de redelijkheid en billijkheid onaanvaardbaar zijn.

■ **Voorbeeld 4.39**
E heeft zijn advocaat M werkzaamheden laten verrichten om vorderingen op drie debiteuren, in totaal ongeveer €190.000, te incasseren. Op het moment dat E failliet gaat, is van de door M aan E gedeclareerde bedragen ongeveer €15.000 nog niet voldaan. Wanneer de curator afgifte van de dossiers vordert van M, teneinde te kunnen beoordelen of en in hoeverre inning van de vorderingen haalbaar en in het belang van de boedel is, weigert M dit met een beroep op zijn retentierecht. De curator staat nu met de rug tegen de muur: het vorderen van afgifte is niet zinvol, omdat de dossiers geen verkoopwaarde van enige betekenis hebben, terwijl hij de vordering van de retentor niet kan voldoen, omdat in de boedel (nog) onvoldoende baten aanwezig zijn. Volgens de Hoge Raad weegt in gevallen van deze aard 'het belang van de curator om ten behoeve van de boedel over de stukken te kunnen beschikken zoveel zwaarder dan het belang van de advocaat om druk op de curator te kunnen blijven uitoefenen door de stukken terug te houden, dat voortgezette uitoefening van het retentierecht naar maatstaven van redelijkheid en billijkheid onaanvaardbaar zou zijn'. Zie HR 15 april 1994, ECLI:NL:HR:1994:ZC1334, NJ 1995, 640.

4.6.3 Tegen wie kan het retentierecht worden ingeroepen?

In art. 3:292 wordt bepaald, dat de schuldeiser de vordering op de zaak kan verhalen met voorrang boven allen tegen wie het retentierecht kan worden ingeroepen. Dit zijn:
1 de schuldenaar zelf;
2 diens crediteuren (art. 6:57 jo. 6:53);
3 de faillissementscurator (art. 60 Fw en art. 6:53);
4 derden die, nádat de vordering van de retentor is ontstaan én de zaak in zijn macht is gekomen, een recht op de zaak hebben verkregen (art. 3:291 lid 1);

Jonger gerechtigden

■ **Voorbeeld 4.40**
A heeft een klok in reparatie gegeven bij B. Terwijl deze zich nog bij B bevindt, draagt A de klok over aan C door middel van een levering longa manu. Indien B geen betaling verkrijgt, kan hij zijn retentierecht ook uitoefenen tegen C, die pas eigenaar van de klok is geworden nádat B's vordering is ontstaan én B de klok in zijn macht kreeg.

■ **Voorbeeld 4.41**
A oefent een retentierecht uit op een onroerende zaak. Hij kan dit slechts inroepen tegen een posterieur gerechtigde hypotheekhouder indien hij de feitelijke macht op een ook voor die derde voldoende duidelijke wijze uitoefent, bijvoorbeeld door het afzetten van het terrein en het ophangen van bordjes met de tekst dat het retentierecht wordt uitgeoefend. Bij de beoordeling of aan deze eis is voldaan, moet mede rekening worden gehouden met hetgeen aan de derde ten tijde van diens rechtsverkrijging omtrent het retentierecht bekend was. Zie HR 5 december 2003, ECLI:NL:HR:2003: AL8440, NJ 2004, 340.

Ouder gerechtigden

5 derden met een ouder recht (zoals bijvoorbeeld de eigenaar en beperkt gerechtigden), indien de vordering van de retentor voortspruit uit een overeenkomst die de schuldenaar bevoegd was met betrekking tot de zaak aan te gaan, of de retentor geen reden had om ten tijde van het sluiten van de overeenkomst aan de bevoegdheid van de schuldenaar te twijfelen (lid 2).

■ **Voorbeeld 4.42**
A heeft zijn vrachtwagen bezitloos verpand aan Z. Na enige tijd blijkt reparatie hard nodig, zodat A de vrachtwagen laat opknappen bij B. A geraakt echter zozeer in geldnood, dat hij niet meer in staat is om Z en B te voldoen. Indien Z afgifte van de vrachtwagen vordert om tot executie over te gaan, is B bevoegd zijn retentierecht ook tegen Z uit te oefenen: nu het een noodzakelijke reparatie betrof, was A immers bevoegd de overeenkomst met B aan te gaan.
Zelfs als Z hem elke reparatie aan de vrachtwagen zou hebben verboden, zou B geen reden hebben gehad aan A's bevoegdheid te twijfelen. Dit zou pas anders geweest zijn als de te verrichten werkzaamheden van dermate uitzonderlijke aard geweest zouden zijn dat B een onderzoek had behoren in te stellen.

4.6.4 Einde van het retentierecht

Een retentierecht eindigt onder andere:
1 op de wijze waarop een opschortingsrecht eindigt. De vordering, waaraan het retentierecht verbonden is, gaat bijvoorbeeld alsnog teniet door betaling;
2 door het uitoefenen van de verhaalsbevoegdheid;
3 door het tenietgaan van de zaak;
4 doordat de zaak in de macht komt van de schuldenaar.

4.6.5 Samenvatting retentierecht

Figuur 4.4 geeft de bevoegdheden op grond van het retentierecht schematisch weer.

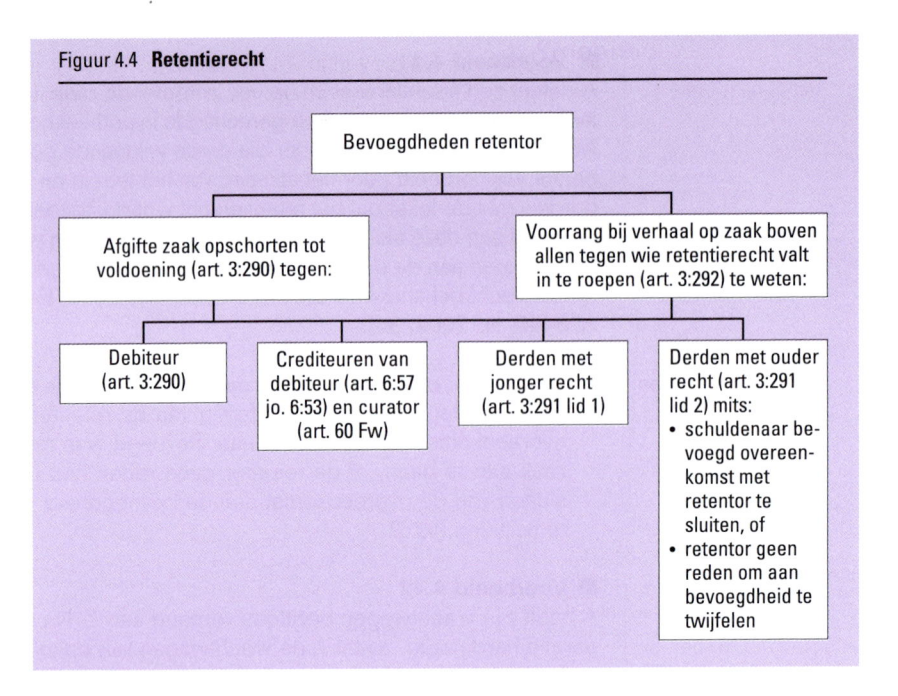

Figuur 4.4 **Retentierecht**

```
                    Bevoegdheden retentor
                    ┌──────────┴──────────┐
        Afgifte zaak opschorten tot      Voorrang bij verhaal op zaak boven
        voldoening (art. 3:290) tegen:   allen tegen wie retentierecht valt
                                         in te roepen (art. 3:292) te weten:
   ┌────────┬─────────────┐      ┌──────────────┬──────────────┐
 Debiteur   Crediteuren van    Derden met      Derden met ouder
 (art.      debiteur (art. 6:57 jonger recht   recht (art. 3:291
 3:290)     jo. 6:53) en curator (art. 3:291   lid 2) mits:
            (art. 60 Fw)        lid 1)         • schuldenaar be-
                                                 voegd overeen-
                                                 komst met
                                                 retentor te
                                                 sluiten, of
                                               • retentor geen
                                                 reden om aan
                                                 bevoegdheid te
                                                 twijfelen
```

■ ■ ■ **4.7 Rangorde bij verhaal**

In het voorgaande is aangegeven welke crediteuren onder bepaalde omstandigheden aanspraak kunnen maken op voorrang bij verhaal. Uiteraard is deze vraag alleen van belang in situaties waarin meerdere crediteuren met elkaar in botsing komen doordat zij gelijktijdig verhaal willen nemen en de te verdelen opbrengst ontoereikend is om alle vorderingen geheel te voldoen. Te denken valt aan het geval dat meerdere crediteuren op hetzelfde goed executoriaal beslag hebben gelegd, of aan faillisement van de schuldenaar.

Opbrengst ontoereikend

Wat is nu de rangorde bij de verdeling van de opbrengst tussen de verschillende, in de voorgaande hoofdstukken ter sprake gekomen, gerechtigden?

Rangorde

In beginsel geldt de volgende rangorde:
1 Eerst worden de executiekosten uit de opbrengst voldaan (vgl. art. 3:277 lid 1);
2 vervolgens de pand- of hypotheekhouder(s) (art. 3:279);
3 daarna degenen die een bijzonder voorrecht hebben (art. 3:280); speciale voorrechten op hetzelfde goed hebben in beginsel onderling gelijke rang (art. 3:281 lid 1);
4 gevolgd door schuldeisers met een algemeen voorrecht (art. 3:280). Deze voorrechten worden uitgeoefend in de volgorde waarin de wet hen plaatst (art. 3:281 lid 2);
5 en ten slotte de concurrente schuldeisers (art. 3:277 lid 1).

Uitzonderingen

In beginsel, omdat de wet in vele gevallen anders bepaalt. Zie bijvoorbeeld art. 3:279: 'Pand en hypotheek gaan boven voorrecht, tenzij de wet anders bepaalt'. Zo heeft de wet anders bepaald in art. 3:284, aangezien een voorrecht met betrekking tot kosten tot behoud kán gaan vóór pand of hypotheek.

Mede gezien het hoge voorrecht van de fiscus resteert in geval van faillissement voor een concurrente crediteur veelal weinig tot niets.

Vragen

1 a Wanneer een schuldenaar weigerachtig blijft een bepaalde geldsom te betalen, welke mogelijkheden staan de schuldeiser dan ten dienste om alsnog betaling te verkrijgen?
b Welke stappen moet een schuldeiser daartoe ondernemen en welke gevolgen zijn eraan verbonden?

2 Welke kenmerken hebben het pand- en het hypotheekrecht?

3 a Geef, naargelang de aard van het te verpanden goed, aan welke verschillende vormen van pandrecht er bestaan.
b Geef voor iedere vorm afzonderlijk de vereisten aan voor een geldige totstandkoming.

4 Worden de vuistpandhouder en bezitloos pandhouder beschermd tegen beschikkingsonbevoegdheid van de pandgever?

5 Worden de openbare en stille pandhouder beschermd tegen beschikkingsonbevoegdheid van de pandgever?

6 Wat zijn de belangrijkste bevoegdheden van de pandhouder?

7 Wat zijn de vereisten voor het tot stand komen van een geldig hypotheekrecht?

8 a Wat is het huurbeding?
b Tegen wie kan het worden ingeroepen?
c Wat zijn de gevolgen van een geslaagd beroep op het beding?

9 Wat is 'zuivering'?

10 a Wat zijn de kenmerken van het recht van retentie?
b Welke functie vervult het retentierecht?

Casus

1. A heeft dringend geld nodig. B is bereid aan A €1.000 te lenen, mits A zijn gouden horloge aan B verpandt. In de overeenkomst die naar aanleiding daarvan tussen A en B wordt opgemaakt, wordt opgenomen dat, als mocht blijken dat A te zijner tijd niet in staat is om de lening terug te betalen, B gerechtigd zal zijn het horloge onderhands te verkopen.
   Geef aan of een dergelijk beding rechtsgeldig is. Motiveer uw antwoord.

2. A heeft van X een zaagmachine gehuurd. A schrikt er niet voor terug deze machine aan schuldeiser B bezitloos te verpanden en daarbij in strijd met de waarheid te verklaren dat hij tot verpanden bevoegd is. Aan B wordt al snel duidelijk dat A niet in staat is zijn betalingsverplichtingen jegens B na te komen. Bovendien ontdekt B hoe de zaken werkelijk liggen.
   a. Heeft B een geldig bezitloos pandrecht verkregen?
   b. Indien B afgifte van de machine vordert aan hemzelf en A aan deze vordering gevolg geeft, heeft B dan een geldig vuistpandrecht verkregen?

3. A wil een fabriek laten bouwen op een door hem aan te kopen stuk grond. Voorts wil hij deze fabriek zodanig laten inrichten dat hij hierin speciale machines kan laten plaatsen waarmee onderdelen voor hijskranen kunnen worden vervaardigd. Om de aanschaf van zowel de grond, de machines als de bouw van de fabriek te kunnen financieren wendt hij zich tot bank B, die bereid is hem een geldlening te verstrekken, mits aan B de grootst mogelijke zekerheid wordt verstrekt voor de terugbetaling van dit bedrag met rente en kosten.
   Op welke wijze kan worden bereikt dat aan bank B de grootst mogelijke zekerheid wordt verschaft?

4. Ondernemer A heeft zijn vrachtwagens bezitloos verpand aan B. Vervolgens laat A een van deze vrachtwagens, die wegens geldgebrek zeer slecht is onderhouden, een uiterst noodzakelijke reparatie ondergaan bij garagebedrijf C, omdat de vrachtwagen dusdanig is doorgeroest dat deze door de assen dreigt te zakken en in dat geval als afgeschreven kan worden beschouwd.
   C is niet op de hoogte van de bezitloze verpanding, terwijl B niets afweet van de reparatie. A blijkt niet in staat zijn schuldeisers B en C te voldoen.
   a. In welke positie verkeert C ten opzichte van de andere crediteur B, als C de vrachtwagen nog onder zich heeft gehouden omdat A de rekening nog niet had voldaan, maar B afgifte vordert?
   b. Welke is de positie van C ten opzichte van B indien C tot verhaal wil overgaan nadat A de gerepareerde vrachtwagen heeft meegenomen?
   Bespreek hierbij de diverse mogelijkheden onder vermelding van de relevante wetsartikelen.

5. Ondernemer A heeft van bank B geld geleend, tot zekerheid voor de terugbetaling waarvan bank B een stil pandrecht heeft verkregen op de vorderingen die A heeft op zijn debiteuren X, Y en Z. Enige tijd later gaat A failliet. X blijkt daags nadat het faillissement van A is uitgesproken, het door hem verschuldigde aan A te hebben voldaan. Y en Z hebben nog niet betaald, omdat hun vorderingen nog niet opeisbaar zijn.
   Hoe dient B thans te handelen?

6. Juwelier A richt bv Edelgoud op om een juwelierszaak te beginnen. Namens deze bv koopt A vervolgens een bedrijfspand in Haarlem. Om dit te kunnen financieren heeft bank B een hypotheekrecht op het pand verkregen. Vervolgens wordt door A namens de bv ten behoeve van buurman C een recht van overpad gevestigd (recht van erfdienstbaarheid), opdat C via het bij het bedrijfspand behorende steegje op eenvoudiger wijze de weg gelegen achter beide panden kan bereiken. Om nog enige investeringen te kunnen financieren vestigt A namens de bv een tweede hypotheekrecht op het pand ten behoeve van bank D. Vervolgens laat hij door goudsmid E, voor een klant die al een diamanten ring had, bijpassende oorbellen vervaardigen. Als ze klaar zijn, haalt A ze op en vraagt E de rekening op te sturen. De maandelijkse rekening bij leverancier F voor parelrijgsnoer en andere materialen is inmiddels opgelopen tot €300. Bv Edelgoud blijkt niet langer in staat haar schulden te voldoen en wordt failliet verklaard met benoeming van mr. G tot faillissementscurator.
Wat zijn de gevolgen van dit faillissement voor alle betrokkenen? Geef daarbij aan door wie welke rechten uitgeoefend kunnen worden, welke rangorde daarbij toekomt aan de verschillende crediteuren en op grond waarvan.

Eigendom

5

5.1 Wat is eigendom?
5.2 Beperkingen die aan het recht van eigendom kunnen worden gesteld
5.3 Kwalitatieve rechten
5.4 Kwalitatieve verplichtingen

Het recht van eigendom neemt in ons maatschappelijk verkeer een belangrijke plaats in, zó belangrijk dat men traditioneel wel spreekt van een 'droit sacré', een heilig recht. In paragraaf 5.1 behandelen we het begrip 'eigendom'. De eigenaar van een roerende of onroerende zaak kan niet alles met zijn zaak doen wat hij wil. In paragraaf 5.2 komen de beperkingen aan de orde die aan het recht van eigendom kunnen worden gesteld. In de paragrafen 5.3 en 5.4 leggen we uit wat er gebeurt met rechten en plichten die ten aanzien van een roerende of onroerende zaak zijn bedongen. Behandeld wordt of zij bij een eigendomsoverdracht automatisch mee overgaan op de volgende eigenaar, of dat ze zich hechten aan degene die ze bedongen heeft.

▪ ▪ ▪ 5.1 Wat is eigendom?

'Eigendom is het meest omvattende recht dat een persoon op een zaak kan hebben' (art. 5:1 lid 1). Voorop staat de vrijheid om, met uitsluiting van ieder ander, van een zaak gebruik te maken zoals men wil.
Maar daarmee is niet gezegd dat het recht van eigendom niet *beperkt* zou kunnen worden. Zo bepaalt al meteen lid 2 van art. 5:1 dat het gebruik van de zaak niet mag strijden met rechten van anderen. Bovendien kunnen tal van wettelijke voorschriften en regels van ongeschreven recht een eigenaar beperken in het gebruik van zijn zaak.

▪ **Voorbeeld 5.1**
A is eigenaar van het nieuwste model curved televisie. Wanneer hij zijn favoriete voetbalclub weer heeft zien verliezen, gooit hij een glas door het scherm. De televisie is zwaar beschadigd en A besluit deze weg te gooien.

▪ **Voorbeeld 5.2**
A's zoontje is eigenaar van een brommer, waarmee hij de buren horendol maakt door voortdurend langs hun huizen heen en weer te suizen.

▪ **Voorbeeld 5.3**
A is eigenaar van een groot huis en wil daarin gaan wonen. De gemeente Leiden weigert hem echter een woonvergunning te geven, op grond van art. 1 van de Woonruimtewet 1947, omdat zij het huis te groot acht voor A alleen.

Roerende zaken

Van *roerende zaken* kan in het algemeen worden gezegd dat de eigenaar ervan een zeer vergaande vrijheid heeft ermee te doen wat hij wil. Zo mag A de televisie weggooien.
Die vrijheid is echter niet onbegrensd: het zoontje van A kan zich er niet op beroepen dat het hem vrijstaat met zijn brommer te doen wat hij wil. Wanneer hij de buren hindert, kan hem op grond van art. 5:37 jo. 6:162 (hinder) wellicht een verbod worden opgelegd steeds langs hun huizen heen en weer te rijden.

Onroerende zaken

Nog anders ligt het in het geval van A als eigenaar van een huis. Met betrekking tot *onroerende zaken* is de vrijheid van handelen in de loop der tijd gering geworden. Zo kan de gemeente Leiden A beletten in de woning te gaan wonen; daarachter zitten uiteraard overwegingen van volkshuisvestingspolitiek. Maar ook meer in het algemeen kan men zeggen dat het eigendomsrecht van onroerende zaken in zeer vergaande mate is ingekapseld in vooral publiekrechtelijke wetgeving. Men kan bijvoorbeeld denken aan de Woningwet, de Wet op de ruimtelijke ordening en de Monumentenwet 1988. Nóg een aspect speelt een rol bij het eigendomsrecht van onroerende zaken. Het verschijnsel kraken heeft het eigendomsrecht enigszins gerelativeerd ten gunste van een 'woonrecht' van woningzoekenden, in gevallen van langdurige leegstand.
De omvang van het eigendomsrecht kan wellicht nog het best worden waargenomen door op systematische wijze te bezien waar de grenzen aan een vrije uitoefening van het eigendomsrecht liggen.

■ ■ ■ 5.2 Beperkingen die aan het recht van eigendom kunnen worden gesteld

In de eerste plaats kan de eigenaar natuurlijk zichzelf beperken in de uitoefening van zijn recht door een ander een persoonlijk of een beperkt recht te verlenen.

■ **Voorbeeld 5.4**
A gaat gedurende zes maanden stage lopen bij een Amerikaans bedrijf in San Francisco. Hij leent voor die tijd aan zijn vriend B zijn fiets uit en verhuurt zijn kamer aan C.

■ **Voorbeeld 5.5**
Boer A heeft grond braak liggen. Zijn buurman B komt grond tekort. A stemt erin toe zijn braakliggende grond aan B in erfpacht te geven.

Wettelijke beperkingen

Dan zijn er allerlei wettelijke voorschriften die een eigenaar in de uitoefening van zijn recht kunnen beperken. Deze wettelijke voorschriften kunnen worden onderscheiden in:
a wetgeving in formele zin;
b wetgeving in materiële zin.

Ad a Wetgeving in formele zin

Onteigening

Het verst gaat art. 14 Gw: onteigening van eigendom, ofschoon in dit geval nauwelijks van 'beperking' kan worden gesproken. Dan is er het Burgerlijk Wetboek zelf: zo mogen buren elkaar niet hinderen (art. 5:37 jo. 6:162) of onrechtmatig uitzicht op elkaars erf hebben (art. 5:50). Soms ook kan de eigenaar, tegen een schadeloosstelling, verplicht worden bepaalde door anderen verrichte handelingen te dulden. Een voorbeeld is opnieuw te vinden in het burenrecht: art. 5:54, dat bepaalt dat grensoverschrijdende gebouwen of werken door de gedupeerde buurman onder bepaalde omstandigheden moeten worden geduld.

Misbruik

Het is de eigenaar voorts niet toegestaan om misbruik van zijn eigendomsrecht te maken. Denk bijvoorbeeld aan het geval dat iemand, uitsluitend om zijn buurman te treiteren, het uitzicht van die buurman grondig bederft, bijvoorbeeld door het ophangen van grote, smerige lappen. De regel dat men van zijn eigendomsrecht geen misbruik mag maken, vindt men terug in art. 3:13.
En ten slotte zijn er nog de vele publiekrechtelijke wetten, waarvan een aantal hiervoor al werd genoemd.

Ad b Wetgeving in materiële zin
Door wetgeving in materiële zin kan de eigenaar binnen bepaalde grenzen worden beperkt in de uitoefening van zijn recht; denk aan provinciale en gemeentelijke verordeningen of aan bijvoorbeeld algemene maatregelen van bestuur.

Verordeningen

■ ■ ■ 5.3 Kwalitatieve rechten

Heeft iemand bij overeenkomst een voor overgang vatbaar recht bedongen en staat dat recht in een zodanig verband met een aan de schuldeiser toebehorend goed, dat hij bij dat recht alleen belang heeft zolang hij het goed behoudt, dan gaat dat recht over op degene die dat goed onder bijzondere titel verkrijgt (aldus art. 6:251 lid 1). Een rijkelijk abstracte zin; daarom enige voorbeelden.

■ Voorbeeld 5.6
A koopt van winkelier B een ijskast. A bedingt als garantie dat, mocht het apparaat binnen drie jaren problemen vertonen, de kosten tot herstel voor de winkelier zullen zijn. Na één jaar draagt A zijn ijskast over aan neef C.

■ Voorbeeld 5.7
A en B zijn buren. Zij komen overeen dat A achter door de tuin van B mag lopen om op die manier snel bij de straat te komen. A draagt zijn onroerende zaak over aan C.

■ Voorbeeld 5.8
A en B zijn buren. B heeft op zijn terrein een prachtige karpervijver. Zij komen overeen dat A in die vijver mag vissen wanneer hij wil. A draagt zijn huis over aan C, die evenzeer graag vist.

Kwalitatief recht

Het bijzondere van een kwalitatief recht is, dat het zich als het ware hecht aan de eigenaar *in zijn kwaliteit van eigenaar* en derhalve niet aan zijn persoon. Een recht is pas kwalitatief als alléén de eigenaar van het goed belang heeft bij de uitoefening van dat recht. Als dat het geval is, zo bepaalt art. 6:251, dan gaat met de verkrijging onder bijzondere titel (bijvoorbeeld koop) het recht mee over.

In voorbeeld 5.6 heeft A na overdracht van de ijskast geen belang meer bij de door hem met de winkelier overeengekomen garantie. Slechts zijn neef C heeft belang bij de garantie. Het recht dat A heeft bedongen gaat dus op grond van art. 6:251 automatisch over op C. Datzelfde geldt voor het recht van A uit voorbeeld 5.7 om door de tuin van B te lopen teneinde sneller bij de openbare weg te komen.

En in het geval van de vijver (voorbeeld 5.8), gaat het ook dáár om een voor overgang vatbaar kwalitatief recht? Het antwoord luidt ontkennend, omdat A na de overdracht van zijn onroerende zaak aan C, het belang bij het visrecht niet verliest. Het recht blijft dus bij A, want kwaliteit en recht zijn niet noodzakelijkerwijs aan elkaar verbonden.

Tegenprestatie

Als tegenover het kwalitatieve recht een bepaalde *tegenprestatie* staat, dan gaat de verplichting tot het verrichten van die tegenprestatie mee over. Stond bijvoorbeeld in het geval van het recht van voetpad, tegenover het recht van A de verplichting voor A om jaarlijks €200 aan B te betalen, dan zal A's rechtsopvolger C zich niet aan die verplichting kunnen onttrekken (lid 2). Tenzij hij natuurlijk op dat hele recht van voetpad geen prijs stelt. Dan kan hij aan B verklaren de overgang van het recht niet te aanvaarden (lid 3).

Ten slotte, A en B kunnen altijd *overeenkomen* dat het recht dat zij scheppen bij overdracht van het goed niet zal overgaan op de nieuwe eigenaar (lid 4).

▪ ▪ ▪ 5.4 Kwalitatieve verplichtingen

In paragraaf 5.3 spraken we over kwalitatieve rechten. *Verplichtingen* die partijen overeenkomen gaan *niet* automatisch over.

▪ Voorbeeld 5.9
B verplicht zich jegens A hem toe te staan door B's tuin te lopen, om sneller bij de straat te komen. B draagt zijn huis over aan neef C.

▪ Voorbeeld 5.10
B heeft zich er jegens A toe verplicht om A's tuin te onderhouden en tijdens diens vakanties bij droogte te besproeien. B draagt zijn huis over aan C.

▪ Voorbeeld 5.11
A heeft twee panden. In het één drijft hij een bloeiende, in het ander een minder bloeiende boekhandel. Het laatste draagt hij over aan B, die zich verplicht in dit pand geen boekhandel te zullen beginnen. B draagt na korte tijd het pand over aan C.

In geen van de gevallen uit de voorbeelden 5.9, 5.10 en 5.11 zal de verplichting waartoe B zich verbond, overgaan op C. De ratio daarvan is dat als een verplichting net als een recht wél automatisch zou overgaan, C zonder het te weten allerlei verplichtingen met het goed méé overgedragen zou krijgen: elke dag de buurman in de tuin dulden of zelfs zijn onkruid moeten wieden, is nogal bezwarend. Datzelfde geldt voor C in voorbeeld 5.11. Wellicht is hij helemaal niet van plan een boekwinkel te beginnen, maar is hij dat wel, dan zal zijn teleurstelling en woede groot zijn als achteraf een non-concurrentieverplichting op de winkel blijkt te rusten.

Terzijde: A zou, als hij verstandig was geweest, in het geval van voorbeeld 5.9 en van voorbeeld 5.11 een *erfdienstbaarheid* hebben moeten vestigen, omdat dan de verplichtingen om te dulden of niet te doen wél automatisch op derden-verkrijgers zouden overgaan (zie hoofdstuk 6). Daar is dan ook minder bezwaar tegen, omdat erfdienstbaarheden in de openbare registers op te zoeken zijn.

Maar voor vele verplichtingen, met name die om te dóén, zal een erfdienstbaarheid ook geen uitkomst brengen (zie art. 5:71). Omdat in de praktijk toch behoefte bleek te bestaan aan het automatisch overgaan van ook niet-kwalitatieve verplichtingen, heeft het gebruik van zogenoemde *kettingbedingen* een hoge vlucht genomen.

Kettingbeding

▪ Voorbeeld 5.12
De gemeente Pijnacker verkoopt en levert een woning aan A, sociaal gebonden aan de gemeente. Zij wenst de zekerheid dat in de toekomst het huis slechts vervreemd zal worden aan personen die aan de gemeente 'sociaal gebonden' zijn. Zij bedingt daartoe dat A, mocht hij tot vervreemding van de woning overgaan, alléén zal vervreemden aan sociaal-gebondenen; en tevens dat ook aan diens rechtsopvolger het beding wordt opgelegd slechts aan sociaal-gebondenen te vervreemden enzovoort. Daarenboven wordt een boetebeding opgenomen: degene die zijn verplichting niet nakomt, zal aan de gemeente een boete van de helft van de koopprijs verschuldigd zijn.

Kwalitatieve verplichtingen

Een dergelijk ketting- en boetebeding maakt van een persoonlijke verplichting bijna een zakelijke verplichting. Voor het rechtsverkeer is dat lastig omdat zo'n zakelijke verplichting in de registers valt na te gaan maar een beding als in voorbeeld 5.12 bedoeld meestal niet. Om nu het gebruik van het kettingbeding enigszins terug te dringen, is art. 6:252 in de wet opgenomen. Art. 6:252 biedt in een aantal gevallen de mogelijkheid om bij overeenkomst (en dát is het bijzondere aan dit artikel) kwalitatief werkende bedingen overeen te komen. De mogelijkheid is beperkt tot *verplichtingen om te dulden of niet te doen* ten aanzien van een *registergoed*. Dergelijke verplichtingen moeten in de openbare registers worden ingeschreven (lid 2) en werken dan tegen derden-verkrijgers wier recht later werd ingeschreven, als ging het om een zakelijke verplichting. Als de bedingen niet zijn ingeschreven wordt de verkrijger beschermd en gaan de bedingen niet op hem over.

Uitzondering

Een zeer belangrijke beperking van art. 6:252 vindt men in het laatste lid; dat lid 5 verklaart het artikel niet van toepassing op verplichtingen die een rechthebbende in zijn bevoegdheid beperken het goed te vervreemden of te bezwaren. Zo zal een verplichting om niet te vervreemden dan aan sociaal-gebondenen (zie het voorbeeld) dus geen kwalitatieve werking kunnen krijgen; het gaat dan immers om een beperking in de vervreemdingsmogelijkheden. Voor dit soort bedingen én voor alle verplichtingen *om te doen* zal men zijn aangewezen op de kettingbedingen.

Vragen

1 a Wat verstaat men onder een kwalitatief recht?
b Geef een voorbeeld van zo'n recht.

2 Wat is een kenmerkend verschil tussen kwalitatieve rechten en kwalitatieve verplichtingen in geval van overgang onder bijzondere titel?

3 Wat verstaat men onder een kettingbeding?

4 Welke typen van verplichtingen kunnen in een art. 6:252-beding worden overeengekomen?

5 Is voor de overgang van een kwalitatieve verplichting inschrijving in de openbare registers vereist?

Casus

1 De 30-jarige A heeft sinds kort een radiografisch bestuurbaar vliegtuigje. Hij is er helemaal weg van. Vanaf het balkon van zijn huis bestuurt hij het vliegtuigje met veel gemak. De buren van A zijn minder enthousiast. Vooral 's avonds en in de weekenden storen ze zich zeer aan het doordringende geluid van het vliegtuig. Zij eisen van A dat hij ophoudt. A beroept zich op zijn eigendomsrecht: het vliegtuigje is van hem en hij bestuurt het vanuit zijn eigen huis. Wel zegt hij toe met het vliegtuigje niet meer boven de tuin van de buren te komen.

De buren vinden die toezegging onvoldoende.
   a Op welke juridische grond(en) kunnen zij van A eisen dat hij ophoudt met vliegen?
   b Hoe zal een eventuele juridische procedure aflopen?

2 A en B zijn buren. A heeft een prachtige tuin met veel bomen, B heeft maar een klein tuintje dat grenst aan de straat. Op een dag komen A en B met elkaar overeen dat de kinderen van B in het vervolg in de tuin van A mogen spelen. Op zijn beurt zal A door de tuin van B mogen lopen om zo sneller op de openbare weg te komen. De afspraak wordt op schrift gesteld.
Een jaar later verkoopt A zijn huis met de tuin aan C. De nieuwe eigenaar houdt helemaal niet van kinderen. Het voetpad door de tuin van B vindt C daarentegen erg handig.
   a Is C juridisch gehouden om de kinderen van B in zijn tuin te laten spelen?
   b Is B op zijn beurt juridisch gehouden om C door zijn tuin te laten lopen?
   c Voor welke andere rechtsfiguren hadden A en B destijds ook kunnen kiezen? Welke voordelen zou dat mogelijkerwijs hebben gehad?

Beperkte rechten

6

6.1 Erfdienstbaarheid
6.2 Erfpacht
6.3 Opstal
6.4 Vruchtgebruik

De eigenaar heeft het meest omvattende recht dat men op een zaak kan hebben (art. 5:1). Maar in de praktijk zou een simpele verdeling van de samenleving in eigenaren en niet-eigenaren niet volstaan. Er bestaat behoefte aan allerlei tussenvormen. Eigenaren kunnen daarom – uiteraard tegen een bepaalde tegenprestatie – van hun eigendomsrecht een meer of minder groot gedeelte afsplitsen en dat overhevelen naar een ander. De eigenaar doet dat door het vestigen van een beperkt recht ten behoeve van de beperkt gerechtigde. Zo ontstaat er een geschakeerd beeld aan rechten. Ze hebben al een oude – op het Romeinse recht teruggaande – geschiedenis.

We bespreken achtereenvolgens de volgende beperkt zakelijke rechten: erfdienstbaarheid in paragraaf 6.1, erfpacht in paragraaf 6.2 en opstal in paragraaf 6.3. Tot slot bespreken we in paragraaf 6.4 het recht van vruchtgebruik, een beperkt recht dat ook op vermogensrechten kan worden gevestigd.

geving) naar haar oordeel tekortschieten. Zo'n handelwijze kan soms dubieuze kanten hebben. Want door gebruik te maken van het burgerlijk recht op terreinen waarop al publiekrechtelijke wetgeving bestaat, kunnen allerlei waarborgen voor de contractpartner van de overheid (in de sfeer van de rechtsbescherming) en voor derden (in de sfeer van de inspraak bijvoorbeeld) in het gedrang komen.

Een ander voordeel kan zijn dat de gemeente de eventuele waardestijging van de zaak behoudt.

Nadelen erfpacht

Maar erfpacht heeft ook nadelen, want de zaak kan in waarde dalen; verder is er een uitgebreide administratie nodig en is er de kans op wanbetaling door de erfpachter. Bovendien zijn lang niet alle gegadigden in een gemeente zo gecharmeerd van erfpacht. Zij geven er de voorkeur aan om eigenaar te worden, en dat kan de prijs drukken.

Al deze voor- en nadelen zullen door de (meestal gemeentelijke) overheid moeten worden afgewogen als zij staat voor de keuze: uitgifte in eigendom of uitgifte in erfpacht.

Genot van de zaak

Centraal staat de bepaling van 5:89 lid 1: de erfpachter heeft het genot van de zaak als was hij eigenaar. De precieze inhoud van dat genot en de bevoegdheden die daarbij horen, kunnen in de akte van vestiging nader worden omschreven.

Canon

De erfpachter kan worden verplicht een jaarlijkse geldsom – de *canon* – te betalen (art. 5:85). De hoogte van de canon wordt in de meeste gevallen om de vijf of tien jaar opnieuw vastgesteld.

Automatische overgang

De rechten en verplichtingen tussen erfpachter en eigenaar dragen aan weerszijden een kwalitatief karakter. Dat betekent dat zij *automatisch* overgaan op de nieuwe eigenaar (bij vervreemding van de eigendom) en op de nieuwe erfpachter (bij vervreemding van het erfpachtsrecht). Noodzakelijk voor de kwalitatieve werking van de voorwaarden is wel, dat voldoende verband bestaat tussen de verplichting en het erfpachtsrecht.

Looptijd

De *looptijd* van het recht van erfpacht is door partijen te regelen in de akte van vestiging en zal meestal zo'n 50 à 75 jaar zijn (art. 5:86). Daarna kan het recht uitdrukkelijk of stilzwijgend worden verlengd (art. 5:98).

Titel 5.7 kent veel *regelend* recht. Meermalen vindt men er een toevoeging als 'tenzij anders is bepaald'. Toch is een aantal artikelen tot dwingend recht verklaard. Vaak zit daar de gedachte achter de erfpachter te beschermen tegen de eigenaar.

■ ■ ■ 6.3 Opstal

Evenals het recht van erfpacht is het recht van opstal een zeer oud zakelijk recht. Art. 5:101 omschrijft het recht van opstal als een beperkt zakelijk recht om in, op of boven de onroerende zaak van een ander gebouwen, werken of beplantingen in eigendom te hebben of te verkrijgen. De onroerende zaak en de opstal worden zakenrechtelijk van elkaar gescheiden en hebben elk hun *eigen eigenaar*.

■ Voorbeeld 6.3
A huurt van B een stuk grond, waarop A een huis wil bouwen. A wil eigenaar van het huis worden.

■ **Voorbeeld 6.4**
A plant in overleg met zijn buurman B langs de erfafscheiding, maar op het terrein van B, een rij jonge beuken. A wenst eigenaar te blijven van de bomen.

■ **Voorbeeld 6.5**
Het Gemeentelijk Energiebedrijf van Loowoude plaatst elektriciteits- en gasleidingen in de woning van A. Om allerlei redenen wil het bedrijf eigenaar zijn van de geïnstalleerde leidingen die door de woning van A lopen.

Functie opstal

Een algemene regel in het zakenrecht is dat de eigenaar van de grond tevens eigenaar is van onder meer de gebouwen, werken en beplantingen die met de grond duurzaam zijn verbonden (art. 5:20). Volgens deze regel is alles wat A uit voorbeeld 6.3, de huurder van de grond, bouwt op het terrein van B eigendom van B. En de bomen die A uit voorbeeld 6.4 plant in de grond van B, worden eigendom van B, terwijl in voorbeeld 6.5 het Energiebedrijf de eigendom van de leidingen verliest op grond van art. 3:4, omdat zij bestanddeel worden van het huis van A. De oplossing voor elk van deze drie gevallen kan worden gevonden in het vestigen van een opstalrecht. Het huis dat A bouwt, wordt zijn eigendom, ofschoon het staat op de grond van B. Datzelfde geldt voor het rijtje beuken. En wat het Gemeentelijk Energiebedrijf betreft, dat is eigenaar van de leidingen die door A's huis lopen.

Automatische overgang

De rechten en verplichtingen die eigenaar en opstaller bij het vestigen van het opstalrecht overeenkomen, hebben aan weerszijden kwalitatieve werking, dat wil zeggen dat ook hun rechtsopvolgers van rechtswege aan de rechten en verplichtingen zijn gebonden.

Om redenen van efficiëntie wordt in art. 5:104 een aantal artikelen uit de titel over erfpacht van overeenkomstige toepassing verklaard.

■ ■ ■ **6.4 Vruchtgebruik**

Het recht van vruchtgebruik is een beperkt (gebruiks- en genots)recht dat de vruchtgebruiker recht geeft bepaalde goederen van een ander – de eigenaar – te gebruiken en de vruchten daarvan te genieten (art. 3:201). Dit recht wordt door de eigenaar gevestigd wanneer hij, om wat voor reden dan ook, zijn goederen in het eigen vermogen wil houden.

Verhouding tot erfpacht

Vruchtgebruik en het hiervoor behandelde recht van erfpacht zijn twee sterk op elkaar lijkende beperkende rechten. De belangrijkste verschillen zijn dat het recht van erfpacht uitsluitend op onroerende zaken kan worden gevestigd, terwijl het recht van vruchtgebruik op roerende en onroerende zaken maar ook op vermogensrechten kan worden gevestigd. Bovendien is het gebonden aan het leven van de oorspronkelijk gerechtigde.

■ **Voorbeeld 6.6**
E heeft een testament gemaakt en daarin bepaald dat zijn kinderen F en G zijn enige erfgenamen zijn. Hij wil zijn zuster A, die een biologisch boerenbedrijfje runt, de volgende goederen geven: 2 ha weiland, 35 koeien, de tractor, 200 mud eierkolen, de vordering uit geldlening tegen 10% rente per jaar op zijn neef D, en €3.000 aan contant geld. Maar E wil wel dat die goederen na A's overlijden weer terugkomen bij F en G.

■ **Voorbeeld 6.7**
Miljonair H wenst zijn goede vriend L te laten delen in de vreugden van zijn immense vermogen (waardoor H bovendien minder vermogensbelasting zal hoeven te betalen). Daarbij heeft hij het oog op een villa in de duinen en op een welgevulde effectenportefeuille. H wil echter deze goederen niet schenken, maar ze aan L ter beschikking stellen.

■ **Voorbeeld 6.8**
K, weduwnaar, verkoopt en levert zijn bungalow aan zijn dochter F. Hij wil er echter met zijn partner B, tot de dood van de langstlevende van hen beiden, blijven wonen.

In deze gevallen kunnen de eigenaren E, H en K hun doel bereiken door het vestigen van een recht van vruchtgebruik. Van het eigendomsrecht blijft voor de eigenaar zelf weinig meer over; men noemt dit dan ook 'blooteigendom', de eigenaar noemt men 'blooteigenaar' of 'hoofdgerechtigde'.

Blooteigenaar

Vruchtgebruik is geregeld in titel 8 van Boek 3, omdat het recht zowel op zaken als op vermogensrechten kan worden gevestigd. Vruchtgebruik kan ook op een gehéél vermogen worden gevestigd, bijvoorbeeld op een gehele nalatenschap, of op een gehele onderneming.
Veel bepalingen van titel 3.8 zijn van aanvullend recht, zodat partijen als zij dat willen een en ander afwijkend kunnen regelen.

Functie vruchtgebruik

Een recht van vruchtgebruik kan door de eigenaar zowel bij leven als bij testament worden gevestigd. De meest voorkomende reden voor het testamentair vruchtgebruik is dat men na zijn dood iemand wil bevoordelen zonder dat het vermogen zelf op die persoon, of diens erfgenamen, zal overgaan. Aan vruchtgebruik bij leven liggen dikwijls fiscale motieven ten grondslag.

Hier besteden we aandacht aan de wijze van totstandkoming, de belangrijkste bevoegdheden en verplichtingen van de vruchtgebruiker en de wijze waarop het vruchtgebruik eindigt.

6.4.1 Wijzen van totstandkoming

Vruchtgebruik ontstaat door vestiging of door verjaring (art. 3:202).

Vestiging
Volgens art. 3:98 is voor vestiging van een beperkt recht afdeling 3.4.2 van toepassing. Dat betekent dat de regels voor overdracht (zie daarvoor paragraaf 3.2) ook hier gelden.
Vereist is dus:
1 een vestiging;
2 krachtens geldige titel;
3 verricht door een beschikkingsbevoegde.

Vereisten

Beschikkingsbevoegd is degene die gerechtigd is een goed te vervreemden of te bezwaren, de eigenaar dus.
De titel (de reden van de vestiging van het recht van vruchtgebruik) is meestal de verbintenis uit een overeenkomst van schenking. Ook een legaat levert een titel tot vestiging op, omdat de erflater dit in zijn testament (een eenzijdig ongerichte rechtshandeling; zie daarvoor paragraaf 1.1) zo heeft bepaald.

De vestiging zelf houdt in de goederenrechtelijke overeenkomst van vestiging, gekoppeld aan de voorgeschreven vestigingsformaliteiten. Die formaliteiten zijn dezelfde als die welke voor overdracht van zo'n goed vereist zijn. Hoe gaat dat nu in de praktijk?

■ **Voorbeeld 6.9**
Na de dood van E gaan zijn erfgenamen F en G (uit voorbeeld 6.6) samen met legataris A naar de notaris. Daar wordt een akte opgemaakt tot vestiging van een recht van vruchtgebruik op de 2 ha weiland ('akte afgifte legaat' genoemd). Deze akte wordt in de openbare registers ingeschreven.
F en G stellen A door afgifte in de macht van de 35 koeien, de tractor, de 200 mud eierkolen en de €3.000 aan contant geld.
F en G maken een onderhandse akte op en delen schuldenaar D mee dat hij rente en aflossing voortaan aan A moet betalen.

H (uit voorbeeld 6.7) gaat met L naar de notaris. Daar wordt een notariële akte opgemaakt tot vestiging van een vruchtgebruik op de villa ten behoeve van L. Deze akte wordt ingeschreven in de openbare registers.
H maakt een onderhandse akte op en deelt de bank mee dat L als vruchtgebruiker in de administratie moet worden bijgeschreven (art. 23 Wet giraal effectenverkeer).

K (uit voorbeeld 6.8) gaat met zijn partner B en zijn dochter F naar de notaris. Daar wordt, met inachtneming van de voorschriften voor overdracht én vestiging, aan F direct een met een vruchtgebruik voor K en B belast eigendomsrecht overgedragen. F ontvangt alleen het 'blooteigendom' (art. 3:81).

Verkrijgende verjaring

Verjaring

Vruchtgebruik ontstaat door verjaring wanneer het bezit van het recht van vruchtgebruik te goeder trouw en gedurende drie (voor sommige goederen tien) jaar onafgebroken heeft geduurd (art. 3:99).

■ **Voorbeeld 6.10**
F en G (uit voorbeeld 6.6) hebben zich vergist en aan A 37 koeien in vruchtgebruik gegeven, namelijk ook Berta 36 en Berta 37. Als deze twee Berta's ruim drie jaar in A's stal staan, willen F en G hun twee koeien opeisen.

De eigenaren van de koeien kunnen de koeien niet bij A weghalen. Ofschoon een geldige titel ontbreekt, is er een vruchtgebruik ontstaan: door verjaring. Het recht volgt hier de feitelijke situatie.

■ ■ ■ **6.4.2 Belangrijkste bevoegdheden van de vruchtgebruiker**

'Vruchten'

De vruchtgebruiker beheert de goederen, heeft het volledig gebruik daarvan en wordt eigenaar van de vruchten wanneer deze 'loskomen' van het goed (vruchttrekking, art. 3:216). Onder vruchten vallen zowel de natuurlijke vruchten (dat zijn opbrengsten van zaken) als de burgerlijke vruchten (dat zijn economische opbrengsten van rechtsverhoudingen).

■ **Voorbeeld 6.11**
A (uit voorbeeld 6.6) melkt de koeien en verkoopt de melk. Ze heeft recht op de kalveren. Ze verbruikt de kolen, gebruikt de tractor. Ze verpacht, met toestemming van F en G, een stuk weiland aan de buurman. Ze verhuurt hem ook tien koeien. Ze ontvangt rente en aflossing van D. De €3.000 contant geld heeft zij op een aparte hoogrentende spaarrekening gezet, en zij voegt daar steeds de aflossingsbedragen van D bij.

K en B (uit voorbeeld 6.8) wensen hun 'oude dag' in een aangenamer klimaat door te brengen en verhuren met toestemming van F de bungalow.

Bewoning, verhuur

De vruchtgebruiker mag dus het huis bewonen, maar ook, soms eerst na toestemming van de hoofdgerechtigde, verhuren en zo de burgerlijke vruchten, de huurpenningen, trekken (art. 3:217). Hij mag rente en aflossing van vorderingen innen. Van de rente (ook een burgerlijke vrucht) wordt de vruchtgebruiker eigenaar. Het aflossingsbedrag moet hij echter, evenals andere soortzaken, afgescheiden houden van zijn eigen vermogen. Zo rust het recht van vruchtgebruik nu op de geïnde hoofdsom (zaaksvervanging, art. 3:213) en wordt voorkomen dat de vruchtgebruiker daarvan eigendom verkrijgt door vermenging. De hoofdsom moet, in overleg met de hoofdgerechtigde, opnieuw worden belegd.

Verbruikbare zaken

Verslijtbare zaken

Verbruikbare zaken (kolen, graan, wijn en dergelijke) mag de vruchtgebruiker verbruiken zonder daarvoor aan het einde van zijn recht een vergoeding verschuldigd te zijn. Verslijtbare zaken kan hij aan het einde van zijn recht teruggeven in de staat waarin zij dan, na normaal gebruik, verkeren.

Effectenportefeuille

De vruchtgebruiker beheert de effectenportefeuille. Goed beheer kan inhouden dat hij aandelen zal moeten vervreemden. Daartoe is hij bevoegd (art. 3:212). Na vervreemding rust van rechtswege het vruchtgebruik nu op de in de plaats gekomen aandelen (art. 3:213). Burgerlijke vruchten zoals dividend in contant geld worden eigendom van de vruchtgebruiker. Stemrecht komt de vruchtgebruiker niet toe (art. 3:219).

■ **Voorbeeld 6.12**
Over de effectenportefeuille ontvangt L (uit voorbeeld 6.7) couponrenten en dividenden. Ter zake van stockdividenden ontvangt hij van H de waarde.

Verteren en vervreemden

Krachtens art. 3:215 kan aan de vruchtgebruiker de bijzondere bevoegdheid worden gegeven de in vruchtgebruik gekregen goederen te verteren en te vervreemden. Deze regeling is in het leven geroepen voor vruchtgebruiken met een verzorgingskarakter, zoals het vruchtgebruik ten behoeve van de langstlevende echtgenoot. Die mag het vruchtgebruik voor levensonderhoud gebruiken, en dus de goederen verkopen en het geld uitgeven.

■■■ **6.4.3 Verplichtingen van de vruchtgebruiker**

Bij de aanvang van het vruchtgebruik is de vruchtgebruiker verplicht een boedelbeschrijving op te maken. Jaarlijks moet hij de hoofdgerechtigde een opgave van de mutaties in de vruchtgebruikgoederen geven.

Zorgvuldig vruchtgebruiker

Zijn hoofdverplichting is echter dat hij als een zorgvuldig vruchtgebruiker de ontvangen goederen moet beheren (art. 3:207). Schiet hij hierin tekort, dan is hij verplicht de schade te vergoeden. Schiet hij in ernstige mate tekort, dan kan hem het beheer over de goederen worden ontnomen (art. 3:221).

6.4.4 Einde van het vruchtgebruik

Dood vruchtgebruiker

Kenmerkend voor vruchtgebruik is dat het maximaal duurt tot de dood van de vruchtgebruiker (art. 3:203).

■ **Voorbeeld 6.13**
L (uit voorbeeld 6.7) overlijdt twee jaar na verkrijging van het vruchtgebruik aan de gevolgen van een ernstig auto-ongeluk. Het vruchtgebruik van de villa in de duinen en de effectenportefeuille is door de dood van L tenietgegaan.

Is de vruchtgebruiker een rechtspersoon, dan kan het recht maximaal voor dertig jaar worden gevestigd.

Tenietgegaan

Ook eindigt vruchtgebruik doordat het eigendomsrecht waaruit het vruchtgebruik werd afgeleid tenietgaat. Dit doet zich voor wanneer de zaak is tenietgegaan.

■ **Voorbeeld 6.14**
Na vele jaren zijn de koeien in A's stal (uit voorbeeld 6.6) doodgegaan; de 200 mud eierkolen zijn opgestookt, en de tractor is totaal versleten naar de sloop gebracht.

Afstand

En ten slotte eindigt vruchtgebruik door verloop van de termijn waarvoor het werd gevestigd, of eenvoudigweg doordat de vruchtgebruiker het recht niet meer wenst en er afstand van doet.

Vragen

1. Wat is het kenmerkende verschil tussen een obligatoir beding om iets niet te doen en een erfdienstbaarheid om iets niet te doen?

2. Kan een verplichting *om te doen* in de vorm van een erfdienstbaarheid worden gegoten?

3. Wat verstaat men onder een recht van erfpacht?

4. Voor een gemeente kan het voor- en nadelen hebben om bouwgrond in erfpacht uit te geven; noem er enkele.

5. Zijn de bepalingen uit de titels 5, 6 en 7 van regelend of van dwingend recht?

6. Wat is een recht van opstal?

7. Geef enkele voorbeelden van een opstalrecht.

8. Wat is een kenmerkend verschil tussen het opstalrecht en het recht van erfpacht?

9. Gaan de kwalitatieve rechten en verplichtingen die de eigenaar van de grond en de opstaller zijn overeengekomen over bij vervreemding van de opstal door de opstaller?

10. Geef een voorbeeld van een recht van vruchtgebruik op:
    a Een roerende registerzaak.
    b Een onroerende registerzaak.
    c Een vermogensrecht/registergoed.
    d Een vermogensrecht/niet-registergoed.
    e Een roerende niet-registerzaak.

11. Geef aan hoe het recht van vruchtgebruik op de goederen in vraag 10 wordt gevestigd.

Casus

1. A bezit een prachtig begroeid veld. Buurman B heeft vanuit zijn huiskamer een prachtig uitzicht op dat veld. Hij wil dat graag zo houden, maar vreest dat A op een kwade dag het veld zal verkopen aan iemand die er wil gaan bouwen. Als A en B daarover spreken, stelt A zijn buurman B steevast gerust: hij wil het veld helemaal niet verkopen en *als* hij dat al doet, dan zal hij de koper de verplichting opleggen dat hij op het mooie veldje nimmer mag bouwen. B is er toch niet gerust op.
   Wat adviseert u hem?

2. A, een handige timmerman, huurt van B een stuk grond aan de rand van de stad. Hij gaat er een zogenoemd volkstuintje beginnen. Een half jaar later heeft A het helemaal voor elkaar: zijn stukje grond ligt er prachtig bij; bovendien heeft A een prachtig, degelijk gefundeerd huisje, gebouwd. Twee jaar later besluit B het stuk grond zelf te gaan gebruiken. Hij zegt de huurovereenkomst met A op. De opzegging geschiedt geheel volgens het huurcontract, maar A en B krijgen ruzie over de vraag hoe het met het tuinhuisje staat. A beweert eigenaar te zijn, omdat hij het zelf heeft gebouwd; B zegt eigenaar te zijn omdat het huisje op zijn grond staat.
   a Wie heeft gelijk?
   b Welke alternatieve oplossing had hier gekozen kunnen worden?

3. E is eigenaar van een Harley-Davidson, waarop ten behoeve van A een recht van vruchtgebruik rust.
   A schenkt en levert de Harley-Davidson aan B.
   Wanneer E hierachter komt, gaat hij woedend en met grote spoed naar B om de motor op te eisen.
   a Moet B de Harley-Davidson aan E afgeven?
   b Wat gebeurt er met het vruchtgebruik van A?

4. E heeft in zijn testament F aangewezen als zijn enig erfgenaam. Tot de nalatenschap behoort ook een aan X verhuurd beleggingspand, waarop een hypotheek ten behoeve van de bank rust. E heeft in zijn testament aan A een recht van vruchtgebruik op dit beleggingspand gelegateerd.
   a Moet A de hypotheeklasten, bestaande uit enkel rentebetalingen, aan de bank voldoen?

   F blijft in gebreke de, ook tot de nalatenschap behorende, schuld aan de bank te betalen. Reden waarom de bank tot executie van het beleggingspand wil overgaan.
   b Wat is het gevolg van de executie voor het recht van vruchtgebruik?

   A betaalt de schuld van F aan de bank om uitwinning te voorkomen.
   c Wat is A's positie na de betaling?

De verbintenis in het algemeen

7.1 De verbintenis
7.2 Natuurlijke verbintenissen

In hoofdstuk 1 hebben we gezien dat de meest voorkomende rechtshandeling een verbintenisscheppende overeenkomst is. Daarover gaan de Boeken 6 en 7 BW.
Het systeem van de wet is zo dat eerst – in titel 6.1 – alle regels zijn opgenomen voor de verbintenissen. Pas daarna – in titel 6.3, 6.4 en 6.5 en in Boek 7 – worden de manieren waarop de verbintenis kan ontstaan, de bronnen, behandeld. De belangrijkste bron is uiteraard de overeenkomst: de afspraak tussen twee personen. Zo ontstaat uit de koopovereenkomst voor de verkoper een verbintenis om het verkochte te leveren en voor de koper een verbintenis om de gekochte zaak te betalen. In de praktijk wordt het woord verbintenis ook gebruikt in de betekenis van 'schuld': de verkoper heeft een schuld aan de koper. Dat klopt wel, maar we moeten niet vergeten dat met die schuld een recht van de verkoper correspondeert, namelijk het recht op betaling. Dat rechtstreekse verband tussen schuld en recht is een belangrijk kenmerk van de verbintenis.
In paragraaf 7.1 bespreken we eerst de kenmerken van een verbintenis. Daarna worden de bronnen behandeld, waarvan de overeenkomst er een is. Ten slotte besteden we in paragraaf 7.2 aandacht aan een bijzondere verbintenis, de natuurlijke verbintenis, vanwege haar belang voor het erfrecht en het belastingrecht.

■ ■ ■ 7.1 De verbintenis

Verbintenis

De wet bevat geen omschrijving van de verbintenis. Meestal wordt zij als volgt gedefinieerd: een verbintenis is een vermogensrechtelijke rechtsbetrekking tussen twee (of meer) personen, waarbij de één verplicht is tot een bepaalde prestatie tegenover de ander die tot de prestatie gerechtigd is.

Degene die moet presteren, wordt schuldenaar of debiteur genoemd, degene die recht heeft op de prestatie, schuldeiser of crediteur. De prestatie kan bestaan in een geven, een doen of een niet-doen.

■ Voorbeeld 7.1

A sluit met B een arbeidsovereenkomst, waarbij zij het volgende afspreken:
- A zal in dienst van B researchwerkzaamheden verrichten op chemisch gebied: een verbintenis om te doen, waarvan B de schuldeiser is.
- B zal A voor zijn werkzaamheden een bepaald loon betalen: B is schuldenaar van een verbintenis om te geven.
- A zal zich gedurende één jaar na beëindiging van de dienstbetrekking onthouden van het verrichten van research in de chemische sector: door dit concurrentiebeding (art. 7:653) wordt B schuldeiser van een verbintenis om niet te doen.

Vorderingsrecht

Vanuit de schuldeiser gezien bestaat de verbintenis in het recht om een bepaalde prestatie te vorderen: de vordering of het *vorderingsrecht*. Dit vorderingsrecht is een vermogensrecht in de zin van art. 3:6. Afspraken waaruit geen enkel stoffelijk voordeel voortvloeit, zijn geen verbintenissen. Zo ontstaat geen vorderingsrecht jegens degene die belooft met roken te stoppen.

Schuld

Bezien vanuit de schuldenaar bestaat de verbintenis in een verplichting tot presteren, de *schuld* genaamd.
Niet iedere verplichting levert een verbintenis op. Nodig is dat de plicht van de één correspondeert met een vermogensrecht van de ander.

Figuur 7.1 schetst het recht en de verplichting die de verbintenis inhoudt.

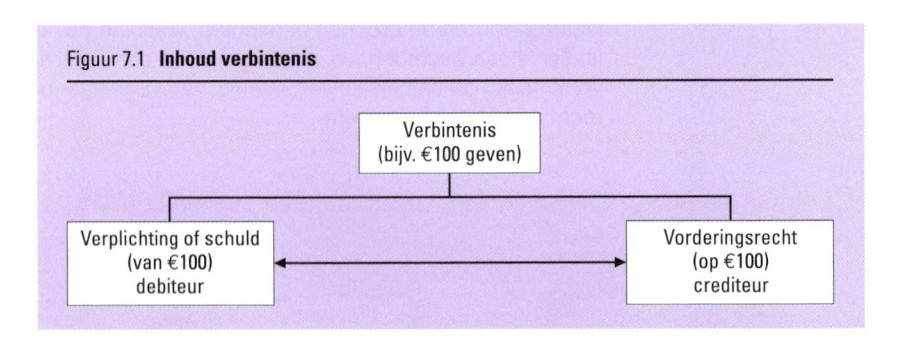

Figuur 7.1 **Inhoud verbintenis**

```
                    Verbintenis
                 (bijv. €100 geven)
                 /              \
    Verplichting of schuld      Vorderingsrecht
        (van €100)                 (op €100)
         debiteur                  crediteur
```

'Kale' verplichting

Ontbreekt een dergelijk spiegelbeeldig vorderingsrecht dan is sprake van een zogenoemde 'kale' verplichting. Deze kale verplichtingen strekken meestal tot een niet-doen (verbod), soms tot een doen (bevel), maar vrijwel nooit tot een geven. De meeste zijn te vinden in het publieke recht, bijvoorbeeld in het Wetboek van Strafrecht ('gij zult niet stelen'), en in het verkeersrecht ('gij zult niet door een rood stoplicht rijden'). Maar ook het privaatrecht bevat kale rechtsplichten, waaronder de veelsoortige verplichtingen om zich te onthouden van een onrechtmatige daad (art. 6:162).

Wat betreft de verplichting tot *nakoming* is het onderscheid tussen verbintenissen en kale rechtsplichten niet van belang: krachtens art. 3:296 e.v. kan ieder op wie een verplichting rust tot nakoming daarvan worden veroordeeld, ongeacht of deze verplichting een verbintenis oplevert.
De gevolgen van *niet-nakoming* (schending) zijn echter voor verbintenissen en kale verplichtingen verschillend geregeld. De (toerekenbare) niet-nakoming van een verbintenis levert *wanprestatie* op (afdeling 6.1.9).

Wanprestatie

■ **Voorbeeld 7.2**
A verkoopt aan B een auto, maar levert deze niet. Op A rust een verbintenis tot levering: met zijn verplichting tot levering correspondeert een vorderingsrecht van B.
De (toerekenbare) niet-nakoming van de verbintenis tot levering wordt aangemerkt als wanprestatie van A.

Onrechtmatige daad

Schending van een kale rechtsplicht leidt tot een *onrechtmatige daad* (titel 6.3).

■ **Voorbeeld 7.3**
A negeert een rood stoplicht en komt daardoor in botsing met B. B's auto wordt zwaar beschadigd. Op A rust een rechtsplicht om niet door rood te rijden, maar daartegenover staat geen vermogensrecht van B. Door zijn verkeersovertreding schendt A een op hem rustende rechtsplicht. Deze schending wordt gekwalificeerd als een onrechtmatige daad (wegens handelen in strijd met een wettelijke plicht: art. 6:162 lid 2).

We gaan hierna in op de ontstaansbronnen van verbintenissen. Rechtsbetrekkingen tussen personen worden daarnaast ook beheerst door de regels van ongeschreven recht: redelijkheid en billijkheid. Deze behandelen we in subparagraaf 7.1.2.

7.1.1 Bronnen van verbintenissen

Uit art. 6:1 blijkt dat verbintenissen slechts kunnen ontstaan als dit uit de wet voortvloeit.
Dat betekent dat buiten de wet om geen verbintenissen kunnen ontstaan (gesloten systeem). Het is niet nodig dat de wet met zoveel woorden zegt dat een verbintenis ontstaat; het is voldoende als het ontstaan van de verbintenis op enigerlei wijze op de wet teruggevoerd kan worden.

■ **Voorbeeld 7.4**
A sluit met B een koopovereenkomst, waaruit voor A (onder andere) een verbintenis tot levering ontstaat.
De rechtsbetrekking tussen A en B, de verbintenis tot levering, is geen losstaand gegeven. De verbintenis is een rechtsgevolg, voortgevloeid uit een rechtsfeit dat als bron van verbintenissen fungeert, in dit geval de koopovereenkomst.

Uit art. 6:1 blijkt dat niet elk willekeurig feit als bron van verbintenissen kan dienen, maar alleen die rechtsfeiten waaraan de wet expliciet of impliciet als rechtsgevolg het ontstaan van verbintenissen vastknoopt.
Dit heeft met name tot gevolg dat uit het ongeschreven recht alleen verbintenissen kunnen ontstaan, indien de wet daarnaar verwijst.

Ontstaansbronnen van verbintenissen

Als ontstaansbronnen van verbintenissen komen dus in aanmerking:
1 de wet zelf;
2 bronnen waarnaar de wet verwijst;
3 het stelsel van de wet.

Ad 1 De wet zelf

Verbintenissen uit de wet

Wanneer de wet zelf als bron fungeert, betekent dit dat de verbintenis rechtstreeks op een bepaald wetsartikel teruggevoerd kan worden. Dergelijke verbintenissen worden dan ook *verbintenissen uit de wet* genoemd.
De belangrijkste rechtsfeiten waaraan de wet zelf als rechtsgevolg het ontstaan van een verbintenis verbindt, zijn te vinden in de derde en vierde titel van Boek 6:
a onrechtmatige daad, waaraan art. 6:162 een verbintenis tot schadevergoeding verbindt;
b zaakwaarneming, die de in afdeling 6.4.1 genoemde verbintenissen tot gevolg heeft;
c onverschuldigde betaling, waaruit de wet ongedaanmakingsverbintenissen doet ontstaan (afdeling 6.4.2);
d ongerechtvaardigde verrijking, waardoor krachtens art. 6:212 een verbintenis tot schadevergoeding ontstaat.

De verbintenissen onder *b* t/m *d* worden verbintenissen uit rechtmatige daad genoemd.

Ad 2 Bronnen waarnaar de wet verwijst
Het gaat hier om gevallen waarin de wet een bron van verbintenissen aanwijst zonder te zeggen welke verbintenissen ontstaan.
De belangrijkste bron waarnaar de wet verwijst, is de obligatoire (of verbintenisscheppende) overeenkomst (art. 6:248).

Verbintenissen uit een overeenkomst

Welke verbintenissen uit een overeenkomst ontstaan, kan niet uit de wet – die immers slechts naar de bron verwijst – worden opgemaakt, maar dient in elk concreet geval achterhaald te worden door onderzoek van de bron zelf (de overeenkomst).

Ad 3 Het stelsel van de wet
Ook als de wet noch rechtstreeks, noch via verwijzing naar andere bronnen een verbintenis in het leven roept, is het mogelijk dat een verbintenis ontstaat. Zij dient dan te passen in het stelsel van de wet en aan te sluiten bij de wel in de wet geregelde gevallen.

■ **Voorbeeld 7.5**
A en B zijn in onderhandeling over de ontwikkeling van een kantoorgebouw voor A door B. Op een gegeven ogenblik zijn zij het eens geworden over het perceel waarop gebouwd zal gaan worden en de prijs daarvoor, maar over een aantal andere punten overleggen zij nog. B vertrouwt erop dat tussen hem en A een overeenkomst tot stand zal komen. Dan breekt A – voor B geheel onverwacht – de onderhandelingen af.

De Hoge Raad heeft in een aantal zaken geoordeeld dat het onderhandelende partijen vrijstaat om de onderhandelingen af te breken, tenzij dat op grond van het gerechtvaardigd vertrouwen van de wederpartij in het tot stand komen van de overeenkomst of in verband met de andere omstandigheden van het geval onaanvaardbaar zou zijn (bijvoorbeeld HR 12 augustus 2005, ECLI:NL:HR:2005:AT7337, NJ 2005, 467, CBB/JPO). In dat laatste geval is het mogelijk dat A wordt verplicht tot schadevergoeding. Deze verplichting tot schadevergoeding is een verbintenis; zij vloeit niet voort uit de wet, maar sluit wel aan bij de in de wet wel geregelde gevallen. Denk daarbij aan de ene kant aan de verplichting tot schadevergoeding op grond van een handelen in strijd met de zorgvuldigheid die het maatschappelijk verkeer betaamt (art. 6:162) en aan de andere kant aan de verplichting tot schadevergoeding wegens het niet nakomen van een verbintenis uit een wel gesloten overeenkomst. Een verplichting tot schadevergoeding wegens het afbreken van onderhandelingen bevindt zich hiertussenin.

Figuur 7.2 geeft de bronnen van verbintenissen schematisch weer.

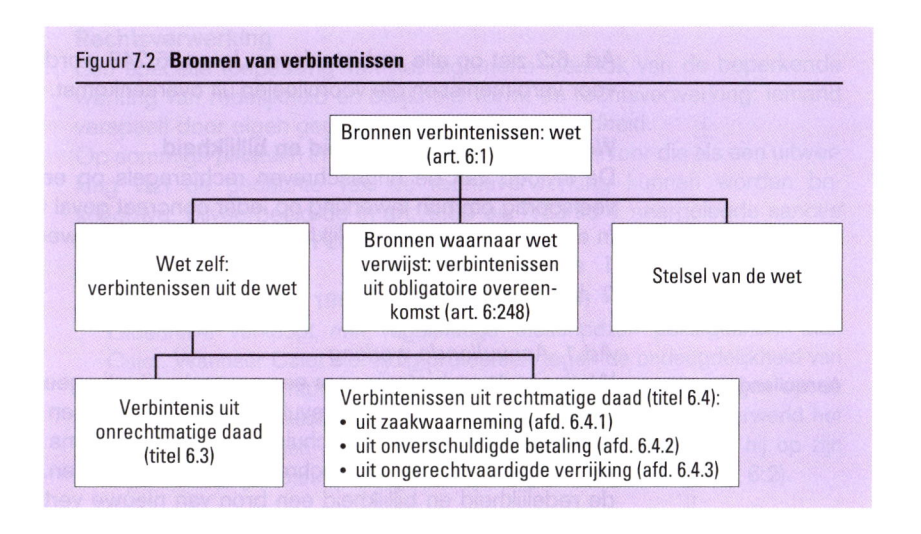

Figuur 7.2 Bronnen van verbintenissen

```
                    Bronnen verbintenissen: wet
                            (art. 6:1)
                                |
        ┌───────────────────────┼───────────────────────┐
        |                       |                       |
   Wet zelf:          Bronnen waarnaar wet         Stelsel van de wet
verbintenissen        verwijst: verbintenissen
   uit de wet         uit obligatoire overeen-
                      komst (art. 6:248)
        |
   ┌────┴─────────────────────────────────┐
   |                                      |
Verbintenis uit          Verbintenissen uit rechtmatige daad (titel 6.4):
onrechtmatige daad       • uit zaakwaarneming (afd. 6.4.1)
   (titel 6.3)           • uit onverschuldigde betaling (afd. 6.4.2)
                         • uit ongerechtvaardigde verrijking (afd. 6.4.3)
```

7.1.2 Redelijkheid en billijkheid

De inhoud van de verbintenis tussen schuldeiser en schuldenaar wordt niet alleen bepaald door de bron waaruit zij is ontstaan. Hun rechtsbetrekking wordt ook beheerst door de regels van ongeschreven recht: schuldeiser en schuldenaar dienen zich bij het uitoefenen van hun rechten en het voldoen aan hun verplichtingen jegens elkander te gedragen overeenkomstig de *eisen van redelijkheid en billijkheid* (art. 6:2 lid 1).

Ongeschreven recht

Regels omtrent hetgeen in het maatschappelijk verkeer betaamt

De betrekkingen tussen rechtssubjecten die niet tot elkaar in een bijzondere rechtsverhouding staan, worden naast de wettelijke gedragsregels, mede beheerst door ongeschreven regels omtrent hetgeen in het maatschappelijk verkeer betaamt (art. 6:162 lid 2).

Vertrouwensrelatie

Regels van redelijkheid en billijkheid

Partijen die in een verbintenisrechtelijke rechtsbetrekking staan, zijn op grond van deze zogenoemde 'vertrouwensrelatie' tot meer gehouden. Zij dienen zich jegens elkaar te gedragen overeenkomstig de ongeschreven regels van redelijkheid en billijkheid.

■ **Voorbeeld 7.7**
Werknemer A heeft zes jaar geleden voor werkgever B werkzaamheden verricht en heeft uit dien hoofde nog een maand arbeidsloon te goed. De rechtsvordering tot betaling van arbeidsloon verjaart op grond van art. 3:308 na verloop van vijf jaren, zodat B niet meer tot betaling kan worden gedwongen. Nu de wet aan de verbintenis de afdwingbaarheid onthoudt, resteert een natuurlijke verbintenis.

2 Iemand heeft jegens een ander een dringende morele verplichting van zodanige aard dat naleving daarvan, ofschoon rechtens niet afdwingbaar, naar maatschappelijke opvattingen als voldoening van een aan die ander toekomende prestatie moet worden aangemerkt.

Dringende morele verplichting

Niet elke daad van naastenliefde levert het voldoen aan een natuurlijke verbintenis op. De wet eist het bestaan van een *dringende* morele verplichting. De vraag of een dergelijke dringende morele verplichting aanwezig is, moet beantwoord worden aan de hand van *objectieve maatstaven* die aangelegd worden aan de zijde van de *schuldeiser*.

■ **Voorbeeld 7.8**
G raakt zo geroerd door een televisie-uitzending over kinderen in ontwikkelingslanden dat hij besluit onmiddellijk €50 over te maken aan de stichting die deze kinderen hulp verleent. Deze gift kan niet worden aangemerkt als de voldoening aan een natuurlijke verbintenis. De door G gevoelde morele verplichting is niet zodanig dringend dat zij naar maatschappelijke opvattingen aan de stichting ten bate van de kinderen een – niet-afdwingbaar – vorderingsrecht verschaft.

In de volgende gevallen heeft de Hoge Raad een dringende morele verplichting wel als natuurlijke verbintenis gekwalificeerd:
- het afdragen van steekpenningen (HR 12 maart 1926, NJ 1926, 777 (Goudse Bouwmeester) waarvan de casus in subparagraaf 7.2.2 wordt geschetst);
- het voldoen aan verzorgingsplichten zonder dat daartoe een wettelijke alimentatieverplichting bestaat.

Zo besliste de Hoge Raad dat nakoming van een jegens de langstlevende echtgenoot gevoelde verzorgingsplicht door het treffen van een voorziening na overlijden, als de voldoening aan een natuurlijke verbintenis moet worden aangemerkt: HR 30 november 1945, NJ 1946, 62 (De Visser/Harms).

■ ■ ■ **7.2.2 Rechtsgevolgen van een natuurlijke verbintenis**

Boek 6 van overeenkomstige toepassing

De bepalingen van Boek 6 zijn geschreven voor de rechtens wel afdwingbare verbintenis (de civiele verbintenis). Zij zijn op natuurlijke verbintenissen van overeenkomstige toepassing, tenzij de wet of haar strekking het tegendeel meebrengt (art. 6:4).
In praktisch opzicht zijn de volgende regels van het meeste belang:
1 Voldoening aan een natuurlijke verbintenis geschiedt niet zonder rechtsgrond. Het gepresteerde kan dus niet op grond van onverschuldigde betaling worden teruggevorderd (afdeling 6.4.2 is niet van toepassing).
Dit aspect kwam aan de orde in de zaak van de Goudse Bouwmeester.

HR 12 maart 1926, NJ 1926, 777 (Goudse Bouwmeester)
Een architect in dienst van de gemeente Gouda had van een aannemer ƒ35.000 (ongeveer €16.000) aangenomen in verband met de gunning van de bouw van een aantal woningen. De zaak kwam aan het licht en de architect stortte het bedrag in de gemeentekas in de hoop op eervol ontslag. Toen de gemeente hem oneervol ontsloeg, vorderde hij het geld als onverschuldigd betaald terug. De vordering werd in drie instanties afgewezen op de grond dat de architect door het bedrag in de gemeentekas te storten had voldaan aan een natuurlijke verbintenis en dus niet 'zonder rechtsgrond' had gepresteerd (vgl. art. 6:203 lid 1).

2 De voldoening van een natuurlijke verbintenis is niet aan te merken als een schenking of gift. Dientengevolge kan geen inkorting plaatsvinden wegens schending van de legitieme portie (art. 4:89) en zijn de fiscale regelen omtrent schenkingen en giften niet van toepassing.

Uitzondering Niet toepasselijk zijn alle bepalingen die te maken hebben met afdwingbaarheid. Denk met name aan art. 3:296 e.v.: de debiteur van een natuurlijke verbintenis kan niet tot nakoming worden veroordeeld.

Vragen

1. Een zoon belooft zijn vader met roken te stoppen. Is de zoon nu schuldenaar?

2. Een automobilist geeft geen voorrang aan een rechtdoor rijdende fietser. De fiets wordt beschadigd. Hoe noemen we, naar de bron, de verbintenis van de automobilist om de schade aan de fiets te vergoeden?

3. Is de koopovereenkomst een verbintenis?

4. In HR 25 november 1988, NJ 1989, 529 overweegt de Hoge Raad: 'een krachtens een overeenkomst van huwelijkse voorwaarden tussen partijen geldende regel, is niet toepasselijk voorzover dit in de gegeven omstandigheden naar maatstaven van redelijkheid en billijkheid onaanvaardbaar is.' Op welke werking van de redelijkheid en billijkheid doelt de overweging?

Casus

1 Aannemer A onderhandelt met gemeente G over het sluiten van een overeenkomst met betrekking tot de aanleg van een zwembad.
Is op de verhouding tussen A en G de redelijkheid en billijkheid van toepassing?

2 A is verplicht tot vergoeding van schade die de gemeente G heeft geleden, doordat A met zijn boot tegen een aan de gemeente G toebehorende meerpaal is gebotst.
Is op de verhouding tussen A en G de redelijkheid en billijkheid van toepassing?

3 Op 1 januari 2007 is A aan B €5.000 schuldig. De verjaringstermijn van vijf jaren is op 1 januari 2012 voltooid.
  a Kan B na 1 januari 2012 A tot betaling van de €5.000 dwingen?
  b Kan A, als hij na 1 januari 2012 de €5.000 betaalt, dat bedrag met een beroep op onverschuldigde betaling terugvorderen?

Nakoming en niet-nakoming

8

8.1 Rechten van de schuldeiser; overzicht
8.2 Nakoming van verbintenissen
8.3 Opschorting van de nakoming
8.4 Recht op schadevergoeding
8.5 Niet-toerekenbaarheid van de tekortkoming
8.6 Recht op ontbinding

In hoofdstuk 7 hebben we gezien wat een verbintenis is. Het is uiteraard de bedoeling dat een verbintenis wordt nagekomen: dat men datgene doet, wat men beloofd heeft. Soms gebeurt dat niet: de verbintenis wordt niet (goed) nagekomen. In de praktijk komt dat veel voor. De schuldeiser moet dan kiezen wat voor hem in het concrete geval de beste oplossing is. Soms heeft hij er veel belang bij dat de schuldenaar alsnog nakomt. In andere gevallen heeft hij meer behoefte aan vergoeding van de schade die hij lijdt doordat hij niet krijgt wat hem was beloofd. Ook kan het voorkomen dat de beste oplossing is dat de partijen 'van elkaar af zijn'. Hij zal dan ontbinding vorderen.

In paragraaf 8.1 bespreken we welke rechten een schuldeiser heeft als de schuldenaar zijn verbintenis niet nakomt. In paragraaf 8.2 behandelen we hoe de schuldeiser zijn recht op nakoming kan uitoefenen en in paragraaf 8.3 hoe hij het opschortingsrecht als pressiemiddel kan gebruiken. De vereisten die gelden voor het recht op schadevergoeding stellen we in paragraaf 8.4 aan de orde. Omdat de schuldeiser dit recht niet kan uitoefenen wanneer er aan de zijde van de schuldenaar sprake is van overmacht, bespreken we dit begrip in paragraaf 8.5. Tot slot behandelen we in paragraaf 8.6 het recht op ontbinding.

Voor het uitoefenen van het recht op schadevergoeding en op ontbinding is soms een ingebrekestelling vereist. De praktijk leert dat een schuldeiser de schuldenaar vrijwel steeds eerst in gebreke stelt, om er zeker van te zijn dat hij zijn rechten in geval van niet-nakoming uit kan oefenen. De reden hiervan is dat het voor hem lang niet altijd eenvoudig is uit te maken of in een bepaald geval ingebrekestelling wel of niet is vereist, zodat hij liever het zekere voor het onzekere neemt.

■ ■ ■ 8.1 Rechten van de schuldeiser; overzicht

Een verbintenis is gericht op het verrichten van de prestatie door de debiteur.

■ Voorbeeld 8.1
A en B sluiten een koopovereenkomst, waarbij B zich verbindt binnen één maand een alarminstallatie te leveren en A om daarvoor de koopprijs te betalen.

Keuze uit rechtsmiddelen

Wanneer B niet binnen één maand de alarminstallatie levert, heeft schuldeiser A de keuze uit verscheidene rechtsmiddelen. Daarvan volgt hier, ter inleiding op de volgende hoofdstukken, een kort overzicht.

Nakoming

1 A kan van B nakoming vorderen. Het recht op nakoming vloeit rechtstreeks uit de verbintenis voort en is dan ook niet nader in de wet geregeld.

Opschorting

2 A kan nakoming van zijn eigen verbintenis, de betaling van de koopprijs, opschorten. De opschortingsbevoegdheid is een verweer tegen een vordering tot nakoming door de wederpartij (B). Zij wordt vaak gehanteerd als prikkel om de wederpartij tot nakoming te dwingen. De opschortingsbevoegdheid is geregeld in afdeling 6.1.7.

3 A kan van B schadevergoeding vorderen. In dit kader staan A verschillende vorderingen ten dienste. Hij kan afzien van het recht op nakoming (of ontbinding) en in plaats daarvan schadevergoeding vorderen. Een verbintenis tot schadevergoeding vervangt dan de verbintenis tot levering van een alarminstallatie (*vervangende schadevergoeding*). Maar ook wanneer hij zijn keuze op nakoming, vervangende schadevergoeding of ontbinding bepaalt, behoudt A het recht op vergoeding van de schade die hij daarnaast nog lijdt (*aanvullende schadevergoeding*).

Vervangende schadevergoeding

Aanvullende schadevergoeding

Zo kan A in voorbeeld 8.1 naast de levering van de alarminstallatie (nakoming) tevens vergoeding vorderen van de schade die hij lijdt doordat hij zolang een nachtwaker in dienst moet nemen of omdat inmiddels een inbraak plaatsvond.

De vereisten voor het ontstaan van een schadevergoedingsverbintenis zijn neergelegd in afdeling 6.1.9.

De inhoud en de omvang van die schadevergoedingsverbintenis worden bepaald door de algemene schadevergoedingsregelingen van afdeling 6.1.10.

Ontbinding

4 A kan de overeenkomst ontbinden. Wanneer de verbintenis voortvloeit uit een wederkerige overeenkomst (zoals koop) heeft A bij niet-presteren van B bovendien de mogelijkheid om de overeenkomst te ontbinden, waardoor zowel A als B van zijn verbintenissen bevrijd wordt.

De ontbinding is geregeld in afdeling 6.5.5 als onderdeel van de bepalingen omtrent wederkerige overeenkomsten.

Figuur 8.1 geeft een overzicht van de rechtsmiddelen die de wederpartij van degene die zijn verbintenis niet nakomt, kan inzetten.

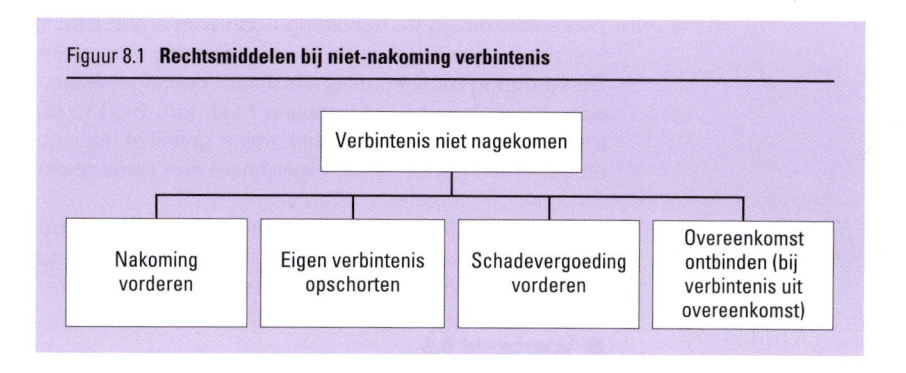

Figuur 8.1 **Rechtsmiddelen bij niet-nakoming verbintenis**

```
                    Verbintenis niet nagekomen
      ┌──────────────┬──────────────┬──────────────┐
  Nakoming      Eigen verbintenis  Schadevergoeding  Overeenkomst
  vorderen      opschorten         vorderen          ontbinden (bij
                                                     verbintenis uit
                                                     overeenkomst)
```

■ ■ ■ 8.2 Nakoming van verbintenissen

De schuldeiser heeft in de eerste plaats recht op nakoming, het recht om te vorderen dat de schuldenaar een bepaalde prestatie jegens hem verricht.

Geen vordering tot nakoming

De vordering tot nakoming kan op verschillende gronden worden afgewezen:
1 De verbintenis bestaat niet (meer). De schuldenaar kan zich er bijvoorbeeld op beroepen dat de overeenkomst waaruit de verbintenis voortvloeit niet tot stand is gekomen, nietig, vernietigd of ontbonden is, maar ook kan de verbintenis tenietgegaan zijn door nakoming, verrekening, verjaring, kwijtschelding enzovoort.
2 De verbintenis is nog niet opeisbaar.

■ **Voorbeeld 8.2**
A verkoopt aan B een partij Braziliaanse koffiebonen, af te leveren op 1 december. Ingevolge art. 6:39 geldt het wettelijke vermoeden dat de termijn in het voordeel van de schuldenaar strekt, zodat niet vóór 1 december nakoming gevorderd kan worden.

3 De schuldenaar beroept zich op een opschortingsbevoegdheid.

■ **Voorbeeld 8.3**
A repareert de auto van B. B vordert afgifte van de auto zonder het reparatiebedrag voldaan te hebben.

Wanneer B in rechte veroordeling van A tot afgifte van de auto vordert, zal A nakoming weigeren op grond van het feit dat B het reparatieloon nog niet heeft voldaan. Een beroep op een opschortingsbevoegdheid (in dit geval een retentierecht, zie paragraaf 4.6 en subparagraaf 8.3.1) vormt een geldig verweer tegen een vordering tot nakoming. De rechter dient B's vordering af te wijzen totdat hij zijn eigen verbintenis (betaling van het reparatiebedrag) is nagekomen.

4 Nakoming is tijdelijk of blijvend onmogelijk.

■ **Voorbeeld 8.4**
O verkoopt aan U een huis, dat hij vervolgens wederom verkoopt en ditmaal ook levert aan X, die het huis onder geen beding meer kwijt wil.
U stelt een vordering in tegen O tot levering van het – inmiddels aan X geleverde – huis. Vergelijk HR 21 mei 1976, NJ 1977, 73 (Oosterhuis/Unigro).

Een veroordeling tot nakoming noch enig ander dwangmiddel kan bewerken dat de schuldenaar voor wie nakoming onmogelijk is, alsnog nakomt. De vordering tot nakoming wordt dan ook afgewezen, omdat de schuldeiser geen belang bij veroordeling heeft (art. 3:303). Bij blijvende onmogelijkheid is het vorderen van nakoming definitief uitgesloten, bij tijdelijke onmogelijkheid totdat de onmogelijkheid een einde neemt.

Nakoming

Nakoming is het verrichten van een prestatie die beantwoordt aan een daartoe strekkende verbintenis. Door de nakoming gaat de verbintenis teniet, zodat de debiteur van zijn verplichting is bevrijd.

■ **Voorbeeld 8.5**
A sluit met B een koopovereenkomst, waarbij A zich verbindt om een racefiets te leveren en B om daarvoor €250 te betalen.
Nakoming van A's verbintenis geschiedt door levering van de racefiets. B kan zich bevrijden door €250 te betalen.

■ ■ ■ 8.3 Opschorting van de nakoming

Om het begrip 'opschortingsrecht' te verduidelijken, geven we eerst een voorbeeld.

■ **Voorbeeld 8.6**
A heeft zich tegenover B verbonden tot levering van een partij kersen. Hij schort de nakoming van zijn verbintenis tot levering op totdat B hem de koopprijs van een eerdere leverantie aardbeien zal hebben voldaan.

Opschortingsrecht

Een opschortingsrecht is de bevoegdheid die de schuldenaar A heeft om de nakoming van zijn verbintenis (tot levering van de kersen) op te schorten totdat zijn schuldeiser B voldoet aan een opeisbare vordering die A op zijn beurt op hem (B) heeft (betaling van de koopprijs).
Het bestaan van een opschortingsrecht veronderstelt dus twee personen die over en weer elkaars schuldenaar en schuldeiser zijn.

Verweer

Het opschortingsrecht vormt een verweer tegen een vordering tot nakoming door de wederpartij (B). Het wordt vaak gehanteerd als pressiemiddel om de wederpartij (B) tot nakoming van haar eigen verbintenis (tot betaling van de koopprijs) te dwingen.
Hierna gaan we achtereenvolgens in op de wettelijke regelingen, de eisen die gesteld zijn aan het bestaan van opschortingsbevoegdheid en het geval wanneer er geen bevoegdheid is tot opschorting. Tot slot worden in subparagraaf 8.3.4 de gevolgen van opschorting besproken.

■ ■ ■ 8.3.1 Wettelijke regeling der opschortingsrechten

De wettelijke regeling van de opschortingsrechten is verspreid over het wetboek. De algemene regeling is te vinden in afdeling 6.1.7.
Naast de algemene regeling bevat de wet een aantal speciale bepalingen: de regeling van het retentierecht (afdeling 3.10.4) en de regeling van de exceptio non adimpleti contractus en de onzekerheidsexceptie (art. 6:262-264).
Figuur 8.2 geeft een overzicht van deze regelingen.

Figuur 8.2 Regelingen opschortingsrechten

```
                    Opschortingsrecht
           ┌──────────────┼──────────────┐
                                      Verbintenis uit weder-
       Algemeen      Afgifte zaken     kerige overeenkomst
       (afd. 6.1.7)  (retentierecht)   (exceptio non adimpleti
                     (afd. 3.10.4)     contractus en onzekerheids-
                                       exceptie) (art. 6:262-264)
```

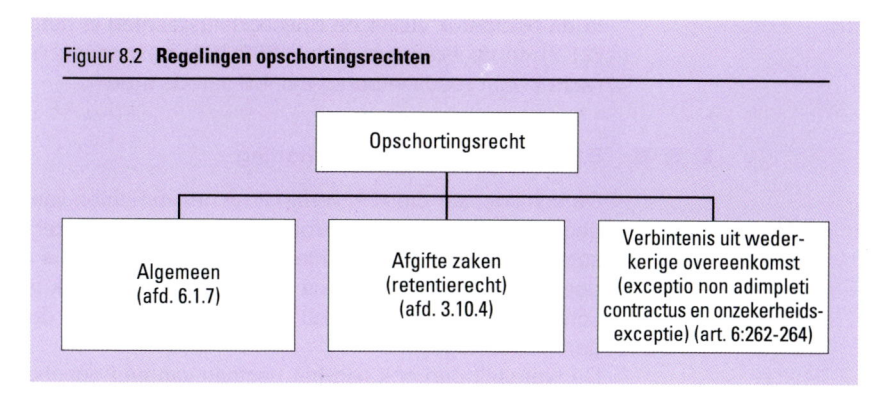

Het retentierecht

Verplichting tot afgifte

Het retentierecht is een opschortingsrecht inzake de verplichting tot afgifte van een zaak.

■ **Voorbeeld 8.7**
Schoenmaker K weigert afgifte van een door hem gerepareerde schoen totdat de juffrouw aan wie de schoen toebehoort, hem het reparatieloon zal hebben voldaan.

Afdeling 3.10.4 is zelf geen bron van retentierechten. Dit blijkt uit de woorden 'bij de in de wet aangegeven gevallen' in art. 3:290. Men dient aan de hand van een bijzondere wetsbepaling of aan de hand van art. 6:52 uit te maken of een retentierecht bestaat.
Als schoenmaker K uit voorbeeld 8.7 zich niet kan beroepen op een bijzondere wetsbepaling waarin aan reparateurs een retentierecht wordt verleend, moet het bestaan van zijn opschortingsbevoegdheid worden afgeleid uit art. 6:52.

Op het retentierecht zijn de bepalingen van afdeling 6.1.7 van toepassing, maar niet als daarvan in afdeling 3.10.4 afgeweken is (art. 6:57). De belangrijkste afwijking is dat het retentierecht niet alleen inroepbaar is tegen de schuldeiser en diens crediteuren (art. 6:53), maar ook tegen derden die rechten op de zaak kunnen doen gelden (art. 3:291, zie paragraaf 4.6).

De excepties

Wederkerige overeenkomst

De exceptio non adimpleti contractus en de onzekerheidsexceptie zijn opschortingsrechten ter zake van tegenover elkaar staande verbintenissen die voortvloeien uit een wederkerige overeenkomst.
Een van de belangrijkste wederkerige overeenkomsten is de koop, waarbij de verbintenis tot levering van een zaak tegenover de verbintenis tot betaling van de koopprijs staat.
Wanneer de verkoper zijn verplichting tot levering niet nakomt, is de koper bevoegd betaling te weigeren met een beroep op de exceptio non adimpleti contractus (verweer dat de wederpartij de overeenkomst nog niet is nagekomen).

Art. 6:262 en 263 zijn zelfstandige bronnen van excepties. Op deze bijzondere opschortingsrechten zijn de bepalingen van afdeling 6.1.7 van toepassing. Een aantal beperkingen van de algemene opschortingsbevoegdheden geldt echter niet voor de excepties (art. 6:264).

In dit hoofdstuk zullen de opschortingsrechten in het algemeen (afdeling 6.1.7) en de excepties (art. 6:262-264) bespreking vinden. Het retentierecht kwam reeds in paragraaf 4.6 aan de orde.

8.3.2 Vereisten voor opschorting

De schuldenaar die zich verbindt tot het verrichten van een prestatie, is in beginsel gehouden zijn verbintenis na te komen. Het enkele feit dat zijn schuldeiser ook een verbintenis jegens hem heeft, is op zichzelf niet voldoende om de nakoming uit te stellen. Noodzakelijk is bovendien dat de schuldeiser zodanig handelt dat de niet-nakoming door de schuldenaar gerechtvaardigd is.

Drie eisen

De wet stelt dan ook aan het bestaan van een opschortingsbevoegdheid een drietal eisen. Deze eisen worden voor de opschortingsbevoegdheid in het algemeen en de excepties op verschillende wijze ingevuld.
Voor het bestaan van opschortingsbevoegdheid moet er sprake zijn van:
1 een verbintenis van de schuldenaar jegens de schuldeiser en van de schuldeiser jegens de schuldenaar;
2 een tekortkoming van de wederpartij, de schuldeiser;
3 connexiteit van verbintenissen.

Ad 1 Een verbintenis van de schuldenaar jegens de schuldeiser en van de schuldeiser jegens de schuldenaar

Over en weer schuldenaar

Een algemene opschortingsbevoegdheid (art. 6:52) kan bestaan zodra twee personen over en weer elkaars schuldenaar en schuldeiser zijn.

■ **Voorbeeld 8.8**
A sluit met B een koopovereenkomst waarbij hij zich verbindt aan B een racefiets te leveren tegen betaling van €400. A schort de levering van de fiets op, totdat B de reparatiekosten ad €50 van een andere fiets zal hebben betaald.
Hoewel de verbintenissen voortvloeien uit verschillende overeenkomsten (koop en reparatie) kan een algemene opschortingsbevoegdheid bestaan nu A zowel schuldenaar (van de verbintenis tot levering van de racefiets) als schuldeiser (van de verbintenis tot betaling van €50) is.

Voor uitoefening van de excepties is evenwel vereist dat de beide verbintenissen voortvloeien uit dezelfde wederkerige overeenkomst (art. 6:262-264 zijn alleen van toepassing op wederkerige overeenkomsten). Wederkerige overeenkomsten kenmerken zich door hun ruilkarakter: de ene partij neemt een verbintenis op zich ter verkrijging van een prestatie van de wederpartij (art. 6:261 lid 1).
De belangrijkste wederkerige overeenkomsten zijn koop, ruil, huur, arbeidsovereenkomst en aanneming van werk.

■ **Voorbeeld 8.9**
A sluit met B een koopovereenkomst waarbij hij zich verbindt aan B een racefiets te leveren, zodra B hem de koopprijs van €400 zal hebben voldaan. A neemt de verbintenis tot levering op zich ter verkrijging van de koopprijs. Indien B deze niet betaalt, kan A met een beroep op de exceptio non adimpleti contractus de levering van de fiets opschorten.

Tekortkoming

Ad 2 Een tekortkoming van de wederpartij, de schuldeiser
Er kan eerst sprake zijn van een tekortkoming wanneer de wederpartij de niet-nakoming of ondeugdelijke nakoming van zijn opeisbare verbintenis niet kan rechtvaardigen door een opschortingsbevoegdheid van zijn kant. Het is dus zaak na te gaan welke partij als eerste een beroep op een opschortingsrecht heeft. Bij een overeenkomst zal veelal uit de overeenkomst zelf voortvloeien welke partij als eerste moet presteren. De andere partij heeft dan een opschortingsbevoegdheid.

■ **Voorbeeld 8.10**
A en B sluiten een koopovereenkomst, waarbij A zich verbindt tot betaling van €400 binnen een week nadat B hem een racefiets zal hebben geleverd. Zolang B de racefiets niet levert, is A bevoegd de betaling van de koopprijs op te schorten door inroeping van de exceptio non adimpleti contractus. Hij kan geen tekortkoming plegen zolang de verbintenis hem niet tot nakoming verplicht.

Degene die als eerste moet presteren, heeft slechts een opschortingsbevoegdheid wanneer hij zich kan beroepen op art. 6:263 (onzekerheidsexceptie).
In voorbeeld 8.10 kan B de levering van de racefiets opschorten wanneer hij na het sluiten van de overeenkomst uit de krant heeft vernomen dat A failliet is verklaard, zodat hij goede grond heeft te vrezen dat A zijn verbintenis niet zal nakomen (onzekerheidsexceptie).
Wanneer uit wet of overeenkomst voortvloeit dat beide partijen gelijktijdig moeten nakomen – gelijk oversteken – is beslissend welke partij het eerst in haar nakomingshandelingen tekortschiet. De andere partij heeft dan een opschortingsbevoegdheid.

■ **Voorbeeld 8.11**
A sluit met B een koopovereenkomst waarbij hij zich verplicht tot levering van een fiets tegen betaling van €400. Nu de overeenkomst niets bepaalt, zijn partijen op grond van art. 7:26 lid 2 verplicht gelijktijdig na te komen. B komt de fiets bij A ophalen, maar blijkt geen geld bij zich te hebben. Nu B het eerst in de nakoming tekortschiet, is A gerechtigd de nakoming van zijn verbintenis tot levering op te schorten door inroeping van de exceptio non adimpleti contractus.

Ad 3 Connexiteit van de verbintenissen

Voldoende samenhang

Voor de algemene opschortingsbevoegdheid is de connexiteitseis neergelegd in art. 6:52 lid 1: tussen de verbintenissen moet voldoende samenhang bestaan om deze opschorting te rechtvaardigen.
Wanneer een zodanige samenhang aanwezig is, is moeilijk in het algemeen te zeggen. In art. 6:52 lid 2 worden twee gevallen genoemd waarin connexiteit kan worden aangenomen:
1 Als de verbintenissen over en weer voortvloeien uit dezelfde rechtsverhouding, bijvoorbeeld een overeenkomst. Maar ten aanzien van tegenover elkaar staande verbintenissen uit wederkerige overeenkomst zijn de excepties van toepassing (zie hierna).
2 Als de verbintenissen voortvloeien uit zaken die partijen regelmatig met elkaar hebben gedaan.

■ **Voorbeeld 8.12**
A levert reeds jaar en dag verse groenten en fruit aan B. Hij is bevoegd de nakoming van zijn verbintenis tot levering van een partij kersen op te schorten, totdat B de koopprijs voor een eerdere leverantie aardbeien heeft voldaan.

Ten aanzien van de excepties geldt een strengere connexiteitseis; de uit wederkerige overeenkomst voortvloeiende verbintenissen moeten *tegenover elkaar staan* (art. 6:262 en 263). Deze eis verwijst naar het ruilkarakter van de wederkerige overeenkomst: twee uit wederkerige overeenkomst voortvloeiende verbintenissen staan tegenover elkaar, als partijen elk de verplichting op zich nemen ter verkrijging van het recht jegens de wederpartij.
Aan dit criterium voldoen alle hoofdverbintenissen uit wederkerige overeenkomst. Zo staan bij koop de hoofdverbintenissen van de verkoper tot overdracht en aflevering van een aan de overeenkomst beantwoordende zaak tegenover de hoofdverbintenis van de koper tot betaling van de koopprijs.
De vereisten voor opschorting zijn in figuur 8.3 weergegeven.

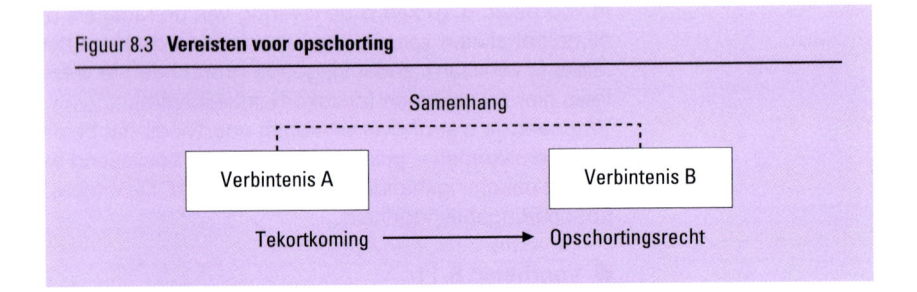

Figuur 8.3 **Vereisten voor opschorting**

Samenhang

Verbintenis A — Verbintenis B

Tekortkoming ⟶ Opschortingsrecht

8.3.3 Geen bevoegdheid tot opschorting

Nakoming blijvend onmogelijk

Ook al is aan alle vereisten voldaan, dan is de schuldenaar toch niet bevoegd tot opschorting voor zover nakoming door de wederpartij blijvend onmogelijk is (art. 6:54 sub b). Inroeping van de exceptio is in dit geval echter wel toegestaan (art. 6:264).

■ **Voorbeeld 8.13**
De gemeente A heeft van kunsthandel B een 'fraai gerestaureerd' schilderij van Maris aangekocht. Na aflevering komt de gemeente tot de ontdekking dat het schilderij door de restauratie onherstelbaar beschadigd is. Nakoming door kunsthandel B is blijvend onmogelijk geworden, daar in de gegeven omstandigheden noch herstel noch vervanging mogelijk is. Niettemin is de gemeente gerechtigd de betaling van de koopprijs op te schorten, omdat zij haar bevoegdheid niet op art. 6:52, maar op art. 6:262 baseert.

Het verschil tussen de algemene opschortingsbevoegdheid en de exceptie ten aanzien van de blijvende onmogelijkheid vindt zijn oorzaak in het verschil in doelstelling tussen beide opschortingsrechten. De algemene opschortingsbevoegdheid dient als pressiemiddel tot nakoming en is dan ook zinloos wanneer die nakoming blijvend onmogelijk is. De exceptio fungeert daarentegen niet alleen als pressiemiddel, maar is tevens hanteerbaar als voorstadium tot ontbinding van de overeenkomst. Wanneer A uit voorbeeld 8.13 constateert dat het schilderij beschadigd is, kan het nut hebben allereerst betaling op te schorten totdat duidelijk is welke definitieve maatregelen (nakoming, schadevergoeding of ontbinding) het meest in aanmerking komen.

8.3.4 Gevolgen van opschorting

De gevolgen van opschorting worden aan de hand van een voorbeeld besproken.

■ **Voorbeeld 8.14**
A sluit een koopovereenkomst met B, waarbij hij zich verbindt om B een racefiets te leveren, zodra B aan hem de koopprijs van €400 zal hebben voldaan. A schort de levering van de racefiets op, omdat B de koopprijs weigert te betalen.

Kan A onder deze omstandigheden door B tot nakoming worden gedwongen?

Verweer tegen nakoming

Nee. Opschorting vormt in de eerste plaats een geldig verweer tegen een vordering tot nakoming door de wederpartij. De rechter is evenwel niet bevoegd een opschortingsrecht ambtshalve toe te passen. Opschorting is een bevoegdheid waarop de debiteur zich moet beroepen. Ziet A af van inroeping van zijn opschortingsbevoegdheid, dan dient hij na te komen.

Kan B in plaats van nakoming schadevergoeding of ontbinding van de koopovereenkomst vorderen?

Geen tekortkoming

Nee. Voor het instellen van een vordering tot schadevergoeding of ontbinding is vereist dat de wederpartij een tekortkoming pleegt. Nu de wet A tot niet-presteren bevoegd verklaart, leidt de niet-nakoming van zijn verbintenis niet tot een tekortkoming: zij wordt door de opschortingsbevoegdheid gerechtvaardigd.

8.4 Recht op schadevergoeding

De koper van bijvoorbeeld een machine voor zijn bedrijf kan van de verkoper levering vorderen. Voor die nakomingsvordering gelden verder geen bijzondere eisen. In de praktijk wordt vaak schade geleden door te late levering, bijvoorbeeld omdat de koper productie van bepaalde zaken door uitblijven van de machine niet kan opstarten. Wanneer hij voor dat productieverlies schadevergoeding wil, moet de koper wel aan een aantal eisen voldoen. Hij zal vaak de verkoper in gebreke moeten stellen. Over de eisen voor schadevergoeding gaan de subparagrafen 8.4.1 en 8.4.2.

8.4.1 Reikwijdte van afdeling 6.1.9

Afdeling 6.1.9 regelt een van de belangrijkste gevolgen van de schending van een verbintenis: de schuldenaar wordt jegens de schuldeiser verplicht tot schadevergoeding.

Afdeling 6.1.9 geeft alleen aan wanneer een verbintenis tot schadevergoeding ontstaat. De nadere bepaling van de inhoud en de omvang van de ontstane verbintenis wordt in het algemeen overgelaten aan afdeling 6.1.10.

■ **Voorbeeld 8.15**
A moet aan B een schip leveren. De vraag of hij schadeplichtig is als hij dit nalaat, wordt beantwoord aan de hand van afdeling 6.1.9. Of de rechter bevoegd is om de ontstane verbintenis te matigen, is een van de vragen die tot het terrein van afdeling 6.1.10 behoren.

8.4.2 Vereisten voor schadevergoeding

Een vordering tot nakoming is toewijsbaar, zodra de verbintenis opeisbaar is.

■ **Voorbeeld 8.16**
A verkoopt aan B 100 kg kippenvoer. Hoewel zij overeengekomen zijn dat A het voer op 1 september zal afleveren, heeft B op 1 oktober nog geen korrel ontvangen.

A kan op 1 september nakoming vorderen.
Aan een vordering tot schadevergoeding worden echter strengere eisen gesteld. De enkele opeisbaarheid van de verbintenis is onvoldoende. Uit art. 6:74 blijkt dat vijf voorwaarden vervuld moeten zijn:

Vijf voorwaarden

1 A moet *tekortschieten* in de nakoming van zijn verbintenis (hij moet een tekortkoming plegen).
2 De tekortkoming dient A *toerekenbaar* te zijn.
3 a Nakoming is *blijvend onmogelijk*, of
  b A moet in *verzuim* worden gebracht.
4 *Door* de tekortkoming moet B schade lijden, met andere woorden: de tekortkoming dient de *conditio sine qua non* voor de schade te zijn.
5 B moet *schade* lijden.

Deze voorwaarden worden hierna besproken.

Een tekortkoming van de schuldenaar

Tekortkoming

Tekortkomen of tekortschieten is het in enig opzicht achterblijven bij hetgeen de verbintenis vergt.
Daarom moet allereerst de inhoud van de verbintenis nauwkeurig vastgesteld zijn. In dit verband wordt gewoonlijk onderscheid gemaakt tussen resultaats- en inspanningsverbintenissen.

Resultaatsverbintenis

Bij een *resultaatsverbintenis* verplicht de schuldenaar zich ertoe een bepaald resultaat tot stand te brengen. Zodra dit resultaat niet wordt bereikt, pleegt de schuldenaar een tekortkoming.
Duidelijke voorbeelden van een resultaatsverbintenis zijn: de verbintenis van de aannemer om een huis te bouwen; alle verbintenissen om te geven, bijvoorbeeld het betalen van geld.

Inspanningsverbintenis

Een *inspanningsverbintenis* verplicht de schuldenaar slechts om zich bepaalde inspanningen te getroosten ter verkrijging van een gewenst resultaat. Het enkele feit dat het resultaat niet wordt bereikt, levert geen tekortkoming op. Deze is pas aanwezig, wanneer vaststaat dat de schuldenaar niet voldoende zorg heeft betracht.

Vrije beroepsuitoefenaren als artsen en advocaten nemen grotendeels inspanningsverbintenissen op zich, wanneer zij zich verplichten tot het verrichten van enkele diensten.

De advocaat die voor zijn cliënt een proces voert, pleegt geen tekortkoming wanneer hij dit proces niet wint. Integendeel, hij is zijn verbintenis nagekomen, tenzij hij tekortgeschoten is in de vereiste zorg bijvoorbeeld door het laten verstrijken van een beroepstermijn.

De schuldeiser moet bewijzen dat de schuldenaar een tekortkoming pleegt. Uit het voorgaande blijkt dat dit bewijs bij een inspanningsverbintenis aanzienlijk moeilijker te leveren is dan bij een resultaatsverbintenis.

De debiteur kan op vele manieren tekortschieten. De tekortkomingen worden van oudsher in drie hoofdtypen ingedeeld:

Niet-tijdige nakoming

1 *Niet-tijdige nakoming*: de prestatie blijft uit, zonder dat nakoming onmogelijk is. De debiteur komt te laat na.

■ **Voorbeeld 8.17**
A verbindt zich om B op 1 september een wortelnoten bureau te leveren, maar is daartoe vanwege invoerproblemen pas op 1 oktober in staat.

Ondeugdelijke nakoming

2 *Ondeugdelijke nakoming*: er wordt weliswaar een prestatie verricht, maar deze beantwoordt niet aan de verbintenis.

■ **Voorbeeld 8.18**
A verkoopt en levert aan B een nieuw bureau dat door B in zwaar beschadigde staat wordt ontvangen.

Definitieve niet-nakoming

3 *Definitieve niet-nakoming*: het verrichten van een (deugdelijke) prestatie moet redelijkerwijze definitief onmogelijk geacht worden.

■ **Voorbeeld 8.19**
A heeft zich verbonden om B zijn antieke bureau te leveren, maar voordat hij daartoe kan overgaan, gaat het meubel in vlammen op.

Van een tekortkoming kan geen sprake zijn zolang de verbintenis de schuldenaar niet tot nakoming verplicht. Daarom kan de schuldenaar niet tekortschieten, als de verbintenis nog *niet opeisbaar* is. Het moment van opeisbaarheid blijkt veelal uit de verbintenis zelf, doordat daarin een termijn voor nakoming is genoemd.

■ **Voorbeeld 8.20**
A sluit op 1 maart een koopovereenkomst met B, waarbij A zich verbindt op 1 april een partij duikbrillen te leveren. Vóór 1 april is de verbintenis van A nog niet opeisbaar (art. 6:39).

Wordt in de verbintenis geen termijn genoemd, dan is de verbintenis terstond opeisbaar (art. 6:38).

Evenmin kan de schuldenaar tekortschieten, als de wet hem tot niet-presteren bevoegd verklaart. De schuldenaar die zijn prestatie *opschort*, komt zijn verbintenis niet na, maar pleegt geen tekortkoming. Het uitblijven der prestatie wordt door de opschortingsbevoegdheid gerechtvaardigd.

Toerekenbaarheid

Wanprestatie

Overmacht

Toerekenbaarheid van de tekortkoming
Het begrip tekortkoming heeft een neutrale betekenis: het geeft weliswaar aan dat de debiteur zijn verbintenis schendt, maar verschaft geen antwoord op de vraag of hij daardoor verplicht is tot schadevergoeding.
Ter beantwoording van die vraag dient het onderscheid tussen toerekenbaarheid en niet-toerekenbaarheid van de tekortkoming. Een tekortkoming is toerekenbaar aan de schuldenaar als hij de schending van de verbintenis niet kan rechtvaardigen, hetzij omdat hem ter zake een verwijt te maken valt, hetzij omdat de tekortkoming voor zijn rekening komt (art. 6:75). Meestal wordt in dit verband de term *wanprestatie* gehanteerd.

■ **Voorbeeld 8.21**
Boekhandel A verstuurt de door B bestelde boeken in een open enveloppe, zodat zij vol ezelsoren en krassen aankomen. De tekortkoming is A toerekenbaar omdat hem ter zake van de wijze van verzending een verwijt kan worden gemaakt.

Een toerekenbare tekortkoming verplicht de schuldenaar de schade die de schuldeiser lijdt, te vergoeden.
De schuldeiser kan volstaan met het bewijs dat de schuldenaar tekortschoot in de nakoming van zijn verbintenis. De bewijslast ter zake van de niet-toerekenbaarheid van zijn tekortkoming rust namelijk op de schuldenaar zelf.
De bewijslastverdeling vloeit voort uit de in art. 6:74 lid 1 gehanteerde tenzij-formule: degene in wiens voordeel de uitzondering strekt, moet het bestaan van die uitzondering bewijzen. Zolang de schuldenaar niet kan aantonen dat de tekortkoming hem niet toerekenbaar is, is hij schadevergoeding verschuldigd.

De tekortkoming is de schuldenaar niet toerekenbaar, indien zij niet te wijten is aan zijn schuld, noch voor zijn rekening behoort te blijven (art. 6:75). Deze situatie wordt veelal aangeduid als *overmacht*. Zij vindt bespreking in paragraaf 8.5.

Figuur 8.4 geeft het gevolg weer van wel of niet-toerekenbaarheid van tekortkoming in nakoming van een verbintenis.

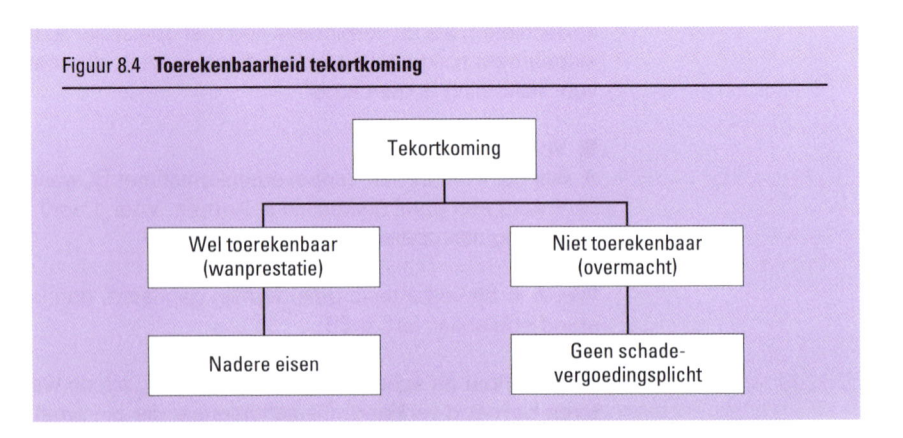

Figuur 8.4 Toerekenbaarheid tekortkoming

```
                    Tekortkoming
                   /            \
        Wel toerekenbaar      Niet toerekenbaar
         (wanprestatie)         (overmacht)
              |                      |
         Nadere eisen          Geen schade-
                              vergoedingsplicht
```

Blijvende onmogelijkheid of verzuim

De schuldenaar die toerekenbaar tekortschiet, is schadeplichtig. De schadevergoedingsverbintenis ontstaat echter niet steeds op hetzelfde moment dat de toerekenbare tekortkoming plaatsvindt.

■ **Voorbeeld 8.22**
A verkoopt zijn melkkoe Antje aan B. Levering blijft achterwege, omdat A's veewagen het begeven heeft.

Wanneer nakoming *niet blijvend onmogelijk* is, moet de schuldenaar (A) in verzuim zijn alvorens hij tot schadevergoeding verplicht is (art. 6:74 lid 2). Het verzuim treedt in het algemeen in door een ingebrekestelling, waarbij de schuldeiser duidelijk te kennen geeft wanneer de schuldenaar uiterlijk dient te presteren op straffe van schadevergoeding.

■ **Voorbeeld 8.23**
A verkoopt zijn melkkoe Antje aan B, maar voordat hij tot levering over kan gaan, komt het dier om het leven.

Nakoming blijvend onmogelijk

Wanneer nakoming *blijvend onmogelijk* is, heeft een aanmaning tot presteren geen zin. In dat geval is de schuldenaar direct – nauwelijks – schadevergoeding verschuldigd (art. 6:74 lid 2).

Nakoming is niet blijvend onmogelijk wanneer de schuldenaar de tekortkoming nog kan 'helen' door bijvoorbeeld aanvulling, herstel of vervanging van de prestatie. Vergelijk de volgende gevallen.

■ **Voorbeeld 8.24**
A verkoopt aan B een witte vaas. Op het moment dat A een vaas uit de stelling haalt, valt deze in stukken. Nakoming is niet onmogelijk, zelfs al zouden alle vazen uit de stelling vallen, zolang er nog witte vazen van dezelfde soort verkrijgbaar zijn.

Antiquair A verkoopt aan B een unieke amfora. Op het moment dat hij deze uit de vitrine pakt, valt de vaas in duizend stukken. Aangezien A alleen kon nakomen door déze amfora te leveren, is nakoming onmogelijk geworden.

Tijdelijke onmogelijkheid

Tegenover de blijvende onmogelijkheid staat de *tijdelijke* onmogelijkheid, waarbij nakoming aanvankelijk onmogelijk is, maar de tekortkoming in een later stadium wél geheeld kan worden.

■ **Voorbeeld 8.25**
A verbindt zich tegenover B tot de invoer van een partij koffiebonen, maar is daartoe vanwege een importverbod niet in staat (conflict met een wettelijke plicht). De onmogelijkheid van nakoming neemt een einde, zodra het invoerverbod wordt opgeheven.

Verzuim

Nakoming niet blijvend onmogelijk

Verzuim

Wanneer nakoming niet blijvend onmogelijk is, verplicht een toerekenbare tekortkoming de debiteur niet direct tot schadevergoeding, maar pas wanneer ook aan de bepalingen van afdeling 6.1.9, par. 2 is voldaan: de debiteur moet *in verzuim* zijn (art. 6:74 lid 2).

In het algemeen is voor het intreden van verzuim een ingebrekestelling vereist; de wet noemt echter ook enige (niet-limitatieve) gevallen waarin de schuldenaar van rechtswege – zonder ingebrekestelling – in verzuim komt.

Verzuim door ingebrekestelling. Wanneer geen van de hierna te bespreken uitzonderingen zich voordoet, is voor het intreden van verzuim een ingebrekestelling nodig.

Ingebrekestelling

De functie van de ingebrekestelling is tweeledig: enerzijds dient zij als sommatie tot nakoming, anderzijds fungeert zij als aansprakelijkstelling, doordat zij het moment vastlegt waarop verzuim zal intreden.

De ingebrekestelling vindt plaats door het uitbrengen van een *schriftelijke* aanmaning, waarin de schuldeiser de schuldenaar een duidelijke, maar ook redelijke termijn stelt waarbinnen nakoming van de verbintenis uiterlijk dient te geschieden.

■ **Voorbeeld 8.26**
's-Gravenhage, 1 februari 2014

Geachte verzekerde,

Tweemaal reeds zonden wij u een acceptgirokaart ad €50 ter voldoening van uw premie inbraakverzekering (polis 007). Voor zover wij kunnen nagaan, hebben wij tot op heden geen betaling van dit bedrag van u mogen ontvangen.
Wij sommeren u thans genoemd bedrag uiterlijk 10 dagen na dagtekening dezes te betalen, bij gebreke waarvan u in verzuim komt.

Hoogachtend,
Assurantiekantoor X

De schuldenaar komt in verzuim wanneer de in de ingebrekestelling genoemde termijn is verstreken, zonder dat hij tot nakoming is overgegaan (art. 6:82 lid 1). Vanaf dat moment is hij schadevergoeding verschuldigd (art. 6:74 lid 2).
Wanneer assurantiekantoor X uit voorbeeld 8.26 op 12 februari nog geen betaling heeft ontvangen, is de verzekerde vanaf dat moment in verzuim en derhalve schadeplichtig.

Verzuim zonder ingebrekestelling

Verzuim zonder ingebrekestelling. Krachtens art. 6:83 geraakt de schuldenaar die toerekenbaar tekortschiet, in drie gevallen zonder nadere ingebrekestelling in verzuim:

1 De verbintenis bevat een termijn voor nakoming. Wanneer de voor de nakoming bepaalde termijn verstrijkt zonder dat de verbintenis is nagekomen, geraakt de schuldenaar zonder ingebrekestelling in verzuim.

■ **Voorbeeld 8.27**
A verkoopt aan B 40 flessen Chablis, te leveren op 4 oktober. Wanneer A op 4 oktober niet heeft gepresteerd, is hij vanaf 5 oktober in verzuim. Een in de verbintenis genoemde termijn is dus in principe 'fataal', tenzij blijkt dat hij een andere strekking heeft.

2 De verbintenis strekt tot schadevergoeding wegens onrechtmatige daad of wanprestatie.

■ **Voorbeeld 8.28**
Op 30 april gooit A de ruit van B in en pleegt dusdoende een onrechtmatige daad.

A verkoopt aan B een ruit, te leveren op 29 april. Nakoming blijft echter achterwege, zodat A op 30 april in verzuim raakt.

In beide gevallen ontstaat op 30 april een verbintenis tot schadevergoeding. In de eerste situatie is A verplicht tot schadevergoeding op grond van het plegen van een onrechtmatige daad (art. 6:162). In de tweede situatie is de schadevergoedingsverplichting door het intreden van verzuim ontstaan (art. 6:74 lid 2).
Deze verbintenis tot schadevergoeding dient A terstond na te komen. Doet hij dat niet, dan geraakt hij in verzuim ten aanzien van de verbintenis tot schadevergoeding.

3 De schuldeiser moet uit een mededeling van de schuldenaar afleiden dat deze in de nakoming van zijn verbintenis tekort zal schieten.

■ **Voorbeeld 8.29**
Kunstschilder A heeft zich verbonden minister B te vereeuwigen, maar na twee zittingen gaat diens gezicht hem zo tegenstaan, dat hij B meedeelt niet van plan te zijn het portret te voltooien. Deze mededeling heeft tot gevolg dat A direct in verzuim geraakt.

Schade en causaal verband
Art. 6:74 verplicht de schuldenaar tot vergoeding van de *schade* die de schuldeiser *door* zijn (toerekenbare) tekortkoming lijdt. Hieruit blijken twee bijkomende voorwaarden voor het intreden van een verbintenis tot schadevergoeding: schade en causaal verband.
Deze voorwaarden worden in het kader van afdeling 6.1.9 slechts gesteld voor zover zij van belang zijn voor het *ontstaan* van een verplichting tot schadevergoeding. Zij vinden nadere uitwerking in de bepalingen van afdeling 6.1.10 die op de *inhoud* en de *omvang* van de schadevergoedingsverbintenis zien.

Causaal verband

Wat het causaal verband betreft eist art. 6:74 slechts dat de schade uitgebleven zou zijn, als de tekortkoming niet gepleegd was.
De *omvang* van de schadevergoedingsverbintenis wordt beheerst door de strengere causaliteitsmaatstaf van art. 6:98 ('toerekening naar redelijkheid').

Voor het *ontstaan* van een verbintenis tot schadevergoeding is slechts noodzakelijk dat de schuldeiser enigerlei vorm van schade lijdt.
Die schade kan volgens art. 6:95 bestaan in vermogensschade (geleden verlies of gederfde winst) en in immateriële schade voor zover de wet op vergoeding daarvan recht geeft.

Soorten schade
In het kader van de wanprestatie kunnen drie verschillende soorten schade worden onderscheiden:
1 vertragingsschade
2 gevolgschade
3 vervangende schadevergoeding.

Vertragingsschade

Ad 1 Vertragingsschade
Onder vertragingsschade verstaat men de schade die de schuldeiser lijdt doordat een (deugdelijke) prestatie uitblijft.

■ **Voorbeeld 8.30**
A verkoopt aan handelsreiziger B een stationcar voor €5.000. Levering en betaling zullen op 1 mei plaatsvinden. Op de genoemde datum blijkt de auto nog niet rijvaardig te zijn, zodat B genoodzaakt is een ander vervoermiddel te huren. Kosten €250 per week.

In voorbeeld 8.30 lijdt B vertragingsschade van €250 per week doordat A niet tijdig aan zijn leveringsverplichting voldoet. De schuldenaar is – buiten gevallen van blijvende onmogelijkheid (zie eerder in deze paragraaf) – slechts aansprakelijk voor de vertragingsschade over de periode waarin hij in verzuim verkeert (art. 6:85).
In het geval van de handelsreiziger van voorbeeld 8.30 is nakoming door A niet blijvend onmogelijk. A geraakt op 2 mei van rechtswege in verzuim (een in de verbintenis genoemde termijn is in principe fataal: art. 6:83 sub a). Vanaf dat moment is hij aan B vertragingsschade verschuldigd.
Strekt de verbintenis tot betaling van een geldsom, dan wordt de omvang van de tijdens het verzuim verschuldigde vertragingsschade – in afwijking van de algemene regel – niet bepaald door de regels van afdeling 6.1.10, maar door art. 6:119 e.v.
In die bepalingen wordt de omvang van de vertragingsschade voor geldschulden gefixeerd op het bedrag van de wettelijke rente. Deze wordt vastgesteld bij AMvB. De wet maakt onderscheid tussen handelstransacties en niet-handelstransacties (vooral: consumententransacties). Voor handelstransacties bedraagt de wettelijke rente 8,05%; de wettelijke rente voor consumententransacties is 2% (bron: www.wettelijkerente.nl).

Wettelijke rente

■ **Voorbeeld 8.31**
Gesteld dat handelsreiziger B uit voorbeeld 8.30 op 1 mei zijn verbintenis tot betaling van de koopsom van €5.000 niet nakomt, dan is hij consument A minimaal en maximaal 2% over €5.000 verschuldigd. Het doet dus niet terzake of A – als insolvent persoon – bij een woekeraar tegen een veel hoger percentage geld moet lenen, dan wel – als rentenier – slechts de over het bedrag uit te keren rente moet missen.

Ad 2 Gevolgschade
Gevolgschade is schade die schuldeiser als gevolg van een ondeugdelijke prestatie in zijn overige vermogen lijdt.

Gevolgschade

■ **Voorbeeld 8.32**
A verkoopt en levert aan B een drukpers, waarvan de ondeugdelijkheid zich weldra manifesteert als honderden brandende vellen papier zich door het bedrijf verspreiden en op diverse plaatsen in het gebouw tot brandschade leiden.

In het geval van voorbeeld 8.32 leidt de levering van een ondeugdelijke drukpers tot schade aan andere objecten dan de drukpers. De gevolgschade bestaat in verlies van papier en brandschade aan het bedrijf. De schuldeiser kan steeds rauwelijks – zonder dat de schuldenaar in verzuim behoeft te worden gebracht – vergoeding van gevolgschade vorderen (art. 6:74 lid 1).

Aanvullende schadevergoeding

De vorderingen tot vergoeding van vertragingsschade en gevolgschade worden wel aangeduid als vorderingen tot *aanvullende* schadevergoeding. Deze benaming danken zij aan het feit dat de schuldeiser vergoeding van beide schadesoorten kan vorderen *naast* nakoming, vervangende schadevergoeding of ontbinding. Zo kan schuldeiser B in voorbeeld 8.32 tegelijkertijd nakoming van de verbintenis tot levering van een deugdelijke drukpers en vergoeding van gevolgschade vorderen.

Ad 3 Vervangende schadevergoeding

Vervangende schadevergoeding

De schuldeiser vordert vervangende schadevergoeding wanneer hij in plaats van de (primaire) verbintenis tot het verrichten van de prestatie (i.c. de levering van een deugdelijke drukpers) aanspraak maakt op vergoeding van de waarde van die prestatie, waardoor een (secundaire) verbintenis tot schadevergoeding ontstaat.

■ **Voorbeeld 8.33**
A verkoopt en levert een drukpers aan B. Zij is dermate ondeugdelijk dat B, die alle vertrouwen in A's capaciteiten verloren heeft, in plaats van levering van een deugdelijk exemplaar vergoeding van de waarde van de drukpers vordert.

Buiten gevallen van blijvende onmogelijkheid (art. 6:74 lid 1) verkrijgt de schuldeiser pas recht op vervangende schadevergoeding wanneer de schuldenaar in verzuim is én een schriftelijke omzettingsverklaring is uitgebracht (art. 6:87). De omzettingsverklaring kan tegelijk met de ingebrekestelling worden uitgebracht.

■ **Voorbeeld 8.34**
Zo kan de koper van de drukpers uit voorbeeld 8.33 de volgende brief aan A doen uitgaan: 'Ik (B) sommeer u (A) thans uiterlijk op 1 juni een deugdelijke drukpers te leveren, bij gebreke waarvan u in verzuim geraakt. Voorts deel ik u reeds nu voor alsdan mede dat ik, wanneer u op genoemde datum niet aan uw verplichtingen heeft voldaan, afzie van een vordering tot nakoming, maar in plaats daarvan aanspraak maak op vergoeding van alle schade door uw tekortkoming geleden, waaronder begrepen de waarde van de drukpers.'

De keuze tussen nakoming, *vervangende* schadevergoeding en ontbinding is een alternatieve: de schuldeiser die zijn keuze op vervangende schadevergoeding bepaalt, is niet meer bevoegd om van de primaire verbintenis nakoming of ontbinding te vorderen.

■ **Voorbeeld 8.35**
B uit voorbeeld 8.33 vordert vervangende schadevergoeding in plaats van levering van een deugdelijke drukpers. Dit brengt mee dat hij geen levering van een drukpers meer kan eisen, noch de koopovereenkomst kan ontbinden op grond van de ondeugdelijke levering. Daartegenover staat dat de schuldenaar (A) vanaf de ontvangst van de omzettingsverklaring niet meer bevoegd is tot nakoming van de primaire verbintenis tot levering van een drukpers, maar verplicht is tot nakoming van de verbintenis tot vervangende schadevergoeding.

De vereisten voor schadevergoeding zijn in schema gebracht in figuur 8.5.

Figuur 8.5 Vereisten voor schadevergoeding

```
Tekortkoming ─┬─ Niet toerekenbaar ──────────────────────── Geen schadevergoeding
              │                                              (art. 6:74-79 lid 1)
              │
              └─ Wel ─┬─ Blijvend onmogelijk ──────────────── Direct schadevergoeding
                 toerekenbaar                                 (art. 6:74 lid 1)
                      │
                      └─ Niet-blijvend ─┬───────────────────  Aanvullende schadevergoeding:
                         onmogelijk     │                     na verzuim (art. 6:85)
                                        │
                                        └───────────────────  Vervangende schadevergoeding:
                                                              na verzuim en omzettingsverklaring (art. 6:87)
```

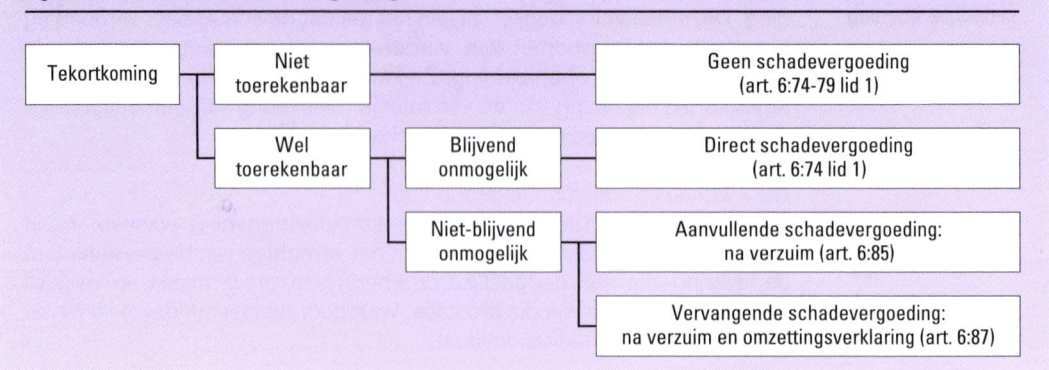

■ ■ ■ 8.5 Niet-toerekenbaarheid van de tekortkoming

Overmacht

De schuldenaar is in principe niet verplicht tot schadevergoeding, wanneer de tekortkoming hem niet toerekenbaar is. Er is dan sprake van overmacht.

De toerekeningsmaatstaven zijn neergelegd in art. 6:75 e.v. Uit art. 6:75 blijkt dat de schuldenaar zich alleen op overmacht kan beroepen, als:
1 de tekortkoming niet te wijten is aan zijn *schuld*; en
2 zij bovendien niet krachtens wet, rechtshandeling of verkeersopvattingen voor zijn *rekening* (*risico*) komt.

De schuldeiser moet bewijzen dat de schuldenaar tekortschiet in de nakoming van zijn verbintenis. Slaagt hij in dit bewijs, dan is de schuldenaar schadeplichtig, tenzij hij op zijn beurt bewijst dat de tekortkoming hem niet toerekenbaar is (tenzij-formule in art. 6:74 lid 1).
In de volgende subparagrafen gaan we in op schuld en risico, waarna we (in subparagraaf 8.5.3) de gevolgen van overmacht behandelen.

■ ■ ■ 8.5.1 Schuld

Schuld

De tekortkoming is aan schuld van de schuldenaar te wijten, wanneer hij niet voldoende zorg heeft betracht om haar te voorkomen. Het criterium is wat een zorgvuldig schuldenaar in de gegeven omstandigheden zou hebben gedaan.
In de volgende gevallen heeft de schuldenaar vrijwel steeds schuld:
1 Nakoming is niet onmogelijk.

■ **Voorbeeld 8.36**
A verkoopt aan B een paar oorwarmers. Levering blijft achterwege, omdat A's voorraad uitgeput is.

Wanneer in voorbeeld 8.36 geen levering van oorwarmers uit eigen voorraad is bedongen, is nakoming van de verbintenis niet onmogelijk, zolang nog een andere wijze van nakoming (inkoop bij anderen) openstaat. De schuldenaar die niet iedere mogelijkheid om na te komen beproeft, heeft schuld aan de tekortkoming.

2 Nalatigheid van de schuldenaar bij het uitvoeren van de verbintenis.

■ **Voorbeeld 8.37**
A verbindt zich tegenover B tot vervoer van computers over zee. Hij vergeet de stormluiken te sluiten, zodat de computers met zware waterschade arriveren.

De schuldenaar die stormluiken openlaat, handelt niet zoals een zorgvuldig schuldenaar in de gegeven omstandigheden zou doen en heeft derhalve schuld aan de tekortkoming.

3 Verwijtbare keuze van onbekwame hulppersonen of ongeschikte zaken.

■ **Voorbeeld 8.38**
A heeft zich verbonden tot reparatie van een aan B toebehorende rijnaak. Daartoe moet de motor uit het schip worden getild. Dit geschiedt met behulp van een lopende kraan, die niet berekend is op het hijsen van machines en bediend wordt door de magazijnbediende. De motor valt uit de kraan en belandt op de voorsteven van het schip, dat onmiddellijk zinkt.

De tekortkoming is aan schuld van de schuldenaar te wijten, wanneer zij is veroorzaakt door hulppersonen of zaken die een zorgvuldig schuldenaar niet voor de uitvoering van de verbintenis gekozen zou hebben.
Ook wanneer de schuldenaar geen foute keuze kan worden verweten, zodat hem ter zake van de tekortkoming geen schuld treft, zal het inzetten van hulppersonen of het gebruiken van zaken veelal voor zijn risico komen op grond van de wet (zie subparagraaf 8.5.2).

8.5.2 Risico van de schuldenaar

De tekortkoming is ondanks het ontbreken van schuld toerekenbaar aan de schuldenaar wanneer zij is veroorzaakt door een omstandigheid die voor zijn rekening (risico) komt (art. 6:75).

Risico

■ **Voorbeeld 8.39**
Een schuldenaar is tot de bedelstaf vervallen en daardoor niet in staat zijn verbintenis tot betaling van een geldsom na te komen. Zijn financiële debacle is wellicht niet aan zijn schuld te wijten, maar niettemin wordt algemeen aanvaard dat hem in deze situatie geen beroep op overmacht vrijstaat.
Voor bepaalde omstandigheden die 'in zijn sfeer liggen' moet de schuldenaar instaan, draagt hij met andere woorden het risico.

Welke omstandigheden voor risico van de schuldenaar komen, moet worden vastgesteld aan de hand van de wet, de rechtshandeling waaruit de verbintenis voortvloeit (meestal een overeenkomst) en de verkeersopvattingen. Brengt toepassing van deze maatstaven mee dat de schuldenaar het risico voor een bepaalde omstandigheid draagt, dan is de daardoor ontstane tekortkoming hem op grond van art. 6:75 toe te rekenen, zodat hij krachtens art. 6:74 aansprakelijk is voor de schade.

In het geval van de schuldenaar uit voorbeeld 8.39 wordt de tekortkoming veroorzaakt door een omstandigheid – financieel onvermogen – die krachtens de verkeersopvattingen voor zijn risico komt. Op die grond is de tekortkoming hem toerekenbaar en verplicht zij tot schadevergoeding.

Hierna volgt een overzicht van de omstandigheden die krachtens wet, rechtshandeling en verkeersopvattingen voor risico van de schuldenaar zijn.

Risico op grond van de wet

Op grond van de wet

Omstandigheden die op grond van de wet voor risico van de schuldenaar komen, zijn onder meer:
a gedragingen van hulppersonen (art. 6:76);
b gebruik van ongeschikte zaken (art. 6:77);
c onmogelijkheid van nakoming tijdens verzuim (art. 6:84).

Ad a Gedragingen van hulppersonen (art. 6:76)

Hulppersonen

Als de schuldenaar niet verplicht is de prestatie persoonlijk te verrichten, staat het hem vrij bij de uitvoering van de verbintenis gebruik te maken van de hulp van anderen, mits hij maar bekwame hulppersonen kiest.
Dit mag echter niet tot gevolg hebben dat hij zich op overmacht kan beroepen zodra de tekortkoming door zijn helpers is veroorzaakt.
Art. 6:76 stelt de schuldenaar daarom aansprakelijk voor tekortkomingen die zijn ontstaan door gedragingen van zijn hulppersonen. Hieronder verstaat men niet alleen ondergeschikten, maar ook niet-ondergeschikte personen van wie de schuldenaar zich bedient.

■ **Voorbeeld 8.40**
O, die zich heeft verplicht een kudde aan L toebehorende schapen te vervoeren, schakelt daartoe de zelfstandig opererende veevervoerder K in. Door een onhandige manoeuvre van K raakt de veewagen in de sloot. Alle schapen verdrinken. Hoewel de tekortkoming niet aan schuld van O is te wijten, staat hem geen beroep op overmacht open, nu de tekortkoming haar oorzaak vindt in een gedraging van de hulppersoon K. Deze omstandigheid komt op grond van de wet voor zijn risico (art. 6:76). De tekortkoming is hem daarom toerekenbaar en verplicht tot schadevergoeding (art. 6:74).

De wet stelt de schuldenaar voor gedragingen van zijn hulppersonen aansprakelijk 'als voor eigen gedragingen'. Daarmee wordt bedoeld dat de tekortkoming die is ontstaan door de gedraging van een hulppersoon, alleen toerekenbaar is aan de schuldenaar, als deze op grond van art. 6:75 aansprakelijk zou zijn geweest indien hij zelf de gedraging had verricht. Overmacht bij de hulppersoon levert dus in het algemeen ook overmacht voor de schuldenaar zelf op.

■ **Voorbeeld 8.41**
P heeft opdracht gekregen het huis van R te schilderen. Hij stuurt zijn knecht K die juist op de bovenste sport staat, wanneer zijn ladder door een voetganger omver wordt gelopen. K valt met een sierlijke zwaai door het grote voorkamerraam. R vordert schadevergoeding van P.
Is de door de gedraging van K ontstane tekortkoming toerekenbaar aan P?
Daartoe stellen wij ons voor dat P zelf de gedraging had verricht. In dat geval zou de oorzaak van de tekortkoming – het omverlopen van de ladder – noch aan zijn schuld zijn te wijten, noch voor zijn risico komen. Nu aansprakelijkheid in het hypothetische geval ontbreekt, is P ook niet aansprakelijk voor de door K veroorzaakte tekortkoming.

Hulpzaken

Ad b Gebruik van ongeschikte zaken (art. 6:77)
De schuldenaar is in principe aansprakelijk voor tekortkomingen die zijn ontstaan doordat hijzelf of zijn hulppersonen bij de uitvoering van de verbintenis gebruikmaken van daartoe ongeschikte zaken (art. 6:77).

■ Voorbeeld 8.42
Kunsthandelaar A maakt aan B toebehorende schilderijen schoon met behulp van het schoonmaakmiddel K4R, dat in zijn vakblad als onschadelijk is omschreven. De olieverf blijkt er echter niet tegen bestand te zijn. Hoewel hem geen schuld treft, is de tekortkoming aan A toerekenbaar, nu zij haar oorzaak vindt in het gebruik van een middel dat – blijkens de resultaten – ongeschikt is voor het beoogde doel.

Art. 6:77 brengt alleen het *gebruik* van ongeschikte zaken voor risico van de schuldenaar. De bepaling is niet van toepassing wanneer de tekortkoming is gelegen in het *verschaffen* van ondeugdelijke zaken.

■ Voorbeeld 8.43
Stel dat A het schoonmaakmiddel K4R aan B heeft verkocht en geleverd, waarna B zelf de schilderijen schoonmaakt met de hiervoor omschreven desastreuze gevolgen.
In dit geval is de tekortkoming niet veroorzaakt doordat de schuldenaar een ondeugdelijke zaak gebruikt ter uitvoering van zijn verbintenis; zij is gelegen in het leveren van een ondeugdelijke prestatie, waardoor gevolgschade is veroorzaakt. De aansprakelijkheid van A kan dan ook niet op art. 6:77 worden gegrond. Zij berust rechtstreeks op de algemene artikelen 6:74 en 75.

Aansprakelijkheid voor gebruikte zaken is hoofdregel. De schuldenaar kan zich echter van aansprakelijkheid bevrijden door aannemelijk te maken dat toerekening van de tekortkoming onredelijk zou zijn.

HR 5 januari 1968, NJ 1968, 102 (Vliegtuigvleugel)
Fokker geeft Zentveld opdracht een vliegtuigvleugel van een dekschuit in een transportwagen te laden. Voor deze diensten ontvangt Zentveld ƒ17,50 (circa €8) per uur. Het overhevelen geschiedt met behulp van een in het algemeen geschikt hijstoestel, waaruit onverwacht een bout losschiet. De vliegtuigvleugel belandt gedeeltelijk op een meerpaal en gedeeltelijk op de grond. De schade bedraagt ƒ12.000 (circa €5.500) voor welk bedrag – de niet verzekerde – Zentveld door de verzekeringsmaatschappij van Fokker aansprakelijk wordt gesteld. Hoewel Zentveld in principe het risico voor door hem gebruikte zaken draagt, oordeelde de Hoge Raad onder het oude recht dat toerekening in dit geval onredelijk zou zijn.

Toerekening onredelijk

Drie factoren

Wanneer is toerekening van de tekortkoming onredelijk?
De wet noemt drie factoren die als richtsnoer kunnen dienen:
1 *De inhoud en de strekking van de rechtshandeling* (meestal een overeenkomst) waaruit de verbintenis voortvloeit. Wanneer de schuldenaar gebruikmaakt van een door de schuldeiser voorgeschreven hulpzaak, zal toerekening in het algemeen onredelijk zijn. In het geval Fokker/Zentveld achtte de Hoge Raad de omstandigheid dat de bedongen tegenprestatie (ƒ17,50 (circa €8) per uur) zeer gering was in relatie tot de omvang van de schade (ƒ12.000, circa €5.500), een contra-indicatie voor toerekening.

2 *De in het verkeer geldende opvattingen.* De verkeersopvattingen brengen mee dat degene die zich voor de bewuste calamiteit behoort te verzekeren, ook eerder de schade zal moeten dragen.
In dit kader is ook van belang of de tekortkoming is ontstaan door een *in het algemeen ongeschikte zaak* (zoals het hiervoor ten tonele gevoerde K4R) of door een zaak die in het algemeen geschikt is, en alleen *in het concrete geval ongeschikt* bleek (zoals het hijstoestel waarvan de bout losschiet in de casus Fokker/Zentveld). In het laatste geval zal toerekening eerder onredelijk zijn.
3 *De overige omstandigheden van het geval.* Als de schuldenaar in het concrete geval verzekerd is, zal de tekortkoming hem vrij snel worden toegerekend. Is hij daarentegen niet verzekerd (zoals Zentveld), dan zal toerekening soms onredelijk kunnen zijn, met name als het sluiten van een verzekering voor hem niet gebruikelijk was.

Onmogelijkheid tijdens verzuim

Ad c Onmogelijkheid van nakoming tijdens verzuim (art. 6:84)
Art. 6:84 ziet op het geval dat een vertraging in de nakoming – gelegen in het niet tijdig of (herstelbaar) ondeugdelijk nakomen van de verbintenis – gevolgd wordt door het onmogelijk worden van de prestatie.
Ten gevolge van de vertraging in de nakoming raakt de schuldenaar in verzuim. Tijdens zijn verzuim komt *elke oorzaak* waardoor nakoming tijdelijk of blijvend onmogelijk wordt, voor zijn risico. Hij is dus ook aansprakelijk voor omstandigheden die buiten zijn verzuim overmacht zouden hebben opgeleverd.

■ **Voorbeeld 8.44**
S verkoopt zijn kostbare Hammerklavier aan B. Levering zal plaatsvinden op 1 november, maar blijft door nalatigheid van S achterwege. Op 10 november gaat het huis van S inclusief het zich daar nog bevindende klavier, door blikseminslag in vlammen op.
Natuurkrachten komen normaal gesproken niet voor risico van de schuldenaar. Maar S is op 2 november in verzuim geraakt (art. 6:83 sub a). Tijdens zijn verzuim draagt hij het risico voor elke oorzaak waardoor nakoming onmogelijk wordt. Hij is verplicht de door de onmogelijkheid ontstane schade aan B te vergoeden.

Art. 6:84 bedoelt te voorkomen dat de schuldeiser nadeel ondervindt doordat de schuldenaar te laat of ondeugdelijk presteerde. In twee gevallen is de schuldenaar die in verzuim is, niet aansprakelijk:
1 indien de onmogelijkheid toerekenbaar is aan de schuldeiser;
2 als de schuldeiser de schade ook bij behoorlijke en tijdige nakoming zou hebben geleden.

■ **Voorbeeld 8.45**
S uit voorbeeld 8.44 kan bijvoorbeeld trachten te bewijzen dat het klavier bij tijdige levering in zijn (S') huis zou zijn blijven staan of dat het muziekinstrument bij correcte levering in B's opslagruimte door een ander onheil (bijvoorbeeld een overstroming) zou zijn getroffen. In die omstandigheden zou B de schade ook bij tijdige nakoming hebben geleden, zodat het verband tussen S' verzuim en de schade ontbreekt. In beide situaties is S niet aansprakelijk voor het onmogelijk worden van de prestatie (maar wel voor de vertraging in de nakoming).

Risico krachtens rechtshandeling

Rechtshandeling

De wettelijke bepalingen omtrent toerekenbaarheid van tekortkomingen zijn van regelend recht. Het staat partijen vrij daarvan bij rechtshandeling (meestal een overeenkomst) af te wijken, hetzij door de toerekenbare factoren uit te breiden, hetzij door deze in te perken.

Garanties

Uitbreiding van toerekenbare factoren kan geschieden door het opnemen van bepaalde *garanties*. De tekortkoming is de schuldenaar dan toerekenbaar, zodra zij haar oorzaak vindt in het uitblijven van het gegarandeerde feit, ook al is zij noch aan schuld van de schuldenaar te wijten, noch krachtens wet of verkeersopvattingen voor zijn risico.

■ **Voorbeeld 8.46**
A sluit met B een overeenkomst tot vervoer van zijn (A's) goederen, waarbij B de uitvoer garandeert. Als de goederen niet (of niet tijdig) aankomen ten gevolge van een uitvoerverbod, is B aansprakelijk voor de schade. De tekortkoming is hem toerekenbaar, omdat hij bij rechtshandeling het risico voor uitvoer op zich heeft genomen.

Exoneratie

Contractuele beperking van toerekenbare feiten komt in de praktijk neer op uitsluiting van aansprakelijkheid voor bepaalde feiten door het opnemen van *exoneratie- of vrijtekeningsbedingen*.

■ **Voorbeeld 8.47**
A sluit met B een vervoersovereenkomst waarbij hij alle aansprakelijkheid voor schade ontstaan tijdens vervoer uitsluit. Door roekeloosheid van A's chauffeur worden de goederen tijdens het vervoer beschadigd.
Door het opnemen van een exoneratiebeding is A – in afwijking van art. 6:77 – niet aansprakelijk voor de tekortkoming ontstaan door de gedraging van zijn hulppersoon. De tekortkoming is hem krachtens rechtshandeling niet toerekenbaar.

Een exoneratie heeft echter niet steeds in volle omvang gelding. Bedingen waarbij aansprakelijkheid voor tekortkomingen veroorzaakt door opzet of grove schuld van de schuldenaar zelf wordt uitgesloten, zijn nietig op grond van art. 3:40 lid 1 (strijd met de goede zeden). Aansprakelijkheid voor een tekortkoming ontstaan door opzet of grove schuld van hulppersonen mag in het algemeen wel uitgesloten worden.

Een in algemene voorwaarden opgenomen exoneratie is vernietigbaar wanneer zij onredelijk bezwarend is voor de wederpartij (art. 6:233 sub a en 6:237 sub f).

Risico krachtens verkeersopvattingen

Wanneer noch de wet, noch de rechtshandeling uitkomst biedt, moet ter beantwoording van de vraag of een tekortkoming toerekenbaar is te rade worden gegaan bij de verkeersopvattingen.

Verkeersopvattingen

De voornaamste voorbeelden van omstandigheden die naar verkeersopvattingen voor risico van de schuldenaar komen, zijn de volgende:

Voorzienbaar

- Omstandigheden die ten tijde van het aangaan van de verbintenis voorzienbaar waren.
  Een omstandigheid is voorzienbaar wanneer zij zo waarschijnlijk is dat een zorgvuldig schuldenaar daar rekening mee zou houden bij het maken van de afspraken.

■ **Voorbeeld 8.48**
M, importeur van exotische vogels, verkoopt op 1 januari tien, rechtstreeks uit Kenya te betrekken, blauwbekpapegaaien aan K. De levering zal plaatsvinden op 1 mei. Op 1 februari vaardigt de Kenyase overheid echter het uitvoerverbod voor inheemse vogels uit, waarmee zij reeds een halfjaar dreigde. Dientengevolge is nakoming van zijn verbintenis voor M onmogelijk geworden. De tekortkoming is hem krachtens verkeersopvattingen toerekenbaar, aangezien het exportverbod reeds ten tijde van het aangaan van de verbintenis voorzienbaar was.

Persoonlijke omstandigheden

- Omstandigheden die de schuldenaar persoonlijk betreffen, zoals financieel onvermogen, verhoogde vatbaarheid voor ziekten en gebrek aan bekwaamheid.
  Een voorbeeld van financieel onvermogen als risicofactor werd hiervoor (voorbeeld 8.39) reeds gegeven.
  In het algemeen komen ook *werkstakingen* in zijn eigen bedrijf voor risico van de schuldenaar, hetzij op grond van art. 6:76 (wanneer de stakende werknemers ter uitvoering van de verbintenis werden gebruikt), hetzij krachtens verkeersopvattingen (op grond van art. 6:75), bijvoorbeeld omdat de staking voorzienbaar was of omdat zij was uitgeroepen daar de schuldenaar weigerde op bepaalde eisen in te gaan.

Figuur 8.6 geeft schematisch de toerekenbaarheid aan de schuldenaar voor tekortkomingen in het nakomen van de verbintenis weer.

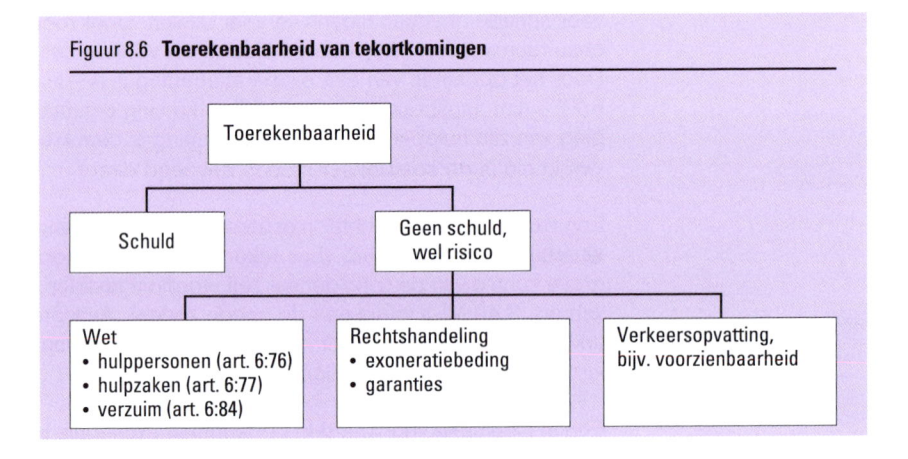

Figuur 8.6 Toerekenbaarheid van tekortkomingen

```
                    Toerekenbaarheid
                    /              \
                Schuld         Geen schuld,
                                 wel risico
                                /    |    \
                            Wet   Rechts-   Verkeersopvatting,
                          • hulppersonen   handeling   bijv. voorzienbaarheid
                            (art. 6:76)   • exoneratie-
                          • hulpzaken       beding
                            (art. 6:77)   • garanties
                          • verzuim
                            (art. 6:84)
```

■ ■ ■ **8.5.3 Gevolgen van overmacht**

Gevolgen van overmacht

Een tekortkoming van de schuldenaar geeft de schuldeiser, naast nakoming, recht op opschorting, schadevergoeding en – wanneer de verbintenis voortspruit uit een wederkerige overeenkomst – recht op ontbinding. Hierna zal worden nagegaan welke invloed een geslaagd beroep op de niet-toerekenbaarheid van de tekortkoming op de rechten van de schuldeiser heeft.

Geen recht op schadevergoeding

Niet verplicht tot schadevergoeding

Het enige directe en in de wet beschreven gevolg van overmacht betreft het recht op schadevergoeding. Indien de tekortkoming niet aan de schuldenaar kan worden toegerekend, is hij in principe niet verplicht tot schadevergoeding (art. 6:74 lid 1, slot).

Geen recht op nakoming en beperkt recht op opschorting

Geen nakoming

De schuldeiser heeft recht op nakoming of opschorting zodra de schuldenaar respectievelijk niet nakomt of tekortschiet. Toerekenbaarheid van de tekortkoming is voor de uitoefening van deze rechten dus niet van belang. Maar wanneer de schuldenaar in overmacht verkeert, zal nakoming vrijwel steeds blijvend of tijdelijk onmogelijk zijn. Op die grond – en dus niet ten gevolge van overmacht als zodanig – is de vordering tot nakoming uitgesloten (art. 3:303, vgl. paragraaf 8.2): bij blijvende onmogelijkheid definitief, bij tijdelijke onmogelijkheid totdat die periode beëindigd is.

Geen opschorting

Het als pressiemiddel bedoelde algemene opschortingsrecht heeft alleen nut als nakoming nog mogelijk is. Daarom bestaat geen bevoegdheid tot opschorting, indien nakoming blijvend onmogelijk is (ongeacht of de tekortkoming al dan niet toerekenbaar is).

Alleen de excepties

Alleen de excepties (art. 6:262–264) zijn ook bij blijvende onmogelijkheid toegestaan, omdat zij tevens dienstig zijn als inleiding tot ontbinding (subparagraaf 8.3.3).

Wel recht op ontbinding

Wel ontbinding

De schuldeiser heeft recht op ontbinding wanneer de verbintenis waarin de schuldenaar tekortschoot, voortvloeit uit een wederkerige overeenkomst. Toerekenbaarheid van de tekortkoming is geen vereiste voor ontbinding: ook bij overmacht is ontbinding (door de andere partij) mogelijk. Omdat overmacht bijna altijd gepaard gaat met tijdelijke of blijvende onmogelijkheid is de schuldeiser steeds bevoegd direct – 'rauwelijks' – tot ontbinding van de overeenkomst over te gaan (vgl. subparagraaf 8.6.1).

■ **Voorbeeld 8.49**

A verkoopt zijn motorboot aan B, maar voor de levering gaat de boot in vlammen op. Vastgesteld wordt dat de tekortkoming niet aan A kan worden toegerekend. B kan geen nakoming vorderen, aangezien de prestatie blijvend onmogelijk is. Evenmin heeft hij recht op schadevergoeding omdat de tekortkoming A niet toerekenbaar is. B is echter wel bevoegd de betaling van de koopprijs op te schorten. De exceptie fungeert in dit geval niet als pressiemiddel, maar als inleiding tot de ontbinding, waardoor B zich definitief van zijn verbintenis tot betaling van de koopprijs kan bevrijden.

■ ■ ■ 8.6 Recht op ontbinding

Ongeacht de bron waaruit de verbintenis is ontstaan, heeft de schuldeiser wiens schuldenaar zijn verbintenis schendt, recht op nakoming en, wanneer de tekortkoming toerekenbaar is, op schadevergoeding.

Alleen wanneer de verbintenis voortvloeit uit een wederkerige overeenkomst heeft de schuldeiser ook recht op ontbinding. In tegenstelling tot het recht op nakoming en schadevergoeding is de ontbinding niet gericht op het verkrijgen van de prestatie en/of schadevergoeding daarvoor. Zij dient ertoe de schuldeiser van zijn eigen verbintenis te bevrijden.

■ Voorbeeld 8.50

R verkoopt een fiets aan K tegen betaling van €500, maar levering blijft achterwege. Zou K zijn recht op nakoming of schadevergoeding uitoefenen, dan blijft hij zelf tot betaling van de koopprijs verplicht.
Aangezien koop een wederkerige overeenkomst is, kan K ook tot ontbinding (van de overeenkomst) overgaan. Als gevolg van de ontbinding worden beide partijen van hun verbintenissen bevrijd: R behoeft de fiets niet meer te leveren en K de koopprijs niet te betalen.

De bevoegdheid tot ontbinding bestaat alleen ten aanzien van wederkerige overeenkomsten. Daarom is de ontbinding geregeld in afdeling 6.5.5. Hierna gaan we achtereenvolgens in op de vereisten voor ontbinding (in subparagraaf 8.6.1), de gevolgen van ontbinding (in subparagraaf 8.6.2) en de verbintenissen tot ongedaanmaking (in subparagraaf 8.6.3).

8.6.1 Vereisten voor ontbinding

Vereisten

De vereisten voor ontbinding zijn te vinden in art. 6:265. We bespreken de verschillende vereisten.

Een wederkerige overeenkomst

Wederkerige overeenkomst

Een wederkerige overeenkomst kenmerkt zich door haar ruilkarakter: elk der partijen neemt een verbintenis op zich *ter verkrijging* van de prestatie waartoe de wederpartij zich daartegenover jegens haar verbindt (art. 6:261 lid 1). Anders geformuleerd: beide partijen worden schuldenaar met het oogmerk schuldeiser te worden.
Juist het ruilkarakter van de wederkerige overeenkomst rechtvaardigt dat de ene partij zich door ontbinding van de overeenkomst van haar eigen verbintenis kan bevrijden wanneer haar wederpartij haar verbintenis schendt.
Voorbeelden van wederkerige overeenkomsten zijn koop, ruil, huur, arbeidsovereenkomst, aanneming van werk, bewaargeving tegen loon en lastgeving tegen loon.
Eenzijdige overeenkomsten, zoals schenking, kunnen niet ontbonden worden, omdat daarbij slechts één der partijen verbintenissen op zich neemt.

Een tekortkoming van de wederpartij

Tekortkoming

Ontbinding is alleen toegestaan als er een tekortkoming is aan de zijde van de wederpartij. Er is sprake van een tekortkoming, wanneer de wederpartij haar opeisbare verbintenis niet nakomt, hoewel haar geen opschortingsbevoegdheid ten dienste staat (vgl. subparagraaf 8.4.2). De tekortkoming kan bestaan in niet-tijdige nakoming, ondeugdelijke nakoming en blijvende niet-nakoming. Al deze vormen van tekortschieten kunnen ontbinding ten gevolge hebben.

Niet iedere tekortkoming rechtvaardigt ontbinding. Haar bijzondere aard of geringe betekenis kan daaraan in de weg staan (art. 6:265 lid 2). Zo zal de verhuurder – ondanks de bepaling in het huurcontract dat de huur vóór de eerste dag van iedere maand op zijn rekening moet zijn bijgeschreven – de huurovereenkomst niet mogen ontbinden met een huurder die na tien jaar op tijd de huur te hebben overgemaakt, eenmaal twee dagen te laat betaalt.

Toerekenbaarheid van de tekortkoming is niet vereist. Ook bij overmacht van de schuldenaar kan diens wederpartij de overeenkomst ontbinden.

Het ruilkarakter van de wederkerige overeenkomst brengt mee dat ontbinding mogelijk moet zijn zodra de ene partij haar deel van de afspraak niet nakomt. Wanneer een verkoper de verkochte zaak niet levert, behoort de koper zich door ontbinding van de koop van zijn verplichting tot betaling van de koopprijs te kunnen bevrijden, ongeacht of de tekortkoming in de leveringsverplichting wanprestatie of overmacht oplevert.

Verzuim van de schuldenaar, tenzij de tekortkoming niet toerekenbaar is, of nakoming tijdelijk dan wel blijvend onmogelijk is

Verzuim

Evenmin als de vordering tot schadevergoeding, mag het recht op ontbinding onverhoeds toegepast worden. In het algemeen zal de wederpartij eerst tot nakoming aangemaand moeten zijn, tenzij een dergelijke handelwijze zinloos is.

In dit verband kunnen drie situaties worden onderscheiden:

1 De tekortkoming is de schuldenaar *niet toerekenbaar*. De wederpartij kan in het algemeen direct – *rauwelijks*, dat wil zeggen: zonder verzuim – tot ontbinding van de overeenkomst overgaan (art. 6:265 lid 2).

■ **Voorbeeld 8.51**
Student R verkoopt zijn studieboeken aan huisgenoot T, maar voordat levering kan plaatsvinden, worden de boeken uit zijn afgesloten kamer gestolen. Overmacht gaat vrijwel altijd gepaard met (tijdelijke of blijvende) onmogelijkheid om na te komen. Een aanmaning tot nakoming is in dergelijke omstandigheden zinloos. T kan de koopovereenkomst rauwelijks ontbinden.

Tijdelijke of blijvende onmogelijkheid

2 De tekortkoming is de schuldenaar *wel toerekenbaar*; nakoming is *tijdelijk* of *blijvend* onmogelijk. Ook nu kan de overeenkomst rauwelijks ontbonden worden.

■ **Voorbeeld 8.52**
R verkoopt zijn studieboeken aan T, maar verkoopt en levert dezelfde boeken vervolgens aan U, die ze voor geen prijs meer kwijt wil. De tekortkoming is R toerekenbaar, maar nakoming is blijvend onmogelijk, zodat ook nu een aanmaning tot nakoming zinloos is. T kan de koopovereenkomst rauwelijks ontbinden.

3 De tekortkoming is de schuldenaar *toerekenbaar*; nakoming is noch tijdelijk, noch blijvend onmogelijk. Ontbinding is pas toegestaan, wanneer de schuldenaar – in de regel door een ingebrekestelling – in *verzuim* is geraakt overeenkomstig de bepalingen van art. 6:81 e.v. (zie subparagraaf 8.4.2).

■ **Voorbeeld 8.53**
R verkoopt zijn studieboeken aan T, maar levert ze niet omdat hij onverhoopt voor zijn laatste tentamen zakt. R pleegt wanprestatie, maar nakoming is nog mogelijk. T kan de overeenkomst pas ontbinden, wanneer R niet reageert op een aanmaning tot nakoming en daardoor in verzuim is geraakt.

Een schriftelijke ontbindingsverklaring of een rechterlijke uitspraak

Ontbinding kan plaatsvinden door een buitengerechtelijke schriftelijke verklaring, uitgaande van de schuldeiser en gericht aan de schuldenaar (art. 6:267 lid 1). De overeenkomst is ontbonden op het moment waarop de verklaring de schuldenaar heeft bereikt (art. 3:37 lid 3).

Partijen kunnen ook een uitspraak van de rechter vragen (art. 6:267 lid 2). De ontbinding komt dan tot stand door en met het (constitutieve) vonnis. De ontbindingsverklaring kan tegelijk met de ingebrekestelling worden uitgebracht.

■ **Voorbeeld 8.54**

'Tot op heden hebben wij nog geen betaling voor de aan u geleverde Ford Sierra mogen ontvangen. Wij sommeren u thans uiterlijk tien dagen na dagtekening dezes een bedrag van €5.000 te voldoen, bij gebreke waarvan u in verzuim komt.
Mochten wij het bedrag over tien dagen nog niet hebben ontvangen, dan ontbinden wij reeds nu voor alsdan de met u gesloten koopovereenkomst met betrekking tot de Ford Sierra.'

Figuur 8.7 geeft de vereisten voor ontbinding weer.

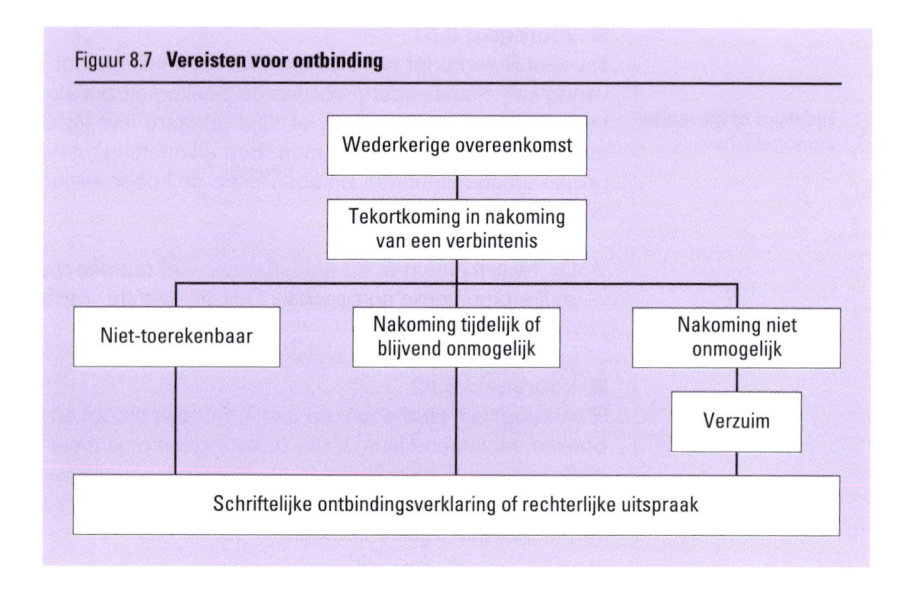

Figuur 8.7 Vereisten voor ontbinding

```
                    Wederkerige overeenkomst
                              │
                    Tekortkoming in nakoming
                       van een verbintenis
         ┌────────────────────┼────────────────────┐
  Niet-toerekenbaar   Nakoming tijdelijk of    Nakoming niet
                      blijvend onmogelijk       onmogelijk
                                                     │
                                                  Verzuim
         └────────────────────┬────────────────────┘
         Schriftelijke ontbindingsverklaring of rechterlijke uitspraak
```

8.6.2 Gevolgen van ontbinding

Gevolgen

De ontbinding heeft alleen gevolgen voor de toekomst: de overeenkomst vervalt met ingang van het moment waarop de ontbinding plaatsvindt.

■ **Voorbeeld 8.55**

A en B sluiten op 1 juni 2015 een overeenkomst, die op 1 januari 2016 wegens wanprestatie van A door B wordt ontbonden.

De ontbinding mist terugwerkende kracht: de overeenkomst wordt voor het verleden niet aangetast. Zij blijft, ook na ontbinding, geldig vanaf haar ontstaan tot aan haar ontbinding. In het geval van voorbeeld 8.55 van 1 juni 2015 tot 1 januari 2016.

In verband hiermee worden de gevolgen van ontbinding in twee gedeelten gesplitst: de gevolgen voor de toekomst (in het voorbeeld ná 1 januari 2016) en de gevolgen voor het verleden (vóór 1 januari 2016). Deze subparagraaf wordt beëindigd met de gevolgen van gedeeltelijke ontbinding.

Gevolgen voor de toekomst

Verval van de overeenkomst

Door de ontbinding vervalt de overeenkomst. Daardoor worden partijen van hun uit de overeenkomst voortvloeiende verbintenissen bevrijd (art. 6:271). Dit brengt mee dat nog niet uitgevoerde verbintenissen na de ontbinding niet meer nagekomen behoeven te worden.

■ **Voorbeeld 8.56**
O verkoopt een hectoliter vetzuren aan U. Ondanks herhaalde aanmaningen blijft levering achterwege, zodat U ten slotte de overeenkomst ontbindt, zonder de koopprijs betaald te hebben.
Door de ontbinding zijn beide partijen van hun verbintenissen bevrijd: O behoeft niet meer te leveren en U behoeft niet meer te betalen.

Gevolgen voor het verleden

Geen terugwerkende kracht

De ontbinding heeft geen terugwerkende kracht (art. 6:269), zodat de overeenkomst voor het verleden in stand blijft.

■ **Voorbeeld 8.57**
P verkoopt en levert op 4 oktober een droogroeitoestel aan S die de koopprijs direct betaalt. Het apparaat blijkt evenwel dermate ondeugdelijk dat S de overeenkomst op 10 oktober ontbindt. De ontbinding doet de overeenkomst met ingang van 10 oktober vervallen; zij blijft van 4 tot 10 oktober in stand.

Het ontbreken van terugwerkende kracht heeft tot gevolg dat reeds vóór de ontbinding verrichte prestaties – ook achteraf beschouwd – op grond van een geldige rechtsgrond blijven verricht (art. 6:271). Zij kunnen niet op grond van onverschuldigde betaling teruggevorderd worden.

■ **Voorbeeld 8.58**
S, uit voorbeeld 8.57, kan de door hem op 4 oktober betaalde koopprijs na de ontbinding op 10 oktober niet als onverschuldigd betaald terugvorderen. Op 4 oktober bestond voor de betaling een geldige rechtsgrond, die door de latere ontbinding – wegens het ontbreken van terugwerkende kracht – niet wordt aangetast.

Geen goederenrechtelijk effect

Door het ontbreken van terugwerkende kracht mist de ontbinding tevens goederenrechtelijk effect. De verbintenissen blijven een geldige rechtsgrond voor de reeds verrichte prestaties; zij blijven dus evenzeer een geldige titel voor reeds geschiede leveringen (zie paragraaf 3.2). De verkrijger van het goed blijft ook na de ontbinding rechthebbende. De vervreemder kan het goed niet met een goederenrechtelijke actie opvorderen (revindiceren).

■ **Voorbeeld 8.59**
P, uit voorbeeld 8.57, kan het droogroeitoestel na de ontbinding niet revindiceren. De levering op 4 oktober geschiedde – ook achteraf beschouwd – op grond van een geldige titel. S blijft ook na 10 oktober eigenaar van het apparaat.

Ongedaanmakings-verbintenissen

Niettemin mogen partijen de vóór ontbinding ontvangen prestaties na de ontbinding niet behouden.
Op het moment van de ontbinding ontstaan voor hen *ongedaanmakingsverbintenissen*, waardoor zij verplicht worden de reeds ontvangen prestaties te retourneren (art. 6:271).

■ Voorbeeld 8.60
Na de ontbinding op 10 oktober wordt P, uit voorbeeld 8.57, verplicht tot terugbetaling van de koopprijs, terwijl S – als eigenaar – het droogroeitoestel weer aan P moet overdragen.

Figuur 8.8 visualiseert met een tijdlijn de gevolgen van het ontbreken van terugwerkende kracht bij ontbinding van een overeenkomst.

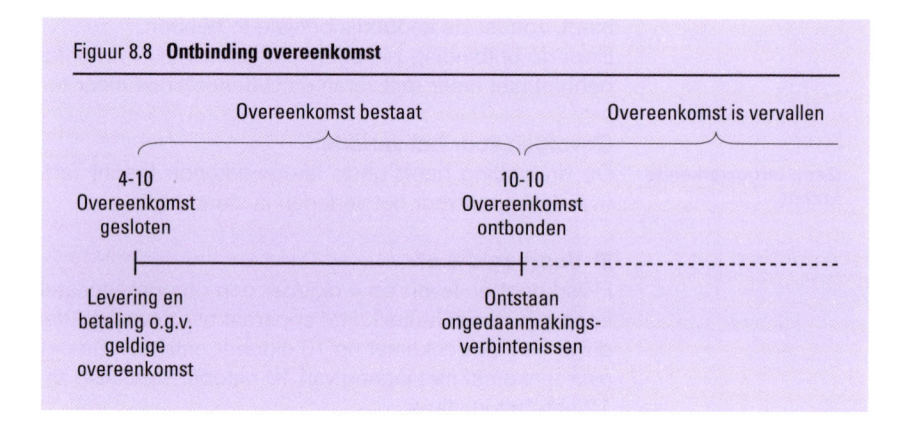

Figuur 8.8 Ontbinding overeenkomst

Overeenkomst bestaat	Overeenkomst is vervallen
4-10 Overeenkomst gesloten	10-10 Overeenkomst ontbonden
Levering en betaling o.g.v. geldige overeenkomst	Ontstaan ongedaanmakings-verbintenissen

De ongedaanmakingsverbintenissen zijn verbintenissen uit de wet. Zij scheppen slechts een persoonlijk vorderingsrecht jegens degene die vóór ontbinding een prestatie ontving. Het belang van deze constatering komt onder andere tot uiting bij faillissement van de ontvanger.

■ Voorbeeld 8.61
Na de ontbinding, maar voordat retro-overdracht van het droogroeitoestel heeft plaatsgevonden, gaat S, uit voorbeeld 8.57, failliet. P kan het apparaat niet revindiceren. Hem staat slechts een concurrente vordering op de failliete boedel ten dienste (art. 37a Fw).

Gevolgen van gedeeltelijke ontbinding
De hiervoor omschreven gevolgen bij ontbinding treden in volle omvang in, wanneer de *gehele* overeenkomst wordt ontbonden.
De wet verklaart de partij wiens wederpartij tekortschiet, echter ook bevoegd tot *gedeeltelijke* ontbinding (art. 6:265 lid 1). De gevolgen daarvan worden voornamelijk bepaald door de vorm waarin de gedeeltelijke ontbinding wordt gegoten (art. 6:270).

Gedeeltelijke ontbinding

Duurovereenkomsten Bij duurovereenkomsten, dat wil zeggen: overeenkomsten die strekken tot het voortdurend of periodiek verrichten van prestaties, is het gebruikelijk de overeenkomst alleen voor de toekomst te ontbinden.

■ **Voorbeeld 8.62**
Na verloop van vier jaren ontbindt A een met B gesloten huurovereenkomst gedeeltelijk, in die zin dat partijen voor de toekomst van hun prestaties bevrijd zijn. Aan het verleden wordt niet getornd: nog niet nagekomen verbintenissen moeten alsnog worden uitgevoerd; de reeds verrichte prestaties behoeven niet ongedaan gemaakt te worden.

Wanneer de tekortkoming bestaat in een gedeeltelijke of ondeugdelijke prestatie kan de wederpartij met deze prestatie genoegen nemen tegen een evenredige vermindering van de tegenprestatie (actio quanti minoris).

■ **Voorbeeld 8.63**
A moet aan B een partij lucifers leveren, maar biedt slechts een halve partij of een mindere kwaliteit aan. B kan de overeenkomst gedeeltelijk ontbinden in dier voege dat hij de lucifers behoudt tegen vermindering van de koopprijs.
Wanneer de volledige koopprijs reeds werd voldaan, is A verplicht tot ongedaanmaking van het gekorte bedrag. Heeft B nog niet betaald, dan is hij door de gedeeltelijke ontbinding voor het gekorte bedrag bevrijd.

■ ■ ■ 8.6.3 De ongedaanmakingsverbintenissen

Ongedaanmaking

Teruggave

De partij die vóór ontbinding een prestatie ontving, is verplicht haar na ontbinding weer ongedaan te maken (art. 6:271). Een ontvangen goed moet worden teruggegeven in de staat waarin het zich bij ontvangst bevond. Bestond de prestatie in de overdracht van een goed, dan is de ontvanger na de ontbinding verplicht tot retro-overdracht. De titel van de levering is de verbintenis tot ongedaanmaking.

■ **Voorbeeld 8.64**
A verkoopt en levert een huis met erf aan B. Na de ontbinding dient B het huis overeenkomstig de eisen van art. 3:84 weer aan A over te dragen. Dit betekent onder meer dat levering dient plaats te vinden door het opmaken van een notariële akte en inschrijving in de openbare registers (art. 3:89).

Waardevergoeding

Wanneer de prestatie *naar haar aard* niet ongedaan gemaakt kan worden, treedt voor de verbintenis tot ongedaanmaking een verbintenis tot waardevergoeding in de plaats (art. 6:272).

■ **Voorbeeld 8.65**
A knipt B's haren op een zodanige wijze dat B de overeenkomst ontbindt. Ongedaanmaking van de door A verrichte prestatie is onmogelijk. B is verplicht tot vergoeding van de waarde die de prestatie in de gegeven omstandigheden voor hem heeft gehad.

Vragen

1 K koopt van V een antieke piano. V zal de piano na een week bij K bezorgen. Voordat de week voorbij is, wordt de piano bij V gestolen.
Zal de rechter V op vordering van K veroordelen tot levering van de piano?

2 A bouwt een huis voor E. E weigert bij de oplevering een gedeelte van de aanneemsom te betalen, totdat A een aantal door hem (E) bij die oplevering geconstateerde gebreken heeft hersteld.
 a Mag E betaling weigeren? Op grond waarvan?
 b Raakt E door betaling te weigeren in verzuim (art. 6:81 e.v.)?

3 A verbindt zich tegenover B tot levering van een partij kunstmest op uiterlijk 1 september. A levert op die dag niet.
Is voor het intreden van verzuim nog een ingebrekestelling nodig?

4 A is tegenover B verplicht tot vergoeding van de schade die B heeft geleden doordat A zijn huis met leuzen heeft beklad. A betaalt de schadevergoeding niet.
Is voor het intreden van verzuim nog een ingebrekestelling nodig?

5 A opereert de hond van B. Per ongeluk laat hij een naald achter in de wond. De hond moet nog een keer worden geopereerd.
Is A aansprakelijk voor de schade van B?

Casus

1. De in Frankrijk gevestigde vennootschap A verkoopt in maart een partij zijden stoffen aan de Nederlandse firma B, af te leveren bij de fabriek van B op 1 juli. Op 15 juni verbiedt Frankrijk onverwacht de uitvoer van zijden stoffen. Men neemt aan dat het uitvoerverbod een jaar van kracht zal blijven. Levering blijft op 1 juli dan ook achterwege.
   a Heeft B direct op 2 juli recht op schadevergoeding?
   b Kan B op 2 juli zonder meer de met A gesloten koopovereenkomst ontbinden?

2. A en B doen regelmatig zaken. Zo hebben zij overeenkomsten gesloten voor levering van stenen op 1 oktober, levering van grind op 1 november en levering van zand op 1 december.
   Het op 1 november door A geleverde grind wordt door B niet betaald. Daarop weigert A op 1 december zand te leveren, zolang B niet voor het grind betaalt.
   a Heeft B direct op 2 december recht op schadevergoeding wegens het niet-leveren van het zand?
   b Kan B op 2 december de met A gesloten overeenkomst met betrekking tot het zand ontbinden?

3. A geeft de bv B opdracht om herstelwerkzaamheden te verrichten aan enkele schilderijen van A. Bij die werkzaamheden wordt door een werknemer van de bv B een zeer kostbaar schilderij van A aanzienlijk beschadigd. De bv B heeft bij het sluiten van de overeenkomst het volgende bedongen:
   'bv B is niet aansprakelijk voor door werkzaamheden van haar ondergeschikten veroorzaakte schade.'
   a Heeft A recht op schadevergoeding wegens het beschadigen van het schilderij?
   b Kan A de met bv B gesloten overeenkomst ontbinden?

4. A komt met B overeen dat A voor B een stand zal opzetten en inrichten op de vakantiebeurs, waaraan B deelneemt. De beurs duurt van 12 tot 15 januari. Ten gevolge van onderbezetting in zijn bedrijf lukt het A niet de stand op te zetten en in te richten.
   a Kan B direct op 16 januari nakoming van zijn verplichting tot betaling opschorten?
   b Is hij daardoor van zijn verbintenis tot betaling bevrijd?

5. Sjeik A koopt van garage B een auto. Vijf dagen na de levering wenst A de koop te ontbinden omdat de asbakjes van de auto te klein zijn.
   a Heeft A recht op ontbinding?
   b Indien A terecht een beroep doet op ontbinding, wie is dan na ontbinding eigenaar van de auto?

6   A en B spreken af dat A voor B op uiterlijk 10 februari per schip een container van Rotterdam naar New York zal vervoeren. Door vergeetachtigheid van A vindt het vervoer pas op 15 februari plaats. Het schip vergaat in een zware storm.
   a Is A aansprakelijk voor de schade van B, bestaande uit het verlies van de container?
   b Zou het antwoord op vraag **a** anders luiden, indien vast komt te staan dat ook het schip dat op 10 februari naar New York voer door een zware storm is vergaan?

Onrechtmatige daad

9

9.1 Aansprakelijkheid op grond van eigen onrechtmatige daad
9.2 Verhouding onrechtmatige daad en wanprestatie
9.3 Rechtsvorderingen op grond van onrechtmatige daad
9.4 Aansprakelijkheid voor personen en zaken
9.5 Productenaansprakelijkheid
9.6 Schematische weergave onrechtmatige daad

Zoals aangegeven is in subparagraaf 7.1.1, kunnen verbintenissen niet alleen uit obligatoire (verbintenisscheppende) overeenkomsten ontstaan, maar ook rechtstreeks uit de wet. In het laatste geval worden zij verbintenissen uit de wet genoemd. Hiertoe behoren de in dit hoofdstuk te behandelen verbintenissen die voortvloeien uit onrechtmatige daad en de in hoofdstuk 11 aan de orde komende verbintenissen die voortvloeien uit rechtmatige daden, te weten zaakwaarneming, onverschuldigde betaling en ongerechtvaardigde verrijking. Anders dan bij overeenkomsten gaat het hierbij niet om rechtshandelingen maar om feitelijke handelingen, aangezien voor het intreden van het rechtsgevolg een menselijk handelen nodig is zonder dat de wil van de handelende persoon gericht behoeft te zijn op het intreden van het rechtsgevolg. De verbintenis ontstaat rechtstreeks uit de wet, omdat het de wetgever is die aan de menselijke handeling een rechtsgevolg verbindt (bijvoorbeeld een verplichting tot schadevergoeding, vergelijk paragraaf 1.1).

De onrechtmatige daad is geregeld in titel 6.3. Titel 6.3 bestaat uit afdeling 1 tot en met 5, waarvan in dit hoofdstuk de eerste drie afdelingen worden behandeld: 6.3.1 Algemene bepalingen (dit betreft de *eigen* onrechtmatige daad), 6.3.2 Aansprakelijkheid voor personen en zaken (dit is de *kwalitatieve* aansprakelijkheid) en 6.3.3 Productenaansprakelijkheid. Dat de wet hier zelf de bron van de verbintenis is, blijkt bijvoorbeeld uit art. 6:162 dat degene die onrechtmatig handelt verplicht tot het betalen van schadevergoeding. Daarnaast kan diezelfde daad ook gevolgen hebben op strafrechtelijk gebied in de vorm van een geldboete of gevangenisstraf. Uiteraard gaat het in dit hoofdstuk uitsluitend om de privaatrechtelijke aspecten.

Zowel voor de particulier als voor de ondernemer is het van groot belang te weten in welke gevallen hij zelf aansprakelijk is en wanneer iemand anders aansprakelijk kan worden gesteld op grond van titel 6.3; er kunnen immers grote claims mee gemoeid zijn. Dat is de reden dat zowel de ondernemer als de particulier zich pleegt te verzekeren tegen de gevolgen van wettelijke aansprakelijkheid.

Paragraaf 9.1 bespreekt de aansprakelijkheid voor eigen onrechtmatige gedragingen. Hoe de onrechtmatige daad zich verhoudt tot wanprestatie en welke rechtsvorderingen er op grond van een (dreigende) onrechtmatige daad ingesteld kunnen worden door de benadeelde, behandelen we in paragraaf 9.2 respectievelijk 9.3. Vervolgens komen in paragraaf 9.4 de aansprakelijkheid voor onrechtmatige gedragingen van andere personen aan de orde en de aansprakelijkheid voor zaken, waaronder opstallen, roerende zaken die een bijzonder gevaar opleveren en dieren.

In paragraaf 9.5 wordt in het kader van de productenaansprakelijkheid behandeld wie aansprakelijk kan worden gesteld voor een in het verkeer gebracht product dat gebrekkig is en vervolgens schade toebrengt aan andere zaken of personen.

Paragraaf 9.6 sluit het hoofdstuk af met een schematische weergave van de in dit hoofdstuk behandelde eerste drie afdelingen van titel 6.3 (onrechtmatige daad).

Dit hoofdstuk verschaft inzicht in de vraag wie met succes aansprakelijk kan worden gesteld en op grond waarvan. Pas nadat over deze vraag duidelijkheid is verkregen, wordt het van belang na te gaan welke soort schade voor vergoeding in aanmerking komt en hoeveel schadevergoeding er van degene die aansprakelijk is, gevorderd kan worden. Daarover handelt hoofdstuk 10.

■ ■ ■ 9.1 Aansprakelijkheid op grond van eigen onrechtmatige daad

In deze paragraaf komen de vereisten voor aansprakelijkheid voor een *eigen* onrechtmatige daad aan de orde.

Wie jegens een ander een onrechtmatige daad pleegt die hem kan worden toegerekend, kan voor de daardoor ontstane schade door die ander aansprakelijk worden gesteld op grond van art. 6:162. Daarmee komt op die ander een verbintenis tot schadevergoeding te rusten die rechtstreeks uit de wet (art. 6:162) voortvloeit.

■ Voorbeeld 9.1
Na de zoveelste ruzie met zijn buurman A zet B zijn stereo op volle sterkte. A, die net naar de tv zit te kijken, kan de nieuwslezer niet meer verstaan. Hij belt bij B aan en slaat hem neer op het moment dat B de deur opendoet. De linkse van A komt zo hard aan dat B in het ziekenhuis moet worden opgenomen met een kaakfractuur. B derft twee weken lang inkomsten, krijgt een gepeperde rekening van het ziekenhuis en heeft erg veel pijn geleden. Bovendien moet hij nog acht weken lang rondlopen met aan elkaar vastgezette kaken, zodat hij slechts vloeibaar voedsel mag eten.

Eigenrichting

In plaats van naar de rechter te stappen, om op die manier de geluidsoverlast van B te doen beëindigen, heeft A uit voorbeeld 9.1 hier het heft in eigen hand genomen. Het uitoefenen van een dergelijke vorm van eigenrichting wordt in ons rechtssysteem niet getolereerd. B hoeft dit dan ook geenszins lijdzaam te ondergaan. Hij kan aangifte doen wegens mishandeling, een strafbaar feit (art. 300 Sr), op grond waarvan de strafrechter A tot een geldboete (te betalen aan de Staat), taakstraf of gevangenisstraf kan veroordelen. Daarmee heeft B de door hem geleden materiële en immateriële schade nog niet vergoed gekregen. Aangezien er tussen A en B geen contractuele relatie bestaat, is het vorderen van schadevergoeding op grond van wanprestatie niet denkbaar. Het Burgerlijk Wetboek biedt B de mogelijkheid zijn schade vergoed te krijgen op grond van art. 6:162: 'Hij die jegens een ander een onrechtmatige daad pleegt, welke hem kan worden toegerekend, is verplicht de schade die de ander dientengevolge lijdt, te vergoeden.'

Vereisten

Wil de dader met succes op grond van onrechtmatige daad aansprakelijk worden gesteld, dan zal aan de volgende (in beginsel door de benadeelde te bewijzen) vereisten moeten zijn voldaan:
1 onrechtmatigheid;
2 toerekenbaarheid;
3 schade;
4 causaal verband;
5 relativiteit.

Deze vereisten zijn cumulatief: alleen wanneer aan alle vereisten is voldaan, is de dader aansprakelijk op grond van art. 6:162. De vereisten bespreken we hierna afzonderlijk. We sluiten in subparagraaf 9.1.6 af met een schematische weergave van deze vereisten voor aansprakelijkheid.

9.1.1 Onrechtmatigheid

Allereerst gaan we in op het begrip onrechtmatigheid. Wil er sprake zijn van onrechtmatigheid, dan moet zijn voldaan aan ten minste een van de vormen van onrechtmatigheid zoals omschreven in art. 6:162 lid 2. Het kan echter zijn dat de daad toch niet onrechtmatig is door de aanwezigheid van een rechtvaardigingsgrond.

Begrip onrechtmatigheid
Blijkens art. 6:162 lid 2 is aan het vereiste van onrechtmatigheid voldaan indien sprake is van:
a een inbreuk op een recht; en/of
b een doen of nalaten in strijd met een wettelijke plicht; en/of
c een doen of nalaten in strijd met hetgeen volgens ongeschreven recht in het maatschappelijk verkeer betaamt.

Ad a Inbreuk op een recht

Persoonlijkheidsrechten

Absolute rechten

Onder het begrip recht zijn begrepen de *persoonlijkheidsrechten* (recht op leven, lichamelijke integriteit, vrijheid, privacy en eer) en de *absolute rechten* (eigendom, beperkte rechten en rechten op voortbrengselen van de geest, zoals het octrooirecht en het auteursrecht). Hieronder vallen dus niet de relatieve rechten, met uitzondering van de rechten van de huurder en pachter; inbreuk op een relatief recht zal immers in het algemeen wanprestatie opleveren.

■ **Voorbeeld 9.2**
In voorbeeld 9.1 heeft A inbreuk gemaakt op B's recht op lichamelijke integriteit, dat wil zeggen B's recht op onaantastbaarheid van het lichaam. A heeft op dit recht inbreuk gemaakt door B hard neer te slaan en een kaakfractuur te bezorgen. Behoudens bij of krachtens de wet te stellen beperkingen moet B immers zelf kunnen bepalen welke ingrepen hij van buitenaf op zijn lichaam duldt.

Ad b Doen of nalaten in strijd met een wettelijke plicht
Onder het doen of nalaten in strijd met een wettelijke plicht valt niet alleen elk handelen (doen) dat in strijd is met hetgeen in een wet is bepaald, maar ook elk stilzitten (nalaten) waar de wet juist tot een handelend optreden verplicht.

■ Voorbeeld 9.3
In voorbeeld 9.1 heeft A B mishandeld. Dit is aan te merken als een doen in strijd met een wettelijke plicht, omdat mishandeling in art. 300 Sr strafbaar is gesteld.

Van een nalaten in strijd met een wettelijke plicht is sprake in het volgende geval.

■ Voorbeeld 9.4
X ziet dat een zwemmer wordt overvaren door een speedboot die, zonder dit te hebben bemerkt, zijn koers vervolgt. De zwemmer verkeert in levensgevaar. X, zelf een uitstekend zwemmer, kijkt slechts toe, hoewel hij de zwemmer onder water ziet verdwijnen. De handelwijze van X is onrechtmatig, omdat art. 450 Sr hem verplicht mensen die in ogenblikkelijk levensgevaar verkeren, te helpen.

Ad c Een doen of nalaten in strijd met hetgeen volgens ongeschreven recht in het maatschappelijk verkeer betaamt
In onze maatschappij bestaan ook allerlei niet in de wet neergelegde (ongeschreven) opvattingen over wat wel en niet behoort in de omgang met anderen. Het zijn *ongeschreven zorgvuldigheidsnormen* die aangeven welke zorgvuldigheid men in het maatschappelijk verkeer jegens anderen in acht behoort te nemen. Juist omdat zij ongeschreven zijn, kunnen zij zich aanpassen aan nieuwe maatschappelijke ontwikkelingen en gewijzigde inzichten.

Ongeschreven zorgvuldigheidsnormen

■ Voorbeeld 9.5
Door de vorst springt de waterleiding in een pakhuis. Op een gegeven moment spuit het water eruit, op het daar opgeslagen leer. De hoofdkraan bevindt zich in de woning erboven. Wanneer eigenaar van het pakhuis A aan bovenbuurvrouw B verzoekt de hoofdkraan dicht te draaien, weigert B dit onder het motto dat dit maar praatjes zijn om haar van haar nachtrust te beroven. Al die tijd blijft het water rustig doorspuiten. Hoewel nergens in de wet de verplichting is neergelegd dat B in zo'n geval de hoofdkraan dicht moet draaien, is zij hiertoe wel verplicht volgens ongeschreven regels van moraal en fatsoen.
Zij heeft immers anders gehandeld dan zij had moeten doen teneinde geen schade toe te brengen aan het belang van A, dat zij had behoren te ontzien. Haar nalaten is dan ook in strijd met hetgeen volgens ongeschreven recht in het maatschappelijk verkeer betaamt.

■ Voorbeeld 9.6
Hoewel nergens in de wet de verplichting is neergelegd om een kelder na gebruik weer goed te sluiten, handelt X onrechtmatig jegens de postbode wanneer hij het luik niet sluit en de postbode in het donker in het gat valt en zijn been breekt. Het is immers in strijd met hetgeen in het maatschappelijk verkeer betaamt om een groter gevaar te scheppen dan waarop een ander bedacht behoort te zijn. Dit geldt vooral wanneer de kans groot is

dat er in het donker een ongeval zal plaatsvinden waaruit ernstige schade voortvloeit, terwijl op eenvoudige wijze veiligheidsmaatregelen genomen hadden kunnen worden, in dit geval door het plaatsen van een afzetting of door het sluiten van het luik.

Ook in voorbeeld 9.1 heeft A gehandeld op een wijze die in het maatschappelijk verkeer niet betaamt. Dit volgt al uit het feit dat de wetgever een dergelijke handelwijze strafbaar heeft gesteld in art. 300 Sr. Daarmee valt de handelwijze van A zowel aan te merken als een inbreuk op een recht van B, als een doen in strijd met een wettelijke plicht en als een doen in strijd met hetgeen volgens ongeschreven recht in het maatschappelijk verkeer betaamt. Vereist is dit niet; gezien het woordje 'of' kan de handelwijze van A reeds als onrechtmatig worden aangemerkt wanneer deze valt onder één van de genoemde drie criteria.

Rechtvaardigingsgronden

Uit art. 6:162 lid 2 volgt dat een rechtvaardigingsgrond de onrechtmatigheid van de daad wegneemt. Een succesvol beroep van de dader op een rechtvaardigingsgrond doet zijn aansprakelijkheid vervallen. Enkele rechtvaardigingsgronden zijn: noodweer (art. 41 lid 1 Sr), noodtoestand, toestemming van de benadeelde, bevoegd gegeven ambtelijk bevel (art. 43 lid 1 Sr) en wettelijk voorschrift (art. 42 Sr).

Noodweer

Op grond van *noodweer* is niet onrechtmatig een handeling, 'geboden door de noodzakelijke verdediging van eigen of eens anders lijf, eerbaarheid of goed tegen ogenblikkelijke, wederrechtelijke aanranding'.

■ **Voorbeeld 9.7**
Wanneer A bij B aanbelt, trekt B plotseling een mes om A daarmee te steken. A slaat in een reflex B's hand weg, waardoor B zijn evenwicht verliest en met zijn gezicht tegen de muur slaat en zijn kaak breekt. A kan zich hier beroepen op noodweer, aangezien hij zich noodzakelijkerwijs moest verdedigen tegen een ogenblikkelijke wederrechtelijke aanranding van zijn lijf door B (zie art. 41 lid 1 Sr). Deze rechtvaardigingsgrond ontneemt aan zijn daad het onrechtmatig karakter, waardoor hij niet aansprakelijk is.

Noodtoestand

Bij *noodtoestand* is de (in beginsel onrechtmatige) handelwijze geboden in verband met de nakoming van een verplichting van hogere orde. Die handelwijze wordt daardoor gerechtvaardigd.

■ **Voorbeeld 9.8**
X slaat bij Y een ruit in om diens kinderen uit het brandende huis te redden. Normaal gesproken zou het inslaan van de ruit X verplicht hebben om de schade aan Y te vergoeden op grond van art. 6:162, maar hier is sprake van een noodtoestand: X dient een hoger belang, te weten het redden van de levens van de kinderen en behoort daarom niet aansprakelijk gesteld te kunnen worden voor de schade aan de ruit.

Toestemming benadeelde

Wie handelt met *toestemming* van de benadeelde, pleegt geen onrechtmatige daad.

■ **Voorbeeld 9.9**
Bij Q wordt een gezonde nier verwijderd die bestemd is voor zijn dochter. Zou de chirurg dit doen zonder toestemming van Q, dan pleegt hij een onrechtmatige daad. Nu hij toestemming heeft van Q is daar geen sprake van.

Bevoegd gegeven ambtelijk bevel

Degene die handelt ter uitvoering van een *ambtelijk bevel*, gegeven door het daartoe bevoegde gezag, handelt niet onrechtmatig.

■ **Voorbeeld 9.10**
Op last van justitie vernietigt Z een partij cocaïne, die in eigendom aan X toebehoort. Z kan zich beroepen op de rechtvaardigingsgrond 'bevoegd gegeven ambtelijk bevel', zodat het vernietigen van de eigendom van X hier geen onrechtmatige daad van Z oplevert.

9.1.2 Toerekenbaarheid aan de dader

De onrechtmatige daad kan blijkens het derde lid van art. 6:162 aan de dader worden toegerekend, wanneer deze daad te wijten is aan:
a zijn schuld; of
b een oorzaak die krachtens de wet voor zijn rekening komt; of
c een oorzaak die krachtens de verkeersopvattingen voor zijn rekening komt.

Ad a Schuld
Er is sprake van schuld, wanneer men de dader het verwijt kan maken dat hij de daad heeft verricht.

■ **Voorbeeld 9.11**
In voorbeeld 9.1 kan A worden verweten dat hij buurman B neerslaat. Hij had deze kwestie immers ook op een andere wijze op kunnen lossen. Zijn onrechtmatige gedraging kan hem daarom worden toegerekend.

■ **Voorbeeld 9.12**
L laat een kostbaar beeldje van K vallen. Ook wanneer L beweert dat zij het beeldje per ongeluk heeft laten vallen, is zij op grond van art. 6:162 aansprakelijk; zij heeft weliswaar zonder enige opzet gehandeld, maar dit neemt niet weg dat het laten vallen van het beeldje haar kan worden verweten.

■ **Voorbeeld 9.13**
P heeft in een kroeg tien glazen bier gedronken om te vieren dat hij zijn rijbewijs eindelijk heeft gehaald. Dan stapt hij in de auto en veroorzaakt een ernstig verkeersongeval. P kan nu niet stellen dat hij geen schuld heeft omdat hij dronken was en dus niet meer wist wat hij deed. P valt te verwijten dat hij, dronken en wel, in de auto is gestapt en is gaan rijden.

Ad b Wet
De wet kan expliciet aangeven dat iemand aansprakelijk is.
Zo is een 'oorzaak die krachtens de wet voor iemands rekening komt', bijvoorbeeld gelegen in art. 6:165 lid 1: een 'als een doen te beschouwen gedraging' van iemand van 14 jaar of ouder, die is verricht onder invloed van een geestelijke of lichamelijke tekortkoming, wordt aan die persoon

Art. 6:165 lid 1

toegerekend. Hij moet de schade dus vergoeden ongeacht of de daad hem kan worden verweten. Toerekening vindt hier plaats krachtens de wet. De wetgever heeft ervoor gekozen de benadeelde te beschermen, omdat de dader in veel gevallen deze schade niet zelf hoeft te vergoeden. Deze is hiervoor immers gewoonlijk verzekerd door een WA-verzekering (verzekering tegen wettelijke aansprakelijkheid).

Art. 6:165 lid 1 spreekt uitdrukkelijk over een 'als een *doen* te beschouwen gedraging'. Hieronder valt alles wat niet een zuiver nalaten is. Wanneer iemand door een beroerte wordt getroffen, bewusteloos raakt of een onwillekeurige reflexbeweging maakt en daardoor schade aan een ander toebrengt, wordt dit als een 'doen' aangemerkt.

■ Voorbeeld 9.14
T stapt in de auto en wordt onderweg volkomen onverwachts en voor het eerst getroffen door een beroerte. De auto komt daardoor in botsing met een tegenligger. T valt niets te verwijten. Nu het hier een 'als een doen te beschouwen gedraging' betreft van iemand die 14 jaar of ouder is, wordt deze, ondanks de lichamelijke tekortkoming van T, toch aan T toegerekend. T zal de schade dus moeten vergoeden.

■ Voorbeeld 9.15
R is beroofd en neergeslagen door leden van een jeugdbende. Zij is niet alleen bewusteloos, maar verkeert ook duidelijk in levensgevaar. S passeert de plek waar R ligt. S ziet R niet liggen, omdat hij aan beide ogen blind is. Nietsvermoedend loopt hij door. S handelt daardoor in strijd met art. 450 Sr, dat hem verplicht om mensen die in ogenblikkelijk levensgevaar verkeren te helpen. Juist door zijn lichamelijke tekortkoming is S zich er helemaal niet van bewust dat hij iets had moeten doen, namelijk hulp bieden. Omdat hij blind is wordt dit niet-doen hem niet toegerekend. Het betreft hier een zuiver nalaten.

De wet kan echter ook bepalen dat een gedraging *niet* als een onrechtmatige daad aan iemand kan worden toegerekend. Dit is gebeurd in art. 6:164: kinderen onder de 14 jaar kunnen nooit op grond van art. 6:162 aansprakelijk worden gesteld.

■ Voorbeeld 9.16
E, 8 jaar, speelt graag buiten. Hij heeft vlak bij de hooiberg van buurman X een hut gemaakt, waarin het heel erg donker is. Hij wil een lichtje maken in de hut. Hoewel zijn moeder het spelen met lucifers en kaarsen heeft verboden, steekt hij toch een kaarsje aan. Door de harde wind slaat er een vonk over naar de hooiberg en de schuren van buurman X, die onmiddellijk vlam vatten en tot de grond toe afbranden. X kan het kind, gezien zijn leeftijd, niet met succes aansprakelijk stellen op grond van art. 6:162.

Ad c Verkeersopvattingen
Ervaring verkrijgt men al doende; men kan iemand dan ook nauwelijks een verwijt maken van het feit dat hij nog onervaren is. Wanneer echter door onervarenheid schade aan een ander wordt toegebracht, komt deze onervarenheid wel, krachtens verkeersopvatting, voor zijn rekening. Een andere opvatting zou er immers toe leiden dat de benadeelde met de schade blijft zitten.

Onervarenheid

■ **Voorbeeld 9.17**
H, die net zijn rijbewijs heeft gehaald, veroorzaakt een ongeluk uitsluitend door zijn onervarenheid. Op grond van verkeersopvattingen is hij aansprakelijk.

9.1.3 Schade

Voorwaarde voor aansprakelijkheid is dát er schade geleden is. Of ook alle schade die is geleden vergoed moet worden en of ook immateriële schade hieronder valt, zijn vragen die pas aan de orde komen nadat de aansprakelijkheid is vastgesteld en die met behulp van afdeling 6.1.10 kunnen worden beantwoord (zie hiervoor hoofdstuk 10).

9.1.4 Causaal verband

Conditio sine qua non

Voor de vraag of de dader aansprakelijk is, moet blijkens het woordje 'dientengevolge' (zie art. 6:162 lid 1) voldaan zijn aan het 'conditio sine qua non' (csqn)-vereiste. Dit houdt in dat de schade door de onrechtmatige gedraging moet zijn veroorzaakt. Om te beoordelen of er een causaal verband bestaat, moet men zich telkens de vraag stellen of de schade zou zijn uitgebleven indien de onrechtmatige gedraging niet had plaatsgevonden.

In voorbeeld 9.1 is zonder meer voldaan aan het csqn-vereiste. Had A niet geslagen, dan zou B zijn kaak niet hebben gebroken en dus geen schade hebben geleden.

Is voldaan aan dit csqn-vereiste en aan de overige vereisten van art. 6:162, dan is de dader aansprakelijk. Pas daarna komt de vraag aan de orde of het ook redelijk is alle schade aan de dader toe te rekenen conform art. 6:98. Het csqn-vereiste is dus bepalend voor de vraag of iemand aansprakelijk is; het in afdeling 6.1.10 opgenomen art. 6:98 heeft betrekking op de omvang van de te vergoeden schade (zie hiervoor hoofdstuk 10).

9.1.5 Relativiteit

Het relativiteitsvereiste wordt niet in art. 6:162, maar in art. 6:163 nader omschreven: 'Geen verplichting tot schadevergoeding bestaat, wanneer de geschonden norm niet strekt tot bescherming tegen de schade zoals de benadeelde die heeft geleden.' Positief gezegd houdt het relativiteitsvereiste dus in dat er alleen een schadevergoedingsplicht bestaat als de geschonden norm strekt tot bescherming tegen de schade zoals de benadeelde die heeft geleden. Dit houdt in dat aan de hand van doel en strekking van de geschonden norm moet worden onderzocht tot welke personen, tot welke schade en welke wijzen van ontstaan van schade de met die norm beoogde bescherming zich uitstrekt. De rechter zal de vordering uit onrechtmatige daad moeten afwijzen indien niet aan het relativiteitsvereiste is voldaan. De bewijslast daarvan rust op de dader.

In voorbeeld 9.1, waarin A buurman B neerslaat, zal het relativiteitsvereiste weinig problemen opleveren. De wettelijke norm dat je iemand niet mag mishandelen (art. 300 Sr), strekt er nu juist toe om degene die wordt mishandeld, te beschermen. De conclusie luidt dat A door B met succes aansprakelijk kan worden gesteld op grond van art. 6:162, aangezien aan alle vereisten is voldaan.

Wettelijke norm

Wanneer er gehandeld is in strijd met een *wettelijke* norm, is het niet altijd eenvoudig om aan de hand van doel en strekking van de desbetreffende wettelijke norm te bepalen tot welke personen en (wijzen van ontstaan van) schade de bescherming zich uitstrekt. Dit valt het beste te illustreren aan de hand van een voorbeeld, ontleend aan een arrest van de Hoge Raad.

> **HR 10 november 2006, ECLI:NL:HR:2006:AY9317 (NJ 2008, 491, m.n. J.B.M. Vranken)**
> Zorgverzekeraar Menzis stelt huisartsen een financiële beloning in het vooruitzicht als zij als eerste keus veel goedkopere merkloze geneesmiddelen voorschrijven. De farmaceutische ondernemingen die de duurdere merkgeneesmiddelen produceren, vrezen dat hierdoor hun omzet aanzienlijk zal dalen. Zij vorderen in kort geding dat de voorzieningenrechter Menzis deze onrechtmatige handelwijze verbiedt, op straffe van een dwangsom, omdat Menzis handelt in strijd met het Reclamebesluit geneesmiddelen (Rbg) en de Wet tarieven gezondheidszorg (WTG) en met de zorgvuldigheid die in het maatschappelijk verkeer jegens hen betaamt.
> Menzis stelt niet aansprakelijk te zijn omdat niet is voldaan aan het relativiteitsvereiste: noch de in het Rbg en de WTG neergelegde normen noch de zorgvuldigheidsnorm dat artsen in hun voorschrijfbeleid niet moeten worden beïnvloed door financiële stimulansen, strekken tot bescherming tegen de schade die de fabrikanten hierdoor lijden.
> Volgens de Hoge Raad komt het bij de beantwoording van de vraag of aan het in art. 6:163 BW neergelegde relativiteitsvereiste is voldaan, aan op het doel en de strekking van de geschonden norm, aan de hand waarvan moet worden onderzocht tot welke personen en tot welke schade en welke wijzen van ontstaan van schade de daarmee beoogde bescherming zich uitstrekt (HR 24 maart 2006, nr. C04/325, RvdW 2006, 310).
> Gelet op de doeleinden van de regelgeving waarvan zowel het Rbg als het WTG deel uitmaakt, beoogt het Rbg niet het belang van de fabrikanten bij behoud en vergroting van de afzet van hun producten te beschermen, net zo min als dit het geval is ten aanzien van de WTG, die strekt ter bescherming van de belangen van patiënten, zorgverleners en verzekeraars.
> Het verweer van Menzis is dus juist, omdat voor zover het gaat om strijd met regelgeving jegens de fabrikanten niet is voldaan aan het relativiteitsvereiste.

Correctie-Langemeijer

Het kan echter zijn dat het schenden van een wettelijke bepaling die niet beoogt het belang van de benadeelde te beschermen wel een factor is die meeweegt bij de vraag of de gedraging in strijd is met *ongeschreven normen* van maatschappelijke zorgvuldigheid, die er wel toe strekken het belang van de benadeelde te beschermen. Dit wordt de *correctie-Langemeijer* genoemd.

> Naast strijd met een wettelijke norm beroepen de fabrikanten zich erop dat de gedraging van Menzis in strijd is met de zorgvuldigheid die in het maatschappelijk verkeer jegens hen betaamt. De Hoge Raad overweegt daarover in hetzelfde arrest het volgende.
> Of, (mede) gelet op de omstandigheid dat Menzis door haar handelen het Rbg en de WTG heeft geschonden, de omvang van de schade en de eventuele voorzienbaarheid daarvan voor Menzis, wellicht aangenomen zou moeten worden dat Menzis met haar handelen jegens de fabrikanten tevens een zorgvuldigheidsnorm heeft geschonden en daarmee jegens hen onrechtma-

tig heeft gehandeld en uit dien hoofde aansprakelijk is voor de als gevolg daarvan door hen geleden schade, is een andere vraag, namelijk die naar de eventuele toepassing van de correctie-Langemeijer. De genoemde correctie bestaat daarin dat, hoewel de geschonden norm (Rbg en WTG) niet strekt tot bescherming tegen de schade zoals de benadeelde die heeft geleden, en de schending van die norm dus op zichzelf genomen geen aansprakelijkheid voor die schade schept, daarvoor toch aansprakelijkheid bestaat omdat onder de omstandigheden van het geval de schending van die norm (de wettelijke regelingen) bijdraagt tot het oordeel dat een zorgvuldigheidsnorm is geschonden die wél bescherming biedt tegen die schade.

In dit geval leidt ook de correctie-Langemeijer er niet toe dat wel aan het relativiteitsvereiste is voldaan. Daarvoor is immers nodig dat Menzis tevens een *ongeschreven* zorgvuldigheidsnorm schendt die er *wel* toe strekt de belangen van de fabrikanten te beschermen. Bescherming tegen oneerlijke concurrentie zou zo'n ongeschreven zorgvuldigheidsnorm kunnen zijn. Als zorgverzekeraar is Menzis echter geen concurrent van de fabrikanten, zodat handelen in strijd met het Reclamebesluit geneesmiddelen niet van invloed is op de gelijke kansen van de fabrikanten in hun onderlinge concurrentiestrijd en dus ook geen factor die meeweegt voor de vraag of er jegens hen onzorgvuldig is gehandeld. De enkele verwijzing van de fabrikanten naar de omvang van het door hen te lijden omzetverlies is voor het toepassen van de correctie ook onvoldoende concreet. De zorgvuldigheidsnorm dat artsen niet in hun voorschrijfbeleid moeten worden beïnvloed door financiële stimulansen baat evenmin, omdat deze niet beoogt het belang van de fabrikanten bij behoud of vergroting van de afzet van hun producten te beschermen. Bedoelde norm strekt ter bescherming van de professionele verantwoordelijkheid van de arts en ter bescherming van het individuele patiëntenbelang. De conclusie is dat Menzis ook na toepassing van de correctie-Langemeijer niet aansprakelijk is, nu Menzis jegens de fabrikanten ook geen ongeschreven zorgvuldigheidsnormen heeft geschonden.

Bestaat de onrechtmatigheid uit het plegen van inbreuk op het recht van een ander, dan zal het relativiteitsvereiste weinig problemen opleveren, omdat deze inbreuk per definitie slechts onrechtmatig is jegens degene op wiens recht inbreuk wordt gemaakt.

9.1.6 Schematische weergave vereisten voor aansprakelijkheid

De conclusie luidt dat de dader door de benadeelde met succes aansprakelijk kan worden gesteld op grond van art. 6:162, wanneer aan alle vereisten is voldaan. Op de dader rust dan een verbintenis (verplichting tot schadevergoeding) die uit de wet voortvloeit. Op dergelijke wettelijke verplichtingen tot schadevergoeding is afdeling 6.1.10 van toepassing. Aan de hand van deze afdeling kan dan vervolgens worden bezien welke soort schade en hoeveel schade de dader moet vergoeden (alleen de materiële of ook de immateriële schade, alle schade dan wel slechts een deel daarvan, zie hiervoor hoofdstuk 10).

In figuur 9.1 zijn de vereisten voor aansprakelijkheid voor eigen onrechtmatige gedragingen schematisch weergegeven.

Figuur 9.1 **Vereisten onrechtmatige daad**

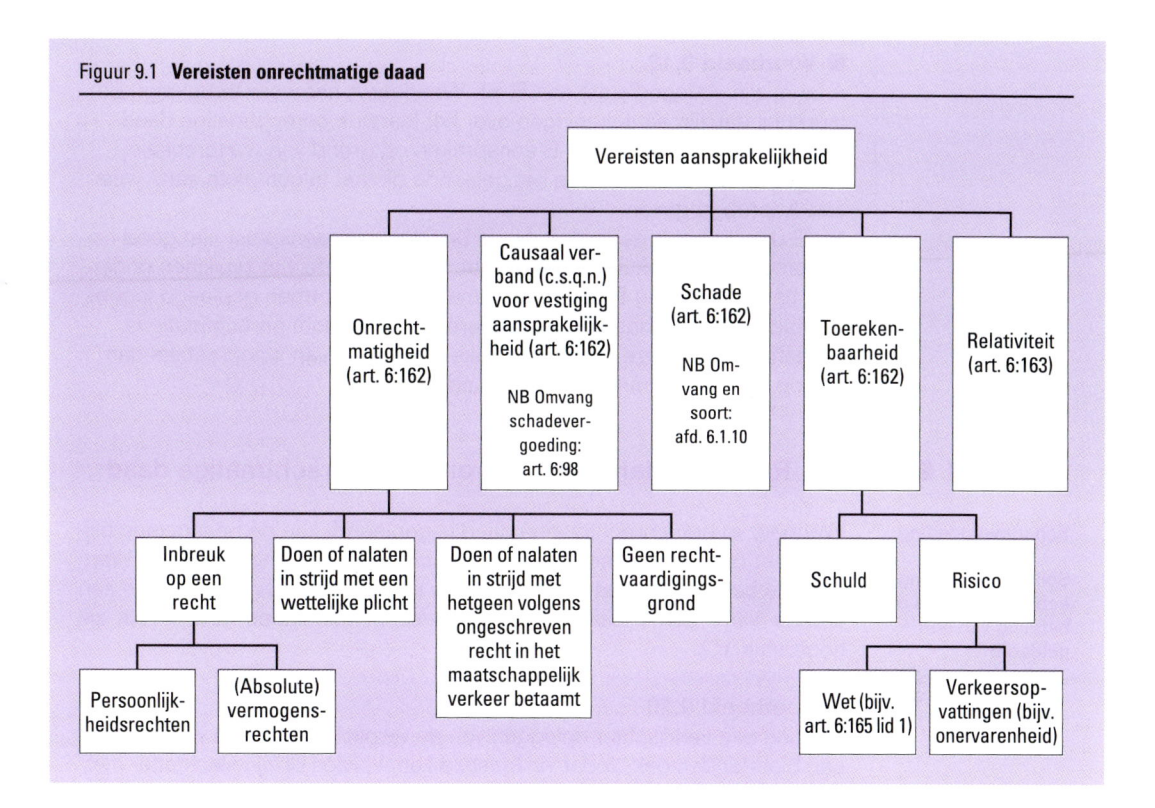

```
                          Vereisten aansprakelijkheid
   ┌──────────────┬──────────────┬──────────────┬──────────────┐
Onrecht-      Causaal ver-    Schade       Toereken-    Relativiteit
matigheid     band (c.s.q.n.) (art. 6:162)  baarheid    (art. 6:163)
(art. 6:162)  voor vestiging               (art. 6:162)
              aansprakelijk-  NB Om-
              heid (art. 6:162) vang en
                              soort:
              NB Omvang       afd. 6.1.10
              schadever-
              goeding:
              art. 6:98
```

- Inbreuk op een recht
  - Persoonlijkheidsrechten
  - (Absolute) vermogensrechten
- Doen of nalaten in strijd met een wettelijke plicht
- Doen of nalaten in strijd met hetgeen volgens ongeschreven recht in het maatschappelijk verkeer betaamt
- Geen rechtvaardigingsgrond
- Schuld
- Risico
  - Wet (bijv. art. 6:165 lid 1)
  - Verkeersopvattingen (bijv. onervarenheid)

■ ■ ■ 9.2 Verhouding onrechtmatige daad en wanprestatie

Bestaat er een contractuele relatie tussen twee of meer personen en pleegt de debiteur wanprestatie (wat betekent dat hij op toerekenbare wijze tekortkomt in de nakoming van een uit de overeenkomst voortvloeiende verbintenis), dan moet de crediteur hem aansprakelijk stellen, niet op grond van art. 6:162 (onrechtmatige daad) maar op grond van de bepalingen in afdeling 6.1.9 en 6.5.5 over de gevolgen van het niet nakomen van een verbintenis. Die regeling is in dat geval als speciale regeling bij uitsluiting van toepassing.

Slechts wanneer de gedraging naast wanprestatie tevens een onrechtmatige daad oplevert, bestaat voor de crediteur de mogelijkheid om te kiezen of hij zijn wederpartij zal aanspreken op grond van wanprestatie of op grond van onrechtmatige daad. Uit de jurisprudentie blijkt dat dit slechts het geval is als de gedraging los van de schending van de verbintenis een onrechtmatige daad oplevert.

■ Voorbeeld 9.18
C sluit met D een huurovereenkomst voor een grachtenpandje in Utrecht. Wanneer C de sleutel op komt halen, ontdekt hij tot zijn verbijstering dat D de woning nogmaals heeft verhuurd aan F, die er al woont. C kan D aanspreken op grond van wanprestatie. Denkt men het huurcontract en de schending daarvan weg, dan is er wat D betreft van een onrechtmatige gedraging jegens C geen sprake. C kan D dus niet op grond van art. 6:162 aansprakelijk stellen.

■ **Voorbeeld 9.19**
A leent zijn collegedictaat aan B uit. Wanneer A het weer terugkrijgt, bemerkt hij dat zijn aantekeningen over het leerstuk onrechtmatige daad eruit zijn gescheurd. A kan B aanspreken op grond van wanprestatie, aangezien B gehouden was het geleende dictaat in complete staat weer aan A terug te geven.
Nu B dit niet heeft gedaan, is hij de bruikleenovereenkomst niet goed nagekomen. Maar ook als B het dictaat niet uit hoofde van bruikleen onder zich had gehad, zou B een onrechtmatige daad hebben gepleegd jegens A, omdat het beschadigen van andermans eigendom onrechtmatig is.
A heeft hier de keuze B aan te spreken op grond van wanprestatie dan wel op grond van onrechtmatige daad.

■ ■ ■ 9.3 Rechtsvorderingen op grond van onrechtmatige daad

Schadevergoeding

Schadevergoeding in een andere vorm dan betaling van een geldsom

Wanneer er een onrechtmatige daad is gepleegd, kan de benadeelde blijkens het bepaalde in art. 6:162 lid 1 *schadevergoeding* vorderen. Wanneer de benadeelde dat vordert, kan de rechter *schadevergoeding in een andere vorm dan betaling van een geldsom* toekennen (art. 6:103, zie hoofdstuk 10).

■ **Voorbeeld 9.20**
Het aan een verkrachter opleggen van de verplichting mee te werken aan een bloedonderzoek, zodat vastgesteld kan worden of zijn slachtoffer met het HIV-virus kan zijn besmet, kan een passende vorm van schadevergoeding zijn. Zie HR 18 juni 1993, NJ 1994, 347, m.nt. CJHB (HIV-test).

Verbod
Gebod
Bevel

In andere situaties kan de benadeelde meer belang hebben bij een *verbod* om de gedraging te verrichten (denk aan het verbieden van stakingen), of een *gebod* of *bevel* om een bepaalde handeling juist wel te verrichten omdat het uitblijven hiervan een onrechtmatige daad oplevert. Zo'n ge- of verbod kan ook worden gevorderd bij een *reële dreiging* van een onrechtmatige daad.

Dwangsom

Om te bewerkstelligen dat de dader zich aan het ge- of verbod zal houden, wordt in de meeste gevallen tevens een dwangsom gevorderd.

■ **Voorbeeld 9.21**
Een Haags echtpaar drijft de boven- en onderburen tot wanhoop met zijn orgelspel, vioolspel en gezang. De buren stellen vast dat gesprekken niets hebben opgeleverd en dat normaal wonen onmogelijk is geworden. Zij spannen ten einde raad een kort geding aan bij de rechtbank Den Haag. Zij vorderen dat het echtpaar het musiceren beperkt tot een uur per dag en wel vóór acht uur 's avonds, op straffe van een dwangsom van €500 voor iedere dag dat het echtpaar zich niet aan dit verbod houdt.

■ ■ ■ 9.4 Aansprakelijkheid voor personen en zaken

Kwalitatieve aansprakelijkheid

Sommige personen zijn aansprakelijk omdat zij een bepaalde hoedanigheid, kwaliteit, bezitten. Zij zijn bijvoorbeeld ouder van een kind, werkgever of bezitter van een dier. Men spreekt dan van *kwalitatieve aansprakelijkheid* (geregeld in afdeling 6.3.2). Het betreft dan niet een aansprakelijkheid

Risicoaansprakelijkheid

voor eigen onrechtmatige gedragingen, maar voor de schade die aan derden wordt toegebracht door personen of zaken voor wie c.q. welke de wetgever hen verantwoordelijk stelt. Zij zijn, indien aan de daartoe gestelde vereisten is voldaan, aansprakelijk, ongeacht de vraag of hun enig verwijt treft. Dit wordt *risicoaansprakelijkheid* genoemd. Art. 6:169 lid 2 (aansprakelijkheid voor kinderen van 14 en 15 jaar) neemt hier een uitzonderingspositie in, omdat het (zoals we nog zullen zien in subparagraaf 9.4.1) een schuldaansprakelijkheid kent met een omgekeerde bewijslast.

Bedenk wel dat het veelal zo zal zijn dat niet de aansprakelijk gestelde persoon maar zijn verzekeringsmaatschappij de schade aan de benadeelde uitbetaalt, aangezien de praktijk leert dat er in het overgrote deel van de gevallen een WA-verzekering is afgesloten. *Opzettelijk* veroorzaakte schade kan echter buiten de dekking vallen.

Hierna worden enkele vormen van kwalitatieve aansprakelijkheid nader uiteengezet, te weten aansprakelijkheid van ouders voor kinderen, aansprakelijkheid voor ondergeschikten en voor niet-ondergeschikten, aansprakelijkheid voor opstallen, aansprakelijkheid voor roerende zaken die een bijzonder gevaar opleveren en aansprakelijkheid voor dieren. Zij hebben gemeen dat uit de aansprakelijkheid op grond van afdeling 6.3.2 een wettelijke verplichting tot schadevergoeding ontstaat waarop afdeling 6.1.10 van toepassing is.

■ ■ ■ 9.4.1 Aansprakelijkheid van ouders voor kinderen

Bij de kwalitatieve aansprakelijkheid van ouders voor kinderen speelt de leeftijd van de kinderen een rol. Er gelden verschillende regelingen, al naargelang de leeftijdscategorie van het kind. Die leeftijdscategorieën zijn:
- kinderen onder de 14 jaar;
- kinderen van 14 en 15 jaar;
- kinderen van 16 jaar en ouder.

We sluiten af met een schematische weergave van de aansprakelijkheid van ouders voor kinderen.

Kinderen onder de 14 jaar

Kinderen onder de 14 jaar kunnen blijkens art. 6:164 niet op grond van art. 6:162 aansprakelijk gesteld worden (zie subparagraaf 9.1.2). Dit betekent echter niet dat het slachtoffer met de schade blijft zitten. De wetgever heeft namelijk in art. 6:169 lid 1 de ouders (of de voogd) van het kind aansprakelijk gesteld en wel in de vorm van een *risicoaansprakelijkheid*: de ouders zijn aansprakelijk, ongeacht of hun iets verweten kan worden. Wel bepaalt art. 6:169 lid 1 uitdrukkelijk dat het moet gaan om een als een *doen* te beschouwen gedraging van het kind. (Zie voor dit begrip hetgeen daarover is opgemerkt in subparagraaf 9.1.2 naar aanleiding van art. 6:165 lid 1.)

Risicoaansprakelijkheid ouders

De in voorbeeld 9.16 ter sprake gekomen buurman X wiens hooiberg en schuren waren afgebrand door toedoen van een 8-jarig kind, kan het kind niet voor de door hem geleden schade aansprakelijk stellen, maar wel diens ouders op grond van art. 6:169 lid 1. Het verweer van de ouders dat zij het spelen met vuur uitdrukkelijk aan hun kind hebben verboden, baat niet: op hen rust een risicoaansprakelijkheid nu er sprake is van een als een doen te beschouwen gedraging van het kind.

Ouders niet aansprakelijk

Uit art. 6:169 lid 1 volgt dat de ouders *niet* aansprakelijk zijn, als:
- de gedraging van het kind bestaat uit een zuiver nalaten;

■ **Voorbeeld 9.22**
Wanneer de 8-jarige E uit voorbeeld 9.16 in zijn hut speelt, ziet hij dat de bliksem inslaat in de hooiberg van buurman X, die onmiddellijk vlam vat. Vaststaat dat als E direct naar X was gehold, de schuren van X gered hadden kunnen worden. Deze branden nu tot de grond toe af.
E heeft de brand niet veroorzaakt. Wel heeft E nagelaten X of iemand anders te waarschuwen toen hij zag dat er een gevaarlijke situatie ontstond. Een dergelijk nalaten is onrechtmatig. Dit had aan E toegerekend kunnen worden, ware het niet dat zijn leeftijd hieraan in de weg staat. De ouders zijn evenmin aansprakelijk, omdat het hier niet betreft een als een doen te beschouwen gedraging van het kind, maar een zuiver nalaten.

- het kind niet aansprakelijk zou zijn geweest, indien de gedraging door een volwassene was verricht. Nagegaan moet worden of de gedraging een toerekenbare onrechtmatige daad zou hebben opgeleverd, indien deze niet door een kind maar door een volwassene was verricht. Van een onrechtmatige daad is bijvoorbeeld geen sprake wanneer het kind, als het volwassen was geweest, zich had kunnen beroepen op het ontbreken van onrechtmatigheid ten gevolge van de aanwezigheid van een rechtvaardigingsgrond (zoals noodtoestand). Indien in zo'n geval de aansprakelijkheid van het kind had ontbroken, zijn ook de ouders niet aansprakelijk op grond van art. 6:169 lid 1.

■ **Voorbeeld 9.23**
De 13-jarige E is een boomhut aan het maken. Dan ziet hij dat boer X, die aan het ploegen is, met zijn tractor wel erg vreemd doet. De tractor komt zigzaggend tegen een boom tot stilstand, met de motor aan. E rent eropaf. Dan ziet hij dat X onwel achter het stuur zit. Omdat hij de deur niet open krijgt, slaat hij de voorruit in met een steen. E weet dat X suikerpatiënt is en geeft hem een tablet, dat X altijd in zijn jas heeft zitten. Als E volwassen geweest was, had E zich kunnen beroepen op de rechtvaardigingsgrond noodtoestand, zodat hij niet aansprakelijk zou zijn geweest op grond van art. 6:162. De ouders van E zijn dan ook niet aansprakelijk op grond van art. 6:169 lid 1 voor de schade aan de tractor.

Kinderen van 14 en 15 jaar

Indien een 14- of 15-jarig kind een onrechtmatige daad pleegt, kan het door de benadeelde op grond van art. 6:162 aansprakelijk worden gesteld. Kinderen van die leeftijd zullen, voor zover zij niet verzekerd zijn, echter meestal nagenoeg geen vermogen bezitten. Dit betekent niet dat het kind daarom niets hoeft te betalen; het blijft zijn leven lang aansprakelijk voor de ontstane schade. De benadeelde zal in dat geval moeten wachten totdat het kind in staat is de schade aan hem te vergoeden. Gelukkig biedt de wet in art. 6:169 lid 2 aan de benadeelde de mogelijkheid om naast het kind tevens de ouders of voogd aansprakelijk te stellen voor een fout (lees: toerekenbare onrechtmatige gedraging) van hun 14- of 15-jarig kind. Op de ouders rust dan echter niet een risicoaansprakelijkheid,

Schuldaansprakelijkheid met omgekeerde bewijslast

maar een *schuldaansprakelijkheid* en wel *met een omgekeerde bewijslast*: de ouders zijn aansprakelijk, tenzij zij bewijzen dat ze voldoende toezicht op het kind hebben uitgeoefend. Omdat kinderen van een dergelijke leeftijd meestal zelfstandig ergens heen gaan en het onmogelijk is om voortdurend toezicht te houden, is de kans groot dat ouders slagen in het bewijs dat zij alles hebben gedaan wat in de gegeven omstandigheden redelijkerwijs van hen kon worden gevergd. Uiteraard spelen hierbij de leeftijd, de aard van het kind (het is bijvoorbeeld een notoire branieschopper die meer toezicht nodig heeft) en de verdere omstandigheden van het geval, zoals de eisen van het dagelijks leven en de levensomstandigheden van de ouders, een belangrijke rol.

Lid 2 neemt hiermee, wat de kwalitatieve aansprakelijkheden betreft, een uitzonderingspositie in: de aansprakelijkheid die op de ouders rust is niet een risicoaansprakelijkheid, maar een eigen (schuld)aansprakelijkheid, gegrond op onvoldoende toezicht.

Hoofdelijke aansprakelijkheid

Omdat de ouders én het kind verplicht zijn tot het vergoeden van dezelfde schade, zijn zij *hoofdelijk aansprakelijk* (art. 6:102). De benadeelde kan daarom kiezen of hij de ouders dan wel het kind zelf aansprakelijk stelt. Indien degene die wordt aangesproken betaalt, is de ander daardoor jegens de benadeelde van betaling bevrijd, aangezien deze uiteraard slechts eenmaal zijn schade vergoed kan krijgen.

■ Voorbeeld 9.24

Na in opdracht van zijn moeder oliebollen te hebben gekocht op de markt, fietst de 15-jarige J op oudejaarsdag naar huis. Hij heeft van zijn zakgeld tevens wat rotjes gekocht, en hij steekt er eentje af wanneer D langsfietst. Helaas ontploft dit rotje in D's rechteroog. D verliest hierdoor een groot deel van zijn gezichtsvermogen aan dit oog. D kan zowel J aansprakelijk stellen, op grond van art. 6:162, als de ouders van J, op grond van art. 6:169 lid 2. De ouders kunnen proberen aan deze aansprakelijkheid te ontkomen door te bewijzen dat zij voldoende toezicht hebben uitgeoefend. Omdat ouders niet meer meefietsen met kinderen van die leeftijd, is het zeer wel denkbaar dat zij in dit bewijs zullen slagen.

Kinderen van 16 jaar en ouder

Geen kwalitatieve aansprakelijkheid

Wanneer een kind van 16 jaar of ouder zelf aansprakelijk is op grond van art. 6:162, rust op de *ouders geen kwalitatieve aansprakelijkheid* meer. Een ouder zal dan slechts aansprakelijk zijn wanneer hij zelf een onrechtmatige daad heeft gepleegd.

■ Voorbeeld 9.25

De 16-jarige G vraagt zijn vader voor de zoveelste keer of hij een keer in diens auto mag rijden. Vader is het gezeur beu en geeft G de sleutels. Ze wonen aan een stil landweggetje en ze spreken af dat G zal rijden tot aan het einde van de weg en dan weer terug. Halverwege raakt G de macht over het stuur kwijt door een kuil in de weg. Hij rijdt dwars door de kippenren van buurman X en komt tegen een boom tot stilstand. De kippen komen gelukkig met de schrik vrij. Van het hok is weinig meer over. X kan niet alleen G, maar ook de vader van G op grond van art. 6:162 aansprakelijk stellen voor de geleden schade. De vader van G heeft zelf ook onrechtmatig gehandeld, doordat hij zijn zoon in zijn auto heeft laten rijden zonder dat deze in het bezit is van een rijbewijs.

Schematische weergave aansprakelijkheid ouders voor kinderen

In tabel 9.1 is de kwalitatieve aansprakelijkheid van ouders voor kinderen schematisch weergegeven.

Tabel 9.1 **Kwalitatieve aansprakelijkheid van ouders voor kinderen**

Kind	Aansprakelijkheid kind	Aansprakelijkheid ouders
Jonger dan 14 jaar	Geen (art. 6:164)	Risicoaansprakelijkheid (art. 6:169 lid 1) · voor doen van het kind · geen rechtvaardigingsgrond
14 of 15 jaar	Schuldaansprakelijkheid (art. 6:162)	Schuldaansprakelijkheid met omgekeerde bewijslast (art. 6:169 lid 2)
16 jaar of ouder	Schuldaansprakelijkheid (art. 6:162)	Geen kwalitatieve aansprakelijkheid

9.4.2 Aansprakelijkheid voor ondergeschikten

Een andere kwalitatieve aansprakelijkheid is die voor ondergeschikten. Hiervoor zijn twee leden van art. 6:170 van belang, namelijk lid 1 en lid 2.

Art. 6:170 lid 1

Art. 6:170 lid 1 creëert voor de werkgever een *risicoaansprakelijkheid* voor de door zijn ondergeschikte gepleegde onrechtmatige daad, mits is voldaan aan de volgende (cumulatieve) vereisten:

Vereisten

· Het betreft een *fout van een ondergeschikte*, hetgeen betekent dat de ondergeschikte zelf aansprakelijk moet zijn op grond van art. 6:162. Kan de werknemer zich bijvoorbeeld beroepen op een rechtvaardigingsgrond, dan is ook de werkgever niet aansprakelijk. *Ondergeschikt* zijn niet alleen werknemers, maar ook uitgeleende arbeidskrachten en al diegenen die vrijwilligerswerk verrichten maar zich daarbij wel moeten richten naar de aanwijzingen van anderen.
· De kans op de fout is door de opdracht tot het verrichten van deze taak vergroot.
· De werkgever heeft zeggenschap over de gedragingen waarin de fout was gelegen.

Hoofdelijke aansprakelijkheid

De benadeelde kan kiezen wie hij aansprakelijk stelt. De werknemer en de werkgever zijn beiden (hoofdelijk) aansprakelijk (art. 6:102): de werknemer op grond van art. 6:162 en de werkgever op grond van art. 6:170 lid 1. Zo heeft de benadeelde er een extra verhaalsmogelijkheid bij gekregen, om te voorkomen dat hij met de schade blijft zitten. Wanneer de benadeelde er voor kiest de werkgever aan te spreken en deze de schade aan de benadeelde vergoedt, hoeft de werknemer niet meer aan de benadeelde te betalen. De benadeelde kan zijn schade maar een keer vergoed krijgen.

■ **Voorbeeld 9.26**

In opdracht van A bouwt aannemersbedrijf B een huis. Timmerman C, in dienst bij B, haalt een plank van de vrachtwagen af. Hij kijkt niet goed uit en treft de passerende voetganger X met de plank vol in het gelaat. Deze houdt er een gebroken neus aan over. X kan C aansprakelijk stellen voor zijn schade op grond van art. 6:162. Daarnaast kan hij ook B, als werkgever van C, aansprakelijk stellen op grond van art. 6:170 lid 1, aangezien aan de daarvoor gestelde eisen is voldaan.

Risicoaansprakelijkheid werkgever

Omdat het gaat om een risicoaansprakelijkheid, is de werkgever aansprakelijk, ook wanneer hem geen schuld treft. De werkgever is zelfs aansprakelijk wanneer de werknemer in strijd met zijn instructies heeft gehandeld.

Ter beantwoording van de vraag of tussen de fout van de werknemer en de dienstbetrekking een zodanige functionele samenhang bestaat dat de werkgever voor de daardoor veroorzaakte schade aansprakelijk is, moeten alle omstandigheden van het geval in de beoordeling worden betrokken. Daarbij kunnen van belang zijn het tijdstip waarop en de plaats waar de gedraging is verricht, de aard van die gedraging en de door de dienstbetrekking voor het maken van de fout geschapen gelegenheid, dan wel aan de werknemer ter beschikking staande middelen. Dit brengt mee dat wanneer er buiten werktijd door de werknemer een onrechtmatige daad wordt gepleegd, de werkgever in beginsel niet aansprakelijk zal zijn, omdat niet is voldaan aan de laatste twee vereisten. Het functioneel verband tussen de onrechtmatige daad van de ondergeschikte en de hem opgedragen taak ontbreekt dan. In beginsel, want de werkgever is wel aansprakelijk wanneer de werknemer de onrechtmatige daad buiten diensttijd pleegt met gegevens, bescheiden of zaken die hem door de werkgever ter beschikking zijn gesteld, of die de werknemer zich heeft toegeëigend.

■ **Voorbeeld 9.27**
In opdracht van zijn baas B moet A de raamkozijnen vervangen bij mevrouw X, die driehoog woont op een etage in Amsterdam. Hij ontdekt al snel dat het huis van X vol staat met waardevolle antieke voorwerpen, waaronder veel zilver. Het volgende weekeinde wordt er bij X ingebroken. A wordt uiteindelijk als de dief ontmaskerd. X kan A aansprakelijk stellen voor de door haar geleden schade op grond van art. 6:162, maar ook B op grond van art. 6:170 lid 1, aangezien A de informatie dat X zo veel zilver in huis had, heeft verkregen door zijn werk.

Tijdens diensttijd kan het functioneel verband ook ontbreken, waardoor de werkgever niet aansprakelijk is. Dit is bijvoorbeeld het geval wanneer de ondergeschikte tijdens werkuren een gewelddelict pleegt.

■ **Voorbeeld 9.28**
Ober A wordt door kok B tijdens een worsteling onder diensttijd met een welgemikte kaakslag ernstig mishandeld. In dat geval is de eigenaar van het restaurant, C, als werkgever van B niet aansprakelijk, omdat er onvoldoende verband bestaat tussen de door B gepleegde onrechtmatige daad en de aan B opgedragen taak. C kan echter weer wel aansprakelijk zijn wanneer de gestreste kok naast allerlei andere bezigheden ook nog eens samen met een zeer onhandige invalkracht duizend aardappelkroketten moet frituren en zich zo stoort aan diens geklungel, dat hij deze verwondt door hem een hete pan frituurvet in het gezicht te gooien.

Hiervoor bleek al dat wanneer de benadeelde ervoor kiest de werkgever aan te spreken en deze aan de benadeelde betaalt, de werknemer niet meer aan de benadeelde hoeft te betalen. Dit zegt echter nog niets over de vraag wie in de interne relatie tussen de werkgever en de werknemer

Regres

de schade uiteindelijk zal moeten dragen, dat wil zeggen: wie de schade voor zijn rekening zal moeten nemen. Uit art. 6:170 lid 3 blijkt dat in beginsel de werkgever de schade uiteindelijk moet dragen, tenzij de ondergeschikte de schade heeft veroorzaakt door opzettelijk of bewust roekeloos handelen. In dat laatste geval kan de werkgever regres nemen op de werknemer, dat wil zeggen dat hij het door hem betaalde bedrag van de werknemer kan terugvorderen.

Wanneer de bestolen mevrouw X uit voorbeeld 9.27 ervoor kiest werkgever B aan te spreken, zal B aan X moeten betalen. B zal echter regres kunnen nemen door dit bedrag op zijn beurt weer van A terug te vorderen, omdat de door de diefstal ontstane schade een gevolg is van opzettelijk handelen van A.

Art. 6:170 lid 2
Is de ondergeschikte in dienst van een natuurlijk persoon en is hij niet werkzaam voor een beroep of bedrijf van deze persoon, dan is deze laatste naast de ondergeschikte aansprakelijk als de ondergeschikte op het moment dat hij de onrechtmatige daad pleegde, handelde ter vervulling van de hem opgedragen taak.

■ **Voorbeeld 9.29**
A werkt twee dagen in de week buitenshuis als belastingconsulente. X past dan op de kinderen van A. Op een dag laat X per ongeluk een kan met hete chocolademelk vallen. Deze komt grotendeels terecht op C, het vriendje van de kinderen van A dat daar die middag speelt. C loopt ernstige brandwonden op. De ouders van C kunnen namens C niet alleen X op grond van art. 6:162, maar ook A op grond van art. 6:170 lid 2 aansprakelijk stellen voor de schade die C heeft geleden.

■ **Voorbeeld 9.30**
Had de moeder van C uit voorbeeld 9.29 in de ontstane paniek haar portemonnee op de tafel in het huis van A laten liggen en had X vervolgens daaruit een briefje van €100 in haar eigen zak gestoken, dan is A voor deze schade niet aansprakelijk. X handelde hierbij immers niet ter vervulling van de haar opgedragen taak, maar streefde uitsluitend eigen doeleinden na.

De regresregel van lid 3 heeft ook betrekking op lid 2.

In voorbeeld 9.29 is A degene die de schade uiteindelijk (in de interne verhouding tussen A en X) moet dragen, dat wil zeggen: in de portemonnee voelt. De schade is immers niet het gevolg van opzet of bewuste roekeloosheid van X.

9.4.3 Aansprakelijkheid voor niet-ondergeschikten

Risicoaansprakelijkheid opdrachtgever

Ook een onrechtmatige daad die een niet-ondergeschikte pleegt kan leiden tot een kwalitatieve aansprakelijkheid voor de opdrachtgever. Het betreft een *risicoaansprakelijkheid*, geregeld in art. 6:171. Daarbij gaat het vooral om ondernemingen die door de toenemende specialisatie bij de uitoefening van hun bedrijf andere personen of bedrijven inschakelen om een deel van de werkzaamheden te verrichten. Denk aan een bouwonderneming die een deel van de bouwwerkzaamheden door (zelfstandige, niet-ondergeschikte) onderaannemers laat verrichten. Als aan de volgende (cumulatieve) vereisten is voldaan, kan de derde (naast de niet-ondergeschikte die hij op grond van art. 6:162 kan aanspreken) de opdrachtgever op grond van art. 6:171 aansprakelijk stellen:

Vereisten

- het betreft een niet-ondergeschikte;
- deze verricht werkzaamheden ter uitoefening van het bedrijf van zijn opdrachtgever en
- pleegt bij die werkzaamheden een onrechtmatige daad jegens een derde.

Uit de wetsgeschiedenis en jurisprudentie van de Hoge Raad volgt dat de opdrachtgever alleen aansprakelijk is, wanneer een buitenstaander het bedrijf van de opdrachtgever en de niet-ondergeschikte als een zekere eenheid van onderneming kan beschouwen. Van een eenheid van onderneming is bijvoorbeeld sprake wanneer de aannemer bij de bouw van een huis de vervaardiging van de houten raamkozijnen aan een ander overlaat. De eenheid ontbreekt wanneer de aannemer stenen bestelt bij een bedrijf in bouwmaterialen en dit bedrijf bij het bezorgen van de stenen schade aan een derde toebrengt. Voor een buitenstaander is dan immers duidelijk dat het gaat om twee verschillende bedrijven met gescheiden bedrijfsactiviteiten. Niet relevant is of het de opdrachtgever wel duidelijk is dat de schade is veroorzaakt door een fout van een niet-ondergeschikte (HR 18 juni 2010, ECLI:NL:HR:2010:BL9596).

■ Voorbeeld 9.31
F laat een vakantiewoning bouwen door aannemer B. Het voegen van de muren besteedt B uit aan het kleinere aannemersbedrijf H. Tijdens het uitslijpen schiet H uit en stoot door een raam van het huis van F. F kan als derde zowel H aansprakelijk stellen op grond van art. 6:162, als B op grond van art. 6:171. H is immers een niet-ondergeschikte die in opdracht van B ter uitoefening van diens bedrijf de muren van F heeft gevoegd en bij die werkzaamheden een onrechtmatige daad jegens F heeft gepleegd. Bovendien is voor een buitenstaander niet te onderkennen of de schade is te wijten aan een onrechtmatige daad van (een ondergeschikte van) B of van een ander aan wie B de werkzaamheden heeft overgelaten.

■ ■ ■ 9.4.4 Aansprakelijkheid voor opstallen

Kwalitatieve aansprakelijkheid bestaat blijkens het opschrift van afdeling 6.3.2 eveneens voor *zaken*. Zo rust op de bezitter van een opstal een *risicoaansprakelijkheid* (art. 6:174).

Risicoaansprakelijkheid bezitter

Opstal

Onder *opstal* worden verstaan: gebouwen en werken die duurzaam met de grond zijn verenigd, hetzij rechtstreeks, hetzij door vereniging met andere gebouwen of werken (art. 6:174 lid 4). Bestanddelen van een gebouw of werk vallen hier ook onder. Van een vaste verankering behoeft geen sprake te zijn. Denk bijvoorbeeld aan een olietank, maar ook aan schoorstenen, dakpannen, regenpijpen, liften, vlaggenmasten, windmolens en een schutting.

Bezitter

Bezitter is degene die het goed houdt voor zichzelf (art. 3:107, zie ook subparagraaf 3.2.3). Doorgaans is dit de eigenaar van de opstal. In ieder geval wordt degene die in de openbare registers als eigenaar van de opstal of van de grond staat ingeschreven, vermoed bezitter van de opstal te zijn (art. 6:174 lid 5). Op hem rust dan de bewijslast dat niet hij, maar een ander bezitter is.

■ **Voorbeeld 9.32**
A staat in de openbare registers ingeschreven als eigenaar van het pand aan de Schuurhofweg 18 te Wemeldinge. In werkelijkheid is B eigenaar/bezitter van het pand, omdat hij de eigendom hiervan door verjaring heeft verkregen. Voor eigendomsverkrijging door verjaring is inschrijving in de openbare registers geen noodzakelijk vereiste, zodat A nog steeds als eigenaar vermeld staat (negatieve stelsel van onze openbare registers). A moet bewijzen dat niet hij, maar B eigenaar en dus ook bezitter van de opstal is.

Vereisten

Een bezitter is aansprakelijk indien:
- de opstal een gebrek vertoont, dat wil zeggen dat de opstal niet voldoet aan de eisen die men daaraan in de gegeven omstandigheden mag stellen; en
- de opstal daardoor gevaar voor personen of zaken oplevert; en
- dit gevaar zich verwezenlijkt.

Voor de vraag of de opstal voldoet aan de eisen die men daaraan in de gegeven omstandigheden mag stellen, komt het aan op de – naar objectieve maatstaven te beantwoorden – vraag of de opstal, gelet op het te verwachten gebruik of de bestemming daarvan, met het oog op voorkoming van gevaar voor personen en zaken deugdelijk is, waarbij ook van belang is hoe groot de kans op verwezenlijking van het gevaar is en welke onderhouds- en veiligheidsmaatregelen mogelijk en redelijkerwijs te vergen zijn (HR 17 december 2010, ECLI:NL:HR:2010:BN6236).

■ **Voorbeeld 9.33**
A is eigenaar van een oud pand in Maastricht. Ten gevolge van een hevige storm ontstaat er tegen middernacht een grote scheur in het balkon van het huis van A. De scheur is zo diep dat een deel van het balkon vervolgens afbreekt, naar beneden valt en neerkomt op de geparkeerde auto van B. Deze loopt daardoor aanzienlijke schade op. A vertoeft op dat moment enige maanden in het buitenland, zodat hij noch van de scheur, noch van de ontstane schade op de hoogte is.
Het pand vertoont een gebrek, omdat het balkon door de daarin ontstane scheur niet meer aan de eisen voldoet die daaraan uit het oogpunt van veiligheid mogen worden gesteld. Het gevaar dat een deel van het pand instort of afbrokkelt is aanwezig en verwezenlijkt zich wanneer de auto van B door een stuk balkon wordt getroffen. Op A rust als bezitter van het pand in beginsel een risicoaansprakelijkheid.

Tenzij-regel

Kan de bezitter aan aansprakelijkheid ontkomen door zich te beroepen op de in lid 1 opgenomen tenzij-regel: 'tenzij aansprakelijkheid op grond van de vorige afdeling (afdeling 6.3.1) zou hebben ontbroken indien hij dit gevaar op het tijdstip van het ontstaan ervan zou hebben gekend'? Hiervoor is het noodzakelijk na te gaan wat de betekenis is van deze tenzij-regel.
Onafhankelijk van de vraag of de bezitter in werkelijkheid al dan niet iets afwist van het gevaar, moet men uitgaan van een fictieve situatie, en wel dat de bezitter zag dat er een gebrek in de opstal ontstond en dus het gevaar kende op het moment dat dit ontstond. Vervolgens moet men zich af-

vragen of de bezitter op dat moment nog tijd zou hebben gehad om iets te doen aan het voorkomen van het intreden van schade. Had de bezitter bijvoorbeeld nog tijd gehad om het gebrek te laten herstellen, of om een bord te plaatsen om anderen te waarschuwen voor het gevaar? Zo ja, dan zou hij op grond van art. 6:162 (de vorige afdeling) aansprakelijk zijn geweest als hij dit had nagelaten. Men kan de bezitter in dat geval immers verwijten dat hij onrechtmatig heeft gehandeld door deze gevaarlijke situatie niet op te heffen. Verwezenlijkt het gevaar zich binnen zo korte tijd na het ontstaan van het gebrek dat de bezitter geen enkele mogelijkheid meer had gehad om iets te ondernemen tegen de ontstane gevaarlijke situatie, dan zou dit voor hem de rechtvaardigingsgrond overmacht hebben opgeleverd. Hij zou dan niet aansprakelijk zijn geweest op grond van art. 6:162, ook al had hij het gevaar gekend. Met andere woorden: het is niet relevant of de bezitter in werkelijkheid al dan niet iets afwist van het ontstane gevaar. Wel van belang is hoeveel tijd er is verlopen tussen het ontstaan van de gevaarlijke situatie en de verwezenlijking van het gevaar.

Voor de vraag of A uit voorbeeld 9.33 zich met succes op de tenzij-regel kan beroepen is niet relevant of A in werkelijkheid al dan niet iets afwist van de ontstane scheur. Wel van belang is hoeveel tijd er is verlopen tussen het ontstaan van de scheur en het afbreken van het balkon. Uitgegaan moet immers worden van een fictieve situatie, en wel dat A zag dat er een gevaarlijke scheur in het pand ontstond en hij dus het gevaar kende op het moment dat dit ontstond. Indien hij op het moment dat hij zag dat de scheur ontstond, nog tijd had gehad om iets te doen aan het voorkomen van het intreden van schade (hij had nog tijd gehad om de scheur te laten herstellen, de auto te verwijderen of om een bord te plaatsen om voorbijgangers te waarschuwen), dan zou hij op grond van art. 6:162 (de vorige afdeling) aansprakelijk zijn geweest door niets te doen. Hij kan zich dan niet met succes op de tenzij-regel beroepen en is dan aansprakelijk op grond van art. 6:174. Ontstaat de scheur in het balkon en stort dit zo snel naar beneden dat A geen enkele mogelijkheid meer had gehad om iets te ondernemen tegen de ontstane gevaarlijke situatie (het balkon brak af tijdens de storm vlak na het ontstaan van de scheur), dan zou dit voor hem de rechtvaardigingsgrond overmacht hebben opgeleverd. Hij zou dan niet aansprakelijk zijn geweest op grond van art. 6:162, ook al had hij het gevaar gekend. In dat geval slaagt zijn beroep op de tenzij-regel en is hij niet aansprakelijk op grond van art. 6:174.

Aansprakelijkheid van degene die bedrijf uitoefent

De aansprakelijkheid rust niet altijd op de bezitter. Wordt namelijk de opstal gebruikt in de uitoefening van een bedrijf, dan rust de aansprakelijkheid op *degene die het bedrijf uitoefent* (dit kan de eigenaar/bezitter zijn, maar ook een huurder), *tenzij* het ontstaan van de schade niet met de uitoefening van het bedrijf in verband staat (art. 6:181 lid 1).

■ **Voorbeeld 9.34**
Het door de storm getroffen balkon uit voorbeeld 9.33 wordt gerepareerd. Spoedig daarna verhuist A naar Amerika. Hij verhuurt het huis aan bv S, een bedrijf dat sieraden vervaardigt. Door een windhoos waait een deel van het dak van het pand af dat voetganger X raakt en een forse hoofdwond bezorgt. S is als degene die in de opstal een bedrijf uitoefent in beginsel aansprakelijk, tenzij S erin slaagt te bewijzen dat het wegwaaien van het stuk dak niet kan zijn veroorzaakt door het maken van de sieraden. In

dat bewijs kan zij bijvoorbeeld slagen door aan te voeren dat de sieraden met de hand worden gemaakt en er geen trillingenveroorzakende machines aan te pas komen.

9.4.5 Aansprakelijkheid voor roerende zaken die een bijzonder gevaar opleveren

Risicoaansprakelijkheid bezitter

Op de bezitter van een roerende zaak waarvan bekend is dat deze zaak een bijzonder gevaar voor personen of zaken oplevert als deze niet voldoet aan de eisen die men daaraan in de gegeven omstandigheden mag stellen, rust eveneens kwalitatieve aansprakelijkheid wanneer dit gevaar zich verwezenlijkt (art. 6:173). Het betreft ook hier een *risicoaansprakelijkheid*. Wordt de zaak gebruikt in de uitoefening van een bedrijf, dan rust de aansprakelijkheid op *degene die het bedrijf uitoefent* (art. 6:181 lid 1). Art. 6:173 is niet van toepassing op dieren, schepen en luchtvaartuigen, aangezien de aansprakelijkheid voor deze zaken in andere wetsbepalingen is geregeld (lid 3). Een beroep op art. 6:173 kan in beginsel evenmin worden gedaan wanneer de schade is ontstaan door een gebrek in een product waarvoor de producent aansprakelijk is (lid 2) (zie subparagraaf 9.5.1 e.v.). Meestal is het bijzondere gevaar inherent aan een gebrek in de zaak. Echter, ook zonder een gebrek kan een zaak niet aan de eisen voldoen en een bijzonder, niet aan de zaak inherent, gevaar opleveren; dit is bijvoorbeeld het geval als een machine begint te werken op een moment waarop men dat niet behoefde te verwachten.

Aansprakelijkheid van degene die bedrijf uitoefent

■ **Voorbeeld 9.35**
V wil zich in het restaurant van een groot warenhuis met zelfbediening een kop koffie inschenken. Wanneer hij de kan beetpakt, raakt hij gewond omdat het koffiezetapparaat, dat al twee jaar naar behoren functioneert, onder stroom blijkt te staan. Voor de door V geleden schade kan V degene die het bedrijf uitoefent met succes aansprakelijk stellen op grond van art. 6:173 jo. art. 6:181 lid 1 omdat:
- het koffiezetapparaat niet voldoet aan de eisen die men in de gegeven omstandigheden hieraan mag stellen: het apparaat staat onder stroom;
- het koffiezetapparaat een *bijzonder* gevaar voor V oplevert (in tegenstelling tot het algemene gevaar dat aan het gebruik van de zaak is verbonden, te weten dat het apparaat hete vloeistof bevat): door het onder stroom staan van het apparaat kunnen mensen zoals V gewond raken;
- *bekend* is dat het apparaat, indien het niet voldoet aan de eisen die men in de gegeven omstandigheden daaraan mag stellen, een bijzonder gevaar oplevert voor personen of zaken: het is in de kring van personen waartoe de aansprakelijke behoort bekend dat een onder stroom staand koffiezetapparaat een bijzonder gevaar oplevert;
- het gevaar zich heeft verwezenlijkt: V is gewond geraakt.

Tenzij-regel

De bezitter c.q. degene die het bedrijf uitoefent, is niet aansprakelijk indien hij met succes een beroep kan doen op de *tenzij-regel*, die gelijk is aan de tenzij-regel van art. 6:174.
In voorbeeld 9.35 kan degene die het bedrijf uitoefent zijn aansprakelijkheid niet afwenden door aan te voeren dat hij niet wist dat het apparaat onder stroom stond. Dit kan hij slechts door het bewijs te leveren van omstandigheden die met zich mee hadden gebracht dat hij, ook als hij had geweten dat het apparaat onder stroom stond, niet aansprakelijk zou zijn geweest op grond van art. 6:162, bijvoorbeeld door een beroep op een

rechtvaardigingsgrond te doen (vergelijk hiervoor het gestelde in subparagraaf 9.4.4). Zo zal hij niet aansprakelijk zijn als hij erin slaagt te bewijzen dat het gebrek vlak voor het intreden van de schade is ontstaan, zodat het tijdsverloop hem geen ruimte bood om voorzorgsmaatregelen te nemen.

9.4.6 Aansprakelijkheid voor dieren

Aansprakelijkheid bezitter

Onder de kwalitatieve aansprakelijkheid voor zaken valt ook de *risicoaansprakelijkheid* voor dieren. De bezitter van een dier is volgens art. 6:179 aansprakelijk voor de door het dier aangerichte schade. Het moet gaan om een eigen gedraging van het dier (op hol slaan, bijten) zonder dat het dier handelt overeenkomstig een gegeven instructie.

■ **Voorbeeld 9.36**
A laat zijn hond Pluto uit. Wanneer hij in het donker C passeert, valt Pluto plotseling C aan en bijt in diens bil. De wond moet worden gehecht en de broek van C is aan flarden. A biedt zijn excuses aan en verzekert C dat Pluto zoiets nooit eerder heeft gedaan. C kan A als bezitter van het dier op grond van art. 6:179 aansprakelijk stellen voor de door hem geleden schade. Het doet hierbij immers niet ter zake of A van het voorval een verwijt kan worden gemaakt.

Tenzij-regel

Is er voor de bezitter nog een mogelijkheid om aan aansprakelijkheid te ontkomen? In art. 6:179 is eveneens een *tenzij-clausule* ingebouwd: de bezitter is aansprakelijk, tenzij hij kan bewijzen dat aansprakelijkheid op grond van de vorige afdeling (afdeling 6.3.1) zou hebben ontbroken als hij de gedraging van het dier waardoor de schade werd toegebracht, in zijn macht had gehad. Dit betekent dat men zich moet afvragen of de bezitter op grond van art. 6:162 (vorige afdeling) aansprakelijk zou zijn geweest, indien hij de gedragingen van het dier geheel onder controle had gehad.
Voor de vraag of A in voorbeeld 9.36 zich met succes op de tenzij-regel kan beroepen, moet men uitgaan van een fictieve situatie, namelijk dat A op dat moment Pluto geheel onder appel had. A had dan niet mogen toelaten dat Pluto C ging bijten, zodat A in dat geval op grond van art. 6:162 aansprakelijk gesteld had kunnen worden. Een beroep op de tenzij-regel slaagt dus niet.

Een bezitter kan wel aan aansprakelijkheid ontkomen als hij zich op een rechtvaardigingsgrond (bijvoorbeeld noodweer) had kunnen beroepen. Een succesvol beroep op een rechtvaardigingsgrond doet namelijk zijn aansprakelijkheid vervallen.

■ **Voorbeeld 9.37**
Wanneer A uit voorbeeld 9.36 C passeert trekt deze opeens een mes, onderwijl A een stomp in de buik verkopend en roepend: 'Je geld of je leven!' Daarop hapt Pluto, die wel merkt dat zijn baas in ernstige moeilijkheden verkeert, toe.
A zal er in deze situatie wel in slagen zich met succes op de tenzij-regel te beroepen. Als immers A zijn hond volledig onder appel zou hebben gehad, had A de aanval van Pluto wel toe mogen laten, om het vege lijf te redden. A's gedraging zou dan niet op grond van de vorige afdeling onrechtmatig geweest zijn, omdat hij zich had kunnen beroepen op de rechtvaardigingsgrond noodweer.

Uit het voorgaande is duidelijk geworden dat een bezitter van een dier slechts zelden met succes een beroep op de tenzij-regel kan doen en dus in de meeste gevallen aansprakelijk is voor de gedragingen van het dier.

Aansprakelijkheid van degene die bedrijf uitoefent

Ook hier geldt dat wanneer het dier wordt gebruikt in de uitoefening van een bedrijf, de aansprakelijkheid rust op *degene die het bedrijf uitoefent* (art. 6:181). Daarbij is niet van belang of degene die het bedrijf uitoefent bezitter of houder van het dier is en of deze het dier duurzaam en ten eigen nutte gebruikt.

■ **Voorbeeld 9.38**
W is eigenaar van een paard. W heeft het paard tegen betaling ondergebracht in manege R, die het paard zou trainen, africhten en zadelmak maken. Na afloop van de training raakt de 10 jaar oude M ernstig gewond doordat het paard haar bij het passeren in haar gezicht trapt. In dit geval moet niet W, als bezitter van het paard, maar manege R, als degene die het bedrijf uitoefent waarin het dier wordt gebruikt, aansprakelijk worden gesteld op grond van art. 6:179 jo. art. 6:181 lid 1.

Hoofdelijke aansprakelijkheid

Valt een dier aan, omdat het – door een ander dan het slachtoffer – is opgehitst, dan kan de benadeelde de bezitter van het dier aansprakelijk stellen op grond van art. 6:179 en degene die het dier heeft opgehitst op grond van art. 6:162. Zij zijn beiden *hoofdelijk aansprakelijk* (art. 6:102 lid 1). Wordt de bezitter aangesproken, dan kan deze zich, na betaling aan het slachtoffer, verhalen op degene die het dier heeft opgehitst. Gezien zijn verwijtbare gedraging is deze immers degene die de schade uiteindelijk moet dragen (art. 6:101).

■ ■ ■ 9.5 Productenaansprakelijkheid

Een producent die gebrekkige producten in het verkeer brengt, is verplicht de schade die daardoor ontstaat op grond van afdeling 6.3.3 te vergoeden. Het betreft ook hier een verbintenis uit de wet, nu de verplichting van de producent tot het vergoeden van de schade rechtstreeks uit de wet voortvloeit. Softenon, Halcion, DES (geneesmiddelen) en Exota (ontploffende limonadeflessen) zijn voorbeelden van in het verkeer gebrachte gebrekkige producten. Afdeling 6.3.3 is in 1990 in het Burgerlijk Wetboek opgenomen naar aanleiding van een Europese richtlijn uit 1985. Voordien kon een producent alleen op grond van art. 6:162 aansprakelijk worden gesteld, dan wel op grond van wanprestatie voor zover er een contractuele relatie tussen producent en benadeelde aanwezig was.
Hierna zal onder meer worden bekeken wat de vereisten zijn voor productenaansprakelijkheid, wat de gevolgen zijn indien aan de vereisten is voldaan en welke verweren ertoe kunnen leiden dat de producent niet aansprakelijk is of dat zijn aansprakelijkheid wordt verminderd of opgeheven. Ten slotte wordt aandacht besteed aan 'product recall'. Deze paragraaf wordt afgesloten met een schematische weergave van de regeling van productenaansprakelijkheid.

9.5.1 Vereisten voor productenaansprakelijkheid

Vereisten

Het BW kent een aparte regeling voor de productenaansprakelijkheid, te weten afdeling 6.3.3. De (cumulatieve) vereisten voor productenaansprakelijkheid blijken uit art. 6:185. Er moet sprake zijn van:
1. een gebrek;
2. in een product;
3. van een producent;
4. schade;
5. causaal verband tussen gebrek en schade.

Gebrek

Een product is gebrekkig indien het niet de *veiligheid* biedt die men daarvan mag verwachten. Omstandigheden die voor de beoordeling daarvan een rol kunnen spelen, zijn bijvoorbeeld de voor het product gemaakte reclame en de ingesloten gebruiksaanwijzing, oftewel de wijze waarop het product is gepresenteerd (art. 6:186 lid 1 sub a).

■ **Voorbeeld 9.39**
Mevrouw A koopt mosdoder voor haar gazon. Zij heeft op de televisie een reclamespotje gezien over een product dat op milieuvriendelijke wijze al het mos uit het gazon doet verdwijnen. Geheel volgens de gebruiksaanwijzing lengt zij het poeder aan met water. Kort daarna wordt zij ernstig ziek. Het aanlengen heeft ze gedaan in een gesloten, niet-geventileerde ruimte, zij wist namelijk niet dat hierbij giftige dampen vrij zouden komen. In de gebruiksaanwijzing werd voor dit gevaar niet gewaarschuwd. Een onvolledige bijsluiter kan een product dat uit zichzelf niet gebrekkig is dus wel gebrekkig maken.

Redelijkerwijs te verwachten gebruik

Ook het redelijkerwijs te verwachten gebruik van het product kan daarbij van belang zijn (art. 6:186 lid 1 sub b).
In voorbeeld 9.39 speelt tevens een rol dat de fabrikant had kunnen verwachten dat A het poeder binnen met water zou aanlengen.

■ **Voorbeeld 9.40**
A, nogal klein van stuk, zoekt haar puddingvorm. Om beter in haar keukenkastjes te kunnen kijken, gaat zij op een bijzettafeltje staan. Voor ze het weet ligt ze op de grond met een gebroken enkel; ze is door het tafeltje heen gezakt. A besluit de fabrikant van het tafeltje aan te spreken, want het tafeltje is nog geen week oud.
Van een gebrek is hier niet zonder meer sprake. De fabrikant hoefde immers niet te verwachten dat A een dergelijk klein bijzettafeltje, dat er niet voor is gemaakt het gewicht van A te dragen, als trapje zou gebruiken. Had A hiervoor een stoel gebruikt, dan ligt dit anders: het is algemeen bekend dat stoelen ook weleens worden gebruikt om op te staan.

Veiligheidsnormen

Voorts moet de vraag of het product gebrekkig is, beoordeeld worden aan de hand van de veiligheidsnormen die bestonden op het tijdstip waarop het product in het verkeer werd gebracht (art. 6:186 lid 1 sub c). Het gaat dus om bekendheid met bepaalde risicovolle eigenschappen van het product die op het toetsingsmoment aanvaardbaar werden geacht.

■ **Voorbeeld 9.41**
Een magnetron die in 2010 is gefabriceerd, moet aan de veiligheidsnormen die toen golden, voldoen. Voor een twee jaar later vervaardigde magnetron van hetzelfde type moet naar de veiligheidsnormen van 2012 worden gekeken. De magnetron uit 2012 mag dus niet als gebrekkig worden beschouwd uitsluitend omdat het in 2014 mogelijk werd een betere magnetron te produceren (art. 6:186 lid 2).

Product
De regeling van productenaansprakelijkheid geldt op grond van art. 6:187 lid 1 voor roerende zaken. Wordt de zaak bestanddeel van een andere roerende of onroerende zaak, dan blijft de regeling van toepassing, zelfs als het gaat om zaken en stoffen die bij de vervaardiging van het eindproduct als object geheel verdwijnen, zoals lijm en verhardingsmiddelen. Elektriciteit valt, hoewel het geen zaak is, ook onder het begrip product. Bij schade ten gevolge van gebreken in de elektriciteit kan men denken aan schade ontstaan door afwijkingen van de netspanning. Ook (onbewerkte) landbouwproducten vallen eronder, om de consument beter tegen onveilige voedingsmiddelen te beschermen.

Producent
Ingevolge art. 6:187 lid 2 tot en met 4 vallen onder het begrip producent:
1 De fabrikant van een eindproduct, grondstof of onderdeel. Ook de fabrikant van een halffabricaat kan dus als producent aansprakelijk zijn.

■ **Voorbeeld 9.42**
Als F, fabrikant van een halffabricaat, een vernieuwde samenstelling van zijn product in het verkeer wil brengen, zal hij met het oog op art. 6:186 lid 1 zich er door grondig testen van moeten vergewissen welk effect zijn vernieuwde product zal hebben indien de consument het product gaat toepassen, en zich moeten afvragen of hij een aangepaste toepassing van het product moet aanbevelen. F kan er dus niet mee volstaan alleen de directe afnemer die zijn product in het eindproduct verwerkt in te lichten over de gewijzigde samenstelling van zijn product (HR 22 oktober 1999, NJ 2000, 159, m.nt. A.R.B.; Koolhaas/Rockwool).

2 Hij die zich als producent presenteert door zijn naam, merk of ander onderscheidingsteken op het product aan te brengen. Hierbij moet de bedoeling om voor producent aangezien te worden aanwezig zijn. Hieronder vallen dus wel huismerken van detailhandelketens, maar niet de enkele vermelding van de naam als distributeur, of aanduidingen waaruit blijkt dat een instantie een product heeft goedgekeurd, zoals het KEMA-keurmerk.
3 Degene die importeert in de Europese Economische Ruimte. Deze is aansprakelijk naast de onder 1 en 2 genoemde personen.
4 De leverancier, maar alleen als de onder 1 tot en met 3 genoemde personen niet kunnen worden opgespoord (denk aan witte merken). Zijn aansprakelijkheid vervalt wanneer hij binnen redelijke termijn de identiteit onthult van degene die hem het product heeft geleverd of van de producent.

Hoofdelijke aansprakelijkheid

Zijn verschillende producenten op grond van deze regeling aan te spreken, dan leidt dit tot een *hoofdelijke aansprakelijkheid*: ieder van hen kan voor het geheel worden aangesproken (art. 6:189).

■ **Voorbeeld 9.43**
Een autofabrikant monteert in een auto een gebrekkige stuurinrichting van een andere producent. Hiermee is niet alleen het onderdeel, maar ook het totale eindproduct gebrekkig. De benadeelde kan in dat geval zowel de autofabrikant als de fabrikant van de stuurinrichting aanspreken op grond van art. 6:185 e.v.

Schade

De producent is blijkens art. 6:190 niet aansprakelijk voor *schade aan het product zelf* (de zogenoemde transactieschade); daarvoor moet de consument de verkoper aanspreken op grond van art. 7:24, dat een bijzondere regeling geeft voor schadevergoeding bij consumentenkoop. (Zie ook subparagraaf 12.5.4, en paragraaf 12.2 voor het begrip consumentenkoop.)

Transactieschade

Gevolgschade

De producent kan wel op grond van art. 6:185 e.v. aansprakelijk worden gesteld voor de *gevolgschade*, voor zover deze bestaat uit:
- schade door dood of lichamelijk letsel (letselschade); of
- schade die door het gebrekkige product is toegebracht aan een andere zaak (zaakschade), mits die zaak gewoonlijk voor gebruik in de privésfeer is bestemd en daarvoor ook hoofdzakelijk is gebruikt. Wel geldt hiervoor, anders dan bij letselschade, een franchise van €500. In de Nederlandse opvatting is deze *franchise* vooralsnog een drempelfranchise: schade die niet meer bedraagt dan €500 wordt niet vergoed; schade die meer bedraagt moet helemaal worden vergoed. Voor bedragen die beneden deze grens blijven, kan de consument de verkoper aanspreken (zie art. 7:24 lid 2 sub c).

■ **Voorbeeld 9.44**
Als er in een bedrijf brand ontstaat door een storing in een recent aangeschaft kopieerapparaat, valt letselschade wel, maar schade aan het gebouw niet onder productenaansprakelijkheid. De zaakschade is dan immers niet in de privésfeer geleden.

Afdeling 6.1.10 blijft van belang voor de vraag of bij letselschade ook immateriële schade voor vergoeding in aanmerking komt (art. 6:106).

Causaal verband tussen gebrek en schade

Behalve schade moet er causaal verband bestaan tussen het gebrek en de schade. De schade moet dus het gevolg zijn van het gebrek. Dit is het geval als de schade zou zijn uitgebleven als het product geen gebrek had gehad. Zo moet de letselschade in voorbeeld 9.44 zijn veroorzaakt door een gebrek in het kopieerapparaat.

9.5.2 Gevolgen

Risicoaansprakelijkheid producent

Is aan alle hiervoor genoemde vereisten voor productenaansprakelijkheid voldaan, dan rust op de producent in beginsel een *risicoaansprakelijkheid*. De benadeelde hoeft dus niet te bewijzen dat de producent schuld heeft aan het ontstaan van de schade. Dit is van groot belang, omdat het voor benadeelden erg moeilijk is om inzicht te verkrijgen in ingewikkelde productieprocessen. Nog veel moeilijker is het voor een benadeelde om aan te tonen waarom het product een gebrek vertoont en dat hiervan aan de producent een verwijt kan worden gemaakt. De fout kan immers zijn gelegen in het productieproces, een constructiefout betreffen, of een instructiefout. In geval van een instructiefout is (bijvoorbeeld in de gebruiksaanwijzing) onvoldoende gewaarschuwd voor mogelijke gevaren voor de gebruiker. Indien de producent iedere aansprakelijkheid van de hand wijst, zal de benadeelde in een procedure alleen de schade, het gebrek en het causaal verband tussen het gebrek en de schade moeten bewijzen (art. 6:188).

Aansprakelijkstelling van de producent op grond van art. 6:185 sluit niet uit dat de producent door de benadeelde tevens aansprakelijk kan worden gesteld op grond van onrechtmatige daad (art. 6:162) of, indien er een contractuele relatie bestaat tussen de producent en de benadeelde, op grond van wanprestatie (zie art. 6:193). Dit is van belang, omdat die artikelen de beperkingen van art. 6:190 (franchise en soort schade) alsmede de kortere verjaringstermijn van art. 6:191 niet kennen.

■ Voorbeeld 9.45

A slaat bij supermarkt A&K bier en frisdrank in. Wanneer A uit zijn kelder een fles prik haalt, ontploft deze op het moment dat hij de fles oppakt. De krachten die vrijkomen zijn zo groot, dat de scherven van de fles in A's gezicht terechtkomen en aan zijn pols een slagaderlijke bloeding veroorzaken. Niet alleen de fles, maar ook A's bril is kapot. A wordt met spoed in het ziekenhuis opgenomen. Daar kan helaas niet worden voorkomen dat er ontsierende littekens ontstaan. Deze zullen met plastische chirurgie wel gedeeltelijk, maar niet helemaal weggewerkt kunnen worden. De ziekenhuisrekeningen krijgt A op grond van zijn eigen risico slechts gedeeltelijk vergoed. Uit onderzoek komt vast te staan dat er in de fabriek van P, waar de frisdrank wordt gefabriceerd, een fout is gemaakt bij de fabricage van de drank.

Voor de schade aan de fles zelf kan producent P niet aansprakelijk worden gesteld (transactieschade). Hiervoor moet verkoper A&K worden aangesproken op grond van wanprestatie. Aangezien er sprake is van een consumentenkoop (zie art. 7:5), moet A hiervoor een beroep doen op art. 7:24 lid 1.

Voor de gevolgschade kan A&K in beginsel niet worden aangesproken (vgl. art. 7:24 lid 2), maar wel P op grond van productenaansprakelijkheid (art. 6:185 e.v.). Onder de schade die te beschouwen is als het gevolg van het gebrekkige product vallen het eigenrisicobedrag ziektekosten, smartengeld (schade door lichamelijk letsel) en de schade aan de bril. Die was immers bestemd voor gebruik in de privésfeer en werd daartoe ook hoofdzakelijk gebruikt (art. 6:190). Indien echter de schade aan de bril slechts €300 bedraagt, dan moet A hiervoor verkoper A&K aanspreken op grond van art. 7:24 lid 2 sub c, omdat het bedrag niet meer bedraagt dan €500 (franchise).

P kan door A niet worden aangesproken op grond van wanprestatie, er bestaat tussen A en P immers geen contractuele relatie. Wel zou A P desgewenst op grond van onrechtmatige daad (art. 6:162) aansprakelijk kunnen stellen, in welk geval hij van P bovendien schadevergoeding voor de fles met drank en voor zijn bril (ongeacht franchisebedrag) kan eisen.

9.5.3 Geen of verminderde aansprakelijkheid producent

De producent kan op zijn beurt trachten aan aansprakelijkheid te ontkomen door te bewijzen dat één van de limitatief onder art. 6:185 lid 1 sub a tot en met f opgesomde gronden (tenzij-situaties) zich voordoet. Hiervan worden er enkele nader toegelicht.

a De producent heeft het product niet in het verkeer gebracht (art. 6:185 lid 1 sub a).

Ingevolge een uitspraak van het Hof van Justitie van de Europese Gemeenschappen is een product in het verkeer gebracht wanneer dit het productieproces van de producent heeft verlaten en is opgenomen in een verkoopproces in een vorm waarin het aan het publiek wordt aangeboden voor gebruik of consumptie (HvJEG, 9 februari 2006, C-127/04, NJ 2006, 401).

■ **Voorbeeld 9.46**
Producent A heeft een nieuw model auto gefabriceerd, waarvan de eerste serie de lopende band al heeft verlaten. Wegens mankementen worden deze echter afgekeurd en tijdelijk in een afgesloten ruimte van de fabriek ondergebracht. De volgende dag blijken deze auto's te zijn gestolen. De nietsvermoedende Y, die zo'n auto heeft gekocht van de dief, maakt hierin zijn eerste rit en dan blijkt dat het remsysteem niet optimaal functioneert. Y kan niet meer stoppen en rijdt dwars door de muur van zijn garage heen, waardoor hij zwaargewond raakt.
Y kan A niet op grond van art. 6:185 e.v. aansprakelijk stellen voor de door hem geleden schade. De producent kan zich erop beroepen dat de auto tegen zijn wil en niet door hem in het verkeer is gebracht (art. 6:185 lid 1 sub a).

b Het gebrek is pas ontstaan nadat de producent het product in het verkeer heeft gebracht (art. 6:185 lid 1 sub b).

■ **Voorbeeld 9.47**
A koopt in de winkel een nieuwe televisie. Omdat hij het een lelijk ding vindt, zet hij er een mooie plant op. Hij merkt niet dat hij er bij het water geven af en toe naast giet. Na een week begeeft de televisie het. De producent is niet aansprakelijk. Wel is het aan hem om te bewijzen dat het gebrek hier pas later is ontstaan door toedoen van de koper.

c Op grond van de wetenschappelijke en technische kennis op het tijdstip waarop de producent het product in het verkeer bracht, was het onmogelijk het bestaan van het gebrek te ontdekken (art. 6:185 lid 1 sub e).

Ontwikkelingsrisico Het gaat hierbij om het zogenoemde *ontwikkelingsrisico*. De rechter stelt hieraan strenge eisen: het moet gaan om gebreken die toen onmogelijk, dus ook niet met de meest intensieve en geavanceerde controle, hadden kunnen worden ontdekt. Dit betekent dat de producent moet bewijzen dat hij het gebrek niet had kunnen ontdekken, zelfs niet bij kennisneming van alle relevante informatie die bestond op het tijdstip waarop hij het product in het verkeer bracht. Dit verweer is uitsluitend bestemd voor constructiefouten en niet voor fabricagefouten. Immers, één op de zoveel producten bevat wel eens een gebrek.

Rechtbank Amsterdam 3 februari 1999, NJ 1999, 621

Tijdens een hartoperatie krijgt patiënt S bloed toegediend dat op 29 mei 1996 bij een donor is afgenomen. Bij de eerstvolgende bloeddonatie van deze donor op 1 oktober 1996 blijkt de donor volgens de resultaten van de HIV-1/2 screeningstest met HIV besmet te zijn. Het achtergehouden archieftestmonster van de donatie van 29 mei 1996 wordt opnieuw getest en de uitslag is wederom negatief. Wanneer ten slotte de HIV-1 RNA-test wordt verricht, blijkt het resultaat dubieus. Dit betekent dat de donor wellicht met HIV besmet is. Wanneer dit inderdaad het geval blijkt, stelt het slachtoffer de stichting die het bloed heeft geleverd aansprakelijk op grond van art. 6:185, omdat zij een gebrekkig product in het verkeer heeft gebracht. De stichting voert aan dat er sprake is van een ontwikkelingsrisico, zodat zij niet aansprakelijk is. Dit verweer wordt door de rechtbank gehonoreerd: de HIV-1 RNA-test is technisch gezien nog niet zodanig ontwikkeld, dat invoering kan worden aanbevolen. 'Dit leidt tot de conclusie dat het, gelet op de stand van de wetenschappelijke en technische kennis ten tijde van de bloeddonatie en de levering aan S, voor de stichting praktisch gesproken niet mogelijk was en van haar dus ook niet kon worden gevergd om de HIV-1 RNA-test als screeningstest te gebruiken om hiermee HIV-besmetting in bloedproducten aan te tonen.'

Eigen schuld

Voorts wordt ingevolge art. 6:185 lid 2 de aansprakelijkheid van de producent verminderd of zelfs opgeheven indien er sprake is van *eigen schuld* van de benadeelde (art. 6:101). (Zie voor het begrip 'eigen schuld' subparagraaf 10.5.1.)

■ Voorbeeld 9.48

A heeft een computer gekocht die niet naar behoren blijkt te functioneren. Ondanks een schroeiluchtje blijft A ermee doorwerken. De volgende dag komt er een steekvlam uit de computer, waardoor A brandwonden oploopt. Hier is sprake van eigen schuld van A.

De producent mag zijn aansprakelijkheid voor gebrekkige producten jegens de benadeelde niet contractueel uitsluiten of beperken (art. 6:192). Doet hij dit toch, dan is het beding vernietigbaar op grond van art. 3:40 lid 2.

9.5.4 Product recall

De producent die ontdekt dat zijn product gebrekkig is en daardoor schade kan veroorzaken, zal zo veel mogelijk trachten aansprakelijkheid te voorkomen of te verminderen door deze producten op te sporen, uit het verkeer te halen (recall) en consumenten via advertenties in kranten te waarschuwen.

Voorbeeld van een advertentie.

> **BELANGRIJKE VEILIGHEIDSWAARSCHUWING**
>
> De importeur ETH BV verzoekt een ieder die sinds 2013 in het bezit is van de staande leeslamp 05-vl8027 en 05-vl8127 in de kleuren zwart en wit met een GU10 lichtbron met het Lot nr L091473, welke onderop de voet staat per direct te retourneren aan uw verkooppunt.
> Door een montagefout bestaat er een kans op een elektrische schok.
> Voor vragen kun u mailen naar info@expotrading.nl. Wij bieden u onze excuses aan voor het ongemak.

Bron: *Trouw, 3 juli 2014*

9.5.5 Samenvatting productenaansprakelijkheid

We vatten in deze subparagraaf de regeling voor de productenaansprakelijkheid samen, gedeeltelijk schematisch.

Figuur 9.2 geeft de cumulatieve vereisten voor productenaansprakelijkheid weer.

Figuur 9.2 Vereisten productenaansprakelijkheid

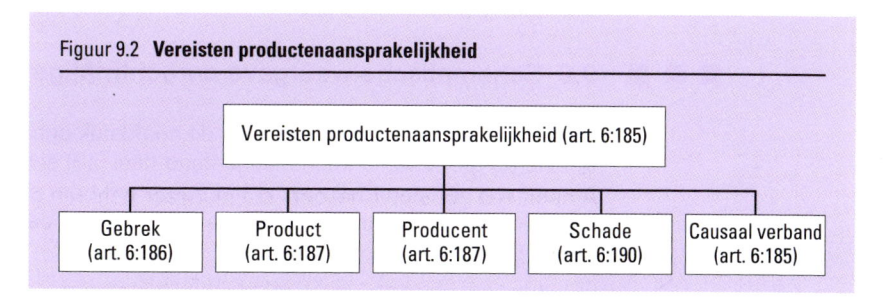

Vereisten productenaansprakelijkheid (art. 6:185)
- Gebrek (art. 6:186)
- Product (art. 6:187)
- Producent (art. 6:187)
- Schade (art. 6:190)
- Causaal verband (art. 6:185)

Figuur 9.3 geeft de stappen weer die de benadeelde consumentkoper kan nemen als er sprake is van productenaansprakelijkheid.

Figuur 9.3 **Aansprakelijkheid o.g.v. afdeling 6.3.3**

```
                    Aansprakelijk stellen o.g.v. afd. 6.3.3
```

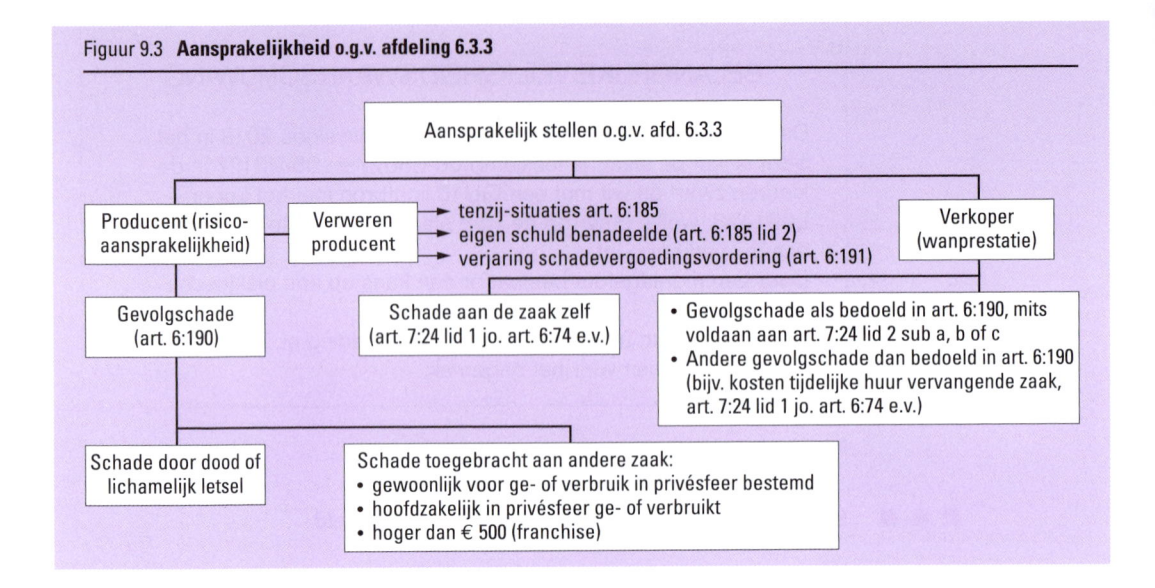

Producent (risico-aansprakelijkheid)	Verweren producent	tenzij-situaties art. 6:185 eigen schuld benadeelde (art. 6:185 lid 2) verjaring schadevergoedingsvordering (art. 6:191)	Verkoper (wanprestatie)
Gevolgschade (art. 6:190)		Schade aan de zaak zelf (art. 7:24 lid 1 jo. art. 6:74 e.v.)	• Gevolgschade als bedoeld in art. 6:190, mits voldaan aan art. 7:24 lid 2 sub a, b of c • Andere gevolgschade dan bedoeld in art. 6:190 (bijv. kosten tijdelijke huur vervangende zaak, art. 7:24 lid 1 jo. art. 6:74 e.v.)
Schade door dood of lichamelijk letsel		Schade toegebracht aan andere zaak: • gewoonlijk voor ge- of verbruik in privésfeer bestemd • hoofdzakelijk in privésfeer ge- of verbruikt • hoger dan € 500 (franchise)	

Als een product gebrekkig is, heeft de producent de volgende manieren om aansprakelijkheid te voorkomen of te verminderen:
- consumenten waarschuwen via advertenties;
- opsporen en uit de handel halen van het gebrekkige product (recall).

■ ■ ■ 9.6 Schematische weergave onrechtmatige daad

Samenvattend geeft figuur 9.4 de in dit hoofdstuk behandelde aansprakelijkheid op grond van onrechtmatige daad (titel 6.3) schematisch weer. De benoeming van de afdelingen in het figuur wijkt om didactische redenen enigszins af van de aanduiding die de wetgever aan de eerste drie afdelingen in titel 6.3 heeft toegekend.

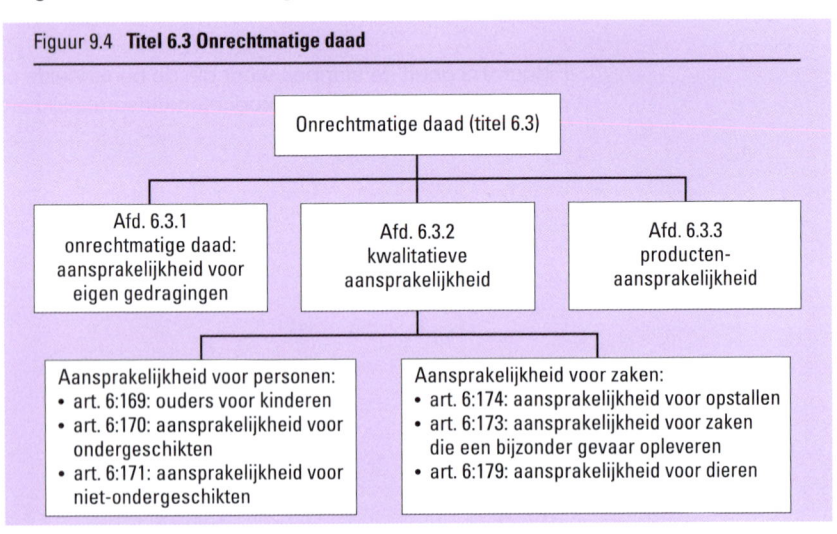

Figuur 9.4 **Titel 6.3 Onrechtmatige daad**

```
                    Onrechtmatige daad (titel 6.3)
```

Afd. 6.3.1 onrechtmatige daad: aansprakelijkheid voor eigen gedragingen	Afd. 6.3.2 kwalitatieve aansprakelijkheid	Afd. 6.3.3 producten- aansprakelijkheid
	Aansprakelijkheid voor personen: • art. 6:169: ouders voor kinderen • art. 6:170: aansprakelijkheid voor ondergeschikten • art. 6:171: aansprakelijkheid voor niet-ondergeschikten	Aansprakelijkheid voor zaken: • art. 6:174: aansprakelijkheid voor opstallen • art. 6:173: aansprakelijkheid voor zaken die een bijzonder gevaar opleveren • art. 6:179: aansprakelijkheid voor dieren

Vragen

1 a Aan welke vereisten moet zijn voldaan, wil er van een onrechtmatige daad sprake zijn?
  b Uit welk(e) wetsartikel(en) leidt u dit af?

2 a Wat is het relativiteitsvereiste?
  b In welk soort situaties levert de vraag of aan het relativiteitsvereiste voldaan is, mogelijk een probleem op?

3 Kan een geestelijk gestoorde die schade heeft toegebracht, aansprakelijk worden gesteld voor de door hem of haar toegebrachte schade?

4 Wat kan er allemaal gevorderd worden wanneer er een onrechtmatige daad is gepleegd?

5 a Wat wordt verstaan onder kwalitatieve aansprakelijkheid?
  b Noem hiervan enkele voorbeelden met vermelding van de daarbijbehorende wetsartikelen.

6 Wat zijn de voorwaarden waaraan voldaan moet zijn, willen de ouders van een 10-jarig kind met succes aansprakelijk gesteld kunnen worden op grond van art. 6:169 lid 1?

7 a In enkele wetsartikelen treft u de zogenoemde 'tenzij-regel' aan. Geef aan in welke wetsartikelen dit het geval is.
  b Leg de betekenis van de tenzij-regel voor elk van deze wetsartikelen uit.

8 Beoordeel de juistheid van de volgende stelling:
De vraag welke soort schade en hoeveel schade er door de pleger van een onrechtmatige daad moet worden vergoed, wordt beantwoord aan de hand van afdeling 6.3.1 en 6.3.2.

9 Wat wordt verstaan onder hoofdelijke aansprakelijkheid?

10 A heeft in de winkel een tv gekocht, die nog dezelfde nacht ontploft wanneer deze op de stand-byfunctie staat. Voor welke schade kan de fabrikant door deze consument nooit aansprakelijk gesteld worden?

Casus

1 A, 24 jaar oud en in ernstige mate geestelijk gehandicapt, loopt langs een grachtje in Utrecht. Hij ziet dat B, een oude dame van 80 jaar, haar evenwicht verliest en in de gracht valt. Door alle kleren die zij aan heeft, slaagt zij er niet in boven water te blijven. A, die alles heeft gezien, loopt door. Het staat vast dat hij B bijtijds had kunnen redden als hij in het water was gesprongen, want hij kan goed zwemmen. B wordt door anderen, die een en ander van grote afstand hebben zien gebeuren, ten slotte uit het water gehaald en gereanimeerd. Zij verkeert echter in coma en houdt er uiteindelijk blijvend hersenletsel aan over.
Is A aansprakelijk voor de door B geleden schade? Motiveer uw antwoord.

2 De 14-jarige A verdient een zakcentje door iedere woensdagmiddag na schooltijd W te helpen met het rondbrengen van diens zuivelproducten.
Op één van deze middagen moet A bij mevrouw S melk en boter bezorgen. Wanneer S opendoet, gaat de telefoon. S verzoekt A even binnen te komen en te wachten totdat zij het gesprek beëindigd heeft. In de hal ziet A een portemonnee liggen. Hij stopt deze snel in zijn zak. Wanneer S terugkomt, geeft hij de spullen af en gaat terug naar de bestelbus zonder dat S iets bemerkt heeft van de diefstal.
Onomstotelijk komt vast te staan dat het A is geweest die de portemonnee van S heeft gestolen. A bekent desgevraagd dat er €100 in zat en dat hij het geld heeft uitgegeven aan patat, de bioscoop en uitgaan. S wil de door haar geleden schade verhalen.
Wie kan/kunnen er door S worden aangesproken voor de door haar geleden schade en op welke grondslag(en)? Geef voor iedere grondslag aan hoe groot u de kans van slagen acht. Toets aan alle vereisten.

3 Mevrouw B woont sinds kort samen met meneer C. Zij zijn respectievelijk 26 en 30 jaar oud. B heeft, nog voordat zij ging samenwonen, een Mechelse herder, Rakker, gekocht.
Met buurvrouw A kan B niet erg goed opschieten. Wanneer het op een dag zelfs tot een handgemeen komt tussen B en A, verschijnt meneer C met Rakker. A wordt vervolgens door Rakker op verschillende plaatsen gebeten. A wenst vergoeding van de schade die zij door de beten van Rakker heeft geleden, te weten €50 als gevolg van een onherstelbaar vernielde broek, en €1.250 omdat zij door die beten veel pijn heeft geleden en een zenuwinzinking heeft gekregen. Tot zover de vaststaande feiten. Voor het overige, zo constateert de kantonrechter in de procedure die door A is opgestart, lopen de stellingen nogal uiteen.

    I A stelt dat zij aangevallen is, eerst door B, daarna door de tegen haar door C opgehitste Rakker.
    II B stelt dat A de aanval opende en dat Rakker haar (B) slechts te hulp geschoten is. C kwam pas veel later daarna naar buiten.

  a Stel dat de stelling van A onder I, de juiste is. Wie heeft zij volgens u aansprakelijk kunnen stellen voor de door haar geleden schade en op grond waarvan?

Noem de relevante wetsartikelen. Als er meer mogelijkheden zijn, moet u dit aangeven.
- **b** Hoe groot acht u de kans van slagen? Toets daarbij aan alle van belang zijnde vereisten.
- **c** Stel dat stelling II de juiste is. Wie kan/kunnen er dan door A in beginsel aansprakelijk worden gesteld voor de door haar geleden schade en op grond waarvan? Motiveer uw antwoord.
- **d** Op welke wijze zou B zich kunnen verweren?
- **e** Wat is het gevolg indien dit verweer slaagt? Leg uit waarom.

4 Maastricht wordt op een maandag om 11.00 uur getroffen door een lichte aardbeving. Nog geen minuut later ontstaat er een scheur in de gevel van een prachtig oud pand, in eigendom toebehorend aan G bv, die het pand heeft verhuurd aan het belastingadviesbureau V. Om 11.03 uur belt H aan bij V. Op hetzelfde moment komt een deel van de gevel naar beneden. H raakt hierdoor ernstig gewond.
- **a** Wie kan/kunnen er door H worden aangesproken tot vergoeding van zijn schade, op welke grondslag(en) en hoe groot acht u de kans van slagen?
- **b** Stel dat de aardbeving heeft plaatsgevonden om 2.00 uur 's nachts, toen er niemand in het pand aanwezig was. De scheur ontstaat ook dan direct, maar de gevel komt pas naar beneden om 7.00 uur 's ochtends, precies op het moment dat H langs het pand loopt. H raakt hierdoor ernstig gewond. Om 7.00 uur 's ochtends was er niemand in het pand aanwezig. Hoe luidt dan uw antwoord op vraag **a**?

5 Jager A heeft, met vergunning, een nieuw jachtgeweer en munitie gekocht.
- **a** Een dag later laat hij het geweer zien aan zijn vriend F. Terwijl deze het in zijn handen heeft, gaat het plotseling af. Om onverklaarbare redenen bleek er, hoewel een nieuw geweer ongeladen pleegt te zijn, toch een kogeltje in te zitten. F wordt getroffen en moet geopereerd worden. Kan A door F met succes aansprakelijk worden gesteld voor de door F geleden schade? Motiveer uw antwoord.
- **b** A wordt overvallen door crimineel C die hem van zijn kostbaarheden wil beroven. Wanneer C hem in een hoek heeft gedreven en aanstalten maakt hem met een groot mes te steken omdat A niet snel genoeg alle kostbaarheden overhandigt, richt A zijn nieuwe geweer op C, met de bedoeling hem af te schrikken. Het wapen gaat af, omdat er om onverklaarbare redenen (een nieuw geweer pleegt immers ongeladen te zijn) toch een kogeltje in het geweer bleek te zitten. C wordt door die kogel in het been getroffen. Kan A voor de door C geleden schade met succes aansprakelijk worden gesteld?
Zo nee, waarom niet en zo ja, op grond waarvan?

Schadevergoeding

10

- 10.1 Toepasselijkheid van afdeling 6.1.10
- 10.2 Soorten van schade
- 10.3 Vorm van de schadevergoeding
- 10.4 Causaal verband en toerekening naar redelijkheid
- 10.5 Eigen schuld en medeschuld
- 10.6 Voordeelstoerekening
- 10.7 Overlijdensschade
- 10.8 Rechterlijke matiging van de schadevergoeding

Als we (na bestudering van hoofdstuk 8) hebben vastgesteld dat er wanprestatie is gepleegd of (na bestudering van hoofdstuk 9) dat er een onrechtmatige daad is gepleegd, dan is de vervolgvraag of de benadeelde ook recht heeft op vergoeding van zijn schade. In afdeling 6.1.10 vinden we de verschillende aspecten van schadevergoeding op een overzichtelijke manier gerangschikt. Zo vinden we in die afdeling een antwoord op de vraag wélke schade voor vergoeding in aanmerking komt, hoevéél schade vergoed wordt, wíe recht heeft op vergoeding, en of de rechter de totale schade mag matigen. In de praktijk worden hierover talloze procedures gevoerd. Vooral de hoogte van de schade is daarbij een onderwerp van strijd; bij andere geschillen gaat het om de vraag of smartengeld toegekend kan worden.

In paragraaf 10.1 behandelen we eerst op welke verplichtingen tot schadevergoeding afdeling 6.1.10 van toepassing is. In paragraaf 10.2 komt aan de orde welke soorten van schade voor vergoeding in aanmerking komen en in paragraaf 10.3 in welke vorm de schadevergoeding voldaan dient te worden. Voor de vraag hoeveel schade er vergoed moet worden, zijn de leerstukken toerekening naar redelijkheid, eigen schuld en medeschuld en voordeelstoerekening van belang, die we bespreken in de paragrafen 10.4, 10.5 en 10.6. In paragraaf 10.7 wordt het begrip overlijdensschade uiteengezet en in paragraaf 10.8 tot slot de bevoegdheid van de rechter om schadevergoeding te matigen.

■ ■ ■ 10.1 Toepasselijkheid van afdeling 6.1.10

Afdeling 6.1.10 is van toepassing op verplichtingen tot schadevergoeding die hun grondslag vinden in de *wet* (art. 6:95).

■ **Voorbeeld 10.1**
Op 1 februari koopt boer A bij handelaar B een grote partij pootaardappelen voor €10.000, te leveren uiterlijk 1 maart. Op 1 maart zijn de aardappels nog niet binnen, en omdat ze toch op tijd de grond in moeten, is A gedwongen bij een andere handelaar eenzelfde partij aardappelen te kopen. De marktprijs van de aardappelen is op dat moment €12.000. A zegt een schade te lijden van €2.000.

■ **Voorbeeld 10.2**
A bevindt zich met zijn vrienden in een Amsterdamse kroeg. Op een gegeven moment moet hij naar de wc. Op weg daarheen, lopend door een slecht verlicht gangetje, tuimelt A in een keldergat en breekt zijn been. Achteraf blijkt dat de caféhouder B heeft vergeten het kelderluik te sluiten na het wisselen van een paar vaten bier. A moet zich onder medische behandeling stellen.

■ **Voorbeeld 10.3**
A staat op het punt een reis te maken langs enkele Europese hoofdsteden. Vóórdat hij vertrekt vraagt hij zijn buurman B van tijd tot tijd de planten water te geven. Kort na zijn vertrek rukt een zware storm de pannen van het dak van de woning van A. Omdat het regent en aldus de planten op al te radicale wijze van water dreigen te worden voorzien, belt B meteen de dakdekker, die het dak repareert. B betaalt de rekening: €1.300.

Overeenkomst

De boer uit voorbeeld 10.1 die wordt geconfronteerd met een wederpartij die op toerekenbare wijze de overeenkomst niet nakomt, zal de schade die hij daardoor lijdt op die wederpartij kunnen verhalen aan de hand van afdeling 6.1.10. Let wel: óf een verplichting tot schadevergoeding bestaat, wordt niet uitgemaakt in afdeling 6.1.10; zij vormt nimmer zélf de grondslag van een verbintenis tot schadevergoeding. Of zo'n verbintenis van handelaar B jegens boer A bestaat, wordt bepaald aan de hand van de regels voor de niet-nakoming van verbintenissen (art. 6:74 e.v.).

Onrechtmatige daad

Ook de arme cafébezoeker uit voorbeeld 10.2 die ten gevolge van onachtzaamheid van de kroegbaas zijn been breekt, kan aan de hand van afdeling 6.1.10 zijn schade vergoed krijgen. Alweer: of er jegens A aansprakelijkheid bestaat, is geen vraag van afdeling 6.1.10, maar (in dit geval) van art. 6:162 e.v.

Zaakwaarneming

Minder vaak dan niet-nakoming van overeenkomsten en het plegen van onrechtmatige daden komt zaakwaarneming voor. Art. 6:200 lid 1 bepaalt dat de belanghebbende (A uit voorbeeld 10.3), voor zover zijn belang naar behoren is behartigd, gehouden is zijn zaakwaarnemer (buurman B) de schade te vergoeden die deze als gevolg van de waarneming heeft geleden.

Trouwbeloften

Er zijn nog vele andere voorbeelden te geven van op een wet gebaseerde schadevergoedingsverbintenissen. Art. 1:49, dat gaat over het niet-nakomen van trouwbeloften, bepaalt – als uitzondering op de hoofdregel dat trouwbeloften geen rechtsvordering tot schadevergoeding wegens de niet-vervulling van de beloften geven – dat indien een akte van huwelijks-

Volmacht

aangifte is opgemaakt, dit grond kan opleveren voor een vordering tot een zekere schadevergoeding. Een ander voorbeeld is art. 3:70: wie als gevolmachtigde handelt, staat jegens de wederpartij in voor het bestaan en de omvang van zijn volmacht; hij is in beginsel jegens de wederpartij aansprakelijk voor de schade die deze lijdt, als achteraf blijkt dat de 'gevolmachtigde' geen of onvoldoende volmacht bezit.

10.2 Soorten van schade

Vermogensschade

Ander nadeel

De wet geeft geen definitie van het begrip schade. Art. 6:95 noemt twee soorten van schade die voor vergoeding in aanmerking kunnen komen: vermogensschade en ander nadeel, dat laatste echter alleen voor zover de wet op vergoeding daarvan recht geeft. Bij ander nadeel moet worden gedacht aan ideële schade, oftewel immateriële schade; soms wordt wel het woord 'smartengeld' gebruikt. Het gaat bij ideële schade om schade die bestaat uit bijvoorbeeld gederfde levensvreugde, geleden pijn, verdriet en andere smarten. De wet beperkt zo'n vordering van vergoeding van ideële schade tot enkele, uitdrukkelijk genoemde, gevallen (art. 6:106).

10.2.1 Vermogensschade

Art. 6:96 lid 1 bepaalt slechts dat onder vermogensschade valt zowel geleden verlies als gederfde winst, terwijl lid 2 zeker stelt dat daar bijvoorbeeld ook onder vallen de redelijke kosten die worden gemaakt ter voorkoming of beperking van de schade.

Vermindering

Schade behelst altijd een vermindering, een verandering ten nadele. De rechter zal deze verandering ten nadele op geld moeten waarderen. Vaak zal dat kunnen aan de hand van de reparatiekosten.

■ **Voorbeeld 10.4**
A wordt van zijn nieuwe fiets gereden door B; vaststaat dat B jegens A aansprakelijk is. In het wiel van de fiets van A zit een fikse slag. Het wiel moet worden vervangen.

In dit eenvoudige geval van voorbeeld 10.4 zal de schade die A lijdt, vergoed zijn na betaling van de kosten van een nieuw wiel. Eventueel kan een rechter rekening houden met het feit dat de fiets, ondanks het nieuwe wiel, toch nooit helemaal de oude zal worden. In dat geval kan voor deze *waardevermindering* een extra vergoeding verschuldigd zijn. Het tegenovergestelde is het geval wanneer de zaak ten gevolge van het herstel een *waardevermeerdering* ondergaat. Ook met zo'n verbetering – van oud tot nieuw – kan rekening worden gehouden.
Het kan evenwel ingewikkelder zijn.

■ **Voorbeeld 10.5**
A, een jong en veelbelovend handelsreiziger, wordt door B aangereden en ernstig verwond. B is jegens A aansprakelijk. Ten gevolge van het ongeluk wordt A blijvend invalide. Zijn werk als handelsreiziger zal hij nooit meer kunnen uitoefenen.

Toekomstige schade In dit geval kan niet worden volstaan met een vaststellen van de schade aan de hand van binnengekomen rekeningen, bijvoorbeeld de ziekenhuiskosten of gederfd arbeidsinkomen. De rechter zal ook in A's toekomst moeten kijken: hij zal de toestand waarin A zich nu bevindt, moeten vergelijken met de – hypothetische – toestand die er zou zijn geweest als de schadebrengende gebeurtenis niet zou hebben plaatsgevonden. Daarbij zal hij rekening houden met het feit dat A's veelbelovende toekomst ook in financiële zin een ingrijpende keer heeft genomen. Het zal niet altijd eenvoudig zijn schade die nog in de toekomst ligt te begroten. Art. 6:97 en 6:105 bieden de rechter een handvat bij het berekenen van de omvang van de schade. Kan zij niet nauwkeurig worden vastgesteld, dan wordt de schade *geschat*. Is de schade nog niet ingetreden, dan kan de rechter de begroting daarvan geheel of gedeeltelijk uitstellen.

Schatten

Abstract of concreet? Een lastige vraag is verder nog hoe de geleden schade moet worden vastgesteld: abstract of concreet? Want bij het vaststellen van de omvang van schade kan men tot verschillende uitkomsten komen, al naargelang men met bepaalde omstandigheden wel of geen rekening houdt.

■ **Voorbeeld 10.6**
A fietst door onvoorzichtigheid tegen de auto van B op. Een aantal krassen in het portier is het gevolg. De reparatiekosten worden vastgesteld op €750. B besluit de reparatie niet te laten uitvoeren, maar dient wél een claim in van €750.

■ **Voorbeeld 10.7**
A verkoopt op 1 september aan B, handelaar in bloembollen, 10 000 tulpenbollen voor €12 per honderd. Levering en betaling zullen plaatsvinden uiterlijk op 23 september. Op 15 september verkoopt B de 10 000 bollen aan C voor €14 per honderd. Op 23 september blijkt A de bollen niet te hebben geleverd. B kan nog van de overeenkomst met C af. De prijs van de bollen is inmiddels gestegen tot €19 per honderd.

Hoeveel schade heeft auto-eigenaar A uit voorbeeld 10.6 geleden: géén, €750 of wellicht iets daartussenin? En de bollenhandelaar uit voorbeeld 10.7? Lijdt hij €2 of €7 per honderd bollen schade? De oorzaak van deze verschillen in schadeomvang ligt in *de wijze van vaststellen*. Moet in casu met alle omstandigheden van het geval al dan niet rekening worden gehouden; anders gezegd: moet de schade concreet of abstract worden vastgesteld?

Concrete schadevaststelling *Concrete* schadevaststelling wil zeggen dat rekening wordt gehouden met de 'individuele' omstandigheden van het geval. Dat zou betekenen dat de auto-eigenaar in voorbeeld 10.6 géén of althans veelal minder schade lijdt dan de door hem gedeclareerde €750. Immers, hij laat zijn auto niet repareren. Wordt echter van die omstandigheid (dat hij de reparatie niet laat uitvoeren) geabstraheerd, dan lijdt A wel degelijk €750 schade. Dit is de *abstracte* wijze van schadevaststelling. De regel nu is dat in gevallen van zaaksbeschadiging de abstracte schadevaststelling wordt toegepast. Daarvoor pleit dat dit efficiënt is: om de schade vast te stellen hoeft men zich niet steeds in alle bijzonderheden van het geval te verdiepen.

Abstracte schadevaststelling

Ook in gevallen van niet-levering wordt de schade op abstracte wijze vastgesteld. Bloembollenhandelaar B uit voorbeeld 10.7 krijgt als schade vergoed het verschil tussen de prijs die hij op 1 september betaalde, en de marktprijs op de dag van de niet-nakoming, 23 september (zie art. 7:36).

Van de tussenliggende koopovereenkomst met C wordt geabstraheerd. Maar let op: de abstracte schade is altijd een *minimum*. Is de schade die de benadeelde lijdt in werkelijkheid hoger, dan kan hij zijn werkelijke (dus op concrete wijze vastgestelde) schade vorderen (zie ook subparagraaf 12.5.4).

Behalve in deze twee categorieën van gevallen (zaakbeschadiging en niet-levering) pleegt in andere schadegevallen de schade *concreet* te worden berekend, dus rekening houdend met alle omstandigheden van het geval. Te denken valt bijvoorbeeld aan letselschade of aan overlijdensschade.

10.2.2 Ander nadeel

Art. 6:95 noemt naast vergoeding van vermogensschade ook 'ander nadeel', derhalve niet-vermogensschade. Denk bijvoorbeeld aan gederfde levensvreugde, pijn, verdriet en ergernis. Bestaat er ter zake van de vermogensschade stééds een verplichting tot schadevergoeding, de niet-vermogensschade (ideële schade) wordt alleen vergoed voor zover de wet daarop recht geeft. De compensatie van ideële schade noemen wij wel *smartengeld*. Art. 6:106 geeft dat heel precies aan.

Smartengeld

■ **Voorbeeld 10.8**
Mevrouw A wordt aangereden door de 16-jarige C die roekeloos op zijn skateboard over de stoep schiet. C is jegens A aansprakelijk. Zij breekt haar heup en bovendien loopt ze een aantal snijwonden op in het gezicht. Behalve de medische kosten (vermogensschade) vordert zij €15.000 smartengeld voor gederfde en nog te derven levensvreugde (zij loopt nog steeds moeilijk), de pijn die ze heeft geleden, en voor de ontsieringen in het gezicht (littekens). Haar echtgenoot, B, vordert €2.000 smartengeld voor de door hém gederfde levensvreugde gedurende de lange tijd dat mevrouw A in het ziekenhuis lag.

■ **Voorbeeld 10.9**
Het jongetje A loopt, op weg van school naar huis, langs een steiger waarop een aantal bouwvakkers aan het werk is. Door onachtzaamheid laat één van hen, B, zijn hamer vallen. De hamer treft de scholier, die op slag dood is. Zijn ouders zijn hierdoor gedurende vele maanden volledig van de kaart. Zij vorderen €30.000 schadevergoeding voor het geleden verdriet. B is jegens de scholier aansprakelijk.

De vraag of ideële schade moet worden vergoed, is nog niet zo eenvoudig te beantwoorden. Zijn verdriet, pijn of ontsieringen met geld te vergoeden? De wetgever heeft deze vraag bevestigend beantwoord, want een materiële schadeloosstelling is de enige methode om de gelaedeerde (degene die nadeel heeft ondervonden) – die men rechtstreeks geen vreugde kan verschaffen – in staat te stellen zelf vreugde te vinden door wat hij zoal met die schadevergoeding kan doen (aldus Van Agt, toenmalig minister van Justitie). Art. 6:106 bepaalt dat de *benadeelde* (en alléén hij!) recht heeft op de ideële schadevergoeding in drie limitatief omschreven gevallen. Twee daarvan zijn:

Oogmerk om nadeel toe te brengen
1 indien de aansprakelijke persoon het oogmerk had *zodanig nadeel* (dus ideële schade) toe te brengen (lid 1, sub a); zoiets zal zich niet gauw voordoen. Een nogal extreem voorbeeld was het geval waarin een vader zijn kind doodde om daarmee de moeder te treffen (HR 26 oktober 2001, NJ 2002, 216);

Lichamelijk letsel

2 indien de benadeelde *lichamelijk letsel* heeft opgelopen. Dit laatste geval zal zich in de praktijk het meeste voordoen. Mevrouw A uit voorbeeld 10.8, die door het ventje C haar heup breekt, zal smartengeld kunnen vorderen; maar haar echtgenoot B niet: de wet geeft in dit geval slechts de gekwetste dat recht (lid 1, sub b). Evenmin hebben de ouders van het jongetje A uit voorbeeld 10.9 recht op smartengeld (art. 6:108). Wél is denkbaar dat schade optreedt door een shock als gevolg van het *waarnemen* of *geconfronteerd* worden met een dodelijk ongeval, of met de gevolgen daarvan, van een naaste. Daarvan was sprake in het Kindertaxi-arrest, waarin een moeder werd geconfronteerd met de verschrikkelijke gevolgen van het dodelijke verkeersongeluk van haar kind. De Hoge Raad heeft toen geoordeeld dat als die gevolgen leiden tot lichamelijk of psychisch letsel bij de moeder of tot een andere aantasting in haar persoon, de moeder tóch recht kan hebben op vergoeding van haar immateriële schade (HR 22 februari 2002, NJ 2002, 240). Maar het gaat dan dus niet om het *verdriet* als gevolg van het overlijden van een naaste, maar om het leed (letselschade) als gevolg van het waarnemen van of geconfronteerd worden met het ongeval van een naaste.

Waarnemen dodelijk ongeval naaste

In één adem met het geval dat de benadeelde is gekwetst, wordt het geval genoemd dat de benadeelde is geschaad in zijn eer of goede naam, of op andere wijze – bijvoorbeeld in zijn privacy – is aangetast. Ook dan is vergoeding van ideële schade mogelijk.

■ ■ ■ 10.3 Vorm van de schadevergoeding

De schade die iemand lijdt ten gevolge van het normschendend handelen van een ander is meestal te waarderen op een bepaald bedrag in geld. De algemene regel is dan ook dat de schadevergoeding moet worden voldaan in geld (art. 6:103, eerste zin).

Schadevergoeding in geld

Desondanks kan in sommige gevallen de rechter op vordering van de benadeelde schadevergoeding in andere vorm dan door betaling van een geldsom toekennen. Men kan denken aan een vonnis waarin de gedaagde wordt veroordeeld een vorige toestand te herstellen. Of, in het geval van een niet-nakoming van een overeenkomst, tot het leveren van een surrogaat. Maar een nog spectaculairder vorm van schadevergoeding is mogelijk.

Schadevergoeding in andere vorm

■ Voorbeeld 10.10

De oude nogal eenzame mevrouw A is eigenaresse van een boerderij. Zij wil van de boerderij af en sluit met B een koopovereenkomst; de overdracht zal een maand later plaatsvinden. Een dag na het sluiten van de koopovereenkomst hoort C, een neef van mevrouw A, van de zaak. Neef C pleegt mevrouw A regelmatig op te zoeken. Hij ontsteekt in woede en zegt mevrouw A nooit meer te bezoeken als zij de boerderij niet alsnog aan hem verkoopt en levert. Mevrouw A, onder de indruk, levert de boerderij aan C. B, de eerste koper, wendt zich tot de rechter.

Aan schadevergoeding in geld heeft B weinig; het gaat hem immers om de boerderij, die ondertussen eigendom van C is geworden. De tweede zin van art. 6:103 schiet de benadeelde B te hulp. Wanneer C jegens hem, B, onrechtmatig heeft gehandeld – en daarvan is sprake nu hij door zijn tante onder druk te zetten het recht van B op levering van de boerderij frustreert – kán de rechter, zo B dat vordert, de neef tot een passende vorm van schadevergoeding veroordelen. In dit geval levering van de boerderij aan B. Een dergelijk vonnis stemt overeen met ons rechtvaardigheidsgevoel, maar bijzonder is het wel: via art. 6:162 jo. 6:103 kan B zijn persoonlijk recht tot levering van de boerderij door mevrouw A verwerkelijken jegens de derde C die inmiddels eigenaar was geworden.

■ ■ ■ 10.4 Causaal verband en toerekening naar redelijkheid

Conditio sine qua non

Voor aansprakelijkheid is onder meer causaal verband vereist: een verband tussen de normschending en de schade, het *conditio-sine-qua-non-verband*. Of dit verband er is, wordt duidelijk als men zich de vraag stelt of de schade óók zou zijn ontstaan, wanneer de normschendende gebeurtenis *niet* had plaatsgevonden.
Is dat het geval – als de schade dus ook dán zou zijn ingetreden – dan bestaat er géén conditio-sine-qua-non-verband en zal er derhalve geen aansprakelijkheid zijn.
Deze band tussen gebeurtenis en schade wordt geëist voor onrechtmatige daden in art. 6:162 lid 1 door het woordje 'dientengevolge', en voor het niet-nakomen van verbintenissen door het woordje 'daardoor' in art. 6:74 lid 1.
Nu kan een normschendende gebeurtenis, bijvoorbeeld een onrechtmatige daad, verstrekkende gevolgen hebben. Er kan – in andere woorden – een zeer lange causale keten ontstaan, zonder dat het conditio-sine-qua-non-verband wordt verbroken.

■ Voorbeeld 10.11
Een timmerman loopt met een lange plank op zijn schouder de hoek om. Door onvoorzichtigheid stoot hij een zekere A, een zakenman, op weg naar een zeer belangrijke zakelijke afspraak, hardhandig voor het hoofd. A wordt zodanig verwond dat hij in een ziekenhuis moet worden opgenomen. Als zijn vrouw wordt verwittigd, schrikt zij zó, dat zij ter plekke een lichte hartaanval krijgt en ook met spoed in het ziekenhuis moet worden opgenomen. Ter verzorging van de kinderen wordt gedurende enige weken een gezinshulp in dienst genomen. Maar één van de kinderen raakt door het gebeuren zo van slag dat hij zakt voor zijn overgangsexamen dat net in die dagen plaatsvindt. Hij zal nog een jaar langer op school moeten blijven, alvorens te kunnen gaan werken in de zaak van zijn vader. Bovendien loopt A een aantal belangrijke contracten mis. De totale schade loopt in de honderdduizenden euro's.

Laten we aannemen dat aan het conditio-sine-qua-non-verband is voldaan: al deze schade valt uiteindelijk terug te voeren op het onrechtmatig handelen van de timmerman. Als we ervan uitgaan dat aan de overige vereisten voor zijn aansprakelijkheid is voldaan (toerekenbaarheid, schade, relativiteit; zie hoofdstuk 9), dan rijst de vraag of de timmerman uit voorbeeld 10.11 ook voor alle geleden schade aansprakelijk kan worden gesteld. Het antwoord luidt: nee, er is (ergens) een grens.

Toerekening

De moeilijkheid is nu hóe die grens moet worden bepaald; of, om te spreken in termen van art. 6:98, welke schade als gevolg van de schadeveroorzakende gebeurtenis aan de normschender (in redelijkheid) nog kan worden *toegerekend*. Art. 6:98 zelf biedt de rechter al een tweetal gezichtspunten van waaruit hij wellicht die grens aan de omvang van de aansprakelijkheid kan bepalen: hij moet letten op de *aard van de aansprakelijkheid* en op de *aard van de schade*. Een derde gezichtspunt, dat weliswaar niet in de wet wordt genoemd maar toch van eminent belang is, is dat van de *voorzienbaarheid*: was de schade die voortvloeide uit de normschending voor de dader redelijkerwijze te voorzien? En een vierde (maar er zijn er vast meer) is het gezichtspunt van de *verwijderdheid* van de schade: zij kan zo uitzonderlijk ver weg liggen, dat toerekening niet meer te rechtvaardigen valt.

Nu zou het verkeerd zijn te menen dat de hier genoemde gezichtspunten in een bepaalde hiërarchie zijn te plaatsen. Al naargelang de rechter let op de voorzienbaarheid, op de verwijderdheid van de schade, of kijkt naar de aard van de aansprakelijkheid of van de schade, kan het beeld – toerekening of niet – verspringen: zo kan in een bepaald geval, gelet op de voorzienbaarheid de schade wél, en gelet op de verwijderdheid diezelfde schade níet voor toerekening in aanmerking komen. De rechter zal dan toch – gemotiveerd – tot een 'redelijkheidsoordeel' moeten komen.

Kan derhalve niet worden gezegd dat het ene gezichtspunt 'van hoger orde' is dan het andere, in de praktijk zal het ene toch vaker voorkomen dan het andere.

De voorzienbaarheid van de schade

Voorzienbaarheid

Eerst een voorbeeld waarin het voorzienbaarheidscriterium een rol speelt.

■ **Voorbeeld 10.12**
A heeft een laaggelegen stuk land in de Haarlemmermeerpolder. Hij verbouwt er aardappelen. Langs het land loopt een sloot waarin het overtollige regenwater wordt afgevoerd. Het schoonhouden van de sloot geschiedt op grond van een overeenkomst door het bedrijf B. Na een warme zomerdag wordt de polder getroffen door noodweer. De sloot kan het hemelwater niet aan en het land van A komt blank te staan. Vaststaat dat de sloot niet goed was geschoond. De overstroming zou niet hebben plaatsgevonden als B de overeenkomst goed was nagekomen. De aardappels zijn hierdoor verrot en A lijdt €25.000 schade.

Aangenomen dat B op toerekenbare wijze niet is nagekomen (art. 6:74), is het bedrijf dan ook aansprakelijk voor de volledige schade? Het voorzienbaarheidscriterium kan uitkomst bieden: de schade is het *redelijkerwijze te voorziene gevolg* van het niet-schoonhouden van de sloot.

De verwijderdheid van de schade

Verwijderdheid

In onze samenleving hangt steeds meer alles met alles samen. Een kleine fout doet haar gevolgen langs de lijnen der causaliteit tot heel ver gelden. En die gevolgen zijn redelijkerwijs te voorzien.

■ **Voorbeeld 10.13**
Door niet op te letten raakt een draglinemachinist tijdens grondwerkzaamheden een gasbuis. De gasbuis wordt hierdoor beschadigd en moet tijdelijk worden afgesloten voor reparatie. Tijdens deze reparatie, die een dag duurt, komt een groot bedrijf X stil te liggen. Hierdoor kan X zijn leveranties aan bedrijf Y niet nakomen; Y lijdt op zijn beurt schade omdat ... enzovoort.

Is de draglinemachinist nu aansprakelijk voor de schade die X en Y en al die anderen lijden? Zeer waarschijnlijk was de schade wél te voorzien, zodat hij vanuit dit gezichtspunt bezien schadeplichtig zou zijn. In zo'n geval echter kan de rechter bij het vaststellen van de schadevergoedingsverplichting een grens trekken dáár waar de schade naar zijn oordeel te ver verwijderd is van de onrechtmatige daad.

De aard van de aansprakelijkheid

Aard aansprakelijkheid

De aard van de aansprakelijkheid kan een reden zijn de grenzen van de aansprakelijkheid enger of juist ruimer te trekken. Eerst een voorbeeld van een nauwer verband.

Voor sommige normschendingen heeft de wetgever een risicoaansprakelijkheid in het leven geroepen. In zo'n geval wordt afgeweken van de regel dat voor aansprakelijkheid op grond van een onrechtmatige daad de dader een bepaald verwijt moet kunnen worden gemaakt (schuld). Wanneer het nu gaat om een risicoaansprakelijkheid, kan er reden zijn de grenzen van de aansprakelijkheid nauwer te trekken; of anders gezegd: minder schade toe te rekenen.

■ **Voorbeeld 10.14**
Op een bedrijfsterrein stort een grote silo in. De ingestorte silo verspert gedurende enkele uren een druk bereden provinciale weg. Er zijn twee schadeposten. Door het omvallen raakt een werknemer zwaargewond. En door de wegversperring komt een zakenman, op weg naar Schiphol voor een belangrijke vergadering in Zürich, in het verkeer vast te zitten. Hij mist het vliegtuig. Hij wenst de prijs van zijn ticket en de verloren tijd vergoed te zien.

Nauwer verband

De bezitter van de silo is aansprakelijk op grond van de risicoaansprakelijkheid van art. 6:174. Deze aansprakelijkheid vindt haar grond in het feit dat het voor derden vaak moeilijk, soms zelfs ondoenlijk, zal zijn om diegene op te sporen die verantwoordelijk is voor het feit dat de opstal niet voldoet aan de eisen die men daaraan mag stellen. Daarom ook wijst het artikel eenvoudigweg de bezitter aan als de aansprakelijke; die moet dan maar zien op wie hij zich eventueel weer kan verhalen. Bovendien gaat het hier om een aansprakelijkheid zonder schuld: de bezitter is aansprakelijk ongeacht of hem een verwijt treft. Om deze beide redenen is er aanleiding een *nauwer* verband te eisen tussen de schade en de schadebrengende gebeurtenis: de schade moet – zo heeft de Hoge Raad eens overwogen – beperkt worden tot die schade die als het *typische gevolg* van de instorting van de opstal kan worden beschouwd. De letselschade is zo'n 'typisch gevolg'. Bovendien heeft vergoeding van *letsel*schade sowieso een hoge prioriteit (zie hierna onder 'de aard van de schade'). De schade van de zakenman wordt waarschijnlijk niet vergoed. Zij hoort niet tot de typische gevolgen van de instorting van een silo.

Ruimer verband

Nu een voorbeeld waarin de grenzen juist ruimer worden getrokken. Denk dan – eveneens in het kader van de aard van de aansprakelijkheid – aan de *inhoud van een norm*. Die kan een reden zijn om de grenzen ruimer te trekken. In zijn arrest van 2 november 1979, NJ 1980, 77, overwoog de Hoge Raad dat bij overtreding van *verkeers- en veiligheidsnormen*, die in de regel strekken ter voorkoming van verkeers- of arbeidsongevallen, rekening moet worden gehouden met de mogelijkheid van ernstige gevolgen. Er is dan ook aanleiding om voor dit soort overtredingen een ruimere aansprakelijkheid aan te nemen. Dat wil zeggen méér schade toe te rekenen dan bij overtreding van zorgvuldigheidsnormen als 'gij zult niet met uw voetbal de ruiten van de buren inschieten'. Denk bijvoorbeeld aan het geval dat herstel van een slachtoffer veel langer op zich laat wachten dan gebruikelijk, bijvoorbeeld omdat het slachtoffer een abnormale psychische of fysieke reactie op het ongeval vertoont (men spreekt dan wel van een 'persoonlijke predispositie').

De aard van de schade

Soorten schade

Een vierde gezichtspunt in het proces van toerekening van de schade aan de schuldenaar is dat van de aard van de schade. De schade die iemand lijdt, kan voortvloeien uit de dood van een ander, uit verwonding, uit beschadiging van een zaak, uit aantasting van het milieu, uit bedrijfsstagnering enzovoort. Het gaat telkens om een ander soort schade. Schade aan personen zal eerder worden toegerekend dan zaakschade. En in gevallen van zaakschade liggen de grenzen van aansprakelijkheid wellicht weer verder dan bij bedrijfsschade.

Stelplicht en bewijslast

Wat nu, als het niet duidelijk is of een bepaalde onrechtmatige gedraging of wanprestatie ook (al) de geleden schade heeft veroorzaakt? Anders gezegd, wie draagt de bewijslast van het al dan niet bestaan van het causaal verband?

Hoofdregel en uitzondering

In beginsel geldt de wettelijke regel van art. 150 Rv: wie stelt (dat een ander aansprakelijk is voor zijn schade), moet bewijzen. Maar in diverse uitspraken heeft de Hoge Raad uitgemaakt dat als door een onrechtmatige daad of wanprestatie een risico op het ontstaan van schade in het leven is geroepen en dit risico zich vervolgens verwezenlijkt, daarmee het causaal verband tussen die gedraging en de schade in beginsel is *gegeven*. Het is dan aan 'de dader' om te stellen en aannemelijk te maken dat die schade ook zónder die gedraging zou zijn ontstaan (vergelijk HR 14 december 1999, NJ 2000, 428; fietsen in de verboden rijrichting). Het zou immers niet redelijk zijn om het slachtoffer in zo'n geval met het bewijs te belasten. De dader is dus aansprakelijk, tenzij hij aannemelijk weet te maken dat het ongeval echt door iets anders is veroorzaakt. In de juridische literatuur noemt men deze regel, die inmiddels weer allerlei verfijningen heeft gekregen, de *omkeringsregel* (vergelijk HR 29 november 2002, NJ 2004, 304).

Omkeringsregel

■ Voorbeeld 10.15

A fietst op zijn racefiets over het fietspad naar zijn werk. Er geldt eenrichtingsverkeer, niettemin fietst ene B hem op dat fietspad tegemoet. Bij het passeren komt A lelijk ten val en breekt zijn kaak. De financiële schade is omvangrijk omdat de kaak maar moeilijk blijkt te genezen. A stelt B aansprakelijk voor de schade, maar B ontkent aansprakelijk te zijn. Hij zegt dat A niet door hém ten val is gekomen, maar door een eigen ongelukkige manoeuvre. Er is, volgens hem, geen causaal verband. Uit diverse getuigenverklaringen wordt niet duidelijk wat er precies is gebeurd.
B is echter wel aansprakelijk, tenzij hij aannemelijk maakt dat het ongeval is veroorzaakt door een omstandigheid bij A (bijvoorbeeld dronkenschap). De bewijslast daarvoor ligt bij B.

10.5 Eigen schuld en medeschuld

Vaak zal het zo zijn dat niet alleen de pleger van een onrechtmatige daad of van een wanprestatie iets 'te verwijten' valt, maar ook de benadeelde. We spreken dan van 'eigen schuld'. Ook is het denkbaar dat er niet één, maar meer aansprakelijke partijen zijn. Dit wordt 'medeschuld' genoemd. Deze begrippen behandelen we in de volgende subparagrafen.

10.5.1 Eigen schuld

Een schadevergoedingsverplichting wordt verminderd, als de schade *mede* een gevolg van een omstandigheid is die aan de benadeelde zelf kan worden toegerekend ('eigen schuld' en het hierna te behandelen 'medeschuld' zijn eigenlijk verouderde woorden: het gaat om 'toerekening' in de zin van art. 162 lid 3).

Toerekening

Is er sprake van eigen schuld, dan hoeft de aansprakelijke persoon slechts een bepaald gedeelte (in een percentage uit te drukken) van de schade te betalen. Het resterende gedeelte komt voor rekening van de benadeelde zelf.

■ **Voorbeeld 10.16**
A rijdt veel te hard met zijn auto door de Herenstraat. Plotseling steekt B, zonder goed uit te kijken, met zijn bromfiets de Herenstraat over. B moet met een flinke hersenschudding in het ziekenhuis worden opgenomen, kosten €7.500.

Verdelen schade

Kan B de schade van €7.500 vorderen van A, als vaststaat dat A onrechtmatig heeft gehandeld? Het probleem is natuurlijk dat behalve A ook B niet (helemaal) vrijuit gaat. Voor dit soort situaties die zich vooral in het verkeer voordoen, is art. 6:101 ontworpen: de schadevergoedingsverplichting wordt verdeeld over benadeelde en vergoedingsplichtige, in evenredigheid met de mate waarin de aan ieder toe te rekenen omstandigheden tot de schade hebben bijgedragen. Zo zou de rechter in het eerste geval tot de slotsom kunnen komen dat de schade voor 70% is toe te rekenen aan A en voor 30% aan B, zodat A 70% van €7.500 en B 30% voor zijn rekening moet nemen. Soms echter dient een andere verdeling plaats te vinden of dient de vergoedingsplicht van de aansprakelijke zelfs geheel te vervallen of in stand te blijven, indien de billijkheid dit eist wegens de uiteenlopende ernst van de gemaakte fouten of wegens andere omstandigheden van het geval (slot van lid 1).

Verkeersongevallen

Een belangrijke toepassing van art. 6:101 vindt men in het verkeersaansprakelijkheidsrecht. Bij verkeersongevallen tussen gemotoriseerden (waaronder ook de tram) en niet-gemotoriseerden (de zogenoemde 'zwakkere verkeersdeelnemers') vindt via art. 6:101 die zwakkere verkeersdeelnemer enige bescherming tegen de financiële gevolgen van verkeersongevallen. In een reeks van arresten heeft de Hoge Raad aan die bescherming vormgegeven (onder andere in HR 5 december 1997, NJ 1998, 400–402).

Jonge kinderen

Zo heeft bij aanrijdingen tussen een (niet-verzekerd) kind jonger dan 14 jaar en een automobilist, de Hoge Raad al enige malen geoordeeld dat de eigenaar van een auto in beginsel voor de gehele door het kind geleden schade aansprakelijk is, óók als de gedragingen van het kind in belangrijke mate tot het ontstaan van de aanrijding hebben bijgedragen (men spreekt van de 100%-regel). De Hoge Raad ging er daarbij onder meer van uit dat kinderen – waaronder ook fietsende kinderen – door hun impulsiviteit en onberekenbaarheid, van het gemotoriseerde verkeer veel meer gevaar te duchten hebben dan volwassen voetgangers of wielrijders. Maar ook 'zwakkere', niet-verzekerde verkeersdeelnemers van 14 jaar en ouder krijgen enige bescherming van de Hoge Raad. Waar komt die bescherming op neer? Als een fietser of een voetganger van 14 jaar of ouder door een motorvoertuig wordt aangereden, eist de billijkheid – aldus de Hoge Raad in een aantal uitspraken (zie met name HR 28 februari 1992, NJ 1993, 566) – dat de eigenaar van dat voertuig in beginsel ten minste 50% van de schade van de fietser of voetganger vergoedt (de 50%-regel). Dus niet 100%, zoals dat bij kinderen jonger dan 14 het geval is. Personen van 14 jaar en ouder worden dus iets minder vergaand beschermd. Vervolgens moet worden nagegaan of misschien méér dan 50% moet worden vergoed, bijvoorbeeld omdat de bestuurder van het motorvoertuig in verhouding tot de fietser of voetganger causaal voor meer dan 50% tot de schade heeft bijgedragen aan het plaatsvinden van het ongeval.

100%-regel

Ouderen

50%-regel

De aansprakelijkheid voor verkeersongevallen kwam hier aan de orde in het hoofdstuk over het schadevergoedingsrecht (in het bijzonder art. 6:101). Wat de grondslag voor de aansprakelijkheid betreft, moet worden opgemerkt dat zij wordt geregeerd door zowel het 'gewone' onrechtmatigedaadsrecht (art. 6:162 e.v.) als de kwalitatieve aansprakelijkheid van art. 185 Wegenverkeerswet. Onder dat laatste regime valt de ongemotoriseerde die het slachtoffer wordt van een verkeersongeval waarbij een motorvoertuig is betrokken. Art. 6:162 zal slechts worden ingeroepen in gevallen waarin art. 185 WVW niet van toepassing is, bijvoorbeeld als twee gemotoriseerden elkaar aanspreken. Art. 185 WVW laat de automobilist de mogelijkheid van een beroep op overmacht. Maar aan dat beroep op overmacht worden zeer strenge eisen gesteld; er moet dan sprake zijn van opzet of daaraan grenzende roekeloosheid van het slachtoffer. Overigens werkt de wetgever al enige tijd aan een nieuwe regeling voor de verkeersaansprakelijkheid.

Art. 185 Wegenverkeerswet

Ook kan eigen schuld de omvang van de aansprakelijkheid verminderen als de benadeelde de schade niet *beperkt*.

Schadebepaling

■ Voorbeeld 10.17
A laat zijn bad vollopen met water. Voordat hij in bad stapt valt zijn oog op een belangwekkend artikel in de krant. Hij raakt geboeid en vergeet het bad dat overloopt. A's onderbuurman B merkt al snel dat er iets lekt, maar waarschuwt A pas geruime tijd later. De schade bedraagt €750.

De aansprakelijkheid van A kan worden verminderd indien B heeft verzuimd het nodige te doen ter voorkoming van de schade. Overigens kan men aarzelen of dit soort gevallen nog onder het verschijnsel 'eigen schuld' kan worden gebracht; men zou bijvoorbeeld kunnen denken aan beperking van de aansprakelijkheid van A via art. 6:98.

10.5.2 Medeschuld

Medeschuld speelt wanneer er ten minste twee aansprakelijken zijn jegens een benadeelde (art. 6:102).

■ **Voorbeeld 10.18**
A rijdt te hard met zijn auto door de Herenstraat. B steekt plotseling, zonder goed uit te kijken, met zijn bromfiets de straat over. A kan B nog net ontwijken maar raakt daardoor de gemeentelijke lantaarnpaal. Schade aan de paal €300.

Hoofdelijk aansprakelijk

A en B zijn beiden jegens de gemeente aansprakelijk. Nemen wij aan dat de schade aan A en B in hun onderlinge verhouding voor 60% respectievelijk voor 40% is toe te rekenen (zie art. 6:101), dan zijn beiden toch hoofdelijk, dat wil zeggen voor het geheel van de schade van €300, aansprakelijk. De gemeente kan derhalve naar keuze van A of van B de gehele schade vorderen. *Nadien* zullen A of B jegens elkaar moeten bijdragen: in dit geval op grond van de verdeling 60%/40%. De gemeente als benadeelde hoeft zich dus niet in de vraag te verdiepen van de onderlinge verdeling tussen A en B. Zij staat daarbuiten (lid 1).

10.6 Voordeelstoerekening

Soms brengt een gebeurtenis de benadeelde naast schade ook financieel voordeel. Allang is het een omstreden vraag met welke 'voordeeltjes' bij het bepalen van de hoogte van de schadevergoedingsplicht rekening moet worden gehouden. Een duidelijk antwoord kan niet steeds worden gegeven: centraal staat art. 6:100, dat bepaalt dat het voordeel, voor zover dat redelijk is, bij de vaststelling van de te vergoeden schade in rekening moet worden gebracht. De hoofdregel is dus, zo zou men kunnen zeggen, *aftrek* van het voordeel.

Aftrek voordeel

Soms ligt zo'n aftrek zeer voor de hand, in andere gevallen kan men lang aarzelen. Vast staat wel dat het niet mag gaan om een louter *fictief* voordeel, maar om een voordeel dat er daadwerkelijk is, of dat naar redelijke verwachting daadwerkelijk zal worden genoten (aldus HR 1 februari 2002, NJ 2002, 122). Denk bijvoorbeeld aan een geval waarin het slachtoffer als gevolg van de gebeurtenis geen of minder belasting hoeft te betalen. Een ander belangrijk voorbeeld is dat van de bespaarde kosten.

■ **Voorbeeld 10.19**
A is melkboer en rijdt elke dag met zijn producten zijn klanten af. Op een winterdag wordt A getroffen door een sneeuwbal, gegooid door B. Hierdoor verliest A het licht in zijn rechteroog. Gedurende vijf weken is A bovendien niet in staat om te werken. Hij vordert €3.000 vermogensschade aan gederfd inkomen en aan medische kosten en daarenboven €7.000 aan ideële schadevergoeding nu hij aan één oog blind zal blijven. Door het niet-gebruiken van de melkauto bespaart A gedurende de 5 weken €200; bovendien ontvangt hij een uitkering van €3.000 op grond van een door A afgesloten sommenverzekering.

Bespaarde kosten

De €200 aan *bespaarde kosten* zullen op grond van art. 6:100 in mindering op de te betalen schadevergoeding worden gebracht nu dit evident redelijk is.

Lastiger is de vraag of ook de €3.000 van de sommenverzekering in aftrek moet worden gebracht. Een sommenverzekering is een verzekering op grond waarvan bij een bepaalde gebeurtenis een vast bedrag wordt uitgekeerd, ongeacht de schade.

Soms zal het zo zijn dat de aftrek van het voordeel wel redelijk is en soms niet, zij het dat het voordeel in dat laatste geval weer (ten dele) kan verdwijnen door matiging van de rechter op grond van art. 6:109 (zie paragraaf 10.8).

■ ■ ■ 10.7 Overlijdensschade

Voor schadevergoeding bij overlijden is een speciale regeling getroffen (art. 6:108). Als uitgangspunt van de regeling is gekozen dat de belangen moeten worden beschermd van al degenen die volgens de wet in aanmerking komen door de overledene te worden onderhouden, zij het niet alle in dezelfde mate.

Levensonderhoud

In financiële zin is het belangrijkste gevolg van iemands overlijden, dat van de overledene afhankelijken van levensonderhoud worden verstoken. In lid 1 sub a tot en met d wordt opgesomd om wie het dan gaat. Daarbij valt op dat ten aanzien van de personen genoemd sub a (de echtgenoot, geregistreerde partner en minderjarige kinderen) niet de eis wordt gesteld dat de overledene op het tijdstip van zijn overlijden reeds in het onderhoud van de benadeelde voorzag. In de overige gevallen (sub b tot en met d) gebeurt dat wel. Een voorbeeld van het eerste geval.

■ Voorbeeld 10.20

A wordt in het ziekenhuis opgenomen om te worden verlost van zijn ontstoken blindedarm. De anesthesist, B, maakt echter bij het toedienen van de narcose een fout ten gevolge waarvan A komt te overlijden. A was gehuwd en vader van een éénjarig kind. A was kostwinner voor vrouw en kind. De vrouw vordert schadevergoeding zijnde het derven van toekomstig levensonderhoud.

Als B jegens A aansprakelijk zou zijn geweest, dan is hij dat ook jegens de echtgenote en het kind. Uit eigen hoofde kunnen zij schadevergoeding vorderen. Behalve de schade bestaande uit het derven van levensonderhoud, kunnen ook de kosten van lijkbezorging van de aansprakelijke worden gevorderd. Voor zover zij in redelijkheid zijn gemaakt, komen die kosten voor vergoeding in aanmerking. Daarbij moet rekening worden gehouden – aldus lid 2 – met de 'omstandigheden van de overledene'. Een chique dode kan dus – binnen de grenzen van het redelijke – een chique begrafenis krijgen.

Lijkbezorging

■ ■ ■ 10.8 Rechterlijke matiging van de schadevergoeding

Heeft de rechter eenmaal de hoogte van de schadevergoeding vastgesteld, dan kan hij alsnog, indien toekenning van volledige schadevergoeding in de gegeven omstandigheden tot kennelijk onaanvaardbare gevolgen zou leiden, de wettelijke verplichting tot schadevergoeding matigen (art. 6:109). Dit matigingsartikel kan in alle gevallen worden gehanteerd en is zo geformuleerd dat het de rechter tot een zekere mate van terughoudendheid

Omstandigheden

noopt: 'kennelijk onaanvaardbare gevolgen'. Welke omstandigheden kunnen in een bepaald geval tot matiging leiden? De wet noemt er enkele: de aard van de aansprakelijkheid, de rechtsverhouding tussen partijen, maar ook de draagkracht van aansprakelijke en benadeelde, kunnen de rechter tot matiging brengen.

■ Voorbeeld 10.21
A is 15 jaar oud en bevindt zich in een tehuis voor geestelijk gestoorde kinderen. Op zekere dag staat hij te vissen in de sloot vóór het internaat. Dan vangt hij een vis, zijn eerste. Opgetogen rent hij met zijn vis, zonder zich om het verkeer te bekommeren, de straat over die loopt tussen de sloot en het internaat. Fietser B kan hem nog maar net ontwijken en rijdt de sloot in. Aan de val houdt hij een blijvende stijve knie over, waardoor hij zijn beroep (sportleraar) niet meer kan uitoefenen. De schade wordt vooralsnog vastgesteld op €70.000. A is niet verzekerd. Het internaat treft geen verwijt.

■ Voorbeeld 10.22
Spijkerfabrikant A levert aan aannemer B 10 000 gegarandeerd roestvrije spijkers. B verwerkt een aantal spijkers in de bouw van een villa. Na twee maanden reeds gaan de spijkers roesten en moeten zij worden vervangen. Schade voor B: €1.000. A is tegen dit soort schade niet verzekerd, B evenmin. (Pas op!)

■ Voorbeeld 10.23
A staat te liften. Met B kan hij meerijden achter op de fiets. Door een fout raakt B van de weg en botst tegen een hek. A lijdt hierdoor schade (€2.000 medische kosten). B blijkt tegen deze schade niet verzekerd.

■ Voorbeeld 10.24
A, een kleine kruidenier, rijdt met zijn fiets de paardrijdende jonker T aan. T stort ter aarde en raakt lelijk gewond. Een aantal maanden verblijft T in het ziekenhuis (kosten €50.000). Bovendien derft T, radioloog, inkomen (€110.000). Ten slotte vordert hij aan ideële schadevergoeding €20.000. Voor de schade blijkt de aansprakelijke A slechts ten dele (tot €100.000) verzekerd. T zelf is wel verzekerd.

Nadat de rechter heeft vastgesteld, onder meer aan de hand van art. 6:98, of de schade aan de aansprakelijke kan worden toegerekend, kan hij zich vervolgens afvragen of het aldus gevonden bedrag ook volledig door de aansprakelijke moet worden betaald, of dat er wellicht reden is, gelet op de omstandigheden van het geval, de schadevergoedingsplicht te matigen. Het criterium is dan steeds: leidt volledige schadevergoeding onder 'deze' omstandigheden tot kennelijk onaanvaardbare gevolgen?

Criterium voor matiging schadevergoedingsplicht

Jeugdige leeftijd

Zo kan matiging op zijn plaats zijn als bijvoorbeeld de schade aan de dader wordt toegerekend ondanks diens jeugdige leeftijd of een geestelijke of lichamelijke tekortkoming. Met name – aldus de toelichting op dit artikel – indien de aansprakelijkheid ook nog eens niet door een verzekering wordt gedekt, en de dader evenmin over een ruim vermogen beschikt, kan het onaanvaardbaar zijn dat hij (i.c. de jongen A in voorbeeld 10.21) het volle bedrag van de schade krijgt te dragen. Ook in gevallen van (risico)aansprakelijkheid voor personen en zaken (afdeling 6.3.2) kan matiging door de rechter gerechtvaardigd zijn.

Is er – zoals in voorbeeld 10.22 – een schadevergoedingsplicht die voortvloeit uit het toerekenbaar niet-nakomen van een overeenkomst, dan zal er meestal geen plaats zijn voor matiging. De spijkerfabrikant zal dan ook in beginsel wél volledige schadevergoeding moeten betalen.

Belangeloze dienstverlening

De rechter kan ook matigen als de schade voortvloeit uit belangeloze, maar verkeerd afgelopen dienstverlening. Te denken valt aan zaakwaarneming (art. 6:198), maar ook aan kosteloos meerijden, zoals in voorbeeld 10.23.

Belangrijk is vooral dat de wederzijdse draagkracht van aansprakelijke en benadeelde een grond kan bieden tot matiging. Die draagkracht wordt gevormd door hun beider vermogensposities, maar ook door de eventuele verzekeringen die ze hebben afgesloten. Matiging mag in elk geval niet plaatsvinden tot op een lager bedrag dan het bedrag waarvoor de dader is verzekerd (lid 2). In voorbeeld 10.24 kan matiging dus niet leiden tot een schadevergoedingsbedrag dat lager ligt dan €100.000, zijnde het bedrag waarvoor de kruidenier was verzekerd. In het gegeven voorbeeld kan wellicht door de rechter worden gematigd: een 'rijke' jonker tegenover een 'arme' kruidenier. Maar vergeet nooit dat art. 6:109 een uitzondering blijft: alleen 'voor zover volledige schadevergoeding in de gegeven omstandigheden (...) tot kennelijk onaanvaardbare gevolgen zou leiden'.

Vragen

1 a Wat wordt onder abstracte schadevaststelling verstaan?
 b In welke gevallen wordt zij toegepast?

2 Soms vindt schadevergoeding plaats op een andere wijze dan door betaling van een geldsom. Geef een voorbeeld.

3 Wat wordt verstaan onder conditio sine qua non?

4 Welke 'gezichtspunten' bieden houvast ter bepaling van het causaal verband?

5 a In welke gevallen wordt bijvoorbeeld een nauwer causaal verband geëist tussen de gebeurtenis waarop de aansprakelijkheid berust en de schade?
 b Wanneer een ruimer causaal verband?

6 Soms brengt een gebeurtenis de benadeelde naast schade ook voordeel. Moet daarmee rekening worden gehouden bij de vaststelling van de schade?

7 Op welke bepalingen moet een gewond slachtoffer zijn schadevergoedingsvordering ter zake van de letselschade baseren?

8 Wat is smartengeld?

9 a Onder welke voorwaarden is een rechterlijke matiging van schadevergoeding mogelijk?
 b Geef enkele voorbeelden.

Casus

1. De 14-jarige J moet worden geopereerd aan zijn blindedarm. Ten gevolge van een ernstige fout van de anesthesist komt J te overlijden. Zijn ouders zijn er maandenlang kapot van. J was hun enige kind. Hun leven zal nooit meer zijn zoals het was.
De ouders vorderen smartengeld. Met succes?

2. P rijdt in zijn auto door de stad. In een moment van onoplettendheid rijdt hij de fietsende H aan. H raakt door die fout gewond. Zijn herstel laat veel langer op zich wachten dan bij dit soort verwondingen normaal is. Ook de echtgenote van H raakt in het ongerede door het trage herstel van H. Zij moet zich onder psychiatrische behandeling stellen.
   a. H vordert vergoeding van de medische kosten, de geleden inkomensschade en hij vordert smartengeld. Met succes?
   b. Ook zijn echtgenote vordert vergoeding van de materiële en immateriële schade. Met succes?

3. A slaat met een onvoorzichtige beweging met haar tennisracket tegen de geparkeerde auto van B: schade €1.750. B wil de schade vergoed zien. Dan blijkt dat B deze vergoeding niet zal besteden aan het repareren van zijn auto, maar aan heel andere dingen. De schade aan zijn auto kan hem niet schelen.
Is A gehouden de €1.750 aan schadevergoeding te betalen?

4. Op een kwade dag veroorzaakt V een ernstig verkeersongeluk. Met zijn auto rijdt hij van achteren de 13-jarige J en zijn 18-jarige zus L aan. Broer en zus reden op de fiets van school naar huis. Vast staat dat V te hard reed: 70 km waar 50 was toegestaan. Daar staat tegenover dat J en zijn zus niet fietsten op het naast de rijweg gelegen fietspad en ook dat hun achterlicht het niet deed. De letselschade van J bedraagt €25.000 aan ziekenhuiskosten en €10.000 aan smartengeld; de schade van L bedraagt €40.000 aan ziekenhuiskosten en €20.000 aan smartengeld.
In een juridische procedure wordt vastgesteld dat V 40% schuld aan de aanrijding heeft gehad en J en zijn zus ieder 60%. J en L zijn niet verzekerd. Met een beroep op art. 6:101 (eigen schuld) weigert V meer dan 40% van de schade te betalen van zowel J als van L.
Heeft hij daarin gelijk?

Zaakwaarneming, onverschuldigde betaling en ongerechtvaardigde verrijking

11

11.1 Zaakwaarneming
11.2 Onverschuldigde betaling
11.3 Ongerechtvaardigde verrijking
11.4 Ontstane verbintenissen

Het aangaan van een overeenkomst (titel 6.5) schept, zoals wij eerder zagen, verbintenissen tussen de handelende partijen. Maar ook zonder overeenkomst kunnen verbintenissen tussen personen ontstaan (vgl. hoofdstuk 9). Van oudsher spreekt men in dit verband vaak van 'verbintenissen uit de wet'. Het meest in het oog springende voorbeeld is de – in hoofdstuk 9 al besproken – onrechtmatige daad (titel 6.3): onrechtmatig handelen of nalaten roept een verbintenis tot schadevergoeding in het leven, met de dader in de rol van schuldenaar en het slachtoffer in de rol van schuldeiser.

Met de onrechtmatige daad is wel de belangrijkste categorie van bronnen van buitencontractuele verbintenissen genoemd, maar zeker niet de enige. Er zijn nog allerlei andere gebeurtenissen, waaronder 'rechtmatige daden', die verbintenissen kunnen doen ontstaan. De wetgever heeft een aantal hiervan bij elkaar gebracht in titel 6.4 van het Burgerlijk Wetboek, met als opschrift 'Verbintenissen uit andere bron dan onrechtmatige daad of overeenkomst'. Deze titel 6.4 bevat niet alle denkbare 'andere bronnen', maar alleen die waarvan de wetgever een nadere uitwerking wenselijk heeft geacht, te weten zaakwaarneming (afdeling 6.4.1), onverschuldigde betaling (afdeling 6.4.2) en ongerechtvaardigde verrijking (afdeling 6.4.3).

In paragraaf 11.1 bespreken we eerst het begrip zaakwaarneming en de daarvoor geldende vereisten en vervolgens de verbintenissen die daaruit voortvloeien voor zowel de zaakwaarnemer als voor degene wiens zaken waargenomen worden. In paragraaf 11.2 behandelen we het begrip onverschuldigde betaling en wordt duidelijk in welke gevallen daarvan sprake is en wat de rechtsgevolgen daarvan zijn. In paragraaf 11.3 stellen we aan de orde wanneer een verrijking ongerechtvaardigd is en welke verbintenis daardoor ontstaat; deze paragraaf wordt afgesloten met de vraag of een vordering wegens ongerechtvaardigde verrijking ook bestaat wanneer al uit hoofde van onrechtmatige daad of onverschuldigde betaling kan worden geageerd. In paragraaf 11.4 zijn, ter afronding, de verschillende rechtsgevolgen in een tabel ondergebracht.

11.1 Zaakwaarneming

Begrip zaakwaarneming

Art. 6:198 geeft een omschrijving van het begrip zaakwaarneming. Centraal staat daarin het *behartigen van eens anders belang*. Het woorddeel 'zaak' heeft in dit verband dus de ruime betekenis van 'belang'. Zaakwaarneming kan gelegen zijn in een feitelijke handeling (het redden van persoon of zaak), maar ook in het verrichten van een rechtshandeling (het sluiten van een overeenkomst). Degene die de handeling verricht noemt men *zaakwaarnemer*, degene wiens belang wordt behartigd heet *belanghebbende*.

We bespreken eerst de wettelijke vereisten voor zaakwaarneming (subparagraaf 11.1.1). Vervolgens onderzoeken we de verbintenissen die uit een zaakwaarneming kunnen voortvloeien, voor de zaakwaarnemer (subparagraaf 11.1.2) en voor de belanghebbende (subparagraaf 11.1.3).

11.1.1 Vereisten voor zaakwaarneming

Uit de in art. 6:198 gegeven begripsomschrijving vloeit voort, dat niet steeds wanneer iemand zich met de behartiging van eens anders belang inlaat van zaakwaarneming mag worden gesproken. De wetgever brengt een drietal inperkingen aan:

Willens en wetens

1 Men moet *willens en wetens* het belang van een ander behartigen. Hierbij doet niet ter zake, of de waarnemer wellicht naast andermans belang bovendien het eigen belang op het oog heeft. Maar iemand die *uitsluitend* zijn eigen belangen nastreeft en daarbij slechts toevallig een ander van dienst is, is geen zaakwaarnemer.

■ **Voorbeeld 11.1**
A wordt geplaagd door grote aantallen mieren. Hij geeft zijn huis en tuin een forse beurt met het verdelgingsmiddel Mierex. De mieren besluiten voortaan ver bij A vandaan te blijven. Ook het perceel van A's buurman B wordt door hen niet langer bezocht. A werpt zich bij B als diens zaakwaarnemer op, maar doet dit ten onrechte: hij streefde uitsluitend zijn eigen belangen na.

Redelijke grond

2 Voor de belangenbehartiging moet een *redelijke grond* bestaan. Door deze eis wordt pure bemoeizucht buiten de zaakwaarneming gehouden.

■ **Voorbeeld 11.2**
Tante C ergert zich al jaren aan de studentenkamer van haar neef B. B noemt de kamer gezellig en leefbaar, tante spreekt daarentegen van 'een absolute puinhoop'. Als B met vakantie is, laat tante haar werkster de kamer van ieder stofje ontdoen (kosten €40). Tante C is geen zaakwaarneemster. Voor haar ingrijpen bestond, mede gelet op de persoonlijke inzichten van haar neef, geen redelijke grond.

Geen bevoegdheid

3 Van zaakwaarneming is geen sprake, als reeds uit een rechtshandeling of uit een elders in de wet geregelde rechtsverhouding een *bevoegdheid* tot de belangenbehartiging voortvloeit. De situatie wordt dan door de betrokken rechtshandeling of wettelijke rechtsverhouding beheerst; daarnaast bestaat voor zaakwaarneming geen ruimte.
Geen zaakwaarneming dus als gehandeld wordt krachtens volmacht: een gevolmachtigde is krachtens de volmachtverlening tot optreden bevoegd (art. 3:60 e.v.). Evenmin is sprake van zaakwaarneming als een wettelijk vertegenwoordiger handelt in naam van de door hem vertegenwoordigde persoon. In dit laatste geval bestaat bevoegdheid krachtens een elders in de wet geregelde privaatrechtelijke rechtsverhouding (zie voor de ouder art. 1:245 e.v., voor de voogd art. 1:337, voor de curator art. 1:386).

Van de bedoelde rechtsverhoudingen die zaakwaarneming uitsluiten moet men de pure verplichtingen onderscheiden zoals die uit het publiekrecht (met name het strafrecht) voortvloeien. Het bestaan van een dergelijke verplichting staat niet aan zaakwaarneming in de weg.

■ **Voorbeeld 11.3**
R ligt in het water; zij kan niet zwemmen en 'staat' op het punt te verdrinken. K duikt haar na en weet haar – levend – aan wal te brengen. Hij is, als uitstekend zwemmer, krachtens art. 450 Wetboek van Strafrecht tot hulpverlening verplicht. Maar er bestaat tussen K en R niet een bepaalde rechtsverhouding die K in privaatrechtelijke zin tot dit ingrijpen bevoegd maakt. K is wel degelijk als zaakwaarnemer aan te merken.

Belang

Als het belang van een ander is behartigd en geen van de drie genoemde inperkingen daaraan in de weg staat, bestaat zaakwaarneming in de zin der wet. Het belang van deze constatering is gelegen in het feit dat de zaakwaarneming *verbintenissen* doet ontstaan.

11.1.2 Verbintenissen van de zaakwaarnemer

Drie verbintenissen

De zaakwaarneming schept *voor de zaakwaarnemer* drie verbintenissen jegens de belanghebbende (art. 6:199):
1 Hij moet bij de waarneming de nodige zorg betrachten.

■ **Voorbeeld 11.4**
C, loopjongen van ijssalon Il Magnifico, moet een ijstaart bezorgen bij A. A is niet thuis, maar gelukkig blijkt zijn buurman B bereid de taart in ontvangst te nemen en aan A door te geven. Zonder erbij na te denken plaatst B de magnifieke taart op een tafeltje bij de kachel: na een kwartier resteert een kleverige massa. B schoot jegens A tekort in de nakoming van zijn zorgverbintenis. Deze tekortkoming geeft A recht op schadevergoeding op de voet van de algemene afdeling 6.1.10.

2 Hij moet, voor zover dit redelijkerwijze van hem kan worden verlangd, een eenmaal begonnen waarneming voortzetten.
3 Hij moet jegens de belanghebbende verantwoording van zijn daden afleggen.

■ ■ ■ 11.1.3 Verbintenissen van de belanghebbende

Ook voor de belanghebbende kan zaakwaarneming een bron van verbintenissen zijn (art. 6:200, 6:201).

Schade vergoeden

1 Hij moet de zaakwaarnemer diens eventuele schade vergoeden.

■ **Voorbeeld 11.5**
Na zijn heldhaftige duik (voorbeeld 11.3) bemerkt de kletsnatte K, dat de sloot zijn linkerschoen tot zich heeft genomen. Uiteraard vergoedt R hem graag de waarde van een nieuw paar schoenen. Maar als zij had geweigerd, had K haar in rechte tot vergoeding kunnen dwingen.

Loon

2 Hij moet de zaakwaarnemer een vergoeding voor zijn verrichtingen ('loon') betalen, maar alleen als de waarnemer handelde ter uitoefening van beroep of bedrijf. Richtsnoer zijn de gewoonlijk berekende prijzen.

■ **Voorbeeld 11.6**
K uit voorbeeld 11.3 heeft geen recht op loon, omdat hij niet professioneel te water ging. Wel recht op een vergoeding heeft de arts die – op weg naar een patiënt – een bewusteloos verkeersslachtoffer in leven weet te houden.

Vertegenwoordigen

3 De zaakwaarnemer is bevoegd de belanghebbende te *vertegenwoordigen*. Aldus kunnen voor de belanghebbende verbintenissen *jegens een derde* ontstaan. De situatie waarin de zaakwaarnemer verkeert is te vergelijken met die van een gevolmachtigde (zie daarvoor titel 3.3). Als de waarnemer in naam van de belanghebbende een rechtshandeling verricht, valt hij er zelf tussenuit, en komt een rechtstreekse band tot stand tussen de belanghebbende en de derde met wie wordt gehandeld. Zie art. 3:66 van de volmachttitel, dat bij zaakwaarneming van overeenkomstige toepassing is krachtens art. 3:78.

■ **Voorbeeld 11.7**
B is met vakantie. Een hevige storm rukt een dertigtal dakpannen van zijn huis; lekkage dreigt. Buurman Z geeft D opdracht het geslagen gat te dichten, met de mededeling dat hij de overeenkomst in naam van B aangaat. Als D later toch de rekening (ad €200) naar Z stuurt, behoeft deze haar niet te voldoen. Hij is immers zelf, als directe vertegenwoordiger, niet gebonden geraakt. Het contract kwam tot stand tussen B en D. Het is dan ook B, die de €200 aan D moet betalen.

De zaakwaarnemer behoeft van deze vertegenwoordigingsbevoegdheid geen gebruik te maken. Hij kan ook in eigen naam een rechtshandeling verrichten. Vanzelfsprekend raakt hij dan zelf gebonden. Hetgeen hij aldus aan derden verschuldigd raakt, levert voor de zaakwaarnemer *schade* op, die hij via een vordering tot schadevergoeding op de belanghebbende kan verhalen.

■ **Voorbeeld 11.8**
Sluit buurman Z uit voorbeeld 11.7 de overeenkomst met D in zijn eigen naam, dan moet hij ook zelf D's rekening voldoen. B moet Z het betaalde bedrag vergoeden op grond van het feit dat B tot schadevergoeding verplicht is (art. 6:200 lid 1).

Naar behoren

Genoemde verbintenissen ontstaan voor de belanghebbende slechts voor zover zijn belang *naar behoren* wordt behartigd. Door middel van dit extra vereiste bereikt de wetgever een zeker evenwicht tussen de voordelen en de verplichtingen die voor de belanghebbende uit de zaakwaarneming voortvloeien. Het behoorlijkheidscriterium ziet op de wijze waarop de zaakwaarneming wordt uitgevoerd. Men verwarre het niet met het vereiste van een 'redelijke grond', dat op de aanleiding tot ingrijpen betrekking heeft.

■ **Voorbeeld 11.9**
Anders dan voor tante C (voorbeeld 11.2) bestaat voor Z (voorbeelden 11.7 en 11.8) een redelijke grond tot optreden. Zijn gedrag voldoet aan de vereisten voor zaakwaarneming. Als hij in B's naam nieuwe pannen laat aanbrengen, wordt B aan de dakdekker gebonden. Geeft hij de opdracht in eigen naam, dan kan hij zich door middel van een vordering tot schadevergoeding op B verhalen. Dit alles geldt echter niet onverminderd, als Z zich in zijn enthousiasme te buiten gaat. Stel hij laat het licht gehavende puntdak vervangen door een plat dak (kosten €20.000). Een dergelijke uitvoering is niet 'naar behoren' te noemen. Geeft hij daartoe namens B opdracht, dan is sprake van onbevoegde vertegenwoordiging. En sluit Z een dergelijke overeenkomst in eigen naam, dan zal hij slechts een zeer beperkt gedeelte van zijn schade op B kunnen verhalen (vergelijk de wettelijke formulering 'voor zover').

■ ■ ■ 11.2 Onverschuldigde betaling

Betaling

Van *betaling* is steeds sprake als iemand jegens een ander een prestatie verricht. Anders dan het normale spraakgebruik wellicht suggereert, ziet de term betaling dus niet alleen op geldsommen. Evenmin is essentieel dat de prestatie bewust wordt geleverd.

■ **Voorbeeld 11.10**
Op een schip dat de lijndienst Amsterdam–New York onderhoudt, bevindt zich een verstekeling. De rederij verricht, zij het onbewust, een prestatie (vervoer) jegens de illegale passagier. Er is dus sprake van een betaling door de rederij.

Onverschuldigd

Onverschuldigd wil zeggen: zonder rechtsgrond, zonder dat een rechtsfeit bestaat dat het verrichten van de prestatie rechtvaardigt. Het vervoer van betalende passagiers berust op een met hen gesloten vervoersovereenkomst. Voor het vervoer van de verstekeling uit voorbeeld 11.10 bestaat daarentegen geen grond: jegens hem wordt onverschuldigd gepresteerd.

We bezien eerst in welke gevallen zich een onverschuldigde betaling voordoet (subparagraaf 11.2.1) en in welke gevallen juist niet (subparagraaf 11.2.2). Daarna komen de rechtsgevolgen van de onverschuldigde betaling aan de orde (subparagraaf 11.2.3).

■ ■ ■ 11.2.1 Gevallen van onverschuldigde betaling

Situaties

Onverschuldigde betaling kan zich in velerlei situaties voordoen. Te noemen zijn:

1 betaling terwijl van een verbintenis in het geheel geen sprake is;
2 betaling op basis van een nietige rechtshandeling;

■ **Voorbeeld 11.11**
A verkoopt een partij opium aan B. Levering en betaling vinden plaats. De overeenkomst is nietig op grond van art. 3:40. Uit een nietige overeenkomst vloeien geen verbintenissen voort: noch voor de levering, noch voor de betaling bestond dus een rechtsgrond. Beide prestaties geschieden onverschuldigd.

3 betaling op basis van een later met terugwerkende kracht vernietigde rechtshandeling;

■ **Voorbeeld 11.12**
Antiquair A laat een potje houtwormen los op een 20e-eeuwse dekenkist. Als zij hun sporen hebben achtergelaten, verkoopt hij de kist als een prachtig antiek stuk aan B. Levering en betaling vinden plaats. B ontdekt het bedrog en vernietigt de overeenkomst (art. 3:44 lid 3 en art. 3:49). De vernietiging heeft terugwerkende kracht (art. 3:53 lid 1). Achteraf bezien heeft dus nooit een koopovereenkomst bestaan. In wezen bestaat geen verschil met de situatie waarin een overeenkomst van rechtswege nietig is. De reeds verrichte prestaties geschieden dan ook – achteraf bezien – onverschuldigd.

4 betaling ter uitvoering van een rechterlijk vonnis dat later, in hoger beroep, wordt vernietigd.

■ **Voorbeeld 11.13**
Een gescheiden man A en vrouw B ruziën over de verdeling van hun huwelijksgoederengemeenschap. De rechtbank veroordeelt A – op straffe van een flinke dwangsom – om mee te werken aan een verdeling zoals B die wil. A geeft hieraan gehoor. Als het gerechtshof in hoger beroep het rechtbankvonnis vernietigt, kan dat ertoe leiden dat wat ter uitvoering van het eerdere vonnis is gebeurd, op grond van onverschuldigde betaling moet worden teruggedraaid. Zie HR 19 februari 1999, NJ 1999, 367 (A/B).

11.2.2 Niet onverschuldigd

Van onverschuldigde betaling is geen sprake, als is gepresteerd op grond van een verbintenis die later *zonder terugwerkende kracht* komt te vervallen. Dit geval doet zich voor als een rechtshandeling wegvalt door het in vervulling gaan van een ontbindende voorwaarde (art. 3:38 en art. 6:22), of als een wederkerige overeenkomst wordt ontbonden wegens contractschending (art. 6:269). Door het ontbreken van terugwerkende kracht blijven de ontstane verbintenissen voor het verleden onaangetast. Een reeds verrichte prestatie blijft dus haar grondslag behouden; zij geschiedde, ook achteraf bezien, *verschuldigd*. Wel heeft de ontbinding ten gevolge dat een *nadien* alsnog geleverde prestatie onverschuldigd geschiedt.

Ontbreken terugwerkende kracht

■ **Voorbeeld 11.14**
A koopt bij Het Meubelpaleis een nieuw bankstel. Hij betaalt bij aflevering. Na twee dagen zijgt de bank onder zijn gewicht (75 kg) ineen. A ontbindt de koopovereenkomst wegens door Het Meubelpaleis gepleegde contractschending. De ontbinding heeft geen terugwerkende kracht. Levering en betaling vonden, ook achteraf bezien, verschuldigd plaats.

Het buiten toepassing blijven van de afdeling inzake onverschuldigde betaling zou ontbinding zinloos maken in gevallen waarin reeds wederzijds is gepresteerd. De wetgever heeft dit probleem opgelost door zowel voor de ontbindende voorwaarde als voor de ontbinding wegens contractschending speciale regelen op te nemen die sterke verwantschap vertonen met die van de onverschuldigde betaling. Aldus wordt een sluitend systeem verkregen. Zie respectievelijk art. 6:24 en art. 6:271 e.v.

A en Het Meubelpaleis uit voorbeeld 11.14 hebben niet onverschuldigd betaald. Maar op de ontbinding wegens contractschending is de bijzondere regeling van de art. 6:271 e.v. van toepassing. Het belangrijkste element daarvan is, dat reeds verrichte prestaties ongedaan moeten worden gemaakt. In geval van onverschuldigde betaling zou uit art. 6:203 dezelfde conclusie voortvloeien.

11.2.3 Rechtsgevolgen van onverschuldigde betaling

Ongedaanmaking

Een onverschuldigde betaling schept voor de ontvanger de verbintenis om de prestatie *ongedaan te maken* (art. 6:203); deze verbintenis ontstaat direct op het moment waarop de onverschuldigde betaling wordt verricht. Ontvangen goederen zullen dus moeten worden teruggegeven, in principe in de toestand waarin zij zich bij de betaling bevonden. Werd niet een goed gegeven maar een andersoortige prestatie verricht, dan zal een werkelijke teruggave vaak niet denkbaar zijn (bijvoorbeeld bij onverschuldigd verrichte werkzaamheden); in dat geval treedt, binnen zekere grenzen, een verbintenis tot *waardevergoeding* voor de teruggaveplicht in de plaats (art. 6:210 lid 2).

Waardevergoeding

Publiekrecht

De regel dat iemand moet teruggeven wat hij zonder rechtsgrond heeft ontvangen, geldt niet alleen in het privaatrecht maar in principe ook in het publiekrecht. Art. 6:203 wordt dan analoog toegepast. In de praktijk speelt dit vooral in de sfeer van de sociale verzekering, waar uitkeringsinstanties gelden terugeisen die ze ten onrechte hebben uitbetaald.

■ **Voorbeeld 11.15**
Leraar V heeft een werkloosheidsuitkering, maar krijgt na een tijdje weer een baan. Hoewel hij aanmeldt dat hij weer aan het werk is, blijft de uitkering nog maandenlang doorgaan. Over de periode waarin voor de uitbetaling geen grond meer bestond, heeft het uitkeringsinstituut recht op teruggave wegens onverschuldigde betaling (art. 6:203, analoog). Zie HR 26 maart 2004, ECLI:NL:HR:2004:AN7849, NJ 2008, 383 (USZO/V).

11.3 Ongerechtvaardigde verrijking

Verrijking

Ongerechtvaardigd

Anders dan het oude BW kent het nieuwe wetboek een algemene actie wegens ongerechtvaardigde verrijking. Deze is neergelegd in art. 6:212. Van verrijking spreekt men niet alleen als iemand voordeel heeft behaald, maar ook wanneer hij nadeel heeft misgelopen. Verrijking doet zich dus ook voor als bepaalde uitgaven niet behoeven te worden gedaan. *Ongerechtvaardigd* is een verrijking, als daarvoor geen redelijke grond bestaat.

Belang

Ten koste van een ander

Het belang van de ongerechtvaardigde verrijking is hierin gelegen, dat zij een verbintenis (tot schadevergoeding) kan doen ontstaan. Daartoe is vereist, dat de verrijking *ten koste van een ander* is geschied. De wettelijke zinsnede 'ten koste van een ander' behelst twee elementen: een ander moet *schade* hebben geleden, en er moet *verband* bestaan tussen de verrijking en deze schade.

We bekijken eerst een aantal gevallen waarin een verrijking gerechtvaardigd is, zodat er geen sprake is van ongerechtvaardigde verrijking (subparagraaf 11.3.1). Vervolgens onderzoeken we de schadevergoedingsverbintenis die door een ongerechtvaardigde verrijking ontstaat (subparagraaf 11.3.2). We sluiten af met enkele vragen van samenloop (subparagraaf 11.3.3).

11.3.1 Niet ongerechtvaardigd

Rechtshandeling

Een verrijking geschiedt niet ongerechtvaardigd als zij berust op een door de benadeelde verrichte *rechtshandeling*. De akkoordverklaring van de benadeelde rechtvaardigt dan het intreden van de verrijking.

■ **Voorbeeld 11.16**
B koopt van A een tekening van Rubens. De koopsom bedraagt €150.000. Een maand later blijken verschillende personen bereid de tekening voor €200.000 van B te kopen. A stelt dat B ongerechtvaardigd is verrijkt, maar heeft daarin ongelijk. Hij heeft immers zelf zijn toestemming tot de voor B voordelige overeenkomst gegeven. B's verrijking wordt door het contract gerechtvaardigd.

Door wet gesanctioneerd

Evenmin is een verrijking ongerechtvaardigd als zij door de wet wordt gesanctioneerd.
Een bezitter te goeder trouw heeft recht op de vruchten van het goed (art. 3:120). Met deze regel geeft de wetgever uitdrukking aan zijn mening, dat de vruchten aan die bezitter *behoren* toe te komen (vergelijk art. 3:121, dat voor de bezitter te kwader trouw het tegendeel bepaalt). Anders geformuleerd: de wetgever acht de aldus voor de bezitter te goeder trouw intredende verrijking gerechtvaardigd. Daarmee is art. 6:212 de pas afgesneden.

Niet iedere wetsbepaling die een verrijking toebrengt, rechtvaardigt deze ook. Steeds dient de ratio van het voorschrift te worden onderzocht.

De eigenaar van een zaak is tevens eigenaar van al haar bestanddelen (zie art. 3:4, 5:3, 5:14 en 5:20). Deze regel dient ter voorkoming van chaos in het rechtsverkeer. Hij is slechts een ordeningsregel, die heel goed tot ongerechtvaardigde verrijking kan leiden.

■ **Voorbeeld 11.17**
Op een donkere nacht steelt J het voorwiel van K's fiets. Hij monteert het in zijn eigen rijwiel. Aldus wordt J door natrekking eigenaar van het wiel. Voor zijn verrijking ten koste van K bestaat echter geen redelijke grond. K kan uit ongerechtvaardigde verrijking tegen J ageren. De strekking van de natrekkingsartikelen staat daaraan niet in de weg.

11.3.2 Schadevergoeding

Schadevergoeding

Ongerechtvaardigde verrijking ten koste van een ander doet voor de verrijkte een *verbintenis tot schadevergoeding* ontstaan.

Let op het principiële verschil met de vordering uit onverschuldigde betaling. De vordering wegens onverschuldigde betaling strekt tot teruggave van het geleverde of tot waardevergoeding. Schadevergoeding komt dan alleen aan de orde, als de ontvanger in de nakoming daarvan tekortschiet ('wanprestatie'). Een actie wegens ongerechtvaardigde verrijking strekt daarentegen naar haar aard tot schadevergoeding.

Omvang

De omvang van de schadevergoedingsverbintenis wordt op drie wijzen begrensd. Natuurlijke limieten zijn gelegen in de grootte van de verrijking en de grootte van de schade. Bovendien behoeft de verrijkte slechts schade te vergoeden *voor zover dit redelijk is*. Laatstgenoemde norm biedt de rechter de mogelijkheid tot nuancering.

■ **Voorbeeld 11.18**
A is bezitter te kwader trouw van een stuk grond. Hij bouwt daarop een huis voor zichzelf. Zijn kosten bedragen €40.000; de waarde van het gebouwde huis is €100.000. Als de rechtmatige eigenaar van de grond hem van het terrein doet verwijderen, maakt A een vordering uit ongerechtvaardigde verrijking aanhangig. Het huis is immers door natrekking eigendom van de grondeigenaar geworden (art. 3:4 jo. art. 5:20).
De verrijking bedraagt €100.000, de schade €40.000. Meer dan €40.000 kan dus in ieder geval niet worden gevorderd. Maar als blijkt dat de grondeigenaar geen bebouwing wenste, zal de rechter zelfs een bedrag van €40.000 te hoog vinden. Het zou immers niet redelijk zijn de eigenaar tegen zijn wil een dergelijke besteding op te dringen. A zal zijn schadevergoedingsactie dan niet of nauwelijks gehonoreerd zien.

De schadevergoedingsverbintenis is onderworpen aan de algemene schadevergoedingsregelen van afdeling 6.1.10. De schade wordt in beginsel in geld vergoed. Op vordering van de benadeelde kan de rechter schadevergoeding in een andere vorm toekennen (art. 6:103).

11.3.3 Samenloop

Een verrijkingsactie wordt niet uitgesloten door de omstandigheid dat ook uit onrechtmatige daad kan worden geageerd.
Als zowel aan de vereisten van art. 6:212 (ongerechtvaardigde verrijking) als aan die van art. 6:162 (onrechtmatige daad) is voldaan, heeft de benadeelde de vrije keuze tussen beide acties. Hij zal kiezen voor de grondslag die hij in het bewuste geval het meest eenvoudig kan bewijzen.

Vrije keuze

Ook in geval van onverschuldigde betaling is een vordering wegens ongerechtvaardigde verrijking niet uitgesloten.
In de praktijk zal bij een dergelijke samenloop vrijwel steeds voor de vordering uit onverschuldigde betaling worden gekozen, omdat deze minder haken en ogen kent. Verrijking bij de een en verarming bij de ander behoeven daarvoor immers niet te worden aangetoond. Wel zal soms een verrijkingsactie worden ingesteld ter *aanvulling* van wat reeds langs de weg van art. 6:203 werd verkregen.

■ ■ ■ **11.4 Ontstane verbintenissen**

Verbintenissen

Zoals we in dit hoofdstuk hebben gezien, zijn zaakwaarneming (paragraaf 11.1), onverschuldigde betaling (paragraaf 11.2) en ongerechtvaardigde verrijking (paragraaf 11.3) bronnen van *verbintenissen*. Bij de zaakwaarneming kunnen voor beide betrokkenen verbintenissen ontstaan. Onverschuldigde betaling en ongerechtvaardigde verrijking echter roepen maar aan één kant een verbintenis in het leven. Tabel 11.1 geeft deze verbintenissen schematisch weer.

Tabel 11.1 **Verbintenissen uit zaakwaarneming, onverschuldigde betaling en ongerechtvaardigde verrijking**

Bron	Verbintenissen van A	Verbintenissen van B
Zaakwaarneming	Schade vergoeden Als B handelt in beroep of bedrijf: 'loon' betalen Als B de vertegenwoordigingsbevoegdheid benut: gebondenheid jegens derden	Zorg betrachten Waarneming voortzetten Verantwoording afleggen
Onverschuldigde betaling	Ontvangen prestatie ongedaan maken (teruggeven, soms waarde vergoeden)	Geen
Ongerechtvaardigde verrijking	Schade vergoeden	Geen

Vragen

1 Wat heeft zaakwaarneming te maken met vertegenwoordiging?

2 Kan zaakwaarneming tot gevolg hebben dat de belanghebbende schadevergoeding moet betalen aan de zaakwaarnemer?

3 Kan zaakwaarneming tot gevolg hebben dat de zaakwaarnemer schadevergoeding moet betalen aan de belanghebbende?

4 Noem drie situaties waarin sprake is van onverschuldigde betaling.

5 Welke verbintenis ontstaat bij onverschuldigde betaling?

6 Welke verbintenis ontstaat bij ongerechtvaardigde verrijking?

Casus

1 P (16 jaar) is anderhalve maand met zijn grootouders op vakantie in Amerika. Zijn vader Q ziet dat de tank van P's bromfiets lekt. Q laat de brommer, namens P, repareren bij een (brom)fietsenmaker.
Is hier sprake van zaakwaarneming?

2 R koopt een tweedehandsauto van S. Een paar weken later komt aan het licht dat de kilometerteller een veel te laag getal aangeeft. R vernietigt de koopovereenkomst wegens dwaling (art. 6:228 BW).
Kan hij nu met een vordering uit onverschuldigde betaling de door hem betaalde koopprijs terugeisen?

3 T koopt een nieuwe (luxe) auto bij garage U. Na een halfjaar blijkt dat de auto gebreken heeft. T ontbindt de koopovereenkomst wegens een tekortkoming van U (art. 6:265 BW). Er vindt wederzijdse ongedaanmaking plaats (art. 6:271 BW): T geeft de auto terug aan U, U geeft de koopprijs terug aan T. Intussen bezint U zich op zijn rechtspositie. De door hem terugontvangen auto is gebruikt en daarmee flink in waarde gedaald, terwijl T er een halfjaar gratis in heeft gereden.
Wat zou u U aanraden?

Koop en ruil

12

12.1 Wettelijke regeling
12.2 Belangrijke begrippen
12.3 Onderscheid koop-consumentenkoop
12.4 Verplichtingen van de verkoper
12.5 Niet-nakoming door de verkoper
12.6 Verplichtingen van de (consument)koper
12.7 Niet-nakoming door de (consument)koper
12.8 Bijzondere beschermingsbepalingen voor de (consument)koper

Zoals vermeld in paragraaf 1.5 zijn sommige overeenkomsten afzonderlijk in de wet geregeld, de zogeheten benoemde overeenkomsten. Koop, ruil en de in de volgende hoofdstukken te behandelen huur-, arbeids- en verzekeringsovereenkomst behoren tot deze categorie. Het zijn overeenkomsten die in de praktijk zo veel voorkomen dat er niet alleen een duidelijke behoefte bestaat aan regels die gelden wanneer partijen in het contract niets geregeld hebben, maar ook aan dwingende wetsbepalingen die een betere bescherming bieden aan de zwakkere partij (de consument, de huurder, de werknemer) en aan vorm- en bewijsvoorschriften.
In dit hoofdstuk behandelen we de bijzondere wettelijke regels die voor koop en ruil gelden. Kennis daarvan is essentieel met het oog op de talloze transacties waarbij producten worden ge- en verkocht of worden ingeruild tegen bijbetaling. Aan de hand daarvan kan immers worden beoordeeld wat er in het contract geregeld moet worden en of hetgeen, al dan niet via algemene voorwaarden, is overeengekomen, in strijd is met dwingend recht. Dat laatste is mede van belang voor de vraag welke rechten uitgeoefend kunnen worden wanneer een van de partijen zijn verplichtingen niet op de juiste wijze nakomt.
In paragraaf 12.1 bespreken we welke wettelijke regels op koop en ruil van toepassing zijn, gelet op de systematiek van het Burgerlijk Wetboek. In paragraaf 12.2 worden enkele belangrijke begrippen uitgelegd. Gewapend met deze kennis gaan we in paragraaf 12.3 dieper in op het belang van het onderscheid tussen koop en consumentenkoop en de wijze waarop meer in het algemeen een consument bij koop bescherming wordt geboden. In paragraaf 12.4 tot en met 12.7 belanden we op een terrein dat

de meeste geschillen tussen partijen oplevert: de verplichtingen van de verkoper en de (consument)koper, en de gevolgen als een van hen zijn verplichtingen niet nakomt. Aangezien het daarbij ook om een consumentenkoop kan gaan, passeren de bepalingen die specifiek voor consumentenkoop gelden daarbij eveneens de revue. Ten slotte gaan we in paragraaf 12.8 in op bijzondere bepalingen die beogen de (consument)koper te beschermen op andere gebieden. Veel van deze consumentbeschermende bepalingen zijn het gevolg van richtlijnen van de Europese Unie. Het gevolg van al deze richtlijnen is dat het consumentenrecht, ook op het gebied van koop, voortdurend in beweging is en dat wettelijke bepalingen in ons Burgerlijk Wetboek telkens daarmee in overeenstemming moeten worden gebracht.

■ ■ ■ 12.1 Wettelijke regeling

De koop- en de ruilovereenkomst zijn *benoemde overeenkomsten* en dus afzonderlijk in de wet geregeld. Dit is geschied in Boek 7, dat het opschrift 'Bijzondere overeenkomsten' draagt, en wel in titel 1. Met het raadplegen van alleen deze titel kan veelal niet worden volstaan. Het Burgerlijk Wetboek wordt namelijk gekenmerkt door een *gelaagde structuur*. Deze structuur houdt in dat algemene bepalingen die in veel situaties van toepassing kunnen zijn, vóór in het wetboek te vinden zijn en gevolgd worden door bepalingen die zich, naarmate men verder in het wetboek komt, steeds meer op een bijzondere situatie toespitsen. Door deze gelaagde structuur kunnen bepalingen uit verschillende Boeken op koop en ruil van toepassing zijn: de bijzondere bepalingen in titel 7.1, en de meer algemene bepalingen uit de Boeken 3, 5 en 6. In geval van strijd gaat een bijzondere wetsbepaling vóór een bepaling die algemener van aard is.

Gelaagde structuur

■ Voorbeeld 12.1

Rijwielhandelaar A verkoopt aan B een racefiets. Juridisch gezien hebben zij een koopovereenkomst gesloten. Deze is als bijzondere overeenkomst geregeld in Boek 7, titel 1. Als er problemen rijzen, ligt het voor de hand allereerst die titel te bestuderen, nu meer specifieke bepalingen voorrang hebben boven minder specifieke bepalingen. Titel 7.1 regelt echter alleen de aspecten die op de koopovereenkomst betrekking hebben. Wanneer titel 7.1 voor het desbetreffende probleem geen bijzondere regeling kent, moeten partijen teruggrijpen naar de meer algemene bepalingen van de Boeken 6, 5 en 3. De koopovereenkomst is immers tevens een wederkerige overeenkomst, zodat afdeling 6.5.5 van toepassing is, die geldt voor alle wederkerige overeenkomsten. Deze afdeling bevat onder meer belangrijke regels over de ontbinding van de overeenkomst. Betreft het een meer algemeen probleem dat zich bij allerlei soorten overeenkomsten voor kan doen, dan moet men de afdelingen 6.5.1 tot en met 6.5.4 raadplegen. Zo is in afdeling 6.5.3 te vinden wanneer algemene voorwaarden deel uitmaken van de (koop)overeenkomst en moet het antwoord op de vraag op welk moment de (koop)overeenkomst tot stand is gekomen, worden gezocht in art. 3:37 lid 3 jo. art. 6:224.

Zoals elke overeenkomst komt ook de koopovereenkomst tot stand door op elkaar aansluitende rechtshandelingen, te weten aanbod en aanvaarding. Boek 3, titel 2 kan daarom hulp bieden bij problemen met rechtshandelingen. Art. 3:44 is dus van belang als de koper de koopovereenkomst wenst te vernietigen op grond van bedrog van de verkoper.

12.2 Belangrijke begrippen

Voor een beter inzicht in wat hierna wordt behandeld, worden allereerst enkele veelvoorkomende begrippen besproken, te weten: koop, consumentenkoop, handelskoop, genuskoop, specieskoop, koop op proef en ruil. Sommige daarvan zijn in de wet gedefinieerd, andere worden alleen in de literatuur gehanteerd.

Koop

Wederkerige overeenkomst

Koop is niet alleen een benoemde, maar ook een *wederkerige overeenkomst* (zie paragraaf 1.5). Dit blijkt uit de definitie van art. 7:1: 'Koop is de overeenkomst waarbij de een zich verbindt een zaak te geven en de ander om daarvoor een prijs in geld te betalen.' Hieruit volgt, dat op ieder van de partijen een verbintenis rust die deze partij op zich heeft genomen ter verkrijging van de door de andere partij te verrichten prestatie die daartegenover staat (vgl. art. 6:261 lid 1).

■ **Voorbeeld 12.2**
A verkoopt aan B zijn bedrijfspand voor een bedrag van €300.000. Uit deze koopovereenkomst ontstaan twee verbintenissen:
1. de verbintenis tot eigendomsoverdracht van het bedrijfspand; A is tot deze prestatie, de eigendomsverschaffing van het bedrijfspand, verplicht en B heeft recht op deze prestatie;
2. de verbintenis tot betaling van de koopprijs; B is verplicht de koopprijs te betalen en A heeft recht op betaling.

Zowel A als B heeft zijn verbintenis op zich genomen ter verkrijging van de daartegenover staande prestatie waartoe de ander zich heeft verplicht.

Essentialia

Blijkens de definitie behoren zaak en prijs tot de essentiële elementen van de koopovereenkomst. Ook voor koop en ruil geldt ingevolge de gelaagde structuur van het Burgerlijk Wetboek de algemene bepaling van art. 6:227, dat verbintenissen die partijen op zich nemen, bepaalbaar moeten zijn. Wanneer dit niet het geval is, is de overeenkomst ongeldig (zie subparagraaf 1.6.1).

■ **Voorbeeld 12.3**
Fabrikant A en detaillist B spreken af dat A producten aan B zal verkopen voor een nader overeen te komen prijs. Nu nog niet is bepaald om welke producten het gaat, om welke hoeveelheid en voor welke prijs, is hier hooguit sprake van een uitnodiging tot het doen van een aanbod door A.

Is er een koopovereenkomst gesloten waarbij de zaak wel maar de koopprijs niet is bepaald, dan lijkt er eveneens niet voldaan te zijn aan art. 6:227. Hier prevaleert echter de speciale bepaling van art. 7:4, dat bepaalt dat wanneer de koop is gesloten zonder dat de prijs is bepaald, de koper een redelijke prijs is verschuldigd. De op de koper rustende verbintenis is in zo'n geval derhalve wel degelijk bepaalbaar. Art. 7:4 is geschreven voor gevallen waarin partijen zich niet hebben bekommerd om de koopprijs. Een beroep op dit artikel baat niet wanneer partijen hebben onderhandeld over de prijs maar het vervolgens niet eens zijn geworden (HR 10 december 1999, ECLI:NL:HR:1999:AA3839, NJ 2000, 5, Jan Peters/ Leendert Peters).

Door het gebruik van het woord 'zaak' lijkt het alsof alleen roerende en onroerende zaken verkocht kunnen worden. Art. 7:47 bepaalt echter dat koop ook betrekking kan hebben op vermogensrechten (bijvoorbeeld vorderingsrechten, rechten op voortbrengselen van de geest, beperkte rechten).

■ **Voorbeeld 12.4**
A verkoopt zijn vordering op debiteur X aan B.
Y koopt het octrooirecht van Z.
C verkoopt zijn appartementsrecht aan D.

Consumentenkoop

Consumentenkoop

Behalve de 'gewone' koop kent de wet ook het begrip consumentenkoop. Hiervan is sprake als de koop betrekking heeft op een *roerende* zaak, gesloten door een verkoper die handelt in het kader van zijn handels-, bedrijfs-, ambachts- of beroepsactiviteit en een koper die consument is, te weten een natuurlijk persoon (geen rechtspersoon), die handelt voor doeleinden buiten zijn bedrijfs- of beroepsactiviteit (art. 7:5 lid 1).

■ **Voorbeeld 12.5**
In de volgende situaties worden vier koopovereenkomsten gesloten.
1 A's voeten zijn alweer gegroeid. Hij verkoopt zijn noren aan de buurjongen.
2 Slager C verkoopt drie ons gehakt aan mevrouw B.
3 Bromfiets- en rijwielhandelaar K koopt twintig nieuwe fietsen van de fabriek.
4 Interieurwinkel 'Decora' koopt van mevrouw G, huisvrouw, een geborduurde merklap die in de winkel wordt opgehangen.

Uitsluitend in het tweede geval is sprake van een consumentenkoop, omdat voldaan is aan de definitie van art. 7:5.

Handelskoop

Handelskoop

Titel 7.1 kent het begrip 'handelskoop' niet. Het wordt wel gebruikt om aan te duiden dat het gaat om een koopovereenkomst waarbij zowel de koper als de verkoper beroepsmatig handelt, en de koper de goederen over het algemeen heeft gekocht om deze met winst verder te verhandelen..

■ **Voorbeeld 12.6**
De derde situatie in voorbeeld 12.5 vormt een voorbeeld van een handelskoop.

Genuskoop

Genuskoop

Onder genuskoop wordt verstaan: de koop van een zaak die slechts naar haar soort is bepaald. Het maakt geen verschil of deze zaak dan wel een andere zaak van dezelfde soort wordt geleverd. Nakoming is daardoor voor de verkoper steeds mogelijk, behoudens wanneer de hele soort teniet is gegaan.

■ **Voorbeeld 12.7**
A koopt in de supermarkt een pak kristalsuiker.

Specieskoop

Specieskoop
Van specieskoop is sprake indien een zekere en bepaalde zaak is verkocht. De verkoper kan niet aan zijn leveringsverplichting voldoen door een andere zaak te leveren.

■ Voorbeeld 12.8
A verkoopt aan B zijn auto, kentekennummer 64-ZK-SR. Er is maar één auto met dat kentekennummer.

Koop op proef

Koop op proef
Een bijzondere vorm van koop is de koop op proef. De koop wordt in dat geval geacht te zijn gesloten onder de opschortende voorwaarde dat de zaak de koper voldoet (art. 7:45). Wanneer de zaak de koper voldoet – hieraan kan een subjectieve maatstaf verbonden zijn (de zaak bevalt hem), of een objectieve (de zaak is bruikbaar voor een bepaald doel) –, dan staat het hem niet vrij deze toch terug te zenden. Het woord 'geacht' geeft aan dat sprake is van een weerlegbaar wettelijk vermoeden. Het staat partijen vrij een andere constructie te kiezen, bijvoorbeeld koop onder ontbindende voorwaarde. Uiteraard moet aan de koper een redelijke termijn worden gegund om te beoordelen of de zaak hem voldoet. Verstrijkt deze termijn zonder bericht van de koper, dan treedt de opschortende voorwaarde in werking (de zaak voldoet) en is de koop definitief. Tot die tijd is de koper slechts houder.

■ Voorbeeld 12.9
A, aangemoedigd door goede ervaringen van vrienden, wil een waterbed aanschaffen maar is bang dat hij zeeziek wordt van slapen op water. A leest een advertentie van winkelier B die waterbedden aanbiedt met het beding: 'Niet goed, geld terug'. In de winkel blijkt dat B daarmee een koop op proef aanbiedt: A mag het waterbed een week lang proberen. Daarmee gaat A akkoord. Al na drie dagen laat A aan B weten dat het waterbed buitengewoon goed voldoet. Pas door die mededeling van A is de voorwaarde vervuld en wordt de koop definitief.

Ruil

Ruil
Ruil is blijkens art. 7:49 de overeenkomst, waarbij partijen zich verbinden elkaar over en weer een zaak in de plaats van een andere te geven. Net als koop is ruil dus een benoemde overeenkomst en tevens *wederkerig*, aangezien elk van beide partijen een verbintenis op zich heeft genomen ter verkrijging van de prestatie die daartegenover staat en waartoe de andere partij zich heeft verplicht.

■ Voorbeeld 12.10
A en B besluiten tot een ruil: A verbindt zich zijn fototoestel aan B te geven en B verbindt zich zijn videocamera aan A te geven.

Blijkens art. 7:50 wordt A uit voorbeeld 12.10 beschouwd als verkoper van het fototoestel en B als koper daarvan, B als verkoper van de videocamera en A als koper daarvan. Als gevolg daarvan kon de wetgever er mee volstaan alle bepalingen betreffende koop van overeenkomstige toepassing te verklaren op ruil (schakelbepaling). Hierna zal daarom alleen koop worden besproken.

Mengvormen

Er komen ook mengvormen van koop en ruil voor. Omdat op koop en ruil toch dezelfde regels van toepassing zijn, maakt het weinig uit of er sprake is van ruil met bijbetaling dan wel van koop met inruil.

■ **Voorbeeld 12.11**
A koopt een nieuwe auto bij de Opel-dealer. Omdat hij zijn oude Opel inruilt hoeft hij voor de nieuwe auto minder te betalen dan zonder inruil het geval zou zijn geweest.

■ ■ ■ 12.3 Onderscheid koop-consumentenkoop

Het is van belang na te gaan of er van een consumentenkoop sprake is. De wetgever heeft namelijk aan de, veelal niet deskundige, consument die een koopovereenkomst sluit een grotere bescherming toe willen kennen dan aan een koper niet-consument. Met het oog daarop zijn er in titel 7.1 bepalingen van dwingend recht opgenomen. Door de gelaagde structuur hebben deze voorrang boven de meer algemene bepalingen uit de Boeken 6, 5 en 3, waaronder de bepalingen van afdeling 6.5.2b, die eveneens beogen de consument te beschermen.

Bescherming consumentkoper

Allereerst wordt in deze paragraaf aan de hand van een aantal belangrijke bepalingen van titel 7.1 toegelicht op welke wijze de kopende consument bescherming wordt geboden. In de daarop volgende paragrafen passeert een aantal andere consumentenbeschermende bepalingen uit titel 7.1 de revue bij de bespreking van de verplichtingen van de verkoper en de niet-nakoming daarvan. In de laatste paragraaf gaan we in op bepalingen uit titel 7.1 en afdeling 6.5.2b die ertoe strekken de consument op specifieke terreinen bescherming te bieden, te weten wanneer hij roerende zaken in een winkel koopt, ongevraagd zaken toegezonden krijgt, een registergoed koopt, of een elektronische koopovereenkomst sluit.

Wat titel 7.1 betreft is de bescherming voor de consumentkoper op verschillende manieren gerealiseerd, en wel door middel van:
1 consumentenbeschermende bepalingen in titel 7.1;
2 art. 7:6 lid 1;
3 art. 7:6 lid 2.

Consumentenbeschermende bepalingen in titel 7.1
Er zijn speciale consumentenbeschermende bepalingen in titel 7.1 opgenomen die uitsluitend van toepassing zijn als er van een consumentenkoop sprake is (zie bijvoorbeeld art. 7:6a, 7:11, 7:18, 7:21 lid 4 en 5, art. 7:22 en art. 7:24). Ter verduidelijking wordt hier alleen art. 7:6a besproken. De overige bepalingen komen in de hiernavolgende paragrafen aan de orde.

Zo is voor de koper een beroep op art. 7:6a alleen mogelijk wanneer het een *consumentenkoop* betreft. Dit artikel geeft regels voor de leveranciers-, fabrieks- of importeursgaranties die de rechten van de koper bij een consumentenkoop *vergroten*. Dit wordt ook wel een 'positieve garantie' genoemd. De koper die merkt dat bepaalde eigenschappen ontbreken die de verkoper of de producent in een dergelijke garantie of in een reclame heeft toegezegd, kan op grond van dit artikel de rechten of vorderingen uitoefenen die hem in het garantiebewijs zijn toegekend. In het garan-

Positieve garantie

tiebewijs moet duidelijk en op begrijpelijke wijze worden vermeld welke rechten of vorderingen dit zijn en dat de koper er ook voor kan kiezen de rechten of vorderingen die de wet hem toekent uit te oefenen. Het voordeel voor de consument is duidelijk: door de aanvaarding van de garantie krijgt hij er rechten bij die hij anders niet zou hebben gehad, terwijl hij bij fabrieks- en importeursgaranties op grond van deze garantieovereenkomst ook jegens de fabrikant en importeur rechten kan uitoefenen. Dit kan bijvoorbeeld van belang zijn indien deze over een service- en reparatieafdeling beschikken.

Art. 7:6 lid 1

Blijkens art. 7:6 lid 1 zijn bij een consumentenkoop alle bepalingen uit afdeling 1 tot en met 7 van titel 7.1 van dwingend recht. Van deze bepalingen mag dus niet ten nadele van de consument worden afgeweken. Een uitzondering geldt slechts voor de artikelen die genoemd worden in het tweede lid van art. 7:6.

Bovendien kan de verkoper de rechten en vorderingen die de koper op grond van de wet toekomen bij wanprestatie van de verkoper (zoals het vorderen van schadevergoeding of ontbinding) niet uitsluiten of beperken wanneer het een consumentenkoop betreft.

■ Voorbeeld 12.12

Consument V koopt bij winkel U een droogtrommel. Na een week functioneert het apparaat niet meer. In de algemene voorwaarden, die deel uitmaken van de overeenkomst, is bepaald dat V in dat geval geen recht heeft op schadevergoeding. Een dergelijke clausule is in strijd met art. 7:6 lid 1 omdat de verkoper met deze clausule het aan de koper krachtens art. 7:24 lid 1 jo. art. 6:74 toekomende recht op schadevergoeding uitsluit. Omdat art. 7:6 lid 1 een bepaling van dwingend recht is, kan de koper, als hij dit wenst, deze clausule op grond van art. 3:40 lid 2 vernietigen. Er is hier sprake van vernietiging, omdat koop een meerzijdige rechtshandeling is en art. 7:6 lid 1 uitsluitend strekt ter bescherming van de consument.

Het grote voordeel van een beroep op art. 7:6 lid 1 is, dat het beding zonder meer vernietigbaar is en dat de consument geen beroep hoeft te doen op de regeling in afdeling 6.5.3 (algemene voorwaarden). Bij een beroep op die afdeling loopt de koper immers het risico dat een bepaald beding niet op de zwarte maar op de grijze lijst voorkomt en dat het vermoeden dat het beding onredelijk bezwarend is, door de verkoper wordt weerlegd (vgl. subparagraaf 1.6.5). Overigens mag de koper kiezen welke van beide vernietigingsmogelijkheden hij wenst te benutten.

Een consumentkoper moet er in dit verband op bedacht zijn dat, hoewel het woord garantie anders suggereert, een garantiebewijs juist een niet geoorloofde beperking van zijn rechten kan bevatten als bedoeld in art. 7:6 lid 1. Dit is het geval wanneer de verkoper in de garantie zijn aansprakelijkheid beperkt, bijvoorbeeld door voor een zeer korte periode garantie te geven. Dit wordt ook wel een 'negatieve garantie' genoemd, aangezien de koper deze rechten zonder 'garantiebewijs' wel zou hebben gehad. De Nederlandse consument blijft zich echter uit onwetendheid dat een dergelijke 'garantie' voor vernietiging in aanmerking komt, blindstaren op de (korte) termijn van de garantie en koopt er het liefst nog een (fabrieks)garantie bij.

Negatieve garantie

■ Voorbeeld 12.13
Consument A koopt bij winkel B een stofzuiger. A heeft drie maanden garantie op de motor. Hij heeft geen gebruikgemaakt van de mogelijkheid om er een extra garantietermijn van drie jaar bij te kopen. Na vier maanden komen er alarmerende geluiden uit de stofzuiger, hoewel A er voorzichtig mee om is gegaan. De motor moet worden vervangen. A krijgt hiervoor een rekening, want, zo stelt B, de garantietermijn is voorbij. Zonder deze 'garantie' zou A ingevolge art. 7:21 lid 1 sub b recht op kosteloos herstel hebben gehad. Het is immers duidelijk dat deze stofzuiger niet aan de overeenkomst beantwoordt, aangezien een motor langer dan vier maanden behoort te functioneren. Nu deze garantiebepaling door de zeer korte termijn duidelijk beoogt A's recht op kosteloos herstel te beperken, zal A deze kunnen vernietigen op grond van art. 3:40 lid 2 wegens strijd met art. 7:6 lid 1.

■ Voorbeeld 12.14
Oogarts W koopt bij firma X een laserapparaat voor de behandeling van zijn patiënten. Na enige dagen treedt kortsluiting op, ten gevolge waarvan het apparaat onherstelbaar is beschadigd. In de algemene voorwaarden heeft X zijn aansprakelijkheid voor schade beperkt tot de helft van het aankoopbedrag.
W kan, omdat hij geen consument is, geen beroep doen op art. 7:6 en evenmin op art. 6:237 sub f (de grijze lijst). Hem rest slechts de mogelijkheid een beroep te doen op de open norm van art. 6:233 sub a, in de hoop op die wijze het beding te vernietigen.

Art. 7:6 lid 2
Indien de verkoper van de in art. 7:6 lid 2 genoemde artikelen ten nadele van de koper afwijkt *bij algemene voorwaarden*, worden deze bedingen als onredelijk bezwarend aangemerkt, zodat zij door de koper vernietigd kunnen worden.

Nu de in art. 7:6 lid 2 genoemde artikelen van aanvullend recht zijn, mag de verkoper van deze artikelen afwijken. Hij mag dus iets anders overeenkomen dan hetgeen daarin wordt bepaald. Neemt hij deze afwijkende bedingen niet in het contract zelf op maar in de door hem gehanteerde *algemene voorwaarden*, dan betekent dit dat zij terechtkomen in de kleine lettertjes die door de consument meestal niet worden gelezen. Dat is dan ook de reden dat deze bedingen ingevolge art. 7:6 lid 2 als onredelijk bezwarend worden aangemerkt. Zij kunnen dus door de koper op grond van art. 6:233 sub a vernietigd worden.

■ Voorbeeld 12.15
A wil gaan kamperen en koopt bij sportwinkel B een tent. De levertijd van deze tent is ongeveer zes weken. In de algemene voorwaarden, die deel uitmaken van de overeenkomst, is bepaald dat de koper 60% van de koopsom vooruit dient te betalen. Dit beding is in strijd met art. 7:26 lid 2. Art. 7:6 lid 1 is echter blijkens art. 7:6 lid 2 niet van toepassing op art. 7:26. Deze afspraak zou dus gewoon geldig geweest zijn, ware het niet dat deze in dit geval is neergelegd in de algemene voorwaarden. A kan het beding vernietigen, zonder dat tegenbewijs mogelijk is (het beding is onredelijk bezwarend en dus vernietigbaar, art. 7:6 lid 2 jo. art. 6:233 sub a).

In figuur 12.1 is het onderscheid tussen koop en consumentenkoop schematisch weergegeven.

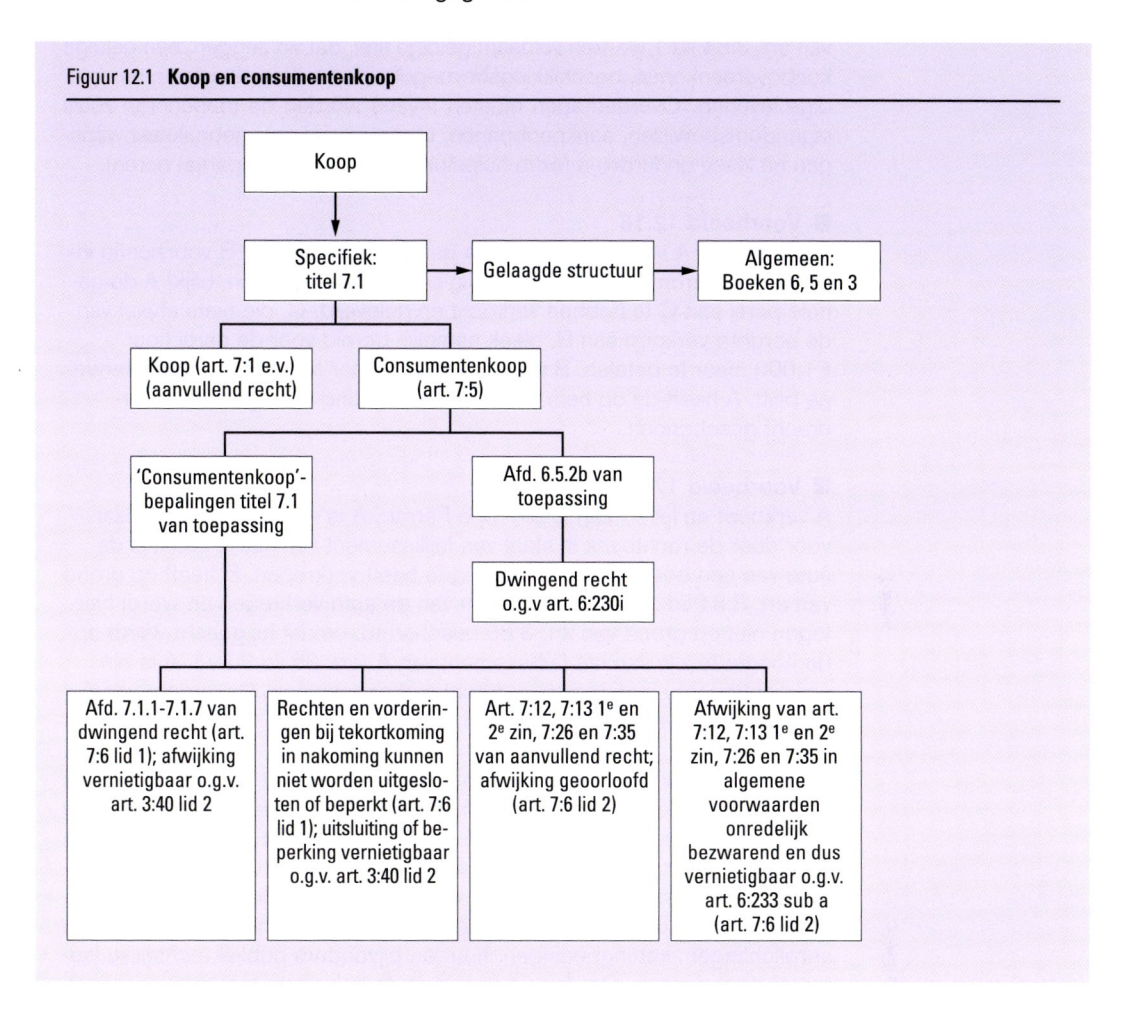

Figuur 12.1 Koop en consumentenkoop

```
                        ┌──────────┐
                        │   Koop   │
                        └────┬─────┘
                             ▼
        ┌──────────────┐   ┌───────────────────┐   ┌──────────────┐
        │ Specifiek:   │──▶│ Gelaagde structuur│──▶│ Algemeen:    │
        │ titel 7.1    │   └───────────────────┘   │ Boeken 6,5 en 3│
        └──────┬───────┘                           └──────────────┘
               │
      ┌────────┴─────────┐
      ▼                  ▼
┌──────────────┐   ┌──────────────────┐
│ Koop (art.   │   │ Consumentenkoop  │
│ 7:1 e.v.)    │   │ (art. 7:5)       │
│(aanvullend   │   └────────┬─────────┘
│ recht)       │            │
└──────────────┘            │
      │            ┌────────┴────────┐
      ▼            ▼                 ▼
┌──────────────┐ ┌──────────────┐
│'Consumenten- │ │ Afd. 6.5.2b  │
│koop'-        │ │ van toepassing│
│bepalingen    │ └──────┬───────┘
│titel 7.1 van │        ▼
│toepassing    │ ┌──────────────┐
└──────┬───────┘ │ Dwingend recht│
       │         │ o.g.v art. 6:230i│
       │         └──────────────┘
```

| Afd. 7.1.1-7.1.7 van dwingend recht (art. 7:6 lid 1); afwijking vernietigbaar o.g.v. art. 3:40 lid 2 | Rechten en vorderingen bij tekortkoming in nakoming kunnen niet worden uitgesloten of beperkt (art. 7:6 lid 1); uitsluiting of beperking vernietigbaar o.g.v. art. 3:40 lid 2 | Art. 7:12, 7:13 1e en 2e zin, 7:26 en 7:35 van aanvullend recht; afwijking geoorloofd (art. 7:6 lid 2) | Afwijking van art. 7:12, 7:13 1e en 2e zin, 7:26 en 7:35 in algemene voorwaarden onredelijk bezwarend en dus vernietigbaar o.g.v. art. 6:233 sub a (art. 7:6 lid 2) |

■ ■ ■ 12.4 Verplichtingen van de verkoper

Zoals hiervoor al is aangegeven, is de koopovereenkomst een wederkerige overeenkomst: door het sluiten ervan komen op beide partijen verbintenissen te rusten. Blijkens de definitie van art. 7:1 rust op de verkoper de verbintenis om een zaak te geven en op de koper de verbintenis om daarvoor een prijs in geld te betalen. Tot welke verplichtingen het 'geven van een zaak' voor de verkoper leidt, is nader uitgewerkt in afdeling 7.1.2. In deze paragraaf komt aan de orde dat dit meer omvat dan alleen het overhandigen van de zaak.

Afdeling 7.1.2 vermeldt de volgende verplichtingen waaraan de verkoper moet voldoen:
1 de verplichting tot eigendomsoverdracht van de zaak, met toebehoren (art. 7:9 lid 1), vrij van alle bijzondere lasten en beperkingen (art. 7:15);
2 de verplichting tot aflevering (art. 7:9 lid 1, 2 en 3);
3 het vereiste dat de afgeleverde zaak aan de overeenkomst beantwoordt (conformiteitsvereiste) (art. 7:17).

Eigendomsoverdracht
De verkoper is verplicht de verkochte zaak met toebehoren in eigendom over te dragen aan de koper (art. 7:9 lid 1). Daarvoor moet aan alle vereisten van art. 3:84 lid 1 worden voldaan: geldige titel, dat wil zeggen: een geldige koopovereenkomst, beschikkingsbevoegdheid van de verkoper en een geldige levering. Overgedragen moeten tevens worden de toebehoren zoals eigendomsbewijzen, aankoopbonnen, garantiebewijzen, gebruiksaanwijzingen en losse onderdelen (extra hulpstukken die bij een apparaat horen).

■ Voorbeeld 12.16
Ondernemer A verkoopt aan B een partij hout. Wanneer B voorzichtig informeert waarom de levering zo lang op zich laat wachten, blijkt A de gehele partij aan C te hebben verkocht en geleverd. C, die niets afwist van de eerdere verkoop aan B, bleek namelijk bereid voor de partij hout €1.000 meer te betalen. B wordt geen eigenaar nu de levering achterwege blijft. A heeft de op hem rustende verplichting tot eigendomsoverdracht geschonden.

■ Voorbeeld 12.17
A verkoopt en levert aan B zijn rode Ferrari. A is echter een week daarvoor door de rechtbank in staat van faillissement verklaard, zodat B de auto van een beschikkingsonbevoegde heeft verkregen. B heeft op grond van art. 3:84 lid 1 niet de eigendom van de auto verkregen en wordt hiertegen niet op grond van art. 3:86 beschermd, omdat hij geacht wordt op de hoogte te zijn van het faillissement van A (art. 35 lid 3 Fw). A is zijn verplichting tot eigendomsoverdracht niet nagekomen. De curator van A kan de Ferrari van B terugvorderen.

De verkoper is verplicht de verkochte zaak in eigendom over te dragen vrij van alle bijzondere lasten en beperkingen, met uitzondering van die welke de koper uitdrukkelijk heeft aanvaard (art. 7:15 lid 1). Het gaat daarbij om lasten of beperkingen die op de zaak in het bijzonder rusten, zoals zakelijke rechten van derden (hypotheek, erfpacht, erfdienstbaarheid), beperkingen die voortvloeien uit auteursrechten, octrooien, merken, kwalitatieve verplichtingen, kettingbedingen, huur en bijzondere publiekrechtelijke lasten of beperkingen. Op de verkoper rust derhalve een *mededelingsplicht*.

Mededelingsplicht

De verkoper kan zich tegen schending van zijn verplichting niet verweren met de stelling dat de koper de last had kunnen kennen.
Art. 7:15 lid 2 is alleen relevant voor de verkoop van registergoederen en bepaalt dat de verkoper ongeacht enig andersluidend beding instaat voor de afwezigheid van (de in lid 1 bedoelde bijzondere) lasten en beperkingen die voortvloeien uit feiten die vatbaar zijn voor inschrijving in de openbare registers, maar daarin ten tijde van het sluiten van de overeenkomst niet waren ingeschreven.

■ Voorbeeld 12.18
A komt met C overeen dat C over de grond van A mag lopen, zodat C een kortere route verkrijgt om zijn huis te bereiken. Hiertoe wordt het zakelijk recht van overpad ten behoeve van C gevestigd (een erfdienstbaarheid). Kort daarna verkoopt A zijn huis met bijbehorende grond aan B, zonder dat hij aan B mededeling doet van het gevestigde zakelijke recht. Vlak voordat de levering van het huis aan B plaatsvindt, verneemt B van de notaris dat er ten behoeve van C een recht van erfdienstbaarheid is gevestigd op de grond en dat ook B als opvolgend eigenaar daaraan gebonden is (droit de

suite, zie subparagraaf 4.2.3 en paragraaf 6.1). Ten tijde van het sluiten van de koopovereenkomst heeft A zijn mededelingsplicht geschonden. B was daardoor niet bekend met het recht van C, laat staan dat hij dit recht uitdrukkelijk heeft aanvaard. A heeft hiermee zijn verplichting tot het overdragen van onbezwaarde eigendom aan B geschonden.

Aflevering
Aan de verplichting tot aflevering is voldaan, wanneer door de verkoper aan de koper het bezit van de zaak is verschaft (art. 7:9 lid 2). Dit is niet alleen het geval wanneer de zaak feitelijk of symbolisch is overhandigd, maar ook wanneer bezitsverschaffing plaatsvindt door een levering constitutum possessorium (cp), brevi manu of longa manu (vergelijk subparagraaf 3.2.3).

■ **Voorbeeld 12.19**
A koopt het huis van B. Bij de ondertekening van de transportakte krijgt A van B de sleutels (symbolische overhandiging). Op dat moment is aan de verplichting tot aflevering voldaan. Voor de levering is inschrijving van de notariële akte vereist. Pas na inschrijving is voldaan aan de verplichting tot eigendomsoverdracht, indien B tenminste beschikkingsbevoegd is en er sprake is van een geldige koopovereenkomst.

Het lijkt hierdoor alsof de verkoper die een zaak verkoopt met eigendomsvoorbehoud aan zijn verplichting tot aflevering nooit kan voldoen. Dit is echter dankzij art. 7:9 lid 3 niet het geval: in geval van koop met eigendomsvoorbehoud wordt onder aflevering verstaan het stellen van de zaak in de macht van de koper.

■ **Voorbeeld 12.20**
A verkoopt een hijskraan aan B. Afgesproken wordt dat A eigenaar van de hijskraan blijft, totdat B de volledige koopprijs heeft voldaan. Er is dan sprake van een koop met eigendomsvoorbehoud, aangezien de eigendom is verschaft onder een opschortende voorwaarde, namelijk dat de koper de koopprijs zal voldoen (art. 3:92). Tot die tijd blijft A eigenaar en bezitter en heeft B, die houder is voor A, de feitelijke macht over de kraan verkregen. Nu hier sprake is van koop met eigendomsvoorbehoud en A de zaak in de macht van B heeft gesteld, heeft A aan zijn verplichting tot aflevering voldaan. Na betaling wordt B van rechtswege bezitter en eigenaar.

Bij een *consumentenkoop* is de verkoper verplicht de zaken onverwijld en in ieder geval binnen dertig dagen na het sluiten van de overeenkomst af te leveren. Partijen kunnen een andere termijn overeenkomen (art. 7:9 lid 4).

Conformiteitsvereiste
De afgeleverde zaak moet aan de overeenkomst beantwoorden (art. 7:17 lid 1). Dit is niet het geval als:
1 de zaak niet de eigenschappen bezit die de koper, mede gelet op de aard van de zaak en de mededelingen die de verkoper over de zaak heeft gedaan, op grond van de overeenkomst mocht verwachten (art. 7:17 lid 2);
2 er een andere zaak of een zaak van een andere soort, getal, maat of gewicht dan is overeengekomen, wordt afgeleverd (art. 7:17 lid 3).

Ad 1 De zaak bezit niet de eigenschappen die de koper op grond van de overeenkomst mocht verwachten

De koper mag verwachten dat de zaak ten tijde van de aflevering, mede gelet op de aard van de zaak en de mededelingen die de verkoper over de zaak heeft gedaan, de eigenschappen bezit die voor een normaal gebruik daarvan nodig zijn en waarvan hij de aanwezigheid niet behoefde te betwijfelen. Twijfelt hij of behoort hij te twijfelen, dan rust op hem een onderzoeksplicht: hij moet de verkoper vragen stellen of zelf onderzoek verrichten. Staat de koper een bijzonder gebruik van de zaak voor ogen, dan zal hij dit aan de verkoper kenbaar moeten maken. Heeft de koper dit gedaan en deelt de verkoper hem mede dat de zaak de eigenschappen bezit die voor dit bijzondere gebruik nodig zijn, dan mag hij in de regel ook afgaan op de juistheid van deze mededeling. Anderzijds rust op de verkoper een mededelingsplicht: een verkoper die weet of behoort te weten dat deze zaak voor het gebruik dat de koper hiervan wil maken ongeschikt is, zal dit aan de koper moeten mededelen. Een verkoper die zijn mededelingsplicht schendt, mag zich er in het algemeen niet op beroepen dat de koper de zaak maar beter had moeten onderzoeken. Voor de vraag wat de koper mag verwachten, spelen dus naast de aard van de zaak en de mededelingen van de verkoper alle omstandigheden van het geval een rol: is de verkoper in tegenstelling tot de koper bijzonder deskundig; heeft de verkoper een bepaalde eigenschap gegarandeerd; betreft het een merkartikel; is de zaak nieuw of tweedehands; is de zaak in een gerenommeerde winkel gekocht of op een rommelmarkt; de prijs enzovoort.

Onderzoeksplicht

Mededelingsplicht

■ **Voorbeeld 12.21**
A koopt bij sportzaak B een stevige duikbril van een bekend merk, omdat het chloorwater zijn ogen zo irriteert. Het brilletje blijkt echter direct vol te lopen en absoluut niet in staat te zijn A's ogen 'droog' te houden. De zaak bezit niet de eigenschappen die A op grond van de overeenkomst mocht verwachten.

■ **Voorbeeld 12.22**
A ziet bij winkel B in de etalage een elektrisch wafelijzer van een onbekend merk liggen, dat zeer gunstig is geprijsd. A vraagt B of het een goed apparaat is. Daarop meldt B dat hij dit niet weet, omdat hij geen enkele ervaring heeft met dit type wafelijzer en dus ook niet voor de kwaliteit kan instaan. Door de gunstige prijs aangetrokken koopt A het ijzer. Wat A er niet bij heeft verteld, is, dat hij het apparaat gaat gebruiken voor het maken van vijfhonderd Achterhoekse 'kniepertjes' die zullen worden verkocht door de leden van de plaatselijke muziekvereniging. Na vijf uur onafgebroken gebruik begeeft het wafelijzer het. Het lijkt niet waarschijnlijk dat A B aan zal kunnen spreken op grond van wanprestatie. A heeft B weliswaar enkele vragen gesteld, maar A had B wel moeten mededelen dat hij een bijzonder, te weten een zeer intensief, gebruik van het apparaat wilde maken. Gezien de lage prijs behoorden de verwachtingen van A niet al te hooggespannen te zijn. B heeft met de mededeling dat hij voor het apparaat niet kan instaan, zijn aansprakelijkheid juist in vergaande mate beperkt. Op dit bijzondere gebruik door A hoefde hij bovendien niet zonder meer bedacht te zijn.

■ **Voorbeeld 12.23**
A wil een foodprocessor kopen. Hij deelt verkoper B mede, dat het apparaat in staat moet zijn vlees te pureren. B verzekert A dat dit het geval is met het door A uitgezochte exemplaar. Alraauw blijkt A dat het apparaat

hooguit in staat is het vlees in kleine stukjes te hakken, maar van vermalen is absoluut geen sprake. Door de mededeling die B over de eigenschappen van de foodprocessor heeft gedaan, bezit de zaak niet de eigenschappen die A als koper mocht verwachten.

Wordt garantie op een zaak gegeven voor een termijn die gezien de soort zaak en de prijsklasse gebruikelijk is, of ontbreekt de garantie hoewel bij een dergelijk soort zaak een garantie van enige jaren gebruikelijk is, dan mag de koper in beginsel verwachten dat de zaak gedurende de (gebruikelijke) garantietermijn probleemloos zal functioneren. Blijkt dit niet zo te zijn, dan bezit de zaak naar alle waarschijnlijkheid niet de eigenschappen die de koper mocht verwachten.

■ Voorbeeld 12.24
Op waterbedden pleegt een garantie op de thermostaat te worden gegeven van één jaar of langer. A, die bij beddenspeciaalzaak D vijf maanden geleden een waterbed heeft gekocht, wordt op een ochtend akelig koud wakker. De thermostaat functioneert niet meer. Er is een garantie gegeven van drie maanden. A kan zich erop beroepen dat hij, gelet op de gebruikelijke garantietermijnen, mag verwachten dat een thermostaat langer dan vijf maanden functioneert, zodat de zaak niet aan de overeenkomst beantwoordt in de zin van art. 7:17. Als D zich daartegen verweert met een beroep op de verstrekten garantietermijn van drie maanden, kan A deze 'negatieve garantie' als consument op grond van art. 3:40 lid 2 vernietigen wegens strijd met art. 7:6 lid 1.

Ad 2 De afgeleverde zaak is niet conform de afspraak
De zaak die wordt afgeleverd is een andere dan is overeengekomen, is van een andere soort, is te groot of te klein, te licht of te zwaar, of het aantal klopt niet.

■ Voorbeeld 12.25
A heeft bij slijterij B een doos wijn met twaalf flessen rode Bourgogne uit het jaar 1989 besteld. Wanneer A de doos openmaakt blijken er twaalf flessen witte champagne uit 1985 in te zitten. Het afgeleverde beantwoordt hier niet aan de overeenkomst, zelfs niet wanneer A champagne veel lekkerder vindt of de inhoud van de afgeleverde flessen van een veel betere kwaliteit is dan die van de bestelde flessen (art. 7:17 lid 3).

Is sprake van een *consumentenkoop*, dan mag de koper voor de vraag of de zaak aan de overeenkomst beantwoordt, niet alleen afgaan op mededelingen van de verkoper, maar ook op mededelingen (reclame, een folder, productgegevens op de verpakking) van de vorige beroeps- of bedrijfsmatig handelende verkoper, bijvoorbeeld de importeur of fabrikant. Laatstbedoelde mededelingen gelden dan als mededelingen van de verkoper. Dit is alleen dan niet het geval wanneer de verkoper een bepaalde mededeling niet kende of behoorde te kennen, of wanneer hij deze mededeling uiterlijk ten tijde van het sluiten van de overeenkomst op een voor de koper duidelijke wijze heeft herroepen, dan wel de koop niet door deze mededeling beïnvloed kan zijn (art. 7:18 lid 1).

Wettelijk bewijsvermoeden
Lid 2 van art. 7:18 komt bij een *consumentenkoop* de koper tegemoet met een wettelijk bewijsvermoeden: vermoed wordt dat de zaak bij aflevering niet aan de overeenkomst heeft beantwoord, indien de afwijking van het overeengekomene zich binnen een termijn van zes maanden na aflevering openbaart. Dit vermoeden geldt niet wanneer de aard van de zaak (bijvoorbeeld zaken

die aan bederf onderhevig zijn), of de aard van de afwijking (de consument heeft de zaak duidelijk onoordeelkundig gebruikt) zich daartegen verzet.

■ **Voorbeeld 12.26**
Consument B koopt op 1 februari een paar lage noren. Wanneer B de volgende ochtend wil gaan schaatsen, blijken er al plassen op het ijs te staan. Pas in oktober krijgt B de kans zijn nieuwe schaatsen in gebruik te nemen op de ijsbaan. Hij ontdekt dan dat zijn rechterschaats krom is, wat hij in de winkel niet heeft gemerkt. Nu er sedert de aflevering meer dan zes maanden zijn verstreken, kan hij niet meer profiteren van het vermoeden dat de zaak reeds bij aflevering niet aan de overeenkomst heeft beantwoord. Die bewijslast rust nu op hem.

12.5 Niet-nakoming door de verkoper

In afdeling 7.1.3 is geregeld welke bijzondere gevolgen er verbonden zijn aan het niet naar behoren nakomen door de verkoper van zijn verplichtingen jegens de (consument)koper. Zo kent afd. 7.1.3 bijzondere gevolgen wanneer de verkoper bij een consumentenkoop de zaak niet (tijdig) aflevert. Wanneer de zaak wel (tijdig) wordt afgeleverd maar niet aan de overeenkomst beantwoordt, kan de (consument)koper gebruik maken van de bijzondere rechten en bevoegdheden die afdeling 7.1.3 hem toekent, te weten bijzondere nakomingsvorderingen, een bijzondere vordering tot ontbinding of prijsvermindering en een bijzondere schadevergoedingsvordering. Hij kan ook kiezen voor uitoefening van de rechten die hij heeft op grond van Boek 3 en 6: het vorderen van vernietiging van de koopovereenkomst wegens dwaling (art. 6:228) of bedrog (art. 3:44), of het vorderen van (aanvullende) schadevergoeding (art. 7:64) of ontbinding (art. 6:265) van de overeenkomst op grond van een (toerekenbare) tekortkoming in de nakoming van een verbintenis door de verkoper. Gaat het om non-conformiteit, dan is het voor de (consument)koper van belang dat hij goed let op de klachttermijn.

In de volgende subparagrafen worden enkele van deze bijzondere gevolgen van niet-nakoming van de verplichtingen door de verkoper jegens de (consument)koper besproken. Daarna worden er nog enkele andere bijzondere bepalingen behandeld die verband houden met niet-nakoming door de verkoper, zoals de wijze waarop de schade moet worden vastgesteld wanneer de koop van goederen met een dagprijs wordt ontbonden (subparagraaf 12.5.5) en wie het risico draagt indien de gekochte zaak door overmacht tenietgaat (subparagraaf 12.5.6). Tenslotte worden de verplichtingen van de verkoper en de rechten van de (consument)koper bij niet-nakoming nog eens in een schema weergegeven.

12.5.1 Niet (tijdige) aflevering bij een consumentenkoop

Verzuim

Wanneer de verkoper bij een *consumentenkoop* de in art. 7:9 lid 4 gestelde of overeengekomen termijn niet nakomt, dan treedt het verzuim volgens art. 7:19a in nadat hij door de koper in gebreke is gesteld bij een aanmaning waarbij hem een redelijke termijn voor de aflevering is gesteld en nakoming binnen deze termijn uitblijft. Voor de aanmaning stelt art. 7:19a in tegenstelling tot art. 6:82 niet de eis dat deze schriftelijk dient plaats te vinden, al doet de consument er wel verstandig aan deze schriftelijk uit te brengen om bewijsproblemen te voorkomen.

Het verzuim treedt zonder ingebrekestelling in wanneer:
- de verkoper (op ondubbelzinnige wijze) heeft geweigerd de zaken te leveren;
- aflevering binnen de overeengekomen levertermijn essentieel is, alle omstandigheden rond de sluiting van de overeenkomst in aanmerking genomen; of
- de koper aan de verkoper voor het sluiten van de overeenkomst heeft medegedeeld dat aflevering voor of op een bepaalde datum essentieel is.

Indien de consumentkoper er vervolgens voor kiest de overeenkomst op grond van art. 6:265 te ontbinden, moet de verkoper onverwijld aan de consumentkoper hetgeen deze heeft betaald, terugbetalen.

■ Voorbeeld 12.27
Elaine koopt bij winkel 'De Witte Droom' een hele mooie trouwjurk. Alleen de lengte moet nog worden aangepast. Elaine laat weten dat zij de volgende dag vanwege haar werk een aantal maanden in het buitenland zal verblijven en pas de dag voor haar huwelijk weer naar Nederland terugkeert. Daarom wordt afgesproken dat de jurk op de dag voor haar huwelijk om 16.30 uur bij haar thuis zal worden afgeleverd, waarbij nog even zal worden gecontroleerd of de lengte goed is. Ondanks de schriftelijke bevestiging van deze afspraak verschijnt er niemand met de jurk. Wanneer Elaine de winkel direct in volle paniek opbelt, wordt er niet opgenomen. Gelukkig weet zij in allerijl nog ergens een trouwjurk te regelen. Elaine kan als consument de overeenkomst op grond van art. 6:265 ontbinden. Het verzuim treedt in zonder ingebrekestelling, aangezien het essentieel was dat de aflevering de dag voor het huwelijk plaats zou vinden. Zij kan hetgeen zij heeft aanbetaald, terugvorderen (art. 7.9 lid 4 jo. art. 7:19a).

12.5.2 Bijzondere nakomingsvorderingen

Boek 7 biedt de volgende bijzondere nakomingsvorderingen:
1 Art. 7:20 jo. art. 7:9 jo. art. 7:15: is de zaak behept met een last of een beperking die er niet op had mogen rusten, dan kan de koper eisen dat de last of de beperking wordt opgeheven, mits de verkoper hieraan redelijkerwijs kan voldoen.

■ Voorbeeld 12.28
In voorbeeld 12.18 verkoopt A zijn huis zonder aan koper B mededeling te doen van het recht van overpad ten behoeve van C. A pleegt hiermee wanprestatie jegens B, omdat hij zijn verplichting om de eigendom vrij van bijzondere lasten over te dragen heeft geschonden. Op grond van art. 7:20 kan B van A eisen dat A het recht van overpad opheft. Wil C slechts tegen een buitensporig hoog bedrag meewerken aan het doen van afstand van dit recht, dan kan dit redelijkerwijs niet van A worden gevergd. Als een andere oplossing aanvaardbaar is, of indien het belang dat B heeft bij opheffing veel geringer is dan het belang dat A heeft bij handhaving, kan opheffing eveneens redelijkerwijs niet van A worden gevergd. Omdat het beperkte recht in dat geval blijft bestaan, zal B ontbinding en/of schadevergoeding van A kunnen vorderen.

2 Art. 7:21 jo. art. 7:17: beantwoordt het afgeleverde niet aan de overeenkomst, dan komen de koper drie bijzondere nakomingsvorderingen toe:
   a aflevering van het ontbrekende (art. 7:21 lid 1 sub a);

■ **Voorbeeld 12.29**
A koopt bij winkel B een kast in de vorm van een zelfbouwpakket. Halverwege het opbouwen komt A tot de ontdekking dat er enkele deurknoppen ontbreken. A kan aflevering van de ontbrekende deurknoppen vorderen.

   b herstel van de afgeleverde zaak, mits de verkoper hieraan redelijkerwijs kan voldoen (art. 7:21 lid 1 sub b);
   c vervanging van de afgeleverde zaak, tenzij de afwijking van het overeengekomene te gering is om dit te rechtvaardigen (art. 7:21 lid 1 sub c).

■ **Voorbeeld 12.30**
Aangetrokken door de slagzin 'Er gaat niets boven een Tovo bromfiets', koopt R bij rijwielhandelaar Tovo een nieuwe bromfiets voor zijn bedrijf. Helaas blijkt de bromfiets bij het stationair draaien steeds af te slaan. Uitgangspunt is dat R in beginsel de vrije keus heeft tussen herstel of vervanging. Eerst moet R Tovo echter in de gelegenheid stellen te onderzoeken wat er aan de hand is. Mocht blijken dat het probleem op eenvoudige wijze te verhelpen is, dan heeft R geen recht op vervanging en zal hij met herstel genoegen moeten nemen. Uiteraard kan R weer wel vervanging eisen wanneer eerdere herstelpogingen niet tot het gewenste resultaat hebben geleid.

In afwijking van art. 7:21 lid 1 bepaalt art. 7:21 lid 4 dat in geval van een *consumentenkoop* de koper slechts dan geen herstel of vervanging van de afgeleverde zaak toekomt indien herstel of vervanging onmogelijk is of van de verkoper niet gevergd kan worden. Blijkens lid 5 kan herstel van de verkoper niet gevergd worden indien de kosten daarvan in geen verhouding staan tot de kosten van vervanging en kan vervanging van de verkoper niet gevergd worden als de kosten daarvan in geen verhouding staan tot de kosten van herstel. Daarbij moet worden gelet op de waarde van de zaak indien zij aan de overeenkomst zou beantwoorden, de mate van afwijking van het overeengekomene en de vraag of de uitoefening van het andere recht of vordering (herstel dan wel vervanging) geen ernstige overlast voor de koper veroorzaakt.

■ **Voorbeeld 12.31**
Consument A heeft voor €6 een horloge gekocht. Na twee weken loopt het niet meer. De verkoper hoeft het horloge niet te herstellen wanneer het zo kapot is dat herstel niet meer mogelijk is, of de kosten van herstel niet meer in verhouding staan tot de waarde van het horloge. Vervanging kan dan wel gevergd worden, en is pas onmogelijk wanneer dit type horloge niet meer bestaat.

De verkoper kan de kosten verbonden aan de nakoming niet aan de koper in rekening brengen (art. 7:21 lid 2).

Is herstel niet mogelijk maar vervanging wel, dan zal de verkoper vervanging niet mogen weigeren. Gaat het om een ondeugdelijke zaak die is geïnstalleerd en die eerst verwijderd moet worden, dan komen ook de kosten van verwijdering en het opnieuw installeren voor rekening van de verkoper. De verkoper zal in beginsel tot vervanging over moeten gaan, ook indien daaraan onevenredige kosten verbonden zijn (HvJ 16 juni 2011, zaken C-65/09 en C-87/09, ECLI:EU:C:2011:396).

■ **Voorbeeld 12.32**
Consument W heeft bij Z een gepolijste tegelvloer gekocht voor €1.382,27. Nadat W driekwart van de vloer heeft laten leggen door een ander bedrijf, blijkt hem dat er in de tegels donkere vlekken zichtbaar zijn, die zich niet laten verwijderen. Nu herstel niet mogelijk is, resteert slechts vervanging van de vloer, doch de kosten daarvan bedragen, inclusief de verwijdering van de ondeugdelijke vloer en het leggen van de nieuwe vloer, €5.830,57. Nu herstel is uitgesloten en vervanging op zich mogelijk is, mag verkoper Z vervanging niet weigeren en is Z verplicht de vloer zelf te verwijderen en een nieuwe vloer te plaatsen, dan wel de kosten voor de verwijdering en vervanging van de vloer te vergoeden aan de koper. Niet van belang is of de verkoper zich er niet toe heeft verplicht de vloer ook te leggen. Nu in dit geval vervanging onevenredige kosten meebrengt, kan volgens het Hof van Justitie indien nodig het bedrag voor verwijdering en het opnieuw leggen van de vloer worden beperkt tot het bedrag dat in verhouding staat tot de ernst van het gebrek en de waarde die het goed zonder gebreken heeft. In dat geval moet de koper wel de mogelijkheid worden geboden in plaats daarvan te kiezen voor het laten liggen van de vloer met een passende prijsvermindering of ontbinding van de overeenkomst, omdat de koper ernstige overlast ondervindt als hij een deel van de kosten zelf moet dragen (HvJ 16 juni 2011, zaken C-65/09 en C-87/09, LJN BQ9345).

12.5.3 Bijzondere vordering tot ontbinding of prijsvermindering

Als het een *consumentenkoop* betreft, heeft de koper op grond van art. 7:22 voorts de bevoegdheid om, wanneer het afgeleverde niet aan de overeenkomst beantwoordt:
a de overeenkomst te ontbinden, tenzij de afwijking van het overeengekomene, gezien haar geringe betekenis, deze ontbinding met haar gevolgen niet rechtvaardigt (lid 1 sub a); of
b de prijs te verminderen in evenredigheid met de mate van afwijking van het overeengekomene (lid 1 sub b).

Subsidiaire bevoegdheden

Deze bevoegdheden ontstaan, zonder dat verzuim is vereist, volgens lid 2 echter pas: wanneer herstel en vervanging onmogelijk zijn of van de verkoper niet gevergd kunnen worden, dan wel de verkoper tekort is geschoten in een verplichting om, mede gelet op de aard van de zaak en op het bijzondere gebruik van de zaak dat bij de overeenkomst is voorzien, binnen een redelijke termijn en zonder ernstige overlast voor de koper tot herstel of vervanging over te gaan.

■ **Voorbeeld 12.33**
L koopt bij een garagebedrijf voor privégebruik zijn eerste auto, die twee jaar oud is en 150.000 km heeft gelopen, om daarmee de forse afstand naar zijn werk te kunnen overbruggen. Na een maand begeeft de versnellingsbak het. L heeft spijt van de aankoop en wil liever een andere auto aanschaffen die minder kilometers op de teller heeft. Nu er sprake is van non-conformiteit, moet hij als consument de garage eerst de gelegenheid geven de auto te herstellen en heeft hij niet de bevoegdheid de overeenkomst te ontbinden (art. 7:17 jo. art. 7:22). Art. 7:22 lid 4 biedt hem daarnaast de mogelijkheid de overeenkomst te ontbinden op grond van art. 6:265, maar dat zal alleen suc-

cesvol zijn wanneer de tekortkoming zodanig is dat deze de ontbinding rechtvaardigt en er sprake is van verzuim. Nu nakoming nog mogelijk is betekent dit dat L de verkoper eerst in gebreke moet stellen. De garagehouder krijgt dus ook langs die weg eerst een redelijke termijn om alsnog na te komen. Mocht de garage er na meerdere reparatiepogingen en het slechts eenmaal verstrekken van een vervangende auto gedurende zes weken nog steeds niet in geslaagd zijn de auto aan de overeenkomst te laten beantwoorden, dan kan L de overeenkomst op grond van art. 7:22 lid 2 ontbinden. De afwijking is dan niet langer van geringe betekenis en hij heeft zo lang moeten wachten en zodanige overlast ondervonden, dat van hem niet kan worden verwacht dat hij weer een reparatiepoging afwacht (art. 7:22 jo. art. 7:21 lid 3). Het voordeel van die weg is, dat een ingebrekestelling niet nodig is, doordat art. 7:22 het verzuimvereiste niet kent.

Prijsverhoging

Een ander bijzonder ontbindingsrecht biedt art. 7:35, dat alleen van toepassing is wanneer sprake is van een *consumentenkoop* en dat beoogt de koper te beschermen tegen prijsverhogingen. Wanneer bij een consumentenkoop door de verkoper is bedongen dat hij bevoegd is de koopprijs na het sluiten van de koop te verhogen en hij vervolgens de koopprijs verhoogt, is de koper bevoegd de koop door een schriftelijke verklaring te ontbinden, tenzij bedongen is dat de aflevering langer dan drie maanden na de koop zal plaatsvinden.

■ Voorbeeld 12.34

Winkelier A verkoopt aan consument B een bankstel. De levertijd is zes weken. In het contract staat vermeld: '…, koopprijs €2.000, prijswijzigingen voorbehouden. In geval van prijswijziging heeft de koper niet het recht ontbinding van de overeenkomst te vorderen.' Vijf weken na het sluiten van de koopovereenkomst ontvangt B bericht van A dat de prijs van het bankstel met 15% is gestegen. De koper heeft nu niet het recht om op grond van art. 7:35 ontbinding te vorderen. Art. 7:35 is blijkens art. 7:6 lid 2 van regelend recht, zodat het de verkoper vrijstaat hiervan af te wijken. Is het beding opgenomen in de algemene voorwaarden van de verkoper, dan is het onredelijk bezwarend (art. 7:6 lid 2) en kan de koper het beding vernietigen op grond van art. 6:233 sub a.

■ ■ ■ 12.5.4 Bijzondere schadevergoedingsvordering

Betreft het een *consumentenkoop* en bezit de afgeleverde zaak niet de eigenschappen die de koper op grond van de overeenkomst mocht verwachten (zie art. 7:17 lid 2), dan is volgens art. 7:24 lid 1 de verkoper aansprakelijk voor de schade overeenkomstig art. 6:74 e.v. Lid 1 is dus eigenlijk overbodig, omdat ook voor een niet-consumentenkoop de verkoper steeds kan worden aangesproken op grond van de algemene schadevergoedingsregels van Boek 6.

■ Voorbeeld 12.35

Consument A koopt van dealer B een nieuwe auto. Na drie maanden blijkt dat de laklaag blazen en barsten is gaan vertonen. Onderzoek wijst uit dat er tijdens het productieproces iets fout is gegaan bij de samenstelling van de lak.
A kan hiervoor de fabrikant niet aansprakelijk stellen, want dat is slechts mogelijk als het een gebrekkig product betreft, dat wil zeggen: een product dat niet de veiligheid biedt die men daarvan mag verwachten (art.

6:186). Evenmin kan A de fabrikant aanspreken op grond van wanprestatie, omdat er geen contractuele relatie bestaat tussen A en de fabrikant. Op grond van wanprestatie kan A wel B aanspreken, omdat de afgeleverde auto niet aan de overeenkomst beantwoordt (art. 7:17 lid 1 en 2). Omdat er sprake is van een consumentenkoop, heeft A op grond van art. 7:24 lid 1 recht op vervangende en/of aanvullende schadevergoeding, overeenkomstig art. 6:74 e.v. De koper kan echter ook kiezen voor herstel en deze vordering combineren met een vordering tot aanvullende schadevergoeding. A zal immers ook de schade die hij lijdt door het tijdelijk huren van een andere auto, vergoed willen krijgen.

Indien A een bedrijfswagen heeft gekocht, is van een consumentenkoop geen sprake en is art. 7:24 lid 1 niet van toepassing. Voor schadevergoeding moet A de verkoper dan aanspreken op grond van afdeling 6.1.9 e.v.

Producten-aansprakelijkheid

Het belang van art. 7:24 is dan ook vooral gelegen in lid 2, dat een speciale regeling geeft voor het geval de zaak een veiligheidsgebrek heeft en daardoor niet de eigenschappen bezit die de koper op grond van de overeenkomst mocht verwachten. Met veiligheidsgebrek wordt gedoeld op een gebrekkig product, zoals omschreven is in art. 6:186, dat deel uitmaakt van afdeling 6.3.3 inzake productenaansprakelijkheid. Ingevolge dit tweede lid is dan niet de verkoper, maar de producent aansprakelijk voor de schade. Conform het bepaalde in art. 6:190 is de producent uitsluitend aansprakelijk voor de in dat artikel omschreven gevolgschade, dat wil zeggen: schade die door de gebrekkige zaak wordt toegebracht aan andere zaken of personen. De producent én de verkoper zijn (hoofdelijk) aansprakelijk, wanneer de verkoper het gebrek kende of behoorde te kennen, of wanneer hij zelf de afwezigheid van het gebrek heeft toegezegd. Betreft het gevolgschade aan een zaak die gewoonlijk voor gebruik of verbruik in de privésfeer is bestemd en daartoe ook hoofdzakelijk is ge- of verbruikt, en die door de producent niet wordt vergoed omdat de schade minder is dan het franchisebedrag van €500 (art. 6:190 lid 1 sub b), dan kan de koper uitsluitend de verkoper aanspreken voor dit bedrag (art. 7:24 lid 2).

Voor de schade aan de zaak zelf (transactieschade) moet de koper de verkoper aanspreken op grond van art. 7:24 lid 1. Deze schade valt immers niet onder de regeling van de productenaansprakelijkheid (zie ook subparagraaf 9.5.1 e.v.).

■ **Voorbeeld 12.36**

Consument S koopt bij dealer Z een auto. Na drie maanden vliegt S uit de bocht en botst met zijn auto tegen een boom, doordat de auto zich opeens niet meer laat besturen. Nader onderzoek wijst uit dat dit is veroorzaakt door een defect in de stuurinrichting. De auto van S is beschadigd en S zelf heeft letselschade opgelopen. Zijn kleren zijn geruïneerd. Hier is sprake van een veiligheidsgebrek in de zin van art. 6:186. Op grond van art. 6:190 kan S de producent aanspreken voor de gevolgschade, te weten zijn letselschade en de schade aan zijn kleren. Bedraagt de schade aan zijn kleren minder dan €500, dan moet S hiervoor de dealer aanspreken (art. 7:24 lid 2 sub c). Voor de schade aan de auto zelf (transactieschade) moet S de dealer aanspreken (art. 7:24 lid 1).

Was S geen consument, dan had hij de verkoper voor alle door hem geleden schade aan kunnen spreken (art. 6:74 e.v.). Daarnaast zou hij de producent aan kunnen spreken, maar slechts voor de gevolgschade als omschreven in art. 6:190.

▪ ▪ ▪ 12.5.5 Bijzondere regels voor schadevaststelling van zaken met een dagprijs bij ontbinding

Dagprijs

Vooral bij de handelskoop gaat het om goederen die worden verhandeld op een markt, beurs of veiling. Het zijn goederen met een dagprijs, omdat de prijsnotering daarvan meestal per dag fluctueert. Betreft het een zaak met een dagprijs en vordert de koper ontbinding en aanvullende schadevergoeding, dan geeft afdeling 7.1.7 regels voor de wijze waarop de schade moet worden berekend. De door de koper geleden schade wordt dan niet concreet, maar abstract vastgesteld, dat wil zeggen: zonder rekening te houden met de werkelijke omstandigheden waarin de koper verkeert. De schade bedraagt namelijk het verschil tussen de in de overeenkomst bepaalde prijs en de dagprijs op de dag van de niet-nakoming (art. 7:36). Deze bepaling sluit het recht op een hogere schadevergoeding niet uit indien in concreto meer schade is geleden (art. 7:38).

Abstracte schadevaststelling

▪ Voorbeeld 12.37

A verkoopt op 1 mei aan B 100 kg asperges voor €6 per kg, te leveren uiterlijk 10 juni vóór 12.00 uur. Op 7 mei verkoopt B de gehele partij aan restauranthouder C voor €8 per kg. Op 10 juni blijft de levering uit, omdat A de asperges met het verkeerde bestrijdingsmiddel heeft behandeld, waardoor de hele oogst als verloren moet worden beschouwd. B ontbindt de overeenkomst met A en weet C te bewegen tot annulering van de overeenkomst B-C. De dagprijs voor 100 kg asperges bedraagt op 10 juni, de dag van de niet-nakoming, €10 per kg. Wordt de schade abstract vastgesteld, dan bedraagt deze €1.000 − €600 = €400. Wordt de schade concreet vastgesteld, dan bedraagt deze de door B gederfde winst, €800 − €600 = €200. B heeft recht op vergoeding van ten minste het abstract vastgestelde schadebedrag. Aangezien de in concreto geleden schade lager is, heeft hij recht op €400.

Dekkingskoop

Op de koper rust een niet in de wet neergelegde (ongeschreven) verplichting om de door hem geleden schade zo veel mogelijk te beperken. Doet hij dit niet, dan loopt hij de kans dat de rechter van oordeel is dat het deel van de schade dat hij had kunnen beperken op grond van art. 6:101 (eigen schuld) voor zijn eigen rekening moet blijven. Indien levering door de verkoper uitblijft, kan dit voor de koper leiden tot winstderving. Om de schade zo beperkt mogelijk te houden, zal hij trachten hetgeen niet is geleverd elders te kopen. Hij sluit dan een zogenoemde *dekkingskoop*. Het kan zijn, dat hij voor die koop meer moet betalen dan de met de oorspronkelijke verkoper overeengekomen prijs. Gaat de koper bij het sluiten van de dekkingskoop op redelijke wijze te werk, dan heeft hij recht op vergoeding van het verschil tussen de overeengekomen prijs en de prijs van de dekkingskoop (art. 7:37). De koper die in geval van ontbinding van een koopovereenkomst van zaken met een dagprijs schadevergoeding vordert, is in beginsel vrij te kiezen voor de in art. 7:36 voorziene abstracte, dan wel voor de in art. 7:37 voorziene concrete wijze van schadevaststelling (HR 6 maart 1998, NJ 1998, 422, m.nt. ARB; Interfood/Lycklama). Dat de koper in de regel zowel in geval van art. 7:36 als in geval van art. 7:37 de voor hem gunstigste berekeningsmethode mag kiezen, is neergelegd in art. 7:38.

■ **Voorbeeld 12.38**
B uit voorbeeld 12.37 heeft C niet weten te bewegen tot annulering van de overeenkomst B-C. Na op 10 juni de overeenkomst met A ontbonden te hebben, sluit B op 11 juni een dekkingskoop: hij koopt bij X 100 kg asperges voor €7,50 per kg. In concreto bedraagt de schade die B door de dekkingskoop heeft geleden €750 – €600 = €150. Omdat B in abstracto een schade heeft geleden van €400, staat het hem in beginsel vrij €400 te vorderen.

12.5.6 Risico ter zake van de koopprijs

Wanprestatie

Wanneer de verkoper toerekenbaar tekortschiet in de nakoming van zijn verplichtingen (wanprestatie pleegt), kan de koper kiezen voor ontbinding van de koopovereenkomst. Voor zover er door de koper nog moest worden betaald, komt de verplichting tot betaling na ontbinding te vervallen. Is reeds betaald, dan moet de verkoper na ontbinding het betaalde aan de koper restitueren; de koper dient de aan hem geleverde zaak weer aan de verkoper terug te leveren (art. 6:271).

Overmacht

Het kan zijn dat de verkoper niet meer kan nakomen (de zaak is tenietgegaan of is beschadigd) door een oorzaak die niet aan de verkoper kan worden toegerekend (overmacht). De betalingsverplichting die op de koper rust is hiermee nog niet vervallen. Om te bewerkstelligen dat die verplichting vervalt, zal de koper ontbinding van de overeenkomst moeten vorderen. Ook in geval van overmacht kan ontbinding worden gevorderd, zolang de zaak nog niet is afgeleverd.

Een overmachtssituatie aan de zijde van de verkoper kan zich evenwel ook voordoen na aflevering. Denk hierbij aan de levering constitutum possessorium (cp), de zaak bevindt zich dan immers nog bij de verkoper. Wanneer de zaak na aflevering is tenietgegaan of in waarde achteruitgegaan door een oorzaak die niet aan de verkoper kan worden toegerekend, kan de koper geen ontbinding vorderen en zal hij de koopprijs moeten betalen. Het risico is dus voor hem (art. 7:10 lid 1).

■ **Voorbeeld 12.39**
A, die dringend geld nodig heeft, verkoopt aan zijn neef B op 1 maart zijn antieke Engelse lantaarnklok. De levering vindt diezelfde dag plaats, doordat A en B afspreken dat A de klok nog twee maanden onder zich zal houden, totdat de verbouwing in het huis van B gereed is (levering cp). B betaalt de koopprijs en zegt toe de klok over twee maanden te zullen ophalen. Op 20 maart wordt het pand van A door de bliksem getroffen. Het brandt tot de grond toe af. Van de klok van B is niets meer over. A beroept zich op overmacht. B meent zijn geld terug te kunnen krijgen door ontbinding van de overeenkomst te vorderen. B kan echter geen ontbinding vorderen. De klok is tenietgegaan door overmacht aan de zijde van A, nadat aflevering (bezitsverschaffing aan B door middel van levering cp) heeft plaatsgevonden. Na aflevering is het risico voor B en zal hij de koopprijs moeten betalen, ook al krijgt hij zijn klok niet.

Betreft het een *consumentenkoop* waarbij de zaak bij de koper wordt bezorgd, dan is de zaak pas voor risico van de koper vanaf het moment dat de koper of een door hem aangewezen derde, die niet de vervoerder is (bijv. een familielid of de buren), de zaak daadwerkelijk heeft ontvangen. Daarmee komt een beschadiging tijdens het transport van de bij de consument te bezorgen zaak voor risico van de verkoper. Wordt de zaak bezorgd bij de buren terwijl de consument deze niet als ontvangstadres heeft aangewezen, dan gaat het risico pas op de consument over wanneer deze het pakje bij de buren heeft opgehaald. (art. 7:11).

■ **Voorbeeld 12.40**
Indien A uit voorbeeld 12.39 een antiquair was geweest en A en B hadden afgesproken dat A de klok mee zou brengen om deze voor consument B op te hangen, dan had B de koopprijs niet hoeven te betalen.

12.5.7 Klachttermijn

Binnen bekwame tijd

Beantwoordt de afgeleverde zaak niet aan de overeenkomst (vergelijk art. 7:17), dan moet de koper de verkoper daarvan binnen bekwame tijd nadat hij dit heeft ontdekt of redelijkerwijs had behoren te ontdekken, kennisgeven. Blijkt echter aan de zaak een eigenschap te ontbreken die deze volgens de verkoper zelf bezat, of heeft de afwijking betrekking op feiten die de verkoper kende of behoorde te kennen maar die hij niet heeft meegedeeld, dan moet de kennisgeving binnen bekwame tijd na de (daadwerkelijke) ontdekking geschieden. Klaagt de koper niet binnen bekwame tijd, dan *vervallen alle* rechten de verkoper erop aan te spreken dat het afgeleverde niet aan de overeenkomst beantwoordt, met inbegrip van de rechten die worden gegrond op dwaling of onrechtmatige daad (zie art. 7:23).

Onderzoeks- en meldingsplicht

In feite komt hiermee op de koper zowel een onderzoeksplicht als een meldingsplicht te rusten. Hij moet na aflevering nagaan of de zaak aan de overeenkomst beantwoordt, daartoe het in de gegeven omstandigheden redelijkerwijs door hem te verrichten onderzoek op voortvarende wijze verrichten en zijn bevindingen vervolgens aan de verkoper meedelen. Krijgt de koper al voor de aflevering de gelegenheid de zaak te inspecteren en ontdekt hij daarbij gebreken, dan zal hij terstond moeten protesteren. De vraag of de koper binnen bekwame tijd heeft gereageerd, moet worden beantwoord door een afweging van alle betrokken belangen en met inachtneming van alle relevante omstandigheden. Van belang is bijvoorbeeld of de afwijking vrij eenvoudig dan wel eerst na grondig onderzoek, of na een bepaalde duur van het gebruik van de zaak aan het licht had kunnen komen, hoe deskundig de koper is en of de verkoper nadeel lijdt door de lengte van de in acht genomen klachttermijn. Als onderzoek door een deskundige nodig is, dan mag de koper in beginsel de uitslag van dit onderzoek afwachten zonder de verkoper van het onderzoek op de hoogte te brengen. Is de verwachting of blijkt dat het onderzoek langer gaat duren, dan moet de koper aan de verkoper onverwijld kennis geven van dat onderzoek en de verwachte duur ervan. Uiteraard zal de koper de verkoper direct van de uitslag van het onderzoek op de hoogte dienen te stellen. Indien de afgeleverde zaak na een (tijdige) klacht van de koper door de verkoper is hersteld of vervangen, komt op de koper opnieuw een onderzoeks- en meldingsplicht te rusten.

Met deze regeling beoogt art. 7:23 de verkoper te beschermen tegen late en daardoor moeilijk te weerleggen klachten.

Voor de *consumentkoper* geldt een soepeler regeling: de kennisgeving moet binnen bekwame tijd na de ontdekking geschieden, waarbij een kennisgeving binnen een termijn van twee maanden na de ontdekking tijdig is.

De consument hoeft na aflevering de zaak dus niet op haar conformiteit te onderzoeken.

■ **Voorbeeld 12.41**
Consument B koopt op 1 maart een koffiezetapparaat. Zij laat dit in de verpakking zitten en neemt het pas in oktober in gebruik wanneer haar oude apparaat het definitief af heeft laten weten. Zij ontdekt dan dat het nieuwe apparaat niet goed functioneert omdat het water niet heet genoeg wordt. Als consument oefent zij in ieder geval tijdig haar recht op correcte nakoming (herstel of vervanging) uit indien zij binnen twee maanden na haar ontdekking aan de verkoper kenbaar maakt dat het apparaat het niet goed doet. Het tijdsverloop heeft wel tot gevolg dat zij zal moeten bewijzen dat de zaak ten tijde van de aflevering niet aan de overeenkomst heeft beantwoord; zij kan niet meer profiteren van het vermoeden dat het apparaat al bij aflevering niet aan de overeenkomst heeft beantwoord, art. 7:18 lid 2 (zie paragraaf 12.4, met name voorbeeld 12.26).

In figuur 12.2 zijn de rechten van de (consument)koper bij niet-nakoming door de verkoper schematisch weergegeven.

Figuur 12.2 **Rechten (consument)koper bij niet-nakoming door verkoper**

Verplichtingen verkoper	Rechten (consument)koper jegens verkoper bij niet-nakoming	
	Koop	*Consumentenkoop*
Eigendomsoverdracht (art. 7:9 lid 1)	– Nakoming (art. 3:296 e.v.) – Schadevergoeding (afd. 6.1.9 en 6.1.10) – Ontbinding (afd. 6.5.5)	– Idem – Idem – Idem
	Let bij goederen met dagprijs op schadevaststelling i.g.v. ontbinding: art. 7:36-7:38	Idem
Vrij van alle bijzondere lasten en beperkingen (art. 7:15)	– Opheffing last of beperking (art. 7:20) – Schadevergoeding (afd. 6.1.9 en 6.1.10) – Ontbinding (afd. 6.5.5)	– Idem – Idem – Idem
Aflevering (art. 7:9 lid 1, 2 en 3)	– Nakoming (art. 3:296 e.v.) – Schadevergoeding (afd. 6.1.9 en 6.1.10) – Ontbinding (afd. 6.5.5)	– Idem + art. 7:9 lid 4 – Idem + art. 7:19a voor verzuim – Idem + art. 7:19a voor verzuim en terugbetaling
	Let bij goederen met dagprijs op schadevaststelling i.g.v ontbinding: art. 7:36-7:38	Idem
Conformiteit (art. 7:17 en 7:18)	– Aflevering van het ontbrekende (art. 7:21 lid 1 sub a) – Herstel (art. 7:21 lid 1 sub b) – Vervanging (art. 7:21 lid 1 sub c)	– Idem – Idem + art. 7:21 lid 4-6 – Idem + art. 7:21 lid 4-5
	– Schadevergoeding (afd. 6.1.9 en 6.1.10)	art. 7:24 lid 1 Indien zaak veiligheidsgebrek: • gevolgschade: art. 7:24 lid 2 • transactieschade: art. 7:24 lid 1
	– Ontbinding (art. 6:265)	Ontbinding (art. 6:265) Ontbinding (art. 7:22 lid 1 sub a) (subsidiaire bevoegdheid, lid 2)
	– Gedeeltelijke ontbinding (art. 6:270)	Prijsvermindering (art. 7:22 lid 1 sub b) (subsidiaire bevoegdheid, lid 2)
	Let bij goederen met dagprijs op schadevaststelling i.g.v. ontbinding: art. 7:36-7:38	Idem
	– Dwaling (art. 6:228)	– Idem
	– Let op klachttermijn van art. 7:23 lid 1, 1e en 2e zin	– Let op klachttermijn van art. 7:23 lid 1, 3e zin

■ ■ ■ 12.6 Verplichtingen van de (consument)koper

Betaling koopprijs

De belangrijkste verplichting van de koper is het betalen van de koopprijs ten tijde en ter plaatse van de aflevering.
Het bedingen van vooruitbetaling van de koopprijs is mogelijk, maar bij *consumentenkoop* tot ten hoogste de helft van de koopprijs (art. 7:26). Wordt bij een consumentenkoop de koper door een beding in algemene voorwaarden verplicht om meer dan de helft van de koopprijs vooruit te betalen, dan is dit beding onredelijk bezwarend en dus vernietigbaar (art. 7:26 lid 2 jo. 7:6 lid 2 jo. 6:233 sub a).

■ ■ ■ 12.7 Niet-nakoming door de (consument)koper

Wanneer de koper de koopprijs niet betaalt, kan de verkoper nakoming, schadevergoeding of ontbinding vorderen, al dan niet gecombineerd met een vordering tot het betalen van aanvullende schadevergoeding. Betreft het goederen met een dagprijs, dan zijn in geval van ontbinding de artikelen 7:36 tot en met 7:38 van toepassing op de schadevaststelling (zie subparagraaf 12.5.5).

Verjaringstermijn

De aan de vordering tot betaling van de koopprijs verbonden verjaringstermijn van vijf jaar (art. 3:307) bedraagt slechts twee jaar als van een *consumentenkoop* sprake is (art. 7:28).

■ **Voorbeeld 12.42**
Winkelier A verkoopt aan consument B op 1 februari 2013 een zonnebank. Op 24 juli 2015 ontdekt A dat B de rekening nooit heeft voldaan. In het koopcontract heeft A de toepasselijkheid van art. 7:28 uitgesloten. Dit laatste baat A niet: de bepaling die ten nadele van de consument van art. 7:28 afwijkt, is in strijd met art. 7:6 lid 1 en dus vernietigbaar op grond van art. 3:40 lid 2 (zie paragraaf 12.3). De vordering van A is verjaard, zodat A geen betaling van B meer kan vorderen.

Ontbinding

Wanneer de koper de koopprijs niet betaalt en de verkoper ontbinding vordert, heeft de verkoper slechts een persoonlijk recht op teruglevering van de zaak. Ontbinding heeft immers geen terugwerkende kracht (art. 6:269 e.v.). Is de koper inmiddels failliet verklaard, dan staat het faillissement aan teruglevering in de weg, zodat er voor de verkoper slechts een concurrente vordering resteert, die hij bij de curator in moet dienen ter verificatie.
De verkoper loopt dus een groot risico wanneer betaling door de koper niet terstond bij aflevering, maar pas daarna plaatsvindt.
Er zijn twee manieren om te voorkomen dat de zaak na ontbinding onder de koper blijft:
1 De verkoper maakt bij de koop een eigendomsvoorbehoud.
2 De verkoper oefent het recht van reclame uit.

Eigendomsvoorbehoud

In het geval van een eigendomsvoorbehoud behoudt de verkoper zich de eigendom van de geleverde zaak voor, totdat de koopprijs volledig door de koper is voldaan (art. 3:92). Vindt betaling niet plaats, dan kan de verkoper als eigenaar de zaak revindiceren, ook wanneer de koper inmiddels failliet is (art. 5:2).

Recht van reclame

Niet in alle gevallen wordt een eigendomsvoorbehoud overeengekomen. Is dit niet geschied en betaalt de koper niet, dan biedt het recht van reclame (art. 7:39 e.v.) aan de verkoper de andere mogelijkheid om de geleverde zaak als eigenaar terug te vorderen. Dit recht kan de onbetaalde verkoper uitoefenen door tot de koper een schriftelijke verklaring te richten waarbij hij de zaak terugvordert, mits het een roerende zaak (niet-registergoed) betreft die zich nog in dezelfde staat als bij aflevering bevindt en aan de vereisten voor ontbinding is voldaan. Het gevolg is dat de koop wordt ontbonden en de koper zijn eigendomsrecht, zonder terugwerkende kracht, verliest. De verkoper wordt vanaf dat moment dus weer eigenaar van de zaak. Dit betekent dat hij de zaak kan revindiceren, ook wanneer de koper inmiddels in staat van faillissement is verklaard. De verkoper moet niet te lang wachten met de uitoefening van dit recht: als hij het recht niet tijdig uitoefent, vervalt het wanneer de beide in art. 7:44 genoemde termijnen zijn verstreken. Een ander risico dat de verkoper loopt en dat tot gevolg heeft dat hij het recht van reclame niet meer kan uitoefenen, is dat de afgeleverde zaak zich niet meer in dezelfde staat bevindt (art. 7:41). Of de zaak zich nog in dezelfde staat bevindt, hangt af van de concrete omstandigheden en de verkeersopvattingen. Zo zal de uitoefening van het recht van reclame veelal nog wel mogelijk zijn als de afgeleverde zaak slechts is uitgepakt, maar niet meer als deze verwerkt of gemonteerd is in een andere zaak.

■ **Voorbeeld 12.43**
B koopt op 1 april bij doe-het-zelfwinkel A een nieuw voorwiel, nieuwe remblokjes en een set met gereedschap voor zijn racefiets. B is een goede klant, zodat hem een factuur voor het te betalen bedrag wordt toegezonden. Afgesproken is dat de rekening uiterlijk 1 mei moet zijn voldaan. Omdat B in ernstige financiële moeilijkheden is komen te verkeren, blijft betaling van de rekening uit. B is hierdoor op 2 mei in verzuim. Daarmee is aan alle vereisten voor ontbinding voldaan. A moet, met een schriftelijke verklaring, het aan B geleverde tijdig van B terugvorderen. Indien de verklaring door B op 4 mei wordt ontvangen, geldt de koop als ontbonden en is A vanaf dat moment (dus zonder terugwerkende kracht) weer eigenaar van de afgeleverde zaken. Als echter B het nieuwe voorwiel en de remblokjes al op zijn fiets gemonteerd heeft, dan kan A het recht van reclame met betrekking tot deze zaken niet meer uitoefenen.
Zou A de zaken pas op 1 juli terugvorderen, dan is zijn recht van reclame vervallen. Er zijn dan immers zowel zes weken verstreken sinds de vordering opeisbaar is geworden, als zestig dagen vanaf de dag dat B de zaken mee naar huis nam.

In figuur 12.3 zijn de rechten van de verkoper bij niet-nakoming door de (consument)koper schematisch weergegeven.

Figuur 12.3 **Rechten verkoper bij niet-nakoming door (consument)koper**

```
                    Rechten verkoper bij niet-nakoming
                    betalingsverplichting door koper
                    ┌──────────────┴──────────────┐
                   Koop                      Consumentenkoop
```

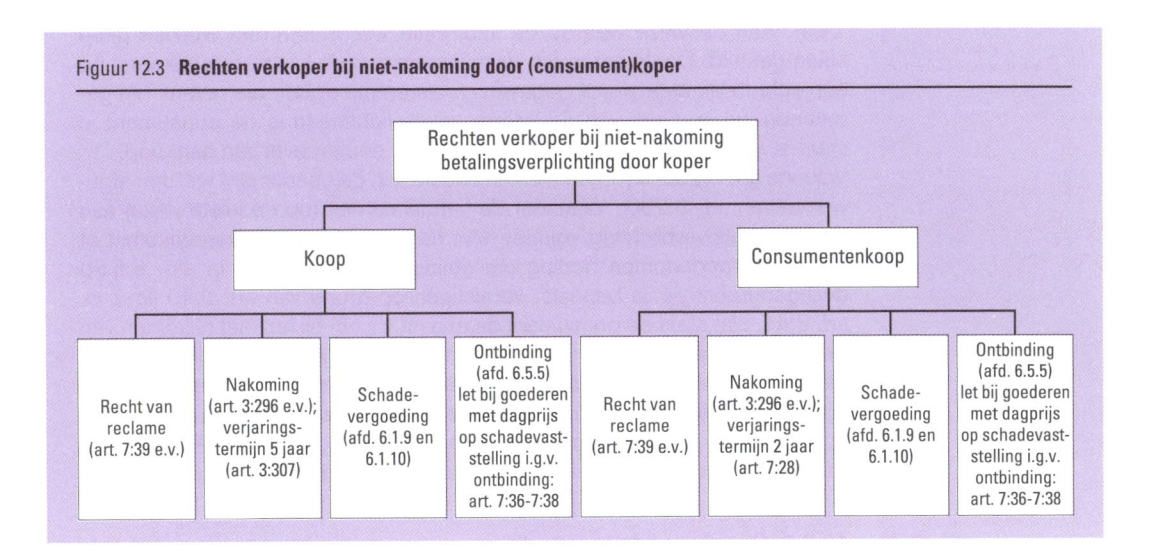

Koop				Consumentenkoop			
Recht van reclame (art. 7:39 e.v.)	Nakoming (art. 3:296 e.v.); verjaringstermijn 5 jaar (art. 3:307)	Schadevergoeding (afd. 6.1.9 en 6.1.10)	Ontbinding (afd. 6.5.5) let bij goederen met dagprijs op schadevaststelling i.g.v. ontbinding: art. 7:36-7:38	Recht van reclame (art. 7:39 e.v.)	Nakoming (art. 3:296 e.v.); verjaringstermijn 2 jaar (art. 7:28)	Schadevergoeding (afd. 6.1.9 en 6.1.10)	Ontbinding (afd. 6.5.5) let bij goederen met dagprijs op schadevaststelling i.g.v. ontbinding: art. 7:36-7:38

∎ ∎ ∎ 12.8 Bijzondere beschermingsbepalingen voor de (consument)koper

Naast de bepalingen die in de voorgaande paragrafen al ter sprake zijn gekomen in het kader van consumentenkoop, bevatten titel 7.1 en afdeling 6.5.2b nog vele andere bepalingen die beogen de (consument)koper te beschermen. In deze paragraaf gaan we nader in op deze bepalingen. Deze hebben betrekking op de consument die roerende zaken in een winkel koopt, het ongevraagd toegezonden krijgen van zaken, de koop van een registergoed en het sluiten van een elektronische koopovereenkomst.

∎ ∎ ∎ 12.8.1 Consumentenbescherming bij koop in een winkel

De consument die in een 'verkoopruimte' een overeenkomst wil sluiten met een handelaar wordt beschermd doordat de handelaar *vóór* het sluiten van de overeenkomst aan allerlei informatieverplichtingen moet voldoen. Dit is geregeld in art. 6:230l en niet in Boek 7, omdat het ook om andere overeenkomsten dan koop kan gaan. We beperken ons hier tot de consumentenkoop (art. 6:230g lid 1 sub c jo. art. 7:5). Onder verkoopruimte wordt begrepen een winkel, maar de verkoopruimte mag ook verplaatsbaar zijn, zoals een marktkraam, stands op beurzen, of een bestelwagen, mits de handelaar daar gewoonlijk zijn activiteiten uitoefent (art. 6:230g lid 1 sub g). Art. 6:230l geldt echter niet voor wie koopt bij de rijdende supermarkt (art. 6:230h lid 2 sub k).

De precontractuele informatie moet op een duidelijke en begrijpelijke wijze door de handelaar worden verstrekt wanneer deze niet al duidelijk uit de context blijkt. Deze moet onder meer betrekking hebben op de voornaamste kenmerken van de zaak, de totale prijs inclusief btw en, voor zover van toepassing, de leveringskosten, de wijze van betaling en levering(stermijn). Daarnaast moet de handelaar de consument eraan herinneren dat de handelaar wettelijk verplicht is een zaak te leveren die aan de overeenkomst beantwoordt en moet hij informeren over de van toepassing zijnde commerciële garanties (art. 6:230l sub e jo. art. 6:230g lid 1 sub k jo. art.

7:6a). Aan de wijze waarop de informatie wordt verstrekt worden geen eisen gesteld. Denkbaar is dat deze samen met de koopovereenkomst op één schriftelijk stuk wordt gegeven, zoals een koopbon die tevens het garantiebewijs is. Doel van de informatieverplichtingen is de consument in staat te stellen een weloverwogen besluit te nemen over zijn aankoop.
Volgens art. 6:230i lid 1 kan niet ten nadele van de consument worden afgeweken van art. 6:230l. Wanneer de handelaar niet (op de juiste wijze) aan zijn informatieverplichting voldoet, kan de consument de overeenkomst of het daarin opgenomen beding dat strijdig is met hetgeen in afd. 6.5.2b dwingendrechtelijk is bepaald, vernietigen op grond van art. 3:40 lid 2 jo. art. 3:41. Het staat de consument daarnaast vrij om bij het niet nakomen van de informatieverplichtingen, die aan te merken zijn als verbintenissen uit de wet, een beroep te doen op de algemene bepalingen van de Boeken 3 en 6, bijvoorbeeld door nakoming daarvan te vorderen, of schadevergoeding op grond van art. 6:74 wegens het niet (goed) nakomen van de informatieverplichtingen, dan wel vernietiging van de overeenkomst wegens dwaling.

12.8.2 Ongevraagde toezending

Soms worden zaken toegezonden zonder dat de ontvanger daarom heeft gevraagd. De verzender beoogt hiermee de ontvanger tot aankoop te bewegen. Art. 7:7 beschermt de koper tegen deze agressieve verkooppraktijk. In art. 7:7 lid 1 en 3 is bepaald dat de ontvanger die redelijkerwijs mag aannemen dat toezending van een zaak is geschied om hem tot een koop te bewegen, bevoegd is de zaak om niet te behouden, dan wel op kosten van de verzender terug te zenden, ongeacht enige andersluidende mededeling van de verzender. Het voorgaande is niet van toepassing indien aan de ontvanger is toe te rekenen dat toezending is geschied, bijvoorbeeld omdat deze de schijn van bestellen heeft gewekt.
Voor de *consument* geven de leden 2 en 3 een regeling. Het toezenden van een zaak aan een consument zonder dat deze daarom heeft gevraagd en zonder dat de consument daar vervolgens op reageert, doet geen overeenkomst ontstaan. De consument hoeft zich dus niets aan te trekken van de mededeling van de verzender dat hij voor de zaak moet betalen als hij niet binnen een week laat weten dat hij niet op het aanbod in wil gaan. Hij mag de geleverde zaak houden zonder daarvoor te betalen, maar mag deze ook op kosten van de verzender terugzenden.

■ Voorbeeld 12.44

L heeft bij de drogist diverse merken gezichtscrème mogen testen. Zij heeft vervolgens een tube van het merk Sans Rides gekocht en een formulier ingevuld waarin zij aangeeft op de hoogte te willen blijven van nieuwe producten van dit merk. Enige tijd later krijgt zij thuis een tube met een nieuwe formule toegezonden. Ingesloten is een brief waarin zij wordt bedankt voor de door haar getoonde interesse in dit nieuwe product en waarin haar wordt verzocht binnen acht dagen €15 te voldoen middels de bijgevoegde acceptgirokaart.
L wil de nieuwe crème wel proberen maar wil er niet voor betalen, omdat zij niet weet of deze haar wel zal bevallen. L is consument en heeft dit nieuwe product niet besteld. Op grond van art. 7:7 lid 2 jo. lid 1 en 3 kan L de tube zonder betaling behouden en gebruiken, dan wel op kosten van de afzender retourneren, zonder dat er een koopovereenkomst tot stand komt.

▪ ▪ ▪ 12.8.3 Koop van een registergoed

Met art. 7:2, 7:3 en 7:26 lid 4 zijn er wettelijke bepalingen bijgekomen die beogen de koper meer bescherming te bieden bij de koop van een registergoed. Daarbij moet onderscheid worden gemaakt tussen de consumentkoper die een woning koopt en de koper die een registergoed koopt.

Consument die woning koopt

Art. 7:2 beoogt uitsluitend de *consument* (particuliere koper) te beschermen die een tot bewoning bestemde onroerende zaak of bestanddeel daarvan koopt. Een dergelijke aankoop valt niet onder het begrip consumentenkoop, want het gaat om een onroerende zaak en de verkoper mag ook een particulier zijn.

Schriftelijk

De consumentkoper wordt in de eerste plaats beschermd tegen overhaast handelen doordat de koopovereenkomst *schriftelijk* moet worden aangegaan. Zolang niet aan dit vormvereiste is voldaan, is de koopovereenkomst nietig (art. 3:39). De Hoge Raad heeft inmiddels uitgemaakt dat noch de particuliere koper noch de *particuliere* verkoper door een rechterlijk vonnis kan worden gedwongen om mee te werken aan de schriftelijke vastlegging van de mondelinge koopovereenkomst. Alleen onder zeer bijzondere omstandigheden kan de weigerende partij worden veroordeeld tot het vergoeden van de schade die de wederpartij door deze weigering lijdt, namelijk wanneer het beroep op het ontbreken van schriftelijke vastlegging naar maatstaven van redelijkheid en billijkheid onaanvaardbaar is (HR 9 december 2011, ECLI:NL:HR:2011:BU7412).

▪ Voorbeeld 12.45

A heeft als particuliere koper mondeling overeenstemming bereikt met de particuliere verkoper B over de koop van B's woonhuis. Wanneer hij zich op het kantoor van de makelaar van de verkoper vervoegt om de koopakte te ondertekenen, krijgt hij daar te horen dat een derde een hoger bod heeft gedaan en dat de verkoper alleen zal meewerken aan het opmaken van de koopakte als A bereid is dat bod met 50% te overtreffen. Nu in deze fase nog niet is voldaan aan het door art. 7:2 gestelde vormvereiste, is de mondelinge koopovereenkomst nietig. Als particuliere verkoper kan B niet worden gedwongen mee te werken aan de schriftelijke vastlegging van de mondelinge koopovereenkomst. Evenmin zal B kunnen worden veroordeeld tot het betalen van schadevergoeding aan A, aangezien het alsnog ontvangen van een hoger bod door B niet kan worden aangemerkt als een zodanig bijzondere omstandigheid, dat het beroep van B op het ontbreken van schriftelijke vastlegging naar maatstaven van redelijkheid en billijkheid onaanvaardbaar is.

Als B een professionele verkoper zou zijn geweest, valt hij, net als de koper die geen particulier is, niet onder de consumentenbeschermende strekking van art. 7:2. B is dan in beginsel wel gebonden aan de mondelinge koopovereenkomst.

Bedenktijd

Voorts heeft de consumentkoper na terhandstelling van de koopakte (de schriftelijke koopovereenkomst) nog een *bedenktijd* van drie dagen om de koop te ontbinden, zonder dat hij daarvoor redenen hoeft op te geven en zonder dat daaraan kosten verbonden zijn. De bedenktijd gaat lopen op de dag volgend op de terhandstelling. Hoewel voor de ontbinding geen vormvereiste geldt, doet de koper er verstandig aan deze met het oog op het bewijs plaats te laten vinden in aanwezigheid van getuigen, of schriftelijk. In het laatste geval moet de koper er wel voor zorgen dat de ontbindingsverklaring de verkoper binnen de bedenktermijn bereikt (art. 3:37 lid 3). De regeling is van dwingend recht (art. 7:2 lid 4).

■ Voorbeeld 12.46

M is net afgestudeerd en heeft op maandag 12 oktober voor het eerst van zijn leven een oud pandje gekocht. Nog diezelfde dag heeft hij de koopakte ontvangen. Het aantal gegadigden was zo groot dat hij om enige kans te maken een hoger bod moest uitbrengen dan hij had begroot en binnen één dag moest beslissen. Bovendien heeft de verkoper bedongen dat M afziet van zijn recht op een bedenktijd. Gezien de ouderdom van het pand laat M de volgende dag alsnog met spoed een technische keuring uitvoeren. Daaruit blijkt dat het pand ernstige gebreken vertoont, die de verkoper betwist. M realiseert zich bovendien nu pas goed dat hij door de hoogte van de koopprijs de aanschaf van een auto voorlopig wel kan vergeten. M heeft hierdoor spijt van de aankoop gekregen. Wanneer hij van de koop af wil, moet hij ervoor zorgen dat zijn ontbindingsverklaring de verkoper uiterlijk op donderdag 15 oktober bereikt (art. 3:37 lid 3). Van het beding dat de bedenktijd niet van toepassing is hoeft hij zich niets aan te trekken: van de wettelijke bedenktijd kan niet ten nadele van M worden afgeweken (art. 7:2 lid 4).

Een tot bewoning bestemde onroerende zaak

Voor de vraag of het een tot bewoning bestemde onroerende zaak betreft, is blijkens de wetsgeschiedenis beslissend de feitelijke bestemming van de gekochte onroerende zaak op het moment van totstandkoming van de koopovereenkomst. De consumentkoper die een bedrijfspand koopt met de bedoeling dit tot een woning te (laten) verbouwen, koopt geen woning en heeft dus geen bedenktijd. Hetzelfde geldt als het gaat om de koop van een kantoorpand of een winkel-woonhuis. Wie daarentegen van een projectontwikkelaar een nog te bouwen appartement koopt in een pand dat bij de koop nog als bedrijfspand wordt gebruikt, heeft wel een bedenktijd. Een vakantiewoning is een woning, zodat daarvoor de bescherming wel geldt. Een woonboot of woonwagen is geen onroerende zaak, zodat de regeling van art. 7:2 daarop niet van toepassing is.

Inschrijving

Bovendien kan ingevolge art. 7:3 lid 1 op verzoek van de *consumentkoper* de (obligatoire) koopovereenkomst worden ingeschreven in de openbare registers. Van deze regeling kan niet ten nadele van hem worden afgeweken. De inschrijving vindt slechts plaats als onder de koopakte een ondertekende en gedateerde verklaring van een notaris is opgenomen (lid 6). Indien de koopakte is opgesteld en medeondertekend door een notaris kan de inschrijving al tijdens de bedenktijd plaatsvinden, anders pas na afloop van deze termijn (lid 2). Door die inschrijving krijgt de koper een *sterk recht op levering*: na inschrijving van de koop kunnen latere rechten, die in art. 7:3 lid 3 limitatief zijn opgenoemd, gedurende een periode van maximaal zes maanden niet meer tegen de koper worden ingeroepen, zoals een na die inschrijving tot stand gekomen vervreemding of bezwaring met een beperkt recht door de verkoper, verhuring, kwalitatieve verplichting, dan wel een later faillissement van de verkoper of een ingeschreven beslag (lid 3).

Koopprijs

Ten slotte geldt dat de *consumentkoper* van een tot bewoning bestemde onroerende zaak niet kan worden verplicht tot vooruitbetaling van de koopprijs, behoudens dat kan worden bedongen dat hij ter verzekering van de nakoming van zijn verplichtingen maximaal 10% van de koopprijs in depot stort bij een notaris, dan wel voor dit bedrag vervangende zekerheid stelt (art. 7:26 lid 4). Ook deze regeling is van dwingend recht.

Koper die registergoed koopt

Art. 7:3 biedt overigens aan alle kopers van registergoederen (woningen, grond, gebouwen, te boek gestelde schepen en luchtvaartuigen, of beperkte rechten op registergoederen) de mogelijkheid de koopovereenkomst in te schrijven in de openbare registers. Voor de koper die niet is consumentkoper van een tot bewoning bestemde onroerende zaak is deze regeling echter van aanvullend recht.

■ **Voorbeeld 12.47**
A, eigenaar van een woning, verkoopt deze aan B. B schrijft de koopovereenkomst op 1 oktober in de openbare registers in. De levering van de woning aan B zal plaatsvinden op 15 november. Op 1 november gaat A failliet. Het latere faillissement van A kan gedurende zes maanden na inschrijving van de koopovereenkomst niet worden ingeroepen tegen B. Ondanks het faillissement van A heeft B recht op levering van de woning op 15 november (art. 7:3 en 7:4).

12.8.4 Elektronische consumentenkoop

Inmiddels worden in toenemende mate (koop)overeenkomsten gesloten tussen consumenten en handelaren op elektronische wijze (via mobiel en internet) in plaats van in een winkel. In deze subparagraaf behandelen we alleen de koopovereenkomst die door een consument op elektronische wijze (via internet) wordt gesloten. Besproken wordt wanneer er sprake is van een elektronische consumentenkoop en welke bescherming de consument in dat geval wordt geboden.

Elektronische consumentenkoop
Er zijn bijzondere bepalingen die van toepassing zijn wanneer een consument een elektronische overeenkomst sluit met een handelaar. Deze zijn opgenomen in afdeling 6.5.2b (art. 6:230h lid 1), omdat het ook om andere overeenkomsten dan koop kan gaan. Daarbij wordt onder *consument* verstaan een natuurlijke persoon die handelt voor doeleinden die buiten zijn bedrijfs- of beroepsactiviteit vallen en onder handelaar een natuurlijke of rechtspersoon die handelt in het kader van zijn handels-, bedrijfs-, ambachts- of beroepsactiviteit (zie art. 6:230g lid 1 sub a en b). Voor de toepasselijkheid van de paragrafen 1, 3 en 5 van afdeling 6.5.2b op de elektronische overeenkomst zal deze moeten voldoen aan de definitie van de 'overeenkomst op afstand'. Volgens art. 6:230g lid 1 sub e is dat de overeenkomst die wordt gesloten in het kader van een georganiseerd systeem voor verkoop of dienstverlening op afstand zonder gelijktijdige persoonlijke aanwezigheid van handelaar en consument en waarbij, tot en met het moment van het sluiten van de overeenkomst, uitsluitend gebruik wordt gemaakt van een of meer middelen voor communicatie op afstand, zoals internet, telefoon, fax of postorder. De handelaar zal dus *stelselmatig* (en dus niet min of meer toevallig of incidenteel) gebruik moeten maken van één of meer middelen voor communicatie op afstand. Dat maakt dat afde-

ling 6.5.2b van toepassing is op de ondernemer die van tijd tot tijd e-mail aanbiedt met aanbiedingen van producten of diensten via internet, waarbij via internet een bestelmogelijkheid wordt geboden. Afdeling 6.5.2b is niet van toepassing wanneer:
- een consument bij een met behulp van Google opgezochte boomkweker via het internet een rode beuk bestelt, zonder dat deze kweker een speciale dienstverlening biedt die is toegespitst op internetverkoop;
- partijen op enig moment gelijktijdig in elkaars persoonlijke aanwezigheid hebben verkeerd, doordat de consument in de winkel heeft onderhandeld en pas daarna met deze winkelier de overeenkomst via internet sluit.

De elektronische overeenkomst die de consument met de handelaar sluit kan een *consumentenkoop* zijn (art. 6:230g lid 1 sub c jo. art. 7:5). Uit art. 6:230h lid 2 blijkt dat afdeling 6.5.2b op sommige koopovereenkomsten niet van toepassing is, zoals overeenkomsten waarbij gebruik wordt gemaakt van verkoopautomaten (bijvoorbeeld een frisdrankautomaat in een kantine of benzine tanken bij een onbemand tankstation) of geautomatiseerde handelsruimten (een hal waar je eten 'uit de muur' kunt halen). Uitgezonderd zijn ook de overeenkomsten die de consument verplichten tot betaling van een bedrag van niet meer dan €50.

Consumentenbescherming
De wetgever heeft de kwetsbare consument op diverse manieren willen beschermen, te weten door bepalingen van dwingend recht, door (pre-contractuele) informatieverplichtingen en door aan de consument een bedenktijd en een bijzonder ontbindingsrecht toe te kennen. Hieronder bespreken we welke bepalingen dit zijn en wat de gevolgen zijn wanneer de handelaar deze niet nakomt.

Dwingend recht
De consument wordt in de eerste plaats beschermd doordat art. 6:230i lid 1 bepaalt dat de handelaar van de bepalingen die zijn opgenomen in afdeling 6.5.2b niet ten nadele van de consument kan afwijken.

(Precontractuele) informatieverplichtingen
Ten tweede wordt de consument beschermd doordat de wet voorschrijft welke informatie de handelaar aan de consument moet verstrekken, vóór dan wel na het sluiten van de overeenkomst. De gedachte daarachter is dat de consument de zaak bij het elektronisch contracteren niet van tevoren kan zien en beoordelen.
Art. 6:230m lid 1 bepaalt welke informatie de handelaar voor het sluiten van de overeenkomst aan de consument op duidelijke en begrijpelijke wijze dient te verstrekken, zoals zijn identiteit, telefoonnummer en (geografische) adres, de voornaamste kenmerken van de zaak of de te verrichten dienst, de totale prijs, de bijkomende kosten, de wijze van betaling, de levering of uitvoering, de termijn daarvan, het al dan niet van toepassing zijn van de (hierna verder te bespreken) bedenktijd met ontbindingsmogelijkheid en de wijze waarop het ontbindingsrecht moet worden uitgeoefend, alsmede het modelformulier voor ontbinding. Dit moet geschieden in een duidelijke en begrijpelijke taal en in een leesbare vorm (art. 6:230v lid 1).

Verder moet vóór de aanvaarding van de overeenkomst op ondubbelzinnige wijze worden aangegeven dat het plaatsen van de bestelling een betalingsverplichting inhoudt (art. 6:230v lid 3).

Na het sluiten van de overeenkomst, maar in ieder geval bij de levering, moet de handelaar de overeenkomst met inbegrip van alle in artikel 6:230m lid 1 bedoelde informatie (voor zover deze nog niet eerder is verstrekt) aan de consument bevestigen door deze te verstrekken op een duurzame gegevensdrager (bijv. papier, usb-stick, cd-rom, dvd, e-mail), zodat de consument de aan hem persoonlijk gerichte informatie kan opslaan en deze ook later in een ongewijzigde weergave kan raadplegen (art. 6:230v lid 7 jo. art. 6:230g lid 1 sub h). De website zelf zal niet snel als *duurzame* gegevensdrager kunnen worden aangemerkt, aangezien de informatie die zich daarop bevindt op elk moment kan worden gewijzigd. Evenmin kan de handelaar voor informatie over bijv. het ontbindingsrecht volstaan met het toesturen van een e-mail met een link naar zijn website, aangezien de informatie daarmee niet wordt verstrekt. De consument moet dan immers eerst zelf nog een handeling verrichten voordat hij toegang krijgt tot die informatie.

De informatieverplichtingen van afd. 6.5.2b gelden onverminderd de informatieverplichtingen van art. 3:15d t/m f, art. 6:227b en art. 6:227c en afd. 6.5.2a. Bij strijd gaan die uit afd. 6.5.2b voor (art. 6:230i lid 4). De ondernemer die via internet aan consumenten zaken te koop aanbiedt, zal goed moeten nagaan of hij zijn website zodanig op orde heeft dat hij aan al deze informatieverplichtingen, die op verschillende plaatsen in het Burgerlijk Wetboek geregeld zijn, voldoet.

Gevolgen van niet-nakoming

Houdt de handelaar zich niet aan de hiervoor omschreven verplichtingen, dan kan dit voor hem (verstrekkende) gevolgen hebben.

Enkele van deze gevolgen zijn geregeld in afd. 6.5.2b. Zo bepaalt art. 6:230v lid 3 dat wanneer de handelaar niet vóór de aanvaarding van de overeenkomst op ondubbelzinnige wijze heeft aangegeven dat het plaatsen van de bestelling een betalingsverplichting inhoudt, de consument de overeenkomst kan vernietigen. Art. 6:230n lid 3 bepaalt dat de consument de bijkomende kosten, zoals de in art. 6:230m lid 1 sub e bedoelde extra vracht-, leverings- of portokosten, die de handelaar niet heeft opgegeven niet verschuldigd is. Ingevolge art. 6:230s lid 2 hoeft de consument de rechtstreekse kosten van het terugzenden van de zaak niet te betalen indien de handelaar heeft nagelaten de consument overeenkomstig art. 6:230m lid 1 sub i mee te delen dat hij deze kosten na uitoefening van het ontbindingsrecht moet dragen.

In de gevallen waarvoor afd. 6.5.2b het gevolg van het niet nakomen van de informatieverplichting niet regelt, kan de consument nog een andere weg bewandelen. Wanneer de overeenkomst of het daarin opgenomen beding in strijd is met hetgeen in afd. 6.5.2b dwingendrechtelijk is bepaald, kan de consument de overeenkomst of het beding vernietigen op grond van art. 3:40 lid 2 jo. art. 3:41.

Het staat de consument daarnaast vrij om bij het niet nakomen van informatieverplichtingen een beroep te doen op de algemene bepalingen van Boek 3 en 6, bijvoorbeeld door nakoming daarvan te vorderen, of schadevergoeding op grond van art. 6:74 wegens een tekortkoming in de nakoming van de informatieverplichtingen, dan wel vernietiging van de overeenkomst te vorderen wegens dwaling. Belangrijk is ook dat de ingevolge art. 6:230m lid 1 verstrekte informatie vervolgens onderdeel van de overeenkomst gaat uitmaken, zodat er sprake is van wanprestatie wanneer de geleverde zaak een eigenschap blijkt te hebben die niet aan de verstrekte informatie voldoet (art. 6:230n lid 2).

Bedenktijd en bijzonder ontbindingsrecht
Het hiervoor al genoemde recht tot ontbinding vormt eveneens een belangrijk beschermingsmiddel voor de consument. In art. 6:230o is de consument een *bedenktijd* toegekend, gedurende welke hij het recht heeft de overeenkomst zonder opgave van redenen te ontbinden. De consument kan de koopovereenkomst ontbinden:
- totdat er een termijn van veertien dagen is verstreken na de dag waarop de consument of een door de consument aangewezen derde (niet zijnde de vervoerder) de zaak heeft ontvangen;
- maximaal 12 maanden na afloop van de vorige termijn zolang de handelaar niet heeft voldaan aan de in art. 6:230m lid 1 sub h opgenomen verplichting informatie te verstrekken over (de wijze van uitoefening van) het ontbindingsrecht.

De consument moet zijn ontbindingsverklaring tijdig uitbrengen. Hij kan daarvoor het modelformulier voor ontbinding gebruiken en dat aan de handelaar toezenden. Hij kan er ook voor kiezen om mondeling, telefonisch, per brief of per e-mail een andere ondubbelzinnige ontbindingsverklaring aan de handelaar te doen (art. 6:230o lid 3). In afwijking van hetgeen is bepaald in art. 3:37 lid 3 is de verklaring tijdig uitgebracht indien deze op de laatste dag van de termijn is gedaan of verzonden. Wanneer de consument de ontbindingsverklaring op elektronische wijze heeft uitgebracht, moet de handelaar de ontvangst daarvan onverwijld op een duurzame gegevensdrager (bijv. per e-mail) bevestigen (art. 6:230o lid 4).
Door de ontbinding worden partijen bevrijd van de door de overeenkomst ontstane verbintenissen en ontstaan er verbintenissen tot ongedaanmaking van de prestaties die reeds zijn ontvangen (art. 6:271). De consument zal de zaak binnen veertien dagen na de ontbindingsverklaring op eigen kosten terug moeten zenden en alleen voor die rechtstreekse kosten (portokosten of kosten van vervoer anders dan per post) kan de handelaar hem een vergoeding in rekening brengen (art. 6:230s jo. art. 6:230m lid 1 sub i). De consument hoeft dus geen vergoeding voor het gebruik te betalen, behoudens wanneer de zaak in waarde is verminderd doordat de consument de zaak heeft behandeld op een wijze die verder is gegaan dan noodzakelijk om de aard, kenmerken en de werking ervan vast te stellen. Heeft de handelaar niet overeenkomstig art. 6:230m lid 1 sub h informatie over het ontbindingsrecht verstrekt, dan kan hij de consument niet aansprakelijk stellen voor waardevermindering die de zaak heeft ondergaan (art. 6:230s lid 3). De handelaar moet hetgeen door de consument is betaald, met inbegrip van de betaalde leveringskosten, binnen veertien dagen na de ontvangst van de ontbindingsverklaring, terugbetalen (art. 6:230r lid 1).
Van deze bijzondere ontbindingsmogelijkheid is begrijpelijkerwijs uitgezonderd hetgeen in art. 6:230p is genoemd, zoals zaken die snel kunnen bederven of verouderen, die op maat gemaakt zijn en audio- en video-opnamen en computerprogrammatuur waarvan de consument de verzegeling heeft verbroken.
Een handelaar zal er dus voor moeten zorgen dat zijn website op orde is en dat hij handelt overeenkomstig afd. 6.5.2b. Voor veel handelaren valt er

op dit gebied nog wel het een en ander te verbeteren, zoals ook blijkt uit het volgende voorbeeld. De tekst over de bedenktijd en ontbinding zijn letterlijk overgenomen van een bestaande website.

■ Voorbeeld 12.48

Consument A surft naar aanleiding van een reclamespotje op de radio naar de daarin genoemde website van firma B, bekijkt daar een afbeelding van een apparaat om de buikspieren mee te versterken en bestelt vervolgens via die website het bewuste apparaat voor €600. Op 17 januari wordt het apparaat bij A bezorgd. A gaat er flink mee aan de slag, maar wil na een tijdje toch liever een power tower, omdat hij daarmee veel meer kan dan doen dan alleen buikspieroefeningen. Op 1 september wil hij de koop alsnog ongedaan maken. Wanneer hij alle door hem van firma B ontvangen informatie raadpleegt, blijkt dat daarin de volgende bepaling is opgenomen over de mogelijkheid de zaak te retourneren:
'Indien u een artikel wilt retourneren, dient u binnen 3 dagen na ontvangst van uw bestelling via e-mail contact op te nemen met B (info@B.nl). Na overleg kunt u het artikel in de originele verpakking en voldoende gefrankeerd terugzenden naar: B, Kneuzendijkstraat 41, 1011 AB Den Bosch. Artikelen die zonder overleg vooraf teruggestuurd worden verdwijnen regelrecht in de prullenbak, en iedere vorm van vergoeding en/of aansprakelijkheid is daarmee vervallen. Ongefrankeerde retourzendingen worden niet geaccepteerd. B is niet aansprakelijk indien geretourneerde artikelen beschadigen of zoekraken tijdens het transport. Verzendkosten van geretourneerde artikelen worden niet door B vergoed. Door het invullen en het verzenden van het bestelformulier van B, accepteert de consument deze leveringsvoorwaarden en aanvaardt tevens dat deze deel uit zullen maken van de koopovereenkomst tussen de consument en B. Door het verzenden van het bestelformulier is de koop definitief en is de consument verplicht tot betaling van het aankoopbedrag.'
Kan A op 1 september de overeenkomst nog ontbinden en krijgt hij zijn geld (volledig) terug?

Voor de beantwoording van deze vragen is van belang dat A als consument met handelaar B een koopovereenkomst heeft gesloten, zodat er sprake is van een consumentenkoop waarop titel 7.1 van toepassing is (zie art. 7:5 en hoofdstuk 12). Voorts gaat het om een overeenkomst die op afstand is gesloten, zodat ook de paragrafen 1, 3 en 5 van afdeling 6.5.2b van toepassing zijn (zie art. 6:230g lid 1 sub e en art. 6:230h lid 1). De overeenkomst valt immers niet onder de opsomming van art. 6:230h lid 2, 4 en 5. Op deze elektronische overeenkomst zijn daarnaast van toepassing de artikelen 6:227b en c en de artikelen 3:15d t/m f.
B heeft tot nu toe in ieder geval niet voldaan aan de in de wet neergelegde informatieverplichting van art. 6:230m lid 1 sub h met betrekking tot het ontbindingsrecht. De overeenkomst valt immers niet onder de uitzonderingen, genoemd in art. 6:230p en B mag niet ten nadele van consument A afwijken van de bepalingen van afd. 6.5.2b (art. 230i lid 1). De informatie die B hierover aan A heeft verstrekt wijkt af van hetgeen de wet voorschrijft, nu B een ontbindingstermijn van slechts drie dagen geeft en bovendien verplicht tot voorafgaand overleg. A kan daarom in ieder geval op grond van art. 3:40 lid 2 hetgeen B over het retourneren heeft bedongen vernietigen wegens strijd met de dwingendrechtelijke bepalingen van afdeling 6.5.2b. A kan er zich vervolgens op beroepen dat, nu B niet aan de

in art. 6:230m lid 1 sub h gestelde eisen heeft voldaan, de ontbindingstermijn van veertien dagen is verlengd met maximaal 12 maanden (art. 6:230o lid 1 en 2). A kan daardoor zonder opgave van redenen ook op 1 september de overeenkomst nog ontbinden door een ontbindingsverklaring uit te brengen (art. 6:230o lid 3), aangezien deze termijn nog niet is verstreken. A moet het apparaat na het uitbrengen van de ontbindingsverklaring onverwijld en in ieder geval binnen veertien dagen terugzenden naar B en moet de kosten van het terugzenden voldoen, nu B niet heeft nagelaten A mee te delen dat A deze kosten moet dragen (art. 6:230s lid 1 en 2). B moet binnen veertien dagen na ontvangst van de ontbindingsverklaring de koopprijs aan A terugbetalen, met inbegrip van de leveringskosten (art. 6:230r lid 1). Doordat B niet overeenkomstig art. 6:230m lid 1 sub h informatie over het recht van ontbinding heeft verstrekt, kan B geen vergoeding van A vragen voor de waardevermindering die de zaak inmiddels heeft ondergaan, zelfs nu A het apparaat maanden heeft gebruikt, hetgeen veel langer is dan nodig om de werking daarvan vast te stellen (art. 6:230s lid 3).

Vragen

1 a Wanneer is er sprake van een consumentenkoop?
  b Op welke wijze is de bescherming van de consumentkoper meer in het algemeen gerealiseerd?
  c Geef voorbeelden van wettelijke bepalingen behorend tot titel 7.1, die beogen de consument te beschermen.

2 Welke verplichtingen rusten er op de verkoper?

3 Wat zal een rechter allemaal nagaan wanneer een koper stelt dat de zaak niet de eigenschappen bezit die hij op grond van de overeenkomst mocht verwachten?

4 Welke bijzondere nakomingsvorderingen kent titel 7.1 aan de koper toe? Maakt het daarbij nog verschil of er van een consumentenkoop sprake is?

5 Welke mogelijkheden staan de verkoper ten dienste wanneer de (consument)koper de koopprijs niet betaalt?

6 a Binnen welke termijn moet er worden geklaagd als de afgeleverde zaak niet aan de overeenkomst beantwoordt?
  b Maakt het daarbij nog verschil of de koper een consument is?
  c Wat is het rechtsgevolg indien er niet op tijd is geklaagd?

7 a Wanneer is er sprake van een elektronische consumentenkoop?
  b Welke wettelijke bepalingen zijn in beginsel van toepassing wanneer een consument een elektronische koopovereenkomst sluit?
  c Op welke wijze wordt de consument die een elektronische koopovereenkomst sluit, beschermd?

Casus

1. Consument A koopt bij beddenspeciaalzaak B een waterbed van €1.500. De levertijd van het door hem uitgezochte bed is ongeveer zes weken. B wijst erop dat in het contract is bepaald dat A 60% van de koopprijs vooruit moet betalen. Voorts is daarin een bepaling opgenomen dat 'prijswijzigingen voorbehouden zijn' en dat de koper bij een prijswijziging niet het recht toekomt de koopovereenkomst te ontbinden. A ondertekent het contract en krijgt daarvan een kopie. Zes weken later ontvangt A bericht van B dat het waterbed is gearriveerd. Op grond van een tussentijdse prijswijziging is de koopprijs met 15% verhoogd, zodat A nu €1.725 voor het bed moet betalen. A vraagt zich af of de in het contract opgenomen bepalingen over het vooruitbetalen van de koopprijs, het voorbehoud ten aanzien van prijswijzigingen en de uitsluiting van ontbinding in geval van prijswijziging eigenlijk wel rechtsgeldig zijn en of, als dit het geval mocht zijn, de geldigheid hiervan aan te tasten valt.
   a Geef A uw advies.
   b Zou uw antwoord op vraag **a** anders hebben geluid indien deze bepalingen opgenomen waren geweest in de op de achterzijde van het contract afgedrukte kleine lettertjes, terwijl in het contract naar de algemene voorwaarden op de achterzijde wordt verwezen?

2. B, antiekhandelaar, ziet op 15 maart in de winkel van A, collega-antiquair, een erg leuk empirebankje staan, perfect geschikt voor een van zijn klanten. De koopovereenkomst wordt gesloten voor €2.200. De levering vindt direct plaats, doordat A en B afspreken dat A het bankje in verband met een zakenreis van B nog een week onder zich zal houden. Op 23 maart zal het door A bij B bezorgd worden.
   Op 23 maart wordt B gebeld door A. Het pand van A is afgebrand als gevolg van blikseminslag. Van het bankje is niets meer over. Op 26 maart ontvangt B van A de rekening voor de met A gesloten koopovereenkomst, te weten €2.200.
   A stelt zich op het standpunt dat B deze rekening dient te betalen, omdat er reeds geleverd is. B is het helemaal niet eens met de stelling van A dat hij zou moeten betalen voor een bank die hij niet krijgt. B wendt zich daarom tot u met de vraag of A gelijk heeft en zo ja, of er dan een mogelijkheid is om aan betaling van de rekening te ontkomen.
   a Hoe luidt uw advies?
   b Zou uw antwoord op vraag **a** anders hebben geluid als B deze bank voor zijn eigen woonkamer had gekocht?

3. In de winkel van V laat A zich door V informeren over de aankoop van een zitgrasmaaier, die tevens het blad uit A's tuin op moet kunnen zuigen. Daarop laat V aan A weten dat er diverse typen maaiers bestaan die hiervoor geschikt zijn. Vervolgens laat V aan A een folder van een zitgrasmaaier, de 'Commodore', zien, waarin door middel van tekeningetjes en in wervende bewoordingen wordt beschreven dat het apparaat niet alleen perfect maait, maar ook in staat is grote hoeveelheden blad op te zuigen. Daarna wordt de Commodore bekeken. A, die door dit alles overtuigd is geraakt, sluit de koop. Helaas blijkt algauw dat het apparaat weliswaar zeer goed maait, maar dat het met het opzui-

gen van het blad waardeloos gesteld is. Alleen heel kleine en gortdroge blaadjes kunnen ermee worden opgezogen. Anders dan de folder suggereert, blijkt dit type maaier grote hoeveelheden blad niet aan te kunnen.
Wanneer A zich bij V beklaagt, verweert V zich met de stelling, dat van hem niet mag worden verwacht dat hij alle apparaten ook zelf uittest. Bovendien is hij afgegaan op het foldermateriaal van de fabrikant. V is alleen uit het oogpunt van coulance bereid de maaier tegen een tegoedbon terug te nemen.

a Wat kan er door A, die de koopsom al heeft voldaan, in beginsel van V gevorderd worden en op grond waarvan? Indien er verschillende mogelijkheden zijn, moet u deze allemaal noemen.
b Wat is uw oordeel over het door V gevoerde verweer?
c Is A verplicht genoegen te nemen met de door V aangeboden tegoedbon?

4 De heer S koopt voor €23.000 een nieuwe auto voor privégebruik bij autobedrijf P bv. Binnen vier weken na aflevering vertoont de lak op diverse plaatsen beschadigingen als gevolg van vogeluitwerpselen. De lak blijkt op die plaatsen tot op de grondlaag verdwenen te zijn. S sommeert P zijn auto over te spuiten. P weigert dit, omdat de lakbeschadigingen zijn veroorzaakt door een inwerking van buitenaf en daardoor niet onder de in de algemene voorwaarden opgenomen garantiebepalingen vallen. De algemene voorwaarden zijn tijdig aan de koper ter hand gesteld.

a Op grond waarvan is S van mening dat P verplicht is zijn auto over te spuiten?
b Is het juist dat S dealer P aanspreekt, of had hij de fabrikant van de auto moeten aanspreken?
c Geef aan of de rechter S in het gelijk zal stellen en zo ja, op grond waarvan.

5 A biedt de door hem bewoonde woning te koop aan voor €750.000. Na enig onderhandelen worden A en B het eind februari eens over een koopprijs van €650.000. Het koopcontract wordt op 1 maart door beide partijen ondertekend. De eigendomsoverdracht zal plaatsvinden op 15 juni. Begin mei verneemt B dat A de woning op 30 maart aan C heeft verkocht voor €700.000 en dat de levering aan C ook al heeft plaatsgevonden. C blijkt niets te hebben afgeweten van de eerdere verkoop van de woning door A aan B. B is zeer ontstemd over deze gang van zaken: zijn droomhuis wordt nu door C bewoond en hij heeft inmiddels een rekening ontvangen van €1.500 van zijn aannemer, aan wie hij direct na de aankoop opdracht heeft gegeven een ontwerp te maken voor het maken van twee slaapkamers met badkamer op de zolderverdieping.

a B wendt zich tot u voor juridisch advies. Hoe luidt dit?
b Gesteld dat u A namens B aanspreekt tot het vergoeden van de door B geleden schade.
  I Heeft B dan recht op vergoeding van €1.500?
  II Heeft B ook recht op vergoeding van gederfde winst, omdat hij de woning dan ook met winst had kunnen doorverkopen? Betrek in uw antwoord de stelling van A dat B er in financieel opzicht niet slechter van is geworden door het woonhuis niet af te nemen; B zou er dan immers in zijn gaan wonen en de woning niet doorverkocht hebben voor een hogere prijs.
c Had B deze ellende kunnen voorkomen?
d Maakt het voor het antwoord op vraag a nog verschil als er tussen A en B slechts mondeling overeenstemming was bereikt over de koop van het woonhuis en het koopcontract begin mei nog niet was getekend?

6 B exploiteert een website, www.B.nl, die de mogelijkheid biedt tot het afsluiten van diverse abonnementen voor de levering van erotisch getinte waren. Al surfend op het internet meldt studente L zich via die website aan en vult haar gegevens in. Vervolgens stuurt B begin januari aan L per post een unieke gebruikersnaam toe, die zij invult op de website. Zij denkt dat zij nu verdere informatie gaat ontvangen, maar heeft niet in de gaten dat zij door het invullen van de gebruikersnaam een aanbod van B heeft aanvaard. Het aanbod houdt in dat zij ieder kwartaal een pakket van zes dvd's ontvangt voor een bedrag van €199,95 per pakket, te vermeerderen met de verzendkosten van €6,95. Op de website was dit wel kenbaar gemaakt, maar niet op een zodanige wijze dat L's oog hierop is gevallen. Zij heeft ook niet de moeite genomen de hele website van B door te lezen. L verneemt na het invullen van haar unieke gebruikersnaam verder niets meer, totdat zij op 8 april van B zonder begeleidend schrijven ineens het eerste abonnementspakket met verzegelde dvd's ontvangt, vergezeld van een factuur voor een bedrag van €206,90. L is hierdoor onaangenaam verrast. Zij zendt het pakket zonder de verzegeling van de dvd's te verbreken, bij gebrek aan verdere adresgegevens, ongefrankeerd retour naar het postbusnummer dat op de achterzijde van het pakket en op de website van B is vermeld. De tweede zending ontvangt L op 8 juli. Ook dit pakket zendt L direct ongeopend en ongefrankeerd retour, met in een begeleidend schrijven de mededeling: 'Ik heb de vorige zending ook teruggestuurd omdat ik hier niets mee te maken wil hebben.' Eind augustus ontvangt L van B een ingebrekestelling voor hetgeen zij voor de 2 pakketten en de kosten voor het heen en retour zenden verschuldigd is. L reageert hier niet op.

B vordert in oktober veroordeling van L tot betaling van €427,70, te vermeerderen met de wettelijke rente en veroordeling van L in de proceskosten. L betwist in de eerste plaats dat tussen partijen een overeenkomst tot stand is gekomen en voert verder aan dat, indien de door B gestelde overeenkomst tot stand is gekomen, zij hier niet aan gebonden is, zodat zij niets hoeft te betalen.

a Geef gemotiveerd aan of er een overeenkomst tot stand is gekomen tussen B en L en, indien dit het geval is, om wat voor soort overeenkomst het gaat en welke (specifieke) wettelijke bepalingen hierop van toepassing zijn.

b Gesteld dat er een overeenkomst tot stand is gekomen, is L dan verplicht het gevorderde bedrag aan B te betalen? Geef bij het antwoord gemotiveerd aan wat L moet aanvoeren om aan haar betalingsverplichting te ontkomen, welke gronden zij daarvoor allemaal kan aanvoeren, of het nodig is dat zij daarvoor nog actie onderneemt en betrek hierbij de relevante wetsbepalingen.

7 A is er nog niet uit hoe hij voortaan zijn vakanties wil doorbrengen. Zijn gedachten gaan uit naar de aankoop van:
1 een woonboot gelegen op een idyllische plek, als vakantiewoning;
2 een vrijstaande vakantiewoning in een mooi natuurgebied;
3 een caravan om mee rond te toeren in Europa.

a Adviseer A in welke van deze drie gevallen:
· de wet een schriftelijke vorm voor het koopcontract voorschrijft;
· er sprake is van een bedenktijd;
· inschrijving van de koopovereenkomst in de openbare registers mogelijk is.

b Maakt het voor uw advies nog verschil of de verkoper een handelaar dan wel een particulier is?

c Stel dat A de caravan zonder voorafgaande bezichtiging had gekocht bij een particulier via internet, is er dan sprake van een bedenktijd voor A?

Huurovereenkomst

13

13.1 Kenmerken van de huurovereenkomst
13.2 Belang van de kwalificatie 'huur'
13.3 Huur en verhuur van woonruimte
13.4 Huur en verhuur van art. 7:290-bedrijfsruimte
13.5 Huur en verhuur van art. 7:230A-bedrijfsruimte
13.6 Nieuwe ontwikkelingen

De onderwerpen die in dit hoofdstuk, en de onderwerpen die in het volgende hoofdstuk aan de orde komen, bezitten een aantal gemeenschappelijke kenmerken.
Zowel de arbeids- als de huurovereenkomst behoort tot het selecte gezelschap van bijzondere overeenkomsten: contracten waarvoor de wetgever nadere regels heeft willen stellen. Daarvoor zijn twee redenen aan te voeren. Zo zijn er overeenkomsten die zó vaak worden gesloten, dat partijen in de regel alleen de hoofdverplichtingen regelen en de overige rechtsgevolgen ongeregeld laten. Hier kan de wet een helpende hand toesteken door rechtsregels te geven van vooral aanvullend karakter.
Maar ook zijn er overeenkomsten waarbij de wetgever paal en perk heeft willen stellen aan de contractvrijheid. Met name wanneer een 'sterkere' contractpartij tegenover een 'zwakkere' staat, kan dwingend recht geboden zijn om de partijverhouding in evenwicht te brengen. Dit geldt bijvoorbeeld voor de arbeidsovereenkomst en de huurovereenkomst met betrekking tot woonruimte en sommige bedrijfsruimten.
In de vorige hoofdstukken zijn de algemene regels van het vermogensrecht behandeld. Deze regels zijn op de arbeids- en huurovereenkomst van toepassing, voor zover daar niet met een bijzondere bepaling van is afgeweken.
Arbeid en huur raken bovendien fundamentele mensenrechten. Zo erkent de Universele Verklaring van de Rechten van de Mens (1948) in art. 23 en 25 de rechten op arbeid en huisvesting. Zo ook het herziene Europees Sociaal Handvest in Deel I, art. 1 en 31. Ook cijfermatig valt het belang aan te tonen. Het Centraal Bureau voor de Statistiek vermeldt op zijn website (www.cbs.nl) kerncijfers op verschillende terreinen. Daar is te lezen dat van de bijna 7,3 miljoen woningen ruim 4 miljoen koopwoning waren en 3,3 miljoen woningen werden verhuurd, waarvan 2,1 miljoen door een woningcorporatie. Over bedrijfsruimten zijn geen gegevens

voorhanden, maar een aanzienlijk deel van de kantoor- en winkelruimten wordt door de gebruikers gehuurd. Wel is bekend dat begin april 2015 ongeveer 8,5 miljoen vierkante meter kantoorruimte leegstond. Vermoed wordt dat nu al ongeveer een derde, en in 2025 40% van alle kantoorruimte overbodig is (bron: Z24.nl, 13 april 2015). De leegstand van winkels is in 2014 opgelopen naar 7,5% (bron: locatus.com).

De wettelijke regeling van de arbeidsovereenkomst is in 1997 gemoderniseerd en opgenomen in Boek 7. De huurbepalingen, die tot 1 augustus 2003 verspreid stonden in verschillende wetten, zijn per die datum gewijzigd en nu ook te vinden in Boek 7. Door de verplaatsing naar Boek 7 vermindert het aantal oude, bijzondere overeenkomsten dat in afwachting van herziening is samengebundeld in Boek 7A. Daar vindt men dan nog bijvoorbeeld de huurkoopovereenkomst en de bruikleenovereenkomst (zie paragraaf 13.1).

In paragraaf 13.1 bespreken we de kenmerken van de huurovereenkomst. Daarna komt in paragraaf 13.2 aan de orde waarom het van belang is of een overeenkomst een huurovereenkomst is of niet. Vervolgens wordt in paragraaf 13.3 dieper ingegaan op huur van woonruimte en in paragraaf 13.4 op de speciale regels voor huur van bedrijfsruimte zoals winkels. Ten slotte wordt in paragraaf 13.5 aangestipt welke regels gelden bij verhuur van bijvoorbeeld kantoren. In paragraaf 13.6 komen enkele nieuwe ontwikkelingen aan de orde.

■ ■ ■ 13.1 Kenmerken van de huurovereenkomst

Definitie huur

Huur is de overeenkomst waarbij de ene partij, de verhuurder, zich verbindt aan de andere partij, de huurder, een zaak of een gedeelte daarvan in gebruik te verstrekken en de huurder zich verbindt tot een tegenprestatie (art. 7:201 lid 1). Hoewel deze definitie zich tot zaken beperkt, bepaalt het tweede lid van art. 7:201 dat in beginsel ook vermogensrechten verhuurd kunnen worden. Uit jurisprudentie is het voorbeeld van een jachtrecht bekend. Uit voorgaande definitie zijn de twee essentialia voor huur te halen: gebruik van een zaak en een tegenprestatie. Niet elke overeenkomst die deze kenmerken bezit is echter een huurovereenkomst. Wanneer een onroerende zaak tegen een tegenprestatie in gebruik wordt ge-

Pachtovereenkomst

geven voor uitoefening van de landbouw, spreekt men van een *pachtovereenkomst*. Deze bijzondere overeenkomst heeft een eigen regeling gekregen in art. 7:311 e.v.

Als een zaak wordt verkocht onder de voorwaarde dat de koper eerst de eigendom verkrijgt nadat volledig is afbetaald, is geen sprake van huur,

Huurkoop

maar van *huurkoop* (zie art. 7A:1576h).

Leasing

Op het grensgebied van huur en huurkoop ligt de leasing. Achter deze, uit het Anglo-Amerikaanse recht stammende, term gaan diverse financieringsvormen schuil voor duurzame goederen. Van geval tot geval zal bekeken moeten worden welke wettelijke regeling van toepassing is.

Nog steeds actueel is de problematiek rondom aandelenlease. Daarbij hebben klanten een bank opdracht gegeven om, met geleend geld, aandelen te kopen waarvan zij eigenaar zouden worden zodra het totale aankoopbedrag, vermeerderd met rente over de lening en met kosten, zou zijn afbetaald. De klanten dachten dat zij aan het einde van de leenperiode hun schuld makkelijk konden terugbetalen met de koerswinst van de aandelen. De Hoge Raad heeft bepaald dat hier sprake is van huurkoop (ECLI:NL:HR:2008:BC2837, Dexia I).

Gemengde overeenkomsten

Naast de kenmerken van huur kan een overeenkomst ook elementen van een ander contract omvatten. We krijgen dan te maken met het probleem van de gemengde overeenkomsten.
Wanneer het gaat om een overeenkomst die behalve als huur ook is te kwalificeren als een andere *bijzondere overeenkomst*, dan geldt de algemene regel van art. 6:215. Daaruit volgt als hoofdregel dat de wettelijke bepalingen voor beide bijzondere overeenkomsten naast elkaar van toepassing zijn. Die hoofdregel gaat niet op voor zover die bepalingen niet met elkaar stroken, of wanneer de strekking van de regel in verband met de aard van de overeenkomst zich tegen toepassing verzet. Soms volgt dan uit de wet een voorrangsregel bij het conflict tussen twee bijzondere overeenkomsten. Wanneer een werkgever aan zijn werknemer een woning ter beschikking stelt, bepaalt art. 7:610 lid 2 dat men hier de cumulatietheorie moet toepassen en dat, bij strijd, de bepalingen van de arbeidsovereenkomst prevaleren.

Dienstwoning

Deze bepaling heeft in de jurisprudentie geleid tot het onderscheid tussen eigenlijke en oneigenlijke dienstwoningen. In beginsel zal sprake zijn van een gemengde arbeids-huurovereenkomst; de woning wordt dan *oneigenlijke dienstwoning* genoemd. De huurbepalingen zijn onverkort van toepassing. Van onverenigbaarheid is evenwel sprake bij de *eigenlijke dienstwoning*: de woning die de werkgever aanwijst ter bewoning, met het oog op de aard van de te verrichten arbeid. Gedacht kan worden aan de portierswoning of het tuinmanshuis. Het bewonen van de woning is dan een uit de arbeidsovereenkomst voortvloeiende verplichting voor de werknemer. In een dergelijk geval betekent het einde van de arbeidsovereenkomst tevens het einde van het woonrecht, zonder dat de ex-werknemer een beroep kan doen op de beschermende huurbepalingen.

Voorbeeld 13.1
Boer H staakt zijn landbouwbedrijf en verkoopt in 2000 de boerderij en het land aan koper C die er een edelhertenfarm begint. C neemt H in dienst als bedrijfsleider; H blijft de boerderij bewonen. In november 2003 ontbindt de kantonrechter de arbeidsovereenkomst tussen C en H wegens verstoorde verhoudingen. In kort geding vordert C nu ontruiming van de boerderij. De kortgedingrechter constateert dat in de schriftelijke arbeidsovereenkomst niets staat over een dienstwoning. Toch is voldoende aannemelijk dat er tussen partijen overeenstemming bestond dat de woning voor het werk was toegewezen en bewoning verplicht was in verband met het te verrichten werk. Van oudsher werd immers vanuit de boerderijwoning leiding gegeven aan het agrarische bedrijf op en rond de boerderij. H moet dus ontruimen.

Dat er in het geval van een eigenlijke dienstwoning nog ruimte is voor toepassing van huurbepalingen zolang geen sprake is van 'strijd' met de arbeidsregels lijkt, op grond van het voorgaande, vanzelfsprekend.

Essentialia

We bespreken nu de eerdergenoemde essentiële kenmerken voor huur, te weten:
a in gebruik verstrekken;
b tegen een overeengekomen tegenprestatie.

Ad a In gebruik verstrekken
De verhuurder verplicht zich ertoe om de huurder het *gebruik* van een zaak te verstrekken. Dit betekent niet dat voor de geldigheid van de over-

eenkomst de zaak zelf overgedragen moet worden; enkele wilsovereenstemming tussen partijen is voldoende. Dit betekent dat A rechtsgeldig een zaak aan B kan verhuren, ook al heeft A er geen enkele beschikkingsmacht over.

■ Voorbeeld 13.2
De overeenkomst waarbij A aan B het Paleis op de Dam verhuurt, is (vooropgesteld dat art. 3:35 geen roet in het eten gooit) geldig. Wanneer A vervolgens niet in staat is om B het overeengekomen gebruiksrecht te verschaffen, schiet A tekort in de nakoming van zijn verplichting, met alle gevolgen van dien.

Als B door ziekte verhinderd is gebruik te maken van de door hem gehuurde auto, is dat een omstandigheid waarvoor de verhuurder geen aansprakelijkheid draagt.
Voorts hoeft het gebruiksrecht niet volkomen te zijn: de inhoud van de overeenkomst kan meebrengen dat het recht beperkt wordt tot een gedeelte van een zaak (een kamer in een huis), tot een bepaald gebruik (uitsluitend als opslagruimte) of tot periodiek gebruik (zoals bij een time share-overeenkomst). Wél is vereist dat de zaak (of het goed) voldoende is geïdentificeerd: het moet duidelijk zijn waarvan de huurder het gebruiksrecht heeft.

■ Voorbeeld 13.3
Als A aan B, tegen betaling, een ligplaats voor een zeilboot in zijn jachthaven verschaft, is alleen dán sprake van huur als dat een 'vaste ligplaats' is. Geen huur dus als B zijn boot nu eens aan de ene, dan weer aan de andere kant van de steiger moet afmeren.
Indien de jachthaven bovendien wordt bewaakt, zou dit tot een gemengde overeenkomst kunnen leiden, die naast elementen van huur ook elementen van bewaarneming bezit (art. 7:600).

Ad b Tegen een overeengekomen tegenprestatie
Voldoende is, dat de huurprijs bepaalbaar is. De huurprijs behoeft niet in geld te zijn uitgedrukt, maar kan ook geheel of ten dele bestaan uit andere prestaties, mits deze voldoende bepaalbaar zijn. Als er geen tegenprestatie is bedongen, is de overeenkomst geen huurovereenkomst maar een bruikleenovereenkomst (art. 7A:1777 e.v.).

■ Voorbeeld 13.4
A exploiteert de aanwezige winkel en horecavoorziening op de camping van B en is ten opzichte van B verplicht die op bepaalde tijden open te hebben. A en B zijn geen vergoeding overeengekomen. Hier is geen sprake van huur, nu B geen wezenlijk voordeel hiervan heeft.

Het trekken van de grens tussen huur en bruikleen is niet altijd eenvoudig.

■ Voorbeeld 13.5
De rechter oordeelde dat geen sprake was van huur in het volgende geval. G had een vervallen tuinhuisje achter de woning van V betrokken. V vroeg geen huurprijs; zij vond het een geruststellende gedachte dat er in geval van nood iemand in de buurt was. Na het overlijden van V eisten haar erfgenamen ontruiming van het tuinhuisje. De rechter wees de eis

toe, omdat de werkzaamheden die G voor V had verricht niet wezenlijk afweken van hetgeen goede buren in het normale maatschappelijk verkeer voor elkaar doen.

■ Voorbeeld 13.6
Geen huur maar bruikleen, oordeelde de rechter bij het gebruik van een woning waarbij de bewoners het huis opknapten en het gebruikersdeel van de OZB-belasting betaalden (Hof Den Haag 7 mei 2004, Prg. 2004, 6266). Wel is sprake van huur bij ingebruikgeving van een groot pand in het centrum van Amsterdam aan antikraakwachten, die samen per maand €120 meer aan de eigenaar betaalden dan het bedrag dat deze kwijt was aan kosten voor gas, water en licht (ECLI:NL:GHAMS:2011:BU6889).

Uit de voorbeelden in 13.6 kan worden afgeleid dat de tegenprestatie voldoende bepaalbaar moet zijn (dat is 'opknappen' zonder duidelijke afspraken over wat, hoe en wanneer niet) en dat de tegenprestatie voldoende substantieel moet zijn (vergoeding van de kosten voor gasverbruik, water en elektra is geen tegenprestatie voor gebruik van de woning).

13.2 Belang van de kwalificatie 'huur'

Het feit dat de overeenkomst tussen A en B wordt aangemerkt als huurovereenkomst is niet zonder gewicht. De voor in beginsel alle huurovereenkomsten geldende bepalingen 7:203 tot en met 231 zijn voor een deel van semi-dwingende aard: afwijkingen ten nadele van de huurder zijn vernietigbaar. Zie bijvoorbeeld art. 7:206 lid 3 en art. 209. Door art. 7:242 worden nog meer afwijkingen van deze algemene bepalingen ten nadele van de huurder van woonruimte vernietigbaar.
Van dwingendrechtelijke aard (afwijking is dan nooit toegestaan) is art. 7:226 bij verhuur van onder andere gebouwde onroerende zaken, zie lid 4. Dit artikel wordt besproken in subparagraaf 13.2.1. In subparagraaf 13.2.2 wordt aandacht besteed aan de wettelijke regeling omtrent reparaties en gebreken, en de aansprakelijkheid voor schade als gevolg daarvan. Subparagraaf 13.2.3 gaat over het klusrecht van de huurder. In subparagraaf 13.2.4 wordt aandacht besteed aan onderhuur en subparagraaf 13.2.5 behandelt overige rechten en plichten van partijen, waaronder de wijze waarop de huurder het gehuurde weer moet opleveren. Subparagraaf 13.2.6 behandelt het einde van huurovereenkomsten.

13.2.1 Koop breekt geen huur (art. 7:226)

De inhoud van art. 7:226 wordt wel samengevat met de woorden: koop breekt geen huur. Hierbij moet 'koop' ruim worden uitgelegd tot iedere titel van overdracht. Dit wetsartikel brengt mee dat, als A zijn zaak heeft verhuurd aan B en de zaak vervolgens verkoopt of schenkt aan X, rechtsopvolger X na overdracht in de rechten én plichten treedt van A als verhuurder. Het huurrecht van B kan derhalve niet worden gefrustreerd door overdracht van de zaak door de verhuurder.

Zelfs als X niet op de hoogte was of kon zijn van het huurrecht van B, zal hij B's recht moeten tolereren en de huurovereenkomst als verhuurder moeten voortzetten. Dit betekent overigens niet dat álle afspraken tussen A en B door X moeten worden nagekomen. De verkrijger wordt, zo zegt lid 3, slechts gebonden door die bedingen van de huurovereenkomst die onmiddellijk verband houden met het doen hebben van het gebruik van het goed tegen een door de huurder te betalen tegenprestatie. Dat is bijvoorbeeld wél het geval bij een beding dat de verhuurder verplicht tot het terugstorten van een waarborgsom, maar niet bij een beding dat kamerhuurders het recht geeft zelf te bepalen aan wie een vrijkomende kamer wordt verhuurd. Ook een aan de huurder verleend voorkeursrecht tot koop van het gehuurde gaat in beginsel niet over op de opvolgende verhuurder (zie ECLI:NL:HR:2007:BA1955). Dat wordt anders wanneer de huurvergoeding niet alleen een vergoeding voor het gebruik, maar ook voor de uiteindelijke verkrijging omvat, zoals bij sommige leaseovereenkomsten het geval is (zie paragraaf 13.1).

Rechtsopvolger X kan trachten het risico dat hij aldus loopt, te beperken, door uitdrukkelijk met vervreemder A af te spreken dat de zaak hem leeg en onverhuurd wordt overgedragen, aan welke verplichting een boetebeding pleegt te worden gekoppeld (art. 6:91 e.v.). Wanneer de zaak onroerend is wordt in de praktijk namelijk ontbinding wegens wanprestatie uitgesloten, met het oog op de belangen van bijvoorbeeld hypotheekhouders.

Onder omstandigheden hoeft X huurder B niet te tolereren: wanneer B, wetend dat A de zaak heeft verkocht aan X maar voordat eigendomsoverdracht heeft plaatsgevonden, niettemin met A een huurovereenkomst sluit, kan dat een onrechtmatige daad zijn. X zou dan bij wijze van schadevergoeding ontruiming door B kunnen eisen.

■ **Voorbeeld 13.7**
H huurt van S een Amsterdams grachtenhuis, en betaalt daarvoor huur en servicekosten voor onder meer gas en elektra. Nadat door wanbetaling van S het gas en elektra worden afgesloten, zegt S toe dat H geen huur hoeft te betalen zolang hij niet opnieuw is aangesloten. Zijn extra kosten (voor kaarsen en een oliekachel) mag hij verrekenen met toekomstige huur. Kort daarna heeft S het pand verkocht. De nieuwe eigenaar is gebonden aan de afspraak en incasseert de eerste maanden geen huur. Zie ECLI:NL:HR:1987:AG5497.

■ ■ ■ **13.2.2 Reparaties, gebreken en aansprakelijkheid voor schade**

Definitie 'gebrek'

Art. 7:204 lid 2 definieert wat een *gebrek* is:
- een staat of eigenschap van de zaak, of een andere omstandigheid die niet aan de huurder is toe te rekenen;
- waardoor die zaak aan de huurder niet dat genot kan verschaffen dat hij ervan mocht verwachten bij het aangaan van de huurovereenkomst;
- van een goed onderhouden zaak van de overeengekomen soort.

Het gaat dus om niet aan de huurder toe te rekenen beperkingen van zijn huurgenot, die hij niet hoefde te verwachten bij een goed onderhouden huurobject. Dit lijkt misschien een beetje op het conformiteitsvereiste bij koop (zie paragraaf 12.4), maar met dit verschil dat de huurder er ook zonder onderzoek van mag uitgaan dat hij een goed onderhouden zaak huurt. Maar ook wanneer de huurder voor het sluiten van de huurovereenkomst al heeft gezien dat er grote kieren zitten bij de kozijnen waardoor het ernstig tocht in de woonkamer en zijn woongenot wordt aangetast, kan de huurder een beroep doen op een gebrek als hier bedoeld, ook wanneer vanwege de slechte staat een lage huurprijs is afgesproken. Bedoeling van de wetgever is dat de onderhoudstoestand van de woningen redelijk blijft en dat de huurder dat kan afdwingen. Overigens gaat het niet alleen om de staat waarin het gehuurde zelf verkeert, maar om iedere beperking van het genot, zoals het gehuurde vakantiehuisje dat niet, zoals op de website van de verhuurder stond, in de duinen vlak aan zee ligt, maar naast een vuilnisbelt of langs een snelweg. Tegenvallende bezoekersaantallen in een nieuw winkelcentrum vormen geen gebrek van het gehuurde omdat dit nadeel volgens verkeersopvatting voor rekening van de huurder komt (ECLI:NL:HR:2008:BB8039). Wel een gebrek vormt het lage rendement van een 31 jaar oude cv-ketel. De extra stookkosten daardoor hoefde de huurder niet te verwachten (Hof Den Bosch, ECLI:NL:GHSHE:2010:BO0177).

■ **Voorbeeld 13.8**
K heeft zeer dringend een woning nodig en huurt ongezien een woning van woningbouwvereniging B. Bij het eerste bezoek aan die woning blijkt het binnenverfwerk in erbarmelijke staat en een aantal muren en deuren is in bijzonder felle kleuren geschilderd. K draagt een schildersbedrijf op een en ander in wat neutraler kleuren te verven. De rekening van bijna €10.000 wil zij op B verhalen.
Deze zaak speelde onder oud recht. De kantonrechter vond dat B niet voor deze situatie aansprakelijk was, want B was niet in gebreke gesteld, K had de woning ongezien geaccepteerd en zij was op grond van de huurvoorwaarden verantwoordelijk voor het binnenschilderwerk.
Onder het nieuwe recht van 2003 levert dit vermoedelijk wel een gebrek op, waarvoor B verantwoordelijk is. K mocht waarschijnlijk bij een doorsneewoning in een doorsneewijk verwachten dat het binnenverfwerk in redelijke staat verkeerde en neutrale tinten had. Maar dat wil nog niet zeggen dat K er recht op heeft dat B de rekening van de schilder betaalt, die zij eigenmachtig opdracht heeft gegeven.

Zoals hiervoor al is vermeld, is dit artikel bij huur van woonruimte van semidwingend recht. De vraag is nu hoe deze bepaling door de rechter zal worden uitgelegd, wanneer woningbouwvereniging A aan huurder B de in 1950 gebouwde portiekwoning verhuurt, die bij de bouw voldeed aan de toen geldende bouwvoorschriften maar naar de huidige maatstaven voor nieuwbouw volstrekt onvoldoende geluidsgeïsoleerd is. Mag de huurder zonder meer verwachten dat die oudere woning aan de modernste eisen voldoet? Dat lijkt niet redelijk. Of mag je van een portiekwoning van die ouderdom verwachten dat de verhuurder inmiddels extra geluidsisolerende maatregelen heeft genomen? Dat zou kunnen wanneer dat tot goed onderhoud gerekend wordt.

De gevolgen van het antwoord zijn groot, want wanneer er sprake is van een gebrek kan de huurder kiezen uit de volgende mogelijkheden:

Acties huurder bij een gebrek

a Verhelpen van het gebrek door de verhuurder. Hiertoe is de verhuurder verplicht tenzij herstel onmogelijk is of zo duur is dat dit redelijkerwijs niet van de verhuurder gevergd kan worden, of wanneer het gaat om kleine herstellingen die voor rekening van de huurder komen (art. 7:206 lid 1 en 2, via art. 7:242 van semi-dwingend recht bij woonruimte en via art. 7:209 bij gebreken in alle huurobjecten die de verhuurder bij het aangaan van de huurovereenkomst kende of moest kennen).

b Wanneer de verhuurder met mogelijkheid *a* in verzuim is: herstel door de huurder die de kosten mag verrekenen met de huur of verhalen op

de verhuurder. Deze bepaling is voor alle huurobjecten van semi-dwingend recht: art. 7:206 lid 3.
c Bij de rechter evenredige vermindering van de huurprijs vorderen totdat het gebrek is hersteld. Hiervoor is wel vereist dat de verhuurder op de hoogte is van het te herstellen gebrek, zie art. 7:207 lid 1 (weer van semi-dwingend recht via art. 7:209 bij gebreken in alle huurobjecten die de verhuurder bij het aangaan van de huurovereenkomst kende of moest kennen, en bij woonruimte, art. 7:242). De huurder van woonruimte moet die vordering wel instellen binnen zes maanden na kennisgeving van het gebrek aan de verhuurder (art. 7:257 lid 1). De vordering tot vermindering van de huurprijs is iets anders dan een beroep van de huurder op een opschortingsrecht: daarbij is rechterlijke tussenkomst niet vereist, maar opschorting leidt niet tot huurprijsvermindering.
d Schadevergoeding. Dit kan alleen bij gebreken die bij het aangaan van de huurovereenkomst bestonden en die de verhuurder kende of moest kennen, bij gebreken waarvan hij heeft meegedeeld dat die niet aanwezig waren, of bij gebreken die na het aangaan van de huurovereenkomst zijn ontstaan en aan de verhuurder zijn toe te rekenen (art. 7:208, weer van semi-dwingend recht in het geval bedoeld in art. 7:209 en bij woonruimte). Het gaat in al deze gevallen om vergoeding van door het gebrek zelf veroorzaakte schade, en dat is iets anders dan schade door het uitblijven van tijdig herstel.

■ **Voorbeeld 13.9**
Als gevolg van een enorme hagelbui is de door A aan B voor diens vakantie verhuurde caravan zo ernstig beschadigd dat op verschillende plaatsen ernstige lekkage is ontstaan. Het ontstaan van dit gebrek is niet aan A toe te rekenen, en hij is niet aansprakelijk voor de schade aan bijvoorbeeld de daardoor nat geworden boeken die B in de caravan had liggen of voor een verpeste vakantiedag. Wel moet A zo snel mogelijk de caravan herstellen. Dan moet A natuurlijk wel op de hoogte worden gesteld van het inmiddels ontstane gebrek en zo nodig in gebreke worden gesteld. Wanneer A in verzuim raakt met de herstelverplichting die hij op grond van art. 7:206 heeft, dan kan hij op grond van de gewone regels van het verbintenissenrecht aansprakelijk gesteld worden voor de gevolgschade van B, die misschien tijdelijk zijn intrek in een hotel moet nemen.

e Ontbinding en eventueel schadevergoeding. Beide partijen kunnen de huurovereenkomst buitengerechtelijk ontbinden, wanneer het overeengekomen genot geheel onmogelijk is geworden door een gebrek dat de verhuurder op grond van art. 7:206 niet hoeft te verhelpen (art. 7:210). Anders dan bij gewone overeenkomsten kan de huurovereenkomst niet meer gedeeltelijk ontbonden worden. In plaats daarvan kan vermindering van de huurprijs gevorderd worden, zie hiervoor onder **c**.

Kleine reparaties voor rekening huurder

Kleine reparaties komen voor rekening van de huurder, zo volgt uit art. 7:206 lid 2 en art. 7:217, dat weer van semi-dwingend recht is bij woonruimte. Algemeen wordt aangenomen dat het dan wel moet gaan om herstellingen waar iemand niet bijzonder handig voor hoeft te zijn, geen speciaal gereedschap voor nodig heeft en die niet technisch ingewikkelde installaties betreffen, zoals liftinstallaties en centraleverwarmingsketels. Bij AMvB is een niet-uitputtende lijst gepubliceerd (het 'Besluit kleine herstellingen') met aanwijzingen bij woonruimtehuur (art. 7:240).

Vermoeden van aansprakelijkheid

Uiteraard is de huurder aansprakelijk voor schade die door zijn tekortschieten is ontstaan. Art. 7:218 lid 2 gaat bovendien uit van het vermoeden dat de huurder tekort is geschoten wanneer tijdens de huurovereenkomst schade ontstaat, behalve in geval van brand of schade aan de buitenkant van een gebouwde onroerende zaak. De huurder moet dus, behalve bij brand en buitenschade, bewijzen dat hij niet aansprakelijk is.

■ **Voorbeeld 13.10**
In de huurwoning van A breekt brand uit. Verhuurder B claimt schadevergoeding van A. B zal eerst moeten aantonen dat A verantwoordelijk is voor het ontstaan van de brand, die misschien is ontstaan doordat A zonder toestemming van B een open haard heeft aangelegd die niet aan de brandvoorschriften voldeed.

De gebrekenregeling voor huurder of verhuurder is schematisch weergegeven in figuur 13.1.

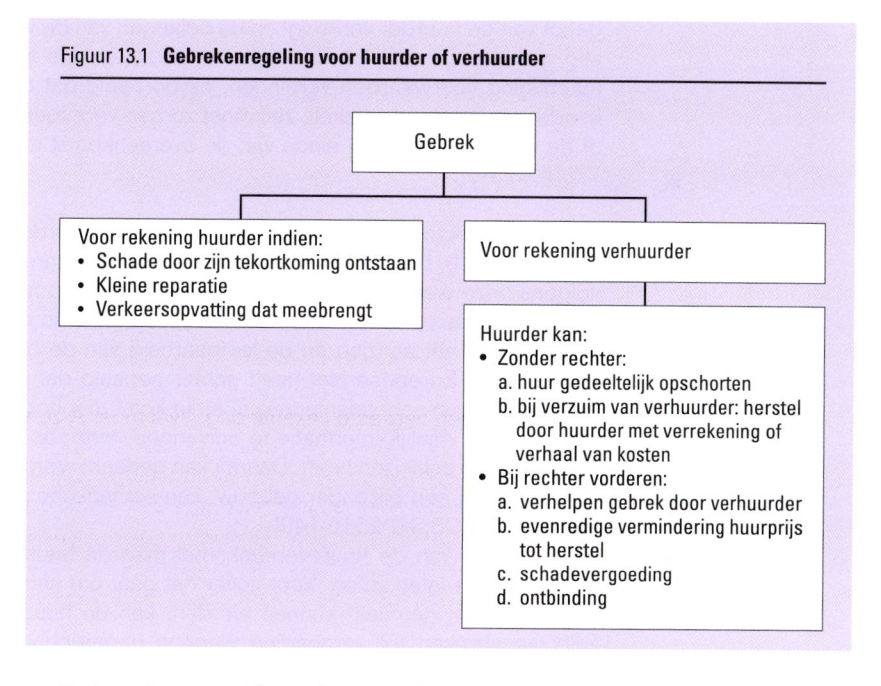

Figuur 13.1 **Gebrekenregeling voor huurder of verhuurder**

```
                        Gebrek
          ┌───────────────┴───────────────┐
Voor rekening huurder indien:      Voor rekening verhuurder
• Schade door zijn tekortkoming ontstaan
• Kleine reparatie                 Huurder kan:
• Verkeersopvatting dat meebrengt  • Zonder rechter:
                                     a. huur gedeeltelijk opschorten
                                     b. bij verzuim van verhuurder: herstel
                                        door huurder met verrekening of
                                        verhaal van kosten
                                   • Bij rechter vorderen:
                                     a. verhelpen gebrek door verhuurder
                                     b. evenredige vermindering huurprijs
                                        tot herstel
                                     c. schadevergoeding
                                     d. ontbinding
```

De huurder moet dringende reparaties gedogen, zo volgt uit art. 7:220 lid 1. Bij renovatieprojecten is meestal slechts een gedeelte van de voorgenomen werkzaamheden te bestempelen als een dringende reparatie. Alle andere werkzaamheden kunnen in beginsel door de huurder geweigerd worden, tenzij de verhuurder een redelijk, schriftelijk, voorstel doet aan de huurder; dat voorstel wordt vermoed redelijk te zijn wanneer ten minste 70% van de huurders van het te renoveren complex met het voorstel instemt (art. 7:220 leden 2 en 3). Huurders kunnen bij weigering belang hebben, niet alleen vanwege het ongemak, maar ook met het oog op mogelijke huurverhogingen ten gevolge van verbeteringen.

Dringende reparatie

Toch kan een weigering in strijd komen met de redelijkheid en billijkheid. Dit is met name het geval indien het project een complex woningen omvat, waarvan een ruime meerderheid van de bewoners toestemming heeft gegeven en de voorzieningen in redelijkheid niet per woning afzonderlijk kunnen worden aangebracht.

13.2.3 Het klusrecht van de huurder

Veranderingen

De huurder heeft het recht om *veranderingen* in of aan het gehuurde toe te brengen zolang die maar weer bij het einde van de huurovereenkomst zonder noemenswaardige kosten ongedaan gemaakt kunnen worden (art. 7:215 lid 1).

Voor ingrijpender veranderingen in woonruimte kan toestemming van de verhuurder worden gevraagd, en die moet worden verleend als de voorgestelde aanpassing niet schadelijk is voor de verhuurbaarheid of de waarde van de woning. Weigert de verhuurder, dan kan de huurder van woonruimte zich tot de rechter wenden om gemachtigd te worden tot het aanbrengen van de veranderingen. De rechter moet die vordering toewijzen wanneer de verhuurbaarheid of waarde van de woning niet in het geding is, maar kan de machtiging ook verlenen wanneer de aanpassing het woongenot van de huurder verhoogt en de belangen van de verhuurder niet ernstig genoeg zijn om zich daartegen te verzetten. De rechter kan aan de machtiging voorwaarden verbinden, bijvoorbeeld dat de huurder een erkende installateur inschakelt, zelf moet zorgen voor toekomstig onderhoud of de aanpassing bij het einde van de overeenkomst moet weghalen (art. 7:215 lid 2-5).

Dit klusrecht kan niet ten nadele van de huurder worden ingeperkt, aldus art. 7:215 lid 6, behalve voor de buitenkant van woonruimte. Dat betekent volgens onze wetgever dat verhuurders bijvoorbeeld het aanbrengen van schotelantennes kunnen verbieden. Achtergrond van deze toevoeging is dat daarmee het aanzien en de leefbaarheid van de buurt verhoogd kan worden. Het Europese Hof heeft echter bepaald dat een verbod op het aanbrengen van schotelantennes in strijd komt met het grondrecht van de bewoner om vrijelijk informatie te ontvangen, tenzij de verhuurder zwaarder wegende belangen heeft. Daarbij kan gedacht worden aan veiligheidsrisico's of, bij een bijzonder gebouw, aan esthetische schade (EHRM 16 december 2008, NJ 2010,149).

Bij het einde van de huurovereenkomst mag de huurder de toegestane aanpassingen laten zitten. Voor zover het gaat om aanpassingen die ook niet ongedaan gemaakt kúnnen worden, kan de huurder de verhuurder zelfs aanspreken tot vergoeding wegens ongerechtvaardigde verrijking (art. 7:216 lid 3, van semi-dwingend recht bij woonruimte). Onder het oude huurrecht werd slechts bij hoge uitzondering een vergoeding wegens ongerechtvaardigde verrijking toegekend.

13.2.4 Onderhuur

Voor alle huurobjecten, behalve woonruimte (zie art. 7:244), geldt art. 7:221: een huurder mag het gehuurde geheel of gedeeltelijk laten gebruiken door een ander. Dat is ruimer dan onderhuur, want ook bruikleen is hiermee toegestaan. Dezelfde wetsbepaling maakt echter meteen een uitzondering op de vrijheid van de huurder: hij mag dit niet doen als hij moest aannemen dat de verhuurder redelijke bezwaren zou hebben. Die bezwaren kunnen zowel de persoon van de onderhuurder als de enkele onderhuur betreffen.

■ **Voorbeeld 13.11**
Autoverhuurder A verhuurt voor een week een auto aan B. B wordt ziek en laat zijn zoon met de huurauto rijden. Het spreekt vanzelf dat A hiertegen redelijk bezwaar zal mogen hebben wanneer de zoon van B niet over een rijbewijs beschikt. Maar ook wanneer de zoon pas kort zijn rijbewijs heeft, zou B rekening moeten houden met redelijke bezwaren van A, wanneer A bij het aangaan van de huurovereenkomst heeft nagevraagd bij B hoelang hij al een rijbewijs had, of wanneer A bijvoorbeeld een hogere verzekeringspremie in rekening brengt bij jeugdige bestuurders.

Het lijkt niet onredelijk om ervan uit te gaan dat de verhuurder wel een redelijk bezwaar zal hebben, wanneer hij contractueel onderhuur verbiedt.

Onderhuur

Van *onderhuur* is sprake wanneer A een zaak verhuurt aan B, terwijl B op zijn beurt de zaak of een gedeelte daarvan verhuurt aan C. Als A een contractueel verbod tot onderhuur met B is overeengekomen, pleegt B wanprestatie door in strijd met dat verbod te handelen. De jurisprudentie lijkt strenger te worden en overtreding van dit verbod ernstig genoeg te vinden om ontbinding van de huurovereenkomst te rechtvaardigen. Als de huurovereenkomst tussen A en B eindigt, kan C zijn onderhuurrecht niet tegenwerpen aan A: tussen A en C bestaat geen contractuele relatie. C zal uitsluitend B kunnen aanspreken, die evenwel niet in staat is zijn verbintenis na te komen. In sommige gevallen bepaalt de wet evenwel dat A de overeenkomst van B met C moet voortzetten. Zie verder in dit hoofdstuk onder subparagraaf 13.3.3. Een dergelijke 'gedwongen contractovernameming' treffen we ook aan in het hoofdstuk over de arbeidsovereenkomst, bij art. 7:663.

Voor woonruimte geldt een beperking: de huurder mag alleen een gedeelte van een door hem gehuurde en bewoonde zelfstandige woning onderverhuren, hetgeen de verhuurder contractueel kan verbieden (art. 7:244). Zie voor de definitie van 'zelfstandige woning' subparagraaf 13.3.3.
Aanvankelijk wilde de wetgever de kamerverhuur bevorderen en daarom onderverhuurverboden tegengaan, maar dit plan is tegengehouden op aandrang van woningbouwcorporaties die hun hele verdelingsbeleid gefrustreerd zien door huurders die heimelijk alle kamers verhuren en zelf elders wonen. Woningcorporaties hebben een nieuw wapen in de strijd tegen verboden onderhuur gevonden: schadevergoeding ter hoogte van de nettowinst die de huurder op illegale onderverhuur heeft gemaakt. Zie ECLI:NL:HR:2010:BM0893.
Met het verhuren van kamers aan toeristen, bijvoorbeeld via Airbnb, valt goed te verdienen. Door het aantal beoordelingen op die site kon de verhuurder van een woning voldoende aannemelijk maken dat de huurder regelmatig in strijd had gehandeld met het contractuele verbod van gehele of gedeeltelijke onderverhuur. Dit rechtvaardigde ontruiming in kort geding (ECLI:NL:RBAMS:2014:7231).

■ ■ ■ 13.2.5 Overige rechten en plichten

Verplichtingen verhuurder

De verhuurder moet de gehuurde zaak aan de huurder ter beschikking stellen en ook ter beschikking laten (art. 7:203). Voor lawaaioverlast als gevolg van de jaarlijkse kermis aan de overkant van de gehuurde flat is de verhuurder niet aansprakelijk (zie art. 7:204 lid 3), maar op grond van vaste rechtspraak moet de verhuurder wel optreden tegen een van zijn

Verplichtingen huurder

huurders die omwonenden, die ook van hem huren, ernstige overlast bezorgt.
De huurder is verplicht op tijd de tegenprestatie te betalen (art. 7:212), zich als goed huurder te gedragen ten aanzien van het gebruik van de zaak, en de zaak alleen te gebruiken op de overeengekomen wijze of voor datgene waarvoor deze naar zijn aard is bestemd (art. 7:213 en 214). Vrij algemeen wordt bij ontdekking van een hennepplantage in een huurhuis de huurovereenkomst ontbonden wegens gebruik dat een goed huurder niet betaamt, of wegens gebruik in strijd met de bestemming. Zo'n verwijt aan de huurder treft ook de (contractuele) medehuurder die hoofdelijk aansprakelijk is, ook als die medehuurder niet van de hennepkwekerij heeft geweten (zie ECLI:NL:HR:2005:AU3255). Verplicht tot gebruik is de huurder alleen, wanneer dat contractueel is bedongen, zoals met een exploitatieverplichting bij winkels, of wanneer de zaak door niet-gebruik in waarde achteruitgaat. Dat geldt voor het renpaard dat in conditie moet blijven. Bij winkels en horecabedrijven waar 'de loop' niet uit mag gaan, doet de verhuurder er verstandig aan openingstijden af te spreken.

■ Voorbeeld 13.12

A is eigenaar van een eind 2014 geopend winkelcentrum. Franchiseorganisatie B heeft van A voor de duur van vijf jaar een winkelruimte gehuurd voor de verkoop van olie en azijn. Overeengekomen is dat B de winkel tijdens de openingstijden van het winkelcentrum geopend moet hebben voor publiek. B stelt de winkel ter beschikking aan franchiseondernemer C, die al na een jaar de exploitatie staakt omdat hij onvoldoende omzet haalt. In kort geding veroordeelt de rechter B om de winkel overeenkomstig de bestemming voor het publiek open te houden. Daarbij overweegt de rechter dat het belang van een huurder die aanzienlijke verliezen lijdt bij exploitatie van zijn onderneming, zo zwaar kan wegen dat het belang van de verhuurder bij nakoming van de overeenkomst moet wijken. Maar het enkele feit dat een nieuwe winkel in een nieuw winkelcentrum het eerste jaar verliesgevend is, betekent nog niet dat dit op langere termijn zo blijft.

De huurder is ten opzichte van de verhuurder verantwoordelijk voor het gedrag van degenen die hij in het gehuurde toelaat (art. 7:219).
Verder wordt van de huurder verlangd dat hij de verhuurder onverwijld op de hoogte brengt van gebreken, op straffe van aansprakelijkheid van de huurder voor de gevolgen van zijn nalatigheid (art. 7:222). Eerder was al opgemerkt dat de huurder kleine reparaties voor eigen rekening moet nemen.
Bij het einde van de huurovereenkomst moet het gehuurde worden teruggegeven aan de verhuurder. Het is verstandig wanneer de verhuurder bij het aangaan van de huurovereenkomst met de huurder een beschrijving opmaakt van de staat waarin het gehuurde zich bevindt. In dat geval moet de huurder het gehuurde in dezelfde staat opleveren, met uitzondering van normale slijtage en toegestane veranderingen. Als geen beschrijving is opgemaakt, gaat de wet er (voor huurovereenkomsten die zijn gesloten na inwerkingtreding van de nieuwe huurregeling) van uit dat de huurder de zaak heeft gekregen in de staat waarin hij het gehuurde weer oplevert, tenzij de verhuurder het tegendeel bewijst (art. 7:224). Hoe de bewijslastverdeling in deze laatste zin zich verhoudt tot het wettelijk vermoeden van

aansprakelijkheid van de huurder voor schade in art. 7:218, is vooralsnog niet duidelijk.

De verplichting om het gehuurde in de beschreven staat terug te geven, moet worden nagekomen op het moment waarop de huurovereenkomst eindigt. Dat betekent dat de huurder zonder ingebrekestelling in verzuim is als hij het gehuurde beschadigd of vervuild achterlaat (ECLI:NL:HR:1998:ZC2790).

Tot deze uitspraak van de Hoge Raad werd aangenomen dat de verhuurder de huurder eerst met behulp van een ingebrekestelling moest wijzen op onvolkomenheden en hem gelegenheid moest geven de gebreken zelf binnen bepaalde tijd te herstellen. Pas als die termijn niet benut werd, mocht de verhuurder zelf tot herstel overgaan en vergoeding van de daardoor ontstane schade van de huurder vorderen. Sociale verhuurders gaan daar in de praktijk mee door. Meestal is dat nu vastgelegd in de huurvoorwaarden. Zij geven huurders, na een voorinspectie, gelegenheid zelf nog tot herstel over te gaan. Wanneer een verhuurder geen voorinspectie houdt en de schade door een professional laat herstellen, kan de ex-huurder zich erop beroepen dat hij dat zelf goedkoper had kunnen doen.

■ ■ ■ 13.2.6 Einde van de huurovereenkomst

Hoofdregel en uitzonderingen
– bij huur voor bepaalde tijd

Voor sommige zaken heeft de wetgever ook bijzondere regels gemaakt omtrent het einde van huurovereenkomsten. Het gaat dan om bepaalde woonruimte en twee soorten bedrijfsruimte. Voor alle andere zaken geldt dat de huurovereenkomst van rechtswege eindigt door het verstrijken van de bepaalde tijd. Blijft de huurder met goedvinden van de verhuurder toch het gebruik houden, dan wordt de huurovereenkomst daardoor voor onbepaalde tijd verlengd, tenzij van een andere bedoeling tussen partijen blijkt (art. 7:228 lid 1 en 230).

– bij huur voor onbepaalde tijd

Is de huurovereenkomst voor onbepaalde tijd gesloten dan moet eerst worden opgezegd, en wanneer de verhuurde zaak onroerend is (maar geen woon- of bedrijfsruimte), dan bedraagt de opzegtermijn ten minste een maand, terwijl moet worden opgezegd tegen een voor huurbetaling afgesproken dag (art 7:228 lid 2).

De huurovereenkomst eindigt niet door overlijden van de huurder of verhuurder; wel mogen de erfgenamen van een overleden huurder onder bepaalde omstandigheden voor de overeengekomen einddatum de huur opzeggen (art. 7:229).

Voor alle huurovereenkomsten met betrekking tot gebouwde onroerende zaken geldt de semi-dwingendrechtelijke regel dat alleen de rechter de huurovereenkomst kan ontbinden wegens een aan de huurder toerekenbare tekortkoming (art. 7:231). Wanneer het om woonruimte gaat, kan de rechter aan de huurder nog een terme de grâce verlenen: een korte termijn waarbinnen de huurder alsnog zijn verplichtingen mag nakomen ter voorkoming van ontbinding (art. art. 7:280). Zoals we hiervoor in subparagraaf 13.2.2 zagen, is buitengerechtelijke ontbinding wel mogelijk wanneer het genot van het gehuurde geheel onmogelijk is door een gebrek dat de verhuurder niet verplicht is te verhelpen (art. 7:210).

De bijzondere opzegbepalingen bij woonruimte en de twee soorten bedrijfsruimte komen in paragraaf 13.3 tot en met 13.5 aan de orde.

■ ■ ■ 13.3 Huur en verhuur van woonruimte

Wanneer een overeenkomst als huurovereenkomst kan worden gekwalificeerd, en daarnaast tot object woonruimte heeft, zijn naast de algemene bepalingen uit paragraaf 13.2 ook art. 7:232-282 van toepassing.

Definitie woonruimte

Onder *woonruimte* wordt verstaan: een gebouwde onroerende zaak die als woning is verhuurd (art. 7:233).
Tenten en woonboten vallen niet onder deze definitie: zij zijn niet onroerend. Hoewel een woonwagen dat ook niet is, zijn de woonruimtebepalingen wel van toepassing verklaard op verhuur van woonwagens en standplaatsen. Evenmin woonruimte in de zin van de wet is het grachtenpand dat als pakhuis wordt verhuurd, maar waarin de huurder gaat wonen.

Niet-beschermde categorie woonruimte

Niet elke huurovereenkomst met betrekking tot woonruimte wordt bestreken door de regels van art. 7:233 e.v.: een uitzondering wordt gemaakt voor die overeenkomsten, die een gebruik betreffen dat naar zijn aard slechts van korte duur is (art. 7:232 lid 2). Daarbij heeft de wetgever vakantie- en seizoenwoningen op het oog gehad, alsmede wisselwoningen. Zodra een woning die normaal dienst doet als vakantiehuisje, voor permanente bewoning wordt verhuurd, is dat geen gebruik van korte duur meer. Ook bejaardenwoningen die in afwachting van verkoop en renovatie tijdelijk aan jongeren werden verhuurd, vielen niet onder de uitzondering (ECLI:NL:RBAMS:2003:AO8140). Verhuur van woonruimte aan studenten, voor de duur van hun studie, leidt evenmin tot een gebruik dat naar zijn aard van korte duur is. Het vierde lid van art. 7:232 sluit de toepasselijkheid van het merendeel van de woonruimtebepalingen uit, ingeval het gemeentelijke afbraakpanden betreft.
In overige gevallen zijn de dwingende of semi-dwingende woonruimtebepalingen van toepassing.
Achtereenvolgens worden in de volgende subparagrafen behandeld: het einde van de huur van woonruimte (subparagraaf 13.3.1), echtgenoten en samenwoners (subparagraaf 13.3.2), onderhuurders (subparagraaf 13.3.3), huurprijzen en andere vergoedingen (subparagraaf 13.3.4) en bijzondere procedure bij gebreken (subparagraaf 13.3.5).

■ ■ ■ 13.3.1 Einde van de huur van woonruimte

De huurovereenkomst met betrekking tot woonruimte kan op zeven verschillende manieren eindigen:
1. van rechtswege na het verstrijken van twee maanden na het overlijden van een huurder die geen van de in art. 7:268 genoemde betrekkingen nalaat (art. 7:268 lid 6);
2. door opzegging door de huurder of zijn erfgenamen, of door schriftelijke toestemming van de huurder in opzegging door de verhuurder (art. 7:272 lid 1 en 7:268 lid 6);
3. door opzegging door de verhuurder, gevolgd door toewijzing door de rechter (art. 7:272-274);
4. door opzegging door de kamerverhuurder binnen negen maanden (art. 7:232 lid 3);
5. door (feitelijke) beëindiging met wederzijds goedvinden (art. 7:271 lid 8);
6. door ontbinding van de overeenkomst, uitgesproken door de rechter (art. 7:231 jo. 280);

7 door buitengerechtelijke ontbinding in bijzondere gevallen (art. 7:231 lid 2 en art. 7:210).

Hierbij valt op dat beëindiging tegen de zin van de huurder in zo moeilijk mogelijk is gemaakt.

Geen einde van rechtswege bij bepaalde tijd

Anders dan bij de arbeidsovereenkomst eindigt de huurovereenkomst met betrekking tot woonruimte niet van rechtswege door het verstrijken van een bepaalde tijd, maar moet altijd worden opgezegd (art. 7:271 lid 1 en 2). Een ongeldige tussentijdse opzegging wordt van rechtswege geconverteerd in een geldige (lid 6). Opzegging door de verhuurder heeft niet tot gevolg dat de overeenkomst eindigt: een opgezegde huurovereenkomst blijft van rechtswege van kracht (art. 7:272 lid 1) behoudens in het vierde geval.

Hierna zullen achtereenvolgens worden besproken: opzegging door huurder en door de verhuurder, de toewijzingsgronden, beëindiging met wederzijds goedvinden en ontbinding van de overeenkomst.

Opzegging door de huurder

De opzegging door de huurder moet voldoen aan de voorgeschreven vorm: deurwaardersexploot of aangetekende brief (art. 7:271 lid 3). Doel van deze formele eis is, dat het tijdstip van ontvangst vast dient te staan. Art. 3:39 sanctioneert een opzegging die niet in de voorgeschreven vorm plaatsvindt met nietigheid. De lagere rechtspraak neemt bij opzegging door de huurder het voorschrift evenwel niet zo nauw, als duidelijk is dat de verhuurder de opzegging in andere vorm wel heeft ontvangen en niet, voor de zekerheid, alsnog een aangetekende brief heeft geëist. Voorts moet de huurder de opzegtermijn in acht nemen, die maximaal drie maanden bedraagt (art. 7:271 lid 5 en 7).

Opzegging door de huurder leidt altijd tot het einde van de overeenkomst, zij het dat dat niet voortijdig kan (art. 7:271 lid 1 en 6), althans niet zonder toestemming van de verhuurder.

Opzegging door de verhuurder

Opzegging door de verhuurder verloopt in drie fasen:
1 de opzeggingshandeling;
2 de vordering;
3 de rechter.

Ad 1 Fase 1: de opzeggingshandeling

Opzeggingshandeling

Ook de verhuurder kan slechts opzeggen in de voorgeschreven vorm (zie hiervoor). De opzegtermijn voor de verhuurder is langer dan voor de huurder: drie tot zes maanden (art. 7:271 lid 5).

Vervolgens moet een opzegging door de verhuurder een verzoek aan de huurder bevatten, om binnen zes weken schriftelijk mee te delen of hij akkoord gaat met beëindiging (art. 7:271 lid 4 slot). Op straffe van nietigheid moet de verhuurder de gronden vermelden die tot opzegging hebben geleid. Art. 7:271 lid 4 verwijst daarbij naar art. 7:274 lid 1.

Dit betekent niet dat de verhuurder bij het formuleren van de gronden de bewoordingen van art. 7:274 lid 1 moet volgen. Voldoende is dat de in de opzegging genoemde grond overeenkomt met een wettelijke grond en de feiten en omstandigheden omschrijft waarop de opzegging steunt. Het doel van het vermelden van de grond is, dat de huurder zijn proceskansen moet kunnen beoordelen.

In één geval kan de verhuurder opzeggen zonder dat hij daarvoor een reden behoeft aan te voeren en zonder dat de rechter eraan te pas komt. Het moet dan gaan om een kamerhuurder in een door de verhuurder zélf bewoond pand. Men noemt dit wel 'hospitahuur'. Deze uitzondering heeft ten doel het kamerverhuren te bevorderen door de verhuurder een gewenningsperiode te geven van negen maanden. Zijn die negen maanden voorbij, dan gelden de gewone opzegbepalingen (art. 7:232 lid 3).

Hospitahuur

Als de verhuurder niet alleen de huurder kwijt wil, maar ook diens zogenoemde medehuurders (waarover later), dan zal hij deze afzonderlijk moeten opzeggen (art. 7:271 lid 3 voor de echtgenoot-medehuurder; art. 7:267 lid 5 voor overige medehuurders).

Ad 2 Fase 2: de vordering

Gevolg opzegging door verhuurder

Indien de huurder niet schriftelijk toestemt, heeft de opzegging geen gevolg. De huurovereenkomst blijft van rechtswege van kracht, totdat de rechter onherroepelijk heeft beslist op een vordering van de verhuurder om het tijdstip vast te stellen waarop de huurovereenkomst zal eindigen.

Ad 3 Fase 3: de rechter

Limitatieve toewijzingsgronden

Hierna kan de rechter zich buigen over de vordering. Hij mag de vordering slechts toewijzen bij aanwezigheid van een of meer van de *limitatieve toewijzingsgronden* in art. 7:274 lid 1, voor zover in de opzegging vermeld. Indien de rechter de vordering toewijst, stelt hij tevens het tijdstip van ontruiming door de huurder vast (art. 7:273 lid 3).

Als de rechter de vordering afwijst wordt de huurovereenkomst van rechtswege verlengd, naar keuze van de rechter voor bepaalde of onbepaalde tijd (art. 7:273 lid 2). Ook een verlengde overeenkomst eindigt niet van rechtswege, maar moet (opnieuw) worden opgezegd. Bij verlenging lette men op art. 7:277 lid 2.

De toewijzingsgronden (art. 7:274)

Lid 1 van art. 7:274 somt de zes (limitatieve) gronden op die kunnen leiden tot toewijzing van de vordering van de verhuurder. Van deze zes gronden zijn vooral de eerste drie en de zesde van belang.

Slecht huurderschap

De eerste grond is: 'De huurder heeft zich niet gedragen zoals een *goed huurder* betaamt'. Denk aan: ernstige overlast, wanbetaling of onbehoorlijk gebruik van het goed.

Men kan zich afvragen of deze toewijzingsgrond wel praktische betekenis heeft, omdat de verhuurder de overeenkomst ook kan laten ontbinden als de huurder wanpresteert. De jurisprudentie heeft tot op heden geen verschil aan het licht gebracht tussen wanprestatie en slecht huurderschap.

Bijzondere omstandigheden bij bepaalde tijd

De tweede grond, die gelezen moet worden in combinatie met art. 7:274 lid 2, spreekt voor zichzelf. Partijen kunnen altijd overeenkomen dat de huurovereenkomst na *bepaalde* tijd, bijvoorbeeld een jaar, eindigt. Deze afspraak heeft geen enkel effect: er moet toch eerst worden opgezegd (art. 7:271 lid 1). Deze opzegging kan niet gebaseerd worden op de tweede grond, tenzij:
1 de verhuurder voldoet aan één van de drie eisen genoemd in art. 7:274 lid 2;
2 de verhuurder uitdrukkelijk ontruiming bedingt;

3 de verhuurder nog steeds belang heeft bij ontruiming.

Bij de voorwaarden van lid 2 heeft men gedacht aan verhuurders van nieuwbouwwoningen die deze woning te zijner tijd zelf willen betrekken; aan verhuurders die hun eigen woning enige tijd moeten verlaten wegens verblijf in het buitenland en aan huurders die tijdelijk afwezig zullen zijn.
Art. 7:274 geeft geen maximumtermijn aan voor de periode waarvoor het ontruimingsbeding geldt. Wanneer die termijn erg lang is, kan men zich afvragen of de derde grond niet ontdoken wordt.

Dringend eigen gebruik

De derde toewijzingsgrond, wel aangeduid met *dringend eigen gebruik*, stelt nogal wat eisen. De rechter moet, áls al sprake is van een dringende behoefte bij de verhuurder om het gehuurde zélf te gaan gebruiken, tevens de belangen afwegen van enerzijds de verhuurder, anderzijds de huurder met diens eventuele onderhuurders. Daarbij maakt het niet uit of de huurder al dan niet bevoegd was om onder te verhuren (art. 7:244). Valt deze belangenafweging in het voordeel van de verhuurder uit, dan moet bovendien vast komen te staan dat de huurder andere passende woonruimte kan verkrijgen.

Onder 'eigen' gebruik wordt niet alleen verstaan gebruik door de verhuurder zelf. Ook gebruik door een ander kan 'eigen' gebruik opleveren indien dat in het belang van de verhuurder is (bijvoorbeeld familieleden of werknemers van de verhuurder).
'Gebruik' is niet beperkt tot gebruik voor woondoeleinden, maar kan ook renovatie (zie art. 7:274 lid 3 sub a) of gebruik als kantoorruimte omvatten.

■ **Voorbeeld 13.13**
Volgens de rechter valt niet onder dringend eigen gebruik de wens van verhuurster A die permanent in het buitenland woont maar af en toe terugkomt naar Nederland en dan de aan B verhuurde woning als pied-à-terre wil gebruiken.
Ook niet dringend is het door een kerkbestuur gewenste gebruik van een verhuurde woning in de buurt van kerk en pastorie om daar een extra kapelaan te huisvesten.
Wel valt onder dringend eigen gebruik de wens van een woningstichting om een flatgebouw te slopen in het kader van wijkvernieuwing en de wens van een echtpaar met inmiddels twee kinderen op een etage van drie kamers, om de verhuurde benedenetage bij hun woning te trekken.

Voor de huurder moet andere passende woonruimte te verkrijgen zijn. Dit betekent niet dat vervangende woonruimte ook daadwerkelijk beschikbaar moet zijn. Een woonruimte is 'passend' als het woongenot voor de huurder niet wezenlijk verandert. In de rechtspraak evenwel werd een driekamerflat passend geacht voor een huurder van een vrijstaande woning. Onder omstandigheden is zelfs denkbaar dat van de huurder verwacht mag worden dat hij zich op de koopmarkt oriënteert.

Campuscontract

Voor één soort huurder geldt niet de eis van andere passende woonruimte: de student met een campuscontract. Dan staat in zijn huurcontract dat de woonruimte bestemd is voor studenten en na afloop van de huur opnieuw aan een student zal worden verhuurd. Wanneer de huurder geen actuele collegekaart kan laten zien, kan de verhuurder de huur opzeggen wegens dringend eigen gebruik. De rechter zal nog wel de belangen van huurder en verhuurder kunnen afwegen.

De minister van Justitie heeft de noodzaak van deze uitzondering voor studentenwoningen onderbouwd, door aan te geven dat in de populaire studentencomplexen in Delft 20% van de kamers wordt bewoond door ex-studenten. In Amsterdam is het zelfs zo dat in een aantal complexen de helft van de bewoners ouder is dan 27 jaar.

Als aan al deze eisen is voldaan, dan moet nog een aantal negatieve voorwaarden worden getoetst. Het gebruik door de verhuurder mag niet bestaan uit vervreemding van de zaak. De verhuurder die de woonruimte wil verkopen, kan dat dus alleen in verhuurde staat doen. Na overdracht is de rechtsopvolger van de verhuurder verplicht om de huurovereenkomst met de huurder voort te zetten (art. 7:226 lid 1 en 4, dwingend recht). Kan deze rechtsopvolger nu de huurovereenkomst opzeggen op grond van dringend eigen gebruik? Nee, aldus art. 7:274 lid 5 aanhef en sub b: deze opzegging is niet toewijsbaar indien zij geschiedt binnen drie jaar, nadat de huurder schriftelijk heeft kennisgenomen van de rechtsopvolging. Hiermee heeft de wetgever het uiterst onaantrekkelijk gemaakt om huizen in verhuurde staat te kopen.

Mochten ook deze klippen door de verhuurder zijn gepasseerd, dan kan de rechter zijn vordering toewijzen. Daarbij kan hij – en moet hij sinds kort in dit geval ook – tevens een bedrag vaststellen dat door de verhuurder aan de huurder betaald moet worden als tegemoetkoming in diens verhuis- en inrichtingskosten (art. 7:275).

Een ex-student met een campuscontract kreeg van de kantonrechter echter geen verhuiskostenvergoeding. De verhuiskosten van de inboedel van een kamer zullen betrekkelijk gering zijn, zo taxeerde de kantonrechter (ECLI:NL:RBALM:2009:BJ9334).

■ Voorbeeld 13.14
In het laatste geval van voorbeeld 13.13 wordt de huurder €20.000 toegekend. Dat is extreem veel. Gebruikelijker is een bedrag van ongeveer €5.500. Dat is ook de minimale vergoeding die verhuurders van zelfstandige woonruimte volgens een recente wetswijziging uit februari 2010 moeten geven wanneer hun huurders moeten verhuizen wegens dringend eigen gebruik van de verhuurder wegens sloop of renovatie.

Voor bij de verhuurder inwonende kamerhuurders is, in aansluiting op de proefperiode, een bijzondere toewijzingsgrond gemaakt. Als de verhuurder aannemelijk maakt dat zijn belangen bij beëindiging van de huur zwaarder wegen dan de belangen van de kamerhuurder bij voortzetting, dan trekt de huurder aan het kortste eind (art. 7:274 lid 1 sub f).

Het zal duidelijk zijn dat opzegging door de verhuurder een moeizame procedure in gang zet, waarvan de uitslag niet, zoals bij opzegging door de huurder, bij voorbaat vaststaat.

Beëindiging met wederzijds goedvinden
Beëindiging met wederzijds goedvinden moet strikt worden onderscheiden van een opzegging door de verhuurder waarmee de huurder akkoord gaat. In het laatste geval moet deze opzegging, op straffe van nietigheid, aan een aantal voorschriften voldoen die zijn opgesomd in art. 7:271. Als

de huur met wederzijds goedvinden beëindigd wordt, behoeven partijen geen van de vorm-, termijn- of inhoudsvoorschriften uit dit wetsartikel na te leven.

De enige voorwaarde die de wetgever stelt is, dat de toestemming van partijen gegeven wordt op een tijdstip, vallend ná ingang van de huurovereenkomst (art. 7:271 lid 8). Men kan dus niet in het huurcontract zélf bepalen dat de overeenkomst zonder opzegging eindigt (dit beding is nietig: art. 7:271 lid 7). De huurder moet de beëindigingsovereenkomst in volle vrijheid kunnen aangaan.

Ontbinding van de overeenkomst
Wanneer de huurder zijn verplichtingen niet nakomt, kan ontbinding van de overeenkomst volgens de hoofdregel slechts uitgesproken worden door de rechter (art. 7:231 lid 1). De verhuurder kan derhalve niet buitengerechtelijk ontbinden (vgl. art. 6:267 lid 1). Ontbindende voorwaarden in de huurovereenkomst zijn nietig ingevolge art. 7:271 lid 7. Dit alles heeft bescherming van de huurder ten doel. Diens woonrecht is zó belangrijk, dat uitsluitend de rechter hem dit recht mag ontnemen.

Bij de bespreking van art. 7:274 lid 1 sub a (de opzeggingsgrond die het gedrag van de huurder betreft) is de vraag gesteld, of deze opzeggingsgrond praktische betekenis heeft naast de ontbindingsmogelijkheid. In beide gevallen is tussenkomst van de rechter vereist (behoudens in het uitzonderlijke geval dat de huurder akkoord gaat met de opzegging). Voordelen van de ontbindingsprocedure boven de opzeggingsprocedure zijn: voorafgaande opzegging is niet nodig; de wachttijd van zes weken (art. 7:272 lid 2) vervalt; een huurovereenkomst voor bepaalde tijd kan niet tussentijds worden opgezegd, maar ontbinding is wel mogelijk.

Ook de gewone ontbindingsprocedure kost echter, wanneer er verweer wordt gevoerd, ten minste een aantal weken tijd voordat de rechter uitspraak kan doen. In spoedeisende gevallen, bijvoorbeeld wanneer sprake is van zeer ernstige en herhaalde overlast van de huurder voor omwonenden, wordt daarom meestal aan de kantonrechter gevraagd om in kort geding een voorziening bij voorraad te geven, waarbij de kantonrechter wel ontruiming kan bevelen, maar geen ontbinding kan uitspreken. De huurovereenkomst loopt dus door, tenzij partijen een beëindigingsovereenkomst sluiten. In de praktijk lijkt dit bij woonruimte niet tot problemen te leiden.

In twee gevallen is ontbinding mogelijk zonder tussenkomst van de rechter. Beide partijen kunnen de overeenkomst ontbinden wanneer het genot van het gehuurde geheel onmogelijk is geworden door een gebrek dat de verhuurder niet hoeft te herstellen (zie subparagraaf 13.2.2 onder a), bijvoorbeeld wanneer een pand geheel uitgebrand is. Zie art. 7:210 lid 1. Het tweede geval vinden we in art. 7:231 lid 2: wanneer de burgemeester op grond van verstoring van de openbare orde een drugspand sluit, kan de verhuurder de huurovereenkomst ontbinden.

13.3.2 Echtgenoten en samenwoners

In art. 7:266-270a wijdt de wetgever speciale aandacht aan personen die met de huurder samenwonen en *niet tevens huurder* zijn. Met deze bewoners heeft de verhuurder volgens de gewone regels van het contractenrecht niets te maken: er bestaat geen overeenkomst tussen hen. De wet

Medehuurder van rechtswege

Medehuurder op verzoek

bepaalt evenwel dat de echtgenoot of geregistreerde partner van de huurder van rechtswege medehuurder is zolang de echtgenoot in die woning woont (art. 7:266). Andere samenwoners kunnen slechts op verzoek medehuurder worden. Daarvoor is vereist dat men zijn hoofdverblijf in de woning heeft en met de huurder een duurzame gemeenschappelijke huishouding heeft (art. 7:267). Het verzoek moet door huurder en samenwoner gezamenlijk gericht worden tot de verhuurder. Als de verhuurder niet toestemt, kunnen huurder en samenwoner toestemming vragen aan de rechter (art. 7:267 lid 1).

De rechter moet hun vordering toewijzen, tenzij zich een of meer van de omstandigheden genoemd in art. 7:267 lid 3 voordoen.

Het begrip *duurzame gemeenschappelijke huishouding* is niet nader omschreven. Duurzaamheid is afhankelijk van de bedoeling van betrokkenen (geen duurzaamheid bij logés) en objectieve verwachtingen (wel bij affectieve relaties, minder snel bij het samenwonen van ouders met hun kinderen. In het laatste geval is sprake van een relatie die in de regel afloopt, zie o.a. ECLI:NL:HR:2004:AQ7364).

Gevolgen van het medehuurderschap

Een definitie van wat onder een medehuurder verstaan moet worden, ontbreekt. Volgens de Hoge Raad is een medehuurder nog geen contractspartij (ECLI:NL:HR:2009:BH0762). Wel geven de art. 7:266-270a enige rechtsgevolgen en verplichtingen, waarvan de belangrijkste zijn:

1 De medehuurder is met de huurder hoofdelijk aansprakelijk voor verplichtingen uit de huurovereenkomst, behalve voor zover zij al opeisbaar waren voordat de persoon in kwestie medehuurder werd (art. 7:266 lid 2, 267 lid 4 en 268 lid 4). In subparagraaf 13.2.5 is een voorbeeld gegeven van de gevolgen van de hoofdelijke aansprakelijkheid: ontbinding kan ook uitgesproken worden tegen de medehuurder, wanneer de hoofdhuurder zich schuldig maakt aan verboden hennepteelt in het gehuurde.
2 De medehuurder wordt automatisch huurder indien de huurovereenkomst ten aanzien van de huurder eindigt (art. 7:266 lid 3 en 267 lid 5, laatste zin) of indien de huurder overlijdt (art. 7:268 lid 1). Hierbij is irrelevant hóe de huurovereenkomst met de huurder eindigt. Indien de verhuurder wil bereiken dat zowel de huurder als de medehuurder ontruimt, dan zal hij beiden afzonderlijk moeten opzeggen (art. 271 lid 3 en 7:267 lid 5) of beiden moeten dagvaarden op grond van wanprestatie.
3 De medehuurder verliest het recht op medehuurderschap indien de woonruimte hem niet langer tot hoofdverblijf strekt (art. 7:266 lid 1 en 7:267 lid 5, eerste zin slot).
4 De medehuurder die de huur voortzet in plaats van de oorspronkelijke huurder, moet daarvan mededeling doen aan de verhuurder (art. 7:270a).
5 De medehuurder zet als onderverhuurder een eventuele onderhuurovereenkomst voort (art. 7:269 lid 3).

Schending van de mededelingsplicht onder punt 4 leidt overigens niet tot verval van het huurvoortzettingsrecht, maar alleen tot een verplichting de schade te vergoeden die de verhuurder door het niet (tijdig) melden lijdt.

Andere samenwoners
Zij die geen huurder of medehuurder zijn, hebben in beginsel tegenover de verhuurder geen enkel recht. Hierop bestaan twee uitzonderingen. In de eerste plaats mogen de personen die met de huurder een duurzame gemeenschappelijke huishouding hadden en in de woning hun hoofdverblijf hebben maar géén medehuurders zijn, na overlijden van de huurder gedurende zes maanden in de woning blijven (art. 7:268 lid 2). Met toestemming van de rechter kan deze periode worden verlengd. Een volwassen kleinzoon die al tien jaar bij zijn grootmoeder inwoonde en tot haar overlijden met haar een gemeenschappelijke huishouding voerde, maakt daarop kans, zo volgt uit ECLI:NL:HR:2009:BH0393. Lid 3 van art. 7:268 geeft drie gronden aan die verhinderen dat de rechter zijn goedkeuring mag geven. De rechtspraak gaat streng met de termijn van zes maanden om. Bij overschrijding van die termijn hielp geen beroep op clementie vanwege een detentie van een paar maanden of een handicap. De verhuurder hoeft ook niet te waarschuwen voor het aflopen van de termijn, ook al weet hij dat de bewuste persoon er graag wil blijven wonen (ECLI:NL:HR:2003:AK8321).
De tweede uitzondering betreft onderhuurders.

13.3.3 Onderhuurders

Eerder, in subparagraaf 13.2.4, is de positie van de onderhuurder aan de orde gesteld. Als A zijn zaak verhuurt aan B, terwijl B op zijn beurt (een deel van) de zaak onderverhuurt aan C, komt tussen A en C geen overeenkomst tot stand. Wanneer de overeenkomst A-B eindigt, heeft C geen rechten ten opzichte van A. Dit is anders wanneer de zaak een zelfstandige woning is, zowel in de verhouding A-B als in de verhouding B-C.

Onderhuur zelfstandige woning

Een *zelfstandige woning* wordt omschreven in art. 7:234. De ruimte moet een eigen toegang hebben en alle wezenlijke voorzieningen bevatten, zoals een toilet. Kamerbewoners zullen derhalve niet, bewoners van eengezinshuizen wél een zelfstandige woning bewonen.

Als onderhuurder C een zelfstandige woning bewoont, mag hij zijn huurrecht tegenwerpen aan A, als de huurovereenkomst A-B eindigt. Daarbij is onverschillig hóé de overeenkomst tussen A en B eindigt. Eveneens onverschillig is, of B bevoegd was tot onderverhuur. A moet de *onderhuurovereenkomst* met C voortzetten (art. 7:269).

■ **Voorbeeld 13.15**
Stel dat B per maand €225 huur betaalde aan A, en C €100 aan B, dan heeft A slechts recht op €100.

A kan trachten hieraan te ontkomen door binnen zes maanden de rechter te vragen de overeenkomst met C te beëindigen. A's mogelijkheden zijn daarbij zeer beperkt; zie art. 7:269 lid 2.
In voorbeeld 13.15 (huurprijsverschil) is beroep op art. 7:269 lid 2 sub c mogelijk: mede gelet op de huurprijs die tussen A en B gold, kan van A in redelijkheid niet worden gevergd dat hij de overeenkomst met C voortzet.

▪ ▪ ▪ 13.3.4 Huurprijzen en andere vergoedingen

Wil er sprake zijn van een huurovereenkomst dan moet de huurder verplicht zijn een tegenprestatie te leveren, zoals wij zagen in paragraaf 13.1. Bij woonruimtehuur zal dat meestal een bedrag in geld zijn.

Art. 7:246-265 bevatten regelingen die de huurder van woonruimte moeten beschermen tegen te hoge tegenprestaties, naast een wet die niet in het BW is geplaatst: de Uitvoeringswet huurprijzen woonruimte (Uhw).

Art. 7:237 onderscheidt die tegenprestatie in drie onderdelen. Alle verplichtingen die de huurder op zich neemt, worden samen *prijs* genoemd; de verschuldigde vergoeding voor het enkele gebruik van de woonruimte (de zogenoemde kale huur) heet *huurprijs* en daarnaast zijn er nog *servicekosten*: de vergoeding voor geleverde zaken en diensten in verband met de bewoning. Bij AMvB is van die laatste categorie een lijst (het Besluit Servicekosten) opgemaakt van hetgeen daaronder valt, zoals kosten voor het schoonhouden en verwarmen van collectieve ruimtes.

Prijs

Huurprijs
Servicekosten

Het begrip 'prijs' kan meer inhouden dan de optelsom van huurprijs en servicekosten, wanneer er ook een vergoeding wordt overeengekomen voor diensten die niet onder de servicekosten vallen. Daarbij valt te denken aan het verstrekken van maaltijden in een pension waar men een kamer huurt, of verhuur van serviceflats waarbij naast kale huur en kosten van energie ook kosten van verzorging worden doorberekend. Dit laatste onderdeel van de prijs wordt niet gecontroleerd door hiervoor genoemde wetsbepalingen. Hiermee is oude jurisprudentie van de baan, die het exploiteren van serviceflats uiterst moeilijk maakte. Wel is er nog één laatste redmiddel voor huurders: bedingen die niet de huurprijs betreffen, maar wel een onredelijk voordeel opleveren voor een van de partijen of een derde, zijn nietig (art. 7:264). Denk bijvoorbeeld aan sleutelgeld. Dit kan op basis van onverschuldigde betaling via de rechter worden teruggevorderd.

Hoofdregel:
huurprijs vrij

Hoofdregel is dat de *huurprijs* vrij overeengekomen kan worden (art. 7:246), en dat de huurprijsbescherming niet volledig opgaat bij huurovereenkomsten boven de zogenoemde liberalisatiegrens (art. 7:247). Dan gaat het om huurovereenkomsten waarbij voor zelfstandige woonruimte medio 1994 een huurprijs gold die boven de toenmalige huursubsidiegrens lag, en dat was bij de meeste woningen het geval. In het vervolg wordt die grens bepaald door de Uhw.

Binnen zes maanden na ingang van de huur kan ook een geliberaliseerde huurprijs gecontroleerd worden door de Huurcommissie op verzoek van de huurder, en naar beneden worden gebracht wanneer op basis van objectieve gegevens wordt vastgesteld dat de woning onder de liberalisatiegrens moet vallen. Aan die objectieve gegevens is een puntensysteem gekoppeld. Het aantal punten dat een woning oplevert, correspondeert met een minimaal en een maximaal redelijke huurprijs. Wanneer bij controle blijkt dat een te hoge huurprijs is overeengekomen, adviseert de Huurcommissie de huur met terugwerkende kracht te verlagen (art. 7:249).

Verder kan de huurder ieder jaar huurprijsverlaging vragen wanneer hij op basis van het puntentotaal van mening is dat de maximaal redelijke huurprijs overschreden wordt (art. 7:252).

Uitzondering op
hoofdregel

Bij woningen onder de liberalisatiegrens gelden strakke regels voor de wijze waarop en de mate waarin jaarlijkse huurprijsverhogingen kunnen plaatsvinden.

Hoofdregel: servicekosten vrij

Ook de *servicekosten* kunnen vrijelijk worden overeengekomen, maar de huurder van geliberaliseerde woonruimte kan de redelijkheid ervan laten toetsen door de Huurcommissie.

Een uitspraak van de Huurcommissie geldt alsof partijen de inhoud daarvan zelf hebben afgesproken, tenzij een van hen binnen acht weken de zaak aan de rechter voorlegt (art. 7:262).

13.3.5 Bijzondere procedure bij gebreken

In subparagraaf 13.2.2 bespraken we de algemene gebrekenregeling die geldt voor alle huurobjecten. Zie ook figuur 13.1. Bij gebreken in woonruimte hoeft de huurder niet meteen naar de rechter om herstel van gebreken af te dwingen. Hij kan dat simpeler doen via de Huurcommissie (art. 7:257 lid 2). Het moet dan wel gaan om gebreken die staan vermeld in het *Besluit gebreken* (op basis van art. 7:241). De Huurcommissie hanteert daarbij het op internet te raadplegen en van uitvoerige toelichting voorziene 'gebrekenboek', zie www.huurcommissie.nl. Met een ook van die site te downloaden modelbrief kan de huurder de verhuurder in kennis stellen van gebreken, die de verhuurder binnen zes weken dient te verhelpen. Doet de verhuurder dat niet, dan kan de huurder aan de Huurcommissie vragen uitspraak te doen over de redelijkheid van de huurprijs. Zijn de gebreken ernstig genoeg, dan zal de Huurcommissie de voor de woning geldende maximaal redelijke huurprijs verlagen totdat de gebreken zijn opgeheven. Ook deze uitspraak van de Huurcommissie geldt als tussen partijen overeengekomen, tenzij huurder of verhuurder binnen acht weken een beslissing van de rechter vordert.

Besluit gebreken

13.4 Huur en verhuur van art. 7:290-bedrijfsruimte

In paragraaf 13.4 behandelen we de regels die gelden voor wat ook wel middenstandsbedrijfsruimte wordt genoemd. Over de definitie ervan gaat het hierna in subparagraaf 13.4.1. In subparagraaf 13.4.2 wordt kort stilgestaan bij de regels over de huurtermijnen die voor dit soort bedrijfsruimte gelden. Daarna wordt in subparagraaf 13.4.3 uitgelegd welke opzeggingsregels gelden bij die verschillende termijnen. Ten slotte wordt in subparagraaf 13.4.4 aandacht besteed aan andere manieren waarop de huurovereenkomst kan eindigen.

Middenstandsbedrijfsruimte

13.4.1 Wat is art. 7:290-bedrijfsruimte?

Als een huurovereenkomst een bepaalde vorm van bedrijfsruimte tot object heeft, zijn naast de algemene bepalingen art. 7:290 e.v. van toepassing. Lid 2 van art. 7:290 beschrijft deze *bedrijfsruimte* als volgt: een gebouwde onroerende zaak of een gedeelte daarvan, die krachtens huurovereenkomst bestemd is voor de uitoefening van een kleinhandelsbedrijf, een restaurant- of cafébedrijf, een afhaal- of besteldienst, of een ambachtsbedrijf.

Een café, geëxploiteerd in een ruimte die als woonruimte is verhuurd, valt dus niet onder deze bepalingen.

De genoemde bedrijven hebben gemeen, dat zij plaatsgebonden zijn. De huurders van deze ruimten hebben soms veel moeten investeren, zijn afhankelijk van klanten uit de omgeving en hebben door, vaak eigen, arbeid

Definitie 290-bedrijfsruimte

goodwill opgebouwd. Om deze redenen moeten zij beschermd worden tegen willekeurige beëindiging van de overeenkomst door de verhuurder. Behalve dat in concreto het type bedrijf en de contractuele bestemming van belang zijn, moet ook voldaan zijn aan de eis dat er een 'voor het publiek toegankelijk lokaal voor rechtstreekse levering van roerende zaken of voor dienstverlening' aanwezig is, dan wel dat de contractuele bestemming hotel- of kampeerbedrijf is.

Het is niet altijd eenvoudig om de grens te trekken tussen wel- of niet-art. 7:290-bedrijfsruimte. De strekking van de regeling brengt mee dat beoefenaren van vrije beroepen (accountants, advocaten, tandartsen enzovoort) geen bedrijfsruimte in deze zin huren: hun werkzaamheden zijn niet of nauwelijks plaatsgebonden. Vaak ook zal het voor het publiek toegankelijke verkooppunt ontbreken.
Twijfel kan gaan rijzen bij een apotheek. Volgens de Hoge Raad in 1981 was een benzinestation met winkel, waar je smeermiddelen enzovoort kon kopen, wél art. 7:290-bedrijfsruimte. Sinds 2005 bepaalt de Benzinewet dat de wettelijke bepalingen van art. 7:290 e.v. niet gelden voor benzinestations langs rijkswegen die door de staat worden verhuurd. De locaties van dergelijke verkooppunten worden door de staat geveild en aan de hoogste bieder gegund voor maximaal vijftien jaar.
Duidelijk was de Hoge Raad in zijn uitspraak uit 2005 (ECLI:NL:HR:2005: AT4548): sportgelegenheden als zwembaden vallen niet onder de definitie van art. 7: 290-bedrijfsruimte nu deze buiten de limitatief opgesomde bedrijfssoorten vallen. In dit geval bevond zich in het zwembad een winkel met duikersbenodigdheden en een kiosk, waar versnaperingen verkocht werden.

■ ■ ■ 13.4.2 Termijnbescherming

Uitgangspunt: 10 jaar

De wetgever gaat ervan uit dat de 'modale' huurder van art. 7:290-bedrijfsruimte tien jaar in het genot van het gehuurde moet blijven, wil hij zijn investeringen kunnen aflossen. Daarom moet elke huurovereenkomst in beginsel tien jaar kunnen duren. Dit noemt men *termijnbescherming*; deze is te vinden in art. 7:292. Termijnbescherming is niet nodig voor huurovereenkomsten voor bepaalde tijd, langer dan tien jaar. Als de overeenkomst voor onbepaalde tijd is aangegaan, wordt zij gesplitst in een basistermijn van vijf jaar en een verlengingstermijn van vijf jaar. De overeenkomst voor bepaalde tijd, langer dan vijf, maar korter dan tien jaar, heeft de overeengekomen tijdsduur als basistermijn en het supplement tot tien jaar als verlengingstermijn.

Op grond van art. 7:291 kan niet ten nadele van de huurder worden afgeweken van onder andere de wettelijke huurtermijnen zonder speciale toestemming van de kantonrechter. Goedkeuring aan afwijkende bedingen wordt ingevolge het derde lid van art. 7:291 verleend wanneer het beding de rechten van de huurder niet wezenlijk aantast, maar ook wanneer de huurder die bescherming in redelijkheid niet nodig heeft omdat hij niet beschermd hoeft te worden tegen een sterkere contractpartij. Hierbij is gedacht aan grootwinkelbedrijven die willen huren van een kleine verhuurder.
Een nieuwe trend is de 'shop-in-shopformule', waarbij een leverancier van exquise goederen enkele vierkante meters huurt in bijvoorbeeld een groot

warenhuis. Ook dan worden regelmatig afwijkende huurbedingen afgesproken, waartegen zo'n leverancier niet altijd beschermd hoeft te worden.

Toestemming voor afwijkende huurtermijnen wordt wel gevraagd in gevallen waarin het gehuurde op termijn een andere bestemming krijgt, of wanneer het wordt onderverhuurd en men de huurtermijnen voor hoofd- en onderverhuur parallel wil laten lopen.

Zo kennen winkelketens soms een *franchiseformule*: de op zichzelf zelfstandige winkelier sluit zich aan bij het systeem en profiteert dan, tegen betaling uiteraard, van bijvoorbeeld centrale inkoop, reclame en uniforme winkelinrichting. Soms huurt de winkelier zijn winkelruimte ook via de franchiseorganisatie. Dan kan van belang zijn dat de huur beëindigd kan worden indien de ondernemer uit de franchiseorganisatie stapt. Voor deze bijzondere opzeggingsgrond zal goedkeuring van de kantonrechter gevraagd moeten worden.

■ ■ ■ 13.4.3 Einde van de huur van bedrijfsruimte door opzegging

We onderscheiden hier beëindiging van de huur tegen het einde van de basistermijn en tegen het einde van de verlengingstermijn en na tien jaar. Hoe korter de voorafgaande huurperiode is, hoe meer bescherming de huurder tegen opzegging door de verhuurder krijgt.

Opzegging tegen het einde van de basistermijn

Opzegging door verhuurder in basistermijn

Tegen het einde van de basistermijn kunnen beide partijen de huur opzeggen. Evenals bij huur van woonruimte moet opzegging geschieden bij deurwaardersexploot of aangetekende brief. De opzegtermijn is voor beide partijen ten minste één jaar (art. 7:293 lid 2). Opzegging door de huurder heeft tot gevolg dat de overeenkomst wordt beëindigd; verlenging van de basistermijn vindt niet plaats (art. 7:295 lid 1). Als de verhuurder opzegt, moet deze bovendien – evenals de verhuurder van woonruimte – de gronden vermelden die tot opzegging hebben geleid, op straffe van nietigheid van de opzegging (art. 7:294). Deze gronden zijn zéér beperkt: slechts bij dringende behoefte tot persoonlijk gebruik door de verhuurder of enige met name genoemde personen, óf bij slechte bedrijfsvoering van de huurder, kan worden opgezegd (art. 7:296 lid 1). Indien de huurder niet instemt met de opzegging door de verhuurder loopt de procedure zoals dat het geval is bij woonruimte: de overeenkomst blijft ondanks opzegging van rechtswege van kracht (art. 7:295 lid 1).

Twee toewijzingsgronden voor de rechter

De verhuurder kan zich tot de rechter wenden met een vordering tot beëindiging van de huurovereenkomst. Deze kan de vordering slechts toewijzen op de twee gronden, genoemd in art. 7:296 lid 1.

De eerste grond (dringend persoonlijk gebruik door genoemde personen) lijkt wellicht op art. 7:274 lid 1 sub c. Deze indruk is niet geheel juist. Anders dan bij woonruimte vindt geen belangenafweging plaats, noch wordt vereist dat de huurder elders ruimte kan verkrijgen. Wel is ook hier de vordering niet toewijsbaar indien de verhuurder die om deze reden opzegt, nog geen drie jaar geleden de oorspronkelijke verhuurder is opgevolgd, terwijl hij niet zelf tot de kring personen behoort die kan meeliften met het belang van die oorspronkelijke verhuurder (art. 7:296 lid 2). Gevaarlijk voor huurders is, dat sinds de wetswijziging in 2003 onder dringend eigen gebruik voor de verhuurder ook wordt verstaan: renovatie die zonder huurbeëindiging niet mogelijk is. Dit heeft inmiddels geleid tot een groot aantal huurbeëindigingen, vooral bij winkeliers in winkelcentra. Vaak zijn dit huurders die als kleine zelfstandige hun bedrijf ter plaatse hebben opgebouwd en hun 'pensioen in de zaak hebben zitten'. Dat bedrijf valt zonder bedrijfsruimte niet makkelijk meer over te dragen.

De tweede grond (bedrijfsvoering door de huurder is niet zoals een goed huurder betaamt) verdient een korte toelichting. De huurder die zijn bedrijf verwaarloost, vermindert daardoor de huurwaarde van het pand en mogelijk ook van omringende panden. Ieder kent wel de 'dode punten' in winkelstraten. Dit bemoeilijkt het opnieuw verhuren door de verhuurder.

Nadere huurprijsvaststelling bij verlenging

Rondom het tijdstip van verlenging kan aan de rechter worden gevraagd de huurprijs nader vast te stellen, als die huurprijs niet overeenstemt met die van vergelijkbare bedrijfsruimte ter plaatse. Bij goede economische vooruitzichten kan de vierkantemeterprijs in een winkelstraat waar 'de loop in zit' sterk stijgen. Om te voorkomen dat huurprijzen voor zittende ondernemers als jojo op en neer gaan, heeft de wetgever een weerstand ingebouwd. De rechter moet bij zijn uitspraak letten op het gemiddelde van de bij de vergelijking betrokken huurprijzen over de voorgaande vijf jaar (art. art. 7:303). Deze weerstand wekt in de praktijk ook weerstand op, want het blijkt moeilijk om aan dergelijke bedrijfsgegevens te komen! Daarom heeft de wetgever nu toegevoegd dat de rechter in zo'n geval ook een schatting mag maken aan de hand van wel bekende gegevens.

Nieuw is ook dat partijen eerst moeten zorgen dat zij samen een deskundigenadvies inwinnen over de nadere huurprijs. Als zo'n advies niet aan de rechter wordt overgelegd, is een vordering tot vaststelling van de huurprijs niet ontvankelijk, aldus art. 7:304. De kantonrechter kan op verzoek een deskundige benoemen, indien partijen er samen niet uitkomen. In de praktijk wordt geklaagd over het verplichte voorafgaande deskundigenrapport, omdat daarin geen rekening gehouden kan worden met geschilpunten die pas in de procedure naar voren komen. Aanbevolen wordt daarom om het vooral niet eens te worden over de deskundige, zodat de kantonrechter partijen op eventuele geschilpunten kan bevragen wanneer hij hen hoort op het verzoek om een deskundige te benoemen. Ondertussen worden er steeds minder geschillen over aanpassing van de huurprijs aan de rechter voorgelegd. Dat kan te maken hebben met het verplichte advies vooraf, maar ook met de huidige leegstand van winkelruimte (zie de inleiding op dit hoofdstuk).

Opzegging tegen het einde van de verlengingstermijn

Opzegging in verlengingstermijn

Ook na tien jaar eindigt de (verlengde) overeenkomst niet van rechtswege, maar kan deze door beide partijen worden opgezegd. Daartoe gelden dezelfde formele eisen en de termijn als bij opzegging binnen de periode van termijnbescherming. Wederom veroorzaakt opzegging door de huurder het einde van de overeenkomst, terwijl de verhuurder instemming van de huurder of rechter nodig heeft. In afwachting daarvan loopt de overeenkomst, ondanks opzegging, door (art. 7:295 lid 1). In zijn opzegging dient de verhuurder de gronden voor opzegging te vermelden (art. 7:294). Anders dan bij opzegging tegen het einde van de basistermijn, zijn de gronden niet gelimiteerd.

Meer gronden voor verhuurder

Als de huurder niét met de opzegging instemt, kan de verhuurder vorderen dat de kantonrechter het tijdstip zal vaststellen waarop de huurovereenkomst zal eindigen. De kantonrechter is in vier gevallen verplicht de vordering toe te wijzen; zie art. 7:296 lid 4 jo. lid 1.

De eerste twee gronden zijn gelijk aan de gronden die gelden bij de basistermijn: dringend eigen gebruik en slechte bedrijfsvoering. Daarnaast moet, nu de overeenkomst tien jaar heeft geduurd, de huurder wijken indien de verhuurder een bestemmingsplan wil realiseren dat op het verhuurde rust. Voorts delft de huurder het onderspit als hij niet akkoord gaat met een redelijk aanbod voor een nieuwe huurovereenkomst, voor zover dat aanbod geen prijswijziging betreft.

In alle andere gevallen beslist de rechter naar redelijkheid en billijkheid. Hij móét de vordering van de verhuurder afwijzen indien, bij een redelijke afweging van belangen van enerzijds huurder en onderhuurder aan wie bevoegdelijk is onderverhuurd, anderzijds verhuurder, blijkt dat van de huurder niet gevergd kan worden dat hij het gehuurde ontruimt (art. 7:296 lid 3).

Als de verhuurder opzegt omdat hij het bedrijfspand leeg wenst te verkopen, doet zich geen verplichte toewijzingsgrond voor. Hier dient de rechter derhalve de wederzijdse belangen af te wegen. Bij een opzegging tegen het einde van de verlengingstermijn geldt niet de wachttermijn van drie jaar (zie art. 7:296 lid 2) voor de rechtsopvolger van de verhuurder, zo oordeelde de Hoge Raad in 2010 (ECLI:NL:HR:2010:BM9758).

Indien de rechter de vordering van de verhuurder toewijst, kan hij daarbij een verhuis- en inrichtingskostenvergoeding vaststellen ten behoeve van de huurder en de bevoegde onderhuurders. Wanneer dat de verhuurder te gortig is, kan hij zijn vordering tot vaststelling van de datum waarop de huurovereenkomst eindigt, alsnog intrekken (art. 7:297).
Bij toewijzing van de vordering kan de huurder bovendien nog een vergoeding van de verhuurder vorderen, wanneer de verhuurder in het gehuurde een gelijksoortig bedrijf als de voormalige huurder gaat beginnen en daardoor voordeel geniet (art. 7:308).

Toewijzing van de vordering leidt tot ontruiming (art. 7:296 lid 5). Onder omstandigheden kan de rechter zijn beslissing uitvoerbaar bij voorraad verklaren (art. 7:295 lid 1).

Na tien jaar

Opzegging na tien jaar

Wanneer de verlengde overeenkomst niet is opgezegd, loopt de overeenkomst voor onbepaalde tijd door, tenzij uit de overeenkomst een bepaalde tijd voortvloeit of partijen anders overeenkomen. Hoewel de wet op dit punt niet duidelijk is, valt aan te nemen dat ditzelfde geldt wanneer de verlengde overeenkomst wel is opgezegd, maar de rechter vervolgens de vordering van de verhuurder heeft afgewezen.
Loopt een huurovereenkomst na ommekomst van de eerste tien jaar voor bepaalde tijd door (of is van meet af aan een huurperiode van tien jaar of langer afgesproken), dan eindigt deze niet van rechtswege door het verstrijken van de bepaalde tijd maar moet deze eerst worden opgezegd, waarbij dezelfde formaliteiten en opzeggingsgronden gelden als bij opzegging tegen het einde van de verlengingstermijn (art. 7:300).

13.4.4 Overige wijzen waarop beëindiging kan plaatsvinden

Evenals bij huur van woonruimte kan de huurovereenkomst met betrekking tot art. 7:290-bedrijfsruimte eindigen met wederzijds goedvinden nadat de huur is ingegaan (art. 7:293 lid 3; vgl. art. 7:271 lid 8) en door ontbinding op grond van wanprestatie (art. 7:231).
Soms kan de huurder er belang bij hebben dat de overeenkomst voortijdig wordt beëindigd, bijvoorbeeld omdat de zaken niet zo goed gaan, of omdat hij elders betere mogelijkheden ziet. Indien de verhuurder daarmee niet akkoord gaat, bieden art. 7:290 e.v. geen oplossing voor de huurder.

13.4.5 Alternatieven voor de huurder

Indeplaatsstelling

Wanneer de huurder eerder van de huurovereenkomst af wil maar de verhuurder niet instemt met voortijdige beëindiging, dan kan de huurder trachten zijn bedrijf aan een ander over te dragen. Hij kan dan, met machtiging van de rechter, deze ander in zijn plaats aanstellen als huurder (art. 7:307).
De wet eist dat de huurder het in het gehuurde *uitgeoefende bedrijf* aan een ander overdraagt. Een bloemenwinkel kan dus niet zomaar in een kledingzaak veranderen.
Verder mag de overdragende huurder ook niet te lang wachten met het aanvragen van de machtiging.
Machtiging is ook nodig wanneer de ondernemer met een eenmanszaak zijn gehuurde winkelruimte wil inbrengen in de door hem opgerichte bv, die het bedrijf gaat uitoefenen.

■ Voorbeeld 13.16
A heeft in 1981 van B een winkel gehuurd voor zijn eenmanszaak, een bloemenwinkel. In 1984 richt A een bv op, waarin hij zijn eenmanszaak inbrengt. Pas in 1995 vordert A dat de bv in zijn plaats wordt gesteld als huurder. De vordering wordt afgewezen omdat er geen verband is met een voorgenomen bedrijfsoverdracht, en omdat A ook niet zo spoedig mogelijk na die bedrijfsoverdracht indeplaatsstelling heeft gevorderd (ECLI:NL:HR:1999:ZC2850).

A loopt, in voorbeeld 13.16, grote kans dat B hem een terecht verwijt kan maken van verboden ingebruikgeving aan een derde.

Van de mogelijkheid tot indeplaatsstelling wordt ook gebruikgemaakt wanneer de huurder zijn bedrijf wil verkopen, bijvoorbeeld omdat hij met pensioen wil.
Maar ook al heeft de huurder een zwaarwichtig belang bij indeplaatsstelling, de rechter moet bij zijn beslissing rekening houden met de omstandigheden van het geval (zie art. 7:307 lid 2).

■ Voorbeeld 13.17
Esso verhuurt al sinds 1957 een tankstation langs de A1 aan B. De huurprijs is afhankelijk van de omzet. B wil zijn bedrijf overdoen aan zijn zoon C, maar Esso gaat niet akkoord met indeplaatsstelling omdat zij wil dat een tot haar groep behorende onderneming het station na B gaat exploiteren. De huuropbrengst onder B was de laatste jaren negatief en het afgelopen jaar maar gering. Esso verwacht dat het tankstation bij de door haar gewenste nieuwe huurder winstgevender wordt geëxploiteerd. De vorde-

ring van B wordt afgewezen en de Hoge Raad oordeelt dat de feitenrechters dit belang van Esso terecht hebben meegewogen (ECLI:NL:HR:2006:AU7465).

Bij afwijzing kan het gevolg zijn dat de huurder zijn plannen om zijn bedrijf te verkopen niet zal kunnen uitvoeren bij gebrek aan een bedrijfsruimte voor de opvolger. Mocht de verhuurder in voorbeeld 13.17 de huur opzeggen en de exploitatie aan de door haar gewenste huurder overlaten, dan heeft B mogelijk wel recht op de in subparagraaf 13.4.3 genoemde vergoeding van art. 7:308.

Onderverhuur

Eventueel kan de huurder de bedrijsruimte onderverhuren, maar vaak zal hem dit recht contractueel zijn ontzegd. Art. 7:306 brengt mee dat de onderhuurovereenkomst eindigt wanneer de rechter, op vordering van de hoofdverhuurder A, diens opzegging van de huurovereenkomst honoreert en het tijdstip van ontruiming vaststelt. Wanneer onderhuurder C door huurder B verkeerd is voorgelicht over de huurtermijn of wanneer B onvoldoende is opgekomen voor de belangen van C, dan is B schadeplichtig ten opzichte van C.

Beide mogelijkheden (machtiging tot indeplaatsstelling en onderverhuur) veronderstellen dat een derde belangstelling heeft voor de ruimte. Juist in tijden van economische recessie behoeft dat niet het geval te zijn.

De huurder zal moeten wachten tot hij rechtsgeldig kan opzeggen.

■ Voorbeeld 13.18

Verhuurder A is niet akkoord gegaan met tussentijdse huuropzegging door huurder B, die de winkelruimte inmiddels wel heeft verlaten en geen huur meer betaalt. A vordert betaling van de huur over de resterende huurperiode. De rechter in eerste aanleg en de rechter in hoger beroep matigen het daarmee gemoeide bedrag omdat niet is gebleken dat A heeft geprobeerd zijn schade te beperken door een andere huurder te zoeken. De Hoge Raad is het daarmee niet eens. A heeft recht op nakoming. Hier gaat het niet om schadevergoeding, waarbij A op grond van art. 6:101 een schadebeperkingsplicht zou hebben (ECLI:NL:HR:1999:AA1063).

De huurovereenkomst voor maximaal twee jaar

Beginnende ondernemers doen er wellicht verstandig aan gebruik te maken van de mogelijkheid die art. 7:301 lid 1 biedt: een huurovereenkomst sluiten voor maximaal twee jaar. Voor zo'n eenmalige, kortlopende huurovereenkomst is geen speciale toestemming van de rechter nodig, zoals bedoeld in art. 7:291 lid 2.

In figuur 13.2 wordt het einde van art. 290-bedrijfsruimtehuur schematisch weergegeven.

Figuur 13.2 **Einde art. 290-bedrijfsruimtehuur**

A Opzegging bij het normale type:			
Periode	Tijdige opzegging door	Gevolg	Gronden (art. 7:296)
Basistermijn	Huurder	Einde na verstrijken basistermijn	
	Verhuurder	Als huurder niet instemt: huur loopt door; verhuurder moet naar rechter	1. Bedrijfsvoering niet als goed huurder 2. Dringend nodig voor duurzaam 'eigen' gebruik, maar niet binnen drie jaar na rechtsopvolging
Verlengings-termijn	Huurder	Einde na verstrijken verlengingstermijn	
	Verhuurder	Als bij basistermijn	Als bij basistermijn en bovendien: 3. Realiseren bestemmingsplan 4. Redelijk aanbod nieuwe huurovereenkomst zonder prijswijziging 5. Algemene belangenafweging
Na tien jaar	Huurder	Einde na verstrijken nieuwe huurtermijn	
	Verhuurder	Als bij basistermijn	Als bij basis- en verlengingstermijn
B Beëindiging met wederzijds goedvinden:			
Geen formaliteiten, enige voorwaarde: na ingang huurovereenkomst (art. 7:293 lid 3)			
C Beëindiging van rechtswege:			
Bij eerste, eenmalige overeenkomst voor maximaal twee jaar zonder voortzetting (art. 7:301)			
D Ontbinding:			
Door de rechter bij wanprestatie (art. 7:231)			

■ ■ ■ 13.5 Huur en verhuur van art. 7:230A-bedrijfsruimte

Als restant van naoorlogse noodwetgeving uit de vorige eeuw kennen we een regeling voor verhuur van gebouwde onroerende zaken die geen woonruimte en geen art. 7:290-bedrijfsruimte zijn. Denk aan kantoorruimte, opslagplaatsen en fabrieken. Zoals in paragraaf 13.4 al is beschreven, is de grens tussen wel en niet art. 7:290-bedrijfsruimte niet altijd eenvoudig te trekken. De verschillen tussen beide regelingen zijn groot, want wanneer het om art. 7:230A-bedrijfsruimte gaat, moet de huurder bijzonder goed opletten. In beginsel eindigt deze huurovereenkomst door het verstrijken van de bepaalde tijd, of door opzegging door de verhuurder indien de huur voor onbepaalde tijd is aangegaan of verlengd (art. 7:228 is

Huurder kan verlenging vragen

van toepassing, zie subparagraaf 13.2.6). De verhuurder zal wel schriftelijk het tijdstip van ontruiming moeten aanzeggen en dan heeft de huurder gedurende twee maanden na dat tijdstip *ontruimingsbescherming:* de verhuurder kan hem gedurende die twee maanden niet verplichten tot ontruiming. Binnen die periode kan de huurder de rechter verzoeken die termijn te verlengen tot maximaal een jaar; daarna kan de huurder nog twee keer verlenging met maximaal een jaar vragen.

Het verlengingsverzoek wordt afgewezen wanneer de huurder zich schuldig heeft gemaakt aan onbehoorlijk gebruik van het gehuurde, ernstige overlast of wanbetaling. In andere gevallen weegt de rechter de belangen van enerzijds huurder en bevoegde onderhuurder, en anderzijds de verhuurder af.

Geen ontruimingsbescherming geniet de huurder die zelf heeft opgezegd, akkoord is gegaan met opzegging door de verhuurder of die wegens wanprestatie is veroordeeld tot ontruiming.

Al met al is de wettelijke regeling van de huurovereenkomst in 2003 nauwelijks vereenvoudigd.

■ ■ ■ 13.6 Nieuwe ontwikkelingen

De door sommige politieke partijen gewenste hervorming van de woningmarkt heeft geleid tot indiening van een wetsvoorstel, waarmee beoogd wordt 'scheefhuur' tegen te gaan: bij huurders met een inkomen vanaf €43.000 mag de huurprijs dan jaarlijks meer stijgen dan voor de lagere inkomensgroepen. De behandeling van het wetsvoorstel 'Huurverhoging op grond van inkomen' (Kamerstukken 33 129) ligt al enige tijd stil, omdat onderzoek wordt gedaan naar de principiële vraag of de Belastingdienst wel inkomensgegevens van huurders mag verschaffen aan verhuurders.

In subparagraaf 13.4.3 is aan de orde gekomen dat de opzeggingsmogelijkheid wegens renovatie van art. 7:290-bedrijfsruimte tot trieste situaties voor huurders kan leiden. Met een in 2011 ingediend initiatiefwetsvoorstel (Kamerstukken 33 018) wordt gepoogd om renovatie uit te sluiten als reden voor opzegging op grond van dringend eigen gebruik. Dan zou de wens van de verhuurder tot renovatie alleen nog in het kader van de algemene belangenafweging en voor het eerst bij opzegging aan het einde van de verlengingsperiode aan de orde kunnen komen. Diverse fracties hebben kritische vragen gesteld aan de indieners van dit wetsvoorstel. Sinds eind 2012 wordt op antwoorden gewacht.

In een aantal gemeenten hebben sociale verhuurders een deel van hun woningvoorraad specifiek bestemd voor jongeren. Met het doel om in die woningen de doorstroom te bevorderen, is begin 2015 een wetsvoorstel ingediend (Kamerstukken 34 156) waardoor met jongeren van 18 tot 28 jaar huurcontracten kunnen worden gesloten voor maximaal 5 jaar. Daarna kan de verhuurder opzeggen wegens dringend eigen gebruik, ten behoeve van een andere jongere. Over de maximumduur van dit 'jongerencontract' is veel discussie.

Vragen

1. A verhuurt een auto aan B voor de duur van één jaar. Na enkele weken wordt A onder curatele gesteld. De curator is niet op de hoogte van de verhuur aan B.
   a. De curator verhuurt de auto aan C. Is de overeenkomst met C geldig?
   b. De curator verkoopt en levert de auto aan C. Kan B zijn huurrecht tegen C geldend maken?

2. A verhuurt een etage aan B voor onbepaalde tijd. Na twee jaar trouwt B met C, die na het huwelijk bij B intrekt. A is daarvan niet op de hoogte. Na enige tijd besluiten B en C uit elkaar te gaan. B deelt A mede met ingang van 1 mei a.s. te vertrekken. A gaat met deze opzegging akkoord. Op 1 mei blijkt C zich in de woning te bevinden. A stelt dat zij moet ontruimen. Is dit terecht?

3. A bv huurt van Z 2 000 m² kantoorruimte tot 1 december 2015. Bij aangetekende brief van 1 november 2015 wijst Z A bv erop dat A het pand op 1 december 2015 ontruimd moet hebben. Dit komt A slecht uit, want de nieuwbouw van haar kantoor verderop heeft forse vertraging opgelopen waardoor dat pas over zes maanden bruikbaar is. Wat moet A bv doen?

4. T huurt voor onbepaalde tijd van K een winkel waarin zij een tearoom in Engelse stijl begint. Na drie jaar heeft T genoeg van dit bedrijf en zegt de huur op met inachtneming van een opzegtermijn van drie maanden. K gaat hiermee niet akkoord en stelt dat T pas na tien jaar mag opzeggen. Klopt het standpunt van T of K?

5. Wat kan T uit vraag 4 doen als zij de huur niet meer kan betalen en K niet met voortijdige beëindiging van de huurovereenkomst instemt?

Casus

1. De Amsterdamse Stichting Jongerenhuisvesting (ASJ) stelt zich ten doel: het verschaffen van goede en goedkope woongelegenheid aan jongeren tussen 18 en 30 jaar.
   Student A huurt van ASJ een kamer 'voor de duur van zijn studie', zoals in het huurcontract staat. Tevens is schriftelijk in het contract overeengekomen dat A verplicht is te ontruimen, en daarom reeds nu voor alsdan opzegt, zodra hij de leeftijd van 30 jaar heeft bereikt.
   Rond A's dertigste verjaardag deelt ASJ mede de huurovereenkomst als geëindigd te beschouwen op grond van het contract.
   a Is de stelling van ASJ juist?
   b Indien het beding niet geldig is, hoe en op grond waarvan kan ASJ de huurovereenkomst met A dan beëindigen?

2. Student S huurt met ingang van 1 juli 2015 voor de duur van een jaar een kamer bij hospita R. Zij blijkt in de praktijk een snibbige dame te zijn, bij wie hij zich niet op zijn gemak voelt en die zijn doen en laten becommentarieert. Per 1 december 2015 kan S een kamer elders krijgen.
   Welk gevolg heeft opzegging door S per 1 december 2015?

3. Hospita R verhuurt met ingang van 1 juli 2015 voor de duur van een jaar een kamer aan student S. Al snel heeft zij daar spijt van: S stampt op de trap, heeft veel bezoekers en speelt heavy-metalmuziek af. Zij heeft daar als bewoonster op de begane grond veel last van.
   Op 10 september 2015 zegt zij de huur met onmiddellijke ingang op.
   a Wat is de juridische positie van S?
   b Hoe luidt uw antwoord indien hospita R de kamer voor onbepaalde tijd verhuurt?

4. B, startend ondernemer, begint een bloemenwinkel in een pand dat hij voor dat doel van eigenaar M kan huren voor €800 per maand. Partijen maken geen afspraken over de duur van de overeenkomst.
   a Wat is de juridische positie van B indien de zaak niet loopt en B, opgejaagd door de bank die geen krediet meer wil geven, na achttien maanden van zijn huurverplichtingen af wil?
   b Wat is de juridische positie van B indien de zaak floreert, maar M na vier jaar opzegt, omdat hij het pand leeg wenst te verkopen en met de opbrengst van een onbezorgde oude dag in Toscane wil genieten?
   c En hoe zit dat als M na twaalf jaar om dezelfde reden als onder b opzegt?

5. J heeft al jaren een oogje op Villa Aline, een bijzonder pand in zijn geboortestad. Als dat pand te koop komt, aarzelt hij geen moment, ook al wordt het nog bewoond door een paar huurders op leeftijd.
   Op 1 februari 2015, de dag dat J het pand in eigendom heeft gekregen, meldt hij zich als nieuwe eigenaar bij de bewoners, deelt mee dat hij de huur opzegt tegen 1 augustus 2015 omdat hij er dan zelf wil gaan wonen. Verder dienen de huurders vanaf zijn komst ook €250 per maand meer huur te betalen.
   Kunt u de bezorgde huurders geruststellen en zo ja, met welke argumenten?

Arbeidsovereenkomst

14

14.1 Arbeid in verschillende gedaanten
14.2 Elementen van de arbeidsovereenkomst
14.3 Bijzondere (arbeids)overeenkomsten
14.4 Tot stand komen van de arbeidsovereenkomst
14.5 Verplichtingen van de werkgever
14.6 Verplichtingen van de werknemer
14.7 Einde van de arbeidsovereenkomst
14.8 Gevolgen van werkloosheid voor de werknemer
14.9 De uitzendovereenkomst
14.10 Nieuwe ontwikkelingen

Evenals de in het vorige hoofdstuk behandelde huurovereenkomst, behoort de arbeidsovereenkomst tot de bijzondere overeenkomsten. Het is een veelvoorkomende overeenkomst, en dat valt af te leiden uit gegevens, ontleend aan het Centraal Bureau voor de Statistiek (www.cbs.nl). In het eerste kwartaal van 2015 was de omvang van de beroepsbevolking (dat zijn volgens een nieuwe definitie van het CBS in Nederland wonende personen van 15 tot 75 jaar die betaald werk hebben of recent naar betaald werk hebben gezocht en daarvoor direct beschikbaar zijn) 8,9 miljoen. Daarvan waren er 644.000 werkloos. Van de ruim 8,2 miljoen werkenden is ruim 1,3 miljoen zelfstandige, waarvan ruim 1 miljoen zzp-er: zelfstandige zonder personeel. Van de bijna 6,9 miljoen andere werkenden heeft ruim 5 miljoen een vaste baan, en ongeveer 1,8 miljoen een tijdelijke of flexibele baan. Van die 6,9 miljoen niet-zelfstandigen werken 509.000 mensen in het openbaar bestuur/overheidsdiensten. De rest is op basis van een arbeidsovereenkomst werkzaam.

Het aantal werknemers met een tijdelijk in plaats van vast contract neemt schrikbarend toe. In 2010 lag het percentage op 18,5%, en toen al waarschuwde de OESO dat binnen de Europese Unie alleen Spanje, Portugal en Polen procentueel meer werknemers in tijdelijke dienst hadden.

In 2015 is er als gevolg van de Wet werk en zekerheid (Wwz) veel gewijzigd in de regelgeving over de arbeidsovereenkomst in het BW. De wetgever hoopt hiermee te bevorderen dat meer mensen in vaste dienst worden genomen, onder andere door het ontslagrecht eenvoudiger te maken.

Toch is het arbeidsrecht nog steeds zo ingewikkeld, dat een werkgever er verstandig aan doet een deskundige te raadplegen voordat hij een arbeidsovereenkomst sluit of opzegt. Naast de bepalingen omtrent de arbeidsovereenkomst in het Burgerlijk Wetboek is er nog allerhande wetgeving in aparte wetten, bijvoorbeeld op het gebied van arbeidsomstandigheden, arbeidsduur en socialeverzekeringswetgeving, waar een werkgever ook rekening mee moet houden.

In dit hoofdstuk wordt aandacht besteed aan de grote lijnen van vooral de arbeidsovereenkomst in het BW. Daarbij wordt uitgegaan van de regels zoals die gelden per 1 juli 2015. Aan vragen van overgangsrecht (voor arbeidsovereenkomsten die gesloten zijn vóór die datum) gaat dit boek voorbij.

In paragraaf 14.1 geven we een overzicht van een paar juridische constructies waarin een arbeidsprestatie centraal staat. Daarna volgt een bespreking van de kenmerken van een arbeidsovereenkomst in paragraaf 14.2. In paragraaf 14.3 wordt aandacht besteed aan enkele bijzondere arbeidsovereenkomsten, waarna in paragraaf 14.4 wordt besproken hoe een arbeidsovereenkomst tot stand komt. In paragraaf 14.5 worden de verplichtingen van de werkgever belicht en in paragraaf 14.6 die van de werknemer. Hoe de arbeidsovereenkomst eindigt, is onderwerp van paragraaf 14.7. In paragraaf 14.8 wordt kort stilgestaan bij de gevolgen van werkloosheid voor de werknemer. De uitzendovereenkomst wordt behandeld in paragraaf 14.9. Ten slotte wordt in paragraaf 14.10 een aantal nieuwe ontwikkelingen aangestipt.

■ ■ ■ 14.1 Arbeid in verschillende gedaanten

Definitie arbeidsovereenkomst

Er is sprake van een arbeidsovereenkomst als de ene partij, de werknemer, zich verbindt in dienst van de andere partij, de werkgever, tegen loon gedurende zekere tijd arbeid te verrichten (art. 7:610 lid 1).

■ Voorbeeld 14.1

A, B en C hebben zich alledrie toegelegd op de bedrijfsadministratie en verdienen daarmee hun inkomen. Hoewel zij soortgelijke werkzaamheden verrichten, behoeven A, B en C niet in dezelfde juridische relatie te staan tot degenen die hen voor die werkzaamheden betalen. Die verhouding is alleen dán een *arbeidsovereenkomst*, indien het een overeenkomst betreft die voldoet aan bovengenoemde vereisten.
- A werkt bij gemeente X, afdeling Financiële zaken.
- B heeft zich gevestigd als zelfstandige. Zijn boekhoudkantoor verzorgt, tegen betaling, de boekhouding van enige detaillisten ter plaatse.
- C ten slotte is voor onbepaalde tijd in dienst van Y bv als chef van de boekhoudafdeling.

Waarschijnlijk is A, zoals het merendeel van het overheidspersoneel, ambtenaar; er is dan geen sprake van een overeenkomst tussen A en gemeente X, maar van een eenzijdige aanstelling. Derhalve zijn de regels omtrent de arbeidsovereenkomst niet van toepassing. Het is evenwel niet uitgesloten dat A werknemer is in de zin van art. 7:610: de overheid kán arbeidsovereenkomsten sluiten. Deze werknemers in dienst van de overheid worden arbeidscontractanten genoemd. De regels van de arbeidsovereenkomst zijn alleen van toepassing indien dat uitdrukkelijk is bepaald (art. 7:615).

Waarschijnlijk treedt binnenkort een wet in werking waardoor het overgrote deel van de ambtenaren niet meer onder de Ambtenarenwet zal vallen. Dan gelden ook voor hen de gewone regels van het BW.

In tegenstelling tot ambtenaar A, verricht B uit voorbeeld 14.1 wél werkzaamheden op contractuele basis. Niet elke overeenkomst tot het verrichten van arbeid is evenwel een arbeidsovereenkomst. Het BW kent daarnaast onder andere aanneming van werk en opdracht. Aanneming en opdracht onderscheiden zich van de arbeidsovereenkomst door het ontbreken van ondergeschiktheid ten opzichte van degene die voor de werkzaamheden betaalt. De ondergeschiktheid, die zo wezenlijk is voor de arbeidsovereenkomst, wordt weergegeven met de woorden 'in dienst van' in art. 7:610. *Aanneming van werk* is de overeenkomst waarbij de ene partij, de aannemer, zich jegens de andere partij, de aanbesteder, verbindt om buiten dienstbetrekking een stoffelijk werk tot stand te brengen tegen een bepaalde prijs (art. 7:750). Hierbij kun je bijvoorbeeld denken aan het bouwen van een huis of het herstellen van een schoenzool. *Opdracht* is de overeenkomst waarbij buiten dienstverband arbeid wordt verricht die niet aanneming van werk is (art. 7:400 lid 1). Voorbeelden: de werkzaamheden van advocaat of huisarts.

Aanneming van werk

Opdracht

De grens tussen aanneming en opdracht is niet haarscherp te trekken. Zo is de overeenkomst tussen B en zijn cliënten opdracht, hoewel B, afhankelijk van zijn werkwijze, een stoffelijk werk tot stand brengt.

Of C uit voorbeeld 14.1 ten slotte krachtens arbeidsovereenkomst werkzaam is, zal aan de hand van de elementen van die overeenkomst moeten worden bekeken.

▪▪▪ 14.2 Elementen van de arbeidsovereenkomst

De elementen van de arbeidsovereenkomst zijn gezagsverhouding, arbeid en loon.

▪▪▪ 14.2.1 Gezagsverhouding

Aanwijzings-bevoegdheid werkgever

Essentieel voor de arbeidsovereenkomst is dat de werknemer zijn arbeidskracht 'in dienst van' de werkgever stelt. Dit impliceert een zekere *ondergeschiktheid*, waarbij de werkgever het recht heeft aanwijzingen te geven met betrekking tot de arbeid. Niet ter zake doet of de werkgever ook feitelijk gezag uitoefent; voldoende is dat de werknemer juridisch ondergeschikt is.

Derhalve is óók de directeur van Y bv uit voorbeeld 14.1 krachtens arbeidsovereenkomst werkzaam: juridisch heeft zijn werkgever, de rechtspersoon, gezag over hem.

> **HR 17 juni 1994, ECLI:NL:HR:1994:ZC1397**
> Hoewel de door de Stichting Moskee A aangestelde imam B geen instructies van A krijgt wanneer het gaat om de godsdienstige aspecten van zijn taak, kan op andere deelterreinen van zijn taak wel degelijk sprake zijn van een gezagsverhouding. De rechter nam een arbeidsovereenkomst aan.

HR 25 maart 2011, ECLI:NL:HR:2011:BP3887
Een deelnemer aan het tv-programma De Gouden Kooi kreeg volgens het deelnamecontract met Talpa voor iedere maand verblijf in 'het Huis' €2.250 bruto per maand schadeloosstelling. De deelnemer was verplicht zich te houden aan instructies en ordemaatregelen van Talpa. Omdat de deelnemer het werk ook persoonlijk moest verrichten, was er sprake van een arbeidsovereenkomst.

■ **Voorbeeld 14.2**
A werkt al jaren als tolk voor de IND, die hem oproept zodra er in het Armeens vertaald moet worden. Er is geen schriftelijke overeenkomst. A krijgt op declaratiebasis betaald als hij aan een oproep gehoor geeft, maar hij mag ook weigeren om te komen. Omdat er geen verplichting is om op verzoek van de IND te komen werken, is er geen arbeidsovereenkomst maar opdracht.

Weerlegbaar vermoeden van een arbeidsovereenkomst

Op 1 januari 1999 is de wettelijke regeling van de arbeidsovereenkomst ingrijpend gewijzigd (als gevolg van de Wet flexibiliteit en zekerheid). Onder meer is toegevoegd art. 7:610a, dat een zogenoemd weerlegbaar vermoeden bevat: indien onduidelijk is of er een arbeidsovereenkomst is, maar wel gedurende ten minste drie opeenvolgende maanden met de in dit wetsartikel vereiste regelmaat is gewerkt, wordt aangenomen dat er sprake is van een gezagsverhouding en dat loon verschuldigd is. Het tegendeel mag bewezen worden. Daarin slaagde de Universiteit van Amsterdam niet bij haar beurspromovendi (HR 14 april 2006, ECLI:NL:HR:2006:AU9722).

■ ■ ■ **14.2.2 Arbeid**

Beschikbaar stellen van arbeidskracht

Voorts moet er sprake zijn van het *beschikbaar stellen van arbeidskracht*. De door de werknemer te verrichten arbeid kan lichamelijk en/of geestelijk zijn, in- of ontspannend.

■ **Voorbeeld 14.3**
Zo verricht A, bedrijfsbrandweerman bij Y bv, evenzeer arbeid als B, die in hetzelfde bedrijf inpakwerk verricht. Terwijl B dagelijks de handen uit de mouwen moet steken, kan A veelal volstaan met paraat blijven.

De vraag is of ook sprake is van arbeid en arbeidstijd indien de werknemer alleen bereikbaar moet zijn voor de werkgever. Deze vraag werd voorgelegd aan het Hof van Justitie EG (sinds de inwerkingtreding van het Verdrag van Lissabon begin 2010: Hof van Justitie EU) omdat Europese regels verplichtten tot nationale wetgeving op het terrein van arbeidstijden. Het Hof heeft verschil gemaakt tussen bereikbaarheid thuis en beschikbaarheidsdiensten bij de werkgever zelf (bijvoorbeeld slaapdienst in het ziekenhuis voor artsen). In het laatste geval is volgens het Hof sprake van werktijd (HvJEG 3 oktober 2000, ECLI:NL:XX:2000:AB9443 en 9 september 2003, ECLI:EU:C:2003:437). Inmiddels heeft het Hof van Justitie bepaald dat voor aanwezigheidsdiensten een lager loon mag worden betaald dan voor reguliere arbeidsuren (HvJEG 11 januari 2007, ECLI:EU:C:2007:23).
Uit deze Europese rechtspraak mag niet de conclusie worden getrokken dat werknemers met slaapdiensten hun werkgevers kunnen aanspreken voor extra loon over die slaapuren. De Europese norm richt zich namelijk tot de

Arbeidstijdenwet

overheid, die voor goede wetgeving moet zorgen, en geeft de ene burger hierop geen aanspraak tegenover de andere burger. Wel is in Nederland ondertussen de Arbeidstijdenwet aangepast. Daarbij is aangesloten bij de maximale werktijden en de minimale rusttijden in de Europese norm. Als gevolg daarvan mogen werkgevers en werknemers individuele afspraken maken waarbij maximaal 60 uur per week gewerkt mag worden, als dat gemiddeld hooguit 48 uur per week is in een aaneengesloten periode van 16 weken. Een dienst mag maximaal 12 uur duren. Bij nachtdiensten gelden bijzondere regels.

Stage

Onduidelijk is of sprake is van arbeid wanneer iemand voor zijn opleiding stage loopt bij een bedrijf en daar langzamerhand productief werk verricht. Volgens inmiddels al wat oudere jurisprudentie van de Hoge Raad is geen sprake van een arbeidsovereenkomst, wanneer dat werk in het kader van een opleiding vooral gericht is op het verwerven en uitbreiden van zijn kennis (HR 10 juni 1983, ECLI:NL:HR:1983:AG4610). Volgens vaste rechtspraak van de Hoge Raad kan een andere overeenkomst, zoals een stageovereenkomst, niet geruisloos veranderen in een arbeidsovereenkomst, in dit geval doordat de stagiaire meer productieve arbeid gaat verrichten (HR 28 juni 1996, ECLI:NL:HR:1996: ZC2118).

De werknemer uit voorbeeld 14.3 zal de bedongen arbeid persoonlijk moeten verrichten en mag zich niet zonder toestemming van de werkgever laten vervangen (art. 7:659 lid 1). De vervanging mag slechts uitzondering zijn.

14.2.3 Loon

Tegenover de verplichting van de werknemer tot beschikbaarstelling van zijn arbeidskracht staat het door de werkgever verschuldigde loon. *Loon* is de vergoeding voor de bedongen arbeid.

Definitie loon

Niet onder deze definitie vallen reële onkostenvergoedingen. Voor zover de onkostenvergoeding in geen verhouding staat tot de werkelijke uitgaven is in feite sprake van verkapt of 'zwart' loon.

> **HR 12 oktober 2001, ECLI:NL:HR:2001:ZC3681**
> De geloofsgemeenschap waarvan mevrouw A deel uitmaakt, exploiteert via een stichting een bejaardenhuis waarin A werkt tegen kost en inwoning plus wat vakantiegeld en een kerstgratificatie. Volgens de Hoge Raad is dit loon, want deze tegenprestatie is een vergoeding voor het door A verrichte werk, waarbij A zich te houden heeft aan instructies over werktijden en verlof. A heeft recht op forse nabetaling van salaris, omdat dit loon aanmerkelijk te laag is gelet op de toepasselijke cao.

> **HR 11 mei 2012, ECLI:NL:HR:2012:BW5408**
> Een deelnemer aan het door Talpa gemaakte tv-programma De Gouden Kooi kreeg de hoofdprijs van ruim €1,35 miljoen. Omdat tussen de deelnemer en Talpa een arbeidsovereenkomst bestond, waarin sprake was van een maandelijkse vergoeding en een kans op de prijs, was deze prijs een door Talpa verstrekt voordeel op grond van een verplichting uit die arbeidsovereenkomst. Daarmee werd de prijs als loon aangemerkt en moest er loonbelasting over betaald worden.

Werkgever en werknemer zijn in beginsel vrij de hoogte van het loon vast te stellen. Werknemers van 23 jaar en ouder hebben, bij normale arbeidsduur, evenwel recht op ten minste het minimumloon. Dat is geregeld in de

Wet minimumloon en minimumvakantiebijslag. Per 1 juli 2015 bedraagt het minimumloon €1.507,80 bruto per maand, exclusief vakantiebijslag.
Werknemers die ouder zijn dan 15 jaar maar jonger zijn dan 23 jaar kunnen aanspraak maken op minimumjeugdloon: een leeftijdsafhankelijk percentage van het minimumloon. Omdat ook jeugdigen van 13 en 14 jaar, zij het beperkt, mogen werken, streefde de vakbeweging ook voor die groep naar vastgestelde minimumjeugdlonen. De Hoge Raad was het daar niet mee eens. Ongelijke behandeling ten opzichte van 15-jarigen is volgens de Hoge Raad in dit geval gerechtvaardigd, omdat het leeftijdsonderscheid een legitiem doel dient. Arbeid mag voor deze groep niet een té aantrekkelijk alternatief worden voor school (HR 10 november 2006, ECLI:NL:HR:2006: AY9216).

■ ■ ■ 14.3 Bijzondere (arbeids)overeenkomsten

Voor sommige arbeidsovereenkomsten gelden naast de gewone regels enige afwijkende wettelijke bepalingen. Zo geeft Boek 2 enige bijzondere regels voor de bestuurder van een nv of bv (bijvoorbeeld art. 2:131 en 2:241).

Uitzendovereenkomst

Art. 7:690 definieert de *uitzendovereenkomst* als een arbeidsovereenkomst waarbij de uitzendkracht werknemer en het uitzendbureau werkgever is. Hier gelden onder andere afwijkende opzegbepalingen (zie paragraaf 14.9).

Cao

Een *collectieve arbeidsovereenkomst* (cao) is een overeenkomst, aangegaan door een of meer (verenigingen van) werkgevers en een of meer werknemersverenigingen, waarbij wordt geregeld welke arbeidsvoorwaarden bij arbeidsovereenkomsten gelden. In een aantal gevallen bieden de gewone regels voor de arbeidsovereenkomst de mogelijkheid daarvan slechts bij cao af te wijken.
Voorbeelden hiervan vindt men onder andere in de artikelen betreffende de wettelijke opzegtermijnen (art. 7:672 leden 5 en 7), de proeftijd (art. 7:652 lid 7) en het opzegverbod wegens dienstplicht (art. 7:670 lid 14).
Een cao kan méér omvatten dan afspraken omtrent loonhoogte en dergelijke. Vandaar dat men altijd zal moeten nagaan of naast de individuele arbeidsovereenkomst nog een cao van toepassing is.
Een cao kan ook buiten de wil van partijen van toepassing zijn, doordat de minister van Sociale Zaken en Werkgelegenheid bepalingen uit een cao algemeen verbindend verklaart. Deze bevoegdheid ontleent hij aan de Wet op het algemeen verbindend en onverbindend verklaren van bepalingen van collectieve arbeidsovereenkomsten.

Oproepcontract

Speciale aandacht verdient het *oproepcontract*: een overeenkomst die is ontstaan uit behoefte aan flexibele arbeid. Soms wil een werkgever alleen arbeid aanbieden tijdens 'piek en ziek', soms ook wenst een werknemer de vrijheid om te bedanken voor werkaanbod. Vaak is onduidelijk of de werknemer recht heeft om opgeroepen te worden. Oproepcontracten hebben verschillende verschijningsvormen, waarbij niet steeds duidelijk is

Min-maxcontracten

of het wel om een arbeidsovereenkomst gaat. Denk aan de zaak van de tolk in voorbeeld 14.2. Er zijn zogenoemde min-maxcontracten waarbij

Nuluurcontracten

partijen een minimale en een maximale arbeidsduur afspreken; ook komen zogenoemde nuluurcontracten voor, waarbij partijen geen enkele verplichting tot werkverschaffing en -verrichting tegenover elkaar hebben. Die laatste overeenkomsten hebben gemeen dat in beginsel alleen loon hoeft te worden betaald over gewerkte uren. Bij min-maxcontracten heeft de werknemer de garantie dat hij in ieder geval over het overeengekomen minimum aantal uren loon ontvangt, ook als hij niet wordt opgeroepen. Deze constructies zorgen echter voor grote inkomensonzekerheid. Voor een werkgever is een oproepconstructie, zonder dat sprake is van bedongen arbeidsuren, zeer aantrekkelijk, want daarmee verkleint hij bijvoorbeeld ook zijn risico tot loondoorbetaling bij ziekte van de werknemer. Het hiervoor in subparagraaf 14.2.1 besproken artikel 7:610a versterkt de positie van de oproepkracht door uit te gaan van een arbeidsovereenkomst, als met de minimaal vereiste regelmaat is gewerkt. Ter bescherming van de werknemer is bovendien art. 7:610b in de wet opgenomen. Indien de arbeidsduur niet precies is bepaald, of als structureel meer wordt gewerkt dan tevoren is afgesproken, dan wordt verondersteld dat het gemiddelde aantal uren van de laatste drie maanden de werkelijk overeengekomen arbeidsduur is. De werknemer moet dat aantal uren wel kunnen aantonen, waarna de werkgever mag bewijzen dat het vermoeden niet juist is.

Weerlegbaar vermoeden arbeidsomvang

Om een werkgever ertoe te dwingen goede en duidelijke afspraken te maken, bepaalt art. 7:628a bovendien het volgende. Bij onduidelijkheid over de omvang van de arbeid of bij onduidelijkheid over de tijdstippen waarop gewerkt moet worden, terwijl wel een totale arbeidsduur van minder dan vijftien uur per week is afgesproken, heeft de werknemer per oproep recht op betaling van het loon over ten minste drie uur, ook al heeft hij maar een uur gewerkt.

> **HR 3 mei 2013, ECLI:NL:HR:2013:BZ2907 Taxi Wolters**
> Taxi Wolters had een arbeidsovereenkomst met een taxichauffeur voor 12 uur per week. De chauffeur werd opgeroepen zodra er een passagier was. Voor 6 korte ritten op één dag claimde zij 18 uur loon. De Hoge Raad wees haar vordering toe, ook al betekende dit, dat de chauffeur dan over een paar klokuren dubbel betaald werd.

De minister van Sociale Zaken en Werkgelegenheid wil paal en perk stellen aan nuluurcontracten, met name in de gezondheidszorg.

14.4 Tot stand komen van de arbeidsovereenkomst

In de inleiding op dit hoofdstuk is al geschreven dat een werkgever er verstandig aan doet een deskundige te raadplegen voordat hij een arbeidsovereenkomst sluit. In subparagraaf 14.4.1 over de sollicitatiefase komen verschillende problemen aan de orde, die te maken hebben met vragen of eisen die de werkgever niet mag stellen. Subparagraaf 14.4.2 behandelt bijzondere regels rondom minderjarige werknemers. Ten slotte wordt in subparagraaf 14.4.3 uiteengezet dat de arbeidsovereenkomst weliswaar vormvrij is, maar eigenlijk toch op papier moet staan. Sommige bedingen zijn zelfs ongeldig als zij niet schriftelijk zijn overeengekomen.

14.4.1 Sollicitatiefase

De wetgever heeft, met uitzondering van art. 7:646, de Wet medische keuringen, de Wet gelijke behandeling op grond van leeftijd bij de arbeid en de Wet gelijke behandeling op grond van handicap of chronische ziekte, geen bijzondere regels gecreëerd voor de precontractuele (sollicitatie)fase.

Art. 7:646 is een uitvloeisel van de Algemene wet gelijke behandeling en verbiedt de werkgever onderscheid te maken tussen mannen en vrouwen, onder andere bij het aangaan van de arbeidsovereenkomst.

Discriminatieverbod

Bedingen in strijd met het discriminatieverbod zijn nietig (art. 7:646 lid 11). Zij die zich door een werkgever niet overeenkomstig de strekking van dit artikel behandeld voelen, kunnen zich voor advies wenden tot het College voor de Rechten van de Mens (tot oktober 2012 genoemd: de Commissie gelijke behandeling). Maar ook kan men zich rechtstreeks tot de rechter richten.

> **HvJEG 7 december 2000, ECLI:EU:C:2000:676**
> Het Hof van Justitie van de Europese Gemeenschappen oordeelde de in Duitsland geldende algehele uitsluiting van vrouwen van alle functies in de gewapende dienst van de krijgsmacht in strijd met de richtlijn, waarop ook de Algemene wet gelijke behandeling is gebaseerd.

Wel mag onderscheid worden gemaakt wanneer het geslacht bepalend is voor de functie (beroepsvoetballer of mannequin), wanneer dit gebeurt ter bescherming van de vrouw (met name in verband met zwangerschap of moederschap) of wanneer positieve discriminatie is beoogd, teneinde feitelijke ongelijkheden op te heffen.

> **HvJEG 28 maart 2000, ECLI:NL:XX:2000:AD3153**
> De Duitse deelstaat Hessen heeft bij wet een stimuleringsregeling ingesteld, die openbare diensten verplicht om vrouwen in bepaalde situaties positief te discrimineren. Voor het Hof van Justitie werd betoogd dat dit in strijd is met het grondrecht van gelijke behandeling. Het Hof van Justitie heeft bepaald dat zo'n stimuleringsregeling wel is toegestaan, onder meer wanneer vrouwen niet automatisch en onvoorwaardelijk voorrang krijgen op mannen en wanneer sollicitaties objectief worden beoordeeld, waarbij rekening wordt gehouden met de bijzondere persoonlijke situatie van alle sollicitanten.

Leeftijd

Art. 9 van de op 1 mei 2004 in werking getreden Wet gelijke behandeling op grond van leeftijd bij de arbeid verplicht de werkgever ook om bij het aanbieden van een vacature waarin direct of indirect leeftijdsonderscheid wordt gemaakt, uitdrukkelijk de grond voor dat onderscheid te vermelden.

> ■ **Voorbeeld 14.4**
> Vragen naar een 'pas afgestudeerde' MER'er mag niet, maar wel is toegestaan om te vragen naar een 'junior bedrijfseconoom', omdat dit laatste niet ziet op leeftijd van de kandidaat maar op inhoud en zwaarte van de functie.

Tijdens een sollicitatieprocedure mag niet naar zwangerschap van de sollicitant gevraagd worden. Verzwijgen van zwangerschap of in strijd met de waarheid antwoorden op zo'n ongeoorloofde vraag, behoort geen gevolgen te hebben.

Per 1 december 2003 is de Wet gelijke behandeling op grond van handicap of chronische ziekte ingevoerd. Deze wet verbiedt onder meer onderscheid om die redenen bij selectie en aanstelling voor betaald werk, tenzij zulk onderscheid noodzakelijk is ter bescherming van de veiligheid of de gezondheid, en tenzij positieve discriminatie bedoeld is.

Een werkgever mag een sollicitant ook niet meer vragen naar zijn gezondheidstoestand of het ziekteverzuim bij zijn vorige werkgever. Die conclusie wordt getrokken uit weer een andere wet.

Art. 4 Wet medische keuringen beperkt de werkgever in de mogelijkheid om sollicitanten een aanstellingskeuring te laten ondergaan. Keuring mag slechts sluitstuk van de selectieprocedure zijn, en is alleen toegestaan wanneer voor de functie bijzondere eisen worden gesteld aan de medische geschiktheid. In het kader van die keuring moet de sollicitant de juiste informatie geven, wil hij geen risico lopen op verlies van loondoorbetaling tijdens ziekte (art. 7:629 lid 3 sub a, zie subparagraaf 14.5.1).

Toch wordt wel van sollicitanten verwacht dat zij uit zichzelf de werkgever informeren over bepaalde gezondheidsklachten, namelijk wanneer zij weten of behoren te weten dat zij de fysieke eigenschappen missen die voor de taakvervulling nodig zijn.

> **HR 20 maart 1981, ECLI:NL:HR:1981:AG4170 (Mijnals/NDSM)**
> Drie maanden na indiensttreding krijgt Mijnals last van astmatische bronchitis. De bedrijfsarts verklaart na onderzoek dat Mijnals hier al veel langer aan moet lijden, waarop NDSM de arbeidsovereenkomst onverwijld opzegt, zoals ontslag op staande voet officieel heet. Tijdens de sollicitatieprocedure had Mijnals desgevraagd op een gezondheidsverklaring ingevuld geen kwalen of gebreken te hebben, en geen last van rug, maag of borst. De onverwijlde opzegging werd niet terecht bevonden. De Hoge Raad oordeelde dat ontslag op staande voet wel had gemogen, indien Mijnals wist of had moeten begrijpen dat de kwaal hem *ongeschikt* maakte voor de betrekking waar hij naar solliciteerde. Verzwijging van andere kwalen is volgens de Hoge Raad begrijpelijk, gelet op 'de psychologische situatie waarin de arbeider zich in een sollicitatiegesprek bevindt' en de ingrijpende gevolgen van ontslag op staande voet.

Sollicitatiecode

Een particuliere organisatie, de NVP (Nederlandse Vereniging voor Personeelsmanagement en Organisatieontwikkeling), kent al enige jaren de 'sollicitatiecode'. In art. 5 lid 1 daarvan is neergelegd dat in beginsel niet zonder toestemming van de sollicitant bij derden of andere bronnen, waaronder websites, informatie over hem wordt ingewonnen. Verkregen informatie, indien relevant, wordt met bronvermelding meegedeeld aan de sollicitant en wordt met de sollicitant besproken.

14.4.2 Minderjarige werknemers

Voor het tot stand komen van de arbeidsovereenkomst gelden de gewone bepalingen van de titels 3.2 en 6.5. In afwijking daarvan is een minderjarige vanaf 16 jaar volledig bekwaam om een arbeidsovereenkomst aan te gaan. De werkgever kan hem loon betalen zonder risico van niet-bevrijdende betaling. Een minderjarige tot 16 jaar heeft wel toestemming voor het aangaan van een arbeidsovereenkomst nodig van zijn wettelijk vertegenwoordiger, maar deze toestemming wordt geacht te zijn gegeven zodra de minderjarige vier weken heeft gewerkt zonder dat de wettelijke

Tot 16: korte termijn voor beroep vernietigbaarheid

vertegenwoordiger zich op de vernietigbaarheid wegens handelingsonbekwaamheid heeft beroepen (art. 7:612). Daarmee is de verjaringstermijn van het beroep op vernietigbaarheid teruggebracht van drie jaar (art. 3:52) tot vier weken.

14.4.3 Vormvereisten

Schriftelijke informatie

De arbeidsovereenkomst is vormvrij, tenzij een cao anders voorschrijft.
Zoals echter al bij de bespreking van oproepcontracten aan de orde is gekomen, streeft de wetgever duidelijkheid voor beide partijen na. Dat blijkt ook uit art. 7:655. De werkgever moet schriftelijk opgave doen van tal van belangrijke zaken, zoals het tijdstip van indiensttreding, een overeengekomen bepaalde tijd, of sprake is van een uitzendovereenkomst, de hoogte van het loon en de arbeidsduur per dag of week. Ook wijzigingen moeten tijdig worden doorgegeven. De werkgever die opgave weigert of onjuiste informatie verstrekt, is jegens de werknemer aansprakelijk voor daardoor ontstane schade (art. 7:655 lid 5).

Bovenaan het lijstje schriftelijk te verstrekken gegevens staat ook: de naam en woonplaats van werkgever. Dat lijkt misschien merkwaardig, maar het komt in de praktijk regelmatig voor dat werknemers niet weten wie als werkgever heeft te gelden. Verwarring kan ontstaan door fusie, bedrijfsovername, onduidelijkheid over de vraag namens welke vennootschap in een conglomeraat van vennootschappen de overeenkomst is gesloten, door aandelentransacties, uittredende vennoten of diverse handelsnamen waarmee een natuurlijk persoon zich als werkgever tooit.
De verlangde gegevens kunnen worden vermeld in een schriftelijke arbeidsovereenkomst, in een aparte brief of op de schriftelijke loonopgave, die een werkgever bij iedere wijziging in loonbetaling moet verstrekken (art. 7:626).

Sommige bedingen zijn alleen geldig, indien zij schriftelijk zijn overeengekomen. Dat geldt voor het concurrentiebeding (art. 7:653) en voor de proeftijd (art. 7:652).

Concurrentiebeding

Een *concurrentiebeding* beperkt een werknemer in zijn recht om na het einde van de dienstbetrekking werkzaam te zijn op de wijze die hem goeddunkt.

■ Voorbeeld 14.5
Een voorbeeld van een concurrentiebeding is:
'Het is de werknemer verboden om tijdens zijn dienstverband en binnen twee jaar na afloop daarvan binnen een straal van 50 kilometer om de vestigingsplaats van werkgeefster werkzaam te zijn bij of enig belang te hebben in een gelijk of soortgelijk bedrijf als dat van werkgeefster, dan wel een aanverwant bedrijf, zulks op straffe van een niet voor matiging vatbare boete van €10.000 vermeerderd met €1.000 voor elke dag dat werknemer dit beding overtreedt.'

Het beding kan slechts met een meerderjarige werknemer worden overeengekomen. Hoewel de eis van schriftelijkheid er is, om de werknemer er goed van te doordringen waar hij voor tekent, gaat de Hoge Raad snel van toepasselijkheid uit.

HR 28 maart 2008, ECLI:NL:HR:2008:BC0384
Een werknemer is gebonden aan een concurrentiebeding dat niet in zijn arbeidsovereenkomst staat, maar deel uitmaakt van een setje met arbeidsvoorwaarden dat aan de werknemer met een brief is toegezonden, nu de werknemer deze brief op verzoek van de werkgever heeft ondertekend en heeft teruggestuurd. Dat die brief niet verwijst naar een concurrentiebeding, doet niet ter zake.

Sinds 1 januari 2015 kan niet meer rechtsgeldig een concurrentiebeding worden aangegaan bij arbeidsovereenkomsten voor bepaalde tijd, tenzij uit de schriftelijke motivering van de werkgever bij dat beding blijkt dat het beding noodzakelijk is vanwege zwaarwegende bedrijfs- of dienstbelangen (art. 7:653 lid 2). Indien het beding niet noodzakelijk is, kan de rechter het beding geheel vernietigen (art. 7:653 lid 3 sub a). Is het beding in een arbeidsovereenkomst voor bepaalde tijd wel noodzakelijk, of is het beding opgenomen in een overeenkomst voor onbepaalde tijd, dan is de werknemer er in beginsel aan gebonden, tenzij het einde van de arbeidsovereenkomst het gevolg is van ernstig verwijtbaar handelen of nalaten van de werkgever (art. 7:653 lid 4). Omdat een concurrentiebeding ernstig kan ingrijpen in de belangen van werknemers, heeft de wetgever een aantal mogelijkheden geschapen om de gevolgen van dergelijke bedingen geheel of gedeeltelijk teniet te doen (art. 7:653 lid 3 sub b en lid 5).

De rechter kan na belangenafweging het beding geheel of gedeeltelijk vernietigen (lid 3 sub b). Zo kan de tijdsduur worden beperkt, of het territorium waarbinnen het beding moet werken. Als op naleving van het beding een boete is gesteld, kan de rechter de hoogte daarvan matigen overeenkomstig art. 6:94. De Hoge Raad heeft geoordeeld dat de speciale regeling over het boetebeding in een arbeidsovereenkomst (art. 7:650) niet van toepassing is op concurrentiebedingen (HR 4 april 2003, ECLI:NL:HR:2003:AF2844). Minder bekend is dat de ex-werknemer een vergoeding van zijn voormalig werkgever kan vragen indien het beding hem 'in belangrijke mate beperkt' om elders werkzaam te zijn (art. 7:653 lid 5).
In 2006 heeft de Eerste Kamer een wetsvoorstel verworpen waardoor het concurrentiebeding fors zou worden beperkt. Zo werd voorgesteld de duur van het beding te beperken tot maximaal een jaar na het einde van de arbeidsovereenkomst, terwijl de werkgever over iedere maand dat de beperking duurt in beginsel een vergoeding moet betalen aan de ex-werknemer. De reden waarom de Eerste Kamer het wetsvoorstel verwierp had vooral te maken met onduidelijkheid over de hoogte van de vergoeding die de ex-werkgever zou moeten betalen.
Het verworpen wetsvoorstel lijkt wel invloed te hebben in de rechtspraktijk. Steeds vaker zie je in uitspraken dat de duur van een concurrentiebeding wordt beperkt tot een jaar.

Proeftijdbeding

De *proeftijd* is de overeengekomen periode aan het begin van een arbeidsovereenkomst, in welke periode beide partijen kunnen bezien of zij met deze overeenkomst een goede stap hebben gezet. In deze periode mag iedere partij de overeenkomst onmiddellijk opzeggen, zonder dat de 'tijdens-opzegverboden' van art. 7:670 gelden (zie hierover meer in de subparagrafen 14.7.3 en 14.7.5). Wel blijft het ook tijdens de proeftijd verboden om te dis-

geval ligt dat anders en heeft de werkwillige recht op loondoorbetaling als hij aantoont dat hij wilde werken en ten opzichte van het groepje stakers een buitenstaander was. Een van de argumenten die de Hoge Raad voor deze risicoverdeling aanvoert is, dat bij een georganiseerde staking alle werknemers profiteren van een mogelijke verbetering van arbeidsvoorwaarden.
De vakbonden hanteren ook wel andere actiemiddelen, zoals stiptheidacties of gratis openbaar vervoer, om betere arbeidsvoorwaarden af te dwingen.

■ Voorbeeld 14.6
Bij een actie met gratis openbaar vervoer mochten de werkgevers in het openbaar vervoer een salariskorting van 50% toepassen voor al het personeel, ongeacht of de werknemer aan de actie had deelgenomen. Daarbij lette de rechter op het belang van de niet-verrichte werkzaamheden en het daardoor aan de werkgevers toegebrachte nadeel.

In een aantal gevallen bepaalt de wet zelf dat de werkgever loon moet doorbetalen zonder dat de werknemer arbeid verricht, hoewel de oorzaak daarvan meer in de risicosfeer van de werknemer ligt.

Wettelijke doorbetalingsplicht

Wel loon bij ziekte

Het belangrijkste voorbeeld is dat de werknemer ingevolge art. 7:629 gedurende 104 weken aanspraak behoudt op 70% van zijn loon (tot een bepaald maximum, doch in het eerste ziektejaar ten minste op het voor hem geldende minimumloon), indien hij wegens ziekte, zwangerschap of bevalling verhinderd is te werken.
In het tweede ziektejaar is er geen minimumloongarantie. In een aantal cao's vond men gunstiger bepalingen voor de werknemer: een langere duur of aanvulling tot een hoger percentage. De bedoeling van de regering en de sociale partners is dat die aanvullingen niet meer collectief worden afgesproken voor het tweede ziektejaar. Zij willen daarmee voldoende prikkels inbouwen om zieke werknemers te laten reïntegreren en de uitstroom naar de WIA, de Wet werk en inkomen naar arbeidsvermogen te verkleinen. De werkgever mag het loon tijdens ziekte overigens wel verminderen met andere uitkeringen die de werknemer ontvangt. Bedongen kan worden dat de eerste twee ziektedagen niet behoeven te worden doorbetaald (art.7:629 lid 9).

> **HR 14 maart 2008, ECLI:NL:HR:2008:BC6699**
> Een vrachtwagenchauffeur heeft regelmatig blessures als gevolg van zijn hobby: zaalvoetbal. Wanneer hij zich weer eens ziek meldt, weigert de werkgever meer dan 70% van het loon door te betalen. In de toepasselijke cao staat dat de werknemer recht heeft op 100%, tenzij de arbeidsongeschiktheid te wijten is aan schuld of toedoen van de werknemer. Het gerechtshof vond dat van schuld sprake was omdat zaalvoetbal een van de meest risicovolle sporten is en de werknemer al verschillende keren door de werkgever gewaarschuwd was. De Hoge Raad liet die uitspraak in stand en acht de beperking in de cao niet in strijd met rechtsbeginselen die in arbeidsverhoudingen spelen.

Ten tweede moet de werkgever loon doorbetalen wanneer de werknemer kort verzuimt om aan een onbetaalde wettelijke of overheidsverplichting te voldoen, die niet in zijn vrije tijd kon geschieden. Gedacht kan worden aan aangifte bij de burgerlijke stand en het afleggen van een getuigenverklaring voor de rechter (art. 4:1 lid 1 Wet arbeid en zorg).

Ten derde kunnen ook zeer bijzondere persoonlijke omstandigheden aan de kant van de werknemer leiden tot een doorbetalingsverplichting ondanks verzuim. Voorbeelden staan in het tweede lid van art. 4:1 van de Wet arbeid en zorg: bevalling van de partner en overlijden van directe familie.

Voorts hebben leden van de ondernemingsraad en commissieleden van die raad recht op doorbetaling van loon gedurende vergaderingen, onderzoek en scholing in werktijd. Dit is geregeld in de Wet op de ondernemingsraden zelf.

14.5.2 Veiligheidsmaatregelen

Aansprakelijkheid werkgever voor arbeidsongevallen

De werkgever is verplicht de werkplaats goed in te richten, de hulpmiddelen voor de arbeid goed te onderhouden en zodanige maatregelen te treffen als in redelijkheid nodig is om te voorkomen dat de werknemer schade lijdt bij de werkzaamheden. Lijdt de werknemer bij het uitoefenen van zijn werk toch schade, dan is de werkgever daarvoor aansprakelijk, tenzij hij aantoont ofwel dat hij zijn veiligheidsverplichtingen is nagekomen, ofwel dat de schade in belangrijke mate het gevolg is van opzet of bewuste roekeloosheid van de werknemer (art. 7:658 lid 1 en 2). Ingevolge het vierde lid van dit artikel geldt deze aansprakelijkheid ook tegenover uitzendkrachten.

zzp'ers

Een werkgever kan op grond van art. 7:658 lid 4 ook aansprakelijk zijn voor arbeidsongevallen van zzp'ers, vindt de Hoge Raad. Dat is het geval wanneer deze in het bedrijf van de werkgever werkzaamheden verrichten die vallen onder de gewone bedrijfsuitoefening van de werkgever en de werkgever invloed heeft op hun veiligheid (HR 23 maart 2012, ECLI:NL:HR:2012:BV0616).

> **HR 6 april 1990, ECLI:NL:HR:1990:AB9376 (Janssen/Nefabas)**
> Janssen is langdurig in dienst geweest van Nefabas, een asbestbedrijf. Zijn werkzaamheden brachten hem in direct contact met asbest, terwijl niet of nauwelijks maatregelen waren getroffen ter voorkoming van contact met deze stof. In 1972 werd Janssen arbeidsongeschikt ten gevolge van een asbestlong. Hij vorderde (immateriële) schadevergoeding. De Hoge Raad onderscheidt twee situaties:
> a Als er bijzondere wettelijke regels zijn met betrekking tot de gebruikte gevaarlijke stoffen, dan moet de werkgever aannemelijk maken dat en hoe hij aan zijn verplichtingen heeft voldaan.
> b Als regels ontbreken of onvoldoende zijn uitgewerkt, dan heeft de werkgever de plicht te onderzoeken aan welke gevaren de werknemers blootstaan. Hij moet aangeven in hoeverre hij zich tijdig heeft laten voorlichten omtrent gevaar en mogelijke maatregelen daartegen, of waarom dergelijk onderzoek of zo'n maatregel niet van hem gevergd kon worden.

Voorts is aan te bevelen dat de werkgever na een bedrijfsongeval zorgt voor een rapport (van de Inspectie SZW, eerder Arbeidsinspectie genoemd), waaruit de toedracht blijkt en waaruit kan worden opgemaakt of voldoende veiligheidsmaatregelen waren getroffen (HR 1 juli 1993, ECLI:NL:HR:1993:ZC1027).

De verplichting van de werkgever ingevolge art. 7:658 lid 1 strekt zover als redelijkerwijze in verband met de aard van de arbeid gevorderd kan worden.

Op de site www.arboportaal.nl is voor verschillende branches een 'arbo-catalogus' te raadplegen. Volgens persbericht 09/101 van het ministerie van SZW was daarmee voor 33% van de werknemers beschreven hoe gezorgd kan worden voor een veilige en gezonde werkomgeving. Volgens de 'monitor Arbo in bedrijf 2014' werkte 48% van de werknemers in 2014 bij een bedrijf waar een relevante arbo-catalogus wordt gebruikt.

HR 4 oktober 2002, ECLI:NL:HR:2002:AE4090 (Laudy/Fair Play)

Laudy moet keukenwerkzaamheden verrichten: zachte broodjes snijden en smeren. Fair Play heeft niet verteld dat het keukenmes nieuw is, of net geslepen. Bij het snijden van het eerste broodje snijdt Laudy in haar hand. Er raakt een zenuw beschadigd.

De Hoge Raad vindt dat Fair Play niet in haar zorgplicht is tekortgeschoten door niet van tevoren te waarschuwen dat het mes nieuw of net geslepen was. Daarbij is het een feit van algemene bekendheid dat een mes voor dit doel scherp moet zijn, en gaat het om werkzaamheden die ook thuis regelmatig voorkomen en waarvoor geen bijzondere aandacht, concentratie of kennis is vereist.

HR 12 september 2003, ECLI:NL:HR:2003:AF8254 (Peters/Schoonmaakbedrijf Hofkens)

In dezelfde lijn als de vorige uitspraak ligt het geval waarin schoonmaakster Peters bij het verwijderen van koffievlekken op een bureau haar evenwicht verliest, ongelukkig op haar hand terechtkomt en een vinger beschadigt. Volgens de Hoge Raad kan de werkgeefster niet verweten worden dat zij onvoldoende instructies heeft gegeven of onvoldoende toezicht heeft uitgeoefend ter voorkoming van dit ongeval.

Bij de verplichting uit art. 7:658 lid 1 kan bijvoorbeeld van belang zijn de kenbaarheid voor de werkgever van de gevaren, aan het gebruik van een machine verbonden, waarbij men rekening moet houden met het ervaringsfeit dat dagelijks gebruik van een machine kan leiden tot een mindere mate van voorzichtigheid (HR 14 april 1978, ECLI:NL:HR:1978:AC3514). Niet voor de werkgever kenbaar vond de Hoge Raad de gevaarlijke situatie op het dak van een particuliere woning, waar zich het volgende ongeval voordeed.

HR 16 mei 2003, ECLI:NL:HR:2003:AF7000 (Dusarduyn/Gebroeders Du Puy)

Huiseigenaar Van de Velde heeft een bijkeuken laten aanbouwen door een aannemer en Du Puy opdracht gegeven het platte dak met bitumen te bedekken. Dakdekker Dusarduyn krijgt van zijn werkgeefster Du Puy deze klus. Werkgeefster noch werknemer weet dat de aannemer nog een lichtkoepel moet plaatsen en daags voor de komst van Dusarduyn een gat in het dak heeft gezaagd, waaromheen een opstaande rand van ongeveer 20 cm hoog is aangebracht, waar die lichtkoepel moet komen. Het gat is afgedekt met isolatiemateriaal dat nog verwijderd moet worden. Dusarduyn stapt bij de inspectie van het dak over de opstaande rand en valt door het isolatiemateriaal bijna drie meter naar beneden, waardoor hij letsel oploopt.

Werkgeefster wordt niet aansprakelijk geacht. Het hangt volgens de Hoge Raad van de omstandigheden af of een werkgever die een werknemer naar een karwei stuurt om daar werkzaamheden te verrichten, vooraf zelf de veiligheidsrisico's moet inventariseren. In dit geval ging het om een eenvoudig karwei, met naar werkgeefster mocht verwachten beperkte veiligheidsrisico's, terwijl de werknemer een ervaren dakdekker is die een veiligheidsdiploma heeft behaald. Werkgeefster mocht hem in staat achten zelf de risico's te beoordelen.

Deze uitspraak contrasteert nogal met de uitkomst in de zaak Pollemans/Hoondert, waar de rechtsvraag echter een andere was; zie hierna.

Uitzondering: opzet of bewuste roekeloosheid

In de gepubliceerde rechtspraak over arbeidsongevallen is geen voorbeeld te vinden van opzet van de werknemer. Van bewuste roekeloosheid leek tot voor kort niet snel sprake te zijn, getuige het volgende praktijkvoorbeeld.

HR 20 september 1996, ECLI:NL:HR:1996:ZC2142 (Pollemans/Hoondert)

Bij het aanbrengen van golfplaten op een dak is Pollemans door een al aangebrachte golfplaat gezakt en van grote hoogte naar beneden gevallen. Als gevolg daarvan heeft hij ernstig en blijvend letsel opgelopen, waarvoor hij werkgever Hoondert aansprakelijk stelt. Hoondert toont aan dat hij Pollemans voor en tijdens het werk meer dan eens heeft gezegd dat hij niet op dat deel van het dak mocht komen, dat Pollemans dat toch deed en toen wederom gewaarschuwd werd, dat Pollemans daarna nogmaals over dat deel van het dak heeft gelopen terwijl hij daar voor zijn werk ook niet hoefde te komen, en dat daarbij het ongeluk is gebeurd. De rechtbank oordeelde vervolgens dat Pollemans bewust roekeloos was geweest, zodat zijn vordering werd afgewezen. De Hoge Raad overwoog evenwel, dat van bewuste roekeloosheid pas sprake is als de werknemer zich daadwerkelijk bewust is geweest van het roekeloze karakter van zijn gedraging tijdens zijn actie die onmiddellijk voorafging aan het ongeval. Dat hij zich daarvan toen bewust was, volgt niet uit de waarschuwingen van Hoondert, aldus de Hoge Raad. Ook hierbij moet weer rekening worden gehouden met dagelijkse sleur die tot verminderde voorzichtigheid leidt. (In gelijke zin ook HR 11 september 1998, ECLI:NL:HR:1998:ZC2702).

In deze uitspraak was dus het subjectieve bewustzijn van de werknemer van belang, kort voor het gedrag waardoor hij schade leed. Dat brengt de werkgever in een heel lastig bewijsparket!
In het volgende voorbeeld leidt de Hoge Raad de bewuste roekeloosheid af uit objectieve feiten.

HR 2 december 2005, ECLI:NL:HR:2005:AU3261 (Diederen/Engelen)

Koerier Diederen is voor zijn werk onderweg met de bestelauto van werkgever Engelen. Getuigen zien hem bumperkleven, een aantal gevaarlijke inhaalmanoeuvres maken en over de vluchtstrook rijden. Na enige tijd slaat hij af naar een tankstation en rijdt dan met grote snelheid tegen een pilaar aan. Werknemer is ernstig gewond en de bestelauto en het tankstation zijn beschadigd. Vast komt te staan dat Diederen aan suikerziekte leed; hij zegt zich niets van het ongeluk te kunnen herinneren, maar wijt dat wel aan zijn suikerziekte. Ook verklaart de werknemer dat hij voldoende regelmatig zijn bloedsuikerspiegel controleerde en insuline inspoot.
Met verwijzing naar het eerdere agressieve verkeersgedrag van Diederen heeft de werkgever volgens de Hoge Raad voldoende aangevoerd om daaruit naar objectieve maatstaven af te kunnen leiden dat Diederen zich van zijn roekeloosheid bewust is geweest. Diederen moet zelf bewijzen dat

er, voorafgaand aan het ongeval, bij hem sprake was van verminderd bewustzijn. Zijn geheugenverlies komt niet voor risico van de werkgever.

Eigen schuld werknemer

Eigen schuld van de werknemer leidt niet tot vermindering van de aansprakelijkheid van de werkgever.

HR 9 november 2001, ECLI:NL:HR:2001:AD3985
Apothekersassistente A loopt tegen een uitgetrokken medicijnla op, die haar collega heeft vastgezet zodat deze niet kon terugschuiven. Als gevolg hiervan heeft A ernstig hoofdletsel. Vaststaat dat A zelf niet goed oplette. Dat is volgens de Hoge Raad niet voldoende om de schadevergoedingsplicht van de werkgever te verminderen wegens eigen schuld, nu de werkgever aansprakelijk is voor gevaarscheppend handelen van de collega en A geen opzet of bewuste roekeloosheid verweten kan worden.

Soms kan niet worden vastgesteld of een ziekte het gevolg is van een (vaststaande) blootstelling aan gevaarlijke stoffen tijdens het werk, of van het ook vaststaande kettingroken van de werknemer zelf. Nadat een deskundige de kans op ofwel de ene oorzaak, ofwel de andere oorzaak had berekend, werd de werkgever veroordeeld tot schadevergoeding op basis van het kanspercentage van 63,5% dat het ontstaan van de ziekte te wijten was aan de gevaarlijke stoffen. (HR 31 maart 2006, ECLI:NL:HR:AU6093). Wanneer niet is komen vaststaan dat de werkgever tekort is geschoten, is er geen algemene verplichting om desondanks de werknemer die tijdens zijn arbeid een ongeval overkomt, tegemoet te komen.

14.5.3 Goed werkgever

Aangepast werk

Art. 7:611 verplicht de werkgever zich als goed werkgever te gedragen. Onder omstandigheden brengt deze plicht mee dat hij gedeeltelijk arbeidsongeschikt geworden werknemers in staat stelt ook een déél van de bedongen arbeid te verrichten tegen een evenredig loon. Zelfs als de werknemer ten gevolge van zijn handicap zijn werk helemaal niet kan verrichten, maar zich voor andere werkzaamheden aanbiedt, dient de werkgever daaraan mee te werken (al dan niet in het kader van een nieuwe arbeidsovereenkomst), tenzij hij aantoont dat dit niet van hem kan worden gevergd. Of dit van werkgevers gevergd kan worden, is afhankelijk van bijvoorbeeld de inhoud van het aanbod, de aard van de arbeid en de organisatie van het bedrijf.
Belangrijke consequentie daarvan is dat de werkgever die ten onrechte geen gebruikmaakt van een aanbod tot verminderde of andere werkzaamheden, geconfronteerd wordt met art. 7:628 lid 1.
Art. 7:658a verplicht de werkgever om zo tijdig mogelijk maatregelen te nemen opdat zieke werknemers die de bedongen arbeid niet kunnen verrichten, toch hun eigen of ander aangepast werk kunnen doen. De zieke werknemer die zonder deugdelijke grond dergelijk aangepast werk weigert, heeft geen recht op doorbetaling van loon tijdens ziekte (art. 7:629 lid 3).
In art. 7:658b wordt bepaald dat de werknemer die nakoming van de in art. 7:658a bedoelde re-integratieverplichting verplichting eist, in beginsel een deskundigenverklaring moet overleggen waaruit blijkt dat de werkgever zijn re-integratieverplichting niet is nagekomen.

Twee voorbeelden van jurisprudentie inzake goed werkgeverschap zijn de volgende.

■ **Voorbeeld 14.7**
Radartechnicus G weigerde, na 32 jaar trouwe dienst bij R bv, in de zomer van 1987 naar Koeweit te gaan om daar in de haven een radarinstallatie van een tanker te repareren. Reden: de oorlogssituatie in de Golf, waar kort tevoren een tanker op weg naar de haven van Koeweit op een mijn was gelopen. De arbeidsovereenkomst met G werd onverwijld opgezegd wegens werkweigering. Volgens de rechter ten onrechte. Zo onredelijk was deze werkweigering niet, en bovendien dient een goed werkgever rekening te houden met het arbeidsverleden van de betrokken werknemer en met economische en maatschappelijke gevolgen van ontslag op staande voet. Bij een dergelijk ontslag valt de werknemer namelijk terug op een bijstandsuitkering.

■ **Voorbeeld 14.8**
De werkgever die zonder duidelijke noodzaak zijn werknemers in alle bedrijfsruimten laat observeren met behulp van een gesloten tv-circuit met camera's, handelt evenmin als goed werkgever. Dit is zelfs strafbaar (art. 139f Sr).

In een zaak uit 2001 was niet aan de vereisten voor aansprakelijkheid ex art. 7:658 voldaan. Niettemin werd het billijk geacht dat de werkgever, die werknemer A had uitgeleend voor werk in de Amsterdamse Arena, de letselschade moest vergoeden die A leed doordat hij op de terugweg van het werk met het door hem bestuurde en door de werkgever ter beschikking gestelde busje in een slip was geraakt. Belangrijke omstandigheid daarbij was dat ingevolge vaste rechtspraak de werkgever ook aansprakelijk is voor schade aan de eigen auto van de werknemer, die deze werknemer moet gebruiken voor zijn werk, en dat de andere inzittenden van het busje schadevergoeding kregen via de WA-verzekering maar A, als chauffeur, niet (HR 12 januari 2001, ECLI:NL:HR:2001:AA9434).
Volgens de Hoge Raad moet een goed werkgever zorgen voor een behoorlijke verzekering van werknemers die tijdens hun werk een verkeersongeval kunnen krijgen. Dat geldt voor werknemers die zelf bestuurder van een motorvoertuig zijn, voor fietsers of voetgangers wanneer bij het ongeluk een motorvoertuig is betrokken en zelfs voor de fietser die van zijn fiets valt. Maar hiermee is, zo oordeelde de Hoge Raad, de grens voor een verzekeringsplicht wel bereikt. De postbezorger die tijdens het werk bij Hollands winterweer uitgleed op het besneeuwde trottoir, kon haar werkgever niet voor haar schade aansprakelijk stellen. Struikelen of uitglijden is geen aan het wegverkeer verbonden risico (HR 11 november 2011, ECLI:NL:HR:2011:BR5215).

14.5.4 Scholing

De Wwz heeft art. 7:611a toegevoegd. Daarin is als verplichting van de werkgever opgenomen dat hij de werknemer in staat moet stellen scholing te volgen die noodzakelijk is voor zijn functie. Maar ook de scholing die nodig is voor het voortzetten van de arbeidsovereenkomst indien zijn functie komt te vervallen, of wanneer de werknemer niet langer in staat is die functie te vervullen.

Deze bepaling is van belang wanneer de werkgever de arbeidsovereenkomst wil opzeggen, zie subparagraaf 14.7.3.

■ ■ ■ 14.5.5 Aanpassing arbeidsduur

Op 1 juli 2000 is de Wet aanpassing arbeidsduur in werking getreden, zowel voor de overheid als voor de private sector. De wet verplicht de werkgever om serieus om te gaan met een schriftelijk verzoek van de werknemer die daarin om vermindering of vermeerdering van zijn arbeidsuren vraagt, dan wel om aanpassing van de urenspreiding. De werknemer hoeft daarvoor geen redenen te geven, maar de werkgever moet een eventuele weigering goed motiveren. Een verzoek om meer of minder te mogen werken mag alleen worden afgewezen, als zwaarwegende bedrijfs- of dienstbelangen zich daartegen verzetten.

Bij urenvermindering is in ieder geval sprake van zo'n zwaarwegend belang indien het leidt tot ernstige problemen voor de bedrijfsvoering bij herbezetting, op het gebied van veiligheid of tot problemen van roostertechnische aard. De werkgever moet bijvoorbeeld daadwerkelijk proberen personeel te werven voor de vrijkomende uren.

Een verzoek tot urenvermeerdering kan onder andere worden afgewezen indien die vermeerdering leidt tot ernstige financiële of organisatorische problemen, of omdat de vastgestelde formatieruimte of de personeelsbegroting dat niet toelaat, dan wel indien er te weinig werk is.

De werkgever kan een verzoek om de uren anders te spreiden over een bepaalde periode makkelijker weigeren. Hiervoor heeft hij geen zwaarwegend bedrijfsbelang nodig, maar een belang waarvoor de wens van de werknemer naar maatstaven van redelijkheid en billijkheid moet wijken (art. 2 lid 6 Wet aanpassing arbeidsduur).

Een werknemer mag twee jaar na de beslissing van de werkgever weer een aanpassingsverzoek doen.

■ ■ ■ 14.6 Verplichtingen van de werknemer

Werknemers zijn verplicht de arbeid persoonlijk te verrichten, redelijke aanwijzingen van de werkgever op te volgen (art. 7:659 en 660), mee te werken aan re-integratie (art. 7:629, 658a en 660a) en zich als 'goed werknemer' te gedragen (art. 7:611). Dit laatste betekent niet dat de werknemer voor elke door hem gemaakte fout schadeplichtig is.

Schade

Alleen als de schade het gevolg is van zijn opzet of bewuste roekeloosheid is de werknemer aansprakelijk, aldus de hoofdregel van art. 7:661.

In de praktijk bestond veel onduidelijkheid over de vraag wie verantwoordelijk is voor betaling van sancties voor snelheidsovertredingen, die in werktijd worden gemaakt met een auto waarvan het kenteken op naam van de werkgever staat. De Hoge Raad vindt dat de snelheidsovertreder verantwoordelijk is voor de bon en heeft daarmee een geruchtmakende uitspraak van het Hof Den Haag vernietigd.

> **HR 13 juni 2008, ECLI:NL:HR:2008:BC8791 TPG Post/ABVAKABO FNV**
> Werkgeefster TPG heeft haar vaste beleid, namelijk dat verkeersboetes voor rekening van de chauffeurs zijn, goed bekendgemaakt. Het Hof bepaalde echter dat in het algemeen snelheidsoverschrijdingen tot 10 km/u

niet aan opzet of bewuste roekeloosheid van een chauffeur kunnen worden geweten. Bij overschrijdingen vanaf 10 km/u was dat volgens het Hof in beginsel wel zo, behoudens bijzondere omstandigheden. TPG moest daarom alle op haar werknemers verhaalde boetes terugbetalen, voor zover van opzet of bewuste roekeloosheid geen sprake was.

De Hoge Raad oordeelt dat hier niet de hoofdregel van art. 7:661 moet worden toegepast, maar de uitzondering in de tweede zin van lid 1. Daarin wordt bepaald dat de omstandigheden van het geval tot afwijking van die hoofdregel kunnen leiden. Voor afwijking is in dit geval reden, vindt de Hoge Raad, omdat er anders ongerechtvaardigd onderscheid zou zijn tussen werknemers met een eigen auto en werknemers met een auto van de zaak.

■ **Voorbeeld 14.9**
Onvoldoende voor aansprakelijkheid is, dat een met geldverkeer belaste werknemer geen verklaring heeft voor een kastekort. Wel aansprakelijk was de werkneemster die in strijd met haar opdracht niet op vrijdagavond de cassette met de dagopbrengst in de nachtkluis van de bank deponeerde, maar de cassette in haar auto liet liggen waarna dat geld op zaterdag gestolen zou zijn.

Art. 6:170 stelt de werkgever aansprakelijk voor schadeveroorzakende fouten van de werknemer, gemaakt in verband met de dienstbetrekking. Daarnaast kán de werknemer zélf aansprakelijk zijn op grond van onrechtmatige daad. Zijn beiden aansprakelijk, dan geeft lid 3 van genoemd artikel een regel voor de onderlinge draagplicht. Ook hieruit blijkt dat de werknemer alleen bij opzet of bewuste roekeloosheid hoeft bij te dragen.

De in art. 7:611 neergelegde verplichting van de werknemer om zich als goed werknemer te gedragen heeft niet alleen betrekking op mogelijke fouten tijdens het werk, maar ook op de (collegiale) houding van de werknemer. En hoewel werkgever en werknemer bij het aangaan van de arbeidsovereenkomst meestal een concrete door de werknemer in te vullen functie benoemen, kan de verplichting om zich als goed werknemer te gedragen soms tot functiewijziging leiden, ook al wil de werknemer dat liever niet. Volgens de Hoge Raad zal een goed werknemer soms een functiewijziging moeten accepteren. Dat is het geval wanneer de werkgever, gelet op alle omstandigheden, een redelijk voorstel doet en aanvaarding daarvan in redelijkheid van de werknemer gevergd kan worden (HR 11 juli 2008, ECLI:NL:HR:2008:BD1847, Stoof/Mammoet). In de lagere rechtspraak zal moeten worden uitgemaakt wat onder welke omstandigheden redelijk is.

■ ■ ■ 14.7 Einde van de arbeidsovereenkomst

In vorige drukken van dit boek is aandacht besteed aan jarenlange pogingen om het ontslagrecht te veranderen. De wetgeving die vóór 2015 gold, had geleid tot een doolhof. Afhankelijk van de route die een werkgever door dat doolhof koos, kreeg een werknemer bij ontslag wel of niet een vergoeding, en was er soms wel en soms geen hoger beroep mogelijk.

In 2013 bereikten de sociale partners met het kabinet een Sociaal Akkoord, dat de basis vormde voor de Wet werk en zekerheid (Wwz), waarvan een deel per 1 januari 2015 is ingevoerd en het deel over het ontslagrecht per 1 juli 2015 in werking is getreden door opneming daarvan in de bepalingen van titel 7.10 van het BW.

Sinds 1 juli 2015 kan een arbeidsovereenkomst op vijf manieren eindigen:
1 van rechtswege door:
   - de dood van de werknemer;
   - door het verstrijken van de bepaalde tijd;
   - het intreden van een ontbindende voorwaarde (subparagraaf 14.7.1);
2 door opzegging door de werknemer (zie subparagraaf 14.7.2);
3 door opzegging door de werkgever (zie subparagraaf 14.7.3):
   - met schriftelijke instemming van de werknemer (zie subparagraaf 14.7.4);
   - zonder schriftelijke instemming van de werknemer (zie 14.7.5);
4 door ontbinding door de rechter (zie 14.7.6);
5 met wederzijds goedvinden (subparagraaf 14.7.8).

Een en ander zal hierna uiteengezet worden.

14.7.1 Beëindiging van rechtswege

Elke arbeidsovereenkomst eindigt van rechtswege met de dood van de werknemer (art. 7:674). Het overlijden van de werkgever heeft niet dit automatisch gevolg (art. 7:675). Dit verschil hangt samen met het feit dat de verplichting van de werknemer tot het verrichten van de bedongen arbeid een persoonlijke verplichting is, maar daarentegen de verplichting van de werkgever tot loonbetaling overdraagbaar is. Tenzij anders is overeengekomen wordt de arbeidsovereenkomst dan voortgezet door de erfgenamen van de overleden werkgever.

Deze erfgenamen mogen de arbeidsovereenkomst wel opzeggen, ook als het een overeenkomst voor bepaalde tijd is en die bepaalde tijd nog niet is verstreken, met inachtneming van de wettelijke opzegverboden en de wettelijke opzegtermijnen zoals die gelden bij arbeidsovereenkomsten voor onbepaalde tijd (art. 7:675).

Overgang onderneming

Een werkgever kan ook zijn onderneming overdragen aan een ander krachtens bijzondere titel, bijvoorbeeld koop of huur. De arbeidsovereenkomst wordt in dat geval door uitdrukkelijke wetsbepaling van rechtswege voortgezet door de nieuwe werkgever (art. 7:663). Als waarborg tegen misbruik van deze regeling blijft de oude werkgever nog een jaar na de overgang van de onderneming, naast de nieuwe werkgever, hoofdelijk aansprakelijk voor verplichtingen uit de arbeidsovereenkomst die al voor de overgang waren ontstaan.

In geval van faillissement van de werkgever geldt deze contractovername niet: de koper van het failliete bedrijf neemt dus niet automatisch alle werknemers over (art. 7:666).

Behalve door overlijden van de werknemer kan de arbeidsovereenkomst zonder verdere formaliteiten eindigen indien deze voor bepaalde tijd is aangegaan of indien een ontbindende voorwaarde intreedt. Daarop bestaan echter uitzonderingen, die hierna besproken worden.

Overeenkomst voor bepaalde tijd

Ook van rechtswege eindigt de arbeidsovereenkomst voor bepaalde tijd door het enkele verstrijken van die tijd, tenzij schriftelijk is overeengekomen dat voorafgaande opzegging is vereist (art. 7:667 lid 1 en 2). Men spreekt van een overeenkomst voor *bepaalde tijd* indien de duur ervan objectief bepaalbaar is, dus onafhankelijk van de wil van een der betrokken partijen. Denk bijvoorbeeld aan een vastgesteld tijdstip, maar ook aan het voltooien van een bepaald werk of het herstel van de zieke collega, die door betrokkene vervangen wordt.

Definitie bepaalde tijd

De aanleiding voor het einde van de overeenkomst mag echter niet worden gevormd door huwelijk, geregistreerd partnerschap, zwangerschap of bevalling van de werknemer. Art. 7:667 leden 7 en 8 verklaren zo'n beding nietig.

Een voor bepaalde tijd aangegane arbeidsovereenkomst kan na verstrijken van die tijd worden opgevolgd door een nieuwe arbeidsovereenkomst. Daartoe kunnen partijen uitdrukkelijk een nieuwe overeenkomst sluiten voor bepaalde of voor onbepaalde tijd. Maar ook is mogelijk dat de oorspronkelijke overeenkomst stilzwijgend wordt voortgezet, bijvoorbeeld omdat niemand eraan heeft gedacht dat de overeenkomst zou aflopen en partijen gewoon met elkaar doorgaan, of omdat de werkgever heeft verzuimd (tijdig) op te zeggen, terwijl hij daartoe op grond van een schriftelijk beding verplicht was. In dat geval wordt de volgende overeenkomst geacht voor dezelfde tijd, maar voor maximaal een jaar, en onder dezelfde voorwaarden te zijn aangegaan (art. 7:668 leden 4 en 5).

Door steeds met dezelfde werknemer arbeidsovereenkomsten voor bepaalde tijd te sluiten zonder dat voorafgaande opzegging is vereist, zou een werkgever bij tegenslag makkelijk van personeel af komen, terwijl de werknemer nauwelijks zekerheden heeft. Bijvoorbeeld ziekte van de werknemer verhindert immers niet dat zijn arbeidsovereenkomst voor bepaalde tijd van rechtswege eindigt op de afgesproken dag. Met art. 7:668a heeft de wetgever in 1999, met de Wet flexibiliteit en zekerheid, een compromis gezocht tussen gewenste flexibiliteit en zekerheid. De Wwz heeft vervolgens de teugels nog wat strakker aangetrokken. De wettelijke regeling komt nu hierop neer dat de arbeidsovereenkomst beschouwd wordt als een overeenkomst voor onbepaalde tijd, zodra:

Bepaalde tijd wordt onbepaalde tijd

- partijen een vierde arbeidsovereenkomst voor bepaalde tijd sluiten, en tussen die verschillende overeenkomsten geen langere tussenpozen zitten dan (steeds) maximaal zes maanden; ofwel
- de elkaar opvolgende arbeidsovereenkomsten voor bepaalde tijd inclusief tussenpozen van maximaal zes maanden samen meer dan twee jaar, gerekend vanaf de eerste dag van de eerste arbeidsovereenkomst, duren. Hierop is één uitzondering: als de eerste overeenkomst is aangegaan voor een bepaalde tijd die langer is dan 24 maanden en zonder onderbreking wordt gevolgd door een tweede arbeidsovereenkomst van maximaal drie maanden. Die tweede overeenkomst eindigt dan toch van rechtswege (art. 7:668a lid 3).

Ketenregeling

Dit noemt men de 'ketenregeling'. Bij een onderbreking die langer duurt dan zes maanden, begint de telling van de schakels en de duur van de periode opnieuw.

Voor werknemers met tijdelijke contracten is vaak onduidelijk of zij na het verstrijken van de bepaalde tijd mogen blijven, of ermee rekening moeten

Aanzegplicht

houden dat zij op zoek moeten naar een andere werkgever na het verstrijken van de bepaalde tijd. Om die reden heeft de Wwz voor de werkgever een nieuwe verplichting in het leven geroepen: de aanzegplicht van art. 7:668 lid 1. Bij arbeidsovereenkomsten die eindigen op een bepaalde kalenderdatum en die voor ten minste zes maanden zijn aangegaan, moet de werkgever uiterlijk een maand tevoren schriftelijk meedelen of, en zo ja onder welke voorwaarden, hij de overeenkomst wil voortzetten.

Bij schending van die verplichting is de werkgever een maandloon extra verschuldigd aan de werknemer, of, bij te late mededeling, een evenredige vergoeding. Twee weken te laat betekent dus: twee weken loon extra (art. 7:668 lid 3).

Voortijdig eindigen

Een overeenkomst voor bepaalde tijd kan voortijdig eindigen, en wel regelmatig of onregelmatig. Voorbeelden van regelmatige tussentijdse beëindiging zijn: einde met wederzijds goedvinden, opzegging tijdens een geldige proeftijd en overlijden van de werknemer. Een werknemer die feitelijk vertrekt zonder toestemming van de werkgever, of die tussentijds zonder daartoe bevoegd te zijn opzegt, doet dat onregelmatig en wordt daardoor vergoeding, bedoeld in art. 7:672 lid 9 verschuldigd: het loon tot de datum waarop de arbeidsovereenkomst normaal gesproken zou eindigen bij regelmatige opzegging.

Partijen kunnen wel afspreken dat zij allebei het recht hebben een overeenkomst voor bepaalde tijd tussentijds op te zeggen. Dat beding is pas geldig als het schriftelijk is opgemaakt (art. 7:667 lid 3). Wanneer een overeenkomst voor bepaalde tijd voorafgaande opzegging vereist of tussentijdse opzegging mogelijk maakt, moet die opzegging voldoen aan de vereisten die hierna in subparagraaf 14.7.3 worden besproken.

Ontbindende voorwaarde

Omstreden is of het intreden van een ontbindende voorwaarde leidt tot beëindiging van rechtswege (art. 6:22 jo. art. 3:38). Men zou kunnen stellen dat de aard van de arbeidsovereenkomst zich ertegen verzet dat een ontbindende voorwaarde het systeem van het ontslagrecht opzijzet. In ieder geval nietig zijn bedingen die van rechtswege een einde maken maken aan de overeenkomst bij huwelijk, geregistreerd partnerschap, zwangerschap of bevalling van de werknemer zoals uit eerdergenoemd art. 7:667 leden 7 en 8 blijkt.

> **HR 6 maart 1992, ECLI:NL:HR:1992:ZC0535**
> Volgens de Hoge Raad moet van geval tot geval worden bezien in hoeverre de wettelijke regels tot nietigheid van de ontbindende voorwaarde leiden.

> **HR 24 mei 1996, ECLI:NL:HR:1996:ZC2082**
> De afspraak dat de arbeidsovereenkomst eindigt bij bedrijfsbeëindiging, werd in strijd met het wettelijk ontslagstelsel geacht.

In de rechtspraak is als ontbindende voorwaarde geaccepteerd: intrekking van de toestemming van het ziekenhuisbestuur voor de waarneming van een arts in een maatschap van medisch specialisten; het intrekken van overheidssubsidie voor niet-regulier werk; zodanig noodweer op de Antillen dat de werkgever langer dan een maand geen gebruik kan maken van de diensten van zijn daar werkzame personeel. Het zijn overduidelijk allemaal bijzondere gevallen.

Figuur 14.1 geeft de manieren waarop een arbeidsovereenkomst van rechtswege eindigt, schematisch weer.

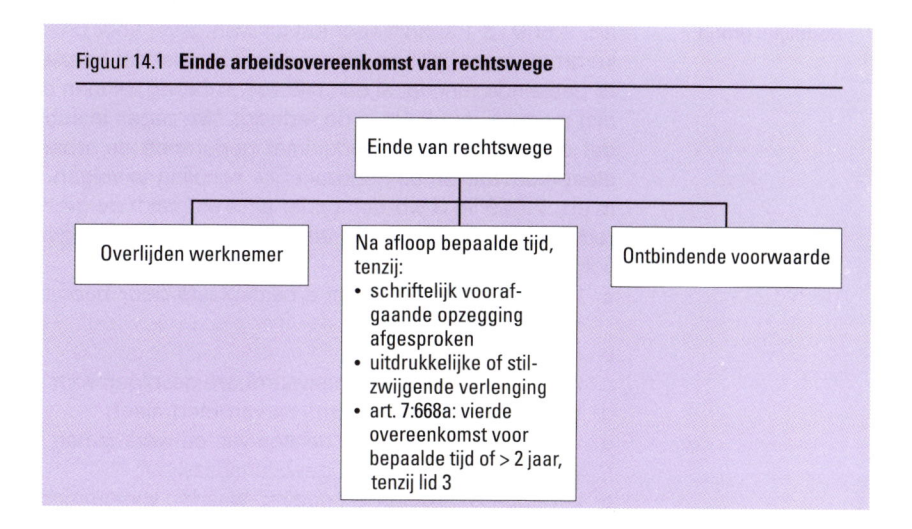

Figuur 14.1 Einde arbeidsovereenkomst van rechtswege

```
                    Einde van rechtswege
         ┌───────────────┼───────────────┐
  Overlijden         Na afloop bepaalde      Ontbindende
  werknemer          tijd, tenzij:           voorwaarde
                     • schriftelijk vooraf-
                       gaande opzegging
                       afgesproken
                     • uitdrukkelijke of stil-
                       zwijgende verlenging
                     • art. 7:668a: vierde
                       overeenkomst voor
                       bepaalde tijd of > 2 jaar,
                       tenzij lid 3
```

14.7.2 Opzegging door de werknemer

Voor de werknemer met een arbeidsovereenkomst voor onbepaalde tijd gelden geen bijzondere bepalingen wanneer hij ontslag wil nemen. Buiten de proeftijd (zie subparagraaf 14.4.3) en ontslag op staande voet (zie subparagraaf 14.7.5) hoeft hij slechts rekening te houden met de opzegtermijn van één maand, tenzij schriftelijk een andere opzegtermijn is afgesproken. Die mag maximaal zes maanden zijn (art. 672 leden 3 en 6). De dag waartegen opgezegd mag worden is ook weer het einde van de maand, tenzij schriftelijk anders is afgesproken (art. 672 lid 1).
Als er geen bijzondere afspraken zijn en de werknemer op 6 december van jaar x opzegt, dan kan hij dus rechtsgeldig opzeggen tegen 31 januari van jaar x+1.

Voor de werknemer met een overeenkomst voor bepaalde tijd, die volgens afspraak tussentijds opzegbaar is, geldt hetzelfde als bij de overeenkomst voor onbepaalde tijd. Is de overeenkomst voor bepaalde tijd niet tussentijds opzegbaar, dan moet de werknemer weer rekening houden met art. 7:672 lid 9. Op grond van lid 10 kan de kantonrechter de te betalen vergoeding matigen tot een bedrag van ten minste drie maanden loon.

Overigens mag de werkgever niet te snel aannemen dat de werknemer ontslag neemt. Soms roepen werknemers uit boosheid of frustratie dat ze weggaan omdat ze 'het niet meer zien zitten'. Wil dit als ontslagneming kunnen gelden, dan moet deze eenzijdige rechtshandeling, gelet op de mogelijk ernstige gevolgen voor de werknemer, wel ondubbelzinnig en duidelijk gericht zijn op een definitief einde van het dienstverband. De werkgever heeft een onderzoeksplicht op dat punt.

14.7.3 Algemene regels voor opzegging door de werkgever

Redelijke grond

De werknemer mag om iedere willekeurige reden ontslag nemen, maar art. 7:669 lid 1 schrijft voor dat de werkgever voor beëindiging een redelijke grond moet hebben. Bovendien is vereist dat herplaatsing in een andere passende functie, al dan niet met scholing, binnen een redelijke termijn niet mogelijk is of niet in de rede ligt. We zagen in subparagraaf 14.5.4 al dat de werkgever de werknemer gedurende de arbeidsovereenkomst in staat moet stellen de noodzakelijke scholing te volgen.

In art. 7:669 lid 3 worden onder a tot en met h de gronden opgesomd die redelijk zijn. Dit is een *limitatieve* lijst. Sterk samengevat gaat het om de volgende gronden:

a bedrijfssluiting en verval arbeidsplaats door bedrijfseconomische omstandigheden;
b twee jaar ziekte;
c regelmatig ziek met onaanvaardbare gevolgen voor de werkgever;
d besproken disfunctioneren na verbetertraject;
e verwijtbaar handelen of nalaten van de werknemer;
f werkweigering wegens gewetensbezwaar;
g verstoorde arbeidsverhouding waarbij voortzetting van de overeenkomst in redelijkheid niet van de werkgever kan worden gevergd;
h andere omstandigheden dan a – g die zodanig zijn dat van de werkgever in redelijkheid niet kan worden gevergd de overeenkomst te laten voortduren.

Grond bepaalt de ontslagroute

UWV

Als de werknemer niet instemt met de opzegging, of als werkgever en werknemer geen overeenkomst kunnen sluiten waarmee de arbeidsovereenkomst met wederzijds goedvinden wordt beëindigd, dan zal de werkgever bij opzegging op de gronden a of b eerst toestemming voor ontslag moeten vragen bij het Uitvoeringsinstituut werknemersverzekeringen (hierna: het UWV). Dit is geregeld in art. 7:671a lid 1. We bespreken deze route in subparagraaf 14.7.5. Gaat het om de gronden c tot en met h, dan kan de werkgever de kantonrechter verzoeken om de arbeidsovereenkomst te ontbinden. Dat is geregeld in art. 7:671b lid 1. De werkgever mag ook bij de kantonrechter ontbinding verzoeken op de gronden a of b, wanneer het UWV de gevraagde toestemming weigert of wanneer er een arbeidsovereenkomst voor bepaalde tijd is, die niet tussentijds kan worden opgezegd. In subparagraaf 14.7.6 zullen we hier verder op ingaan.

Opzegverboden

Een ongeschreven regel van het recht is, dat opzegging van duurovereenkomsten (zoals een arbeidsovereenkomst) mogelijk moet zijn. We zagen hiervoor al, dat de werkgever daarin beperkt is omdat hij daarvoor een van de limitatieve gronden van art. 7:669 lid 3 moet hebben.

In art. 7:670 staat een hele reeks situaties beschreven waarin het de werkgever verboden is op te zeggen. Hij mag dat bijvoorbeeld niet doen:

· *tijdens* ziekte, tenzij de ongeschiktheid om te kunnen werken door ziekte meer dan twee jaar heeft geduurd of de ziekte pas begon nadat de werkgever toestemming voor opzegging aan het UWV heeft gevraagd;
· *tijdens* zwangerschap en bevallingsverlof;

- *tijdens* lidmaatschap van de ondernemingsraad en gedurende twee jaar na afloop daarvan;
- *wegens* vakbondslidmaatschap of overgang van de onderneming;
- *wegens* weigering van werk op zondag.

Opzegverbod

De werknemer heeft korte tijd om op te komen tegen een opzegging die in strijd is met een opzegverbod. Hij zal dan binnen de vervaltermijn van twee maanden aan de kantonrechter moeten verzoeken om het ontslag te vernietigen, of in plaats daarvan de werkgever te veroordelen tot betaling van een billijke vergoeding (art. 7:681 lid 1 in verbinding met art. 7:686a lid 4).

Opzegtermijn voor de werkgever

De wettelijke opzegtermijn voor de werkgever bij een arbeidsovereenkomst voor onbepaalde tijd is afhankelijk van de duur van het dienstverband. Bij een dienstverband korter dan 5 jaar is die opzegtermijn 1 maand, bij een duur van 5 tot minder dan 10 jaar wordt het 2 maanden, van 10 tot minder dan 15 jaar 3 maanden en voor dienstverbanden van 15 jaar en langer is de opzegtermijn 4 maanden. Daarbij geldt weer, net als bij opzegging door de werknemer, dat de dag waartegen opgezegd moet worden het einde van de maand is, tenzij anders is overeengekomen (art. 7:672 leden 1 en 2).

Als de wettelijke opzegtermijn geldt en de werkgever op 15 maart een werknemer wil ontslaan die dan al 8 jaar bij hem werkt, dan is de opzegtermijn 2 maanden en mag hij op 15 maart opzeggen tegen 31 mei.

Op deze plaats alvast een waarschuwing: de opzegtermijn kan korter worden bij opzegging met toestemming van het UWV, zie art. 7:672 lid 4, maar nooit korter dan één maand.

Net als bij de werknemer die op te korte termijn opzegt, is de werkgever in dat geval wegens onregelmatig ontslag een vergoeding verschuldigd over de gemiste opzegtermijn (art. 7:672 lid 9).

14.7.4 Opzegging door de werkgever met schriftelijke instemming van de werknemer

Deze wijze van beëindigen van de arbeidsovereenkomst is pas in 2015 door de Wwz in de wet opgenomen, en wel in art. 7:671. Indien de werknemer schriftelijk akkoord gaat met de door de werkgever, mondeling of schriftelijk kenbaar gemaakte, gewenste opzegging van de arbeidsovereenkomst, dan zijn er geen nadere voorwaarden om tot een rechtsgeldig einde van die overeenkomst te komen. Partijen mogen in strijd handelen met de 'tijdens-opzegverboden', zie de vorige subparagraaf, maar niet met de 'wegens-opzegverboden' (art. 7:670a lid 2). Wanneer de werknemer schriftelijk akkoord gaat met een opzegging door de werkgever wegens overgang van de onderneming, dan kan hij niet alleen gebruik maken van de hierna te bespreken korte herroepingstermijn, maar in plaats daarvan ook van de iets langere vervaltermijn van twee maanden waarbinnen hij, zoals in de vorige paragraaf bij de opzegverboden is beschreven, om vernietiging van de opzegging of om de billijke vergoeding kan verzoeken.

Bij opzegging met instemming moet wel duidelijk zijn waarmee de werknemer precies instemt, en de werkgever zal dan waarschijnlijk ook een schriftelijk stuk opstellen waarin staat met ingang van welke datum de

Herroepingstermijn

overeenkomst eindigt en met welke opzegtermijn rekening is gehouden. Om te voorkomen dat een werknemer ondoordacht zo'n stuk tekent en daaraan zonder meer gebonden is, heeft de werknemer het recht zijn instemming te herroepen binnen de wettelijke herroepingstermijn. Dat de werknemer dit recht heeft, moet de werkgever hem schriftelijk meedelen binnen twee werkdagen nadat de werknemer schriftelijk heeft ingestemd. In dat geval bedraagt de termijn twee weken vanaf de schriftelijke instemming.

> **Kantonrechter Amsterdam 10 juni 2015, ECLI:NL:RBAMS:2015:3968**
> De werkgever heeft aan de vereiste schriftelijke mededeling van de herroepingstermijn voldaan door het sturen van een WhatsApp-berichtje aan de werknemer.

Heeft de werkgever niet of te laat melding gemaakt van de bedenktermijn, dan is de termijn drie weken vanaf de schriftelijke instemming (art. 7:671 leden 2 en 3).

De werknemer hoeft geen reden op te geven voor de herroeping. Als hij zijn instemming tijdig intrekt, dan bepaalt de wet dat de opzegging geacht wordt niet te hebben plaatsgevonden (art. 7:671 lid 4). Hieruit blijkt ook dat het niet gaat om een beëindigingsovereenkomst (zie subparagraaf 14.7.8 over beëindiging met wederzijds goedvinden, welke overeenkomst ontbonden kan worden), maar om twee eenzijdige rechtshandelingen: opzegging en instemming.

De vraag is of met deze nieuwe regeling de mogelijkheid is vervallen dat bijvoorbeeld een werknemer die de taal niet machtig is, zich kan beroepen op de stelling dat hij niet heeft begrepen wat hij tekende op een later tijdstip dan binnen twee of drie weken, dan wel (indien er reden is voor vernietiging) binnen twee maanden.

Denkbaar is dat de werknemer zijn instemming herroept omdat hij gunstiger vertrekvoorwaarden wenst. Lid 5 van art. 7:671 bedoelt te regelen dat, als de werknemer binnen zes maanden na die herroeping opnieuw schriftelijk instemt met een opzegging van de werkgever, hij geen gebruik meer mag maken van het recht om zijn instemming te herroepen.

Art. 7:671 lid 6 verklaart bedingen nietig, waarin de voorwaarde van schriftelijke instemming of het recht van herroeping worden uitgesloten of beperkt.

14.7.5 Opzegging door de werkgever zonder schriftelijke instemming van de werknemer

Art. 7:671 lid 1 bepaalt in welke gevallen de werkgever mag opzeggen zonder instemming van de werknemer. In een paar bijzondere gevallen is voor beëindiging van de arbeidsovereenkomst tegen de zin van de werknemer ook geen toestemming van het UWV of een beslissing van de kantonrechter nodig. Deze gevallen staan in art. 7:671 lid 1 onder de letters b tot en met h. De belangrijkste daarvan zijn:

- opzegging tijdens proeftijd (zie subparagraaf 14.4.3);
- opzegging om een dringende reden, ofwel ontslag op staande voet (art. 7:677 lid 1, zie hieronder);
- ontslag wegens het bereiken van de AOW-leeftijd, tenzij schriftelijk anders is afgesproken.

Daarnaast bepaalt art. 40 lid 1 van de Faillissementswet dat de curator arbeidsovereenkomsten met de failliete werkgever mag opzeggen met inachtneming van de wettelijke opzegtermijn tot een maximum van 6 weken. In deze uitzonderingsgevallen hoeft de werkgever ook geen rekening te houden met de 'tijdens-opzegverboden' (zie subparagraaf 14.7.3). Het spreekt vanzelf dat bij ontslag in de proeftijd of bij ontslag op staande voet ook geen opzegtermijn geldt.

Ontslag op staande voet

Ontslag op staande voet

Ontslag om een dringende reden, zoals ontslag op staande voet officieel heet, is geregeld in art. 7:677. In de twee artikelen daarna worden enkele voorbeelden gegeven die een dringende reden kunnen opleveren voor de werkgever en de werknemer. Er is sprake van een dringende reden als redelijkerwijs niet van een van beide partijen gevergd kan worden dat de arbeidsovereenkomst voortduurt. Voor een werkgever kan de dringende reden gelegen zijn in doen en laten of eigenschappen van de werknemer. Dringende redenen voor de werknemer kunnen ook buiten dit terrein liggen. Voor ontslag op staande voet is vereist dat onverwijld wordt opgezegd onder onverwijlde mededeling van de reden.

Onverwijld betekent: zonder onnodig dralen. Degene die meent reden voor ontslag op staande voet te hebben, wordt wel korte tijd gegund voor het inwinnen van deskundig advies of voor overleg met bijvoorbeeld directie of bestuur. De beantwoording van de vraag of een bepaald feitencomplex een dringende reden oplevert, is niet eenvoudig, want de omstandigheden van het geval spelen een zeer grote rol. Een dringende reden werd aanwezig geacht in het geval van de werknemer die wederom te laat op het werk kwam, na herhaalde malen gewaarschuwd te zijn. Geen dringende reden werd aanwezig geacht toen een werknemer wegbleef op een islamitische feestdag, waarvoor hij bij gebrek aan snipperuren geen verlofdag had gekregen. Geoordeeld werd dat de werkgever zo tijdig op de hoogte was van de verlofaanvraag, dat hij voldoende tijd had om een vervanger te vinden. Niet viel in te zien waarom het snipperurentekort niet door onbetaald verlof vervangen kon worden.

Ook in het volgende geval was er geen dringende reden:

Kantonrechter Amsterdam 3 maart 2008, ECLI:NL:RBAMS:2008: BD2001

Bij zijn sollicitatie naar een baan als beheerder onroerend goed heeft de werknemer ontkend dat hij in aanraking met Justitie is geweest. Later blijkt dat dit elf jaar geleden wel het geval was, en de werknemer wordt op staande voet ontslagen. Ten onrechte, vindt de kantonrechter. Weliswaar heeft de werknemer geen volledige openheid van zaken gegeven en gaat zijn mededelingsplicht voor de onderzoeksplicht van de werkgeefster, maar het gaat hier om een oud feit. Bij een 'Verklaring omtrent het gedrag' wordt vier jaar teruggekeken in de justitiële documentatie.

Ook bij ontslag op staande voet geldt weer, dat de werknemer die het niet met dat ontslag eens is, binnen een vervaltermijn van twee maanden aan de kantonrechter zal moeten verzoeken om het ontslag te vernietigen, of in plaats daarvan de werkgever te veroordelen tot betaling van een billijke vergoeding (art. 7:681 lid 1 in verbinding met art. 7:686a lid 4). Ditzelfde geldt bij ontslag in een proeftijd die nietig is. Omdat bij dergelijke ontslagen de opzegtermijn niet in acht is genomen, kan de werknemer ook kiezen voor een vergoeding wegens onregelmatige opzegging: art. 7:672 lid 9. Deze vergoeding kan door de kantonrechter worden gematigd (art. 7:672 lid 10).

Opzegging met toestemming van het UWV

Een andere mogelijkheid om op te zeggen zonder instemming van de werknemer is de opzegging met toestemming van het UWV, art. 7:671 lid 1 onder a.

Deze toestemming is nodig wanneer de werkgever wil opzeggen wegens bedrijfssluiting of verval van de arbeidsplaats door bedrijfseconomische omstandigheden, of omdat de werknemer langer dan twee jaar ziek is. Dit zijn de gronden a en b die zijn opgesomd in art. 7:669 lid 3 (zie subparagraaf 14.7.3).

Het UWV moet toetsen of daadwerkelijk aan die a- of b-grond is voldaan. De werkgever zal daarvoor de nodige stukken moeten aanleveren waaruit de juistheid van de grond blijkt. Ook moet het UWV bekijken of er geen herplaatsingsmogelijkheden zijn. De werknemer mag daarop reageren. Daarna wordt een beslissing genomen waarbij getoetst wordt of de regels zijn nageleefd. In moeilijke gevallen wordt eerst de ontslagcommissie gehoord: een commissie die bestaat uit vertegenwoordigers van werkgevers- en werknemersorganisaties.

Wordt de toestemming gegeven, dan mag de werkgever daar gedurende vier weken gebruik van maken om de arbeidsovereenkomst met de werknemer op te zeggen. Daarna is de toestemming niet meer geldig. De opzegging mag niet in strijd zijn met de opzegverboden (maar let op de bijzondere regeling in geval van ziekte bij de a- en b-grond), zie subparagraaf 14.7.3.

De opzegtermijn wordt bekort met de periode tussen indiening van het verzoek om toestemming en de dagtekening van de positieve beslissing, maar moet nog ten minste één maand zijn (art. 7:672 lid 4).

Bij voorgenomen ontslagen om bedrijfseconomische redenen moet de werkgever financiële gegevens van het bedrijf verstrekken en een reorganisatieplan met een overzicht van de daardoor geraakte functies, een lijst van werknemers die deze functies, en functies die daarmee uitwisselbaar zijn, uitoefenen en gegevens over hun leeftijd en de duur van hun dienstverband. De minister van Sociale Zaken en Werkgelegenheid heeft een Ontslagregeling uitgevaardigd (zie art. 7:671a lid 8), waarin allerlei nadere regels staan, onder andere over de volgorde van opzegging bij het vervallen van arbeidsplaatsen.

Afspiegelings-beginsel

Gebruikelijk is dat het anciënniteitsbeginsel (last in, first out) bij groepsontslagen per leeftijdsgroep wordt toegepast. Dit noemt men wel het afspiegelingsbeginsel. Dit gaat als volgt. Er worden groepen werknemers met onderling uitwisselbare functies samengesteld in leeftijdscategorieën van steeds 10 jaar (15 tot 25; 25 tot 35 enzovoort). Per leeftijdsgroep wordt dan het aantal af te vloeien werknemers vastgesteld op basis van evenredigheid met het aantal personeelsleden in die groep, en van dat aantal worden vervolgens degenen met de minste dienstjaren voor ontslag voorgedragen.

Maar eerst moeten alle tijdelijke overeenkomsten en uitzendcontracten zijn beëindigd. De werkgever mag volgens de Ontslagregeling maximaal 10% van de, na afspiegeling voor ontslag in aanmerking komende, werknemers uitzonderen van ontslag omdat zij onmisbaar zijn.

Als de werkgever geen toestemming heeft gekregen maar toch op de a- of b- grond opzegt, moet de werknemer binnen de vervaltermijn van twee maanden aan de kantonrechter verzoeken om het ontslag te vernietigen, of in plaats daarvan de werkgever te veroordelen tot betaling van een billijke vergoeding (art. 7:681 lid 1 in verbinding met art. 7:671 lid 1 onder a).

Ook al heeft de werkgever met toestemming van het UWV een arbeidsovereenkomst opgezegd op de a-grond van art. 7:669 lid 3, en rekening gehouden met opzegverboden en opzegtermijnen, dan moet hij nog oppassen. De werknemer kan die opzegging vernietigen of in plaats daarvan een billijke vergoeding vragen wanneer de werkgever binnen 26 weken na opzegging hetzelfde werk door een ander laat doen, zonder eerst de ontslagen werknemer gelegenheid te geven om zijn vroegere werk te hervatten op de gebruikelijke voorwaarden (art. 7:681 lid 1 onder d).

Bij cao kan worden afgesproken dat niet het UWV, maar een cao-commissie gaat oordelen over toestemmingsverzoeken op de a-grond. Bij cao kunnen nadere afspraken worden gemaakt over uitzonderingen op het afspiegelingsbeginsel.

14.7.6 Ontbinding door de rechter

Wanneer de werknemer niet vrijwillig akkoord wil gaan met beëindiging van zijn arbeidsovereenkomst, dan zal de werkgever in andere gevallen dan die waar het UWV over gaat, naar de rechter moeten om ontbinding van de arbeidsovereenkomst te verzoeken (art.7:671b). Dat kan *ook* bij arbeidsovereenkomsten voor *bepaalde tijd*.

Ontbinding op verzoek van de werkgever
Daarvoor moet de werkgever dan wel een reden hebben, die onder een van de gronden c tot en met h van art. 7:669 lid 3 valt. We herhalen de korte weergave daarvan nog eens:
c regelmatig ziek met onaanvaardbare gevolgen voor de werkgever;
d besproken disfunctioneren na verbetertraject;
e verwijtbaar handelen of nalaten van de werknemer;
f werkweigering wegens gewetensbezwaar;
g verstoorde arbeidsverhouding waarbij voortzetting van de overeenkomst in redelijkheid niet van de werkgever kan worden gevergd;
h andere omstandigheden dan a – g die zodanig zijn dat van de werkgever in redelijkheid niet kan worden gevergd de overeenkomst te laten voortduren.

De wettekst zelf bevat nog nadere voorwaarden voor het vervuld zijn van de gronden, zie bijvoorbeeld bij de d-grond zelf. Voor de e-grond staan nadere eisen in art. 7:671b lid 5.

De h-grond is alleen bedoeld voor gevallen die niet onder een eerder genoemde grond vallen. Die grond kan dus niet gebruikt worden voor de werknemer die steeds te laat komt (grond d), maar geen uitdrukkelijke waarschuwing en een verbetertraject heeft gekregen. De werkgever heeft daarvoor een goed 'dossier' nodig.

De wetgever denkt bij de h-grond aan het geval dat een werknemer gedetineerd is, of geen werkvergunning heeft.

Bij afwijzing van de aan het UWV of de cao-commissie gevraagde toestemming voor opzegging op de a- of b-grond kan de werkgever aan de kantonrechter ontbinding op die grond vragen.

Ontbindingsverzoek, opzegverbod en datum ontbinding

De kantonrechter moet de ontbinding op de gronden onder c tot en met h afwijzen wanneer sprake is van een opzegverbod, behalve wanneer het gaat om een 'tijdens-opzegverbod' (zie subparagraaf 14.7.3) en als aan een extra voorwaarde is voldaan:
- het verzoek mag geen verband houden met omstandigheden waarop het opzegverbod betrekking heeft of
- het moet in het belang van de werknemer zijn dat de arbeidsovereenkomst eindigt (art. 7:671 b lid 2 en lid 6).

Bij het bepalen van de datum van ontbinding moet de kantonrechter onderscheid maken tussen:
1 overeenkomsten voor onbepaalde tijd en tussentijds opzegbare overeenkomsten voor bepaalde tijd, en
2 overeenkomsten voor bepaalde tijd die niet tussentijds opzegbaar zijn.

In het eerste geval moet de rechter rekening houden met de opzegtermijn. Net als bij opzegging met toestemming van het UWV wordt die opzegtermijn bekort met de periode tussen indiening van het ontbindingsverzoek en de dagtekening van de ontbindingsbeschikking, maar de resterende periode moet ten minste nog één maand zijn (art. 7:671b lid 8). In het tweede geval bepaalt de rechter op welke datum de arbeidsovereenkomst eindigt en *kan* hij een vergoeding toekennen tot maximaal het bedrag dat aan loon verschuldigd zou zijn totdat de overeenkomst van rechtswege zou eindigen (art. 7:671b lid 9).

Ontbinding en vergoeding

Vóór invoering van de nieuwe ontslagbepalingen van de Wwz waren kantonrechters niet gebonden aan nauwkeurig omschreven gronden voor ontbinding en kon een door de kantonrechter in vrijheid te bepalen ontbindingsvergoeding ten laste van de werkgever de bittere ontslagpil voor de werknemer vergulden. Die ontbindingsvergoeding werd wel gezien als de smeerolie voor een soepel ontslagrecht. Wanneer de werkgever een andere ontslagroute dan via de kantonrechter koos, kregen werknemers vaak niets.

Met de Wwz wil de wetgever ook een eerlijker ontslagrecht bereiken. Geen ontbindingsvergoeding meer, maar een vergoeding voor vrijwel iedere werknemer, ongeacht de wijze waarop de arbeidsovereenkomst eindigt, behalve wanneer hij zelf opzegt of ontbinding verzoekt. Over deze transitievergoeding gaat subparagraaf. 14.7.7.

Toch is niet iedere mogelijkheid van een additionele vergoeding bij ontbinding uitgesloten, naast die van de hiervoor genoemde vergoeding bij ontbinding van overeenkomsten voor bepaalde tijd zonder tussentijdse opzegmogelijkheid (art. 7:671b lid 9). Of het nu een overeenkomst is voor onbepaalde tijd of een overeenkomst voor bepaalde tijd, al dan niet zonder tussentijdse opzegmogelijkheid, steeds wanneer de ontbinding het gevolg is van ernstig verwijtbaar handelen of nalaten van de werkgever, kan de kantonrechter de werkgever verplichten tot het betalen van een billijke vergoeding (art. 7:671b lid 8 sub c en lid 9 sub b). Dat zal volgens de wetgever alleen in zeer uitzonderlijke situaties het geval zijn. Hoe hoog zo'n vergoeding in die bijzondere gevallen kan zijn, valt nu nog niet te voorspellen.

Billijke vergoeding

Ontbinding op verzoek van werknemer
We zagen hiervoor in subparagraaf 14.7.2 al dat de werknemer over het algemeen eenvoudig een einde kan maken aan de arbeidsovereenkomst door op te zeggen. Dat is (behalve wanneer hij reden heeft om ontslag op staande voet te nemen) anders bij een niet tussentijds opzegbare arbeidsovereenkomst die nog een poos duurt, of wanneer hij contractueel een lange opzegtermijn heeft. Dan kan ontbinding op verzoek van de werknemer misschien uitkomst bieden. Daarvoor gelden geen omschreven gronden. Een andere mogelijke reden voor de werknemer om te kiezen voor een ontbindingsverzoek in plaats van voor het nemen van ontslag is, dat hij van mening is dat zich de uitzonderlijke situatie voordoet dat een billijke vergoeding op zijn plaats is vanwege ernstig verwijtbaar handelen of nalaten van de werkgever.

14.7.7 De transitievergoeding

Zoals hiervoor al beschreven is, wenst de wetgever een eerlijker ontslagrecht. Niet alleen moest het verschil verdwijnen tussen een vergoeding bij ontbinding en, in beginsel, geen vergoeding bij een ontslag met toestemming van het UWV, ook wilde de wetgever minder verschil tussen flexwerkers en werknemers in vaste dienst bij het einde van de dienstbetrekking. In grote lijnen komt het hierop neer dat iedere werknemer die ten minste 24 maanden in dienst is geweest en wiens arbeidsovereenkomst ofwel is opgezegd of ontbonden op initiatief van de werkgever, ofwel door het verstrijken van de bepaalde tijd van rechtswege is geëindigd zonder dat een nieuwe tijdelijke arbeidsovereenkomst is aangeboden, recht heeft op een vergoeding volgens een vaste formule. Voor de eerste tien jaar van het dienstverband is dat 1/6e maandloon per vol half jaar; daarna bouwt de werknemer een aanspraak op van 1/4e maandloon voor ieder vol half jaar, tot een maximum van €75.000 of, als dat hoger is, tot een hoogte van maximaal een jaarsalaris (art. 7:673).
Tot 2020 zijn er tijdelijke uitzonderingen in het voordeel van oudere werknemers, behalve wanneer de werkgever minder dan 25 werknemers heeft. Na veel protest van het MKB is er ook een tijdelijke maatregel gekomen waarbij, in geval van ontslag wegens de slechte financiële situatie waarin een klein bedrijf verkeert, alleen de dienstjaren vanaf 1 mei 2013 meetellen voor de opbouw.

Transitievergoeding
De transitievergoeding is bedoeld voor de overgang van werk naar werk. Onder strenge voorwaarden mogen de kosten van maatregelen, die de werkgever tijdens het dienstverband heeft genomen om het makkelijker te

maken van werk naar werk te gaan, van die transitievergoeding worden afgetrokken.

14.7.8 Beëindiging met wederzijds goedvinden

De overeenkomst tot beëindiging met wederzijds goedvinden was tot invoering van de Wwz niet specifiek bij de bepalingen over de arbeidsovereenkomst in het BW geregeld. De beëindiging met wederzijds goedvinden verschilt van de, ook nieuwe, rechtsfiguur van de opzegging door de werkgever met schriftelijke instemming van de werknemer. Bij beëindiging met wederzijds goedvinden gaat het om de situatie waarin partijen in de praktijk onderhandelen over de voorwaarden waaronder zij samen een definitief einde aan de arbeidsovereenkomst willen maken. Anders dan bij de opzegging met instemming is geen redelijke grond voor ontslag nodig en behoeft niet te worden onderzocht of er herplaatsingsmogelijkheden zijn. Ook de opzegverboden gelden niet.

Deze wijze van beëindigen valt niet onder het rijtje dat recht geeft op een transitievergoeding, zie de vorige subparagraaf, maar partijen zullen dat, naar verwacht mag worden, wel in hun onderhandelingen meenemen.

In zo'n schriftelijke beëindigingsovereenkomst verklaren partijen ook standaard dat zij elkaar finale kwijting verlenen als alle opgesomde afspraken nagekomen zijn.

Art. 7:670b eist dat deze beëindigingsovereenkomst schriftelijk is opgemaakt. Hoewel er in het algemeen dus scherp onderhandeld is voordat de overeenkomst tot stand kwam, heeft de werknemer ook hier een wettelijke en niet uit te sluiten **Bedenktermijn** van twee of drie weken. Daarbinnen mag hij de overeenkomst zonder opgaaf van redenen ontbinden. Die kans heeft hij bij een tweede beëindigingsovereenkomst binnen zes maanden niet meer.

Tegen deze bedenktermijn is al veel bezwaar geuit. Verwacht wordt dat werknemers die termijn kunnen misbruiken door 'bij nader inzien' niet meer akkoord te gaan met de eerdere afspraken, tenzij er nog wat geld bij komt.

14.7.9 Hoger beroep en cassatie

Nieuw door de Wwz is, dat nu ook in hoger beroep en cassatie gekomen kan worden van ontbindingsbeschikkingen. Dat kon al wel bij geschillen over de rechtsgeldigheid van een opzegging, waardoor soms jarenlang onduidelijk was of er nog een rechtsgeldige arbeidsovereenkomst was.

De nieuwe ontslagregeling geeft wel iets meer duidelijkheid: een ontbonden arbeidsovereenkomst blijft ontbonden, maar in hoger beroep kan het hof de werkgever bij voorbeeld veroordelen om de arbeidsovereenkomst weer te herstellen.

Daarmee is de beëindiging met wederzijds goedvinden de enige vrij zekere manier om definitief afscheid van elkaar te nemen.

Hoewel er bij het schrijven van dit hoofdstuk nog geen ervaring is met de werking van het nieuwe ontslagrecht, is de verwachting dat werkgevers, behalve bij de a- en b-grond voor opzegging (zie subparagraaf 14.7.5), heel veel ontslagzaken zullen gaan regelen met een beëindigingsovereenkomst zoals hiervoor is beschreven, al was het maar om kosten van procedures te voorkomen.

14.8 Gevolgen van werkloosheid voor de werknemer

De Werkloosheidswet (hierna: de WW) kent diverse eisen waaraan voldaan moet zijn om een WW-uitkering te kunnen krijgen. Als daaraan voldaan is, kan een uitkering toch geweigerd worden wanneer de werknemer verwijtbaar werkloos is geworden.

In 2006 is het criterium voor verwijtbare werkloosheid in art. 24 van de WW versoepeld. Sindsdien is een werknemer pas verwijtbaar werkloos wanneer hij
- aan de werkgever een reden gaf voor ontslag op staande voet (zie subparagraaf 14.7.5) waarvan hem een verwijt gemaakt kan worden; of
- de dienstbetrekking heeft beëindigd of op zijn verzoek heeft laten beëindigen zonder dat er zulke bezwaren tegen voortzetting waren, dat die voortzetting redelijkerwijs niet van hem gevergd kon worden.

Instemmen met opzegging door de werkgever of het sluiten van een beëindigingsovereenkomst waarin staat dat de werkgever daartoe het initiatief genomen heeft, staat daarom bij werkloosheid niet aan een uitkering in de weg. Maar duidelijk is dat de werknemer die ontslag neemt om een lange vakantie te gaan houden, problemen krijgt met het recht op uitkering. De werknemer die op staande voet is ontslagen, heeft alleen al door de gevolgen die dit voor een WW-uitkering heeft, groot belang bij het aanvechten van de rechtsgeldigheid van dit ontslag.

14.9 De uitzendovereenkomst

Definitie uitzendovereenkomst

De uitzendovereenkomst is de arbeidsovereenkomst waarbij de uitzendkracht als werknemer, door het uitzendbureau als werkgever, ter beschikking wordt gesteld van een derde, die daartoe aan het uitzendbureau opdracht heeft gegeven. De werknemer verricht zijn werk onder toezicht en leiding van die derde (art. 7:690).

Er is echter pas sprake van een arbeidsovereenkomst wanneer de uitzendkracht ook feitelijk bij de inlener werkt. In de eerste 26 weken waarin daadwerkelijk gewerkt wordt (dus weken ertussen waarin niet gewerkt wordt, tellen niet mee, maar onverschillig is hoeveel uur er in een week gewerkt wordt) heeft de uitzendkracht geen ontslagbescherming. Dat komt ook door het uitzendbeding (art. 7:691 lid 2), dat de inlener gedurende die eerste 26 weken het recht geeft om de inlening te beëindigen en de uitzendkracht het recht geeft in die periode met onmiddellijke ingang op te zeggen.

Deze periode, fase A genoemd, is in de ABU-cao verlengd tot 78 weken, wat door art. 7:691 lid 8 mogelijk is gemaakt.

Na die periode volgt fase B, die twee jaar duurt en waarin het uitzendbeding niet meer geldt. Na afloop van die twee jaar, of indien in die periode van twee jaar meer dan 8 tijdelijke uitzendovereenkomsten zijn gesloten, is de uitzendkracht in vaste dienst bij het uitzendbureau en geldt de arbeidsovereenkomst voor onbepaalde tijd (fase C).

■ ■ ■ 14.10 Nieuwe ontwikkelingen

De snelle totstandkoming van de Wwz en de invoering van het daarvan deel uitmakende nieuwe ontslagrecht heeft voor een ongekende omwenteling in arbeidsland gezorgd. De uitwerking die de wet in de praktijk heeft, zal scherp worden gevolgd en dat zal zo nodig leiden tot aanpassingen op korte termijn, zo heeft de minister aangekondigd.

Daarnaast is een groot deel van de Wet aanpak schijnconstructies in 2015 van kracht geworden. Deze wet beoogt uitbuiting, onderbetaling van werknemers en oneerlijke concurrentie op arbeidsvoorwaarden tegen te gaan. Er komt een zogenoemde ketenaansprakelijkheid voor betaling van het cao-loon. Als de werkgever dat loon niet betaalt, kan de opdrachtgever in de keten boven de werkgever worden aangesproken. De Inspectie SZW gaat ook aan 'naming and shaming' doen, door de namen van overtreders openbaar te maken.
Vanaf 1 januari 2016 wordt er ook op toegezien dat werknemers ten minste het minimumloon ontvangen per bank. Kosten die de werkgever zegt te maken voor bij voorbeeld huisvesting, verzekering en voeding van de werknemer mogen niet meer verrekend worden met het minimumloon.

Gewerkt wordt aan wetgeving waarmee het speciale ambtenarenrecht wordt afgeschaft, waardoor het gewone arbeidsrecht van toepassing wordt op – in ieder geval een groot deel van – deze groep.

Ondertussen zorgt Europa voor veel nieuwe regelgeving, bijvoorbeeld door richtlijnen die moeten worden omgezet in nationale regelgeving. Een voorbeeld daarvan is de wet tegen leeftijdsdiscriminatie (zie subparagraaf 14.4.1), die inmiddels tot opmerkelijke uitspraken heeft geleid. Zie het volgende voorbeeld van het College voor de Rechten van de Mens:

■ **Voorbeeld 14.10**
Een werkgever laat zijn eigen arbeidsvoorwaarden toetsen. Zowel de algemene regeling dat werknemers van 45, 50 en 55 jaar extra vakantiedagen krijgen als de regeling van extra vakantiedagen voor werknemers die 10, 15 of 20 jaar in dienst zijn, levert volgens de Commissie leeftijdsdiscriminatie op.

Ontslag wegens het bereiken van de AOW-gerechtigde leeftijd wordt door art. 7 van de Wet gelijke behandeling op grond van leeftijd bij de arbeid wel toegestaan.

Vragen

1. Wat is het verschil tussen arbeidsovereenkomst, opdracht en aanneming van werk?

2. A, 25 jaar, werkt tien uur per week als inpakker voor werkgever B. Heeft A recht op ten minste het minimumloon?

3. Wat is een cao?

4. De 15-jarige X sluit een arbeidsovereenkomst met werkgever Y. Van zijn eerstverdiende maandsalaris koopt X een bromfiets, die hij nog dezelfde dag total loss rijdt. De ouders van X, daardoor gealarmeerd, delen Y mede dat zij zich beroepen op de vernietigbaarheid van die arbeidsovereenkomst in verband met de leeftijd van X en dat Y niet bevrijdend heeft betaald aan X. Zij vorderen ten slotte het loon over de 4,5 week, die X inmiddels heeft gewerkt.
Is het standpunt van X' ouders juist?

Casus

1. Student E heeft zich bij Taxibedrijf F gemeld met de vraag of er af en toe werk voor hem is. Afgesproken wordt dat hij zal worden gebeld, mocht er behoefte aan zijn chauffeurskunsten zijn. Hij zal dan €4,50 netto per uur verdienen. F deelt mondeling mee dat hij geen recht heeft op salaris indien er om welke reden dan ook geen werk voor hem is.
   In april 2016 wordt E gevraagd voor twee avonddiensten van acht uur elk; in mei valt hij bij tien van die avonddiensten in en in juni werkt hij zes dagen van acht uur. Heeft E recht op salaris indien hij in juli 2016 niet zou worden opgeroepen?

2. Bakkerij B bv sluit een schriftelijke arbeidsovereenkomst met de 17-jarige S, voor onbepaalde tijd maar met een proeftijd van drie maanden. Een week voordat de overeengekomen proeftijd afloopt, zegt de werkgeefster de arbeidsovereenkomst met onmiddellijke ingang op. Op de vraag van S wat daarvoor de aanleiding is, weigert B bv antwoord te geven.
   Is deze opzegging geldig en zo nee, welke acties staan S ten dienste?

3. J is als monteur in dienst bij Auto A bv. Bij het wegrijden van een zojuist door hem gerepareerde auto uit de werkplaats, rijdt J tegen een paaltje op. Daardoor raakt niet alleen de auto beschadigd, maar J loopt ernstig nekletsel op.
   a Wie is voor de schade van J zelf aansprakelijk?
   b Wie is voor de schade aan de auto aansprakelijk?

4. M is verkoopster in dienst van J bv. Zij meldt zich op 4 juni 2016 ziek. Kan J bv de arbeidsovereenkomst met succes:
   a om die reden opzeggen als M nog in haar proeftijd zit?
   b op 1 juli 2016 als beëindigd beschouwen wanneer M nog steeds ziek is, indien de arbeidsovereenkomst is gesloten op 1 januari 2016 voor de duur van 6 maanden?
   c opzeggen omdat M zich nu al voor de zeventiende keer ziek meldt sinds partijen op 1 januari 2014 de arbeidsovereenkomst voor onbepaalde tijd zijn aangegaan?
   d onverwijld opzeggen omdat verschillende collega's M op 4 juni 2016 's middags in de plaatselijke sportschool zien fitnessen?

Verzekeringsrecht

15

15.1 De verzekeringsovereenkomst
15.2 Schadeverzekering
15.3 Levensverzekering

De verzekeringsovereenkomst neemt tegenwoordig een niet meer weg te denken plaats in onze samenleving in. Zowel particulieren als bedrijven plegen vele verzekeringen af te sluiten, van aansprakelijkheidsverzekering tot ongevallenverzekering, van levensverzekering tot transportverzekering.
In dit hoofdstuk worden de hoofdlijnen van het verzekeringsrecht geschetst. In paragraaf 15.1 bespreken we wat een verzekeringsovereenkomst in het algemeen inhoudt. Ook wordt aandacht besteed aan welke soorten verzekeringen er zijn, welke regelingen gelden voor de verzekeringsovereenkomst en hoe polisvoorwaarden worden uitgelegd. Vervolgens wordt in paragraaf 15.2 de schadeverzekering nader bezien. Onderwerpen die aan de orde komen zijn onder andere het indemniteitsbeginsel, het verzekerbaar belang, de verplichtingen van de verzekeringnemer, wanneer de verzekeraar uitkeert en de mogelijkheid voor de verzekeraar om na uitkering van een vergoeding verhaal te zoeken indien de schade door een derde is veroorzaakt (subrogatie). Ten slotte gaan we in paragraaf 15.3 in op de levensverzekering. Aan de orde komen de betrokkenen, soorten levensverzekeringen en betekenis van schuld bij levensverzekering.
De algemene regeling van de verzekeringsovereenkomst maakt sinds 1 januari 2006 onderdeel uit van het Burgerlijk Wetboek. Titel 7.17 BW (artikelen 7:925 e.v.) biedt in vergelijking met het oude recht, als opgebouwd rond een aantal artikelen in het Wetboek van Koophandel, meer bescherming voor in het bijzonder particulieren. Samen met de nieuwe wettelijke regeling van titel 7.17 is ook de Zorgverzekeringswet (Zvw) ingevoerd, waarin een bijzondere en verplichte vorm van schadeverzekering (de zorgverzekering) wordt geregeld.

■ ■ ■ 15.1 De verzekeringsovereenkomst

Het verzekeringswezen neemt tegenwoordig een niet meer weg te denken plaats in onze samenleving in.

Verzekeren

Wat doen wij eigenlijk als wij ons 'verzekeren'?
Wij dragen door middel van een overeenkomst het risico van de verwezenlijking van een of meer voorvallen over aan een persoon die bereid is dit risico – tegen betaling – over te nemen: de verzekeraar. Meestal doen wij dit op vrijwillige basis, soms echter bestaat er een verzekeringsplicht zoals krachtens de Wet Aansprakelijkheidsverzekering Motorrijtuigen (art. 2 WAM) of krachtens de Zorgverzekeringswet (art. 2 Zvw).

In deze paragraaf bekijken we de definitie van de verzekeringsovereenkomst, besteden we aandacht aan aard en karakter van de verzekeringsovereenkomst en kijken we waar de verzekeringsovereenkomst in de wet thans haar regeling vindt, respectievelijk in de toekomst zal gaan vinden. Er zullen ook in dit hoofdstuk voorbeelden uit de rechtspraak van vóór 2006 worden genoemd. De nieuwe wettelijke regeling sluit namelijk op veel punten aan bij de regels zoals die in de rechtspraak zijn ontwikkeld.

■ ■ ■ 15.1.1 Definitie verzekeringsovereenkomst

Definities

Art. 7:925 bevat een definitie van de verzekeringsovereenkomst in het algemeen. Verzekering is een overeenkomst waarbij de ene partij, de verzekeraar, zich tegen het genot van premie jegens haar wederpartij, de verzekeringnemer, verbindt tot het doen van een of meer uitkeringen, en bij het sluiten der overeenkomst voor partijen geen zekerheid bestaat, dat, wanneer of tot welk bedrag enige uitkering moet worden gedaan, of ook hoelang de overeengekomen premiebetaling zal duren. Zij is hetzij schadeverzekering, hetzij sommenverzekering (aldus art. 7:925 lid 1).

Schadeverzekering

Art. 7:944 bevat, in aansluiting op de algemene omschrijving van art. 7:925, de volgende omschrijving: schadeverzekering is de verzekering strekkende tot vergoeding van vermogensschade die de verzekerde zou kunnen lijden. Deze laatste definitie roept een aantal vragen op. Wanneer is er sprake van schade? Wanneer moet deze schade worden vergoed? Is aan de vergoeding een maximum gesteld? Wat als de verzekerde de schade zelf (mede) heeft veroorzaakt? Wat als de premie niet – op tijd – is betaald?

Deze vragen zullen in dit hoofdstuk worden beantwoord, na een korte beschouwing over het karakter van de verzekeringsovereenkomst in het algemeen.

■ ■ ■ 15.1.2 Aard en karakter van de verzekeringsovereenkomst

De verzekeringsovereenkomst is een overeenkomst waarbij de verzekeringnemer/verzekerde beoogt met het aangaan van de verzekeringsovereenkomst mogelijk financieel nadeel te voorkomen. Hij heeft er belang bij dat een onzekere schadeveroorzakende gebeurtenis niet plaatsvindt en laat daarom de verzekeraar het risico van verwezenlijking ervan dragen.

De verzekeringsovereenkomst is een vormvrije overeenkomst. De polis vormt slechts een bewijsmiddel (art. 7:932).

Sommenverzekering

Naast de schadeverzekering kennen we de *sommenverzekering*. De sommenverzekering is een verzekering waarbij het onverschillig is of en in hoeverre met de uitkering schade wordt vergoed. In de algemene definitiebepaling van art. 7:925 laatste zin wordt de sommenverzekering met zoveel

Levensverzekering

woorden genoemd. De definitiebepaling geldt voor alle verzekeringen en koppelt dan ook het doen van uitkeringen (tegen het genot van premie) aan het feit dat op het moment dat de overeenkomst aangegaan wordt geen zekerheid bestaat dat, wanneer of tot welk bedrag enige uitkering moet worden gedaan, of hoe lang de overeengekomen premiebetaling zal duren. Dit laatste is natuurlijk het geval bij een typische sommenverzekering, namelijk de gemengde levensverzekering, met zowel een risico-element als een spaarelement. Daarbij zal de verzekeraar in beginsel altijd moeten uitkeren, want degene die verzekerd is zal ooit overlijden, maar de verzekeraar weet niet wanneer en dus ook niet hoelang hij premie zal ontvangen. Andere voorbeelden van sommenverzekering zijn ongevallenverzekeringen en alle (andere) levensverzekeringen. Bij de sommenverzekering is het onverschillig of en in hoeverre met de uitkering schade wordt vergoed (art. 7:964, eerste zin). Een dergelijke verzekering mag in beginsel alleen worden gesloten als het een persoonsverzekering betreft. Een persoonsverzekering is een verzekering die het leven of de gezondheid van een mens betreft (art. 7:925 lid 2).

De onderverdeling is niet van academische betekenis. Wanneer wordt vastgesteld dat een bepaalde verzekering een sommenverzekering is, dan speelt de vraag of er schade is geen rol. Wordt daarentegen een verzekering aangemerkt als schadeverzekering, dan moet wel gekeken worden of er schade is.

■ **Voorbeeld 15.1**
In de zaak Koning tegen Nationale Nederlanden Schadeverzekering Maatschappij NV werd de aan de orde zijnde arbeidsongeschiktheidsverzekering aangemerkt als strekkende tot schadeloosstelling voor derving van inkomen ten gevolge van arbeidsongeschiktheid, zodat sprake was van een schadeverzekering. Nu Koning ten tijde van de ingangsdatum van de arbeidsongeschiktheid al enkele jaren geen reële aanspraak op arbeidsinkomen had, was geen sprake van een verzekerbaar belang als bedoeld in art. 258 WvK-oud (thans onder meer art. 7:964 en 960).
De verzekeraar had terecht voor de ingangsdatum van de arbeidsongeschiktheid de verzekering beëindigd. Zie HR 6 juni 2003, NJ 2004, 670; zie ook subparagraaf 15.2.2.

De onderverdeling in soorten verzekeringen in het BW is onderwerp van figuur 15.1.

Figuur 15.1 **Onderverdeling soorten verzekeringen in het BW**

```
                    Verzekering (art. 7:925)
                   /                        \
     Schadeverzekering              Sommenverzekering
        (art. 7:944)           (art. 7:925 laatste zin jo. 7:964)
                                /                        \
                    Persoonsverzekeringen        Andere bij AMvB aangewezen
                    (art. 7:925 lid 2 jo.         verzekeringen (art. 7:964
                    art. 7:964 tweede zin)              tweede zin)
```

15.1.3 Polisvoorwaarden: uitleg en consumentenbescherming

Polisvoorwaarden

In dit hoofdstuk zullen de hoofdlijnen van het algemene (schade)verzekeringsrecht worden geschetst. In de praktijk spelen de polisvoorwaarden, zeer vaak eenzijdig door de verzekeraar vastgesteld, een grote rol. Het staat een verzekeraar vrij om in de polisvoorwaarden de grenzen te omschrijven waarbinnen hij bereid is dekking te verlenen. Hij mag dus – mits voldoende duidelijk kenbaar – bijvoorbeeld onderscheid maken tussen gevallen die feitelijk zeer dicht bij elkaar liggen, en voor het ene geval wel dekking bieden en voor het andere niet (HR 16 mei 2008, NJ 2008, 284 inzake Chubb Insurance Company/ Dagenstaed Investments BV, LJN BC2793). Deze voorwaarden wijken verder regelmatig waar dit is toegestaan af van de wettelijke regels. Bij beoordeling van een verzekeringsrechtelijk probleem dient men hierop bij uitstek attent te zijn. Bij de uitleg van verzekeringsovereenkomsten en polisvoorwaarden komt het volgens HR 11 oktober 2002, NJ 2003, 416 (Aegon Schadeverzekering NV/Veeneman) aan op de zin die partijen bij die overeenkomst in de gegeven omstandigheden over en weer redelijkerwijs aan die voorwaarden mochten toekennen en op hetgeen zij redelijkerwijs van elkaar mochten verwachten, het zogenoemde Haviltex-criterium (zie subparagraaf 1.7.1). Bij deze uitleg moeten verder de aard en de strekking van de betreffende verzekering betrokken worden, aldus HR 18 oktober 2002, NJ 2003, 258 (Pieterse/ Nationale Nederlanden Levensverzekering Maatschappij NV) en HR 30 maart 2012, LJN BV1295 ten aanzien van een aansprakelijkheidsverzekering voor bedrijven (AVB-polis). In het geval van Pieterse/NN gold art. 6:238 lid 2 (zie hierna) nog niet en alsdan heeft als algemeen gezichtspunt nog steeds te gelden (vergelijk HR 24 september 1993, NJ 1993,760) dat bij de beoordeling van de voorwaarden afhankelijk van de omstandigheden *mag* meewegen dat een eenzijdig door de verzekeraar opgestelde voorwaarde, in geval van twijfel over de uitleg ervan, in het nadeel van de verzekeraar moet worden uitgelegd.

Uitleg

Gunstigste uitleg

Bij uitleg van voor tweeërlei uitleg vatbare polisvoorwaarden zal het feit dat over de polisvoorwaarden met de consument-verzekeringnemer in de regel niet onderhandeld is, voor de verzekeraar in beginsel nadelig moeten uitpakken indien het tot een gerechtelijke procedure komt. Dit komt omdat artikel 6:238 lid 2 bepaalt dat de rechter dan moet kiezen voor de voor de consument meest gunstige uitleg (de zogenaamde contra proferentemregel). Deze bepaling is ingevoerd naar aanleiding van artikel 5 van de richtlijn 93/13/EEG betreffende oneerlijke bedingen in consumentenovereenkomsten. Volgens het Hof van Justitie EU (4 juni 2009, C-243/08, ECLI:EU:C:2009:350, NJ 2009, 395) en inmiddels ook volgens de Hoge Raad (HR 13 september 2013, ECLI:NL:HR:2013:691), is de rechter verplicht ambtshalve te toetsen of een beding oneerlijk is in de zin van genoemde richtlijn, als hij feitelijk en rechtens over voldoende informatie beschikt (zie ook HR 23 april 2010, ECLI:NL:HR:2010:BL6024 inzake Fortis ASR). Via de mogelijkheden van zijn nationale recht – voor Nederland is dat artikel 6:233a – moet hij dan corrigerend optreden, tenzij de consument, na door de rechter te zijn voorgelicht over het oneerlijke karakter van het beding, dit niet wil. Artikel 6:238 lid 2 geldt ook voor een uitsluitingsclausule betreffende de dekking (bijvoorbeeld een opzetclausule), bij de uitleg waarvan de (objectieve) maatstaven van het arrest DSM/Fox gelden (HR 20 februari 2004, ECLI:NL:HR:2004:AO1427, NJ 2005, 493). Daarbij geldt volgens de Hoge Raad tevens de eis dat het de consument bij de totstandkoming van de overeenkomst in de omstandigheden van het geval duidelijk en begrijpelijk moet zijn geweest dat het aan de orde zijnde schadevoorval met dit beding van dekking zou zijn uitgesloten (HR 16 januari 2015, ECLI: NL:HR:2015:83 inzake Aegon). Door het Hof van Justitie EU (HvJ EU 30 april 2014 inzake Kásler (C-26/13, ECLI:EU:C:2014:282) zijn bovendien de eisen in het kader van de contra proferentem-regel ten 'nadele' van de verzekeraar als gebruiker van algemene (polis)voorwaarden hoog gelegd, doordat is bepaald dat het feit dat contractuele bedingen taalkundig en grammaticaal begrijpelijk zijn, niet volstaat om te voldoen aan het in richtlijn 93/13 neergelegde vereiste van transparantie van die bedingen. Er moet volgens het Hof van Justitie EU tevens voor worden gezorgd dat de consument vóór sluiting van de overeenkomst op basis van duidelijke en begrijpelijke criteria de (economische) gevolgen die voor hem uit het beding (bijvoorbeeld de beperking van de dekking) voortvloeien, kan voorzien.

Overigens speelt de eigen deskundigheid van de verzekerde een rol bij de rechterlijke toetsing. Of dat evenzeer geldt voor eventuele begeleiding door een assurantietussenpersoon, die op het terrein van verzekeringen deskundig is (zie subparagraaf 15.2.3), is nog onduidelijk. Een tussenpersoon die verzuimt een verzekerde de (enige) uitleg van een polisvoorwaarde duidelijk te maken, zal als uiteindelijk verlies van dekking het gevolg daarvan is hiervoor aansprakelijk kunnen worden gehouden: zie HR 26 juni 1998, *Schip & Schade* 2000, 36 (Liskay/Godfroy Assurances BV). De verplichting voor een duidelijke uitleg te zorgen rust op de tussenpersoon, inmiddels sinds 1 januari 2007 ook krachtens artikel 4:19 Wet op het financieel toezicht (Wft). De krachtens de Wft te verstrekken informatie moet correct, duidelijk en niet misleidend zijn (art. 4:19 lid 2 Wft). De Wft beoogt onder meer de Europese richtlijn 2002/92/EG van 9 december 2002 inzake verzekeringsbemiddeling (PB 2003 L 9/3) te implementeren.

Wet op het financieel toezicht

Is een bepaalde uitleg, afkomstig van de verzekeraar, door de (toenmalige) Raad van Toezicht Verzekeringen (RvT, tegenwoordig de Tuchtraad Financiële Dienstverlening) beoordeeld als 'niet aanvaardbaar uit een oogpunt van handhaving van de goede naam van het schadeverzekeringsbedrijf', dan zal de rechter in de regel die uitleg en daarop gebaseerde gedraging van de verzekeraar onaanvaardbaar achten naar maatstaven van redelijkheid en billijkheid (art. 6:2 lid 2) (HR 12 januari 1996, NJ 1996, 683, Kroymans/Sun Alliance en HR 14 mei 2004, NJ 2006, 188, Witte BV/Alte Leipziger Versicherungs AG).

Onaanvaardbaar

■ **Voorbeeld 15.2**
In het hiervoor genoemde arrest Kroymans/Sun Alliance ging het om het inroepen van een (toen nog toegelaten, thans door artikel 7:942 verboden) in de polisvoorwaarden opgenomen vervaltermijn van zes maanden waarbinnen de verzekerde zijn recht geldend moet maken. Als de verzekeraar bij zijn weigering te betalen de verzekerde niet zeer duidelijk wijst op het feit dat hij de termijn zal gaan inroepen als de verzekerde in de tussentijd geen gerechtelijke procedure begint, dan is inroeping uit den boze, aldus de Raad van Toezicht en in navolging hiervan de Hoge Raad. Of de verzekerde wordt bijgestaan door een advocaat of andere deskundige doet niet ter zake.

Consumenten

Van diverse artikelen die beogen consumenten te beschermen, mag niet bij polisvoorwaarden worden afgeweken. Zo mag ten nadele van een consument niet worden afgeweken van de – in vergelijking met oud recht, art. 251 WvK-oud – gunstige regeling rond verzwijging (aldus art. 7:943 lid 3; zie nader subparagraaf 15.2.5).

▪ ▪ ▪ 15.2 Schadeverzekering

In deze paragraaf gaan we de schadeverzekering nader uitdiepen. Eerst worden het indemniteitsbeginsel (subparagraaf 15.2.1) en verzekerbaar belang (subparagraaf 15.2.2) verklaard. Vervolgens komen aan de orde de partijen (subparagraaf 15.2.3) en de wijze van totstandkoming van verzekeringsovereenkomsten (subparagraaf 15.2.4), die vaak afwijkt van wat bij andere bijzondere overeenkomsten gebruikelijk is, dit vanwege de tussenkomst van een derde zoals bijvoorbeeld de assurantietussenpersoon. Diens rol wordt nader belicht. Verzekeren heeft te maken met risico en vertrouwen zodat we uitgebreid stilstaan bij de informatieverstrekking door de aspirant-verzekeringnemer vóór en bij het sluiten van de verzekeringsovereenkomst (subparagraaf 15.2.5). De effecten van onder meer achterhouden van informatie, het hebben van een strafrechtelijk verleden en het optreden van de assurantietussenpersoon worden besproken. Wat wordt er verzekerd (subparagraaf 15.2.6) en tegen welke waarden (subparagraaf 15.2.7), waarbij de verzekerde som een rol vervult. Hierbij worden ook de soorten waarden besproken en de wijze van vaststelling van de waarde na een schadevoorval. De verzekeringnemer heeft diverse verplichtingen (subparagraaf 15.2.8) waaronder (soms) de melding van risicoverzwaring, het betalen van premie en het in redelijkheid treffen van schadebeperkende maatregelen. Een verzekeraar keert uit na het zich voordoen van een 'onzeker voorval' (subparagraaf 15.2.9), zodat naast bespreking daarvan aandacht zal worden besteed aan 'eigen gebrek' van het verzekerd voorwerp en 'eigen schuld' van de verzekerde. De mogelijkheid voor de verzekeraar om na uitkering van een vergoeding verhaal te zoeken wanneer de schade door een derde is veroorzaakt, wordt belicht in subparagraaf 15.2.10 (subrogatie).

▪ ▪ ▪ 15.2.1 Indemniteitsbeginsel

Voor alle schadeverzekeringen geldt het indemniteitsbeginsel. Van de wetsbepalingen die het beginsel nader uitwerken, kan niet rechtsgeldig worden afgeweken.

Indemniteitsbeginsel
Krachtens het indemniteitsbeginsel moet de verzekering strekken tot vergoeding van schade die door de verzekerde ten gevolge van het onzeker voorval waartegen hij zich heeft verzekerd, wordt geleden (zie art. 7:925 en 7:944 in onderlinge samenhang bezien). Dit betekent dat de verzekeraar, als de verzekerde bij tenietgaan van het verzekerd voorwerp, bijvoorbeeld een huis dat afbrandt, aanspraak maakt op de verzekerde som, terwijl het huis (aanzienlijk) minder dan dat bedrag waard was op het tijdstip van de brand, nooit meer dan deze reële waarde als schade hoeft te vergoeden.

Duidelijk voordeliger positie
De grens is bereikt indien de verzekerde als gevolg van het intreden van het onzeker voorval en het vervolgens ontvangen van de van de verzekeraar verlangde uitkering in een *duidelijk voordeliger positie* zal komen te verkeren (art. 7:960 en onder oud recht HR 17 april 1978, NJ 1978, 577; HR 4 november 1994, NJ 1995, 399). Alle omstandigheden van het geval moeten bij de beoordeling worden betrokken. De verzekeraar moet bovendien 'de duidelijk voordeliger positie' bewijzen, wil hij met een lagere uitkering kunnen volstaan.

■ **Voorbeeld 15.3**
Wanneer de verzekerde/verkoper na verkoop van het bijna monumentale pand (maar vóór levering), van welke verkoop de verzekeraar op de hoogte is, de verzekering op basis van herbouwwaarde verhoogt, dan moet de brandverzekeraar herbouwwaarde vergoeden indien vóór de levering het pand door brand tenietgaat en de verkoper jegens de koper tot schadevergoeding ten belope van de herbouwwaarde gehouden is (zie onder oud recht Hof Amsterdam 23 mei 1993 en 6 april 1995, NJ 1996,95, Nieuw Rotterdam/Interkes). Dit wordt niet anders als de koper niet herbouwt (omdat de verzekeraar de benodigde uitkering weigert) en op zijn beurt het afgebrande pand verkoopt. Wat is dan bepalend? De uitkering op basis van de herbouwwaarde van een modern gelijkwaardig gebouw, lettend op de oorspronkelijke maatvoering en architectuur en zelfde (kantoor)bestemming. Als echter vóór de brand al definitief besloten is tot sloop, is de sloopwaarde bepalend en niet de verkoopwaarde of de herbouwwaarde (Hof Arnhem 16 oktober 2012, ECLI:NL:GHARN:2012: BY0013 inzake afgebrande boerderij).

15.2.2 Verzekerbaar belang

Belang

Schadeloosstelling impliceert dat de verzekerde een op geld waardeerbaar 'belang' moet hebben bij het uitblijven van het onzekere voorval (zie 7:944). Voor de vraag of 'belang' aanwezig is, moet worden vastgesteld of voor de verzekerde het onzekere voorval een mogelijkheid van vermogensschade inhoudt. Met het oog op dit belang wordt de verzekering afgesloten. Zonder belang zal niet worden uitgekeerd. Art. 7:946 bepaalt dat de (schade)verzekeringsovereenkomst slechts de belangen van de verzekeringnemer dekt, tenzij anders overeengekomen.

■ **Voorbeeld 15.4**
Als ik het huis van mijn buurman op mijn naam verzeker tegen brand en het huis brandt enige tijd later daadwerkelijk af, dan hoeft de verzekeraar niet uit te keren: niet aan mij, immers, ik heb geen belang; evenmin aan de buurman, die géén verzekerde is.

Het belang bij het uitblijven van het onzekere voorval moet ten tijde van het onheil aanwezig zijn. Niet is derhalve vereist dat bij het afsluiten van de verzekering de verzekerde reeds belang heeft, al lijkt art. 7:946 dit te eisen. Verzekerde en verzekeraar kunnen hierover afwijkende afspraken maken, zoals bij transportverzekeringen gebruikelijk is. Zie de art. 6:253, 7:947 en 7:926 lid 2.

■ **Voorbeeld 15.5**
De verzekerde kan derhalve al de antieke kast verzekeren die hij denkt te verwerven en is tegen het verlies van de kast inderdaad verzekerd, als hij op het moment van het verloren gaan wel een belang heeft.
Dat wil niet zeggen dat hij dan eigenaar van de kast moet zijn. Bij koop is de zaak voor risico van de koper vanaf het moment van aflevering. Dit geldt ook wanneer de eigendom nog niet is overgedragen (art. 7:10). Vanaf het moment van aflevering en bij consumenten vanaf het moment van bezorging (art. 7:11), heeft de koper/verzekerde belang!
Teneinde verzekeringsrechtelijk 'belang' te hebben bij een object is het zijn van eigenaar van het object dus niet vereist.

Het is niet uitgesloten dat ten aanzien van een bepaald object verschillende verzekeringen zijn gesloten zodat er sprake is van 'dubbele' verzekering als bedoeld in art. 7:961 (zie subparagraaf 15.2.7).

■ **Voorbeeld 15.6**
Bij wijze van voorbeeld valt te denken aan de eigenaar van een kostbare Chinese vaas die zijn eigenaarsbelang verzekert, naast de galeriehouder die zijn bewaarnemersbelang ten aanzien van dezelfde vaas, die het pronkstuk zal vormen op zijn Chinese kunstexpositie, bij een verzekeraar onderbrengt.

■ ■ ■ 15.2.3 Partijen

Verzekeringnemer

Het klassieke uitgangspunt is dat de aspirant-verzekeringnemer onderhandelt met de verzekeraar teneinde zijn verzekerbaar belang te verzekeren. De verzekeraar zal er daarbij, gezien het belang van de persoon van de verzekerde voor de omvang van het over te nemen risico (zie subparagraaf 15.2.5), in beginsel van moeten kunnen uitgaan dat verzekerd (zullen) zijn de belangen van de bij het aangaan van de verzekering vermelde persoon, aldus HR 11 mei 2001, NJ 2001, 364 (Xerox Rentalease BV/De Goudse Verzekeringsmaatschappij).
De praktijk rond de totstandkoming van de verzekeringsovereenkomst is tegenwoordig veelal anders dan de wetgever van 1838 ooit voor ogen stond. Het is inmiddels mogelijk volledig via elektronische weg (internet) een verzekering te sluiten (zie verder subparagraaf 15.2.4). Vaak wordt de verzekering tot stand gebracht met behulp van een assurantietussenpersoon.

(Assurantie-) tussenpersoon

Deze kan optreden als bemiddelaar tussen verzekeraar en aspirant-verzekeringnemer dan wel als vertegenwoordiger/gevolmachtigde van de verzekeraar (de 'gevolmachtigd agent'). In welke hoedanigheid de tussenpersoon optreedt, is immers niet zonder betekenis voor de beantwoording van vragen, zoals aan wie de kennis en wetenschap van de tussenpersoon of fouten gemaakt bij de contractsluiting kunnen worden toegerekend.

Informatieverplichting

De Wft legt sinds 1 januari 2007 een vergaande informatieverplichting op de tussenpersoon/ financiëledienstverlener in het algemeen, al sinds 1 januari 2013 geregeld in onder meer de artikelen 4:25a en 4:25b lid 1 onder a tot en met e Wft. De toekomstig verzekerde moet meer inzicht krijgen in de keuzes en beweegredenen daartoe van de tussenpersoon. De te verstrekken informatie moet correct, duidelijk en niet misleidend zijn (art. 4:73 lid 4 Wft jo 4:19 lid 2 Wft). De assurantietussenpersoon verstrekt daarnaast zijn cliënt de voor een adequate beoordeling vereiste relevante informatie voorafgaand aan het adviseren over of sluiten van een verzekering (art. 4:20 lid 1 Wft). Bij of krachtens algemene maatregel van bestuur kunnen regels worden gesteld met betrekking tot de in de vorige zin bedoelde informatie. Deze regels kunnen onder meer betrekking hebben op de informatie die wordt verschaft met betrekking tot de uitoefening door de consument of cliënt van de in artikel 230x, eerste en tweede lid, van Boek 6 van het Burgerlijk Wetboek bedoelde rechten (ontbindingsmogelijkheden van op afstand of buiten verkoopruimte gesloten overeenkomsten). Wijzigt de informatie tijdens de looptijd van de verzekering dan wordt de cliënt hier ook tijdig over geïnformeerd (art. 4:20 lid 3 Wft). Nadere regels zijn te vinden in artikelen 57 e.v. Besluit gedragstoezicht financiële ondernemingen Wft (Bgfo), zoals naam en adres van de tussenpersoon/ financiëledienstverlener en de aard van zijn financiële dienstverlening. Sinds 1 januari 2010 (Stb. 2009, 401) gelden extra regels, waaronder art. 59a Bgfo (als per 1 januari 2013 aangescherpt) over beloningstransparantie. De financiëledienstverlener moet zich ook verdiepen in de doelstellingen, ervaring en kennis en dergelijke van de cliënt, houdt daarmee rekening bij zijn advies en licht zijn overwegingen voor advies toe als dit nodig is voor een goed begrip van het advies (art. 4:23 lid 1 Wft). De bemiddelaar in verzekeringen is voorts wettelijk verplicht sinds 1 mei 2006 een aansprakelijkheidsverzekering af te sluiten (thans art. 4:75 lid 1 Wft) of te zorgen voor een daarmee vergelijkbare voorziening, dit ter afdekking van zijn eventuele beroepsfouten.

Figuur 15.2 geeft de verschillende totstandkomingsvarianten schematisch weer.

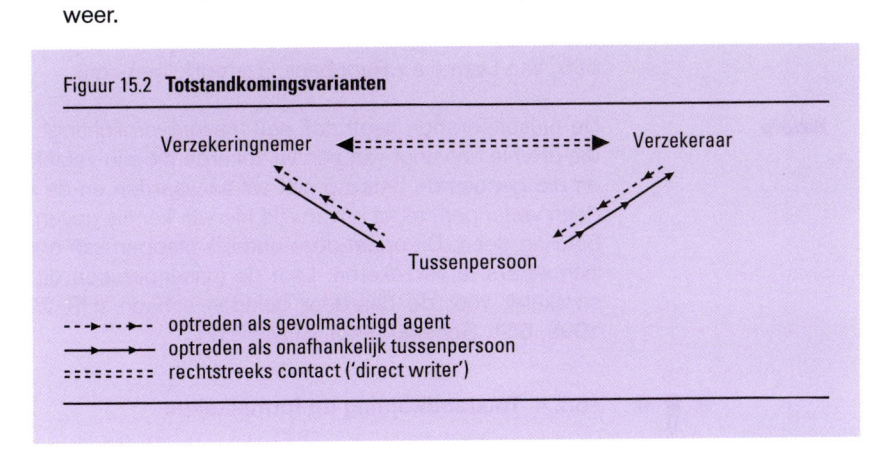

Figuur 15.2 Totstandkomingsvarianten

Verzekeringnemer ◄════════════════► Verzekeraar

Tussenpersoon

- - ▶ - - ▶ - optreden als gevolmachtigd agent
──────▶── optreden als onafhankelijk tussenpersoon
════════ rechtstreeks contact ('direct writer')

Makelaar in assurantiën

In paragraaf 15.1 is reeds aangegeven dat het optreden van een deskundige ten behoeve van de verzekerde van invloed kan zijn op de uitleg van polisvoorwaarden. Naast de assurantietussenpersoon kan dit bijvoorbeeld ook een makelaar in assurantiën zijn die vaak via een assurantiebeurs probeert het risico onder te brengen. Zijn kennis van de werking van de bepalingen van gebruikelijke beurspolisvoorwaarden wordt de verzekerde toegerekend.

De 'gewone' assurantietussenpersoon heeft tevens tot taak de verzekeringnemer tijdig te attenderen op de (mogelijke) gevolgen die hem bekend geworden feiten kunnen hebben voor de dekking van tot zijn assurantieportefeuille (dat wil zeggen via zijn bemiddeling tot stand gebrachte of in stand gehouden) verzekeringen (aldus onder meer de reeds genoemde uitspraak Liskay/ Godfroy Assurances BV en art. 4:20 lid 3 Wft). Dit brengt mee dat de tussenpersoon erop toeziet dat door of namens de verzekeringnemer aan de verzekeraar tijdig alle mededelingen worden gedaan waarvan hij, als redelijk bekwaam en redelijk handelend tussenpersoon, behoort te begrijpen dat die de verzekeraar ervan zullen (kunnen) weerhouden om een beroep te doen op het vervallen van het recht op schadevergoeding wegens de niet-nakoming van de in de polisvoorwaarden opgenomen mededelingsplicht ter zake van risicoverzwarende omstandigheden, zoals het (langdurig) leegstaan van de tegen brand verzekerde opstal. Het gaat hierbij om feiten die de tussenpersoon bekend zijn of die hem redelijkerwijs bekend behoren te zijn, bijvoorbeeld omdat er sprake was van een langdurige werkrelatie, de tussenpersoon minimaal één maal per jaar bij de verzekeringnemer langsging en de huisbankier van zijn bedrijf was (HR 8 juni 2012, LJN BW 1720, inzake Rabobank De Zuidelijke Baronie UA). Een assurantietussenpersoon mag wel in het algemeen afgaan op de juistheid van een mededeling van zijn opdrachtgever dat is voldaan aan de uit de polis voortvloeiende verplichtingen. Hij hoeft in

Redelijk bekwaam/ redelijk handelend

beginsel niet te controleren of die mededeling juist is (HR 3 april 2012, LJN BV6693, NJ 2012, 247 inzake Rabobank Schiedam-Vlaardingen/ Erdem Beheer BV).

■ **Voorbeeld 15.7**
De tussenpersoon die verzuimde de erven van zijn overleden verzekeringnemer te informeren over het contractueel eindigen van de brandverzekering door dit – aan de tussenpersoon bekende – overlijden (vanwege de overgang van belang door vererving) was aansprakelijk toen het pand afbrandde en er geen dekking bleek te zijn (HR 9 januari 1998, NJ 1998, 586, Van Dam e.a./ Rabobank Gorredijk Jubbega).

Nazorg

De tussenpersoon heeft ook een 'nazorgverplichting'. De tussenpersoon die premie ontvangt van een verzekerde die zijn verzekering wil verlengen en die genoemde betaling niet wil aanvaarden en de verzekering niet wil doen verlengen, moet onverwijld hiervan kennis geven aan degene die de betaling deed. Dit opdat deze dadelijk stappen kan ondernemen teneinde zich elders te verzekeren. Laat de tussenpersoon dit na, dan is hij aansprakelijk voor de daardoor geleden schade (HR 29 januari 1999, NJ 1999, 651, Scheck/ Gebr. Sluyter BV).

15.2.4 Totstandkoming en formaliteiten

In deze paragraaf en de volgende paragrafen wordt gemakshalve uitgegaan van de verzekeringsovereenkomst die tot stand wordt gebracht tussen 'slechts' de verzekeringnemer/verzekerde enerzijds en de verzekeraar anderzijds.

Vormvrij

De totstandkoming van een verzekeringsovereenkomst is niet gebonden aan enige vorm. Krachtens art. 7:932 lid 1 is verzekering een vormvrij door wilsovereenstemming tot stand te brengen contract.

Polis

De polis vormt slechts een bewijsmiddel. Hij omvat – meestal – een door de verzekeraar op te stellen onderhandse akte tot bewijs van de verzekeringsovereenkomst, die zo spoedig mogelijk aan de verzekerde moet worden uitgeleverd. Art. 7:932 (en art. 9 Zvw) regelt de afgifte van 'een akte, polis genaamd' alsook de afgifte van een nieuw bewijsstuk voor het geval de polis verloren is gegaan (lid 3). Sinds 1 juli 2010 (Stb. 2010, 222) is door aanpassing van art. 932 lid 1 de elektronische afgifte van een polis voortaan toegestaan, althans als de verzekeringnemer daarmee uitdrukkelijk instemt (zie het eveneens per 1 juli 2010 ingevoerde art. 156a lid Rv, waar art. 7:932 lid 1 naar verwijst). Deze instemming geldt, zolang ze niet is herroepen, ook voor nieuwe bewijsstukken (aldus het aangepaste art. 7:932 lid 3 tweede zin).

De inhoud van de polis wordt niet nader geregeld. Dit is aan de verzekeraars overgelaten. Naast vermelding van de datum en partijen, moet natuurlijk de overeenkomst met alle overeengekomen bijzondere bedingen naast de hoofdbestanddelen verzekerde som/verzekerd object/gedekt risico/premie in de akte zijn opgenomen.

Polisblad

Polismantel

In de praktijk geschiedt dit via een *polisblad*, bevattende de bijzonderheden van de betreffende overeenkomst (naam verzekeringnemer, premie), waarbij tevens wordt verwezen naar de bepalingen vervat in de *polismantel*, waarin zijn opgenomen de algemene voorwaarden die de verzekeraar tevens toepasselijk wil laten zijn. Het polisblad wordt door of namens de verzekeraar ondertekend en vormt samen met de polismantel de polis. Ook bij wijzigingen in de verzekering moet de verzekeraar een bewijsstuk afgeven (art. 7:932 lid 2).

Bewijs

De polis vormt een bewijsmiddel tegen de ten behoeve van de verzekerde. Met de polis kan de verzekerde het bestaan van het verzekeringscontract bewijzen. Raakt hij het bewijsstuk kwijt, dan kan hij de verzekeraar tegen kostenvergoeding een nieuw bewijsstuk vragen (art. 7:932 lid 3). De polis is voor het bewijs niet beslissend. Zowel verzekerde als verzekeraar mag met alle middelen het bestaan van de verzekeringsovereenkomst bewijzen. Omdat de verzekeraar verplicht is alle mededelingen waartoe titel 7.17 of de overeenkomst aanleiding geeft schriftelijk te doen (art. 7:933), kan dit voor de bewijslevering door de verzekerde bruikbaar materiaal opleveren. Dit soort mededelingen mag ook langs elektronische weg (bijvoorbeeld e-mail) worden verstuurd, op voorwaarde dat deze mededelingen kunnen worden opgeslagen op een duurzame drager (bijvoorbeeld een harde schijf of usb-stick), waarbij ongewijzigde reproductie van de opgeslagen informatie mogelijk is, en dat de geadresseerde met deze vorm van toezending uitdrukkelijk heeft ingestemd (art. 1 leden 1 tot en met 3 Besluit elektronische mededelingen in het kader van een verzekeringsovereenkomst van 25 januari 2011, Stb. 2011, 20).

15.2.5 Informatieverstrekking vóór sluiting van de verzekeringsovereenkomst

Informatie

Acceptatieplicht

De verzekeraar moet op het moment van het tot stand komen van de verzekeringsovereenkomst de omvang van het door hem van de verzekeringnemer over te nemen risico kunnen bepalen, om bijvoorbeeld de premie te kunnen vaststellen, de noodzaak van bijzondere voorwaarden (bijvoorbeeld inbraakpreventie) of van herverzekering te kunnen beoordelen, maar ook om te bepalen of hij het risico wel wenst over te nemen. Hiervoor is de verzekeraar afhankelijk van door de verzekeringnemer ter beschikking gestelde informatie. Vaak zal de verzekeraar de aspirant-verzekeringnemer een – uitgebreid – vragenformulier laten invullen. De verzekeraar zal na kennisname van het ingevulde formulier bepalen of hij de aspirant-verzekeringnemer als wederpartij 'accepteert'. In beginsel is de verzekeraar immers vrij in zijn acceptatiebeleid. Uitzonderingen komen voor, zoals in het kader van ziektekostenver- zekeringen (art. 3 Zvw): acceptatieplicht druist in tegen de wijze waarop verzekeraars hun bedrijf willen inrichten. Ze willen het liefst de 'kwade risico's' buiten de deur houden.

Contractuele risico

Morele risico

De verzekeraar heeft er belang bij dat de verstrekte informatie klopt, zowel voor wat betreft het contractuele risico als wat betreft het morele risico. Het *contractuele risico* betreft de kans dat de verzekeraar zal moeten uitkeren doordat het onzekere voorval zich voordoet en eveneens aan de overige bestaansvoorwaarden voor het ontstaan van de uitkeringsverplichting is voldaan. Het *morele risico* betreft de persoon van de verzekerde. Is hij slordig ten aanzien van zijn goederen dan zal hij zich minder dan verwacht mag worden, richten op voorkoming van de schade door het onzekere voorval. Is hij onbetrouwbaar dan is de kans reëel dat hij de verzekeraar zal trachten te bedriegen door het onzekere voorval te bespoedigen of te bewerkstelligen dan wel zelfs te fingeren. Als de verzekeraar dit alles kan aantonen dan zal hij niet behoeven uit te keren.
De verzekeraar verwacht in dit kader niet dat de verzekeringnemer (spontaan) uitspraken doet omtrent zijn eigen betrouwbaarheid. Wel zal de verzekeraar verwachten dat de verzekeringnemer van belang zijnde gegevens (desgevraagd) verstrekt, zoals relevante strafrechtelijke veroordelin-

gen alsmede opzeggingen en weigeringen door andere verzekeraars met vermelding van hun beweegredenen.
Wat mag de verzekeraar krachtens de wet verwachten?

Art. 7:928 lid 1 en 2 geven hiervoor de volgende regels:
1 De verzekeringnemer is verplicht vóór het sluiten van de overeenkomst aan de verzekeraar alle feiten mede te delen die hij kent of behoort te kennen, en waarvan, naar hij weet of behoort te begrijpen, de beslissing van de verzekeraar of, en zo ja, op welke voorwaarden, hij de verzekering zal willen sluiten, afhangt of kan afhangen.
2 Indien de belangen van een bij het aangaan van de verzekering bekende derde worden gedekt, omvat de in lid 1 bedoelde verplichting mede de hem betreffende feiten die deze kent of behoort te kennen, en waarvan naar deze weet of behoort te begrijpen, de beslissing van de verzekeraar afhangt of kan afhangen. De vorige zin mist toepassing bij een persoonsverzekering (art. 7:928 lid 3 geeft daarvoor een aparte regeling).

Eigen regeling
Dwaling
Bedrog

De verzekeringsovereenkomst heeft met art. 7:928 e.v. een eigen regeling voor dwaling en bedrog rond de totstandkoming van de verzekering: art. 7:931 verklaart art. 3:44 lid 3 en 6:228, besproken in subparagrafen 1.3.2 en 1.6.4, buiten toepassing.
Aldus wordt de verzekeraar bijvoorbeeld beschermd tegen de verzekerde die gemeend heeft het risico te licht te kunnen voorstellen, bijvoorbeeld door in het kader van een opstalverzekering op het aanvraagformulier bij dakbedekking in te vullen 'pannendak' in plaats van 'strooien dak'.
Hierna gaan we in op verschillende aspecten van de mededelingsplicht van de verzekernemer.

Verkeerde opgave en verzwijging

Verzwijging

De onjuiste voorstelling van de verzekeraar vindt zijn grondslag in een verkeerde opgave of verzwijging van aan de verzekerde bekende omstandigheden. Wanneer een van beide zich voordoet, heeft de verzekeringnemer zijn mededelingsplicht niet nageleefd. 'Verzwijging' houdt in dat feiten die voor de verzekeraar van belang zijn niet door de verzekerde naar voren zijn gebracht (hoewel hij met deze feiten bekend was), terwijl er niet specifiek naar is gevraagd.

Verkeerde opgave

'Verkeerde opgave' betreft de onjuiste beantwoording van specifieke vragen (denk aan de vragenlijsten bij ziektekostenverzekeringen), dan wel onvolledige beantwoording van deze vragen. Voor een beroep op schending van de mededelingsplicht is géén opzet tot verzwijging bij de verzekerde vereist (onder oud recht HR 8 april 1994, NJ 1994, 550).

Meer verzekerden

Zijn er twee of meer verzekerden dan moeten zij er via onderlinge afstemming voor zorgen dat geen onjuiste mededelingen worden gedaan of belangrijke feiten, die aan één van hen bekend zijn, worden verzwegen (zie art. 7:928 lid 2 en 3). De verzekeraar mag hierop vertrouwen. Hij kan derhalve toch een beroep op schending van de mededelingsplicht doen indien één van de verzekerden een feit heeft verzwegen of een verkeerde opgave heeft gedaan, ook al hebben de andere verzekerden wel aan hun informatieverplichting voldaan (onder oud recht HR 11 september 1992, NJ 1993, 754).

Relevantievereiste

Relevantievereiste

Niet iedere verkeerde voorstelling is van belang. Het *relevantievereiste* eist dat schending van de mededelingsplicht alleen kan worden ingeroepen indien de verzekeraar wanneer hij de ware stand van zaken zou hebben gekend op het moment van de contractsluiting, de overeenkomst niet of niet onder dezelfde voorwaarden zou hebben gesloten. Feiten die niet tot een voor de verzekerde ongunstiger beslissing zouden hebben geleid, spelen geen rol (zie art. 7:928 lid 4 eerste zin). Het gaat erom of de verzekeraar bij kennis van de ware stand van zaken meer premie zou hebben bedongen (art. 7:930 lid 3 eerste zin), nadere voorwaarden zou hebben gesteld (art. 7:930 lid 3 laatste zin), of de verzekering helemaal niet zou hebben gesloten (art. 7:930 lid 4). Nu de wet steeds spreekt van 'de' verzekeraar, lijkt het individueel acceptatiebeleid van de verzekeraar zelf bepalend. Het lijkt reëel te verlangen dat als sprake is van beleid dat afwijkt van in de branche gebruikelijk beleid, dit op voorhand duidelijk wordt gemaakt. Hier is ook een rol voor de tussenpersoon weggelegd.

Individueel acceptatiebeleid

Verschoonbaarheidsvereiste

Verschoonbaarheid

De dwaling van de verzekeraar moet bovendien verschoonbaar zijn. De verzekeraar moet dus rekening houden met omstandigheden die hij kende of behoorde te kennen, zoals feiten van algemene bekendheid. Bovendien kan het zijn dat hij de onjuistheid van de opgave had behoren te onderkennen, bijvoorbeeld omdat het te verzekeren pand vooraf door een van zijn personeelsleden ('inspecteur') was gecontroleerd dan wel de in dienst van de verzekeraar zijnde keuringsarts de lichamelijke afwijking of het gebrek bij de verzekerde tijdens zijn onderzoek had kunnen constateren (zie art. 7:928 lid 4 eerste zin).

Ook hier geldt de regel dat wetenschap bij één onderdeel van de organisatie van de verzekeraar, geldt als wetenschap van de gehele organisatie. Aldus is geoordeeld door het Hof Den Haag (kenbaar uit HR 15 februari 1991, NJ 1991, 493) en de Hoge Raad, in dat geval ten aanzien van een bank/assurantietussenpersoon (het in subparagraaf 15.2.3 genoemde arrest HR 19 januari 1998, NJ 1998, 586, Van Dam e.a./ Rabobank Gorredijk Jubbega).
Art. 7:928 lid 4 tweede zin bepaalt echter dat de verzekeringnemer zich er niet op kan beroepen dat de verzekeraar bepaalde feiten reeds kent of behoort te kennen als op een daarop gerichte vraag een onjuist of onvolledig antwoord is gegeven. Dan zal het 'verkeerde' antwoord beslissend zijn in plaats van de eventuele wetenschap als ergens binnen de organisatie van de verzekeraar aanwezig.

■ Voorbeeld 15.8

Een verzekeraar van luchtvaartrisico's sluit met een verzekerde een verzekering. Voor de verzekerde treedt daarbij een gespecialiseerde tussenpersoon op, die 'categorisch weigert' de vragenlijst van de verzekeraar te hanteren. De tussenpersoon laat na te melden dat de verzekerde nog niet zijn vliegbrevet heeft, hoewel de vragenlijst daarnaar uitdrukkelijk vraagt en hij dit weet. Geoordeeld wordt dat de dwaling van de verzekeraar zowel te wijten is aan de fout van de tussenpersoon als aan het feit dat de verzekeraar zelf naar de voor haar essentiële informatie geen navraag heeft gedaan. In een zodanig geval dient de dwaling voor rekening van de verzekeraar te blijven tenzij is gehandeld met de opzet de verzekeraar te misleiden. Zie HR 18 april 2003, NJ 2004, 634, Huls/Verzekeringsmaatschappij De Nederlandse Luchtvaartpool N.V.

Kenbaarheid

Kenbaarheidsvereiste
De verzekeringnemer had begrepen of behoren te begrijpen dat de verkeerd opgegeven of verzwegen omstandigheden essentieel waren voor de beslissing van de verzekeraar om de verzekering onder de voorwaarden als overeengekomen aan te gaan: het *kenbaarheidsvereiste*. Het door de verzekeraar opgestelde vragenformulier vormt hierbij een goede graadmeter. Hieruit blijkt immers wat de verzekeraar relevant acht en eveneens wat hij blijkbaar niet relevant acht, doordat hij er niet naar vraagt. Bij de beantwoording van de vragenlijst mag de (aspirant-)verzekeringnemer de vragen opvatten naar de zin die hij daaraan in de gegeven omstandigheden redelijkerwijs mag toekennen (HR 9 februari 1996, NJ 1996, 745 en HR 20 december 1997, NJ 1997, 638).

> **HR 1 december 1995, NJ 1996, 707 (Nationale Nederlanden NV/Westdorp)**
> Wanneer naar mogelijke rugklachten wordt gevraagd en de verzekeringnemer (beroep metselaar) had ter zake slechts af en toe klachten gehad van 'vage en onbeduidende aard', terwijl daarvoor nimmer een arts is geraadpleegd, dan behoefde de verzekeringnemer niet te begrijpen dat de vermelding van die klachten essentieel was.

De verzekeringnemer doet er wel verstandig aan een kopie te bewaren van de lijst of het formulier. Uit HR 12 februari 2010 (LJN BK6871 inzake Cars Sales BV tegen Nationale Nederlanden) blijkt dat veel verzekeraars originele aanvraagformulieren aanstonds na ontvangst daarvan op microfilm plaatsen (om ruimte te besparen), waarna die originele formulieren vervolgens worden vernietigd.

Vragenlijst

Slotvraag

Doordat de verzekeraar een vragenlijst hanteert, weet de aspirant-verzekeringnemer aldus wat de verzekeraar blijkbaar belangrijk vindt. Daarbuiten wil de verzekeraar dus niets weten. Dit wordt in beginsel niet anders met een in algemene termen vervatte slotvraag ('Hebt u verder nog iets mee te delen?'): aldus art. 7:928 lid 6. Aanvaardt een verzekeraar een niet compleet ingevulde lijst, dan kan daar later geen beroep op worden gedaan, tenzij is gehandeld met de opzet de verzekeraar te misleiden. Van een verzekerde mag een normaal inzicht worden verwacht.

> **HR 28 april 2006, RvdW 2006, 459, LJN AV 6024**
> Zo mocht een verzekerde, die zijn lawaaidoofheid en knieletsel uit het verleden had gemeld, de vraag naar arbeidsongeschiktheid opvatten als geschiktheid voor zijn huidig werk, mocht hij dus 'arbeidsgeschikt' invullen en hoefde hij niet te begrijpen dat hij – in de ogen van de verzekeraar – medisch 'arbeidsongeschikt' was. Dit gold te meer omdat de door de verzekeraar ingeschakelde keuringsarts de verzekerde ook arbeidsgeschikt vond.

De verzekerde moet wel meewerken aan eventueel nader onderzoek en niet zijn huisarts en medisch specialist verbieden informatie te verschaffen. Dit laatste kan een omkering van de bewijslast ten nadele van de verzekerde met zich brengen: HR 20 januari 2006, NJ 2006, 78.

De mededelingsplicht mag volgens art. 7:928 lid 4 derde zin evenwel geen feiten betreffen waarnaar ingevolge art. 4 t/m 6 van de Wet op de medische keuringen (Stb. 1997, 365) in de daar bedoelde gevallen (zoals betreffende de kans op erfelijke ziekten en betreffende seropositiviteit – aids – bij levensverzekeringen onder €268.125 sinds 29 december 2015) geen medisch onderzoek mag worden verricht en geen vragen mogen worden gesteld.

■ **Voorbeeld 15.9**
Een voorbeeld van het ten onrechte niet spontaan melden van een relevant feit: het bij het afsluiten van een (particuliere) arbeidsongeschiktheidsverzekering door de verzekerde niet melden dat hij op dat moment al een uitkering uit hoofde van de Algemene Arbeidsongeschiktheidswet (AAW) genoot (HR 29 april 1994, NJ 1994, 735 t.a.v. art. 251 WvK-oud).

Onder risico wordt zowel het contractuele risico als het morele risico begrepen. Mededelingsplichten aangaande dit laatste risico worden besproken in de volgende paragraaf.

Strafrechtelijk verleden

Strafrechtelijk verleden

Voor wat betreft het morele risico is er het probleem van het strafrechtelijk verleden van de verzekeringnemer, een en ander uiteraard met inachtneming van het relevantievereiste (zie hiervoor onder het punt relevantievereiste).

Is de verzekeringnemer verplicht hierover spontaan mededelingen te doen aan zijn verzekeraar, zodat deze die informatie kan gebruiken bij de afweging of hij al dan niet dekking zal verlenen en zo ja, tegen welke condities? Anders geformuleerd: prevaleert het belang van de verzekeraar of het belang van de bescherming van de privacy van de verzekeringnemer/verzekerde? De wetgever heeft gekozen voor de positie van de verzekeringnemer/verzekerde, zonder overigens het belang van de verzekeraar geheel uit het oog te verliezen. Art. 7: 928 lid 5 bepaalt dat de verzekeringnemer slechts verplicht is feiten mede te delen omtrent zijn strafrechtelijk verleden of dat van derden, voor zover zij zijn voorgevallen binnen de acht jaren die aan het sluiten van de verzekering zijn voorafgegaan en voor zover de verzekeraar omtrent dat verleden uitdrukkelijk een vraag heeft gesteld in niet voor misverstand vatbare termen.

Vraag in niet voor misverstand vatbare termen

Een expliciete vraag ter zake van zijn strafrechtelijk verleden zal de verzekeringnemer hebben te beantwoorden, ook al vindt hijzelf dat uit zijn strafrechtelijke antecedenten geen enkele conclusie te trekken valt omtrent zijn 'betrouwbaarheid' (HR 19 juni 1992, NJ 1993, 487). Als de verzekeraar dus ook geïnteresseerd is in vervolgingen en strafrechtelijke schikkingen, dan zal hij dat zeer duidelijk moeten vragen.

Onder het oude recht (art. 251 WvK-oud) is echter een vraag naar 'een eventueel strafrechtelijk verleden binnen de laatste acht jaar' ruim uitgelegd, zodat daaronder ook viel een strafvervolging wegens onder meer verduistering, ter zake waarvan de dagvaarding ten tijde van het sluiten van de verzekering nog niet was uitgereikt maar vóór dat moment tegen de verzekeringnemer wel al dwangmiddelen (huiszoeking; inverzekeringstelling) waren gebruikt. De verzekerde had moeten begrijpen dat de verzekeraar ook informatie wilde over de lopende strafvervolging. Dat in de strafzaak de 'onschuldpresumptie' speelt (zie art. 6 EVRM), doet niet af aan de plicht van de verzekerde een aldus te begrijpen vraag juist te beantwoorden, aldus HR 1 februari 2002, NJ 2002, 529.

Derden — Een vraag naar strafrechtelijke veroordelingen behoeft de verzekeringnemer redelijkerwijs niet te begrijpen als een vraag naar strafrechtelijke veroordelingen van een ander dan de verzekeringnemer zelf. Wanneer een vennootschap zich verzekert, zal in beginsel geen (spontaan) antwoord hoeven te worden verwacht over het verleden van de aandeelhouder of bestuurder wanneer gevraagd wordt naar het strafrechtelijk verleden van de verzekeringnemer, zijnde de vennootschap.

Dit is slechts anders indien er expliciet naar wordt gevraagd ('van derden' als bedoeld in art. 7:928 lid 5) of de betreffende bestuurder/aandeelhouder een zodanige zeggenschap heeft binnen de vennootschap/verzekeringnemer dat hij met die vennootschap moet worden vereenzelvigd en hij dus had moeten begrijpen dat de vragen ter zake het strafrechtelijk verleden ook op hem zagen.

De vereenzelviging mag niet te snel worden aangenomen. Wanneer de verzekeringnemer minstens (over het belang van strafrechtelijke veroordelingen) had moeten twijfelen, dan moet hij aan zijn tussenpersoon op dit punt om nadere voorlichting vragen alvorens de vraag ontkennend te beantwoorden: HR 21 maart 1997, NJ 1997, 639 (zie ook verder in deze paragraaf onder het voorkomen van verzwijging door de tussenpersoon).

Effecten van de niet-naleving van de mededelingsplicht

De verzekeraar die ná het sluiten van de overeenkomst op de hoogte raakt van het verkeerd opgegeven zijn of verzwegen zijn van voor hem essentiële omstandigheden mag niet stil blijven zitten en een eventueel verzoek om uitkering afwachten, dat hij dan vervolgens met een simpel beroep op art. 7:928 e.v. probeert te pareren. Art. 7:929 lid 1 bepaalt dat de verzekeraar die ontdekt dat aan de in art. 7:928 lid 1 nader geregelde mededelingsplicht niet is voldaan, de gevolgen daarvan slechts kan inroepen indien hij de verzekeringnemer binnen twee maanden na de ontdekking op de niet-nakoming wijst onder vermelding van de mogelijke gevolgen. Het zal in de praktijk voor de verzekerde niet makkelijk zijn vast te stellen wanneer de verzekeraar iets heeft ontdekt.

Mogelijke gevolgen — Met de 'mogelijke gevolgen' wordt overigens bedoeld dat de verzekeraar aangeeft of hij zich al dan niet tot uitkering in de toekomst gehouden acht, eventueel in de vorm van een gedeeltelijke uitkering. Ook kan de verzekeraar aangeven welke door de verzekerde alsnog te treffen voorzieningen hij voortaan wenst (denk bijvoorbeeld aan de eis van een werkende alarminstallatie) zonder welke de verzekeraar niet (meer) zal uitkeren.

Opzeggen — De verzekeraar kan slechts opzeggen met dadelijke ingang gedurende twee maanden na ontdekking indien hij bij kennis van de ware stand van zaken geen verzekering zou hebben gesloten of indien de verzekeringnemer heeft gehandeld met de opzet de verzekeraar te misleiden (art. 7:929 lid 2).

De verzekeringnemer op zijn beurt kan, als hem de mededeling van art. 7:929 lid 1 bereikt of de verzekeraar zich bij verwezenlijking van het risico op niet-nakoming van de mededelingsplicht beroept, de verzekeringsovereenkomst met dadelijke ingang opzeggen, en wel binnen twee maanden na ontvangst van de mededeling van de verzekeraar: art. 7:929 lid 3 eerste zin. Bij een persoonsverzekering (art. 7:925 lid 1) kan de verzekeringnemer de beëindiging beperken tot de persoon, wiens risico de mededeling van de verzekeraar betreft (art. 7:929 lid 3 laatste zin).

■ Voorbeeld 15.10
Hierbij kan gedacht worden aan de verzekeringnemer die niet wist dat zijn 17-jarige zoon, wiens aanvullende ziektekostenverzekering hangt aan de polis van de verzekeringnemer, hepatitis B heeft ten gevolge van drugsgebruik en daarvoor wordt behandeld. Wanneer de verzekeraar dit ontdekt via de binnenkomende declaraties van de basiszorgverzekering en ter zake een mededeling doet, kan de verzekeringnemer de effecten hiervan beperken door de aanvullende polis voor de zoon op te zeggen.

Uiteraard kunnen partijen ook samen een oplossing zoeken, bijvoorbeeld door premieverhoging af te spreken of overeenstemming te bereiken over beperking van de dekking ('niet voor rugklachten') of preventieve maatregelen (verzwaarde alarminstallatie, brand- en rookmelders en dergelijke).

Premie verminderd

Bij opzegging door verzekeringnemer of verzekeraar – behoudens wanneer sprake is geweest van opzet de verzekeraar te misleiden – op de voet van art. 7:929, ontvangt de verzekeringnemer een gedeelte van de al vooruitbetaalde premie terug. De premie wordt dan naar billijkheid verminderd (art. 7:939), dus er zal ook rekening worden gehouden met administratiekosten bij de verzekeraar en eventueel al aan de tussenpersoon afgedragen provisie.

Vaak zal de verzekeraar echter pas ontdekken of vinden dat de mededelingsplicht niet is nageleefd wanneer er een schademelding en een verzoek om uitkering door de verzekeringnemer wordt ingediend. De verzekeraar kan dan zowel voor de toekomst kiezen voor de mogelijkheden als hiervoor geschetst, als zich ten aanzien van het concrete verzoek om uitkering (proberen te) beroepen op art. 7:930.

Art. 7:930 lid 1 bepaalt dat als door de verzekeringnemer niet aan art. 7:928 is voldaan, er alleen een recht op uitkering bestaat overeenkomstig de leden 2 en 3 (van art. 7:930). Het lijkt erop dat dus altijd eerst moet worden vastgesteld of er daadwerkelijk een schending van art. 7:928 aan de orde is. Dat is niet altijd het geval.

Causaliteitsbeginsel

Uitkering

Causaliteitsbeginsel

Art. 7:930 lid 2 bepaalt immers dat de bedongen uitkering onverkort geschiedt, indien niet of onjuist meegedeelde feiten van geen belang zijn voor de beoordeling van het risico, zoals dat zich heeft verwezenlijkt. Dit noemt men het causaliteitsbeginsel: er wordt gekeken naar een mogelijk oorzakelijk verband tussen verzwijging en verwezenlijking van het risico.

■ Voorbeeld 15.11
Wordt de vraag over de aanwezigheid van een startblokkering verkeerd ingevuld, dan speelt dit geen rol als er schade ontstaat door een aanrijding door de verzekerde zelf. Is de schade ontstaan door een aanrijding door een dief of door joyriding, dan kan daar anders over worden gedacht nu de kans op schade aan de auto door het ontbreken van de gevraagde voorziening is vergroot.

Bestaat er wel verband tussen het niet opgegeven feit en de beoordeling van het risico, zoals het zich heeft verwezenlijkt, zodat lid 2 van art. 7:930 niet speelt, dan kunnen er zich twee situaties voordoen:
- Allereerst kan zich de situatie voordoen waarin de verzekeraar bij kennis van de ware stand van zaken een hogere premie zou hebben bedongen,

of de verzekering tot een lager bedrag zou hebben gesloten. Dan wordt de uitkering verminderd naar evenredigheid van hetgeen de premie meer of de verzekerde som minder zou hebben bedragen: aldus art. 7:930 lid 3 eerste zin. Dit noemt men het proportionaliteitsbeginsel: welke uitkering is in dit geval nog in verhouding gegeven de te lage premie (over te veel betaalde premies zeuren verzekeraars natuurlijk niet) of te hoge verzekerde som in relatie tot de pas later gebleken informatie?

Proportionaliteitsbeginsel

■ **Voorbeeld 15.12**
Het systeem van de vaststelling van de uitkering naar evenredigheid van de premie die de verzekeraar normaliter meteen zou hebben gevraagd, werkt natuurlijk het best bij een door de verzekeraar openlijk bekend gemaakt premietarief met de daarbij horende criteria. Voorbeeld: een nieuwe fiets wordt voor een te lage premie, bijvoorbeeld €150 per drie jaar verzekerd. Dit omdat de verzekeringnemer de laatste twee cijfers van zijn postcode door elkaar husselt ('35' in plaats van '53') en het met de onjuiste postcode overeenstemmende bedrag betaalt. Bij kennis van de juiste postcode zou de verzekeraar toch wel hebben verzekerd, maar – nu het qua diefstal volgens de statistieken om een risicovoller gebied gaat – dan wel voor een premie van €200. Bij diefstal wordt 150/200 is 75% van de schade vergoed.

- Het kan ook zijn dat de verzekeraar bij kennis van de ware stand van zaken andere voorwaarden zou hebben gesteld. Dan is slechts een uitkering verschuldigd als waren deze voorwaarden in de overeenkomst opgenomen: aldus art. 7:930 lid 3 laatste zin. Dit kan spelen naast een premieverhoging of verlaging van de verzekerde som.

Andere voorwaarden

■ **Voorbeeld 15.13**
Wanneer in het vorige voorbeeld de verzekeraar bij kennis van de juiste postcode een eigen risico van €50 zou hebben verlangd, naast of in plaats van meer premie, dan geldt het eigen risico ook in het geval van de zich vergissende verzekeringnemer. Het kan ook zijn dat de verzekeraar bij kennis van de juiste postcode ook eisen zou hebben gesteld aan de kwaliteit van het slot dat bij de fiets wordt gebruikt (extra zwaar veiligheidsslot bijvoorbeeld). Voldeed de fiets daar achteraf toch aan, dan volgt een uitkering. Had de fiets niet het vereiste slot, dan hoeft de verzekeraar helemaal niets uit te keren.

Beperkingen van het causaliteits- en proportionaliteitsbeginsel
Overigens gelden de regels van leden 2 en 3 van art. 7:930 niet als de verzekeraar bij kennis van de ware stand van zaken de verzekering in het geheel niet zou hebben gesloten. Dan geldt het – ook onder het oude recht steeds als harde regel geldende – 'geen enkele uitkering'-principe: art. 7:930 lid 4.

'Geen enkele uitkering'-principe

■ **Voorbeeld 15.14**
In het kader van het voorbeeld van de fietsverzekering kan het zijn dat de verzekeraar verzekeringnemers woonachtig in bepaalde postcodegebieden gewoon nimmer verzekert. Dit is geen juridisch relevante discriminatie, want op de verzekeraar rust in beginsel geen acceptatieplicht. Dus hij mag selecteren en bepaalde risico's vermijden of uitsluiten. In die situatie ontvangt de verzekeringnemer geen uitkering en hooguit zijn premie terug, als de verzekeraar aanvaardt dat sprake is geweest van een vergissing.

Opzet te misleiden

Ook is geen uitkering verschuldigd als door de verzekeringnemer (of de derde als bedoeld in art. 7:928 lid 3 of 4) gehandeld is met opzet de verzekeraar te misleiden: art. 7:930 lid 5. Dit lijkt een uitwerking van 'fraus omnia corrumpit' (fraude verpest alles), een regel die in het handelsrecht op meerdere plaatsen opduikt, vooral daar waar partijen in vertrouwen met elkaar (moeten kunnen) handelen (zie ook het hiervoor besproken art. 7:929 lid 2 en de gevolgen van fraude als in subparagraaf 15.2.8 te bespreken). De opzet moet wel gericht zijn op het de verzekeraar ertoe te brengen een verzekering af te sluiten die hij niet of niet op dezelfde voorwaarden zou hebben gesloten. Bewust informatie achterhouden is niet voldoende.

Figuur 15.3 geeft schematisch de toetsingspunten weer die bij de vraag of de mededelingsplicht wel deugdelijk is nageleefd, moet worden bezien.

Figuur 15.3 Toetsingspunten mededelingsplicht

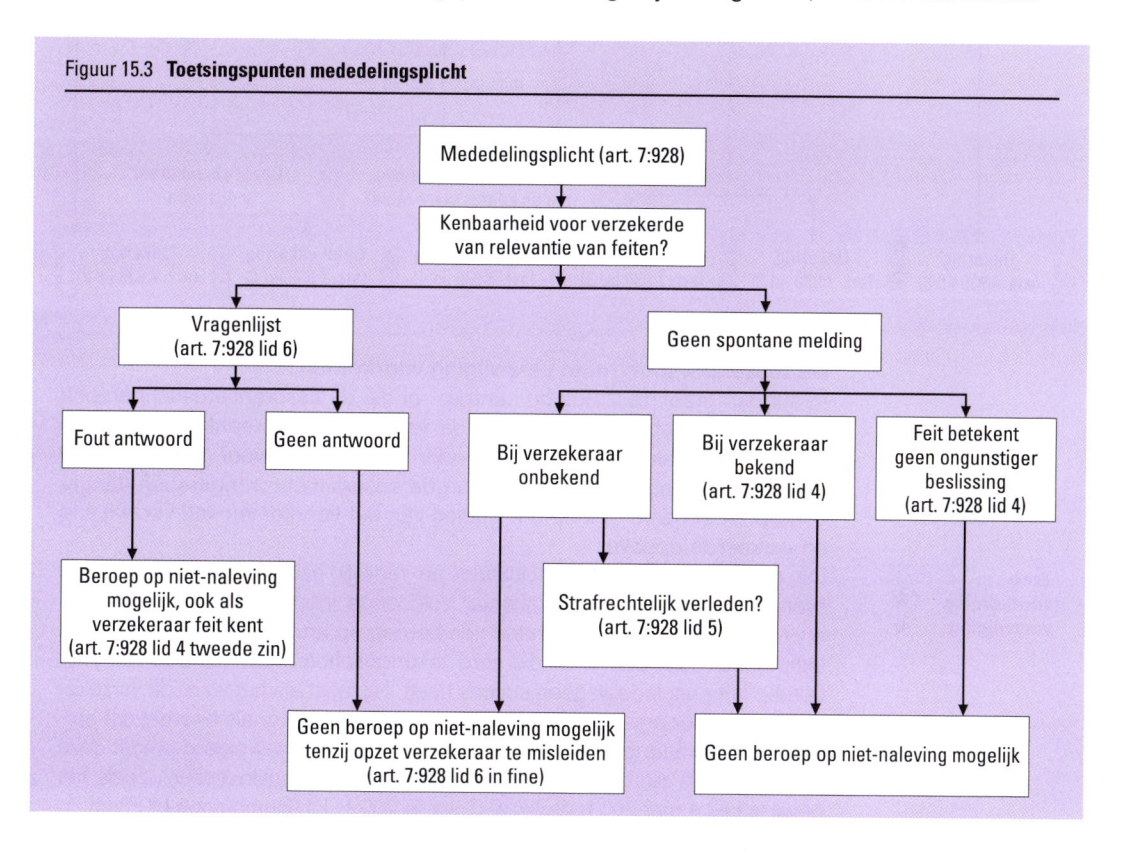

```
                    Mededelingsplicht (art. 7:928)
                              │
                              ▼
                    Kenbaarheid voor verzekerde
                    van relevantie van feiten?
                              │
            ┌─────────────────┴─────────────────┐
            ▼                                   ▼
       Vragenlijst                       Geen spontane melding
     (art. 7:928 lid 6)                          │
            │                    ┌───────────────┼───────────────┐
      ┌─────┴─────┐              ▼               ▼               ▼
      ▼           ▼       Bij verzekeraar  Bij verzekeraar   Feit betekent
 Fout antwoord  Geen        onbekend         bekend       geen ongunstiger
              antwoord                    (art. 7:928 lid 4)  beslissing
      │                                         │         (art. 7:928 lid 4)
      ▼                                         ▼
 Beroep op niet-naleving              Strafrechtelijk verleden?
 mogelijk, ook als                       (art. 7:928 lid 5)
 verzekeraar feit kent
 (art. 7:928 lid 4 tweede zin)
                          │                     │
                          ▼                     ▼
            Geen beroep op niet-naleving mogelijk    Geen beroep op niet-naleving mogelijk
            tenzij opzet verzekeraar te misleiden
                 (art. 7:928 lid 6 in fine)
```

Figuur 15.4 geeft de mogelijke effecten van niet-naleving van de mededelingsplicht weer.

De in figuur 15.4 beknopt geschetste kruispunten en beslispunten hoeft de verzekeringnemer niet allemaal zelf te kunnen doorgronden wanneer hij wordt bijgestaan door een onafhankelijke tussenpersoon. Deze heeft vooral in het kader van figuur 15.3 een belangrijke taak.

Figuur 15.4 **Mogelijke effecten van niet-naleving mededelingsplicht**

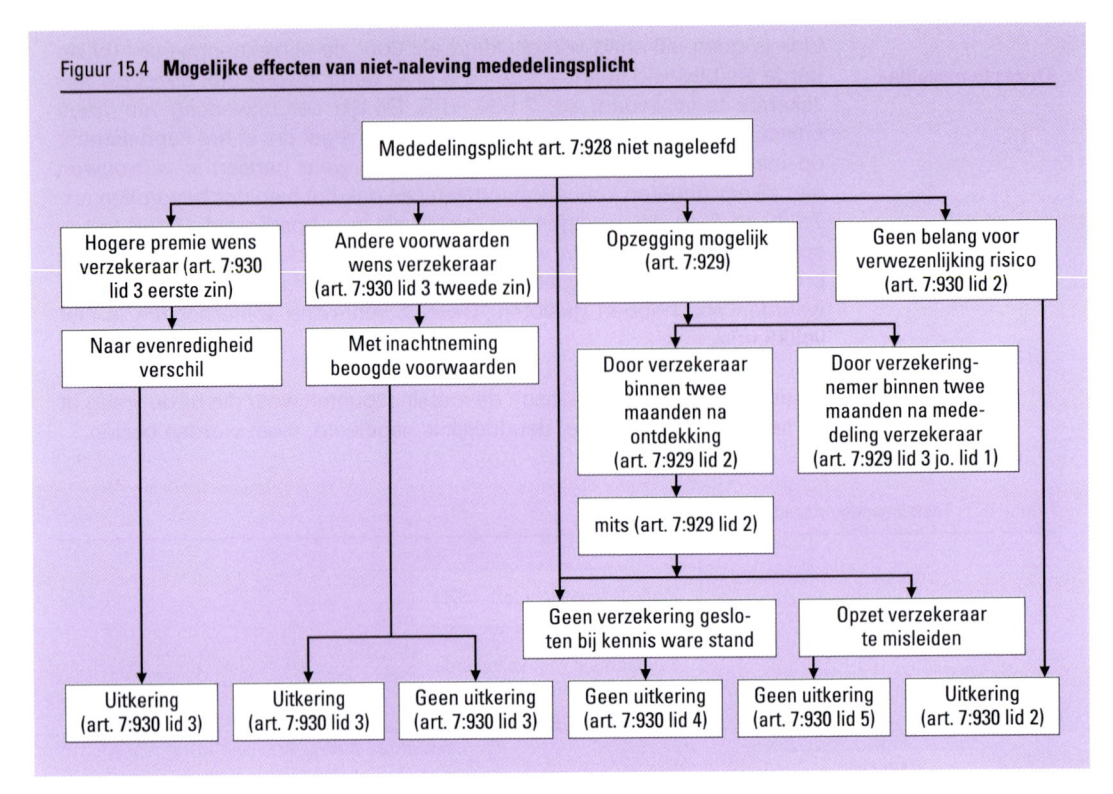

```
                        Mededelingsplicht art. 7:928 niet nageleefd
                                          │
        ┌─────────────────┬───────────────┴───────────────┬─────────────────┐
        ▼                 ▼                               ▼                 ▼
 Hogere premie wens  Andere voorwaarden            Opzegging mogelijk   Geen belang voor
 verzekeraar (art.   wens verzekeraar               (art. 7:929)        verwezenlijking risico
 7:930 lid 3 eerste  (art. 7:930 lid 3                                  (art. 7:930 lid 2)
 zin)                tweede zin)
        │                 │                               │
        ▼                 ▼                 ┌─────────────┴─────────────┐
 Naar evenredigheid  Met inachtneming       ▼                           ▼
 verschil            beoogde voorwaarden    Door verzekeraar      Door verzekering-
                                            binnen twee           nemer binnen twee
                                            maanden na            maanden na mede-
                                            ontdekking            deling verzekeraar
                                            (art. 7:929 lid 2)    (art. 7:929 lid 3 jo. lid 1)
                                                 │
                                            mits (art. 7:929 lid 2)
                                                 │
                                      ┌──────────┴──────────┐
                                      ▼                     ▼
                              Geen verzekering geslo-   Opzet verzekeraar
                              ten bij kennis ware stand  te misleiden

 Uitkering      Uitkering      Geen uitkering   Geen uitkering   Geen uitkering   Uitkering
 (art. 7:930    (art. 7:930    (art. 7:930      (art. 7:930      (art. 7:930      (art. 7:930
 lid 3)         lid 3)         lid 3)           lid 4)           lid 5)           lid 2)
```

De tussenpersoon moet verzwijging voorkomen

In subparagraaf 15.2.3 is de centrale rol die de assurantietussenpersoon vervult bij de totstandkoming van de verzekeringsovereenkomst kort geschetst. Uitspraken als gewezen onder het recht van vóór 1 januari 2006 hebben de verantwoordelijkheid van de assurantietussenpersoon aangescherpt, met name ook op het gebied van het voorkomen van verzwijging en verkeerde opgave.

Zorg voorkoming verzwijging

De zorg van een redelijk bekwaam en redelijk handelend tussenpersoon brengt mee dat hij de verzekeraar voldoende inlichtingen geeft om deze ervan te weerhouden naderhand een beroep op art. 7:928 te doen. De tussenpersoon kan ook al in die zorg tekortgeschoten zijn als een dergelijk beroep later uiteindelijk geen succes heeft. Hij moet als het ware de verzekeringnemer voor art. 7:928 e.v.-perikelen behoeden, zeker als hij weet dat eerdere verzekeraars de aspirant-verzekerde al hebben geweigerd omdat deze betrokken zou zijn geweest bij 'omstreden verzekeringskwesties', zoals het geval in HR 4 mei 2001, *Schip & Schade* 2002, 13 (Bumblebee of Plym).

Hij heeft in ieder geval aan zijn zorgplicht voldaan als hij de verzekeraar die gegevens verschaft die een redelijk bekwaam en redelijk handelend assurantietussenpersoon voldoende mocht achten om te bereiken dat de verzekeraar met de relevante feiten bekend was of had behoren te zijn (HR 22 november 1996, NJ 1997, 718, Korea Holland Trading BV/ Generale Bank Nederland NV).

Actieve en assertieve opstelling

Van de tussenpersoon wordt een actieve en assertieve opstelling verwacht. Als de tussenpersoon niet over voldoende gegevens beschikt of niet ervan uit mag gaan dat de gegevens waarover hij beschikt nog volledig en juist zijn, dan moet hij bij zijn cliënt, de verzekeringnemer, daarnaar informeren. Hij moet er daarbij tevens rekening mee houden dat zijn cliënt niet spontaan zal overgaan tot vermelding van gegevens over zijn (mogelijk) strafrechtelijk verleden (HR 11 december 1998, NJ 1999, 650). Zoals bekend is, zijn verzekeraars met name geïnteresseerd in het strafrechtelijk verleden vanwege het morele risico (zie eerder in deze paragraaf onder strafrechtelijk verleden).

▪▪▪ 15.2.6 Belang en verzekerd voorwerp

In subparagraaf 15.2.2 is het verzekeringsrechtelijk begrip 'belang' reeds aan de orde geweest. Het gaat om vermogensrechtelijke betrokkenheid bij het onzeker voorval; zie art. 7:944 en 946 lid 1.

Gevaarsobject of verzekerd voorwerp

Dit moet men goed onderscheiden van het *gevaarsobject* of *verzekerd voorwerp*, dat de lichamelijke zaak vormt die door het onzeker voorval wordt bedreigd.

Belangen

Ten aanzien van een gevaarsobject kunnen verschillende 'belangen' verzekerd zijn (eigenaarsbelang/hypotheekhoudersbelang/huurdersbelang). Voor al deze belangen zijn dan de lotgevallen van het gevaarsobject van betekenis. Overigens heeft niet elke verzekering betrekking op een gevaarsobject: denk aan de wettelijke aansprakelijkheidsverzekering en de kredietverzekering.

Overgang

Art. 7:948 bevat de regel 'verzekering volgt belang'. Gaat het (eigenaars)belang bij de zaak over op een ander, dan zal de verzekering in beginsel voortaan van rechtswege (dat wil zeggen automatisch) lopen ten gunste van die ander. Hiervoor is geen besluit of rechtshandeling van de verzekeraar vereist. Zowel verzekeraar als nieuwe belanghebbende kan de automatische overgang verhinderen (art. 7:948 lid 1 laatste zin en lid 2). Art. 7:948 is van regelend recht en wordt meestal in polisvoorwaarden beperkt of uitgesloten. Als de polis bepaalt dat eigendomsovergang moet worden gemeld en dat de verzekeraar dan kan besluiten de nieuwe eigenaar al dan niet te accepteren, staat het de verzekeraar in het algemeen vrij zelfs ongemotiveerd de nieuwe eigenaar als verzekerde te weigeren, behoudens de werking van artikel 6:248 lid 2, waarvoor de (beoogde) verzekeringnemer wel de omstandigheden moet aanvoeren (HR 7 juni 2013, ECLI:NL:HR:2013:BZ3670 inzake De Wasserij c. Achmea).

▪▪▪ 15.2.7 Verzekerde som en waarde

In deze subparagraaf zal aandacht worden besteed aan de verzekerde som en aan de verschillende waarden die verzekerd kunnen worden, als basis van de uiteindelijk te ontvangen uitkering door de verzekerde.

Verzekerde som

Verzekerde som

De verzekerde som is het bedrag dat de verzekeraar ten hoogste zal uitkeren als het onzekere voorval waartegen verzekerd is, zich voordoet (zie art. 7:955 lid 1). De verzekerde som is hetzij bepaald per gebeurtenis, hetzij per tijdseenheid, zoals bij een arbeidsongeschiktheidsverzekering een vast bedrag per dag zolang de ongeschiktheid voortduurt. De verzekerde som vormt een van de factoren ter bepaling van de hoogte van de door de verzekerde verschuldigde premie.

De verzekeraar hoeft alleen dan meer uit te keren dan de verzekerde som indien de door de verzekerde geleden schade, vermeerderd met de kosten die deze heeft gemaakt ter voorkoming of vermindering van de schade, uitkomt op een hoger bedrag dan de verzekerde som (art. 7:959 lid 1).

De hiervoor bedoelde onkosten komen krachtens art. 7:957 lid 1 voor rekening van de verzekeraar, ook als het voorkomen c.q. verminderen van schade niet gelukt is, of als dit verminderen van schade voortvloeit uit een bevel van de overheid.

■ Voorbeeld 15.15
Wanneer een huis volledig afbrandt, tezamen met de eveneens verzekerde volledige inboedel, zonder dat de door de verzekerde terstond ingehuurde verhuizers enig object aan de vlammen hebben kunnen onttrekken, dan moet de verzekeraar toch de kosten van de verhuizers vergoeden. Dit geldt ook indien de verzekerde som al volledig opgaat aan vergoeding van de schade aan opstal en inboedel.

Hoe hoog de verzekerde som is, bepalen in beginsel de verzekeringnemer en de verzekeraar.
Bij sommige verzekeringen is een bepaald bedrag gebruikelijk, zoals bij de particuliere wettelijke aansprakelijkheidsverzekeringen €500.000 of €1 mln. Krachtens de WAM (art. 22) moet de verzekerde som bij deze verzekering minstens een nader te bepalen bedrag (sinds 1 januari 2012 €5.600.000 per gebeurtenis voor schade aan personen en €1.120.000 per gebeurtenis voor schade aan zaken) voor personenauto's bedragen.
In deze paragraaf zal verder als uitgangspunt dienen de verzekering van een lichamelijke zaak met een bepaalde waarde.

Waarde

Waarde

'Waarde' vormt een belangrijk onderdeel van het verzekeringsrecht. De verzekeringnemer/verzekerde zal aan de hand van de waarde van zijn belang, de in geld uit te drukken omvang van zijn belang, een verzekerde som van een bepaalde adequate omvang wensen. In voorkomende gevallen zal de tussenpersoon hulp kunnen en gezien art. 4:23 lid 1 Wft moeten bieden.
De regel van art. 7:955 lid 2, dat door een uitkering de verzekerde som niet wordt verminderd, leidt ertoe dat elkaar opvolgende schades steeds tot ten hoogste de verzekerde som (moeten) worden vergoed. In polisvoorwaarden wordt vaak de uitkering tot een maximumuitkering per jaar beperkt.
De verzekeraar zal in geval van schade slechts de verzekerbare waarde willen en moeten (indemniteitsbeginsel, art. 7:960) uitkeren als deze lager is dan de verzekerde som. Hierbij moet men voor ogen houden dat in beginsel voor het vaststellen van de schade de waarde op het moment van het onheil dient te worden gebruikt: de *verzekerbare waarde*.

Verzekerbare waarde

Aan de hand van een koppeling tussen verzekerde som en verzekerbare waarde kan de volgende onderverdeling worden gemaakt:
1 De verzekerde som is gelijk aan de verzekerbare waarde: een *volledige* of *volle* verzekering van het verzekerd object.
2 De verzekerde som is hoger dan de verzekerbare waarde. De verzekering heeft slechts betekenis tot het beloop van de verzekerbare waarde: *oververzekering*. Door waardestijging van het verzekerd object kan een verzekering van aanvankelijk een oververzekering een volle verzekering worden.

Oververzekering

3 De verzekerde som is lager dan de verzekerbare waarde: *onderverzekering*. Bij totaal verlies (zie art. 7:958 lid 1) wordt maximaal de verzekerde som uitgekeerd. De verzekerde ziet dan niet zijn gehele schade vergoed. Bij partiële schade vormt onderverzekering eveneens een probleem. De verzekerde ontvangt slechts een uitkering naar evenre-

Onderverzekering

digheid van de verzekerde som tot de verzekerbare waarde. Maakt de verzekerde kosten als bedoeld in art. 7:957 lid 1, dan geldt de evenredigheidsregel ook voor vergoeding van die kosten; art. 7:959 lid 2.

■ **Voorbeeld 15.16**
Wordt uit een inboedel een spiksplinternieuwe dvd-recorder gestolen ter waarde van €500 terwijl de waarde van de inboedel totaal bedraagt €50.000 (inclusief de dvd-recorder) en de verzekerde som slechts €37.500 is dan ontvangt de verzekerde 37.500/50.000 van zijn schade, zijnde €375.

Deze evenredigheidsregel staat in art. 7:958 lid 5 en vormt een regel van aanvullend recht. Een afwijking van de evenredigheidsregel vormt het zogenoemde *premier risquebeding*. Hierbij verplicht de verzekeraar zich de schade tot maximaal de verzekerde som geheel te zullen vergoeden, ook al is er sprake van onderverzekering.

Premier risquebeding

Premier risqueverzekeringen komen voor bij verzekeringen waar de kans op algeheel verlies gering is, zoals bijvoorbeeld diefstal- en inbraakverzekering van een gehele inboedel, zodat met name de dekking van partiële schade van betekenis is.

Ter voorkoming van onderverzekering dient men regelmatig de verzekerde som te verhogen naar aanleiding van een waardestijging van het verzekerd object c.q. de verzekerde objecten (inboedel, bibliotheek), en/of te zorgen voor een indexering van de verzekerde som, gekoppeld aan een overeengekomen indexcijfer als jaarlijks door het Centraal Bureau voor de Statistiek bekendgemaakt (bijvoorbeeld het prijsindexcijfer voor woninginboedels).

Indexcijfer

Niet ongebruikelijk is de clausule in geïndexeerde inboedelpolissen dat in het kader van een mogelijke onderverzekering voor de regeling van de schade het geïndexeerde verzekerde bedrag van de laatste premievervaldag wordt verhoogd met maximaal 25%.
Dit kan in bepaalde gevallen leiden tot een integrale vergoeding hoewel sprake is van onderverzekering.

■ **Voorbeeld 15.17**
Inboedel waard: €125.000, verzekerde som op de laatste premievervaldag €100.000; drie maanden na deze vervaldag wordt het tafelzilver ter waarde van €5.000 gestolen. Normaal ontvangt de verzekerde €5.000 (100.000/125.000) = €4.000 als schadevergoeding.
Door de hiervoor bedoelde clausule ontvangt de verzekerde €5.000 ((100.000 + 25.000)/125.000) = €5.000.

Soort waarde?

Diverse waardes

Men kan verzekeren tegen handelswaarde, herbouwwaarde, vervangingswaarde of nieuwwaarde. Art. 7:956 geeft – als regel van regelend recht – aan dat een gebouw naar zijn herbouwwaarde, en andere zaken naar hun vervangingswaarde verzekerd zijn. Vervangingswaarde is het bedrag benodigd voor het verkrijgen van naar soort, kwaliteit, hoeveelheid, staat en ouderdom gelijkwaardige zaken.
Meestal geeft de polis echter uitsluitsel over de gekozen waarde. Blijkt dit niet het geval dan zal men de waardemaatstaf moeten vaststellen aan de hand van factoren als aard van de verzekeringsvorm, redelijkheid en billijkheid en – last but not least – het indemniteitsbeginsel.

Bij inboedelverzekeringen (tegen brand, diefstal enzovoort) in de particuliere sfeer wordt vaak tegen nieuwwaarde verzekerd. Nu het nieuwe goed voor de verzekerde economisch dezelfde betekenis heeft als het verloren gegane goed wordt bij uitkering op basis van nieuwwaarde bij algeheel verlies van het goed géén strijd met het indemniteitsbeginsel aangenomen.

Waar reparatie mogelijk is zal de verzekeraar meestal slechts de daaruit voortvloeiende kosten willen vergoeden. Tevens treft men vaak de clausule aan dat van goederen waarvan de dagwaarde meteen vóór het onheil slechts x% van de nieuwwaarde bedraagt (bijvoorbeeld 40%), slechts de dagwaarde zal worden vergoed.

Bij bedrijfsinventarisverzekeringen zal vaak in geval van algeheel verlies vervangingswaarde worden vergoed dan wel nieuwwaarde minus x% aan aftrek. Immers, bedrijven plegen door middel van afschrijvingen een vervangingsreserve aan te leggen.

Gedeeltelijke schade

In art. 7:958 lid 4 geeft de wetgever een regeling voor gedeeltelijke schade. De verzekeraar mag bij verzekering tegen vervangings-, herbouw- of nieuwwaarde kiezen voor de kosten van herstel en de waardevermindering naar verkoopwaarde ondanks herstel of kiezen voor de verzekerde waarde van de onbeschadigde zaak verminderd met de verkoopwaarde van de restanten.

Bepaling van de waarde

De verzekerde zal om zijn schade aan te tonen die de verzekeraar moet vergoeden, de waarde vlak vóór het onheil moeten bewijzen. Is er sprake van een *open polis*, zodat de waarde van de verzekerde voorwerpen niet vermeld staat in de polis, dan kan de waarde met alle bewijsmiddelen worden gestaafd. Meestal zal de waarde worden vastgesteld door taxatie achteraf. Meer zekerheid over de waarde biedt de voortaxatie aan partijen. Allereerst de *partijtaxatie*, waarbij in de polis de waarde van het verzekerd voorwerp wordt vermeld.

Taxatie

De verzekeraar mag met alle middelen de bovenmatigheid van de aldus uitgedrukte waarde – op het moment van het onheil – bewijzen, zodat bij uitkering het indemniteitsbeginsel niet wordt geschonden (art. 7:960 eerste zin). Art. 7:960 tweede zin bepaalt overigens dat de regel van 'geen duidelijk voordeliger positie' niet geldt bij een deskundigentaxatie op voorhand, zijnde een aan een deskundige opgedragen beslissing of conform zijn advies genomen partijbeslissing. Partijen kunnen dus ter voorkoming van onzekerheid het verzekerd voorwerp laten taxeren door – vaak beëdigde – deskundigen, die hiertoe door partijen zijn benoemd. Dit kan ook de verzekerde zelf zijn, zoals in HR 9 januari 2001, NJ 2001, 176 (Tollenaer & Wegener BV c.s./ Diehl), waarbij de verzekerde tevens een beëdigd taxateur van clavecimbels was. Het staat de verzekeraar vrij met een zodanige deskundige in te stemmen maar hij kan zich vervolgens bij schade door diefstal van de clavecimbel niet aan de taxatie onttrekken met een beroep op gebrek aan onafhankelijkheid of onpartijdigheid van deze partij-taxateur.

Deskundigentaxatie

Door een deskundigentaxatie staat derhalve de waarde gedurende de gehele looptijd van de verzekering (vrijwel) onaantastbaar vast. De wet staat hier derhalve uitdrukkelijk de feitelijke mogelijkheid van afwijking van het indemniteitsbeginsel toe. Aantasting van de voorafgaande deskundigentaxatie met een beroep op het indemniteitsbeginsel is niet mogelijk (zie voor oud recht al HR 17 december 1993, NJ 1994, 243).

Vaststellings-overeenkomst

Hetzelfde geldt als taxateurs op grond van een vaststellingsovereenkomst (art. 7:900 e.v.) na het ontstaan van schade voor partijen bindend de omvang van de schade hebben vastgesteld. Ook dan is aantasting met een beroep op het indemniteitsbeginsel niet mogelijk (HR 11 september 1998, NJ 1998, 851, Overbeek/ OWM Benschop/ IJsselstein), tenzij sprake is van zodanig ernstige gebreken in de beslissing dat gebondenheid eraan naar maatstaven van redelijkheid en billijkheid onaanvaardbaar is (zie art. 7:904), terwijl los daarvan de verzekeraar zich wel mag beroepen op schending van een informatieplichtclausule als bedoeld in art. 7:941 (HR 4 februari 2011 LJN BO4911 inzake Chubb Insurance Company of Europe S.E.).

Meervoudige of dubbele verzekering

Meer dan één verzekering

Art. 7:961 geeft een regeling voor het geval dezelfde schade door meer dan één verzekering is gedekt. De verzekerde kan bij iedere verzekeraar vergoeding van zijn volledige schade vragen, maar moet wel de andere verzekeraars noemen (lid 1). De verzekeraars hebben onderling verhaal (lid 2), maar de aangesproken verzekeraar moet dan wel met de andere verzekeraars overleggen over het verloop van de schadevaststelling en andere principiële beslissingen (HR 11 november 2006, NJ 2007, 202, LJN AY9717). Verzekeraars betrokken bij eenzelfde verzekering (bijvoorbeeld een beurspolis) zijn slechts aanspreekbaar naar evenredigheid van hun aandeel (lid 4). Uiteraard krijgt de verzekerde uiteindelijk slechts zijn totale schade vergoed, en niet meer.

■ **Voorbeeld 15.18**
De eigenaar verzekert zijn huis tegen brand. Zijn zaakwaarnemer die hij een algemene volmacht ten aanzien van het beheer van het huis heeft verstrekt, verzekert het huis eveneens tegen brand op naam van de eigenaar. Krijgt nu de eigenaar tweemaal zijn schade vergoed als het huis afbrandt?
Natuurlijk niet, dit zou in strijd zijn met het indemniteitsbeginsel!

■ ■ ■ 15.2.8 Verplichting van de verzekeringnemer/verzekerde

Hoewel dit niet altijd het geval is (zie subparagraaf 15.2.6) gaan wij er in deze paragraaf wederom van uit dat degene die de verzekering afsloot, de *verzekeringnemer*, tevens *verzekerde* is, degene die belang heeft bij het uitblijven van het onzeker voorval. Op de verzekeringnemer/verzekerde rusten de volgende verplichtingen:
· het naleven van de mededelingsplicht van art. 7:928 e.v.: hiervoor wordt verwezen naar subparagraaf 15.2.5;
· melden van risicoverzwaring (in sommige gevallen);
· premiebetaling;
· schadebeperkende maatregelen;
· overige verplichtingen.

Melden van risicoverzwaring?

Risicoverzwaring

Niet geregeld is de situatie die ontstaat indien na het sluiten van de overeenkomst zich omstandigheden voordoen die de kans dat het onzeker voorval zich zal realiseren, vergroten: *risicoverzwaring*.

■ **Voorbeeld 15.19**
Denk aan de concertpianist die aanvankelijk slechts de nobele schaaksport als hobby bedrijft, maar twee jaar na het sluiten van een ongevallenverzekering besluit zich te storten op het 'steilewandalpinisme'.

Moet de verzekerde dergelijke omstandigheden melden? Is de verzekeraar ontslagen uit zijn plicht om uit te keren als het onzeker voorval zich eerst ná een hem niet gemelde risicoverzwaring voordoet?
De wet bevat géén algemene regel betreffende risicoverzwaring. De vóór 1 januari 2006 geldende bepalingen ter zake, zoals voor de brandverzekering art. 293 WvK-oud, zijn bewust niet gehandhaafd of uitgebreid. Een uitzondering geldt voor persoonsverzekeringen. De verzekeraar mag een persoonsverzekering niet wijzigen of beëindigen op grond van verzwaring van het gezondheidsrisico, voor zover dat gelegen is in de persoon van degene die de verzekering betreft (art. 7:940 lid 5).

De praktijk redt zich op dit punt door in de polisvoorwaarden allerlei meldingsverplichtingen op te nemen, op straffe van verlies van dekking bij niet-naleving. Na de melding van een wijziging in de omstandigheden waarin de verzekerde c.q. het verzekerd object verkeert, zal de verzekeraar krachtens de polisvoorwaarden kunnen overgaan tot premieverhoging, vermindering van de dekking of zelfs opzegging.
De polis kan voorts aangeven dat alleen schade gedekt wordt als het gebruik van het gebouw overeenstemt met de aangaande dit gebruik in de polis opgenomen beschrijving. Is ten tijde van het voorval geen sprake (meer) van overeenstemming (bijvoorbeeld in plaats van 'bar' wordt in het pand een 'restaurant' gedreven), dan ontbreekt iedere dekking. (Zie t.a.v. art. 293 WvK-oud al HR 15 mei 1992, NJ 1993, 263.)

Premiebetaling
Premiebetaling vormt de hoofdverplichting van de verzekerde (zie art. 7:925 lid 1 'tegen genot van premie'). Betaling van premie zal meestal bij vooruitbetaling dienen plaats te vinden. In art. 16 lid 2 Zvw is overigens een uitzondering op de premiebetalingsplicht opgenomen. Personen jonger dan 18 jaar zijn voor de zorgverzekering géén premie verschuldigd.
Niet zelden treft men in de polis de clausule aan dat zolang de premie niet betaald is, de verzekeraar géén risico loopt. De dekking wordt dan niet alleen opgeschort (art. 6:52, zie subparagraaf 8.3.2) maar ook geschorst. De bedoeling van deze clausule is het vormen van een prikkel teneinde de verzekeringnemer tot een tijdige betaling te bewegen.

Premiebetaling

Schorsing dekking

Wat is nu de werking van een dergelijke clausule indien de verzekeraar betaling vraagt van de premie van het afgelopen verzekeringsjaar, terwijl de verzekerde in de periode waarin hij met betalen in gebreke was schade heeft geleden? Kan de verzekeraar betaling van de premie vragen zonder dekkingsplicht voor het betrokken jaar te aanvaarden? Ja, omdat anders de prikkel (het opschortingsrecht) niet werkt. De verzekerde zou immers in het omgekeerde geval door alsnog te betalen achteraf (met terugwerkende kracht) dekking kunnen laten ontstaan en wel omdat hem dat dan uitkomt (namelijk bij inmiddels ontstane schade) (HR 16 januari 1987, NJ 1987, 554, bevestigd in HR 3 december 1999, NJ 2000, 254, Bouwer/ Nationale Nederlanden Schadeverzekering Maatschappij NV).
Ook art. 7:934 staat schorsing van de dekking toe indien de vervolgpremie niet wordt betaald. Maar dit geldt pas nadat de schuldenaar/

verzekeringnemer na de vervaldag – dus bij aparte brief, zie voorbeeld 8.26, subparagraaf 8.4.2 – onder vermelding van de gevolgen van het uitblijven van betaling, vruchteloos is aangemaand tot betaling binnen een termijn van veertien dagen, aanvangende de dag na de aanmaning. Het aanmanen hoeft niet als de verzekeraar uit een mededeling van de verzekerde ('ik betaal niks!', zie voorbeeld 8.29, subparagraaf 8.4.2) moet afleiden dat hij de premie niet (tijdig) zal betalen art. 7:934 laatste zin, verwijzend naar 6:83 sub c). In het geval waarin de verzekeraar premie heeft geïnd voor een risico dat achteraf bezien niet heeft bestaan, bijvoorbeeld omdat de dochtervennootschappen niet verzekerd waren voor de activiteiten die zij ondernamen, kan dat volgens de Hoge Raad meebrengen dat de verzekeraar gehouden is tot premierestitutie (art. 7:938 lid 1 BW). De enkele inning van premie bij de moedervennootschap dwingt op zichzelf evenwel niet tot de conclusie dat de verzekeraar op grond van art. 6:248 lid 2 BW dekking moet verlenen voor schade als gevolg van de activiteiten van de niet verzekerde dochtervennootschappen van de verzekerde moedervennootschap (HR 27 juni 2014, ECLI:NL:HR:2014:1558).

Schadebeperkende maatregelen
De verzekerde is ingevolge art. 7:941 lid 1 eerste zin verplicht om de verzekeraar op de hoogte te stellen van het ontstaan van de schade, tot vergoeding waarvan de verzekeraar gehouden is. Deze melding geschiedt zo spoedig als mogelijk is (art. 7:941 lid 1 tweede zin). Art. 7:941 lid 2 verplicht de verzekeringnemer en de tot uitkering gerechtigde binnen redelijke termijn alle inlichtingen en bescheiden te verschaffen die voor de verzekeraar van belang zijn om zijn uitkeringsplicht te beoordelen.

Schadebeperking
Tevens moet de verzekerde zo goed mogelijk proberen de onmiddellijk naderende schade te voorkomen en ontstane schade zo beperkt mogelijk te houden (art. 7:957 lid 1). Laat hij dit na, dan is hij verplicht de schade te vergoeden die de verzekeraar door dit nalaten heeft geleden (art. 7:957 lid 3). Het gaat hierbij uiteraard om maatregelen die binnen redelijke grenzen van een verzekerde mogen worden verlangd. De verzekeraar mag en zal géén heldendaden van de verzekerde verlangen. De verzekerde mag daarbij in beginsel afgaan op advies van ingeschakelde deskundigen, tenzij hij wist of behoorde te weten dat dit advies niet deugde (HR 30 november 2007, NJ 2007, 641, LJN BA7560).

Kostenvergoeding
De verzekeraar moet krachtens art. 7:957 lid 2 de 'onkosten' vergoeden die verzekerde heeft gemaakt om schade te voorkomen of te verminderen. De Hoge Raad heeft uitgemaakt dat met onkosten tevens wordt bedoeld 'op geld waardeerbare opofferingen'. In het betreffende geval werd een op instigatie van de verzekeraar uitgevoerde enzymenbehandeling na het binnendringen van rook in een damesmodezaak als maatregel in de zin van art. 283 lid 2 WvK-oud (= art. 7:957 lid 2) aangemerkt. Derhalve moest de verzekeraar niet alleen de kosten van de behandeling, maar ook de door de verkeerde uitvoering ervan veroorzaakte schade (geurschade aan de kleding) vergoeden (HR 10 oktober 2003, NJ 2005, 89, Nationale Nederlanden Schadeverzekering Maatschappij NV/'t Witte Paerdje VOF c.s).

■ **Voorbeeld 15.20**
Een voorbeeld van het voorkomen van schade door de verzekerde is het terughalen door een fabrikant van gebrekkige producten: 'product recall'. Hiermee voorkomt c.q. beperkt de verzekerde/fabrikant zijn aansprakelijkheid jegens afnemers, wat mede ten voordele strekt van zijn bedrijfsaansprakelijkheidsverzekeraar.

Art. 7:957 geldt niet voor ziektekostenverzekeringen, aldus art. 15 lid 1 Zvw.

Overige verplichtingen
Naast de hiervoor genoemde verplichtingen is de verzekerde uiteraard verplicht zich te houden aan hetgeen de polisvoorwaarden voorschrijven. Het recht op de uitkering vervalt indien de verzekerde in de polisvoorwaarden omschreven verplichtingen niet is nagekomen, zoals wanneer hij gebruikmaakt van kunststof afvalbakken in plaats van – in verband met brandpreventie – door de verzekeraar voorgeschreven metalen afvalemmers, en de polisvoorwaarden alsdan verval van dekking stipuleren. Het beroep van de verzekeraar op verval van dekking moet echter naar maatstaven van redelijkheid en billijkheid onaanvaardbaar worden geacht, in het geval onvoldoende verband bestaat tussen het niet-naleven van de verplichting en het risico zoals het zich heeft verwezenlijkt. Bijvoorbeeld omdat de verzekerde (zo nodig) bewijst dat de brand ontstaan is in de meterkast en derhalve het niet toepassen van de voorgeschreven voorziening niet de oorzaak of medeoorzaak van de brand of het uitbreiden ervan is geweest (HR 27 oktober 2000, NJ 2001, 120, Bicak/ Aegon Schade verzekering NV).

Opzeggingsregeling
Als de verzekeringnemer de verzekering wil beëindigen, geldt de opzeggingsregeling van art. 7:940. De opzegtermijn bij opzegging tegen het eind van een verzekeringsperiode bedraagt twee maanden (lid 1). Bij langlopende verzekeringen kan in ieder geval iedere vijf jaar door verzekeringsnemer en verzekeraar worden opgezegd. De verzekeraar kan dit niet bij een persoonsverzekering (lid 2). Als de verzekeraar tussentijds mag opzeggen, dan mag de verzekerde dit op dezelfde wijze (lid 3), dus bijvoorbeeld ook per premievervaldatum, zoals verzekeraars vaak voor zichzelf bedingen (zie Hof Arnhem 31 maart 2009, LJN BI1728). Er is een opzeggingsrecht voor de verzekeringnemer wanneer de polisvoorwaarden ten nadele van hem of de tot uitkering gerechtigde worden gewijzigd (lid 4). Sinds 1 juli 2010 (Stb. 2010, 222) kan de verzekeringnemer ten gevolge van het toen in werking getreden art. 940 lid 6 de overeenkomst steeds via elektronische weg opzeggen, op voorwaarde dat de mededeling kan worden opgeslagen op een duurzame drager (art. 2 lid 1 Besluit 25 januari 2011). De mogelijkheid via elektronische weg mededelingen te doen kan niet ten nadele van de verzekeringnemer of de tot uitkering gerechtigde worden uitgesloten (art. 2 lid 5 genoemd besluit).
Als de verzekeringnemer aangemaand is voor betaling van één of meer premietermijnen, dan kan hij de zorgverzekering niet opzeggen zolang de verschuldigde premie en incassokosten niet zijn voldaan (art. 8a lid 1 Zvw). Dit is anders als de zorgverzekeraar de dekking van de zorgverzekering heeft geschorst (art. 8a lid 1 laatste zin Zvw) of de opzegging binnen twee weken heeft bevestigd (art. 8a lid 2 Zvw).

Erkenning van feiten en aansprakelijkheid; rechtstreekse actie
In het kader van een aansprakelijkheidsverzekering bepalen de polisvoorwaarden vaak dat de verzekerde wanneer hij betrokken is bij een gedekte gebeurtenis, bijvoorbeeld een aanrijding met de auto van de verzekerde (WAM), 'geen schuld mag bekennen' op straffe van verlies van dekking. Dit kan de verzekerde ertoe brengen om te weigeren informatie te verstrekken over de toedracht van de aanrijding. Hiervoor is inmiddels art. 7:953 ingevoerd, dat bepaalt dat een verbod in de polisvoorwaarden van een aansprakelijkheidsverzekering tot erkenning van feiten (bijvoorbeeld 'ik reed

Erkenning van feiten

door rood' of 'ik heb het stopbord niet gezien') nimmer gevolg heeft. Feiten – mits waar – kunnen derhalve altijd risicoloos worden erkend.

Worden bepaalde erkenningen verboden, dan heeft overtreding van dat verbod geen gevolg voor zover de erkenning juist is. De verzekerde zal dit bij discussie dienen te bewijzen.

Rechtstreekse actie

Het slachtoffer, de benadeelde, heeft verder voor toegebrachte letselschade of overlijdensschade voortaan een rechtstreekse actie op de verzekeraar van de schadeveroorzaker (zie voor de uitgebreide regeling art. 7:954; zie ook art. 6 WAM).

Fraude

Fraude

Tevens zal de verzekerde de overeenkomst met inachtneming van de eisen van redelijkheid en billijkheid (art. 6:248 BW) moeten uitvoeren en derhalve niet proberen de verzekeraar meer te laten vergoeden dan noodzakelijk is door de schade te hoog op te geven of zelfs schadevergoeding te claimen waar géén schade is.

Verval uitkering

In de polisvoorwaarden wordt vaak de clausule opgenomen dat bij bedrog of poging hiertoe het recht op uitkering vervalt. Art. 7:941 lid 5 geeft inmiddels een vergelijkbare regel. Claimt de verzekerde naast een 'echte schade' van €13.600 (schade aan casco van auto na brand) een gefingeerde schade van €454 wegens verlies van een autostereo-installatie, die nimmer in de auto aanwezig is geweest, dan kan de verzekeraar met een beroep op een dergelijke polisclausule uitkering voor de hele schade weigeren. Op 8 april 2002 (RvT 2002/11 BR, Bb 2002 p. 177 e.v.) heeft de Raad van Toezicht Verzekeringen zich ondubbelzinnig achter de regel gesteld dat partiële fraude, hoe gering ook, mag worden bestraft met geheel verval van de dekking. Hiermee lijkt de uitzondering die art. 7:941 lid 5 biedt, sprekend van 'behoudens voor zover deze misleiding het verval van het recht op uitkering niet rechtvaardigt', van marginale betekenis geworden. Inmiddels heeft de HR zich achter de RvT geschaard door art. 7:941 lid 5 in haar uitspraak van HR 3 december 2004, NJ 2005, 160 (Sieraden) tot toen reeds geldend recht te verklaren. De verzekeraar zal bij tijdige ontdekking dus niet hoeven uit te keren: komt hij er eerst later achter dan kan hij het uitgekeerde als onverschuldigd betaald terugvorderen. Het komt ook voor dat de hele schade in scène wordt gezet, uitsluitend om zo snel mogelijk een schade-uitkering te krijgen waarop in het geheel geen aanspraak bestaat. Vooral reisverzekeraars klagen over veel pogingen hen te bedriegen.

15.2.9 Onzekerheid (eigen gebrek en eigen schuld)

Onzekerheid

Art. 7:925 lid 1 benadrukt dat de verzekeringsovereenkomst een kansovereenkomst is. Het gaat bij verzekeren immers om dekking tegen een 'onzekerheid', namelijk dat 'bij het sluiten der overeenkomst voor partijen geen zekerheid bestaat, dat, wanneer of tot welk bedrag enige uitkering moet worden gedaan', terwijl slechts worden gedekt 'de belangen van de verzekeringnemer, tenzij anders is overeengekomen' (art. 7:946 lid 1) (zie ook subparagraaf 15.2.2). Bij schadeverzekeringen spreekt men wel van 'onzeker voorval' (in navolging van art. 246 WvK-oud).

HR 26 november 1993, NJ 1994, 126
Wanneer een vrachtwagen tijdens de winter over de Noordelijke Atlantische Oceaan per schip wordt vervoerd en de koelvloeistof in de motor bevriest (en aldus schade veroorzaakt) wegens de afwezigheid van antivries, dan is géén sprake van een 'onzeker voorval'. Een dergelijke bevriezing is onder de gegeven omstandigheden immers te verwachten. Er is sprake van een normale gebeurtenis ook al verwachtte in dit geval de verzekerde de bevriezing niet of hoefde hij deze niet te verwachten.

Een verzekering die is gesloten op een moment waarop de schade waartegen is verzekerd al bestond, is nietig als de verzekerde (of degene die voor hem optrad) van de aanwezigheid van de schade kennis had. Dat geldt niet voor de zorgverzekering: art. 5 lid 5 Zvw. Dus de verzekeraar moet ook uitkeringen doen aan verzekerden die ziek zijn geworden in de periode die door de terugwerkende kracht van de verplichte aanmelding ingevolge art. 2 Zvw onder de verzekering wordt getrokken.

Bepalend (voor de nietigheidsvraag) is hierbij het moment van totstandkoming van de verzekering en niet het (eerder) gelegen moment waarop de verzekeraar is verzocht dekking te willen verlenen. Is in de tussentijd de aan de verzekerde c.s. bekende schade ontstaan, dan is de vervolgens tot stand gekomen verzekering nietig en hoeft de verzekeraar niet uit te keren: zie onder meer onder oud recht HR 11 april 1997, NJ 1998, 111 (Bike Brothers BV/ Nieuw Rotterdam Schade NV).

Nietige verzekering

Dit is slechts anders indien sprake is van een WAM-verzekering. Art. 11 WAM, dat bepaalt dat aan de benadeelde géén uit de wettelijke bepalingen betreffende de verzekeringsovereenkomst en uit die overeenkomst zelf voortvloeiende nietigheden kunnen worden tegengeworpen, geldt ook ten aanzien van art. 7:925 onverkort. Aan het Waarborgfonds Motorverkeer, dat de benadeelde al een uitkering had gegeven, kon derhalve niet worden tegengeworpen dat de verzekerde de verzekering ná de aanrijding had aangevraagd, met als ingangsdatum de dag vóór de aanrijding (HR 19 november 1999, NJ 2000, 116, Waarborgfonds Motorverkeer/ Aegon).

De verzekeraar moet, als een onzeker voorval zich voordoet waartegen is verzekerd, de daardoor aan het verzekerde object ontstane schade vergoeden.

Uitgesloten gevaren

Het onzekere voorval waartegen wordt verzekerd staat altijd in de polis vermeld, meestal gepaard gaand met een lijst van uitgesloten gevaren. De meest voorkomende zijn binnenlandse onlusten, oorlogshandelingen, atoomrampen en natuurrampen, waarmee Nederland inmiddels evenmin onbekend is, en natuurlijk sinds 11 september 2001 ('9/11') terroristische aanslagen. Deze gevaren zal de verzekerde apart dienen te verzekeren, voor zover al verzekerbaar.

De wet kent twee algemene uitsluitingen, op grond waarvan de verzekeraar de ontstane schade niet hoeft te vergoeden. Deze uitsluitingen zijn schade veroorzaakt door een aard of eigen gebrek (art. 7:951) van het gevaarsobject of door eigen schuld van de verzekerde (art. 7:952).

Eigen gebrek
Art. 7:951 bepaalt dat de verzekeraar geen schade aan een verzekerde zaak vergoedt als die is veroorzaakt door de aard of een gebrek van die

zaak. Dit is slechts anders indien uitdrukkelijk tegen eigen gebrek enzovoort is verzekerd.

Eigen gebrek

Van verzekering tegen eigen gebrek is sprake bij een allriskdekking, zoals onder meer de Construction All Risks (CAR) verzekering, die naar haar aard ook strekt tot het bieden van dekking indien een materiële beschadiging van het werk het gevolg is van een ontwerp-, constructie- of uitvoeringsfout (aldus HR 27 juni 1997, NJ 1998, 329, Bouwbedrijf Obdeijn BV/Nieuw Rotterdam Schade NV). Bij sommige verzekeringen speelt eigen gebrek voorts geen rol, zoals bij de ziektekostenverzekering die juist vooral schade door eigen gebrek betreft.

Eigen gebrek betreft een ongunstige minderwaardige *stoffelijke* eigenschap van het verzekerd voorwerp. Het gaat om een eigenschap die een dergelijke zaak normaal niet bezit of behoort te bezitten.

■ Voorbeeld 15.21

Een voorbeeld vormt de constructiefout van een machine wanneer sprake is van een machineverzekering. De verzekeraar kan zich alleen op eigen gebrek beroepen en uitkering weigeren indien eigen gebrek de oorzaak is van het voorval waardoor het voorwerp wordt beschadigd of vergaat. Wanneer een onzeewaardig (lek) schip toch uitvaart en amper buitengaats vergaat omdat het te veel water maakt, is schipbreuk de oorzaak van de schade van de verzekerde/scheepseigenaar. Deze lijdt immers als schade het verlies van de waarde van het gezonken schip. De schipbreuk is in dit voorbeeld het gevolg van het eigen gebrek (onzeewaardigheid) van het schip. De verzekeraar hoeft niet uit te keren.

Uit voorbeeld 15.21 blijkt dat het voor partijen uiterst belangrijk is vast te stellen wat de juridisch relevante oorzaak van de schade is. Immers, is de schade niet te wijten aan eigen gebrek, dan moet de verzekeraar vergoeden.

■ Voorbeeld 15.22

Als in voorbeeld 15.21 het onzeewaardige schip ten gevolge van een navigatiefout door een ander schip wordt aangevaren en ten gevolge van de aanvaring zinkt, dan moet de verzekeraar wel uitkeren. Dit wordt niet anders als hij kan bewijzen dat vanwege de onzeewaardigheid het schip nooit zijn bestemming had kunnen bereiken.

Aard van de zaak

'Aard van de zaak' betreft normale eigenschappen van een zaak waardoor een voorval kan ontstaan dat schade veroorzaakt: denk aan zelfontbranding bij bepaalde chemicaliën.

■ Voorbeeld 15.23

Indien de verzekerde bevroren braadkuikens laat vervoeren in een gewone vrachtwagen dan is de schade ten gevolge van het ontdooien en bederven van de goederen er een die uit de aard der zaak voortvloeit en niet voor rekening komt van de verzekeraar. Als echter de kuikens in een koelwagen worden vervoerd waarvan de koelinstallatie uitgeschakeld wordt ten gevolge van een botsing, dan moet de verzekeraar de schade vergoeden, ook al vloeit de schade voort uit het feit dat bevroren goederen ontdooien en bederven indien zij niet of onvoldoende worden gekoeld. De juridisch relevante schade-oorzaak vormt hier immers het uitvallen van de installatie ten gevolge van de botsing.

Eigen schuld

Eigen schuld van de verzekerde wil zeggen dat hij zich schuldig heeft gemaakt aan een schadeveroorzakend handelen of niet een schade veroorzakende gebeurtenis heeft vermeden die hij – als goed handelend verzekerde – had moeten vermijden. Het gaat hierbij niet om onvoorzichtigheid of nalatigheid die tot het risico van alledag kunnen worden gerekend, maar om ernstige onzorgvuldigheid. Art. 7:952 bepaalt dat de verzekeraar geen schade vergoedt aan de verzekerde die de schade met opzet of door roekeloosheid heeft veroorzaakt. Het is overigens aan de verzekeraar te bewijzen dat de verzekerde schuld als in art. 7:952 bedoeld aan het voorval heeft. We geven een voorbeeld uit de rechtspraak, gewezen onder oud recht (art. 294 WvK-oud, sprekend van 'merkelijke schuld') waarin minst genomen onbewuste roekeloosheid speelt.

Opzet en roekeloosheid

■ Voorbeeld 15.24

Een woning brandt volledig af. Vast komt te staan dat in een bepaalde nacht verzekerde zware rookontwikkeling onder andere uit een elektrische leiding in de huiskamer signaleerde alsmede vuur in een zak met steenkool naast de kachel. Verzekerde, die geen licht durfde te maken, gooit in het donker één emmer water op het vuur en gaat vervolgens met zijn vrouw en kinderen buiten in een bestelbus slapen nadat hij geen vlammen meer heeft waargenomen.
De elektriciteit wordt niet afgesloten. De brandweer wordt niet gewaarschuwd. Enkele uren later brandt het pand niettemin volledig af. De door de verzekerde getoonde nalatigheid wordt door de rechter beschouwd als merkelijke schuld, hoewel de oorzaak van de tweede brand onopgehelderd is gebleven (Rechtbank Amsterdam 20 maart 1985, *Schip & Schade* 1986, 47).

Bewijs verzekeraar

Naast 'opzet of roekeloosheid' zal vervolgens door de verzekeraar ook het causaal verband tussen de gedraging en de brand moeten worden bewezen. Indien de verzekerde derhalve brandveiligheidsvoorschriften die van overheidswege zijn opgelegd, heeft overtreden (geen rookverbod en leging volle asbakken in binnenstaande afvalcontainer) en dit als 'roekeloosheid' kan worden aangemerkt, dan zal de verzekeraar die zich op art. 7:952 wil beroepen vervolgens moeten bewijzen dat de brand is veroorzaakt door de genoemde overtreding. Op de verzekeraar rust derhalve het risico dat onbewezen blijft dat de brand door opzet en roekeloosheid van de verzekerde is ontstaan, aldus HR 12 januari 2001, NJ 2001, 419 ('brandstichting (modus) onbekend'). Als de brand weliswaar niet door opzet en roekeloosheid is veroorzaakt maar zich wel als gevolg van opzet en roekeloosheid heeft kunnen uitbreiden, dan is – indien zulks wordt bewezen – art. 7:952 eveneens van toepassing (aldus t.a.v. art. 294 WvK-oud HR 27 oktober 2000, NJ 2001, 119, Amev Schadeverzekering NV/ Sjors Meubel BV).
Voor het aannemen van roekeloosheid in de zin van art. 7:952 is niet vereist dat de verzekerde heeft gehandeld in het bewustzijn dat de schade het gevolg van zijn handelen kan zijn en dat hem of haar in zoverre in subjectieve zin een verwijt treft. Van 'roekeloosheid' is ook sprake in geval van een gedraging die, al is de verzekerde zich daarvan niet bewust, naar objectieve maatstaven een zodanig aanmerkelijke kans op schade met zich brengt, dat de betrokken verzekerde zich van dat gevaar bewust had behoren te zijn en zich door zich van die gedraging niet te onthouden in ern-

stige mate tekortschiet in de zorg ter voorkoming van schade. Dit besliste de Hoge Raad (onder oud recht t.a.v. 'merkelijke schuld') in een zaak betreffende het door de verzekerde uitvoeren van laswerkzaamheden op minder dan een meter afstand van twee vaten met respectievelijk olie en wasbenzine, met daaronder een opvang c.q. lekbak (milieubak) (HR 4 april 2003, RvdW 2003, 70, AMEV Schadeverzekering NV/ G.G.J.H. Meyerink BV).

Als bij een handelen de verzekerde zich wel bewust is van de schadelijke effecten ervan, maar dit handelen hem vanwege een geestesstoornis niet verweten kan worden, dan is geen sprake van roekeloosheid.

De aard van de verzekering, bijvoorbeeld een reisverzekering die ook dekking geeft tegen verlies, kan ertoe leiden dat niet te snel 'roekeloosheid' mag worden aangenomen.

HR 11 januari 1991, NJ 1991, 271

In het geval van een verzekerde die abusievelijk een handtas met ƒ45.000 (circa €20.420) aan sieraden enkele ogenblikken onbeheerd achterliet in een toiletruimte (en die tas natuurlijk niet meer terugvond) besliste de HR dat de verzekering tegen verlies van goederen op reis in beginsel ook inhield dekking tegen schade die het gevolg is van een moment van onbedachtzaamheid. Niet is vereist dat de verzekerde op enigerlei wijze werd afgeleid.

Art. 7:952 is van aanvullend recht. Men mag zich tegen eigen schuld verzekeren: hét voorbeeld vormt de aansprakelijkheidsverzekering. Art. 7:952 geldt evenmin voor ziektekostenverzekeringen, zie aldus voor de wettelijke zorgverzekering art. 15 lid 2 Zvw.

Hoever mag men met de afwijking van art. 7:952 gaan?

Volgens heersende leer mag men zich slechts niet tegen eigen opzet verzekeren; dit is immers in strijd met de goede zeden en de openbare orde (zie art. 3:40, besproken in subparagraaf 1.3.1).

Verzekering tegen opzet?

Verzekering voor aansprakelijkheid wegens bijvoorbeeld opzettelijk toegebrachte schade zou immers een vrijbrief opleveren om gericht vernielingen aan te brengen en andere personen letsel toe te brengen. Dit wordt niet aanvaardbaar geacht. Bewuste roekeloosheid, het zich willens en wetens blootstellen aan de aanmerkelijke kans dat bepaalde schade intreedt is in principe wel verzekerbaar.

De meeste aansprakelijkheidsverzekeringen sluiten echter zowel in geval van opzet als in geval van bewuste roekeloosheid dekking uit. De verzekerde moet alsdan de (vermogensrechtelijke) consequenties van zijn handelen volledig zelf dragen.

Verzekerde zelf

Art. 7:952 betreft eigen schuld van de verzekerde zelve, derhalve niet de schuld van de verzekeringnemer/niet-verzekerde of van familie of ondergeschikten van de verzekerde, tenzij hun daden schuld of nalatigheid van de verzekerde zelve opleveren. Zo mocht het door een bestuurder van een vennootschap toevertrouwen van een duwbootcombinatie aan onbekwame en onervaren personen en deze personen opdracht geven toch met de boot te varen, worden aangemerkt als eigen schuld (als bedoeld in art. 276 WvK-oud) van de vennootschap toen schade ten gevolge van een aanvaring zich voordeed (HR 26 april 2002, VRB 2002, p. 129-131, ABS BV/ Erasmus c.s.).

Schuld derden

Als door een verzekering de belangen zijn gedekt van een aantal verzekerden, bijvoorbeeld die van de eigenaar/verhuurder van vorkheftrucks en de respectieve huurders daarvan, dan geldt niet als algemene regel dat opzet of roekeloosheid in de zin van art. 7:952 van één der verzekerden (in dit geval verduistering van de vorkheftruck door een huurder), de verzekeraar ook jegens de andere verzekerden, waaronder de verhuurder, bevrijdt. De omstandigheden van het geval, en in het bijzonder de omstandigheid dat tussen de verzekerden een rechtsband bestaat als gevolg waarvan het verzekerde belang als een gemeenschappelijk belang moet worden aangemerkt, konden naar oud recht echter meebrengen dat opzet of roekeloosheid van de ene verzekerde wel leidt tot bevrijding van de verzekeraar jegens de andere verzekerde(n), aldus HR 19 oktober 2001, NJ 2002, 224 (Vorkheftruckverhuurbedrijf Vitesse BV/UAP-Nieuw Rotterdam Schade NV c.s). Als wettelijk voorbeeld van de uitzondering kan thans gedacht worden aan de verzekering van een zaak die in een huwelijksgemeenschap valt en waarbij de echtelieden beiden aldus voor hun belang als verzekerde zijn aan te merken: art. 7:946 lid 2. In art. 7:946 lid 1 wordt voor de situatie van diverse medeverzekerden bewust de volgende keuze gemaakt: de andere verzekerden kunnen vergoeding blijven vorderen voor zover hun belang bij de verzekerde zaken strekt. Alleen de opzettelijk of roekeloos handelende (mede)verzekerde zelf krijgt geen uitkering. Voor de uitkering die de verzekeraar zal moeten doen aan de andere verzekerden zal de verzekeraar dan wel ingevolge art. 7:962 lid 3 laatste zin worden gesubrogeerd (zie subparagraaf 15.2.10) in hun rechten jegens de tekortschietende medeverzekerde.

Onaanvaardbaar

Het kan gebeuren dat een verzoek om uitkering onder een polis, ook al is voor de verzekeraar geen beroep mogelijk op art. 7:952 of op een polisclausule, onaanvaardbaar is in de zin van art. 6:248 lid 2 (zie subparagraaf 1.7.2). Dit kan het geval zijn wanneer de verzekeringnemer, zich bewust van het bestaan van een aansprakelijkheidsverzekering, uit de voor hem bestaande alternatieven die weg kiest, die de grootst mogelijke kans voor schade voor de verzekeraar schept en tegelijkertijd voor de verzekeringnemer het meest voordelig is. De verzekeraar moet dit dan wel bewijzen (HR 12 januari 2007, NJ 2007, 371, LJN AZ1518).

15.2.10 Subrogatie

Soms zal de verzekeraar bij de verzekerde ontstane schade vergoeden die door een derde is veroorzaakt en jegens wie de verzekerde in beginsel een vordering uit onrechtmatige daad zal hebben. In beginsel, want zodra de verzekerde zijn schade geheel door de verzekeraar vergoed ziet, kan hij de derde niet meer aanspreken. Hij heeft immers geen schade meer.

De verzekeraar kan aan het algemene burgerlijke recht evenmin een rechtstreekse actie jegens de schadeveroorzaker ontlenen, gezien het relativiteitsvereiste (art. 6:163; zie hierover subparagraaf 9.1.5) betreffende de actie uit onrechtmatige daad. Dit is slechts anders in het uitzonderlijke geval dat de derde de schade heeft veroorzaakt met de bedoeling de verzekeraar te benadelen (de verzekeraar zal dit dan dienen te bewijzen).

Aldus zou de derde/schadeveroorzaker aan zijn aansprakelijkheid kunnen ontsnappen doordat de door hem benadeelde zo verstandig is geweest zich ter zake te verzekeren.

De wetgever heeft dit terecht onwenselijk geoordeeld en in art. 7:962 een bepaling opgenomen regelende de *wettelijke subrogatie* van de verzekeraar. Door het vergoeden van de schade die de verzekerde heeft geleden, gaan de vorderingen tot schadevergoeding ter zake de geleden schade van de verzekerde over op de verzekeraar. Dit geldt ook voor de aansprakelijkheidsverzekeraar van één van de hoofdelijk aansprakelijke veroorzakers van schade waarbij sprake is van medeschuld (zie ook subparagraaf 10.5.2) en die door de verzekeraar wordt vergoed. Dan wordt de verzekeraar gesubrogeerd in de onderlinge verhaalsmogelijkheid krachtens artikel 6:10 en 6:12 van zijn verzekerde op de mededader (aldus HR 9 juli 2010, LJN BM3952 inzake RVS). De verzekeraar wordt krachtens art. 7:962 slechts gesubrogeerd voor zover hij de verzekerde, al dan niet verplicht, betaald heeft. Die betaling moet de verzekeraar bij betwisting wel aannemelijk maken (HR 1 juni 2012, LJN BW7214 inzake Allianz Versicherungs AG). Bij coulance-uitkeringen wordt de verzekeraar dus ook gesubrogeerd. De Hoge Raad heeft onder oud recht al uitgelegd waarom dit nodig is. Subrogatie bij coulance is nodig om te voorkomen dat de schadeveroorzaker een deel van de schade niet zou hoeven te vergoeden (zie hiervoor) en om te voorkomen dat de verzekeraar bij onduidelijkheid of hij verplicht is tot vergoeding, een terughoudende opstelling zou kiezen waarmee de verzekerde niet gebaat is (HR 7 januari 2000, NJ 2000, 212, Nationale Nederlanden Schadeverzekering Mij NV/ NV Verzekering Maatschappij Woudsend AO 1816). De verzekerde mag de verzekeraar niet dwarszitten: hij is jegens de verzekeraar aansprakelijk voor elke daad die tot benadeling van de rechten van de verzekeraar jegens genoemde derden voert (aldus art. 7:962 lid 1 laatste zin).

■ Voorbeeld 15.25
De verzekerde A geeft geen voorrang aan een dronken medeweggebruiker B die te hard rijdt. Beide nieuwe auto's zijn zwaar beschadigd. De autocascoverzekeraar van A vergoedt A's gehele schade (minus een overeengekomen eigen risico). Toch zal de verzekeraar van A op de medeweggebruiker B slechts naar evenredigheid van diens schuld verhaal kunnen nemen, nu ook de verzekerde A (mede) schuld heeft aan de aanrijding.

NB A kan zich in dit geval eveneens wenden tot B, namelijk om zijn eigen risico gedeeltelijk vergoed te krijgen.

Krachtens heersende leer wordt de verzekeraar die een schade vergoedt die de verzekerde lijdt ten gevolge van diefstal van de verzekerde zaak, niet gesubrogeerd in het recht om eigendom van de verzekerde op die zaak en derhalve evenmin in het recht van de zaak als eigenaar op te vorderen. De verzekerde zal de eigendom van de gestolen zaak apart aan de verzekeraar dienen over te dragen, bijvoorbeeld door middel van een akte waardoor de verzekeraar zich als eigenaar kan legitimeren ten opzichte van derden (vergelijk art. 3:95). In polisvoorwaarden komt een dergelijke overdraagverplichting voor als voorwaarde voor het verkrijgen van een schade-uitkering.

■ ■ ■ 15.3 Levensverzekering

Sommenverzekering

In paragraaf 15.1 is de wettelijke omschrijving van de sommenverzekering genoemd: een verzekering waarbij het onverschillig is of en in hoeverre met de uitkering door de verzekeraar schade wordt vergoed (art. 7:964). Een voorbeeld van een sommenverzekering vormt de levensverzekering.

Levensverzekering

Art. 7:975 definieert de levensverzekering als de in verband met het leven of de dood gesloten sommenverzekering met dien verstande dat ongevallenverzekering niet als levensverzekering wordt beschouwd. De onzekerheid bestaat derhalve bij de levensverzekeringsovereenkomst uit het overlijden van de verzekerde, dan wel het nog in leven zijn van de verzekerde op het overeengekomen tijdstip.

In deze paragraaf bekijken wij de betrokkenen bij een levensverzekering, de soorten levensverzekering en wordt de betekenis van (eigen) schuld bij de levensverzekering bezien (zie ook subparagraaf 15.2.9). Sinds 1 januari 2006 wordt de sommenverzekering geregeld in art. 7:964 tot en met 974 en bovendien de levensverzekering in art. 7:975 tot en met 986.

■ ■ ■ 15.3.1 Betrokkenen

Posities bij levensverzekering

Bij de levensverzekeringsovereenkomst zijn vier posities te onderscheiden:
1. de verzekeraar;
2. de verzekeringnemer: degene die de verzekeringsovereenkomst afsluit, de wederpartij van de verzekeraar;
3. de verzekerde, ook wel 'het verzekerd lijf' geheten: degene op wiens leven of gezondheid de verzekering betrekking heeft (art. 7:965);
4. de begunstigde: degene die tot het ontvangen van de uitkering is aangewezen en aan wie de verzekeraar dus zal moeten uitkeren.

De verzekeraar en de verzekeringnemer stellen de verzekerde som geheel naar eigen goeddunken vast. Het indemniteitsbeginsel speelt bij de levensverzekering absoluut niet.

De aanwijzing, wijziging en aanvaarding van de begunstiging, alsook het moment waarop de begunstiging onherroepelijk wordt, worden uitvoerig geregeld in art. 7:966 tot en met 969.

■ ■ ■ 15.3.2 Soorten levensverzekeringen

Soorten levensverzekering

We kennen allereerst de 'zuivere' levensverzekering. Er wordt alleen uitgekeerd als het lijf overlijdt of indien het lijf binnen een bepaalde periode overlijdt. Voorts kennen we de 'gemengde' levensverzekering: de levensverzekeraar keert uit bij het bereiken van een bepaalde leeftijd (bijvoorbeeld 65 jaar) of bij eerder overlijden van het verzekerd lijf.

Afkoop en premievrijmaking

Levensverzekeringen waarbij het zeker is dat ooit zal worden uitgekeerd, bevatten naast het – noodzakelijke – risico-element een spaarelement, dat tot uitdrukking komt in de afkoopwaarde. De afkoopwaarde is het bedrag dat de verzekeringnemer zal kunnen verkrijgen bij tussentijdse opzegging. (art. 7:978 lid 1). Als de verzekering een premievrije waarde heeft dan heeft de verzekeringnemer het recht haar premievrij te doen voortzetten (art. 7:978 lid 2). Als de hoogte van de aldus verminderde uitkering beneden de €5.000 blijft, kan sinds 4 juni 2008 dit recht contractueel worden uitgesloten (7:978 lid 2 laatste zin jo. art. 1 Besluit tot beperking van het recht op premievrije voortzetting van een levensverzekering, Stb. 2008, 181).

15.3.3 Betekenis van schuld bij de levensverzekering

Schuld aan overlijden

Art. 7:981 regelt het geval dat de verzekerde bedoeld in art. 7:965 overlijdt ten gevolge van een van het risico uitgesloten oorzaak zoals, naast zelfmoord, bijvoorbeeld deelname aan een terroristische organisatie (jihadist). De begunstigde ontvangt alsdan nog wel de tot de dag van overlijden opgebouwde afkoopwaarde (indien aan de orde).

Wat is het effect van overlijden van het verzekerd lijf ten gevolge van een handelen of nalaten van de begunstigde? Art. 7:973 verwoordt het aldus: 'Aan de overeenkomst kunnen geen rechten worden ontleend door degene die onherroepelijk veroordeeld is ter zake dat hij de verwezenlijking van het risico opzettelijk teweeg heeft gebracht of daaraan opzettelijk meegewerkt heeft'.

Heeft de begunstigde opzettelijk de verzekerde van het leven beroofd dan hoeft de verzekeraar dus niet aan de begunstigde uit te keren, maar wel aan de subsidiair aangewezen begunstigde of de erfgenamen van de verzekerde/verzekeringnemer.

Vragen

1 Wat is het verschil tussen schadeverzekering en sommenverzekering?

2 Hoe werkt het indemniteitsbeginsel?

3 Hoe kan een verzekeringsovereenkomst worden bewezen:
   a door de verzekerde?
   b door de verzekeraar?

4 Wat is in verband met art. 7:928 de betekenis van het verschoonbaarheidsvereiste?

5 a Wat is onderverzekering?
   b Wat is het effect ervan voor de verzekerde bij schade?
   c Hoe kan men dit effect beperken?

6 Wat is 'eigen' gebrek?

7 Tot welk niveau van schuld kan een verzekerde schade door zijn eigen schuld veroorzaakt toch verzekeren?

8 Welke vier posities zijn er te onderscheiden bij de levensverzekeringsovereenkomst?

Casus

1 J zit in zeer grote geldnood en zal zijn huis moeten verkopen. Zijn makelaar krijgt de opdracht hiervoor zorg te dragen en minstens netto de taxatiewaarde ad €300.000 te realiseren. Kort voordat het pand verkocht wordt voor €320.000 k.k. brandt het volledig af, ten gevolge van blikseminslag.
J is niet ongelukkig, immers hij is verzekerd voor herbouwwaarde. Het hiermee gemoeide bedrag (€450.000) claimt hij dan ook bij zijn verzekeraar.
De verzekeraar vraagt u om advies.

2 Verzekeraar A zet de aan F reeds enkele maanden uitbetaalde arbeidsongeschiktheidsuitkering vanwege diens hartkwaal stil en beroept zich tezelfdertijd op verzwijging door F bij het aangaan van de arbeidsongeschiktheidsverzekering. A heeft immers onlangs vernomen dat F zes jaar geleden is veroordeeld wegens incest, terwijl hij de slotvraag 'Heeft u overigens nog iets mee te delen dat voor de beoordeling van het risico van belang is?' met neen heeft beantwoord.
A wenst absoluut nimmer incestplegers te verzekeren, zodat bij kennis van zaken de verzekering niet met F zou zijn afgesloten.
A weigert dan ook verder te betalen en vordert de reeds gedane betalingen terug. F wenst advies over zijn positie.

3 Om bij te verdienen begint K aan huis een snackbar, die hij in het weekend opent voor kennissen en vrienden uit de buurt. Hij wordt bij zijn werkzaamheden bijgestaan door oom H, een gepensioneerde bouwvakker.
Bij het bakken van frites en het op temperatuur brengen van het vet vergist oom H zich, zodat de zich in de keuken bevindende inboedel vlam vat en tenietgaat.
De inboedelverzekeraar weigert uitkering op grond van de volgende stellingen. Beoordeel deze stellingen.
 a Er is sprake van eigen schuld.
 b Het uitoefenen van een snackbar vormt een risicoverzwaring, zodat ik niet hoef uit te keren.
 c K heeft nagelaten de omhoog spuitende stroom kokend vet te onderbreken door een deksel te plaatsen op de frituurpan. Art. 7:957 geeft mij het recht uitkering achterwege te laten.

4 J constateert, teruggekomen van vakantie, dat zijn garage is opengebroken en dat zijn alarminstallatie is vernield. Zijn verzekeraar A vergoedt de schade. Vier jaar later ontdekt A bij toeval dat V, een goede bekende van de politie, de daad op zijn geweten heeft. V bekent. A vordert van V vergoeding van de schade aan de garage en aan de alarminstallatie.
Op V's verzoek ter zake van de vorderingen enige akte te tonen, stelt A: 'die heb ik niet nodig, mijn positie is bij de wet geregeld'.
V beroept zich tevens op het feit dat een uitkering voor de niet-verzekerde alarminstallatie uit het oogpunt van coulance jegens de goede cliënt J is geschied en dat hij die schade niet hoeft te vergoeden.
 a Beoordeel de positie van A.
 b Beoordeel de positie van V.

Ondernemingsrecht

16

16.1 Soorten privaatrechtelijke rechtsvormen
16.2 Begripsbepaling
16.3 Handelsregister
16.4 Buitenlandse rechtsvormen

Wie zich in het maatschappelijk-economisch verkeer beweegt, gebruikt daarbij middelen en een organisatievorm die aansluiten bij de te verrichten activiteiten. Aard en doel van de activiteiten, en fiscale overwegingen, zijn over het algemeen bepalend voor de keuze van de organisatievorm – de rechtsvorm. Voor de uitvoering van overheidstaken kunnen zogenoemde publiekrechtelijke rechtspersonen, zoals de Kamer van Koophandel, de Rijksluchtvaartdienst, gemeenten of provincies worden ingesteld bij wet (vgl. art. 2:1). Voor de vormgeving van de organisatie in de private sector (burgers en bedrijfsleven) bestaan zogenoemde privaatrechtelijke rechtspersonen, zoals Heineken Holding N.V., De Koninklijke Nederlandse Toeristenbond ANWB, Stichting kinderopvang 'Nijntje Plus' of een politieke partij, zoals de SGP (vgl. art. 2:3). Deze privaatrechtelijke rechtspersonen worden bijna allemaal bij notariële akte opgericht. Soms maakt de overheid gebruik van privaatrechtelijke rechtspersonen (N.V. Nederlandse Spoorwegen). Het ondernemingsrecht heeft onder meer de bestudering van privaatrechtelijke rechtspersonen tot onderwerp.
In paragraaf 16.1 gaan we kort in op de soorten rechtsvormen. Vervolgens komen in paragraaf 16.2 enkele kernbegrippen van het ondernemingsrecht aan de orde. Ten slotte belichten we in paragraaf 16.3 de rol van het handelsregister.

De belangrijkste taak van de or ligt in het overleg tussen de werknemers ('de in de onderneming krachtens arbeidsovereenkomst werkzame personen') en 'de ondernemer'. De or heeft in dat verband onder meer het recht om geïnformeerd te worden en adviezen te geven. Hij moet gelegenheid krijgen te adviseren in een aantal bijzondere gevallen (art. 25 WOR), zoals bij voorgenomen fusie of splitsing, belangrijke inkrimping van de onderneming en verhuizing van de onderneming.

Daarnaast moet de ondernemingsraad instemming betuigen met voorgenomen besluiten van de ondernemer die de werknemers (en doorgaans hun familieleden) rechtstreeks raken, zoals de wijziging van een vakantieregeling of de wijziging van een beloningssysteem (art. 27 WOR).

16.2.3 Ondernemingsrecht

Ondernemingsrecht

Het belang van ondernemingen is zo groot en er gelden zo veel regels voor, dat het ondernemingsrecht een afzonderlijk rechtsgebied vormt: 'het recht met betrekking tot de als onderneming functionerende organisatie'. Alle regels die voor ondernemingen en ondernemers gelden, behoren ertoe, ongeacht of de ondernemers natuurlijke personen (bijvoorbeeld een eenmanszaak), vennootschappen zonder rechtspersoonlijkheid (bijvoorbeeld een vof) of rechtspersonen (bijvoorbeeld bv's) zijn.

16.2.4 Concernrecht

Concern is een Angelsaksisch begrip dat omschreven kan worden als een grote (internationale) onderneming met vele dochterondernemingen. Het internationale karakter kan mede bestaan uit dochterondernemingen met verschillende nationaliteiten. Voorbeelden van concerns zijn Shell, Unilever, Wolters Kluwer en IBM.

Concern

De wet definieert het begrip concern niet; Nederland kent geen systematisch concernrecht.

De wetgeving bevat wel enige verspreide bepalingen met betrekking tot concernsituaties; met name in Boek 2 en de Wet op de ondernemingsraden. We gaan hierna kort in op enige juridische begrippen die in verband met concerns worden gebezigd: groep, groepsmaatschappij, holding en afhankelijke maatschappij, gevolgd door een grafische samenvatting van het verband tussen deze begrippen.

Groep en groepsmaatschappij

Groep

Groepsmaatschappij

Het begrip *groep* wordt gedefinieerd in art. 2:24b als een economische eenheid waarin rechtspersonen en vennootschappen organisatorisch zijn verbonden. Hetzelfde artikel definieert *groepsmaatschappijen* als rechtspersonen en vennootschappen die met elkaar in een groep zijn verbonden.

■ **Voorbeeld 16.2**
Zo zijn Wolters Kluwer Educatieve Uitgeverijen B.V. en Wolters Kluwer Technology BV beide een groepsmaatschappij van de groep die bekend staat onder de naam Wolters Kluwer onder leiding van de holding Wolters Kluwer N.V.

Beide begrippen, groep en groepsmaatschappij, zijn onder andere van belang voor het jaarrekeningenrecht, zie immers bijvoorbeeld art. 2:153 lid 3 sub c.

Holding

Holding

Het begrip *holding* wordt niet wettelijk gedefinieerd. Algemeen wordt eronder verstaan de rechtspersoon die aan het hoofd staat van een concern/groep.

■ **Voorbeeld 16.3**
Op de beurspagina staat iedere dag de koers van Heineken Holding. Je mag ervan uitgaan dat 'Heineken' een groep is met een (beursgenoteerde) holding in de top van de vennootschappelijke piramide.

Afhankelijke maatschappij

Afhankelijke maatschappij

Het begrip afhankelijke maatschappij is relevant in het kader van zogenoemde structuurrechtspersonen. Structuurrechtspersonen kunnen zijn een coöperatie, een onderlinge waarborgmaatschappij, een nv en een bv. Op de structuurregeling als zodanig komen we hierna nog terug: zie paragraaf 20.8. Het begrip afhankelijke maatschappij wordt gedefinieerd in art. 2:63a, 152 en 262. Van een afhankelijke maatschappij is sprake bij:

1. een rechtspersoon waaraan de structuurrechtspersoon of een of meer van zijn afhankelijke maatschappijen alleen of samen voor eigen rekening ten minste de helft van het geplaatste kapitaal verschaffen (het geplaatste kapitaal is het bedrag waarvoor aandelen zijn genomen, zie paragraaf 20.3);
2. een vennootschap waarvan een onderneming in het handelsregister is ingeschreven en waarvoor de structuurrechtspersoon of een afhankelijke maatschappij als vennote jegens derden volledig aansprakelijk is voor alle schulden.

■ **Voorbeeld 16.4**
In het handelsregister valt te lezen (ook via internet, www.kvk.nl) dat de aandelen van Shell Nederland Chemie BV voor 100% worden gehouden door Shell Nederland BV. Shell Nederland Chemie BV is een afhankelijke maatschappij, zoals bedoeld onder 1. Van een afhankelijke maatschappij als onder 2 bedoeld, is doorgaans sprake bij een vennootschap of cv als vennootschap en een bv als aansprakelijke vennoot.

Figuur 16.2 geeft het verband tussen groep, groepsmaatschappij, holding en afhankelijke maatschappij schematisch weer. Omdat A 100% aandeelhouder is in B, is B zowel afhankelijke maatschappij als groepsmaatschappij. C is daarentegen geen afhankelijke maatschappij omdat minder dan de helft van de aandelen wordt gehouden door A. A kan wel met C in een groep zitten. Bijvoorbeeld als A het recht heeft de bestuurder van C te benoemen op basis van een statutaire regeling in combinatie met een aandeelhoudersovereenkomst.

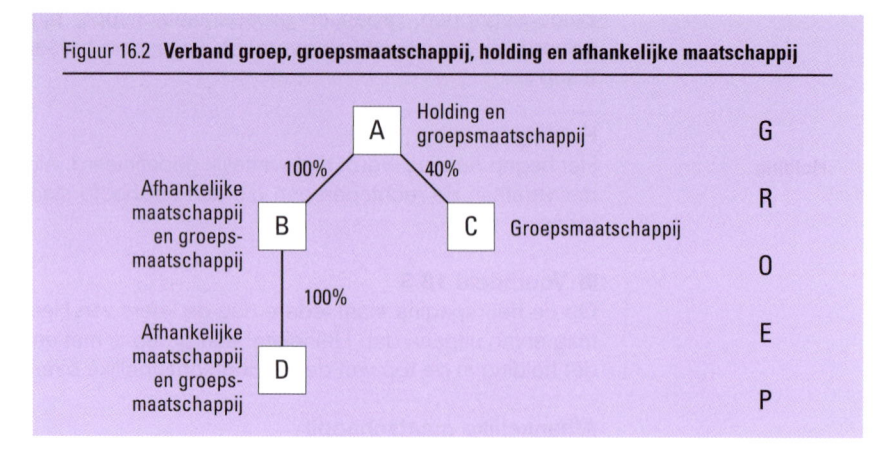

Figuur 16.2 Verband groep, groepsmaatschappij, holding en afhankelijke maatschappij

```
                    A ── Holding en              G
               100% / \ 40% groepsmaatschappij
   Afhankelijke   /   \                          R
   maatschappij  B     C ── Groepsmaatschappij
   en groeps-                                    O
   maatschappij
              |100%                              E
   Afhankelijke
   maatschappij D                                P
   en groeps-
   maatschappij
```

16.2.5 Rechtspersoonlijkheid

Publiekrechtelijke rechtspersonen
Privaatrechtelijke rechtspersonen
Europeesrechtelijke rechtspersonen

De wet geeft geen definitie van rechtspersoonlijkheid. In Boek 2 BW wordt alleen een opsomming gegeven van de entiteiten die rechtspersoonlijkheid hebben. Naast de publiekrechtelijke rechtspersonen (zoals de staat en de provincies) noemt Boek 2 de privaatrechtelijke rechtspersonen, te weten de nv, de bv, de stichting, de vereniging, de coöperatie en de onderlinge waarborgmaatschappij. Sinds kort kennen we ook Europeesrechtelijke rechtspersonen als de SE en het EESV en zelfs de Europese coöperatieve vennootschap.

Er zijn veel theorieën over rechtspersoonlijkheid ontwikkeld. Waar het op neer komt is dat de rechtspersoon dezelfde rechten en plichten heeft als een natuurlijk persoon. Dit vloeit voort uit art. 2:5, waar de rechtspersoon voor wat het vermogensrecht betreft met de natuurlijke persoon wordt gelijkgesteld. Hier kunnen door de wet uitzonderingen op worden gemaakt. Zie uitgebreid over de vraag wat rechtspersonen zijn hoofdstuk 18, in het bijzonder de paragrafen 18.1 en 18.2.

16.3 Handelsregister

Ondernemingen en rechtspersonen spelen in het maatschappelijk verkeer een gewichtige rol. Allerlei gegevens – over hun structuur, plaats van vestiging, de personen die hen vertegenwoordigen, hun bestuurders en dergelijke – moeten voor de buitenwereld toegankelijk zijn.

Handelsregister
KvK

De wetgever heeft daartoe (al in het jaar 1918) het handelsregister in het leven geroepen, dat door de Kamer van Koophandel (KvK) wordt gehouden.

Het handelsregister, waarvoor de Handelsregisterwet 2007 (Hrgw) regels geeft, dient voor de inschrijving van ondernemingen en rechtspersonen. Op 1 juli 2012 stonden bijvoorbeeld 2 313 756 ondernemingen en rechtspersonen ingeschreven in het handelsregister.

Als een onderneming door een rechtspersoon wordt gedreven, hoeft de rechtspersoon niet meer afzonderlijk ingeschreven te worden (art. 7 Hrgw). De eigenaar van de onderneming (in dit geval een rechtspersoon zoals een bv) wordt namelijk altijd al geregistreerd. In het handelsregister kan onder meer worden nagekeken wie bevoegd is namens een bv overeenkomsten te sluiten en waar die bv is gevestigd. Voor inzage in het handelsregister is aan de Kamer van Koophandel een (kostendekkende) vergoeding verschuldigd.

■ ■ ■ 16.4 Buitenlandse rechtsvormen

Buitenlandse rechtsvormen die worden gebruikt door Nederlandse ondernemers in Nederland behouden veel spelregels die gelden in het land van herkomst. Dat is het land waar de rechtspersoon is opgericht (geïncorporeerd). Dit beginsel heet incorporatieleer. Een Nederlandse glazenwasser die gebruikmaakt van een Engelse Limited (LTD) dient hierdoor bijvoorbeeld voor de juiste regels voor de jaarrekening, te kijken naar het Engelse recht ter zake. In de praktijk is dit wel eens lastig, ook omdat regels voor aansprakelijkheid voor de ondernemer of gedwongen ontbinding van rechtspersonen in het buitenland anders en niet zelden strenger zijn. Dergelijke buitenlandse rechtsvormen zijn relatief schaars: er stonden er op 1 juli 2012 slechts 7 050 ingeschreven in het handelsregister.

Incorporatieleer

Vragen

1. Kan een gemeente (een publiekrechtelijk lichaam) een bv (een privaatrechtelijke rechtspersoon) oprichten voor het exploiteren van een parkeergarage?

2. Drijft een hogeschool een onderneming?

3. Kan een concern bestaan uit vennootschappen met een verschillende nationaliteit?

4. Wordt zowel de bv als de onderneming die zij drijft afzonderlijk ingeschreven in het handelsregister?

Casus

1. Twee heao-studenten zijn van plan een veilinghuis te beginnen in een leegstaand kerkgebouw. Het bisdom is een huurcontract met de jonge entrepreneurs aangegaan. Kunnen zij eenvoudigweg spullen gaan opkopen en advertenties gaan plaatsen ter zake van de eerste te organiseren veiling?

2. Een naamloze vennootschap A nv participeert in drie ondernemingen: X bv, waarvan A nv 75% van de geplaatste aandelen houdt; Y vof, waarin A nv beherend vennoot is; Z cv, waarin A nv 75% van het commanditaire kapitaal heeft verschaft.
Zijn X bv, Y vof en Z cv afhankelijke maatschappijen van A nv?

3. Een Nederlandse vestiging van de IJslandse bank 'Geyser Magma' is van plan de standaardwerkweek voor haar 80 Nederlandse werknemers te verlengen naar 45 uur (zaterdagochtend open). Heeft de or een adviesrecht ex art. 25 WOR of een instemmingsrecht ex art. 27 WOR?

4. Een jonge ondernemer heeft op internet gezien dat zowel auto's als rechtspersonen in Engeland zo'n 15% goedkoper zijn. Hij besluit in Engeland een nieuwe Landrover en een Limited te bestellen. Bij aflevering van de nieuwe auto blijkt dat het vervoermiddel weliswaar vier wielen en een stuur heeft, maar dat het stuur aan de verkeerde kant zit en dat er nog wat belasting (bpm) moet worden betaald. Kan voor wat betreft de Limited de na een jaar op te stellen jaarrekening voor een onaangename verrassing zorgen?

17 Personenvennootschappen

17.1 Wat zijn personenvennootschappen?
17.2 Maatschap
17.3 Vennootschap onder firma
17.4 Commanditaire vennootschap
17.5 Samenvatting vertegenwoordiging en aansprakelijkheid

Een personenvennootschap zoals een vennootschap onder firma, kan relatief eenvoudig in het leven worden geroepen. In tegenstelling tot een nv is geen minimum aan startkapitaal vereist. Daarnaast is geen verplichte notariële akte vereist, zoals bij de bv. Dit is de reden dat veel jonge startende ondernemers van deze rechtsvorm gebruikmaken. Let echter op: hier kan goedkoop duurkoop worden. Als het verkeerd afloopt met de gestarte onderneming, moeten de vennoten uit hun privébezittingen alle schulden voldoen, die een veelvoud kunnen bedragen van het minimumkapitaal dat voor een nv wordt vereist of de kosten voor een notariële bv. oprichtingsakte.

In paragraaf 17.1 leggen we uit wat personenvennootschappen zijn. In de paragrafen 17.2 tot en met 17.4 worden de verschillende personenvennootschappen, te weten de stille en openbare maatschap, de vennootschap onder firma en de commanditaire vennootschap, nader toegelicht. In paragraaf 17.5 wordt de aansprakelijkheid van de verschillende personenvennootschappen nog eens schematisch samengevat.

■ ■ ■ 17.1 Wat zijn personenvennootschappen?

Contractuele samenwerkingsvormen

De maatschap, de vennootschap onder firma (vof) en de commanditaire vennootschap (cv) zijn personenvennootschappen; naar huidig recht contractuele samenwerkingsvormen zonder rechtspersoonlijkheid.

Titel 13 van Ontwerp Boek 7 NBW (toekomstig recht) voorziet in een 'vennootschap' die wellicht, als de vennoten dat wenselijk achten, rechtspersoonlijkheid kan verkrijgen. Het tijdstip van invoering en de inhoud van deze titel staan echter nog niet vast hoewel er al sinds plusminus 1950 (een wetsvoorstel van 60 jaar…) over wordt gedacht en geschreven. Samen met enkele andere nog niet vastgestelde NBW-onderwerpen is de overeenkomst van maatschap tot de invoering van Titel 7.13 NBW opgenomen in Boek 7A. Bijzondere bepalingen over de vof en cv zijn te vinden in het Wetboek van Koophandel. De personenvennootschappen worden behandeld naar huidig recht (Boek 7A en het WvK).

We bespreken de maatschap uitgebreid. De wettelijke regeling daarvan is namelijk ook de basis voor die van de vof en de cv. Voor de vof en de cv kunnen we dan volstaan met enkele bijzondere aspecten. Maat en vennoot behandelen we, evenals maatschap en vennootschap, als synonieme begrippen.
De maatschap is bedoeld voor de uitoefening van een beroep onder gemeenschappelijke naam (openbare maatschap), of van een beroep of bedrijf, niet onder gemeenschappelijke naam (stille maatschap). De vof en cv zijn bedoeld voor bedrijfsuitoefening onder gemeenschappelijke naam.

Beroep en bedrijf

Bedrijf

Beroep

Onder het uitoefenen van een bedrijf wordt – grofweg – verstaan het regelmatig, openlijk in een bepaalde kwaliteit optreden met het oogmerk winst te behalen. Beroep kan (in het dagelijks taalgebruik) elke maatschappelijke werkkring aanduiden. Ter onderscheiding van 'bedrijf' stelt men bij een 'beroep' in juridische zin wel de persoonlijke kwaliteit van de 'beoefenaren', en het maatschappelijk belang van hun activiteiten voorop. Denk aan het vrije beroep (artsen, advocaten, architecten en dergelijke); de nadruk ligt hier op onafhankelijkheid, integriteit, deskundigheid, waardoor – in theorie – het winstoogmerk op de achtergrond staat.

■ Voorbeeld 17.1
Een voorbeeld van een beroepsuitoefenaar is een portretschilder. Een huisschilder ('de winterschilder') heeft daarentegen een bedrijf.

Eenieder die een beroep of een bedrijf uitoefent, is op grond van art. 3:15i BW verplicht een administratie te voeren. Een bedrijf (een onderneming in de zin van de Handelsregisterwet) moet door de eigenaar altijd worden ingeschreven in het handelsregister. Beroepsbeoefenaren zoals notarissen zijn onder huidig recht ook verplicht zich te laten inschrijven in het handelsregister van de Kamer van Koophandel. Ook openbare maatschappen worden ingeschreven. Op 1 januari 2015 waren er ruim 34 000 geregistreerd bij het handelsregister.

Aansprakelijkheid
Het onderscheid tussen beroep en bedrijf laat zich ook zien in een andere regeling van de aansprakelijkheid. Volgens velen is dit verschil niet meer

van deze tijd. Beroepsbeoefenaren staan tegenwoordig ook verplicht ingeschreven in het handelsregister en dragen in beginsel ook BTW af.

■ ■ ■ 17.2 Maatschap

De maatschap is een overeenkomst waaruit volgens art. 7A:1655 ten minste twee verbintenissen moeten voortvloeien:
1 Partijen verbinden zich om iets in gemeenschap te brengen.
2 Partijen moeten het voordeel dat voortkomt uit het samenwerkingsverband met elkaar delen.

De rechtspraak heeft hiernaast bepaald dat partijen moeten samenwerken op voet van gelijkheid.
De (stille) maatschap is bedoeld voor de beroepsuitoefening, niet onder gemeenschappelijke naam, en de bedrijfsuitoefening, niet onder gemeenschappelijke naam.
Als een maatschap onder een gemeenschappelijke naam in het economisch verkeer treedt, spreekt men wel van een openbare maatschap. Van een openbare maatschap is sprake als op een voor derden duidelijke manier, onder een bepaalde – gemeenschappelijke – naam aan het rechtsverkeer wordt deelgenomen. Van een stille maatschap is sprake als niet onder een gemeenschappelijke naam wordt gehandeld.

■ Voorbeeld 17.2
'Van Diepen van der Kroef Advocaten' is, zo blijkt uit haar algemene voorwaarden, een voorbeeld van een openbare maatschap van (praktijkvennootschappen van) advocaten die onder gemeenschappelijke naam hun beroep uitoefenen. De gemeenschappelijke naam is Van Diepen van der Kroef Advocaten. Door het voeren van deze gemeenschappelijke naam is sprake van een openbare maatschap, en niet van een stille maatschap.

Een stille maatschap kan bijvoorbeeld worden aangegaan door vijf boeren, die gezamenlijk een kostbare oogstmachine aanschaffen. De boeren zullen naar de fiscus toe wel stellen dat sprake is van een stille maatschap, waardoor alle vijf de maten een deel van de prijs van de oogstmachine ten laste kunnen brengen van hun respectieve ondernemingswinst. De boeren zullen echter niet onder gemeenschappelijke naam optreden richting derden.

■ ■ ■ 17.2.1 Kernbegrippen

We bespreken hier de vier kernbegrippen van de maatschap, te weten:
1 overeenkomst;
2 voordeel;
3 inbreng;
4 gemeenschap.

Overeenkomst
De maatschap is allereerst een overeenkomst. Omdat het een bijzondere, een benoemde overeenkomst is, wordt het recht dat specifiek betrekking heeft op de vennootschap in Boek 7A BW geplaatst. Naar heersende leer is de maatschap een verbintenisscheppende, wederkerige overeenkomst, maar wordt zij niet volledig daarmee gelijkgesteld. De algemene

Wederkerige overeenkomst

bepalingen uit de Boeken 3 en 6 BW zijn hierdoor slechts van toepassing voor zover de wettelijke regeling en de aard van de rechtsverhouding van de maatschap zich daar niet tegen verzetten.

Zo zijn art. 6:265 e.v. (ontbinding van overeenkomsten) niet op de personenvennootschap van toepassing; de wettelijke regeling voor de personenvennootschappen bevat een eigen regeling voor ontbinding (vgl. art. 7A:1683 e.v.).

Voordeel
Een maatschap is gericht op (economisch) voordeel.
In het algemeen zal men de samenwerkingsovereenkomst aangaan in verband met een gemeenschappelijk economisch doel. Naar huidig recht kunnen partijen geen maatschap, vof of cv aangaan ter verwezenlijking van een ideëel doel, zoals de herintroductie van mammoeten op de Veluwe; ze moeten in hun eigen belang vermogensrechtelijk voordeel nastreven. Nu is het ook niet zo dat de activiteiten van de maten op directe vermogensvermeerdering ('winst') gericht moeten zijn. Ook kostenbesparing betekent vermogensrechtelijk voordeel: denk aan de gezamenlijke exploitatie van een kantoorruimte en kantoorpersoneel, of aan agrarische ondernemers die een maatschap vormen om gezamenlijk landbouwmachines te gebruiken.

Vermogensrechtelijk voordeel

Het voordeel dat ontstaat als gevolg van de inbreng, moet gedeeld worden; niet de inbreng zelf.
Hiermee wordt de zogenoemde potovereenkomst – waarbij slechts een inbreng wordt verdeeld – gescheiden van maatschap, vof en cv.

■ **Voorbeeld 17.3**
Een voorbeeld van een potovereenkomst is de inleg van €25 door alle spelers van een elftal, zodat na de wedstrijd met de tegenstanders een sapje kan worden gedronken. Ook een gezamenlijk abonnement met de buurman op de Donald Duck wordt niet als maatschap, vof of cv beschouwd.

Ieder die partij is bij de samenwerkingsovereenkomst, moet meedelen in het vermogensrechtelijk voordeel (vgl. art. 7A:1672 lid 1). Een samenwerkingsovereenkomst die tot resultaat heeft dat een van de partijen niet meedeelt in de winst is nietig: door een dergelijke winstbepaling bestaat de maatschap eenvoudigweg niet.
Partijen mogen zelf, in overleg, de verdeelsleutel van de winst vaststellen; ze mogen dat niet aan een van hen of aan een derde overlaten (art. 7A:1671 lid 1). Bij de verdeling van het verlies zijn de partijen zelfs geheel vrij (art. 7A:1672 lid 2). Is er niets overeengekomen met betrekking tot de verdeling van winst en verlies, dan geldt de wettelijke regeling: ieders aandeel in de winst of het verlies wordt gerelateerd aan de feitelijke inbreng (art. 7A:1670). Dit kan onredelijk uitpakken: alsdan kan de rechter volgens de Hoge Raad bepalen dat het redelijk en billijk is om de winst gelijk te verdelen.
Het vennootschapscontract kan dus door leken zelf worden opgesteld, maar het geeft partijen minder zekerheid dan notariële statuten van een bv voor belangrijke onderwerpen als het bestaan van de rechtspersoon of de winstverdeling.

■ Voorbeeld 17.4
Als een vennoot €100.000 inbrengt, en de andere vennoot €50.000, dan zal de winst in de verhouding 2:1 verdeeld kunnen worden, tenzij iets anders is overeengekomen door de vennoten of de rechter anders bepaalt.

Inbreng
Inbreng is een absolute voorwaarde voor het bestaan van een maatschap, dus ook voor het bestaan van een vof of cv. De inbreng kan bestaan uit geld, goederen, genot van goederen en arbeid (art. 7A:1662).

■ Voorbeeld 17.5
Hierdoor kan bijvoorbeeld ook een leasecontract, of de toezegging het bedrijfspand schoon te houden en de koffiekopjes af te wassen ingebracht worden. De inbreng van arbeid is een bijzondere wijze van inbreng die in rechte feitelijk moeilijker af te dwingen is dan bijvoorbeeld een toegezegde maar nog niet ingebrachte geldsom.

Geen minimumbedrag

Voor personenvennootschappen bevat de wet geen minimumbedrag dat moet worden ingebracht bij oprichting. Dit minimumkapitaal zien we wel bij de nv (€45.000) en de SE (€120.000) maar niet bij de bv waar overigens een recht op het verrichten van werk niet kan worden ingebracht (art. 2:191b lid 1).

Met betrekking tot de ingebrachte goederen dienen partijen regelingen te treffen voor wat er gebeurt met de ingebrachte goederen bij ontbinden van de vennootschap of bij uittreding van een vennoot.

Inbreng is geen vervreemding. Naar heersende leer krijgt dan ook iedere vennoot bij ontbinding van de vennootschap terug wat hij/zij heeft ingebracht, tenzij anders is overeenkomen.
Als een of meer partijen de activiteiten voortzetten kan het redelijk en billijk zijn dat zij de aan de onderneming 'dienstbare goederen' tegen vergoeding overnemen. Zijn partijen niets overeengekomen omtrent waardeverandering van de goederen, dan komt een waardestijging of -daling voor rekening van de gezamenlijke vennoten.

Waardeverandering

De inbrengregeling is een belangrijk onderdeel van het vennootschapscontract. Hierbij geldt dat een algemene formule geen recht doet aan de verhoudingen tussen partijen.
'Maatwerk' is geboden.

Gemeenschap
Door de inbreng van de (gezamenlijk) verkregen goederen ontstaat er tussen de vennoten een goederenrechtelijke gemeenschap. Een goederenrechtelijke gemeenschap wil zeggen dat meerdere personen gezamenlijk eigenaar zijn van de goederen. Voor de goede orde: een dergelijke gemeenschap kan pas na ontbinding van de vennootschap als een 'bijzondere gemeenschap' in de zin van Boek 3 titel 7 worden aangemerkt.

Goederenrechtelijke gemeenschap

Uitgangspunt bij een maatschap (en ook bij een vof of cv) is dat de in te brengen en later te verkrijgen goederen aan de gezamenlijke vennoten worden geleverd. De maten worden – tenzij uit de levering anders blijkt – allen voor een gelijk deel gerechtigd tot de goederen die de gemeenschap vormen. Voor registergoederen echter geldt: degene aan wie door middel van een notariële akte is geleverd, is eigenaar. De niet in de akte van levering van een bedrijfspand met name genoemde maten zijn dan ook niet zonder meer juridisch mede-eigenaar van het bedrijfspand.

17.2.2 Vertegenwoordiging

Beheer

De wet spreekt bij personenvennootschappen niet van 'bestuur' of 'vertegenwoordiging' maar van beheer (vergelijk art. 7A:1673 en art. 15 e.v. WvK). 'Beheer' betekent hier het geven van leiding aan het streven naar het doel waarvoor de personenvennootschap werd aangegaan, en het daartoe voor rekening van de vennootschap naar buiten optreden. Tenzij anders wordt overeengekomen, is iedere vennoot in de interne verhouding zelfstandig vertegenwoordigingsbevoegd, maar heeft elke vennoot een preventief vetorecht (vgl. art. 7A:1676). De vennoten kunnen het bestuur bij overeenkomst nader regelen (art 7A:1673). Handelingen verricht in het kader van de beheersbevoegdheid komen voor rekening van de gezamenlijke vennoten.

Dit 'voor rekening komen' is een interne aangelegenheid, een regel van draagplicht. In de externe verhouding bindt een maat die in naam van de maatschap handelt slechts zichzelf, tenzij er sprake is van een volmacht of baattrekking (de transactie biedt voordeel aan de maatschap), in welke gevallen alle maten zijn verbonden (art. 7A:1681).

17.2.3 Aansprakelijkheid

Verbondenheid
Verbonden

Als synoniem voor aansprakelijkheid wordt ook wel verbonden gebruikt. Als een maat bevoegd in naam van de maatschap handelt, zijn alle maten voor een gelijk deel verbonden, tenzij het een ondeelbare prestatie betreft (vgl. art. 7A:1679/1681). Een maat die onbevoegd handelt, bindt alleen zichzelf (art. 7A:1681).

■ **Voorbeeld 17.6**
Als een maat zonder volmacht een auto ter waarde van €50.000 bestelt ten behoeve van de maatschap zal hij zelf de volledige rekening van de garage moeten betalen. Indien een maat met volmacht dezelfde auto bestelt, moeten in principe alle maten voor een gelijk deel de rekening voldoen. Indien er vijf maten zijn, betaalt ieder €10.000. Het verschil blijkt duidelijk indien de maat die de auto bestelde failliet gaat. In het geval zonder volmacht zal de garagehouder doorgaans naar zijn geld kunnen fluiten. Indien met volmacht gehandeld is, kan de garagehouder de overige maten voor 4 x €10.000 aansprakelijk stellen.

Aansprakelijkheid
Draagplicht
Regres

In dit verband zijn de begrippen aansprakelijkheid, draagplicht en regres van belang. Indien een persoon aansprakelijk is, kan de rechter hem dwingen te betalen. Draagplichtig is de persoon die de betaling uiteindelijk in zijn vermogen zal moeten voelen. Degene die betaald heeft, kan door middel van regres zijn geld terugkrijgen van degene die draagplichtig is.

■ **Voorbeeld 17.7**
Zo is bij diefstal van een allrisk verzekerde auto de verzekeringsmaatschappij aansprakelijk voor de door de verzekerde geleden schade. Als de identiteit van de dief vervolgens vast te stellen is, kan de verzekeringsmaatschappij verhaal halen op de draagplichtige dief. Dit verhaal wordt regres genoemd.

In voorbeeld 17.6 zijn de maten weliswaar allen aansprakelijk voor €10.000, maar de uiteindelijke draagplicht van iedere afzonderlijke maat hangt af van hetgeen hierover in het maatschapscontract is opgenomen.

Uitwinning van gemeenschapsgoederen

Verhaal

Uitwinning van gemeenschapsgoederen betreft het verhaal halen op het vermogen dat ter beschikking van de maatschap is gesteld. Door de levering krachtens inbreng, door latere leveringen en door opgepotte winst ontstaat er een gemeenschappelijk vermogen dat dienstbaar is aan het streven van de gezamenlijke maten. Dit vermogen wordt gebruikt om gezamenlijke activiteiten te financieren. Maten betalen rekeningen ter zake van maatschapsactiviteiten doorgaans uit het gemeenschappelijk vermogen. Schuldeisers van de niet-rechtspersoonlijkheidbezittende vennootschappen zijn in twee groepen in te delen, te weten:
1 schuldeisers van wie de vordering een of meer deelgerechtigden als privépersoon betreft, als zogenaamde privéschuldeisers;
2 schuldeisers van wie de vordering een of meer deelgerechtigden als vennoot betreft, de zogenaamde vennootschaps- of zaakscrediteuren.

Ad 1 Privéschuldeisers
Privéschuldeisers van de vennoten kunnen zich gedurende het bestaan van de vennootschap niet verhalen op het aandeel van een vennoot in de gemeenschap, noch op een aandeel in een bepaald goed. De privéschuldeiser kan zich alleen verhalen op privévermogen van de betrokken vennoot.

■ **Voorbeeld 17.8**
Indien een vennoot bijvoorbeeld de eigendom van een huis heeft ingebracht in de vennootschap, kan een privéschuldeiser van die vennoot zich niet verhalen op dat huis.

Ad 2 Zaakscrediteuren
Anders dan bij privécrediteuren is het niet in strijd met de aard van de vennootschappelijke gemeenschap als de crediteuren van de gezamenlijke vennoten (hierna ook 'zaakscrediteuren') de vennootschapsgemeenschap kunnen aantasten. Daarnaast kan een zaakscrediteur zich uiteraard ook op het privévermogen van de vennoot verhalen. Het uitgangspunt dat zaakscrediteuren zich kunnen verhalen op de vennootschapsgemeenschap impliceert het erkennen van een afgescheiden vermogen bij de maatschap. Op grond van een arrest van de Hoge Raad kunnen de maten gezamenlijk worden gedagvaard of dagvaarden (Moret Gudde Brinkman; HR 5 november 1976).

■ **Voorbeeld 17.9**
Concreet kan de schilder die de kozijnen heeft geschilderd van het bedrijfspand waar de advocatenmaatschap in huist, zijn vordering direct verhalen op de bankrekening van de maatschap. De schoenmaker die de suède gaatjesschoenen van een van de weledelgestrenge heren advocaten van nieuwe zolen voorzien heeft, kan daarentegen als privécrediteur van die maat geen verhaal halen op de bankrekening van de maatschap.

Afgescheiden vermogen
Een afgescheiden vermogen biedt primair verhaal voor zaakscrediteuren. Deze kunnen worden aangemerkt als preferente crediteuren. Preferente

crediteuren kunnen hun vordering met voorrang op overige crediteuren verhalen, vgl. hoofdstuk 4. Privécrediteuren kunnen zich niet op het afgescheiden vermogen verhalen. In de juridische literatuur wordt door velen aangenomen dat de openbare maatschap een afgescheiden vermogen kent. Ten aanzien van de stille maatschap kan nog niet van een door constante jurisprudentie bevestigde heersende mening worden gesproken.

De constructie van het afgescheiden vermogen heeft de volgende consequenties indien een vennoot van een openbare maatschap failliet gaat. Als de vennoot voor zijn faillissement bevoegd namens de maatschap een overeenkomst heeft gesloten, kan de derde zich verhalen op het afgescheiden vermogen van de openbare maatschap en op alle vennoten voor gelijke delen. Als deze vennoot onbevoegd een overeenkomst heeft gesloten, kan de derde zich slechts verhalen op de failliete boedel van de vennoot.

Als de vennoot van een stille maatschap voor zijn faillissement bevoegd een overeenkomst heeft gesloten mede namens de overige maten, kan de derde zich bij afwezigheid van een afgescheiden vermogen verhalen op alle vennoten voor gelijke delen. Bij onbevoegde vertegenwoordiging is slechts verhaal mogelijk op de failliete boedel van die maat. De lezer moet een onderscheid maken tussen de aansprakelijkheid en de draagplicht. De draagplicht kan door bepalingen in het vennootschapscontract afwijken van de aansprakelijkheid. Zo kunnen de vennoten overeenkomen dat de verliezen in dezelfde verhouding worden gedragen als de winst wordt verdeeld.

17.2.4 Ontbinding en defungeren

In bepaalde gevallen moet een personenvennootschap worden ontbonden. Soms kan het voor partijen aantrekkelijk zijn dat een vennootschap niet ontbonden wordt, maar dat een vennoot uittreedt (defungeert), terwijl de overige vennoten de vennootschap voortzetten. Op beide onderwerpen gaan we hierna in.

Ontbinding

Ontbinding

Ontbinding is het einde van de personenvennootschap. De ontbinding van de personenvennootschap is geregeld in art. 7A:1683 e.v. Voor de vof gelden bovendien art. 32 e.v. WvK. Op grond van art. 7A:1683 wordt een vennootschap ontbonden in de volgende omstandigheden:

1 Het verstrijken van de tijd waarvoor de vennootschap is aangegaan. Is de vennootschap aangegaan voor een bepaalde tijd, dan treedt na afloop daarvan ontbinding in (art. 7A:1683 sub 1). De vennoten kunnen voor of na het verstrijken van de periode uitdrukkelijk of stilzwijgend blijk geven van de bedoeling om de vennootschap voort te zetten. In dat geval duurt de vennootschap, voor zover niet opnieuw een termijn wordt afgesproken, voor onbepaalde tijd voort.

2 Tenietgaan van een cruciaal goed of volbrenging van de handeling. Art. 7A:1683 sub 2 noemt twee gronden voor ontbinding:

   a Is het doel van de vennootschap het behalen van voordeel door middel van exploitatie van een bepaald goed, dan betekent het tenietgaan – of het anderszins onbruikbaar worden voor de vennootschap – van dat goed, door welke oorzaak ook, ontbinding van de vennootschap.

  b Is het doel van de vennootschap het tot stand brengen van een bepaald project, dan betekent voltooiing of het niet kunnen verwezenlijken daarvan, ontbinding van de vennootschap.
3 Opzeggen door vennoten. Art. 7A:1683 sub 3 vermeldt dat de vennootschap wordt ontbonden door opzegging van een vennoot aan de andere vennoten. Deze bepaling wordt in art. 7A:1686 nader uitgewerkt. Nu opzegging een eenzijdige rechtshandeling is, zal deze uitdrukkelijk aan alle overige vennoten moeten geschieden. Bovendien zal opzegging in redelijkheid en billijkheid moeten plaatsvinden (art. 7A:1686 lid 1). Opzegging is alleen mogelijk wanneer de vennootschap niet is aangegaan voor een bepaalde tijd of voor een bepaald werk (art. 7A:1686 lid 2).
4 Ontbinding door de rechter wegens gewichtige redenen (art. 7A:1684). Alle vennootschappen, dus ook die zijn aangegaan voor een bepaalde tijd of voor een bepaald werk, kunnen door de rechtbank wegens gewichtige redenen worden ontbonden. Van een gewichtige reden is sprake als, alle omstandigheden in aanmerking genomen, redelijkerwijs van een of meer vennoten geen voortzetting van het vennootschappelijk verband kan worden gevraagd. Bij onvoorziene omstandigheden (art. 6:258) kan de rechter de vennootschapsovereenkomst overigens ook wijzigen in plaats van ontbinden.
5 Dood, curatele of faillissement van een der vennoten. In afwijking van het hoofdbeginsel van art. 6:249 bepaalt art. 7A:1683 sub 4 dat de vennootschap eindigt door het overlijden van een der vennoten; voortzetting met zijn rechtsopvolgers is alleen aan de orde als dat tussen de vennoten onderling is overeengekomen (zie art. 7A:1688). Wie onder curatele wordt gesteld kan geen onaantastbare rechtshandelingen meer verrichten. Samenwerking in vennootschapsverband met hem persoonlijk is dan redelijkerwijs onmogelijk. Het faillissement van een vennoot heeft tot gevolg dat hij zijn boedel, waar ook zijn aandeel in het vennootschapsvermogen toe behoort, niet meer kan binden.

De hiervoor vermelde opsomming van ontbindingsgronden is niet uitputtend. Ontbinding kan ook plaatsvinden op grond van in de vennootschapsovereenkomst genoemde omstandigheden of door een besluit van partijen. Ook indien slechts een vennoot overblijft, zal de vennootschap ontbonden worden: een persoon kan niet met zichzelf een overeenkomst van vennootschap aangaan.

Defungeren

Uittreden

Om verschillende redenen kan het voor partijen aantrekkelijk zijn dat een vennootschap in bepaalde gevallen niet wordt ontbonden, maar dat een vennoot defungeert (uittreedt), terwijl de overige vennoten de vennootschap voortzetten. De wet noemt (art. 7A:1688) deze mogelijkheid alleen met betrekking tot het overlijden van een vennoot. In de praktijk hanteren vennoten deze mogelijkheid op veel ruimere schaal. Voor alle gevallen waarin aan de deelneming van een der vennoten, om welke reden ook, een einde komt, zijn voorzieningen ontwikkeld waardoor desgewenst de vennootschap voortduurt. Maar als er door het uittreden nog slechts een vennoot overblijft, wordt het voortbestaan van de vennootschap altijd onmogelijk.

De volgende gevallen worden wel in de praktijk aangetroffen:
1 *Uittreden door besluit of gevallen in de overeenkomst bepaald.* De gezamenlijke vennoten kunnen, op basis van onderlinge overeenstemming, incidenteel besluiten dat een van hen zal uittreden. Ook kan de vennootschapsovereenkomst afspraken bevatten met betrekking tot uittreden; bijvoorbeeld dat een vennoot onder bepaalde omstandigheden zal defungeren (denk aan een leeftijdsgrens van zevenenzestig jaar, het verlies van een bepaalde kwaliteit of bevoegdheid, faillissement of surseance van betaling en dergelijke). Ook is een bepaling denkbaar dat aan een vennoot de deelneming aan de vennootschap kan worden opgezegd (uitstoting). Een maatschapsovereenkomst tussen verloskundigen zal doorgaans de bepaling bevatten dat slechts personen die bevoegd zijn als verloskundige op te treden, deel uit kunnen maken van de maatschap. Bij het verlies van de vereiste bevoegdheid zal zijn bepaald dat de desbetreffende maat defungeert.
2 *Uittreden door opzegging of op grond van gewichtige reden.* In beginsel brengt opzegging door een van de vennoten ontbinding van de vennootschap teweeg (zie art. 7A:1683); de overige vennoten kunnen echter reeds vooraf overeenkomen de vennootschap voort te zetten (voortzettingsbeding).

17.3 Vennootschap onder firma

De vennootschap onder firma (vof) is in principe ook een maatschap, en wel een die is aangegaan voor de uitoefening van een bedrijf, onder een gemeenschappelijke naam (art. 16 WvK).
Zij wordt dus mede beheerst door de bepalingen uit het Burgerlijk Wetboek (Boek 7A) met betrekking tot de maatschap, maar vindt haar specifieke regeling in het Wetboek van Koophandel, Boek 1, Titel 3.

Traditioneel onderscheidt de vof zich van de maatschap doordat haar activiteiten zich afspelen in de handelssfeer. Het belangrijkste onderscheidend criterium is dan ook: er moet sprake zijn van de uitoefening van een bedrijf. Een tweede onderscheidend criterium (ten opzichte van de stille maatschap) is de eis dat de bedrijfsuitoefening onder gemeenschappelijke naam plaatsvindt.
Een derde onderscheidend criterium ten aanzien van de stille maatschap is dat de vof wordt ingeschreven in het handelsregister.

17.3.1 Ontstaan van de vennootschap onder firma

Het ontstaan van een vof is het begin van de samenwerking tussen de vennoten.
De vof is net als de maatschap een overeenkomst (art. 15 WvK jo art. 7A:1655). Anders dan art. 22 en 29 WvK doen vermoeden, zijn aan het ontstaan van de vof geen vormvereisten verbonden. De vof ontstaat op het moment dat tussen partijen wilsovereenstemming is bereikt omtrent het sluiten van een overeenkomst die de kenmerken van een vof in zich draagt. De eis van de authentieke of onderhandse akte van art. 22 WvK moet gezien worden in het licht van de bewijsproblematiek indien de vraag rijst of een bepaalde vof überhaupt bestaat: de akte geldt als bewijsmiddel tegen medevennoten die het bestaan van de overeenkomst betwisten.

Wilsovereenstemming

Dat een akte geen vereiste is voor het ontstaan van een vof blijkt ook uit het volgende: het gemis van een akte kan niet aan derden worden tegengeworpen (art. 22 WvK slot). Ook in de jurisprudentie wordt de akte niet als ontstaansvereiste maar als bewijsmiddel tussen vennoten gezien.

Een derde mag het bestaan van de vof met alle middelen bewijzen. Dat de verplichte inschrijving in het handelsregister (art. 23 WvK, art. 12 HrgB 2008) geen bestaansvereiste is, blijkt overduidelijk uit art. 29 WvK. Het nalaten van de inschrijving is geen beletsel voor het ontstaan van de vof, maar is wel een economisch delict.

17.3.2 Afgescheiden vermogen en hoofdelijke verbondenheid

Verhaal

Het afgescheiden vermogen is de algemeenheid van goederen waarop derden verhaal kunnen halen. Daarnaast kunnen derden verhaal halen op ieder der vennoten voor het gehele bedrag (hoofdelijke verbondenheid).

Anders dan bij de maatschap bestaat geen twijfel over de vraag of het vennootschapsvermogen van de gezamenlijke vennoten een afgescheiden vermogen vormt. Reeds in het jaar 1889 werd dit vermogen door de Hoge Raad als een afgescheiden vermogen aangemerkt. De gedachtevorming in de rechtspraak is de afgelopen decennia niet gewijzigd, eerder versterkt.

Het belangrijkste kenmerk van een afgescheiden vermogen is dat het primair een verhaalsobject vormt voor schuldeisers van de gezamenlijke vennoten. Hiervan is bij de vof sneller sprake dan bij de maatschap. Krachtens art. 17 WvK is namelijk in beginsel ieder der vennoten bevoegd de vennootschap te vertegenwoordigen, ongeacht of het beheers- dan wel beschikkingshandelingen betreft.

Hoofdelijke verbondenheid

Alle vennoten zijn voor de verbintenissen van de vof hoofdelijk verbonden (art. 18 WvK).

Hoofdelijk verbonden, ook wel hoofdelijk aansprakelijk genoemd, wil zeggen dat iedere vennoot de gehele schuld (en niet slechts een deel ervan) moet voldoen. In tegenstelling tot de maatschap, waar vennoten voor gelijke delen aansprakelijk zijn, zijn vennoten in een vof hoofdelijk aansprakelijk.

■ Voorbeeld 17.10
Praktisch betekent dit het volgende voor een derde die een rekening van €50.000 betaald wil zien. Bij een maatschap met vijf maten moet de schuldeiser van iedere maat €10.000 vorderen. Bij een vof met vijf vennoten kan de schuldeiser kiezen van welke vennoot hij €50.000 zal vorderen. Vervolgens moet de vennoot die de €50.000 heeft betaald, zelf maar zien hoe hij van zijn medevennoten geld terugkrijgt.

Een beperking van de vertegenwoordigingsbevoegdheid kan gelegen zijn in bevoegdheidsbeperkingen voor (individuele) vennoten. Hierop kan tegen derden met succes een beroep gedaan worden als bevoegdheidsbeperkingen op de juiste wijze zijn ingeschreven in het handelsregister. Als onvolledige of onjuiste opgaven zijn ingeschreven, is art. 25 Hrgw van toepassing.

■ Voorbeeld 17.11
Vennoten P en J van PeJe vof zijn overeengekomen dat voor overeenkomsten van €50.000 of meer beide vennoten moeten tekenen. In het handelsregister staat hieromtrent niets. Tot het moment van inschrijving van deze onderlinge afspraak in het handelsregister geldt zij niet jegens derden.

K kan PeJe vof houden aan een overeenkomst van €100.000 die slechts door P is ondertekend.
Na inschrijving van de beperking in het handelsregister zijn J en/of PeJe vof niet verbonden indien K met alleen P een contract sluit van €100.000.

17.4 Commanditaire vennootschap

Omtrent de commanditaire vennootschap (cv) bestaat onder het huidige recht veel onzekerheid. In het Wetboek van Koophandel zijn alleen art. 19, 20 en 21 aan deze rechtsvorm gewijd. Overige wijsheid moeten wij putten uit literatuur en rechtspraak. Door de geringe omvang van het aantal wetsartikelen (vergelijk art. 2:175 tot en met 2:274 over de bv) is bij een aantal onderwerpen niet met zekerheid vast te stellen wat de wetgever voor ogen had. Ook de leeftijd van het Wetboek van Koophandel (uit 1838) draagt niet bij tot een beter inzicht. Algemeen wordt aangenomen dat de cv een vorm van maatschap is. De bepalingen uit het Burgerlijk Wetboek met betrekking tot de maatschap zijn dan ook van toepassing op de cv, voor zover daarvan niet wordt afgeweken in het WvK. Van een cv is dan ook slechts sprake als ten minste is voldaan aan alle vereisten voor een maatschap, zie paragraaf 17.2. Het meest kenmerkende aspect van de commanditaire vennootschap is dat de commanditaire vennoot in beginsel niet aansprakelijk is voor verbintenissen van de vennootschap. De commanditaire vennoot hoeft ten hoogste het bedrag van zijn inbreng bij te dragen aan een eventueel verlies van de cv.

■ Voorbeeld 17.12

A en D gaan een commanditaire vennootschap aan. A, de beherende vennoot, brengt arbeid, vlijt en een computer in. D zegt toe €5.000 in te zullen brengen. De computer gaat kapot en na vele reparaties, ter waarde van €1.500, blijkt dat een nieuwe computer zal moeten worden aangeschaft. A, die verslaafd is aan internet, koopt een dure computer ter waarde van €4.000. De reparateur en de computerleverancier kunnen D niet aansprakelijk stellen als commanditaire vennoot voor respectievelijk €1.500 en €4.000. De reparateur en de leverancier moeten A voor het gehele bedrag aanspreken. A kan zich vervolgens verhalen op draagplichtige D, tot maximaal €5.000.

17.4.1 Overeenkomst

Ook de cv is een (bijzondere) overeenkomst.

Geen vormvereisten

De wet stelt geen vormvereisten voor het aangaan van een cv. Net als een maatschap en de vof kan zij derhalve mondeling of zelfs stilzwijgend worden aangegaan. Het is anderzijds ook niet uitgesloten dat een cv wordt aangegaan bij een notariële akte. Het bestaan van een cv kan met alle middelen worden bewezen, zowel door de vennoten als door derden.
Als er meer dan een gewone vennoot is naast de commanditaire vennoot (vennoten), dan bestaat er tussen de gewone vennoten (tevens) een vof (art. 19 lid 2 WvK). De gewone vennoten zijn hierdoor zonder volmacht bevoegd de vennootschap te vertegenwoordigen.

17.4.2 Bijzondere vereisten voor een commanditaire vennootschap

Voor het bestaan van een cv gelden specifieke eisen.
Met een beroep op de wetsgeschiedenis wordt algemeen aangenomen dat er slechts sprake kan zijn van een cv, wanneer deze is aangegaan tot de uitoefening van een bedrijf.
Uit art. 19-21 en de plaats van die artikelen – het Wetboek van Koophandel – valt af te leiden dat de wetgever slechts oog heeft voor de openbare cv. Dat is de cv die als zodanig (als commanditaire vennootschap derhalve) op een voor derden duidelijk kenbare wijze aan het rechtsverkeer deelneemt. Deelnemen aan het rechtsverkeer als bedrijf onder een gemeenschappelijke naam alleen wijst op het bestaan van een vof.
Art. 18 Hrgb vereist inschrijving van gegevens omtrent de cv. Met betrekking tot de commanditaire vennoot/vennoten: het aantal en het totale bedrag aan geld en de totale waarde van de goederen die zij gezamenlijk hebben ingebracht.
Als een cv meer dan een beherend vennoot heeft (ook wel een gewone vennoot genoemd), moet omtrent deze vennoten opgave in het handelsregister worden gedaan overeenkomstig art. 17 en 19 Handelsregisterbesluit 2008. Daarbij kunnen, met derdenwerking, beperkingen in de vertegenwoordigingsbevoegdheid worden opgegeven. Zo kan in het handelsregister worden vastgelegd dat een bepaalde gewone vennoot slechts tot €50.000 overeenkomsten namens de cv mag aangaan (zie voorbeeld 17.10). Bij niet-inschrijving geldt art. 29 WvK: dan zijn alle vennoten volledig vertegenwoordigingsbevoegd.

Bij een cv kunnen geen beperkingen van de vertegenwoordigingsbevoegdheid met derdenwerking worden ingeschreven indien slechts één gewone vennoot bestaat. Art. 29 WvK spreekt van de vof, de bepaling kan dus niet van toepassing zijn op de cv met één gewone vennoot.

17.4.3 Afgescheiden vermogen van de cv

Ook bij een cv kan een afgescheiden vermogen, waarop crediteuren bij voorrang verhaal kunnen halen, bestaan.
Algemeen wordt aangenomen dat bij een cv met meer dan een gewone vennoot een afgescheiden vermogen aanwezig is. Ten aanzien van de gewone vennoten is er tevens sprake van een vof (vgl. art. 19 lid 2 WvK). In de literatuur en de jurisprudentie treft men wel de visie aan, dat de commanditaire inbreng deel uitmaakt van een gemeenschap die slechts tussen de gewone vennoten aanwezig is.
Getwist werd over de vraag of er bij een cv met slechts een gewone vennoot sprake kan zijn van een afgescheiden vermogen. Zo'n afgescheiden vermogen is naar Nederlands recht alleen mogelijk in het kader van een gemeenschap van (een algemeenheid van goederen).
Een gemeenschappelijk vennootschapsvermogen tussen een gewone vennoot en een of meer commanditaire vennoten is mogelijk. Een gewone vennoot en een commanditaire vennoot kunnen immers bijvoorbeeld gezamenlijk eigenaar zijn van bedrijfsmiddelen. Daarmee is aan het basisvereiste voor het bestaan van een afgescheiden vermogen voldaan.
Mede op basis van een uitspraak van Hof 's-Hertogenbosch 2 december 1988, NJ 1994, 454, werd door de meeste schrijvers een afgescheiden

karakter aangenomen van een gemeenschappelijk vermogen tussen de enig beherend vennoot en de commanditaire vennoot. De Hoge Raad heeft deze opvatting bevestigd (HR 14 maart 2003, NJ 2003, 327).

17.4.4 Bijzondere positie van de commanditaire vennoot

De commanditaire vennoot heeft een fundamenteel andere positie dan een maat in een maatschap of een vennoot in een vof.
Heersende leer is dat de commanditaire vennoot in het algemeen niet aansprakelijk is voor schulden van de vennootschap. Zijn risico is beperkt tot wat hij in de vennootschap heeft ingebracht of moet inbrengen. De inbrengverplichting is een interne kwestie; schuldeisers van de vennootschap staan daar in beginsel buiten. De inbrengverplichting kan in beginsel slechts worden afgedwongen door medevennoten. Er zijn evenwel situaties denkbaar, dat ook een derde een commanditaire vennoot aansprakelijk kan stellen.

De naam van de commanditaire vennoot en de naam van de cv
Als de naam van de commanditaire vennoot terugkomt in de naam van de cv zou een derde ten onrechte kunnen denken dat hij verhaal kan halen bij de commanditaire vennoot. De naam van de commanditaire vennoot mag hierom in de naam van de firma niet worden gebruikt (art. 20 lid 1 WvK). Gebeurt dat toch, dan is de commanditaire vennoot hoofdelijk aansprakelijk voor de schulden van de vennootschap (art. 21 WvK).
Onduidelijk is wat precies 'de naam van de commanditaire vennoot' is. Is dit bij een natuurlijke persoon zijn voor- of zijn achternaam? Is het bij een rechtspersoon de volledige statutaire naam of een kenmerkend onderdeel daarvan?
Als aanknopingspunt voor rechtspersonen kan gekeken worden naar de handelsnaamwet, welke wet mede ten doel heeft verwarring bij het publiek omtrent de identiteit van ondernemingen te voorkomen.
Als vuistregel bij de vraag welke naam is toegestaan, kan gelden: als een naam in de zin van de handelsnaamwet als verwarrend voor het publiek zou worden gekwalificeerd, dient die naam niet te worden gebruikt als naam voor de cv.
Er is een uitzondering op dit verbod, vervat in art. 30 lid 2 WvK: als een beherend vennoot uittreedt en vervolgens commanditair vennoot wordt, mag zijn naam in de naam van de cv worden gehandhaafd zonder dat dit hoofdelijke aansprakelijkheid tot gevolg heeft.

Werkzaamheden van de commanditaire vennoot van de cv
Een maat werkt voor en in de maatschap en een vennoot werkt voor en in de vof. Bijzonder is ook in dit aspect de positie van een commanditaire vennoot. Voorzichtigheid is geboden indien de commanditaire vennoot zijn arbeidsvreugde (voor een deel) wil ontlenen aan vennootschappelijke activiteiten.
Art. 20 lid 2 WvK vermeldt: 'deze vennoot (de commanditair, VM) mag geene daad van beheer verrigten of in de zaken van de vennootschap werkzaam zijn, zelfs niet uit kracht ener volmagt.'
Een exacte grens van wat wel en niet mag is niet aan te geven. Ook hier is de straf, conform art. 21 WvK, hoofdelijke aansprakelijkheid van de commanditaire vennoot voor alle schulden van de vennootschap. De rechtspraak handhaaft deze bepalingen in volle hevigheid. Wel is voorwaarde

dat de commanditaire vennoot van de overtreding een verwijt moet kunnen worden gemaakt (HR 11 april 1980, NJ 1981, 377, SMS/Buis).
De commanditaire vennoot kan aansprakelijk zijn indien derden (ten onrechte) de indruk krijgen dat hij gewone vennoot is. Deze indruk kan de commanditaire vennoot vermijden door zich naar derden toe niet met de vennootschap in te laten. De commanditaire vennoot, die eveneens bekend staat onder de naam 'stille vennoot' doet in dat geval deze naam eer aan.

■ ■ ■ 17.5 Samenvatting vertegenwoordiging en aansprakelijkheid

In een (stille) maatschap vertegenwoordigen maten krachtens volmacht en zijn zij voor gelijke delen aansprakelijk. In een vof zijn in beginsel alle vennoten zelfstandig vertegenwoordigingsbevoegd en zijn alle vennoten hoofdelijk aansprakelijk.
In geval van een cv zijn de beherend vennoten zelfstandig vertegenwoordigingsbevoegd, en zijn zij hoofdelijk aansprakelijk. Commanditaire vennoten zijn nooit vertegenwoordigingsbevoegd en beperkt draagplichtig.

In figuur 17.1 is een schematisch overzicht opgenomen van de vertegenwoordiging en aansprakelijkheid in de verschillende rechtsvormen.

Figuur 17.1 **Aansprakelijkheid in de verschillende rechtsvormen**

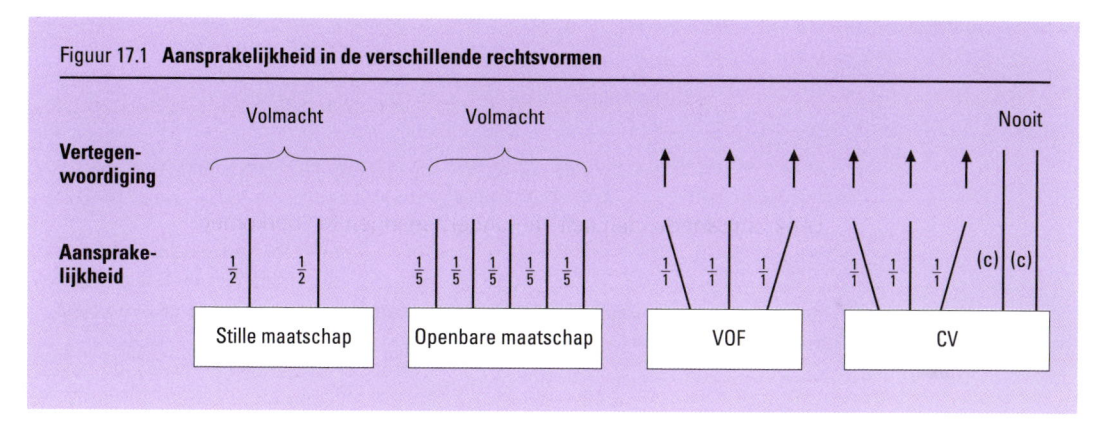

■ Voorbeeld 17.13

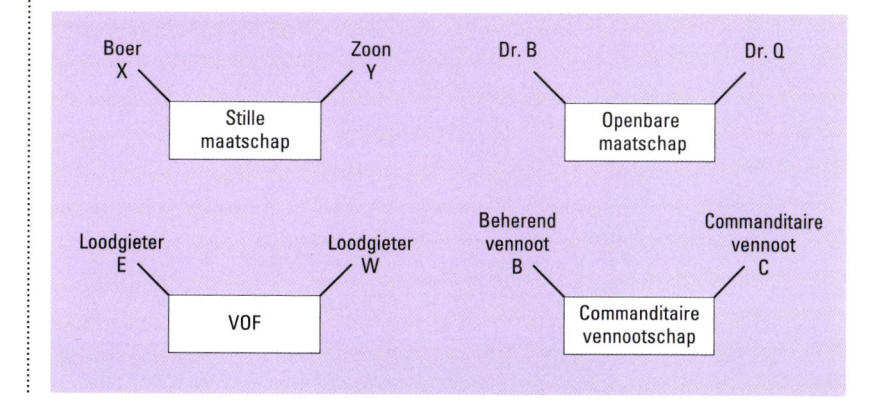

Boer X en zijn zoon Y zijn voor gelijke delen, ieder voor de helft, aansprakelijk. Dr. B en zijn amice dr. Q zijn voor gelijke delen aansprakelijk. Loodgieter E en loodgieter W zijn hoofdelijk aansprakelijk (allebei 100%). Beherend vennoot B is hoofdelijk aansprakelijk, commanditair vennoot C is niet meer aansprakelijk als zij het commanditaire kapitaal heeft ingelegd.

Vragen

1. In welke wetboeken zijn naar huidig recht de belangrijkste bepalingen omtrent de vof te vinden?

2. Oefent een advocaat een beroep uit of heeft hij een bedrijf?

3. Wat zijn de vier kernbegrippen van de maatschap?

4. Indien een advocatenmaatschap met 75 maten een claim van €150 miljoen moet betalen, hoeveel moet iedere advocaat dan overmaken van zijn bankrekening?

5. Indien een vof van 75 samenwerkende accountants een claim van €150 miljoen moet betalen, hoeveel moet iedere accountant dan ophoesten?

Casus

1 Vennoot J van J vof heeft twee schuldeisers: één ter zake van het schilderen van zijn woonhuis en één ter zake van het schilderen van het bedrijfspand van J vof. Aangezien J niet betaalt, willen beide schuldeisers zich verhalen op de door J vof aangeschafte directieauto, een terreinwagen van het merk Scheely met extra lampen en veel chroom. Dienen de schuldeisers de (opbrengst van de) Scheely te delen?

2 J en V zijn goede maatjes. Ook zakelijk kunnen zij het best vinden. J wil een bedrijfje opzetten dat speelgoedbeesten maakt en V wil daar financieel in bijdragen. Verder wil V, die een drukke baan heeft, zich niet met de dagelijkse gang van zaken in het bedrijfje bemoeien.
  a Welke rechtsvorm is geschikt?
  b Mag in het handelsregister worden ingeschreven dat J voor rechtshandelingen boven €5.000 de toestemming van commanditaire vennoot V nodig heeft?

3 T, Q, en A zijn dierenartsen, X is een dierenfysiotherapeute. Zij zijn voornemens een dierenkliniek te openen. Op 12 december 2014 besluiten zij een maatschap aan te gaan. Overeengekomen wordt dat T een haar toebehorend appartementsrecht met betrekking tot een deel van een bedrijfspand (de zogenaamde 'Tossvleugel') inbrengt waarin de kliniek zal worden gevestigd. Daarnaast brengt T in een stokoude Landrover met trekhaak en haar arbeid. X brengt in haar arbeid en een geldbedrag van €100.000. A brengt in haar verzameling dierenprenten ter waarde van €10.000 en haar arbeid. Q brengt slechts in zijn arbeid (en een stabiel humeur). Ten aanzien van de winstverdeling wordt overeengekomen dat iedere dierenarts €9 zal worden toegekend per door hem of haar verricht consult. X krijgt ook €9 voor iedere behandeling. T zal 40% van de resterende jaarwinst ontvangen, X 20%, A 10% en Q 20%. Reden voor deze winstverdeling is dat op deze wijze verdisconteerd wordt dat sommige dierenartsen meer bereikbaarheidsdiensten (nachtdienst) verrichten dan anderen. Aan u wordt gevraagd een maatschapsovereenkomst op te stellen.
  a Dient de maatschapsovereenkomst notarieel te worden verleden omdat een registergoed (het appartementsrecht dat recht geeft op gebruik van de Tossvleugel) wordt ingebracht?
  b Is een maatschapsovereenkomst als deze, waar Q (die geen geld of goederen inbrengt) meer winst wordt toegekend dan A, rechtsgeldig?
  c Indien daaromtrent niets in de overeenkomst wordt neergelegd, hoe zal alsdan de draagplicht voor namens de maatschap aangegane schulden van de onderscheiden maten zijn?
  d Kunnen derden de maatschap, handelend onder gemeenschappelijke naam, dagvaarden?
  e Indien de maatschap onder gemeenschappelijk naam (Dierenkliniek '4Pets') handelt, ontstaat alsdan een eigen vermogen van de dierenliniek waarop derden verhaal kunnen nemen?

4   Jachthaven 'Non Cantat' te Grouw is een drukke jachthaven in Friesland. Ter versterking van het personeelsbestand is voor de periode van het hoogseizoen (de maand juli en de eerste week van augustus) een vakantiekracht aangenomen. Deze vakantiekracht wordt geplaatst achter de balie op het havenkantoor. De schippers van schepen die voor een nacht in de haven willen liggen (de 'passanten') dienen zich bij aankomst te melden bij het havenkantoor, waarna een ligplaats wordt toegewezen. Op 14 juli meldt zich bij het havenkantoor de schipper van het Franse jacht 'Marseillaise'. Aangezien de vakantiekracht als enige aanwezige van het havenpersoneel de Franse taal machtig is, staat hij de schipper van de 'Marseillaise' te woord. De vakantiekracht wijst de passant ligplaats nr. 250 toe. Op weg naar ligplaats nr. 250 bemerken de schipper en de opvarenden van 'Marseillaise' dat het jacht niet meer vooruit kan varen. De diagnose is snel gesteld: de diepte van de vaargeul naar ligplaats nr. 250 is onvoldoende voor de diepgang van het jacht, waardoor het jacht is vastgelopen in de havenblubber. Door middel van een draagbare telefoon wordt een sleepboot gebeld die het jacht zal lostrekken. De kapitein van de sleepboot laat, alvorens aan de werkzaamheden te beginnen, de schipper van de 'Marseillaise' een contract ondertekenen, waardoor de kapitein van de sleepboot recht krijgt op een sleeploon van €6.750, exclusief BTW. (NB laat in het navolgende eventuele IPR aspecten zoals Frans recht buiten beschouwing)
   a Kan een vennoot in een vof worden uitgesloten van beheershandelingen?
   b Wat voor handelingen kan een beheersbevoegde vennoot niet verrichten?
   c Wie van de vennoten van 'Non Cantat' kan of kunnen een vakantiekracht aannemen?
   d Is de door de passant geleden schade toe te rekenen aan de vennootschap indien het vastlopen een gevolg is van een door de vakantiekracht fout aangewezen ligplaats?
   e Op wie of wat zijn alsdan de kosten van de sleepboot te verhalen?

Rechtspersonen

18

18.1 Wat zijn rechtspersonen?
18.2 Hoe functioneren rechtspersonen?
18.3 Besluiten van de rechtspersoon
18.4 Doel en doeloverschrijding
18.5 Jaarrekeningenrecht en boekhoudplicht
18.6 Omzetting van rechtspersonen
18.7 Juridische fusie en splitsing
18.8 Enquête

Ieder mens, oftewel iedere natuurlijke persoon, heeft alle dagen te maken met rechtspersonen. De Nederlandse staat is een rechtspersoon, evenals gemeenten of bijvoorbeeld Kamers van Koophandel. Ook (grotere) ondernemingen worden vaak ondergebracht in één of meer rechtspersonen (die vervolgens al dan niet aan de beurs worden genoteerd). De basisspelregels voor de meeste rechtspersonen in Nederland (zoals stichtingen, verenigingen, nv's en bv's) zijn opgenomen in Boek 2 van het Burgerlijk Wetboek.
In dit hoofdstuk worden de algemene beginselen van de rechtspersoon besproken. In paragraaf 18.1 lichten we toe wat rechtspersonen zijn; in paragraaf 18.2 hoe zij functioneren. Paragraaf 18.3 gaat over besluiten die de rechtspersoon neemt. De statuten van een rechtspersoon moeten het doel van de rechtspersoon vermelden. Daarover gaat paragraaf 18.4. In paragraaf 18.5 gaan we in op de eisen die de wet stelt aan de inrichting van de jaarrekening en de boekhoudplicht. Paragraaf 18.6 en 18.7 gaan respectievelijk over de omzetting van rechtspersonen en juridische fusie en splitsing. Ten slotte komt in paragraaf 18.8 de enquête aan de orde.

■ ■ ■ 18.1 Wat zijn rechtspersonen?

Rechtspersonen

Rechtspersonen zijn organisaties die op dezelfde manier aan het rechtsverkeer kunnen deelnemen als natuurlijke personen; dat wil zeggen: ze kunnen eigendommen en schulden hebben, kopen en verkopen, huren en verhuren enzovoort. Rechtspersonen zijn aansprakelijk te stellen. Ze hebben een eigen vermogen. Welke organisaties rechtspersonen (kunnen) zijn, en hoe ze ontstaan, is nauwkeurig in de wet omschreven.
Boek 2 (art. 1 en 2) vermeldt welke publiekrechtelijke en kerkelijke privaatrechtelijke organisaties rechtspersoonlijkheid bezitten. Art. 2:3 somt de privaatrechtelijke rechtspersonen op:

> '[...] verenigingen, coöperaties, onderlinge waarborgmaatschappijen, naamloze vennootschappen, besloten vennootschappen met beperkte aansprakelijkheid en stichtingen bezitten rechtspersoonlijkheid.'

Boek 2 geeft gedetailleerde regelingen voor elk van die rechtspersonen, en voor rechtspersonen in het algemeen. Drie andere privaatrechtelijke rechtsvormen die rechtspersoonlijkheid bezitten zijn elders geregeld: de vereniging van eigenaars van appartementen in Boek 5, het Europees Economisch Samenwerkingsverband (EESV), de Europese Coöperatie (SCE) alsmede de Europese vennootschap (Societas Europaea, SE), ieder in een eigen regeling.
Dit hoofdstuk behandelt de organisatie van privaatrechtelijke rechtspersonen, en enige onderwerpen die op (nagenoeg) alle privaatrechtelijke rechtspersonen van toepassing zijn.

Dochtermaatschappij

Alleen rechtspersonen kunnen dochtermaatschappij zijn. Van belang is de zeggenschap in zo'n rechtspersoon. Art. 2:24a merkt een rechtspersoon aan als dochtermaatschappij van een andere rechtspersoon als het gaat om:
1 een rechtspersoon waarin de rechtspersoon (de moedermaatschappij) of een of meer van zijn dochtermaatschappijen, al dan niet krachtens overeenkomst met andere stemgerechtigden, alleen of samen meer dan de helft van de stemrechten in de algemene vergadering kunnen uitoefenen; of
2 een rechtspersoon waarvan de rechtspersoon (de moedermaatschappij) of een of meer van zijn dochtermaatschappijen lid of aandeelhouder zijn en, al dan niet krachtens overeenkomst met andere stemgerechtigden, alleen of samen meer dan de helft van de bestuurders of van de commissarissen kunnen benoemen of ontslaan, ook indien alle stemgerechtigden stemmen.

Of een rechtspersoon meer dan de helft van het aantal aandelen in een andere rechtspersoon heeft is dus niet alleen doorslaggevend. De definiëring laat toe dat ook een vereniging, een coöperatie of een onderlinge waarborgmaatschappij als dochtermaatschappij geldt.

Met een dochtermaatschappij stelt art. 2:24a gelijk, een onder eigen naam optredende vennootschap, waarin de rechtspersoon of een of meer dochtermaatschappijen als vennoot volledig jegens schuldeisers aansprakelijk is voor de schulden. Denk bij deze laatste vorm aan een OVR of een cv waarvan de rechtspersoon (de moedermaatschappij) of een of meer dochtermaatschappijen besturend vennoot is.

Het begrip dochtermaatschappij is belangrijk voor het jaarrekeningenrecht en de wettelijke bepalingen die verband houden met de kapitaalbescherming van de nv/bv, zoals inkoop van eigen aandelen.

■ ■ ■ 18.2 Hoe functioneren rechtspersonen?

Rechtspersonen kunnen zowel rechtshandelingen als feitelijke handelingen verrichten, en zij kunnen optreden als procespartij. Uiteraard zijn het natuurlijke personen die het doen en laten van een rechtspersoon bepalen. Dat gebeurt via 'organen': mensen of groepen van mensen aan wie in het kader van de rechtspersoon een min of meer zelfstandige beslissingsmacht is gegeven. In sommige organen kunnen rechtspersonen zitting nemen, bijvoorbeeld in het bestuur van een bv. Uiteindelijk zijn echter altijd mensen verantwoordelijk voor een genomen beslissing.

Organen

Bij de rechtspersonen wordt wel onderscheid gemaakt tussen het verenigingstype en het stichtingstype. De stichting kent geen leden. De wet noemt het bestuur als enige orgaan bij de stichting. Bij het verenigingstype spelen de samenwerkende personen een rol. Dit zijn bij een vereniging, een coöperatie en een onderlinge waarborgmaatschappij de leden, bij een nv, een SE en een bv de aandeelhouders. Zij vormen tezamen een orgaan: de algemene vergadering.

Bevoegdheden

Organen (bestuur, algemene vergadering, kascommissie en dergelijke) kunnen hun bevoegdheden ontlenen zowel aan van buitenaf gestelde regels – de wet – als aan regels, door de rechtspersoon zelf gesteld – statuten en besluiten. Het orgaan is zelf geen rechtspersoon; zijn besluiten worden voor zover dat nodig is aan de rechtspersoon toegerekend.

■ Voorbeeld 18.1
Als het bestuur van een bv besluit tot aankoop van twee vrachtwagens is dit een besluit van de bv; als een daartoe bevoegde bedrijfsleider van een in bv-vorm gedreven supermarkt op staande voet een verkoopster ontslaat, wordt dit ontslag als een handeling van de bv gezien. Besluiten van een rechtspersoon kunnen resulteren in bijvoorbeeld overeenkomsten indien het besluit te kwalificeren is als de aanvaarding van een aanbod.

De wil die volgens art. 3:33 de basis van een rechtshandeling is, geldt bij een door een rechtspersoon verrichte rechtshandeling als zijn wil, maar is gevormd door een orgaan.

Rechtshandelingen

Naast rechtshandelingen staan feitelijke handelingen (rechtsfeiten), die kunnen resulteren in verbintenissen uit de wet, waaronder de onrechtmatige daad. Ook een rechtspersoon kan een onrechtmatige daad plegen. Volgens de Hoge Raad is daarvan in ieder geval sprake als een handeling, verricht door een orgaan dat handelde binnen de formele kring van zijn bevoegdheden, onrechtmatig is (HR 10 juni 1955, NJ 1955, 552, Noorden/ De Noord-Hollandsche).

Op grond van deze formulering zou een rechtspersoon niet vaak een onrechtmatige daad plegen. De statuten van een rechtspersoon laten immers doorgaans geen ruimte voor 'bevoegd' onrechtmatig handelen. Zo'n twintig jaar hanteert de Hoge Raad een ruimer criterium en geldt een onrechtmatig handelen reeds als onrechtmatige daad van een rechtspersoon indien de gedraging in het maatschappelijk verkeer als gedraging van die rechtspersoon heeft te gelden.

HR 6 april 1979, NJ 1980, 34 (Kleuterschool Babbel; ook wel: Reuvers/Zwolle)

Dit arrest gaat over een kleuterschool in Zwolle waarvan het dak – gelukkig op een zondag – was ingestort. Wiens schuld was dit?

Het hoofd van Bouw- en Woningtoezicht en de Zwolse wethouder van onderwijs lieten er in AVRO's actualiteitenrubriek en het radiojournaal weinig twijfel over bestaan: Reuvers, de aannemer die de school had gebouwd, had ondeugdelijk materiaal gebruikt en een constructiefout gemaakt.

De Raad van Arbitrage voor de Bouwbedrijven stelt na onderzoek vast dat de fout niet bij Reuvers lag, maar bij de stichting die het schooltje had laten bouwen. Door alle slechte berichten heeft Reuvers inmiddels zijn bedrijf achteruit zien gaan; hij spreekt de gemeente aan op grond van een onrechtmatige daad, gelegen in het zonder grond schaden van zijn reputatie en zijn bedrijf.

De Hoge Raad: voor het antwoord op de vraag of de gemeente een onrechtmatige daad pleegde is niet van belang of degene die de schadelijke uitlatingen deed een orgaan van de gemeente (in de zin van de Gemeentewet) is. Van belang is dat de gedragingen van een wethouder (op zijn uitlatingen had het geding zich toegespitst) in het maatschappelijk verkeer als gedragingen van de gemeente kunnen gelden.

Houden die gedragingen een onrechtmatige daad in, dan is dit een onrechtmatige daad van de gemeente.

Het arrest het Noorden/ De Noord-Hollandsche blijft van belang omdat de daarin genoemde gedraging in ieder geval als de onrechtmatige daad van een rechtspersoon zal kunnen blijven gelden. In dit arrest komt bovendien het geval ter sprake dat een rechtspersoon als werkgever aansprakelijk is voor een onrechtmatige daad, gepleegd door een ondergeschikte (art. 6:170 lid 1).

■ ■ ■ 18.3 Besluiten van de rechtspersoon

Besluit

Wat is een besluit? Het woord 'besluit' duidt zowel op een rechtshandeling als op haar resultaat: een door een orgaan gegeven regel. Dit kan een eenmalige regel zijn (benoeming van een commissaris), een voor een aantal bepaalde gevallen geldende (een reeks bestellingen), of een voor een onbepaald aantal gelijksoortige gevallen gestelde regel.

Reglement

Doet dit laatste zich voor, dan spreekt men wel van een reglement. Denk bij reglementen bijvoorbeeld aan een wedstrijdreglement of een reglement van orde voor een algemene vergadering.

Statuten

Betreft een samenhangend geheel van dergelijke regels bepaalde belangrijke, essentiële kwesties dan noemt men ze statuten. De statuten vormen als het ware de grondwet van een rechtspersoon. Geen rechtspersoon kan bestaan zonder statuten.

Statuten bevatten regels over de benoeming van een bestuur, de bevoegdheden van een raad van commissarissen, de overdraagbaarheid van aandelen en dergelijke. De wet geeft per rechtspersoon aan wat minimaal in de statuten geregeld moet zijn (zie bijvoorbeeld art. 2:27, 53, 66, 67, 177, 178 en 286).

Stemmen

Een besluit komt in het algemeen tot stand doordat de leden van het orgaan dat een besluit neemt, hun stem uitbrengen. Als geen bijzondere regels zijn gesteld dan nemen leden een besluit bij gewone meerderheid van stemmen.

Wet en/of statuten eisen vaak een gekwalificeerde meerderheid (bijvoorbeeld een twee derde meerderheid) voor gewichtige besluiten, zoals voor statutenwijziging of ontbinding van de rechtspersoon.
Het niet-betrekken van personen bij de besluitvorming kan ertoe leiden dat een besluit in strijd is met de eisen van redelijkheid en billijkheid en vernietigbaar is op grond van art. 2:15 lid 1.

■ **Voorbeeld 18.2**
Zo zal het besluit van het bestuur van de naamloze vennootschap Ajax dat het eerste elftal niet meer zal voetballen maar gaat uitkomen in de nationale damcompetitie, vernietigbaar zijn als niet (ten minste) de aandeelhouders zijn geraadpleegd.

Regelgeving ingegaan in 2015 bepaalt dat bij rechtspersonen zoals de naamloze en besloten vennootschappen, bestuurders zich bij het vervullen van hun taak richten op het belang van de rechtspersoon. Ook indien een bestuurder bijvoorbeeld werknemer is van een vennootschap die die bestuurder benoemde (en zelfs zijn salaris betaalt) moet de bestuurder het belang van de rechtspersoon voorop stellen (art. 2:129 lid 5 en 2:239 lid 5).
Dit betekent ook, voor wat betreft tegenstrijdig belang dat indien er besluiten worden genomen over een transactie die de rechtspersoon wil aangaan, een bestuurder niet deelneemt aan de beraadslaging en besluitvorming indien hij daarbij een direct of indirect belang heeft dat tegenstrijdig is met het belang van de vennootschap (art. 2:129 lid 6 en art. 2:239 lid 6).

■ ■ ■ 18.4 Doel en doeloverschrijding

Doel

De statuten van een rechtspersoon moeten het doel van de rechtspersoon vermelden.
Het bestuur van een rechtspersoon moet zich bij de uitoefening van zijn taak richten naar dat doel. Als het bestuur buiten het doel van de rechtspersoon treedt, kan iedere bestuurder daarvoor (intern) aansprakelijk worden gesteld jegens de rechtspersoon, op grond van onbehoorlijk bestuur (vergelijk art. 2:9). De rechtspersoon kan een rechtshandeling die buiten het doel is gepleegd in beginsel niet vernietigen. Alleen als de wederpartij wist, of zonder eigen onderzoek moest weten dat het doel werd overschreden, is de doeloverschrijdende rechtshandeling vernietigbaar (vergelijk art. 2:7).
Openbaarmaking van de statuten (en daarmee van het doel van de rechtspersoon) is geen voldoende bewijs dat de wederpartij van de doeloverschrijding kundig moet (of kan) zijn.

■ **Voorbeeld 18.3**
Voorbeeld 18.2 van dammende Ajacieden heeft ook te maken met doeloverschrijding. Indien de statuten van Ajax NV worden opgevraagd bij de Kamer van Koophandel (de statuten van een nv worden altijd neergelegd

bij het handelsregister, zie art. 2:69 lid 1 jo. art. 2:66 lid 1) zal blijken dat het doel van deze nv niet het bevorderen van de damsport is.
Een besluit van het bestuur tot het omscholen van de voetballers tot dammers kan waarschijnlijk op grond van doeloverschrijding ex art. 2:7 worden vernietigd door de rechtspersoon (Ajax NV). Een wederpartij, zoals jaarkaarthouders, kan het besluit niet op grond van art. 2:7 vernietigen: het wetsartikel bepaalt dat slechts de rechtspersoon er een beroep op kan doen. De jaarkaarthouders kunnen in het voorbeeld het bestuur wel aanpakken op andere gronden, zoals wanprestatie.

▪ ▪ ▪ 18.5 Jaarrekeningenrecht en boekhoudplicht

Jaarrekening

Titel 9 van Boek 2 bevat bepalingen omtrent de inrichting en het onderzoek van de jaarrekening van een rechtspersoon: de balans, de winst-en-verliesrekening, en de toelichting op deze stukken (art. 2:361).

Accountantsverklaring

De jaarrekening wordt opgesteld door het bestuur en wordt, tezamen met een verklaring van een deskundige (accountant) die de jaarrekening heeft onderzocht, overgelegd aan het orgaan dat de jaarrekening moet vaststellen c.q. goedkeuren (als hoofdregel de algemene vergadering van aandeelhouders; zie art. 2:58 en 101).

Publicatie

De jaarrekening moet als hoofdregel tevens worden gepubliceerd (zie art. 2:394). Publicatie vindt plaats door deponering bij het handelsregister.

Titel 9 kent enige bijzondere regels voor de inrichting en publicatie van jaarrekeningen van kleine en middelgrote rechtspersonen (zie art. 2:396 en 397). De 'kleine' rechtspersonen moeten een beknopte balans publiceren.

Boekhouding

Voor alle rechtspersonen – dus ook de rechtspersonen die geen jaarrekening behoeven op te maken en te publiceren – geldt krachtens art. 2:10 dat het bestuur een boekhouding moet voeren en dat de ondernemer binnen zes maanden na afloop van het boekjaar van de rechtspersoon een balans en een staat van baten en lasten moet hebben opgemaakt.
Art. 2:360 lid 3 bepaalt dat (kleinere) verenigingen en stichtingen die geen onderneming drijven, niet onder het jaarrekeningenrecht vallen en dus geen publicatieverplichting hebben.

Europese richtlijnen

Praktisch wordt de jaarrekening beheerst door Europese richtlijnen, die zijn aangepast aan het Nederlandse recht en zijn opgenomen in Boek 2. Hierdoor lijkt een jaarrekening van een Frans of Duits bedrijf op het eerste gezicht vaak op dezelfde manier te zijn ingericht als een jaarrekening van een Nederlands bedrijf. Voor interpretatie van de cijfers en de toelichting daarop is het echter altijd verstandig een lokale deskundige te raadplegen over de precieze betekenis.

▪ ▪ ▪ 18.6 Omzetting van rechtspersonen

Omzetting

Als blijkt dat de rechtsvorm niet (langer) past bij de activiteiten of organisatie van een bepaalde rechtspersoon, kan deze worden omgezet in een andere rechtsvorm. Door de omzetting houdt de rechtspersoon niet op te bestaan; zij wordt alleen 'in een andere jas' gestoken.

Art. 2:18 vermeldt welke formaliteiten in het kader van een omzetting vervuld moeten worden.

Statutenwijziging

De notaris heeft bij omzetting van rechtspersonen een centrale rol. Omzetting van een rechtspersoon in een andere rechtspersoon geschiedt in principe door een statutenwijziging. Deze statutenwijziging komt tot stand door een notariële akte.

■ ■ ■ 18.7 Juridische fusie en splitsing

Juridische fusie

Titel 7 van Boek 2 behelst een regeling voor de juridische fusie van rechtspersonen.

Aandelenfusie
Bedrijfsfusie

De juridische fusie moet worden onderscheiden van de aandelenfusie (ruil van aandelen tegen aandelen) en de bedrijfsfusie (ruil van een bedrijf tegen aandelen). Bij de laatste twee vermelde soorten van fusie blijven alle betrokken rechtspersonen in stand.

In het kader van een juridische fusie houdt ten minste één rechtspersoon op te bestaan. Voor de te fuseren rechtspersonen bestaat de keuze dat er één verkrijgende rechtspersoon is en één of meer verdwijnende rechtspersonen, dan wel dat een nieuwe op te richten rechtspersoon de verkrijgende rechtspersoon zal zijn en dat de bestaande rechtspersonen zullen verdwijnen. De hoofdregel voor juridische fusie is dat rechtspersonen kunnen fuseren met rechtspersonen die dezelfde rechtsvorm hebben. Hierdoor kan bijvoorbeeld een stichting niet fuseren met een bv en kan een Nederlandse nv wel juridisch fuseren met een Franse sa (société anonyme), vergelijk art. 2:310. Op grond van Europees recht worden de sa en de nv namelijk gezien als eenzelfde rechtsvorm.

De formaliteiten waaraan in het kader van een fusie moet worden voldaan en de mogelijkheden van fusie verschillen echter al naargelang het type rechtspersoon. Van belang in dit kader zijn ook de SER-fusiegedragsregels.

Splitsing

Rechtspersonen kunnen niet alleen fuseren, zij kunnen ook splitsen. Eén rechtspersoon kan in meerdere rechtspersonen worden opgedeeld. Splitsing kan voorkomen als zuivere splitsing en als afsplitsing (art. 2:334a). Bij zuivere splitsing wordt een rechtspersoon als het ware verdeeld in meerdere zelfstandige stukken. Bij afsplitsing blijft de oorspronkelijke vennootschap (in tegenstelling tot zuivere splitsing) bestaan.

■ ■ ■ 18.8 Enquête

Enquête

Bij onder andere een coöperatie, een onderlinge waarborgmaatschappij, een nv en een bv kan een enquête worden ingesteld: een onderzoek naar het beleid en de gang van zaken bij de rechtspersoon (titel 8, afdeling 2 Boek 2). Een enquête kan ook een deel van de werkzaamheden van de rechtspersoon of zijn activiteiten in een bepaalde periode betreffen.

Ondernemingskamer

Het onderzoek wordt uitgevoerd door een commissie, ingesteld door de Ondernemingskamer van het Amsterdamse gerechtshof.

Een enquête wordt pas ingesteld bij gegronde redenen om aan een juist beleid te twijfelen. Als uit het onderzoeksverslag wanbeleid blijkt, kan de Ondernemingskamer op verzoek bepaalde voorzieningen treffen. Deze voorzieningen, vermeld in art. 2:356, kunnen van ingrijpende aard zijn; bijvoorbeeld ontbinding van de rechtspersoon.

Vragen

1 Zijn doorgaans de statuten of juist de reglementen van een rechtspersoon op eenvoudige wijze te veranderen?

2 Waar worden de jaarrekeningen van grotere ondernemingen neergelegd?

3 Wat is een onmiskenbare eigenschap van juridische fusie?

4 Houdt een rechtspersoon door splitsing op te bestaan?

Casus

1. J bv heeft volgens haar statuten de groothandel in luiers ten doel.
   Directeur J krijgt een buitenkansje: hij kan voor €100.000 een flat ter waarde van €500.000 kopen. J koopt de flat namens J bv voor €100.000. De verkoper krijgt na enige weken spijt van de transactie. Kan de verkoper de koop ex art. 2:7 vernietigen?

2. W is voornemens een bv met de naam 'W bv' op te richten. Hij wordt directeur-enig aandeelhouder. Het maatschappelijk kapitaal zal €20.000 bedragen.
   Het doel van W bv zal zijn het importeren van biologische wijnen uit Frankrijk. De vaste leverancier van W is een Franse vennootschap genoemd G sa, een société anonyme waarvan W de meerderheid van de aandelen houdt.
   Kan W 'W bv' na oprichting juridisch laten fuseren met G sa?

3. L bv heeft een bestuur, en een raad van commissarissen met drie leden.
   H nv houdt 49% van de aandelen in L bv, en V nv 51%. V nv en H nv hebben een overeenkomst gesloten op grond waarvan H nv twee van de drie leden van de raad van commissarissen van L bv kan benoemen.
   Van welke nv('s) is L bv een dochter?

Vereniging en stichting

19

19.1 Verenigingen
19.2 Stichtingen

Verenigingen en stichtingen spelen een belangrijke rol in de samenleving. Bijna iedereen is wel lid van een of andere gezelligheids- of sportvereniging. Veel scholen zijn ondergebracht in stichtingen, evenals ziekenhuizen. Noch bij een sportvereniging, noch bij een ziekenhuis staat het maken van winst voorop.

De vereniging en stichting zijn rechtsvormen voor ideële doeleinden. In paragraaf 19.1 gaan we in op de vereniging. Daarbij komt aan de orde welke organisatorische regels er voor verenigingen zijn en welke bijzondere vormen van vereniging er zijn. De stichting komt in paragraaf 19.2 aan de orde.

19.1 Verenigingen

De vereniging is een eenvoudige organisatievorm. Ze is rechtspersoon en wordt bij meerzijdige rechtshandelingen met een bepaald doel opgericht (art. 2:26).

Lidmaatschap

Het lidmaatschap is persoonlijk (art. 2:34). Dit is een van de redenen waarom de toelating en het uittreden van leden zorgvuldig in de wet worden geregeld. De toelating van leden geschiedt door het bestuur, maar tegen een weigering kan de algemene vergadering (av) opkomen (art. 2:33).
Het lidmaatschap eindigt door overlijden van het lid (tenzij de statuten overgang krachtens erfrecht toelaten), door opzegging door het lid of de vereniging, en door ontzetting uit het lidmaatschap (art. 2:35 en 36). Enkele hoofdregels die hier gelden zijn dat noch het lid, noch de vereniging tegen hun zin gedwongen mag worden het lidmaatschap te laten voortduren. De ontzetting uit het lidmaatschap is met de nodige waarborgen omkleed.

Persoonlijk karakter

We zien hier een sterk verschil tussen het lidmaatschap van een vereniging en het aandeelhouderschap. Door het persoonlijke karakter verschilt het verenigingslidmaatschap sterk van het aandeelhouderschap. Een aandeel is de enige band tussen de rechtspersoon en de – verwisselbare – aandeelhouders van bijvoorbeeld een beursvennootschap.

■ **Voorbeeld 19.1**
Muzikanten die in verenigingsvorm hun favoriete muziek (Tiroler Hopsasamuziek) maken, zullen bij aanneming van een nieuwe tubaspeler (een nieuw lid dus) geneigd zijn een weloverwogen beslissing te nemen waarbij uiteenlopende factoren een rol kunnen spelen (muzikaliteit, gezelligheid, omvang van de kuitspier in verband met het lederhosenkostuum, enzovoort). Bij aanschaf van een aandeel in het beursgenoteerd bouwbedrijf BAM nv daarentegen, telt slechts één aspect: de betaling van de koopsom.

Het verenigingsrecht geldt voor drie rechtspersonen: de (gewone) vereniging, de coöperatie en de onderlinge waarborgmaatschappij (art. 2:53a).
De vereniging van art. 2:26 kan allerlei doeleinden nastreven, met als enige beperking het wettelijke verbod winst onder haar leden te verdelen (art. 2:26 lid 3).

Verbod winst

De vereniging treft men op allerlei terreinen aan. Denk aan een kaartclub, een tennisclub, de leerlingenvereniging van een school, maar ook aan grote landelijke organisaties als politieke partijen, omroepverenigingen en de ANWB.

Beperkte rechtsbevoegdheid

De vereniging is altijd een rechtspersoon, maar deze rechtspersoon kan beperkte rechtsbevoegdheid hebben.
Dit doet zich voor indien de vereniging niet bij notariële akte is opgericht en ook niet later haar statuten in een notariële akte heeft laten opnemen (art. 2:30).

Een vereniging met beperkte rechtsbevoegdheid kan geen registergoederen verkrijgen ('verkrijgen' in de zin van eigenaar worden), en geen erfgenaam zijn (wel legataris) (art. 2:30 lid 1).

Hoofdelijke aansprakelijkheid

De bestuurders van een vereniging met beperkte rechtsbevoegdheid zijn in beginsel hoofdelijk naast de vereniging aansprakelijk voor schulden uit een rechtshandeling die tijdens hun bestuur opeisbaar worden (art. 2:30 lid 2).

Door inschrijving in het handelsregister kan de aansprakelijkheid beperkt worden tot gevallen waarin de betrokken derde kan aantonen dat de vereniging niet aan haar verplichtingen zal voldoen (art. 2:30).

We bespreken hierna de organisatorische regels voor verenigingen. In subparagraaf 19.1.2 gaan we in op bijzondere verenigingsvormen.

19.1.1 Organisatorische regels voor verenigingen

Verenigingen vallen onder wettelijke spelregels, de organisatorische regels. Verenigingsrechtelijke organisatieregels treffen we aan in de titels 1 en 2 van Boek 2.
Een aantal regels van titel 1 kwamen we in de hoofdstukken 16 en 18 al tegen, zoals de regels over geldigheid van besluiten, ontbinding en vereffening, overschrijding van het doel van de rechtspersoon en inschrijving van bepaalde gegevens. Titel 2 van Boek 2 bevat regels specifiek met betrekking tot de vereniging.

Inschrijving handelsregister

De vereniging met volledige rechtsbevoegdheid moet bij de Kamer van Koophandel in het handelsregister worden ingeschreven. De beperkt rechtsbevoegde vereniging kan zich daar laten inschrijven (art. 2:30 lid 3). In 2012 stonden zo'n 120 000 verenigingen ingeschreven in het handelsregister, waarvan een kwart op vrijwillige basis.

Statuten

De tweede titel van Boek 2 geeft regels over de statuten en de organisatorische opbouw van de vereniging.
Statuten zijn zoals gezegd de 'grondwet' van een rechtspersoon. Bij de vereniging kunnen ze in elke vorm, zelfs in ongeschreven vorm bestaan. Voor de volledige rechtsbevoegde vereniging eist de wet dat ze in een notariële akte zijn vastgelegd, en dat ze onder meer bevatten (art. 2:27):
1 de naam van de rechtspersoon;
2 de plaats van vestiging;
3 het doel van de rechtspersoon;
4 de verplichtingen van de leden tegenover de rechtspersoon, of de wijze waarop die verplichtingen kunnen worden opgelegd.

Contributie

Contributiebetaling pleegt bij verenigingen de belangrijkste verplichting te zijn. Leden mogen nooit geconfronteerd worden met verplichtingen die ze niet konden verwachten. Worden hun verplichtingen verzwaard, dan is het mogelijk dat ze zich daaraan door opzegging van hun lidmaatschap kunnen onttrekken (art. 2:36 lid 3).
Enkele verenigingsrechtelijke regels betreffen de organen van de vereniging, de wijze van bijeenroeping van de algemene vergadering en de benoeming en het ontslag van bestuurders.

Organen van de vereniging
De rechtspersoon vereniging kent ten minste twee organen.
De organisatie van de vereniging berust op het bestaan van een algemene vergadering en een bestuur. Daar hoort doorgaans een toezichthoudend orgaan tussen. Dit kan een jaarlijks te benoemen kascommissie zijn. Ook

is het mogelijk dat de vereniging een raad van commissarissen kent (zie art. 2:47 en 48).

Algemene vergadering

De wet noemt de algemene vergadering (av) als hoogste orgaan binnen de vereniging.
Aan de av komen alle bevoegdheden toe die niet uitdrukkelijk een ander orgaan toekomen (art. 2:40). Tot de bevoegdheden die de wet expliciet aan de av verleent, behoren die tot:
1 het nemen van een besluit tot statutenwijziging (art. 2:42 en 43);
2 het benoemen van ten minste de helft van de bestuurders en de commissarissen (art. 2:37 en 47);
3 het nemen van een ontbindingsbesluit (art. 2:42 lid 4).

Ook andere belangrijke bevoegdheden, zoals het nemen van een splitsingsbesluit, zijn toegekend aan de av (art. 2:334m lid 1).
Een taak die de av in elk geval niet toekomt is het besturen van de vereniging. Dit doet het bestuur (art. 2:44).

Bestuur

Schematisch ziet de hiërarchie van de vereniging eruit als in figuur 19.1.

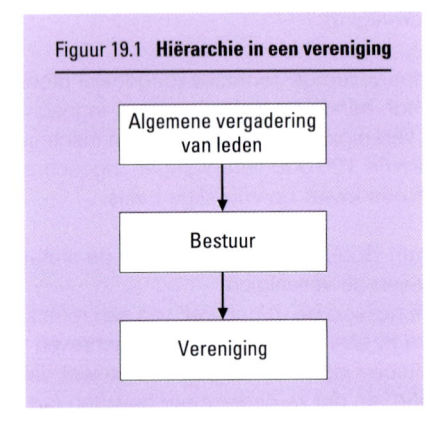

Figuur 19.1 **Hiërarchie in een vereniging**

Algemene vergadering van leden
↓
Bestuur
↓
Vereniging

De wijze van bijeenroeping van de algemene vergadering

Bijeenroeping

De algemene vergadering, die minstens eens per jaar bijeenkomt ter bespreking van het jaarverslag of de jaarrekening, pleegt door het bestuur bijeen te worden geroepen (art. 2:41).

De wijze van benoeming en ontslag van de bestuurders

Benoeming

De dwingendrechtelijke hoofdregel is dat ten minste de helft van de bestuurders door de leden wordt benoemd; daarvan mag niet worden afgeweken. In beginsel worden ze ook uit de leden benoemd, maar hiervan kunnen de statuten afwijken (art. 2:37).

■ ■ ■ **19.1.2 Bijzondere vormen van vereniging**

'Bijzondere' verenigingen

De wet beschouwt de coöperatie en de onderlinge waarborgmaatschappij als 'bijzondere' verenigingen. De wettelijke bepalingen ten aanzien van de vereniging zijn er volgens art. 2:53a dan ook in beginsel op van toepassing – met uitzondering van art. 2:26 lid 3 en 2:44 lid 2. Het zijn intussen wel aparte rechtsvormen, met een eigen regeling in titel 3 van Boek 2 die hier en daar afwijkt van de algemene regeling. Anders dan bij een vereniging is

een notariële akte verplicht voor de oprichting van een coöperatie of onderlinge waarborgmaatschappij.
Ook de aansprakelijkheid van de leden is een belangrijk aspect.

Coöperatie

De coöperatie onderscheidt zich van de 'gewone' vereniging door zijn bijzondere doel en de (mogelijke) aansprakelijkheid van haar leden. Het doel van de coöperatie moet zijn het voorzien in bepaalde stoffelijke behoeften van haar leden (art. 2:53 lid 1). Zij moet daartoe met haar leden overeenkomsten sluiten in een bedrijf dat zij uitoefent (of laat uitoefenen). Het mag niet gaan om verzekeringsovereenkomsten. Een en ander moet uit de statuten blijken.

Stoffelijke behoeften

De coöperatie wordt als rechtsvorm veel gebruikt in de agrarische sector. Denk hierbij aan bedrijven die landbouw- of veeteeltproducten van de leden kopen, voor hen verwerken en voor hen verkopen (bijvoorbeeld de melkverwerkende industrie, maar ook de Rabobanken die zijn voortgekomen uit de zogenoemde Boerenleenbanken). Vanwege het flexibele karakter van een coöperatie wordt deze rechtsvorm soms ingezet als alternatief voor de bv.

Onderlinge waarborgmaatschappij

Ook de onderlinge waarborgmaatschappij onderscheidt zich van de gewone verenigingsvorm door haar bijzondere doel en de (mogelijke) aansprakelijkheid van haar leden. Haar doel moet zijn met haar leden verzekeringsovereenkomsten te sluiten, of leden en mogelijk anderen in het kader van een wettelijke regeling verzekerd te houden. Daartoe moet zij een verzekeringsbedrijf uitoefenen. Een en ander moet uit de statuten blijken (art. 2:53 lid 2). Sommige verzekeringsmaatschappijen in Nederland hebben de vorm van een onderlinge waarborgmaatschappij. Ook kan een beperkt aantal rechtspersonen, zoals een twintigtal ziekenhuizen, samen een onderlinge waarborgmaatschappij oprichten teneinde risico's (in het voorbeeld medische fouten gemaakt in een ziekenhuis) af te dekken.

Verzekeringsovereenkomst

Aansprakelijkheid leden

Een belangrijke bijzonderheid van de coöperatie en de onderlinge waarborgmaatschappij is de aansprakelijkheid die in beginsel op de leden rust voor een bij ontbinding blijkend tekort (art. 2:55, 56 en 61). Deze aansprakelijkheid kan statutair worden beperkt of uitgesloten. De aansprakelijkheid van de leden moet tegenover de buitenwereld altijd blijken uit de letters achteraan de naam van de coöperatie of onderlinge:

Aansprakelijkheid leden

- WA = wettelijke aansprakelijkheid;
- BA = beperkte aansprakelijkheid;
- UA = uitgesloten aansprakelijkheid.

Leden van een coöperatie WA moeten tekorten onbeperkt aanvullen. Leden van een coöperatie BA daarentegen vullen tekorten slechts aan tot een in de statuten vastgelegd maximum.

■ ■ ■ 19.2 Stichtingen

Geen leden

De stichting is een rechtspersoon met een bepaald doel die geen leden kent. Ze vindt haar regeling in titel 6 Boek 2.

Doel Het doel van een stichting kan van alles inhouden. Niet alleen 'goede doelen' komen in aanmerking voor de stichtingsvorm. Zo is het niet verboden een stichting op te richten die bijvoorbeeld aandelen houdt, of met winstoogmerk reizen organiseert.
Zij mag echter niet ten doel hebben haar oprichters of leden van haar organen uitkeringen te doen; ze mag anderen slechts uitkeringen met een ideële of sociale strekking doen (art. 2:285 lid 3).
De stichting wordt door een of meer personen bij notariële akte opgericht (art. 2:286).

Openbaar testament Een bijzondere vorm van oprichting is die bij openbaar testament. Deze weg wordt nogal eens bewandeld door mensen die (een deel van) hun vermogen na hun dood bestemd willen zien voor een bepaald cultureel of filantropisch doel. In zo'n geval is er werkelijk sprake van het doelvermogen waar art. 2:285 lid 1, eerste zin op duidt. Dit vermogen speelt verder alleen in negatieve zin een rol, via art. 2:301: als het vermogen absoluut onvoldoende is om er het stichtingsdoel nog mee te kunnen nastreven en het ook niet meer kan groeien, kan de rechter de stichting ontbinden.

Oprichtingsakte De oprichtingsakte bevat de statuten, die naam, zetel en doel van de stichting moeten noemen en regels moeten geven voor de benoeming en het ontslag van bestuurders en de bestemming van het liquidatiesaldo (art. 2:286).

Een stichting dient ingeschreven te worden in het handelsregister. In 2012 stonden zo'n 143 000 stichtingen ingeschreven.
Het bestuur is het enige orgaan dat een stichting altijd heeft. Het verkeert tegenover de stichting in een geheel andere positie dan het bestuur bij een nv of een vereniging. Een algemene vergadering ontbreekt immers. Ook is het stichtingsbestuur niet met een av te vergelijken; het functioneert slechts om conform de statuten het stichtingsdoel na te streven. In gevallen waar het ontbreken van een av problemen kan opleveren, opent de wet de mogelijkheid om de rechter te hulp te roepen.

Figuur 19.2 geeft de hiërarchie binnen de stichting weer.

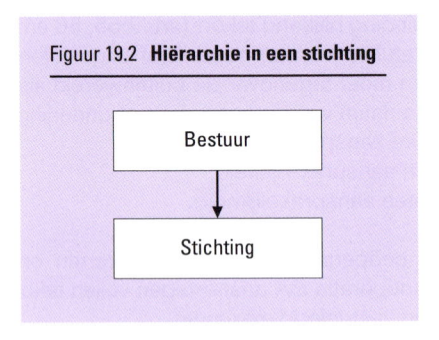

Figuur 19.2 Hiërarchie in een stichting

Bestuur
↓
Stichting

Ook is het de rechter die in laatste instantie kan ingrijpen bij onbehoorlijk bestuur (art. 2:297 en 298) of bij achterwege blijven van vervulling van een vacature in het bestuur (art. 2:299).

Vragen

1 Kan vereniging Z, door drie vrienden zonder notariële akte opgericht, de eigendom van het zeewaardige schip 'De Zeemeermin' verkrijgen als het schip bij opbod namens de hypotheekhouder wordt verkocht?

2 Vereniging F en vereniging M zijn voornemens, na een aantal gezamenlijk georganiseerde rally's, te fuseren.
Wie neemt het fusiebesluit?

3 Stichting O streeft naar de herplaatsing van otters in de Nieuwe Waterweg. De stichting telt tientallen donateurs. Kunnen de donateurs, indien het bestuur disfunctioneert, het bestuur ontslaan?

4 Welk orgaan is het belangrijkste orgaan bij een rechtspersoon van het stichtingstype?

5 Vereniging D heeft als doel het onderhoud van een natuurgebied aan de Oude Maas. De vereniging telt tientallen leden, die contributie betalen en als vrijwilliger griendhout telen en oogsten. Kunnen de leden, als het bestuur disfunctioneert, het bestuur ontslaan?

6 Wat is het belangrijkste orgaan bij een rechtspersoon van het verenigingstype?

Casus

1 A, B, C en D zijn grote dierenvrienden. Zij drijven, naast hun werk, tezamen een dierenpension. Daartoe huren zij een oude stal waar men oude en zieke dieren heen kan brengen ter verzorging. Voorts kan men er tegen voldoening van de – bescheiden – kosten zijn dier brengen wanneer men dit wegens verblijf in het buitenland niet kan verzorgen.
Op een gegeven moment wil de eigenaar van de stal het gebouw met bijbehorende grond verkopen. De dierenvrienden krijgen (financiële) steun toegezegd uit de buurt om het gebouw zelf te kopen ten behoeve van hun activiteiten. A, B, C en D zijn daar blij mee, maar willen de geldschieters geen invloed geven in het dierenpension. Zij begeven zich daarop naar de notaris voor advies.
  a Welke organisatievorm zou u aan de hiervoor genoemde dierenvrienden aanraden?
  b Wat zal daartoe moeten geschieden en waarop dient de notaris speciaal te letten?
  c Gesteld dat u A, B, C en D als organisatievorm een stichting zou aanraden, zou deze dan alleen door A bij de notaris kunnen worden opgericht?

2 Carnavalsband D is een vereniging waarvan de statuten niet zijn opgenomen in een notariële akte. Moet de vereniging ingeschreven worden in het handelsregister?

Naamloze vennootschap en besloten vennootschap

20

20.1 Begripsbepaling
20.2 Soorten naamloze en besloten vennootschappen
20.3 Kapitaal
20.4 Aandelen
20.5 Oprichting van de nv en de bv
20.6 Organen van de nv/bv
20.7 Vertegenwoordiging
20.8 Structuurvennootschap
20.9 Ontbinding en vereffening
20.10 Europese vennootschap

Naamloze en besloten vennootschappen zijn de kurk waarop het Nederlandse bedrijfsleven drijft. Essentieel bij deze rechtsvormen is dat noch de kapitaalverschaffers (aandeelhouders) noch de bestuurders in privé aansprakelijk zijn voor schulden van de onderneming. Om het publiek te beschermen tegen misbruik van deze rechtspersonen, zijn uitgebreide spelregels neergelegd in Boek 2 van het Burgerlijk Wetboek.
In dit hoofdstuk komen de naamloze en besloten vennootschap, kortweg nv en bv genoemd, aan de orde. In paragraaf 20.1 worden de begrippen nv en bv nader toegelicht. Nv's en bv's zijn er in soorten. Daarover gaat paragraaf 20.2. Paragraaf 20.3 gaat over drie soorten kapitaal, te weten maatschappelijk kapitaal, geplaatst kapitaal en gestort kapitaal. In paragraaf 20.4 komt ter sprake wat een aandeel is en welke rechten en plichten de aandeelhouders hebben. Ook komen de certificering, volstortingsplicht en aandelen op naam of aan toonder aan de orde. We beëindigen de behandeling van aandelen met een bespreking van de overdracht van aandelen en de blokkeringsregeling. Vervolgens bespreken we in paragraaf 20.5 de oprichting van de nv en bv. De nv en bv hebben verschillende organen. Daarover gaat paragraaf 20.6. Paragraaf 20.7 gaat over de vertegenwoordigingsbevoegdheid. Daarna komt de structuurvennootschap aan de orde en we besluiten in paragraaf 20.9 met iets te zeggen over ontbinding en vereffening. Paragraaf 20.10 gaat over een rechtsvorm, die in het laatste kwartaal van 2004 in het Nederlandse rechtsbestel is opgenomen: de Europese vennootschap of Societas Europaea (SE). De SE is gebaseerd op Europees recht en lijkt in Nederland erg op de nv.

■ ■ ■ 20.1 Begripsbepaling

Kapitaalvennootschap

De naamloze vennootschap (nv) en de besloten vennootschap met beperkte aansprakelijkheid (bv) zijn vennootschappen die rechtspersoonlijkheid bezitten en waarvan het maatschappelijk kapitaal in aandelen verdeeld is (art. 2:64 en 2:175). Men noemt ze ook wel 'kapitaalvennootschappen', in contrast met 'personenvennootschappen'.

De aandeelhouders zijn niet persoonlijk aansprakelijk voor wat op naam van zo'n vennootschap wordt verricht; hun risico is beperkt tot het op hun aandelen te storten bedrag. Het kapitaal, dat op deze wijze door aandeelhouders wordt bijeengebracht, vormt in eerste instantie het eigen vermogen van de rechtspersoon. Bestuurders zijn in beginsel ook niet persoonlijk aansprakelijk.

De vennootschap – de rechtspersoon – zelf is aansprakelijk met haar eigen vermogen voor de in haar naam verrichte handelingen; als ze een onderneming in stand houdt, is zij 'de ondernemer'. Als ezelsbruggetje geldt dan ook: bij personenvennootschappen zijn de samenwerkende personen aansprakelijk, en bij kapitaalvennootschappen is het bijeengebrachte kapitaal aansprakelijk.

De rechtspersoonlijkheid en haar (vooral fiscale) gevolgen verklaren voor een groot deel de populariteit van de aandelenvennootschappen, met name de voorkeur voor de (eenmans-)bv boven het 'eigen bedrijf'.

De rechtspersoonlijkheid waarborgt voorts de continuïteit van de onderneming: de onderneming is gemakkelijker over te dragen aan bedrijfsopvolgers.

■ Voorbeeld 20.1

Het overlijden van de (enig) aandeelhouder heeft in principe geen consequenties voor het voortbestaan van de onderneming. De onderneming was eigendom van de rechtspersoon en blijft eigendom van de rechtspersoon.

Daar komen de volgende niet te onderschatten voordelen bij:
1 De rechtspersoon is aansprakelijk voor schulden, niet de aandeelhouders.
2 De directeur-werknemer van een bv kan in beginsel profiteren van sociale verzekeringen.

De rechtspersoonlijkheid van de vennootschap herbergt ook maatschappelijke gevaren. Aandeelhouders, die zelf niet aansprakelijk zijn, kunnen ten koste van hun schuldeisers profiteren van de rechtspersoon. De wetgever probeert de ernstigste misstanden te bestrijden.

De wetgever tracht 'door de rechtspersoon heen te kijken', de mensen achter de vennootschap naar voren te halen en voor zover nodig naast de rechtspersoon aansprakelijk te stellen.

Misbruikwetgeving

Duidelijk komt dit naar voren in de misbruikwetgeving. Die regelt bijvoorbeeld de aansprakelijkheid van bestuurders voor door de rechtspersoon te betalen socialeverzekeringspremies, bijdragen in bedrijfspensioenfondsen, loonbelasting en omzetbelasting. Deze bepalingen zijn niet te vinden in Boek 2. De aansprakelijkheidsstelling is verwezenlijkt door bepalingen in de wetten, die deze verzekeringen en belastingen beheersen. Boek 2 bevat daarentegen wel bepalingen over de aansprakelijkheid van bestuurders, commissarissen en beleidsbepalers voor in een faillissement onbetaald gebleven schulden als wanbeleid in belangrijke mate tot het faillissement van de vennootschap heeft bijgedragen (art. 2:138 en 2:248). Een voorbeeld van wanbeleid is het niet voldoen aan de boekhoudplicht. Een ander voorbeeld van aansprakelijkheid bij misbruik is art. 2:216 lid 3. Hier wordt bepaald dat bij uitkering van dividend of een agioreserve door een bv de bestuurders persoonlijk aansprakelijk zijn als de vennootschap door de uitkering in betalingsmoeilijkheden komt. In een dergelijke situatie moeten aandeelhouders bovendien het uitgekeerde bedrag terugbetalen.

■ ■ ■ 20.2 Soorten naamloze en besloten vennootschappen

De kapitaalvennootschappen nv en bv kunnen worden onderverdeeld in categorieën. We kennen de volgende soorten nv's en bv's:
- de gewone nv;
- de gewone bv;
- de structuur-nv;
- de structuur-bv.

Structuur-vennootschappen

Structuurvennootschappen zijn grote nv/bv's (onder andere meer dan 100 werknemers), waarin een Raad van Commissarissen een grote invloed uitoefent (vgl. art. 2:153/263 lid 2). Structuurvennootschappen worden besproken in paragraaf 20.8.

Eenpersoons-vennootschap

Voorts kennen we de eenpersoonsvennootschap (epv). De epv is een nv of bv waarvan alle aandelen toebehoren aan één persoon of een huwelijksgemeenschap (geregistreerd partnerschap). Bij een epv moet de identiteit van de enige aandeelhouder worden bekendgemaakt bij het handelsregister.

De epv komt veel voor in concernverband (grote ondernemingen met 100% dochters) en bij het kleinbedrijf (bijvoorbeeld middenstanders).

Bijzondere regels

Bijzondere regels gelden wanneer een vennootschap geld van het publiek onder zich heeft (banken, verzekeringsmaatschappijen, beleggingsfondsen). Deze vennootschappen vallen onder specifieke wetten, zoals de Wet toezicht effectenverkeer. Voor alle soorten ondernemingen geldt dat bij dreigende monopolies op een bepaald marktgebied de Mededingingswet een rol kan spelen.

Dat onze wet naast de nv ook de bv kent is overigens te danken aan het Europese streven naar uniformiteit op het gebied van het rechtspersonenrecht (EG-Richtlijnen inzake het vennootschapsrecht). In het buitenland kende men al eerder met de bv overeenkomende lichamen: bijvoorbeeld de société à responsabilité limitée (SARL) naast de société anonyme (sa) en de Gesellschaft mit beschränkter Haftung (GmbH) naast de Aktiengesellschaft (ag). Ook in EU-verband geldt dat indien samenwerkende ondernemingen een monopoliepositie dreigen te krijgen, een bevoegde autoriteit (namens de Commissie) kan ingrijpen.

EU-recht

Het EU-recht wordt steeds belangrijker voor het Nederlandse ondernemingsrecht. Ingewikkelde vennootschapsrechtelijke vragen worden van tijd tot tijd door de Nederlandse rechter voorgelegd aan de Europese rechter (prejudiciële belissingen), omdat de uitleg van Europese richtlijnen (waarop ook het Nederlandse ondernemingsrecht is gebaseerd) in hoogste instantie is voorbehouden aan het Hof van Justitie van de EU.

Verschillen tussen nv en bv

De verschillen tussen nv en bv zijn op de keper beschouwd niet groot. De naamloze vennootschap vormt het onderwerp van titel 4 van Boek 2, de besloten vennootschap van titel 5 Boek 2. De regelingen zijn voor een groot deel gelijkluidend; de verschillen houden verband met het besloten karakter van de bv. De belangrijkste zijn:

1 De bv kent uitsluitend aandelen op naam, waarvan geen bewijzen worden uitgegeven.
2 De bv kent geen minimumkapitaal van duizenden euro's: zelfs met €0,01 kan een bv worden opgericht.
3 De bv kent een duidelijke wettelijke regeling om misbruik door bestuurders en/of aandeelhouders tegen te gaan.

Voor de levering van aandelen in een bv is altijd een notariële akte vereist (art. 2:196 lid 1).

■ ■ ■ 20.3 Kapitaal

Maatschappelijk kapitaal

Wij onderscheiden bij de nv en de bv drie soorten (eigen) kapitaal: maatschappelijk kapitaal, geplaatst kapitaal en gestort kapitaal.

Het maatschappelijk kapitaal is het maximumbedrag waartegen aandelen kunnen worden uitgegeven; het wordt genoemd in de statuten en luidt in nominale bedragen. Het geplaatst kapitaal is het nominale bedrag van de werkelijk geplaatste aandelen. Het nominale bedrag moet in euro's worden vastgesteld. In oudere statuten van voor 1999 staat de nominale waarde van de aandelen vaak aangegeven in guldens, de omrekenkoers is 2,20371.

Geplaatst kapitaal

Het maatschappelijk kapitaal is het maximum te plaatsen kapitaal. Doorgaans wordt dit maximum niet gehaald.

Het geplaatste kapitaal moet bij de oprichting ten minste 20% van het maatschappelijk kapitaal bedragen, en bovendien bij de nv ten minste €45.000 (art. 2:67) bedragen. Het minimumkapitaal bij de bv is in 2012 afgeschaft.

> ■ **Voorbeeld 20.2**
> Een nv wordt opgericht met een maatschappelijk kapitaal van €1.000.000. Ten minste 20% = €200.000 moet geplaatst zijn.
> Een bv wordt opgericht met een maatschappelijk kapitaal van $90.000 (vergelijk art. 2:178 lid 2). Ten minste $0,01 moet geplaatst zijn (één aandeel van $0,01, art. 2:175 lid 1).

Tijdens het bestaan van de vennootschap kan het bedrag van het geplaatste kapitaal veranderen door emissie (uitgifte) van aandelen, door intrekking van aandelen en door vermindering van het bedrag van de aandelen.

Gestort kapitaal

Het gestorte kapitaal is het totaal van de werkelijk op de geplaatste aandelen gestorte bedragen.

De wet gaat ervan uit dat ten minste de nominale waarde wordt gestort (art. 2:80 en 191), maar volstorting mag bij de nv deels en bij de bv geheel uitgesteld worden.

Bij de oprichting van een nv moet per geplaatst aandeel ten minste een kwart van het nominale bedrag gestort worden, en van het totale geplaatste kapitaal ten minste €45.000 (art. 2:69, 2:67 lid 2).
Bij de bv kan de stortingsplicht worden uitgesteld (waardoor zelfs de ene dollarcent uit voorbeeld 20.2 niet betaald hoeft te worden bij oprichting).

■ Voorbeeld 20.3
Een nv wordt opgericht met een maatschappelijk kapitaal van €1.000.000, waarvan het minimum ad €200.000 geplaatst is. Het minimum dat gestort moet worden, bedraagt €50.000.
Een bv wordt opgericht met een maatschappelijk kapitaal van €3.000.000; het minimum ad €0,01 is geplaatst. Gestort moet worden bij oprichting ten minste €0,00.

Het van de aandeelhouders verkregen kapitaal is – in theorie – de basis van het vermogen van de nv of de bv. De wet geeft veel regels ter bescherming van dit vermogen bij de nv. Ze bevatten een systeem, gebouwd rond de wettelijke minima voor het kapitaal en de stortingsplicht per aandeel bij de oprichting (zie ook paragraaf 20.4 en 20.5). Bij de bv zijn de regels ter bescherming van het vermogen (en dus de crediteuren, zoals leveranciers) in 2012 afgeschaft.

Vreemd vermogen

Naast de vermogensbestanddelen die de aandeelhouders verschaffen (eigen vermogen) kent men het vreemd vermogen. Dit is geleend geld (bijvoorbeeld van banken of via obligatieleningen). Over vreemd vermogen moet de vennootschap, anders dan over het eigen vermogen, rente betalen. Een groot vreemd vermogen kan, door rentelasten, de winst van een vennootschap absorberen.

■ ■ ■ 20.4 Aandelen

Aandelen

Aandelen zijn 'de gedeelten, waarin het maatschappelijk kapitaal bij de statuten is verdeeld' (art. 2:79). De statuten noemen het aantal, het bedrag en eventueel de soorten van de aandelen (art. 2:67 en 178).
Door deze verdeling van het maatschappelijk kapitaal wordt het mogelijk dat aantallen personen – de aandeelhouders – in dit kapitaal deelnemen.
Een aandeel vertegenwoordigt dus niet een aandeel in de onderneming (want de onderneming behoort toe aan de rechtspersoon, de nv of de bv), maar een deel van het (werk)kapitaal van de nv of bv.
Hierna bespreken we de rechten en plichten van aandeelhouders (subparagraaf 20.4.1), certificering als methode om stemrecht en recht op dividend van elkaar te scheiden (subparagraaf 20.4.2) en de volstortingsplicht (subparagraaf 20.4.3). De laatste subparagrafen behandelen aandelen op naam of aan toonder en de overdracht van aandelen (subparagrafen 20.4.4 en 20.4.5). Tot slot komt de blokkeringsregeling aan de orde.

■ ■ ■ 20.4.1 Rechten en plichten van aandeelhouders

Weinig plichten

Een aandeelhouder heeft weinig plichten en veel rechten.
De aandeelhouders verplichten zich tot betaling van het bedrag waartegen de aandelen worden uitgegeven. Dit is in beginsel minimaal het nomi-

Blokkeringsregeling De wet leert dat de statuten een blokkeringsregeling kunnen bevatten voor elke overdracht buiten de vrije kring. Deze blokkeringsregeling kan zijn een goedkeuringsregeling, een aanbiedingsregeling of een combinatie van beide.

Goedkeuringsregeling De goedkeuringsregeling houdt in dat een overdracht slechts geldig is als een statutair orgaan, zoals de av of het bestuur, haar heeft goedgekeurd (art. 2:195 lid 4).
De overdrager kan eisen dat de waarde door een onafhankelijke deskundige wordt vastgesteld, en hoeft met minder geen genoegen te nemen (art. 2:195 lid 4).

Aanbiedingsregeling De aanbiedingsregeling (art. 2:195 lid 1) houdt in dat de aandeelhouder die een of meer aandelen wil vervreemden, deze eerst aan zijn medeaandeelhouders moet aanbieden. De statuten kunnen een orgaan aanwijzen dat personen noemt aan wie moet worden aangeboden als de medeaandeelhouders het aanbod niet aanvaarden.
Als waarborg voor de vervreemder geldt dat, als hij niet alle aandelen die hij wil vervreemden tegen contante betaling kan vervreemden, hij de aandelen binnen drie maanden vrijelijk mag overdragen.

■ ■ ■ 20.5 Oprichting van de nv en de bv

De oprichting van een nv of een bv is een formele rechtshandeling. Deze kan eenzijdig of meerzijdig zijn. Zie art. 2:64 en 175.

Oprichtingsvereisten De wet (art. 2:64 en 175) eist voor de oprichting van een nv of een bv:
1 een notariële akte;
2 deelname van alle oprichters in het kapitaal; alle oprichters worden hierdoor na oprichting houder van ten minste één aandeel;
3 bij een nv: een bankverklaring of een accountantsverklaring (zie hierna subparagraaf 20.5.1).

De door een notaris ondertekende akte is volgens art. 2:4 lid 1 de absolute voorwaarde voor de totstandkoming van de nv of bv.
De oprichtingseisen bespreken we in de subparagrafen 20.5.1 en 20.5.2. Vervolgens wordt ingegaan op de concept-oprichtingsakte, de statuten en in subparagraaf 20.5.5 de nv of bv in oprichting. Het ministerie van Justitie houdt naar verluidt toezicht op misbruik van rechtspersonen. Dit toezicht zou achteraf plaatsvinden (als misbruik heeft plaatsgevonden, zogenoemd repressief toezicht) in plaats van vooraf (preventief toezicht, de in 2011 afgeschafte 'verklaring van geen bezwaar', dat was een controle op het fraudeverleden van ondernemers vóór oprichting van een nv of bv).

■ ■ ■ 20.5.1 Storting bij oprichting

In het kader van de storting op de bij de oprichting van een nv uit te geven aandelen gelden de volgende eisen.

Bankverklaring Bij storting in geld moet een bankverklaring aan de akte van oprichting worden gehecht, waaruit blijkt dat die bedragen ter beschikking van de vennootschap staan dan wel zijn gestort (art. 2:93a).

Accountants-verklaring

Bij storting anders dan in geld (bijvoorbeeld een onderneming wordt ingebracht), zijn een beschrijving van de inbreng (die de waarde en waarderingsmethode vermeldt) en een accountantsverklaring vereist. De accountant verklaart dat de waarde van hetgeen wordt ingebracht, bij toepassing van in het maatschappelijk verkeer als aanvaardbaar beschouwde waarderingsmethoden, ten minste beloopt het in de verklaring genoemde bedrag van de stortingsplicht, in geld uitgedrukt (art. 2:94a).

Bij een bv zijn er geen eisen.

20.5.2 Andere oprichtingseisen

De wet geeft nog meer voorschriften in het kader van de oprichting, maar de sancties op naleving van deze regels brengen het bestaan van de rechtspersoon niet in gevaar. Het gaat om de volgende eisen (art. 2:69 en 180):
1. Inschrijving in het handelsregister en nederlegging van een authentiek afschrift van de akte van oprichting ten kantore van het handelsregister.
2. Op de aandelen wordt bij de nv ten minste €45.000 gestort.
3. Op het bij de oprichting geplaatste kapitaal wordt bij een nv ten minste 25% van de nominale waarde gestort (het totaal van de stortingen beloopt ten minste de zojuist genoemde bedragen).

De sanctie ten aanzien van deze drie eisen zijn: hoofdelijke aansprakelijkheid van iedere bestuurder voor een tijdens zijn bestuur verrichte rechtshandeling waardoor de vennootschap wordt verbonden.

20.5.3 Oprichting in de praktijk

Tot zover in grote lijnen de eisen die de wet stelt aan de oprichting. In de praktijk komt de oprichting als volgt tot stand.

Voorovereenkomst

Allereerst wordt veelal een voorovereenkomst gesloten. Dat is een onbenoemde verbintenisscheppende overeenkomst, waarbij de toekomstige oprichters zich tegenover elkaar verbinden om tot de oprichting over te gaan, en ook andere afspraken maken, bijvoorbeeld omtrent de inbreng.

Concept-oprichtingsakte

Als besloten is tot de oprichting wordt een concept-oprichtingsakte gemaakt.

20.5.4 Akte van oprichting; statuten

In de akte van oprichting wordt melding gemaakt van de oprichting en van de datum waarop deze plaatsvond. Het belangrijkste deel van de akte vormen de statuten van de vennootschap (art. 2:66, 67, 177 en 178). Deze vermelden ten minste:

Statuten

1. de naam van de vennootschap, die moet aangeven of men met een naamloze of met een besloten vennootschap te maken heeft;
2. haar zetel; dit betreft de 'statutaire zetel', die in Nederland moet liggen. Een kantoor of onderneming kan ook elders zijn gevestigd; de statutaire zetel is de plaats waar de vennootschap volgens de statuten gevestigd is. De plaats waar de onderneming feitelijk gedreven wordt, kan ergens anders gelegen zijn (zo kan een motorrijschool bv statutair in Den Haag gevestigd zijn, terwijl de klanten alleen Delftse studenten zijn en er dan ook in Delft een kantoortje is en in en om Delft 'gelest' wordt);
3. het bedrag van het maatschappelijk kapitaal bij een nv en bij een bv als er een maatschappelijk kapitaal is;
4. het aantal en het bedrag van de aandelen;

2 Naast het bestuur is iedere bestuurder vertegenwoordigingsbevoegd.
3 Van de onder 2 genoemde regel kan statutair worden afgeweken in dier voege dat niet iedere bestuurder bevoegd is, maar het bestuur (als onder 1) en daarnaast een of meer bestuurders afzonderlijk of gezamenlijk.

Regels als onder 1, 2 of 3 vermeld moeten in een nv of bv bestaan, omdat het bestuur onafhankelijk van anderen moet kunnen optreden.
Hiernaast kan statutair nog het volgende zijn bepaald:
4 Een of meer bestuurders zijn vertegenwoordigingsbevoegd tezamen met een of meer anderen.
5 Anderen dan bestuurders zijn vertegenwoordigingsbevoegd.

Dit alles betrof de interne bevoegdheid tot vertegenwoordigen. Overtreedt iemand een regel, dan handelt hij in strijd met zijn verplichtingen tegenover de vennootschap. Daarnaast staan de kwesties van de macht, het vermogen om te vertegenwoordigen en de rechtspersoon metterdaad te verbinden. Daarbij gaat het erom of op een interne beperking in de vertegenwoordigingsbevoegdheid ook tegenover een buitenstaander een beroep gedaan mag worden. Dit beroep heeft tot gevolg dat de rechtspersoon door de onbevoegd verrichte handeling niet wordt gebonden.

Op beperkingen in de bevoegdheden als genoemd onder 4 en 5 kan tegenover een derde dus wél een beroep worden gedaan. Deze beperkingen kunnen worden ingeschreven in het handelsregister.

De mogelijkheden voor de rechtspersoon zich tegenover derden op statutaire vertegenwoordigingsbevoegdheid te beroepen zijn mede afhankelijk van de wijze waarop zij haar inschrijfverplichtingen nakwam (zie art. 2:6). In de praktijk is de inschrijving in het handelsregister hetgeen waarop een derde zich baseert. Hierbij moet een onderscheid worden gemaakt tussen telefonische informatie en het opvragen van een uittreksel. Een uittreksel geeft aanzienlijk meer bescherming aan derden dan telefonische informatie.

■ ■ ■ 20.8 Structuurvennootschap

Bijzonder regime

Voor nv's en bv's geldt een bijzonder regime als zij voldoen aan de omschrijving van art. 2:153 respectievelijk 263. Dit is het geval als de vennootschap de volgende drie kenmerken heeft:
1 Het geplaatst kapitaal bedraagt tezamen met de reserves volgens de balans met toelichting ten minste €16.000.000.
2 De vennootschap of een afhankelijke maatschappij heeft krachtens wettelijke verplichting een ondernemingsraad ingesteld (zie voor het begrip 'afhankelijke maatschappij' subparagraaf 16.2.4).
3 Bij de vennootschap en haar afhankelijke maatschappijen tezamen zijn in de regel ten minste honderd werknemers in Nederland werkzaam.

Structuurregeling

Zodra een nv of bv aan deze eisen voldoet, moet zij dit melden bij het handelsregister. Vervolgens gaat voor deze grote vennootschappen na verloop van drie jaar de 'structuurregeling' gelden (met spreekt dan ook van 'structuurvennootschappen'). Dit betekent vooral dat de raad van commissarissen belangrijke bevoegdheden krijgt, ten koste van de algemene vergadering van aandeelhouders.

Rvc verplicht

Bij een structuurvennootschap is een raad van commissarissen verplicht. In dit geval heeft de raad van commissarissen op grond van de wet bevoegdheden, en gelden nog enkele bijzondere regels. De belangrijkste regels voor de structuurvennootschap zijn de volgende:

1 De commissarissen worden voorgedragen aan de algemene vergadering door de raad van commissarissen (art. 2:158 e.v. en 268 e.v.). De algemene vergadering kan met volstrekte meerderheid (die soms een derde van het geplaatste kapitaal vertegenwoordigt) de voordracht doorbreken.

De ondernemingsraad en het bestuur kunnen de raad van commissarissen personen voor benoeming aanbevelen (art. 2:158 en 268): een bindende voordracht kan niet gedaan worden. De ondernemingsraad heeft het recht een derde van de commissarissen voor te dragen. De raad van commissarissen kan slechts in hoge uitzondering bezwaar maken tegen deze kandidaat (kandidaat ongeschikt).

2 Niet de algemene vergadering, maar de raad van commissarissen benoemt de bestuurders van de vennootschap (art. 2:162 en 272) (zie echter art. 2:265a voor een uitzondering).

3 Bepaalde belangrijke bestuursbesluiten behoeven goedkeuring van de raad van commissarissen (en soms van de algemene vergadering, art. 2:107a BW).

Voorbeelden van dergelijke besluiten zijn: besluiten tot uitgifte, intrekking, of verkrijging van eigen aandelen; uitgifte van certificaten; duurzame samenwerking met of aanzienlijke deelname in het kapitaal van een andere vennootschap; beëindiging van de dienstbetrekking van een aanmerkelijk aantal werknemers tegelijkertijd of kort na elkaar en ingrijpende wijzigingen in de werkomstandigheden van een aanmerkelijk aantal werknemers.

Voorts worden voorstellen tot statutenwijziging en ontbinding van de vennootschap en aanvragen van faillissement of surseance van betaling goedgekeurd.

In enkele gevallen geldt de regeling van de structuurvennootschap niet onverkort.

Verzwakt regime

In de eerste plaats is hiervan sprake als het 'verzwakt regime' van toepassing is van de art. 2:155 en 265: de hiervoor genoemde regels voor de bestuursbenoeming en de vaststelling van de jaarrekening gelden niet als de vennootschap een afhankelijke maatschappij is van een moeder of samenwerkende moeders waarvan de werknemers in meerderheid buiten Nederland werkzaam zijn of onder lid 1 sub c van genoemde artikelen vallen.

In de tweede plaats kan een vennootschap zich vrijwillig aan de structuurbepalingen onderwerpen. Dit is mogelijk als ze er niet krachtens de wet al aan onderworpen is, maar wel bij haar of een dochter van haar krachtens wettelijke verplichting een ondernemingsraad is ingesteld. Zij kan de structuurbepalingen vrijwillig in haar statuten opnemen, maar zich daarbij beperken tot die bepalingen die bij het verzwakt regime gelden (art. 2:157 en 2:267).

In de derde plaats is het mogelijk dat een vennootschap die wel voldoet aan de criteria voor de structuurvennootschap, is ontheven van een aantal structuurbepalingen door de minister van Justitie (art. 2:156 en 266), of geheel van deze bepalingen is vrijgesteld (art. 2:153 lid 3 en 263 lid 3).

Het structuurregime kan door de recente wetswijzigingen niet meer zuur uitpakken voor een oprichter/enig aandeelhouder van een bedrijf. Omdat de succesvolle ondernemer met meer dan 100 werknemers uiteindelijk de zeggenschap behoudt: de ondernemer draagt de meeste leden van de Raad van Commissarissen voor.

De ondernemer die het bedrijf startte, is doorgaans immers de grootaandeelhouder en als zodanig in de praktijk degene die tweederde van de commissarissen voordraagt. Het resterende derde deel wordt weliswaar ook benoemd door de aandeelhouders maar conform de voordracht van de Belastingdienst.

■ ■ ■ 20.9 Ontbinding en vereffening

De vennootschap wordt ontbonden in de volgende gevallen (art. 2:19):
1 op het in de statuten bepaalde tijdstip (zie ook art. 2:17);
2 door een besluit van de algemene vergadering van aandeelhouders;
3 door het intreden van een gebeurtenis die volgens de statuten tot ontbinding leidt; met deze gebeurtenis bedoelt de wet nadrukkelijk niet een ontbindingsbesluit of een andere op de ontbinding gerichte handeling;
4 na een faillietverklaring in twee gevallen: als het faillissement wordt opgeheven wegens de toestand van de boedel (art. 16 Fw) of als de staat van insolventie intreedt (art. 173 e.v. Fw);
5 ontbinding door de rechter in de gevallen die de wet bepaalt (vergelijk art. 2:20, 2:21, 2:74, 2:185);
6 door een beschikking van de Kamer van Koophandel, als het een niet actieve vennootschap is (art. 2:19a).

Door de ontbinding is aan het bestaan van de rechtspersoon nog geen einde gekomen. Hij bestaat voort voor zover dat voor de vereffening van zijn eigen vermogen noodzakelijk is (art. 2:19 lid 5). Dit wil zeggen dat hij slechts rechtshandelingen kan verrichten in het kader van de vereffening, zoals het betalen van schuldeisers, het innen van vorderingen en het verkopen van een kantoorinventaris. In beginsel treden de bestuurders op als vereffenaars.

Vereffening

De vereffening is het klaarmaken van de restanten van de vennootschap voor verdeling. Vereffening geschiedt door schulden af te betalen en eventueel goederen te verkopen zodat (eenvoudig te verdelen) contant geld voorhanden is.

Pas aan het eind van de vereffening, als alle schuldeisers voldaan zijn, komen de aandeelhouders aan bod. In verhouding tot ieders recht (in het algemeen de nominale waarde van zijn aandelen) ontvangt ieder een deel van wat de nv of bv in liquidatie nog in kas heeft.

■ ■ ■ 20.10 Europese vennootschap

Grensoverschrijdende ondernemingen

De Societas Europaea (SE) is een kapitaalvennootschap zoals de nv. Het doel van invoering van de SE is het bedrijfsleven de mogelijkheid te bieden een Europese, in plaats van bijvoorbeeld een Nederlandse of Engelse vennootschap te gebruiken voor grensoverschrijdende ondernemingen.

Vanaf 8 oktober 2004 is in Nederland krachtens Europees recht (EG-Verordening nr. 2157/2001 en EG-Richtlijn 2001/86/EG) en een Nederlandse uitvoeringswet de Europese vennootschap of Societas Europaea (SE) ingevoerd. Er is niet één SE: ieder land geeft een eigen invulling aan de SE, omdat het systeem van de Verordening zegt dat, afgezien van een paar gezamenlijke kenmerken, de SE zal worden vormgegeven door de bepalingen voor de nv (sa, ab enzovoort) van dat land. Wel is het zo dat al deze rechtsvormen door de zogenoemde Eerste Richtlijn sterk op elkaar lijken. Kenmerkend voor de SE is de internationale dimensie: ten minste twee vennootschappen moeten onder het recht van verschillende lidstaten ressorteren (art. 2 Verordening).

Voorts is interessant dat de SE een minimumkapitaal heeft van €120.000 (art. 4 lid 2 Verordening) en dat de statutaire zetel en de feitelijke zetel (anders dan bij de nv en de bv) in één land gelegen moeten zijn (art. 7 Verordening). Ook krijgt de SE rechtspersoonlijkheid na inschrijving in het handelsregister (art. 12 en 16 Verordening), in tegenstelling tot de nv en bv, die rechtspersoonlijkheid krijgen bij het passeren van de notariële akte.

Er zijn vijf manieren waarop een SE kan ontstaan:
1 oprichting SE door fusie (door overneming of door oprichting) van een Nederlandse nv met een vennootschap uit een andere lidstaat (art. 2 lid 1 Verordening);
2 oprichting holding-SE door een Nederlandse bv of nv en een vennootschap uit een andere lidstaat (of dochtervennootschap of bijkantoor) (art. 2 lid 3 Verordening);
3 oprichting dochter-SE door een Nederlandse bv of nv en een vennootschap uit een andere lidstaat (of dochtervennootschap of bijkantoor) (art. 2 lid 3 Verordening);
4 omzetting van een Nederlandse nv in een SE; dit is mogelijk indien de vennootschap ten minste twee jaar een dochtervennootschap heeft onder het recht van een andere lidstaat (art. 2 lid 4 Verordening);
5 oprichting dochter-SE door de SE (art. 3 lid 2 Verordening).

Rechtspersoonlijkheid door inschrijving

Vervolgens krijgt een SE (bij oprichting) rechtspersoonlijkheid door inschrijving in het handelsregister. De inschrijving en doorhaling in het handelsregister worden bekendgemaakt in het Publicatieblad van de Europese Gemeenschappen. De bekendmaking (art. 14 lid 1 Verordening) omvat vermelding van:
1 naam, nummer, datum en plaats van de inschrijving van de SE;
2 datum, plaats en titel van de publicatie;
3 statutaire zetel en activiteitssector van de SE.

Deze gegevens worden binnen een maand na openbaarmaking meegedeeld aan het Bureau voor officiële publicaties der Europese Gemeenschappen (art. 14 lid 3 Verordening).

Zetelverplaatsing

Een SE kan haar zetel verplaatsen (vanuit Nederland of naar Nederland). Zetelverplaatsing leidt niet tot ontbinding van de rechtspersoon en evenmin tot oprichting van een nieuwe rechtspersoon.

De vraag of in de toekomst veel ondernemingen gebruik gaan maken van deze rechtsvorm is niet te beantwoorden. In 2012 is de SE nog geen succes: er zijn maar enkele tientallen Nederlandse SE's tegenover ongeveer 800 000 bv's.

Vragen

1. Boekhouder P maakt met zijn boekhouding-advieskantoor jaarlijks een winst van €700.000. Gedwongen door tijdgebrek is P niet altijd bij machte om de aandacht te schenken aan individuele dossiers die nodig is om tegemoet te komen aan zijn perfectionistische aard. Zal P, die geen risico wil lopen, zijn kantoor hebben ondergebracht in een eenmanszaak in een nv of in een bv?

2. P wil een bv oprichten waarvan hij enig aandeelhouder wordt. Het gestorte kapitaal zal €20.000 bedragen. Wie is na oprichting en storting bevoegd over de €20.000 te beschikken: P of de bv?

3. Dient een toonderaandeel bij notariële akte te worden overgedragen?

4. Zijn aandelen in een bv door middel van een notariële akte vrij overdraagbaar van vader op zoon?

5. Waar kan worden gevonden wie bevoegd is de vennootschap te vertegenwoordigen?

6. Welk orgaan krijgt bij het intreden van het structuurregime bevoegdheden die daarvoor aan de ava toekwamen?

7. Wie kunnen een bv ontbinden?

Casus

1 Uw baas, directeur van A bv, legt aan u de volgende structuur voor:

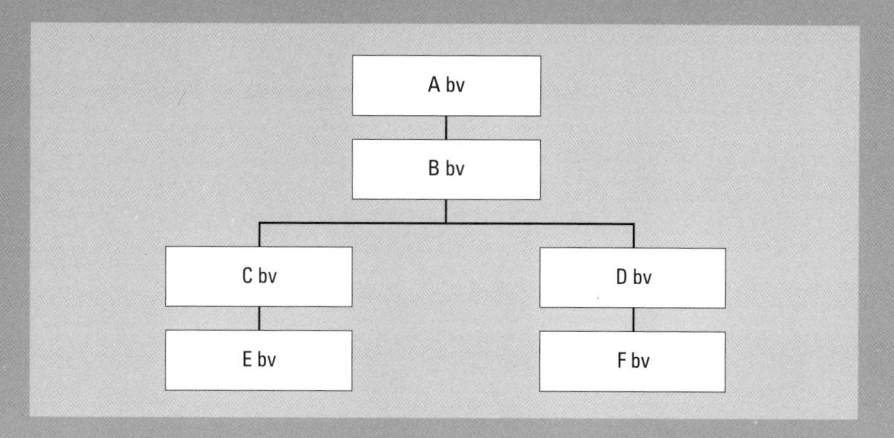

```
                    A bv
                     |
                    B bv
                  /      \
              C bv        D bv
               |            |
              E bv        F bv
```

A bv: 0 werknemers, geen ondernemingsraad, kapitaal plus reserves €10 mln (uit de toelichting van de laatstelijk vastgestelde jaarrekening blijkt een stille reserve van €8 mln);

B bv: 80 werknemers in Nederland, geen ondernemingsraad, kapitaal plus reserves €0 mln;

C bv: 150 werknemers in Nederland, wel een ondernemingsraad, kapitaal plus reserves €100.000 mln;

D bv: 0 werknemers, geen ondernemingsraad, kapitaal plus reserves €0 mln;

E bv: 1 000 werknemers in Idzega, geen ondernemingsraad, geplaatst kapitaal plus reserves €0 mln;

F bv: 500 werknemers in Amsterdam, geen ondernemingsraad, geplaatst kapitaal plus reserves €100.000.000 mln.

a Voldoet A bv aan de criteria voor de structuurregeling?
b Wie zal in de toekomst (na drie jaar) uw baas gaan benoemen en ontslaan?

Personen- en familierecht

21

21.1 Wat houdt personen- en familierecht in?
21.2 Persoon
21.3 Het recht op naam
21.4 Woonplaats
21.5 Burgerlijke stand
21.6 Afstamming
21.7 Adoptie
21.8 Minderjarigheid
21.9 Het gezag over minderjarigen
21.10 Omgangs- en informatierecht
21.11 Voogdij
21.12 Curatele
21.13 Onderbewindstelling ter bescherming van meerderjarigen
21.14 Mentorschap ten behoeve van meerderjarigen
21.15 Huwelijk
21.16 Geregistreerd partnerschap
21.17 Huwelijksvermogensrecht
21.18 Echtscheiding
21.19 Scheiding van tafel en bed
21.20 Levensonderhoud

Ieder mens krijgt op verschillende momenten in zijn leven met personen- en familierecht te maken. Dit onderdeel van het recht begeleidt een mens letterlijk van de wieg tot het graf. Het bepaalt wanneer het leven met zijn burgerrechtelijke rechten begint, hoe iemand heet, wie de ouders van een kind zijn en welke rechten en verplichtingen het ouderschap met zich meebrengt (paragraaf 21.1 tot en met 21.10).
Verderop in het leven komt het moment dat iemand meerderjarig wordt en daarmee bijzondere rechten krijgt. Hij kan bijvoorbeeld zonder de toestemming van zijn ouders of voogden zelfstandig een huwelijk sluiten, een huis kopen en verkopen en aan anderen leveren (paragraaf 21.8 en 21.15 tot en met 21.17).
Ook droeviger episodes komen aan bod, zoals wat er geregeld moet worden als iemand wegens dementie of een aangeboren afwijking niet in staat is voor zichzelf te zorgen. Het recht biedt daarvoor verschillende be-

schermingsmogelijkheden, zoals curatele en beschermingsbewind (paragraaf 21.12 tot en met 21.14).
Het familierecht regelt de vereisten voor de huwelijkssluiting en de burgerrechtelijke gevolgen daarvan, bijvoorbeeld het huwelijksvermogensrecht, maar ook de periode na het huwelijk als het door echtscheiding is geëindigd (paragraaf 21.15 tot en met 21.19). Paragraaf 21.20 ten slotte beschrijft de wettelijke regels over het levensonderhoud.

■ ■ ■ 21.1 Wat houdt personen- en familierecht in?

Boek 1 draagt als opschrift Personen- en familierecht. Het bevat een aantal bepalingen die de rechtspositie van iedere (natuurlijke) persoon betreffen, zoals het recht op naam (art. 1:4 e.v.), de woonplaats (art. 1:10 e.v.), de burgerlijke stand (art. 1:16 e.v.) en afwezigheid en vermissing (art. 1:409 e.v.).
Daarnaast regelt het een aantal rechtsverhoudingen die op de relatie tussen personen zien, zoals het huwelijk (art. 1:30 e.v.), geregistreerd partnerschap (art. 1:80a e.v.), adoptie (art. 1:227 e.v.), ouderlijk gezag (art. 1:245 e.v.) etc.

Behalve personen- en familierecht bevat Boek 1 ook een aantal regelingen van vermogensrechtelijke aard. Zij vormen een niet onbelangrijk onderdeel daarvan. Voor zover Boek 1 geen bijzondere regeling geeft voor een specifiek geval, gelden de 'gewone regels' van het vermogensrecht.
Een groot deel van de bepalingen die het huwelijk regelen, betreft de vermogensrechtelijke aspecten van dit instituut. Men pleegt dit onderdeel aan te duiden met de term huwelijksvermogensrecht of huwelijksgoederenrecht. De bepalingen uit titel 6, 7 en 8 kunnen hiertoe gerekend worden. Vermogensrechtelijk van aard zijn eveneens de bepalingen betreffende het bewind van de ouder(s) (art. 1:253i e.v.) en de voogd (art. 1:337 e.v.), alsmede de negentiende titel, regelende de onderbewindstelling van meerderjarigen.

■ ■ ■ 21.2 Persoon

Definitie 'persoon' Persoon is hij die drager van rechten en verplichtingen kan zijn; een omschrijving die we tevergeefs in de wet zullen zoeken. Deze bevat in art. 1 slechts een verklaring dat ieder die zich in Nederland bevindt, rechtsbevoegd, dat wil zeggen persoon is.
Het recht onderscheidt natuurlijke personen en rechtspersonen. Alleen op de eersten zijn de bepalingen uit Boek 1 van toepassing. De rechtspersoon, waaraan Boek 2 geheel is gewijd, wordt slechts voor wat betreft het vermogensrecht gelijkgesteld met een natuurlijke persoon (art. 2:5). Zo kan een rechtspersoon aansprakelijk zijn uit onrechtmatige daad.

Persoon is rechtsbevoegd *Rechtsbevoegd* is men vanaf zijn geboorte (tot op het moment van overlijden). De wet maakt hierop één uitzondering. Indien het belang van het kind dit vordert, wordt het kind, waarvan een vrouw zwanger is, als reeds geboren aangemerkt. Deze fictie kan alleen toepassing vinden, indien het kind levend ter wereld komt (art. 1:2).

Om als erfgenaam bij versterf te kunnen optreden, moet men bestaan op het ogenblik dat de nalatenschap openvalt (art. 4:9). Overlijdt de vader van een kind vóór diens geboorte, dan zou ingevolge art. 4:9 de erfenis aan de neus van het kind voorbijgaan. Dit wordt door art. 1:2 voorkomen. Vergelijk voor een ander geval, waarin de fictie van belang kan zijn art. 6:108.

Uit het voorgaande blijkt, dat een baby (en soms zelfs de nog ongeboren vrucht) al rechten kan verkrijgen, bijvoorbeeld op grond van erfgenaamschap. Dit zal wellicht geen verbazing wekken, nu deze rechten automatisch verkregen worden door het overlijden van de erflater (vergelijk ook art. 4:182). Men onderscheidt de rechtsbevoegdheid wel van de *handelingsbekwaamheid*, dat is de wettelijke geschiktheid om voor zichzelf onaantastbare rechtshandelingen te verrichten. Een minderjarige is als regel bekwaam om rechtshandelingen te verrichten, mits hij met toestemming van zijn wettelijk vertegenwoordiger handelt en verder voor zover de wet niet anders bepaalt (zie ook hoofdstuk 1).

Handelingsbekwaamheid

■ ■ ■ 21.3 Het recht op naam

Zes artikelen, samen vormend de tweede titel van Boek 1, heeft de wetgever gewijd aan het recht op naam. We treffen daar bepalingen aan, waarin wordt aangegeven hoe een voornaam verkregen wordt, onder welke omstandigheden deze gewijzigd kan worden (art. 1:4) en welke geslachtsnaam het kind zal dragen (art. 1:5). Een kind dat door zijn geboorte in familierechtelijke betrekking tot beide ouders staat, kan zowel de naam van de moeder als van de vader krijgen. De ouders dienen daartoe gezamenlijk (uiterlijk) bij de geboorteaangifte een keuze uit te brengen. Sinds 28 februari 2009 geeft art. 1:5 lid 4 deze keuzemogelijkheid ook aan degenen die op grond van art. 1:253sa gezamenlijk gezag over het kind hebben. Blijft een dergelijke keuze achterwege, dan krijgt het kind de naam van de vader. Staat een kind daarentegen alleen in familierechtelijke betrekking tot de moeder, dan krijgt het haar geslachtsnaam.

De geslachtsnaam kan op verzoek van de betrokkene gewijzigd worden (art. 1:7). Dit stelsel voldoet volgens de Hoge Raad aan de eisen die het EVRM en het Verdrag inzake de Rechten van het Kind stelt, ECLI:NL:HR:2006:AU9239.

Wijziging van de geslachtsnaam geschiedt bij Koninklijk Besluit. Bij de beoordeling van de vraag of een geslachtsnaam voor wijziging in aanmerking komt, hanteert het ministerie van Justitie bepaalde regels. Grond voor wijziging is onder andere het feit, dat een naam 'onwelvoeglijk of bespottelijk' is. 'Naaktgeboren' of 'Vroegindewei' zijn uitingen van het verzet tegen de Franse overheersing onder Napoleon, toen iedereen een achternaam moest krijgen. Deze worden niet als bespottelijk ervaren. Het verzoek van het stief- of pleegkind om de naam van respectievelijk de stiefvader of de pleegvader te mogen aannemen komt voor toewijzing in aanmerking. Het is echter niet uitgesloten dat een kind hierbij een loyaliteitsconflict krijgt jegens zijn vader en zijn moeder doordat het kind zijn voorkeur voor de naam van één van hen moet uitspreken.

Achternaamswijziging

In het arrest van het Europese Hof van Justitie van 2 oktober 2003, Garcia Avello/België, is uitgesproken dat personen die ook onderdaan zijn van een ander EU-land, niet per se gebonden zijn aan de naamwetgeving van het eerste land. Ook de Nederlandse staat moet dus meewerken aan het verzoek om de achternaam te voeren zoals deze gebruikelijk is in het andere land. Het Besluit verruimt deze regel overigens ook tot onderdanen van niet-EU-landen.

Het recht op naam is geen vermogensrecht. Wel is het een persoonlijkheidsrecht waarop anderen niet ongestraft inbreuk kunnen maken. Het recht op de geslachtsnaam valt onder de bescherming van art. 8 EVRM, zie EHRM 22 februari 1994, NJ 1996, 12 (Burghartz-arrest). Hij die een naam van een ander zonder diens toestemming voert, handelt onrechtmatig, wanneer hij daardoor de schijn wekt die ander te zijn of tot diens geslacht of gezin te behoren (art. 1:8). Op die regeling bestaat één uitzondering, die te vinden is in art. 1:9. Op grond van deze bepaling geldt dat personen die met elkaar gehuwd zijn dan wel gehuwd zijn geweest dan wel een geregistreerd partnerschap hebben dan wel hebben gehad, over en weer bevoegd zijn elkaars geslachtsnaam te voeren. Die bevoegdheid blijft dus ook bestaan na (echt)scheiding, zij het dat de rechtbank in situaties waarin geen kinderen uit het huwelijk zijn geboren of het geregistreerd partnerschap is beëindigd op de wijze bedoeld in art. 80c, onder c of d, dit recht onder bepaalde omstandigheden op verzoek van de betreffende echtgenoot of gewezen geregistreerde partner aan de vrouw/man kan ontnemen.

Achternaam gehuwden

Voornaamswijziging

Ook de voornaam van een persoon kan problemen opleveren. In Nederland kennen wij – anders dan bijvoorbeeld in Marokko – geen lijst waaruit de voornamen van een kind kunnen worden gekozen. De ouders zijn ook niet helemaal vrij in hun keuze: de naam mag bijvoorbeeld niet een gebruikelijke achternaam zijn, en het is ook niet mogelijk om een heel groot aantal voornamen te geven, bijvoorbeeld alle namen van de spelers van het nationale voetbalelftal.

Het kan voorkomen dat de persoon later helemaal niet blij is met de voornaam of voornamen die de ouders aan hem hebben gegeven. Het hangt dan van de inschatting van de rechter af of een verzoek tot voornaamswijziging wordt gehonoreerd (art. 1:4).

■ ■ ■ 21.4 Woonplaats

Onder woonplaats wordt verstaan de plaats waar iemand met betrekking tot de uitoefening van rechten en de vervulling van zijn verplichtingen geacht wordt steeds aanwezig te zijn.

Waar iemand zijn woonplaats heeft, is in verschillende opzichten van belang. Allereerst ter beantwoording van de vraag waar bepaalde handelingen moeten worden verricht. Bijvoorbeeld procesrechtelijke handelingen. Zo is de woonplaats van gedaagde de plaats waar de dagvaarding betekend moet worden, als betekening aan deze in persoon niet mogelijk is. Maar ook buiten het procesrecht is het woonplaatsbegrip van belang. Bijvoorbeeld ter beantwoording van de vraag waar de betaling van een geldschuld (art. 6:116 lid 1 en art. 6:118) of de aflevering van een naar de soort bepaalde zaak (art. 6:41 sub b) moet plaatsvinden.

Verder is de bepaling van iemands woonplaats belangrijk in verband met de vraag naar de relatieve bevoegdheid van de rechter. Dit is de vraag welke rechter van een bepaalde soort bevoegd is, dus: die uit Amsterdam of Dordrecht (of een van de andere rechtbanken). Als regel is de rechter van de woonplaats van gedaagde bevoegd (vergelijk art. 99 Rv).

Woonstede

Als woonplaats van de natuurlijke persoon geldt zijn 'woonstede' (art. 1:10 lid 1). Dit begrip veronderstelt een bestendig verblijf: de plaats waar men zijn huis en haard heeft. Meestal zal men daar ook zijn werkelijk verblijf hebben. Dit behoeft echter niet steeds het geval te zijn.

■ Voorbeeld 21.1
Denk bijvoorbeeld aan degene die wegens werkzaamheden gedurende vijf dagen per week in een hotel verblijft en aldus gedurende die dagen daar zijn werkelijk verblijf heeft. Zijn 'woonstede' heeft hij echter daar waar zijn gezin woont en waar hij zelf de weekends doorbrengt.

Valt er geen 'woonstede' aan te wijzen, dan geldt de werkelijke verblijfplaats als woonplaats (art. 1:10 lid 1).

Afhankelijke woonplaats

Een handelingsonbekwame volgt de woonplaats van zijn wettelijk vertegenwoordiger (art. 1:12 lid 1). Men spreekt in dit verband wel van afhankelijke woonplaats, dit in tegenstelling tot de zelfstandige woonplaats uit art. 1:10.

■ ■ ■ 21.5 Burgerlijke stand

Aan de instelling die we de burgerlijke stand noemen, zijn de bepalingen uit de vierde titel van Boek 1 gewijd. Deze bepalingen behelzen de hoofdpunten van de regeling. Een nadere uitwerking hiervan is te vinden in een Algemene Maatregel van Bestuur, het Besluit burgerlijke stand 1994.

Doel van de burgerlijke stand is het registreren van rechtsfeiten die de staat van personen bepalen en daarop van invloed zijn. Voorbeelden van dergelijke rechtsfeiten zijn geboorte, erkenning en overlijden. Zo verkrijgt men door het huwelijk 'de huwelijkse staat'.

Van deze feiten wordt aantekening gehouden door de ambtenaar van de burgerlijke stand. Hij maakt hiertoe de in de wet genoemde akten op en neemt deze op in de registers. Van deze akten worden zogenoemde 'dubbelen' gemaakt zodat men een kopie op een andere plaats kan bewaren voor het geval dat er iets misgaat met de originelen.

■ Voorbeeld 21.2
In Leiden is in 1929 veel archiefmateriaal in vlammen opgegaan bij de stadshuisbrand. Tijdens de grote watersnood van 1953 ging veel materiaal in de stadhuizen in de getroffen gebieden verloren.

Per 19 mei 2004 is het mogelijk dat de dubbelen van akten digitaal worden opgeslagen. Vooralsnog worden de dubbelen op cd-rom opgeslagen maar er is ruimte om mee te gaan met moderne technologische ontwikkelingen.

Wet basisadministratie personen

De Wet basisadministratie personen die per 2014 in werking is getreden, regelt hoe persoonsgegevens worden bijgehouden en opgeslagen. Het is mogelijk om met digitale persoonslijsten te werken. Daarmee is er nu sprake van een landelijke registratie met persoonsgegevens van de inwoners van Nederland en Nederlanders in het buitenland. Het bijhouden en uitwisselen van gegevens wordt daarmee eenvoudiger en goedkoper.

de souteneur die zijn vrouw tot prostitutie heeft gedwongen (ECLI:NL:HR:2003:AF0444).

Iets soortgelijks geldt voor het geval de moeder zwanger was vóór het huwelijk of de partnerschapsregistratie en de man daarvan kennis heeft gedragen. Ook in dat geval kan noch de vader noch de moeder het vaderschap ontkennen.

Voor de ontkenning van het vaderschap door moeder, vader en kind gelden enigszins andere termijnen. Zie hiervoor art. 1:200 leden 5 en 6 waaruit blijkt dat het verzoek tot gegrondverklaring van de ontkenning door de moeder binnen één jaar na de geboorte van het kind moet zijn ingediend, terwijl de vader één jaar de tijd heeft nadat hij bekend is geworden met het feit dat hij vermoedelijk niet de biologische vader is van het kind. Het kind heeft drie jaar de tijd nadat het bekend is geworden met het feit dat de man vermoedelijk niet zijn biologische vader is. Voor zover dit tijdens zijn minderjarigheid bekend wordt, kan hij het verzoek tot uiterlijk drie jaar nadat hij meerderjarig is geworden, indienen. Zie over ontkenning vaderschap na overlijden van ouders of het kind het bepaalde in art. 1:201.

Terugwerkende kracht ontkenning vaderschap

Het rechtsgevolg van ontkenning van het vaderschap is, dat het kind geacht wordt van zijn geboorte af alleen in familierechtelijke betrekking tot zijn moeder te hebben gestaan. De ontkenning van het vaderschap heeft dus terugwerkende kracht. De daaraan, uit het oogpunt van rechtszekerheid, verbonden bezwaren worden ondervangen door het bepaalde in art. 1:202 lid 2 (eerbiediging rechten derden te goeder trouw) en lid 3 (geen teruggave kosten verzorging en opvoeding).

■ ■ ■ **21.6.2 Erkenning**

Een van de wijzen waarop een familierechtelijke betrekking tussen een kind en een man kan ontstaan, is door erkenning. De erkenning wordt in het Nederlandse recht niet gezien als een bewijsmiddel van de afstamming, maar als een rechtshandeling. Dit betekent dat erkenning ook kan geschieden door een man die niet de verwekker is, zij het dat in dat geval de mogelijkheid bestaat om de erkenning te vernietigen (art. 1:205). Onder verwekker wordt verstaan de man die 'langs natuurlijke weg' bij de vrouw een kind heeft verwekt, dus niet via kunstmatige inseminatie of andere (moderne) voortplantingsmethoden.

Rechtshandeling

Definitie verwekker

Erkenning geschiedt bij een akte van erkenning, opgemaakt door een ambtenaar van de burgerlijke stand, dan wel bij notariële akte. Ingevolge het tweede lid van art. 1:203 heeft de erkenning geen terugwerkende kracht; zij werkt eerst vanaf het tijdstip waarop zij is gedaan, wat in overeenstemming is met het feit dat erkenning een rechtshandeling is.

Voorwaarden voor erkenning

In sommige gevallen is de erkenning nietig van rechtswege (art. 1:204) of vernietigbaar (art. 1:205).

Belangrijkste voorbeeld van het eerste is het ontbreken van schriftelijke toestemming van de moeder, zolang het kind nog geen 16 jaar is (art. 1:204 lid 1 sub c).

Onder bepaalde omstandigheden kan bij het ontbreken van de gevraagde toestemming, vervangende toestemming aan de rechtbank worden gevraagd. Daarvoor is het wel nodig dat de man de verwekker van het kind is of dat hij niet de verwekker maar wel de biologische vader is en in een nauwe, persoonlijke betrekking staat tot het kind en dat de erkenning de belangen van de moeder bij een ongestoorde verhouding met het kind niet worden geschaad of dat een evenwichtige sociaalpsychologische en emotionele ontwikkeling van het kind niet in het gedrang komt (art. 1:204 lid 3).

Als de erkenner wel de verwekker is, dan is family life voor de vervangende toestemming niet nodig (ECLI:NL:HR:2001:AB0032).

Lid 3 houdt een bevestiging in van de op grond van het oude art. 1:224 ontwikkelde rechtspraak omtrent misbruik van bevoegdheid bij weigering van toestemming. Op grond van een arrest van de Hoge Raad (ECLI:NL:HR:2003:AF0148) moet aangenomen worden dat deze rechtspraak haar belang niet geheel verliest en dat bij de afweging van de betrokken belangen relevant zal blijven de vraag of sprake is van een gebruikelijke, dan wel van een ongebruikelijke situatie. Van een gebruikelijke situatie spreekt men wanneer de moeder het grootste aandeel in de verzorging en opvoeding heeft gehad, terwijl men de situatie waarin de vader die rol heeft gehad als ongebruikelijk aanmerkt. In het eerste geval, aldus de rechtspraak van de Hoge Raad, ontwikkeld naar aanleiding van art. 1:224 (oud), zal bij het weigeren van toestemming worden getoetst of de moeder geen enkel te respecteren belang heeft, terwijl in de situatie waarin de vader het grootste aandeel in de verzorging en opvoeding heeft gehad voor een meer open belangenafweging zal moeten worden gekozen (zie HR 9 oktober 1998, NJ 1998, 871, zie ook ECLI:NL:HR:2003:AF0148). Dat de relatie tussen moeder en kind beïnvloed zal worden door de erkenning, is geen grond om het verzoek af te wijzen (ECLI:NL:HR:2002:AE0745).

Gebruikelijke situatie

Wanneer aan bepaalde voorwaarden is voldaan, kan vernietiging van de erkenning worden verzocht door de erkenner, de moeder, het kind en het Openbaar Ministerie. Grond daarvoor is steeds dat de erkenner niet de biologische vader is (art. 1:205). Daarnaast geldt – kort gezegd – dat voor vernietiging door de erkenner nodig is dat er sprake is van 'wilsgebreken' bij de erkenning, en bij vernietiging door de moeder van 'wilsgebreken' bij de toestemming. Zie voor een uitwerking van één en ander en de termijnen waarbinnen een dergelijk verzoek moet worden ingediend art. 1:205 lid 1 sub b (erkenner), sub c (moeder), lid 2 (Openbaar Ministerie) en de leden 3 en 4 (termijn).

Ook de vernietiging van de erkenning heeft terugwerkende kracht.

21.6.3 Gerechtelijke vaststelling van het vaderschap

Gerechtelijke vaststelling (art. 1:207) vindt plaats op verzoek van de moeder, zolang het kind de leeftijd van 16 jaar niet heeft bereikt, en overigens (te allen tijde) op verzoek van het kind. Tijdens zijn minderjarigheid wordt het kind vertegenwoordigd door een bijzonder curator (art. 1:212).

Gerechtelijke vaststelling van het vaderschap kan zowel tijdens het leven van een man als daarna plaatsvinden. Ook hier vinden we in de wet de weerslag van de ontwikkeling van nieuwe voortplantingstechnieken; de gerechtelijke vaststelling van het vaderschap is immers niet alleen mogelijk jegens de verwekker, maar ook jegens de man die als levensgezel van de moeder heeft ingestemd met een daad die de verwekking van het kind tot gevolg kan hebben gehad (art. 1:207 lid 1 aanhef). Dit is dezelfde formulering als in art. 1:200 lid 3 wordt gebruikt.

'Instemmende levensgezel'

De moeder moet haar verzoek tot gerechtelijke vaststelling van het vaderschap doen binnen vijf jaar na de geboorte van het kind of – in geval van onbekendheid met de identiteit van de vermoedelijke verwekker of onbekendheid met zijn verblijfplaats – binnen vijf jaar na de dag waarop de identiteit en de verblijfplaats aan de moeder bekend zijn geworden (art. 1:207 lid 3).

Aan de mogelijkheid voor het kind om een gerechtelijke vaststelling van het vaderschap te verzoeken, is geen enkele termijn verbonden.

Het bewijs van toestemming van de instemmend levensgezel is eenvoudig als deze schriftelijk is vastgelegd.

Bewijs van verwekkerschap

Bewijs van verwekkerschap is veel minder eenvoudig. In de praktijk wordt vaak gewerkt met DNA-tests, terwijl daarmee strikt genomen alleen de biologische verwantschap maar niet het verwekkerschap (het op natuurlijke wijze doen ontstaan van het kind) bewezen kan worden. Is er een redelijk vermoeden dat een bepaalde man de verwekker is en weigert deze de DNA-test, dan pleegt de rechter daaruit nogal eens af te leiden dat hij dus wel de verwekker zal zijn (zie ECLI:NL:HR:2000:AA7204).

Terugwerkende kracht gerechtelijke vaststelling vaderschap

De vaststelling van het vaderschap werkt terug tot op het moment van de geboorte van het kind. De gerechtelijke vaststelling van het vaderschap heeft derhalve, evenals de ontkenning van het vaderschap (en anders dan de erkenning) terugwerkende kracht. Ook hier is in verband met de rechtszekerheid bepaald dat rechten van derden te goeder trouw worden geëerbiedigd en er in beginsel geen teruggave van vermogensrechtelijke voordelen zal plaatsvinden (art. 1:207 lid 5, zie ook ECLI:NL:HR:2010:BK6150). Als de familie van de verwekker zich erop beroept dat hun rechten uit family life worden geschonden door het nieuwe kind dat deel gaat uitmaken van hun familie, dan zal dit meestal niet lukken. De Hoge Raad heeft dit afgewezen voor een geval dat de man al overleden was (ECLI:NL:HR:2005:AT0412). Als het kind is onterfd, krijgt het te maken met de vervaltermijn voor de legitieme portie van vijf jaar na het overlijden van de erflater (art. 4:85).

21.6.4 Afstamming van de duo-moeder

In 2014 is het afstammingsrecht wat betreft de duo-moeder ingrijpend gewijzigd. Om te beginnen is het onder bepaalde omstandigheden mogelijk dat de vrouw die ten tijde van de geboorte van het kind uit de moeder, met de moeder is getrouwd of geregistreerd partner is van de moeder, van rechtswege moeder wordt van het kind. Art. 1:198 lid 1 sub b BW geeft hiervoor de vereisten. Kort samengevat komt het hierop neer dat het kind moet zijn verwekt door een anonieme donor in de zin van de Wet donorgegevens kunstmatige bevruchting en de in die wet genoemde stichting hieromtrent een verklaring heeft afgegeven. Mocht de echtgenote van de moeder of haar vrouwelijke geregistreerd partner zijn overleden tussen de bevruchting en de geboorte, dan geldt deze echtgenote of geregistreerd partner toch als duo-moeder, vergelijkbaar met een mannelijk echtgenoot of geregistreerd partner in een vergelijkbare positie.

Ook verder is de positie van de duo-moeder gelijkgetrokken met die van de man die vader wil/gaat worden:
- zij kan het kind erkennen, art. 1:198 lid 1 sub c BW; en
- haar ouderschap kan door de rechtbank vastgesteld worden op de grond dat zij als levensgezel van de moeder heeft ingestemd met een

daad die de verwekking van het kind tot gevolg kan hebben gehad , zie art. 1:207 BW. Dit wordt 'vaststelling ouderschap' genoemd.

Duo-moederschap

Wat betreft de ontkenning van het door huwelijk of geregistreerd partnerschap ontstane duo-moederschap geven art. 1:202a en 202b BW een regeling. De grond voor de ontkenning is dat de duo-moeder niet de biologische moeder is van het kind. Dit ligt in zoverre anders dan bij de vergelijkbare regeling in art. 1:200 BW e.v. voor de ontkenning van het vaderschap door de man, dat daar in het algemeen ervan wordt uitgegaan dat de echtgenoot of mannelijke geregistreerd partner van de moeder ook wel de biologische vader van het kind zal zijn. De duo-moeder zal dit in het algemeen niet zijn (tenzij er sprake is van eiceldonatie van haar aan de vrouw uit wie het kind geboren is, maar dat zal maar zelden aan de orde zijn).

De duo-moeder kan het moederschap dat ten gevolge van huwelijk of geregistreerd partnerschap is ontstaan, niet ontkennen als zij vóór het huwelijk of het geregistreerd partnerschap kennis had van de zwangerschap of wanneer zij met de bevruchting had ingestemd. Op die instemming kan zij later niet meer terugkomen. Dit geldt voor haar net zo als voor de instemmende man, art. 1:200 lid 2 en 3 BW.

De vraag rijst wat rechtens is als het kind tijdens het huwelijk of geregistreerd partnerschap ter wereld komt zonder dat aan de strenge regels van de Wet donorgegevens kunstmatige bevruchting is voldaan. In dat geval geldt niet dat het duo-moederschap van rechtswege ontstaat. De echtgenoot of geregistreerd partner kan – mits er geen andere tweede ouder is – het juridisch moederschap verkrijgen door middel van erkenning van het kind, gerechtelijke vaststelling van haar ouderschap of door adoptie. Als er geen juridische obstakels zijn en de vereiste toestemming van de moeder en/of het kind is voorhanden, dan ligt – net als bij de man die niet van rechtswege vader is geworden – erkenning voor de hand omdat hiervoor geen gerechtelijke procedure nodig is.

Erkenning door een vrouw moet voldoen aan dezelfde eisen als die welke gelden bij erkenning door de man, art. 1:202 e.v. BW.

Vernietiging van de erkenning door de duo-moeder is geregeld in art. 1:205a BW. Ook hier is de grond dat de vrouw niet de biologische moeder is van het kind. De rechtsgevolgen van de vernietiging van de erkenning door de duo-moeder zijn dezelfde als bij de vernietiging van de erkenning door een man.

■ ■ ■ 21.7 Adoptie

Ons recht kent sinds 1956 de mogelijkheid van adoptie. De regeling is te vinden in de twaalfde titel van Boek 1.
De voorwaarden voor adoptie staan in art. 1:227 en 1:228 (subparagraaf 21.7.1). Voor de adoptie van buitenlandse kinderen gelden nog extra regels, zie subparagraaf 21.7.2.

∎ ∎ ∎ 21.7.1 Voorwaarden

Maatregel van kinderbescherming

Adoptie wordt in ons recht (nog steeds) gezien als een maatregel van kinderbescherming. Dit brengt mee dat adoptie niet mogelijk is door middel van een overeenkomst tussen de eigen natuurlijke ouders en de adoptanten, maar dat daarvoor een rechterlijke uitspraak nodig is (art. 1:227 lid 1), terwijl het verzoek voorts alleen dan zal worden toegewezen indien de adoptie in het kennelijk belang is van het kind (art. 1:227 lid 3).
De verdere voorwaarden voor adoptie zijn te vinden in art. 1:228. Deze voorwaarden hebben zowel betrekking op:
1 de (hoedanigheid van de) adoptanten;
2 (de hoedanigheid van) het te adopteren kind;
3 (de hoedanigheid van) de ouders die in een familierechtelijke betrekking staan tot het kind.

Ad 1 De (hoedanigheid van de) adoptanten

Geen grootouderadoptie

De adoptant mag niet de grootouder zijn van het kind (lid 1 sub b) (ECLI:NL:HR:2004:AP1439); er dient een minimaal leeftijdsverschil te zijn tussen de adoptant en het kind (lid 1 sub c). Voorts moet de adoptant, als hij het kind alleen adopteert, het kind gedurende ten minste drie aaneengesloten jaren hebben verzorgd en opgevoed, terwijl in het geval van een tweepersoonsadoptie een minimale verzorgings- en opvoedingsperiode

Opvoedtermijnen

geldt van één jaar (lid 1 sub f). Deze opvoedingstermijn geldt niet als de vrouwelijke partner van de moeder het kind wil adopteren in het kader van de partneradoptie (zie lid 1 sub f slot).

Ad 2 (De hoedanigheid van) het te adopteren kind

Adoptie alleen van minderjarige

Het kind moet op de dag van het eerste verzoek minderjarig zijn en, indien het kind op de dag van dit verzoek 12 jaar of ouder is, bij zijn verhoor niet van bezwaren tegen de toewijzing van het verzoek hebben doen blijken (lid 1 sub a).

Ad 3 (De hoedanigheid van) de ouders die in een familierechtelijke betrekking staan tot het kind

Als voorwaarde voor een gewone (dat wil zeggen niet-partner-)adoptie geldt dat de ouders niet of niet langer het gezag over het kind hebben (lid 1 sub g) en dat zij het adoptieverzoek niet tegenspreken (lid 1 sub d). Overigens kan aan die tegenspraak van de ouders onder bepaalde omstandigheden (zie het tweede lid van art. 1:228) voorbij worden gegaan (zie over mogelijk misbruik van dit vetorecht ECLI:NL:HR:2003:AF1487). Op grond van uitspraken van het EHRM moet ook de biologische ouder niet tegen de adoptie zijn. Dit is de enige plaats in

'Ouder': hier ook biologische ouder met family life

de wet waar onder 'ouder' ook de biologische ouder met family life volgens art. 8 EVRM moet worden verstaan.
Ten slotte geldt dat de minderjarige moeder van het kind op de dag van het adoptieverzoek ten minste 16 jaar oud moet zijn (lid 1 sub e).
In de wet wordt ook geëist dat het kind niets meer van zijn ouders als ouder te verwachten mag hebben. In de praktijk is dit een zeer lastige toets, omdat de rechter niet in de toekomst kan kijken.

Rechtsgevolgen adoptie

De rechtsgevolgen van de adoptie worden in art. 1:229 geregeld: door de adoptie ontstaat er een familierechtelijke betrekking tussen de geadopteerde en de adoptiefouder(s) en diens/hun bloedverwanten (art. 1:229 lid

1), terwijl daartegenover staat dat de familierechtelijke betrekking tussen de geadopteerde en zijn oorspronkelijke ouders en hun bloedverwanten ophoudt te bestaan (art. 1:229 lid 2). Een uitzondering vormt de partneradoptie. Natuurlijk blijft hier de familierechtelijke betrekking tussen het kind en zijn ouder in stand wanneer de echtgenoot of de partner van deze ouder het kind adopteert (art. 1:229 lid 3).

Onder strenge voorwaarden maakt art. 1:231 herroeping van adoptie mogelijk. Daardoor worden de rechtsgevolgen van de adoptie weer opgeheven. Van deze mogelijkheid wordt maar heel zelden gebruikgemaakt.

■ ■ ■ 21.7.2 Adoptie van buitenlandse kinderen

Adoptie van buitenlandse kinderen komt veel vaker voor dan adoptie van Nederlandse kinderen, hoewel het totale aantal adopties de laatste tijd scherp is gedaald. Voor de adoptie van deze kinderen geldt een aantal bijzondere voorwaarden die te vinden zijn in de Wet opneming buitenlandse kinderen ter adoptie. Sinds 1 januari 2009 geldt deze wet ook voor adoptieouders van gelijk geslacht.

Haags Adoptieverdrag 1993

Een belangrijke doorbraak op het gebied van de interlandelijke adoptie vormt de totstandkoming van het Haags Adoptieverdrag 1993, welk verdrag voor Nederland op 1 oktober 1998 in werking is getreden. Onder de verdragsstaten bevinden zich zowel typische landen van opvang van adoptiekinderen als typische landen van herkomst van deze kinderen (zoals bijvoorbeeld Sri Lanka en Colombia).

Het verdrag beoogt tot een goede afstemming van de voorwaarden voor (en erkenning van) adoptie te komen tussen de landen van herkomst en de landen van opvang. Zo dient de beoordeling of een kind adoptabel is en of de vereiste toestemmingen gegeven zijn, plaats te vinden door het land van herkomst (art. 4), terwijl het aan het land van opvang is om te beoordelen of de aspirant-adoptiefouders aan de aan hen te stellen voorwaarden voldoen (art. 5).

Definitie 'Centrale autoriteit'

Een belangrijk element van het verdrag is dat in iedere verdragsstaat een zogenoemde Centrale autoriteit wordt aangewezen. In Nederland is dat de minister van Justitie. De contacten tussen de aspirant-adoptiefouders en de voor adoptie in aanmerking komende kinderen lopen voortaan via de centrale autoriteiten van het land van opvang en het land van herkomst; de aspirant-adoptiefouders dienen zich aan te melden bij de Centrale autoriteit in hun eigen land, die vervolgens een dossier zal opstellen en dit aan het land van herkomst zal verzenden. Daar wordt bekeken welk kind voor deze aspirant-adoptanten in aanmerking komt, waarna vervolgens aan de centrale autoriteit in het land van opvang een plaatsingsvoorstel zal worden gedaan. Het zogenoemde zelf-doen bij adopties is dus voortaan alleen maar mogelijk in gevallen van landen van herkomst die geen verdragspartij zijn. De laatste tijd wordt wel getracht om kinderen die worden geboren uit buitenlandse (commerciële) draagmoeders buiten de adoptieregels om naar Nederland te halen. Dit leidt tot grote praktische problemen.

Wet conflictenrecht adoptie

Op 1 januari 2004 is de Wet conflictenrecht adoptie in werking getreden. In deze wet stonden naast erkenningsregels voor adopties waarop het verdrag niet van toepassing is, ook regels die bepalen welk recht van toepassing is als de Nederlandse rechter internationale adopties moet behandelen. Per 1 januari 2012 zijn deze regels overgezet naar art. 10:103-112 BW.

21.8 Minderjarigheid

Minderjarigen hebben in het privaatrecht een bijzondere status omdat zij extra beschermd moeten worden in verband met hun leeftijd. Deze bijzondere status heeft bijvoorbeeld betrekking op het kunnen verrichten van rechtshandelingen, zoals het sluiten van een koopovereenkomst. Maar jegens minderjarigen gelden bijvoorbeeld ook bijzondere regels voor het verstrekken van levensonderhoud door ouders en stiefouders.

In bijzondere gevallen werkt de bescherming meer als een belemmering. Neemt bijvoorbeeld een minderjarige de zaak over van zijn vroeg overleden ouder, of begint een 17-jarige whizzkid een internetbedrijf waarin spoedig miljoenen euro's aan omzet worden gegenereerd, dan moeten deze jonge ondernemers wat hun onderneming betreft, redelijk zelfstandig kunnen optreden. Hiervoor kan bijzondere toestemming van de rechter worden verkregen. Dit noemt men 'handlichting', art. 1:235.

Handlichting

Afgezien van bijzondere gevallen zoals handlichting of huwelijk zijn jongeren tot 18 jaar handelingsonbekwaam.

In subparagraaf 21.8.1 wordt ingegaan op de meerderjarigheidsgrens, in subparagraaf 21.8.2 op de handelingsonbekwaamheid en in subparagraaf 21.8.3 wordt handlichting nader toegelicht. Tot slot worden andere mogelijkheden om meerderjarig te worden besproken.

21.8.1 Leeftijdsgrens

Per 1 januari 1988 is de meerderjarigheidsgrens verlaagd van 21 naar 18 jaar. Omdat men de consequentie dat jongeren vanaf 18 jaar dan aanspraak zouden kunnen maken op een bijstandsuitkering niet wilde accepteren, heeft men dit probleem opgelost door de *onderhoudsplicht* van ouders voor jongeren tot 21 jaar te handhaven.

21.8.2 Handelingsonbekwaamheid

Een minderjarige is als regel bekwaam om rechtshandelingen te verrichten mits hij met toestemming van zijn wettelijk vertegenwoordiger handelt en voorts voor zover de wet niet anders bepaalt (art. 1:234 lid 1). De wet geeft in het derde lid van art. 1:234 een onweerlegbaar vermoeden dat de toestemming aan de minderjarige is verleend als het een rechtshandeling betreft ten aanzien waarvan in het maatschappelijk verkeer gebruikelijk is dat minderjarigen van zijn leeftijd deze zelfstandig verrichten. Hiermee wordt aangesloten bij de behoeften van de praktijk.

Let wel: de toestemming door de wettelijk vertegenwoordiger kan slechts worden verleend voor een bepaalde rechtshandeling of voor een bepaald doel. Een algemene toestemming tot het verrichten van rechtshandelingen kan door de wettelijk vertegenwoordiger niet worden verleend. Dit zou immers neerkomen op handlichting en daarvoor is een rechterlijke beslissing vereist.

Als de belangen van de wettelijk vertegenwoordiger(s) (mogelijk) in conflict komen met de belangen van de minderjarige, dan voorziet de wet in de benoeming van een zogenoemde bijzonder curator. Een algemene regeling hiervoor is te vinden in art. 1:250; voor afstammingszaken kent de wet een bijzondere regeling in art. 1:212.

■ **Voorbeeld 21.4**
Bij heel jonge kinderen is het de vraag of de bijzonder curator van art. 1:212 namens hen de actie tot ontkenning van het vaderschap al zou kunnen instellen voordat de kinderen zich überhaupt bewust zijn van de kwestie. De Hoge Raad heeft beslist dat met een dergelijke actie soms moet worden gewacht. Maar in het geval van een wettelijke vader die het ermee eens was en een kind dat werd opgevoed door de moeder en zijn biologische vader, werd de actie wel mogelijk geacht. De biologische vader zou het kind spoedig gaan erkennen, maar daarvoor was eerst de ontkenning van het door huwelijk ontstane vaderschap nodig. De Hoge Raad ging voorbij aan het verweer van de bijzonder curator dan men zou moeten wachten totdat het kind zelf een weloverwogen oordeel over de ontkenning zou kunnen vormen. Zie ECLI:NL:HR:2003:AJ3261.

Wat de gevolgen zijn als een handelingsonbekwame toch een rechtshandeling verricht, wordt aangegeven in art. 3:32 (lid 1 en 2) (zie ook hoofdstuk 1).

21.8.3 Handlichting

Door middel van handlichting (zie art. 1:235) kan de handelingsonbekwame veel verdergaande bevoegdheden verkrijgen, dan die welke uit art. 1:234 voortvloeien. Daaraan zal vooral behoefte bestaan, indien de minderjarige zelfstandig een beroep of bedrijf uitoefent.

■ **Voorbeeld 21.5**
De 17-jarige A is glazenwasser. Hij oefent dit beroep zelfstandig (dus niet in dienst van een ander) uit. Dit brengt mee dat hij op eigen naam en voor eigen rekening overeenkomsten aangaat, bijvoorbeeld de afspraak met mevrouw X om tegen een bepaald bedrag haar ramen te lappen, maar ook de aanschaf van een nieuwe, zeer dure ladder. Zonder handlichting zou in ieder geval al de laatstgenoemde overeenkomst vernietigbaar (vergelijk art. 3:32) zijn, waardoor A al te zeer in zijn bedrijfsuitoefening zou worden belemmerd.

Handlichting kan worden verzocht aan de kantonrechter door de minderjarige die ten minste 16 jaar oud is. Zij wordt niet verleend tegen de wil van de ouders, voor zover deze het gezag over de minderjarige uitoefenen. Bij het verlenen van de handlichting bepaalt de kantonrechter uitdrukkelijk in welk opzicht de minderjarige met een meerderjarige gelijkgesteld wordt.

Gelijkstelling

De gelijkstelling impliceert ook de bekwaamheid in rechte op te treden, voor zover het handelingen betreft tot het verrichten waarvan de minderjarige bekwaam is verklaard. De minderjarige wordt daardoor niet meerderjarig verklaard!
Een verleende handlichting kan door de rechtbank worden ingetrokken, als de minderjarige daarvan misbruik maakt of er gegronde vrees bestaat, dat hij dit zal doen (art. 1:236).
Een beschikking waarbij handlichting is verleend of ingetrokken, moet worden bekendgemaakt in de Nederlandse Staatscourant en in twee in de beschikking aan te wijzen dagbladen. Voor die tijd werkt zij niet tegen derden die van het feit onkundig waren (art. 1:237).

21.8.4 Meerderjarigverklaring en meerderjarig worden door huwelijk

De enige bepaling in de wet die voorziet in een meerderjarigverklaring betreft art. 1:253ha: onder bijzondere omstandigheden kunnen moeders van 16 en 17 jaar verzoeken om meerderjarig verklaard te worden zodat zij hun kind zelfstandig kunnen opvoeden (zie voor de vereisten om het gezag over een kind te kunnen krijgen art. 1:245).

Een andere mogelijkheid is via de bijzondere dispensatie van art. 1:31 lid 3 meerderjarig te worden voor de achttiende verjaardag. Door het huwelijk worden beide echtgenoten (dus ook de echtgenoot van de moeder) meerderjarig, zodat beiden het gezag over het kind kunnen uitoefen (zie verder hierover paragraaf 21.15 over het huwelijk, en paragraaf 21.9 over gezag).

21.9 Het gezag over minderjarigen

Ook op het terrein van het gezag over minderjarigen is de laatste jaren het nodige veranderd en wel als gevolg van verschillende wetswijzigingen. Vroeger werd gesproken van ouderlijke *macht* wanneer het gezag over een kind tijdens het huwelijk van zijn ouders werd uitgeoefend, terwijl buiten de situatie van een huwelijk sprake was van *voogdij*. Thans wordt niet meer gesproken van ouderlijke macht maar van *ouderlijk gezag*; dit is het gezag dat aan één of beide ouders toekomt. De term voogdij is voortaan gereserveerd voor het gezag dat toekomt aan een ander dan de ouder (art. 1:245 leden 1, 2 en 3).

Verschil: ouderlijk gezag – voogdij

Ouderlijk gezag kan ook worden uitgeoefend door ouders die niet met elkaar gehuwd zijn (art. 1:252 lid 1). Daartoe is wel vereist dat het verzoek tot uitoefening van het gezamenlijk gezag wordt aangetekend in het gezagsregister (art. 1:252 lid 1 jo. 1:244).

In het vervolg zal eerst worden besproken wie het gezag uitoefent en dan wat gezag inhoudt.

Gezamenlijk gezag

Van rechtswege

Wanneer de ouders gehuwd zijn, oefenen zij tijdens hun huwelijk het gezamenlijk gezag uit. Na ontbinding van het huwelijk als gevolg van echtscheiding zetten de ouders dit gezamenlijk gezag voort, tenzij de ouders of één van hen de rechtbank verzoeken *in het belang van het kind* te bepalen dat het gezag over een kind of de kinderen aan één van hen alleen toekomt (art. 1:251a leden 1 en 2).

Ook de ouders van het kind dat binnen hun geregistreerd partnerschap is geboren, oefenen gezamenlijk het gezag uit. Dit gezag kan het gevolg zijn van afstamming van rechtswege van beide ouders (art. 1:198 lid 1 sub a en art. 1:198 lid 1 sub b dan wel art. 1:199 sub a). De echtgenoot/echtgenote/geregistreerd partner van de moeder voor wie geen juridisch ouderschap van rechtswege aan de orde is maar die het kind voor de geboorte heeft erkend, valt ook onder art. 1:253aa.

Wordt een kind binnen een geregistreerd partnerschap geboren of binnen een huwelijk van personen van gelijk geslacht, dan oefenen de ouder en de partner-niet-ouder gezamenlijk het gezag uit, tenzij er nog een andere ouder is, art. 1:253sa. Bij een relatie tussen twee mannen zal deze ouder er bijna altijd zijn (de draagmoeder). Bij een relatie tussen twee vrouwen speelt dit als vóór de geboorte het kind is erkend door een man (waarvoor de moeder toestemming moet geven, art. 1:204 lid 1 sub c en lid 2) en de duo-moeder niet van rechtswege juridisch ouder is geworden.

Een ouder, die niet het gezag over het kind heeft en die niet via de aantekening in het gezagsregister (art. 1:244 jo. 1:252) het gezag kan verkrijgen met de andere ouder omdat die ouder daar niet aan wil meewerken, kan aan de rechter verzoeken om toekenning van gezamenlijk gezag. Dit verzoek is geregeld in art. 1:253c.
Dit is een uitvloeisel van de opvatting dat het steeds het beste is voor het kind dat beide ouders het gezag gezamenlijk uitoefenen. Is het niet mogelijk dat een kind samen met beide ouders in één huis woont, dan kan de rechter bepalen waar het kind (de meeste tijd) zal verblijven als de ouders hier onderling niet uitkomen. Dat is nog geen reden om het gezag alleen toe te kennen aan de ouder waar het kind de meeste tijd verblijft.

Door rechterlijke beslissing

Het gezamenlijk gezag kan ook worden uitgeoefend door één ouder en zijn partner waarmee hij niet is gehuwd of geregistreerd. Daartoe is in beginsel een rechterlijke beslissing nodig. Zie voor de voorwaarden waaronder een dergelijk verzoek zal worden gehonoreerd art. 1:253t, in welke bepaling de algemeen geldende voorwaarden zijn opgenomen in lid 1 en 3, terwijl het tweede lid de extra voorwaarden opsomt die gelden indien het kind *twee* ouders heeft.
In dat laatste geval is voor toewijzing van het verzoek noodzakelijk dat de ouder die alleen het gezag heeft dit gezag gedurende drie aaneengesloten jaren alleen heeft uitgeoefend, terwijl voorts de ouder en zijn partner die het verzoek doen gedurende ten minste één jaar onmiddellijk voorafgaande aan het verzoek gezamenlijk voor het kind moeten hebben gezorgd. Daarnaast geldt dat bij de beoordeling van de vraag of het verzoek in verband met de belangen van het kind dient te worden afgewezen, mede de belangen van de andere ouder dienen te worden betrokken.
Bij het verzoek tot toekenning van gezamenlijk gezag op grond van art. 1:253t kan ook geslachtsnaamwijziging voor het kind worden aangevraagd. De rechter is bij dit verzoek strenger dan bij de toekenning van het gezamenlijk gezag: het gezag eindigt vanzelf door tijdsverloop maar een naamswijziging kan niet eenvoudig ongedaan worden gemaakt. Bovendien is de naam nog een belangrijk onderdeel van de band die het kind met de oorspronkelijke ouder heeft (zie ECLI:NL:HR:2003:AF0204).

Eenhoofdig gezag

Ook is het mogelijk dat een ouder het gezag alleen uitoefent, hetzij van rechtswege, hetzij op grond van een rechterlijke beslissing. Een voorbeeld van het eerste vormt de situatie waarin één van beide ouders die gezamenlijk het gezag uitoefenen overlijdt (art. 1:253f). Als voorbeeld van eenhoofdig gezag ingevolge een rechterlijke beslissing kan worden genoemd de situatie waarin de rechter na echtscheiding of scheiding van tafel en bed één van beide ouders met de gezagsuitoefening belast (art. 1:251a). Zie ook de weg van art. 1:253c en art. 1:253n, bijvoorbeeld bij ongehuwde ouders.

Als gevolg van maatregelen van kinderbescherming kan het ouderlijk gezag van een ouder worden beëindigd (art. 1:266 e.v.), dan wel worden beperkt (ondertoezichtstelling minderjarige, art. 1:254 e.v.).

Het ouderlijk gezag voor wat betreft de persoon van het kind
De ouders hebben het recht en de plicht hun minderjarige kinderen te verzorgen en op te voeden (art. 1:247) en naar draagkracht in de kosten daarvan te voorzien (art. 1:404 lid 1).

Het ouderlijk gezag voor wat betreft het vermogen van het kind
Het ouderlijk gezag met betrekking tot het vermogen heeft twee aspecten: bewind en vruchtgenot.

Bewind

De ouders voeren gezamenlijk het *bewind* over het vermogen van het kind en vertegenwoordigen het kind gezamenlijk in burgerlijke handelingen (art. 1:253i).

Ouderlijk vruchtgenot

In beginsel heeft elke ouder die het gezag over zijn minderjarige kind uitoefent, het *ouderlijk vruchtgenot* van diens vermogen (art. 1:253l).
Het recht van vruchtgenot is een recht op *de opbrengst van het vermogen* van het kind, na aftrek van de daarop rustende lasten, een recht op het *saldo* derhalve. Het wordt de ouders toegekend op grond van de bijzondere relatie tussen ouders en kinderen. De persoonlijke aard van het recht maakt dat het onvervreemdbaar en niet vatbaar voor beslag is.
Als de minderjarige nog bij zijn ouders woont, omvat het vruchtgenot niet zonder meer het inkomen uit arbeid van de minderjarige. Wel moet deze bijdragen in de kosten van huishouding van het gezin, indien hij anders dan incidenteel inkomen uit arbeid geniet. Als hij bijvoorbeeld drie avonden in de week bij een supermarkt werkt, moet hij kostgeld betalen. Woont de minderjarige zelfstandig, dan vallen de inkomsten uit arbeid niet meer onder het ouderlijk vruchtgenot.
Inkomsten uit andere bronnen – bijvoorbeeld studietoelagen – vallen niet onder het ouderlijk vruchtgenot.

▪ ▪ ▪ 21.10 Omgangs- en informatierecht

Ouders en andere bepaalde personen die geen gezag (meer) hebben over een kind, hebben wel recht op omgang en informatie. Ouders die geen gezag hebben over hun kind, hebben sinds de wetswijziging van 1 maart 2009 zelfs een plicht tot omgang opgelegd gekregen. Deze plicht rust niet ook op het kind, en ook niet op de biologische vader met family life.

Omgang tussen ouders en kinderen – omgang tussen kinderen en personen met wie zij family life hebben
In art. 1:377a is bepaald dat een kind recht heeft op omgang met zijn ouders (ongeacht of zij family life hebben met het kind) en andere personen met wie het family life heeft. De term 'omgangsrecht' heeft betrekking op allerlei vormen van omgang, zowel tussen de ouders en het kind, als tussen derden en het kind, bijvoorbeeld de grootouders van het kind of de zaaddonor.

Omgangsrecht

Verplichting tot omgang met zijn kind

De niet met gezag beklede ouder heeft het recht en de verplichting tot omgang met zijn kind. De concrete uitwerking van de rechten en plichten van de niet met gezag beklede ouder zal in overleg met de gezaghebbende ouder worden vastgesteld. Als zij er niet uitkomen, dan kunnen zij aan de rechter verzoeken om een omgangsregeling vast te stellen, art. 1:377a lid 2. De rechter kan alleen in de in de wet genoemde gevallen een omgangsregeling afwijzen, art. 1:377a lid 3.

Zij kunnen ook een beslissing aan de rechter verzoeken als de onderling overeengekomen omgangsregeling gewijzigd moet worden, maar zij hier niet onderling uitkomen, art. 1:377e. In alle gevallen zal een kind zijn mening hierover kenbaar kunnen maken als het twaalf jaar of ouder is (art. 809 Rv), maar soms luistert de rechter ook wel naar de mening van jongere kinderen hierover. Als een kind zelf een andere omgangsregeling wil, dan heeft het een informele rechtsingang, art. 1:377g. Het kind is namelijk procesonbekwaam, omdat het handelingsonbekwaam is, zie subparagraaf 21.8.2. Het kind kan wel bijvoorbeeld een brief schrijven aan de rechter, dat het niet tevreden is met de bestaande omgangsregeling. De rechter kan dan ambtshalve een beslissing geven.

Als een van de ouders niet wil meewerken aan een vastgestelde omgangsregeling, dan is de nakoming vaak een probleem. In het uiterste geval kan de rechter tot forse dwangsommen en zelfs gijzeling overgaan, zodat de niet-meewerkende ouder een tijd in de gevangenis wordt opgesloten. Soms wordt ook toegewezen dat de betaling van alimentatie aan de ex-echtgenoot/geregistreerd partner mag worden opgeschort; ten aanzien van de kinderalimentatie is dit niet mogelijk. Als er nog enig contact is maar de ouders vertrouwen elkaar niet, dan kan begeleide omgang een oplossing zijn.

Ouderschapsplan

Omgangsregelingen zijn vaak pijnlijke twistpunten bij een echtscheiding. De ervaring leert dat het helaas nog steeds voorkomt dat problemen die de ouders onderling hebben, 'over de rug van de kinderen' worden uitgevochten via ruzie over de vaststelling van de omgangsregeling en de uitvoering daarvan. Scheidingsbemiddeling tracht de verwerking en afwikkeling van een echtscheiding te vereenvoudigen en dit soort problemen te voorkomen of in ieder geval zodanig te verzachten dat zij niet escaleren en de kinderen daarvan de dupe worden. De wetgever gaat daar nu ook van uit en heeft sinds de wetswijziging van 1 maart 2009 verplicht gesteld dat de ouders (gehuwd, geregistreerd of samenwonend) die het gezag over de kinderen hebben, eerst een ouderschapsplan moeten indienen voordat zij kunnen scheiden, zo ook art. 1:247a voor samenwonende ouders.

Informatierecht

Als de ouders niet samen het gezag hebben over een minderjarig kind, dan moet de gezaghebbende ouder de ander informeren en raadplegen over belangrijke zaken die de persoon en het vermogen van het kind betreffen, denk aan schoolkeuze, ernstige medische ingrepen en dergelijke, zo bepaalt art. 1:377b. Men kan niet volstaan met het sturen van een oude foto en de mededeling dat het goed gaat met het kind.

Ook hier kan bij ruzies de rechter worden ingeschakeld om een beslissing te geven. In het tweede lid staan redenen waarom de rechter kan besluiten om dit artikel buiten toepassing te laten.

■ ■ ■ 21.11 Voogdij

Naast ouderlijk gezag dat alleen kan toekomen aan mensen die juridisch ouder zijn, kunnen ook anderen gezag hebben over een minderjarig kind. Voor dit type gezag gebruikt de wet de term 'voogdij'. In deze paragraaf komen twee typen voogdij aan de orde en de uitoefening van de voogdij.

21.11.1 Twee typen voogdij

Testamentaire aanwijzing

Benoeming door de rechter

Men kan op verschillende wijzen voogd worden: door een testamentaire aanwijzing (art. 1:292 e.v.) en op grond van een benoeming door de rechter (art. 1:295 e.v.).

Testamentaire voogdij
Iedere ouder kan bij uiterste wilsbeschikking of bij aantekening in het gezagsregister (art. 1:244) bepalen welke persoon (of twee personen) na zijn dood voortaan als voogd (of gezamenlijke voogden) het gezag over zijn kinderen zal (of zullen) uitoefenen (art. 1:292). Het is niet nodig dat de ouder die deze regeling treft op dat moment het gezag over zijn kinderen uitoefent, maar de door hem getroffen regeling heeft geen gevolg indien en voor zover hij op het tijdstip van zijn overlijden het gezag over zijn kinderen niet heeft (art. 1:293 sub b).

De testamentaire voogdijregeling heeft een subsidiair karakter: indien de andere ouder na zijn overlijden van rechtswege of krachtens rechterlijke beschikking het gezag over zijn kinderen uitoefent, of als de andere persoon die met de overleden ouder het gezamenlijk gezag uitoefende van rechtswege de voogdij verkrijgt (art. 1:253x), heeft de door de overledene getroffen regeling geen gevolg (art. 1:293 sub a resp. sub c).

Indien de ouder één persoon tot testamentair voogd benoemt, geschiedt de opvoeding uit het vermogen van de kinderen, waartoe na het overlijden van hun ouder vaak diens erfenis behoort, alsmede in veel gevallen een levensverzekeringuitkering. Als de ouder twee personen samen tot voogd benoemt, moeten die de kinderen na aanvaarding van de voogdij voor eigen rekening opvoeden ook al zijn de kinderen door het overlijden van hun ouder welgesteld geworden (art. 1:282 lid 6). Zij krijgen als voogden die voor eigen rekening opvoeden, wel het recht op kinderbijslag, maar dat bedrag dekt de opvoedingskosten niet.

Door de rechter opgedragen voogdij
Over alle minderjarigen die niet onder ouderlijk gezag staan en in wier voogdij niet op wettige wijze is voorzien, wordt door de rechter een voogd benoemd (art. 1:295).

De benoeming geschiedt op verzoek van de bloed- of aanverwanten van de minderjarige, de Raad voor de Kinderbescherming, schuldeisers of andere belanghebbenden, of ambtshalve (art. 1:299). De pleegouder, die het kind met instemming van de voogd gedurende ten minste een jaar verzorgd en opgevoed heeft, kan de rechter verzoeken hem of een rechtspersoon tot voogd te benoemen (art. 1:299a).

21.11.2 Uitoefening van de voogdij

Toezicht over de persoon

Bewind over diens vermogen

Evenals de ouderlijke macht, heeft de voogdij twee aspecten: het toezicht over de persoon van de minderjarige en het bewind over diens vermogen. Art. 1:337 e.v. betreffen het *bewind* van de voogd.

De regeling bevat onder meer een verplichting tot inventarisatie: bij de aanvang van de voogdij is de voogd verplicht een boedelbeschrijving van het vermogen van de minderjarige te maken, tenzij dit vermogen niet meer dan €11.250 bedraagt. In dat geval is een door hem ondertekende verklaring toereikend (art. 1:338 en 339).

De voogd vertegenwoordigt de minderjarige, voor zover de minderjarige zelf onbekwaam is tot het verrichten van rechtshandelingen (vgl. art. 1:234 e.v. en art. 337 lid 1).

Hoofdregel is dat de voogd alle handelingen kan verrichten die hij in het belang van de minderjarige noodzakelijk, nuttig of wenselijk acht (art. 1:343). Hij is echter, evenals de ouder die het ouderlijk gezag uitoefent, aansprakelijk voor de schade die ontstaat ten gevolge van slecht bewind (art. 1:337 lid 2).

Op de bevoegdheid van de voogd bestaan belangrijke beperkingen.

Belangrijke beperkingen van de bevoegdheden van de voogd vinden we onder andere in art. 1:344, 345, 349, 350 lid 2 en 353. Zo heeft de voogd ingevolge art. 1:345 voor het verrichten van een aantal handelingen voor rekening van de minderjarige de machtiging van de kantonrechter nodig.

Het zou bijzonder onpraktisch zijn, vooral bij steeds terugkerende handelingen, indien de voogd steeds opnieuw de machtiging van de kantonrechter zou moeten vragen. Om die reden is in art. 1:356 aan de kantonrechter tevens de bevoegdheid toegekend een algemene machtiging te geven. Hij kan aan deze machtiging, evenals aan de bijzondere machtiging, voorwaarden verbinden.

Vele van de bepalingen van het voogdijbewind zijn ook op het bewind van de ouder van toepassing verklaard in art. 1:253k.

De regeling over het bewind van de voogd bevat ook een verplichting tot het afleggen van rekening en verantwoording. De verplichting hiertoe rust, na afloop van het bewind, op iedere voogd (art. 1:372).

■ ■ ■ 21.12 Curatele

Bij het bereiken van de meerderjarige leeftijd wordt men in staat geacht zijn eigen belangen naar behoren te behartigen. Dit gaat echter niet in alle gevallen op. Bepaalde personen zullen ook na het bereiken van de meerderjarige leeftijd behoefte hebben aan vertegenwoordiging en bescherming. Voor hen is de maatregel van ondercuratelestelling bedoeld.

Vertegenwoordiging
Bescherming

In het vervolg worden de gronden, de procedure en de gevolgen van de ondercuratelestelling besproken.

■ ■ ■ 21.12.1 Gronden voor curatele

In 2014 zijn de gronden voor curatele gewijzigd. Een meerderjarige kan onder curatele worden gesteld wanneer hij tijdelijk of duurzaam zijn belangen niet behoorlijk waarneemt, of zijn veiligheid of die van anderen in gevaar brengt als gevolg van zijn lichamelijke of geestelijke toestand, dan wel gewoonte van drank- of drugsmisbruik, en een voldoende behartiging van die belangen niet met een meer passende en minder verstrekkende voorziening kan worden bewerkstelligd, art. 1:378 BW.

■ ■ ■ 21.12.2 Ondercuratelestelling

De curatele wordt door de rechtbank uitgesproken. Zij kan worden verzocht door de betrokken persoon zelf, diens echtgenoot of andere levensgezel, geregistreerde partner, een beperkte groep van bloedverwanten, de voogd en door het Openbaar Ministerie (art. 1:379). Bij het uitspreken van de curatele of spoedig daarna benoemt de rechter een curator (art. 1:383). In het arrest van 1 december 2000, ECLI:NL:HR:2000:AA8717, NJ 2001, 390 m.nt. JdB, heeft de Hoge Raad beslist dat op grond van art. 8 EVRM de ouders samen als curator mochten optreden voor hun gehandicapte kind dat meerderjarig werd. Zij hoefden dus niet te kiezen wie van de ouders officieel curator zou worden. Deze uitspraak is gegeven voor dit bijzondere geval. Meestal wordt slechts één persoon tot curator benoemd.

Eén persoon tot curator benoemd

Tussen het moment waarop de curatele verzocht wordt en dat waarop deze wordt uitgesproken kan geruime tijd verstrijken. Bovendien kan de curatele aanvangen, zonder dat (al) een curator is benoemd. Dit maakt dat er behoefte kan bestaan aan een tijdelijke voorziening. De mogelijkheid tot het treffen van een dergelijke voorziening heeft de rechter inderdaad: hij kan een provisioneel bewindvoerder benoemen (art. 1:380). De rechter vermeldt in zijn beschikking het tijdstip waarop de taak van de bewindvoerder begint. Het provisionele bewind eindigt op de dag waarop de curator zijn taak aanvangt (vgl. art. 1:383 lid 4). Het provisionele bewind heeft geen handelingsonbekwaamheid tot gevolg van degene wiens curatele is verzocht. Deze kan echter vanaf de aanvang van het bewind geen daden van beheer en beschikking verrichten zonder medewerking van de bewindvoerder (art. 1:380 lid 2). Zie voor de betekenis hiervan hetgeen hierover is opgemerkt over het beschermingsbewind uit titel 19 (zie paragraaf 21.13)

Voorlopige maatregel: benoeming provisioneel bewindvoerder

21.12.3 Handelingsonbekwaamheid van de curandus

Gevolgen onder curatelestelling

Met ingang van de dag waarop de curatele is uitgesproken, is degene die onder curatele wordt gesteld (curandus) handelingsonbekwaam, voor zover de wet niet anders bepaalt. Voor de rechtsgevolgen van het handelen van een handelingsonbekwame kan men hetgeen vergelijken dat hiervoor met betrekking tot de minderjarige werd opgemerkt (zie subparagraaf 21.8.2 en paragraaf 1.2).

Uitzonderingen op de handelingsonbekwaamheid van de curandus vinden we in art. 1:381 en wel in het derde, vijfde en zesde lid. De eerste uitzondering betreft die waarin de rechtshandeling wordt verricht met toestemming van de curator. Evenals in het geval waarin de minderjarige handelt met toestemming van zijn wettelijk vertegenwoordiger wordt de (in beginsel handelingsonbekwame) onder curatele gestelde bekwaam geacht tot het verrichten van deze rechtshandelingen (art. 1:381 lid 3). Daarnaast is hij bekwaam om over de gelden die zijn curator voor zijn levensonderhoud te zijner beschikking heeft gesteld overeenkomstig die bestemming te beschikken (art. 1:381 lid 5). De bejaarde curandus in het bejaardentehuis mag hiermee bijvoorbeeld sigaretten of chocolade in de winkel van het tehuis kopen.

Een volgende uitzondering wordt gemaakt voor degene die op grond van verkwisting of gewoonte van drankmisbruik onder curatele wordt gesteld; hij blijft, voor zover de wet niet anders bepaalt, wel bekwaam tot het verrichten van familierechtelijke handelingen (art. 1:382). Tot het instellen van een verzoek tot echtscheiding is de curandus eveneens bekwaam, voor zover hij in staat is de betekenis hiervan te begrijpen (HR 20 november 1987, NJ 1988, 297). De vertegenwoordiging van de curandus bij een echtscheiding kan tot problemen leiden als – zoals vaak gebeurt – de echtgenoot de curator is. In deze gevallen is het voor de hand liggend dat er een belangentegenstelling kan optreden als de niet-gestoorde echtgenoot

Testament van de onder curatele gestelde partner 'af wil', bijvoorbeeld als hij een nieuw leven wil beginnen met een ander, maar het de vraag is of de curandus nog voldoende helder is om te beseffen wat een echtscheiding betekent en om te besluiten of hij ook een einde wil maken aan het huwelijk of niet. Ook een wegens geestelijke stoornis onder curatele gestelde mag een testament maken, zij het dat daarvoor toestemming van de kantonrechter is vereist (art. 4:55, in het bijzonder lid 2). Deze wijziging is ingevoerd omdat men van mening is dat – voor zover de curandus een voldoende gevormde eigen wil heeft – ook een curandus moet kunnen bepalen wat er met zijn vermogen na zijn dood moet gebeuren. Ook als de ondercuratelestelling heeft plaatsgevonden wegens geestelijke stoornis, dan moet naast de controle door de kantonrechter, altijd de notaris bij het opmaken van het testament nog vaststellen of de testateur op dat moment voldoende helder is om het testament te kunnen begrijpen voordat het testament wordt ondertekend. Vooral als daardoor familieleden worden onterfd ten bate van een nieuwe partner van de curandus, leidt dit nogal eens tot geschillen, waarbij de familieleden beweren dat vader of moeder toch echt niet wist wat hij of zij deed toen het testament werd opgemaakt.

21.12.4 Bevoegdheden van de curator

De curator is bevoegd de curandus te vertegenwoordigen in burgerlijke rechtshandelingen. Deze bevoegdheid mist hij uiteraard, indien de curandus zelf tot handelen bekwaam is. Onbekwaamheid van de curandus betekent echter niet automatisch bevoegdheid voor de curator. Betreft het handelingen van een bijzonder persoonlijk karakter, dan mist de curator vertegenwoordigingsbevoegdheid.

■ Voorbeeld 21.6
Als voorbeeld kan worden genoemd de erkenning van een kind door een geestelijk gestoorde. In dergelijke gevallen kan de handeling niet worden verricht: door de curandus niet, omdat hij onbekwaam is, en door de curator niet, omdat hij daartoe onbevoegd is.

De curator is wel vertegenwoordigingsbevoegd in zaken die de verzorging, verpleging, behandeling en begeleiding van de curandus betreffen. Dit blijkt uit art. 1:381 lid 4, waarin art. 1:453 en 1:454 (betreffende de handelingsbevoegdheid van een mentor van een meerderjarige) van overeenkomstige toepassing worden verklaard.
Aan curatoren en bewindvoerders worden tegenwoordig nadere eisen gesteld wat betreft o.a. het vermogensbeheer; dit kan door accountants of andere deskundigen gecontroleerd. De kantonrechter krijgt ook het recht van inzage in de administratie van de vertegenwoordiger om fraude te voorkomen.

21.12.5 Publiciteit

Het belang dat derden hebben bij bekendheid met de curatele is door de wet op twee wijzen gewaarborgd. Allereerst door de verplichting tot publicatie van de uitspraken in de *Nederlandse Staatscourant* door de griffier (art. 1:390). Niet-nakoming van deze verplichting kan hoogstens tot schadeplichtigheid jegens derden leiden. De werking van de curatele is niet van de publicatie afhankelijk (vergelijk art. 1:381 lid 1).

of, als deze weigerachtig is, de machtiging van de kantonrechter. Deze toestemming of machtiging heeft de bewindvoerder niet nodig indien de overeenkomst tot beschikken of de beschikking als een gewone beheersdaad valt te beschouwen of krachtens rechterlijk bevel geschiedt (art. 1:441).

■ Voorbeeld 21.8
Behoren tot de onder bewind gestelde goederen bijvoorbeeld landerijen, dan zal de bewindvoerder de opbrengsten van het land mogen verkopen (en leveren), als deze van een dergelijke omvang zijn dat zij niet uitsluitend voor eigen gebruik bestemd zijn. Verkoop en levering van de landerijen zelf valt buiten de beheersbevoegdheid, zodat dit steeds in samenwerking met de rechthebbende moet gebeuren.

Beperkt verhaal
Schulden die ontstaan zijn tijdens het bewind en die voortspruiten uit een handeling die, anders dan in overeenstemming met art. 1:438 lid 2, met of jegens de rechthebbende is verricht door een schuldeiser die het bewind kende of had behoren te kennen, kunnen niet op de onder bewind staande goederen worden verhaald zolang het bewind voortduurt (art. 1:440 lid 1); denk aan de reparatiekosten die worden gemaakt voor de in voorbeeld 21.8 genoemde landerijen.

21.13.5 Bescherming wederpartij

Wanneer het bewind is geregistreerd in het bewind- en gezagsregister, dan worden derden geacht op de hoogte te zijn van het bewind. Als het bewind niet is geregistreerd, dan moet het ten aanzien van registergoederen toch worden geregistreerd, zie art. 1:436 lid 3, dat ook een regeling kent voor inschrijving in het handelsregister. Keerzijde van het ontbreken van publicatie is, dat de wederpartij niet op de hoogte hoeft te zijn van het bewind. Deze wederpartij wordt, mits te goeder trouw, beschermd zowel tegen onbevoegdheid van de rechthebbende als tegen onbevoegdheid van de bewindvoerder (vergelijk art. 1:439 en 1:442).

21.14 Mentorschap ten behoeve van meerderjarigen

Bescherming van de belangen van niet-vermogensrechtelijke aard

Het mentorschap beoogt een aanvulling te geven op de regeling inzake onderbewindstelling (zie paragraaf 21.13) en wel voor wat betreft de bescherming van de belangen van niet-vermogensrechtelijke aard, zoals die van verzorging en verpleging van de desbetreffende persoon.
Grond voor instelling van een mentorschap is dat een meerderjarige als gevolg van zijn geestelijke of lichamelijke toestand tijdelijk of duurzaam niet in staat is of bemoeilijkt wordt zijn belangen van niet-vermogensrechtelijke aard zelf behoorlijk waar te nemen (art. 1:450).

Het mentorschap kan zowel door bepaalde personen worden verzocht (art. 1:451 lid 1) als ook door het Openbaar Ministerie worden gevorderd (art. 1:451 lid 2) en ten slotte door de rechter (bij wie een verzoek of vordering tot ondercuratelestelling aanhangig is) ambtshalve worden ingesteld (art. 1:451 lid 3). Zie over de (bij voorkeur) te benoemen persoon van de mentor art. 1:452.

Mentorschap voor verpleging en verzorging

Instelling van een mentorschap heeft tot gevolg dat de betrokkene onbevoegd wordt om rechtshandelingen te verrichten in aangelegenheden die zijn verzorging, verpleging, behandeling en begeleiding betreffen en dat deze bevoegdheid in beginsel bij de mentor komt te berusten (art. 1:453). Combinatie van een onderbewindstelling en een mentorschap is mogelijk. Door middel van het eerste kan worden bereikt dat de betrokkene bescherming wordt geboden in zijn belangen van vermogensrechtelijke aard, terwijl door middel van het mentorschap de behartiging van de belangen van niet-vermogensrechtelijke aard kan worden gewaarborgd. Het bewind kan dan bijvoorbeeld aan een accountant worden opgedragen, terwijl een familielid dat geen groot financieel inzicht heeft, tot mentor wordt benoemd.

■ ■ ■ 21.15 Huwelijk

Burgerlijk huwelijk

Een van de betrekkingen tussen personen waaraan de wetgever verstrekkende gevolgen toekent, is het burgerlijk huwelijk. De wet regelt de vereisten voor de totstandkoming van het huwelijk (Boek 1, titel 5), alsmede de (voornamelijk van vermogensrechtelijke aard zijnde) rechtsgevolgen daarvan (titel 6-8). Het huwelijk heeft ook nog andere gevolgen die elders in dit boek worden behandeld, denk bijvoorbeeld aan afstammingsgevolgen voor de tijdens het huwelijk geboren kinderen of gevolgen voor verblijfsrechten van een buitenlandse partner. Ook twee mannen of twee vrouwen kunnen met elkaar trouwen. In de negende titel worden de voor de praktijk zo belangrijke gevolgen van echtscheiding geregeld. De tiende titel ten slotte heeft de scheiding van tafel en bed tot onderwerp.

Voor de totstandkoming van een huwelijk is onder meer vereist, dat de aanstaande echtgenoten daartoe hun wil verklaren ten overstaan van de ambtenaar van de burgerlijke stand (art. 1:67).
Is een van de echtgenoten ten gevolge van een geestelijke stoornis niet in staat zijn wil te bepalen of zijn verklaring te begrijpen, dan kan het huwelijk niet gesloten worden (art. 1:32).

Religieus huwelijk

Slechts het huwelijk dat op de door de wet voorgeschreven wijze tot stand gekomen is, wordt door de wet als zodanig erkend (vergelijk art. 1:30). Een religieus huwelijk heeft dus voor de wet geen enkele betekenis. Daar sommigen hier mogelijk anders over zouden denken, heeft de wetgever bepaald, dat de godsdienstige plechtigheden pas mogen plaatsvinden ná de voltrekking van het huwelijk in juridische zin (art. 1:68). Bij overtreding van de regel vindt een strafbaar feit plaats, zie art. 465 Sr.

Vereisten
Voor de totstandkoming van een huwelijk moet aan een groot aantal vereisten zijn voldaan. Sommige daarvan hebben betrekking op de personen die het huwelijk willen sluiten, andere betreffen de zogenoemde formaliteiten.
De vereisten voor een huwelijk hebben betrekking op:
1 *Monogamie*. Men kan tegelijkertijd slechts met één persoon gehuwd zijn (vergelijk art. 1:33). Handelt men in strijd met het vereiste van monogamie, dan pleegt men niet alleen een strafbaar feit (bigamie), maar

het huwelijk kan ook op verzoek van degene die al eerder met de betrokkene was gehuwd nietig worden verklaard (art. 1:69).
2 *Leeftijd*. Om een huwelijk te kunnen aangaan moet men een bepaalde leeftijd hebben bereikt; deze is gesteld op achttien jaar (art. 1:31 lid 1). Vergelijk ook de mogelijkheid van dispensatie in het tweede lid van art. 1:31.
3 *Toestemming*. Handelingsonbekwamen kunnen geen huwelijk aangaan zonder toestemming. Zo behoeft een minderjarige in het algemeen de toestemming van zijn ouders. Staat hij onder voogdij, dan heeft hij bovendien de toestemming van de voogd nodig (art. 1:35).
Afhankelijk van de grond voor ondercuratelestelling, behoeft de curandus de toestemming van de curator of van de kantonrechter (art. 1:37 en 38). De toestemming van de ouder, de voogd of die van de curator kan echter worden vervangen door de toestemming van de rechter (art. 1:36 en 37).
4 *Overige beletselen*. Een te nauwe bloedverwantschap of familierechtelijke band (art. 1:41) staat een huwelijk in de weg; dit ter voorkoming van incest.

Als buitenlandse huwelijkspartners bij de huwelijkssluiting betrokken zijn, worden bijzondere vereisten gesteld als zij nog geen zelfstandige verblijfsvergunning hebben (art. 1:44 lid 2). Zij moeten dan eventueel toestemming hebben van de vreemdelingenpolitie. Deze toestemming is slechts een beperkte tijd geldig (zie art. 1:44 lid 1 sub k jo. art. 1:58). Deze eisen worden gesteld in het kader van de Wet voorkoming schijnhuwelijken. Ambtenaren van de burgerlijke stand zijn ook verplicht voor de huwelijkssluiting te onderzoeken of er niet sprake is van een mogelijk schijnhuwelijk door onder meer het stellen van vragen aan partijen. De vereisten zijn minder streng voor de bruid/bruidegom die al een verblijfstitel voor Nederland had vóór de huwelijkssluiting.

Formaliteiten

Tot de te vervullen formaliteiten behoort onder meer de verplichting van de echtgenoten aangifte te doen van hun voornemen in het huwelijk te treden. De ambtenaar van de burgerlijke stand maakt hiervan een akte van huwelijksaangifte op (art. 1:43). Het huwelijk kan worden gesloten nadat ten minste veertien dagen na de aangifte zijn verstreken.

Akte van huwelijksaangifte

Het huwelijk moet worden voltrokken ten overstaan van een ambtenaar van de burgerlijke stand, in aanwezigheid van getuigen.

■ ■ ■ 21.16 Geregistreerd partnerschap

In titel 5A wordt het geregistreerd partnerschap geregeld. In een vijftal artikelen worden de voorwaarden voor registratie, de gevolgen van een geregistreerd partnerschap en de wijze van beëindiging daarvan geregeld. Deze artikelen worden in de volgende subparagrafen achtereenvolgens besproken.

21.16.1 Vereisten voor het aangaan van een geregistreerd partnerschap

Voor het aangaan van een geregistreerd partnerschap gelden goeddeels dezelfde voorwaarden als voor het aangaan van een huwelijk. Zo vinden we de eis van 'monogamie' voor het geregistreerd partnerschap terug in art. 1:80a leden 1 en 2, waarin respectievelijk wordt bepaald dat één persoon tegelijkertijd slechts met één andere persoon een geregistreerd partnerschap kan zijn aangegaan (lid 1) en dat zij die een geregistreerd partnerschap aangaan, niet tegelijkertijd gehuwd mogen zijn (lid 2). Het geregistreerd partnerschap staat open voor personen van verschillend en van gelijk geslacht.

Akte van registratie van partnerschap

Het geregistreerd partnerschap komt tot stand door het opmaken van een akte van registratie van partnerschap door een ambtenaar van de burgerlijke stand. Anders dan bij het huwelijk is bij het aangaan van het geregistreerd partnerschap de formule van de belofte niet voorgeschreven.

21.16.2 Gevolgen van het geregistreerd partnerschap

De vermogensrechtelijke gevolgen van het geregistreerd partnerschap worden in één zin in art. 1:80b geregeld. Dit artikel bepaalt dat op een geregistreerd partnerschap de titels 6, 7 en 8 (betreffende het huwelijksvermogensrecht) van overeenkomstige toepassing zijn. Registratie heeft derhalve dezelfde gevolgen als het huwelijk.

21.16.3 Beëindiging van het geregistreerd partnerschap

Het geregistreerd partnerschap eindigt, evenals het huwelijk, door de dood of door vermissing van één van de partners en een daarop gevolgd nieuw geregistreerd partnerschap of huwelijk van de andere partner (art. 1:80c sub a en b), en verder met wederzijds goedvinden of door ontbinding op verzoek van één van de partners door de rechter (art. 1:80c sub c en d). Voor beëindiging met wederzijds goedvinden is nodig dat de partners een beëindigingsovereenkomst hebben gesloten (zie over de inhoud daarvan art. 1:80d) en dat in de registers van de burgerlijke stand een verklaring aangaande die beëindigingsovereenkomst is ingeschreven. Deze verklaring dient ingevolge art. 1:80c sub c door beide partners en één of meer advocaten of notarissen te zijn ondertekend; voorts moet uit deze (gedateerde) verklaring blijken dat en op welk tijdstip de partners omtrent beëindiging van het geregistreerd partnerschap een overeenkomst hebben gesloten. Hoewel dit niet in de wet staat, is het de bedoeling dat de advocaat of notaris partijen al bij de totstandkoming van de overeenkomst adviseert en zo mogelijk begeleidt.

Beëindigingsovereenkomst

Sinds 1 april 2001 is ook de omzetting van een geregistreerd partnerschap in een huwelijk mogelijk. Het geregistreerd partnerschap eindigt daardoor (art. 1:80g).

Art. 1:80e betreft de ontbinding van het geregistreerd partnerschap door de rechter. De regeling is gelijk aan de artikelen over echtscheiding. Ook de ontbinding van het geregistreerd partnerschap komt pas tot stand door inschrijving van de rechterlijke uitspraak in de registers van de burgerlijke stand.

■ **Voorbeeld 21.9**
Enkele jaren geleden was grote beroering ontstaan ten gevolge van (grote) schulden die mensen aan zogenoemde 'aandelenlease'-contracten overhielden, terwijl hun grote winsten waren voorgespiegeld ten gevolge van de beurs-resultaten die in de jaren daarvoor waren behaald. Het concept achter veel van deze contracten was dat de mensen geld leenden om aandelen of certificaten te kopen. Met de opbrengsten zou de rente en aflossing op de geldlening worden betaald, zo was de bedoeling. Aan het eind van het contract zouden de mensen dan eigenaar worden van de aandelen als alles was betaald. Aangezien de instortende beurzen tot gevolg hadden dat de benodigde bedragen niet werden behaald, zaten veel mensen aan het eind met (grote) restschulden.

Via verschillende wegen werd getracht om onder die contracten uit te komen. Een van de wegen verloopt via het huwelijksvermogensrecht. Gehuwde contractanten betoogden daarbij dat de aandelenlease eigenlijk een vorm van huurkoop was (zie voor een definitie van huurkoop art. 7A:1576h). Het komt in het kort op het volgende neer: huurkoop is koop op afbetaling waarbij de eigendom van het gekochte pas overgaat als alles is betaald. Aan de bepaling inzake de overkoepelende overeenkomst, de koop op afbetaling (art. 7A:1576), waarvan huurkoop een bijzondere variant is, is in 1992 lid 5 toegevoegd. Daarin is de koop op afbetaling ook van toepassing verklaard op vermogensrechten. Aandelenlease betreft vermogensrechten, en dan zijn de huurkoopbepalingen dus ook van toepassing op aandelenlease, zo luidt de redenering. Vervolgens verwijst art. 1:88 lid 1 sub d naar de koop op afbetaling en zou dus de toestemming van de andere echtgenoot nodig zijn geweest voor de aandelenleasecontracten.

Een van de strijdpunten betreft de kwestie dat tegen deze redenering spreekt dat in art. 1:88 lid 1 sub d geen rekening is gehouden met de uitbreiding van art. 7A:1576 met lid 5; in art. 1:88 wordt nog steeds gesproken van 'zaken', bedoeld in de zin van art. 3:2: voor menselijke beheersing vatbare stoffelijke objecten. Het moge duidelijk zijn dat aandelen en certificaten geen zaken zijn.

De Hoge Raad (ECLI:NL:HR:2008:BC2837) heeft geoordeeld dat deze contracten wel vallen onder lid 1 sub d, waardoor de toestemming van de andere echtgenoot was vereist.

Uitzonderingen
Geschiedt de zekerheidstelling of de koop op afbetaling in de uitoefening van of ten behoeve van de normale uitoefening van een beroep of bedrijf, dan is geen toestemming vereist (vgl. art. 1:88 lid 1 sub c en d). Aangezien deze bepaling in de rechtspraak eng lijkt te worden uitgelegd, doet men er verstandig aan toch maar, ook bij zekerheidstelling en koop op afbetaling in het kader van een beroep of bedrijf, de toestemming van de andere echtgenoot te vragen.

Toestemming is evenmin vereist, als de directeur-grootaandeelhouder zekerheid stelt ten behoeve van de normale uitoefening van het bedrijf van de besloten of naamloze vennootschap (vgl. art. 1:88 lid 5). De uitzondering van lid 5 kan ook toepasselijk zijn als de echtgenoot niet direct directeur-grootaandeelhouder is van de vennootschap waarvoor borg wordt gestaan, of als hij 100% eigenaar is van de aandelen van een holding die weer 100% aandeelhouder is van de vennootschap ten behoeve waarvan de borgstelling geschiedt (ECLI:NL:HR:2003:AF7513). De Hoge Raad heeft tussen zomer 2005 en voorjaar 2006 meerdere arresten gewezen waarin de reikwijdte van dit artikel nader is bepaald (ECLI:NL:HR:2005:AT2632; ECLI:NL:HR:2006:AU4120 en ECLI:NL:HR:2006:AU5681). In het laatstgenoemde arrest geeft de Hoge Raad bijvoorbeeld aan dat van de uitzondering van lid 5 in het algemeen geen sprake kan zijn als de handelende echtgenoot ten tijde van het aangaan van de borgtocht (nog) niet juridisch eigenaar is van de aandelen van de vennootschap. In deze zaak was hij wel economisch eigenaar (hij had de aandelen al gekocht zodat er een leveringsverplichting was ontstaan, maar de levering vond pas plaats na het aangaan van de borgtocht). Daarom was volgens de Hoge Raad de toestemming van de echtgenoot van de borg nodig overeenkomstig art. 1:88. Alleen als er sprake is van certificering kan het voorkomen dat de handelende echtgenoot toch geen toestemming nodig heeft, hoewel hij strikt genomen geen eigenaar is van de aandelen. Certificering wordt behandeld in hoofdstuk 16. Als de handelende echtgenoot juridisch geen eigenaar is van de aandelen maar in de praktijk via zijn doorslaggevende rol in het bestuur van de Stichting Administratiekantoor (AK) de zeggenschap over de aandelen kan uitoefenen, dan kan er volgens de Hoge Raad toch reden zijn om deze situatie gelijk te stellen met het geval dat de echtgenoot wel eigenaar van de aandelen is, zie ECLI:NL:HR:2010:BN1402.

Uiteraard is in geen van de hiervoor genoemde gevallen toestemming vereist, indien de echtgenoot tot het verrichten van de rechtshandeling verplicht is op grond van de wet of op grond van een voorafgaande rechtshandeling waarvoor wel toestemming is verleend of (toen) niet vereist was (art. 1:88 lid 2).

■ **Voorbeeld 21.10**
Als voorbeeld van het eerste kan worden genoemd de verplichting van de voogd om, als de kantonrechter dit beveelt, zekerheid te stellen (vgl. art. 1:363). Een voorbeeld van het tweede is de koopoptie die wel met instemming van de andere echtgenoot of vóór het huwelijk werd verleend.

Gevolgen van handelen zonder toestemming
De rechtshandeling die zonder de vereiste toestemming wordt verricht, is vernietigbaar. Slechts de andere echtgenoot kan de grond tot vernietiging binnen een bepaalde termijn inroepen, tevens kan hij alle uit de nietigheid voortvloeiende rechtsvorderingen instellen. De echtgenoot kan de vernietiging echter niet inroepen, indien de handeling geen gift was en de wederpartij bovendien te goeder trouw was (vergelijk art. 1:89).
Dit laatste zal wel zelden het geval zijn. De wederpartij behoort immers te weten, dat voor zekerheidstelling en afbetalingstransacties de toestemming van de andere echtgenoot nodig is. Dit geldt ook voor het in art. 1:88 lid 1 sub a genoemde geval.

21.17.3 Wettelijke gemeenschap van goederen

Een van de belangrijkste rechtsgevolgen van het huwelijk is het ontstaan van rechtswege van een wettelijke gemeenschap van goederen.
Dit betekent, dat op het moment van het sluiten van het huwelijk alle goederen die de echtgenoten voordien bezaten – dus ook registergoederen, zoals woningen – én alle schulden automatisch gemeenschappelijk worden, zonder dat daartoe enige nadere handeling nodig is. Het huis dat de vrouw voor

haar huwelijk alleen in eigendom had, wordt dus door het huwelijk gemeenschappelijk eigendom; het 'valt' in de huwelijksgemeenschap, hoewel de tenaamstelling in de openbare registers ongewijzigd blijft.

Van gemeenschap spreekt men, indien een of meer goederen toebehoren aan twee of meer deelgenoten gezamenlijk (art. 3:166). Het bijzondere van de huwelijksgemeenschap is dat deze van rechtswege ontstaat. Hierop is dan ook niet de regeling van Boek 3, maar die van Boek 1 van toepassing (zie art. 3:189).

Bij huwelijkse voorwaarden kan de gemeenschap geheel of ten dele worden uitgesloten (art. 1:93).

Hierna worden de verschillende aspecten van de wettelijke gemeenschap behandeld.

Omvang van de gemeenschap

Niet alleen alle *goederen* die ten tijde van de huwelijksvoltrekking aan één van beide echtgenoten toebehoren worden gemeenschappelijk, maar ook de goederen die tijdens het huwelijk verworven worden. In verband met dit laatste spreekt men wel van de magnetische werking van de huwelijksgemeenschap. Op de regel dat de gemeenschap alles omvat, bestaan twee uitzonderingen: de goederen die met een uitsluitingsclausule verkregen zijn en de zogenoemde verknochte goederen (vergelijk art. 1:94 lid 2 sub a en 3).

Twee uitzonderingen op magnetische werking

Uitsluitingsclausule

De erflater van een van de echtgenoten of degene die aan een van hen een gift wil doen, kan bepalen dat het op deze wijze verkregen goed niet in de gemeenschap valt (vergelijk art. 1:94 lid 2 sub a). Een middel voor bijvoorbeeld ouders, die het huwelijk van hun zoon of dochter met de nodige argwaan bekijken en op deze wijze de goederen die zij ten goede willen laten komen aan hun kind, veilig willen stellen voor het geval het huwelijk inderdaad door echtscheiding eindigt. Volgens de nieuwe wetgeving vallen de vruchten van privégoederen ook buiten de gemeenschap, art. 1:94 lid 4.

Verknochtheid

Van verknochtheid spreekt men, indien een goed naar zijn aard zodanig aan een van de echtgenoten verknocht is, dat het niet in de gemeenschap behoort te vallen. Met de gehechtheid van de echtgenoot aan een bepaald goed (bijvoorbeeld het van moeder geërfde collier) heeft dit begrip verknochtheid dus niets te maken. Het gaat om de eigenschappen, de aard van het goed. Er zijn gradaties in verknochtheid mogelijk; soms verzet de aard van het goed zich er wel tegen dat het goed zelf in de gemeenschap valt, maar niet dat de waarde van het goed verrekend wordt. In andere gevallen is de verknochtheid zo sterk, dat er zelfs geen waardeverrekening dient plaats te vinden. Als voorbeeld van het tweede kan worden genoemd de zogenoemde persoonlijke earningcapacity voor de toekomst, dit is de mogelijkheid om zich inkomsten te verwerven, ook wel 'persoonlijke goodwill' genaamd. Uiteraard valt het reeds verworven inkomen wel in de gemeenschap. Zie ECLI:NL:HR:2002:AE0748, over verschillende soorten goodwill. Smartengeld valt buiten de gemeenschap, HR 24 oktober 1997, NJ 1998, 683 m.nt. WMK. Maar hetgeen wordt aangeschaft met het smartengeld is niet automatisch ook weer zo verknocht dat het privé blijft, aldus ECLI:NL:HR:2008:BF2295.

Schulden gemeenschappelijk

De wettelijke gemeenschap van goederen brengt eveneens mee, dat alle schulden gemeenschappelijk zijn, dat wil zeggen dat ze door beide echtgenoten gedragen dienen te worden. Er is immers bij de verdeling van de gemeenschap minder over. Ook hier laat de wet (art. 1:94 lid 3) de mogelijkheid open, dat er privéschulden ontstaan om reden van verknochtheid. Verknochtheid van schulden wordt evenwel bijna nooit aangenomen, behalve als het schulden betreft die nauw verbonden zijn met privégoederen. Men kan daarbij denken aan de erfbelasting over een goed verkregen onder uitsluitingsclausule. Sinds 2012 kent de wet hiervoor in art. 1:194 lid 5 een bijzondere bepaling. Deze wetsbepaling kan te eng zijn, zodat er nog steeds met het leerstuk verknochte schulden moet worden gewerkt.

■ **Voorbeeld 21.11**
Stel dat de man een grote erfenis onder uitsluitingsclausule heeft gekregen van zijn oom. Tot de nalatenschap behoren ook enkele schulden:
1) een schuld ter zake van de verbouwing van het huis van de oom en
2) een schuld aan de privéverpleegster die zijn oom in de laatste maanden van zijn leven heeft verzorgd. De schuld ter zake van de verbouwing is volgens art. 1:94 lid 5 sub a privé. Maar de schuld aan de verpleegster niet, omdat deze niet betrekking heeft op een goed. Het kan niet zo zijn dat de erfenis privé blijft, maar dat de tweede schuld in de gemeenschap valt, waardoor de echtgenote van de erfgenaam deze voor de helft moet dragen. Men neemt daarom aan dat dit soort schulden op grond van verknochtheid in dit geval ook privé moet blijven.

We kunnen dus stellen dat onder het wettelijk regime (vrijwel) alle schulden gemeenschapsschulden zijn, of zij nu ten behoeve van de huishouding zijn aangegaan of niet.
Op welke goederen zijn die schulden verhaalbaar?

Verhaalbaarheid
Het antwoord op de vraag op welke goederen de derde zijn vordering kan verhalen, vinden we (evenals dat op de vraag wie aansprakelijk is) niet in de eerste plaats in Boek 1, maar in art. 3:276. Ingevolge deze bepaling kan een schuldeiser zich verhalen op alle goederen van zijn schuldenaar. Deze bepaling geldt onverkort voor de schuldenaar die gehuwd is; is deze echter gehuwd in wettelijke gemeenschap van goederen, dan krijgt de schuldeiser er nog een verhaalsmogelijkheid bij: de goederen der gemeenschap (vergelijk art. 1:96 lid 1).

■ **Voorbeeld 21.12**
M (niet getrouwd) heeft een schuld van €50.000, een banktegoed van €10.000 en aandelen die hij van zijn grootvader onder een uitsluitingsclausule heeft geërfd. Zijn schuldeisers kunnen zich zowel op het banktegoed als op de aandelen verhalen (art. 3:276). V (evenmin getrouwd) heeft een huis, waard €25.000. Haar schulden bedragen in totaal €50.000. Deze zijn verhaalbaar op het huis (art. 3:276).
M en V trouwen zonder huwelijkse voorwaarden te maken.
De schuldeisers van M kunnen zich nu verhalen op het banktegoed en het huis (gemeenschappelijk vermogen), en de aandelen (privévermogen van M). De schuldeisers van V kunnen zich eveneens verhalen op het banktegoed en het huis, maar niet op de aandelen. Deze behoren immers tot het privévermogen van M en vallen niet in de huwelijksgoederengemeenschap.

Verschil tussen gemeenschaps- en privéschuld ligt in draagplicht

Maak niet de veelgemaakte fout het onderscheid tussen een gemeenschapsschuld en een privéschuld te zoeken in de mogelijkheid voor de derde om zich al dan niet op de goederen der gemeenschap te verhalen; dit verhaal is in beide gevallen (nagenoeg) gelijkelijk mogelijk. Alleen het privévermogen van de andere echtgenoot kan niet worden aangesproken. Via de vergoedingsverplichtingen uit het tweede lid van art. 1:96 wordt een betaling uit het 'verkeerde' vermogen weer rechtgetrokken. Dus als de ene echtgenoot uit zijn privévermogen een gemeenschapsschuld heeft voldaan, heeft deze recht op vergoeding 'jegens de gemeenschap'. Uit het gemeenschappelijk vermogen zal dan een bedrag van gelijke hoogte aan hem ter beschikking worden gesteld, dat hij bij zijn privévermogen mag voegen. Deze vergoedingsvorderingen moeten in beginsel worden berekend aan de hand van de beleggingsleer die sinds 2012 in art. 1:87 is neergelegd, zie art. 1:96 leden 3 en 4.

Anders dan vroeger toen bij deze vergoedingsrechten werd uitgegaan van nominaliteit (wat inhoudt dat je later hetzelfde bedrag terugkrijgt dat je eerder had geïnvesteerd in het goed dat deel uitmaakt van een ander vermogen), wordt nu rekening gehouden met de waardestijgingen van het goed, maar ook met de waardedalingen.

■ **Voorbeeld 21.13**

De vrouw wil een huis op haar naam verkrijgen. Als het voor meer dan de helft van de koopsom uit privémiddelen van de vrouw wordt betaald, dan wordt het huis privé, zie art. 1:95 lid 1.

Stel de bedragen luiden als volgt:

De koopsom bedraagt €400.000. Zij betaalt hiervan €300.000 uit haar privégelden en €100.000 uit de gemeenschap. Ten tijde van de afrekening is de waarde van het huis €800.000.

Hoe bereken je dit vergoedingsrecht (récompense)?

Eerst reken je het aandeel uit dat uit de gemeenschap is betaald in verhouding tot de koopprijs:

$$\frac{100.000}{400.000} = 1/4$$

Dan bereken je hoeveel diezelfde breuk is in verhouding tot de eindwaarde:

$$\frac{x}{800.000} = 1/4$$

$x = 200.000$.

De récompense bedraagt dus €200.000, art. 1:96 lid 4.

■ **Voorbeeld 21.14**

Dit werkt ook andersom als het huis in waarde daalt en de koopprijs €800.000 is en de eindwaarde €400.000. Neem aan dat €200.000 uit de gemeenschap is betaald.

Eerst reken je het aandeel uit dat uit de gemeenschap is betaald in verhouding tot de koopprijs:

$$\frac{200.000}{800.000} = 1/4$$

Dan bereken je hoeveel diezelfde breuk is in verhouding tot de eindwaarde:

$$\frac{x}{400.000} = 1/4$$

x = 100.000.

De récompense bedraagt dus €100.000, art. 1:96 lid 4.
In deze casus krijgt de gemeenschap dus minder terug dan eruit is gehaald om het privéhuis van de vrouw te financieren.

■ **Voorbeeld 21.15**
Als in de voorbeelden 21.13 en 21.14 het resterende bedrag niet uit de gemeenschap is betaald, maar de man haar het ontbrekende bedrag uit zijn privévermogen heeft gegeven, dan vinden de berekeningen op dezelfde wijze plaats, zie art. 1:87 lid 2 sub a. Dit vergoedingsrecht heeft geen naam.

Anders dan uit de wettekst blijkt, moet deze berekeningswijze ook worden gebruikt als de koopsom voor het huis niet contant wordt afgerekend, maar de aflossing van een hypothecaire lening in de loop van vele jaren plaatsvindt. In de praktijk is het niet ongebruikelijk om een hypotheektermijn aan te houden van 10, maar ook van 20, 25 of zelfs 30 jaar.
Het is dan volgens de minister niet de bedoeling om voor elke maandelijkse aflossingstermijn een aparte berekening te maken, zoals uit art. 1:87 lid 2 sub b lijkt te volgen. Men moet dan alle aflossingen bij elkaar optellen die uit hetzelfde vermogen komen en de verhouding ervan tot de oorspronkelijke koopprijs vaststellen, zo heeft de minister in de Eerste Kamer uitgelegd.
Bij de echtelijke woning moeten, zo stelt de minister, op grond van jurisprudentie van de Hoge Raad de rentebetalingen buiten beschouwing blijven; er wordt alleen rekening gehouden met de aflossingen.
Als het een investering betreft met geld van de andere echtgenoot zonder dat deze daarvoor toestemming heeft gegeven, dan zegt de wet dat de andere echtgenoot altijd ten minste de investering nominaal terugkrijgt; als het goed in waarde is gestegen, dan profiteert hij mee met de waardestijging, maar bij een waardedaling krijgt hij zijn investering nominaal terug.
Als het een verbruiksgoed betreft (bijvoorbeeld een fiets of een auto die snel in waarde daalt), dan bedraagt het vergoedingsrecht ook altijd het nominale bedrag.
Het nieuwe art. 1:87 kent nog enkele bijzonderheden maar die blijven hier verder buiten beschouwing.
De echtgenoten kunnen zowel van de berekeningswijze van art. 1:87 (vergoedingsrechten tussen privévermogens) als bij vergoedingsrechten van en naar de gemeenschap (art. 1:96 lid 3, reprise; art. 1:96 lid 4, récompense) bij gewone overeenkomst van de wettelijke regels afwijken, zie art. 1:87 lid 4 en art. 1:96b. Hiervoor gelden geen vormvoorschriften.

Bestuur
Art. 1:90 lid 1 geeft aan dat degene die eigenaar is van privégoederen (zij het naast een wettelijke gemeenschap, zij het dat op grond van huwelijkse voorwaarden in beginsel alle goederen van de echtgenoten privé zijn) het bestuur over die goederen heeft.

Definitie 'bestuur'

Art. 1:90 lid 2 geeft een definitie van bestuur. Daaronder vallen daden van beschikking, maar ook het feitelijk in gebruik geven en het vernietigen van het goed. In dat artikel zijn ook nog bepalingen te vinden inzake mogelijke acties bij stoornis van bestuur (zie voorbeeld 21.13) en toetreding tot overeenkomsten betreffende goederen die onder het bestuur staan van de andere echtgenoot.

Bij goederen die in de gemeenschap van goederen vallen, geeft art. 1:97 bijzondere bestuursregels. Bij goederen op naam (registergoederen zoals huizen) is degene bestuursbevoegd op wiens naam het goed staat. Ook ten aanzien van goederen die zijn geërfd of geschonken, geldt dat degene die ze heeft gekregen alleen het bestuur heeft. Dit betreft dus goederen die niet onder uitsluitingsclausule zijn verkregen, want dan zouden het geen gemeenschapsgoederen zijn maar privégoederen, waarover de eigenaar op grond van art. 1:90 lid 1 het bestuur heeft.

Voor het overige staan sinds 1 januari 2012 de gemeenschapsgoederen onder het bestuur van beide echtgenoten, in die zin dat ze beiden apart – los van de ander – bestuursbevoegd zijn. Dat geldt ook voor goederen die al voor die datum waren verkregen door echtgenoten die al langer waren getrouwd.

■ **Voorbeeld 21.16**

Tot de overdracht van de onroerende zaak die onder het bestuur van X staat, is dus slechts X (bestuurs)bevoegd. Let wel: als een onroerende zaak als echtelijke woning dient, heeft X ondanks zijn bestuursbevoegdheid de toestemming van wederhelft Y nodig, op grond van art. 1:88 dat toestemming al voor de verkoop verplicht stelt. Als X het huis niet wil overdragen maar slechts de buitenkozijnen groen wil laten schilderen, dan is alleen hij daartoe bevoegd, omdat ook feitelijk beschikken onder bestuur valt. Als de echtgenoot van X dit laat doen, dan pleegt zij een bestuursoverschrijding. X zou de schilders weg kunnen sturen voordat ze beginnen.

Goedetrouwregeling

Art. 1:92 geeft in lid 1 een bijzondere goedetrouwregeling: mocht een derde die een roerende zaak of recht aan toonder van een echtgenoot verkreeg die daarover niet bestuursbevoegd was (maar de andere echtgenoot was dat wel), dan mag de derde die echtgenoot beschikkingsbevoegd achten als deze op het moment dat hij de bestuursdaad verrichtte, het goed onder zich had.

■ **Voorbeeld 21.17**

Vrouw A is gehuwd met vrouw B. C, die wel weet dat A en B gehuwd zijn maar A en B niet nader kent, koopt een damesfiets van A. De fiets staat onder bestuur van B omdat B de fiets had geërfd van haar moeder.
A levert deze fiets aan C doordat zij de fiets met dubbele fietssleutels erbij aan C afgeeft. A is echter bestuursonbevoegd. A had wel de feitelijke macht over de fiets dus hoefde C niet te weten dat de fiets onder het bestuur van B stond. C hoeft dan vanwege de goedetrouwregeling van art. 1:92 lid 1 jo. art. 3:86 niet nader te onderzoeken of A ook echt beschikkingsbevoegd is, zoals buiten deze bijzondere huwelijkssituatie art. 3:11 zou vereisen. Als aan de andere vereisten van art. 3:86 is voldaan, wordt C beschermd en is zij eigenaar van de fiets.

Hoewel bij eerste lezing B nog een beroep op art. 1:92 lid 2 lijkt toe te komen op grond van stoornis van bestuur (A heeft immers bestuurshandelingen verricht waartoe alleen B gerechtigd was), heeft dat hier geen zin meer: doordat C eigenaar is geworden, is het goed uit de gemeenschap van goederen van A en B verdwenen en is ook B haar bestuursbevoegdheid kwijt.

Had B toevallig van de verkoop gehoord voordat de fiets was geleverd, dan had zij ervoor kunnen kiezen om de levering te verhinderen, maar zij had ook kunnen toetreden tot de koopovereenkomst. Op grond van art. 6:15 had zij dan de helft van de koopprijs kunnen eisen van C.

Ontbinding van de gemeenschap

De wet noemt in art. 1:99 een aantal oorzaken waardoor de gemeenschap van rechtswege wordt ontbonden. Dit zijn het einde van het huwelijk door de dood, de indiening van een verzoekschrift tot echtscheiding of tot scheiding van tafel en bed, tot opheffing van de gemeenschap, of bij latere huwelijkse voorwaarden. De opheffing van de gemeenschap kan door ieder van de echtgenoten worden verzocht op de in art. 1:109 genoemde gronden, maar deze actie wordt slechts zeer zelden ingesteld.

Door de ontbinding komt een einde aan de magnetische werking van de gemeenschap. Goederen die daarna door één van de echtgenoten worden verworven, zijn dus privégoederen, en schulden die daarna worden gemaakt, privéschulden. Op de nu 'dode' gemeenschap worden de bepalingen van titel 3.7 van toepassing (vgl. art. 3:189). Dat heeft mede tot gevolg dat de bestuursregeling van art. 1:90 en 1:97 niet langer van toepassing is. Voortaan geldt de regel van art. 3:170. Beschikkingshandelingen kunnen dan alleen nog maar samen worden verricht (zie lid 3 van dat artikel).

Ontbinding is geen verdeling

Door de ontbinding van de gemeenschap eindigt deze nog niet, zij verandert slechts van karakter. Pas nu wordt zij voor verdeling vatbaar. De gemeenschap eindigt door verdeling (vergelijk art. 3:182).

Doordat sinds 2012 de gemeenschap bij echtscheiding niet meer wordt ontbonden door het einde van het huwelijk maar veel eerder, door de indiening van het verzoekschrift tot echtscheiding, kunnen zich extra complicaties voordoen. Als namelijk later blijkt dat deze procedure niet (meer) tot echtscheiding kan leiden, wat gebeurt er dan met de ontbinding van de gemeenschap? Men kan hierbij denken aan het geval dat de echtscheiding wordt ingetrokken of dat de echtscheidingsbeschikking niet tijdig wordt ingeschreven, waardoor het huwelijk niet eindigt, ook al heeft de rechter de echtscheiding uitgesproken.

In lid 3 van art. 1:99 wordt voor dat geval bepaald, dat de gemeenschap dan met terugwerkende kracht herleeft. Rechtshandelingen die in de tussentijd zijn verricht, worden dan wel beoordeeld naar het tijdstip van de rechtshandeling.

Dit rechtsgevolg treedt overigens niet in wanneer – voordat duidelijk is dat het huwelijk niet door de echtscheiding zal worden beëindigd – het huwelijk al door een andere grond eindigt. Men kan hierbij denken aan het feit dat de ene echtgenoot overlijdt tijdens de procedure tot echtscheiding. In dat geval wordt het huwelijk beëindigd door het overlijden en blijft de gemeenschap ontbonden per de datum dat het verzoekschrift tot echtscheiding werd ingediend.

In art. 1:100 e.v. worden enige rechtsgevolgen van de ontbinding geregeld en enige regels voor de verdeling gegeven. Deze gelden naast de bepalingen over verdeling in Boek 3.

Verdeling van de ontbonden gemeenschap

Als hoofdregel geldt, dat de echtgenoten een gelijk aandeel in de ontbonden gemeenschap hebben. Zij kunnen hiervan bij huwelijkse voorwaarden afwijken en soms eveneens bij overeenkomst. Dit laatste is slechts mogelijk als de echtgenoten met het oog op de aanstaande ontbinding van de gemeenschap anders dan door de dood of ten gevolge van opheffing bij huwelijksvoorwaarden hiertoe een schriftelijke overeenkomst sluiten, aldus art. 1:100. Zo'n overeenkomst noemt men echtscheidingsconvenant.

Echtscheidingsconvenant

Men moet erop bedacht zijn dat in een ongelijke verdeling ook een (gedeeltelijke) afkoop van alimentatie kan zijn gelegen. In dat geval is de afkoopsom bij de alimentatiegerechtigde belast en bij de alimentatieplichtige aftrekbaar.

Aansprakelijkheid na ontbinding

Zolang de gemeenschap is ontbonden maar nog niet is verdeeld, blijven beide echtgenoten aansprakelijk voor de gemeenschapsschulden waarvoor zij voor de ontbinding van de gemeenschap ook aansprakelijk waren, aldus art. 1:102. Bijzonder is dat dat artikel bepaalt dat de andere echtgenoot door de ontbinding ook aansprakelijk wordt voor de gemeenschapsschulden waarvoor hij voordien niet aansprakelijk was, maar deze schulden kunnen alleen worden verhaald op de goederen die deze echtgenoot bij de verdeling van de gemeenschap krijgt. Dit is een uitzondering op de eerder genoemde hoofdregel dat ook gehuwden alleen aansprakelijk zijn voor schulden die zij zelf zijn aangegaan (als niet de bijzondere regeling van art. 1:85 geldt).

Bijzondere aansprakelijkeid na ontbinding

■ Voorbeeld 21.18

Mevrouw A heeft een flink bedrag van haar werkgever verduisterd. Een deel van het geld is al terugbetaald voor de ontbinding van de gemeenschap. Na de ontbinding eist haar werkgever betaling van echtgenoot B van de helft van het openstaande bedrag. B is door de ontbinding inderdaad aansprakelijk geworden voor die gemeenschapsschuld. Deze schuld kan niet op haar privévermogen worden verhaald.

Toekomstige wetgeving

Ten tijde van de bewerking van deze tekst (juli 2015) is wetsvoorstel 33 987 aanhangig, een initiatiefwetsvoorstel van VVD, PvdA en D66 tot wijziging van de gemeenschap van goederen. Hierin worden elementen van wetsvoorstel 28 867 uit 2003, die tijdens de parlementaire behandeling waren gesneuveld, weer ter tafel gebracht. Dit betreft voornamelijk de beperking van de huwelijksgemeenschap tot goederen en schulden die tijdens het huwelijk worden verkregen door de inspanningen van de echtgenoten. Voorhuwelijks vermogen en alle giften en verkrijgingen krachtens erfrecht blijven volgens dat wetsvoorstel privé.

In het gewijzigd voorstel van wet zoals dat nu voorligt, staat ook nog een bijzondere regeling voor de draagplicht voor schulden als de gemeenschap negatief is ten tijde van de ontbinding. Deze regeling kennen wij nog uit de in 2012 afgeschafte gemeenschap van vruchten en inkomsten.

Vanwege de kritiek op het wetsvoorstel wordt dit element mogelijk nog geschrapt uit het wetsvoorstel.

Ook bevat het wetsvoorstel een bijzondere regeling inzake de winsten en verliezen van een onderneming die buiten de gemeenschap van goederen vallen, bijvoorbeeld omdat deze zijn aangebracht. De winsten en verliezen worden tijdens huwelijk gemeenschappelijk.

∎ ∎ ∎ 21.17.4 Huwelijkse voorwaarden

Degenen die geen wettelijke gemeenschap van goederen wensen, kunnen voor of tijdens hun huwelijk deze door middel van huwelijkse voorwaarden geheel of gedeeltelijk uitsluiten. Zij moeten hiermee wel binnen de perken van art. 1:121 blijven, wat onder meer betekent, dat niet kan worden afgeweken van dwingende wetsbepalingen. De huwelijkse voorwaarden mogen niet in strijd met de goede zeden en de openbare orde zijn. Huwelijkse voorwaarden kunnen slechts bij notariële akte worden aangegaan (art. 1:115). Ook een voorovereenkomst tot het maken van huwelijkse voorwaarden kan alleen bij notariële akte worden opgesteld. De enkele belofte dat de ander na de huwelijkssluiting alsnog zou meewerken aan huwelijkse voorwaarden, is niet afdwingbaar (ECLI:NL:HR:2003:AF7541).

Bij notariële akte

Huwelijkse voorwaarden kunnen zowel vóór als staande het huwelijk worden aangegaan.

Huwelijkse voorwaarden vóór het huwelijk aangegaan

De huwelijkse voorwaarden die vóór het huwelijk zijn aangegaan, beginnen te werken vanaf het tijdstip van de huwelijksvoltrekking. Partijen kunnen geen ander tijdstip overeenkomen (art. 1:117 lid 2). Tegenover derden die van de huwelijkse voorwaarden onkundig zijn, werken deze slechts indien de bepalingen ingeschreven zijn in het openbare huwelijksgoederenregister (art. 1:116).

Huwelijkse voorwaarden staande het huwelijk aangegaan

Hebben de echtgenoten geen huwelijkse voorwaarden gemaakt en willen zij dit alsnog of wensen zij hun huwelijkse voorwaarden te wijzigen, dan is dat ook mogelijk. Eventueel kunnen zij een ander tijdstip aangeven waarop de huwelijkse voorwaarden moeten gaan werken, bijvoorbeeld het begin van het boekjaar als een van de partijen ondernemer is.

Wettelijke regeling van het verrekenbeding

Veel toegepast wordt het stelsel, waarbij iedere gemeenschap wordt uitgesloten. De nadelen voor de niet-verdienende echtgenoot kunnen daarbij ondervangen worden door een verrekenbeding, zie art. 1:132 e.v.

Amsterdams verrekenbeding
Finaal verrekenbeding
Periodiek verrekenbeding

Soms spreekt men af dit maar één keer te doen, te weten bij het einde van het huwelijk (finaal verrekenbeding). Vaker ziet men in huwelijkse voorwaarden echter de afspraak om jaarlijks te verrekenen (jaarlijks of periodiek verrekenbeding). Overigens zijn tal van variaties en combinaties denkbaar: zo kan men afspreken uitsluitend de inkomsten *uit arbeid* te verrekenen (het zogenoemde Amsterdams verrekenbeding) of alle inkomsten, dus ook de inkomsten *uit vermogen*. Een combinatie van een jaarlijks en een finaal verrekenbeding komt ook vaak voor. Mocht de ene echtgenoot als ondernemer woelige tijden meemaken, dan kan de andere echtgenoot alvast tussentijds verrekening vorderen en hoeft hij/zij niet te wachten tot het einde van het huwelijk.

Voor de dagelijkse praktijk betekent deze regeling dat de echtgenoten voor een juiste uitvoering van het verrekenbeding een precieze administratie moeten bijhouden, hetgeen vaak niet gebeurt en veel rechtszaken uitlokt. Deze materie is daarmee erg ingewikkeld geworden. Als hoofdregel geeft de wetgever in art. 1:141 lid 3 dat bij een niet-uitgevoerd periodiek verrekenbeding het hele vermogen van de echtgenoten verrekend moet worden, tenzij een der echtgenoten kan aantonen dat een goed niet of slechts gedeeltelijk verrekend moet worden, art. 1:136. Dit artikel regelt het geval dat er een goed door een van de echtgenoten is aangeschaft en betaald met zowel geld dat niet verrekend hoefde te worden (bijvoorbeeld een erfenis), en deels overgespaard inkomen dat wel verrekend moest worden. In dezelfde verhouding moet de eindwaarde worden bekeken: voor hetzelfde percentage als het deel uit de overgespaarde inkomsten onderdeel uitmaakte van de aanschafprijs, moet de (hogere of lagere) eindwaarde worden verrekend (evenredigheidsleer).

21.18 Echtscheiding

Hoewel bij de huwelijkssluiting wordt aangenomen dat het huwelijk zal duren 'totdat de dood ons scheidt', eindigt toch ongeveer een op de drie huwelijken in Nederland met een echtscheiding.
Duurzame ontwrichting is de algemene echtscheidingsgrond. Schuld aan het einde van de relatie hoeft niet meer te worden aangetoond. Hierna wordt ingegaan op de enige grond voor echtscheiding, het moment van echtscheiding en tot slot de alimentatie.

21.18.1 Gronden en wijzen

Echtgenoten kunnen door middel van echtscheiding hun huwelijk beëindigen (art. 1:149).

Grond: duurzame ontwrichting

Echtscheiding geschiedt op verzoek van één van de echtgenoten of op hun gemeenschappelijk verzoek (art. 1:150). De enige grond waarop de echtscheiding kan worden uitgesproken is duurzame ontwrichting van het huwelijk (art. 1:151). Degene die de echtscheiding verzoekt, kan volstaan met te stellen dat het huwelijk duurzaam ontwricht is.

21.18.2 Moment waarop de echtscheiding tot stand komt

De echtscheiding komt niet tot stand door de enkele echtscheidingsbeschikking, maar pas door de inschrijving daarvan in de registers van de burgerlijke stand binnen zes maanden nadat de beschikking definitief is geworden ('kracht van gewijsde heeft gekregen'). Wordt hieraan niet voldaan dan blijft het huwelijk gewoon in stand (art. 1:149 en 1:163 lid 1).

21.18.3 Alimentatie tussen ex-echtgenoten

Op het moment dat de echtscheiding tot stand komt, kan ook een nahuwelijkse onderhoudsplicht tussen de echtgenoten beginnen. Die noemt men vaak alimentatie.

Een alimentatieregeling kan worden opgelegd door de rechter, maar kan ook door partijen zelf worden getroffen. We bespreken deze twee mogelijkheden, en besluiten met de beëindiging van de alimentatie.

Door de rechter vastgestelde alimentatie

Criteria alimentatie tussen echtgenoten: behoeftigheid, draagkracht

Met het einde van het huwelijk eindigt ook de wederzijdse verplichting van de echtgenoten elkaar het nodige te verschaffen (art. 1:81). De rechter kan in plaats daarvan ten laste van de ene echtgenoot en ten behoeve van de andere, die niet voldoende in staat is in zijn eigen levensonderhoud te voorzien, een uitkering tot levensonderhoud toekennen als de ander draagkrachtig genoeg is om deze te betalen (art. 1:157).

Aan wiens schuld de duurzame ontwrichting te wijten is, is irrelevant voor de vraag wie tot betaling van alimentatie verplicht is.

De toekenning van de alimentatie kan voor een bepaalde tijd en onder bepaalde voorwaarden geschieden. In beginsel geldt voor alimentatieverplichtingen, dat deze na twaalf jaar van rechtswege eindigen.

Indexering

Een rechterlijke uitspraak betreffende levensonderhoud kan in beginsel op de in art. 1:401 genoemde gronden worden gewijzigd. Voor alimentatie-uitkeringen geldt tevens een indexeringsregeling, waardoor de bedragen van rechtswege worden aangepast aan de ontwikkeling van de lonen (art. 1:402a).

Door partijen overeengekomen alimentatie

Nihilbeding

Beding van niet-wijziging

De echtgenoten kunnen zelf een alimentatieregeling treffen. Deze kan ook hierin bestaan, dat partijen bepalen, dat geen van beiden jegens de ander tot het verstrekken van enig levensonderhoud verplicht is (zogenoemd nihilbeding, art. 1:158). Dit beding kan nog versterkt worden door er een zogenoemd beding van niet-wijziging aan toe te voegen (art. 1:159). Hierin kan bedongen worden, dat de overeenkomst niet door de rechter gewijzigd kan worden op grond van gewijzigde omstandigheden. Dit laat de mogelijkheid tot wijziging op grond van een zeer ingrijpende wijziging van omstandigheden onverlet (art. 1:159 lid 1 en 3).

Een dergelijke overeenkomst staat bovendien niet in de weg aan verhaal op grond van art. 62 Wet werk en bijstand op de ex-echtgenoot van de bijstandsgerechtigde.

Op de door partijen overeengekomen alimentatie is de wettelijke indexering eveneens van toepassing. Als de ex-echtgenoot niet wil betalen, is invordering via het Landelijk Bureau Inning Onderhoudsbijdragen (LBIO) mogelijk. Deze instantie helpt ook als de ex-partner geen kinderalimentatie wil betalen, zie subparagraaf 21.20.1.

Einde van de alimentatie

De verplichting tot het verschaffen van levensonderhoud eindigt, indien de alimentatiegerechtigde opnieuw in het huwelijk treedt, een geregistreerd partnerschap aangaat of is gaan samenleven met een ander als waren zij gehuwd of als hadden zij hun partnerschap laten registreren (art. 1:160). De procedures waarin dit laatste moet worden bewezen, leiden regelmatig tot genante bewijsvoeringen (tandenborstels tellen, kijken wie met wie op vakantie gaat, en dergelijke).

Zij eindigt ook als de maximale alimentatietermijn is verstreken.

Er is veel discussie over de vraag of de huidige termijnen voor alimentatie (drastisch) moeten worden verkort van de huidige 12 jaar bij langere huwelijken of huwlijken met kinderen, tot slechts enkele jaren.

Ouderschapsplan

Verplicht ouderschapsplan

Sinds 1 maart 2009 kan alleen een echtscheidingsverzoek van partijen die samen gezag hebben over minderjarige kinderen, in behandeling worden genomen als partijen een ouderschapsplan overleggen. Daarin moeten allerlei zaken aangaande het hoofdverblijf van de kinderen en de omgangsregeling van de niet-verzorgende ouder zijn opgenomen als de kinderen niet in het kader van een co-ouderschapsregeling afwisselend bij de ene en de andere ouder wonen. Het moet daarbij ook duidelijk zijn dat de kinderen bij de totstandkoming van het ouderschapsplan hun zegje hebben kunnen doen. Als aan deze voorwaarden niet is voldaan, neemt de rechter het verzoek in het algemeen niet in behandeling. Partijen worden dan naar huis gestuurd met de opdracht om een ouderschapsplan te maken dat wel aan de voorwaarden voldoet.

Opmerkelijk is dat de eis van het ouderschapsplan voor alle gevallen geldt, waarbij gezaghebbende ouders uit elkaar gaan, dus ook bij het einde van een ongehuwde samenwoningsrelatie. Daar is geen stok achter de deur om dat plan ook daadwerkelijk op te stellen, omdat deze partners niet afhankelijk zijn van de medewerking van een rechter om de relatie te beëindigen. Zie verder over het ouderschapsplan art. 1:247 lid 5 en 1:1247a en art. 815 lid 2 en 3 Rv.

■ ■ ■ 21.19 Scheiding van tafel en bed

Door scheiding van tafel en bed zijn de bepalingen van de zesde titel, betreffende de rechten en verplichtingen van de echtgenoten, niet meer van toepassing (art. 1:92a). Het huwelijk blijft echter wel in stand. De scheiding van tafel en bed moet worden ingeschreven in het huwelijksgoederenregister, aldus art. 1:173.

Voor wat betreft de gronden en de wijzen waarop de uitspraak van de rechter kan worden verlangd, lijkt de scheiding van tafel en bed sterk op de echtscheiding (art. 1:169). Vergelijkbaar met de regeling van art. 1.99 voor de echtscheiding wordt ook bij scheiding van tafel en bed de gemeenschap van goederen ontbonden per de datum van de indiening van het verzoek; voor details zie art. 1:99.

Scheiding van tafel en bed eindigt door de inschrijving van de verzoening in het huwelijksgoederenregister (aldus art. 1:176), waardoor alle rechtsgevolgen van het huwelijk herleven, of door ontbinding van het huwelijk, waardoor ook het huwelijk eindigt (vgl. art. 1:1:179, 149 sub d). De ontbinding kan in beginsel slechts worden uitgesproken, indien de scheiding van tafel en bed ten minste drie jaar heeft geduurd (art. 1:179 lid 1). Op die manier kan een huwelijk dus ook worden ontbonden tegen de zin van de andere echtgenoot, die de hoop blijft koesteren dat het huwelijk nog te redden is.

■ ■ ■ 21.20 Levensonderhoud

Bepaalde personen zijn op grond van het bestaan van familierechtelijke betrekkingen jegens anderen verplicht tot het verschaffen van levensonderhoud. De wet geeft in art. 1:392 aan wie deze personen zijn. Uit deze wetsbepaling valt evenwel niet af te leiden jegens wie de onderhoudsverplichting bestaat en hoe ver deze gaat. Daarvoor kan men art. 1:394 e.v. lezen. Zo zijn ouders verplicht te voorzien in de kosten van verzorging en opvoeding van hun minderjarige kinderen (art. 1:404 lid 1) en in de kosten van levensonderhoud en studie van hun meerderjarige kinderen die nog geen 21 jaar oud zijn (art. 1:395a lid 1).

Anders dan men vaak denkt, is de verplichting tot levensonderhoud niet beperkt tot personen die met elkaar verwant of aanverwant zijn. Ook een verwekker is verplicht tot het betalen van levensonderhoud jegens het verwekte kind als ware hij ouder, als het kind alleen een moeder heeft. Deze verplichting geldt ook voor de levensgezel die heeft ingestemd met een daad die de verwekking van het kind tot gevolg kan hebben gehad, bijvoorbeeld bij kunstmatige inseminatie met donorsperma of bij getolereerd overspel, zie voor beide gevallen art. 1:394.

In de volgende subparagrafen wordt ingegaan op het verschuldigde bedrag voor levensonderhoud en de wijzigingsgronden.

21.20.1 Vaststelling van het verschuldigde bedrag

Criteria voor alimentatie

Twee factoren zijn bij de vaststelling van het verschuldigde bedrag met name van belang: de behoefte van de gerechtigde en de draagkracht van degene die tot het verschaffen van het levensonderhoud verplicht is (art. 1:397). Niet vereist is, dat de gerechtigde behoeftig is in absolute zin: het feit dat de onderhoudsgerechtigde zelfstandig kan beschikken over middelen die gelijk zijn aan het bestaansminimum, betekent niet dat hij, gezien zijn persoonlijke leefomstandigheden, geen behoefte heeft aan een bijdrage voor zijn levensonderhoud.

Het berekenen van ex-echtgenotenalimentatie (zie hierover paragraaf 21.18.3) is een vrij ingewikkelde bezigheid. Er is erg veel (lagere) rechtspraak over. In de praktijk maakt men veel gebruik van berekeningsprogramma's op de computer die regelmatig worden aangepast aan de nieuwste ontwikkelingen. Ook de belastingtechnische gevolgen van allerlei maatregelen zijn in de berekeningen opgenomen.

TREMA-normen

Bij het vaststellen van de bedragen voor kinderalimentatie hanteert men de zogenoemde TREMA-normen, die jaarlijks worden vastgesteld door de rechterlijke macht. Momenteel wordt een politieke discussie gevoerd of het hele systeem van kinderalimentatie na echtscheiding niet heel anders geregeld moet worden omdat in zeer veel gevallen de vastgestelde bedragen niet worden betaald en via een apart daartoe ingestelde instantie moeten worden geïnd (Landelijk Bureau Inning Onderhoudsbijdragen LBIO). Sinds 1 maart 2009 bepaalt art. 1:400 lid 1 dat het levensonderhoud voor de kinderen van de alimentatieplichtige, voor zover ze jonger zijn dan 21 jaar, voorgaat boven de alimentatieplicht jegens anderen.

21.20.2 Wijzigingsgronden

Gewijzigde omstandigheden

Zowel de rechterlijke uitspraak als de overeenkomst betreffende de alimentatie zijn voor wijziging vatbaar. Art. 1:401 noemt de gronden waarop dit mogelijk is. De belangrijkste grond voor wijziging is die van gewijzigde omstandigheden (art. 1:401 lid 1).

■ **Voorbeeld 21.19**
Denk bijvoorbeeld aan het geval, dat de draagkracht van de onderhoudsplichtige gewijzigd is als gevolg van het feit dat zijn inkomsten zijn verminderd (ontslag, pensioen, andere baan), dan wel zijn uitgaven zijn toegenomen. Maar de rechter kan besluiten om deze wijzigingen buiten beschouwing te laten als er geen goede grond voor is, bijvoorbeeld als iemand drie dagen is gaan werken hoewel hij best vijf dagen zou kunnen werken.

De alimentatie-uitkeringen zijn meestal geïndexeerd: zij worden van rechtswege aangepast aan het indexcijfer voor de lonen (vergelijk art. 1:402a).

Vragen

1 a Op welke wijze ontstaan er tussen de biologische moeder en haar kind familierechtelijke betrekkingen?
b En tussen de biologische vader en zijn kind?

2 Kan een kind ook de achternaam krijgen van de niet-ouder die krachtens art. 1:253sa mede het gezag over hem heeft?

3 Een handelingsonbekwame wordt steeds bekwaam geacht tot het optreden als gevolmachtigde (art. 3:63).
Hoe valt dit te rijmen met de regeling van de handelingsonbekwaamheid?

4 M en V zijn getrouwd en hebben drie kinderen. Zij willen een voogdijvoorziening treffen voor het geval een van beiden overlijdt of beiden overlijden.
a In hoeverre is dit mogelijk?
b Op welke wijze? Maakt het uit of ze één of twee voogden aanwijzen?

5 X en Y hebben plannen om te trouwen. Zij willen dat alles wat zij op dat moment hebben en nog later zullen verkrijgen, gemeenschappelijk wordt.
a Wat dienen zij daartoe, behalve trouwen, te ondernemen?
b Zou het antwoord op **a** anders luiden als de nieuwe regels voor de gemeenschap van goederen al zouden gelden?

6 Wat verstaat men onder een Amsterdams verrekenbeding?

7 Op welk moment komt een echtscheiding tot stand?

8 Wat is een nihilbeding?

9 Wat zijn de gevolgen van een echtscheiding voor het gezamenlijk ouderlijk gezag?

10 In hoeverre geldt de stelling dat de gevolgen van een geregistreerd partnerschap gelijk zijn aan die van het huwelijk? Waar zitten de verschillen?

Casus

1 A's vermogen wordt onder bewind gesteld. B wordt tot bewindvoerder benoemd. Na de onderbewindstelling verkoopt A zijn woning aan X.
   a Is A hiertoe bevoegd?
   b Verandert uw antwoord op **a** wanneer gegeven wordt dat B de echtgenoot van A is (die tezamen met A de verkochte woning bewoont)?

   X verlangt nakoming van de koopovereenkomst en vordert van A dat hij meewerkt aan het opmaken van de transportakte.
   c Is A hiertoe bevoegd?
   d Hoe had X zich op de hoogte kunnen stellen van de onderbewindstelling?

2 M en V zijn gehuwd. Financieel zijn zij in zeer goeden doen. M koopt op een zeker moment een kleine portable tv bij zijn vriend X. Betaling blijft voorlopig achterwege. Wanneer X na enige maanden het huis van M bezoekt om hem tot betaling te manen, treft hij daar nog alleen V aan. M blijkt te zijn vertrokken en in afwachting van de echtscheiding zijn intrek elders te hebben genomen. De portable tv heeft hij meegenomen. X, die er weinig voor voelt M op te sporen, wendt zich nu tot V met het verzoek om hem de koopsom van de tv te overhandigen. V weigert dat, stellende dat zij niet aansprakelijk is nu zij de tv niet heeft gekocht. Verder vindt zij het 'niet eerlijk', wanneer zij zou moeten betalen, terwijl M de tv heeft meegenomen. X stelt dat V wel degelijk aansprakelijk is.
Wie heeft gelijk, V of X?

3 Op 1 januari verleent M een koopoptie aan Y (tot 1 augustus), betrekking hebbend op zijn woning aan de Kastanjelaan.
Op 1 maart trouwt M met V. V trekt bij M in, in het huis aan de Kastanjelaan.
Op 1 mei geeft Y te kennen van zijn recht uit de koopoptie gebruik te maken. Hij verlangt van M dat deze meewerkt aan het opmaken van de transportakte. V verzet zich tegen de vordering met een beroep op art. 1:88/1:89 stellende dat haar toestemming vereist is voor verkoop en levering van de echtelijke woning en dat zij deze toestemming weigert. Y is van mening dat het vereiste van toestemming hier niet geldt.
Wie heeft gelijk, V of Y?

4 M en V zijn in gemeenschap van goederen gehuwd. Beiden hebben een afzonderlijke bankrekening (privérekening genaamd), waarop de salarissen worden gestort.
Op 1 januari gaan M en V gescheiden wonen. Op dat moment heeft ieder een tegoed van €10.000 op zijn/haar rekening.
Op 1 maart koopt V ten behoeve van het woon-werkverkeer een tweedehandsauto voor €10.000. De volgende dag veroorzaakt V door haar schuld een aanrijding, waarbij haar auto zeer ernstig beschadigd wordt. De auto is niet allrisk verzekerd, zodat V geen uitkering van een verzekeringsmaatschappij ontvangt. Het wrak is nog €1.000 waard.
Op 1 juli wordt de echtscheiding tussen M en V uitgesproken. Op dat moment blijkt op M's rekening nog steeds €10.000 te prijken. V heeft nog slechts €1.000, zijnde het bedrag dat zij voor het wrak heeft teruggekregen. V wenst

tot de verdeling van de banktegoeden over te gaan. M stelt zich echter op het standpunt dat de schuld ter zake van de auto hem niet aangaat, zodat hij niets met V hoeft af te rekenen.
Hoe moet de verdeling plaatsvinden?

5 a Wanneer is de met de moeder van het kind getrouwde vrouw van rechtswege duo-moeder?
   b Wanneer die vrouw niet van rechtswege duo-moeder is geworden, kan zij dan zonder gerechtelijke procedure alsnog duo-moeder worden?

Erfrecht

22

22.1 Modern erfrecht
22.2 Wat is erfrecht?
22.3 Erfrecht bij versterf
22.4 Het testamentaire erfrecht
22.5 Erfstellingen en legaten
22.6 De legitieme portie
22.7 Aanvaarden en verwerpen van nalatenschappen
22.8 Ongehuwd samenwonenden
22.9 Boedelverdeling

In dit hoofdstuk wordt het erfrecht – in vogelvlucht – behandeld. Met erfrecht wordt iedereen in zijn leven geconfronteerd, vooral in privésituaties, maar ook vaak in de zakelijke sfeer, zoals bij de bedrijfsopvolging. Het is belangrijk dat de nalatenschap goed geregeld is ter voorkoming van veel ongemak en ruzie.

In het navolgende wordt eerst ingegaan op het moderne erfrecht (paragraaf 22.1). Daarna wordt uiteengezet wat erfrecht is (paragraaf 22.2). Vervolgens zal het erfrecht aan de orde gesteld worden voor het geval er geen testament is (paragraaf 22.3) en daarna wanneer dat juist wel zo is (paragraaf 22.4). In paragraaf 22.5 worden de verschillende soorten beschikkingen behandeld. Vervolgens wordt in paragraaf 22.6 aan de orde gesteld in hoeverre een erflater vrij is over zijn nalatenschap te beschikken in relatie tot zijn afstammelingen (de legitieme portie). Paragraaf 22.7 gaat over het aanvaarden en verwerpen van de nalatenschap, paragraaf 22.8 over de ongehuwd samenwonenden. Ten slotte wordt in paragraaf 22.9 aandacht besteed aan de boedelverdeling.

■ ■ ■ 22.1 Modern erfrecht

Op 1 januari 2003 is nieuw erfrecht in werking getreden. Aan de inwerkingtreding van dit erfrecht zijn decennia lang voorbereidingen voorafgegaan. Met name de positie van de langstlevende echtgenoot heeft tot felle discussies in wetenschap en praktijk geleid.
Uiteindelijk is er een modern erfrecht tot stand gekomen, aangepast aan de sinds 1838 (!) veranderde maatschappelijke omstandigheden. Maar ook het vóór 2003 geldende erfrecht heeft zijn belang behouden, met name omdat er nog veel testamenten bestaan die naar oud recht zijn gemaakt. Af en toe zal, daar waar dit wenselijk is, het oude recht aan de orde worden gesteld.

■ ■ ■ 22.2 Wat is erfrecht?

Erfrecht

Erfrecht is het geheel van rechtsvoorschriften die de overgang van het vermogen van een overledene op één of meer nog levende personen of rechtspersonen regelen. Daar het de overgang van het *vermogen* van de erflater betreft, zien we dat het erfrecht behalve de actieve kant van de nalatenschap ook de passiva betreft. Hiermee zijn we reeds op twee erfrechtelijke termen gestuit: de nalatenschap (ook wel genoemd de erfenis) waaronder verstaan wordt het vermogen dat een overledene op zijn sterfdag bezat en dat dus door hem wordt nagelaten, en de erflater, dat wil zeggen: hij die overlijdt en vermogen nalaat. Degenen die iets van de erflater erven, zijn de erfgenamen en de legatarissen. Het verschil tussen deze twee is dat een erfgenaam het geheel of een evenredig deel van de nalatenschap verkrijgt (gebeurt dit door het maken van een testament dan noemt men dit een erfstelling) terwijl de legataris recht heeft op één of meer bepaalde vermogensbestanddelen (legaat genoemd).

De nalatenschap

Erflater

Erfgenaam

Legataris

De erfgenaam volgt de erflater op onder algemene titel, dat wil zeggen dat hij zowel de rechten als de plichten van de erflater verkrijgt. De legataris daarentegen volgt op onder bijzondere titel, hij verkrijgt in beginsel alleen maar rechten van de erflater. Zijn positie is te vergelijken met een koper of begiftigde, die ook opvolger onder bijzondere titel is.

Versterferfrecht

Het erfrecht, zoals dat in de wet geregeld is, wordt het versterferfrecht genoemd. Het is het erfrecht zoals dat in werking treedt bij overlijden van de erflater zonder dat deze een testament gemaakt heeft. Heeft de erflater een testament gemaakt, dan spreken we van testamentair erfrecht. Corresponderend met dit onderscheid kan men spreken van erfgenamen bij versterf en testamentaire erfgenamen.

Testamentair erfrecht

■ ■ ■ 22.3 Erfrecht bij versterf

De wet wijst als erfgenamen bij versterf aan: de langstlevende echtgenoot en zij, die tot de overledene in een familierechtelijke betrekking stonden (zoals kinderen, broers en zusters) (art. 4:10). Aangetrouwde kinderen en stiefkinderen erven nimmer bij versterf (mogelijk wel bij testament).

■ **Voorbeeld 22.1**
A is enig erfgenaam van vader. De nalatenschap van vader bestaat uit een woning en een schuld aan de bank. A verkrijgt de woning, maar moet ook de schuld aan de bank aflossen.

■ Voorbeeld 22.2

Erflater A heeft een schoonzoon B (dochter is vooroverleden) en drie kleinkinderen. B erft niets, althans niet bij versterf. De drie kleinkinderen erven in dit geval alles en wel door middel van 'plaatsvervulling' (art. 4:12), gezamenlijk nemen zij dus de plaats van hun vader in.

Parentele stelsel

Binnen de totale groep bloedverwanten heeft de wetgever een erfrechtelijke volgorde aangebracht door middel van groepen (het zogenoemde parentele stelsel). Bij de vererving erven de personen die in de eerste groep zitten. Is een groep leeg (ook na plaatsvervulling), dan wordt pas naar de volgende groep gegaan.

■ Voorbeeld 22.3

A overlijdt en laat na zijn ouders, drie kinderen en twee kleinkinderen. Zijn ouders behoren tot de tweede groep, zijn kinderen en kleinkinderen tot de eerste groep. Alleen A's kinderen erven van hem, omdat zij zich in de eerste groep bevinden en tot hem de naaste, namelijk de eerste, in graad zijn. De kleinkinderen behoren wel tot de eerste groep, maar tot de tweede graad. Wanneer een van de kinderen is vooroverleden, treden diens kinderen (ook eerste groep) voor hem in de plaats.

Graad

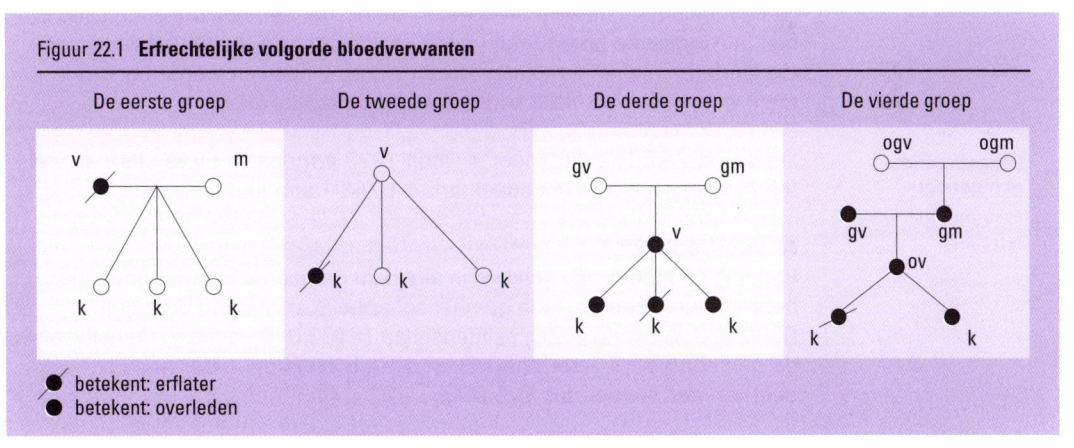

Tot de eerste groep behoren de bloedverwanten in de rechte neerdalende lijn (kinderen, kleinkinderen) plus de echtgenoot (art. 4:10). Tot de tweede groep behoren de ouders, broers en zusters alsmede hun afstammelingen. In de derde groep bevinden zich de grootouders. In de vierde groep de overgrootouders (art. 4:10). Onder *graad* wordt verstaan de mate van bloedverwantschap of met andere woorden: hoeveel geboortes ertussen zitten. Een grootouder is derhalve een tweedegraads familielid behorende tot de derde groep. Zie figuur 22.1 voor een schematisch overzicht van de erfrechtelijke volgorde van bloedverwanten.

Figuur 22.1 **Erfrechtelijke volgorde bloedverwanten**

Oud erfrecht

Het oude recht ging uit van het graduele stelsel: de naaste in graad sluit personen in een verdere graad uit.

Plaatsvervulling

Men moet hier in het oog houden dat de zogenoemde plaatsvervulling mogelijk is. Wanneer iemand krachtens *plaatsvervulling* erft, dan erft hij niet krachtens een eigen directe verwantschapsrelatie (uit eigen hoofde), maar krachtens de verwantschapsrelatie tot de erflater van een ander die vóóroverleden is. Bijvoorbeeld een kleinkind erft, in plaats van zijn vooroverleden vader, van zijn grootvader. Wat het kleinkind dan erft, is het erfdeel dat zijn vader toekomt, hetgeen veel groter kan zijn dan wat hij als kleinkind uit eigen hoofde zou kunnen erven. Wie plaatsvervult, treedt in de graad en de rechten van degene wiens plaats wordt ingenomen (art. 4:12).

Plaatsvervulling is alleen aan de orde in het versterferfrecht, dus als er geen testament is gemaakt. Wanneer er wel een testament is en de testateur wil dat er plaatsvervulling zal intreden, dan moet hij dat uitdrukkelijk bepalen.

Plaatsvervulling geschiedt, zo bepaalt art. 4:12, met betrekking tot personen:
1 die door de wet als erfgenaam worden geroepen, maar die:
   a op het ogenblik van het openvallen van de nalatenschap niet meer bestaan;
   b onwaardig zijn (bijvoorbeeld door veroordeling wegens een jegens de overledene gepleegd misdrijf (art. 4:3);
   c onterfd zijn;
   d verwerpen;
2 wier erfrecht is vervallen (bijvoorbeeld door het in werking treden van een ontbindende voorwaarde).

Oud erfrecht
Naar oud recht was alleen sprake van plaatsvervulling in geval van vooroverlijden, dus niet in geval van onwaardigheid, verwerpen en ontering.

■ **Voorbeeld 22.4**
A heeft één zoon B. B heeft drie kinderen C, D en E. B is onwaardig. C, D en E erven bij wijze van plaatsvervulling. Wanneer A dit niet wil, moet hij een testament maken. Overigens kan hij met een testament C, D en E niet hun legitieme portie (een fractie van de waarde van de nalatenschap die kinderen – of in hun plaats kleinkinderen – niet kan worden ontnomen) ontnemen (art. 4:63 lid 2). Zie ook paragraaf 22.6.

Langstlevende echtgenoot

De langstlevende echtgenoot is sinds 1923 erfgenaam bij versterf, en wel ten bedrage van een kindsdeel (art. 4:10 lid 1 sub a).

■ **Voorbeeld 22.5**
Vader A en moeder B, gehuwd in algehele gemeenschap van goederen, hebben drie kinderen. Hun gemeenschappelijk vermogen bedraagt €200.000. A overlijdt. Zijn nalatenschap (€100.000, namelijk de helft van de gemeenschap) vererft naar B en de drie kinderen. Ieder heeft een erfdeel van een vierde, dus €25.000.

Helemaal gelijkgesteld met een kind wordt de langstlevende niet: hij heeft geen legitieme portie en hij kan geen beroep doen op plaatsvervulling, althans niet met betrekking tot zijn echtgenote. In het huidige erfrecht heeft hij echter wel een ijzersterke positie gekregen om te bewerkstelligen dat hij zo veel mogelijk op de oude voet kan blijven doorleven.

Wettelijke verdeling

Weliswaar krijgen de kinderen eenzelfde erfdeel als de langstlevende, maar hun positie verschilt van die van de langstlevende. Aan de langstlevende echtgenoot worden namelijk op grond van de wet alle goederen die tot de nalatenschap van de erflater behoren toegedeeld, onder de verplichting om alle schulden van de nalatenschap voor zijn rekening te nemen (de zogenoemde wettelijke verdeling). De kinderen krijgen een vordering op de langstlevende ter grootte van hun erfdeel die eerst opeisbaar is bij een faillissement, toepasselijkheid schuldsaneringsregeling natuurlijke personen of overlijden van de langstlevende (art. 4:13). De positie van de langstlevende wordt in de wet derhalve geregeld, zoals dat naar oud recht in de praktijk vaak gebeurde door het maken van een zogenoemd ouderlijk boedelverdelingtestament (art. 4:1167, waarbij de langstlevende alle goederen krijgt toegedeeld en de kinderen een niet-opeisbare vordering op de langstlevende krijgen). De vorderingen van de kinderen dragen rente voor zover de wettelijke rente hoger is dan zes procent. Wanneer dus de wettelijke rente acht procent is, dragen de vorderingen een rente van twee procent. Wanneer de langstlevende de wettelijke verdeling niet wenst, moet hij binnen drie maanden na het overlijden van de andere echtgenoot door middel van een notariële akte verklaren dat hij/zij de wettelijke verdeling ongedaan maakt. In dat geval krijgen de langstlevende en de kinderen ieder hun erfdeel in de nalatenschap.

Wilsrecht

Wanneer sprake is van een stiefouderrelatie, bijvoorbeeld in geval van een tweede huwelijk, kunnen de kinderen van de erflater ter versterking van hun erfrechtelijke positie, een beroep doen op een wilsrecht bestaande uit een aanspraak op goederen in volle of blote eigendom (art. 4:19-22). Dit wilsrecht dient ter waarborging van hun rechten om bij het overlijden van de stiefouder goederen (met bijvoorbeeld emotionele waarde) uit de nalatenschap van de overledene te verkrijgen. Zolang de stiefouder nog leeft, kan – simpel gezegd – volstaan worden met een vruchtgebruik; na diens overlijden kunnen de kinderen de volle eigendom opvorderen. De gehele regeling is van regelend recht.

■ Voorbeeld 22.6

Vader A overlijdt met achterlaten van vrouw B en twee kinderen. A heeft geen testament gemaakt. B krijgt alle goederen van de nalatenschap toegedeeld. De kinderen krijgen een vordering op B, ieder ten bedrage van een derde van de nalatenschap. Na twee jaar wil B hertrouwen. Nadat zij aangifte voor het aangaan van een huwelijk gedaan heeft, beroepen de kinderen zich op hun wilsrechten. Zij vragen B de antieke kussenkast aan hen in (bloot)eigendom over te dragen, waarbij B het vruchtgebruik van de kast behoudt. De blooteigendom van de kast is juist zoveel waard als hun gezamenlijke vorderingen (plus rente).

Wettelijke erfgenamen

Niet tijdens het huwelijk geboren erkende kinderen hebben wat hun erfrechtelijke positie betreft lang achtergestaan bij tijdens huwelijk geboren kinderen. Sinds de uitspraak van het Europese Hof van de rechten van de mens (EHRM 13 juni 1979, NJ 1980, 462, 'de zaak Marckx') werd aangenomen dat de erfrechtelijke positie van het eerstgenoemde kind gelijk is aan die van het binnen een huwelijk geboren kind. In oktober 1982 is de wet in die zin aangepast. In art. 4:10 lid 3 wordt bepaald dat wettelijke erfgenamen zijn diegenen die tot de overledene in familierechtelijke betrekking stonden (en uiteraard de langstlevende echtgenoot).

Het vaderschap vastgelegd

Voor het erfrecht is bovendien van veel belang het per 1 april 1995 bij de herziening van het afstammingsrecht in werking getreden art. 1:207. Op grond van dit artikel kan op verzoek van de moeder of het kind met terugwerkende kracht het ouderschap, zelfs na diens overlijden door de rechtbank vastgesteld worden. Het bewijs hiervoor kan bijvoorbeeld geleverd worden met DNA-materiaal. Dat betekent dat jaren na het overlijden van de ouder de nalatenschap nog herverdeeld moet worden, omdat een kind met succes het ouderschap heeft laten vaststellen. Tot inwerkingtreding van de Wet lesbisch ouderschap op 1 april 2014 kon alleen het vaderschap gerechtelijk worden vastgesteld.

■ **Voorbeeld 22.7**
A overlijdt in 1980 met achterlaten van een vrouw en naar iedereen denkt, twee kinderen. De nalatenschap wordt verdeeld tussen de drie erfgenamen. In 2000 wordt het vaderschap van kind drie door de rechtbank vastgesteld. Kind drie kan alsnog zijn erfdeel, een vierde van de nalatenschap, bij moeder en de twee andere kinderen opeisen.

■ ■ ■ 22.4 Het testamentaire erfrecht

Testament

Wil men dat zijn nalatenschap geheel of ten dele anders vererft dan het versterferfrecht aangeeft, dan kan men een uiterste wilsbeschikking, ook wel genoemd testament, maken. Een testament is een eenzijdige rechtshandeling die wordt gekenmerkt door werking na de dood van de erflater en die in de wet als zodanig wordt aangemerkt (art. 4:42). Dit laatste wordt genoemd het gesloten stelsel van uiterste wilsbeschikkingen. Rechtshandelingen die door de wet niet als uiterste wilsbeschikking worden aangemerkt, zijn nietig.

Notariële testament

Depottestament

De wet onderscheidt verschillende testamentvormen. Het meest voorkomende is het notariële testament: het testament dat bij openbare akte ten overstaan van een notaris moet worden verleden. Het moet door de testateur en notaris ondertekend worden. Daarnaast is er het depottestament: een in een onderhandse akte gemaakte uiterste wil die aan een notaris in bewaring gegeven is. Voor de geldigheid van een onderhandse uiterste wil is nodig dat de testateur in staat is geweest de uiterste wil te lezen en daardoor te begrijpen. De testateur dient de akte zelf te ondertekenen, hij hoeft hem niet zelf geschreven te hebben.

Centraal Testamenten Register

Om te weten of een erflater een testament gemaakt heeft, kan men het Centraal Testamenten Register te Den Haag raadplegen. Dit geschiedt meestal via de notaris.

■ **Voorbeeld 22.8**
A heeft vernomen dat zijn tante, zonder nalaten van echtgenoot en kinderen is overleden. Om erachter te komen of hij tot erfgenaam of legataris is benoemd, gaat hij naar de notaris, die in het Centraal Testamentenregister nagaat of tante een testament heeft gemaakt. Als dat niet het geval is, is het versterferfrecht van toepassing.

Niet iedereen kan zonder meer een testament maken. Evenals bij het verrichten van andere rechtshandelingen moet men voor het maken van een testament zijn verstandelijke vermogens bezitten (art. 3:32-34). Verder moet een testateur minstens zestien jaar oud zijn en niet wegens geestelijke stoornis onder curatele zijn gesteld. Degene die wegens geestelijke stoornis onder curatele staat, kan met toestemming van de kantonrechter een uiterste wilsbeschikking maken (art. 4:55 lid 2).

Twee of meer personen kunnen niet in eenzelfde akte testeren. De wet verbiedt namelijk nadrukkelijk de gemeenschappelijke of wederkerige testamenten (art. 4:93). Wanneer echtgenoten elkaar dus bijvoorbeeld wederzijds tot enig erfgenaam willen benoemen, dan moeten zij twee testamenten maken.

Codicil

Behalve een testament kan de erflater ook een codicil maken. Een codicil is een onderhandse door de erflater geheel geschreven, getekende en gedagtekende verklaring (art. 4:97).
In een codicil kunnen slechts de volgende beschikkingen worden gemaakt: regeling van lijkbezorging, legaten van kleren en lijfstoebehoren, van bepaalde sieraden, bijzondere meubelen, bepaalde boeken en bepaalde persoonlijkheidsrechten van een auteur respectievelijk uitvoerend kunstenaar.

■ ■ ■ 22.5 Erfstellingen en legaten

In een testament kunnen verschillende soorten beschikkingen (ook wel makingen genoemd) opgenomen worden.
Zo kan iemand benoemd worden tot erfgenaam van de gehele of gedeeltelijke nalatenschap, maar ook is het mogelijk dat aan iemand juist bepaalde goederen vermaakt worden.

Erfstelling

Wanneer aan iemand de gehele of een evenredig deel van de nalatenschap wordt vermaakt, spreken we van een *erfstelling* (art. 4:115). De gerechtigde uit de erfstelling is erfgenaam, met dezelfde rechten, bevoegdheden en verplichtingen als een door de wet geroepene (art. 4:116), dus opvolger onder algemene titel.

Legaat

Bij een *legaat* daarentegen wordt een vorderingsrecht aan een of meerdere personen toegekend ten laste van de gezamenlijke erfgenamen (art. 4:117). Te denken valt aan een som geld of het recht van vruchtgebruik van (een deel van) de nalatenschap. De legataris is rechtsopvolger onder bijzondere titel, alleen met betrekking tot de gelegateerde zaak volgt hij de erflater op. De gelegateerde zaken worden niet automatisch op grond van het testament de eigendom van de legataris, zij dienen door de erfgenamen aan de legataris uitgekeerd te worden. Komen de erfgenamen hun leveringsplicht niet na, dan plegen zij wanprestatie ten opzichte van de legataris. Een in de praktijk veelvoorkomende vorm van een legaat is het legaat tegen inbreng. De legataris wordt in dat geval de verplichting opgelegd de waarde van het aan hem gelegateerde goed (bijvoorbeeld huis, bedrijf) in te brengen in de nalatenschap. Deze waarde wordt dan onder de erfgenamen verdeeld. Zo kan aan een van de kinderen het huis van vader gelegateerd worden onder de verplichting voor dat kind €300.000 aan de boedel te betalen, welk bedrag vervolgens onder de erfgenamen verdeeld moet worden.

Niet alle giften zijn voor inkorting vatbaar. Art. 4:67 bepaalt bijvoorbeeld dat giften aan derden, dat wil zeggen niet-legitimarissen, in beginsel slechts voor inkorting vatbaar zijn als ze binnen vijf jaar voorafgaand aan het overlijden van erflater zijn gedaan.

De langstlevende heeft geen legitieme portie. Hij kan echter wel aanspraak maken op het vruchtgebruik van de woning en inboedel en – voor zover hij dit voor zijn verzorging behoeft – op het vruchtgebruik van de nalatenschap. Deze zogenoemde andere wettelijke rechten (geregeld in afdeling 4.3.2) zijn van dwingend recht. De rechthebbenden (meestal de kinderen) kunnen de kantonrechter verzoeken het vruchtgebruik op te heffen omdat de langstlevende dat niet nodig heeft. De kantonrechter toetst dan aan de hand van alimentatienormen (art. 4:33).

Andere wettelijke rechten

Oud recht
Naar oud recht had de langstlevende eveneens geen legitieme portie noch andere wettelijke rechten. Toch stond de langstlevende in de verhouding tot de legitimarissen meestal niet met lege handen. De erflater bepaalde namelijk in zijn testament dat een bepaalde testamentaire bevoordeling (erfstelling of legaat) strekte ter verzorging van de langstlevende echtgenoot.
In die visie vormt de verzorgingsplicht van de erflater de voldoening aan een natuurlijke verbintenis, dat wil zeggen een dringende morele verplichting van zodanige aard dat de naleving daarvan, hoewel rechtens niet afdwingbaar, naar maatschappelijke opvattingen als voldoening van een aan die ander toekomende prestatie moet worden aangemerkt (art. 6:3). Wanneer een natuurlijke verbintenis aanwezig was en in een testament was omgezet in een rechtens afdwingbare verplichting, betekende dat dat de making niet ingekort kon worden door de legitimarissen.

Naar nieuw recht is de making ter voldoening aan een natuurlijke verbintenis wel inkortbaar, zij het pas nadat alle andere makingen en giften zijn ingekort (art. 4:87 lid 2).

▪▪▪ 22.7 Aanvaarden en verwerpen van nalatenschappen

Zuiver te aanvaarden, beneficiair te aanvaarden of te verwerpen

Een erfgenaam heeft bij het openvallen van de nalatenschap de keuze een erfenis zuiver te aanvaarden, beneficiair te aanvaarden of te verwerpen (art. 4:190). Hij is in zijn keuze volledig vrij. Noch de erflater, noch de andere erfgenamen kunnen deze keuze beïnvloeden (art. 4:190 lid 2). De keuze kan gedaan worden door het afleggen van een verklaring bij de griffie van de rechtbank van het sterfhuis. De zuivere aanvaarding kan echter ook bij onderhandse akte worden gedaan of uit gedragingen worden afgeleid. Thans is een wetsvoorstel ingediend om gedragingen die tot zuivere aanvaarding leiden te beperken (art. 4:192 lid 1). Beneficiaire aanvaarding en verwerping dienen in beginsel door een verklaring bij de griffie van de rechtbank van het sterfhuis te worden verricht. Bij bijvoorbeeld minderjarigen kan de benificiaire aanvaarding stilzwijgend gebeuren.

Bij beneficiaire aanvaarding (door het afleggen van een verklaring ter griffie van de rechtbank van het sterfhuis) is de aansprakelijkheid van de erfgenaam beperkt tot de goederen van de nalatenschap (art. 4:184). De beneficiaire erfgenaam is echter wel erfgenaam. Beneficiair aanvaarden betekent dus dat de erfgenaam alleen in aanmerking wenst te komen voor een eventueel batig saldo van de nalatenschap, dat resteert na aftrek van de lasten. Is het saldo negatief, dan verkrijgt de beneficiaire erfgenaam uiteraard niets, maar hij behoeft ook niet bij te dragen in de schulden. De erfgenamen moeten de nalatenschap in beginsel afwikkelen met inachtneming van afd. 4.6.3 (vereffening), waardoor een formele procedure vereist is. Op deze regel is echter een aantal uitzonderingen (art. 4:202 leden 1-3), die erop neerkomen dat wanneer het ernaar uitziet dat er voldoende goederen zijn om alle nalatenschapschulden te voldoen (te beoordelen door de executeur of kantonrechter), deze zware procedure niet gevolgd hoeft te worden. Ten slotte is nog van belang dat in geval van verwerping plaatsvervulling optreedt, tenzij er een andersluidend testament is.

■ ■ ■ 22.8 Ongehuwd samenwonenden

Regeling ongehuwd samenwonenden

Ook in het nieuwe erfrecht is er geen regeling te vinden met betrekking tot de ongehuwd samenwonenden, die leidt tot vererving van rechtswege. Dat betekent dat wanneer ongehuwd samenwonenden geen familie van elkaar zijn, zij bij overlijden van één van hen beiden niets van elkaar erven, tenzij zij een testament gemaakt hebben. Wanneer zij een testament maken, moeten zij er rekening mee houden dat de legitimarissen een beroep op hun legitieme portie kunnen doen.

Bij de regeling van de legitieme portie wordt wel rekening gehouden met de samenlevende partners.
In art. 4:82 wordt bepaald dat een legitimaris zijn legitieme portie niet kan opeisen jegens de langstlevende levensgezel gedurende diens leven als de erflater dit met zo veel woorden in zijn testament heeft bepaald. Voorwaarde is dat er een notarieel samenlevingscontract is en een gemeenschappelijke huishouding. Samenwoners hebben in hun samenlevingscontract voorts vaak een zogenoemd verblijvensbeding op grond waarvan alle gemeenschappelijke goederen verblijven aan de langstlevende. Anders dan naar oud recht is dit beding aantastbaar door legitimarissen, voor zover tegenover het verblijven geen redelijke tegenprestatie staat (art. 4:126). Om te voorkomen dat legitimarissen hier tegenop kunnen komen, is weer een testament nodig waarin de niet-opeisbaarheid van de legitieme tijdens het leven van de samenwoners is geregeld.

Verblijvensbeding

■ **Voorbeeld 22.13**
A en B wonen ongehuwd samen. A heeft twee kinderen, B geen.
A maakt een testament waarin hij B tot zijn enige en algehele erfgenaam benoemt. Hij legateert zijn kinderen een vordering ten bedrage van hun legitieme portie die pas opeisbaar is bij B's overlijden.

■ **Voorbeeld 22.14**
A, B, C, D en E (één man en vier vrouwen) wonen ongehuwd samen. A heeft twee kinderen, B, C, D en E geen. A maakt een testament, waarin hij B, C, D en E tot zijn enige en algehele erfgenamen benoemt. Hij neemt hierin de clausule op dat de legitieme porties van zijn kinderen pas opeisbaar zijn bij overlijden van de langstlevende vrouw. Heeft de clausule het door A beoogde effect? Niet volgens de rechtbank Haarlem (14 maart 2007, ECLI:NL:RBAHA:2007:BA0703). De voor het begrip levensgezel kenmerkende lotsverbondenheid kan niet geacht worden met meer dan één persoon te bestaan.

▪ ▪ ▪ 22.9 Boedelverdeling

Boedelverdeling

Ten gevolge van het overlijden van de erflater ontstaat tussen de erfgenamen een onverdeeldheid met betrekking tot de goederen van de nalatenschap. Op een gegeven moment zullen de deelgenoten de onverdeeldheid tussen hen willen opheffen. Dit opheffen van de onverdeeldheid noemt men de boedelverdeling. Een deelgenoot kan te allen tijde opheffing van de gemeenschap vragen, hij is nooit verplicht in de onverdeeldheid te blijven zitten (art. 3:178). Hierop zal echter de redelijkheid en de billijkheid die de relatie tussen de deelgenoten beheerst van toepassing zijn. De belangrijkste bepaling met betrekking tot de boedelverdeling is art. 3:186. Hierin wordt bepaald dat de verdeling pas tot wijziging in de vermogensrechtelijke verhoudingen leidt, indien zij wordt gevolgd door levering van het toegedeelde. Voor de wijze waarop geleverd moet worden is afd. 3.4.2 van toepassing. De levering maakt dus pas een einde aan de onverdeeldheid. Zij heeft geen terugwerkende kracht.

Uitzondering op het zijn van een overdeeldheid vormt de wettelijke verdeling, waarbij de langstlevende bij overlijden van erflater automatisch eigenaar van alle goederen wordt en de andere erfgenamen (de kinderen) een vordering op de langstlevende krijgen.

Boedelbeschrijving

Ter voorbereiding van de boedelverdeling zal een boedelbeschrijving opgemaakt moeten worden en zullen de goederen der nalatenschap gewaardeerd moeten worden. De schulden van de nalatenschap worden zo veel mogelijk van tevoren, dat wil zeggen: vóór de boedelverdeling, voldaan. Heeft dit alles plaatsgevonden, dan kan de omvang van de nalatenschap worden vastgesteld. Naar oud recht moesten ook tijdens leven door de erflater verrichte schenkingen aan de afstammelingen meegeteld worden bij de bepaling van de omvang van de nalatenschap ('inbreng'). Naar nieuw recht hoeft dat niet meer, tenzij de erflater dat bij de schenking uitdrukkelijk heeft bepaald (art. 4:229).

Vragen

1. Wat is een versterferfgenaam?
2. Wat is het verschil tussen een legaat en een erfstelling?
3. Hoe kan een niet door de verwekker erkend kind erfgenaam van de verwekker worden?
4. Wat is een legitieme portie?
5. Is een erfgenaam gehouden een testamentaire beschikking te aanvaarden?
6. Hoe kunnen ongehuwd samenwonenden regelen wat er met hun nalatenschap dient te gebeuren?
7. Wat is het verschil tussen een legaat en een last?
8. Wat is een beneficiaire aanvaarding?
9. Hoe kan men weten of iemand een testament gemaakt heeft?
10. Wat is een wilsrecht?

Casus

1. K en G zijn gehuwd in gemeenschap van goederen. Uit dit huwelijk zijn drie kinderen geboren. K overlijdt. In zijn testament heeft K bepaald dat G zijn helft van de echtelijke woning (zijn enige vermogen) krijgt.
   a. In hoeverre is dit testament aantastbaar?
   b. Wie kunnen het testament aantasten?

2. Twee vriendinnen, C en E, wonen samen als waren zij gehuwd. Binnen hun gezin voeden zij twee kinderen op, P en G, van wie C de biologische moeder is. De vader is onbekend. C en E wensen dat P en G hun beider nalatenschappen erven.
   a. Is dit mogelijk?
   b. Zo ja, welke maatregelen moeten zij treffen?

3. M en G hebben een turbulent huwelijk. Vlak voor zijn overlijden maakt G een testament waarin hij M onterft en zijn vriendin J tot enig erfgenaam benoemt. G overlijdt.
   a. Wat kan M tegen dit testament beginnen?
   b. Kunnen de kinderen van G dit testament aantasten?

4. A en B zijn gehuwd in gemeenschap van goederen. Zij hebben samen vier kinderen. A overlijdt. Hij heeft geen testament gemaakt.
   a. Wie zijn zijn erfgenamen?
   b. Hoe wordt de nalatenschap verder verdeeld?

Faillissement, surseance van betaling en schuldsanering natuurlijke personen

23

23.1 Faillissement
23.2 Gang van zaken bij de faillietverklaring
23.3 Omvang van de failliete boedel
23.4 Invloed van het faillissement op de rechtspositie van de schuldenaar
23.5 Actio Pauliana
23.6 Invloed van het faillissement op de positie van de schuldeisers
23.7 Opheffing van het faillissement
23.8 Vereenvoudigde afwikkeling
23.9 Verificatie van de vorderingen
23.10 Het akkoord
23.11 De uitdeling
23.12 Surseance van betaling
23.13 Schuldsanering natuurlijke personen
23.14 Pre-pack
23.15 Europese Insolventieverordening

Uitgangspunt van ons rechtssysteem is – uiteraard – dat iemand die schulden heeft, die schulden ook betaalt. Dit geldt zowel voor natuurlijke personen als voor rechtspersonen.
De praktijk laat echter zien dat het schuldenaren niet altijd lukt om aan hun betalingsverplichtingen te voldoen (en soms dat schuldenaren misschien wel kúnnen betalen, maar dat zij dat niet wíllen).
Over de vraag wat er dan staat te gebeuren gaat dit hoofdstuk, waarin we de 'insolventieprocedures' faillissement, surseance van betaling en schuldsanering natuurlijke personen behandelen.
In de eerste plaats besteden we in dit hoofdstuk aandacht aan het faillissement, geregeld in titel I van de Faillissementswet (Fw). Kort gezegd, is de wettelijke regeling van het faillissementsrecht erop gericht dat het vermogen van de failliet wordt vereffend. Dat wil zeggen dat alles wordt verkocht en dat de opbrengst wordt verdeeld onder de schuldeisers. Men zegt ook wel dat het faillissement is gericht op liquidatie. In de praktijk is het faillissement van groot belang, ook omdat de faillissementsaanvraag door schuldeisers vaak wordt gebruikt als pressie- en incassomiddel, dus

als middel om een schuldenaar die niet betaalt, onder druk te zetten. In paragraaf 23.1 zullen we ingaan op de vraag wat faillissement precies is en in paragraaf 23.2 op de gang van zaken bij de faillietverklaring. In paragraaf 23.3 geven we aan wat wel en wat niet in de failliete boedel valt en hoe de boedel vereffend wordt. In de paragrafen 23.4 en 23.5 komt aan de orde wat de schuldenaar wel en niet mag doen en in paragraaf 23.6 wat de rechten van de verschillende schuldeisers zijn; de ene schuldeiser (bijvoorbeeld de fiscus) heeft een sterkere positie dan de andere. In paragraaf 23.7 en 23.8 behandelen we de opheffing en de vereenvoudigde afwikkeling van het faillissement. Opheffing is aan de orde als alleen de boedelschulden (deels) betaald kunnen worden. Vereenvoudigde afwikkeling vindt plaats wanneer ook de preferente schuldeisers enige uitdeling kunnen ontvangen, terwijl er onvoldoende boedelactief is voor de concurrente schuldeisers. Ten slotte bekijken we in paragraaf 23.9 tot en met 23.11 hoe de afwikkeling van het faillissement in zijn werk gaat, ook wanneer een akkoord tussen de schuldenaar en de schuldeisers tot stand is gekomen.

Vervolgens gaan we in op de surseance van betaling, titel II van de Faillissementswet. Dat is een figuur waarbij de schuldenaar uitstel van betaling verkrijgt met de bedoeling dat hij orde op zaken kan stellen en dan weer verder kan. Surseance is dus gericht op reorganisatie. Surseance kan alleen worden verleend aan een rechtspersoon of aan een natuurlijke persoon die een beroep of bedrijf uitoefent, en dus niet aan 'gewone' particulieren. In de praktijk komt het erop neer dat surseance wordt verleend aan bedrijven die in financiële problemen verkeren, maar waarbij de hoop bestaat dat ze weer levensvatbaar te maken zijn. In paragraaf 23.12 zullen we enkele aspecten van de surseance bekijken.

Ook komt aan de orde de schuldsanering natuurlijke personen (WSNP). Het gaat hier om titel III van de Faillissementswet. Alleen natuurlijke personen kunnen van de schuldsaneringsregeling gebruikmaken, ongeacht of ze 'gewone' particulieren zijn of dat ze een beroep of bedrijf hebben uitgeoefend. Er zijn in Nederland zeer veel mensen met een onoverkomelijke schuldenlast. De bedoeling van de WSNP is om ervoor te zorgen dat de schuldenaar gedurende drie tot maximaal vijf jaar onder toezicht van een bewindvoerder zijn schulden saneert, en dat hij uiteindelijk met een schone lei verder kan. Deze figuur behandelen we in paragraaf 23.13.

Paragraaf 23.14 gaat over de pre-pack, waarbij voorafgaand aan een faillissement of surseance van betaling een 'stille bewindvoerder' wordt benoemd om de kans op een doorstart te vergroten. Ten slotte komt in paragraaf 23.15 de Europese Insolventieverordening aan de orde, die een aantal internationale aspecten van insolventie regelt.

Zie voor een schematisch overzicht figuur 23.1.

Figuur 23.1 **Insolventieprocedures**

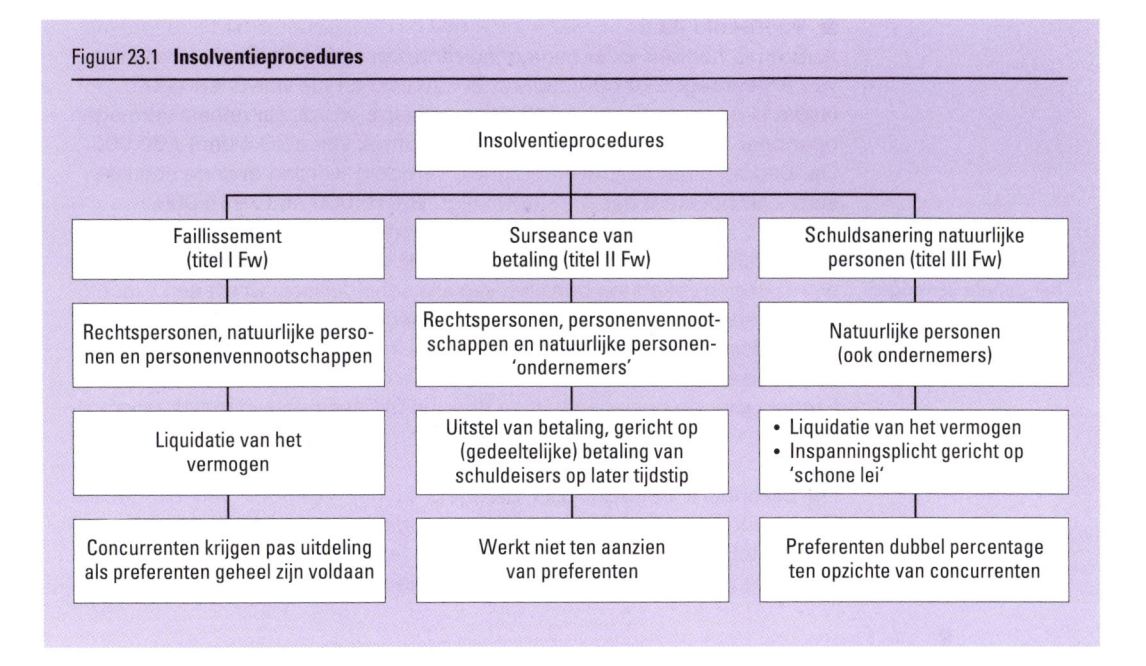

	Insolventieprocedures	
Faillissement (titel I Fw)	Surseance van betaling (titel II Fw)	Schuldsanering natuurlijke personen (titel III Fw)
Rechtspersonen, natuurlijke personen en personenvennootschappen	Rechtspersonen, personenvennootschappen en natuurlijke personen-'ondernemers'	Natuurlijke personen (ook ondernemers)
Liquidatie van het vermogen	Uitstel van betaling, gericht op (gedeeltelijke) betaling van schuldeisers op later tijdstip	• Liquidatie van het vermogen • Inspanningsplicht gericht op 'schone lei'
Concurrenten krijgen pas uitdeling als preferenten geheel zijn voldaan	Werkt niet ten aanzien van preferenten	Preferenten dubbel percentage ten opzichte van concurrenten

■ ■ ■ 23.1 Faillissement

Wanneer een schuldenaar zijn schulden niet betaalt, heeft de schuldeiser het recht zich op de goederen van de schuldenaar te verhalen (art. 3:276). Dat wil zeggen dat één of meer vermogensbestanddelen van de schuldenaar openbaar worden verkocht en dat de schuldeiser uit de opbrengst van die vermogensbestanddelen datgene verkrijgt waar hij recht op heeft. De schuldeiser kan dit resultaat op de volgende manieren bereiken:

Executoriaal beslag

1 Door het leggen van executoriaal beslag op één of meer goederen van de schuldenaar.

■ **Voorbeeld 23.1**
A heeft €10.000 te vorderen van B uit hoofde van een overeenkomst van geldlening. Wanneer B weigert het verschuldigde bedrag te betalen, laat A executoriaal beslag leggen op B's meubels. De meubels worden in het openbaar verkocht en de opbrengst ervan bedraagt €12.000. Hiervan komt €10.000 toe aan A; wat – na aftrek van de gemaakte kosten – overblijft, is voor B.

Voor het leggen van een executoriaal beslag moet de schuldeiser beschikken over een executoriale titel, bijvoorbeeld de grosse (een authentiek afschrift) van een vonnis of van een authentieke akte. In paragraaf 4.1 is het recht van pand- en hypotheekhouders beschreven om zónder executoriale titel een goed te verkopen (parate executie).

Aanvragen van het faillissement

2 Door het aanvragen van het faillissement van de schuldenaar. Hiervoor is geen executoriale titel nodig; wel stelt de wet een aantal andere vereisten, die hierna nog aan de orde komen.
Wanneer het faillissement van de schuldenaar wordt uitgesproken, wordt zijn gehele vermogen te gelde gemaakt; de opbrengst daarvan moet verdeeld worden onder alle schuldeisers.

■ **Voorbeeld 23.2**
A, B en C hebben ieder een concurrente vordering op D. De vordering van A bedraagt €10.000, die van B €20.000 en die van C €30.000. Nadat D op verzoek van A failliet is verklaard, wordt zijn gehele vermogen openbaar verkocht; de opbrengst is (na aftrek van alle kosten) €30.000. Dat bedrag moet naar evenredigheid verdeeld worden over de schuldeisers. Dat betekent dat A €5.000 krijgt, B €10.000 en C €15.000.

Faillissement betreft het gehele vermogen

Terwijl faillissement het gehele vermogen van de schuldenaar betreft en wordt uitgesproken ten behoeve van alle schuldeisers, wordt een executoriaal beslag gelegd op één of meer specifiek aangewezen vermogensbestanddelen van de schuldenaar, en wel in beginsel ten behoeve van één schuldeiser.
Eerder gelegde beslagen komen door de faillissementsuitspraak te vervallen.

De bijzondere beslagen zijn geregeld in het Wetboek van Burgerlijke Rechtsvordering (verder ook: Rv); als zodanig wordt het beslagrecht gerekend tot het burgerlijk procesrecht. In hoofdstuk 24 over het burgerlijk procesrecht wordt op het beslagrecht nader ingegaan.

■ ■ ■ 23.2 Gang van zaken bij de faillietverklaring

Vaak wordt de faillietverklaring uitgesproken op verzoek van één of meer schuldeisers. De schuldeiser die het faillissement van zijn schuldenaar wil aanvragen moet – door middel van een advocaat – een verzoekschrift indienen bij de rechtbank van de woonplaats van de schuldenaar (art. 2 lid 1 Fw). In het verzoekschrift moet de schuldeiser stellen:
1 dat hij een vordering heeft op de schuldenaar en dat de schuldenaar deze vordering onbetaald laat;
2 dat er nog een of meer andere schuldeisers zijn die een vordering op deze schuldenaar hebben.

Ten behoeve van de gezamenlijke schuldeisers

Steunvorderingen

Dit tweede vereiste heeft te maken met het feit dat het faillissement wordt uitgesproken ten behoeve van de gezamenlijke schuldeisers. Voor de faillissementsaanvraag is dus noodzakelijk dat er meer schuldeisers zijn. Het is echter niet nodig dat de andere schuldeisers op betaling aandringen of dat zij het faillissement van de schuldenaar verlangen. Het is zelfs niet nodig dat hun vorderingen, steunvorderingen geheten, opeisbaar zijn. Voor het uitspreken van iemands faillissement is het voldoende dat één van zijn schulden opeisbaar is, ongeacht of dat de schuld is aan de aanvrager of aan één van de andere schuldeisers.

De wetgever heeft het de schuldeiser die het faillissement van zijn schuldenaar wil aanvragen, niet te moeilijk willen maken. De aanvrager hoeft slechts summier aan te tonen dat hij een vorderingsrecht heeft en dat er meer schuldeisers zijn met een vordering op deze schuldenaar. Zouden aan de faillissementsaanvraag in dit opzicht wel zware eisen zijn gesteld, dan zou de failliet in spe daar misbruik van kunnen maken door bijvoorbeeld tijdens de aanvraagprocedure ervoor te zorgen dat zijn goederen 'verdwijnen'.

Wel moet de schuldenaar volgens vaste jurisprudentie worden opgeroepen om hem over de faillissementsaanvraag te horen; de wet zegt in art. 6 lid 1 Fw slechts dat de rechtbank de schuldenaar kán oproepen.

Toestand dat hij heeft opgehouden te betalen

Wanneer de rechter van oordeel is, dat de schuldenaar zijn schulden onbetaald laat, dat de schuldenaar 'verkeert in de toestand dat hij heeft opgehouden te betalen' (art. 1 Fw), zal het faillissement worden uitgesproken. Het maakt daarbij niet uit of de schuldenaar zijn schulden niet betaalt omdat hij dat niet kán of omdat hij dat niet wíl. Een zeer vermogend iemand die weigert zijn schulden te betalen, kan dus failliet worden verklaard.

De faillissementsaanvraag wordt vaak gebruikt als pressie- en incassomiddel, dat wil zeggen dat de schuldeiser het faillissement aanvraagt in de hoop de schuldenaar op deze wijze tot betaling te bewegen. Wordt de vordering van de aanvrager inderdaad voldaan, dan trekt de schuldeiser zijn aanvraag in.

Hierna wordt behandeld wie faillissement kan aanvragen, het vonnis en wie failliet kan worden verklaard.

23.2.1 Op wiens initiatief kan het faillissement worden uitgesproken?

In veel gevallen zal het faillissement worden uitgesproken op verzoek van één of meer schuldeisers.

De schuldenaar kan ook zelf zijn faillissement aanvragen; verder kan het faillissement worden uitgesproken op vordering van het Openbaar Ministerie om redenen van openbaar belang. Daarnaast kan de rechtbank in een aantal in de wet genoemde gevallen ambtshalve het faillissement van de schuldenaar uitspreken, bijvoorbeeld wanneer de surseance van betaling wordt ingetrokken. Tot slot volgt het faillissement van rechtswege uit een beëindiging van de schuldsaneringsregeling op grond van art. 350 lid 3 sub c-g Fw, mits er baten beschikbaar zijn voor verdeling onder de schuldeisers.

23.2.2 Vonnis

Het faillissement wordt uitgesproken bij vonnis. Dit vonnis is uitvoerbaar bij voorraad, wat betekent dat de staat van faillissement onmiddellijk, zelfs met terugwerkende kracht tot 0:00 uur van de dag van de uitspraak, intreedt – en ook voortduurt – ook al zou de failliet bijvoorbeeld in hoger beroep tegen zijn faillietverklaring opkomen. Het intreden van de staat van faillissement wil voor de schuldenaar onder meer zeggen dat hij het beheer en de beschikking over zijn vermogen verliest. Bij het vonnis wordt een curator benoemd, die met het beheer en de beschikking wordt belast. Het vonnis houdt tevens de aanwijzing in van een rechter-commissaris, aan wie het toezicht op de gang van zaken bij het faillissement is opgedragen.

Curator

Rechter-commissaris

23.2.3 Wie kan failliet worden verklaard?

Zowel natuurlijke personen, privaatrechtelijke rechtspersonen (bijvoorbeeld een nv of een bv) als de personenvennootschappen vof en cv kunnen failliet worden verklaard. Ook een openbare maatschap kan failliet verklaard worden, aldus rechtbank Amsterdam, 21 december 2005 (ECLI:NL:RBAMS:2005:AU9730).

Het aantal uitgesproken faillissementen is door de economische crisis vanaf eind 2008 groot geweest. Het grootste deel van de faillissementen betreft bedrijven in de vorm van eenmanszaken, vof's of bv's.

Over de vraag of publiekrechtelijke rechtspersonen, zoals gemeenten, provincies en waterschappen, failliet verklaard kunnen worden, lopen in de literatuur de meningen uiteen; de wet zwijgt over dit onderwerp en de Hoge Raad heeft zich er nog niet over uitgesproken. Bij het antwoord op de vraag of het faillissement van publiekrechtelijke rechtspersonen mogelijk is, moet men in het oog houden dat een dergelijk faillissement in de praktijk tot grote problemen zou leiden, omdat de curator, die de taken van de failliet overneemt, geen publiekrechtelijke bevoegdheden heeft.

■ ■ ■ 23.3 Omvang van de failliete boedel

Het faillissement omvat het gehele vermogen van de schuldenaar ten tijde van de faillietverklaring, alsmede hetgeen de schuldenaar tijdens het faillissement verwerft, aldus art. 20 Fw. Is de schuldenaar in gemeenschap van goederen gehuwd, dan vallen alle goederen die tot de gemeenschap behoren in de failliete boedel (vgl. art. 63 Fw).

Uit humanitaire overwegingen wordt een aantal goederen die de failliet voor zijn dagelijks onderhoud en voor dat van zijn gezin nodig heeft, buiten het faillissement gehouden, zoals bed, beddengoed en kleding (art. 21 Fw).

Dat ook datgene wat de schuldenaar tijdens het faillissement verwerft in de failliete boedel valt, betekent onder meer, dat wanneer hij bijvoorbeeld tijdens zijn faillissement een erfenis verkrijgt, ook die tot de boedel wordt gerekend. Ook het loon dat de failliet verdient of de uitkering die hij krijgt, valt in beginsel in de boedel. Wel kan de rechter-commissaris bepalen dat een gedeelte buiten het faillissement moet blijven, zodat de schuldenaar in zijn levensonderhoud – en in dat van zijn gezin – kan blijven voorzien (art. 21 Fw). Bij het bepalen van het bedrag waarover de failliet mag blijven beschikken wordt meestal uitgegaan van het bijstandsminimum.

'Vrij te laten bedrag'

Beheer en vereffening

De curator is belast met het beheer en de vereffening van de failliete boedel. Vereffening wil zeggen dat de curator de boedelbestanddelen te gelde maakt om uit de opbrengst daarvan de schuldeisers te kunnen voldoen. Hierbij staat openbare verkoop volgens de wet voorop; met toestemming van de rechter-commissaris kan de curator echter ook onderhands verkopen, hetgeen in de praktijk veel gebeurt (art. 176 Fw).

■ ■ ■ 23.4 Invloed van het faillissement op de rechtspositie van de schuldenaar

Het faillissement grijpt diep in in het leven van de schuldenaar. In de eerste plaats wordt inbreuk gemaakt op de persoonlijke vrijheid van de failliet: deze mag niet meer zonder toestemming van de rechter-commissaris zijn woonplaats verlaten. Voorts wordt de voor de failliet bestemde post eerst naar de curator gezonden (art. 91 respectievelijk art. 99 Fw).

Verlies beheer en beschikkingsbevoegdheid

Ook in vermogensrechtelijk opzicht tast het faillissement de positie van de schuldenaar aan: de schuldenaar verliest het beheer en de beschikkingsbevoegdheid over zijn vermogen (art. 23 Fw). Bij *beheer* gaat het om handelingen die passen in de normale exploitatie van een goed, zoals het repareren van een auto of het verhuren van een huis. Bij *beschikken* moet men vooral denken aan 'vervreemden' en 'bezwaren'. Van vervreemden is sprake bij het overdragen van een goed, voorbeelden van bezwaren zijn het belasten van een goed met het recht van hypotheek of het recht van pand. Al dit soort handelingen mag de failliet niet meer verrichten; tijdens het faillissement is de curator ermee belast (art. 68 Fw). De achtergrond van deze regeling is dat de boedel intact moet blijven; de schuldeisers hebben het recht om zich te verhalen op de boedel zoals die er op het moment van de faillietverklaring uitzag. De schuldenaar mag niets doen wat ten koste gaat van de boedel. Dit blijkt ook uit art. 24 Fw, dat bepaalt dat de boedel niet aansprakelijk is voor verbintenissen van de schuldenaar die na de faillietverklaring zijn ontstaan, tenzij de boedel door die verbintenissen is gebaat.

■ **Voorbeeld 23.3**
De failliet A laat door schilder B enkele afbeeldingen van vuurspuwende draken op zijn auto aanbrengen.

■ **Voorbeeld 23.4**
De failliet C veroorzaakt door zijn schuld een aanrijding; de auto van D wordt hierdoor ernstig beschadigd.

■ **Voorbeeld 23.5**
De failliet E, van beroep bloemist, laat zijn planten met insecticide bespuiten door F; de planten blijven daardoor behouden.

In voorbeeld 23.3 en 23.4 kan de schuldeiser zijn vordering niet op de boedel verhalen; hij kan de vordering pas op zijn schuldenaar verhalen wanneer het faillissement geëindigd is. (Een uitzondering geldt in het onwaarschijnlijke geval dat de failliet in staat is te betalen uit de gelden die buiten het faillissement zijn gebleven; art. 21 Fw). In voorbeeld 23.5 is de boedel gebaat; dan heeft de schuldeiser een vordering op de boedel, hij is **Boedelschuldeiser** boedelschuldeiser.

In subparagraaf 23.4.1 tot en met 23.4.3 gaan we in op de juridische positie van de failliet. Aan de orde komen achtereenvolgens de gevolgen van door de failliet onbevoegd verrichte rechtshandelingen en de bevoegdheid van de failliet om in bepaalde procedures zelf als procespartij op te treden. Ten slotte beschrijven we hoe in faillissement met bestaande wederkerige overeenkomsten wordt omgegaan.

23.4.1 Wordt de wederpartij beschermd bij door de failliet onbevoegd verrichte rechtshandelingen?

Te goeder trouw

Publicatie

Om aanspraak te kunnen maken op bescherming moet de wederpartij te goeder trouw zijn geweest bij het verrichten van de handeling. Dat wil in dit geval zeggen dat de wederpartij niet wist en ook niet behoefde te weten dat zij met een failliet handelde. De publicatie van het faillissement speelt voor het antwoord op de hiervoor gestelde vraag dan ook een grote rol. De publicatie vindt op drie manieren plaats:

1 publicatie in een openbaar register bij de rechtbank (art. 19 Fw);
2 publicatie in het Centraal Insolventieregister, www.rechtspraak.nl (art. 19a Fw);
3 publicatie in de Staatscourant (digitaal, art. 14 Fw).

■ **Voorbeeld 23.6**
Na zijn faillietverklaring verkoopt A een huis aan B en draagt dit huis aan B over. De handelingen zijn verricht na de publicaties. B wordt niet beschermd tegen A's beschikkingsonbevoegdheid.

De publicaties op het internet vinden zo snel plaats, dat een wederpartij zich niet gemakkelijk met succes op haar goede trouw zal kunnen beroepen.

■ **Voorbeeld 23.7**
A wordt failliet verklaard. Hij heeft naast vele schuldeisers ook enkele schuldenaren, onder wie B. B betaalt zijn schuld – die dateert van vóór het faillissement – aan A. Is deze betaling bevrijdend, of moet B nogmaals, maar dan aan de curator betalen?

Heeft B betaald vóór de hiervoor bedoelde publicaties, dan wordt ervan uitgegaan dat B niet wist dat A inmiddels gefailleerd was. De betaling is dan in beginsel bevrijdend (art. 52 Fw jo. art. 6:34). De curator mag overigens wel bewijzen dat B toch op de hoogte was van het faillissement. Slaagt de curator in het bewijs, dan is de betaling niet bevrijdend.
Heeft B betaald na de publicaties, dan wordt ervan uitgegaan dat hij op de hoogte was van het faillissement. Volgens de hoofdregel is de betaling dan niet bevrijdend, tenzij de betaling aan A ten bate van de boedel is gekomen.

■ ■ ■ 23.4.2 Bevoegdheid van de failliet om als procespartij op te treden

Bij procedures die de boedel niet raken, zoals echtscheiding en adoptie, is en blijft de failliet bevoegd om als partij in een proces op te treden. Procedures die de boedel wel raken, moeten worden gevoerd door of tegen de curator. Daarnaast bepaalt de wet dat vorderingen die voldoening uit de boedel ten doel hebben, ter verificatie moeten worden ingediend in het faillissement.

■ **Voorbeeld 23.8**
C, verkoper, stelt een vordering in tegen de gefailleerde koper D uit hoofde van het hem toekomende eigendomsvoorbehoud.

■ **Voorbeeld 23.9**
E, koper, vordert van de inmiddels gefailleerde verkoper F nakoming van de overeenkomst.

■ **Voorbeeld 23.10**
G, benadeelde, stelt een vordering tot schadevergoeding in tegen de failliet H wegens een door H vóór zijn faillissement jegens G gepleegde onrechtmatige daad.

In voorbeeld 23.8 is geen sprake van een vordering die voldoening uit de boedel ten doel heeft. (NB De door C opgevorderde zaak behoort in eigendom toe aan C en valt dan ook niet in de boedel.) De vorderingen in voorbeeld 23.9 en 23.10 zijn wel gericht op voldoening uit de boedel, zodat zij ter verificatie moeten worden ingediend. Dat wil zeggen dat zij op hun juistheid onderzocht worden; voor zover nodig moeten zij op waarde worden geschat, en uiteindelijk kunnen E en G dan meedelen in de opbrengst van de boedel.

23.4.3 Invloed van het faillissement op bestaande overeenkomsten

Op het moment dat iemand failliet wordt verklaard, is hij waarschijnlijk partij bij tal van overeenkomsten: hij is bijvoorbeeld huurder of verhuurder, werkgever of werknemer, hij heeft koopovereenkomsten gesloten die nog niet volledig zijn afgewikkeld enzovoort. Welke invloed heeft de faillietverklaring op die overeenkomsten?

Huur- en arbeidsovereenkomsten

Er zijn maar een paar artikelen in de Fw die antwoord op die vraag geven. Zo bepaalt de wet dat bij faillissement van de huurder zowel de curator als de verhuurder de overeenkomst tussentijds kan opzeggen, en houdt art. 40 Fw in dat bij faillissement van de werkgever de arbeidsovereenkomst zowel door de curator als door de werknemer op korte termijn kan worden opgezegd.

Wanneer een wettelijke regeling ontbreekt, heeft de faillietverklaring geen invloed op het bestaan van de overeenkomst; rechten en plichten blijven in stand, met dien verstande dat de plaats van de failliet wordt ingenomen door de curator.

■ **Voorbeeld 23.11**
A verkoopt een auto aan B, de koopsom wordt voldaan. B, de koper, gaat failliet. De curator kan nu van A overdracht van de auto vorderen.

Art. 37 Fw

Art. 37 Fw geeft een regeling voor wederkerige overeenkomsten die op het moment van de faillietverklaring zowel door de failliet als door zijn wederpartij in het geheel niet of slechts ten dele zijn nagekomen.

■ **Voorbeeld 23.12**
A verkoopt een piano aan B. Afgesproken wordt dat overdracht van de piano en betaling van de koopsom zullen plaatsvinden drie maanden na het sluiten van de koopovereenkomst. Voordat de drie maanden verstreken zijn, wordt B failliet verklaard. A vraagt zich af of de overeenkomst moet worden nagekomen, of dat hij de piano aan een ander kan verkopen en overdragen.

Art. 37 Fw komt A te hulp: de wederpartij van de failliet kan de curator een redelijke termijn stellen, waarbinnen de curator moet verklaren of hij de overeenkomst gestand wil doen. Verklaart de curator binnen de gestelde termijn dat hij prijs stelt op nakoming, dan moet hij zekerheid stellen. Spreekt de curator zich niet (tijdig) uit, dan is het woord aan de wederpartij; deze kan kiezen uit nakoming van de overeenkomst, ontbinding en/of schadevergoeding (zie art. 6:265-6:278 en afdeling 6.1.9 waar art. 37 Fw bij aansluit).

23.10 Het akkoord

De failliet kan vóór of tijdens de verificatievergadering zijn schuldeisers een akkoord aanbieden (art. 138 e.v. Fw). Meestal houdt het akkoord in, dat de schuldenaar de schuldeisers betaling van een gedeelte van hun vorderingen aanbiedt, en dat hij kwijtschelding van de rest van de vordering vraagt. Het aangeboden percentage is in de regel hoger dan wat de schuldeisers kunnen verwachten wanneer het faillissement langs de weg van openbare verkoop van de boedel afgewikkeld wordt. De schuldenaar wordt meestal in staat gesteld een dergelijk akkoord aan te bieden door een bijdrage van familieleden en/of kennissen. Een akkoord als het zojuist genoemde biedt voor de schuldenaar verder het voordeel dat hij ná het faillissement niet meer door de faillissementsschuldeisers kan worden aangesproken; voor zover de vorderingen niet zijn voldaan, rust op de ex-failliet slechts een natuurlijke verbintenis.

Kwijtschelding

Het akkoord wordt aangenomen wanneer een meerderheid van de ter vergadering verschenen concurrente schuldeisers, die samen minstens de helft van de concurrente vorderingen vertegenwoordigen, vóór is. Is het akkoord aangenomen, dan moet het nog door de rechtbank worden goedgekeurd. Pas na deze goedkeuring (homologatie) is het akkoord verbindend, ook voor de schuldeisers die tegen hebben gestemd. Komt de schuldenaar het gehomologeerde akkoord niet na, dan wordt het faillissement heropend.

Aanneming en homologatie

23.11 De uitdeling

De opbrengst van de failliete boedel wordt verdeeld aan de hand van uitdelingslijsten. In veel faillissementen wordt overigens maar één uitdelingslijst opgemaakt, die dan dus tevens slotuitdelingslijst is.
De uitdelingslijst moet door de rechter-commissaris worden goedgekeurd en ligt vervolgens gedurende tien dagen ter inzage van de schuldeisers. Met uitzondering van de boedelschuldeisers kan iedere schuldeiser zich tegen de uitdelingslijst verzetten. De uitdelingslijst wordt pas verbindend als de periode waarin verzet mogelijk is, ongebruikt voorbij is gegaan of wanneer op het verzet een onherroepelijke beslissing is gegeven (art. 183 e.v. Fw). Wanneer de slotuitdelingslijst verbindend is geworden, eindigt het faillissement.

Slotuitdelingslijst

23.12 Surseance van betaling

Het aanvragen van surseance (uitstel) van betaling is een veelgebruikt middel om te proberen faillissement te voorkomen; dit doel wordt echter lang niet altijd bereikt. Wanneer faillissement wél kan worden voorkomen, is dat vaak doordat een akkoord met de schuldeisers is bereikt (zoals bij de surseance van UPC). De schuldenaar die zijn schulden schrikbarend ziet oplopen en niet in staat is om die schulden op korte termijn te voldoen, kan zich tot de rechtbank wenden met het verzoek om hem uitstel van betaling te verlenen. Wanneer een verzoekschrift is ingediend, spreekt de rechtbank onmiddellijk de *voorlopige surseance* uit. Daarbij benoemt de rechtbank één of meer bewindvoerders en een rechter-commissaris. Er wordt

Voorlopige surseance

een dag vastgesteld waarop de schuldeisers zullen worden gehoord over het definitief verlenen van de surseance.

De voorlopige surseance wordt gepubliceerd in de Staatscourant en op het internet. In de advertentie wordt de dag vermeld waarop de schuldeisers worden gehoord; de bekende schuldeisers worden bij brief opgeroepen (art. 215 e.v. Fw).

Hierna behandelen wij in subparagraaf 23.12.1 de omzetting van een voorlopige surseance van betaling in een definitieve surseance. In subparagraaf 23.12.2 komt de juridische positie van de schuldenaar in surseance aan de orde. In subparagraaf 23.12.3 en 23.12.4 bespreken wij het einde van de surseance, al dan niet na aanbieding van een akkoord aan de schuldeisers.

23.12.1 Definitieve surseance

Op de door de rechtbank vastgestelde dag worden de schuldeisers – en eveneens de schuldenaar, de rechter-commissaris en de bewindvoerder(s) – gehoord over het definitief verlenen van de surseance; de schuldeisers stemmen over de definitieve surseance. Of de surseance definitief wordt verleend, beslist de rechtbank. De rechtbank bepaalt de duur op hoogstens anderhalf jaar. Op verzoek van de schuldenaar kan de surseance meermalen worden verlengd.

Wordt de definitieve surseance geweigerd, dan kan de rechtbank ambtshalve het faillissement van de schuldenaar uitspreken (art. 218 e.v. Fw).

23.12.2 Rechtsgevolgen van de surseance

Surseance van betaling grijpt niet zo diep in het leven van de schuldenaar in als faillissement. Zo verliest de schuldenaar ten gevolge van de surseance niet het beheer en de beschikking over zijn vermogen, maar 'slechts' het vrije beheer en de vrije beschikking. Dat wil zeggen, dat de schuldenaar bij al zijn handelingen aangewezen is op medewerking van de bewindvoerder(s) (art. 228 Fw).

Verlies van het vrije beheer en de vrije beschikking

Gedurende de surseance kan de schuldenaar niet gedwongen worden tot het betalen van zijn schulden; een uitzondering geldt voor de boedelschulden en voor de schulden die genoemd worden in art. 232 Fw, onder meer de preferente schulden. De schuldenaar is wel bevoegd zijn schulden te voldoen; hij heeft dan de medewerking van de bewindvoerder(s) nodig en mag bovendien zijn schuldeisers slechts betalen naar evenredigheid van hun vorderingen (art. 233 Fw).

23.12.3 Aanbieden van het akkoord

Ook in het kader van de surseance van betaling kan de schuldenaar zijn schuldeisers een akkoord aanbieden. De gang van zaken is vrijwel gelijk aan die bij faillissement: het akkoord moet worden aangenomen door een meerderheid van de schuldeisers, en na aanneming moet het akkoord nog door de rechtbank worden gehomologeerd. Wordt het akkoord aangenomen en gehomologeerd, dan eindigt de surseance; komt de schuldenaar zijn in het akkoord neergelegde verplichtingen niet na, dan moet hij failliet worden verklaard.

Aanneming en homologatie

Wordt het akkoord niet aangenomen, of wordt de homologatie van het akkoord geweigerd, dan kan de rechtbank de schuldenaar failliet verklaren (art. 252 e.v. Fw).

23.12.4 Einde van de surseance

Behalve de hiervoor genoemde wijzen waarop de surseance kan eindigen, kan aan de surseance een einde komen, doordat de termijn waarvoor zij is verleend, verstrijkt, of doordat de surseance wordt ingetrokken.

Intrekking surseance

Intrekking van de surseance is mogelijk op initiatief van de rechter-commissaris, de bewindvoerder(s) of één of meer schuldeisers, bijvoorbeeld in geval van kwade trouw of eigenmachtig optreden van de schuldenaar (zie art. 242 Fw). Ook kan de rechtbank de intrekking ambtshalve uitspreken. Wordt in één van deze gevallen de surseance ingetrokken, dan kan de rechtbank het faillissement van de schuldenaar uitspreken.

De schuldenaar kan de intrekking van de surseance verzoeken, als hij in staat is de betaling van zijn schulden te hervatten (art. 247 Fw).

23.13 Schuldsanering natuurlijke personen

De Wet Schuldsanering Natuurlijke Personen, ook wel aangeduid als de WSNP, is in 1998 in werking getreden. De WSNP is opgenomen in de Faillissementswet, als titel III.

Uitzichtloze problematische schuldensituatie

De bedoeling van de regeling is om natuurlijke personen die in een uitzichtloze problematische schuldensituatie terecht zijn gekomen, te helpen om van die schulden af te komen. Verder is het doel van de WSNP om buitengerechtelijke schuldsaneringen (minnelijke regelingen) te bevorderen en het aantal faillissementen van natuurlijke personen terug te dringen.

Natuurlijke personen, inclusief ondernemers

Zoals de naam al aangeeft, geldt de regeling alleen voor natuurlijke personen en niet voor rechtspersonen. Natuurlijke personen die een onderneming uitoefenen zonder rechtspersoonlijkheid, kunnen dus ook van de regeling gebruikmaken, zij het dat deze onderneming in de regel beëindigd zal moeten worden. Het beroep op de WSNP heeft sinds de invoering een hoge vlucht genomen.

In subparagraaf 23.13.1 wordt het schuldsaneringsverzoek behandeld. Subparagraaf 23.13.2 en 23.13.3 beschrijven de belangrijkste verplichtingen en de juridische positie van de schuldenaar tijdens en na de schuldsaneringsregeling.

23.13.1 Aanvragen van de schuldsaneringsregeling

Het uitgangspunt van de wettelijke regeling is dat de schuldenaar die in financiële problemen is gekomen, eerst probeert om met zijn schuldeisers tot een minnelijke schikking te komen. Uit onderzoek is gebleken dat de schuldenaren die een schuldsaneringsregeling aanvragen, meestal schulden hebben bij kredietverstrekkers (banken), bij winkel- en postorderbedrijven, verhuurders en telecombedrijven.

Minnelijke regeling niet mogelijk

Als het niet lukt om met de schuldeisers tot een minnelijke regeling te komen, kan de schuldenaar met een verzoekschrift bij de rechtbank een schuldsaneringsregeling aanvragen. De schuldenaar moet bij het verzoekschrift een verklaring overleggen waaruit blijkt dat hij tevergeefs heeft geprobeerd om met zijn schuldeisers tot een minnelijke regeling te komen.

Zo'n verklaring wordt in het algemeen afgegeven door een gemeentelijke kredietbank. De verklaring moet vergezeld gaan van een overzicht van de inkomens- en vermogenspositie en de vaste lasten van de schuldenaar.

De rechter zal het verzoek tot toepassing van de schuldsaneringsregeling niet altijd inwilligen. Het verzoek wordt door de rechter grondig getoetst. Art. 288 Fw geeft aan wanneer het verzoek al dan niet voor toewijzing in aanmerking komt. Het verzoek kan bijvoorbeeld slechts worden toegewezen als de schuldenaar in de vijf jaar voorafgaand aan het verzoek te goeder trouw is geweest ten aanzien van het ontstaan en het onbetaald laten van zijn schulden. Er moet dus geen sprake zijn van ernstige overbesteding, onverantwoord ondernemerschap of meerdere onbetaalde verkeersboetes.

Goede trouw

Daarnaast moet aannemelijk zijn dat de schuldenaar de uit de schuldsaneringsregeling voortvloeiende verplichtingen naar behoren zal nakomen en zich zal inspannen zo veel mogelijk baten voor de boedel te verwerven. Het verzoek wordt in beginsel afgewezen indien sprake is van binnen de genoemde termijn van vijf jaar ontstane schulden uit misdrijf of indien in de tien jaar voor het verzoek reeds een schuldsaneringsregeling op de schuldenaar van toepassing is geweest.

Rechterlijke toetsing van het verzoek

Een goede rechterlijke toetsing van het verzoek om toelating tot de schuldsaneringsregeling is van groot belang om te voorkomen dat misbruik wordt gemaakt van de regeling.

Dwangregeling

De schuldsaneringstitel kent ook een dwangregeling (art. 287a Fw), waarmee een of meer weigerachtige schuldeisers kan/kunnen worden gedwongen in te stemmen met een schuldregeling zodat een wettelijke schuldsaneringsregeling niet meer aan de orde is. Verder kent de wet een aantal voorlopige voorzieningen met het oog op de periode dat de schuldenaar een regeling met zijn schuldeisers of een WSNP-verzoek voorbereidt (art. 287 lid 4 en 287b Fw), bijvoorbeeld ter voorkoming van gedwongen woningontruiming of beëindiging van de levering van gas, elektra of water.

Voorlopige voorzieningen

▪ ▪ ▪ 23.13.2 Wat houdt het schuldsaneringsregime in?

Wanneer de rechter het verzoek van de schuldenaar om toepassing van de schuldsaneringsregeling inwilligt, geldt het schuldsaneringsregime in beginsel voor een periode van drie jaar. De rechterlijke uitspraak wordt gepubliceerd in het schuldsaneringsregister, de Staatscourant en op het internet. In de periode waarvoor de schuldsaneringsregeling geldt, moet de schuldenaar zich aan een aantal strikte voorwaarden houden. Hij dient zich bijvoorbeeld zeer serieus in te spannen om fulltime werk te verkrijgen en/of te behouden en zo te zorgen dat er activa in de boedel komen. De schuldenaar mag daarnaast geen nieuwe schulden laten ontstaan. Op de gang van zaken wordt toezicht uitgeoefend door een rechter-commissaris en door een bewindvoerder. Heeft de schuldenaar zich gedurende die periode voldoende ingespannen en heeft hij het schuldsaneringsregime goed doorlopen, dan kan de rechter na afloop van de periode bepalen dat hij voor de dan nog resterende schulden de 'schone lei' krijgt, hetgeen betekent dat deze worden omgezet in natuurlijke verbintenissen. Dat wil zeggen dat de schuldenaar voor die schulden niet meer kan worden aangesproken.

Strikte voorwaarden
Inspanningsplicht, informatieplicht, geen nieuwe schulden

Schone lei

Tussentijdse beëindiging

Wanneer de schuldenaar zich niet goed gedraagt gedurende de schuldsaneringsperiode en bijvoorbeeld onjuiste inlichtingen verstrekt waardoor zijn schuldeisers kunnen worden benadeeld, kan de schuldsaneringsregeling tussentijds worden beëindigd. Een dergelijke tussentijdse beëindiging leidt – mits er baten beschikbaar zijn voor een uitdeling aan de schuldeisers – van rechtswege tot het faillissement van de schuldenaar.

Er is veel rechtspraak over de vraag of de schuldsanering, al dan niet tussentijds, beëindigd moet worden zonder schone lei in verband met niet-nakoming van de verplichtingen van de regeling. Van de sinds 1998 uitgesproken schuldsaneringen is 72% beëindigd met toekenning van de schone lei.

■ **Voorbeeld 23.17**
A heeft een verzoek tot toepassing van de WSNP gedaan. Hij is ontslagen maar krijgt (nog) geen WW-uitkering en heeft (nog) geen WWB(bijstands)-uitkering aangevraagd. Omdat hij geen inkomen maar natuurlijk wel lasten heeft, zullen er direct nieuwe schulden ontstaan. Hij moet dus eerst zorgen voor een inkomen op bijstandsniveau voordat hij kan worden toegelaten.

■ **Voorbeeld 23.18**
Verzoeker B is verslaafd aan harddrugs. Zijn verzoek tot toepassing van de WSNP wordt waarschijnlijk afgewezen omdat niet aannemelijk is dat hij zijn verplichtingen uit de WSNP zal nakomen.

■ **Voorbeeld 23.19**
Verzoeker C heeft een recent ontstane schuld wegens uitkeringsfraude. Hij wordt waarschijnlijk niet toegelaten tot de WSNP, nu deze schuld niet te goeder trouw is ontstaan. Als aannemelijk is dat C de omstandigheden die bepalend zijn geweest bij het ontstaan van de fraudeschuld onder controle heeft gekregen, kan ondanks de fraudeschuld toch tot toelating besloten worden.

■ ■ ■ 23.13.3 Enkele rechtsgevolgen van de toepassing van de schuldsaneringsregeling

De boedel waarop de schuldsaneringsregeling van toepassing is, omvat niet alleen de goederen die de schuldenaar heeft op het moment dat de regeling ingaat, maar ook de goederen die de schuldenaar tijdens het schuldsaneringsregime verkrijgt. De inkomsten die de schuldenaar verwerft, vallen niet zonder meer in de boedel. Hier geldt een regeling die vergelijkbaar is met de regeling bij faillissement, namelijk dat een bedrag van circa 95% tot (voor mensen met werk) 100% van de bijstandsnorm buiten de boedel blijft (het 'vrij te laten bedrag'). Verder blijven ook inboedelgoederen buiten de boedel voor zover deze niet 'bovenmatig' zijn. De tot de boedel te rekenen goederen van de schuldenaar moeten in beginsel – net als bij faillissement – worden *geliquideerd*, dat wil zeggen dat de goederen moeten worden verkocht en dat uit de opbrengst – na aftrek van de boedelschulden – de schuldeisers voor zover mogelijk moeten worden betaald.

Vrij te laten bedrag

■ **Voorbeeld 23.20**
Mevrouw D heeft tijdens de schuldsaneringsregeling steeds een maandelijks inkomen gehad van €200 boven het 'vrij te laten bedrag'. Zij heeft dus 36×€200 = €7.200 afgedragen aan de boedel. Na aftrek van alle kosten blijft er €5.000 over voor verdeling onder de schuldeisers.
De preferente schuldeisers hebben in totaal €5.000 te vorderen, de concurrente in totaal €40.000. Dit levert een uitdeling op van €1.000 = 20% voor de preferente en €4.000 = 10% voor de concurrente schuldeisers.
Nu mevrouw D overeenkomstig de regels heeft afgedragen aan de boedel en zich verder ook aan de voorwaarden van de WSNP heeft gehouden, krijgt zij voor het restant van de schulden de 'schone lei'.

Preferente schuldeisers
Dubbel percentage

Ook in de WSNP vindt uitbetaling plaats na verificatie van de vorderingen en door middel van een uitdelingslijst. In de WSNP krijgen preferente schuldeisers echter, anders dan in faillissement, een dubbel percentage ten opzichte van concurrente schuldeisers.

Voor verbintenissen van de schuldenaar die ontstaan nadat de regeling is ingegaan, is de boedel niet aansprakelijk, behalve wanneer de boedel is gebaat of wanneer de verbintenissen zijn aangegaan met toestemming van de bewindvoerder; ook hier zien we dus een regeling die vergelijkbaar is met die in geval van faillissement.

■ ■ ■ ## 23.14 Pre-pack

Een nieuwe figuur in het Nederlandse faillissementsrecht is de 'pre-pack'. Hoewel een wettelijke basis nog ontbreekt wordt de pre-pack – de term is overgewaaid vanuit het Verenigd Koninkrijk – sinds 2012 met enige regelmaat toegepast, met als bekende voorbeelden De Schoenenreus en het Ruwaard van Puttenziekenhuis.

Stille bewindvoerder

Bij een pre-pack wijst de rechtbank op verzoek van een ondernemer (de schuldenaar), voorafgaand aan een faillissement of surseance van betaling, voor een korte periode een 'beoogd curator' (ook wel stille bewindvoerder genoemd) en een 'beoogd rechter-commissaris' aan. Het doel daarvan is dat de beoogd curator al vóór de (openbare) faillietverklaring achter de schermen met zijn werk kan beginnen. Daarbij neemt hij niet de leiding van de onderneming over (zoals in een faillissement), maar stuurt hij wel bij als de ondernemer de verkeerde route kiest. Na faillissement verdampt de waarde van een onderneming immers snel: de leveranciers staken de leveringen, personeel en klanten lopen weg en de kans om gezonde bedrijfsonderdelen te verkopen neemt af. In de pre-pack situatie kan de schuldenaar, terwijl de onderneming doordraait, voorbereidingen treffen voor een doorstart van (delen van) de onderneming en op zoek gaan naar overnamekandidaten, in afstemming met de beoogd curator. Dit vergroot de kans dat de onderneming of levensvatbare onderdelen daarvan verkocht kunnen worden, met een hogere opbrengst en meer baanbehoud dan bij de 'uitverkoop' van losse activa tegen liquidatiewaarde die vaak plaatsvindt in een faillissement. Zodra het faillissement, na de 'stille periode', alsnog wordt uitgesproken, kan de doorstart vanwege het voorwerk en het feit dat curator en rechter-commissaris al op de hoogte zijn, snel worden geëffectueerd. Bij een geslaagde pre-pack komt er op die manier meer geld in de boedel en kunnen meer schuldeisers betaald worden.

Er zijn ook nadelen verbonden aan de pre-pack constructie. Zo is bepaald niet gegarandeerd dat alle gegadigden voor een doorstart of overname van een bedrijfsonderdeel bereikt worden gedurende de stille periode. Als dat niet het geval is komen er dus minder biedingen, met als gevolg een lágere in plaats van de beoogde hogere opbrengst voor de gezamenlijke schuldeisers. Daarnaast kan dan sprake zijn van oneerlijke concurrentie in de markt. Dit is bijvoorbeeld het geval wanneer aan de eigenaren of bestuurders van de onderneming gelieerde doorstarters een relatief lage prijs betalen terwijl andere gegadigden niet de kans hebben gekregen mee te bieden en de schulden grotendeels onbetaald blijven.

Wetsvoorstel continuïteit ondernemingen I

De pre-pack is, zoals hiervoor vermeld, op dit moment nog niet wettelijk geregeld. In juni 2015 is het Wetsvoorstel continuïteit ondernemingen I inzake de pre-pack ingediend bij de Tweede Kamer, vergaderjaar 2014–2015, 34218. In het wetsvoorstel is een aantal bepalingen opgenomen om de 'stille voorbereidingsfase' goed te laten verlopen en tegemoet te komen aan de kritiekpunten op de huidige praktijk, met name het gebrek aan transparantie. Ook zal de schuldenaar straks, om in aanmerking te komen voor de aanwijzing van een beoogd curator, moeten aantonen wat de meerwaarde van de stille voorbereidingsfase is voor schuldeisers en andere betrokkenen, zoals werknemers.

Herijking faillissementsrecht

Het wetsvoorstel 'Wetsvoorstel continuïteit ondernemingen I' maakt onderdeel uit van het wetgevingsprogramma herijking faillissementsrecht. Dit langjarige programma heeft drie pijlers:
1 de bestrijding van faillissementsfraude;
2 de bevordering van het reorganiserend vermogen van bedrijven;
3 de modernisering van de faillissementsprocedure.

De pre-pack behoort tot de tweede pijler.

■ ■ ■ 23.15 Europese Insolventieverordening

Zowel in de eigen aangifte tot faillissement als in het verzoekschrift tot faillietverklaring, surseance of WSNP moeten gegevens worden vermeld waaruit blijkt dat de Nederlandse rechter bevoegd is op grond van de *Europese Insolventieverordening* (IVO). De Nederlandse rechter is bevoegd als:

Centrum van de voornaamste belangen

- de voornaamste belangen van de schuldenaar in Nederland zijn gelegen; voor rechtspersonen geldt het vermoeden dat het centrum van de voornaamste belangen de plaats is waar de rechtspersoon volgens zijn statuten gevestigd is; als het centrum van de voornaamste belangen in Nederland ligt, wordt een hier uitgesproken faillissement, surseance of schuldsaneringsregeling een 'hoofdinsolventieprocedure' genoemd;

Hoofdinsolventieprocedure
Vestiging

- de schuldenaar in Nederland een 'vestiging' bezit. Dit is een plaats waar de schuldenaar met behulp van mensen en goederen een economische activiteit uitoefent. Als er sprake is van een vestiging in Nederland, terwijl het centrum van de voornaamste belangen van de schuldenaar ergens anders gelegen is, kan er in Nederland een zogeheten secundaire of territoriale insolventieprocedure worden geopend (die alleen gevolgen heeft voor de goederen in Nederland).

Territoriale insolventieprocedure

Het doel van de IVO is te komen tot een efficiënt stelsel van wederzijdse erkenning van in de afzonderlijke EU-lidstaten geopende insolventieprocedures. Zo moet onder andere voorkomen worden dat goederen van de ene naar de andere lidstaat worden overgebracht om de rechtspositie van een aantal schuldeisers of de failliet zelf te verbeteren.

■ Voorbeeld 23.21
A woont in een eigen huis in Arnhem en heeft een winkel in Nijmegen. Hij heeft ook een winkel in Duitsland. De Nederlandse rechter is bevoegd om over de faillissementsaanvraag van A te beslissen. In Duitsland kan een secundaire insolventieprocedure worden geopend.

Vragen

1 Op wiens initiatief kan een faillissement worden uitgesproken?

2 Wat moet de schuldeiser die het faillissement van zijn schuldenaar wil aanvragen, in het verzoekschrift stellen?

3 Wat zijn de gevolgen van de faillietverklaring voor de gefailleerde?

4 a Wat verstaat men onder separatisten?
  b Wie behoren tot deze categorie?

5 a Wat is het bijzondere van boedelschulden?
  b Geef enkele voorbeelden van boedelschulden.

6 Op welke wijzen kan een surseance van betaling eindigen?

7 Op welke gronden kan het verzoek van een schuldenaar tot toepassing van de schuldsaneringsregeling worden afgewezen?

Casus

1. A verkeert in betalingsmoeilijkheden. Op 1 augustus 2015 wordt hij failliet verklaard. Na de faillietverklaring ontdekt de curator dat A op 23 maart 2015 zijn caravan, die op dat moment €20.000 waard was, voor €4.000 heeft verkocht en overgedragen aan zijn buurman B.
Kan de curator een actie instellen tegen deze rechtshandeling?

2. A is op 10 april 2015 failliet verklaard. Ten behoeve van bank B is in verband met een geldlening aan A een hypotheek gevestigd op het woonhuis van A. Wat is de positie van B?

3. X wordt failliet verklaard. Hij heeft vier schuldeisers, A, B, C en D die ieder €10.000 te vorderen hebben. Het totaal van de schulden bedraagt derhalve €40.000. De goederen van X die in het faillissement vallen, worden verkocht en brengen in totaal €6.000 op. Daarnaast heeft X van zijn kant een vordering op A, die – evenals de schuld – €10.000 bedraagt.
Hoeveel krijgt ieder van de schuldeisers?

Burgerlijk procesrecht

24

24.1 Burgerlijk procesrecht, een inleiding
24.2 Gang van zaken bij de gewone civiele procedure
24.3 Enkele bijzondere procedures
24.4 De nieuwe basisprodecure
24.5 Executie- en beslagrecht

Het burgerlijk procesrecht is een belangrijk onderwerp voor de praktijk omdat het – helaas – vaak nodig is om een proces te voeren om te krijgen waar men recht op heeft. Wanneer er verschil van mening tussen partijen bestaat over 'civiele' kwesties zoals die in de voorgaande hoofdstukken aan de orde kwamen (bijvoorbeeld: is A zijn overeenkomst met B goed nagekomen, heeft B recht op schadevergoeding), en komen partijen er niet in onderling overleg uit, dan zal men zich tot de burgerlijke rechter moeten wenden.
In dit hoofdstuk komen de regels aan de orde die gelden bij het voeren van een civiele procedure. Eerst geven we in paragraaf 24.1 aan wat burgerlijk procesrecht precies is. In Nederland zijn, tot de inwerkingtreding van het Wetsvoorstel tot vereenvoudiging en digitalisering van het procesrecht, naar verwachting medio 2016, twee hoofdtypes van civiele procedures te onderscheiden, te weten dagvaardingsprocedures en verzoekschriftprocedures. Met de invoering van genoemd wetsvoorstel wordt in 2016 één nieuwe civiele basisprocedure ingevoerd. In paragraaf 24.2 komt de 'gewone' civiele dagvaardingsprocedure aan de orde, zoals deze blijft bestaan totdat de nieuwe basisprocedure in werking treedt. Daarna bekijken we in paragraaf 24.3 enkele bijzondere procedures, zoals de verzoekschriftprocedure, zoals ook deze bestaat tot de invoering van genoemde basisprocedure, het kort geding en arbitrage. Voor die procedures gelden andere regels. In paragraaf 24.4 wordt uiteengezet hoe de genoemde nieuwe basisprocedure eruit komt te zien en wat de belangrijkste wijzigingen zijn ten opzichte van de dagvaardings- en verzoekschriftprocedure.
Als men spreekt over burgerlijk procesrecht, rekent men daartoe meestal ook het executie- en beslagrecht. Het executierecht heeft betrekking op de vraag hoe een vonnis ten uitvoer moet worden gelegd. Als iemand in een civiele procedure gelijk heeft gekregen, wil dat nog niet zeggen dat

de wederpartij zonder problemen het vonnis nakomt. Soms is het nodig om de nakoming van het vonnis 'af te dwingen'. Hoe dat kan, bespreken we in paragraaf 24.5.

In die paragraaf behandelen we ook het beslagrecht. Zoals in hoofdstuk 23 – bij de bespreking van het faillissement – al aan de orde kwam, kan een schuldeiser beslag leggen op vermogensbestanddelen van zijn schuldenaar. In paragraaf 24.5 gaan we in op de verschillende vormen van beslag (bijvoorbeeld vóór of ná een vonnis). In de praktijk is het beslagrecht van groot belang, omdat dit de mogelijkheid biedt om van een onwillige wederpartij (gedaan) te krijgen waar men recht op heeft.

■ ■ ■ 24.1 Burgerlijk procesrecht, een inleiding

Nadat de aard en de functie van het burgerlijk procesrecht zijn behandeld, komen de vindplaatsen van de regels van burgerlijk procesrecht aan de orde. Een belangrijk onderdeel is vervolgens de bespreking van de verschillende beginselen van burgerlijk procesrecht. Ter afsluiting volgt de behandeling van achtereenvolgens de bevoegdheid van de burgerlijke rechter, de internationale bevoegdheid, absolute competentie, sectorcompetentie en relatieve competentie.

■ ■ ■ 24.1.1 Aard en functie van het burgerlijk procesrecht

Materieel privaatrecht

Formeel privaatrecht

Het privaatrecht kan men onderverdelen in materieel en formeel privaatrecht. Het materieel privaatrecht houdt zich bezig met vragen als: wat is een verbintenis, wanneer is sprake van een onrechtmatige daad, welke rechtsgevolgen zijn verbonden aan het sluiten van een overeenkomst, enzovoort. Het formeel privaatrecht, meestal burgerlijk procesrecht genoemd, geeft aan op welke wijze men de rechten kan handhaven die in het materieel privaatrecht besloten liggen. In het burgerlijk procesrecht vindt men de regels die in acht genomen moeten worden als men bijvoorbeeld als benadeelde wil optreden tegen de pleger van een onrechtmatige daad, of als men als contractant de wederpartij die weigert de overeenkomst na te komen, langs juridische weg tot nakoming wil aanzetten.

Het burgerlijk procesrecht draagt de beslechting van geschillen die tussen partijen ontstaan zijn, op aan de overheid, in de persoon van de burgerlijke rechter (art. 112 Grondwet). Eigenrichting, het zelf 'rechter spelen', is verboden.

■ **Voorbeeld 24.1**
A ziet op zekere dag B rijden op de fiets die hem (A) ontstolen is.

A kan dan niet eigenmachtig 'zijn' fiets terugnemen. Hij zal, aangenomen dat B de fiets niet vrijwillig afstaat, een beroep moeten doen op politie en justitie. De vraag of A dan wel B eigenaar van de fiets is (denk aan art. 3:86) zal uiteindelijk, na een door A daartoe aanhangig gemaakte procedure, beantwoord moeten worden door de rechter.

■ ■ ■ 24.1.2 Vindplaats regels van het burgerlijk procesrecht

Vindplaats regels

De gang van zaken bij het rechtsgeding is geregeld in het Wetboek van Burgerlijke Rechtsvordering (Rv), de regels met betrekking tot de organisatie en de bevoegdheid van de rechterlijke macht zijn te vinden in de Wet op de rechterlijke organisatie (Wet RO).

Het Burgerlijk Wetboek bevat ook regels van procesrechtelijke aard (bijvoorbeeld art. 7:685).

Titel 11 van Boek 3 BW vormt de brug tussen het burgerlijk recht en het burgerlijk procesrecht. Verder zijn processuele bepalingen te vinden in verdragen en verordeningen, bijvoorbeeld in de EG-Executieverordening. Van toenemend belang is het Europees Verdrag tot bescherming van de rechten van de mens en de fundamentele vrijheden (EVRM), in het bijzonder art. 6. De naleving van het EVRM, en dus ook van art. 6, wordt verzekerd door het Europees Hof voor de rechten van de mens (EHRM).

Het Hof van Justitie van de EU doet vooral prejudiciële uitspraken over interpretatie van EG/EU-Verordeningen.

Daarnaast bestaan er zogeheten rechtsregelingen, algemene regelingen waarbij, ter vergroting van de rechtseenheid, de beslissingsruimte die rechters in bepaalde zaken hebben nader wordt ingevuld. Voorbeelden op het gebied van het burgerlijk (proces)recht zijn de procesreglementen en de TREMA-alimentatienormen.

Voorbeelden van dergelijke rechtsregelingen alsook van rechterlijke uitspraken zijn te vinden op www.rechtspraak.nl.

24.1.3 Beginselen van het burgerlijk procesrecht

Een aantal grondbeginselen en een aantal andere beginselen waarborgen een goed verloop van de civiele procedure.

Grondbeginselen

Grondbeginselen zijn van fundamentele aard. Indien deze grondbeginselen ontbreken, is er geen sprake van een behoorlijke civiele procedure.

De andere beginselen beogen eveneens een goede rechtspleging te bevorderen, maar zijn niet volstrekt onmisbaar.

Grondbeginselen

De grondbeginselen gelden voor alle soorten procedures.

Art. 6 EVRM

Van groot belang voor de grondbeginselen is art. 6 EVRM dat onder meer bepaalt:

> 'Bij het vaststellen van zijn burgerlijke rechten en verplichtingen (…) heeft een ieder recht op een eerlijke en openbare behandeling van zijn zaak, binnen een redelijke termijn, door een onafhankelijk en onpartijdig gerecht dat bij de wet is ingesteld. De uitspraak moet in het openbaar worden gewezen, maar de toegang tot de rechtszaal kan aan de pers en het publiek worden ontzegd (…).'

Op het beginsel van openbaarheid van behandeling volgen in het artikel enkele uitzonderingen die later worden behandeld.

Grondbeginselen zijn tevens te vinden in de Grondwet, de Wet RO en Rv (art. 19 e.v.).

Steeds wanneer de vaststelling van burgerlijke rechten en verplichtingen aanleiding geeft tot een geschil, is er recht op rechtspraak door een overheidsrechter.

Recht op toegang tot de rechter

Vanzelfsprekend is een recht op toegang tot de rechter een essentiële voorwaarde om materiële rechten te kunnen verwezenlijken.

■ **Voorbeeld 24.2**
Een Ierse vrouw wil van tafel en bed scheiden. Zij kan geen solicitor (rechtshulpverlener) vinden, omdat zij de kosten van rechtsbijstand niet kan betalen. Het Ierse recht kende geen voorziening voor financiering van staatswege. De zaak komt voor het Europees Hof voor de rechten van de mens (EHRM). Het EHRM oordeelt dat hoewel het enkele ontbreken van ongesubsidieerde rechtsbijstand geen schending oplevert van het door art. 6 gewaarborgde recht op toegang tot de rechter, art. 6 EVRM niet slechts theoretisch, maar ook praktisch en effectief een recht op toegang tot de rechter biedt. Door deze uitspraak leidt het ontbreken van gefinancierde rechtshulp onder omstandigheden tot een schending van het recht op *effectieve* toegang tot de rechter. Soms is rechtshulp bijvoorbeeld niet nodig, doordat de procedure heel eenvoudig is. Zie EHRM 9 oktober 1979, NJ 1980, 379 (Airey/Ierland).

Grondbeginselen

De volgende uitgangspunten kunnen als grondbeginselen worden aangemerkt:
1 horen van beide partijen;
2 openbaarheid van de behandeling en openbaarheid van de uitspraak;
3 onpartijdigheid en onafhankelijkheid van de rechter;
4 motivering van de beslissing;
5 partijautonomie.

Ad 1 Horen van beide partijen (art. 6 EVRM onder 'eerlijke behandeling' en art. 19 Rv)

Hoor en wederhoor

Beide partijen nemen in de procedure een gelijkwaardige positie in en krijgen gelijke kansen om hun belangen te verdedigen. Partijen hebben niet alleen het recht hun standpunt naar voren te brengen en toe te lichten, maar ook om over en weer te reageren op elkaars standpunten en op in de procedure overgelegde schriftelijke stukken. Zij moeten de gelegenheid krijgen te worden gehoord, dat wil zeggen dat zij behoorlijk moeten worden opgeroepen. Partijen zijn niet verplicht om gebruik te maken van de gelegenheid om te worden gehoord. De rechter mag na een deugdelijke oproeping een gedaagde bij verstek veroordelen.

■ **Voorbeeld 24.3**
In een huurzaak staat ter discussie of het gehuurde een bedrijfsruimte in de zin van art. 7:290 is. Indien er sprake is van een dergelijke bedrijfsruimte (met name een voor het publiek toegankelijke ruimte), geldt een huurperiode van tien jaar en beperkte opzeggingsgronden. De rechter constateert bij een niet-officiële bezichtiging – dat wil zeggen zonder een plaatsopneming (descente) conform art. 201 Rv te gelasten; partijen waren tevoren niet op de hoogte gesteld en waren niet tegenwoordig – dat de ruimte niet voor het publiek toegankelijk is en geeft een beslissing die op deze constatering is gebaseerd. Indien de rechter feiten die niet in het geding aan hem ter kennis zijn gekomen in zijn oordeel betrekt, is deze gang van zaken volgens de Hoge Raad in strijd met het beginsel van hoor en wederhoor: de wettelijke regeling van de descente biedt waarborgen dat de resultaten controleerbaar zijn en door partijen in het geding kunnen worden besproken (HR 18 december 1987, NJ 1988, 679, Schook/Vergeer, m.nt. Heemskerk).

Ad 2 Openbaarheid van de behandeling en openbaarheid van de uitspraak (art. 6 EVRM, art. 121 Gw, art. 4 en 5 Wet RO en art. 27 en 28 Rv)

Openbaarheid behandeling

Evenals bij het strafproces zijn bij het burgerlijk proces de terechtzittingen (mondelinge behandeling, getuigenverhoren en pleidooien) in beginsel openbaar: het publiek en de pers hebben vrije toegang. In de praktijk blijkt de belangstelling van het publiek voor civiele procedures zeer gering. Openbaarheid van rechtspraak komt ook tot uitdrukking in transparantie van de rechtspraak; denk aan vonnissen gepubliceerd op rechtspraak.nl, persrechters, open dagen en klachtenregeling.

De hiervoor genoemde bepalingen laten uitzonderingen toe op het beginsel dat de terechtzitting in het openbaar plaatsvindt. Zo geeft art. 27 Rv aan dat de rechter sluiting van de deuren kan bevelen wanneer de bescherming van het privéleven van (een van) de procespartijen dit eist. Een voorbeeld daarvan is art. 818 lid 6 jo. 803 Rv (de echtscheidingsprocedure). Aangezien de openbaarheid van het proces hoofdregel is en als een groot goed wordt gezien, is de rechter terughoudend met het maken van een uitzondering. Overigens vindt ook wanneer de behandeling van de zaak met gesloten deuren heeft plaatsgevonden, de uitspraak in het openbaar plaats (art. 28 Rv); van deze uitspraken wordt uitsluitend een geanonimiseerd afschrift verstrekt.

Openbaarheid uitspraak

De openbaarheid biedt de mogelijkheid de onpartijdigheid van de rechter te controleren en zo een eerlijke behandeling te waarborgen.

Ad 3 Onpartijdigheid en onafhankelijkheid van de rechter (art. 6 EVRM en art. 118 Gw)

Onpartijdigheid

De rechter moet onbevooroordeeld een zaak behandelen; ook de schijn van partijdigheid moet worden vermeden. Het beginsel van onpartijdigheid hangt samen met het beginsel van gelijke behandeling. Ter bewaking van de onpartijdigheid van de rechter strekt het instituut van wraking (art. 36 e.v. Rv) en van verschoning (art. 40 Rv).

Onafhankelijkheid

Een voorwaarde voor onpartijdigheid is rechterlijke onafhankelijkheid, waarbij vooral gedacht moet worden aan onafhankelijkheid ten opzichte van de uitvoerende macht. De onafhankelijkheid wordt gewaarborgd door benoeming van rechters voor het leven (art. 118 Gw).

Ten behoeve van de gezamenlijke gerechten is een Raad voor de rechtspraak ingesteld. De raad geeft ondersteuning bij de bevordering door de gerechten van uniforme rechtstoepassing en de juridische kwaliteit (zoals verwoord in art. 6 EVRM).

Ad 4 Motivering van de beslissing (art. 6 EVRM onder 'eerlijke behandeling', art. 121 Gw, art. 5 Wet RO en art. 30 Rv)

Motivering

Motivering van de beslissing bevordert de kwaliteit van de rechtspraak. De aanvaardbaarheid van de uitkomst wordt vooral voor de verliezende partij bepaald door de kwaliteit van de motivering. Partijen krijgen door de motivering inzicht in de door de rechter gevolgde gedachtegang en de hogere rechter kan de juistheid van de beslissing beoordelen. Uit de motivering blijkt of de rechter de juiste inhoudelijke maatstaf heeft aangelegd. Het biedt evenals de openbaarheid de mogelijkheid om de onpartijdigheid van de rechter te controleren.

Publicatie van een vonnis (inclusief motivering) in een wetenschappelijk tijdschrift maakt het vonnis voor derden inzichtelijk en kan leiden tot wetenschappelijke commentaren.

Bevoegdheid partijen

Ad 5 Partijautonomie
De eisende partij neemt het initiatief tot het voeren van een procedure en partijen kunnen te allen tijde in onderling overleg een einde maken aan het proces. Partijen bepalen waarover wordt geprocedeerd: de stellingen van partijen vormen de grondslag van de beslissing (art. 24 Rv).
De partijautonomie stelt zekere grenzen aan het rechterlijk handelen (lijdelijkheid van de rechter): de rechter mag geen uitspraak doen over zaken die niet zijn geëist of meer toewijzen dan is gevorderd (art. 23 Rv). Feiten die zijn gesteld en niet zijn betwist moet de rechter als vaststaand beschouwen (art. 149 lid 1 tweede zin Rv). Heeft eiser bijvoorbeeld bepaalde feiten gesteld, en worden die feiten door gedaagde niet ontkend, dan moet de rechter die feiten als vaststaand aannemen, ook al zou hij aan de juistheid ervan twijfelen. Voor zover bewijs geleverd moet worden, is dit een zaak van partijen.

Bevoegdheid rechter

Maar betreft het de (voort)gang van de procedure, dan komen de rechter vele bevoegdheden toe. Zo moet de rechter ervoor zorgen dat de procedure geen onredelijke vertraging oploopt (art. 20 Rv). De rechter kan inlichtingen vragen of bescheiden opvragen (art. 22 Rv) en hij heeft de vrijheid ten aanzien van de waardering van het bewijs (art. 152 lid 2 Rv). Ambtshalve (dat wil zeggen uit eigen beweging, zonder dat een partij daarom heeft verzocht) kan hij getuigenbewijs opdragen (art. 166 Rv), een verschijning van partijen (art. 87, 88 en 131 Rv), een deskundigenbericht (art. 194 e.v. Rv) en een plaatsopneming (art. 201 Rv) bevelen. Ook moet de rechter ambtshalve de rechtsgronden aanvullen die niet door partijen zijn aangevoerd (art. 25 Rv). Dit betekent dat de rechter op de feiten die partijen hem hebben voorgelegd, de relevante rechtsregels moet toepassen.

Ambtshalve aanvullen rechtsgronden

De rechter moet zelfstandig, onafhankelijk van partijen, nagaan welke rechtsregels van toepassing zijn op de door partijen naar voren gebrachte feiten. Komt de rechter tot het oordeel dat de feiten die zijn gesteld een andere juridische grondslag opleveren, dan moet de rechter op grond van die andere juridische grondslag recht doen.

■ **Voorbeeld 24.4**
A verkoopt aan B alle rechten voortvloeiende uit een door A uitgevonden rijwielzadel; model en tekeningen worden aan B ter hand gesteld.
A bedingt een bepaald bedrag voor ieder zadel dat B verkoopt en dat is gemaakt volgens het in de koopovereenkomst omschreven principe.
B brengt een zadel in de handel dat weliswaar niet identiek is aan het door A ontworpen zadel, maar waarin wel de principes van A's vinding zijn verwerkt.
A maakt een procedure aanhangig waarin hij schadevergoeding vordert wegens door B gepleegde onrechtmatige daad (art. 6:162).
In een dergelijk geval zal – wanneer de feiten vaststaan – de rechter de vordering moeten toewijzen, zij het niet op grond van onrechtmatige daad maar op grond van wanprestatie (art. 6:74) (HR 16 maart 1939 NJ 1939, 1048, Rijwielzadel).

Overige beginselen
Naast de grondbeginselen zijn er de volgende beginselen:
1 onderzoek in twee feitelijke instanties;
2 toezicht op de rechtspraak door middel van cassatie;
3 verplichte procesvertegenwoordiging;
4 afhandeling van de procedure binnen een redelijke termijn;

5 eisen van een goede procesorde; tegengaan van misbruik van procesrecht;
6 niet-kosteloosheid van de rechtspraak.

Ad 1 Onderzoek in twee feitelijke instanties
Een partij die door de rechter in eerste aanleg (ook wel genoemd in eerste instantie) in het ongelijk is gesteld, heeft in beginsel recht op een nieuwe behandeling door een hogere rechter. Deze beoordeelt de zaak opnieuw, zowel wat betreft de juridische als wat betreft de feitelijke aspecten.

Hoger beroep Hoger beroep (appel) is slechts eenmaal mogelijk; van uitspraken van de rechtbank kan men in hoger beroep komen bij het gerechtshof (art. 60 Wet RO). In zaken van gering belang is hoger beroep uitgesloten (art. 332 lid 1 Rv).

Ad 2 Toezicht op de rechtspraak door middel van cassatie
Cassatie Nederland kent een centraal rechtscollege dat toezicht houdt op de rechtspraak door middel van cassatie (de Hoge Raad). De partij die het niet eens is met de uitspraak die in hoger beroep is gegeven, kan die uitspraak ter vernietiging (cassatie) voordragen aan de Hoge Raad. De Hoge Raad onderzoekt uitsluitend of de lagere rechter het recht juist heeft toegepast, en houdt zich niet bezig met de feiten. De Hoge Raad is gebonden aan de feiten zoals die in de bestreden uitspraak zijn vastgesteld (art. 419 lid 3 Rv).

Cassatiegronden Cassatie kan alleen plaatsvinden op grond van in de wet omschreven gronden (art. 79 Wet RO): schending van het recht of verzuim van vormen. Bij vormverzuim kan men denken aan schending van het beginsel van hoor en wederhoor, of aan een gebrek in de motivering: de lagere rechter heeft niet voldoende inzicht gegeven in zijn gedachtegang.

Het doel van cassatie is in de eerste plaats bij te dragen aan een juiste en uniforme toepassing van het recht (en daarmee het bevorderen van de rechtszekerheid), niet om de procederende partijen een extra beroepsmogelijkheid te bieden. Wanneer de Hoge Raad de bestreden uitspraak vernietigt (art. 420 e.v. Rv), kan hij soms zelf de zaak afdoen. Vaak volgt na vernietiging een verwijzing naar de rechter die de bestreden uitspraak heeft gedaan, of naar een andere rechter. Als er nog een beslissing over de feiten moet worden genomen, moet de zaak in ieder geval terug naar de feitenrechter.

De arresten van de Hoge Raad nemen een centrale plaats in bij de vorming en ontwikkeling van het recht.

Per 1 juli 2012 is voor rechters de mogelijkheid geopend om een prejudiciële vraag te stellen aan de Hoge Raad (art. 81a RO). De bedoeling is dat op die manier een antwoord kan worden verkregen op een rechtsvraag die van belang is voor een veelheid aan vorderingsrechten waarin dezelfde vraag speelt.

Cassatie in het belang der wet Daarnaast bestaat er cassatie in het belang der wet (art. 78 Wet RO). Daarvan is sprake wanneer de procureur-generaal bij de Hoge Raad een beslissing van de Hoge Raad wenst over een principiële zaak en partijen om financiële of andere redenen afzien van verder procederen.

Ad 3 Verplichte procesvertegenwoordiging
Advocaat Voor verschillende gerechten moeten partijen zich laten vertegenwoordigen door een advocaat (art. 79 lid 2 Rv).

De advocaat is de rechtsgeleerde raadsman van zijn cliënt in en buiten de procedure. De advocaat stelt processtukken op (waaronder de dagvaarding, en in de nieuwe basisprocedure de procesinleiding), vertegenwoordigt zijn cliënt in het proces, verricht namens de partij de processuele handelingen, ondertekent processtukken (conclusies) en dient deze in, onderhandelt bij schikkingen en voert het woord bij comparities, getuigenverhoren, pleidooien en mondelinge behandelingen.

Een groot aantal advocaten procedeert overigens nauwelijks; veel advocaten adviseren voornamelijk, stellen contracten op en onderhandelen voor hun cliënt.

Procesvertegenwoordiging door een advocaat is niet vereist in kantonzaken (art. 79 lid 1 Rv). Partijen kunnen zich in kantonzaken laten vertegenwoordigen door een gemachtigde (art. 80 Rv).

Niet verplichte rechtsbijstand wordt in Nederland geboden door gerechtsdeurwaarders (naast hun taak als openbaar ambtenaar, zoals het uitbrengen van dagvaardingen en het ten uitvoer leggen van vonnissen), juridische medewerkers van stichtingen rechtsbijstand, rechtsbijstandverzekeraars, incassobureaus, vakbonden, consumentenorganisaties en rechtswinkels. De Juridisch Loketten (www.juridischloket.nl) verlenen rechtsbijstand aan burgers met lage en middeninkomens.

Ad 4 Redelijke termijn (art. 6 EVRM en art. 20 Rv)

Redelijke termijn

Partijen hebben recht op een behandeling en uitspraak binnen een redelijke termijn. Of een procedure onredelijk lang duurt in de zin van art. 6 EVRM hangt af van tal van omstandigheden, zoals de ingewikkeldheid van de zaak, het gedrag van partijen en van de rechterlijke instanties (onder meer EHRM 25 juni 1987, NJ 1990, 231, Capuano/Italië, m.nt. Alkema).

In de Nederlandse wetgeving is opgenomen dat de rechter tegen onredelijke vertraging van de procedure waakt (art. 20 lid 1 Rv); ook partijen zijn tegenover elkaar verplicht onredelijke vertraging te voorkomen (lid 2). De wet geeft verschillende instrumenten om de procedure zo voortvarend mogelijk te laten verlopen. Voorbeelden hiervan zijn de substantiërings- en bewijsaandraagplicht. Deze verplichtingen worden besproken in subparagraaf 24.2.1 onder 2.

Ook de diverse procesreglementen leveren een bijdrage aan berechting binnen een redelijke termijn. In deze reglementen zijn ter aanvulling op het wettelijk procesrecht regels opgenomen met betrekking tot het verrichten van proceshandelingen. Voor deze proceshandelingen gelden strakke termijnen.

Ad 5 Eisen van een goede procesorde; tegengaan van misbruik van procesrecht

Voor het geval het geschreven recht geen oplossing biedt voor een procesrechtelijk probleem, wordt het handelen van partijen getoetst aan de 'goede procesorde' of 'behoorlijke rechtspleging'.

Goede procesorde
Misbruik van procesrecht

Van misbruik van procesrecht is sprake als een procesrechtelijke bevoegdheid voor een ander doel wordt gebruikt dan waarvoor zij is gegeven (vgl. art. 3:13).

Ad 6 Niet-kosteloosheid van de rechtspraak

Proceskosten

Terwijl de kosten van strafzaken in beginsel voor rekening van de overheid komen, worden de kosten van de civiele procedure grotendeels door de procederende partijen gedragen. Tot de kosten behoren onder meer het salaris van de advocaat, de kosten van de dagvaarding, van getuigen en deskundigen, en het zogeheten 'vast recht', een bijdrage die men aan de

Staat moet betalen. De partij die in het ongelijk wordt gesteld, wordt in beginsel tevens veroordeeld in de proceskosten (art. 237 Rv). Procederen is kostbaar, de aan het procederen verbonden kosten gaan de financiële draagkracht van velen in Nederland te boven. Om te voorkomen dat het voor minder draagkrachtigen in feite onmogelijk zou zijn om te procederen is in de Wet op de Rechtsbijstand een regeling getroffen. Volgens deze regeling kan een rechtzoekende met een geringe financiële draagkracht in aanmerking komen voor door de overheid betaalde rechtsbijstand (toevoeging), met dien verstande dat de rechtzoekende een eigen bijdrage moet betalen, die afhankelijk is van zijn inkomen. Op www.rvr.org (de website van de Raad voor Rechtsbijstand) staan de criteria vermeld waaraan moet zijn voldaan om in aanmerking te komen voor gesubsidieerde rechtsbijstand. De rechtsbijstandverlener dient een aanvraag om een toevoeging in en verstrekt daarbij het burgerservicenummer van de rechtzoekende. Wanneer iemand die 'kosteloos' of tegen verminderd tarief procedeert het proces verliest, kan de rechter hem toch in de proceskosten veroordelen. Het is dus niet zo dat degene die kosteloos procedeert, nooit iets zou hoeven te betalen.

Wet op de Rechtsbijstand

24.1.4 Bevoegdheid van de burgerlijke rechter

Voor het antwoord op de vraag of de burgerlijke rechter bevoegd is om van een bepaald geschil kennis te nemen, moet in de eerste plaats worden nagegaan of het recht waarvoor men bescherming vraagt van privaatrechtelijke aard is. Dat wil zeggen dat de burgerlijke rechter bevoegd is als schending van een burgerlijk recht wordt gesteld.

Privaatrechtelijke aard

■ **Voorbeeld 24.5**
A en B hebben onenigheid over de vraag of een bepaalde strook grond aan A dan wel aan B in eigendom toebehoort.

■ **Voorbeeld 24.6**
A en B verschillen van mening over de exacte inhoud van een tussen hen gesloten koopovereenkomst.

Het is niet per se noodzakelijk dat A en B in voorbeeld 24.5 en 24.6 burgers zijn. A kan ook met overheid B van mening verschillen over de inhoud van een tussen hen gesloten overeenkomst. Ook in dat geval is de burgerlijke rechter bevoegd om van het geschil kennis te nemen. De burgerlijke rechter is echter niet bevoegd, wanneer de wet een andere rechter, bijvoorbeeld een bestuursrechter, heeft aangewezen. Zo zal de burgerlijke rechter zich onbevoegd moeten verklaren, wanneer ambtenaar X een vordering tegen zijn werkgever Y (een overheidsorgaan) aanhangig heeft gemaakt.

24.1.5 Rechtsmacht (internationale bevoegdheid)

In sommige gevallen komt aan een Nederlandse rechter de bevoegdheid toe om zaken met een internationaal karakter te beslechten. Men spreekt dan van 'rechtsmacht' van de Nederlandse rechter.

Rechtsmacht

Deze rechtsmacht is te vinden in verdragen en verordeningen van de EU (bijvoorbeeld de EG-Executieverordening). De Nederlandse regeling van rechtsmacht (art. 1 e.v. Rv) komt pas aan de orde, als geen verdragen of verordeningen van toepassing zijn (art. 1 Rv).

Art. 2 EG-Executieverordening geeft als hoofdregel van bevoegdheid dat een gedaagde die woonplaats heeft op het grondgebied van een lidstaat, wordt opgeroepen voor de gerechten van die lidstaat, ongeacht zijn nationaliteit.

Daarnaast geven enkele artikelen in de verordening alternatieve rechtsmachtsgronden, dat wil zeggen naast de rechter van de woonplaats van gedaagde komt, ter keuze van eiser, rechtsmacht toe aan een andere rechter.

■ Voorbeeld 24.7

Op de A10 rond Amsterdam vindt een aanrijding plaats tussen A die in Rotterdam woont en B die in Brussel woont. A wil een procedure op grond van onrechtmatige daad (art. 6:162) tegen B aanhangig maken: hij wenst zijn schade vergoed te krijgen. A kan B op grond van art. 2 EG-Executieverordening dagvaarden voor de rechter te Brussel. Art. 5 lid 3 biedt A de mogelijkheid B te dagvaarden voor het gerecht van de plaats waar het schadebrengende feit zich heeft voorgedaan: Amsterdam.
A mag kiezen: Brussel of Amsterdam. De nationaliteit van A en B speelt geen rol.

24.1.6 Absolute competentie

Absolute competentie

Wanneer een geding tot de kennisneming van de Nederlandse rechter behoort, moet vervolgens worden uitgemaakt aan welke rechter de zaak moet worden voorgelegd.

Er zijn verschillende rechterlijke instanties, in opklimmende hiërarchie: rechtbank, gerechtshof en Hoge Raad (art. 2 Wet RO). De wet bepaalt welke rechterlijke instantie in een bepaald geval bevoegd is.

De rechtbank is voor alle burgerlijke zaken het gerecht van eerste aanleg (art. 42 Wet RO).

24.1.7 Sectorcompetentie

Sectorcompetentie

Vervolgens rijst de vraag of de zaak bij de kamer voor kantonzaken (vroeger de 'sector kanton') of bij de kamer voor andere zaken dan kantonzaken, ook wel de civiele kamer (vroeger de 'sector civiel') van de rechtbank thuishoort.

Takenpakket kantonrechter

Het takenpakket van de kantonrechter is geregeld in art. 93 Rv. Sedert 1 juli 2011 oordeelt de kantonrechter over alle geldvorderingen tot en met €25.000 (waardevorderingen van art. 93 onder a Rv). Daarnaast neemt de kantonrechter onder meer kennis van de in art. 93 onder c genoemde *aardvorderingen,* ongeacht het beloop. Het gaat dan om een aantal specifiek genoemde overeenkomsten, waarvan de arbeids-, huur(koop) en consumentenzaken de belangrijkste zijn.

Takenpakket civiele kamer

Alle andere vorderingen (hoger dan €25.000 en niet in art. 93 onder c Rv genoemde overeenkomsten) moeten aanhangig worden gemaakt bij de kamer voor andere zaken dan kantonzaken.

De procedures bij de kantonrechter en civiele kamer verlopen in grote lijnen hetzelfde. Het grootste verschil is dat in procedures voor de civiele kamer vertegenwoordiging door een advocaat verplicht is, terwijl men bij de kantonrechter in persoon of bij gemachtigde kan procederen (art. 79 Rv).

De gang van zaken en met name het procestempo worden mede bepaald door landelijk uniforme regelingen, de procesreglementen. Procesreglementen zijn te vinden op www.rechtspraak.nl.

■ **Voorbeeld 24.8**
Een oud-werknemer van een bedrijf vordert achterstallig salaris ad €30.000 van zijn voormalige werkgever. Hij moet deze vordering aanhangig maken bij de kamer voor kantonzaken.

24.1.8 Relatieve competentie

Relatieve competentie

Hoofdregel

Als duidelijk is welke kamer (of: afdeling) van de rechtbank bevoegd is, moet nog worden uitgemaakt bij welke rechtbank (geografisch gezien) eiser zijn vordering aanhangig moet maken. Voor het antwoord op deze vraag, de vraag naar de relatieve competentie, geldt als hoofdregel dat bevoegd is de rechtbank van de woonplaats van gedaagde (art. 99 Rv).

■ **Voorbeeld 24.9**
A, woonachtig te Groningen, heeft €40.000 te vorderen van B, woonachtig te Maastricht, op grond van een tussen hen gesloten overeenkomst van geldleen. Wanneer A een procedure aanhangig wil maken tegen B, moet hij het geding aanhangig maken bij de rechtbank Limburg, rechtspraaklocatie Maastricht, kamer voor andere zaken dan kantonzaken (afdeling burgerlijk recht/handel).

24.2 Gang van zaken bij de gewone civiele procedure

In deze paragraaf wordt een overzicht gegeven van de gang van zaken bij een dagvaardingsprocedure voor de rechtbank, zoals die procedure geldt tot de inwerkingtreding van het Wetsvoorstel tot vereenvoudiging en digitalisering van het procesrecht. Besproken worden achtereenvolgens de dagvaarding, verstek, conclusie van antwoord, reconventionele vordering, comparitie na antwoord, de pleidooien, het bewijs en tot slot het vonnis.
Aan de verzoekschriftprocedure, het kort geding (zoals die beide procedures gelden tot inwerkingtreden van genoemd wetsvoorstel) en arbitrage wordt in paragraaf 24.3 afzonderlijk aandacht besteed. In paragraaf 24.4 wordt ten slotte beschreven hoe de nieuwe basisprocedure er in grote lijnen uit komt te zien, zoals die (naar verwachting) medio 2016 zal worden ingevoerd. Vooraf zij opgemerkt dat de paragrafen 24.2 en 24.3 ook na het inwerkingtreden van de nieuwe basisprocedure inhoudelijk relevant blijven, nu in de nieuwe basisprocedure het onderscheid tussen dagvaardings- en verzoekschriftprocedure zal blijven bestaan, zij het dat de terminologie zal wijzigen naar vorderingsprocedure en verzoekprocedure. Over dat alles meer in paragraaf 24.4.

24.2.1 Begin van de procedure: de dagvaarding

Dagvaarding

Een dagvaarding heeft een tweeledig karakter:
1 Het is een oproep aan gedaagde om te verschijnen.
2 Het is een kennisgeving aan gedaagde van wat de eiser van hem vordert (het petitum, de eis) en de gronden van zijn vordering (art. 111 lid 2 onder d Rv). De dagvaarding is daarmee tevens de eerste proceshandeling.

Oproep

Ad 1 Een oproep voor de gedaagde om voor de rechter te verschijnen
De dagvaardingsprocedure vangt aan met een dagvaarding die wordt opgesteld door de advocaat van eiser en wordt opgestuurd naar de gerechtsdeurwaarder met het verzoek de dagvaarding aan gedaagde uit te brengen ('te betekenen'). Dat wil zeggen dat de deurwaarder de gedaagde thuis opzoekt om hem een afschrift van de dagvaarding te overhandigen. Is de gedaagde zelf niet thuis, dan kan de dagvaarding ook worden uitgebracht aan één van de huisgenoten. In het geval een bedrijf wordt gedagvaard kan betekening plaatsvinden aan de receptionist van het bedrijf (art. 50 Rv).

(Formele) eisen

Aan de oproeping van gedaagde worden verschillende (formele) eisen gesteld (art. 111 jo. 45 lid 1 Rv). In de dagvaarding staat bijvoorbeeld voor welke rechter, op welke dag en op welk tijdstip de zaak wordt behandeld. Per 1 juli 2012 is het mogelijk een dagvaarding elektronisch in te dienen bij de griffie (art. 125 lid 3 Rv). Na de invoering van de wet tot vereenvoudiging en digitalisering van het procesrecht in 2016 wordt digitaal procederen in beginsel verplicht. Indien gedaagde woonplaats heeft in een andere lidstaat dan eiser, regelt de EG-Betekeningsverordening hoe de betekening dient plaats te vinden.

Ad 2 Een kennisgeving aan gedaagde van wat eiser van hem vordert en de gronden van zijn vordering

Kennisgeving eis en gronden

Eiser vordert bijvoorbeeld van gedaagde €7.500 aan schadevergoeding. Eiser kan niet volstaan met in de dagvaarding te stellen wat hij vordert, hij moet zijn vordering ook motiveren. Eiser moet bijvoorbeeld aangeven dat hij eigenaar is van een huis, dat gedaagde de ruiten daarvan heeft ingegooid en dat eisers schade €7.500 bedraagt. Gedaagde moet uit de dagvaarding kunnen opmaken waar hij zich tegen heeft te verdedigen.
Een belangrijke inhoudseis is voorts dat eiser in de dagvaarding alle door gedaagde aangevoerde verweren en de gronden daarvoor (aan eiser bijvoorbeeld kenbaar gemaakt in voorafgaande correspondentie van gedaagde aan eiser) dient op te nemen; dit is de substantiëringsverplichting.

Substantiërings-verplichting

Bewijsaandraag-plicht

Ook moet eiser in de dagvaarding de bewijsmiddelen en de getuigen die hij kan doen horen, opnemen; dit is de bewijsaandraagplicht. Een en ander is geregeld in art. 111 lid 3 Rv.

■ ■ ■ **24.2.2 Verstek en verschijning**

Te onderscheiden zijn een geding bij verstek waarin gedaagde niet verschijnt op de dagvaarding en dat met een verstekvonnis eindigt, en een geding op tegenspraak waarin gedaagde op de dagvaarding verschijnt en dat met een vonnis op tegenspraak eindigt.

Verstek

Het is mogelijk dat gedaagde niet reageert op de dagvaarding, en ook niet op de zitting verschijnt, dat hij verstek laat gaan. Niemand is verplicht om in rechte te verschijnen. De rechter zal in dat geval, na vastgesteld te hebben dat gedaagde niet is verschenen maar wel behoorlijk is opgeroepen (de voorgeschreven termijnen en formaliteiten moeten in acht zijn genomen), de vordering van eiser toewijzen, tenzij de vordering hem onrechtmatig of ongegrond voorkomt (art. 139 e.v. Rv). Verstek komt zeer veel voor. Ongeveer 50% van de vonnissen van de rechtbanken is een verstekvonnis. Gedaagde kan tegen het verstekvonnis in verzet komen (art. 143 Rv); het beginsel van hoor en wederhoor wordt zo in acht genomen.

Verschijning van gedaagde

Met 'verschijning van gedaagde' wordt in advocatenzaken bedoeld dat op de zitting een advocaat voor gedaagde verschijnt. Dit is anders bij kantonzaken, waar partijen in persoon of bij gemachtigde kunnen procederen, en bij het kort geding bij de voorzieningenrechter, waar alleen eiser advocaat hoeft te stellen (art. 255 lid 1 Rv).
Wanneer in een advocatenzaak gedaagde zonder advocaat aanwezig is, bepaalt de rechter een andere datum waarop een advocaat voor gedaagde kan verschijnen.

24.2.3 Conclusie van antwoord

Conclusie van antwoord

De gang van zaken bij een procedure op tegenspraak is als volgt. Nadat de dagvaarding is uitgebracht, is het de beurt aan de advocaat van gedaagde voor het nemen van een conclusie van antwoord (art. 128 Rv). In de conclusie van antwoord kan gedaagde zich verweren tegen de vordering van eiser. De gedaagde kan daarbij niet volstaan met eenvoudigweg de stellingen van eiser te ontkennen: het verweer moet gemotiveerd zijn ('met redenen omkleed' in lid 2). Een niet of onvoldoende gemotiveerd verweer mag de rechter naast zich neerleggen (art. 149 lid 1 tweede zin Rv). Gedaagde moet in zijn conclusie van antwoord vermelden over welke bewijsmiddelen hij beschikt en welke getuigen hij kan doen horen (bewijsaandraagplicht, art. 128 lid 5 Rv).

Bewijsaandraagplicht

In kantonzaken kunnen partijen in persoon procederen (art. 79 Rv) of bij gemachtigde (art. 80 Rv); conclusies kunnen mondeling worden genomen (art. 82 lid 2 Rv). Veelal zal de rechter gedaagde ter zitting vragen zijn verweer alsnog op schrift te zetten.

24.2.4 Reconventionele vordering

Eis in reconventie

De gedaagde heeft bij de conclusie van antwoord niet alleen de mogelijkheid om verweer te voeren, maar hij kan ook zijnerzijds een vordering tegen de eiser instellen (art. 136 e.v. Rv).

■ **Voorbeeld 24.10**
Na een botsing tussen twee auto's stelt A, de eigenaar van de ene auto, een vordering tot schadevergoeding in tegen B, de eigenaar van de andere auto.
B voert verweer tegen de eis van A met de stelling dat het ongeval aan de schuld van A te wijten was, en vordert op zijn beurt dat A de schade vergoedt die aan B's auto is aangericht.

De tegeneis van B noemt men een *eis in reconventie*; de vordering van A wordt dan als eis in conventie aangeduid. De eis in conventie en die in reconventie hoeven geen verband met elkaar te houden, al zal dit in de praktijk wel vaak het geval zijn.

■ **Voorbeeld 24.11**
A spreekt B aan tot terugbetaling van een bedrag van €6.000, dat B – naar A aanvoert – van A heeft geleend. Bij de conclusie van antwoord verweert B zich tegen deze vordering; tevens vordert hij schadevergoeding van A in verband met het feit dat A het auteursrecht van B heeft geschonden.

Aan het instellen van een vordering in reconventie is een aantal voordelen verbonden; zo bespaart B zich de kosten van een dagvaarding. Een ander voordeel is dat de vordering in conventie en die in reconventie door één rechterlijke instantie beslist worden, en dat bewijs dat geleverd wordt in conventie, ook zijn vruchten kan afwerpen in reconventie. Vanzelfsprekend zijn deze laatste twee voordelen vooral van belang als de conventionele en de reconventionele vordering met elkaar samenhangen.

■ ■ ■ 24.2.5 Comparitie na antwoord

Nadat de conclusie van antwoord is genomen, beveelt de rechter in beginsel een verschijning (comparitie) van partijen (art. 131 Rv). Dit is een mondelinge behandeling waarbij partijen in beginsel persoonlijk – ook in advocatenzaken – voor de rechter verschijnen. Dit geeft de mogelijkheid van contact tussen rechter en partijen. Deze 'comparitie na antwoord' kan als doel hebben:

Comparitie na antwoord

- te bezien of er een schikking tussen partijen kan worden getroffen (art. 87 Rv);
- na te gaan of partijen aan de rechter nadere inlichtingen kunnen verstrekken (art. 88 Rv);
- te bekijken of er afspraken kunnen worden gemaakt over het verdere verloop van de procedure.

De comparitie na antwoord blijft slechts achterwege als de rechter oordeelt dat de zaak daarvoor niet geschikt is.
Minder zinvol is een comparitie na antwoord bij zeer ingewikkelde zaken of in zaken waarin geen inhoudelijk verweer is gevoerd (bijvoorbeeld een tandarts vordert betaling van een onbetaalde rekening; gedaagde voert als verweer dat hij geen geld heeft).
Wanneer een comparitie na antwoord wordt gehouden, moeten de partijen er rekening mee houden dat zij daarna geen gelegenheid meer krijgen om hun standpunten (nogmaals) schriftelijk naar voren te brengen. Slechts bij uitzondering (bijvoorbeeld als dat noodzakelijk is om recht te doen aan het beginsel van hoor en wederhoor) zal de eiser nog een conclusie van repliek en de gedaagde een conclusie van dupliek mogen nemen (art. 132 lid 2 Rv).
Wanneer er geen comparitie na antwoord is gehouden, bestaat wel altijd de gelegenheid om een conclusie van repliek en een conclusie van dupliek te nemen (art. 132 Rv).

■ ■ ■ 24.2.6 Pleidooien

Het pleitrecht is geregeld in art. 134 Rv. Partijen kunnen de rechter verzoeken om pleidooi te mogen houden. Het pleidooi biedt de gelegenheid om de eerder ingenomen standpunten (nog eens) mondeling toe te lichten. Hoewel de wet partijen toestaat zelf het pleidooi te houden, wordt dit meestal overgelaten aan de raadslieden.

Pleidooi

Partijen hebben recht op pleidooi, wanneer er geen comparitie na antwoord is geweest. Als er wel een comparitie is gehouden, kan de rechter bepalen dat geen gelegenheid zal worden gegeven voor het houden van pleidooien.

Uitgangspunt van de civiele procedure is de procedure zo veel mogelijk te beperken tot dagvaarding, conclusie van antwoord en comparitie na antwoord, om dan vonnis te kunnen wijzen.

24.2.7 Bewijs

Terwijl in het strafproces de rechter inquisitoir optreedt, dat wil zeggen actief op zoek gaat naar de waarheid, is het in het civiele proces de taak van procespartijen de relevante feiten aan te dragen. Zij moeten dat 'volledig en naar waarheid doen' en relevante feiten mogen zij niet verzwijgen (art. 21 Rv). De rechter heeft de taak deze feiten te onderzoeken, een juridische kwalificatie te geven en een beslissing te nemen.

Voordat de rechter vonnis wijst, zal hij moeten nagaan of de feiten die in de procedure een rol spelen, bewezen zijn. Niet alle feiten hoeven bewezen te worden. Heeft bijvoorbeeld de ene partij iets gesteld, en is dit door de andere partij erkend of althans niet betwist, dan moet de rechter de juistheid van het gestelde feit aannemen (art. 149 lid 1 tweede zin Rv). Dit hangt samen met de lijdelijkheid van de burgerlijke rechter.

Ook hoeft geen bewijs geleverd te worden van feiten van algemene bekendheid en van algemene ervaringsregels (art. 149 lid 2 Rv).

■ **Voorbeeld 24.12**
Een feit van algemene bekendheid is bijvoorbeeld dat Scheveningen aan zee ligt. Een voorbeeld van een algemene ervaringsregel is, dat een trein die 140 kilometer per uur rijdt, niet in één seconde tot stilstand kan worden gebracht.

Producties
In civiele procedures beroepen partijen zich vaak op schriftelijke bewijsstukken (producties), zoals brieven, facturen, schriftelijke overeenkomsten en algemene voorwaarden.
Partijen zullen tijdens de schriftelijke fase van de procedure (dagvaarding en conclusie van antwoord) en ter voorbereiding of tijdens de comparitie na antwoord schriftelijk bewijsmateriaal aan de rechter hebben overgelegd (art. 85 resp. art. 22 Rv).

Tussenvonnis
Is de rechter van mening dat de zaak nog niet rijp is voor afdoening, dan beslist hij in een tussenvonnis welke feiten (nader) moeten worden bewezen en wie van partijen dit bewijs moet leveren. Het bewijs wordt na bewijslevering door de rechter gewaardeerd.

De bewijslastverdeling (wie moet wat bewijzen?), de bewijsmiddelen (op welke manier kunnen feiten worden bewezen?) en de bewijswaardering (hoe gaat de rechter om met de bewijsmiddelen?) worden hierna behandeld.

Bewijslastverdeling

Bewijslastverdeling
Aan de hand van welk criterium bepaalt de rechter welke partij het bewijs moet leveren, hoe komt de bewijslastverdeling tot stand? Art. 150 Rv zegt daarover:

> 'De partij die zich beroept op rechtsgevolgen van door haar gestelde feiten of rechten, draagt de bewijslast van die feiten of rechten, tenzij uit enige bijzondere regel of uit de eisen van redelijkheid en billijkheid een andere verdeling van de bewijslast voortvloeit.'

In de regel moet dus degene die iets stelt, het bewijs van die stelling leveren. Wanneer A bijvoorbeeld stelt dat hij € 10.000 van B te vorderen heeft op grond van een overeenkomst van geldleen, zal A, indien B de overeenkomst gemotiveerd betwist (art. 149 lid 1 tweede zin Rv), het bestaan van die overeenkomst moeten bewijzen.

Bewijslast is bewijsrisico

Degene die met het bewijs is belast, loopt het risico dat hij, als hij niet in het bewijs slaagt, de procedure verliest. Men zegt daarom wel: bewijslast is bewijsrisico.

Bewijsmiddelen

Bewijsmiddelen

Er zijn verschillende middelen met behulp waarvan men in een procedure bewijs kan leveren. De belangrijkste bewijsmiddelen zijn:
1 schriftelijk bewijs;
2 getuigenbewijs;
3 deskundigenbericht;
4 descente.

Schriftelijk bewijs kan tijdens de gehele procedure worden geleverd.
Een getuigenbewijs, een deskundigenbericht of een descente beveelt de rechter bij tussenvonnis.
De EG-Bewijsverordening strekt ertoe de bewijsverkrijging binnen de lidstaten efficiënt te laten verlopen.

Ad 1 Schriftelijk bewijs

Schriftelijk bewijs

Akte

Andere geschriften

Schriftelijke bewijsstukken zijn belangrijke bewijsmiddelen. Bij het schriftelijk materiaal dat in een proces als bewijsmiddel kan worden gebruikt, moet men onderscheid maken tussen akten en andere geschriften. Een *akte* is een ondertekend geschrift dat is opgemaakt om tot bewijs te dienen (art. 156 lid 1 Rv). Onder *andere geschriften* vallen brieven, een dienstregeling, een werkrooster, een folder, een kassabon of een transactiebon van een pinautomaat.
De akten worden onderverdeeld in authentieke en onderhandse akten.

Authentieke akte

Een authentieke akte (art. 156 lid 2 Rv) is een akte die in de vereiste wettelijke vorm is opgemaakt door of ten overstaan van een daartoe bevoegde openbare ambtenaar (bijvoorbeeld een deurwaarder, notaris, ambtenaar van de burgerlijke stand; zij maken respectievelijk een dagvaarding, transportakte en een geboorteakte op).

Onderhandse akte

Alle niet-authentieke akten zijn onderhandse akten (bijvoorbeeld een schriftelijk contract of kwitantie) (art. 156 lid 3 Rv).

■ **Voorbeeld 24.13**
A leent € 10.000 van B. Laten A en B een schuldbekentenis opmaken door een notaris, dan is sprake van een authentieke akte; stellen A en B de akte zelf op, dan is sprake van een onderhandse akte.

Ad 2 Getuigenbewijs

Getuigen

Wanneer een getuigenverhoor wordt bevolen, wordt de bewijsopdracht gegeven bij tussenvonnis. Het tussenvonnis vermeldt volgens art. 166 Rv: aan welke partij bewijs wordt opgedragen, omtrent welke feiten bewijs wordt opgedragen (het probandum, dat wil zeggen: dat wat bewezen moet worden) en plaats, dag en uur van de getuigenverhoren. Bewijslevering is een zaak van partijen. De belanghebbende partij (de partij die de bewijslast draagt) roept de getuigen op (art. 170 Rv).

Partijgetuigen

Hoofdregel is dat iedereen die daartoe wordt opgeroepen, verplicht is om te getuigen (art. 165 lid 1 Rv). Ook partijen kunnen als getuigen optreden (art. 164 lid 1 Rv). Er zijn echter twee categorieën van personen die zich op een verschoningsrecht kunnen beroepen (art. 165 Rv), dat wil zeggen dat zij het recht – niet de plicht – hebben om het afleggen van verklaringen te weigeren. Het verschoningsrecht komt toe aan:

Verschoningsrecht

a de echtgenoot, de vroegere echtgenoot dan wel de geregistreerde en vroegere geregistreerde partner, de bloed- en aanverwanten van één van partijen of van hun echtgenoot van de geregistreerde partner tot de tweede graad (relationeel verschoningsrecht art. 165 lid 2 onder a Rv);

Relationeel verschoningsrecht

b personen die tot geheimhouding verplicht zijn uit hoofde van hun ambt, beroep of betrekking. Over het verschoningsrecht van personen met een geheimhoudingsverplichting bestaat een uitvoerige jurisprudentie. Daarbij is het verschoningsrecht erkend voor onder meer notaris en advocaat, arts, geestelijke en reclasseringsambtenaar (professioneel verschoningsrecht voor bepaalde beroepen, art. 165 lid 2 onder b Rv). Buiten rechte bestaat een zwijgplicht, in rechte een zwijgbevoegdheid. Een partij kan daarop geen invloed uitoefenen.

Professioneel verschoningsrecht

Ad 3 Deskundigenbericht

Deskundigen

De rechter kan ambtshalve of op verzoek van partijen bevelen dat een onderzoek door deskundigen zal plaatshebben (art. 194 e.v. Rv). Voor deskundigenonderzoek bestaat aanleiding als voor het vaststellen of beoordelen van bepaalde feiten speciale vakkennis nodig is waarover de rechter niet beschikt. Hierbij kan men denken aan het constateren van technische gebreken, het beoordelen van iemands fysieke of psychische toestand, het verrichten van taxaties enzovoort.

Door niet mee te werken aan een onderzoek neemt een procespartij het risico de procedure te verliezen. Partijen zijn op grond van (het huidige) art. 198 lid 3 Rv verplicht mee te werken aan een deskundigenonderzoek.

■ **Voorbeeld 24.14**
Onder de oude wetgeving had gedaagde in een vaderschapsactie (vergelijk art. 1:394) aangeboden door middel van een bloedproef te bewijzen dat hij niet de vader van het geboren kind was. De eisende partij was niet bereid medewerking te verlenen aan een dergelijk onderzoek. De Hoge Raad oordeelde dat van een partij medewerking aan een gerechtelijke verrichting kan worden verlangd, ook als dat bewijs tegen haar kan opleveren; die partij kan weliswaar die gerechtelijke verrichting verijdelen, maar de rechter kan die houding ten nadele van die partij doen strekken (HR 12 juni 1953, NJ 1954, 61, Bloedproef, m.nt. DJV).

Op grond van het beginsel van hoor en wederhoor moet partijen de gelegenheid worden geboden op het deskundigenbericht te reageren (zie EHRM 18 maart 1997, NJ 1998, 278, Mantovanelli, m.nt. HJS).

Ad 4 Descente

Descente

Bij een descente (gerechtelijke plaatsopneming en bezichtiging) gaat de rechter naar een bepaalde plaats of een bepaald voorwerp om zelf de situatie waar de procedure betrekking op heeft, te bekijken (art. 201 Rv). Van de descente wordt vooral gebruikgemaakt bij onteigeningen, aanrijdingen en ook bij sommige huurgeschillen.

Waardering van het bewijs

Bewijswaardering

De rechter heeft een grote vrijheid bij de waardering van het bewijs (art. 152 lid 2 Rv). Dat wil zeggen dat de rechter aan het door een partij geleverde bewijs de waarde kan toekennen die hem goeddunkt. Ook al hebben tien getuigen verklaard dat een bepaald feit zich heeft voorgedaan, dan nog kan de rechter het feit voor niet-bewezen houden. Ook kan de rechter met het deskundigenbericht naar believen al dan niet rekening houden. De meeste bewijsmiddelen hebben vrije bewijskracht.

Vrije bewijskracht
Dwingend bewijs

Alleen bij akten is dit anders (art. 157 lid 2 Rv): deze leveren dwingend bewijs op. Dwingend bewijs houdt in dat de rechter verplicht is de inhoud van dit bewijsmiddel voor waar aan te nemen; tegenbewijs blijft mogelijk (art. 151 Rv).

Partijverklaringen in een authentieke of onderhandse akte (art. 157 lid 2 Rv) die bestemd zijn om een bepaald feit ten behoeve van de wederpartij te bewijzen, moet de rechter voor waar houden behoudens tegenbewijs. Ambtelijke verklaringen in een authentieke akte leveren tegenover een ieder dwingend bewijs op (art. 157 lid 1 Rv).

De bewijskracht van een getuigenverklaring van een partij die de bewijslast heeft, is beperkt (art. 164 lid 2 Rv). Alleen tezamen met steunbewijs kan de verklaring in het voordeel van die partij werken.

■ **Voorbeeld 24.15**

X heeft een auto van Y gekocht. Van de koop wordt een schriftelijke koopovereenkomst opgemaakt, die door de koper en de verkoper is ondertekend. In een latere procedure over de koop legt Y deze koopovereenkomst over aan de rechter. Deze koopakte is een onderhandse akte en de verklaringen van X en Y leveren tussen partijen dwingend bewijs op.

In een transportakte waarbij A een huis verkoopt en levert aan B, verklaart A het bewuste pand te hebben verkocht en in eigendom over te dragen, en verklaart B te hebben gekocht en in eigendom aan te nemen. Dit zijn partijverklaringen in een authentieke akte die dwingend bewijs tussen partijen opleveren. De ambtelijke verklaring in de transportakte (bijvoorbeeld de datum van de transportakte) levert tegenover een ieder dwingend bewijs op.

In de hier genoemde voorbeelden is tegenbewijs tegen het dwingende bewijs mogelijk.

■ **Voorbeeld 24.16**

In een arbeidsprocedure tegen zijn werkgever moet de werknemer bewijzen dat hij op een bepaalde datum ziek was. Hiertoe brengt hij een schriftelijke verklaring van zijn huisarts in het geding. De schriftelijke verklaring is wel een onderhandse akte, maar betreft een verklaring van de huisarts ten behoeve van de werknemer. De procedure wordt gevoerd tussen de werkgever en de werknemer. De verklaring heeft vrije bewijskracht.

Een bioscoopkaartje is een geschrift, geen akte, omdat het wel is opgemaakt om tot bewijs te dienen, maar niet is ondertekend. Een bioscoopkaartje kan als bewijsmiddel in een procedure worden gebruikt; het kaartje heeft vrije bewijskracht.

■ ■ ■ **24.2.8 Vonnis**

Wanneer de rechtbank in staat is haar definitieve beslissing in de zaak te geven, wordt een eindvonnis gewezen.

De inhoud van het vonnis

In art. 230 Rv is puntsgewijs aangegeven wat het vonnis moet vermelden. Het vonnis moet niet alleen de concrete uitspraak (het dictum) bevatten, waartoe de rechter gekomen is, maar ook de motivering daarvan. De rechter moet verantwoording afleggen van de wijze waarop hij tot zijn beslissing gekomen is. Wanneer de motivering ontbreekt of ondeugdelijk is, kan het vonnis in cassatie worden vernietigd (art. 79 Wet RO: verzuim van vormen). Vaak zal men in een vonnis behalve de zojuist genoemde, verplicht voorgeschreven elementen, kunnen aantreffen een 'uitvoerbaarverklaring bij voorraad' en een kostenveroordeling.

Tenuitvoerlegging van het vonnis

Rechterlijke uitspraken hebben van rechtswege bindende kracht en kunnen na betekening worden ten uitvoer gelegd (art. 430 lid 3 Rv).
Het instellen van hoger beroep schorst de tenuitvoerlegging (art. 350 Rv). Zou door het enkele instellen van hoger beroep de tenuitvoerlegging worden opgeschort, dan kan dit betekenen dat de in het gelijk gestelde partij te maken krijgt met een querulant die door het instellen van een (kansloos) hoger beroep ervoor kan zorgen dat pas na lange tijd de in het gelijk gestelde partij daadwerkelijk tot tenuitvoerlegging kan overgaan. Daarom is een correctie gevonden in de mogelijkheid van uitvoerbaar bij voorraadverklaring. De schorsing treedt niet op bij een uitspraak die uitvoerbaar bij voorraad is verklaard. De *uitvoerbaar bij voorraad-verklaring* geeft de in het gelijk gestelde partij de gelegenheid het vonnis ten uitvoer te leggen ongeacht het instellen van hoger beroep. Ook de wachttermijn voor tenuitvoerlegging tegen derden geldt in dat geval niet (art. 432 Rv).
Normaliter wacht men langer, namelijk totdat tegen het vonnis geen hoger beroep meer mogelijk is (drie maanden na de dag van de uitspraak, art. 339 lid 1 Rv). Begint de in het gelijk gestelde partij vóór het verlopen van die termijn met de executie, en stelt de wederpartij hoger beroep in, dan loopt de executant het risico dat hij tot schadevergoeding wordt veroordeeld als het vonnis in hoger beroep wordt vernietigd.

De rechter kan een vonnis uitvoerbaar bij voorraad verklaren als daarom wordt verzocht ('indien dit wordt gevorderd' in art. 233 Rv); de rechter zal daarbij het belang van de verzoeker en dat van diens wederpartij tegen elkaar afwegen.

Kosten

In het vonnis wordt ook het bedrag vastgesteld van de *kosten* die de verliezende partij moet betalen (art. 237 Rv). De in het ongelijk gestelde partij moet behalve zijn eigen kosten, ook de kosten van de wederpartij dragen. Van deze regel kan worden afgeweken. Zo kan de winnende partij toch veroordeeld worden tot het betalen van bepaalde kosten, wanneer die kosten bijvoorbeeld nodeloos zijn gemaakt. Ook kan de rechter bepalen dat iedere partij haar eigen kosten draagt, of dat de verliezende partij slechts een gedeelte van de kosten van de andere partij voor haar rekening hoeft te nemen. Dit komt wel voor bij procedures waarbij partijen over en weer op enige punten in het ongelijk zijn gesteld.

■ ■ ■ 24.3 Enkele bijzondere procedures

Bij verschillende procedures wordt afgeweken van de gang van zaken die zojuist is geschetst. Op de verzoekschriftprocedure, het kort geding en op arbitrage en bindend advies wordt hierna ingegaan.

■ ■ ■ 24.3.1 Verzoekschriftprocedure

Verzoekschriftprocedure

Naast de dagvaardingsprocedure bestaat, in de situatie tot de inwerkingtreding van de nieuwe basisprocedure in 2016, een tweede hoofdtype procedure: de verzoekschriftprocedure (art. 261 e.v. Rv).
De wet geeft steeds aan wanneer een verzoekschriftprocedure moet worden gevolgd. Voor het gehele terrein van het personen- en familierecht (Boek 1 BW) geldt de verzoekschriftprocedure; bijvoorbeeld het verzoek tot verkrijging van een omgangsregeling (art. 1:377a lid 2) of tot verhoging van kinderalimentatie (art. 1:401). Ook de procedure waarbij ontbinding van een arbeidsovereenkomst wordt verzocht, moet aanhangig worden gemaakt met een verzoekschrift (art. 7:685).
De procedure wordt niet ingeleid met een aan de wederpartij gerichte dagvaarding, maar met een aan de rechter gericht verzoekschrift. De rechter bepaalt dag en uur van de behandeling en de griffier roept belanghebbenden (de wet gebruikt niet het woord wederpartij) op voor de behandeling (art. 279 Rv). Belanghebbenden kunnen mondeling ter zitting verweer voeren; bovendien kunnen zij een verweerschrift indienen (art. 282 Rv).
In familierechtelijke zaken vindt altijd behandeling plaats met gesloten deuren (art. 27 Rv).
De behandeling is geconcentreerd (dat wil zeggen: de zaak wordt zo mogelijk in één zitting afgedaan) en mondeling. De verzoekschriftprocedure mondt uit in een gemotiveerde beslissing van de rechter over het verzoek: de beschikking (art. 30 Rv). De uitspraak vindt plaats in het openbaar (art. 28 Rv).
Het rechtsmiddel verzet is onbekend in de verzoekschriftprocedure. Tegen een beschikking in eerste aanleg staat in beginsel hoger beroep open, ook voor de niet in de procedure verschenen belanghebbenden (art. 358 Rv).
Bijzondere verzoekschriftprocedures in het personen- en familierecht (scheidingszaken (art. 815 e.v.) en andere zaken (art. 798 e.v. Rv), zoals bijvoorbeeld curatele) worden behandeld in Boek 3 Rv.
Ten aanzien van echtscheidingsverzoeken met internationale aspecten kan de Nederlandse rechter rechtsmacht toekomen op grond van de EG-Verordening betreffende de rechterlijke bevoegdheid in huwelijkszaken. Ook bij deze verordening geldt de hoofdregel dat de woonplaats van partijen bevoegdheid oplevert.

■ **Voorbeeld 24.17**
De Italiaan M is gehuwd met de Duitse A. Zij wonen al jaren in Maastricht. Als A een echtscheidingsprocedure aanhangig wil maken, kan zij dit doen bij de rechtbank te Maastricht (art. 2 Verordening). De Wet Conflictenrecht inzake ontbinding huwelijk regelt welk nationaal recht van toepassing is. Voor het geval Nederlands recht van toepassing is, zijn de materieelrechtelijke bepalingen betreffende echtscheiding te vinden in art. 1:150 e.v., de procesrechtelijke bepalingen in art. 815 e.v. Rv.

24.3.2 Kort geding

Kort geding

Het kort geding (art. 254 e.v. Rv) is een procedure waar vaak gebruik van wordt gemaakt.

Vergeleken met de gewone civielrechtelijke gedingen geniet de procedure in kort geding veel belangstelling van pers en publiek, in het bijzonder bij spectaculaire onderwerpen als een verbod op een stakingsactie en de rectificatie van een publicatie over een bekende Nederlander.

Het voordeel van het kort geding is de snelheid waarmee de rechter – de voorzieningenrechter – de beslissing neemt. Formeel heeft deze beslissing weliswaar slechts een voorlopig karakter, maar in de praktijk blijkt het geschil daarmee toch vaak definitief beslecht te zijn.

De voorzieningenrechter geeft een 'onmiddellijke voorziening bij voorraad', dat wil zeggen: een voorlopige maatregel. Wordt het geding (het 'bodemgeschil') later aan de gewone rechter voorgelegd, dan is deze geenszins aan de uitspraak in kort geding gebonden (art. 257 Rv). Meestal vinden partijen de door de voorzieningenrechter in kort geding bevolen maatregel voldoende, zodat het zelden voorkomt dat het bodemgeschil nog aanhangig wordt gemaakt.

Spoedeisend

De bevoegdheid van de voorzieningenrechter is beperkt tot zaken die spoedeisend zijn; de wet spreekt van 'onverwijlde spoed' (art. 254 Rv). Aan dit vereiste wordt niet al te zwaar getild: de voorzieningenrechter acht zich vaak ook bevoegd in zaken waarvan men over het spoedeisend karakter van mening kan verschillen.

De regeling in art. 254 e.v. Rv geldt zowel voor het kort geding bij de voorzieningenrechter (civiele kamer) als voor het kort geding bij de kantonrechter (art. 254 lid 4 jo. art. 93 Rv).

Als eiser op korte termijn een verbod of een gebod jegens gedaagde wenst, is een kort geding de aangewezen procedure, bijvoorbeeld in geval van een verbod op (dreigend) onrechtmatig handelen (sloop van een huis, werkstaking, octrooi-inbreuk), verbod om gif te storten, een bevel aan een bedrijf om een werknemer te herplaatsen, een straat- en contactverbod en ontruiming van een woning.

Geldvordering in kort geding

Een veroordeling tot betaling van een geldsom kan in kort geding onder bepaalde voorwaarden worden toegewezen; er geldt een verzwaarde motiveringsplicht ten aanzien van het spoedeisend belang, de vordering moet aannemelijk zijn en het restitutierisico (het risico van onmogelijkheid van terugbetaling voor het geval in de bodemprocedure anders wordt beslist) moet bij de beslissing worden betrokken (HR 29 maart 1985, NJ 1986, 84, M'Barek/ Van der Vloodt, m.nt. WHH). Door dit laatste vereiste wordt de rechter gemaand tot terughoudendheid bij het toewijzen van een geldvordering in kort geding.

■ **Voorbeeld 24.18**
Als duidelijk is dat in een geval van letselschade de verzekeringsmaatschappij een geldsom moet betalen, maar nog niet vaststaat hoeveel precies, kan in kort geding een voorschot op de schadevergoeding worden toegewezen.

Procedure in kort geding

De procedure in kort geding wijkt van de normale dagvaardingsprocedure op enkele punten af:

1 Het kort geding wordt niet op een vaste dag gehouden. De voorzieningenrechter kan – op verzoek van één of van beide partijen – de zitting bepalen op iedere dag en op ieder uur. Men hoort dan ook wel eens van een kort geding dat in het weekend plaatsvindt, soms zelfs bij de voorzieningenrechter thuis.
2 Bij het uitbrengen van de dagvaarding hoeft geen rekening te worden gehouden met de gewone termijn van ten minste een week (art. 114 Rv is niet van toepassing). Wanneer beide partijen zich vrijwillig tot de voorzieningenrechter wenden, kan de dagvaarding zelfs achterwege blijven.
3 De gedaagde hoeft zich niet te laten vertegenwoordigen door een advocaat (art. 255 lid 1 Rv).
4 In het algemeen worden geen schriftelijke conclusies genomen; de procedure wordt grotendeels mondeling gevoerd en vergt meestal maar één zitting.
5 De wettelijke bewijsregels zijn in beginsel niet van toepassing. Getuigenverhoren vinden dus in het algemeen niet plaats in kort geding. Wel kunnen naar de zitting meegebrachte personen de rechter informatie verschaffen, ook zonder dat zij zijn beëdigd (informanten).

24.3.3 Arbitrage en bindend advies

Arbitrage en bindend advies

Partijen die een geschil hebben, kunnen dit geschil voorleggen aan de overheidsrechter, maar ook aan personen die niet tot de rechterlijke macht behoren. Partijen hebben daarbij de keuze tussen arbitrage (art. 1020 e.v. Rv) en bindend advies (art. 7:900 lid 2). Vooral in het bedrijfsleven wordt van deze figuren veel gebruikgemaakt.

Partijen kunnen bij het aangaan van een overeenkomst afspreken dat eventueel tussen hen rijzende geschillen zullen worden voorgelegd aan arbiters of aan bindend adviseurs; een clausule van deze strekking komt in veel standaardcontracten voor. Partijen kunnen echter ook arbitrage of bindend advies overeenkomen, nadat tussen hen reeds een geschil is gerezen.

Het is mogelijk dat partijen zelf een aantal personen – bij arbitrage moet dat een oneven aantal zijn, bij bindend advies is dat niet verplicht – als arbiters of als bindend adviseurs aanwijzen; op sommige terreinen bestaan vaste arbitragecolleges respectievelijk vaste bindend-adviesinstanties.

Arbitrage is de favoriete vorm van geschillenbeslechting voor bijvoorbeeld energie-, bouw-, domeinnaam- en bloembollenzaken in Nederland.

Voorbeelden van arbitrage zijn de Raad van Arbitrage voor het Bouwbedrijf en de Arbitragecommissie van de Koninklijke Nederlandse Voetbal Bond. Geschillenbeslechting door middel van geschillencommissies heeft de laatste jaren een grote vlucht genomen.

Als voorbeeld van bindend adviseurs kunnen de Geschillencommissies voor consumentenzaken worden genoemd; deze bestaan voor diverse branches, zoals voor woninginrichting, recreatie en chemisch reinigen.

Bindend advies is een bijzondere vorm van de vaststellingsovereenkomst (art. 7:900 lid 2), waarbij partijen overeenkomen zich neer te zullen leggen bij een voor hen bindende uitspraak van een derde.

Arbitrage en bindend advies hebben het voordeel boven overheidsrechtspraak, dat het geschil wordt beslecht door personen die over een bijzondere deskundigheid op het betreffende terrein beschikken. Anderzijds zijn met name aan arbitrage hoge kosten verbonden; voorts blijken arbitrage en bindend advies – tegen de verwachting in – soms even lang te duren als procedures die voor de overheidsrechter worden gevoerd.

Mediation

Daarnaast bestaan andere vormen van geschilbeslechting. Bijvoorbeeld mediation: een gestructureerde geschillenbemiddeling door een onpartijdige derde die is gericht op een compromis. Mediation is succesvol gebleken in familiezaken, arbeidszaken, maatschapsconflicten, conflicten in de bouw, letselschadezaken en duurzame handelsrelaties. Zie voor informatie www.nmi-mediation.nl.

24.4 De nieuwe basisprocedure

Vereenvoudiging en digitalisering procesrecht

Op 26 mei 2015 heeft de Tweede Kamer het wetsvoorstel tot vereenvoudiging en digitalisering van het procesrecht (Wetsvoorstel 34 059) aangenomen. Het wetsvoorstel heeft enerzijds als strekking om het burgerlijk procesrecht (en daarnaast ook het bestuursprocesrecht) te vereenvoudigen en anderzijds om digitaal procederen in beginsel verplicht te stellen. Het wetsvoorstel, dat overigens niet geldt voor hoger beroep en cassatie (daarvoor zijn aparte wetsvoorstellen ingediend), zal naar verwachting medio 2016 in werking treden.

Het wetboek van Burgerlijke Rechtsvordering zal met dat alles ingrijpend worden gewijzigd. In deze paragraaf worden de grote lijnen van de nieuwe, uniforme basisprocedure in eerste aanleg uiteengezet. Daarbij wordt aangegeven hoe het procederen langs elektronische weg praktisch in zijn werk zal gaan. De nadruk zal vooral worden gelegd op de belangrijkste wijzigingen, noviteiten en verschillen met de tot 2016 geldende procedures als beschreven in de paragrafen 24.2 en 24.3. Bij onderstaande beschrijving is de wettekst en artikelnummering aangehouden zoals deze per 26 mei 2015 voorlagen; eventuele aanpassingen blijven in het verdere wetgevingsproces mogelijk.

24.4.1 De procesinleiding

Met de inwerkingtreding van het wetsvoorstel tot vereenvoudiging en digitalisering van het procesrecht worden de dagvaardingsprocedure en verzoekschriftprocedure vervangen door één basisprocedure. Doel van de nieuwe, uniforme basisprocedure is procedures sneller, eenvoudiger en meer geharmoniseerd en voorspelbaar te laten verlopen.

Nieuwe, uniforme basisprocedure

Procesinleiding

Vorderingsprocedures

Verzoekprocedures

De nieuwe basisprocedure begint steeds met hetzelfde processtuk: de procesinleiding, ongeacht of het een vordering of een verzoek betreft (art. 30a lid 1 Rv Nieuw). Procedures waarin een vordering wordt ingesteld (vergelijk de dagvaardingsprocedure) worden vorderingsprocedures genoemd; procedures waarin een verzoek wordt ingediend (vergelijk de verzoekschriftprocedure), heten voortaan verzoekprocedures (art. 30a lid 2 Rv Nieuw). In de wet blijft daarmee een zeker onderscheid in twee procedures gehandhaafd, ook al worden beide procedures voortaan met hetzelfde processtuk opgestart. De procesinleiding wordt digitaal ('langs elektronische weg') bij de rechtbank ingediend, evenals alle overige processtukken: art. 30c lid 1 Rv Nieuw. De betrokken procespartijen, ook particulieren, krijgen op www.rechtspraak.nl (via de webportal 'Mijn Zaak') online toegang tot het zaaksdossier. Daar kunnen zij beveiligd inloggen, stukken indienen en de stand van de procedure raadplegen. De rechter is 'eigenaar' van het digitale dossier en heeft de regie in handen.

Digitaal procederen wordt verplicht. Er wordt slechts een uitzondering gemaakt voor natuurlijke personen en verenigingen waarvan de statuten niet in een notariële akte zijn opgenomen (zoals een buurtcomité) die niet worden vertegenwoordigd door een derde die beroepsmatig rechtsbijstand verleent. Alleen zij mogen hun processtukken nog op papier bij de rechtbank indienen, aldus art. 30c lid 4 Rv Nieuw.

■ **Voorbeeld 24.19**
A, een besloten vennootschap met beperkte aansprakelijkheid, procedeert bij de kantonrechter tegen B, een natuurlijk persoon. B procedeert in persoon. A is in de procedure verplicht om digitaal te procederen en stukken langs elektronische weg in te dienen. B daarentegen mag zijn processtukken op papier bij de kantonrechter indienen.

Voor alle procedures wordt het uitgangspunt dat er één schriftelijke ronde zal plaatsvinden, gevolgd door een mondelinge behandeling en een uitspraak door de rechtbank. Termijnen, zoals voor het indienen van een verweerschrift, worden voortaan wettelijk voorgeschreven.

Mondelinge behandeling

Betreft de zaak een verzoekprocedure, dan bepaalt de rechter na ontvangst van de procesinleiding zo spoedig mogelijk de dag en uur waarop de mondelinge behandeling plaatsvindt (art. 30j lid 1 Rv Nieuw). Tevens worden verzoeker en belanghebbenden opgeroepen en wordt aan de belanghebbenden in beginsel een kopie van de procesinleiding toegezonden (art. 30j lid 2 resp. 4 Rv Nieuw).

Oproepingsbericht

In vorderingsprocedures wijzigt de wijze van indienen en bekendmaking aan de verwerende partij (de term 'gedaagde' uit de dagvaardingsprocedure wordt in de vorderingsprocedure vervangen door 'verweerder') ten opzichte van de gang van zaken in de 'oude' dagvaardingsprocedure. Betekening van de procesinleiding door de deurwaarder is niet verplicht: eiser kan de procesinleiding rechtstreeks bij de rechtbank indienen. Na ontvangst van de procesinleiding stuurt de griffier een oproepingsbericht aan eiser: art. 111 Rv Nieuw. Eiser dient het oproepingsbericht vervolgens binnen twee weken na de dag van indienen van de procesinleiding aan verweerder te bezorgen, hetzij door het oproepingsbericht bij deurwaardersexploot aan verweerder te laten betekenen, hetzij door het op een andere wijze (bijvoorbeeld per gewone brief of e-mail) aan verweerder te bezorgen: art. 112 Rv Nieuw. Het blijft eiser wel vrijstaan om een oproepingsbericht bij exploot te laten betekenen voordat hij de procesinleiding bij de rechtbank indient: art. 113 Rv Nieuw.

Art. 30a lid 3 onder c Rv Nieuw bepaalt de termijn waarbinnen verweerder in de procedure kan verschijnen op een van de manieren als genoemd in art. 114 Rv Nieuw. Verschijnt verweerder niet in de procedure, dan wordt relevant de wijze waarop het oproepingsbericht bij verweerder was bezorgd. Had eiser ervoor gekozen het oproepingsbericht niet bij deurwaardersexploot aan verweerder te laten betekenen, dan dient eiser dat op straffe van niet-ontvankelijkheidverklaring alsnog binnen twee weken na de dag waarop verweerder uiterlijk diende te verschijnen te doen: art. 112 lid 2 en lid 3 Rv Nieuw. De verschijningstermijn voor verweerder wordt daarmee verlengd. Zo spoedig mogelijk nadat verweerder in de procedure is verschenen bepaalt de rechter de dag en uur waarop de mondelinge behandeling plaatsvindt (art. 30j lid 1 Rv Nieuw).

24.4.2 Gecombineerde procesinleiding

Nieuw ten opzichte van de oude situatie is dat met een procesinleiding gelijktijdig zowel een vordering als een verzoek kunnen worden ingediend, mits tussen de vordering en het verzoek voldoende samenhang bestaat en de Nederlandse rechter bevoegd is van beide zaken kennis te nemen (art. 30b Rv Nieuw). In de oude situatie dienden er twee aparte procedures te worden gevoerd: een dagvaardingsprocedure en een verzoekschriftprocedure.

■ Voorbeeld 24.20

A is alleenstaand, op leeftijd en sterk dementerend. Hij ruziet met zijn kinderen, vergeet zijn facturen te voldoen en doet via zijn creditcard onverantwoord grote uitgaven. B, zijn zoon, overweegt om ter bescherming van A's financiële positie een bewind over diens goederen en vermogen te laten instellen. Op een kwade dag bemerkt B dat A uit de kluis in B's woning een bedrag van €2.000 heeft weggenomen. A geeft de diefstal toe, maar weigert het geld terug te geven. B besluit per direct om in een gecombineerde procesinleiding zowel een verzoek tot het instellen van een bewind bij de rechtbank in te dienen, alsook een vordering in te stellen tot terugbetaling van het zonder recht of titel weggenomen geldbedrag.

Indien een procesinleiding betrekking heeft op zowel een vordering als een verzoek, dan zijn de wettelijke bepalingen van de vorderingsprocedure in beginsel van toepassing, aldus art. 30b lid 2 Rv Nieuw. Art. 30b lid 4 Rv geeft de rechter de mogelijkheid de zaak te splitsen indien een vordering en een verzoek zich naar zijn oordeel niet lenen voor een gezamenlijke behandeling.

24.4.3 Verder verloop van de procedure

Verweerschrift

Iedere verweerder in een vorderingsprocedure en iedere belanghebbende in een verzoekprocedure kan in reactie op de procesinleiding een gemotiveerd verweerschrift bij de rechter indienen. In kantonzaken blijft het bovendien mogelijk mondeling verweer te voeren: art. 30i lid 2 Rv Nieuw. Indiening geschiedt niet eerder dan nadat verweerder het griffierecht heeft voldaan, aldus art. 128 lid 2. Het verweerschrift mag in beginsel een tegenvordering of tegenverzoek bevatten, art. 30i lid 8 Rv Nieuw.

Tegenvordering of tegenverzoek

De mondelinge behandeling (art. 30k en 30 l Rv Nieuw) komt in de basisprocedure centraal te staan en wordt relatief snel na de start van de procedure gehouden. De gedachte van de wetgever is dat de rechter daardoor reeds in een vroeg stadium van de procedure contact met de betrokken partijen krijgt en hij meer de regie over de procedure kan voeren.

Nieuw is dat tijdens de mondelinge behandeling getuigen en partijdeskundigen kunnen worden gehoord, na voorafgaande toestemming van de rechter: art. 30k lid 2 Rv Nieuw. Eveneens is nieuw dat het proces-verbaal van de mondelinge behandeling anders kan worden ingericht en zelfs kan worden vervangen door een beeld- of geluidsopname (art. 30n lid 7).

Uitspraak

Mondeling

De basisprocedure in eerste aanleg eindigt met een uitspraak door de rechter. Nieuw, ten opzichte van de oude dagvaardingsprocedure, is dat de rechter, indien alle partijen op de mondelinge behandeling zijn verschenen, tijdens of na de mondelinge behandeling ter zitting mondeling uitspraak kan doen: art. 30p lid 1 Rv Nieuw. Van de mondelinge uitspraak wordt een proces-verbaal opgemaakt, dat in executoriale vorm wordt opgemaakt ten behoeve van de partij die tot executie van de uitspraak kan overgaan (30p lid 5).

■ ■ ■ 24.4.4 Uitbreiding van de procedure

Regiefunctie

De rechter krijgt met de inwerkingtreding van het wetsvoorstel tot vereenvoudiging en digitalisering van het procesrecht duidelijker dan voorheen een prominente regiefunctie. Die functie komt expliciet tot uiting in het nieuwe art. 30o Rv Nieuw, waarmee de rechter een aantal mogelijkheden krijgt om ambtshalve of op verzoek van partijen maatwerk te leveren in elke procedure.

Incidenten

Andere uitbreidingen van de procedure, zoals incidenten, blijven ook in de nieuwe basisprocedure mogelijk; verwezen wordt naar de paragrafen 24.2 en 24.3.

■ ■ ■ 24.5 Executie- en beslagrecht

In de voorgaande paragrafen is aandacht besteed aan de vraag op welke wijze iemand van wie het recht geschonden is, daartegen kan opkomen. Zo zagen we dat wanneer B de auto van A heeft beschadigd, A zich met een vordering uit onrechtmatige daad tot de rechter kan wenden om B te doen veroordelen tot het betalen van schadevergoeding. Ook kan X, wanneer Y zijn verplichting om een aan X verkocht paard over te dragen niet nakomt, een vonnis verkrijgen waarbij Y tot overdracht veroordeeld wordt. Wanneer de vorderingen van A en van X in een veroordelend vonnis zijn toegewezen, hebben A en X echter hun doel nog niet bereikt. Het vonnis moet worden nageleefd: B zal schadevergoeding moeten betalen en Y zal het paard moeten overdragen. Vaak zal de veroordeelde vrijwillig aan de naleving van het vonnis meewerken. Wat echter indien de veroordeelde niet meewerkt? Voor dat geval stelt de wet de rechthebbende enige dwangmiddelen ten dienste. A kan bijvoorbeeld door een deurwaarder beslag laten leggen op een aan B toebehorende antieke klok om zich, nadat die klok te gelde is gemaakt, op de opbrengst daarvan te kunnen verhalen. X kan een deurwaarder op pad sturen om het paard bij Y op te halen.

Dwangmiddelen

Executierecht

Het gedeelte van het burgerlijk procesrecht dat regels geeft voor de wijze waarop de dwangmiddelen moeten c.q. kunnen worden toegepast, noemt men het executierecht. De executie, dat wil zeggen de tenuitvoerlegging, van rechterlijke uitspraken is een taak van de overheid; daarmee zijn be-

paalde ambtenaren, de gerechtsdeurwaarders, belast. Ook nadat men een vonnis heeft verkregen, is eigenrichting dus niet toegestaan.
Bij het executierecht moeten er waarborgen zijn voor een rechtmatige toepassing van de dwangmiddelen. De wetgever accepteert bepaalde schriftelijke bewijsstukken als uitgangspunt voor executie indien uit dat bewijsstuk met voldoende zekerheid blijkt dat het omschreven recht inderdaad bestaat. Een dergelijk bewijsstuk heet een executoriale titel.

24.5.1 Executie en executoriale titel

Executoriale titel

Om tot executie te kunnen overgaan, moet men in de regel beschikken over een executoriale titel (art. 430 lid 1 Rv). Een voorbeeld van een executoriale titel is de grosse van een vonnis waarbij de schuldenaar tot een bepaalde prestatie is veroordeeld. De grosse (een in executoriale vorm opgemaakt authentiek afschrift) herkent men aan de woorden 'In naam des Konings' (art. 430 lid 2 Rv). Een beschikking waarin een veroordeling wordt uitgesproken, is eveneens een executoriale titel. Ook de grosse van een authentieke akte levert een executoriale titel op. Hierbij kan men bijvoorbeeld denken aan een notariële akte waarbij de schuldenaar verklaart dat hij €10.000 aan de schuldeiser verschuldigd is op grond van een overeenkomst van geldleen.

Parate executie

Slechts bij uitzondering kan een schuldeiser tot executie overgaan zonder over een executoriale titel te beschikken. Men zegt dan dat hij het recht heeft van *parate executie*. Dit recht komt onder meer toe aan de pand- en aan de hypotheekhouder. Deze schuldeisers hebben op grond van een uitdrukkelijke wetsbepaling (art. 3:248 respectievelijk art. 3:268) het recht om het voor hun vordering in onderpand gegeven goed openbaar te doen verkopen als de schuldenaar zijn verplichtingen niet nakomt (zie ook paragraaf 4.1).

■ **Voorbeeld 24.21**
B heeft €10.000 geleend van A. Tot zekerheid voor de terugbetaling van die schuld heeft B haar sieraden aan A in pand gegeven. Als B in gebreke blijft met de voldoening van haar schuld, kan A de sieraden laten verkopen. Van de opbrengst krijgt A het bedrag waar hij recht op heeft. Een eventueel restant moet worden afgedragen aan B.

Hierna zal steeds sprake zijn van tenuitvoerlegging van vonnissen. Voor beschikkingen waarin een veroordeling is uitgesproken, gelden dezelfde regels.
Tot executie mag pas worden overgegaan na betekening van het vonnis aan de wederpartij (art. 430 lid 3 Rv): de wederpartij moet weet hebben van de veroordeling. Het sluitstuk van de procedure is het vonnis, na betekening is het vonnis uitgangspunt voor tenuitvoerlegging met dwangmiddelen.
Thans zal worden behandeld of een crediteur via de dwangmiddelen van het executierecht steeds die prestatie kan krijgen waar hij recht op heeft.

24.5.2 Reële executie

Reële executie

Het ten uitvoer leggen van een veroordelend vonnis zonder medewerking van zijn schuldenaar op een zodanige wijze dat de schuldeiser precies datgene verkrijgt waar hij krachtens het vonnis recht op heeft, wordt reële executie genoemd (vgl. art. 3:297).

■ **Voorbeeld 24.22**
X heeft een paard gekocht van Y. Y weigert het paard over te dragen. In een door X aangespannen procedure wordt Y door de rechter veroordeeld tot overdracht. Ook dan nog blijft Y weigerachtig het paard over te dragen. Kan X het hem in het vonnis toegekende recht effectueren of moet hij alsnog genoegen nemen met schadevergoeding?

Hiervoor zagen we reeds dat X zijn recht tegen de wil van Y kan effectueren: hij kan een deurwaarder opdracht geven het paard bij Y weg te halen (art. 491 lid 2 Rv). Als de deurwaarder vervolgens het paard ter beschikking stelt van X, verkrijgt X het paard in eigendom (art. 3:297).

Niet alleen de verplichting tot overdracht van een roerende zaak is vatbaar voor reële executie, maar ook de verplichting tot overdracht van een onroerende zaak.

■ **Voorbeeld 24.23**
B is bij vonnis veroordeeld tot overdracht aan A van een door B aan A verkocht huis. Ook na het vonnis blijft B weigeren aan de totstandkoming van een transportakte mee te werken.

De voor overdracht van een onroerende zaak vereiste levering geschiedt door inschrijving in de openbare registers van een door beide partijen ondertekende transportakte (art. 3:89). Weigert de verkoper aan de totstandkoming van de transportakte mee te werken, dan komt de wet de koper te hulp: in plaats van de akte kan het vonnis waarbij de verkoper veroordeeld is tot overdracht, in de openbare registers worden ingeschreven. Door de inschrijving van het vonnis verkrijgt de koper dan de eigendom van de onroerende zaak (art. 3:300).

Reële executie is ook mogelijk bij de verplichting om een geldsom te betalen.

■ **Voorbeeld 24.24**
B is bij vonnis veroordeeld om de schade die hij aan A's auto heeft toegebracht, te vergoeden. B weigert het verschuldigde bedrag (€2.000) te voldoen. A laat executoriaal beslag leggen op een aan B toebehorende antieke kast. De kast wordt openbaar verkocht; uit de opbrengst krijgt A het bedrag waar hij recht op heeft (art. 480 lid 1 Rv).

Verbintenissen om te doen zijn reëel executabel, tenzij de verbintenis bestaat in een verplichting waarbij de persoon van de schuldenaar van cruciaal belang is.

■ **Voorbeeld 24.25**
Heeft B zich jegens A verbonden om A's badkamer te moderniseren, en komt B die verplichting niet na, dan kan A een vonnis verkrijgen waarbij B wordt veroordeeld de werkzaamheden te verrichten en waarbij A tevens wordt gemachtigd bij verdere weigering van B de badkamer te laten moderniseren door een derde; de kosten daarvan zijn verhaalbaar op B (vergelijk art. 3:299).

Heeft daarentegen de beroemde zangeres Y zich jegens impresario X verbonden tot een optreden in Den Haag, dan is reële executie uitgesloten. Bij weigering van Y om op te treden, kan een veroordelend vonnis met daaraan gekoppeld een dwangsom (art. 611a Rv) misschien uitkomst bieden.

Ook bij verbintenissen om niet te doen kent de wet de mogelijkheid van reële executie.

■ Voorbeeld 24.26
A en B zijn overeengekomen op de afscheiding tussen hun erven geen schutting te plaatsen. Desalniettemin gaat B over tot het plaatsen van een schutting. A verkrijgt een vonnis, onder meer inhoudende dat hij wordt gemachtigd om de schutting – op kosten van B – te laten afbreken (art. 3:299).

24.5.3 Executoriaal beslag

Executoriaal beslag

Te onderscheiden zijn executoriaal en conservatoir beslag. In geval van executoriaal beslag beschikt de schuldeiser over een executoriale titel, in geval van conservatoir beslag beschikt hij daar (nog) niet over.

Een schuldeiser die een geldvordering op zijn schuldenaar heeft, kan, indien hij beschikt over een executoriale titel, executoriaal beslag leggen op één of meer vermogensbestanddelen van zijn schuldenaar (Boek 2 Rv). Is het beslag gelegd op een – roerende of onroerende – zaak, dan kan de schuldeiser zich, nadat die zaak te gelde is gemaakt, op de opbrengst ervan verhalen. Een executoriaal beslag dat is gelegd op een zaak, leidt namelijk tot een executoriale verkoop, dat wil zeggen: een openbare verkoop waarbij het niet de eigenaar is die de zaak te koop aanbiedt, maar een schuldeiser van de eigenaar. Zo kan beslag worden gelegd op bijvoorbeeld een auto, een antieke kast, juwelen, handelsvoorraden of een huis. Executoriaal beslag is niet alleen mogelijk op zaken die aan de schuldenaar toebehoren, maar ook op vorderingen die de schuldenaar op derden heeft. Men spreekt dan van beslag onder derden of *derdenbeslag*.

Derdenbeslag

■ Voorbeeld 24.27
B is bij vonnis veroordeeld om aan A €10.000 schadevergoeding te betalen. B weigert het verschuldigde bedrag te voldoen. A legt executoriaal beslag op B's bankrekening (A legt beslag onder bank C). De bankrekening vertoont een positief saldo van €15.000.

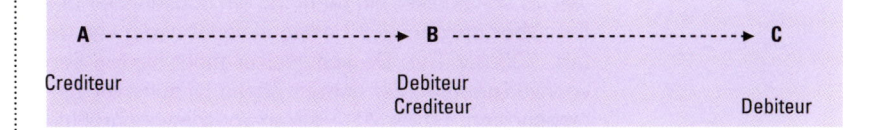

A	B	C
Crediteur	Debiteur / Crediteur	Debiteur

Derdenbeslag: A heeft een vordering op B. B heeft zijnerzijds een vordering op C. Met voorbijgaan van B legt crediteur A voor de vordering die hij op B heeft, beslag onder de derde C, op de vordering die B op C heeft.

Zolang het beslag duurt, mag de bank (de derdebeslagene) niet meer uitbetalen aan de rekeninghouder (de beslagene) (art. 475h lid 1 Rv). Het executoriaal derdenbeslag leidt er uiteindelijk toe dat de derdebeslagene het bedrag dat de schuldeiser/beslaglegger van de beslagene te vorderen heeft via de deurwaarder (art. 477 lid 1 Rv) aan de beslaglegger uitbetaalt. Derdenbeslag is de vorm van beslag die in de praktijk het meest voorkomt. Daarbij valt niet alleen te denken aan beslag op bank- en girorekeningen, maar ook aan het zogeheten loonbeslag.

Door een aantal ontwikkelingen is het gebruik verder toegenomen: zowel particulieren als ondernemers gaan leningen aan tegen het verstrekken van zekerheden (pand en hypotheek). De aldus bezwaarde goederen vormen voor andere schuldeisers dan nauwelijks een verhaalsobject meer. Bovendien brengen roerende zaken bij executie weinig op. Het gebruik van het girale betalingsverkeer is sterk toegenomen. Schuldeisers kunnen zich op een betrekkelijk eenvoudige wijze op deze tegoeden verhalen. Wel worden deze tegoeden in het bedrijfsleven vaak (stil) verpand.

Bij particulieren worden op grote schaal met succes derdenbeslagen gelegd. Banken en werkgevers zijn meestal de derdebeslagene.

Derdenbeslag op niet-benutte kredietruimte is niet mogelijk (HR 29 oktober 2004, NJ 2006, 203 m.nt HJS).

■ Voorbeeld 24.28
B is bij vonnis veroordeeld tot betaling aan A van een bedrag van €10.000. Wanneer B weigert dit bedrag te voldoen, legt A beslag onder B's werkgever C.

Art. 475b e.v. Rv geven een regeling van de beslagvrije voet die aan diverse vorderingen tot periodieke betalingen (zoals loon en pensioen) is verbonden. Een bepaald bedrag (90% van de bijstandsnorm) blijft buiten het beslag.

24.5.4 Conservatoir beslag

Conservatoir beslag

Wanneer de schuldeiser niet over een executoriale titel (in de vorm van de grosse van een authentieke akte of van een vonnis) beschikt, kan hij niet tot executoriaal beslag overgaan. Hij zal eerst een proces moeten voeren om een executoriale titel te verwerven. Dit biedt de schuldenaar de gelegenheid om intussen zijn vermogensbestanddelen te laten verdwijnen. De schuldeiser zou, nadat hij een executoriale titel heeft verkregen, tot de bevinding kunnen komen dat de schuldenaar niets meer heeft waar de schuldeiser verhaal op zou kunnen zoeken. Om dit te voorkomen kent de wet de schuldeiser het recht toe om conservatoir beslag te leggen (Boek 3 Rv). Voor conservatoir beslag is verlof nodig van de voorzieningenrechter (art. 700 e.v. Rv). De schuldeiser moet hiertoe een verzoekschrift tot de voorzieningenrechter richten waarin hij summier zijn vorderingsrecht moet omschrijven. Sinds 2011 kijken voorzieningenrechters kritischer naar een verzoek tot het leggen van conservatoir beslag. Sindsdien gelden striktere voorwaarden voor de onderbouwing van het verzoek door de aanvrager. In het verzoekschrift zal de verzoeker moeten motiveren waarom het beslag nodig is, waarom is gekozen voor beslag op de in het verzoekschrift genoemde goederen en waarom niet een minder bezwarend beslagobject mogelijk is (bijvoorbeeld beslag op een onroerende zaak in plaats van derdenbeslag onder de bank). De voorwaarden zijn te vinden in de beslagsyllabus, een openbare handleiding, te raadplegen op www.rechtspraak.nl. In de praktijk wordt het verlof meestal binnen enkele uren na het indienen van het verzoekschrift verleend. De voorzieningenrechter beslist na summier onderzoek (art. 700 lid 2 Rv). De voorzieningenrechter gaat af op de mededelingen van de verzoeker en zal, uitzonderingen daargelaten, degene ten laste van wie beslag gelegd zal worden, niet oproepen om hem in de gelegenheid te stellen zijn mening over de te nemen beslissing te geven. Het niet oproepen van de schuldenaar hangt samen met het karakter van een verrassingsaanval van het conservatoire beslag. Zou de schuldenaar vooraf gehoord worden, dan zou hij de desbetreffende goederen alsnog snel kunnen laten verdwijnen. Nu degene die conservatoir beslag legt niet over een executoriale titel beschikt, moet hij alsnog gaan procederen om die executoriale titel te verkrijgen (de hoofdzaak). Daarbij bepaalt de voorzieningenrechter het tijdstip waarop de schuldeiser de procedure tegen de schuldenaar moet aanvangen (art. 700 lid 3 Rv), behalve uiteraard wanneer de procedure reeds aanhangig is. Wint de schuldeiser de procedure, dan verwerft hij een executoriale titel: het conservatoir beslag gaat automatisch over in een executoriaal beslag. Verliest de schuldeiser de procedure, dan vervalt het conservatoir beslag van rechtswege (art. 704 Rv). Bij een ten onrechte gelegd beslag is er volgens de Hoge Raad sprake van risicoaansprakelijkheid: de beslaglegger moet de veroorzaakte schade vergoeden, ook als hij te goeder trouw handelde en hem derhalve geen schuld in de zin van art. 6:162 lid 3 te verwijten valt.

Procederen om executoriale titel te verkrijgen

Elke vorm van executoriaal beslag kent een conservatoire tegenhanger. Evenals executoriaal beslag is conservatoir beslag mogelijk op roerende en onroerende zaken en op vorderingen. Elk vermogensbestanddeel van de schuldenaar is vatbaar voor beslag (art. 3:276), met uitzondering van een aantal eerste levensbehoeften, zoals kleding en beddengoed (art. 447–448 Rv).
Volgens art. 705 lid 1 Rv kan de voorzieningenrechter in een kort geding het beslag op vordering van elke belanghebbende opheffen. Het tweede lid noemt een aantal belangrijke opheffingsgronden.

■ **Voorbeeld 24.29**
B weigert de rekening van de badkamerspecialist A te voldoen. A wil de uitkomst van een procedure niet afwachten en besluit B onder druk te zetten. Nu A nog niet de beschikking heeft over een executoriale titel, moet A conservatoir beslag leggen. A weet dat B een spaarrekening heeft bij bank C: conservatoir derdenbeslag op het banksaldo van B bij bank C is de aangewezen weg. A zal bij verzoekschrift verlof van de voorzieningenrechter vragen om derdenbeslag te mogen leggen; daarna moet A een procedure (de hoofdzaak van art. 700 lid 3 Rv) tegen B aanhangig maken (een executoriale titel verkrijgen). Nadat A een vonnis van de rechter heeft gekregen waarbij hij in het gelijk is gesteld, gaat het conservatoire beslag over in een executoriaal beslag (art. 704 Rv). De bank zal het verschuldigde bedrag via de deurwaarder aan A betalen (art. 477 Rv).

24.5.5 Rechtsgevolgen van het beslag

Zowel conservatoir als executoriaal beslag leidt tot beschikkingsonbevoegdheid van de schuldenaar. De schuldenaar blijft wel eigenaar, maar hij kan het beslagen goed niet meer vervreemden of bezwaren, althans niet ten nadele van de beslaglegger (blokkerende werking van het beslag).

Blokkerende werking

■ **Voorbeeld 24.30**
A legt voor een geldvordering beslag op een aan B toebehorende antieke kast. Vervolgens draagt B de kast over aan C. C wordt weliswaar eigenaar, maar A kan in beginsel het eigendomsrecht van C negeren, hij kan de kast doen verkopen en zich op de opbrengst ervan verhalen.
Zou B de kast niet hebben overgedragen aan C, maar zou hij er ten behoeve van C een pandrecht op hebben gevestigd, dan zou A dit pandrecht kunnen negeren. Men spreekt hier van relatieve nietigheid: de handeling is geldig tussen B en C, maar nietig ten opzichte van A (art. 453a lid 1 Rv). Wel kan in dat geval de derdeverkrijger te goeder trouw aanspraak maken op bescherming, mits de zaak in zijn handen is gekomen (art. 453a lid 2 Rv vgl. art. 3:86 BW).
Een beslag, gelegd op een onroerende zaak, leidt eveneens tot relatieve nietigheid.

24.5.6 Indirecte dwangmiddelen: lijfsdwang en dwangsom

Met de hierboven besproken directe dwangmiddelen, reële executie en beslag, bereikt de schuldeiser hetzelfde resultaat als wanneer de schuldenaar zelf zou zijn nagekomen.

Indirecte dwangmiddelen

De indirecte dwangmiddelen vormen een zodanige prikkel voor de schuldenaar dat hij in de meeste gevallen wel geneigd zal zijn de op hem rustende verplichting na te komen.

Lijfsdwang

Lijfsdwang (of gijzeling) houdt in dat de schuldeiser de schuldenaar laat opsluiten in een huis van bewaring om hem zodoende tot nakoming te bewegen. Lijfsdwang is slechts toegestaan in de gevallen vermeld in art. 585 e.v. Rv. Lijfsdwang wordt zelden toegepast.

Dwangsom

De *dwangsom* is een door de rechter bepaald bedrag dat de schuldenaar verbeurt als hij niet aan de hoofdveroordeling voldoet. De dwangsom kan alleen worden verbonden aan een veroordeling die iets anders dan betaling van een geldsom inhoudt (vgl. art. 611a Rv). Van de dwangsom wordt vaak gebruikgemaakt.

■ **Voorbeeld 24.31**
B wordt bij vonnis veroordeeld tot nakoming van zijn overeenkomst met A: B moet een partij glasvezel waar A dringend om verlegen zit, overdragen. Het vonnis houdt tevens in dat B voor iedere dag dat de overeenkomst niet wordt nagekomen, een dwangsom verbeurt van €5.000.

Vragen

1 Welke twee functies heeft de dagvaarding?

2 Wat is een tussenvonnis?

3 Aan welke voorwaarde moet zijn voldaan als men een zaak in kort geding wil laten behandelen?

4 a Wat houdt het verschoningsrecht in?
  b Aan wie komt het toe?

5 a Wanneer kan men executoriaal beslag leggen?
  b Wanneer legt men conservatoir beslag?

Casus

1 A, die in Vlissingen woont, heeft een hond. Op een gegeven moment loopt de hond weg en na enkele weken ontdekt A dat de hond in Breda verblijft bij B. A wil de hond terug hebben, maar B weigert de hond af te staan.
  a Als A B wil dagvaarden, voor welke instantie moet hij dan de procedure aanhangig maken?
  b In welke plaats moet hij de procedure aanhangig maken?

2 A heeft aan B een kleurentelevisie verkocht en geleverd voor de koopsom van €4.000. B betaalt niet.
  Bij welke rechterlijke instantie kan A zijn vordering tegen B aanhangig maken?

3 Een verhuurder van een winkelpand vordert €30.000 aan achterstallige huur van de voormalige huurder. Bij welke rechterlijke instantie moet hij zijn vordering aanhangig maken?

4 Vrachtwagenchauffeur V (wonende te Breda) meent nog €26.000 salaris voor overwerk van zijn werkgever B (gevestigd te Breda) te vorderen te hebben. U bent na uw hbo-studie werkzaam bij de FNV te Breda. V vraagt u een procedure tegen zijn werkgever aanhangig te maken.
  a Bij welke rechter zult u deze vordering aanhangig maken?
  b Kunt u V in deze procedure rechtsbijstand verlenen?
  c Kunt u V in de appelprocedure rechtsbijstand verlenen?

5 A heeft van B een huis gekocht. Een koopakte wordt opgemaakt door de makelaar, en door de koper en de verkoper ondertekend. B weigert het huis te leveren. A maakt een procedure tegen B aanhangig en legt de koopakte over.
  a Levert deze koopakte een onderhandse akte of een authentieke akte op?
  b Wat is de bewijskracht van de akte?
  c Is tegenbewijs mogelijk?

6 A heeft een antieke kast gekocht van B. B weigert de kast over te dragen. A wendt zich tot de rechter en B wordt bij vonnis veroordeeld om de kast aan A over te dragen. B trekt zich echter van dit vonnis niets aan.
  Kan A het hem in het vonnis toegekende recht effectueren of moet hij alsnog genoegen nemen met schadevergoeding?

Begrippenlijst

Aanbod	Eenzijdige gerichte wilsverklaring die een voorstel tot het sluiten van een overeenkomst van een bepaalde inhoud behelst.
Aandeel aan toonder	Degene die het aandeel kan tonen is degene die het aandeel in zijn bezit heeft.
Aandeel op naam	Van aandelen op naam houdt de vennootschap een register bij met vermelding van de naam en het adres van de aandeelhouder en hoeveel van welke soort aandelen de aandeelhouder houdt.
Aandelen	De gedeelten waarin het maatschappelijk kapitaal (in de statuten) is verdeeld.
Aansprakelijk	Volgens het recht verantwoordelijk.
Aansprakelijkheid van echtgenoten voor schulden	Als een persoon aansprakelijk is voor een schuld uit een verbintenis, dan kan die persoon daarvoor worden aangesproken (desnoods door het sturen van een dagvaarding om voor de rechter te verschijnen). Aansprakelijk voor een verbintenis uit een overeenkomst is de contractspartij die deze verplichting op zich heeft genomen. Voor gehuwden is dit in beginsel niet anders, afgezien van enkele bijzondere aansprakelijkheidsbepalingen, zoals art. 1:85 en 1:102.
Aanvaarding	Eenzijdige gerichte wilsverklaring naar aanleiding van een aanbod, die de overeenkomst tot stand brengt.
Absolute competentie	Beantwoordt de vraag bij welk gerecht (hiërarchisch gezien) een zaak moet worden aangebracht; geregeld in de Wet RO.
Abstract	Geen rekening houden met de werkelijke omstandigheden.
Administratiekantoor	Stichting waar de aandelen worden geplaatst om te voorkomen dat ze in ongewenste handen vallen. Het administratiekantoor geeft certificaten uit.
Adoptie	Door adoptie, zie art. 1:227 en volgende, wordt het kind juridisch het kind van de adoptiefouder(s). Het heeft daarna dezelfde rechten en plichten als een kind dat op andere wijze kind van die ouder(s) is geworden. De afstammingsbanden met de ouder(s) die het kind eerder had, worden doorgesneden, maar oude omgangsregelingen blijven in stand.
Advocaat	De advocaat is de rechtsgeleerde raadsman van zijn cliënt in en buiten een proces. Hij stelt processtukken op (waaronder de dagvaarding), vertegenwoordigt zijn cliënt in het proces, verricht namens de partij de processuele handelingen, ondertekent processtukken (conclusies) en dient deze in, onderhandelt bij schikkingen en voert het woord bij comparities, getuigenverhoren, pleidooien en mondelinge behandelingen.

Advocatenzaak	Een geding waarbij verplichte procesvertegenwoordiging door een advocaat geldt (art. 79 lid 2 Rv).
Afgescheiden vermogen	Het van het privévermogen van de vennoot afgescheiden vermogen dat verhaal biedt voor zaakscrediteuren.
Afhankelijke maatschappij	Het begrip afhankelijke maatschappij wordt gedefinieerd in art. 2:63a, 152 en 262 BW.
Aflevering	Bezitsverschaffing door verkoper aan koper.
Agentuurovereenkomst	De overeenkomst van lastgeving waarbij de ene partij (de handelsagent) op grond van een vaste relatie voor een ander (de opdrachtgever) bemiddelt bij de totstandkoming van overeenkomsten met derden.
Akkoord	De schuldenaar betaalt een bepaald percentage op zijn schulden tegen kwijtschelding door de schuldeiser van het restant.
Akte	Ondertekend geschrift dat is opgemaakt om tot bewijs te dienen (art. 156 lid 1 Rv).
Algemene voorwaarden	Bedingen die opgesteld zijn om door een partij geregeld in overeenkomsten te worden gebruikt, met uitzondering van duidelijk en begrijpelijk geformuleerde kernbedingen.
Andere wettelijke rechten	Dwingendrechtelijke rechten voor bepaalde personen, zoals de langstlevende, om aan hen een zeker minimum uit de nalatenschap te garanderen, veelal om te kunnen voorzien in levensonderhoud.
Arbitrage	Geschillenbeslechting door een uit een of meer arbiters bestaand scheidsgerecht; arbiters behoren niet tot de rechterlijke macht; in de wet geregeld (art. 1020 e.v. Rv).
Authentieke akte	Akte die in de vereiste wettelijke vorm is opgemaakt door of ten overstaan van een daartoe bevoegde openbare ambtenaar (art. 156 lid 2 Rv).
Ava	Algemene vergadering van aandeelhouders, het centrale orgaan in een kapitaalvennootschap.
Bedrijf	Het uitoefenen van een bedrijf is het regelmatig, openlijk in bepaalde kwaliteit optreden met het oogmerk winst te behalen.
Bekrachtiging (bij onbevoegde vertegenwoordiging)	De rechtshandeling waarbij iemand die onbevoegd is vertegenwoordigd, alsnog de onbevoegd in zijn naam verrichte rechtshandeling aanvaardt en daarmee die verrichte rechtshandeling rechtsgeldig maakt.
Belang	Mogelijkheid van vermogensschade bij verzekerde onzekerheid.
Belanghebbende	Degene wiens belang door een zaakwaarnemer wordt behartigd.
Beneficiair aanvaarden	Aanvaarden van de nalatenschap voor zover deze een batig saldo heeft (verklaring bij de griffie van de rechtbank).

Benoemde en onbenoemde overeenkomsten	Overeenkomsten die wel respectievelijk niet afzonderlijk in de wet geregeld zijn.
Beroep	Ter onderscheiding van 'bedrijf' staan bij 'beroep' de persoonlijke kwaliteiten en het maatschappelijke belang voorop.
Beschikkingsbevoegdheid	Bevoegdheid om een goed te vervreemden (over te dragen aan een volgende gerechtigde) en te bezwaren (een beperkt recht als pand, hypotheek, vruchtgebruik, op het goed te vestigen).
Besluit	Het woord besluit duidt op zowel een rechtshandeling als op haar resultaat: een door een orgaan gegeven regel.
Bestanddeel	Een zaak die volgens verkeersopvatting deel uitmaakt van een andere zaak, of een zaak die zodanig met een andere zaak is verbonden, dat deze niet zonder beschadiging van die andere zaak is af te scheiden.
Bestuur	In het vennootschapsrecht: orgaan binnen de vennootschap dat belast is met het besturen van de vennootschap. In het huwelijksvermogensrecht: bevoegdheid van een echtgenoot ten aanzien van een goed. Bestuur omvat de bevoegdheid om over het goed te beschikken en om daarmee feitelijke handelingen te verrichten.
Betaling	Het verrichten van een prestatie jegens een ander.
Betekenen	Gerechtelijk bekendmaken en mededelen van de inhoud door een deurwaarder, bijvoorbeeld van een dagvaarding aan de gedaagde (art. 45 e.v. Rv) of van een veroordelend vonnis of een beschikking (art. 430 lid 3 Rv).
Bewijsaandraagplicht	Zowel eiser als gedaagde moet in de dagvaarding respectievelijk conclusie van antwoord de bewijsmiddelen en de getuigen die hij kan doen horen opnemen (art. 111 lid 3 resp. 128 lid 5 Rv).
Bewindvoerder, in schuldsaneringsregeling	Belast met beheer en vereffening van de boedel en met het toezicht op het naleven van de verplichtingen uit de regeling door de schuldenaar.
Bewindvoerder, in surseance van betaling	Voert met de schuldenaar het beheer over diens zaken (in het algemeen een advocaat).
Bezitter	Degene die een goed houdt voor zichzelf.
Bijzondere overeenkomst	Overeenkomst waarvoor een speciale wettelijke regeling geldt.
Bindend advies	Bijzondere vorm van een vaststellingsovereenkomst (art. 7:900 lid 2) waarbij partijen overeenkomen zich neer te zullen leggen bij een voor hen bindende uitspraak van een derde.
Biologische vader	De man met wiens sperma een kind wordt verwekt, is de biologische vader van het kind. Biologisch vaderschap kan met hoge waarschijnlijk-

heid door een DNA-test worden vastgesteld. Een biologische vader kan verwekker zijn of donor. Uit biologisch vaderschap volgt niet dat die man ook het gezag over het kind heeft.

Blokkeringsregeling — Een regeling waardoor een zekere ballotage van potentiële aandeelhouders wordt gerealiseerd.

Boedel — Het gehele, onder het faillissement/de schuldsaneringsregeling vallende vermogen van de schuldenaar.

Boedelschuldeiser — Schuldeiser met een vordering rechtstreeks op de boedel, zonder dat verificatie nodig is.

Boedelverdeling — Beëindigen van de onverdeeldheid die tussen de deelgenoten in een nalatenschap bestaat.

Brevi-manulevering — De levering van een goed aan degene die al houder was van dat goed (levering met de korte hand).

Bv — Een vennootschap met rechtspersoonlijkheid met een in aandelen op naam verdeeld maatschappelijk kapitaal. In verband met het besloten karakter zijn de aandelen in de bv beperkt overdraagbaar.

Canon — De canon is de geldsom die de erfpachter verschuldigd is aan de eigenaar van de onroerende zaak die hij in erfpacht heeft.

Cao — Collectieve arbeidsovereenkomst, ofwel een overeenkomst die is gesloten tussen een of meer (verenigingen van) werkgevers en een of meer verenigingen van werknemers en waarbij arbeidsvoorwaarden worden geregeld.

Cassatie — Mogelijkheid van vernietiging door de Hoge Raad van een uitspraak van een lagere instantie op vordering van een partij (art. 398 e.v. Rv); slechts mogelijk op bepaalde gronden (art. 79 RO).

Causaal verband — Ziet op de oorzaak-gevolgrelatie tussen een schadetoebrengende gebeurtenis (bijvoorbeeld een normschending) en gevolg (schade). Het causaal verband speelt een rol bij de vestiging van de aansprakelijkheid (waarvoor het conditio-sine-qua-non-verband is vereist: het gevolg moet zijn veroorzaakt door de gedraging) en de omvang van de aansprakelijkheid (toerekening naar redelijkheid: vaststellen welke gevolgen nog aan de aansprakelijke persoon als een gevolg van de schadetoebrengende gebeurtenis kunnen worden 'toegerekend').

Certificering — De scheiding van stemrecht en recht op dividend.

Cessie — Overdracht van een vordering op naam van de vervreemder (cedent) aan de verkrijger (cessionaris), waarvan een akte moet worden opgemaakt en mededeling moet worden gedaan aan de schuldenaar (debitor cessus ofwel cessus).

Codicil — Een onderhandse door de erflater geheel geschreven, getekende en gedagtekende verklaring.

Commanditaire vennoot	De vennoot die niet alleen arbeid inbrengt, die uitgesloten is van de bevoegdheid om rechtshandelingen te verrichten voor rekening van de vennootschap en niet verder behoeft te delen dan tot het bedrag van hetgeen hij heeft ingebracht.
Commissieovereenkomst	De overeenkomst van lastgeving waarbij de ene partij (de commissionair) in eigen naam voor rekening van een ander (de opdrachtgever) roerende zaken, effecten of waardepapieren koopt of verkoopt.
Comparitie na antwoord	Mondelinge behandeling met persoonlijke verschijning van partijen na de conclusie van antwoord (art. 131 Rv), om te proberen tot een schikking te komen of om nadere inlichtingen te verschaffen.
Concern	Een groep (internationale) ondernemingen met vele dochterondernemingen.
Conclusie van antwoord	Het schriftelijk stuk van gedaagde als reactie op de dagvaarding (art. 128 Rv).
Concurrente schuldeiser	Schuldeiser zonder recht van voorrang.
Conditio sine qua non	Voor de vestiging van aansprakelijkheid is vereist dat het gevolg is veroorzaakt door de gedraging.
Conformiteitsvereiste	De afgeleverde zaak moet aan de overeenkomst beantwoorden.
Conservatoir beslag	Beslag waarbij de schuldeiser nog niet beschikt over een executoriale titel; de schuldeiser heeft bij verzoekschrift verlof gevraagd aan de voorzieningenrechter (art. 700 e.v. Rv).
Constitutum-possessoriumlevering	De levering van een roerende zaak door de enkele wilsverklaring van partijen, zonder verdere feitelijke handeling (de bezitter wordt houder).
Consumentenkoop	De koop die betrekking heeft op een roerende zaak, gesloten door een verkoper die handelt in het kader van zijn handels-, bedrijfs-, ambachts- of beroepsactiviteit en een koper die consument is (een natuurlijk persoon, die handelt voor doeleinden buiten zijn bedrijfs- of beroepsactiviteit).
Contractueel risico	Kans dat verzekeraar moet uitkeren omdat verzekerde onzekerheid zich voordoet.
Contractvrijheid	Partijautonomie: partijen zijn in beginsel geheel vrij in het bepalen van de inhoud van een overeenkomst.
Coöperatie	Een bijzonder soort vereniging met een onderneming die door het sluiten van overeenkomsten met haar leden in haar bedrijf in bepaalde stoffelijke behoeften van haar leden voorziet, waarbij het niet mag gaan om verzekeringsovereenkomsten.
Cumulatietheorie	Bij een gemengde overeenkomst zijn de bepalingen van beide overeenkomsten naast elkaar van toepassing.

Cumulatieve vereisten	Aan alle vereisten moet zijn voldaan.
Curatele	Curatele is een vorm van meerderjarigenbescherming. Door het uitspreken van de curatele wordt de curandus handelingsonbekwaam. Het is daarom een verdergaand middel dan de andere manieren van meerderjarigenbescherming, de onder bewindstelling van hun vermogen en het mentorschap.
Curator	Door de rechtbank in een faillissement benoemde advocaat, belast met het beheer en de beschikking over de boedel tijdens het faillissement.
Cv	Commanditaire vennootschap (zonder rechtspersoonlijkheid).
CVR	Commanditaire vennootschap met rechtspersoonlijkheid.
Dagprijs	Een prijs die meestal per dag fluctueert.
Dagvaarding	Een oproep aan gedaagde om voor de rechter te verschijnen alsmede een kennisgeving aan gedaagde van wat eiser van hem vordert en de gronden van zijn vordering.
Dagvaardingsprocedure	Een procedure ingeleid met een aan gedaagde betekende dagvaarding, gevolgd door een conclusie van antwoord en daarna een comparitie na antwoord; de uitspraak heet een vonnis (art. 78 e.v. Rv).
Defungeren	Het uittreden van een vennoot.
Dekkingskoop	Het bij uitblijven van levering elders kopen van goederen om de schade zo veel mogelijk te beperken.
Derdenbescherming	Op meerdere plaatsen in de wet worden derden die te goeder trouw zijn, beschermd. Bijvoorbeeld bij het doorbreken van het vereiste van beschikkingsbevoegdheid bij overdracht van goederen, ten behoeve van een derde-verkrijger te goeder trouw.
Descente	Gerechtelijke plaatsopneming en bezichtiging (art. 201 Rv).
Dictum	Concrete uitspraak in een procedure.
Donor	Een donor is de biologische vader van een kind dat niet langs natuurlijke weg is verwekt, bijvoorbeeld door ivf (kunstmatige bevruchting van de vrouw buiten het lichaam).
Draagplicht van echtgenoten voor schulden	Voor privéschulden van echtgenoten zijn de echtgenoten elk zelf draagplichtig; voor gemeenschapsschulden zijn de echtgenoten elk voor de helft draagplichtig omdat zij de omvang van de gemeenschap verminderen. Na ontbinding van de gemeenschap wordt zij uiteindelijk 50%-50% tussen de echtgenoten verdeeld, art. 1:100.
Drempelfranchise	Schade die niet meer bedraagt dan een bepaald bedrag wordt niet vergoed, schade die meer bedraagt wordt helemaal vergoed.

Dwaling	Eén of beide partijen bij een overeenkomst blijkt een verkeerde voorstelling van zaken te hebben gehad bij het aangaan van de overeenkomst.
Dwangsom	Een door de rechter bepaald bedrag dat de schuldenaar verbeurt als hij niet aan de hoofdveroordeling voldoet (art. 611a Rv).
Dwingend bewijs	De rechter is verplicht de inhoud van bepaalde bewijsmiddelen voor waar aan te nemen (art. 151 lid 1 Rv).
Dwingend recht	Van de wet afwijken mag niet. De afwijking is nietig, tenzij conversie mogelijk is.
Echtscheiding	Echtscheiding is naast ontbinding van het huwelijk na scheiding van tafel en bed een manier om een huwelijk te beëindigen. De echtscheiding wordt door de rechter uitgesproken en gaat pas gelden door tijdige inschrijving in het huwelijksregister bij de ambtenaar van de burgerlijke stand. Vindt deze inschrijving niet plaats, dan blijft het huwelijk voortduren.
Echtscheidingsconvenant	Echtgenoten kunnen in het zicht van echtscheiding afspreken wat daarna moet gebeuren. Zij kunnen bijvoorbeeld afspraken maken over wie de echtelijke woning toebedeeld moet krijgen als deze tijdens het huwelijk gemeenschappelijk eigendom is, of over de hoogte van de alimentatie voor zichzelf of de kinderen. Afspraken die de minderjarige kinderen van partijen betreffen, kunnen door de rechter terzijde worden geschoven.
Eenzijdige overeenkomst	De overeenkomst waarbij slechts één partij een verbintenis op zich neemt.
Eenzijdige rechtshandeling	De wilsverklaring van één persoon is voldoende om de rechtshandeling tot stand te brengen.
Eigen gebrek	Ongunstige minderwaardige stoffelijke eigenschap van een zaak, die deze normaal niet bezit of behoort te bezitten.
Eigen schuld	Bestaat wanneer de schade mede is veroorzaakt door een gedraging van de benadeelde. In dat geval kan de schade geheel of gedeeltelijk aan de benadeelde worden toegerekend. Het begrip is ruimer dan het woord 'schuld' doet vermoeden.
Eigendom	Het meest omvattende recht dat een persoon op een zaak kan hebben.
Eigendomsoverdracht	Het voldoen aan alle vereisten van art. 3:84 lid 1: geldige overeenkomst strekkend tot eigendomsoverdracht, beschikkingsbevoegdheid vervreemder en geldige levering.
Eigendomsvoorbehoud	De verkoper (A) blijft eigenaar van het geleverde totdat de koopprijs volledig door de koper (B) is voldaan; tot die tijd is B houder voor A.
Eigenrichting	Eigenmachtig optreden zonder tussenkomst van de overheid.
Eis in reconventie	Door gedaagde tegelijk met de conclusie van antwoord ingediende vordering jegens eiser (art. 136 Rv).

Elektronische consumentenkoop	De koopovereenkomst die een consument sluit met een verkoper die handelt in het kader van zijn handels-, bedrijfs-, ambachts- of beroepsactiviteit, waarbij de verkoper stelselmatig gebruik maakt van een of meer middelen voor communicatie op afstand (zoals internet, telefoon, fax of postorder) en de koopovereenkomst uitsluitend via een of meer van die middelen tot stand is gekomen.
Enquête	Onderzoek naar het beleid en de gang van zaken bij een rechtspersoon, uitgevoerd door een door de Ondernemingskamer ingestelde commissie.
Erfdienstbaarheid	De last waarmee een onroerende zaak ('het dienende erf') ten behoeve van een andere onroerende zaak ('het heersende erf') is bezwaard.
Erfgenaam	Een persoon die het geheel of een evenredig deel van de nalatenschap verkrijgt.
Erfpachtrecht	Het zakelijk recht dat de erfpachter de bevoegdheid geeft om de onroerende zaak van een ander te houden en te gebruiken.
Erfrecht	Het geheel van rechtsvoorschriften dat na overlijden van een persoon de overgang van zijn vermogen op een of meer nog levende personen of rechtspersonen regelt.
Erfstelling	Bepaling in testament waarbij iemand het geheel of een evenredig deel van de nalatenschap verkrijgt.
Erkenning van een kind	Door erkenning van een kind door een persoon ontstaat een familierechtelijke betrekking tussen de persoon en het kind. Zie voor de vereisten art. 1:203 en volgende. De man hoeft niet de biologische vader van het kind te zijn, maar als hij dat niet is, kan het vaderschap worden ontkend (art. 1:205). Zie voor de ontkenning door de vrouw art. 1:205a.
Exceptio non adimpleti contractus	Opschortingsbevoegdheid met betrekking tot wederkerige overeenkomsten.
Executoriaal beslag	Beslag waarbij de schuldeiser uit kracht van een executoriale titel beslag legt (art. 430 e.v. Rv).
Executoriale titel	Geschrift (bijvoorbeeld grosse van een vonnis) dat door de wet geaccepteerd wordt als uitgangspunt voor executie (art. 430 Rv).
Exoneratie	Uitsluiting van aansprakelijkheid voor een bepaalde omstandigheid.
Expeditie-overeenkomst	De overeenkomst waarbij de ene partij (de expediteur) ten behoeve van een ander (de opdrachtgever) – in eigen naam of naam van de opdrachtgever – zaken laat vervoeren.
Familierechtelijke betrekking	Tussen ouders en hun kinderen bestaat een familierechtelijke betrekking als zij tot stand is gekomen op een van de manieren van art. 1:198 (moeder) en 1:199 (vader).
Family life	Family life wordt beschermd door art. 8 EVRM. Wie family life heeft, wordt nader omschreven in vele uitspraken die over dit artikel zijn gewezen. De kring van personen met family life is veel groter dan die van per-

sonen die in een familierechtelijke betrekking tot elkaar staan. Een verwekker (die geen ouder is van het kind) wordt bijvoorbeeld geacht family life te hebben met een kind als hij een op het huwelijk gelijkende relatie met de moeder had voor en/of na de geboorte van het kind, of een nauwe persoonlijke betrekking tot het kind zelf heeft opgebouwd.

Feitelijke handeling	Het rechtsgevolg treedt in door een menselijke handeling, zonder dat de wil van de handelende persoon gericht is op het intreden van het rechtsgevolg.
Finaal verrekenbeding	Een finaal verrekenbeding zorgt ervoor dat echtgenoten (of geregistreerd partners) de groei van hun vermogens aan het eind van de periode waarover moet worden afgerekend, gelijk op laten gaan. Het verrekenbeding geeft degene wiens vermogen minder is gegroeid, een vordering jegens de ander ter hoogte van de helft van het verschil in de vermogensgroei.
Flex bv	Populaire aanduiding voor de modernisering van het nv- en bv-recht in 2011 en 2012, waardoor de verklaring van geen bezwaar is afgeschaft, de vertegenwoordigingsonbevoegdheid bij tegenstrijdig belang is komen te vervallen, de kapitaalbescherming bij de bv is komen te vervallen en meer creatieve bv-statuten mogelijk zijn gemaakt.
Garantie	Omstandigheid waarvoor de schuldenaar instaat; als het gegarandeerde feit uitblijft is hij daarvoor aansprakelijk.
Garantie, negatieve	Een garantie die een niet geoorloofde beperking van de rechten van de consumentkoper bevat.
Garantie, positieve	Leveranciers-, fabrieks- of importeursgarantie die de rechten van de consumentkoper vergroot.
Gelaagde structuur	Algemene bepalingen voor in het wetboek worden gevolgd door bepalingen die zich steeds meer toespitsen op een bijzondere situatie; bij strijd gaat een bijzondere wetsbepaling vóór een bepaling die algemener van aard is.
Gemachtigde	Niet verplichte procesvertegenwoordiger in kantonzaken (art. 80 Rv).
Gemengde overeenkomst	Overeenkomst die naast elementen van een bijzondere overeenkomst ook elementen van een andere overeenkomst bevat.
Genuskoop	De koop van een zaak die slechts naar haar soort is bepaald.
Geplaatst kapitaal	Het nominale bedrag van de werkelijk geplaatste aandelen.
Gerechtelijke vaststelling ouderschap	Door een gerechtelijke vaststelling van het ouderschap kan een familierechtelijke betrekking tussen een kind en zijn verwekker of de instemmend levensgezel van de moeder tot stand komen, ook tegen de zin van die persoon. De actie kan tijdens leven of na het overlijden van de ouder worden ingesteld. Zie art. 1:207. Door vaststelling van het ouderschap door de rechtbank kan met terugwerkende kracht (tot geboorte van kind) het ouderschap worden vastgesteld.

Gerechtsdeurwaarder	Bij KB (Koninklijk Besluit) benoemd openbaar ambtenaar belast met het uitbrengen van dagvaardingen (art. 45 e.v. Rv), het ten uitvoer leggen van vonnissen en het verrichten van inbeslagnemingen (bijvoorbeeld art. 439 e.v. Rv); hij kan ook optreden als procesgemachtigde in kantonzaken.
Geregistreerd partnerschap	Geregistreerd partnerschap is naast huwelijk een door de wet geregelde samenlevingsvorm die qua rechtsgevolgen sterk lijkt op een huwelijk (zie art. 1:80 a en volgende). De beëindiging van het geregistreerd partnerschap is mogelijk zonder rechter.
Gestort kapitaal	Het totaal van de werkelijk op de geplaatste aandelen gestorte bedragen.
Getuige	Persoon die tijdens een rechtszaak een verklaring onder ede aflegt over hetgeen hij heeft waargenomen.
Gevolgschade	Schade die de crediteur lijdt in zijn overige vermogen als gevolg van een ondeugdelijke prestatie.
Gezag	Gezag over minderjarigen is te onderscheiden in ouderlijk gezag en voogdij. Voogdij wordt uitgeoefend door niet-ouders. Gezag dat krachtens art. 1:253t door de rechter wordt toegekend, wordt gelijkgesteld met ouderlijk gezag. In beginsel oefenen getrouwde ouders en ouders die een geregistreerd partnerschap hebben gesloten, het gezag gezamenlijk uit. Ouders die gewoon samenwonen, moeten gezamenlijk gezag laten aantekenen bij het gezagsregister (art. 1:244 jo. 252). Het is het ook mogelijk om dit via de rechter te verkrijgen.
Goederen	Alle zaken en vermogensrechten.
Goederenrechtelijke gemeenschap	Meerdere personen zijn gezamenlijk eigenaar van goederen.
Goederenrechtelijke overeenkomst	Wilsovereenstemming van vervreemder en verkrijger om een goed uit het vermogen van de vervreemder in dat van de verkrijger te doen overgaan.
Graad	De mate van bloedverwantschap.
Groep	Economische eenheid waarin rechtspersonen en vennootschappen organisatorisch zijn verbonden.
Groepsmaatschappij	Rechtspersonen en vennootschappen die met elkaar in een groep zijn verbonden.
Handelingsbekwaamheid	De geschiktheid van een persoon om voor zichzelf rechtshandelingen tot stand te brengen.
Handelingsbevoegdheid	De geschiktheid van een persoon om een bepaalde rechtshandeling te verrichten.
Handelingsonbekwaamheid	Minderjarigen en mensen die onder curatele zijn gesteld, zijn handelingsonbekwaam. Het gevolg van handelingsonbekwaamheid is dat deze personen in beginsel niet in staat zijn om onaantastbare rechtshandelingen te verrichten. Tenzij er toestemming is van hun wettelijk vertegenwoordi-

	ger voor de rechtshandeling, kan de rechtshandeling door de wettelijk vertegenwoordiger worden vernietigd.
Handelskoop	Een koopovereenkomst waarbij zowel verkoper als koper beroepsmatig handelen. De koper koopt de goederen over het algemeen om deze met winst verder te verhandelen.
Handelsregister	Bij de Kamer van Koophandel gehouden register waar allerlei gegevens over ondernemingen en rechtspersonen in zijn opgenomen.
Handlichting	Een manier voor minderjarigen om bevoegd te worden om bepaalde rechtshandelingen onaantastbaar te verrichten. Handlichting wordt in de regel in verband met het uitoefenen van een bepaald bedrijf verleend (zie art. 1:235).
Holding	Rechtspersoon die aan het hoofd staat van een concern/groep.
Hoofdelijk aansprakelijk	Er zijn meerdere personen die ieder voor 100% aansprakelijk zijn voor de door de benadeelde geleden schade.
Hoofdelijk verbonden	Voor de gehele schuld (en niet slechts een deel ervan) aansprakelijk met privévermogen. Ingeval het echtgenoten betreft die in gemeenschap van goederen zijn getrouwd: verhaal is mogelijk op de gemeenschap en beider privévermogens als beiden hoofdelijk voor de schuld zijn verbonden.
Houder	Degene die een goed houdt voor een ander.
Hulppersoon	Persoon die de schuldenaar gebruikt bij de uitvoering van zijn verbintenis (art. 6:76).
Hulpzaak	Zaak die de schuldenaar gebruikt bij de uitvoering van zijn verbintenis (art. 6:77).
Huwelijkse voorwaarden	Een regeling in een notariële akte omtrent de vermogensrechtelijke gevolgen van het huwelijk. De (aanstaande) echtgenoten kunnen voor of tijdens het huwelijk huwelijkse voorwaarden maken. Huwelijkse voorwaarden worden ingeschreven in het huwelijksgoederenregister, zodat ook derden er kennis van kunnen nemen. Ook geregistreerde partners kunnen zulke afspraken in een notariële akte maken. Deze noemt men partnerschapsvoorwaarden. Daarvoor gelden dezelfde regels als voor huwelijkse voorwaarden. Anders dan men zou denken op grond van de benaming, zijn huwelijkse voorwaarden geen voorwaarden in de zin van Boek 3 BW.
Hypotheekrecht	Beperkt recht op een registergoed, strekkende om op het registergoed een vordering tot voldoening van een geldsom bij voorrang boven andere schuldeisers te verhalen.
In concreto	In werkelijkheid.
Inbreng	Inbreng waartoe iedere vennoot ten behoeve van de samenwerking is gehouden, kan bestaan uit geld, goederen, genot van goederen en arbeid.

Indemniteitsbeginsel	Beginsel dat de verzekerde bij schadeverzekering door uitkering niet in een duidelijker voordeliger positie mag komen verkeren.
Inkorten	Het instellen van een vordering door de legitimarissen tegen de gezamenlijke erfgenamen of, indien dit niet voldoende oplevert, tegen de begiftigden om de legitieme portie te verkrijgen.
Insolventie-procedures	Faillissement, surseance van betaling, schuldsanering natuurlijke personen (WSNP).
Inspannings-verbintenis	Verbintenis waarbij de schuldenaar zich alleen verplicht om zich bepaalde inspanningen te getroosten, bijvoorbeeld de verplichting van de arts om een patiënt te behandelen.
Instemmend levensgezel	Een instemmend levensgezel in het afstammingsrecht is degene die toestemming heeft gegeven voor handelingen die de verwekking van een kind tot gevolg kunnen hebben gehad. Dit kan een man of een vrouw zijn.
IVO	Europese Insolventieverordening.
Jaarrekening	De balans, de winst- en verliesrekening en de toelichting op deze stukken, opgesteld door het bestuur en goedgekeurd door het daartoe bevoegde orgaan.
Kantonzaak	Een geding dat dient voor de rechtbank sector kanton; partijen kunnen in persoon of bij gemachtigde procederen (art. 78 lid 1 Rv).
Kapitaalvennootschap	Vennootschappen met rechtspersoonlijkheid en een in aandelen verdeeld maatschappelijk kapitaal. Wij kennen de nv, de bv en de SE.
Kettingbeding	Het uit een overeenkomst voortvloeiend beding dat bedoelt ook niet-kwalitatieve verplichtingen op opvolgende eigenaren te laten overgaan. De eigenaar geeft het beding, op straffe van een boete, dóór aan zijn opvolger.
Koop	De overeenkomst waarbij de een zich verbindt een zaak te geven en de ander om daarvoor een prijs in geld te betalen (art. 7:1); koop is dus een benoemde (in de wet geregelde) en tevens wederkerige overeenkomst.
Koop op proef	De koop die geacht wordt te zijn gesloten onder de opschortende voorwaarde dat de zaak de koper voldoet.
Kort geding	Een dagvaardingsprocedure voor spoedeisende zaken voor de voorzieningenrechter (sector civiel) of voor de kantonrechter (sector kanton); na de dagvaarding vindt de mondelinge behandeling plaats, waarbij een voorlopige voorziening wordt gevraagd (art. 254 e.v. Rv).
Kwalitatief recht	Het uit een overeenkomst voortvloeiend en voor overgang vatbaar recht dat in een zodanig verband staat met een bepaalde zaak, dat alleen de rechthebbende er belang bij heeft. Het recht gaat bij verkrijging onder bijzondere titel van het goed van rechtswege over, zonder dat het afzonderlijk hoeft te worden overgedragen.
Kwalitatieve aansprakelijkheid	Aansprakelijkheid voor onrechtmatige gedragingen van personen of zaken voor wie men krachtens de wet verantwoordelijk is.

Kwalitatieve verplichting	De uit een overeenkomst voortvloeiende verplichting om iets te dulden of niet te doen ten aanzien van een registergoed. Deze verplichting gaat over op opvolgende eigenaren, mits de overeenkomst is neergelegd in een notariële akte en is ingeschreven in de openbare registers.
Kwaliteitseis	In regelingen, statuten of overeenkomsten vastgelegde kenmerken die noodzakelijk zijn voor een functie of hoedanigheid.
Last	Een bepaling in een testament waarbij aan een erfgenaam of legataris een verplichting wordt opgelegd, die niet in rechte afdwingbaar is.
Lastgeving	De overeenkomst waarbij de ene partij (de lasthebber) het op zich neemt om – in eigen naam of in naam van de lastgever – rechtshandelingen te verrichten voor een opdrachtgever (de lastgever).
Legaat	Bepaling in testament waarbij aan een of meerdere personen een vorderingsrecht wordt toegekend ten laste van de gezamenlijke erfgenamen.
Legataris	Een persoon die een of meer bepaalde vermogensbestanddelen uit de nalatenschap verkrijgt.
Legitieme portie	De waardeaanspraak die een legitimaris niet kan worden ontnomen.
Legitimaire massa	De goederen min de schulden van de nalatenschap vermeerderd met de tijdens leven gedane giften.
Legitimarissen	De erfgenamen in de rechte neergaande lijn die een dwingend recht hebben op de waarde van de helft van hun versterferfdeel.
Levensverzekering	De in verband met leven of dood gesloten sommenverzekering.
Levering	De handeling van partijen bij de overdracht van een goed die nodig is om die overdracht te bewerkstelligen.
Liquidatie	Vereffening van het vermogen, te gelde maken van alle vermogensbestanddelen.
Longa-manulevering	De levering van een zaak waarvan een derde, die bekend is met de overdracht, houder is (levering met de lange hand).
Maatschappelijk kapitaal	Het maximumbedrag waartegen aandelen kunnen worden uitgegeven.
Makelaarsovereenkomst	De overeenkomst van lastgeving waarbij de ene partij (de makelaar) in opdracht van een ander (de opdrachtgever) bemiddelt bij de totstandkoming van overeenkomsten met derden (bijvoorbeeld in het kader van onroerende zaken of verzekeringen).
Matiging	De bevoegdheid van de rechter om af te wijken van toekenning van volledige schadevergoeding als die toekenning, gegeven de omstandigheden, tot onaanvaardbare gevolgen zou leiden.

Mededelingsplicht, algemeen	Plicht van verzekeringnemer verzekeraar inzicht te geven in risico, vaak via invullen vragenlijst.
Medeschuld	Bestaat wanneer twee of meer personen aansprakelijk zijn voor dezelfde schade. Het begrip is ruimer dan dat het woord 'schuld' doet vermoeden.
Meerzijdige rechtshandeling	De wilsverklaring van meer dan één persoon is noodzakelijk om de rechtshandeling tot stand te brengen.
Middellijke vertegenwoordiging	Het verrichten van rechtshandelingen in eigen naam, maar ten behoeve van een ander, die niet rechtstreeks (jegens de wederpartij) daaraan wordt gebonden. Ook wel indirecte vertegenwoordiging genoemd.
Minnelijke regeling	Buitengerechtelijk akkoord.
Moreel risico	Kans dat verzekerde onzekerheid onbewust of bewust bevordert of teweegbrengt of fingeert.
Nakoming	Verrichten van een prestatie die beantwoordt aan de verbintenis.
Natrekking	De eigenaar van een zaak is eigenaar van alle bestanddelen van die zaak.
Natuurlijke verbintenis	Niet-afdwingbare verbintenis.
Negatief stelsel	Stelsel waarbij bepalend is wat de werkelijke rechtstoestand is en niet wat in de openbare registers is aangetekend.
Nietig	Een rechtshandeling is nietig indien sprake is van gebreken die de openbare orde raken.
Nihilbeding bij alimentatie	Echtgenoten kunnen in het zicht van echtscheiding afspreken dat geen van hen verplicht is om alimentatie aan de ander te betalen na de echtscheiding.
Noodtoestand	Handeling geboden in verband met de nakoming van een verplichting van hogere orde.
Noodweer	Handeling geboden door de noodzakelijke verdediging van eigen of eens anders lijf, eerbaarheid of goed tegen ogenblikkelijke, wederrechtelijke aanranding.
Nv	Een vennootschap met rechtspersoonlijkheid met een in aandelen verdeeld maatschappelijk kapitaal.
Omzetting	Het wijzigen van de rechtsvorm van een rechtspersoon, zonder dat de rechtspersoon ophoudt te bestaan.
Onbevoegde vertegenwoordiging	De situatie waarbij een (pseudo)vertegenwoordiger zonder bevoegdheid of met overschrijding van zijn bevoegdheid in naam van een ander handelt.

Onderhandse akte	Ondertekend geschrift dat is opgemaakt om tot bewijs te dienen en geen authentieke akte is (art. 156 lid 1 jo. lid 3 Rv).
Onderlinge waarborgmaatschappij	Een onderlinge waarborgmaatschappij voorziet door het sluiten van verzekeringsovereenkomsten met haar leden in haar (verzekerings)bedrijf in bepaalde stoffelijke behoeften van haar leden.
Onderneming	Organisatorische eenheid met een centrale leiding, die opereert in het kader van de verspreiding of productie van goederen en/of diensten.
Ondernemingsraad	Een voor grotere ondernemingen op grond van art. 2 WOR verplicht, voornamelijk adviserend, orgaan waar werknemers zitting in hebben.
Ondernemingsrecht	Het recht met betrekking tot de als onderneming functionerende organisatie.
Onderverzekering	Situatie waarin de verzekerde som lager is dan de verzekerde waarde.
Ongedaanmaking	Het teruggeven van een ontvangen goed, of het vergoeden van de waarde van een andere ontvangen prestatie.
Ongedaanmakingsverbintenis	Verplichting om reeds ontvangen prestaties terug te geven.
Ongehuwd samenwonenden	Samenwonenden zonder geregistreerd partnerschap of huwelijk. Voor hen geldt geen wettelijke erfrechtelijke regeling.
Onmiddellijke vertegenwoordiging	Het verrichten van rechtshandelingen in naam van een ander, waaraan die ander wordt gebonden (bijvoorbeeld op grond van een volmacht). Ook wel directe vertegenwoordiging genoemd.
Onrechtmatigheid	Strijd met een geschreven en/of ongeschreven rechtsregel.
Ontbinding	Hierdoor vervalt de wederkerige overeenkomst.
Ontbinding van de gemeenschap van goederen	Op de in art. 1:99 genoemde momenten wordt de gemeenschap van goederen ontbonden. Het gevolg daarvan is dat de gemeenschap vatbaar wordt voor verdeling en dat de regelingen van art. 1:93 en volgende niet meer gelden. Op de ontbonden huwelijksgemeenschap zijn van toepassing de artikelen van afdeling 3.7.2, en als daarin niet wordt geregeld wat men zoekt, afdeling 3.7.1. Praktische gevolgen: voor de beschikkingsbevoegdheid na echtscheiding over een goed dat tot de gemeenschap behoort, bepaalt art. 3:170 lid 3 bijvoorbeeld dat alleen beide ex-echtgenoten samen het huis kunnen leveren, terwijl daarvoor alleen de echtgenoot bestuursbevoegd was op wiens naam het huis staat.
Ontbinding van de vennootschap	Het einde van de vennootschap voor zover deze niet meer vereffend hoeft te worden.
Ontwikkelingsrisico	Op grond van wetenschappelijke en technische kennis op het tijdstip waarop de producent het product in het verkeer bracht, was het onmogelijk het bestaan van het gebrek te ontdekken.

Onverschuldigd	Zonder rechtsgrond, zonder dat een rechtsfeit bestaat dat het verrichten van de prestatie rechtvaardigt.
Onzekerheid	Feit dat nog niet zeker is of waarvan het tijdstip van realisatie minstens onzeker is, kern van de kansovereenkomst die de verzekeringsovereenkomst is.
Openbare vennootschap	De vennootschap tot het uitoefenen van een beroep of bedrijf die op een voor derden duidelijk kenbare wijze naar buiten optreedt onder een door haar als zodanig gevoerde naam.
Opheffing wegens gebrek aan baten	Beëindiging van het faillissement zonder dat uitdeling aan de pre-faillissementschuldeisers heeft plaatsgevonden.
Opschortingsrecht	Bevoegdheid om een prestatie niet te verrichten tegenover iemand totdat die persoon zijn prestatie heeft verricht.
Opstal	Gebouwen en werken die duurzaam met de grond zijn verenigd, hetzij rechtstreeks, hetzij door vereniging met andere gebouwen of werken.
Opstalrecht	Het zakelijk recht om in, op of boven de onroerende zaak van een ander gebouwen, werken of beplantingen te hebben.
Or	Ondernemingsraad. Medezeggenschapsorgaan bestaande uit werknemers. Verplicht in ondernemingen met ten minste vijftig werknemers.
Orgaan	Persoon of groep van personen aan wie in het kader van de rechtspersoon een min of meer zelfstandige beslissingsmacht is toegekend.
Ouder	Iemand die juridisch vader of moeder is van een kind. Alleen in art. 1:288 lid 1 sub d (tegenspraak van de ouder bij adoptie) wordt onder 'ouder' ook verstaan de biologische ouder met family life.
Overdracht van een goed	Levering krachtens geldige titel, verricht door een persoon die bevoegd is over het goed te beschikken.
Overeenkomst	Een meerzijdige rechtshandeling, waarbij een of meer partijen jegens een of meer andere een verbintenis aangaan.
Overmacht	Niet-toerekenbare tekortkoming.
OVR	Openbare vennootschap met rechtspersoonlijkheid.
Pandrecht	Beperkt recht op een ander goed dan een registergoed, strekkende om op het goed een vordering tot voldoening van een geldsom bij voorrang boven andere schuldeisers te verhalen. Te onderscheiden: · Vuistpandrecht: pandrecht op een roerende zaak, gevestigd door de zaak in de macht te brengen van de pandhouder of van een derde. · Bezitloos pandrecht: pandrecht op een roerende zaak, gevestigd bij authentieke of geregistreerde onderhandse akte. · Openbaar pandrecht: pandrecht op een vordering op naam, gevestigd door authentieke akte of onderhandse akte en mededeling aan de schuldenaar.

	• Stil pandrecht: pandrecht op een vordering op naam, gevestigd door authentieke of geregistreerde onderhandse akte.
Parate executie	Verhaal nemen zonder daartoe over een executoriale titel te hoeven beschikken.
Parentele stelsel	De volgorde bij de erfopvolging die de wetgever binnen de totale groep bloedverwanten heeft aangebracht door middel van groepen.
Periodiek verrekenbeding	Een periodiek verrekenbeding geeft degene die over de afgesproken periode minder van de inkomsten heeft overgehouden, het recht om de helft van de ander te vorderen wat deze meer heeft overgehouden van zijn inkomsten. In de huwelijkse voorwaarden of partnerschapsvoorwaarden moet zo precies mogelijk worden afgesproken welke inkomsten en welke uitgaven in deze berekening moeten worden betrokken.
Personen-vennootschappen	Contractuele samenwerkingsvormen. We kennen de stille, de openbare en de commanditaire vennootschap. De stille zonder rechtspersoonlijkheid, de ov en de cv al dan niet met rechtspersoonlijkheid.
Persoon	Hij die drager van rechten en verplichtingen kan zijn. Het recht kent natuurlijke personen (mensen) waarop Boek 1 BW van toepassing is, en rechtspersonen (bijvoorbeeld een nv of bv, een stichting of een vereniging) die zijn geregeld in Boek 2 BW.
Persoonsverzekering	Een verzekering die de persoon of gezondheid van een mens betreft.
Plaatsvervulling	Erven krachtens de verwantschapsrelatie tot een erflater van een ander (wiens plaats men inneemt) die vooroverleden is.
Pleidooi	Mondelinge toelichting op het standpunt dat in het geding is ingenomen.
Polis	Bewijsstuk van verzekering waarin naar polisvoorwaarden wordt verwezen.
Polisvoorwaarden	Condities waaronder de verzekeraar bereid is de verzekering te sluiten.
Potovereenkomst	Overeenkomst waarbij slechts een inbreng wordt verdeeld.
Precontractuele fase	Onderhandelingsfase.
Preferente of bevoorrechte schuldeiser	Schuldeiser met een algemeen of bijzonder voorrecht op de gehele boedel of een of meer afzonderlijke boedelbestanddelen.
Prejudiciële beslissing	Per 1 juli 2012 is in Nederland voor rechters de mogelijkheid geopend om een prejudiciële vraag te stellen aan de Hoge Raad (art. 81a RO). Daarnaast betreft de beslissing een uitspraak gedaan door het Europese Hof van Justitie op een vraag van gemeenschapsrecht, opgeworpen door een rechterlijke instantie van een der lidstaten.
Premiebetaling	Hoofdverplichting van de verzekerde, namelijk het betalen van een geldbedrag waarvoor de verzekeraar risico op onzekerheid wil overnemen.

Pre-pack	Periode vóór faillissement of surseance van betaling waarin een 'stille bewindvoerder' wordt benoemd met het oog op een doorstart van de onderneming.
Privégoederen naast de wettelijke gemeenschap van goederen	Volgens de wet vallen buiten de wettelijke gemeenschap van goederen die goederen die zijn verkregen door erfrecht of gift onder een uitsluitingsclausule, en die dusdanig zijn verknocht dat zij buiten de gemeenschap vallen. Ook vruchten van privégoederen zijn privé. Zie art. 1:194.
Procesinleiding	Het inleidend processtuk in alle civiele procedures na de inwerkingtreding van het Wetsvoorstel tot vereenvoudiging en digitalisering van het procesrecht. Vervangt de daarvóór bestaande inleidende procestukken: de dagvaarding en het verzoekschrift.
Product recall	Het opsporen en uit het verkeer terughalen van gebrekkige producten die een kans op schade herbergen.
Productenaansprakelijkheid	Aansprakelijkheid van de producent voor producten met gebreken.
Productie	Schriftelijk bewijsstuk, dat in de procedure wordt overgelegd (art. 85 Rv).
Rechter-commissaris	Lid van de rechterlijke macht, houdt toezicht op onder andere afwikkeling faillissement, surseance van betaling en schuldsaneringsregeling.
Rechtshandeling	De handeling die erop gericht is een bepaald rechtsgevolg in het leven te roepen.
Rechtsmacht	Bevoegdheid in internationale zaken.
Rechtspersoon	Een organisatie die op dezelfde wijze aan het rechtsverkeer kan deelnemen als een natuurlijk persoon.
Rechtsverwerking	Door eigen gedrag een recht of bevoegdheid verspelen.
Rechtvaardigingsgrond	Een grond die de onrechtmatigheid van de daad wegneemt.
Reclame, recht van	Als de koopprijs niet wordt betaald, kan de verkoper de eigendom van de afgeleverde zaak (een roerende zaak die niet-registergoed is) herkrijgen, mits de zaak zich nog in dezelfde staat bevindt, aan de vereisten voor ontbinding is voldaan en de termijnen nog niet voorbij zijn.
Reconventie	De eis die gedaagde indient, tegelijk met de conclusie van antwoord (art. 136 Rv).
Reële executie	Executie waarbij de schuldeiser die prestatie krijgt waar hij recht op heeft zonder dat de schuldenaar meewerkt.
Regres bij hoofdelijke aansprakelijkheid	Terugvordering door de hoofdelijk aansprakelijke (A) die de schade aan de benadeelde heeft vergoed van de andere hoofdelijk aansprakelijke (B) van dat deel van de schade dat B uiteindelijk voor zijn rekening moet nemen.

Relatieve bevoegdheid	Beantwoordt de vraag bij welk gerecht (geografisch gezien) een zaak moet worden aangebracht; geregeld in art. 99 e.v. Rv.
Relativiteit	De geschonden norm strekt tot bescherming tegen de schade zoals de benadeelde die heeft geleden.
Resultaatsverbintenis	Verbintenis waarbij de schuldenaar zich verplicht om een bepaald resultaat tot stand te brengen, bijvoorbeeld de bouw van een huis.
Retentierecht	Bevoegdheid van de schuldeiser om nakoming van een verplichting tot afgifte van een zaak aan zijn schuldenaar op te schorten totdat zijn vordering wordt voldaan.
Risicoaansprakelijkheid	Aansprakelijkheid op grond van de wet, ongeacht of er sprake is van een verwijtbare gedraging.
Risicoverzwaring	Het na sluiting van de verzekering vergroten van de kans dat onzekerheid zich zal voordoen door omstandigheden bij verzekerde of van buitenaf.
Ruil	De overeenkomst waarbij partijen zich verbinden elkaar over en weer een zaak in de plaats van een andere te geven; ruil is dus een benoemde (in de wet geregelde) en tevens wederkerige overeenkomst.
Rvc	Raad van commissarissen, toezichthoudend en adviserend orgaan.
Schade	Het nadelige verschil tussen de situatie vóór en na een onrechtmatige daad of wanprestatie. Schade valt uiteen in vermogensschade en 'ander nadeel'.
Schadebeperking	Treffen van maatregelen om de schade zo beperkt mogelijk te houden.
Schadeverzekering	Verzekering gericht op vergoeding van eventuele daadwerkelijke vermogensschade.
Scheiding van tafel en bed	Door scheiding van tafel en bed worden de bepalingen van titel 1.6 (zoals de toestemmingsregeling) buiten werking gesteld. Ook wordt de gemeenschap van goederen ontbonden, door de indiening van het verzoek hiertoe, zie art. 1:99. Scheiding van tafel en bed wordt nogal eens gebruikt door mensen die geen echtscheiding willen, bijvoorbeeld om religieuze redenen, maar van wie het huwelijk is gestrand, of in gevallen waarin een van partijen het huwelijk nog wil voortzetten. Gedurende de scheiding van tafel en bed kan dan worden gekeken of het nog tot een verzoening kan komen waardoor alle gevolgen van het huwelijk weer herleven. Als dat niet lukt, kan het huwelijk worden ontbonden na verloop van ten minste drie jaren zelfs tegen de zin van de andere echtgenoot in.
Schijnhuwelijk	Een schijnhuwelijk is een huwelijk dat niet wordt gesloten om samen verder door het leven te gaan, maar alleen wordt gesloten om een verblijfstitel in Nederland te verkrijgen.
Schikking	Tussentijdse overeenkomst tussen partijen waarmee het conflict wordt opgelost voordat de rechter een uitspraak heeft gedaan.

Schone lei	Nadat de schuldenaar na afloop van de schuldsaneringsregeling de 'schone lei' heeft verkregen voor zijn schulden kunnen de schuldeisers hem niet langer voor die schulden aanspreken.
Schuld	Het begrip schuld komt voor in meerdere betekenissen: · passieve kant van de verbintenis: de plicht om een bepaalde prestatie te verrichten; · in het kader van aansprakelijkheid: verwijtbare gedraging.
Schuldaan-sprakelijkheid	Aansprakelijkheid op grond van een verwijtbare onrechtmatige gedraging.
Schuldeiser	Bij de verbintenis betrokken (rechts)persoon die tot een bepaalde prestatie gerechtigd is.
Schuldenaar	Bij de verbintenis betrokken (rechts)persoon die tot het verrichten van een bepaalde prestatie verplicht is.
SE	De Societas Europaea, of te wel de Europese vennootschap is – net zoals de nv – een kapitaalvennootschap, en in het bijzonder bedoeld voor grensoverschrijdende ondernemingen.
Sectorcompetentie	Beantwoordt de vraag of een zaak moet worden aangebracht bij de rechtbank sector kanton of sector civiel (art. 93 e.v. Rv).
Semi-dwingend recht	Afwijking van een beschermingsbepaling ten nadele van de beschermde is vernietigbaar door degene die beschermd moest worden.
Separatist	Schuldeiser die in geval van faillissement van zijn schuldenaar tot verhaal kan overgaan alsof er geen faillissement is.
Smartengeld	De financiële compensatie van ideële schade (niet-vermogensschade).
Sommenverzekering	Verzekering waarbij vergoeding van schade niet relevant is en de verzekerde of begunstigde een vast bedrag of vaste bedragen, al dan niet per tijdseenheid, ontvangt.
Specieskoop	De koop van een zekere en bepaalde zaak.
Statuten	Als het ware de 'grondwet' van een rechtspersoon.
Stichting	Rechtspersoon met een bepaald doel die geen leden heeft.
Stille vennootschap	De vennootschap die niet een openbare vennootschap is.
Structuurregeling	Bijzondere organisatiestructuur voor bepaalde (zie art. 2:153/263 BW) grote vennootschappen.
Subrogatie	Automatische overgang van de vordering van de verzekerde die schade lijdt op de verzekeraar die schade vergoedt, en wel in omvang vergoeding.
Subsidiair	Daaraan wordt pas toegekomen wanneer het primaire (het op de eerste plaats komende) niet opgaat.

Substantiërings-verplichting	Eiser moet in de dagvaarding alle door gedaagde reeds kenbaar gemaakte verweren opnemen (art. 111 lid 3 Rv).
Tegenspraak	Een geding waarbij gedaagde in rechte is verschenen (in advocaten-zaken: bij advocaat).
Tekortkoming	Het ten achter blijven bij hetgeen de verbintenis vergt.
Testament	Schriftelijke vaststelling van vererving van de nalatenschap, veelal in notariële vorm opgesteld.
Testamentair erfrecht	Het erfrecht zoals dat in een testament is vastgelegd.
Testamentaire voogdij	Ouders die het gezag over het kind hebben op het moment van hun overlijden, kunnen via een testament of via een registratie in het gezagsregister een voogd aanwijzen als na hun dood het gezag over het kind niet al automatisch door een ander wordt uitgeoefend, zie art. 1:292.
Titel	Rechtsverhouding die tot overdracht verplicht.
Toerekenbaarheid (van de tekortkoming)	Niet te rechtvaardigen schending van de verbintenis, die krachtens schuld, wet of verkeersopvattingen voor iemands rekening komt.
Toevoeging	Beslissing van de Raad voor rechtsbijstand waarmee een rechtzoekende met geringe financiële draagkracht voor een bepaalde procedure een raadsman wordt toegewezen.
Transactieschade	Schade aan de zaak zelf.
Tussenpersoon	Bemiddelaar bij totstandkoming van verzekeringsovereenkomsten.
Tussenvonnis	Vonnis waarbij de rechter van oordeel is dat de zaak nog niet rijp is voor afdoening en waarbij hij aangeeft welke feiten (nader) moeten worden bewezen en wie van de partijen dit bewijs moet leveren.
Uitsluitingsclausule	Clausule in testament of schenkingsovereenkomst, dat het verkregene buiten elke huwelijks- of partnerschapgemeenschap valt.
Uitvoerbaar bij voorraad	Nevenbeslissing van de rechter die tot gevolg heeft dat de schorsende werking van een eventueel ingesteld rechtsmiddel wordt opgeheven (art. 233 Rv).
UWV	Een bestuursorgaan dat bevoegd is om toestemming te verlenen voor opzegging van een arbeidsovereenkomst.
Van rechtswege	Gevolg treedt automatisch krachtens de wet in werking wanneer aan de vereiste voorwaarden is voldaan.
Verbintenis (enge betekenis)	Afdwingbare verplichting.

Verbintenis (ruime betekenis)	Vermogensrechtelijke rechtsbetrekking tussen twee (of meer) personen, waarbij de één verplicht is tot een bepaalde prestatie tegenover de ander die tot de prestatie gerechtigd is.
Verbintenissen uit de wet	Verbintenissen die rechtstreeks uit de wet ontstaan, zoals verbintenissen uit onrechtmatige daad en uit rechtmatige daad.
Verblijvensbeding	Beding op grond waarvan alle gemeenschappelijke goederen aan de langstlevende verblijven.
Vereenvoudigde afwikkeling	Beëindiging van een faillissement waarin alleen betaling van de boedelschuldeisers en (deels) de preferente schuldeisers heeft plaatsgevonden.
Vereffening	Het klaarmaken van de restanten van de vennootschap voor verdeling.
Vereniging	Rechtspersoon die met een bepaald doel is opgericht, bij meerzijdige rechtshandeling, met leden.
Verhaal van gemeenschapsschulden	Verhaal van schulden die tot de gemeenschap van goederen behoren, kan plaatsvinden op de goederen van de gemeenschap en op de privégoederen van degene die schuldenaar is van de schuld (art. 1:96).
Verhaal van privéschulden	Verhaal van privéschulden kan plaatsvinden op de goederen van de gemeenschap en op privégoederen van de schuldenaar (art. 1:96). Dit artikel geeft de andere echtgenoot het recht om goederen aan te wijzen uit het privévermogen van de schuldenaar om verhaal op gemeenschapsgoederen te voorkomen.
Verhaalsrecht	(Geheel van regels betreffende) de bevoegdheid van de schuldeiser om vermogensbestanddelen van de schuldenaar te gelde te maken teneinde uit de opbrengst daarvan zijn vordering te voldoen.
Verificatie van vorderingen	Onderzoek naar het bestaan en de omvang van de vorderingen.
Verificatievergadering	Vergadering waarin beslist wordt of vorderingen al dan niet erkend worden.
Verkeersopvattingen	(Aan verandering onderhevige) opvattingen in onze maatschappij omtrent hetgeen wel en niet behoort in de omgang met anderen.
Verknochte goederen	In art. 1:94 lid 3 noemt de wet het bestaan van verknochte goederen die buiten de wettelijke gemeenschap kunnen vallen. Deze goederen zijn verknocht omdat dat in de rechtspraak is bepaald, bijvoorbeeld ten aanzien van smartengeld. Het enkel persoonlijk gehecht zijn aan een bepaald goed, zoals een horloge of een aandenken, leidt juridisch niet tot verknochtheid.
Vermogensrechten	In beginsel overdraagbare rechten die stoffelijk voordeel meebrengen.
Vernietigbaar	Een rechtshandeling is vernietigbaar indien deze onder invloed van gebreken is verricht (zoals wilsgebreken, geestelijke stoornis, handelingsonbekwaamheid).

Verrekenbeding	Het verrekenbeding is een afspraak in huwelijkse voorwaarden of partnerschapsvoorwaarden dat partijen, die daarnaast de wettelijke gemeenschap van goederen hebben uitgesloten, periodiek (bijvoorbeeld jaarlijks) of aan het eind van het huwelijk de verschillen in toename van de vermogens van partijen zullen verrekenen. De partner die in de afgesproken periode minder heeft over gehouden dan de ander, krijgt een vordering op de andere partner. Het is daarbij heel belangrijk om goed af te spreken wat precies onder de verrekening valt of niet. De wettelijke regels van art. 1:132 en volgende geven hiervoor geen sluitende regeling.
Verrijking	Het behalen van voordeel of het ontlopen van nadeel.
Verschoningsrecht	Het recht dat een getuige heeft om vragen van de rechter niet te beantwoorden. Een getuige kan dit recht hebben op grond van zijn familierelatie met één der partijen of op grond van zijn beroep (art. 165 lid 2 onder a en b Rv).
Verstekverlening	De rechter constateert dat gedaagde niet verschenen is en dat aan de vereiste formaliteiten en termijnen is voldaan (art. 139 Rv).
Verstekvonnis	Veroordeling die wordt uitgesproken wanneer na de verstekverlening van gedaagde de rechter de vordering van eiser toewijst, tenzij deze hem onrechtmatig of ongegrond voorkomt (art. 139 Rv).
Versterferfrecht	Het erfrecht zoals dat in de wet geregeld is voor zover er geen testament is.
Vertrouwensbeginsel	Onder de gegeven omstandigheden mag er redelijkerwijze op worden vertrouwd dat een verklaring de werkelijke wil weergeeft van degene die verklaart.
Vervallen aanbod	Een voorstel tot het sluiten van een overeenkomst met een bepaalde inhoud dat door tijdsverloop of verwerping vervallen is.
Verwekker	De verwekker van een kind is de man die krachtens natuurlijke weg (via seksuele omgang) het kind bij een vrouw heeft verwekt.
Verwerpen	Uitdrukkelijk weigeren de nalatenschap te aanvaarden (verklaring bij de griffie van de rechtbank).
Verzekeraar	Persoon (natuurlijk of rechtspersoon) die bedrijfsmatig verzekeringen sluit.
Verzekerde	Degene wiens belang is gedekt en die uitkering kan verlangen.
Verzekerde som	Bedrag dat ten hoogste zal worden uitgekeerd bij realisatie onzekerheid.
Verzekeren	Het via overeenkomst overdragen van verwezenlijking risico tegen premie.
Verzekeringnemer	Degene die de verzekeringsovereenkomst afsluit met de verzekeraar.
Verzekerings-overeenkomst	Overeenkomst met de verzekeraar, gericht op verzekeren.

Verzoekschrift-procedure	Een procedure ingeleid met een aan de rechter gericht verzoekschrift, gevolgd door een verweerschrift en daarna een mondelinge behandeling; de uitspraak heet een beschikking (art. 261 e.v. Rv).
Verzuim	Toestand waarin de schuldenaar na ingebrekestelling of van rechtswege zijn verbintenis niet nakomt.
Vestiging	Totstandkoming van een beperkt recht door het sluiten van een goederenrechtelijke overeenkomst, gevolgd door het verrichten van een vestigingshandeling.
Volmacht	De bevoegdheid om in naam van een ander rechtshandelingen te verrichten, waaraan die ander wordt gebonden.
Voordeelstoerekening	De mate waarin men bij de vaststelling van de omvang van de schade de veroorzaker van de schade wil laten profiteren van een voor de benadeelde financieel voordelig gevolg van zijn normschending.
Voorrecht	Door de wet aan een vordering verbonden bevoegdheid om in geval van verhaal op goederen van de schuldenaar voorrang te genieten boven andere crediteuren. Te onderscheiden: · Algemeen voorrecht: voorrecht dat rust op alle tot het vermogen van de schuldenaar behorende goederen. · Bijzonder voorrecht: voorrecht dat rust op een bepaald goed van de schuldenaar.
Vorderingsrecht	Actieve kant van de verbintenis: het recht om een bepaalde prestatie te vorderen.
Vrij te laten bedrag	Deel van het inkomen van de schuldenaar dat buiten de boedel blijft.
Vruchtgebruik	Het beperkt gebruiks- en genotsrecht dat de vruchtgebruiker recht geeft bepaalde goederen van een ander (de rechthebbende) te gebruiken en de vruchten daarvan te genieten.
Waarde	De in geld uit te drukken omvang van het belang van de verzekerde.
Wanprestatie	Op toerekenbare wijze tekortkomen in de nakoming van een uit de overeenkomst voortvloeiende verbintenis.
Wederkerige overeenkomst	De overeenkomst waarbij elk van beide partijen een verbintenis op zich neemt ter verkrijging van de prestatie waartoe de wederpartij zich daartegenover jegens haar verbindt.
Wet op de rechtsbijstand	Een rechtzoekende met geringe financiële draagkracht kan volgens deze regeling in aanmerking komen voor door de overheid betaalde rechtsbijstand.
Wettelijk bewijsvermoeden	Het vermoeden dat iets zo is, is in de wet neergelegd, zodat dit door de partij op wie het vermoeden betrekking heeft niet meer bewezen hoeft te worden.

Wettelijk vertegenwoordiger van handelingsonbekwame	Handelingsonbekwamen moeten in het rechtsverkeer worden vertegenwoordigd door iemand die wel handelingsbekwaam is. Bij minderjarigen is of zijn dat degene(n) die het gezag over het kind uitoefent/uitoefenen, dus normaal de ouder(s). Als het gezag is toegekend aan een voogd, dan vertegenwoordigt de voogd het kind. Curandi, mensen die onder curatele staan, worden vertegenwoordigd door de curator. Deze wettelijk vertegenwoordigers zijn bij de uitoefening van het vermogensbeheer aan allerlei extra eisen gebonden (zie art. 1:345 en volgende) die moeten voorkomen dat lichtzinnig met het vermogen van de vertegenwoordigde wordt omgesprongen.
Wettelijke verdeling	Wettelijke regeling op grond waarvan, zonder andersluidend testament, alle goederen die tot de nalatenschap van de erflater behoren aan de langstlevende worden toegedeeld, onder de verplichting om alle schulden voor zijn rekening te nemen en waarbij de kinderen een niet-opeisbare vordering op de langstlevende krijgen.
Wilsgebreken	Bedreiging, bedrog, misbruik van omstandigheden en dwaling bij de totstandkoming van een rechtshandeling.
Wilsrecht	Een aanspraak op goederen in volle of blote eigendom van kinderen op de langstlevende in geval van een stiefouderrelatie.
Wilsverklaring	De verklaring waarbij een op een rechtsgevolg gerichte wil zich openbaart.
WSNP	Wet Schuldsanering Natuurlijke Personen.
Zaakschade	Schade door het gebrekkig product toegebracht aan een andere zaak.
Zaakwaarneming	Het zich willens en wetens en op redelijke grond inlaten met de behartiging van het belang van een ander, zonder de bevoegdheid daartoe aan een rechtshandeling of een elders in de wet geregelde rechtsverhouding te ontlenen.
Zaken	De voor menselijke beheersing vatbare stoffelijke objecten.
Zuiver aanvaarden	De nalatenschap met alle baten en schulden aanvaarden.
Zuivering	Als gevolg van executoriale verkoop door een hypotheekhouder tenietgaan van op het verkochte goed rustende andere hypotheken, beslagen en beperkte rechten.
Zzp'er	Iemand die als zelfstandige werkt en geen personeel heeft.

Antwoorden casus

Antwoorden hoofdstuk 1

1. Er is, ondanks het feit dat de wilsverklaring van A en B niet met elkaar overeenstemt (art. 3:33), een geldige overeenkomst tot stand gekomen op grond van art. 3:35, omdat B niet wist en ook niet hoefde te weten dat de verklaring van A niet met diens wil overeenstemde.

2. De curator zal zich beroepen op art. 3:34 waarin rechtshandelingen die zijn verricht onder invloed van een geestelijke stoornis, vernietigbaar zijn gesteld. B kan zich niet beroepen op art. 3:35 vanwege het feit dat A hem vertelde dat hij spoken zag, hetgeen A erop had moeten attenderen dat er met zijn wederpartij wellicht iets niet geheel in orde was. Voor vernietiging is nodig dat wordt bewezen *a* dat er sprake was van een geestelijke stoornis en *b* dat deze de gestoorde een redelijke waardering van de bij de handeling betrokken belangen belette; ofwel er moet bewezen worden *a* dat er sprake was van een stoornis en *b* dat de handeling onder invloed van die stoornis is verricht. Als een van beide posities bewezen wordt, wordt de verklaring *geacht* onder invloed van de stoornis te zijn gedaan, dat wil zeggen dat dit wordt aangenomen zonder dat de tegenpartij mag bewijzen dat dit niet zo is (er is geen tegenbewijs mogelijk). Zie echter art. 3:34: wanneer de stoornis is bewezen en wanneer de rechtshandeling voor de gestoorde tevens nadelig is, behoeft geen nader bewijs te worden geleverd voor het *vermoeden* dat de verklaring onder invloed van de stoornis tot stand kwam. In dat geval is tegenbewijs wel toegelaten, er is immers alleen sprake van een 'vermoeden'. De rechtshandeling is niet nadelig voor A, indien het huis voor een reële prijs is verkocht. Maar toch kan A ook in dat geval onder invloed van de stoornis gehandeld hebben. Hoe de zaak afloopt, hangt dus af van het bewijs dat de curator bij de rechter op tafel kan leggen.

3. De overeenkomst is nietig, zie art. 3:43 lid 1 sub a.

4. Hier is sprake van bedreiging, waardoor de overeenkomst vernietigbaar is, zie art. 3:44 lid 1 en lid 2 jo. 3:49. Zie 3:50 en 3:51 voor de wijze waarop vernietigd kan worden.

5. Er is sprake van dwaling: de overeenkomst zou bij een juiste voorstelling van zaken niet gesloten zijn. Beide partijen zijn bij het sluiten van de overeenkomst van eenzelfde onjuiste veronderstelling uitgegaan, maar: B zou, wanneer hij zijnerzijds een juiste voorstelling van zaken had gehad, hebben moeten begrijpen dat de feiten A – als hij ze gekend had – van het sluiten van de overeenkomst zouden hebben afgehouden. Zie art. 6:228 lid 1 sub c. Er zit hier echter een addertje onder het gras. Verkopersdwaling wordt niet snel gehonoreerd, de verkoper heeft de plicht om met betrekking tot een zaak waarvan hij eigenaar is, op zijn tellen te passen. De overeenkomst valt wellicht onder art. 6:228 lid 2 wanneer men aanneemt dat de dwaling in verband met de in het verkeer geldende opvatting voor rekening van de dwalende dient te blijven.

6   Hier is sprake van een beding in algemene voorwaarden dat op grond van art. 6:237 sub j, vermoed wordt onredelijk bezwarend te zijn. Het is daarom, behoudens tegenbewijs te leveren door B, op grond van art. 6:233 sub a vernietigbaar.

7   De rechtshandeling moet worden uitgelegd. Met zijn mededeling: ik geef je €6.000 voor een aardig autootje, heeft de vader van A bedoeld dat hij bereid is maximaal €6.000 voor dit doel te schenken. Wanneer de auto wordt gekocht voor een lagere prijs, moet worden aangenomen dat het verschil moet worden teruggegeven. A heeft uit deze bewoordingen afgeleid, dat hij over het restant naar goeddunken zou kunnen beschikken. De vraag die vervolgens rijst, is of de betekenis waarin A de woorden van zijn vader heeft opgevat meer voor de hand lag dan die daaraan door zijn vader is toegekend. Een en ander zal mede kunnen afhangen van wat er verder nog tussen partijen is verklaard (vgl. het arrest Bunde-Erckens, subparagraaf 1.2.2).

Antwoorden hoofdstuk 2

1 a   De koopovereenkomst komt tot stand tussen A en De Telefoonwinkel bv, omdat verkoper B handelde als vertegenwoordiger ('in naam van') De Telefoonwinkel.
  b   De overeenkomst voor de mobieletelefoonaansluiting komt tot stand tussen A en Telecom bv, omdat B en De Telefoonwinkel bij de aanvraag niet in eigen naam handelden en A dit (mede uit aanvraagformulier en bevestiging van de overeenkomst) wist of moest begrijpen.

2   Bij bekrachtiging door P (art. 3:69) of bij een beroep op gerechtvaardigd vertrouwen door D dat is opgewekt door toedoen van P (art. 3:61 lid 2).

3   De volmachtverlening is (als rechtshandeling) vernietigbaar op grond van bedrog (art. 3:44 lid 3 jo. lid 1).

4   Nee; T mag de schade ten behoeve van P vorderen (art. 7:419).

Antwoorden hoofdstuk 3

1   De vernietiging van de overeenkomst heeft terugwerkende kracht, zie art. 3:53. De overeenkomst is, achteraf gezien, nooit tot stand gekomen. Er is dus geen titel en ook geen overdracht geweest, zie art. 3:84 dat een *geldige* titel eist. A is steeds eigenaar gebleven en kan het schilderij als eigenaar van de curator opeisen, zie art. 5:2.

2 a   Van het briefje van €50 is A bezitter (te kwader trouw), zie art. 3:107 lid 1.
  b   Van de portemonnee is A houder voor de eigenaar die bezitter is gebleven. A houdt onmiddellijk, zie art. 3:108 jo. 107 lid 3. De eigenaar heeft middellijk bezit, zie art. 3:107 lid 3.
  c   Van het vorderingsrecht is B bezitter (te kwader trouw) en wel omdat hij voor zichzelf het goed houdt ook al komt dit toe aan een ander, zie art. 3:107 lid 1; van de geldsom is hij eigenaar/bezitter geworden door overdracht die plaatsvond tussen de schuldenaar en hemzelf ex art. 3:84 jo. 90 lid 1 (geld is een roerende zaak).
  d   B is geen eigenaar geworden, wel bezitter (te kwader trouw), zie art. 3:107 lid 1; A is eigenaar gebleven, aangezien door diefstal de eigendom niet verloren

kan gaan. Wel verloor hij het bezit, nu hij de zaak niet houdt en er geen ander is die voor hem houdt; C is houder voor B, zie art. 3:108 jo. 107 lid 4.

e A is eigenaar/bezitter als hij ter plekke vissen mag; hij verkreeg de eigendom door inbezitneming, zie art. 3:112 jo. 113; vgl. ook art. 5:4. Als hij illegaal vist, is hij bezitter (te kwader trouw) op grond van art. 3:112 en 113.

f A en B zijn bezitter van het recht van vruchtgebruik, zij houden dit recht voor zichzelf, zie art. 3:107 lid 1 en lid 2, en houder voor X van de schapen, zie art. 3:108 en 107 lid 3; X is eigenaar van de schapen en tevens middellijk bezitter, zie art. 3:107 lid 1 en lid 3.

3 a A leent een fiets aan zijn vriend B. B verkoopt en levert de fiets aan C, die niet beter weet of B is eigenaar. C verkrijgt anders dan om niet krachtens een geldige titel B-C en een geldige levering B-C van een beschikkingsonbevoegde. C heeft dus niet op grond van art. 3:84 de eigendom van de fiets verkregen. Zijn goede trouw brengt echter met zich mee dat hij wordt beschermd. Zie art. 3:86 lid 1. Varianten: C herkent de fiets, die hij al eens zelf van de wederzijdse vriend A heeft geleend; hij wordt niet beschermd, want art. 3:86 lid 1 eist goede trouw. Ook: B schenkt de fiets aan C; hij wordt niet beschermd, want hij verkreeg om niet en art. 3:86 lid 1 beschermt verkrijgers te goeder trouw slechts als er anders dan om niet is verkregen (er een tegenprestatie was).

b A is eigenaar van een antieke klok. Hij heeft geld nodig en verpandt de klok aan X. Daarmee is hij echter nog niet uit de geldzorgen. Daarom verkoopt en levert hij de klok een dag later aan B. B wordt eigenaar, het pandrecht van X vervalt, althans als B te goeder trouw is en aan hem het bezit is overgedragen, zie art. 3:86 lid 2.

c A, eigenaar van een schilderij, wordt bestolen door X. X verkoopt en levert het schilderij aan B, een antiquair, die te goeder trouw is. Deze slaat het schilderij op.
Enige maanden later wordt het bij B teruggevonden. B, die ten gevolge van beschikkingsonbevoegdheid van X geen eigenaar is geworden op grond van art. 3:84, wordt niet beschermd. Het gaat hier om een geval van diefstal, waarop art. 3:86 lid 1 jo. lid 3 van toepassing is. Een verkrijger wordt daarvan de eerste drie jaren na de diefstal geen eigenaar, ook niet in geval van goede trouw, wanneer hij de zaak niet heeft gekocht in de zogenoemde 'reguliere handel', zie art. 3:86 lid 3 sub a. Dit is de situatie die zich hier voordoet.
Variant 1: A wordt bestolen door X, X verkoopt en levert aan de antiquair, deze verkoopt het op zijn beurt in zijn winkel aan een Amsterdamse gracht aan C, een particuliere verzamelaar. Deze wordt beschermd in geval van goede trouw nu hij bij een reguliere handelaar heeft gekocht, zie art. 3:86 lid 3 sub a. De eigenaar die door de diefstal het bezit van de zaak reeds had verloren, verliest nu door de overdracht aan C eveneens het bezit. C wordt eigenaar/bezitter.
Variant 2: A wordt bestolen door X, X verkoopt en levert aan B die te goeder trouw is. B verkoopt en levert het schilderij op een veiling aan C. Deze wordt niet beschermd nu hij op een veiling heeft gekocht: ook dit vloeit voort uit art. 3:86 lid 3 sub a. Wie op een veiling koopt wordt, anders dan degene die in een winkel een gestolen zaak koopt, niet beschermd.

4 a Aan C is een huis geleverd krachtens geldige titel door een beschikkingsonbevoegde; er is daarom niet voldaan aan de vereisten van art. 3:84. Wordt hij, nu hij te goeder trouw is, beschermd?
Ja. Het hierop van toepassing zijnde art. 3:88 bepaalt dat aan C bescherming toekomt als de onbevoegdheid van zijn voorman, B, niet het gevolg is van de onbevoegdheid van diens voorman, A.

Welnu, A was wel bevoegd. De onbevoegdheid van B vloeit voort uit de ongeldige titel A-B. Dit betekent dat C eigenaar is geworden nu hij te goeder trouw was.

b X was geen eigenaar van de strook grond waarvan Y eigendom verkreeg door verjaring. X was beschikkingsonbevoegd, Z werd dus geen eigenaar toen hij van X verkreeg; er is niet voldaan aan art. 3:84. Z wordt niet beschermd door art. 3:88, omdat de beschikkingsonbevoegdheid van X niet voortvloeit uit een gebrek in de titel of in de levering Y-X. Tussen X en Y vond geen overdracht plaats. Ook W wordt niet beschermd door art. 3:88, omdat de beschikkingsonbevoegdheid van Z niet voortvloeit uit een titel of leveringsgebrek van een vroegere overdracht. Y weigert terecht de grond vrij te geven.

Antwoorden hoofdstuk 4

1 Nee, dit beding is nietig. Blijkens art. 3:251 lid 2 kan een onderhandse verkoop pas worden overeengekomen nadat B, wegens verzuim van A, bevoegd is geworden tot verkoop over te gaan.

2 a Nee. A is als houder niet beschikkingsbevoegd. Een bezitloos pandhouder wordt niet beschermd tegen de beschikkingsonbevoegdheid van de pandgever. De zaak is immers niet in zijn macht of in die van een derde gebracht (art. 3:238 lid 1).

b Nee. B was op het tijdstip waarop de machine in zijn macht werd gebracht, niet langer te goeder trouw ten aanzien van de beschikkingsbevoegdheid van A (art. 3:238 lid 1).

3 Ten behoeve van bank B wordt een bouwhypotheek gevestigd op de grond waarop de fabriek gebouwd zal worden. Hypotheek op toekomstige goederen is immers niet mogelijk. Opnamen op de door B toegezegde geldlening kunnen slechts plaatsvinden naarmate de bouw van de fabriek vordert. Daarnaast dient ten behoeve van B een bezitloos pandrecht te worden gevestigd op alle zich in de fabriek van A bevindende machines, waarbij door B de bevoegdheid dient te worden bedongen de verpande en verhypothekeerde goederen tezamen volgens de voor hypotheek geldende regels te executeren (het beding van art. 3:254).

4 a Op grond van art. 3:291 lid 2 kan C zijn retentierecht ook inroepen tegen B, een derde met een ouder recht op de zaak. De vordering van C spruit immers voort uit een overeenkomst die A bevoegd was met betrekking tot de zaak aan te gaan, nu het een uiterst noodzakelijke reparatie betrof.

b C kan zich op grond van art. 3:284 op de vrachtwagen verhalen zonder dat hem het bezitloze pandrecht van B kan worden tegengeworpen.
Als C een zogenoemde kleine zelfstandige is, heeft C op grond van art. 3:285 een voorrecht dat voorrang heeft boven het eerder gevestigde bezitloze pandrecht van B.

5 B moet zo snel mogelijk van de verpanding mededeling doen aan Y en Z (art. 3:239 lid 3). Daarna kan er door Y en Z slechts aan B bevrijdend betaald worden (art. 3:246 lid 1). De pandhouder zal, nadat de vorderingen op Y en Z opeisbaar zijn geworden, deze vorderingen kunnen innen en mag zich vervolgens, omdat hij dan een pandrecht op het geïnde heeft (art. 3:246 lid 5), uit het geïn-

de voldoen, gezien het feit dat zijn vordering op A opeisbaar is (art. 3:255 jo. art. 6:40).

Nu X al heeft betaald aan A voordat B mededeling heeft kunnen doen, is de vordering door de betaling tenietgegaan en daarmee is ook het pandrecht, als beperkt recht, tenietgegaan. Volgens de Hoge Raad zal B zijn vordering ter verificatie bij de curator in moeten dienen, met vermelding van zijn voorrang. Ten aanzien van die vordering deelt B mee in de faillissementskosten (HR 17 februari 1995, NJ 1996, 471, m.nt. WMK; mr. Mulder q.q./CLBN).

6 De eerste hypotheekhouder B kan als separatist het bedrijfspand executeren (art. 57 Fw). Hij zal als eerste uit de netto-opbrengst van het pand kunnen worden voldaan. C's beperkte recht vervalt, omdat hij dit op grond van de prioriteitsregel niet in kan roepen tegen het oudere recht van B. Op grond van diezelfde prioriteitsregel kan C zijn recht wel inroepen tegen het jongere recht van D. Ingevolge art. 3:282 krijgt C uit de netto-opbrengst van het pand een schadevergoedingsvordering die rang neemt tussen de rechten van B en D in. Brengt het pand onvoldoende op om B, C en D te voldoen, dan heeft ieder van hen slechts een concurrente vordering voor het restant. E dient zijn vordering in te dienen bij de curator met vermelding van zijn speciale voorrecht. Hij is op grond van art. 3:285 bevoorrecht op de opbrengst van de door de curator verkochte oorbellen, mits hij een kleine zelfstandige is. F is concurrent crediteur en dient zijn vordering eveneens bij de curator in te dienen.

Antwoorden hoofdstuk 5

1 a De buren zullen zich erop moeten beroepen dat A aan hen onrechtmatige hinder veroorzaakt: art. 5:37 jo. 6:162. Hinder is geregeld in Boek 5. Art. 37 bepaalt dat een eigenaar anderen niet mag hinderen (bijvoorbeeld door het verspreiden van rumoer) op een wijze die volgens art. 6:162 onrechtmatig is. Enige hinder moet men dus wel van elkaar verdragen. Bovendien kan sóms van belang zijn de vraag wie van de buren er als eerste 'zat'. Maar er zijn grenzen en die vindt men dus in art. 162. Dat A niet recht boven de tuin van zijn buren meer vliegt, is voor de vraag naar de hinder niet van belang.
b Of de hinder in dit concrete geval onrechtmatig is, zal afhangen van de aard van de hinder, de ernst en de duur van de hinder en ook van de plaatselijke omstandigheden. De rechter zal in dit concrete geval dus een afweging moeten maken tussen het 'recht op rust' van de buren versus het recht om te vliegen van A. Waarschijnlijk zal de rechter de gehinderde buren flink tegemoetkomen. De hinder, zeker in de avond- en nachtelijke uren, is ergerlijk, terwijl de hinder bovendien frequent plaatsvindt. Mogelijk zal de rechter in zijn afweging ook 'meenemen' dat A heel wel ergens anders met zijn vliegtuigje kan vliegen, op een plaats waar hij mensen niet stoort.

2 a Nee, C is niet gehouden om de kinderen van B in zijn tuin te laten spelen. Het gaat hier om een contractuele verplichting aangegaan door A die bij eigendomsoverdracht niet zomaar overgaat op de nieuwe eigenaar C.
b Ja, B is gebonden aan de afspraak zoals die tussen A en B is gemaakt. Hij moet dulden dat C door zijn tuin naar de straat loopt. Het gaat hier om een kwalitatief recht. Het recht van overpad dat A heeft bedongen gaat op grond van art. 6:251 automatisch over op C.
c Als A en B zouden hebben gekozen voor de vestiging van het beperkt zakelijke recht van erfdienstbaarheid, dan waren de rechten en verplichtingen aan weer-

zijden automatisch overgegaan op de respectieve rechtsopvolgers. Ook hadden A en B kunnen kiezen voor wederzijdse kwalitatieve verplichtingen van art. 6:252. Bij overeenkomst kan immers worden bedongen dat een verplichting ten aanzien van een registergoed om iets te dulden of niet te doen, zal overgaan op derden die het goed zullen verkrijgen. Zo'n overeenkomst moet worden neergelegd in een notariële akte en worden ingeschreven in de openbare registers. De derde C, die het goed vervolgens verkrijgt, raakt door de werking van dit artikel van rechtswege gebonden aan het beding.

Antwoorden hoofdstuk 6

1   A en B zouden een erfdienstbaarheid van uitzicht moeten vestigen. Aldus wordt het 'dienend erf' van A belast met een zakelijk beperkt recht ten gunste van het 'heersend erf' van B. De last zal bestaan uit de verplichting voor A en zijn rechtsopvolgers om 'niet te doen', namelijk niet te bouwen. Rust op het veld eenmaal een erfdienstbaarheid, dan zijn alle rechtsopvolgers van A automatisch aan de erfdienstbaarheid gebonden.

2 a Nu het tuinhuisje in de grond gefundeerd is, is het eigendom geworden van B als eigenaar van de grond. A huurt immers slechts de grond van B.
  b A had er beter aan gedaan het beperkt zakelijke recht van opstal te vestigen (art. 5:101 e.v.). Opstal is het beperkt zakelijke recht om in, op of boven de onroerende zaak van een ander gebouwen, werken of beplantingen te hebben of te verkrijgen. Op die manier worden de grond en het tuinhuisje zakenrechtelijk van elkaar gescheiden en hebben zij elk hun eigen eigenaar.

3 a A is als vruchtgebruiker houder van de Harley-Davidson en niet bevoegd om over deze zaak te beschikken. B kan daarom niet volgens de normale regels van levering (art. 3:84) een eigendomsrecht verkrijgen. Een beroep op art. 3:86 zal B niet helpen, omdat zij om niet verkreeg.
    E kan de Harley-Davidson bij B weghalen.
  b Het vruchtgebruik is een goederenrechtelijk recht en blijft op de zaak rusten waar die zaak zich ook bevindt. Het vruchtgebruik blijft dus in stand.
    Nu A echter in ernstige mate in haar verplichtingen van zorgvuldig vruchtgebruiker tekortschoot, kan E de rechtbank verzoeken hem het beheer over de in vruchtgebruik gegeven zaak te geven (art. 3:221).

4 a Vruchtgebruiker A ontvangt de huurpenningen. Voor hem zijn de gewone lasten (art. 3:220) en daaronder vallen rentebetalingen.
  b Omdat het recht van hypotheek een ouder beperkt recht is dan het recht van vruchtgebruik, eindigt bij executie het recht van vruchtgebruik (prioriteitsbeginsel en art. 3:273). De ex-vruchtgebruiker heeft nu een vorderingsrecht tot schadevergoeding ter waarde van het vervallen recht van vruchtgebruik jegens de hoofdgerechtigde/geëxecuteerde. Dat vorderingsrecht heeft een zeer hoge rang (art. 3:282).
  c Als A betaalt om uitwinning van het beleggingspand te voorkomen, wordt hij krachtens art. 6:150 sub c gesubrogeerd in de rechten van de bank op schuldenaar F. De schuld van F gaat door de betaling niet teniet: A komt als schuldeiser van F in de plaats van de bank en kan diens vorderingsrecht (dus inclusief nevenrechten zoals het recht van hypotheek) uitoefenen.

Antwoorden hoofdstuk 7

1 Ja, het betreft een zogenoemde precontractuele verhouding (subparagraaf 7.1.2).

2 Ja, op A rust een verbintenis tot schadevergoeding (een verbintenis uit de wet). Op die verbintenis is de redelijkheid en billijkheid van toepassing (art. 6:1).

3 a Nee, na verjaring van de vordering resteert een natuurlijke verbintenis (art. 6:3 lid 2 sub a). Nakoming daarvan kan niet worden afgedwongen (subparagraaf 7.2.2).
  b Nee, vrijwillige betaling geschiedt niet zonder rechtsgrond en is dus niet onverschuldigd (subparagraaf 7.2.2).

Antwoorden hoofdstuk 8

1 a Nee, de tekortkoming is A niet toerekenbaar. Zie art. 6:74 lid 1 en art. 6:75 (paragraaf 8.5):
  - Het uitvoerverbod is niet aan schuld van A te wijten.
  - Ook komt het uitvoerverbod niet voor rekening van A: een wettelijke grondslag daarvoor is niet aanwezig (het gaat niet om fout van hulppersonen of hulpzaken).
  De casus vermeldt niet dat in de overeenkomst een bepaling is opgenomen die het risico van een uitvoerverbod voor rekening van A brengt: het uitvoerverbod is dus ook niet krachtens rechtshandeling voor rekening van A.
  - Het uitvoerverbod komt ook naar verkeersopvatting niet voor rekening van A, omdat het onvoorzienbaar was.
  b Ja, zie art. 6:265 (paragraaf 8.6).
  Voor ontbinding is vereist:
  - een wederkerige overeenkomst: de koopovereenkomst;
  - een tekortkoming: A levert de partij zijden stoffen niet op 1 juli;
  - verzuim is niet vereist (art. 6:265 lid 2): de tekortkoming is A niet toerekenbaar (zie antwoord a) en nakoming is tijdelijk onmogelijk (zolang het invoerverbod duurt, kan A niet leveren).

2 a Nee, als A zich beroept op zijn opschortingsbevoegdheid (art. 6:52 lid 2) pleegt hij geen tekortkoming, zodat B geen schadevergoeding kan vorderen.
  b Nee, A pleegt geen tekortkoming (zie antwoord a), zodat B geen ontbinding kan vorderen.

3 a Nee, de door de bv B bedongen exoneratie heeft tot gevolg dat de tekortkoming haar niet toerekenbaar is (op grond van de rechtshandeling: art. 6:75), zodat A geen recht heeft op schadevergoeding.
  b Ja, ontbinding is ook mogelijk bij een niet-toerekenbare tekortkoming.

4 a Ja (art. 6:262, blijvende onmogelijkheid).
  b Nee, daartoe moet hij de overeenkomst alsnog ontbinden.

5 a Nee, dit is geen tekortkoming (tenzij hij uitdrukkelijk om grote asbakken heeft gevraagd), dan wel de tekortkoming rechtvaardigt geen ontbinding (art. 6:265).
  b A blijft eigenaar, maar is na ontbinding verplicht tot teruglevering.

6 a Ja, de tekortkoming (verlies van de container) is A toerekenbaar (vergeetachtigheid). De overeenkomst bevat een termijn voor nakoming. A is dus zonder ingebrekestelling in verzuim (art. 6:83 lid 1).
Toerekening vindt plaats op grond van art. 6:84 nu er sprake is van een onmogelijkheid van nakoming, ontstaan tijdens het verzuim van A.
b Nee, nu doet het in art. 6:84 bedoelde geval zich voor dat B de schade ook bij behoorlijke en tijdige nakoming zou hebben geleden. Zie voorbeeld 8.45.

Antwoorden hoofdstuk 9

1 Ingevolge art. 6:162 lid 3 kan een onrechtmatige daad aan de dader worden toegerekend, indien zij te wijten is aan zijn schuld of aan een oorzaak die krachtens de wet of de in het verkeer geldende opvattingen voor zijn rekening komt. Vanwege de geestelijke stoornis van A valt hem niet te verwijten dat hij geen hulp heeft verleend. De vraag rijst vervolgens of A dit nalaten op grond van de wet kan worden toegerekend. Blijkens art. 6:165 lid 1 is dit alleen het geval indien het een als een doen te beschouwen gedraging betreft. Omdat hier sprake is van een zuiver nalaten, is A niet aansprakelijk.

2 Aangesproken kunnen worden:
- A op grond van art. 6:162.
  Vereisten:
  – onrechtmatigheid, want er is gehandeld in strijd met een wettelijke plicht, te weten art. 310 Sr (diefstal), en er is sprake van een inbreuk op een recht, te weten het eigendomsrecht van mevrouw S, en er is gehandeld in strijd met hetgeen volgens ongeschreven recht in het maatschappelijk verkeer betaamt;
  – er is niet sprake van de aanwezigheid van rechtvaardigingsgronden;
  – toerekenbaarheid: A heeft verwijtbaar gehandeld;
  – schade: er is €100 gestolen;
  – causaal verband (csqn): zonder deze gedraging (diefstal) zou de schade niet zijn ingetreden;
  – relativiteitseis (art. 6:163): bij inbreuk op het eigendomsrecht van mevrouw S is hieraan zonder meer voldaan, omdat inbreuk is gemaakt op háár eigendomsrecht; ook bij een handelen in strijd met een wettelijke plicht is er geen probleem: art. 310 Sr strekt ertoe degenen die bestolen zijn te beschermen tegen de schade zoals zij die hebben geleden. Mevrouw S valt dus ook onder de bescherming van art. 310 Sr. Zou men uitgaan van een ongeschreven zorgvuldigheidsnorm, dan strekt ook deze ertoe mevrouw S te beschermen tegen de schade zoals zij die heeft geleden.
  Nu aan alle vereisten is voldaan, zal A met succes aansprakelijk gesteld kunnen worden.
- De ouders van A op grond van art. 6:169 lid 2. Zij zijn aansprakelijk, tenzij zij kunnen bewijzen dat aan hen niet kan worden verweten dat zij de gedraging van A niet hebben belet. Vermoedelijk zullen zij erin slagen te bewijzen dat zij, gezien de leeftijd van A, voldoende toezicht hebben uitgeoefend.
- W op grond van art. 6:170 lid 1.
  Vereisten:
  – fout van een ondergeschikte;
  – de kans op de fout moet zijn vergroot door de opdracht van de werkgever tot het verrichten van deze taak;

- de werkgever moet uit hoofde van de rechtsbetrekking met de ondergeschikte zeggenschap hebben over diens gedragingen waarin de fout is gelegen.

Toetsing aan de vereisten:
- A heeft een onrechtmatige daad gepleegd, zie hiervoor. A verleent vrijwillig hand- en spandiensten, maar dient zich te richten naar de aanwijzingen van de werkgever. Hij is derhalve een ondergeschikte.
- De kans op het plegen van een onrechtmatige daad is vergroot door de opdracht van W om zuivel rond te brengen.
- W heeft zeggenschap over de gedragingen van A, omdat A de aanwijzingen van W moet opvolgen.

Nu aan alle vereisten is voldaan, zal W met succes aansprakelijk gesteld kunnen worden.

3 a A kan B aansprakelijk stellen op grond van art. 6:162 en op grond van art. 6:179, en C op grond van art. 6:162.
b Art. 6:179: B is bezitter van de hond en daardoor aansprakelijk voor de door de hond aangerichte schade. B had, als zij de gedraging van de hond in haar macht had gehad, nooit mogen toelaten dat de hond A beet. Conclusie: deze vordering heeft een grote kans van slagen.

Art. 6:162 met betrekking tot C:
- Onrechtmatig: het ophitsen van de hond door C tegen A is onrechtmatig, omdat C daardoor handelt in strijd met hetgeen volgens ongeschreven recht in het maatschappelijk verkeer betaamt.
- Toerekenbaarheid: deze handelwijze kan aan C worden verweten.
- Schade: zie casus: A heeft materiële en immateriële schade geleden.
- Csqn: de schade zou niet zijn ontstaan als C de hond niet had opgehitst.
- Relativiteit: de geschonden norm strekt er nu juist toe A te beschermen tegen de schade zoals zij die heeft geleden, art. 6:163.

Conclusie: deze vordering heeft een grote kans van slagen.

Art. 6:162 met betrekking tot B:
- Zij valt aan, maar heeft geen schade veroorzaakt, want deze is alleen maar door de hondenbeten, als gevolg van het ophitsen door C, ontstaan. Het csqn-verband tussen haar onrechtmatige gedraging en de schade ontbreekt derhalve.

Conclusie: deze vordering heeft geen grote kans van slagen.
c B kan als bezitter van het dier door A aansprakelijk worden gesteld op grond van art. 6:179.
d B zal zich verweren door een beroep op noodweer te doen.
e Indien dit verweer slaagt, is B niet aansprakelijk omdat B, als zij de gedraging van de hond in haar macht had gehad, zou hebben mogen toelaten dat de hond A beet ter noodzakelijke verdediging van zichzelf tegen deze ogenblikkelijke en wederrechtelijke aanranding. Aansprakelijkheid op grond van de vorige afdeling zou dan hebben ontbroken, omdat noodweer een rechtvaardigingsgrond is die tot gevolg heeft dat de daad niet onrechtmatig is.

4 a De gevel valt onder het begrip opstal van art. 6:174 lid 4. Op de bezitter van een opstal rust een risicoaansprakelijkheid. Dit is de eigenaar (zie lid 5), G bv. Zie echter art. 6:181: wordt de opstal gebruikt in de uitoefening van een bedrijf, dan is degene die het bedrijf uitoefent aansprakelijk, tenzij het ontstaan van de schade niet met de uitoefening van het bedrijf in verband staat. Het belastingadviesbureau zal er vermoedelijk wel in slagen aan te tonen dat de schade geen enkel verband houdt met de verrichte advieswerkzaamheden, vooral nu er een aardbeving heeft plaatsgevonden en de scheur direct daarna is ontstaan. Dit betekent dat G bv aansprakelijk moet worden gesteld op grond van art. 6:174 jo. art. 6:95, 6:96 en 6:106 lid 1 sub b. Nu de opstal door de ontstane scheur niet voldoet aan de eisen die men daaraan in de gegeven omstandigheden mag stellen, en daardoor gevaar oplevert voor personen of zaken, is G bv aansprakelijk nu dit gevaar zich ook daadwerkelijk heeft verwezenlijkt, behoudens wanneer G bv zich met succes op de tenzij-regel kan beroepen. Ook indien G bv om 11.00 uur had geweten dat de scheur was ontstaan, zou aansprakelijkheid op grond van art. 6:162 hebben ontbroken, omdat G bv zich dan op een rechtvaardigingsgrond, te weten overmacht, had kunnen beroepen. De gevel kwam immers zo snel na de aardbeving naar beneden dat G bv niets meer had kunnen doen om te voorkomen dat het gevaar zich zou verwezenlijken. G bv is derhalve niet aansprakelijk voor de door H geleden schade.

b In dat geval kan G bv door H wel met succes aansprakelijk worden gesteld op grond van art. 6:174. Het gaat er immers niet om dat G bv niet wist dat de scheur was ontstaan, maar om de vraag of G bv, indien zij geweten had dat de scheur was ontstaan, nog maatregelen had kunnen nemen om te voorkomen dat het gevaar zich zou verwezenlijken. Gezien het tijdverloop tussen het ontstaan van de scheur en het naar beneden vallen van de gevel is dit wel degelijk het geval, zodat aansprakelijkheid op grond van art. 6:162 in dat geval niet ontbroken zou hebben. H zal zich voor de vergoeding van zijn materiële en immateriële schade dienen te baseren op art. 6:95, 6:96 en 6:106 lid 1 sub b.

5 a Voor de door F geleden schade kan A door F met succes aansprakelijk worden gesteld op grond van art. 6:173, omdat:
- het jachtgeweer niet voldoet aan de eisen die men in de gegeven omstandigheden hieraan mag stellen: het geweer had niet geladen behoren te zijn, maar was dit door een onopgehelderde oorzaak toch;
- het geladen geweer een *bijzonder* gevaar voor F oplevert: indien een ongeladen geweer toch geladen blijkt te zijn, kunnen personen zoals F gewond raken;
- *bekend* is dat het geweer, indien het niet voldoet aan de eisen die men in de gegeven omstandigheden daaraan mag stellen (het is geladen), een bijzonder gevaar oplevert voor personen of zaken: het is algemeen bekend in de kring van personen waartoe A behoort dat een geladen geweer een bijzonder gevaar oplevert;
- het gevaar zich heeft verwezenlijkt: F is gewond geraakt.

Een beroep op de tenzij-regel zal niet slagen.

b Wanneer A zich op de tenzij-regel beroept, zal A voor de door C geleden schade vermoedelijk niet met succes op grond van art. 6:173 aansprakelijk kunnen worden gesteld. Immers, indien A geweten had dat het geweer geladen was, zou hij niet op grond van de vorige afdeling (art. 6:162) aansprakelijk geweest zijn, omdat A in dat geval naar alle waarschijnlijkheid met succes een beroep op noodweer had kunnen doen. Dit is een rechtvaardigingsgrond, die de onrechtmatigheid van de daad van A wegneemt.

Antwoorden hoofdstuk 10

1. Door de fout van de anesthesist komt J te overlijden. De ouders van J, kapot van verdriet, vorderen smartengeld. Het betreft hier een geval van overlijdensschade, en daarom moeten we naar art. 6:108. Dat geeft in lid 1 en 2, limitatief, heel precies aan wie in geval van overlijden welke schade kan vorderen en hoeveel. In die opsomming komen niet voor de ouders van een overledene (en trouwens ook niet de schadepost smartengeld). Dat betekent dat de ouders van J geen recht hebben op smartengeld. Weliswaar wordt door advocaten geprobeerd om in gevallen als deze de rechter zo ver te krijgen dat hij een uitzondering toelaat op het nogal rigide systeem van art. 108. Maar vooralsnog ziet het er niet naar uit dat dat (bij de Hoge Raad) zal lukken.

2. a Eerst de schadevergoedingsvorderingen van H zelf. Het schadevergoedingsrecht gaat uit van volledige compensatie. Dat betekent dat H zowel de medische kosten als zijn geleden inkomensschade vergoed krijgt; uiteraard mits die schade redelijkerwijs valt toe te rekenen aan de fout van P (het vereiste van causaal verband; art. 6:98). Men mag er in deze casus wel van uitgaan dat H zijn (vermogens)schade geheel vergoed krijgt. Let overigens nog op de rechtspraak van de Hoge Raad inzake 'eigen schuld' van de aangereden persoon. U vindt die rechtspraak besproken in het kader van subparagraaf 10.5.1.

   Dan het smartengeld voor H. Daarvoor moet men te rade gaan bij art. 6:106. De schade van H valt onder lid 1 sub b van dat artikel. Ze komt dus voor vergoeding in aanmerking. Wat de omvang van de schadevergoeding betreft, geldt dat de rechter naar 'billijkheid' moet vaststellen (zie de aanhef van lid 1). Doorgaans doet de rechter dat door de te beoordelen zaak te vergelijken met eerdere, vergelijkbare, gevallen. Een veelgebruikte bron vormen de zogenoemde ANWB-smartengeldtabellen, die worden gepubliceerd in bijzondere nummers van het juridische tijdschrift *Verkeersrecht*.

   b Ten slotte de echtgenote van H. Heeft zij recht op schadevergoeding van P? Waarschijnlijk zal de rechter oordelen dat zij geen recht heeft op vergoeding van haar materiële en immateriële schade. De onrechtmatige daad is immers gepleegd jegens H, en niet jegens de echtgenote. Hooguit kan zij bepaalde posten vergoed krijgen, maar dan alleen voor zover het gaat om zogenoemde verplaatste schade (art. 6:107). Maar dan gaat het in feite om schade van H, terwijl in de vraag wordt gevraagd naar de schade van zijn echtgenote.

3. Het gaat hier om een geval van zaaksbeschadiging. Dan geldt de zogenoemde abstracte wijze van schadevaststelling. Dat is wel zo efficiënt. Dat betekent dat A gehouden is €1.750 te betalen.

4. Bij aanrijding van een kind dat, zoals J, jonger is dan veertien jaar en niet verzekerd is, geldt in het kader van art. 6:101 dat de automobilist voor de volledige schade van het kind aansprakelijk is, behoudens opzet of daaraan grenzende roekeloosheid van het kind, maar daarvan is in dit geval geen sprake. Die zogenoemde 100%-regel beoogt het jonge kind te beschermen tegen de financiële gevolgen van de gevaren van het gemotoriseerde verkeer. Wat de schade van J betreft, heeft V dus geen gelijk. Ook al heeft V maar voor 40% schuld aan de aanrijding, J krijgt zijn volledig letselschade (100%) vergoed.

Bij aanrijding van een niet verzekerde voetganger of fietser van veertien jaar of ouder, zoals L, geldt in het kader van art. 6:101 de zogenoemde 50%-regel. Dat wil zeggen dat de automobilist voor ten minste 50% aansprakelijk is, behoudens opzet of daaraan grenzende roekeloosheid bij het slachtoffer (daarvan is in de casus geen sprake). Wat de schade van L betreft, heeft V ook geen gelijk. Ook al heeft V slechts voor 40% schuld aan de aanrijding, hij dient de helft (50%) van de schade van L te betalen. Maar ook niet meer, nu zijn bijdrage aan de aanrijding minder is dan 50%. Zou V daarentegen voor 60% hebben bijgedragen aan het plaatsvinden van het ongeval, dan zou hij ook 60% van de schade van L moeten vergoeden.

Antwoorden hoofdstuk 11

1. Nee (art. 6:198). Tussen P en Q bestaat een elders in de wet geregelde rechtsverhouding die Q bevoegd maakt om namens zijn zoon de reparatieovereenkomst te sluiten (ouderlijk gezag; zie art. 1:245 e.v.). Het is trouwens ook hoogst twijfelachtig of er voor Q wel een voldoende grond tot ingrijpen bestaat in de zin van de regeling der zaakwaarneming.

2. Ja (art. 6:203). De vernietiging heeft terugwerkende kracht (art. 3:53 lid 1), zodat achteraf bezien nooit een rechtsgrond voor de betaling heeft bestaan en deze betaling dus onverschuldigd is verricht.

3. Een vordering tot schadevergoeding wegens ongerechtvaardigde verrijking (art. 6:212 BW). In principe is T, ten koste van U, verrijkt met een bedrag ter grootte van een halfjaar 'afschrijving' van dit type auto.

Antwoorden hoofdstuk 12

1 a Door aanbod en aanvaarding maken de bedingen over de vooruitbetaling van de koopprijs, het voorbehoud van prijswijziging en de daarmee verband houdende uitsluiting van de ontbinding, deel uit van de tussen A en B gesloten overeenkomst. A is daaraan derhalve in beginsel gebonden (art. 6:217). Thans de vraag of deze bedingen aantastbaar zijn.
Er is sprake van een consumentenkoop (art. 7:5). Bij een consumentenkoop kan de koper tot vooruitbetaling van ten hoogste de helft van de koopprijs worden verplicht (art. 7:26 lid 2). Blijkens art. 7:6 lid 2 is art. 7:26 echter geen dwingendrechtelijke bepaling, zodat afwijking daarvan geoorloofd is. Nu A met vooruitbetaling van 60% heeft ingestemd, is hij hieraan gebonden.
Ook het beding dat een voorbehoud van prijswijziging inhoudt, heeft A aanvaard. A is daaraan dus gebonden. Art. 7:35 geeft de consumentkoper wel het recht de overeenkomst door een schriftelijke verklaring te ontbinden indien de verkoper de koopprijs na het sluiten van de koopovereenkomst krachtens dit beding verhoogt, nu de aflevering binnen zes weken zal plaatsvinden. Art. 7:35 is echter blijkens het bepaalde in art. 7:6 lid 2 niet van dwingend recht, zodat contractuele afwijking (bedingen dat de koper in zo'n geval niet mag ontbinden) mogelijk is. De bepaling is derhalve rechtsgeldig en in beginsel niet aantastbaar. A moet dus €1.725 voor het waterbed betalen en mag de overeenkomst niet ontbinden.

b Door aanbod en aanvaarding maken de algemene voorwaarden deel uit van de tussen A en B gesloten overeenkomst. De algemene voorwaarden zijn bovendien voor of bij het sluiten van de overeenkomst aan A ter hand gesteld, zodat zij niet op grond van art. 6:233 sub b jo. art. 6:234 lid 1 sub a vernietigbaar zijn. De in deze algemene voorwaarden voorkomende bedingen inzake de vooruitbetaling en het uitsluiten van ontbinding in geval van prijsverhoging, kunnen nu wel worden vernietigd door A op grond van art. 6:233 sub a, omdat ingevolge art. 7:6 lid 2 bedingen in algemene voorwaarden waarbij ten nadele van de koper wordt afgeweken van art. 7:26 en art. 7:35, als onredelijk bezwarend worden aangemerkt. A heeft derhalve het recht de koopovereenkomst te ontbinden. Daarmee krijgt hij ook het door hem vooruitbetaalde bedrag terug.

2 a A heeft gelijk. A kan zich jegens B op overmacht beroepen (art. 6:75). De brand is immers niet aan zijn schuld te wijten en komt evenmin voor zijn risico. A heeft aan B c.p. (constitutum possessorium) geleverd en daarmee aan B het bezit van het bankje verschaft. Het bankje is derhalve door A aan B afgeleverd (art. 7:9 lid 2). Van een consumentenkoop is geen sprake, zodat art. 7:11 niet van toepassing is. Nu de aflevering plaats heeft gevonden, blijft koper B ingevolge art. 7:10 lid 1 de koopprijs verschuldigd, ongeacht het feit dat het bankje teniet is gegaan door een oorzaak die niet aan de verkoper A kan worden toegerekend.

b A kan zich jegens B op overmacht beroepen (art. 6:75). Thans echter is sprake van een consumentenkoop (art. 7:5), zodat art. 7:11 van toepassing is. Het bankje is dan pas voor risico van B vanaf de bezorging, zelfs al was het bankje reeds eerder (door middel van een levering c.p.) afgeleverd. Nu het bankje nog niet is bezorgd, kan B zich door ontbinding te vorderen van zijn verplichting tot betaling van de koopprijs bevrijden.

3 a A zal zich beroepen op art. 7:17 en stellen dat de afgeleverde zaak niet aan de overeenkomst beantwoordt (lid 1). Een zaak beantwoordt niet aan de overeenkomst indien zij, mede gelet op de aard van de zaak en de mededelingen die de verkoper over de zaak heeft gedaan, niet de eigenschappen bezit die de koper op grond van de overeenkomst mocht verwachten. De koper mag verwachten dat de zaak de eigenschappen bezit die voor een normaal gebruik daarvan nodig zijn en waarvan hij de aanwezigheid niet behoefde te betwijfelen, almede de eigenschappen die nodig zijn voor een bijzonder gebruik dat bij de overeenkomst is voorzien (lid 2). A zal daartoe aanvoeren dat hij V heeft laten weten dat hij een maaier nodig heeft die in staat is om blad op te zuigen en dat de maaier daartoe volgens de mededelingen van V en de folder in staat is, maar dat dit in werkelijkheid niet het geval is.

Op deze grond zou A in beginsel herstel of vervanging kunnen vorderen (art. 7:21 lid 1 sub b en c), maar dat is alleen zinvol indien er alleen met deze afgeleverde maaier iets mis is. Indien dit type maaier niet in staat is om blad op te zuigen, kan A geen herstel of vervanging vorderen. Herstel en vervanging zijn dan immers niet mogelijk, dan wel kunnen van de verkoper niet gevergd worden. Dit volgt uit art. 7:21 lid 4, dat van toepassing is omdat er sprake is van een consumentenkoop (art. 7:5). Daardoor staat de (subsidiaire) mogelijkheid van ontbinding of prijsvermindering open (art. 7:22 lid 2). Aan prijsvermindering heeft A dan echter ook weinig. Ontbinding heeft een goede kans van slagen, ervan uitgaande dat de afwijking niet van geringe betekenis is (art. 7:22 lid 1 sub a).

De koper kan ook kiezen voor vervangende schadevergoeding (art. 7:24 lid 1 jo. art. 6:74 e.v.), of vernietiging van de overeenkomst op grond van dwaling (art. 6:228).

   b Nu het een consumentenkoop betreft, gelden mededelingen die door de fabrikant van de maaier openbaar zijn gemaakt (de folder), als mededelingen van de verkoper (art. 7:18 lid 1). Op dergelijke mededelingen mag de koper afgaan. Het verweer van V slaagt dus niet. Anders dan in de folder is vermeld, is de maaier niet in staat grote hoeveelheden blad op te zuigen. De afgeleverde zaak beantwoordt dus niet aan de overeenkomst.

   c Op grond van het bepaalde in art. 7:6 lid 1 mag van de rechten van A ter zake van ontbinding en schadevergoeding op grond van wanprestatie van V niet ten nadele van A worden afgeweken. Indien de afgeleverde maaier niet aan de overeenkomst beantwoordt, hoeft A met een tegoedbon geen genoegen te nemen. Indien A vernietiging van de overeenkomst vordert op grond van dwaling, heeft A tegenover teruggave van de maaier recht op terugbetaling van de koopprijs op grond van onverschuldigde betaling. Met een tegoedbon hoeft A dus niet in te stemmen.

4 a Op grond van art. 7:17 dient de afgeleverde zaak aan de overeenkomst te beantwoorden. Een nieuwe auto beantwoordt niet aan de overeenkomst wanneer deze, mede gelet op de aard van de zaak, niet de eigenschappen bezit die de koper op grond van de overeenkomst mocht verwachten. De koper mag onder normale omstandigheden verwachten dat de lak van een vier weken oude auto zodanig bestendig is tegen vogeluitwerpselen, dat deze lak niet op diverse plaatsen ten gevolge van die uitwerpselen al tot de grondlaag van de carrosserie is verdwenen. Hij zal daarom herstel wensen op grond van art. 7:21 lid 1 sub b door het overspuiten van de auto.

   b Het betreft schade aan de zaak zelf (de laklaag van de auto). De fabrikant kan uitsluitend worden aangesproken voor de gevolgschade (art. 6:190).
Bovendien is hier niet sprake van een gebrekkig product, dat wil zeggen een product dat niet de veiligheid biedt die men daarvan mag verwachten (vergelijk art. 6:186). Terecht is dealer P aangesproken.

   c Hier is sprake van een consumentenkoop (art. 7:5). Op grond van art. 7:6 lid 1 kan bij een consumentenkoop niet ten nadele van de koper worden afgeweken van art. 7:17. Voorts kunnen de rechten en vorderingen die de wet aan de koper ter zake van een tekortkoming in de nakoming van de verplichtingen van de verkoper toekent, niet worden beperkt of uitgesloten op grond van een in de algemene voorwaarden voorkomende garantiebepaling. Deze garantiebepaling kan door de koper worden vernietigd op grond van art. 7:6 lid 1 jo. art. 3:40 lid 2. S heeft daarom wel degelijk het recht om op grond van art. 7:21 lid 1 sub b herstel van de auto te vorderen door deze te doen overspuiten.

5 a A is de uit de koopovereenkomst voortvloeiende verplichting tot eigendomsoverdracht aan B niet nagekomen (art. 7:9). Er is dus sprake van wanprestatie. Het vorderen van nakoming lijkt hier zinloos, nu A al aan C heeft geleverd. Zonder medewerking van C is het terugdraaien van de eigendomsoverdracht van de woning door A aan C immers niet mogelijk. Het meest praktische voor B is het vorderen van ontbinding van de koopovereenkomst (art. 6:265). Daardoor worden A en B bevrijd van de daaruit voortvloeiende verbintenissen (art. 6:271). A hoeft dan niet meer te leveren en B hoeft de koopsom niet meer te betalen. Mocht B (al een deel van) de koopsom betaald hebben, dan ontstaat er voor A een ongedaanmakingsverbintenis, aangezien B recht heeft op terugbetaling van hetgeen hij heeft betaald (art. 6:271). Daarnaast kan B aanvullende schadevergoeding vorderen van A. Zie ook art. 6:277 lid 1 dat buiten twijfel stelt dat niet alleen de door de wanprestatie geleden schade, maar ook de schade die door de ontbinding wordt veroorzaakt, voor vergoeding in aanmerking komt.

b I De omvang van de schade wordt vastgesteld door de hypothetische situatie waarin B zou hebben verkeerd als A op de juiste wijze zou zijn nagekomen, te vergelijken met de werkelijke situatie waarin B na ontbinding van de koopovereenkomst en afwikkeling van de ongedaanmakingsverbintenissen verkeert. Hieruit vloeit voort dat B in concreto €1.500 schade heeft geleden (geleden verlies).

II Het gaat hier om een woning, een zaak die een dagprijs heeft. In zo'n geval is art. 7:36 van toepassing. De schade (gederfde winst) kan dan worden bepaald op het verschil tussen de overeengekomen prijs (€650.000) en de dagprijs op de dag van de niet-nakoming (€700.000, de prijs die C voor de woning heeft betaald). Bij deze abstracte wijze van schadevaststelling is het van geen enkel belang of B de woning al dan niet zou hebben doorverkocht. Namens B kan dus €50.000 schadevergoeding wegens gederfde winst van A gevorderd worden.

c B had de koop van de woning na het sluiten van de koopovereenkomst kunnen inschrijven in de openbare registers. Latere vervreemding door A aan C had B dan niet tegengeworpen kunnen worden (art. 7:3).

d B heeft als particuliere koper mondeling overeenstemming bereikt met de particuliere verkoper A over de koop van A's woonhuis. Nu nog niet is voldaan aan het door art. 7:2 gestelde vormvereiste, is de mondelinge koopovereenkomst nietig. Als *particuliere* verkoper kan A niet worden gedwongen mee te werken aan de schriftelijke vastlegging van de mondelinge koopovereenkomst. Evenmin zal A kunnen worden veroordeeld tot het betalen van schadevergoeding aan B, aangezien het alsnog ontvangen van een hoger bod door A van C niet kan worden aangemerkt als een zodanig bijzondere omstandigheid, dat het beroep van A op het ontbreken van schriftelijke vastlegging naar maatstaven van redelijkheid en billijkheid onaanvaardbaar is. Gelet op het voorgaande komt het voor B's eigen rekening dat hij kosten heeft gemaakt bij een aannemer nog voordat het koopcontract op schrift was gesteld. Mocht B al (een deel van) de koopsom aan A hebben betaald, dan kan B het betaalde bedrag van A terugvorderen op grond van onverschuldigde betaling (art. 6:203).

6 a Uit het uitwisselen van gegevens via internet blijkt dat L als consument is ingegaan op een aanbod van handelaar B om door middel van een abonnement tegen betaling elk kwartaal bepaalde zaken geleverd te krijgen. Door deze aanvaarding is er tussen partijen een overeenkomst tot stand gekomen (art. 6:217). Het gaat in dit geval om een koopovereenkomst en wel een consumentenkoop, aangezien de koopovereenkomst gesloten is tussen een consument en een handelaar (zie art. 7:5 en hoofdstuk 12). Dit betekent dat er bepalingen uit titel 7.1 van toepassing kunnen zijn.
Het feit dat de overeenkomst is gesloten tussen een handelaar en een consument brengt voorts mee dat afd. 6.5.2b daarop van toepassing is (art. 6:230h lid 1). De overeenkomst valt namelijk niet onder de uitzonderingen genoemd in art. 6:230h lid 2, 4 en 5.
De overeenkomst is in dit geval op afstand gesloten (zie art. 6:230g lid 1 sub e), waardoor van afdeling 6.5.2b alleen de paragrafen 1, 3 en 5 van toepassing zijn. Aangezien het om een elektronische overeenkomst gaat, zijn tevens van toepassing de artikelen 6:227b en c en de artikelen 3:15d t/m f. In al die situaties waarin deze meer specifieke bepalingen niet voorzien, kan op de meer algemene bepalingen uit de Boeken 3 en 6 worden teruggegrepen.

b Op B rusten op grond van afdeling 6.5.2b, art. 6:227b en 227c en art. 3:15d t/m f uitgebreide informatieverplichtingen waaraan, voordat de overeenkomst op afstand wordt gesloten, moet worden voldaan. L zal stellen en moeten onderbouwen dat B hieraan niet heeft voldaan. Daarvoor zal zij allereerst kunnen aanvoeren dat B het (geografische) bezoekadres van haar vestiging nergens heeft vermeld (art. 6:230m lid 1 sub c). Verder zal zij kunnen stellen dat haar niets is opgevallen, waardoor zij in de veronderstelling verkeerde nadere informatie te krijgen. B heeft daarmee niet voldaan aan de verplichting van art. 6:230v lid 2, inhoudend dat B vóór het sluiten van de elektronische overeenkomst haar op een duidelijke en in het oog springende manier en onmiddellijk voordat zij haar bestelling plaatste, had moeten wijzen op de in art. 6:230m lid 1 onder a, e, o en p genoemde informatie (waaronder de voornaamste kenmerken van de dvd's, de prijs, de verzendkosten en de duur van de overeenkomst). Ook heeft B geen informatie verstrekt over het al dan niet van toepassing zijn van de mogelijkheid van ontbinding (art. 6:230m lid 1 sub h) en de kosten van het terugzenden (art. 6:230m sub i). Bovendien heeft B haar niet op een niet voor misverstand vatbare wijze duidelijk gemaakt dat het ging om een bestelling die een betalingsverplichting inhoudt (art. 6:230v lid 3). Daarnaast heeft B niet voldaan aan de verplichting om na het sluiten van de overeenkomst op afstand bij de levering op een duurzame gegevensdrager aan haar een bevestiging van de overeenkomst te verstrekken met daarin alle in art. 6:230m lid 1 bedoelde informatie (art. 6:230v lid 7), aangezien zij deze nooit heeft ontvangen.

Het is dan aan B te bewijzen dat de in paragraaf 3 van afdeling 6.5.2b genoemde informatie wel op juiste en tijdige wijze aan L is verstrekt (art. 6:230n lid 4). Mocht vast komen te staan dat B ten nadele van L is afgeweken van hetgeen in afd. 6.5.2b dwingendrechtelijk is bepaald (art. 6:230i lid 1), dan kan L de overeenkomst geheel of gedeeltelijk vernietigen op grond van art. 3:40 lid 2 jo. art. 3:41.

Ook art. 6:230v lid 3 biedt L de mogelijkheid de overeenkomst te vernietigen indien deze tot stand is gekomen in strijd met hetgeen in art. 6:230v lid 3 is bepaald.

L kan zich er mogelijk tevens op beroepen dat de overeenkomst tot stand is gekomen onder invloed van het niet naleven door B van de verplichtingen genoemd in art. 6:227b lid 1 aanhef onder a en/of c, waardoor de overeenkomst vernietigbaar is (lid 4).

Ten slotte zou zij kunnen proberen de overeenkomst te vernietigen op grond van dwaling (art. 6:228).

Zij doet er wel verstandig aan zich in de procedure te verweren door zich op deze vernietigingsgronden te beroepen (art. 3:51 lid 3). Zij loopt anders het risico dat de rechter haar eerdere handelwijze (het terugzenden) en haar bewoordingen (brief) niet aanmerkt als een verklaring waaruit kan worden afgeleid dat zij beoogd heeft de overeenkomst buitengerechtelijk te vernietigen, zoals bedoeld in art. 3:49 jo. art. 3:50. Zij heeft immers slechts aangegeven dat zij met de overeenkomst niets te maken wil hebben. Vernietiging heeft terugwerkende kracht, zodat de overeenkomst geacht wordt nooit bestaan te hebben (art. 3:53 lid 1). L is daardoor niet (meer) verplicht te betalen.

Daarnaast kan zij zich er op beroepen dat zij de overeenkomst al heeft ontbonden. Zij zal dan moeten stellen dat B niet vóór het sluiten van de overeenkomst aan haar de informatie heeft verstrekt omtrent de mogelijkheid tot ontbinding, waardoor zij, gezien het bepaalde in artikel 6:230o lid 1 sub b onder 4 en lid 2, bevoegd was om de overeenkomst te ontbinden. Zij heeft immers recht op ontbinding zonder opgave van redenen nu zij de verzegeling van de dvd's niet heeft verbroken (art. 6:230p sub f onder 6), de overeenkomst ook niet valt onder de overige uitzonderingen genoemd in art. 6:230p en de termijn gerekend vanaf de eerste levering nog niet is verstreken (de in art. 6:230o lid 1 sub b onder 4 genoemde termijn van 14 dagen gevolgd door een verlenging met maximaal 12 maanden in lid 2). L moet dan wel middels een ondubbelzinnige verklaring aan B kenbaar hebben gemaakt dat zij wenst te ontbinden (art. 6:230o lid 3). De eerste keer heeft zij dit niet gedaan, want zij heeft het pakket zonder begeleidend schrijven geretourneerd. De tweede keer heeft zij in juli een brief meegestuurd. Zij zal stellen dat hieruit blijkt dat zij tijdig heeft verklaard dat zij de hele overeenkomst wil ontbinden. De vraag rijst wel of de rechter haar verklaring ondubbelzinnig genoeg zal vinden. Zij doet er daarom goed aan in de procedure alsnog ontbinding van de overeenkomst te vorderen, hetgeen nog steeds mogelijk is nu de termijn daarvoor nog niet is verstreken. Het gevolg van ontbinding is dat er ongedaanmakingsverbintenissen ontstaan met betrekking tot de prestaties die reeds zijn ontvangen en dat, voor zover er nog niet was gepresteerd, partijen worden bevrijd van de door de overeenkomst ontstane verbintenissen (art. 6:271). L hoeft haar betalingsverplichting dan dus niet meer na te komen. Wanneer B heeft nagelaten aan L mee te delen dat zij bij ontbinding de kosten voor terugzending van het pakket moet dragen, hoeft zij ook deze kosten niet te betalen (art. 6:230s lid 2 jo. art. 6:230m lid 1 sub i). Een andere ontbindingsmogelijkheid waarvan L gebruik kan maken is die van art. 6:227c lid 2, wanneer B de aanvaarding door L niet heeft bevestigd. Daarnaast kan L mogelijk ook gebruikmaken van art. 6:227b lid 5.

7 a Schriftelijke vorm koopcontract:
Alleen wanneer het gaat om een vrijstaande vakantiewoning is een schriftelijke vorm voor het koopcontract voorgeschreven op grond van art. 7:2. Het gaat dan immers om een tot bewoning bestemde onroerende zaak, terwijl A een particuliere koper is (een natuurlijk persoon die niet handelt in de uitoefening van een beroep of bedrijf). Art. 7:2 is niet van toepassing op een woonboot en op een caravan, aangezien dit roerende zaken zijn. Dat neemt niet weg dat een schriftelijk koopcontract wel verstandig is met het oog op het bewijs.

Bedenktijd:
De bedenktijd is geregeld in art. 7:2 lid 2. Deze is, gelet op het bepaalde in lid 1, alleen van toepassing op een tot bewoning bestemde onroerende zaak. Dit brengt mee dat A na terhandstelling van de koopakte (het schriftelijke koopcontract) een bedenktijd van drie dagen heeft om de koop van de vrijstaande vakantiewoning te ontbinden.

Inschrijving koopovereenkomst in de openbare registers:
De koop van een *registergoed* kan worden ingeschreven in de openbare registers (art. 7:3). De vrijstaande vakantiewoning is een onroerende zaak, tevens registergoed, zodat A de koopovereenkomst daarvan kan laten inschrijven. Dit geldt niet voor de koopovereenkomst van de caravan, aangezien deze een roerende zaak, niet-registergoed is. Ook een woonboot is in beginsel een roerende zaak, niet-registergoed, in welk geval de koop daarvan niet inschrijfbaar is. De woonboot kan echter in de openbare registers als schip worden teboekgesteld, waardoor deze als een registergoed wordt gekenmerkt (zie art. 3:10, 8:3, 8:784, 8:785, 790 BW). De woonboot is in dat geval een roerende zaak, tevens registergoed, zodat de koopovereenkomst dan in de openbare registers kan worden ingeschreven (art. 7:3).
b Het maakt geen verschil of A koopt van een particulier of van een professionele verkoper (zie art. 7:2 en art. 7:3).
c Er is dan geen bedenktijd van toepassing. De verkoper is geen handelaar, zodat afdeling 6.5.2b, waarin de bedenktijd geregeld is, niet van toepassing is.

Antwoorden hoofdstuk 13

1 a Het gaat om huur van woonruimte voor bepaalde tijd. Deze huurovereenkomst is niet naar zijn aard van korte duur (art. 7:232 lid 2) en eindigt niet van rechtswege door het verstrijken van de bepaalde tijd (art. 7:271 lid 1). De overeenkomst moet dus worden opgezegd. Een beding waarmee de huurder al bij voorbaat, bij de totstandkoming van de huurovereenkomst, opzegt tegen de datum waarop hij 30 wordt, is nietig (art. 7:271 lid 7).

b ASJ moet dus zelf de huurovereenkomst opzeggen en daarvoor een opzeggingsgrond aanvoeren zoals in art. 7:271 beschreven. In dit geval zou dat 'dringend eigen gebruik' kunnen zijn (art. 7:274 lid 1 sub c). Als in het huurcontract zou staan dat de woonruimte bestemd is voor studenten en dat de woning na het beëindigen van de huurovereenkomst met A opnieuw aan een student wordt verhuurd, dan is sprake van een campuscontract (zie subparagraaf 13.3.1). ASJ mag dan opzeggen wanneer A geen geldig inschrijfbewijs (collegekaart) kan tonen (art. 7:274 lid 4).

2 Een huurovereenkomst voor bepaalde tijd kan niet rechtsgeldig tussentijds tegen een eerdere datum worden opgezegd (art. 7:271 lid 1). Er vindt conversie plaats (art. 271 lid 6), waardoor de opzegging geldt tegen de overeengekomen einddatum. Tot die datum moet S de huur doorbetalen.
Denkbaar is dat de overeenkomst toch eerder kan eindigen met wederzijds goedvinden.

3 a Ook de verhuurder mag de overeenkomst voor bepaalde tijd niet tussentijds opzeggen, zie vraag 2.

b Bij kamerverhuur door een inwonende verhuurder (hospitahuur) mag verhuurster R de huurovereenkomst met S opzeggen in de eerste negen maanden van de huur, art. 7:232 lid 3 (zie subparagraaf 13.3.1). Zij hoeft geen opzeggingsgrond te geven, maar moet wel de opzegtermijnen in acht nemen van art. 7:271 lid 5. De overeenkomst eindigt dan tegen het einde van de opzegtermijn en loopt niet door totdat de rechter over de rechtsgeldigheid van de opzegging heeft beslist.

4 a Een bloemenwinkel is bedrijfsruimte in de zin van art. 7:290. Wanneer er geen huurtermijnen zijn afgesproken, geldt deze overeenkomst voor vijf jaar met een automatische verlenging van vijf jaar (art. 7:292). B mag dus pas opzeggen tegen een datum die vijf jaar na aanvang van de huurovereenkomst ligt (art. 7:293). Wanneer M niet bereid is toe te stemmen in eerdere beëindiging, kan B onderzoeken of onderverhuur of indeplaatsstelling mogelijk is (zie subparagraaf 13.4.5)

b De verhuurder mag op deze grond niet opzeggen in de eerste periode van vijf jaar na aanvang van de huurovereenkomst (art. 7:296 lid 1).

c Omdat partijen geen huurtermijnen hebben afgesproken, geldt de huurovereenkomst na tien jaar voor onbepaalde tijd (art. 7:300 lid 1). Na twaalf jaar mag de huur dan met inachtneming van de opzegtermijn van tenminste één jaar worden opgezegd. De reden voor opzegging (leeg verkopen) is geen verplichte toewijzingsgrond (zie art. 7:300 lid 3 in samenhang met art. 7:296 leden 3 en 4), zodat de rechter de belangen van partijen moet afwegen.

5 De regel 'koop breekt geen huur' brengt mee dat J als verhuurder geldt en de overeengekomen huurprijs moet accepteren (art. 7:226 leden 1 en 4). J mag niet binnen drie jaar, nadat hij de huurders schriftelijk heeft geïnformeerd over het feit dat hij de nieuwe verhuurder is geworden, opzeggen om de woning zelf te gaan bewonen (art. 7:274 lid 5 sub b).

Antwoorden hoofdstuk 14

1 Oproepcontract, zie paragraaf 14.3.
E kan zich, gelet op het arbeidspatroon, nog niet beroepen op het rechtsvermoeden dat een arbeidsovereenkomst bestaat (art. 7:610a). Maar dat is geen probleem wanneer F het bestaan van een arbeidsovereenkomst niet betwist. Ervan uitgaande dat iedere oproep leidde tot een arbeidsovereenkomst voor bepaalde tijd, is er vanaf de vierde oproep een arbeidsovereenkomst voor onbepaalde tijd (art. 7:668a lid 1), zie de beschrijving van de ketenregeling in subparagraaf 14.7.1.
In juli 2016 kan E zich op het standpunt stellen dat zijn arbeidsovereenkomst een omvang heeft van het gemiddelde over de voorgaande drie maanden (art. 7:610b). F mag tegenbewijs leveren. Slaagt F daar niet in, dan kan E over de maand juli aanspraak maken op het loon dat past bij die gemiddelde arbeidsomvang. De mondelinge risicobeperking voor gebrek aan werk is niet geldig, zie art. 7:628, subparagraaf 14.5.1.

2 Proeftijd is te lang en dus nietig, zie subparagraaf 14.4.3. S kan binnen twee maanden (art. 7:686a lid 4) verzoeken om ofwel vernietiging van het ontslag (art. 7:681), ofwel om toekenning van een billijke vergoeding (art. 7:681), ofwel om een vergoeding wegens onregelmatige opzegging (art. 7:672 lid 9). Zie subparagraaf 14.7.3 en 14.7.5.

3 a Schade J: werkgever is aansprakelijk op grond van art. 7:658, tenzij hij alle veiligheidsverplichtingen is nagekomen. Wat deed dat paaltje daar? Heeft de werkgever wel regelmatig gewaarschuwd voor het gevaar dat zich nu realiseerde, en heeft de werkgever rekening gehouden met verminderde oplettendheid door de dagelijkse sleur? Van opzet of bewuste roekeloosheid van J is waarschijnlijk geen sprake, zie subparagraaf 14.5.2.
  b Tussen J en zijn werkgever geldt art. 7:661, waaruit volgt dat de werkgever J niet aansprakelijk kan stellen voor de schade, tenzij de schade het gevolg is van opzet of bewuste roekeloosheid. Daarvan lijkt geen sprake.
Denkbaar is dat de eigenaar van de auto J aansprakelijk stelt voor de schade. Hiervoor gelden de algemene aansprakelijkheidsregels van Boek 6. J is aansprakelijk als veroorzaker van de schade tegenover de eigenaar van de auto, en de werkgever is op de voet van art. 6:170 aansprakelijk. Art. 6:170 lid 3 leidt ertoe dat de werkgever uiteindelijk voor de schade zal opdraaien, zie paragraaf 14.6.

4 a Ja, zie art. 7:670a lid 2, subparagrafen 14.4.3, 14.7.3 en 14.7.5.
  b Ja, want een arbeidsovereenkomst voor bepaalde tijd eindigt zonder opzegging door verstrijken van bepaalde tijd, tenzij partijen voorafgaande opzegging zijn overeengekomen. De werkgever heeft wel de aanzegplicht, art. 7:668 lid 1. Wanneer M vóór 1 januari 2016 ook al bij J bv werkte, kan art. 7:668a echter meebrengen dat de arbeidsovereenkomst inmiddels voor onbepaalde tijd geldt. Zie subparagraaf 14.7.1.
  c Nee, art. 7:670 kent een opzegverbod tijdens ziekte die nog geen twee jaar duurt; opzegging is vernietigbaar. Werknemer moet binnen twee maanden ver-

nietiging verzoeken (art. 681 lid 1). Mogelijk levert het vele ziekteverzuim grond op voor ontbinding van de arbeidsovereenkomst op de c-grond van art. 7:669. Zie subparagraaf 14.7.3.
d Zeer riskant voor J bv, want hieruit volgt niet dat M zich ten onrechte heeft ziek gemeld. Dat is een medisch oordeel. Zie over ontslag op staande voet in het algemeen art. 7:677 en subparagraaf 14.7.3.

Antwoorden hoofdstuk 15

1 Voor een vergoeding op basis van herbouwwaarde bestaat geen aanleiding; dit zou in strijd zijn met het indemniteitsbeginsel. Bekeken dient te worden welk belang verzekerde bij het pand had ten tijde van de brand. Zijn vergoeding zal daarop dienen te worden afgestemd.
Nu in de casus gegeven is dat de verzekerde het pand, indien het niet was afgebrand, zou hebben verkocht voor €320.000 k.k., kan dat worden beschouwd als het belang dat moet worden vergoed.

2 Uit art. 7:928 lid 5 blijkt dat een verzekerde naar aanleiding van een algemene slotvraag geen mededelingen hoeft te doen omtrent zijn strafrechtelijk verleden. De gebruikelijke slotvraag als door de verzekeraar gehanteerd voldoet niet aan de eis 'uitdrukkelijk omtrent dat verleden in niet voor misverstand vatbare termen' gestelde vraag.
Indien vaststaat dat F wist van de bijzondere gedachten van A over het verzekeren van incestplegers en hij derhalve daarom de vraag met nee heeft beantwoord, dan kan A toch geen beroep op art. 7:928 lid 1 e.v. doen, want lid 5 van art. 7:928 kent niet de uitzondering van lid 6 ter zake opzet te misleiden.

3 a Een verzekeraar kan uitsluitend beroep doen op eigen schuld van de verzekerde, niet op eigen schuld van ondergeschikten of familieleden, dan wel kennissen van de verzekerde, tenzij hun daden schuld of nalatigheid van de verzekerde zelf opleveren. Bovendien is geen sprake van opzet of roekeloosheid (7:952).
  b Of risicoverzwaring (of gedeeltelijke bestemmingswijziging) wordt gedekt, hangt af van de polis. Het betreft hier een woonhuis, dus een bedrijfsmatige bestemming zal vaak zijn uitgesloten. Er bestaat geen wettelijke regel ter zake risicoverzwaring en de effecten ervan.
  c Het feit dat de verzekerde de schade onvoldoende heeft beperkt geeft de verzekeraar niet het recht een volledige uitkering achterwege te laten, maar slechts het recht vergoeding te vorderen van de schade die de verzekeraar door het nalaten heeft geleden. Zie in gelijke zin art. 7:957 lid 3 juncto lid 2.
De verzekeraar had in dit geval blijkbaar gewenst dat K met gevaar voor eigen leven had getracht de kokende stroom vet te onderbreken. Dit kan in redelijkheid niet van een verzekerde worden verwacht.

4 a A heeft gelijk voor wat betreft de vordering ter zake van de schade als door hem vergoed aan de garage. Op grond van art. 7:962 is A gesubrogeerd in de rechten die J ter zake van die schade jegens V had.
  b Art. 7:962 lid 1 bepaalt dat ook bij onverplichte betaling (de zogenoemde coulance) de verzekeraar wordt gesubrogeerd, dit om te voorkomen dat de schadeveroorzaker een deel van de schade als toegebracht aan de verzekerde niet zou hoeven vergoeden (zie voor oud recht in gelijke zin HR 7 januari 2000, NJ 2000, 21). De verzekeraar kan dus ook de door haar vergoede schade aan de op zich niet-verzekerde alarminstallatie op V verhalen.

Antwoorden hoofdstuk 16

1. Iedere onderneming, ongeacht de rechtsvorm (bv of anderszins) moet worden ingeschreven in het handelsregister. De twee moeten derhalve naar de Kamer van Koophandel, waar zij naast de inschrijving in het handelsregister er goed aan doen te vragen naar informatie voor startende ondernemers.

2. X bv is een afhankelijke maatschappij omdat A nv voldoet aan het criterium van art. 2:152 'ten minste de helft van het geplaatste kapitaal verschaffen'. Y vof is een afhankelijke maatschappij omdat A nv voldoet aan het criterium 'als vennote jegens derden volledig aansprakelijk is'. Z cv is geen afhankelijke maatschappij; hoewel A nv ten minste de helft van het kapitaal verschaft, is art. 2:152 sub a niet van toepassing omdat een cv geen rechtspersoon is. Art. 2:152 sub b is bij de cv niet van toepassing omdat A nv niet als vennote volledig aansprakelijk is (zie hoofdstuk 17).

3. Het betreft een werktijdregeling, dus een instemmingsrecht ex art. 27 WOR (medebeslissingsrecht).

4. Ja, omdat de jaarrekening naar Engels recht moet worden opgesteld is de kans groot dat de meeste Nederlandse boekhouders dit niet willen doen. Er zal dan een meer gespecialiseerd kantoor moeten worden ingeschakeld.

Antwoorden hoofdstuk 17

1. Nee, een zaakschuldeiser kan bij voorrang verhaal halen op het afgescheiden vermogen van de vof, waar de Scheely toe behoort.

2. a Voor bedrijfsuitoefening zijn de stille maatschap, de vof en de cv mogelijkheden. Hier ligt de cv voor de hand, met J als beherende vennoot.
   b Nee, beperkingen van vertegenwoordigingsbevoegdheid worden slechts opgenomen indien meerdere gewone (niet-commanditaire) vennoten bestaan. Bovendien wordt hiermee het verbod van art. 20 lid 2 WvK overtreden: een dergelijke toestemming kan als beheersdaad van V worden gekwalificeerd. Deze beperking zal niet worden ingeschreven.

3. a Nee. De overeenkomst van maatschap is vormvrij. De inbrengakte waardoor de eigendom van het pand wordt ingebracht, moet overigens wel notarieel worden verleden.
   b Ja. De regeling voor de winstverdeling uit 7A:1670 is van regelend recht. Het is hierdoor niet verplicht gesteld door de wetgever om degene die het meeste geld inbrengt (maar mogelijk de minste arbeid) een groter winstdeel toe te kennen.
   c de verhouding waarin de maten draagplichtig zijn zal gelijk zijn aan de verhouding waarin de maten in de winst delen.
   d Ja. Op grond van een arrest (Moret Gudde Brinkman) kunnen derden een maatschap (hoewel die maatschap geen rechtspersoon is) dagvaarden.
   e Nee. Een personenvennootschap heeft geen eigen vermogen, omdat een personenvennootschap geen rechtspersoon is, zoals een nv of een bv.

4 a Ja. Deze uitsluiting van bevoegdheid dient, om derdenwerking te hebben, ingeschreven te worden in het handelsregister.
b Handelingen die niet onder 'het beheer' vallen zijn in de praktijk handelingen die de continuïteit van de onderneming in gevaar kunnen brengen.
c In beginsel zijn alle vennoten bevoegd namens de vennootschap op te treden en dus een vakantiekracht aan te nemen.
d Ja, indien deze fout is aan te merken als een fout van de vof (Knabbel en Babbel arrest).
e Op alle vennoten van de vof hoofdelijk.

Antwoorden hoofdstuk 18

1 Nee, in de laatste zin van het artikel staat dat slechts de rechtspersoon een beroep op dit artikel kan doen.

2 Ja. Rechtsvormen van gelijke aard kunnen met elkaar fuseren. Een Franse sa is voor wat betreft grensoverschrijdende fusie hetzelfde als een Nederlandse bv. Anders zal het verbod in strijd zijn met Europese regelgeving op grond waarvan niet mag worden gediscrimineerd wegens nationaliteit.

3 L bv is een dochter van zowel H nv als V nv, omdat H nv de meerderheid in de rvc kan benoemen (art. 2:24a lid 1 sub b) en V nv meer dan de helft van de stemrechten in de ava uit kan oefenen (art. 2:24a lid 1 sub a).

Antwoorden hoofdstuk 19

1 a Een stichting. De donateurs hebben in een stichting slechts zeggenschap indien zij in het bestuur vertegenwoordigd zijn.
b De stichting wordt bij notariële akte opgericht (art. 2:286). De notaris moet in de statuten opnemen dat het bestuur bevoegd is registergoederen te verkrijgen (art. 2:291 lid 2).
c Het is niet noodzakelijk dat alle dierenvrienden naar de notaris gaan. Een stichting kan door één persoon worden opgericht.

2 Nee. Deze vereniging mág worden ingeschreven in het handelsregister, er is geen verplichting.

Antwoorden hoofdstuk 20

1 a Ja: €10 plus €8 = €18 miljoen; C bv is een afhankelijke maatschappij van een afhankelijke maatschappij van A bv en heeft een ondernemingsraad: 230 werknemers in Nederland.
b Bij een structuurvennootschap: de raad van commissarissen in plaats van de algemene vergadering.

Antwoorden hoofdstuk 21

1 a Ja, A mist slechts bevoegdheid tot beheer en (zonder medewerking van bewindvoerder) tot beschikking; verkoop is geen beheer en geen beschikking.

- **b** Ja, in dat geval heeft A op grond van art. 1:88 de toestemming van B nodig voor verkoop van de echtelijke woning. Maar dat geldt los van de onderbewindstelling.
- **c** Nee, dat is beschikken en dat kan A alleen tezamen met de bewindvoerder.
- **d** Door raadpleging van de registers; nu er ook registergoederen onder het bewind vallen, bestond voor de bewindvoerder de verplichting tot publicatie in de openbare registers (art. 1:436 lid 3).

2 X heeft gelijk: nu er hier sprake is van een uitgave ten behoeve van de gewone gang van de huishouding, is ieder van de echtgenoten aansprakelijk (art. 1:85 lid 1).

3 Y heeft gelijk, het toestemmingsvereiste geldt niet wanneer er een verplichting tot levering bestaat, zoals in dit geval op grond van een voorafgaande rechtshandeling (optie) waarvoor die toestemming niet was vereist. M was toen nog niet gehuwd (art. 1:88 lid 2).

4 Bij de ontbinding van de gemeenschap (in dit geval dus op het moment van de indiening van het verzoekschrift tot echtscheiding) heeft ieder van de echtgenoten recht op de helft van gemeenschappelijke goederen; in dit geval de helft van €11.000 = €5.500. De vrouw heeft €1.000, zodat zij van de man nog €4.500 kan vorderen. Een beroep op verknochtheid van de schuld zal de man waarschijnlijk niet baten.

5 a Zij wordt van rechtswege duo-moeder als is voldaan aan de vereisten van art. 1:198 lid 1 sub b.
- **b** In dat geval kan zij het kind erkennen, art. 1:198 lid 1 sub c.

Antwoorden hoofdstuk 22

1a/b De bepaling in het testament van K vormt een inbreuk op de legitieme portie van hun drie kinderen. Hun legitieme portie bedraagt $\frac{1}{2} \times \frac{1}{3} = \frac{1}{6}$ van de nalatenschap van K.

2a/b Met betrekking tot C zijn er geen problemen. P en G zijn haar versterferfgenamen.
E daarentegen heeft geen familierechtelijke betrekkingen met de kinderen en dient een testament te maken waarin zij P en G tot erfgenamen benoemt. Dit testament kan echter aantastbaar zijn door eventuele legitimarissen (bijvoorbeeld kinderen uit een eerdere relatie).

3a/b M kan een beroep doen op de andere wettelijke rechten van afdeling 4.3.2, zoals het vruchtgebruik van woning en inboedel (art. 4:29) en het verzorgingsvruchtgebruik (art. 4:30), mits zij verzorging behoeft. De kinderen kunnen hun legitimaire vorderingen inroepen tegen J. Mogelijk zijn deze tijdens het leven van J niet opeisbaar (art. 4:82).

4 a Zijn echtgenote en zijn kinderen zijn ieder voor een vijfde gedeelte gerechtigd in A's nalatenschap (art. 4:10).
- **b** De nalatenschap van A (dat wil zeggen: de helft van de ontbonden huwelijksgemeenschap) wordt op grond van art. 4:13 van rechtswege toegedeeld aan B. B krijgt de goederen van de nalatenschap en is op grond van art. 4:13 lid 2 gehouden de schulden van de nalatenschap te voldoen.

Antwoorden hoofdstuk 23

1. Het ziet ernaar uit dat de boedel van A door deze rechtshandeling benadeeld is, zodat de curator zal denken aan de actio Pauliana. De curator zal in beginsel moeten bewijzen dat zowel A als B wist dat de boedel er door deze rechtshandeling op achteruit zou gaan. Indien hij slaagt in dat bewijs, kan de rechtshandeling vernietigd worden (art. 42 e.v. Fw).

2. B is separatist. B kan zijn recht van parate executie uitoefenen alsof er geen faillissement was (artikel 57 Fw). De wijze van verkoop (door middel van een openbare veiling of onderhands met toestemming van de voorzieningenrechter) is geregeld in artikel 3:268 e.v. In afwijking hiervan kan echter in geval van faillissement van A op basis van een afspraak van B met de curator ook onderhands worden verkocht door de curator, met toestemming van de rechter-commissaris. De opbrengst wordt dan tot het bedrag van zijn vordering afgedragen aan B. Dit wordt gezien als een vorm van 'lossing' (artikel 58 lid 2).

3. In beginsel zijn de vier schuldeisers gelijk, dus zouden ze ieder hetzelfde moeten krijgen. Het bijzondere hier is echter dat X en A over en weer een vordering op elkaar hebben. Op grond van art. 53 Fw vallen die vorderingen tegen elkaar weg. Men spreekt dan van verrekening. Dit brengt A dus in een voordelige positie omdat hij anders van zijn kant €10.000 zou moeten betalen en wat zijn vordering betreft zou moeten delen met B, C en D. Omdat A op deze wijze 'voorrang' heeft, noemt men hem een feitelijk preferente schuldeiser. De andere schuldeisers zijn concurrent, dus krijgen ze – nu de vordering van A door verrekening is weggevallen – ieder een derde van €6.000, dus €2.000.

Antwoorden hoofdstuk 24

1. a Voor de rechtbank, kamer voor kantonzaken (art. 93 onder b Rv). Betreft een vordering van onbepaalde waarde of een vordering waarbij er geen duidelijke aanwijzigingen bestaan dat de vordering een hogere waarde vertoont dan €25.000.
   b Rechtbank Zeeland-West-Brabant, rechtspraaklocatie Breda (art. 99 Rv).

2. Bij de rechtbank, kamer voor kantonzaken (art. 93 onder a Rv).

3. Bij de rechtbank, kamer voor kantonzaken (art. 93 onder c Rv).

4. a Bij de Rechtbank Zeeland-West-Brabant, rechtspraaklocatie Breda (kamer voor kantonzaken) (art. 93 onder b en 99 Rv).
   b Ja, er bestaat geen verplichte procesvertegenwoordiging door een advocaat in kantonzaken (art. 79 lid 1 Rv).
   c Nee, appel wordt aanhangig gemaakt bij het gerechtshof te 's-Hertogenbosch (art. 60 RO); daar geldt verplichte procesvertegenwoordiging door een advocaat (art. 79 lid 2 Rv).

5. a Een onderhandse akte (art. 156 lid 3 Rv).
   b Partijverklaringen in deze akte leveren dwingend bewijs op (art. 157 lid 2 Rv).
   c Tegenbewijs is mogelijk (art. 151 lid 2 Rv).

6. A kan zijn recht effectueren; hij kan de deurwaarder opdracht geven de kast weg te halen (reële executie, art 3:297 BW jo. art. 491 lid 2 Rv).

Register

aanbiedingsregeling 482
aanbod 35, 46
   herroepelijk – 47
   onherroepelijk – 47
   vervallen – 48
   voldoende bepaald – 46
   vrijblijvend – 48
aandeelhouder 479
   rechten en plichten
      van – 479, 480
   volstortingsplicht van – 481
aandelen 479
   – aan toonder 481
   – op naam 481
   overdracht van – 481
aandelenfusie 463
aanneming van werk 351
aansprakelijkheid 220, 223, 224, 226, 227, 252, 442, 469
   – voor niet-ondergeschikten 226, 227
   aard van de – 253
   grenzen van de – 253
   hoofdelijke – 223, 224, 232, 235, 469
   omvang van – 252
aansprakelijkheid van ouders voor kinderen 221, 222, 223
aansprakelijkheid voor dieren 231, 232
aansprakelijkheid voor opstallen 227, 228, 229
aansprakelijkheid voor roerende zaken met bijzonder gevaar 230
aanvaarding 35, 46, 49
aanwijzingsbevoegdheid 351
aanzegplicht 372
absoluut recht 211
acceptatiebeleid 399
acceptatieplicht 397
accountantverklaring 483
actio Pauliana 568
administratiekantoor 480
adoptant 506
   hoedanigheid van – 506
adoptie 506
   rechtsgevolgen van – 506

adoptie van buitenlandse kinderen 507
advocaat 589
afgescheiden vermogen 443, 444, 447, 449
afhankelijke maatschappij 431
afhankelijke rechten 112
aflevering 285
afspiegelingsbeginsel 378
agentuurovereenkomst 77
akkoord 572
   aanbieden van – 573
   aanneming en homologatie van – 573
   gehomologeerd – 572
akte van huwelijksaangifte 522
akte van oprichting 483, 484
akten van de burgerlijke stand 500
algemene opschortingsbevoegdheid 182
algemene vergadering 470
   bijeenroeping van – 470
algemene vergadering van aandeelhouders 485
   bijeenroepen van – 485
   toegang tot – 485
algemene voorwaarden 45, 53, 282
   beding in – 53, 55
   onredelijk bezwarend beding in – 54, 56
alimentatie 536
   criteria voor – 539
   door de rechter vastgestelde – 537
   door partijen overeengekomen – 537
   einde van – 537
   wijzigen van – 539
anciënniteitsbeginsel 378
arbeid 352
arbeidsovereenkomst 350
   – voor bepaalde tijd 371
   – voor onbepaalde tijd 371
   beëindiging van rechtswege van – 370, 372
   bijzondere – 354
   elementen van – 351

   totstandkomen van – 355
   voortijdig eindigen van – 372
Arbeidstijdenwet 353
automatische overgang 154
autonoom bestuur 485

bankhypotheek 127
bankverklaring 482
bedenktermijn 382
bedenktijd 303, 304, 306, 307, 308
beding 53
bedreiging 39
bedrijf 438
bedrijfsfusie 463
bedrijfsruimte 337
   7:230A – 344
   7:290 – 337
bedrijfsuitoefening 446, 449
bedrog 40, 398, 415
beëindigingsovereenkomst 523
beheer 442, 565
beheersbeding 128, 129
belang van de vennootschap 485
belanghebbende 266
   verbintenissen van – 266
belanghebbende (bij zaakwaarneming) 264
bemiddelingsovereenkomst 77
   eigenlijke – 77
beneficiair aanvaarden 554
benoemde en onbenoemde overeenkomsten 45
bepaalde tijd 371
beperkt recht 111, 151, 155
beroep 438
beschikken 565
beschikkingsbevoegd 89, 156
besloten vennootschap 476
   ontbinding en vereffening van – 490
   oprichtingsvereisten – 482, 483, 484
   organen van – 484
   vertegenwoordiging van – 487, 488
besluit 460
bestanddeel 82

© Noordhoff Uitgevers bv

bestuur 470, 485, 532
    benoeming van – 470
    ontslag van – 470
    toezicht op – 487
bestuurders 486
    benoeming van – 486
betaling 267
bevel 220
bevoegdheidsbeperking 447
bewijslast 254
bewind 514, 518, 519, 520
    omvang van – 518
    rechtsgevolgen van – 519
bewindvoerder 519
    rechtsgevolgen van – 519
bewuste roekeloosheid 365, 419
bezit 92
bezitsverschaffing 92, 94
    – door een houder 94
    – door overgave 92
bezitter 227
billijke vergoeding 381
bloedverwanten 547
    erfrechtelijke volgorde – 547
bloedverwantschap 547
blokkeringsregeling 482
blooteigenaar 153, 156
boedelbeschrijving 514, 556
boedelschuldeiser 565, 569
boedelverdeling 556
boekhoudplicht 462
bouwhypotheek 127
brevi-manulevering 93
buitengerechtelijke verklaring 41
burgerlijke stand 499

canon 154
causaal systeem 86
causaal verband 51, 189, 216, 251, 418
    bewijslast – 254
causaliteitsbeginsel 403
cedent 97
cederen 97
centraal Testamenten Register 550
certificaten 480
    niet-royeerbare – 480
    royeerbare – 480
certificering 480
cessie 97
    openbare – 97
    stille – 97
cessionaris 97

cessus 97
codicil 551
collectieve arbeidsovereenkomst 354
commanditaire vennoot 450
    bijzondere positie van – 450
    naam van – 450
    werkzaamheden van – 450
commanditaire vennootschap 448
    bijzondere vereisten voor – 449
    naam van – 450
commissionair 77
concern 430
concurrentiebeding 358, 359
conditio sine qua non 216
conditio-sine-qua-non-verband 251
conformiteitsvereiste 285
connexiteit 181
constitutum-possessoriumlevering 93
consumentenkoop 235, 278, 280, 283, 285, 287, 288, 299
    elektronische – 305
consumentenbescherming 301
    – bij koop in een winkel 306
contractuele risico 397
contractvrijheid 45
contra proferentemregel 390
contributie 469
coöperatie 471
    aansprakelijkheid leden – 471
correctie-Langemeijer 217
coulance 421
crediteur 164
curandus 516
curatele 27, 515
    bekendmaking – 517
    gevolgen – 516
curator 516, 563
    bevoegdheden van – 517

debiteur 164
debitor 97
defungeren 445, 446
dekkingskoop 294
depottestament 550
derdenbescherming 42, 43, 90, 98, 103
deskundigentaxatie 410
dienstwoning 317
    eigenlijke – 317
    oneigenlijke – 317

discriminatie 356, 357
dochtermaatschappij 458
doel 461
doeloverschrijdende rechtshandeling 461
draagplicht 442
drempelfranchise 235
dringende morele verplichting 170
droit de suite 111, 132
dubbele grondslag 30, 31
    leer van de – 30, 31
duo-moeder 505
duo-moederschap 505
duurovereenkomsten 204
duurzame gemeenschappelijke huishouding 334
duurzame ontwrichting 536
dwaling 40, 41, 50, 398
dwangsom 220

echtgenoot 524, 548
    aansprakelijkheid – 524
    beperking van de bevoegdheden van – 525
    langstlevende – 548, 549
echtscheiding 536
    gronden en wijzen – 536
    totstandkoming van – 536
echtscheidingsconvenant 534
eenpersoonsvennootschap 477
eenzijdige overeenkomst 44
eigen schuld 238
eigenaar 83
eigendom 144
    onteigening van – 145
eigendomsoverdracht 284
eigendomsrecht 145
    misbruik van – 145
    wettelijke beperkingen – 145
eigendomsvoorbehoud 95, 299
eigenrichting 210
enquête 463
erfdienstbaarheid 147, 152
    inhoud van – 152
erfenis 546
erfgenaam 546
    beneficiaire – 554, 555
erfgenamen 546
    – bij versterf 546
    wettelijke – 549

erflater *546*
erfpacht *153*
   looptijd van – *154*
   nadelen van – *154*
   voordelen van – *153*
erfpachter *153*
erfrecht *546*
   testamentair – *546*
erfstelling *551*
erkenning *502*
Europese Insolventieverordening *578*
europese vennootschap *490*
exceptie *199*
exceptio non adimpleti contractus *179*
executie *569*
executoriaal beslag *108*, *561*, *562*
executoriale titel *108*
exoneratiebeding *197*
expeditieovereenkomst *78*

failliete boedel *564*
   beheer en vereffening van – *564*
   omvang van – *564*
faillietverklaring *562*
faillisement, invloed van (op schuldeiser) – *568*
faillissement *109*, *561*, *562*
   – invloed op bestaande overeenkomsten *567*
   aanvragen van – *561*, *563*
   bescherming wederpartij – *565*
   invloed van (op schuldeiser) – *569*
   invloed van (op schuldenaar) – *564*, *565*
   omvang van – *564*
   opheffing van – *570*
   publicatie van – *565*, *566*
   uitspreken van – *561*, *562*, *563*
   vereenvoudigde afwikkeling van – *570*
   vereisten voor aanvraag van – *562*
faillissementsaanvraag *562*, *563*
faillissementskosten *569*
   algemene – *569*
   bijzondere – *569*
faillissementspauliana *568*
familierechtelijke betrekking *500*
feitelijke handelingen *459*

franchise *235*
franchiseformule *339*
fraude *415*
fusie *463*

garantie *197*, *280*, *281*
   positieve – *280*
gebod *220*
gebrek *417*
   eigen – *417*
gebrek (bij huur) *320*, *321*, *323*, *337*
geestelijke stoornis *31*, *32*
gelaagde structuur *276*
gemeenschap *533*
   ontbinding van – *533*, *534*
gemeenschapsgoederen *443*
   uitwinning van – *443*
gemeenschapsschulden *529*, *530*
genot (van de zaak) *154*
genuskoop *278*
geplaatst kapitaal *478*
gerechtelijke vaststelling – *501*
geregistreerd partnerschap *522*
   beëindiging van – *523*
   gevolgen van – *523*
   ontbinding van – *523*
   vereisten voor – *523*
gestorte kapitaal *478*
gevaarsobject *407*
gevolgschade *190*, *235*
gevolmachtigde *70*, *72*
gezag *510*
   éénhoofdig ouderlijk – *511*
   gezamenlijk – *510*, *511*
   ouderlijk – *510*, *512*
gijzeling *513*
goed werkgever *366*
goed werknemer *368*, *369*
goede trouw *98*, *100*, *101*
goederen *82*
   levering van – *98*
   overdracht van – *85*
   overgang van – *85*
   wijze van verkrijging – *83*
goederenrechtelijk effect *87*, *88*
goederenrechtelijke gemeenschap *441*
goederenrechtelijke overeenkomst van overdracht *90*
goedetrouwregeling *532*

goedkeuringsregeling *482*
graad *547*
grijze lijst *55*
groep *430*, *431*
groepsmaatschappij *430*, *431*
grosse *108*

Haags Adoptieverdrag *507*
handelingsbekwaamheid *27*, *497*
handelingsbevoegdheid *28*
handelingsonbekwaamheid *508*, *509*, *516*
handelskoop *278*
handelsregister *432*
handlichting *508*, *509*
herijking faillissementsrecht *578*
herroepingstermijn *376*
holding *431*
homologatie *572*
hoofdelijke verbondenheid *447*
hoofdgerechtigde *156*
houden *92*
houder *92*, *94*, *135*
hulppersonen *194*
hulpzaken *195*
huur *316*, *325*
   – van woonruimte *328*
   tegenprestatie bij – *336*
   verplichtingen huurder bij – *326*
   verplichtingen verhuurder bij – *325*
huurbeding *128*
huurderschap *330*
   slecht – *330*
huurkoop *316*
huurovereenkomst *316*
   – bij 7:230A-bedrijfsruimte *344*
   – bij 7:290-bedrijfsruimte *337*
   – m.b.t. woonruimte (beëindiging) *328*, *330*, *332*, *333*
   – m.b.t. woonruimte (ontbinding) *333*
   einde – *327*
   kenmerken van – *317*
huurprijs *336*
huwelijk *521*
   burgerlijk – *521*
   rechtsgevolgen van – *527*
   religieus – *521*
   vereisten voor totstandkoming – *521*

huwelijkse voorwaarden *524, 525,
528, 535*
— staande het huwelijk aangegaan
535
— voor het huwelijk aangegaan
535
huwelijksgoederenregister *525*
hypotheek *110, 127*
prioriteitsregel – *127*
hypotheekgever *111*
hypotheekhouder *111*
bevoegdheden van – *130*
hypotheekrecht *110, 124*
tenietgaan van – *131*
totstandkoming van – *124, 126*

ideële schade *249, 250*
inbreng (bij maatschap) *441*
inbrengregeling *441*
inbrengverplichting *450*
incassomiddel *563*
incorporatieleer *433*
indemniteitsbeginsel *392*
indexcijfer *409*
informatieplicht *54*
informatierecht *513*
informatieverplichting *301, 302,
306 t/m 308*
informatieverplichting (tussenpersoon/financiëledienstverlener)
394
informele rechtsingang *513*
ingebrekestelling *187*
inkorten *553, 554*
inspanningsverbintenis *184*

jaarrekening *462*
juridische fusie *463*

kale verplichting *164*
kapitaalvennootschap *476*
aansprakelijkheidsstelling – *476*
kapitaalvennootschappen *476*
kenbaarheidsvereiste *400*
kettingbeding *147, 148*
klachttermijn bij koop *296*
koop *277, 283*
koop breekt geen huur *319*
koop en niet-nakoming door de (consument) koper *299, 300*
koop en verplichtingen van (consument) koper *299*
koop en verplichtingen van verkoper
283, 284, 285, 286

koop op proef *279*
koopovereenkomst *305*
elektronische – *305*
inschrijving van – *305*
koopprijs *305*
kostenvergoeding *413*
krediethypotheek *127*
kwalitatieve rechten *146*
kwalitatieve verplichtingen *147, 148*

langstlevende *549, 554*
last *552*
lastgever *76*
lastgevingsovereenkomst *76*
lasthebber *76*
verplichtingen – *76*
leasing *316*
legaat *551*
legataris *546, 551*
legitimaire massa *553*
legitimaris *552, 553*
levensgezel *503*
levensverzekering *389, 422*
positie bij – *422*
soorten – *422*
levering *90, 98*
levering onder derden *94*
levering van onroerende zaken *90*
levering van roerende zaken *91*
lidmaatschap *468*
liquideren (van goederen) *576*
longa-manulevering *94*
loon *353, 361*
lossing *569*

maatschap *439, 442*
kernbegrippen van – *439, 440,
441*
openbare – *439*
stille – *439*
maatschappelijk kapitaal *478*
macht (juridisch) *92*
makelaar *77*
mededelingsplicht *284, 286, 398,
405*
niet naleving van de – *402, 405*
medehuurder *334*
medeschuld *257*
meerderjarigheidsgrens *508*
meerderjarigverklaring *510*
meldingsplicht *296*
mentorschap *520, 521*
min-maxcontracten *354*
minderjarige *27, 357, 508*

minderjarigheid *508*
minimumloon *354*
misbruik van omstandigheden *40*
misbruikwetgeving *476*
misleiden *405*
misverstand *33*
morele risico *397*

naam *497*
recht op – *497, 498*
naamloze vennootschap *476, 477*
ontbinding en vereffening van –
490
oprichtingsvereisten – *482, 483,
484*
organen van – *484*
soorten – *477*
vertegenwoordiging van – *487,
488*
nakoming *165, 176, 178, 185, 199*
blijvend onmogelijke – *187*
definitieve niet – *185*
niet blijvend onmogelijke – *187*
niet tijdige – *185*
ondeugdelijke – *185*
verplichting tot – *165*
nakomingsvordering *289, 290*
bijzondere – *289, 290*
nalatenschap *546*
natrekking *82*
natuurlijke verbintenis
169, 170
rechtsgevolgen van – *170*
nazorg *396*
negatief stelsel *91*
negatieve garantie *281*
nevenrecht *112, 132*
nietigheid van rechtswege
36, 37
nihilbeding *537*
noodtoestand *213*
noodweer *213*
nuluurcontract *355*

omgangsregeling *512*
omkeringsregel *254*
omzetting *462*
onbekwaam *27, 38*
onbenoemde
overeenkomst *45*
onbepaalde tijd *371*
onbevoegde vertegenwoordiging *72,
74, 75*
aansprakelijkheid – *75*

bekrachtigen – *74*
  vertrouwensbescherming – *74*
onbevoegdheid *99*
onderbewindstelling meerderjarigen *518, 519*
  gronden voor – *518*
ondergeschikte *224*
  aansprakelijkheid voor – *224*
onderhandelingen *61*
  afbreken van – *61*
onderhandelingstraject *61*
onderhandse verkoop *130, 569*
onderhoudsplicht *508*
onderhoudsverplichting *539*
onderhuur *325, 335, 343*
onderhuurder *335*
onderhuurovereenkomst *343*
onderlinge waarborgmaatschappij *471*
  aansprakelijkheid
    leden – *471*
ondernemer *429*
onderneming *429*
ondernemingsraad *429*
ondernemingsrecht *430*
onderverzekering *408*
onderzoeksplicht *286, 296*
ongedaanmakingsverbintenissen *204, 205*
ongehuwd
  samenwonenden *555*
ongerechtvaardigde verrijking *269, 270*
  niet – *270*
ongeschreven recht *167*
ongeschreven regels (omtrent hetgeen in het maatschappelijk verkeer betaamt) *167*
ongeschreven zorgvuldigheidsnormen *212*
ongevraagde toezending *302*
onmogelijkheid *187*
  blijvend – *187*
  tijdelijke – *187*
onrechtmatige daad *165, 210, 215, 219, 240, 271*
  eigen – *210*
  rechtsvorderingen op grond van – *220*
  rechtvaardigingsgronden – *213, 214*
  toerekenbaarheid – *214, 215*
  vereisten – *218*
  vereisten voor – *211*

onrechtmatige daad (rechtspersoon) *459, 460*
onrechtmatigheid *211*
onroerende zaken *82, 91, 144*
  levering van – *91*
ontbinden *176*
ontbindende voorwaarde *372*
ontbindende werking *26*
ontbinding *88, 199, 200, 202, 204, 292, 299, 444*
  – van de personenvennootschap *444, 445*
  bijzondere vordering tot – *292*
  gedeeltelijke – *204*
  gevolgen van – *202, 203*
  vereisten voor – *200, 202*
ontbindingsverklaring *202*
ontruimingsbeding *128, 129*
ontruimingsbescherming *345*
ontslag op staande voet *377*
ontkenning *501*
ontwikkelingsrisico *237*
onverschuldigde betaling *267, 268*
  niet – *268*
  rechtsgevolgen van – *269*
  voorbeelden van – *267, 268*
onvoorzienbaar nadeel *31*
onvoorziene omstandigheden *60*
onzekerheid (eigen gebrek en eigen schuld) *415*
onzekerheidsexceptie *179*
opdracht *351*
opdrachtgever *226, 227*
openbare verkoop *121, 130, 569*
oprichting *472*
  – bij openbaar testament *472*
oproepcontract *354*
oproepingsbericht *606*
opschortende werking *26*
opschorting *180*
  geen bevoegdheid tot – *182*
  gevolgen van – *183*
  vereisten voor – *180, 181, 182*
opschortingsbevoegdheid *176, 180*
  algemene – *180*
opschortingsrecht *178, 179, 199*
opschortingsrechten *135*
opstal *154, 227*
  functie van – *155*
opzeggingsregeling *414*
opzegverbod *375*
opzet en roekeloosheid *418*

ouders *506*
  hoedanigheid van – *506*
ouderschap
  gerechtelijke vastelling – *505*
ouderschapsplan *513, 538*
overdracht van goederen *85*
overeenkomst *25, 43, 60, 179, 276, 317*
  benoemde – *45, 276*
  eenzijdige – *44*
  gemengde – *317*
  obligatoire – *25*
  onbenoemde – *45*
  rechtsgevolgen van – *59*
  uitleg van – *57*
  verbintenisscheppende – *25, 43*
  wederkerige – *179, 180, 182, 200, 277*
  wederkerige – *44*
overeenkomst om baat *44*
overeenkomst om niet *44*
overlijdensschade *258*
overmacht *186, 192, 194, 199*
  gevolgen van – *199*
oververzekering *408*

pachtovereenkomst *316*
pand *110*
pandakte *115*
  bevoegdheidsverklaring – *115*
  registratie – *115, 116*
pandgever *110*
pandhouder *110*
  bevoegdheden – *120*
  verplichtingen van – *123*
pandrecht *110, 113, 114*
  bezitloos – *114, 115*
  openbaar – *115*
  stil – *116*
  tenietgaan van – *124*
  totstandkoming van – *113*
  vestiging van – *113, 114, 115, 116, 117*
parate executie *109, 120, 130*
parentele stelsel *547*
partijautonomie *45, 61*
partijtaxatie *410*
personenvennootschappen *428, 438, 451*
  vertegenwoordiging en aansprakelijkheid – *451*
persoon *496*

persoonlijkheidsrecht *211*
plaatsvervulling *547, 548*
polis *396*
polisvoorwaarden: uitleg en consumentenbescherming *390*
positief stelsel *91*
potovereenkomst *440*
precontractuele fase *168*
premiebetaling *412*
premier risquebeding *409*
premievermindering *403*
prestatieverplichting *25*
prioriteitsregel *111*
privéschuldeisers van de vennoten kunnen *443*
privileges *109*
procesinleiding *605*
    gecombineerde – *607*
procesonbekwaam *513*
producent *234*
product *233, 234*
    gebrekkig – *233*
product recall *238*
productenaansprakelijkheid *233, 235, 236, 237, 239, 293*
    geen of verminderde – *237*
    gevolgen – *235, 236*
    vereisten – *235, 239*
proeftijd *359*
proportionaliteitsbeginsel *404*
provisioneel bewindvoerder *516*
publiciteitsvereiste *91*

raad van commissarissen *485, 487, 488, 489*
recht van parate executie *569*
recht van reclame *300*
rechter-commissaris *563*
rechthebbende *83*
rechtsbetrekking *44*
rechtsbevoegd *496*
rechtsbevoegdheid *468*
    beperkte – *468*
rechtshandeling *24, 26, 36, 60*
    – onder een tijdsbepaling *26*
    – onder een voorwaarde *26*
    eenzijdig gerichte – *25*
    eenzijdig ongerichte – *25*
    eenzijdige – *24, 26*
    gerichte – *26*
    meerzijdige – *25, 26, 43*
    nietige – *37*
    onaantastbare – *38*

    ongerichte – *26*
    totstandkomingsvereisten van de – *34*
    vernietigbare – *38*
rechtshandelingen *459*
rechtspersonen *428, 432, 458*
    europeesrechtelijke – *432*
    privaatrechtelijke – *432*
    publiekrechtelijke – *432*
rechtspersoon *459*
    bevoegdheden van – *459*
    doel van – *461*
    type – *459*
rechtspersoonlijkheid *432, 458*
rechtsrelatie *61*
rechtsverwerking *169*
rechtvaardigingsgrond *213*
redelijke *374*
redelijkheid en billijkheid *54, 59, 167, 168, 169*
    aanvullende werking – *168*
    aanvullende werking van – *59*
    beperkende werking – *59, 168, 169*
    naar maatstaven van – *54*
regelend recht *197*
registergoed *83, 303*
    koop van – *303, 305*
registers van de burgerlijke stand *500*
reglement *460*
regres *226, 442*
reisovereenkomst *78*
relativiteit *216*
relativiteitsvereiste *216*
relevantievereiste *398*
resultaatsverbintenis *184*
retentierecht *135, 137, 179*
    – en faillissement *135*
    einde – *137*
    functie van – *135*
    inroepen van – *136*
retentor *570*
retributie *153*
risico *193*
    – op grond van de wet *194*
risicoaansprakelijkheid *221, 226, 227, 230, 231, 235*
    – van ouders *221*
    – van werkgever *224, 225*
risicoverzwaring *411*

roerende zaken *82, 144*
    bescherming bij verkrijging van – *100, 102*
ruil *279*

samenloop *271*
samenwoners *334*
schade *216, 247, 410*
    aard van de – *254*
    gedeeltelijke – *410*
    soorten – *247*
    toerekening van – *251, 252, 253, 254*
    verdeling van – *255*
schadebeperking *413*
schadebrengende gebeurtenis *253*
schadevaststelling *248, 294*
    abstracte – *248, 294*
    concrete – *248*
schadevergoeding *176, 183, 184, 189, 220, 246, 271*
    – anders dan in geld *220*
    aanvullende – *176, 191*
    idieële – *249*
    omvang – *189*
    vereisten voor – *191*
    vervangende – *176, 191*
    vorm van – *250*
    wettelijke verplichting tot – *246, 247*
schadevergoedingsplicht *24*
schadevergoedingsverplichting *255, 256, 258, 259, 260*
    matiging van – *258, 259, 260*
    vermindering van – *255, 256*
schadevergoedingsvordering *292*
    bijzondere – *292*
schadeverzekering *388, 389, 392, 393*
    verzekerbaar belang – *393*
scheiding van tafel en bed *538*
schorsing dekking *412*
schuld *164, 192, 193, 255, 366, 418*
    eigen – *255, 256, 366, 418, 419*
schuldaansprakelijkheid met omgekeerde bewijslast *222*
schuldeiser *164, 569*
    – met algemeen voorrecht *570*
    – met bijzonder voorrecht *570*

concurrente – 570
feitelijk preferente – 569
schuldenaar 164, 198
   persoonlijke omstandigheden van – 198
schuldsaneringsregeling
   aanvragen van – 574
   rechtsgevolgen van – 576
schuldsaneringsregime 575
securisatie 97
separatist 110, 120, 130, 569
servicekosten 337
slotuitdelingslijst 572
smartengeld 249
societas europaea 490, 491
   ontstaan van – 491
sollicitatiecode 357
sommenverzekering 388, 422
specialiteitsbeginsel 125
specialiteitsvereiste 91
specieskoop 279
splitsing 463
   zuivere – 463
stage 353
staking 361
statuten 460, 469
statutenwijziging 463
stemmen 461
   – met gekwalificeerde meerderheid 461
   – met gewone meerderheid 461
steunvorderingen 562
   aanvragen van – 562
stichting 471
   doel van – 472
   onbehoorlijk bestuur – 472
   oprichtingsakte van – 472
   organen van – 472
stille bewindvoerder 577
stortingsplicht 482
strafrechtelijk verleden 401
structuurrechtspersoon 431
structuurregeling 488
structuurvennootschap 477, 488, 489
subrogatie 421
surseance 572, 573
   – van betaling 572
   definitieve – 573
   intrekken van – 574

rechtsgevolgen van – 573
voorlopige – 572

tekortkoming 181, 184, 200, 201
   niet toerekenbare – 186, 192, 199
   onredelijke toerekening van – 195
   toerekenbare – 186, 193, 197, 198
tenzij-regel 228, 230, 231
termijnbescherming 338
terugwerkende kracht 202, 203
testament 550
   notariële – 550
titel (bij overdracht van een goed) 85
toekomstige schade 248
toerekenbaarheid 197
   – op grond van verkeersopvattingen 197
toerekening 195
   onredelijke – 195
toerekeningsmaatstaven 192
toestemmingsvereiste 525
transactieschade 235
transitievergoeding 381
transparantieregel 56
tussenpersoon 405

uiterste wilsbeschikking 550
uitkering 403
uitkering ('geen enkele uitkering'-principe) 404
uitsluitingen (verzekering) 416
uitsluitingsclausule 528
uittreden 445, 446
uitvoerbaar bij voorraad 563
uitvoeringsfase 168
uitzendovereenkomst 354, 383

vaderschap 510, 550
vaststellingsovereenkomst 410
veiligheidsmaatregelen 363
veiligheidsnormen 233
vennootschap onder firma 446, 447
   ontstaan van – 446, 447
verbintenis 25, 164, 165, 169, 176
   – uit de wet 166
   – uit overeenkomst 166
   bepaalbaarheid van – 49
   bronnen van – 165
   nakoming van – 176, 177

natuurlijke – 169
   niet nakoming van – 176, 177
verbintenis uit overeenkomst 61
verbintenissen 272
   bronnen van – 272
verblijvensbeding 555
verbod 220
verbondenheid 442
vereffening 490, 564
vereenvoudinging en digitaliserig procesrecht 605
vereniging 468
   bijzondere vormen van – 470
   lidmaatschap van – 468
   organen van – 469, 470
   organisatorische regels voor – 469
verhaal 109, 121, 443, 447
   voorrang bij – 109, 138
   wijze van – 121
verhaalbaarheid 529
verhaalsrecht 108
verificatie 571
verificatievergadering 571
verjaring 157
verkeerde opgave 398
verknochtheid 528
verkrijging onder algemene titel 84
verkrijging onder bijzondere titel 84
vermogensrechtelijk voordeel 440
vermogensrechtelijke rechtsbetrekking 25
vermogensrechten 82
vermogensschade 247
vernietigbaarheid 53
vernietiging 42
verplichtingen van – 486
verrekenbeding 535
   amsterdams – 535
   finaal – 535
   periodiek – 535
verrekening 569
verschoonbaarheidsvereiste 399
versterferfrecht 546
vertegenwoordiging 68, 70
   middellijke – 68
   onmiddellijke – 68
vertegenwoordiging krachtens volmacht 69
vertegenwoordiging op grond van de wet 69
vertegenwoordiging van rechtspersonen door hun bestuurders 69

vertegenwoordigingsbevoegdheid 73
  schijn van – 73
vertragingsschade 190
vertrouwensbeginsel 30, 34, 42
vertrouwensrelatie 167
verwekker 502, 504
verzekerde som 407
verzekeren 388
verzekering 411
  meervoudige of dubbele – 411
  nietige – 416
verzekeringnemer 394
verzekeringnemer/verzekerde 411
  verplichtingen van – 411
verzekeringsovereenkomst 388
  totstandkoming van – 396
verzoekprocedure 605
verzuim 120, 130, 184, 187, 196, 201, 288, 289
  – door ingebrekestelling 188
  – zonder ingebrekestelling 188
  aansprakelijk tijdens – 196
  niet aansprakelijk tijdens – 196
verzwijging 398
vestiging 125
volmacht 70, 71, 72
  beëindiging – 75
  bekrachtiging – 74
  geisoleerde – 71
  stilzwijgend verlenen van – 71
  uitdrukkelijk verlenen van – 71
  verlening van – 71
volmachtgever 70
volmachtuitoefening 72
volstortingsplicht 480, 481
vonnis 563
  – uitvoerbaar bij voorraad 563
voogd 515
  beperking bevoegdheid van – 515
  vertegenwoordiging door – 515

voogdij 514
  typen – 513
  uitoefening van – 514
voordeelstoerekening 257
voorlopige voorzieningen 575
voornaamswijziging 498
voorovereenkomst 483
voorrechten 109, 132
  algemene – 132, 134
  bijzondere – 133
voorzienbaarheid 197
voorzienbaarheidscriterium 252
vordering 571
  verificatie van – 571
vordering op naam 96
vorderingen op naam 102
  bescherming bij verkrijging van – 102
vorderingsprocedures 605
vorderingsrecht 82, 164
vreemd vermogen 479
vruchtgebruik 155, 156
  functie van – 156
  tenietgaan van – 159
  totstandkoming van – 156, 157
vruchtgebruiker 157
  bevoegdheden van – 157, 158
  verplichtingen van – 158
vruchtgenot 512
  ouderlijk – 512
vuistpand 114

waarde 408, 409
  verzekerbare – 408
waardevergoeding 269
wanprestatie 165, 186, 219
wederkerige overeenkomst 44, 60, 176, 179, 180, 182, 199, 200, 201, 283, 439, 567
weerlegbaar vermoeden 352
wet gelijke behandeling op grond van leeftijd bij de arbeid 356

wet minimumloon en minimumvakantiebijslag 354
wet op de medische keuringen 400
wet op de ondernemingsraden 363
wet op het financieel toezicht 391
Wetsvoorstel continuïteit ondernemingen I 578
wettelijk bewijsvermoeden 287
wettelijke gemeenschap van goederen 527
  omvang – 528
wettelijke plicht 212
  handelen in strijd met – 212
  nalaten in strijd met – 212
wettelijke rente 190
wettelijke verdeling 549
wilsgebrek 39, 53
wilsovereenstemming 446
wilsrecht 46, 549
wilsverklaring 28, 29, 34
  eenzijdige – 46
winstverbod 468
woonplaats 498
woonruimte 328

zaakschade 235
zaakscrediteuren van de vennoten 443
zaakwaarnemer 264
  verbintenissen voor – 265
zaakwaarneming 264, 265, 266, 267
  vereisten voor – 264, 265
zaken 82
  onroerende – 82
  roerende – 82
zekerheidsrecht 110, 112
zekerheidstelling 526
zuivering 130
zwarte lijst 54